DAS ANTHROPOZÄN

Der Begriff Anthropozän bezeichnet ein anbrechendes geochronologisches Zeitalter. Er wurde im Jahr 2000 von dem Atmosphärenchemiker Paul J. Crutzen und dem Biologen Eugene F. Stoermer vorgeschlagen und in weiterer Folge unter der Forschungshypothese „Geology of Mankind" in der Wissenschaftszeitschrift *Nature* veröffentlicht.[1] Die These besagt, dass das relativ stabile Erdsystem des Holozäns (übersetzt: das völlig neue und ungewöhnliche Zeitalter), das etwa 12.000 Jahre lang wirksam war, durch die Auswirkungen globaler Veränderungsprozesse und des Bevölkerungswachstums eine massive Destabilisierung erfahren habe. Menschliche Eingriffe, vom Menschen verursachte Veränderungen planetarischer Stoffwechselprozesse sowie die Erhöhung der Konzentration von Treibhausgasen in der Atmosphäre seien eindeutig im Erdstratum ablesbar geworden. Seit August 2016 liegt daher die Empfehlung der International Commission on Stratigraphy vor, die neue geostratigrafische Epoche zur Periodisierung der Erdgeschichte einzuführen. Allerdings ist zum heutigen Zeitpunkt deren Benennung aus geologischer Sicht nicht gesichert. Diese Tatsache ändert wenig an den hitzigen Debatten, die die Anthropozänthese ausgelöst hat. Die Annahme, dass der *Anthropos* oder zumindest gewisse technowissenschaftliche Gesellschaftsformen – nach Crutzen handelt es sich um 25 Prozent der Menschheit – das Überleben auf dem Planeten Erde gefährden und womöglich dessen selbstregulierende Kräfte destabilisieren, markiert jedenfalls den Anfang eines neuen Klimaregimes. Die durch das Anthropozän verstärkten oder gar ausgelösten Paradigmenwechsel erfordern die Reorganisation zeitgenössischer Wissensproduktion. Lang gehegte Vorstellungen der Beziehungen zwischen Mensch und Natur/Materie werden revidiert und neu gedacht. Die sich abzeichnende geologische und biozentrische Sichtweise wirft dringliche Fragen nach der Ausnahmestellung des Menschen, seiner Beziehung zu nichtmenschlichen Entitäten und seinen ethischen Begriffen auf. Die Entzauberung des modernen Menschenbildes erschüttert Grundannahmen des westlichen politischen Denkens und dessen, wer und was als dem Politischen zugehörig gilt. Und nicht zuletzt ruft sie politische Fragen nach Schuld und Verantwortung angesichts der drohenden und bereits stattgehabten Auslöschungen von Leben auf.

1 Paul J. Crutzen und Eugene F. Stoermer, „The ‚Anthropocene'", in: *Global Change Newsletters* Nr. 41. http://www.igbp.net/publications/globalchangemagazine/globalchangemagazine/globalchangenewslettersno4159.5.5831d9ad13275d51c098000309.html; Paul J. Crutzen, „Geology of Mankind", in: *Nature* 415, Nr. 6867, Januar 2002, S. 23. https://doi.org/10.1038/415023a.

(POLITISCHE) ÖKOLOGIE

Ökologie ist eine deskriptive und experimentelle Wissenschaft, die darauf abzielt, die Welt empirisch zu beschreiben und ideologisch verfasste Hierarchien zu untergraben. Ökologie wird am umfassendsten durch die Wechselbeziehung und Verflechtung *(entanglement, interpenetration)* aller organischen und anorganischen (weniger gebräuchlich, aber korrekter: biotischen/abiotischen) Seinsformen definiert. So ist der Mensch nur eine oder einer von vielen Akteur*innen im ökologischen System. Ökologie grenzt sich vom Umweltschutz ab, der tendenziell ein essentialistisches Naturverständnis vertritt, geprägt von gängigen Vorstellungen von Natürlichkeit, Authentizität und Intaktheit, und seinen politischen Ausdruck in der Interessensvertretung und gesetzlichen Durchsetzung ökologischer Belange findet. Beide Begriffe, also Ökologie und Umwelt, weisen ein kompliziertes Spannungsverhältnis zwischen „Natur" und „politischen Subjekten" auf. Während individuelle Subjekte und deren Partikularitäten in einem alles durchdringenden Ökosystem „verflachen", aus der Sichtweise einer flachen Ontologie sich gar vermeintlich auflösen, ist es das Ansinnen der politischen Ökologie, soziale Hierarchien, intersektionale Kategorien und wirtschaftliche Unter-drückungsmechanismen an den Schauplätzen ökologischer Aushandlungen in den Vordergrund zu stellen. Aus soziopolitischen und antikolonialen Perspektiven untersuchen sie, wie Extraktivismus, Machtsysteme, Militarismus und technologische Entwicklungen ökologische Krisenkonstellationen verstärken. Politische Ökologie und Umweltgerechtigkeit bieten theoretische Frameworks, die „Konflikte über den Zugang zu natürlichen Ressourcen mit Systemen politischer und wirtschaftlicher Kontrolle, die ursprünglich in der Kolonialzeit entwickelt wurden, in Zusammenhang bringen"[2].

Politische Ökologie mobilisiert daher drei unterschiedliche Diskurse: erstens den der ökologischen Wissenschaften, zweitens die Untersuchung ungleicher Machtverhältnisse bei der Konstituierung einer politisierten Umwelt und drittens die Vorstellungen und Bedeutungen, die der Natur (kulturell, sozial, mythologisch usw.) zugeschrieben werden.[3] Diese miteinander verknüpften Theoriefelder wurden in den letzten Jahrzehnten grundlegenden Revisionen unterzogen. Postanthropozentrische politische Ökologien gehen aktuell von theoretischen Neudefinitionen des „Natur"-Begriffs aus und bekräftigen, dass es unerlässlich sei, gemeinsam *mit* Körpern, Tieren und Materie zu denken. Aus einer post- und dekolonialen Perspektive wiederum ist das Politische auf transhistorische Verschränkungen und Verlagerungen zu untersuchen, die „Diskontinuitäten, Umstürze, Trägheiten [und] Schwankungen" in stets neuen Konfigurationen erzeugen.[4] Die Befassung mit Fragen der politischen Ökologie ist jedenfalls keiner einzelnen Disziplin vorbehalten, sondern fordert Zusammenschlüsse und Kooperationen. „Die vier Begriffe *logos, oikos, physis* und *polis* bleiben [...] wahrhaftige Rätsel, solange sie nicht *gleichzeitig* wieder ins Spiel gebracht werden"[5], argumentiert Bruno Latour.

2 Raymond L. Bryant, „Power, Knowledge and Political Ecology in the Third World: A Review", in: *Progress in Physical Geography: Earth and Environment* 22, Nr. 1, März 1998, S. 79. Übersetzung der Verfasserin.

3 Bruno Latour, *Das Parlament der Dinge: Für eine politische Ökologie,* übers. v. Gustav Roßler, Frankfurt a. Main: Suhrkamp 1998, S. 15.

4 Achille Mbembe, *Postkolonie. Zur politischen Vorstellungskraft im zeitgenössischen Afrika,* übers. v. Brita Pohl, Wien und Berlin: Turia + Kant 2016, S. 66.

5 Latour, *Das Parlament der Dinge,* S. 10/11.

In dem Bemühen, Politik über die Grenzen der Menschenzentriertheit hinauszudenken und die Umsetzung zukünftiger Formen von Vergesellschaftung zu eröffnen, setzen Isabelle Stengers und Latour den politischen Horizont der Kosmopolitik. Mit diesem wollen sie gleich drei Knoten durchtrennen: das Politische und Ökologische in ein neues Verhältnis zueinander setzen; den Universalismus als Grundgesetz aushebeln; und die kosmologische Vielseitigkeit von Weltentwürfen festigen. Demgegenüber schließt Kosmopolitik nicht nur Menschen, sondern auch „Natur", Lebewesen und Materie als Mitwirkende mehr-als-menschlicher Gemeinschaften ein und regt in deren Interesse neue politische Praktiken an. Letztere lösen allerdings nicht soziale Hierarchien und Herrschaftsordnungen in einer organischen Biosozietät auf, sondern sind eingeschrieben in die Traditionen und Praktiken, mit denen Kollektivitäten ihre jeweils eigene Kosmologie und Geschichte begründen oder zwangsweise begründen mussten. Die Kosmopolitik, so stellt Stengers klar, bezieht sich nicht auf „das Universum als Gegenstand der Wissenschaft" oder auf „das Universelle" im wissenschaftlichen Sinne, sie ist ein Aufruf zur Offenheit gegenüber dem Unbekannten. Stengers schreibt:

> The cosmos corresponds to no condition, establishes no requirement. It creates the question of possible nonhierarchical modes of coexistence among the ensemble of inventions of nonequivalence, among the diverging values and obligations through which the entangled existences that compose it are affirmed.[6]

Kosmopolitik ist ein Weltenmachen, das den Repertoires von Kunst und Philosophie, den Wissenschaften, der Politik und Ökologie eine tragende Rolle in der Artikulierung gemeinschaftlicher Zukünfte zuweist. Wie diese kosmopolitische Neuordnung aussehen könnte, welche Erzählformen und Arten des Aufzeigens eines „Aufführens" theoretischer Artikulationen bedürfen und welche Rolle der Ästhetik – als Wahrnehmungsfakultät, aber auch als Form des Sorgetragens – zukommt, diese Fragen stehen im Zentrum der Diskussion.

6 Isabelle Stengers, *Cosmopolitics II. IV. Quantum Mechanics, V. In the Name of the Arrow of Time, VI. Life, VII. Artifice, The Curse of Tolerance*, übers. v. Robert Bononno, Posthumanities 9–10, Minneapolis: University of Minnesota Press 2011, S. 355.

Künstlerische Forschung fußt auf den Erfahrungen von *research-led practices,* wie sie u. a. in Soziologie, Psychologie, Anthropologie und Kunst praktiziert werden. Diese verstehen sich weniger als einheitliche Methoden, sondern bilden vielmehr ein weitläufiges Repertoire an Forschungsmodalitäten, Erfindungen und selbstgenerierten Versuchen. In ihrer Heterogenität widersetzen sie sich systematischen und generalisierbaren Anwendungen. Zentral ist die Annahme, „dass die Resultate dieser Forschungsprozesse selbst als Beiträge zur Wissensproduktion und für eine Verschiebung der Grenzen des Wissbaren verstanden und sie als solche rezipiert werden“[7]. Der von Kathrin Busch attestierte epistemische Grenzgang mobilisiert Verschiebungstendenzen, deren Anliegen und Wagnis es ist, etablierte Erkenntnisformen mit jenen der Imagination, der Intuition, des Nichtwissens, des Körperlichen und des Spekulativen zu kreuzen und diese als Verfahren zur Wissensgenerierung heranzuziehen. Künstlerische Forschung begreift die Prozesshaftigkeit von Forschung als zentral und definiert sich nicht ausschließlich über die Produktion eines Werks.

Wissens*produktion* wird jedoch nicht nur als Befreiungsakt der Künste von deren angestammtem Tätigkeitsfeld rezipiert. Der Begriff selbst verweist auf jene problematisierten Verknüpfungen zwischen Wissen und Ökonomie, denen er sich kaum entziehen kann: Wissen lässt sich durchaus als zirkulierbare und verwertbare Ware verstehen, und der Zugang zu Wissen als ein zu kommodifizierendes Gut. Zeichen für diese Anpassung sind neben der Neoliberalisierung von universitären Einrichtungen jene zahlreichen diskursiven Events, die nicht nur im Rahmen von Universitäten, Museen, Galerien, Biennalen ausgetragen, sondern längst auch von Kunstmessen, Galerien und Auktionshäusern veranstaltet werden. In der *knowledge* *economy* okkupieren Künstler*innen und Kulturproduzent*-innen, laut dem Theoretiker Simon Sheikh, keine widerständige Außenseiterstellung, sondern sind Vorreiter*innen einer prekarisierenden Risiko- und Verwertungsgesellschaft:

> The notion of the cultural producer, a contemporary artist figure, must be seen as complicit with the later developments in administration, politics, and capital within the emergence of the knowledge industry.[8]

7 Kathrin Busch, *Anderes Wissen*, Paderborn: Wilhelm Fink 2016, S. 14.

8 Simon Sheikh, „Talk Value: Cultural Industry and Knowledge Economy", in: *On Knowledge Production. A Critical Reader in Contemporary Art*, hrsg. v. Maria Hlavajova, Jill Winder und Binna Choi, Utrecht: BAK, basis voor actuele kunst; Frankfurt a. Main: Revolver, Archiv für aktuelle Kunst 2008, S. 196.

MENSCH UND ANTHROPOS

Mit dem Anthropozän tritt unweigerlich, und nicht wenig kontrovers, der *Anthropos* – also der Mensch als Gattung – (erneut) auf den Plan. Nach Jahrzehnten anti- und posthumanistischer Kritik, mit der sein angestammter Platz in der Hierarchie der Lebensformen angezweifelt wurde, taucht er, scheinbar gestärkt, in der nach ihm benannten Erdepoche als geologisch-ökologische Kraft wieder auf. Angesichts dieser postulierten Wiederkehr des Menschen, sei es als Gattungsbegriff, als Ko-Aktant*in in wirkungsmächtigen Netzwerken oder als soziokulturelles Konstrukt, wundert es nicht, dass das Menschliche vornehmlich an seiner Zerstörungsmacht gemessen wird. Die aus den Perspektiven der Selbst- und willkürlichen Lebensvernichtung konzeptualisierten Vorstellungen von Solidarität, des Sorgetragens *(caring)* und *Stewardship* zielen hingegen auf einen umfassenden ethischen Imperativ ab, der das Wohlergehen von Menschen und Nichtmenschen gleichermaßen erfasst. Allerdings gilt es der Verführung zu widerstehen, in der vom Anthropozän *heimgesuchten* Menschheit eine Gemeinschaft – ein Kollektivsingular – an vulnerablen Leidensgenoss*innen zu vermuten. Am auffälligsten zeigt sich die Verführung im rhetorischen Wechsel vom Singular zum Plural.

WEISSE „ETHNOKLASSE"

Wenn *die* Menschheit impliziert wird, ist meist ein Verschleierungsmechanismus am Werk, der die ungleich verteilte Verantwortung zwischen dem Globalen Norden und Süden an der ökologischen Katastrophe verstellt. So wundert es nicht, dass gegenwärtig die unerledigten Problemstellungen des systemischen Rassismus und unaufgearbeiteten Kolonialismus im Schatten der Anthropozän-Diskussion mit Vehemenz aufflammen. Was *die* Menschheit ganz zentral aus dem Blick verliert, so die antirassistische Denkerin Denise Ferreira da Silva, sei

> the role the racial has played in manufacturing man [and] how the productive narratives of science and history have consistently contained the others of Europe outside the trajectory of the subject that emerged in post-Enlightenment Europe[9].

Die strukturelle Logik, nach der die Kolonisierung der Welt mit „Geschichte" sowie Menschsein mit weißer Vorherrschaft gleichgesetzt wird, delegitimiert unwiederbringlich die Vorstellung des Menschen als universelles, rationales und selbstdeterminiertes Wesen. Eine kritische Analytik der Rassizität und ihrer systemischen Verankerung in den juristischen und ökonomischen Regelwerken moderner Gesellschaftsformen, wie sie da Silva vornimmt, offenbart die irreduzible Differenz, die der Kategorie „Rasse" eingeschrieben ist – mit dem Ziel der Verabsolutierung von Weißsein als Menschsein. Die Kategorie des Menschseins, die ausschließlich dem spezifischen „Genre" – der weißen Ethnoklasse „Mensch" *(ethnoclass Man)* – zuteilwird, etabliert sich als Kategorie, indem sie etwas oder jemanden (ein rassifiziertes „Anderssein") außerhalb ihrer eigenen Grenzen positioniert.[10]

Ausgehend von den katastrophalen Auswirkungen der Überrepräsentation des westlich-weißen-bürgerlich-körperlich-integren Subjekts distanzieren sich gegenhumanistische Ansätze, wie sie beispielsweise von Sylvia Wynter und Achille Mbembe erarbeitet wurden, vom humanistischen Weltbild, das sie als Pseudohumanismus entlarven. Sie verwerfen die „Verdinglichung" von Lebensformen, denen in Prozessen der Ausgrenzung und Kolonialisierung die vollwertige und souveräne Existenzberechtigung abgesprochen wird. Sie treten für Bedingungen ein, unter denen Menschen sich dafür entscheiden können, anders zu sein und die Annahme von Gesellschaftsnormen zu verweigern. Und sie fordern ein neues ökumenisches Menschenbild, eine neue Wissenschaft des Menschen – einen Gegenhumanismus.

9 Denise Ferreira da Silva, *Toward a Global Idea of Race,* Borderlines 27, Minneapolis: University of Minnesota Press 2007, S. xviii.

10 Sylvia Wynter, „Unsettling the Coloniality of Being/Power/Truth/Freedom: Towards the Human, After Man, Its Overrepresentation – An Argument", in: *CR: The New Centennial Review* 3, Nr. 3, 2003, S. 261.

POSTHUMANITÄTEN UND GEOMATERIELLE VERFLECHTUNGEN JENSEITS DES MENSCHEN

Unter dem Begriff *Posthumanities* werden seit Mitte der Neunzigerjahre jene Richtungen der Geisteswissenschaften zusammengefasst, die sich am Schnittpunkt von Posthumanismus[11] und Postanthropozentrismus gebildet haben. Der Posthumanismus entlässt die Figur des Menschen aus ihren verfestigten modern-rationalen und hierarchischen Verankerungen und richtet sich gegen den vermeintlichen Exzeptionalismus des menschlichen Primaten. Skeptische Interventionen werden gegen seine Universalität, Maskulinität, Heterosexualität, seine weiße, westliche Konstituierung und körperliche Integrität eingebracht, während der Postanthropozentrismus die Artenhierarchie infrage stellt und einen biozentrischen Egalitarismus vorantreibt. Gängige Dichotomisierungen von Natur/Kultur, Subjekt/Objekt, Mensch/Tier und westlich/nichtwestlich werden zugunsten von Gemeinschafts- und Zugehörigkeitsvorstellungen, die in kritischer Distanz zum humanistischen Individualismus stehen, aufgegeben. Entgegen der Vorstellung, dass jeder Mensch durch eine universelle menschliche Natur identifiziert werden könne, streben Theoretiker*innen nach einer Vervielfältigung von Menschlichkeitsentwürfen und betonen damit die Prozesshaftigkeit allen Lebens und das gemeinsame Werden mit anderen Arten und Lebensformen.

Neumaterialismus, vorwiegend aus der (Natur-) Wissenschaftskritik und feministischen Aneignungen von Science and Technology Studies (STS) entwickelt, sowie die objektorientierte Ontologie (kurz OOO) unternehmen „partiale Verlagerungen“ in ihrer Auffassung von Materie und Realität. Materie, die verbindende Grundsubstanz aller Entitäten, wird nicht als passiver Stoff erachtet, sondern in unablässigen, selbstorganisierten Prozessen des Werdens begriffen. In Übereinstimmung mit diesen Vorstellungen von Materialität als dem vitalen Agens der Weltschöpfung werden (alle) Entitäten auf eine (flache) ontologische Stufe gestellt. Innerhalb solcher Interdependenzbeziehungen (auch „sympoietischen" Assemblagen) verwischen sich Grenzen und entstehen neue sinnstiftende und erkenntnisorientierte Arten des In-der-Welt-Seins *(worlding).* Die Perspektive des Nichtmenschlichen ermöglicht artenübergreifende und anorganische Neuordnungen, die auf die politische Philosophie einwirken, indem sie persönliche Rechte für nichtmenschliche Entitäten einfordern. Posthumanistische und neumaterialistische Theoretisierungen demokratisieren die Ontologie, kämpfen allerdings mit der Gefahr, die intime Kontaktzone zwischen inkommensurablen Welten zu nivellieren.

Besonders hervorzuheben sind daher die Einwände von Black Studies, indigenen und Africana-Forscher*innen, die im posthumanistischen Denken die Berücksichtigung der Wirkungsmacht von Rasse, Kolonialismus und Sklaverei einfordern. In den Blick genommen werden dabei die „ontologischen Verstrickungen von Animalität und Schwarzsein"[12], also die Dehumanisierung nichtweißen Lebens, dem in der langen Geschichte des Kolonialismus das Recht auf Menschlichkeit abgesprochen wurde, und die in der posthumanen Gegenwartsphilosophie herrschende Tendenz zur Nichtunterscheidung von Menschlichem und Nichtmenschlichem.

11 Wichtige Einflüsse kommen aus dem Antihumanismus, Feminismus und dem Neumaterialismus unter dem Einfluss von Gilles Deleuze und Félix Guattari. Vgl. Rosi Braidotti und Maria Hlavajova (Hrsg.), *Posthuman Glossary*, London: Bloomsbury Academic 2018, S. 339–342.

12 Zakiyyah Iman Jackson, „Animal: New Directions in the Theorization of Race and Posthumanism", in: *Feminist Studies* 39, Nr. 3, 2013, S. 677.

ZUR KÜNSTLERISCHEN GEGENFORSCHUNG JENSEITS DES MENSCHEN

Daniela Zyman

DAS LACHEN DER QUALLEN

Herausgegeben von
Eva Ebersberger

TBA21 Thyssen-Bornemisza
Art Contemporary

Verlag der Buchhandlung
Walther und Franz König

In einer Zeit, die von tiefgreifenden Umbrüchen und Krisen geprägt ist, stehen gemeinnützige Organisationen vor der Herausforderung, dringliche Zielsetzungen und Aufgaben zu definieren, die aktiv zur Gestaltung einer friedlichen und lebenswerten Zukunft beitragen. Die Kunststiftung TBA21 und ihr Rechercheprojekt TBA21–Academy zeigen beispielhaft, wie Institutionen alternative Denkweisen und Praktiken entwickeln können. Die im Jahr 2011 gegründete TBA21–Academy widmete sich zunächst der Erforschung ozeanischer Lebensräume und Ökosysteme. Angesichts des bedrohlichen Zustands der Meere und des geringen Bewusstseins darüber sah sich die Organisation vor der Frage, wie sie als zeitgenössische Kunstorganisation auf diese Lage reagieren könnte.

Für die TBA21 wäre es trotz der planetarischen Transformationsprozesse durchaus naheliegend gewesen, weiterhin Kunstwerke zu beauftragen und Ausstellungen und Publikationen zu organisieren. Doch wir entschieden uns, darüber hinauszugehen und uns situationsspezifisch zu engagieren: Wenn wir gemeinsam mit Künstler*innen, Wissenschaftler*innen, Jurist*innen und Umweltaktivist*innen zu der Erkenntnis kamen, dass es dringlicher wäre, eine marine Schutzzone zu gründen, eine rechtliche Intervention auszuarbeiten oder ein pädagogisches Programm zu entwickeln, so taten wir das. Uns ging es also darum, Themen nicht nur zu benennen, sondern mit der Sprache der Kunst auch konkrete Handlungen und Lösungsansätze zu entwickeln und dabei unsere Erfahrungen in der Zusammenarbeit mit Künstler*innen einfließen zu lassen.

Die Berücksichtigung der kritischen Perspektiven, mit denen viele Künstler*innen ihren Realitäten begegnen, half uns dabei, gerechte, zugängliche und regenerative Lösungsvorschläge zu entwerfen. Wir waren überrascht, wie einfach uns der Zugang zu Institutionen und Konferenzen gewährt wurde. So erhielt die TBA21–Academy beispielsweise 2016 offiziellen Beobachterstatus bei der Internationalen Meeresbodenbehörde und kann seither an den Sitzungen jenes Gremiums teilnehmen, das darüber entscheidet, wie der Tiefseebergbau zukünftig geregelt werden soll. Gleichermaßen überrascht waren wir über die Neugier und das große Interesse vonseiten wissenschaftlicher und zivilgesellschaftlicher Organisationen, der Einladung einer Kunstorganisation nachzukommen. Allerdings mussten wir in der Folge auch feststellen, dass viele Disziplinen zwar dasselbe Vokabular verwenden, dessen Bedeutung aber grundlegend verschieden sein kann, und dass – was wahrscheinlich viel schwerwiegender ist – die meisten Organisationen und Institutionen nicht darauf ausgelegt sind, miteinander zu kollaborieren. Diese Erkenntnis veranlasste uns dazu, uns eingehend mit organisatorischen Strukturen zu befassen, die disziplinenübergreifende Zusammenarbeit ermöglichen und regenerative Arbeitsweisen fördern.

Das von der TBA21 2019 eröffnete Ausstellungszentrum Ocean Space in Venedig ist nun seit 2020 Partner des umfassenden Zoöp-Netzwerks geworden. Zoöps sind Organisationsmodelle, die sich für die Zusammenarbeit zwischen menschlichem und nichtmenschlichem Leben einsetzen, indem sie die Interessen aller zōē (altgriechisch für „Leben") wahren. Das Zoöp-Modell integriert die Interessen nichtmenschlichen Lebens in die organisatorische Entscheidungsfindung. Zudem arbeiten wir eng mit Naturschutzorganisationen zusammen und gründeten nach jahrelanger Zusammenarbeit zwischen der TBA21–Academy, der Universität der West Indies in Jamaika und 21 lokalen Fischern eine dort ansässige Organisation namens Alligator Head Foundation. Diese Organisation ist unter anderem mit dem Management des East Portland Fish

Sanctuary betraut. Das Schutzgebiet vor der Küste Portlands wurde mit dem Ziel errichtet, das maritime Ökosystem zu revitalisieren und die stark dezimierte Fischpopulation wiederherzustellen. Auch versuchen wir, durch die Zusammenarbeit mit Forscher*innen aus verschiedenen Fachgebieten die gängige Praxis der „fortress conservation", die davon ausgeht, dass Ökosysteme am besten komplett isoliert vom Menschen, einschließlich indigener Gemeinschaften, bewahrt werden können, durch das Prinzip der „convivial conservation" neu zu denken.

Convivial (wörtlich: „Mitleben") conservation bietet einen neuen und integrativen Ansatz für das Verständnis und die Praxis des Umweltschutzes. Es ist eine Vision für unseren Planeten, die auf die großen ökologischen, sozialen und politisch-ökonomischen Herausforderungen reagiert, vor denen die Menschen und die Artenvielfalt im 21. Jahrhundert stehen. All diese Bestrebungen werden durch die Zusammenarbeit mit Künstler*innen, Forscher*innen, Wissenschaftler*innen und immer häufiger indigenen Kolleg*innen vorangetrieben und von TBA21 gefördert. Dies bedeutet jedoch auch, dass die Organisation selbst kontinuierlich lernt und sich weiterentwickelt.

Nichts von all dem wäre möglich, wenn die Stiftung nicht von Beginn an von der Gründerin Francesca Thyssen-Bornemisza und der Kuratorin und Autorin dieses Buchs Daniela Zyman mit der Agilität, Neugier und Ambition ausgestattet worden wäre, ein aktiver Teil des gesellschaftlichen Lebens zu sein und Forschen und Handeln zu vereinen. Die in diesem Buch eindrücklich aufgearbeiteten Projekte geben neuen Sichtweisen jenen Raum, der es uns überhaupt erst ermöglicht, eine Zukunft zu erträumen, die ein friedliches und lebenswertes Zusammenleben bedingungslos einfordert.

Markus Reymann
Direktor, TBA21 Thyssen-Bornemisza Art Contemporary

DO JELLYFISH RULE THE WORLD?[1]

Of the sea. Open sea. Transparent.
Translucent. Transcendent. Bell and tentacles.
Nothing hidden. A gelatinous body of nerves.
Pulsating. Throbbing. Drifting.[2]

„An einem frühen Morgen Ende August fand ich mich allein am Lido wieder und schwamm in Gewässern, die mit Tausenden von leuchtenden Larven der Seewalnuss überfüllt waren – einer Art von Kammquallen, die an der Ostküste Amerikas beheimatet ist und sich inzwischen in vielen Meeren so stark ausgebreitet hat, dass sie die Schifffahrt und die Fischereiindustrie behindert. Meine Haut rieb sich an ihrer, als ich in demselben versauernden Gewässer schwamm, in dem jedes Jahr Tausende von Menschen aufgrund der Brutalität der europäischen Politik ertrinken – [und so empfand ich] die Verbindung zwischen toxischen Algenblüten, der Vermehrung von Quallen und der Migration von gefährdeten Menschen.“[3] Die italienische Kuratorin Barbara Casavecchia schildert in diesen Zeilen eine besorgniserregende Erfahrung. Während weite Teile der Weltmeere zunehmend überfischt, verschmutzt und zerstört werden, übervölkern Quallen inzwischen zahlreiche marine Gebiete. Sie gelten als Opportunisten der Klimakrise und als Vorboten einer paläozoischen Zukunft. Aber das ist bei weitem nicht alles: Seeuntaugliche Schlauchboote, Patrouillen und Militärschiffe, sterbende Körper und invasive Arten treffen in diesem Raum auf toxische Ströme, Umweltverwüstungen, globale Erhitzung, die Ausweitung hypoxischer und eutropher Meereszonen und auf geschwächte Ökosysteme. Demnach sind die Todeszonen des Mittelmeeres zu den Friedhöfen ertrunkener und der biopolitischen Brutalität ausgesetzter flüchtender Menschen geworden – ein *Mediterranean Seametery.* Die eskalierenden Konflikte und unheimlichen Wechselwirkungen, die Casavecchia am Lido Venedigs beobachtet, sind Anzeichen und Ausdruck der „katastrophischen Konvergenzen“ politischer, wirtschaftlicher und ökologischer Destabilisierungen in einer Ära des planetarischen Wandels. Dieser Wandel, dessen herausragendes Merkmal die Störung des erdsystemischen Haushalts ist, fordert unser Verständnis und unseren Zugang zur Erfahrung der Welt – an Land und im Wasser – grundlegend heraus.

In *Das Lachen der Quallen* beleuchte ich sozioökologische Transformationen und *ökologisierende* Revisionen von Wissen, Praxis und In-der-Welt-Sein anhand der Werke von Nabil Ahmed/INTERPRT, Madison Bycroft mit Léo Landon Barret und Aez Pinay, Faivovich & Goldberg, Amar Kanwar, Armin Linke, Ernesto Neto und den Huni Kuin, Allan Sekula, Jana Winderen und Susanne M. Winterling. Aus der Sicht einer in den Entstehungsprozess involvierten Kuratorin widme ich mich der Frage, wie Künstler*innen an der Präfiguration alternativer und konvivialer Welten teilhaben. Gilt Präfiguration als politische Praxis mit verzweigten Nachbarschaftsbezügen, nehme ich sie gleichwohl wörtlich, als die Möglichkeit der antizipatorischen künstlerischen Gestaltung im Hier und Jetzt und der Suche nach adäquaten forschungsbasierten Praktiken der Wissensschöpfung. Für diese Suche verwende ich den Begriff der Gegenforschung respektive Gegenrecherche. Er dient mir als Framework, um Forschungsambitionen mit dissidenten Wissensentwürfen, sozioökologischer Gerechtigkeit und den vielen Unstimmigkeiten, Verlagerungen und Brüchen in der Begegnung mit der sich verdüsternden Welt ins Blickfeld zu rücken.

Unter den Vorzeichen einer philosophisch-ästhetischen Wende „jenseits des Menschen“ will ich aufzeigen, wie sich das Bild der Welt verändert, wenn der Mensch als epistemische Zentralfigur seine Exklusivansprüche abtritt und selbst die Kategorie des Menschen unter Druck gerät. Zumal diese moderne Verkörperung der „Kategorie

Mensch" – einer Form von Subjektivität, die sich im 18. Jahrhundert konsolidierte und eine spezifische philosophisch-anthropologische Schöpfung darstellt – Kräfte freigesetzt hat, die sich nun gegen diesen und gegen das Überleben der Menschheit richten. Es ist jedoch keine Welt ohne Menschen, auch keine ohne Humanismus, die ich meine. Vielmehr eine Welt, in der Menschen sich als Teil einer verwobenen Matrix des Seins und Werdens verstehen und wesentliche ihnen zugeschriebene (Singularitäts-) Merkmale ablehnen. Aus der Perspektive eines interdependenten Beziehungsgeflechts zwischen Tieren, Pflanzen, Biomen, Ökosystemen und Maschinen betrachtet, sind die Quallen, denen wir zu Beginn begegnet sind, nicht störendes und hirnloses Ektoplasma, sondern eine unzugängliche „fremdartige Sensibilität", von der wir noch kaum etwas wissen und die den „humanistischen Wunsch nach festen Grenzen"[4] frustriert. Dass das Staunen und die Verunsicherung, die sie dabei in uns erwecken, Fragen der Gerechtigkeit, des In-Beziehung-Tretens und der Koexistenz berühren, zeigt uns die Posthumanistin Staicy Alaimo, wenn sie schreibt: „[It] is to be unmoored, cut loose from an established order of things, to find oneself floating somewhere as yet unmapped, where unexpected, unrecognizable forms of life seem to demand some sort of recognition and response."[5]

Die Herausbildung solcher „ungebundenen" intellektuellen und imaginativen Topografien, die sich für tiefgreifende Debatten anbieten und Fragen aufwerfen, die für die Philosophie, Politik, Kunst, Kritik und Forschung gleichermaßen unverzichtbar sind, steht ohne Zweifel im Zeichen der Krise oder, wie einige behaupten, der eskalierenden Metakrise. Den Begriff Anthropozän, der seit einigen Jahren und mit gemischten Reaktionen im Gebrauch ist, um die Deregulierung der Erdsysteme zu charakterisieren, deute ich als Deskriptor einer epochalen Krise der menschengemachten Beeinträchtigung von Leben und der Störung der lebendigen Assemblagen einer mehr-als-menschlichen Welt. Eine Krise tritt auf, wenn ein soziales System weder über die Kapazität noch über die Mittel verfügt, um die Kontinuität seines Bestehens zu gewährleisten. Krisen sind nicht bewältigbar. Sie kennzeichnen genau genommen den Zustand, den wir nicht hoffen können zu bewältigen, da sie weder mit den vorhandenen Instrumenten noch innerhalb der etablierten Rahmenbedingungen zu lösen sind.

Damit Leben auf dem Planeten Erde gedeihen, sich diversifizieren und reproduzieren kann, bedarf es einer Symphonie an atmosphärischen, chemischen, meteorologischen, biophysischen und biologischen Regelwerken, einer auch als Gaia bezeichneten planetarischen Intelligenz. Viele Indizien weisen auf Gaias tiefe Aufruhr und Zerrüttung und die kontinuierliche Überschreitung von planetaren Belastungsgrenzen.[6] Sechs der neun lebenserhaltenden Funktionen des Erdsystems, also jener „nicht verhandelbaren planetaren Voraussetzungen, die die Menschheit beachten muss, um das Risiko schädlicher oder sogar katastrophaler Umweltveränderungen im kontinentalen bis globalen Maßstab zu vermeiden", werden heute als jenseits des „sicheren Handlungsspielraums für die Menschheit"[7] verortet. Die Folgen dieser Überforderung der großen Regelwerke lassen sich bislang nicht abschätzen. Wissenschaftler*innen sprechen von einer „Unsicherheitszone". Ihre Modelle verweisen auf noch nie da gewesene planetarische Entwicklungen, was so viel bedeutet wie die Beschleunigung von unberechenbaren, multichaotischen Prozessen, die keine verlässlichen Prognosen zulassen. Im Zusammenspiel mit der Entwicklung selbstreplizierender Technologien und ihrer Applikationen, der Eskalation von Konflikten, der Verbreitung autoritärer Regierungsformen und der Schwächung demokratischer Prozesse und Kontrollinstanzen ergibt sich das Bild einer beispiellosen „existenziellen Risikolandschaft".

Diese existenzielle Risikolandschaft ist das Ergebnis eines Weltbilds, das den Menschen – nicht die Menschheit als Ganzes, wohlgemerkt, sondern die Kategorie oder *Ethnoklasse* Mensch, die in ihrer weißen, cis-geschlechtlichen, körperlich fitten und bürgerlichen Konstitution die gesamte Bandbreite des Menschseins zu vereinnahmen sucht –, seine Bedürfnisse und vermeintliche Freiheit als unantastbar in den Vordergrund stellt und ihn der Konsequenzen seines Handelns enthebt. Um die Errungenschaften des modernen westlichen *Lebensstils* aufrechtzuerhalten, kommen enorme fossile und organische Ressourcen zum Einsatz, die über Jahrhunderte hinweg in Kolonien und Quasi-Vasallenstaaten gefördert, geerntet und der Erdschicht entnommen wurden, und dies auf Kosten des Lebens von Millionen Schwarzen, Braunen, indigenen, entrechteten und oftmals versklavten Menschen. Mit der Ausdifferenzierung der „multiple *durées*“ von kolonialer Macht und der je unterschiedlich ausgeprägten „Modernen“ werden die Kontinuitäten des Überdauerns deutlich, die heute in Form von Extraktivismus, Landgrabbing, Ökozid und der Auslagerung von Schadstoffen in Erscheinung treten, vielfach getarnt als ökologischer Wandel unter dem Deckmantel einer „green transition“. Einen „doppelten Bruch“ nennt der französisch-karibische Philosoph Malcolm Ferdinand die Verzahnung von ökologischer Zerstörung und rassifizierter Ungerechtigkeit und Entwertung.

Das Anthropozän, das Zeitalter des *Anthropos,* ist der rote Faden, der sich durch dieses Buch zieht. Es steht für die Degradierung der Biosphäre, für Artensterben, Klimakatastrophe, für den doppelten Bruch und den Kampf der „letzten Generation“, jener, die sich am Ende der Menschheitsgeschichte wähnen. Das Anthropozän ist kein klimatisches Phänomen, das außerhalb des Menschen zu verorten ist; kein Außen, an das man sich mit neuen wirtschaftlichen Taktiken, *grünen* Konsummodellen und umweltfreundlichen Therapien anpassen müsse. Es durchdringt nicht nur Körper und physische Grenzen; es ist nicht nur der Prozess einer meteorologischen, chemischen und molekularen Transformation, sondern auch eine andere Form des planetarischen und damit des menschlichen und gesellschaftlichen Seins. Inuit-Gemeinschaften in Nunavut beschreiben diesen Wandel als eine Verschiebung der Erdachse, was für sie mehr als nur ein kosmisches Phänomen bedeutet. Es impliziert die Veränderung ihrer gesamten Kosmologie.

In *Das Lachen der Quallen* erachte ich das Anthropozän als Auslöser und Verstärker solch eines kosmologischen Wandels, als eine Zeitenwende, die ein neues Weltbild und neue Gesellschaftsmodelle einläutet. Dieser Wendepunkt, auch Krise *(krisis),* bezeichnet daher die mögliche Neugestaltung von Gemeinschaftlichkeit: Es ist der Moment, in dem die als selbstverständlich angenommene Integrität und Kontinuität der *Polis* bedroht ist. Es ist eine Krise, die die Grenzen des Wissbaren verschiebt und (oft notgedrungen) Lebenspraxen verändert. Krise ist nicht nur ein Synonym für Katastrophe, sondern markiert auch den entscheidenden Übergang, der dazu verpflichtet, gemeinschaftlich zu denken und damit Praxis- und Theoriefelder zu erarbeiten, mit denen wir die eskalierenden Probleme (besser) in den Blick nehmen können. Krise und Kritik arbeiten Hand in Hand an der Demontage und Disartikulation festgelegter Anschauungen und Orthodoxien. Wenn Krise der abrupte Wandel ist, der uns ereilt und bezwingt, ist Kritik die Art und Weise ist, wie wir versuchen, analytisch Veränderungen einzuleiten.

*

> What do you do when a passive rock,
> lithic and dumb, sprouts a limb? [...]
> When a tiny virus wreaks havoc
> on commodious economies and
> systems of thought? When the ground
> beneath our feet thaws in the heat
> of global warming, withdraws its
> endorsement of modern perpetuity,
> and haunts our conversations?
> What do you do when the world kicks
> back? – Báyò Akómoláfé[8]

In dem Bestreben, ein ästhetisch-ökologisches Projekt zu umreißen, das die Möglichkeiten des Seins und Werdens im Angesicht der menschengemachten Futuritätskrise untersucht, richte ich mich als Kuratorin an die Kunst, die Philosophie, an Forscher*innen und Suchende. Ich bin auf der Spur epistemischer Gemeinschaften, die darauf ausgerichtet sind, dem existenziellen Risiko mit der Transformation unserer Wissensressourcen und Praktiken zu begegnen. Durch die Linse des Anthropozäns betrachtet, erscheint vieles, was wir als universell richtig und realitätsbildend angenommen haben, als *provinziell,* gemäß dem postkolonialen Historiker Dipesh Chakrabarty, als einseitig und kategorisch fehlerhaft sowie als existenziell bedrohlich für die Menschheit. Konzepte, die wir mit der europäischen Moderne assoziieren, wie Freiheit, Gleichheit und Fortschritt, so Chakrabarty, wurden durch die

Verfügbarkeit von Energie aus fossilen Brennstoffen angeheizt und durch die Ausbeutung billiger oder versklavter Arbeitskräfte begünstigt. Die Perspektiven, Erfahrungen und Leistungen, die aus dem Schwarzen, indigenen, dekolonialen und antispeziesistischen Denken und sozialen Leben hervorgehen, zeigen unmissverständlich, dass dem als „Wissen" etablierten Kanon nicht uneingeschränkt getraut werden kann, um die vielfältigen Aspekte menschlicher Existenz zu erkunden. Auch würden wir in unserem Denken verarmen, wenn wir uns auf die westlichen Episteme als einzige Quelle für zentrale Definitionen, Kategorien und Zukunftsvisionen verlassen.

Um eine solche Revision von Kernfragen der Philosophie und Politik zu veranschaulichen, verwendete der Öko-Philosoph Bruno Latour die Metapher eines gemeinschaftlich verfassten Buches des ökologischen Denkens. In einem seiner letzten Interviews sprach er davon, wie diese Literatur sich zu einem gewaltigen Korpus zu verdichten beginne, vergleichbar mit dem vergangener Ismen.[9] Dieser Metapher kann ich viel abgewinnen, da sie bildhaft die koalitionären ökologischen Bestrebungen der *epistemic commons* in den Fokus rückt. In seinen Schriften betonte Latour stets die Notwendigkeit des Zusammenspiels unterschiedlichster Stimmen und einer „Ökologie von Praktiken" zur Gestaltung der *problematischen* Koexistenz von menschlichen und nichtmenschlichen Entitäten. Problematisch ist ein solches Miteinander, da es keine Stabilisierung anstrebt und stets Risiken birgt hinsichtlich der praktischen und immer partiellen Konstruktion geteilter Welten. Gemeinsam mit der Wissenschaftstheoretikerin Isabelle Stengers und anderen verwendete Latour für dieses Zusammenfügen – er nennt es zeitweise Komposition – den „schönen Namen" Kosmopolitik. Die Herausforderung der Kosmopolitik besteht also weder in einer deskriptiven noch in einer normativen Theorie der globalen Einigung, sondern in der präfigurativen Erfahrung unrealisierter Möglichkeiten. Trotz des suggestiven Heraufbeschwörens eines von der Menschheit geteilten Kosmos meint Kosmopolitik genau das Gegenteil: die Behauptung einer Vielfalt von Kosmen.

Auf der Suche nach den Ursprüngen und Zeugnissen, die dem kritischen Drehpunkt in Lebensphilosophie und Wissenspraxis Ausdruck verleihen, zog ich ein breites Spektrum an Beiträgen in Betracht. Indem ich eine Vielzahl von wissenschaftlichen, philosophischen und künstlerischen (Re-)Formulierungen untersuchte, die allesamt zwischen den späten Sechzigerjahren und heute lanciert wurden, begann ich nachzuvollziehen, wie sich in diesen wenigen Jahrzehnten eine Gegenepistemologie formiert hat, die nun ständig erweitert wird. Selbst in den rigiden westlichen Wissenszentren zeichnet sich mittlerweile in den Erdwissenschaften, der Biologie, der Physik bis hin zur Philosophie, den Geistes- und Kulturwissenschaften und der Kunst ein *Gegen*denken ab. Ob dieses am treffendsten mit dem Verweis „jenseits des Menschen" (posthuman) zu beschreiben ist, bleibt abzuwarten, wichtig schien mir jedoch, dieses „gegen" – im Englischen oft als *counter* oder als *otherwise* ausgewiesen – als methodischen Imperativ zur Kehrtwende, Blickänderung und simultaner Neuartikulierung festzuhalten.

Ich stieß auf meiner Suche auf jede Menge an Gegenerzählungen, Gegenarchiven und gegenforensischen Projekten. Es mangelte auch nicht an Referenzen zu Gegenwissen, Gegenschreiben, Gegenöffentlichkeiten und Gegenhumanismus. Was mich allerdings verblüffte, war, dass trotz der Bedeutung und Wirkungsmacht dieser Gegenbewegungen der Weg und die Mittel, wie diese zu erkunden seien – nämlich qua Forschung –, nicht infrage gestellt wird. Heißt es nicht: „Wer als Werkzeug nur einen Hammer hat, sieht in jedem Problem einen Nagel"? So trivial dieser Gedanke auch sein mag, ließ er mich nicht in Ruhe. Mit einem Instrument, das zu einem speziellen Zweck und von bestimmten Subjektpositionen erschaffen wurde, lässt sich nur schwer etwas erkennen, was außerhalb seiner Zweckdienlichkeit liegt. Wenngleich die Art und Weise, wie Erkenntnisse konstruiert und als Wissen anerkannt werden, grundlegend infrage gestellt wurde, blieb das Konstruktionsverfahren selbst, also das, was René Descartes als „wissenschaftliche Wahrheitsforschung" bezeichnete, in der Diskussion um erkenntnistheoretische Revisionen auffällig ausgespart. Wenn das Verfahren selbst Zeugnis einer bestehenden Realität ist, wie kann es dann eine Welt entdecken und beschreiben, die anderswie organisiert ist? Wenn Forscher*innen als Expert*innen approbiert werden und sich innerhalb eines institutionellen Gefüges behaupten müssen, also eine autorisierte und autoritative Subjektposition einnehmen, bedarf es dann nicht einer *Gegen*forschung, um die Welt anders kennenzulernen?

Mit Forschung als realitätsproduzierendem Dispositiv steht bekanntlich viel auf dem Spiel: Wissen, Wahrheit, Kausalität, Methoden, Theorien und Gesetze sind untrennbar mit ihr verbunden. Forschung in der langen Tradition der Aufklärung hat nicht nur die Wissenschaften zu jenen spezialisierten Disziplinen erhoben, mit denen wir heute die Welt beschreiben, auch hat sie das Denken verwissenschaftlicht, Vernunft universalisiert und Wahrheit neu verfasst. Als Gilles Deleuze die Provokation formulierte, dass Denken keiner Methode bedürfe, oder Paul Feyerabend den Wissenschaften „anarchische Verfahren" zubilligte, setzten sie Meilensteine der Methodenkritik. „Ein komplexer Gegenstand", schreibt Feyerabend, „der überraschende und unvorhergesehene Entwicklungen enthält, erfordert komplexe Methoden und entzieht sich der Analyse aufgrund von Regeln, die im Vorhinein und ohne Rücksicht auf die ständig wechselnden geschichtlichen Verhältnisse aufgestellt worden sind."[10] Deleuze und Feyerabend plädierten für einen offenen, generativen Umgang mit Wissen und stellten die überholte Grundlegung von Forschung als den goldenen Pfad der Vernunft infrage. Beide gehören einer Genealogie von Denker*innen an, die das Versprechen der Forschung anfechten, „das Labyrinth komplexer, chaotischer Wechselwirkungen, aus denen der Kosmos besteht", ergründen zu können.

Auch Stengers kritisiert in *Wem dient die Wissenschaft?* das weitverbreitete Missverständnis, wonach die monolithische Formation *der* Wissenschaft das allgemeingültige Bild der Wirklichkeit zeichne und damit die gesellschaftliche Einheit sichern könne.[11] Obzwar Stengers diese Darstellung als „Karikatur" entlarvt, erkennt sie ihre allgemeingültige praktische Wirkmacht. Forschung dient demnach nicht nur dem Wissenserwerb, sondern ist auch Mittel und Milieu zur Festigung einer Weltanschauung. Um ihre Stellung zu verteidigen, herrscht in der Wissenschaft, so der postkoloniale Vordenker Edward W. Said, „a wish for abstract correctness and methodological rigor within a quasi-monastic order"[12].

Nun häufen sich die Einwände gegen das allzu vertraute Forschungsparadigma – und dies von den verschiedensten Seiten. Die Theoretisierung der Forschung sowie der Definition dessen, wer als Forscher*in oder Expert*in betrachtet wird, des Ortes, an dem sie durchgeführt wird, ihrer Konzepte, Mittel und Technologien, der Finanzierung und der Integration in institutionelle Strukturen sind Gegenstand der interdisziplinären *Science and Technology Studies*. Dieser Ansatz hebt hervor, dass Wissenschaft und Technologie nicht als neutrale und objektive Verfahren zu betrachten sind, sondern von situierten, sozialen Akteur*innen und Kontexten geprägt werden. Die innerhalb der empirischen Sozialforschung als eigenständige Methode eingesetzte *practice-led research* oder Aktionsrecherche[13] sowie die dem Gesellschaftskampf verpflichtete „militante Untersuchung"[14] haben sich als partizipative Forschungsansätze etabliert, um die problematische Beziehung zwischen Forschenden und Beforschten neu zu bestimmen. Sie beziehen sich lose oder bewusst auf die radikalen Forschungsverfahren des italienischen Operaismus der Sechziger- und Siebzigerjahre – insbesondere mit Blick auf die Praxis der Ko-Recherche *(conricerca)*.[15] *Conricerca* versteht sich als militante, theoretisch-praktische Methode, Forschung als wirksames sozialpolitisches Instrument im Rahmen von gesellschaftlichen Auseinandersetzungen in die Dienste von kollektiven, antihierarchischen und emanzipatorischen Gesellschaftsmodellen zu stellen.

In Anbetracht der Unzulänglichkeit herkömmlicher Forschungsmethoden, die die komplexe Beschaffenheit der Lebenswelt der *analysierten* Subjekte nicht angemessen erfassen, plädiert die nicht repräsentationale Forschung[16] für alternative Handlungsanweisungen, um Repräsentation in der Forschung zu vermeiden. Dies beinhaltet den Einsatz von Performance, Kunst, Erzählung und die Berücksichtigung der multisensorischen, präkognitiven, körperlichen und nichtdiskursiven Dimensionen im Forschungsprozess. Mit der Forderung nach einer Forschungspraxis, die über rein menschliche

Perspektiven hinausgeht, zielt wiederum die mehr-als-menschliche Forschung *(more-than-human research)* ihrerseits auf eine neumaterialistische Wiederbelebung der vernachlässigten „Materie" und der physischen Verflechtungen in der Welt, in der Umwelten von mehr-als-menschlichen Körpern und einer lebendigen Erde gemeinsam gestaltet werden.

Die beschriebenen Revisionen kreuzen sich in der Rolle, die Forschung und „wissenschaftliche Ideologien" als Wegbereiter und Handlanger kolonialer Dehumanisierung einnehmen. Seit der frühen Neuzeit haben sie die Politik und Gesellschaft in den Metropolen und ihren weitläufigen *Peripherien* geprägt sowie rassische, hierarchische und speziesistische Kategorien verfestigt, die dem Kolonialsystem und Orientalismus entspringen. Diese Komplizenschaft steht als schwer zu überbrückender Makel im Raum und wirkt über die operative Zeitlichkeit des Kolonialismus hinaus. Für die Maori-Wissenschaftlerin Linda Tuhiwai Smith ist Forschung möglicherweise „eines der schmutzigsten Wörter" im indigenen Wortschatz, ruft es doch die fortwährende Beforschung pazifischer Inseleinwohner*innen in Erinnerung. Infolgedessen haben sich seit den Achtzigerjahren Verfahren des „researching-back" etabliert, die sich auf Basis der Eigenbestimmung über Forschungsagenden und des Respekts für traditionelles Wissen als eigenständige Indigene Forschung konsolidierten.[17] Ferdinands Kritik des „Wissenschaftsimperialismus im Dienste des Westens"[18] zielt wiederum auf die Rolle von Forschung in der Ausblendung dekolonialer Forderungen, die heute im Mittelpunkt ungelöster ökologischer Fragestellungen stehen. Im Fall der Anthropozänwissenschaften, so Ferdinand, nehme das residuale Nachleben des Kolonialismus eine besonders perfide Gestalt an. Nicht nur würden sie die Umwelt (und ihre Zerstörung) in rein technischen Begriffen beschreiben, sie behaupten darüber hinaus einen einzigen *Oikos* und eine einzige Art und Weise, wie die Erde zu bewohnen sei – und zwar nach dem Vorbild der kolonialen Plantage.

Die Forschung hält jedoch viele Register parat: Sie ist die Domäne der Erfindung, der Imagination, des Zweifels, aber auch der Spannungen, der Beanstandungen und des Ringens, nicht nur um Wahrheit, sondern auch um Definitionshoheit und die Gestaltung unserer Zukunft. Überlassen wir die Definitionen der „politics of research" den konservativen Milieus, die sie für sich beanspruchen und sie in ihre Dienste stellen, und gleichen wir die philosophischen, künstlerischen und aktivistischen Prozesse ihren Wahrheitsfindungen an? Wie verteidigen wir den Anspruch des Forschens als eine sich selbst theoretisierende, erfinderische und nie endende gegenwärtige Praxis? Von diesen Fragen leiten sich viele andere ab, wie unter anderem: Welche Praktiken und Verantwortungen erwachsen in und gegenüber der Welt, wenn Künstler*innen, dem planetarischen Imperativ des „thinking The World otherwise"[19] verpflichtet, nach anderem Wissen suchen und Räume und Praktiken des Andersseins erkunden? Wie lassen sich solche transformativ-reparativen und koalitionär-transgressiven Ambitionen mit der intellektuellen und künstlerischen Praxis der Forschung verknüpfen? Was begünstigt kokreative, mit-denkende und mitfühlende Ansätze, die über die menschliche Sphäre hinauswirken? Was könnte möglich sein, wenn wir unsere forschende Aufmerksamkeit auf das richten, was uns zusammenbringt?

Das „Gegen", mit dem ich operiere, gibt eine Richtung vor, ohne als Vorgabe zu dienen. Es deutet auf ein Potenzial und eine Haltung hin. Es ist deskriptiv und nicht normativ. Es reflektiert sich im Gegenwissen und Nichtwissen, sucht Korrespondenzen in Gegenerzählungen und Gegenarchiven und spielt mit *ambivalenten* Zugangsmodalitäten zu Wissen. Gegen ist etymologisch recht instabil: Mal bezeichnet es eine Hinwendung, mal eine Abkehr. Vorsilben versprechen Querbewegungen zwischen Begriffen, durch welche das neugeschaffene Kompositum mehrdeutig bleibt, eine Bewegung innerhalb einer Beziehung. Eines der möglichen Synonyme des englischen *counter* ist *otherwise*: *researching otherwise; politics, anthropology, social forms of the otherwise; living otherwise*. Dieses *otherwise* umschreibt die Rekonfigurationen, die ich mit der Gegenrecherche anziele, weil sie neue, andere Muster (der Sprache, des Denkens, der Forschung) flechten, Verschränkungen und Auslassungen offenlegen. Als transformative Praxis will die Gegenrecherche der Systematik und

Regelhaftigkeit von Forschung etwas entgegensetzen, was dehnbar und erweiterbar, anschlussfähig und modellierbar ist.

Gegenrecherche meint im weitesten Sinne Herangehensweisen, die dezentriert sind – hiermit meine ich Zentrismen wie Anthropozentrismus, Eurozentrismus, Logozentrismus, Phallozentrismus, Terrazentrismus, aber auch offen, open source, geteilt –, die *Unlearning* ernsthaft betreiben, Intelligenz nicht als menschliche Begabung und Alleinstellungsmerkmal sehen und die der Welt mehr schulden als das Fortschreiben des Altbewährten. Hiermit nicht genug: Statt mit Forschung etwas wissen und entschlüsseln zu wollen, wäre es denn möglich, Gegenforschung zu betreiben, um der Unsicherheit und Unwissbarkeit der Dinge zu begegnen? Kann sie eine Suche sein, die verblüffende und fragende Narrative liefert, statt Leerstellen füllen zu wollen, die unsere Weltbilder aufwirbelt und uns neue (oder auch vergessene, verdrängte, sich verlaufende) Pfade zeigt? Der Philosoph Báyò Akómoláfé beschreibt dieses Suchen als das Sich-Einfinden in einer Fremdartigkeit, die sich mit dem verfügbaren Vokabular nicht ausdrücken oder gar beforschen lässt. Er mahnt zum Erkennen der Begrenztheit von Sinnstiftungsritualen, die Wahrheitsschöpfungen, Klarheit und Orientierungshilfen bieten sollen. Ihm geht es nicht um Sicherheit, sondern ums Losrennen, um Flüchtigkeit und Rastlosigkeit.

Was tun, wenn die Welt sich wehrt und zurückschlägt, fragt Akómoláfé mit Verweis auf Viren, die das Weltsystem zu Fall bringen, und auftauende Erdschichten, die uns ihre Billigung des modernen Fortschrittsglaubens entziehen. Wie das nachhallende Lachen der Quallen interpretieren, wenn diese doch als der Domäne der Stille und des Schweigens zugehörig erachtet werden, die außerhalb von Sinn und Logos liegt? Dass das Aufbegehren der Welt und ihr Lachen heimliche Waffen sein könnten, meint mehr als nur eine Entgleisung der Sinnhaftigkeit. Die Fragen, die eine *belebte* Welt an uns, an die Philosophie, Wissenschaft und Kunst stellt, sind die nach der Umkehrung des Blicks und dem vielgestaltigen Umgang mit Intelligenz und Befähigungen. Und so verstärkt sich auch der Druck, Erklärungsmodelle und Verständnisgrundlagen zu erarbeiten, die das Verhältnis von Natur und Kultur scharf stellen und für die Relationierung zwischen Menschen, Dingen und Lebewesen *mehr* Gestaltungsmöglichkeiten bieten. Für die brasilianische Künstlerin-Philosophin Denise Ferreira da Silva bedeutet daher „Unterschied ohne Trennbarkeit" (difference without *separability*[20]), deren Andersartigkeit anzuerkennen und zu begreifen, dass gerade das Zusammenspiel ihrer singulären Kompetenzen die Grundlage für planetarische Lebensfähigkeit bildet.

Die Projekte, die ich in *Das Lachen der Quallen* vorstelle, verwenden jeweils andere künstlerische und theoretische Modalitäten, andere Arten des Sich-Begegnens und des situierten Sich-Einlassens auf lebendige und mehr-als-menschliche Welten – meist ohne jedoch illustrativ oder vordergründig *Forschung* sein zu wollen. Und so liegt mir daran zu ergründen, wie Künstler*innen mit, durch und über das Handwerk und die soziale Technologie des Forschens präfigurativ, sprich im Als-ob-Modus Welten erschaffen, die im Hier und Jetzt ihren Ausdruck finden und wegweisend für das Zukünftige sein können. Im Glauben an ein soziales Imaginär und eine Poetik des Experiments, die kollektive Wünsche und Sehnsüchte auszudrücken und ihnen zu widerstehen vermögen, bleibt die Kunst ein fruchtbarer Ort, um das „menschliche Differential" innerhalb der planetarischen Ökologie zu untersuchen. Solch ein Engagement strebt nach einer Neudeutung dessen, was wir herkömmlich als die gesellschaftliche Rolle von Kunst und Forschung verstehen: Es fokussiert auf die suchende und leidenschaftliche Bemühung, die aus der Verbindung von Körpern, Bewegungen und Ideen herrührt und mit der das nachhallende Lachen des Lebens in Kunstwerken erfahrbar werden kann. Ich will zeigen, dass Kunst uns dabei zuhanden ist, (andere) Wege zu finden, wie wir Dinge gemeinsam tun können.

Das Desideratum, Gegenrecherche als ästhetisch-epistemisches Programm an der Wende zum Anthropozän und „jenseits des Menschen" zu ergründen, findet im Exemplarischen, wie ich meine, seinen adäquatesten Ausdruck. Und so nehmen in *Das Lachen der Quallen* die künstlerischen Fallbeispiele einen ihrem literalen Anlass überragenden Stellenwert ein und werden zum argumentativen Siedepunkt, an dem Deskriptives,

Spekulatives und Theoretisches zusammenfallen. Das Spannungsfeld zwischen der Organisation von Grund(forschungs)fragen, Einschüben und Kommentaren und ihrer Ausformung im Kunstwerk eröffnet, so hoffe ich, einen gegenforschenden Spielraum, der weniger die Schlüsselstellung des Begriffs selbst als vielmehr vielfältige Praxisansätze vermittelt. Mein Interesse gilt vor allem den Komplexitäten des Forschens in und mit der Kunst im Hinblick auf besonders *verknotete* Problemstellungen, in denen eine Reihe unterschiedlicher und manchmal sogar unvereinbarer Perspektiven auf eine sehr reale Welt zutage treten. Mein Anliegen ist es, Unterschiede, Einwände und Widersprüche zu verdeutlichen und zuzulassen – zwischen Sensibilitäten, Diskursen und Arten von Erfahrungen. Und nicht zuletzt möchte ich das Bewusstsein dafür schärfen, dass es eines konsequenten Gegenarbeitens bedarf, um „the invisibility and marginality of the minoritarian“[21] auszuhebeln und Kapazitäten zu schaffen, die minoritären Diskursen, Archiven und Praktiken Raum geben. Ebenso betone ich die Notwendigkeit neuer Methoden und Sensibilitäten, für die es nur rudimentäre Ansätze gibt, um endlich die „politische Stille [...] von Kreaturen und Landformen, die wir ‚Natur‘ nennen“[22], zu brechen.

Die in diesem Buch besprochenen Werke profilieren ein solches Umskripten von Forschungsmodellen und den vielen Annahmen und Vorurteilen, die in ihnen verankert sind. Anhand von neun Case Studies versuche ich epistemische Verlagerungen und praktische Neuformulierungen nachzuzeichnen, die in jeweils unterschiedliche Richtungen ausstrahlen. Ich befasse mich mit Fragen der Bezeugung, des Aufzeichnens, der Gerechtigkeit und mit Machtstrukturen, die im Dienste des Staates ihren historischen Ort einnehmen: von Allan Sekulas gegenforensischen Recherchen zum maritimen Raum über die poetische Zeugenschaft von Evidenzen bei Amar Kanwar, das Aufdecken von ökozidalen Verbrechen in der Arbeit von INTERPRT/Nabil Ahmed, das Offenlegen der räumlichen und erkenntnistheoretischen *frontier,* die mit dem Einsetzen von Tiefseebergbauaktivitäten zum Vorschein tritt (Armin Linke), bis hin zur Auseinandersetzung mit dem historischen Leben eines geologischen Fragments, das als *material witness* sowohl Zeitskalen als auch irdische Materialität durchdringt (Faivovich & Goldberg). Weiters behandle ich unterschiedliche Fragenkomplexe und Methodologien, die gegenforschende Künstler*innen anwenden. So die Erprobung indigener Epistemologien und Heilpraktiken im Rahmen einer Ko-Recherche zwischen Ernesto Neto und amerindischen Huni-Kuin-Gelehrten, Susanne M. Winterlings spekulative Untersuchungen, wie Lebendiges und Nicht-Lebendiges ästhetische und politische Solidaritäten eingehen können, die Fähigkeit des *deep listening* von Fischen und anderen Meeresbewohnern, die uns Jana Winderen vorführt, die performativen Inszenierungen von Madison Bycroft mit Léo Landon Barret und Aez Pinay, die über die Destabilisierung biologischer Kategorisierungen Identitäts- und Genderkonstruktionen infrage stellen. Diese vielfältigen Ansätze verdeutlichen die Bandbreite künstlerischer Gegenrecherche und ihre Anwendbarkeit auf komplexe sozioökologische und politische Fragen. Die ausführlichen Werksbesprechungen dienen allerdings nicht der Untermalung einer Theorie oder der Behauptung eines Schlüsselbegriffs, vielmehr biete ich Besprechungen, Text- und Gesprächszitate und allerlei Referenzen an, um ökologische, epistemische, soziale und politische Gegenbewegungen zu kontextualisieren. Allen Projekten ist gemeinsam, dass sie im Rahmen der verzweigten TBA21-Stiftung initiiert, in fast allen Fällen von ihr realisiert und präsentiert wurden und dass ich mich ihnen durch Nähe und intime Kenntnis ihrer Entstehungsgeschichten verbunden fühle.

Die in den Arbeiten attestierten Transformationen, Umwälzungen und seltsamen Begegnungen deuten nicht auf oberflächliche Verwerfungen der bestehenden Ordnung, sondern zeugen von einer gänzlich anderen Welt. In einer Zeit des krisengeschüttelten Wandels spielt die Suche nach neuen Visionierungen und Weltenkonstruktionen eine essenzielle Rolle, allerdings weder als Utopie noch als lösungsbringender Utilitarismus. Es geht nicht nur darum, kritische Blicke auf etablierte Strukturen zu werfen, sondern auch um ein konstruktives Eingreifen in die Mitgestaltung der Zukunft. In dem Wettspiel um Zukunftsvisionen stellt sich immer mehr die Frage, woran wir uns orientieren und wer solche Visionen gestaltet.

Technologische Innovationen halten (scheinbar) vielversprechende Lösungen parat, wie ökologische Schäden zu revidieren bzw. im Zaum zu halten seien, um den Anforderungen des Anthropozäns zu begegnen. Silicon Valley forscht an je eigenen transhumanen Zukünften, auf der Erde sowie auf dem Mars. Grüne Wirtschaftsmodelle versprechen weiterhin Wachstumsszenarien bei nachhaltiger Ressourcennutzung. Wird das Weltbild der Zukunft von diesen technowissenschaftlichen Weltmodellen bestimmt? Bietet das Anthropozän einen erneuten Anlass, um die menschliche Hybris zu behaupten, oder finden sich andere Wege, dem Weltenwandel zu begegnen? Im Bemühen, Bruchstücke einer Antwort für ein Wie anzubieten, setzt da Silva Beschreibungs- und Revisionsarbeit mit ethisch-künstlerischer Gestaltung parallel: „[The question of *how*] calls for another description of the world and of the human's position in it. [...] It must be critical, in the sense that it must consider the texts and discourses which have already apprehended it; it must do the necessary groundwork, the excavations and exposures of its various significations and their effects. It must also, at the same time, be creative; that is, poethical."[23]

1 Thomas Mallon, „Do Jellyfish Rule the World?", www.discovermagazine.com, 13. September 2013, https://www.discovermagazine.com/planet-earth/do-jellyfish-rule-the-world.

2 Terry Tempest Williams, „Foreword", in *Jellies: Living Art*, Monterey, CA: Monterey Bay Aquarium 2002, S. 9.

3 Barbara Casavecchia, „On Codependencies and Rising Waters", in: ArtReview.com, 18. Dezember 2023. https://artreview.com/year-in-review-2023-ecology/. Übersetzung der Verfasserin.

4 Stacy Alaimo, „Jellyfish Science, Jellyfish Aesthetics: Posthuman Reconfigurations of the Sensible", in: *Thinking with Water*, hrsg. v. Cecilia Chen, Janine MacLeod und Astrida Neimanis, Montreal: McGill-Queen's University Press 2013, S. 154. Übersetzung der Verfasserin.

5 Ebd., S. 151.

6 Das Konzept der planetaren Grenzen wurde 2009 von einem Team von etwa dreißig internationalen Wissenschaftler*innen unter der Leitung von Johan Rockström am Stockholm Resilience Centre entwickelt und wird seitdem regelmäßig überarbeitet. Die jüngste Aktualisierung aus dem Jahr 2023 quantifiziert nicht nur alle Grenzen, sondern kommt auch zu dem Schluss, dass sechs der neun Grenzen überschritten wurden. https://www.stockholmresilience.org/planetary-boundaries

7 Johan Rockström u. a., „Planetary Boundaries: Exploring the Safe Operating Space for Humanity", in: *Ecology and Society* 14, Nr. 2, 2009. https://www.jstor.org/stable/26268316.{\\i{}Ecology and Society} 14, Nr. 2 (2009

8 https://www.bayoakomolafe.net/post/what-i-mean-by-postactivism.

9 https://www.youtube.com/watch?v=qGW9j7BeU4U.

10 Paul Feyerabend, *Wider den Methodenzwang*, übers. v. Hermann Vetter, Frankfurt a. Main: Suhrkamp 1986, S. 15.

11 Isabelle Stengers, *Wem dient die Wissenschaft?*, übers. v. Bernd Wilczek, München: Gerling Akademie Verlag 1998.

12 Edward W. Said, „Opponents, Audiences, Constituencies, and Community", in: *Critical Inquiry* 9, Nr. 1, 1982, S. 6.

13 Der Sozialpsychologe Kurt Lewin formulierte die Grundsätze des *action research* in den Vierzigerjahren in den USA. Vgl.: Kurt Lewin, „Action research and minority problems", in: *Resolving Social Conflicts: Selected Papers on Group Dynamics*, New York: Harper & Brothers 1946, S. 201–216.

14 Vgl. Stevphen Shukaitis und David Graeber (Hrsg.), *Constituent Imagination: Militant Investigations// Collective Theorization*, Oakland, CA: AK Press 2007; „Militante Untersuchungen", in: *arranca!* #39, Winter 2008.

15 Romano Alquati, *Per Fare Conricerca*, Turin: Calusca Edizioni 1993. http://uninomade.org/wp/wp-content/uploads/2012/08/Alquati_Per_fare_conricerca.pdf.

16 Erik Bertram, „Non-Representational Thinking: Methodologische Überlegungen anhand des Bonner Sperrmüllassemblages", in: *Geographica Helvetica* 71, Nr. 4, 24. Oktober 2016, S. 285. https://doi.org/10.5194/gh-71-283-2016.

17 Linda Tuhiwai Smith, *Decolonizing Methodologies: Research and Indigenous Peoples*, 2. Auflage, London: Zed Books 2012, S. 1.

18 Malcom Ferdinand, *A Decolonial Ecology: Thinking from the Caribbean World*, übers. v. Paul Anthony Smith (Critical south), Cambridge: Polity Press 2022, S. 9.

19 Denise Ferreira da Silva, „On Difference Without Separability", in: *Incerteza viva*, hrsg. v. Jochen Volz und Júlia Rebouças, São Paulo: Fundação Bienal de São Paulo 2016, S. 59.

20 Ebd., S. 62.

21 Michael Osterweil und Graeme Chesters, „Global Uprisings: Towards a Politics of the Artisan", in: *Constituent Imagination: Militant Investigations// collective theorization*, hrsg. v. Stevphen Shukaitis und David Graeber, Oakland, CA: AK Press 2007, S. 259.

22 Lesley Green, „Ecology, Race, and the Making of Environmental Publics: A Dialogue with Silent Spring in South Africa", in: *Resilience: A Journal of the Environmental Humanities* 1, Nr. 2, 2014. https://muse.jhu.edu/article/565696. Übersetzung der Verfasserin.

23 Denise Ferreira da Silva, „How", in: *e-flux Journal* #105, Dezember 2019. https://www.e-flux.com/journal/105/305515/how/.

Jana Winderen, Quallen-Zeichnung, 2024

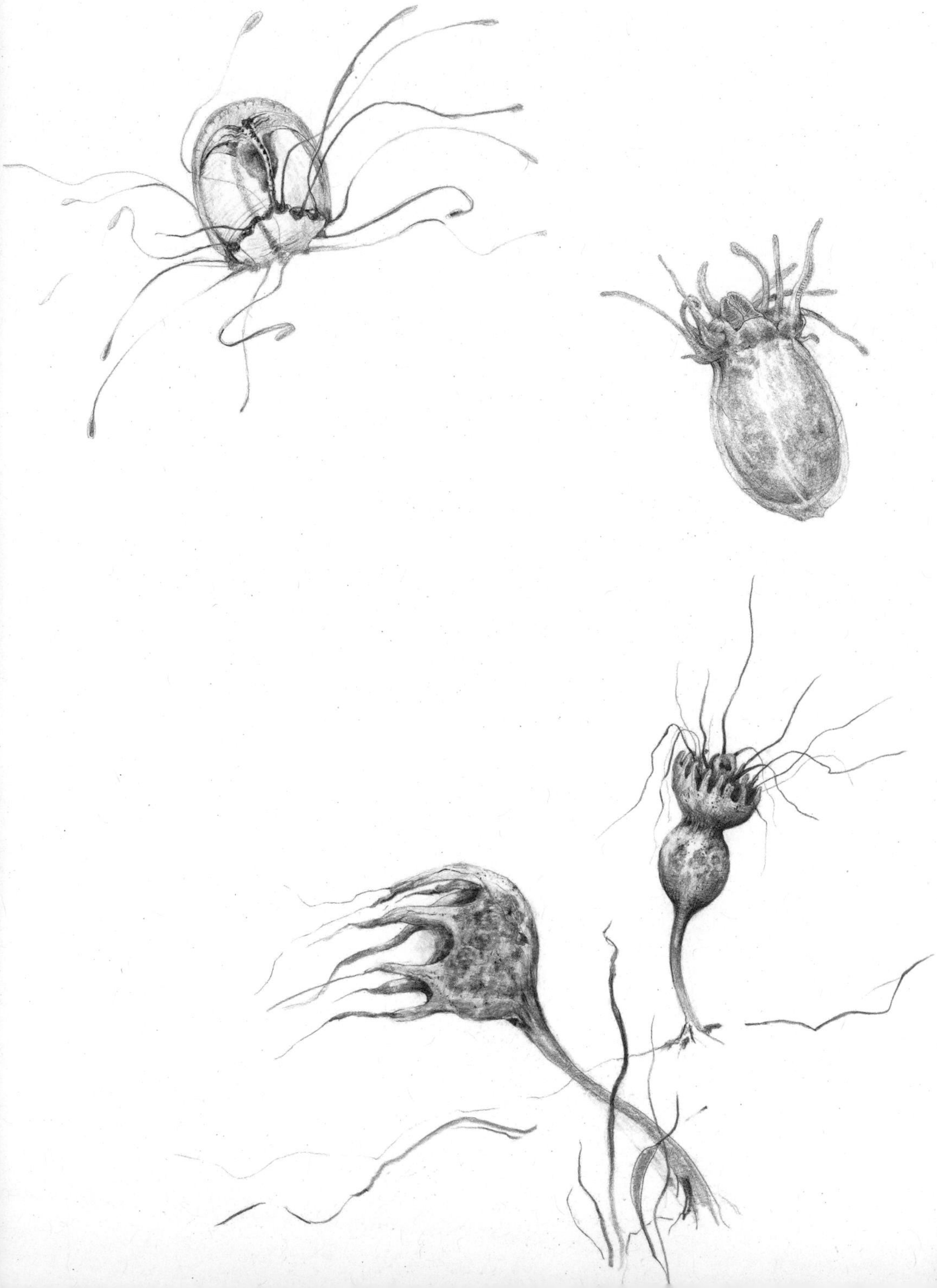

EINE WELT
OHNE GARANTIEN
UND GEWISSHEITEN

EPOCHE MACHEN: WENN EIN WISSENSCHAFTLICHES WELTMODELL ZUM WELTBILD WIRD

Im Jahr 1972 simulierte die aufsehenerregende Studie *Die Grenzen des Wachstums. Bericht des Club of Rome zur Lage der Menschheit* unterschiedliche Modelle zur Berechnung der absoluten Wachstumsgrenzen, wie sie im Wesentlichen auf einer Überforderung der Erdsystemkreisläufe bei rasantem Bevölkerungswachstum und steigendem Wohlstand beruhen. Unmissverständlich formulierten die an der Studie beteiligten Forscher*innen Dennis Meadows, Donella Meadows, Erich Zahn und Peter Milling, dass die „gegenwärtige Zunahme der Weltbevölkerung, der Industrialisierung, der Umweltverschmutzung, der Nahrungsmittelproduktion und der Ausbeutung von natürlichen Rohstoffen“[1] nicht aus einer „Kombination rein technischer, wirtschaftlicher oder gesetzlicher Maßnahmen“ zu bewältigen wäre. Die auf die Menschheit zukommenden Herausforderungen könnten nur durch „ein außergewöhnliches Maß von Verständnis, Vorstellungskraft und politischem und moralischem Mut“[2] erzielt werden.

Bekanntlich löste der Bericht, trotz heftiger Kritik aus Wissenschafts- und Wirtschaftskreisen, eine vitale, vorwiegend jugendkulturell getragene ökologische Bewegung aus, der es an Mut und Vorstellungskraft nicht mangelte. Ihre Erfolge waren zunächst so einschneidend, dass der in den Achtzigerjahren harsch einsetzende reaktionäre Backlash in Europa und den USA weitgehend unbemerkt und unbeantwortet blieb. Es war die Kombination aus wirtschaftlichen, technischen und letztendlich politischen Interessen, die nicht nur die Club-of-Rome-Studie delegitimierte, sondern auch alles daransetzte, den einsetzenden ökologischen Systemwandel zu untergraben. „Klimaskepsis“ wurde systematisch von einem milliardenschweren Netzwerk von Stiftungen, Think Tanks und politischen Frontgruppen angeheizt, die sich dem koordinierten Kampf gegen die Klimawissenschaften verschrieben.[3] In den Folgejahren vollzog sich nicht nur eine reaktionär-konservative politische Kehrtwende, die kürzlich erkämpfte soziale Errungenschaften wieder zu revidieren suchte, auch kam es zu einem Abflauen des einst passionierten Umweltbewusstseins. Unter dem Einfluss rasanter technowissenschaftlicher Erneuerungen verfestigte sich alsbald eine Sichtweise, die der Menschheit die Fähigkeit und technologische Kapazität zur Bewältigung anstehender Klimaprobleme zuerkannte.

Im Laufe der Jahrzehnte präsentierte sich somit das Problem „Klimawandel/globale Erwärmung“ in unterschiedlichen Framings, die je nach wirtschaftlichem, sozialem und politischem Kontext jeweils andere Sichtweisen und Lösungsszenarien hervorbrachten.[4] Trotz der scheinbaren Eindeutigkeit der naturwissenschaftlichen Diagnose variieren in den divergierenden Problemrahmungen Fragen der Problemerkennung und Ursachenzuschreibung, die Produktion identitätsstiftender Vokabulare und Diskurse sowie die Zuschreibung der Verfügungsmacht über die globale Klimapolitik. Von der ursprünglichen Klassifizierung als negative Externalisierung von Bevölkerungs- und Wirtschaftswachstum wurde in weiterer Folge Klimawandel als „wicked problem“ stilisiert, für das es möglicherweise keine zugeschnittene „Lösung“ gibt. Das auf der großen Beschleunigung klimawirksamer Faktoren aufbauende Risiko-Framing betont die Allgegenwärtigkeit des Problems und folgt einer Logik der Übertragbarkeit, indem es eine Vergleichbarkeit zwischen ökologischen und ökonomischen Kategorien herstellt. Krieg ist wiederum ein Problem-Framing, das den Klimawandel rhetorisch verstärkt und ihn als Feind darstellt, der bekämpft werden muss. Es beruht auf einer Notstandslogik, die schnelle, allgemeingültige Geoengineering-Lösungen fordert. Die Krise wird als emotionaler Verstärker eingesetzt, der auf das schwindende Zeitfenster zum Gegensteuern verweist. Der Katastrophenrahmen wiederum baut auf der Eskalationsdynamik und dem Zusammenspiel sozialer, wirtschaftlicher und distributiver Faktoren auf, die vor allem Gesellschaften des Globalen Südens verstärkt treffen und die Perspektive auf die zukünftigen Folgen der Klimaeskalation verschieben.

Diese Rahmenwerke leisten wertvolle Übersetzungsarbeit, indem sie den Club-of-Rome-Bericht und seine regelmäßigen Überarbeitungen, die seit 1990 veröffentlichten wissenschaftlichen Sachstandsberichte[5] des IPCC sowie unzählige Publikationen und wissenschaftliche Untersuchungen in operationalisierbare Klimaziele und nachhaltige Wirtschaftsmodelle übertragen. Und dennoch werden politisch-wirtschaftliche Maßnahmen nur lückenhaft umgesetzt, tritt nur allzu langsam ein mutiges ökozentrisches Bewusstsein ein, ändert sich recht zögerlich die Sprache der öffentlichen Berichterstattung. Die britische Tageszeitung *The Guardian* implementierte beispielsweise erst im Mai 2019 eine neue Sprachregelung, die der Klimaeskalation Ausdruck verleihen sollte: Anstelle von „Klimawandel" werden seitdem die Begriffe „Klimanotstand, -krise und -zusammenbruch" verwendet. „Globale Erhitzung" wird „globaler Erwärmung" vorgezogen und als Ausdruck einer stärkeren Empathie berichten nun Journalist*innen von „Tierwelt" und „Fischpopulation" anstelle von „Biodiversität" und „Fischbestand". Klimaskeptiker*innen werden nun der Richtigkeit halber als Klimaleugner*innen bezeichnet. Zudem wird der tägliche CO_2-Messstand auf den Wetterseiten dieser Zeitung angeführt. Die Chefredakteurin der Zeitung Katharine Viner argumentiert diese Anpassung der Klimaberichterstattung wie folgt:

> The phrase "climate change", for example, sounds rather passive and gentle when what scientists are talking about is a catastrophe for humanity.[6]

Die BBC hat gleichfalls anerkennen müssen, dass ihre Reportagen zu Klimafragen nicht dem Stand der Wissenschaft entsprechen. Ein internes Briefingpaper aus dem Jahr 2018 beginnt mit dem Statement: „Climate change IS happening" und: „There is a general consensus that it could be devastating in many different ways."[7]

1 Dennis L. Meadows u. a., *Die Grenzen des Wachstums. Bericht des Club of Rome zur Lage der Menschheit,* hrsg. v. Club of Rome, übers. v. Hans-Dieter Heck, 17. Auflage, Stuttgart: Deutsche Verlags-Anstalt 1972, S. 17.

2 Ebd., S. 172/173.

3 Zur Anwendung der sogenannten „Tabakstrategie" durch eine hochgradig vernetzte US-amerikanische Industrielobby, unterstützt durch Politik und Wissenschaft, im Kampf gegen den Energiewandel, d. h. zur konsequenten und gezielten Diskreditierung von Klimaberichten, gepaart mit der Unterdrückung von wissenschaftlichen Fakten und Berichten sowie der Verbreitung von Falschinformationen, siehe Naomi Oreskes und Erik M. Conway, *Merchants of Doubt: How a Handful of Scientists Obscured the Truth on Issues from Tobacco Smoke to Global Warming,* New York: Bloomsbury Press 2011.

4 Die unterschiedlichen Framings sind aufgearbeitet in Norah Campbell, Gerard McHugh und Paul Dylan-Ennis, „Climate Change Is Not a Problem: Speculative Realism at the End of Organization", in: *Organization Studies* 40, Nr. 5 (Mai 2019), S. 733 ff., https://doi.org/10.1177/0170840618765553.

5 Der *Sixth Assessment Report* des ICCP wurde im März 2023 veröffentlicht. https://www.ipcc.ch/report/sixth-assessment-report-cycle/.

6 Damian Carrington, „Why the Guardian is Changing the Language it Uses About the Environment", in: *The Guardian,* 17. Mai 2019. https://www.theguardian.com/environment/2019/may/17/why-the-guardian-is-changing-the-language-it-uses-about-the-environment?CMP=share_btn_fb.

7 Damian Carrington, „BBC Admits 'We Get Climate Change Coverage Wrong Too Often'", in: *The Guardian,* 7. September 2018. https://www.theguardian.com/environment/2018/sep/07/bbc-we-get-climate-change-coverage-wrong-too-often.

Im Februar 2019 berichtete die *New York Times,* dass wir die errechnete globale Ein-Grad-Erwärmung erreicht hätten und damit eine Wende vollzogen worden sei. Wir hätten das Recht zur Panik und sollten nach so vielen Jahren der Verharmlosung erkennen, dass „catastrophic thinking" wertvoll sei.[8]

Auch die engagierte Wissenschaftstheoretikerin Isabelle Stengers bekräftigt in ihrem Buch *In Catastrophic Times: Resisting the Coming Barbarism* die Feststellung, dass die von Menschen verursachten Störungen des Klimas unkontrollierbare Verwüstungen auslösen werden – eine Welt ohne Garantien und Gewissheiten. Gaia[9], das selbstregulierende ökologische System mit dem mythischen Namen der Muttergöttin, ist nun eine Eindringende geworden, die, zunehmend irritiert, kraft ihrer fremdartigen und zerstörerischen Intelligenz ins irdische Leben einbricht.[10] Was Stengers als Gaias Eindringen bezeichnet und was in der Club-of-Rome-Studie als „teuflischer Regelkreis" beschrieben wurde, zirkuliert in Wissenschaftskreisen seit zwei Jahrzehnten unter der Bezeichnung Anthropozän, das Zeitalter des Menschen, und umreißt eine Störungsökologie von unabsehbarem und unabwendbarem Ausmaß. Dieses neue Framing erweitert sowohl die zeitliche als auch die räumliche Dimension der erdsystemischen Deregulierungen und verortet sie in der Tiefenzeit und auf der planetarischen Skala. Für einige steht das Anthropozän sogar für eine gänzlich neue Welt, für die keine der gültigen Kategorien mehr gilt.

Das Anthropozän kennzeichnet die globale Erhitzung des Klimas, aber auch ökologische Veränderungen, die ursächlich mit Erdsystemstörungen in Verbindung stehen, wie das Artensterben, der Meeresspiegelanstieg, die Säuerung der Ozeane und die Verbreitung von maritimen Todeszonen; die rasanten Änderungen der Biosphären auf Land und in Gewässern; die Verbreitung von Technofossilien, also neuer Mineralstoffe und Gesteinsformationen; die im Laufe von Atomversuchen freigesetzten künstlichen Radionuklide; die massive Erhöhung von Erosion und Sedimenttransport, die mit Urbanisation und Landwirtschaft ursächlich in Verbindung steht; und Störungen des Kohlenstoff-, Stickstoff- und Phosphorzyklus.[11] Diese Veränderungsprozesse sind seit Mitte des 20. Jahrhunderts auf menschliche Interventionen zurückzuführen und rechtfertigen somit, laut den Vertreter*innen der Anthropozänthese, die Bezeichnung Menschenzeitalter. Aggregiert ergeben sie eine wissenschaftliche Totalvorstellung, ein neues Weltmodell, das gerne mit der kopernikanischen oder darwinschen Revolution verglichen wird und den Menschen wieder ins Zentrum des Erdgeschehens befördert.[12]

1 Territorial Agency, *Oceans in Transformation.* Anthropogene Spuren im Pazifischen Ozean: Fischerei- und Transshipmentdaten in der Nähe des Nazca-Desventuradas Marine Park vor der Küste von Chile.

8 David Wallace-Wells, „Time to Panic", in: *The New York Times,* 16. Februar 2019. https://www.nytimes.com/2019/02/16/opinion/sunday/fear-panic-climate-change-warming.html.

9 In den Siebzigerjahren entwickelte der Chemiker James Lovelock, in weiterer Folge gemeinsam mit der Mikrobiologin Lynn Margulis, das planetare Modell der Gaia-Hypothese, welches die Erde als synergetisches, selbstregulierendes und lebenserhaltendes Gesamtsystem beschreibt. Die Theorie besagt, dass die irdische Biosphäre jene Wechselverhältnisse und Vernetzungen zwischen Biotischem und Abiotischem schafft, die für den Erhalt und die Entwicklung von Leben vonnöten sind, und daher als Kontrollsystem angesehen werden kann, das zur aktiven Selbstregulierung fähig ist. Gaia ist der Name der griechischen Erdgöttin und wurde vom englischen Schriftsteller William Golding für die Bezeichnung von Lovelocks theoretischem Vorstoß vorgeschlagen. Vgl. James Lovelock und Sidney Epton, „The Quest for Gaia", in: *New Scientist,* 6. Februar 1975, S. 304.

10 Isabelle Stengers, *In Catastrophic Times: Resisting the Coming Barbarism,* übers. v. Andrew Goffey, Open Humanities Press und meson press 2015, S. 27–34.

11 Darstellung modifiziert nach: http://quaternary.stratigraphy.org/working-groups/anthropocene/ (anthropogene Phänomene). Übersetzung der Verfasserin.

12 Christophe Bonneuil, „The Geological Turn: Narratives of the Anthropocene", in: *The Anthropocene and the Global Environmental Crisis: Rethinking Modernity in a New Epoch,* hrsg. v. Clive Hamilton, François Gemenne und Christophe Bonneuil, London: Routledge 2015, S. 18. https://www.taylorfrancis.com/books/9781317589099.

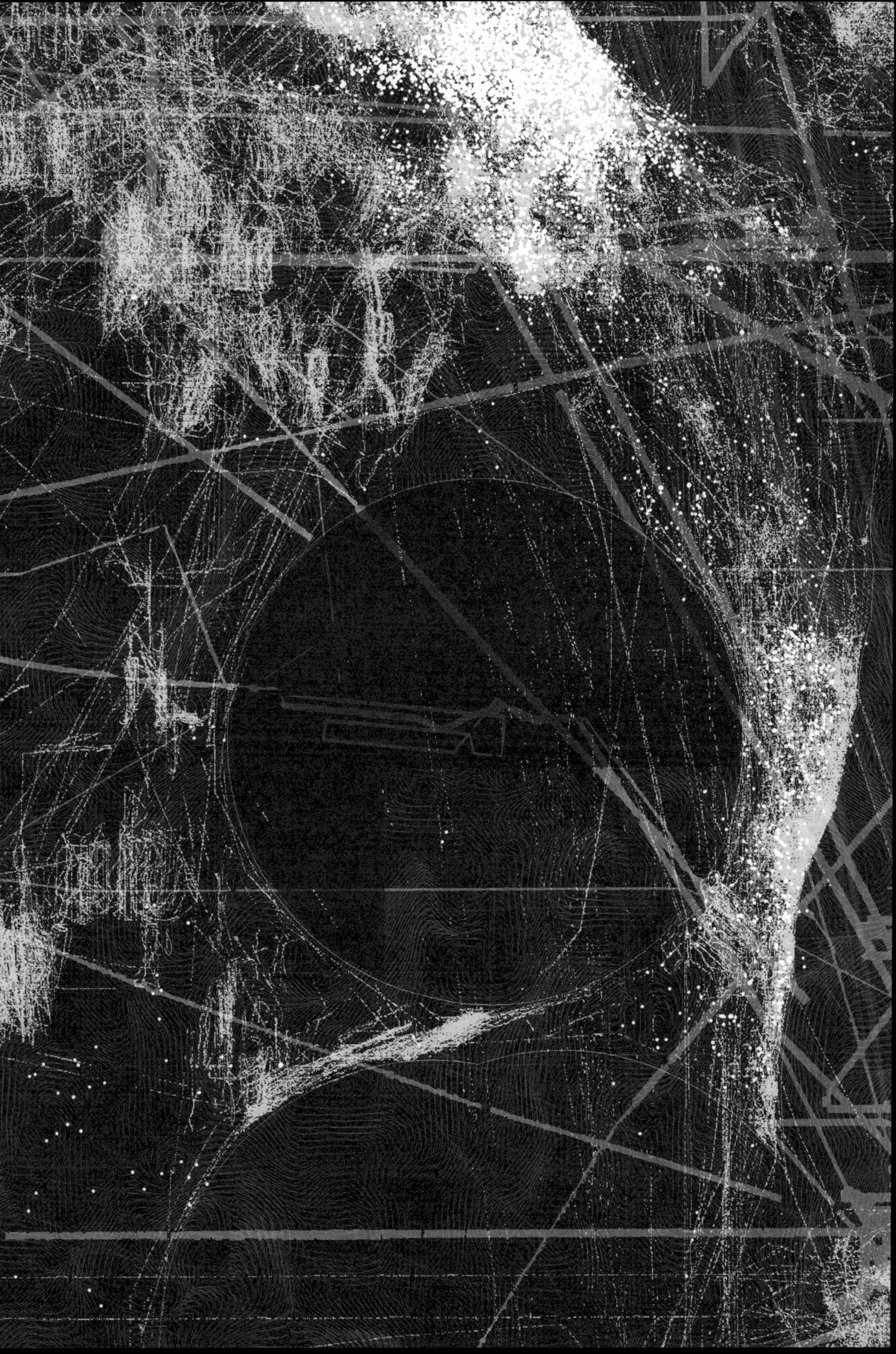

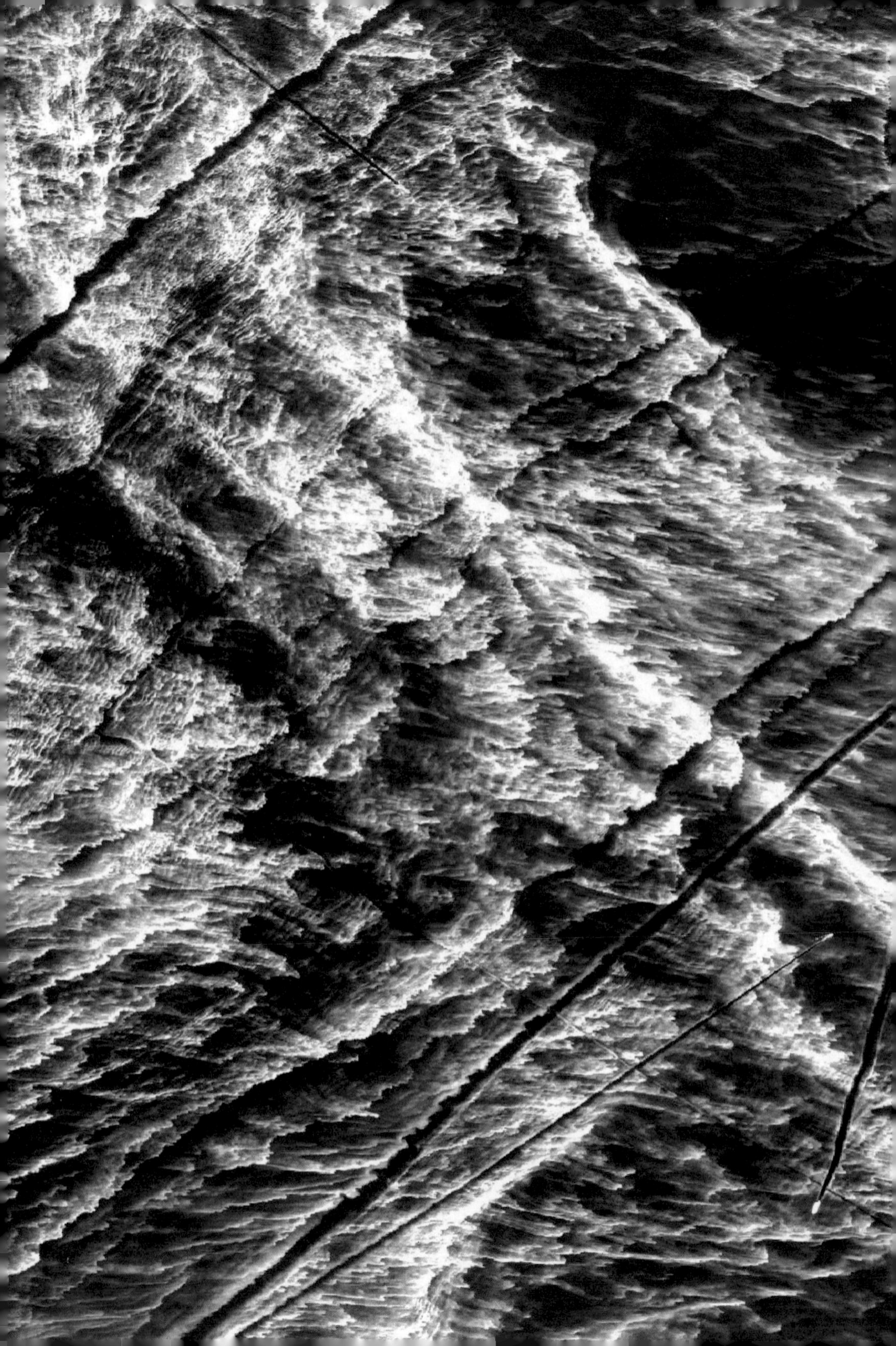

Allerdings hat die verfängliche Benennung des neuen geostratigrafischen Zeitalters nach der Figur des *Anthropos* nicht wenig Verwunderung und sogar Empörung ausgelöst. Mit der Verbreitung des Begriffs verfestigte sich auch der Eindruck, dass sich selbst in den Naturwissenschaften eine unkritische Anthropologie eingenistet habe. Wer ist denn dieser *Anthropos,* die ganze Menschheit womöglich? Sei nun tatsächlich die gesamte Menschheit für die Schieflage des Planeten zur Verantwortung zu ziehen, wo es bekanntlich eine überschaubare Anzahl schwer industrialisierter und oftmals militarisierter Nationen war und weiterhin ist, die ein Übermaß an Energien und Ressourcen konsumieren und Schadstoffe wie auch Radionuklide emittieren? Oder ist die Bezeichnung als Verweis auf eine neue menschliche Schicksalsgemeinschaft der Klimageschädigten zu verstehen?

DAS SCHWARZE ANTHROPOZÄN

Nach einer langen Phase der antihumanistischen Abkehr und der Beanstandung des universellen, autonomen und selbstbestimmten Subjekts bringt die Anthropozän-Debatte den „Menschen“ wieder in Stellung. Aus der wissenschaftlichen Bedeutungsgenerierung abgeleitet, tragen Erklärungsmodelle, die das Menschenkollektiv als Urheber, Betroffene oder Problemlöser des Anthropozäns auszeichnen, zu seiner diskursiven Wiederbelebung bei. Auch die Verantwortungsfrage für katastrophale Umweltveränderungen durchzieht nun naturwissenschaftliche Erkundungen, und die Geostratigrafie wird vermehrt zur politischen Spurensuche für den Nachweis historischer Rechenschaftspflicht herangezogen. Immer mehr zeigt sich, dass das Anthropozän kein Phänomen der Gegenwart ist, sondern Folge und Indiz eines Jahrhunderte währenden, planetarisch wirksamen „ökopathologischen“[13] Weltbilds. Laut der „nichtmenschlichen Geografin“[14] Kathryn Yusoff verstellt die hegemoniale Anthropozänauffassung die lange Geschichte von Ausbeutung, Versklavung, Kolonialismus und Neokolonialismus, die sich nicht hinter dem entpolitisierten Konstrukt „wir Menschen“ verbergen lässt. Die Rede vom schicksalhaften Band, das vermeintlich die Menschheit unter dem Vorzeichen des Anthropozäns vereint, verschleiert die historischen Auslöschungen, die zur Begründung der humanistischen Neuzeit in Europa geführt haben.[15]

Das Anthropozän in der Zukunft anzusiedeln, bedeutet die stattgefundene Auslöschung und Ausbeutung von Schwarzen, braunen, indigenen, afrodeszendenten, mestizischen und anderen nichtwestlichen Gemeinschaften zu negieren. Die Anthropologin Elizabeth Povinelli bezeichnet dieses Kontinuum an Gewalt als „rolling ancestral catastrophe“[16], die nicht enden wollende Urkatastrophe, von der ausgehend die Geschichte von Gaias Eindringen zu erzählen sei. Aus der Perspektive der anzestralen Katastrophe ist das Schwarze Anthropozän[17] untrennbar mit der Landnahme und dem menschenunwürdigen Einsatz von Arbeitskraft verbunden, die den Zugang zu fossilen Brennstoffen und die Wertbarmachung landwirtschaftlicher Böden des Globalen Südens ermöglichten und heute noch ermöglichen. So

2 Territorial Agency, *Oceans in Transformation.* Die anthropogenen Einflüsse der intensiven Landnutzung in Skandinavien haben im Juli 2019 eine Algenblüte in der Ostsee bewirkt, wie aus den Daten von ESA Sentinel 2 hervorgeht.

13 Hannes Bajohr, „Keine Quallen. Anthropozän und Negative Anthropologie“, in: *Der Anthropos im Anthropozän,* hrsg. v. Hannes Bajohr, Berlin: De Gruyter 2020, S. 8. https://doi.org/10.1515/9783110668551-001.

14 Kathryn Yusoff bezeichnet sich als Professorin für nichtmenschliche Geografie und erforscht die Beziehungen zwischen Menschen und Erde sowie die Materialität und ihre Auswirkungen auf die Politik des Lebens.

15 Kathryn Yusoff, *A Billion Black Anthropocenes or None,* Minneapolis: University of Minnesota Press 2018.

16 Elizabeth A. Povinelli, *Between Gaia and Ground: Four Axioms of Existence and the Ancestral Catastrophe of Late Liberalism,* Durham, N. C.: Duke University Press 2021.

17 Yusoff, *A Billion Black Anthropocenes.*

erzeugen Klimaeskalation, Erderhitzung, Artensterben und planetare Veränderung eine unmenschliche und nichtmenschliche Nähe zwischen den Zonen der Extraktion von Rohstoffen, imperialen Geografien und zeitgenössischem Rassismus.[18]

Für viele Schwarze, indigene und dekoloniale Theoretiker*innen hingegen, aber nicht nur für sie, setzt das Anthropozän mit der Landnahme des amerikanischen Kontinents ein. Durch den kolonialen Genozid an fünfzig Millionen amerikanischen Ureinwohner*innen hätte sich der Baumbestand so weit zurückgebildet, dass der daraus resultierende CO_2-Rückgang im Weltklimahaushalt seinen Niederschlag finde. Dieser in den Eisbohrkernen nachweisbare CO_2-Rückgang gelte als Auslöser der geologischen Umformungen, nach denen Anthropozän-Forscher*innen suchen.[19] Für Yusoff wiederum bilden die Bergwerke, mit denen die Umwandlung der Erde durch den Abbau von Gold, Silber, Salz und Kupfer einsetzte, die Wiege des „Schwarzen Anthropozäns". Aber auch der mit dem sogenannten „Columbian exchange"[20] einhergehende transatlantische Handel von Menschen, Pflanzen und Tieren sowie die intensiv bewirtschafteten Monokulturen von Zuckerrohr, Tabak und Baumwolle werden als Triebkraft einer ökologischen Neuordnung der Welt beschrieben.

NOT NATURE, BUT HUMAN NATURE[21]

Wenn das dystopische Weltmodell des Anthropozäns Aufschluss über das Wesen des Menschlichen geben soll, dann bedingt es die kritische Reflexion des Menschen auf sich selbst, auf seine Befähigungen, seine Selbstkonstitution und Geschichte sowie sein Verhältnis zur Natur, sprich auf seine Weltbilder. Im Weltbild zeichnet sich sein Begriff der Wirklichkeit ab, in dem und durch den er sich selbst versteht. Solch eine aktualisierte Reflexion bedarf eines neuen „epistemologischen Filters"[22], durch den sich Menschsein und In-der-Welt-Sein im Anthropozän ins Visier nehmen lassen. Durch diesen gefilterten Blick betrachtet, erscheint jedenfalls der moderne, rational begabte und ökonomisierte *Anthropos* als höchst suspektes Subjekt: Mit erbarmungslosem Kalkül macht er sich die Erde untertan, zieht zwischen sich und den vielen „Anderen" eine anthropologische Grenze und hierarchisiert und ontologisiert die Ordnung der Existenzen. Auf solch einer pseudohumanistischen Logik aufbauend, definiert er sich als Standard der Menschheit, ein streng kontrollierter Richtwert, der sämtliche Abweichungen auf die Schattenseite der Zivilisation und Menschlichkeit absiedelt. Seine Überdeterminierung bietet dem modernen, rationalen, weißen und maskulinen Subjekt der Aufklärung eine selbstherrliche Bühne, von der aus er das Erdgeschehen weiterhin beherrsche.

Wen verwundert es daher, dass im Licht des Anthropozäns die von der jamaikanischen Philosophin Sylvia Wynter als „weiße Ethnoklasse"[23] bezeichnete, selbsternannte Elite zur Rechenschaft gezogen wird und dass, aus den Perspektiven der anzestralen und fortwährenden Katastrophe, das ganze Konstrukt seiner narzisstischen Menschlichkeit aus den Fugen gerät? So markieren die zwei temporalen Fluchtpunkte des Anthropozäns – der in der kolonialen Vergangenheit angesiedelte und der zukünftige – die Horizonte einer unheilvollen, phantasmatischen und auf Exzeptionalismus fußenden Ordnung. Die Infragestellung dieses überholten Weltbilds erfordert die Überprüfung hierarchisierender und zentristischer Konzepte (wie Anthropo-, Euro-, Logozentrismus) wie auch simplifizierender Dichotomien, so etwa der gängigen Trennung von Natur und Kultur.

Von dem Befund des Geologisch-Werdens der Spezies leitet der postkoloniale Historiker Dipesh Chakrabarty die Feststellung ab, dass nunmehr Menschheits- und Naturgeschichte nicht mehr als getrennte Kategorien zu betrachten sind. „Now it is being claimed that humans are a force of nature in the geological sense."[24] Die zwei Geschichten, also die Naturgeschichte und die durch industriellen

Metabolismus und Bevölkerungswachstum geprägte Humangeschichte, konvergieren im Bild einer hybriden Erde – in jener von Bruno Latour konzeptualisierten Durchmischung und Fusion von Natur und Kultur. Folglich wird vermehrt auf das Konzept Natur/Kultur[25] zurückgegriffen, das sich als konsensfähige Prämisse zur Beschreibung der Koproduktion von Natur, Gesellschaft und Technik etabliert hat. Im Anthropozän kann „Natur" weder als ein „authentisches Außen" begriffen werden, das sich durch Verordnungen, Gesetze und nachhaltige, persönliche Einstellungen schützen lässt. Noch ist sie eine kontrollierbare und beherrschbare Materie, die nach Belieben verändert, ausgebeutet und verstoffwechselt werden kann. Die anthropogene Natur/Kultur wird als selbstregulierend handlungsmächtig beschrieben und zugleich als hybrid, durchdrungen von den höchst wirksamen Technologie-, Kommunikations- und Transportinfrastrukturen.

DAS KRÄFTEGELAGE DER UNBEKANNTEN

Für das Zeitalter des Anthropozäns gelten Totalität[26], Planetarität[27], Chaos, Beschleunigung[28] und Hyperobjekthaftigkeit[29]. Die ihm zugesprochenen Eigenschaften lassen sich nicht leicht in die für Menschen zugänglichen Maßstäbe des Verständnisses, der Sichtbarkeit und Erfahrbarkeit übertragen. Sie folgen hyperexponentiellen, negativen und positiven Wachstumsraten, die zu immer höheren Graden der Zufälligkeit führen. Auch dies ist ein Paradoxon des Anthropozäns: Die Destabilisierung des Erdsystems trägt zwar die Handschrift des Menschlichen, doch die Folgen und Auswirkungen seines Handelns entziehen sich seiner Fassbarkeit, Kontrolle und seinem Steuerungsvermögen.

Während eine Vielzahl von Energiequellen, bis hin zur Kernenergie, seit langem kommerziell nutzbar gemacht werden, so erscheinen die von Klimakatastrophe und Erderhitzung losgetretenen Kräfte und Energien als rätselhaft und unberechenbar. Das Anthropozän folgt dem multichaotischen Kräftegelage der Erdsysteme und ist angesichts der vielen Unbekannten, trotz hochleistungsfähiger Rechenmodelle, kaum prognostizierbar. Der Umweltwissenschaftler Daniel B. Botkin bezeichnet die abnehmende Zuverlässigkeit von Berechnungen und Vorhersagen sogar als völliges Chaos, „eine imaginäre Welt, in der es keine Ursache und keine Wirkung gibt und die daher ohne Form, Struktur und alles, was wir mit normalen Begriffen als ‚verständlich' bezeichnen würden, ist".[30]

18 Ebd.

19 Simon L. Lewis und Mark A. Maslin, „Defining the Anthropocene", in: *Nature* 519, Nr. 7542, März 2015, S. 171–180. https://doi.org/10.1038/nature14258.

20 Ebd.

21 Andreas Malm und Alf Hornborg, „The Geology of Mankind? A Critique of the Anthropocene Narrative", in: *The Anthropocene Review* 1, Nr. 1, April 2014, S. 65. https://doi.org/10.1177/2053019613516291.

22 Joanna Zylinska, *The End of Man. A Feminist Counterapocalypse*, Minneapolis: University of Minnesota Press 2018, S. 9.

23 Wynter, „Unsettling the Coloniality of Being/Power/Truth/Freedom", S. 260.

24 Dipesh Chakrabarty, „The Climate of History: Four Theses", in: *Critical Inquiry* 35, Nr. 2, Winter 2009, S. 207. https://doi.org/10.1086/596640.

25 Bruno Latour, *Wir sind nie modern gewesen. Versuch einer symmetrischen Anthropologie*, übers. v. Gustav Roßler, Frankfurt a. Main: Suhrkamp 2008, S. 191, und Bruno Latour, *Kampf um Gaia: Acht Vorträge über das neue Klimaregime*, übers. v. Achim Russer und Bernd Schwibs, Frankfurt a. Main: Suhrkamp 2017, S. 35.

26 Zum Totalitäts- bzw. Universalitätsanspruch vgl.: Macarena Gómez-Barris, *The Extractive Zone*, Durham, N. C.: Duke University Press 2017, S. 4.

27 Gayatri Chakravorty Spivak, *Imperative zur Neuerfindung des Planeten / Imperatives to Re-imagine the Planet*, hrsg. v. Willi Goetschel, übers. v. Bernard Schweizer, Wien: Passagen Forum 1999.

28 Robin Mackay und Armen Avanessian (Hrsg.), *#Accelerate: The Accelerationist Reader*, Falmouth: Urbanomic 2017.

29 Timothy Morton, *Hyperobjects: Philosophy and Ecology after the End of the World*, Posthumanities 27, Minneapolis: University of Minnesota Press 2013.

30 Daniel B. Botkin, *The Moon in the Nautilus Shell: Discordant Harmonies Reconsidered*, Oxford: Oxford University Press 2012, S. 173. Übersetzung der Verfasserin.

Das Lostreten exzentrischer Dynamiken des Erdsystems ist ohne Kenntnis der Wirkmacht jener erdumfassenden und erdverändernden Infrastrukturen, die seit den Sechzigerjahren, insbesondere aber im Lichte der neueren Theoretisierung des Geologen Peter Haff als Technosphäre[31] bezeichnet werden, nicht zu ermessen. Die Technosphäre ist all das, was die Menschheit nutzt und erzeugt und was sie am Leben erhält: Mobilitätsinfrastruktur, Nahrungsmittelwirtschaft, Bergbau, technologische Infrastrukturen usw. Sie ist vor allem eine gewaltige Ansammlung von Rückständen, in Form von kinetischer Energie, Hitze, Akkumulation von Treibhausgasen und anderen toxischen Reststoffen und sonstigen Abfallprodukten. Die zunehmende Konzentration von Gasen über dem Planeten ist wiederum die Folge der verstärkten Entnahme von Materie aus der Erdkruste, in Form von fossilen Brennstoffen und Bodennährstoffen. Ihr jährlicher Energieverbrauch wird bei einer Masse von dreißig Milliarden Tonnen mit mehr als 567 Exajoule berechnet. Zur Debatte steht wiederum, ob sie noch vom Menschen kontrolliert wird oder, wie Haff argumentiert, „einer quasi-autonomen Dynamik"[32] folgt.

Eine Welt ohne Ursachen und Wirkungen, in der Erdsysteme und technologischer Fortschritt entgleisen und Erkenntnis an ihre Grenzen stößt, erfordert jedenfalls die Erarbeitung von Wissensformen, die der Erde und ihren lebhaften Bewohner*innen eine Handlungsmacht zugestehen. *Anderes,* neues, ökologisches, posthumanes, mehr-als-menschliches[33], planetarisches und ozeanisches Wissen, das menschliche Selbstveränderung beflügeln soll, setzt auf die Intimität zum Nichtmenschlichen – zu der selbstregulierenden Intelligenz Gaias, den anthropogenen Vektoren der Umweltkrise und den unzähmbaren Beziehungsgeflechten zwischen Lebensformen. Auch die Vorstellung eines naturlosen, von seinen ökologischen und organischen Grundlagen entfremdeten Menschen muss wohl ein für alle Mal aufgegeben werden.

Aus Botkins geowissenschaftlicher Perspektive heißt es, Methoden zu entwickeln, die sich für instabile Systeme eignen, denen der Zufall inhärent ist. Den Geisteswissenschaften und Künsten wiederum verlangt die Theoretisierung des Anthropozäns gewagte Vorstellungssprünge ab, durch welche sich die vielen mehr-als-menschlichen Verbindungen, Verflechtungen und Skalierungen denken und Unvorhersehbarkeiten und Unvorstellbarkeiten erahnen lassen. Von allen Wissensformen sind sie am besten geeignet, so meine ich, das Vorstellungsdefizit auszugleichen, das sich aus dem planetarischen Ausnahmezustand ergibt, und den Überschuss an Vorstellungsarbeit zu leisten, der für die Gestaltung einer lebenswerten Zukunft erforderlich ist. Die Zukunft, oder vielmehr die Frage nach lebbaren Zukünften, gewinnt angesichts der postmillennialen Ratlosigkeit und des allgegenwärtigen technokratischen Managementdenkens eine zentrale Bedeutung. Nicht nur weil Menschen eine beispiellose Krise herbeigeführt haben, sondern auch weil sie – aus ihrer Rolle als souveräne Interpret*innen der Erdgeschichte und ihrer eigenen Existenz gefallen – immer weniger in der Lage sind, sich die Krise vorzustellen und eine Welt ohne Garantien und Gewissheiten zu denken.

3 Territorial Agency, *Oceans in Transformation.* Die Kontinentalschelfe Europas zählen zu den am intensivsten genutzten Regionen des globalen Ozeans. Daten von EMODnet zeigen eine hohe Aktivität in Bezug auf Schifffahrt und Ölförderlizenzen.

31 Peter Haff, „Humans and Technology in the Anthropocene. Six Rules", in: *The Anthropocene Review* 1(2), Juli 2014, S. 126–136. https://doi.org/10.1177/2053019614530575.

32 Ebd., S. 126.

33 Vgl. Anna Lowenhaupt Tsing, „More-than-Human Sociality. A Call for Critical Description", in: *Anthropology and Nature*, hrsg. v. Kirsten Hastrup, Routledge Studies in Anthropology 14, New York: Routledge 2014, S. 27–42. Tsing diskutiert die Annahme vom mehr-als-menschlichen und nichtmenschlichen Gemeinwesen auf Grundlagen der Biologe (insbesondere Pilzen) und der Anthropologie.

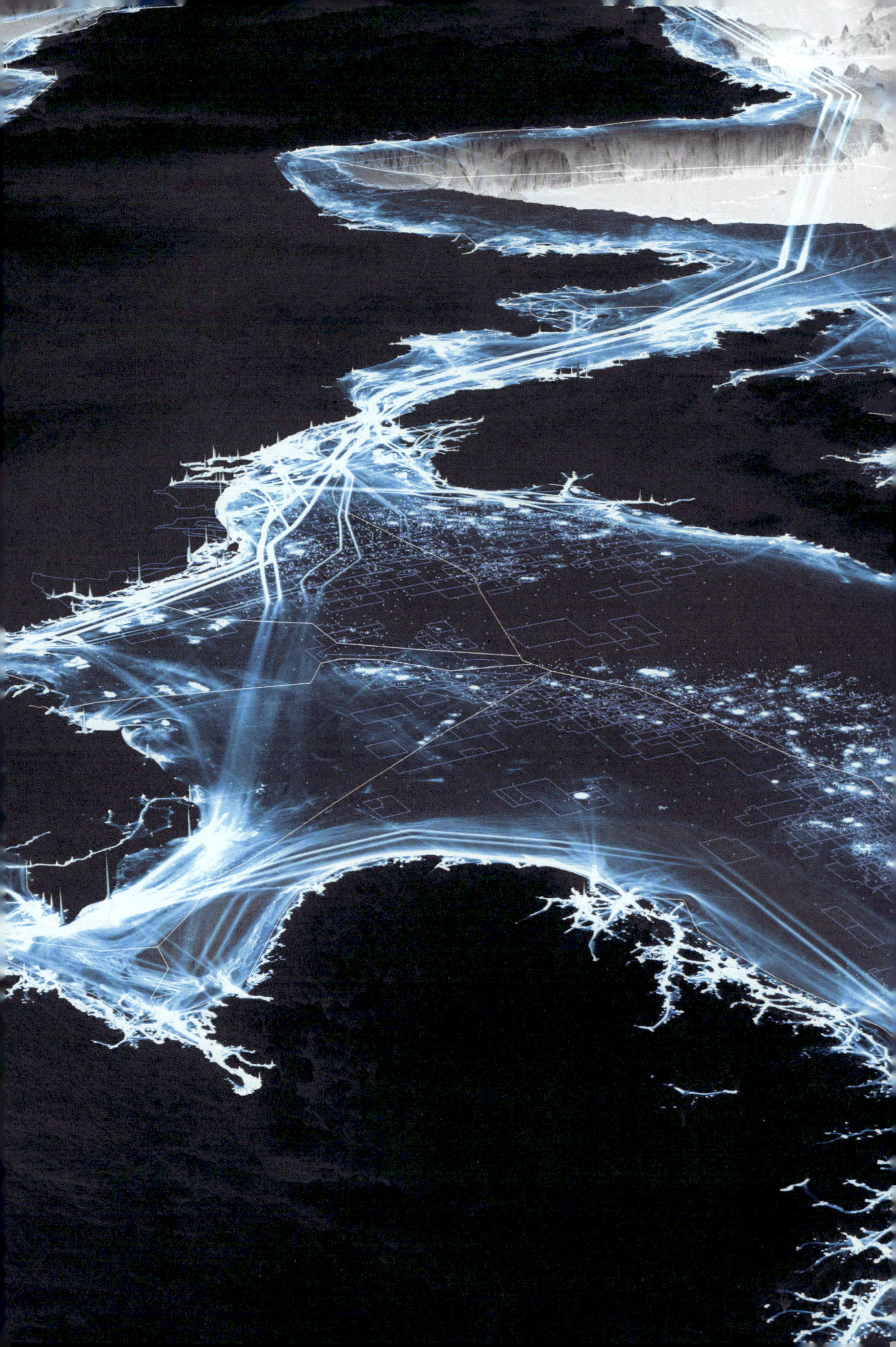

Die Anthropozänthese zählt zu den umfassendsten und sicherlich erfolgreichsten wissenschaftlichen Narrativen der letzten Jahrzehnte, gibt sie doch zu erkennen, dass das neue Zeitalter aus einer erdwissenschaftlichen und auch existentiellen Perspektive eine beispiellos neue Situation beschreibt. Bekanntlich indiziert sie die Befähigung des *geological agent*[34] Mensch, die klimatischen und zyklischen Bedingungen auf der Erde und in ihrer Atmosphäre auf Jahrtausende, vielleicht sogar Jahrmillionen zu verändern. Solch ein geologisch schlecht vertretbarer Vorschlag, nämlich die Menschenzeit ins Zentrum der Analyse zu stellen, wird hingegen als äußerst erfolgreiche und heftig debattierte „kulturelle Idee"[35] beschrieben, die explizit durch außerwissenschaftliche Überlegungen motiviert ist.[36] „People were using the 'Anthropocene' as if it were a real geological term – without inverted commas, without any sense of irony"[37], schildert der Vorsitzende der Anthropocene Working Group Jan Zalasiewicz die unvermutete Akzeptanz, die der Begriff schlagartig erhielt.

Die Geologie ist jedoch weder besonders gut aufgestellt, über den Menschen nachzudenken, noch braucht sie streng genommen den *Anthropos* für ihre Beweisführungen. Der außerwissenschaftliche Diskurs hingegen kommt ohne naturwissenschaftliche Begründungen schlecht aus. Und so beteiligen sich, wie wir sehen konnten, die Sozial- und Kulturwissenschaften, Geschichtswissenschaft, Politikwissenschaft, Kulturanthropologie und die Geistes- und Kunstwissenschaften heftig an den Kontroversen um „Sinn und Unsinn des Anthropozäns"[38]. Im Zentrum der Debatten stehen (zumindest) drei andockungsfähige Themenkreise: die dystopische, irreversible Schädigung des Erdsystems und damit die zukünftige Bewohnbarkeit des Planeten; die erdgewordene tellurische Macht des Menschen; und die heikle Datierungs- bzw. Bezeichnungsproblematik.

Im Aushandeln der Zukunftsperspektiven für menschliches und nichtmenschliches Leben argumentieren seither Wissensdisziplinen für oder gegen die Verwendung des Anthropozänbegriffs und füllen ihn gegebenenfalls mit jeweils eigenen Vorstellungen und Ambitionen auf. Geologie und Stratigrafie untersuchen minutiös die in den Erdschichten eingelagerten lithologischen, paläontologischen und isotopischen Charakteristika des Anthropozäns, dessen Auffindung und eindeutige Festlegung (der sogenannte *Golden Spike,* wissenschaftlich als Profil und Punkt des weltweiten Grenz-Stratotypus GSSP[39] bezeichnet) Voraussetzung für die Anerkennung als geologisches Zeitalter ist; die Geisteswissenschaften bedienen sich seiner, um unterschiedlich situierte Wissensprojekte zu kartieren; die Sozialwissenschaften, wie die politische Ökologie, projizieren intersektionale Ungleichheitsanalysen auf seine stürmischen, von Wandel durchzogenen Erscheinungsformen; und postkoloniale Denker*innen exponieren die ihm innewohnenden Ungerechtigkeiten und historischen Verfälschungen.

Abgrenzungstendenzen offenbaren sich auch in den vorgebrachten Alternativbenennungen wie Gaia, Kapitalozän[40], Plantationozän[41] und Chthuluzän[42], die jeweilige analytische und politische Schwerpunkte zutage fördern. Einig ist man sich indessen, soweit sich die Bandbreite an Stimmen überblicken lässt, über die Notwendigkeit, Wissens-, Gerechtigkeits- und Lebenskonzepte neu zu denken, um den Fortbestand planetarischen Lebens zu sichern. Wenn sie auch in der

Benennung und Detailanalyse durchaus unterschiedlich gelagert sind, gehen diese Forschungsansätze von einem radikalen Bruch aus, der das Denken von einer menschenzentrierten, globalen und kapitalistischen Perspektive in eine terrestrische, planetarische oder kosmische befördert, in der überlebensbedrohende und sich gegenseitig verstärkende Prozesse wirksam sind.

DAS ANTHROPOZÄN ALS PARADIGMENWECHSEL DES DENKENS: WIE UND WO ANSETZEN?

Der von den Naturwissenschaften ausgerufene Paradigmenwechsel hat binnen kurzer Zeit ein gewaltiges Kompendium an Schriften, Erklärungsmodellen und Interventionen hervorgebracht, das mit einer nicht abbrechen wollenden kollektiven Anstrengung einhergeht, diesen zu bestimmen und darüber hinaus die Ansätze einer neuen „Kosmologie" oder gar Kosmopolitik zu begründen. Das Skizzieren solch ökologisch verfasster Weltanschauungen und politischer Praktiken beansprucht die enorme kulturelle und intellektuelle Arbeit, die von einer Vielzahl an Disziplinen und Individuen bereits geleistet wurde und in Zukunft in einem noch größeren Ausmaß zu erbringen ist. Von der Überwindung des herrschenden ökopathologischen Weltbilds zugunsten kosmologischer Neukonfigurationen und deren Übersetzung in gesellschaftliche und politische Modelle wird, so meine ich, die zukünftige Bewohnbarkeit des Planeten abhängen.

Ich verstehe daher den Begriff des Anthropozäns als „Problemanzeiger", der die oft widersprüchliche und nicht auflösbare Gemengelage an Fragestellungen in den Blick nimmt und den Fokus auf die zu leistende Revisions- und Transformationsarbeit scharf stellt. Unsere spannungsreiche Ära im Zeichen planetarischer Verlagerungsdynamiken ist von allgemeiner Verunsicherung und vermehrt auftretender Systemkritik bestimmt, begleitet von gesellschaftlicher Polarisierung, politischer Radikalisierung und verzögert einsetzenden Neubestimmungen. So

34 Chakrabarty, „The Climate of History".

35 Katharina Block, „Humandezentrierung im Anthropozän", in: Bajohr (Hrsg.), *Der Anthropos im Anthropozän,* S. 78. https://doi.org/10.1515/9783110668551-005.

36 Das 2000 lancierte Initialmanifest „The Anthropocene" umfasst tatsächlich keine zwei Seiten in einem lose verfassten Newsletter des International Geosphere-Biosphere Programme und endet mit dem programmatischen Aufruf: „To develop a world-wide accepted strategy leading to sustainability of ecosystems against human induced stresses will be one of the great future tasks of mankind, requiring intensive research efforts and wise application of the knowledge thus acquired in the noösphere, better known as knowledge or information society. An exciting, but also difficult and daunting task lies ahead of the global research and engineering community to guide mankind towards global, sustainable, environmental management." Vgl. Paul J. Crutzen und Eugene F. Stoermer, „The ‚Anthropocene'", in: *Global Change Newsletters* Nr. 41. http://www.igbp.net/publications/globalchangemagazine/globalchangemagazine/globalchangenewslettersno4159.5.5831d9ad13275d51c098000309.html.

37 Michelle Nijhuis, „When Did the Human Epoch Begin?", in: *The New Yorker,* 15. März 2015.

38 Andreas Folkers, „Was ist das Anthropozän und was wird es gewesen sein? Ein kritischer Überblick über neue Literatur zum kontemporären Erdzeitalter", in: *NTM Zeitschrift für Geschichte der Wissenschaften, Technik und Medizin* 28, Nr. 4, Dezember 2020, S. 590. https://doi.org/10.1007/s00048-020-00269-1.

40 Das Kapitalozän entwirft eine eigenständige Forschungsperspektive, die unter Einbeziehung kritischer Kapitalismusforschung globale Ausbeutungslogiken und Reichtumsakkumulation beschreibt, die Klimaeskalation ebenso wie Migrations- und Expropriationsbewegungen in Gang gesetzt haben. Der Begriff ist auch eine Aufforderung, das Anthropozän als Prozess des Umweltrassismus anzuerkennen, der asymmetrischen Verteilung von Umweltbelastungen und der Ausgrenzung der am härtesten betroffenen Nationen und Gemeinschaften von essenziellen Entscheidungsfindungen.

41 Das Plantationozän stellt die Plantage, die zur kolonialen Besiedlung der Erde und zum historischen Aufstieg und der Konsolidierung des Kapitalismus führte, ins Zentrum der Klimaanalyse.

42 Donna Haraway bringt bevorzugt den Begriff des Chthuluzäns ins Spiel, als materiell-semiotische Komposition, die menschlichen Exzeptionalismus und Anthropozentrismus aushebelt und Platz schafft für multispeziesistische Assemblagen, für die Leben und Sterben auf dem sich erwärmenden und toxischen Planeten zunehmend verunmöglicht wird.

verwende ich im Rahmen dieser Studie den umstrittenen Anthropozänbegriff und nicht eine seiner Gegenformulierungen, da er am treffendsten die sich rund um ökologische Fragestellungen formierenden Kampfzonen beschreibt, in denen unterschiedliche Zukunftsvorstellungen und Interessen aufeinanderstoßen.[43] Auch drückt er die katastrophale Konvergenz aus, die technowissenschaftliche Überheblichkeit, politische Einfallslosigkeit, ein menschenzentriertes Weltbild und melancholischer Katastrophismus hervorbringen.[44]

Ich nehme jedoch auch das Anthropozän als „kritische Zone[45]" der Transformation unter die Lupe, die, so Latour, nur wenige Kilometer dünn, eine fragile Schicht der Bewohnbarkeit beschreibt, auf der Leben entstanden und möglich ist. Diese Zone ist kritisch für den Erhalt von Lebensformen und unterliegt den massiven Transformationen der Technosphäre wie auch den Dynamiken der Wechselwirkung, Emergenz, Resilienz und vielen anderen nicht linear fassbaren geophysischen und -thermischen Kräften. In ihr dislozieren sich die Ursachen für als natürlich erachtete Phänomene räumlich und zeitlich, sind von Menschen ausgelöst und/oder werden kausal von menschlichem Handeln mitbeeinflusst. Die kritische Zone ist der Austragungsort des Kampfes um endliche Ressourcen, der Behauptung von Lebensentwürfen und der Verteidigung von mehr-als-menschlichen Lebensräumen. Für Latour ist sie jedoch weitaus mehr als das. Die kritische Zone steht für die „Landung auf der Erde", im Terrestrischen, für die verdichtete und rematerialisierte Erfahrung, „auf einem Stück Land zu stehen".[46] Der scheinbar harmlosen Aufgabe der bloßen Beschreibung der Erde misst er eine vordringliche Bedeutung zu, denn nur aus der Perspektive der Landung lassen sich die vielfältig miteinander verflochtenen ökologischen Relationen erkennen und beobachten.

AVANTGARDENFORSCHUNG VON IDEEN

Charakteristisch für Übergangszeiten ist die Verlagerung von Denk- und Begriffsgeschichten hin zu neuen und adäquateren, wenn auch noch ungesicherten Ordnungsstrukturen und dem Kontingentwerden vertrauter Praktiken. So sind es auch die Verschiebungen und das Ineinandergreifen von Handlungs- und Begriffsgeschichten, die Interventionen und moralischen Anrufungen sowie die mäandernde, suchende und aufdeckende „Avantgardenforschung"[47] von Denkmöglichkeiten, die Forscher*innen, Theoretiker*innen, Aktivist*innen und Künstler*innen formulieren und zum Leben erwecken, auf die sich meine Aufmerksamkeit richtet. Diese Avantgardenforschung deutet auf die Neukonfigurationen von epistemischen Regimen hin, die in vier übergreifenden Themenbereichen bereits wirksam sind oder sich abzuzeichnen beginnen: der Planet, Gaia, die Erde, der Kosmos sowie das den Planeten besiedelnde Leben; der Mensch und die gegen ihn gerichteten Interventionen und die an ihn gerichteten Verpflichtungen; die Praxis des Geschichtenerzählens als Methode; und zukünftige Formen der Vergesellschaftung unter den zaghaften Prämissen einer politischen Theorie des Anthropozäns. Ohne eine zumindest einleitende Diskussion dieser Verschiebungen sind die präsentierten künstlerischen Fallstudien nur schwer nachzuvollziehen.

Bei der Erörterung der vier Themenfelder beobachte ich eine tiefgreifende Verschiebung hin zu einer relationalen und prozessualen Perspektive auf die Welt, der zufolge nicht mehr von Kategorien und auch nicht essentialistisch von spezifischen Entitäten oder Dingen aus gedacht wird. Statt das Trennende zwischen Menschen, Gegenständen und Naturspezifischem zu erforschen, wird auf den Beziehungen aufgebaut, die diese unterhalten, und den Prozessen, die ihnen zugrunde liegen. Mit Anleihen an der Biologie, der Ökologie und den Erdwissenschaften rückt diese Sichtweise die Ontologie erneut in den Fokus und bekräftigt die Pluralität von Lebensentwürfen und Seinsweisen, aber auch ihre Verbindungen und Interdependenzen. Die relationale Ontologie ermöglicht eine Enthierarchisierung von Lebendem und Nichtlebendem und eröffnet mehr-als-menschlichen Entitäten neue Möglichkeiten jenseits ihrer festgelegten Grenzen. Dennoch bleiben aus der Sicht der ontologischen Nichtunterscheidung qualitative und wirkmächtige Differenzen bewahrt, die selbst ontologisch und historisch kontingent sind.

Selbst Praktiken des Wissens – also wer was wie weiß – gelten nicht mehr als menschliche Differenzkategorie. Dass auch nichtmenschliche Entitäten ihre eigene Form von Wissen besitzen, ergibt sich aus dem Dargelegten. Eine noch grundlegendere Revision des Wissensprojekts geht aus der Deutungsperspektive einer Verschmelzung von Wissen und Sein hervor. Der zufolge werden Tatsachen der Wirklichkeit als Ergebnisse epistemischer Konstruktion erachtet *und* Wissensbestände *aus* der Welt generiert. Ontoepistemologisch[48] zu denken heißt demnach, aus der Welt und ihren Verflechtungen heraus Konzepte und Wissensinhalte zu entwickeln. Karen Barad bringt es auf einen einfachen Nenner: „Wir erlangen Wissen nicht, indem wir außerhalb der Welt stehen; wir wissen, weil ‚wir' *von* der Welt sind."[49] Aus dieser Deutungsperspektive, die eingeführte Unterscheidungen – etwa zwischen Natur/Kultur, Subjekt/Objekt, Mensch/Nichtmensch, belebt/unbelebt – zugunsten eines prozesshaften Miteinanderwerdens verweigert, zeichnet sich eine künstlerische Forschungsmethode ab, ein ontoepistemischer Rahmen und politischer Standpunkt, der die in gelebte Machtverhältnisse eingebettete Materialität von Körpern betont. An solche, hier sehr verkürzt skizzierten *Un*-ordnungsvorstellungen des Posthumanismus und Neumaterialismus knüpfen sich Hoffnungen, Erwartungen und vor allem Anleitungen zur Weltenschöpfung.

WISSENSINFRASTRUKTUREN DES ANTHROPOZÄNS

Auf einer hybriden Erde lösen sich die Grenzziehungen zwischen Ökologischem und Ökonomischem, Organischem und Technowissenschaftlichem, Menschlichem und Nichtmenschlichem sowie Welt- und Erdsystemischem auf. So beschreiben Ann-Sofi Rönnskog und John Palmesino, Gründer*innen des in London ansässigen Architekturstudios Territorial Agency, das sich vorwiegend der Anthropozän-Raumforschung widmet, die prometheische Kollision von ungleichen Kräften als herausragendes Merkmal des Menschenzeitalters. „[The Anthropocene] sets in motion a series of reverberations and oscillations that scatter long-established

43 Michael E. Mann beschreibt in *The New Climate War. The Fight to Take Back Our Planet* (New York: Public Affairs 2021) den politischen Krieg um Ideen und Wissen über den Klimawandel zur Ablenkung von Schuld und Verantwortung und zur Verzögerung von Maßnahmen zum Klimawandel. Neuere Studien zeigen dagegen auf, dass der nächste, zweite Klimakrieg nicht unbedingt ein kalter Krieg sein wird, sondern in einen aktiven militärischen Konflikt oder eine hybride Kriegsführung münden könnte. Vgl. Benjamin K. Sovacool, Chad Baum und Sean Low, „The Next Climate War? Statecraft, Security, and Weaponization in the Geopolitics of a Low-Carbon Future", in: *Energy Strategy Reviews* 45, Januar 2023, S. 101031. https://doi.org/10.1016/j.esr.2022.101031.

44 Die Begriffswahl soll allerdings keinesfalls den Exzeptionalismus des Menschen bestätigen noch dem Irrglauben Ausdruck verleihen, mit *Climate Engineering* anthropogene Destabilisierungen beheben oder reparieren zu können.

45 Bruno Latour und Peter Weibel (Hrsg.), *Critical Zones: Observatories for Earthly Politics*, Cambridge, MA: MIT Press 2020.

46 Ebd., S. 5.

47 Rüdiger Zill, „Der springende Punkt der Interpolation. Hans Blumenbergs Konzeption der Epochenschwelle im Kontext seiner Begriffs- und Metapherngeschichte", in: *Forum Interdisziplinäre Begriffsgeschichte* 6/1, 2017, S. 27.

48 Karen Barad, *Meeting the Universe Halfway: Quantum Physics and the Entanglement of Matter and Meaning*, Durham, N. C.: Duke University Press 2007, S. 185.

49 Karen Barad, „Posthumanist Performativity: Toward an Understanding of How Matter Comes to Matter", in: *Signs: Journal of Women in Culture and Society* 28/3, Frühjahr 2003, S. 829. Übersetzung der Verfasserin.

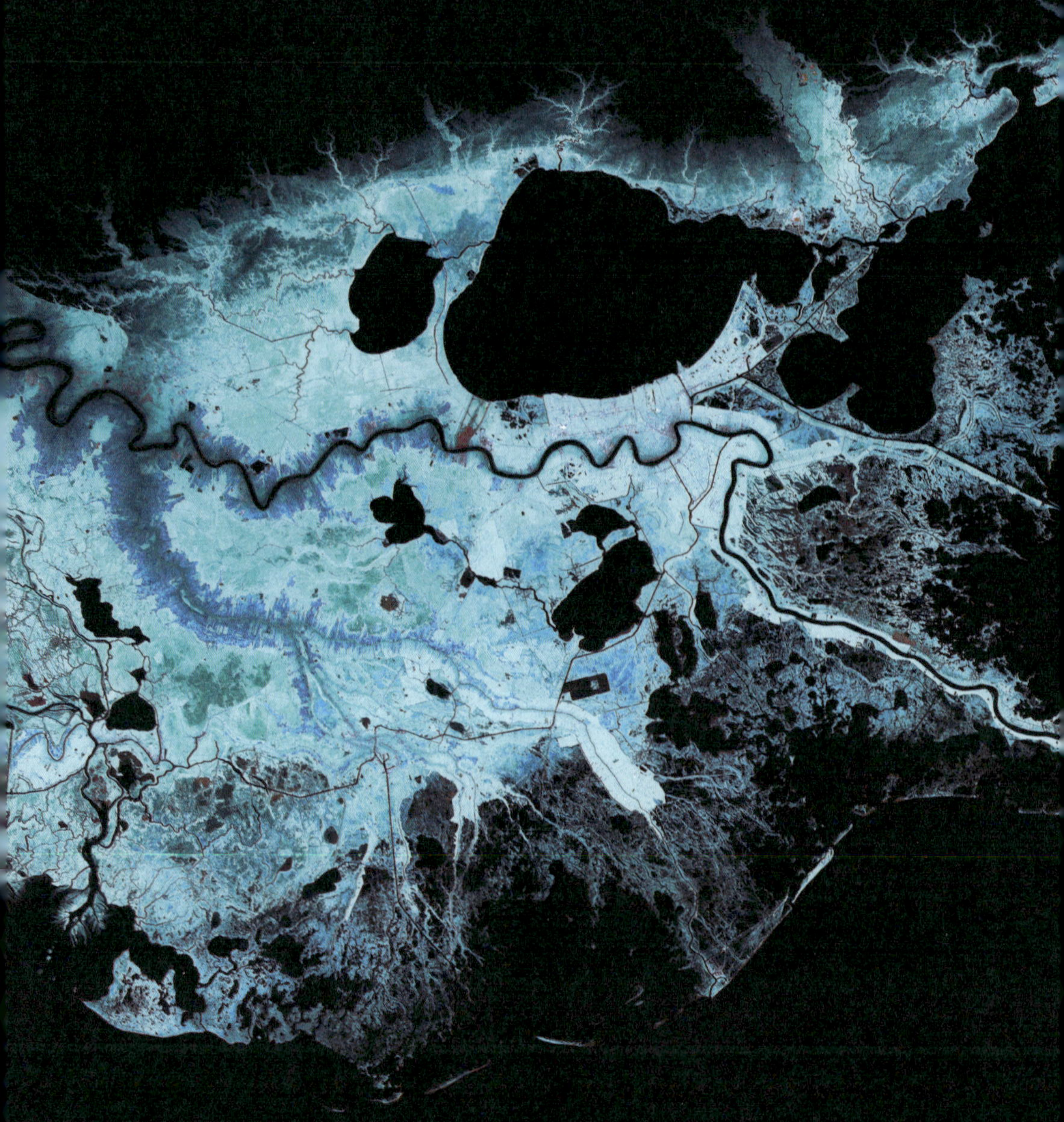

boundaries and it opens up a new set of divisions of time and space." Es seien die Auswirkungen des Anthropozäns, die neue Kräfteverhältnisse und Verbindungen „zwischen Atmosphärenchemie und menschlichem politischem Handeln, zwischen Meereszirkulation und Infrastrukturen, zwischen Sedimentationsprozessen und Technik, zwischen Energie- und Rohstoffgewinnung und den Formen der globalisierten Wirtschaft und des Krieges" erzeugen würden.[50] In ihren medienforensischen Arbeiten visualisiert Territorial Agency diese Vielzahl anthropogener Signaturen mit animierten kartografischen Tableaus, wie in der Ausstellung „Oceans in Transformation" im Ocean Space in Venedig zu sehen war. Die Prozessierung von öffentlichen Bild- und Datenarchiven und die Inanspruchnahme digitaler Medien ermöglichen es dabei den Forscher*innen, die in den Ozeanen wirkenden Umweltveränderungsfaktoren lesbar zu machen sowie die sensorischen Kapazitäten von naturhafter „Materie" zu verbildlichen, die ihrerseits zur Registrierung und Speicherung von Veränderungen fähig ist.

Nun sind die im Anthropozän zu beobachtenden Verschränkungen nicht nur Effekte des sich ins Verhältnis setzenden Kräftegelages zwischen Menschen, ihren Umwelten und Technologien. Auch die Beobachtungsapparate selbst, die zur Vermessung des Planeten eingesetzt werden, sind Bestandteile der hybriden Erde: Satelliten, Drohnen, Sensoren, Computer und Menschen werden sukzessive zu weltumspannenden, mehr-als-menschlichen Netzwerken zusammengeführt. Himmel, Erde und Wasser sind übersät mit supranationalen, staatlichen, militärischen und privaten Kommunikations- und Überwachungsinfrastrukturen, die globale Umweltdaten detektieren und auswerten. Diese „Wissensinfrastrukturen des Anthropozäns"[51] liefern die epistemischen Werkzeuge zur Generierung „verlässlicher" Modelle der Wirklichkeit, die in Politik, Wirtschaft und der Öffentlichkeit Anwendung finden sollen. Wie von Kritiker*innen herausgearbeitet, ignorieren diese Modelle die verschiedenen Lebensweisen und Praktiken, die in ein und demselben Territorium koexistieren. Klima-Wissenschaftler*innen würden quasi „aus dem Nichts" auf die Welt blicken und damit suggerieren, dass Menschen, irgendwo, in einem abstrakten Modell leben.[52]

Die verwobenen Beziehungen zwischen Human- und Naturgeschichte, ihr Kräftemessen und der materielle und disziplinäre Druck, den sie auf festgefahrene Grenzen ausüben, ziehen sich als roter Faden durch diese Publikation. Wir werden ihnen an verschiedenen Schauplätzen begegnen: bei der Abholzung von Wäldern und dem Abtragen heiliger Berge zugunsten des fortschreitenden industriellen Bergbaus im Globalen Süden; in der Destabilisierung der Hydrosphäre, den pazifischen Atomtests, dem Meeresspiegelanstieg, der Säuerung der Ozeane und der Ausbreitung maritimer Todeszonen und in der gegen Menschen und nichtmenschliche Lebewesen gerichteten epistemischen Gewalt. An diesen Austragungsorten anthropogener Konflikte zeichnen sich die Verkettungen zwischen Gaias eruptivem Eindringen in bestehende Lebensarrangements und den Übergriffen spätkapitalistischer Akkumulationssysteme ab. Aber auch die Praktiken des aktivistischen, politischen und künstlerischen Widerstands und das Erstarken indigener, lokaler und nichtwestlicher Ordnungssysteme und Weltanschauungen lassen sich an diesen Krisenherden beobachten.

4 Territorial Agency, *Oceans in Transformation*. Rasante Rückgang der Küstenökosysteme des Mississippi-Deltas in Kombination mit Szenarien des Meeresspiegelanstiegs.

50 Territorial Agency und Armin Linke, in: Rosi Braidotti und Maria Hlavajova (Hrsg.), *Posthuman Glossary*, London: Bloomsbury Academic 2018, S. 46–48. Übersetzung der Verfasserin.

51 Paul N. Edwards, *A Vast Machine: Computer Models, Climate Data, and the Politics of Global Warming*, Cambridge, MA: MIT Press 2010, S. xv.

52 „Territorial Agency: Oceans in Transformation", Ocean Space, Venedig, 27. August 2020–29. August 2021. Die von mir kuratierte Ausstellung präsentierte die Synthese von drei Jahren intersektionaler Forschung. Die Ausstellung wurde von der TBA21–Academy in Auftrag gegeben und gemeinsam mit der Luma Foundation produziert. Online ist das Projekt auf Ocean-Archive.org zugänglich.

Im Bereich der bildenden Kunst ist die mitunter überbordende Produktion an Kunstwerken, Ausstellungen, Biennalen, Symposien und Veröffentlichungen, die sich in den letzten Jahren mit dem Anthropozän auseinandersetzen, imposant. Aus Sorge und als Ausdruck von Mitgefühl, Angst, Verzweiflung, Wut und Empörung um die Umweltverwüstung befassen sich Künstler*innen mit mehr oder weniger aufrührenden Darstellungen der Katastrophe sowie mit der Zuschreibung von Verantwortung für die klimatisch-ökologische Notlage sowie mit der Fahrlässigkeit ihrer Regierungen und der internationalen Gemeinschaften in der Umsetzung von Klimavereinbarungen. Weitere Schwerpunkte lassen sich auszugsweise in den Themen Klimaaktivismus, Umweltverschmutzung, Artensterben, Ökonomisierung von Natur, Biotechnologie, Biopolitik, Indigenität, Animalität, Geologie, Ökologien von Gärten, Brachflächen und kommunalen Agrarbewegungen sowie ozeanische Geschichte lokalisieren. Dies sind nur einige der umfassenden Herausforderungen, die im Licht spätkapitalistischer Verhältnisse mit Vehemenz verhandelt werden.

Die Vielfalt an Themen und Belangen und die Bereitschaft zur disziplinenübergreifenden Zusammenarbeit verleiht auch der künstlerischen Forschung einen ungeahnten Auftrieb. Künstler*innen wird zugetraut, am Puls der Zeit zu forschen und den Weltenwandel sichtbar, fühlbar und begreifbar zu machen. Langfristige Zusammenarbeiten von Künstler*innen, Wissenschaftler*innen und Theoretiker*innen, wie im Rahmen des Anthropozän-Projekts im Berliner Haus der Kulturen der Welt[53], persönliche Affinitäten[54] und immer wieder aufgenommene oder anhaltende Bemühungen einzelner Kurator*innen und Institutionen[55] sind Indizien für eine noch nicht erforschte Genealogie einer „Kunst im Anthropozän"[56]. Es scheint Einigkeit darüber zu herrschen, dass die Kunst eine wichtige Rolle auf diesem brüchigen anthropogenen Terrain einnimmt – aber welche das sein könnte, bleibt im Allgemeinen recht unscharf formuliert.

TBA21 IM ÖKOLOGISCHEN WANDEL

Auch im Rahmen der TBA21 Thyssen-Bornemisza Art Contemporary, wo ich seit zwei Jahrzehnten als Kuratorin tätig bin, zeichnet sich seit der Millenniumswende ein radikaler Perspektivenwechsel in Hinblick auf die den Planeten verändernden Effekte im Anthropozän und die Mitwirkung der Künste am Denken neuer Beziehungen, Imaginationen und Wissenspotenziale ab. Mit dem Augenmerk auf Praktiken der künstlerischen Forschung verfolgt TBA21 seither ein ambitioniertes Kommissionierungsprogramm, das darauf abzielt, hybride Forschungsprojekte in Auftrag zu geben, meist in enger Zusammenarbeit mit Aktivist*innen, Wissenschaftler*innen, Theoretiker*innen und/oder indigenen Wissensträger*innen, in denen gedacht, inter/agiert, recherchiert wird und künstlerisch-epistemische Erfahrungen gemacht werden. Insbesondere mit der 2011 gegründeten TBA21–Academy, die sich der Aufwertung und Anerkennung der Ozeane widmet, wollen TBA21 Gründerin Francesca Thyssen-Bornemisza und Ko-Direktor Markus Reymann politisches und öffentliches Engagement für eine Form von ökokritischem Wissen mobilisieren, die die Verfransungen zwischen Umweltgerechtigkeit, sozialer Gerechtigkeit und mehr-als-menschlichen, nichtwestlichen Perspektiven produktiv reflektiert, einsetzt und vervielfältigt, ohne deren Differenzen aufzuheben. Reymann zufolge versteht sich die TBA21–Academy als „safe space", möglichst abgeschirmt von kolonialen Kontinuitäten, binären Logiken und terrestrischen Vorurteilen, zur Erprobung wagemutiger Praktiken, marginalisierter Episteme und „ozeanischen Denkens". In diesem Raum treffen etwa kunstspezifische Intelligenzen und sinnlich-empirische Erfahrungen auf naturwissenschaftliche Prozedere oder pazifische *elders* auf Anthropolog*innen und Umweltaktivist*innen, sodass ein breites Spektrum an kritischem und imaginativem Denken zum Tragen kommt.

Das Lachen der Quallen: Zur künstlerischen Gegenforschung jenseits des Menschen ist das Ergebnis der Erfahrungen, die ich im Rahmen der TBA21 und in der kuratorischen Zusammenarbeit mit Künstler*innen gewonnen habe. Im Mittelpunkt stehen daher, exemplarisch, die künstlerischen Arbeiten von Nabil Ahmed/ INTERPRT, Madison Bycroft in Zusammenarbeit mit Léo Landon Barret und Aez Pinay, Faivovich & Goldberg, Amar Kanwar, Armin Linke, Ernesto Neto und den Huni Kuin, Allan Sekula, Jana Winderen und Susanne M. Winterling. Mit ihnen habe ich in den vergangenen Jahren diskutiert, gedacht, in einigen Fällen gemeinsame Feldforschung betrieben, in anderen deren Arbeiten ausgestellt, publiziert oder begleitet. Ihre Werke und Anliegen, die ich aufs Neue untersuche und teilweise *querlese,* dienen als Quelle und Anlass für meine Reflexion über künstlerische Wissensformen und Interventionen im „Zeitalter des Menschen" und motivieren mich, diese programmatisch zu konkretisieren. In ihnen kreuzen sich Fragen der Zeugenschaft, des Sichtbar- und Erfahrbarmachens störungsökologischer und gar ökozidaler Veränderungen, der schwerwiegenden kategorischen Sonderstellungen von „Mensch", „Natur", „Tier" und „Welt" (die Anführungszeichen deuten auf die noch ausführlich zu besprechenden Probleme, die diesen Kategorien eingeschrieben sind), aber auch epistemische Erfindungen, Revisionen und Zukunftsbestrebungen, die auf eine sozial und ökologisch gerechtere Welt hinwirken.

Neben den vielen Erscheinungsformen einer „Kunst des Anthropozäns" interessiere ich mich für solche, die Kunst und Forschung zusammenführen, unter Bedingungen, die ich als *Gegenrecherche* (alternativ Gegenforschung oder *counter-research*) bezeichne. Künstlerische Gegenrecherche ist als methodischer Versuch zu verstehen, den im Westen[57] verankerten Realitätsordnungen – die wir als Moderne subsumieren und die im Angesicht des Ausnahmezustands, auf den die Erde zusteuert, ihre höchst leistungsfähige nekropolitische Wirkkraft entfalten – subtile Möglichkeiten des Widerstands sowie generative Techniken[58] der Weltengestaltung entgegenzuhalten. Unter dem Eindruck der ökologischen Krise ist meines Erachtens das transgressive, gegenepistemische und antihegemoniale Potenzial

53 Das ursprünglich auf zwei Jahre angelegte Anthropozän-Projekt wurde 2013 am Berliner Haus der Kulturen der Welt initiiert, an verschiedenen Einrichtungen weltweit weitergeführt und schließlich im Jahr 2022 beendet.

54 Aus meiner persönlichen Erfahrung sind mir die Verbindungsnetzwerke um alle hier besprochenen Künstler*innen bekannt, insbesondere Olafur Eliasson, Tomás Saraceno und Territorial Agency.

55 Das ZKM in Karlsruhe unter der Leitung von Peter Weibel initiierte mit Bruno Latour und ihm nahestehenden Denker*innen verschiedene Ausstellungen, darunter „Making Things Public" (2005), „Reset Modernity!" (2015) und „Critical Zones" (2020). Unter den vielen Institutionen, die sich in den letzten Jahren gebildet haben, sind, neben der TBA21, das Center for Creative Ecologies (University of California, Santa Cruz) und *General Ecologies* an der Serpentine Galleries (London) zu nennen. https://creativeecologies.ucsc.edu und https://www.serpentinegalleries.org/exhibitions-events/general-ecology.

56 Vgl. Heather Davis und Etienne Turpin (Hrsg.), *Art in the Anthropocene. Encounters Among Aesthetics, Politics, Environments and Epistemologies*, London: Open Humanities Press 2015.

57 Mit dem Westen meine ich eine weltweit verteilte Ordnung, die sich dem globalisierten Modell der modernen Wissenspolitik anschließt.

58 In diesem Fall meine ich *technē*, das Können der Kunst.

zeitgenössischer Kunst nicht lediglich herausragendes Merkmal künstlerischer Gegenforschung, sondern vielmehr ihr Beitrag als Korrektiv gegenüber überholten, festgefahrenen und ausgrenzenden Konzeptionen und Wissensbeständen. Ihrem originären Negationspotenzial stellt sich allerdings ein zweites, affirmatives und transformatives Register zur Seite, das konstitutive und instruktive Anknüpfungspunkte für Neuentwürfe hervorbringt. Wie beschrieben, erkenne ich in den kollektiven Artikulationen von Weltentwürfen, die sich in der Verfassung neuer Weltanschauungen, Wissensregime und Praktiken zu erkennen geben, die herausragende Leistung unserer „langen" Gegenwart. In ihnen spiegeln sich die kosmologische Vielseitigkeit des In-der-Welt-Seins, die Versuche, Gemeinschaftlichkeit jenseits des Menschen zu denken, und die Grundlagen politischer Neuordnungen, die sich von verheerenden Herrschafts- und Ausbeutungsgeschichten losgesagt haben.

Es sind die oszillierenden Bewegungen zwischen diesen zwei Registern, die aufklärende Sichtbarmachung und Imagination, scharfe Widerrede und Poetik sowie forensische Beweisführung und Fabulation strategisch wirksam in Stellung zu bringen vermögen. Ihr Ziel ist es, Optionen zu vervielfältigen und Kommensurabilitäten zwischen Positionen zu erzeugen, denen ich nachgehe. Dementsprechend interessiere ich mich für künstlerische Werke und die im ökologischen Diskurs und ihm gegenüber vollzogenen Artikulationen, die selbst angesichts des sich abzeichnenden ökologischen Notstands vermittelnd und reparativ in Richtung möglicher Zukünfte wirken.

Indem ich die Vorsilbe „gegen" etymologisch und damit quer zur dialektischen Logik lese, pluralisiere ich ihre Bedeutungsebenen, die wiederum im Kompositum „Gegen-Recherche" wirksam werden. So erkenne ich in ihr eine erkenntnistheoretische Haltung, die sowohl kritische und dissensuale Intervention und Aufdeckungsarbeit als auch Beziehungsbildung, Empfänglichkeit und Berührung produktiv macht, um anhand solch eines Hin- und Herpendelns die Möglichkeit der Entwicklung von alternativen Gegenmodellen zu sichten. „Gegen" impliziert eine räumliche und richtungsweisende Dimension, wie „in Richtung auf, einer Sache zugewandt" [59], aus der sich ein psychologisches In-Beziehung-Treten generiert. Es entstehen Verbindungen und Austausch, etymologisch „in Beziehung auf, in Vergleich zu, annähernd, im Austausch für". Erst aus der Beziehung entwickelt sich in einem weiteren Sinnwandel die Bedeutung „im Sinne eines absichtlichen Entgegenwirkens", die meist nur vordergründig rezipiert wird, jedoch der Anknüpfungspunkt für Gegenformulierungen und -entwürfe ist. Nicht, dass „gegen" nur bequemerweise mehrdeutig wäre; die spezifische Mehrdeutigkeit des Begriffs erlaubt es uns, feingesponnene Bedeutungen untereinander in Beziehung zu setzen, und begünstigt „residuale" und „emergente" Deutungen, um den Auftrag von Gegenrecherche zu pluralisieren. Im Gegensatz zu „anti" lässt „gegen" Brüche, Mehrdeutigkeiten und Differenzierungen zu.

Nun will Gegenrecherche keine Lücke benennen oder gar füllen, wie an der Auseinandersetzung mit einschlägigen Diskursen sichtbar wird. Vielmehr geht es mir unter Einbindung immer neuer thematischer Zugänge um das disziplinäre Nachdenken über epistemologische und ontologische Prämissen, die für die wissenschaftlich-künstlerische Erfindungs- und Transformationsarbeit hinsichtlich gestaltungsfähiger Möglichkeits- und Lebensräume an der Wende zum Anthropozän fruchtbar sein könnten. Mit Nachdenken meine ich ein künstlerisches Wissen-Erfinden-Tun, das nicht zwangsläufig über die Sprache verläuft, sich zumindest nicht vordergründig ihrer Konzepte und Diskurse bedient, vielmehr Realitätsordnungen präsentiert und aufführt, in denen sich das, was möglich ist, verschiebt. Auf der Grundlage ökologisch verfasster Konzeptinstrumente, erweiterter politischer Affinitäten und ethischer Perspektiven vermag, so hoffe ich, Gegenrecherche dazu beitragen, die vorherrschende monologische Ordnung zu pluralisieren und kategorische Grenzziehungen zu destabilisieren. Die Kunst ist gegenüber anderen

Wissensformen im Vorteil, verkörperte, imaginative und virtuelle Werkzeuge für den forschenden Intellekt bereitzustellen, sich auf allerlei Beziehungsmodi einzulassen und dementsprechende Verschiebungen und Spannungen zu erzeugen, vorzuführen und aufrechtzuerhalten.

Ergänzend ist noch zu klären, dass es mir nicht nur um die Revision des Wissensbegriffs und die Schärfung von Forschungsmethoden geht, sondern auch um die Destabilisierung des Masternarrativs, das moderne Forschung definiert und die aktuelle Teilhabe der Künste oft bereitwillig quittiert. Nicht wie künstlerische Forschung einen eigenständigen Beitrag zum Forschungsparadigma leistet, sondern wie sie dieses ontologisch, epistemisch und *poethisch*[60] – in der Verbindung von Poetik und Ethik – unterwandert und neu behauptet, scheint mir entscheidend. Mit Forschung wird bekanntlich die Welt (das, was wir als Realität annehmen) beleuchtet und beschrieben; ihre Methodik definiert das, was Gültigkeit hat und weitergegeben wird; ihr Ziel ist, approbiertes Wissen zu stabilisieren und neues hervorzubringen. Forschung und Wissensproduktion bilden die Grundlagen einer spätkapitalistischen Wissenspolitik, die sich aus den Traditionen des liberalen Humanismus und seinem schwierigen Erbe speist und (leider viel zu oft) als Ein- und Übergriff erlebt wird, als Invasion des Denkens und der Körperlichkeit, durch die Menschen gleichgeschaltet und zu berechenbaren Größen in einem politisch-technologischen Wettstreit werden. Die überfälligen, anhaltenden und vielerorts präzise formulierten Prozesse der Überschreitung, Befragung und Erneuerung dieser Wissenspolitik, wie jener der künstlerischen Forschung, bezeichne ich auch als Gegenrecherche.

TRANSGRESSIVE UND TRANSFORMATIVE POTENZIALE

Als hervorbringende, poethische Tätigkeit mit der inhärenten Neigung zum Gefühlsmäßigen, Imaginären, zur Versinnlichung, Verkörperung und Affizierung bringen künstlerische (forschende) Ausdrucksformen ihre eigenen Markierungen von kulturellem Wissen zum Ausdruck. Da Kunst-als-Forschung keiner Wahrheitsprüfung unterliegt, keiner Begründung bedarf[61] und sich selbst stets aufs Neue theoretisiert, ist in ihr ein ergebnisoffenes, selbstkorrigierendes Wissens- und Erfahrungsdispositiv angelegt, das, in jede Richtung dehnbar, bewegte Theoriediskussionen und -verschiebungen aufgreifen, veranschaulichen und aufführen kann. Die attestierte Instabilität ihrer wissensproduzierenden Ordnungen erweist sich darüber hinaus als Chance und Möglichkeitsraum, die angesichts der ökologischen Dynamiken und Dringlichkeiten gedachten, geforderten oder gelebten Neuordnungen und Neubefragungen auch praktisch und partizipatorisch zu spezifizieren. In dem Maße, in dem die Künste die Grenzen der Darstellung und Darstellbarkeit auf das Äußerste ausreizen, verfügen sie über ein Repertoire, mit dem sie der Undarstellbarkeit und „Unwissbarkeit" *(unknowability)* des Anthropozäns begegnen. Von allen überlieferten Praktiken der Wissensgenerierung ist Kunst vielleicht diejenige, die sich am besten dafür eignet, andere Begriffe für Welten zu imaginieren und diesen Gestalt zu verleihen.

59 https://www.dwds.de/wb/gegen. Auch alle folgenden Begriffsdefinitionen sind dieser Quelle entnommen.

60 Denise Ferreira da Silva, „Toward a Black Feminist Poethics: The Quest(ion) of Blackness Toward the End of the World", in: *The Black Scholar* 44, Nr. 2, Juni 2014, S. 81–97. https://doi.org/10.1080/00064246.2014.11413690.

61 Vgl. Dieter Mersch: „Paradoxien, Brüche, Chiasmen. Strategien künstlerischen Forschens", in: *Kunst und Wissenschaft*, hrsg. v. Dieter Mersch und Michaela Ott, München: Fink 2007, S. 97.

In den grob skizzierten Qualifikationen der Künste und der Forschung mit der Kunst sehe ich die Voraussetzungen für ein Projekt der Gegenrecherche. Sie greifen allerdings zu kurz, wenn sie nicht den selbstkorrigierenden Forderungen „nach ethischer Bewertung, politischer Intervention und neuen Wertmaßstäben“[62] nachkommen, die die Komplexitäten und Widersprüche des Anthropozäns einfordern. In dieser Hinsicht leisten die lebenspraktischen Interventionen des Posthumanismus in Verbindung mit fruchtbaren ökologischen, indigenen, dekolonialen und marginalisierten Diskursen einen wertvollen Dienst: Sie revidieren grundlegend philosophische und politische Annahmen und bekunden die Bereitschaft zu einem tiefgreifenden Transformationsprozess gegenüber dem Nichtnormativen, Nichtmenschlichen, Tierischen und Technologischen. Gegenrecherche versteht sich folglich als eine „practice for becoming otherwise“[63], im Sinne eines posthumanistischen Suchens und Tastens nach anderen, potentiellen Welten und Intra-Aktionen[64]. Im Präfix „gegen“ bündeln sich transgressive, transformative und reparative Energien, die der Gegenforschung eine Rolle als Wegbereiterin und Nährboden für das Aufführen lebbarer und plurivalenter Zukünfte an der Schwelle zum Anthropozän sichern könnte. Könnte, denn eine solche Zielsetzung ist ein heikles und herausforderndes Unterfangen, wenn es nicht in utopischem Denken, Theoriegerassel oder in blumiger Metaphorologie erstarren will.

PRAXIS DES WISSENS, ERZÄHLKUNST UND WELTENMACHEN FÜR DAS ZEITALTER DER KOHLENSTOFFBEFREIUNGSFRONT

Der Aufruf, eine „Praxis des Wissens“ für die von der marxistischen Theoretikerin McKenzie Wark provokant als Zeitalter der Kohlenstoffbefreiungsfront[65] bezeichnete Ära neu zu begründen, findet sich bei einer Vielzahl von Denker*innen, denen die semantisch markierte Überrepräsentation des Menschen im Anthropozän suspekt ist: eine Praxis, die nicht erklärend die Welt darstellt und sich nicht unbedingt als Wissens*produktion* versteht, sondern vielmehr als Wissens*formation*[66] oder -figuration[67]. Formationen und Figurationen stehen für temporäre, verdichtete, suggestive und poröse Kompositionen von Wissenspraktiken, Fragestellungen, Methoden und Materialitäten, aus ihren jeweiligen Kontexten konzipiert und situiert ausdifferenziert. Sie sollen, so Wark, Perspektivenverschiebungen in Gang setzen, Fragestellung molekular herunterbrechen und sind „a way of doing theory that directs the tendency to spin out webs of metaphoric language to the task at hand“[68].

Im Zusammenleben mit nichtmenschlichen Artgenossen auf einem geologisch „humanisierten“ Planeten verschiebt sich allerdings nicht nur die Art, wie Sprache verwendet wird, auch der Diskurs als einzig valide Kommunikationsinstanz wird zugunsten nichtlinguistischer Objekte, Zeichen und Praktiken erweitert. Dementsprechend wird Körperlichkeit und Performativität neu bewertet und die Wirkmacht von Materialität und Stofflichkeit in Konzepten und Sprachfiguren unter-

5 Territorial Agency, *Oceans in Transformation*. Arktisches Meereis vor der Küste Grönlands. ESA Sentinel-Daten bearbeitet von Territorial Agency.

62 Rosi Braidotti, *Posthumanismus: Leben jenseits des Menschen*, übers. v. Thomas Laugstien, Frankfurt a. Main: Campus 2014, S. 56.

63 Elizabeth A. Povinelli, *Geontologies: A Requiem to Late Liberalism*, Durham, N. C.: Duke University Press 2016, S. 55.

64 Barad, *Meeting the Universe Halfway*. Mit Barad verwende ich die Vorsilbe *intra* statt des herkömmlichen *inter*, um für diffraktive Verschränkungen zwischen Objekt/Subjekt, aber auch zwischen Gegenständen zu sensibilisieren.

65 McKenzie Wark, *Molecular Red: Theory for the Anthropocene*, Brooklyn: Verso 2015.

66 Ebd.

67 Karin Harrasser, „Donna Haraway: Natur-Kulturen und die Faktizität der Figuration“, in: *Kultur. Theorien der Gegenwart*, hrsg. v. Stephan Moebius und Dirk Quadflieg, Wiesbaden: VS Verlag für Sozialwissenschaften 2011.

68 Wark, *Molecular Red*.

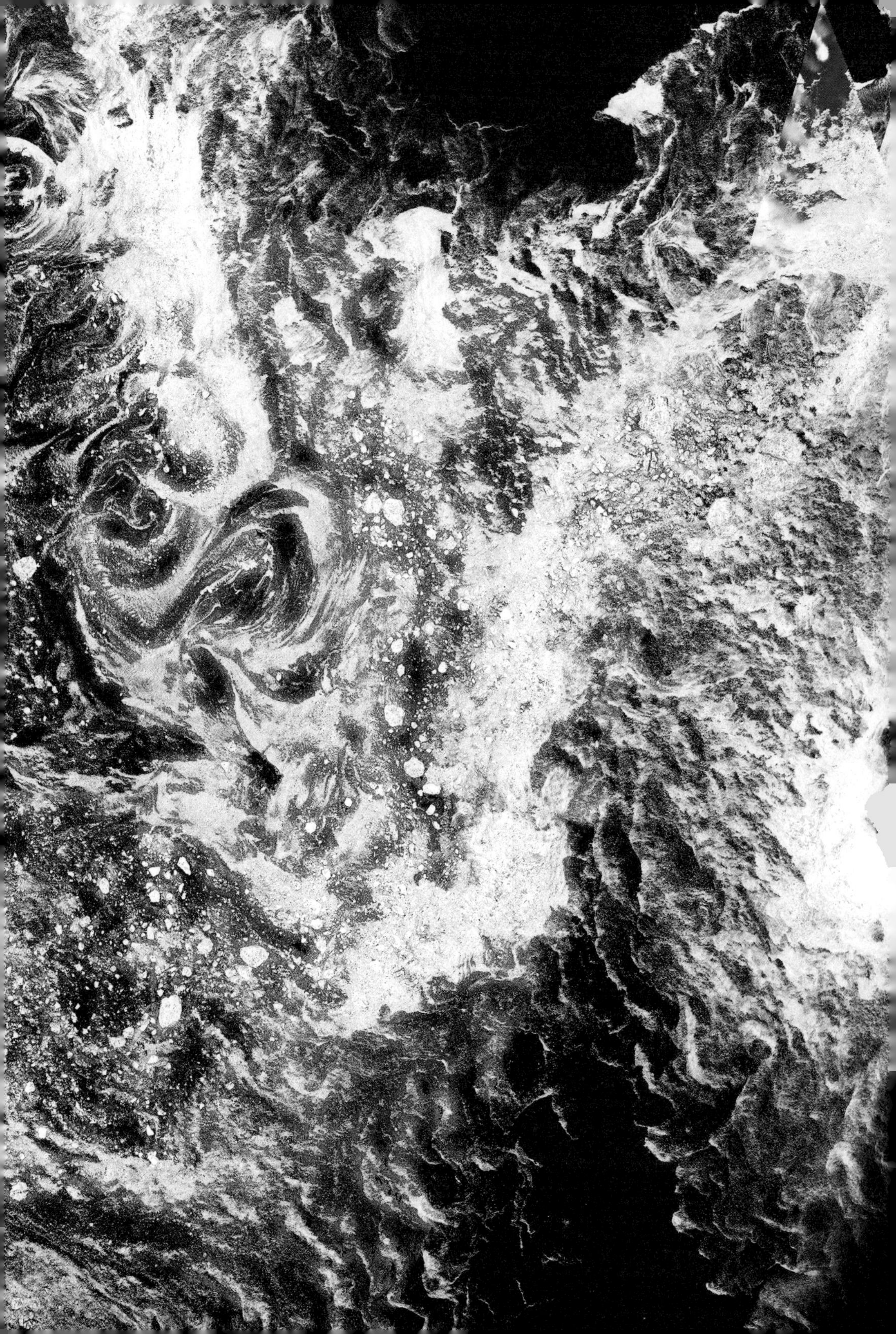

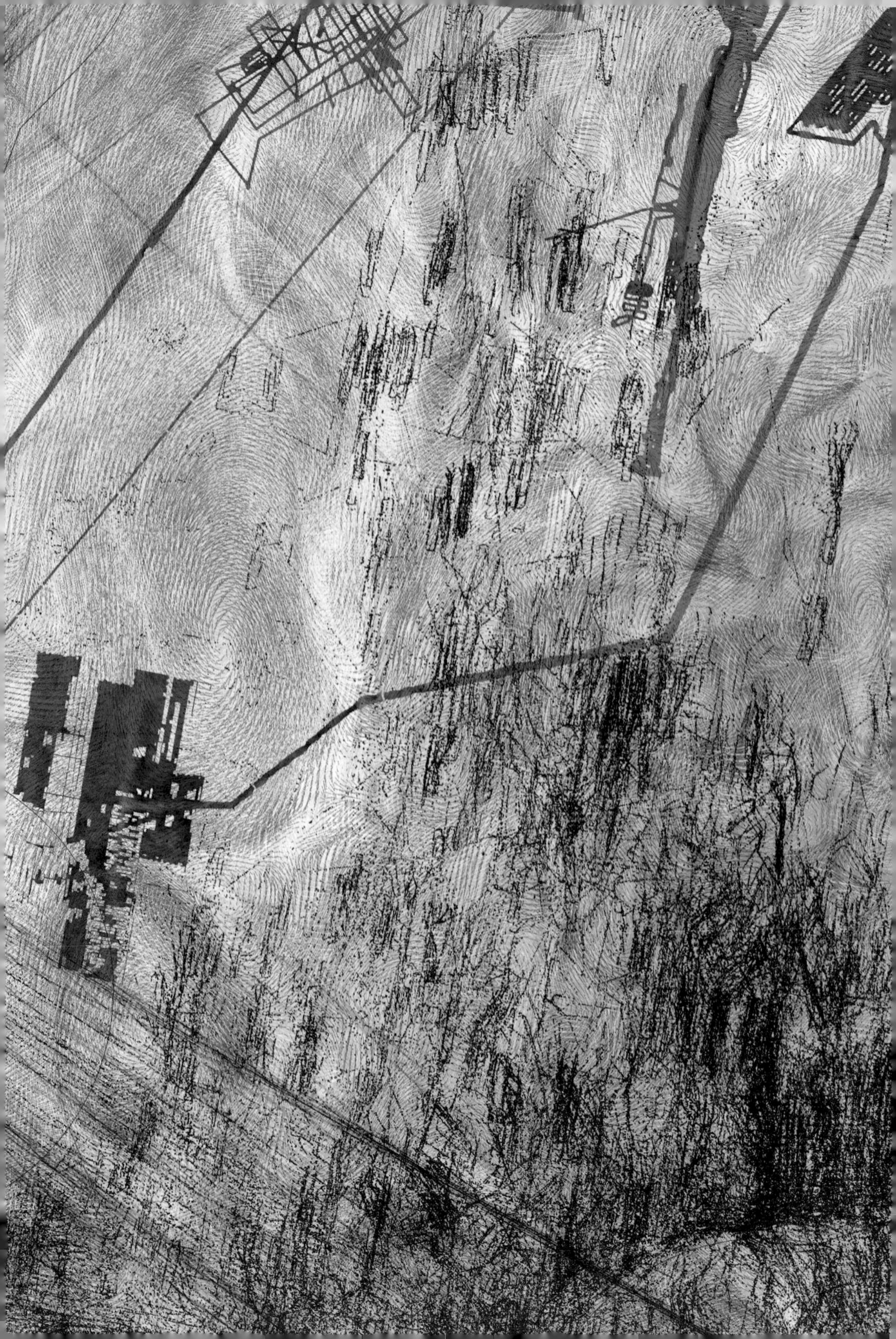

sucht. Materie und Materialität entschlüsseln, laut Yusoff, „die Gleichung von Leben und Tod, von Zeit und Zeitlosigkeit, von Körperlichkeit und Unkörperlichkeit und legen die […] Berücksichtigung der Kräfte der stummen Materie in lebendigen Körpern nahe: eine Körperlichkeit, die von unmenschlichen Kräften angetrieben wird.“[69]

Paradoxerweise möchte man meinen, dass der planetare Ausnahmezustand als Anlass für fruchtbare Spekulationen und transformative Interventionen dient. Im Bemühen, gegen beschränkte und eingeschliffene Denk- und Sprachgewohnheiten anzuarbeiten, treten Imagination, Fabulation, Affekt, Sinnlichkeit und die Aufspürungspotenziale von Sprache, Körper und Bildproduktion in Theorie und Praxis auf den Plan. Warks metaphorische Sprachnetze deuten in diese Richtung sowie Haraways materiell-semiotische Menagerie an Figurationen – Cyborgs, OncoMouse™, *modest witness* und andere. Gesucht werden in den versponnenen Methoden des Geschichtenerzählens postanthropozentrische Praktiken des verantwortungsvollen „Leben[s] auf einem beschädigten Planeten“[70]: Geschichten des Miteinander-Seins, die in vergessenen Vergangenheiten und zu lebenden Zukünften, gemeinsam und verstrickt mit anderen Körpern und Verkörperungen, neue Formen der Verantwortung, Responsabilität (*response-ability*)[71], gegenüber planetarischen Verwerfungen und mehr-als-menschlichem Wohlergehen begründen.

In der Annahme, dass es immer schon eine Geschichte der Konvivialität zwischen Menschen, Tieren, Pflanzen und vielen anderen Wesen und Nichtwesen gab – wofür auch das indigene Konzept der *nonhuman people* oder *nonhuman persons* steht –, liegt es an gegenwärtigen Generationen, wie sie diese Geschichten weiterdenken, lebbar machen und überliefern können. Und wenn mit Haraway die „Welt ein Zeitwort ist“[72] – also eine Tätigkeitsform, die prozesshaft, aktiv und hervorbringend alle und alles gleichermaßen erfasst –, so sind die Geschichten, die erzählt werden, nicht in der Welt, sondern Geschichten der Welt, mit ihr verwoben, schöpferisch und folgewirksam. Daher auch das von der Theoretikerin bevorzugte Gerundium *worlding* –

> worlding is the dynamics of intra-action […] and intra-patience, the giving and receiving of patterning, all the way down, with consequences for who lives and who dies and how[73].

Worlding (In-der-Welt-Sein) meint, dass Leben sich weder zielgerichtet noch evolutionär organisiert, sondern den Dynamiken des Mit-Seins folgt und affektive Fähigkeiten zu Intimität, Teilhabe und Gemeinschaftlichkeit wachruft.

Wie wir sehen werden, umgehen viele Denker*innen und Künstler*innen die düsteren Erwartungen mit emphatischen Vorstellungssprüngen und alliieren sich mit Pflanzen, Tieren, Parasiten und Gesteinen in mutig erträumten posthumanen Biosozietäten. Sie erachten sich und ihre nichtmenschlichen Verbündeten als wirkmächtige planetarische Kreaturen, einer panspezifischen Weltverbundenheit

6 Territorial Agency, *Oceans in Transformation*. Blick auf den Meeresboden des Pazifiks vor der Küste von Hawaii. Daten von Mehrstrahl-Sonargeräten.

69 Kathryn Yusoff, „Geologic Life: Prehistory, Climate, Futures in the Anthropocene“, in: *Environment and Planning D: Society and Space* 31, Nr. 5, Oktober 2013: S. 779. https://doi.org/10.1068/d11512. Übersetzung der Verfasserin.

70 Donna J. Haraway, *Unruhig bleiben: Die Verwandtschaft der Arten im Chthuluzän*, übers. v. Karin Harrasser, Frankfurt a. Main: Campus 2018, S. 96.

71 Ebd., S. 28. Die Verwendung feministischer Grundbegriffe wie *response-ability* (Responsabilität), *worlding* (Verweltlichungen), *otherwise, troubling* (verstörend) und vieler anderer ist generativ zu verstehen: Die Begriffe werden zwischen Theoretiker*innen weitergereicht, verhandelt und neu gedeutet. Immer wieder erfolgen daher leichte Nuancierungen, Überschreibungen und Umdeutungen.

72 Donna J. Haraway, „SF: Science Fiction, Speculative Fabulation, String Figures, So Far“, Vortrag anlässlich der Verleihung des Pilgrim Awards, 7. Juli 2011, S. 9. https://people.ucsc.edu/~haraway/Files/PilgrimAcceptanceHaraway.pdf

73 Ebd., S. 9/10 f.

fähig. Die zunehmende Verfinsterung der das Anthropozän betreffenden Prognosen erhöht sogar den Erwartungsdruck, erfinderische und erleichternde Narrative zu liefern. In vielerlei Hinsicht lässt sich ein emphatisches und zukunftsgerichtetes Denken verzeichnen, das darauf abzielt, Ressourcen zur Animierung und Mobilisierung von Alternativen bereitzustellen. Das *wilde* Nachdenken über die Zukunft scheint eine Gabe zu sein, die wir unserer prekären Notlage schulden.

TERRESTRISCHE LANDUNG

Das Lachen der Quallen erkundet anhand einer Vielzahl von Observatorien – konkreten Beobachtungsschauplätzen – unterschiedliche Territorien des Anthropozäns, Stationen dieser epochalen Verschiebungen und Verwüstungen, wie sie von unterschiedlichen Gemeinschaften erfahren und gelebt und durch künstlerische Verfahren mit-untersucht und mit-artikuliert werden. Ausgehend von meinem eigenen und dem in der TBA21 zusammengetragenen Archiv an Gesprächen mit Künstler*innen, deren Schriften und Werken beschreibe ich die Erfahrungen am Tatort selbst und die Mikroprozesse der Gewalt, die die feministische Anthropologin Macarena Gómez-Barris in der „extractive zone“[74] verortet. Diese der Ausbeutung preisgegebenen Zonen befinden sich nicht nur auf Land, in abgeschiedenen Territorien des Globalen Südens, unter dem Wasserspiegel, auf abgelegenen tropischen Inseln, sie sind auch eingeschrieben in die Netzwerke globaler Transport-, Militär- und Produktionssysteme. Anhand der ausgewählten Werke zeichne ich die katastrophalen Wechselwirkungen von klimatischen Faktoren und der Ausbeutung von Landschaften und Ökosystemen (zur Sicherung von Wachstum, Konsum, Wohlstand und Rohstoffen für eine privilegierte Minderheit) sowie die Auswirkungen der systemischen, historischen und andauernden Gewalt von Siedlerkolonialismus und Kapitalismus nach, die synergetisch den Resonanzraum des Anthropozäns potenzieren.

Die langsamen und nur allmählich erkennbaren Prozesse des Anthropozäns schließen häufig Formen der Visualisierung und Darstellbarkeit aus. Nach Rob Nixon handelt es sich um eine *slow violence*[75], um eine Gewalt, die sich nicht (direkt) gegen Körper und Individuen richtet und dennoch langfristig folgenreich und pathologisierend ist. Unsichtbar, schleichend, aber allgegenwärtig entzieht sie sich gängigen Definitionen von Gewalthandlungen. Mit ihr „landen“ wir wieder, so Latour, vom Sockel des menschlichen Exzeptionalismus und seiner logozentrischen Überheblichkeit gestürzt, in den feinstofflichen und zyklischen Kreisläufen und sympoietischen Verwebungen, die planetarische Verbundenheit in ökologisch prekären Welten bestimmen.

Mit Blick auf Forschungsfragen in der Kunst suche ich in den besprochenen künstlerischen Werken nach temporären „patches“[76], in denen kooperative Lebens- und Arbeitsformen entstehen, relationale Beziehungen zu Natur und Umwelt, zu Tier, Wald und Ozean, aber vor allem auch zwischen Menschen gelebt werden können. Die Wissensformen, die ich zu erkennen meine, wollen nicht Wissen über (separat existierende) Dinge und Welterfahrungen vermitteln, sondern das Wissen der Dinge und ihrer Welten erspüren und zur Geltung bringen. Dementsprechend dienen die Mikrogeschichten aus der kritischen Zone als Anlass, um über Wissensregime, Beobachtungsinstanzen und Institutionen nachzudenken. In diesen lassen sich die Vorstellungen und Weltbilder nachvollziehen, die zur Destabilisierung des Erdsystems geführt haben, und die neuen Artikulationen erproben, die zur Instituierung alter/nativer Sichtweisen und Weltbilder gedacht werden. Ich bringe die Realitäten des Weltenwandels mit den Ökologien der Praktiken und Wissensrepertoires in Verbindung, mit denen Individuen und Gemeinschaften ihr Überleben meistern. So geht es immer wieder um die Rolle des Menschen und die dem Natürlichen zugeordneten Existenzweisen, um Forschung, Erzählpolitik und um das Heranziehen unberücksichtigter und verdrängter Archive und Narrative, aus denen sich Verzweigungen, häretische Bestrebungen und hoffnungsstiftende Pädagogien herauslesen lassen.

Die Besprechung künstlerischer Projekte setze ich mit jener der Wissens- und Wissenschaftstheorie in Bezug, um Resonanzen, Übersetzungen und Abweichungen aufzuspüren. Im Zusammenlesen mit theoretischen Explorationen entwickle ich Argumente und Anwendungen, zeige Verbindungen und Genealogien auf. Ich stelle fest, dass die theoretischen Artikulationen, die Akademiker*innen und Denker*innen erarbeiten, in intimer Nähe zu und in manchen Fällen gemeinsam mit künstlerisch Forschenden erfolgen und vice versa.[77] So stehen etwa Bruno Latour, Eva Hayward, Elizabeth Povinelli, Denise Ferreira da Silva, Astrida Neimanis, Cresantia Frances Koya Vaka'uta und Stefan Helmreich in enger Verbindung zu einzelnen Künstler*innen, die ich vorstelle, sowie mit der TBA21 und ihren diversen Plattformen. In der gemeinsamen Praxis der Ko-Recherche, die ich zwischen Künstler*innen, Institution und Theoretiker*innen lokalisiere, erkenne ich das Bedürfnis nach kooperativen Vorgehensweisen, die kollektive und kommunale Ideen- und Formfindungen mit jeweils anderen Mitteln beleuchten.

In Anwendung einer praxisbasierten Recherche- und Arbeitsmethode diskutiert diese Publikation daher nicht nur Fallbeispiele aus den unterschiedlichsten Kontexten und weiterführende Referenzen, sondern testet auch Ideen und Begriffe anhand von Gesprächen und im persönlichen Austausch sowie im Rahmen eines parallel laufenden Programms an Ausstellungen und Seminaren, um Ideen und Methoden wiederum in die Praxis zu überführen. Ich verstehe „the curatorial" als Raum künstlerischer Artikulationen und theoretisch-kultureller Debatten, der für partielle und zu beanstandende Wissensformen bereitsteht und diese in gesellschaftliche Kontexte zu setzen sucht. So ist *Das Lachen der Quallen* ein Logbuch meiner Überlegungen und die Aufarbeitung eines laufenden Prozesses, an dem viele Mitdenker*innen und Akteur*innen als *Co-researchers* partizipiert haben, ein autokritisches Gegenarchiv dieser kollaborativen Praxis und Recherche in actu. *Das Lachen der Quallen* zielt darauf ab, Ressourcen und Materialsammlungen, die ich angelegt und gesichtet habe, zu teilen und zu kommentieren; unterschiedlichste Positionen und Sensibilitäten in einem polyvokalen Austausch zu vereinen; und einen Vorschlag zu unterbreiten, wie eine Kunst des Anthropozäns an dem problematischen Zusammenkommen von Welten und mehr-als-menschlichen Beziehungen teilhaben und angesichts weitreichender planetarer Herausforderungen zu vielfältigen Aushandlungs- und Gestaltungsprozessen beitragen kann.

In Ergänzung und unter Bezugnahme auf politische, anthropologische, wissenschaftliche und ökologische Diskurse versuche ich zu zeigen, wie künstlerische Entwürfe als eigenständige Propositionen, Übersetzungen und gegenforensische Untersuchungen dazu dienen, die Veränderungs- und Verdrängungsprozesse, die sich in Körper, Landschaften, Erdwesen und Ökosysteme einschreiben, aufzudecken und erfahrbar zu machen. Das praktische und theoretische Wissen der Künste um Bildproduktion, Repräsentationskritik, Evidenz- und Erzählpraxis, Verkörperung, Mediatisierung und nicht zuletzt ihr eigenständiger Zugang zu Recherche und

74 Gómez-Barris, *The Extractive Zone.*

75 Rob Nixon, *Slow Violence and the Environmentalism of the Poor*, Cambridge, MA: Harvard University Press 2013.

76 Anna Lowenhaupt Tsing, *Der Pilz am Ende der Welt. Über das Leben in den Ruinen des Kapitalismus*, übers. v. Dirk Höfer, Berlin: Matthes & Seitz 2018, S. 7.

77 Die enge Verknüpfung von theoretischen und künstlerischen Ansätzen findet sich in verschiedenen akademischen und postakademischen Schriften. Vgl. Stacy Alaimo, *Exposed: Environmental Politics and Pleasures in Posthuman Times*, Minneapolis: University of Minnesota Press 2016; Braidotti und Hlavajova (Hrsg.), *Posthuman Glossary*.

Wissensproduktion leisten einen wichtigen Beitrag zum Verständnis, wie gewaltsame anthropogene Umwelten erzeugt, kontrolliert, zuweilen ästhetisiert und schließlich legitimiert und reproduziert werden.

Wie beschrieben, versuche ich vor dem Hintergrund des ökologischen Imperativs Gegenrecherche als das Movens künstlerischer Forschung zu profilieren. Diese fasse ich als eine Möglichkeit auf, das transgressive, gegenepistemische und antihegemoniale Potenzial der Kunst als Korrektiv überholter und ausgrenzender Wissensbestände strategisch zu mobilisieren. Ausgedient haben, wie wir seit langem wissen, eine überhebliche Anthropologie, ein weißes maskulinistisches Ethnoklassen-Bewusstsein und die erbarmungslose Ausbeutung des Planeten. All dies lässt sich kaum noch reparieren oder wiedergutmachen, aber es kann in einer kritischen Herangehensweise zumindest ein wenig transparent gemacht werden. Während sich das Anthropozän als neue Ordnung und Klimaregime etabliert, reicht Widerstand allein nicht aus. Es gilt vielmehr, über den „geologischen Realismus"[78] hinaus die lange und schwierige Arbeit der Vervielfältigung und Komplizierung von Optionen und der Neuzusammensetzung von Ideen, Praktiken und Lebensmodellen zu stärken. Als Laboratorium der Erfindungen und Rekompositionen gedacht, bringt die Gegenforschung epistemische Vorstöße, neuartige Zusammenschlüsse und impressionistische Neuverfassungen hervor.

78 Kathryn Yusoff, „(Extra)Terrestrial Currents", Juli 2020. https://www.obsidiancoast.art/library-kathryn-yusoff.

79 Raqs Media Collective, unveröffentlichtes Manuskript, Juni 2012. Archiv/Übersetzung der Verfasserin.

Man kann durchaus sagen, dass die Beziehung zwischen zeitgenössischer Kunstpraxis und der Generierung neuen Wissens nicht nur darauf abzielt, Informationen in ästhetisch ansprechende oder anspruchsvolle Objekte und Prozesse zu verwandeln. Sie beruht auch nicht nur auf der Übersetzung von „Forschung", eingehender Archivrecherchen oder dem Zusammentreffen verschiedener Wissensgebiete in einem Kunstwerk. Letztlich geht es darum, Dingen eine Form zu geben, die ohne den Akt der Formgebung nicht denkbar wären. Es ist die künstlerische Schöpfung, die es ermöglicht, einen neuen Gedanken zu denken, und andersherum. Manchmal kann das bedeuten, das Undenkbare zu denken.[79]

Raqs Media Collective

RÜCK- UND VORGRIFFE (SEKULA, HARTMAN, MOTEN, WYNTER) MIT LACHENDEN QUALLEN

Meine Überlegungen zu einer Praxis der Gegenrecherche schöpfen aus unterschiedlichen Quellen und docken an die Theoretisierungen von Gegengeschichte, Gegenhumanismus, Gegenöffentlichkeit, Gegenarchiven und Gegenforensik an. Mein Ausgangspunkt liegt allerdings in der Kunst und schuldet der Arbeit des Künstlers und Theoretikers Allan Sekula, der in den Achtzigerjahren eine Reihe von Neologismen vorschlug, um Fragen nach der politischen Stellung von Bildproduktion und der Funktion von Archiven neu zu rahmen. Seinem Repertoire entstammen Begriffe wie *anti-photojournalism, counter-forensic, counter-site* und *counter-image,* die allesamt auf Walter Benjamins Geschichtsphilosophie zurückgreifen. In seinen frühen Schriften rezipiert Sekula erstmals Benjamins „Über den Begriff der Geschichte" und die Figur des Engels Angelus Novus, der, vom Sturm rücklings in die Zukunft geweht, die Trümmerhaufen der Gegenwart vor sich wachsen sieht. „Er [der Engel] möchte wohl verweilen, die Toten wecken und das Zerschlagene zusammenfügen", schreibt Benjamin[80], aber die Vergangenheit weht ihm stürmisch entgegen und mit ihr die Erkenntnis der katastrophalen Kehrseite geschichtlichen Fortschritts. Der stürmische Ausnahmezustand, der sich in den vor Entsetzen geweiteten Augen des Engels spiegelt, ist die von den Mächtigen geschriebene Geschichte und deren erpresste Kulturleistungen. Folglich, schließt Benjamin, sei jedes Dokument der Zivilisation zugleich ein Beleg der Barbarei. So gelte es, „die Geschichte gegen den Strich zu bürsten"[81] und die Komplizität von Kunst und Kultur als Handlanger der Macht einer kritischen Bewertung zu unterziehen.

Für Sekula ist Benjamins Engel der Geschichte ein *counter-image* und eine Denkfigur, der die Spuren ihrer Entstehung in den Winter- und Frühjahrsmonaten 1940 eingeschrieben sind. Entscheidend für sein Verständnis von *anti-photojournalism* und *counter-forensic* bleibt allerdings das Gegenlesen künstlerischer Werke zu deren Teilhabe an der Reproduktion von gewaltsamen Machtverhältnissen. Nur im Aufzeigen, Aufzeichnen und Archivieren von Unrecht und Gewalt ließen sich widerständige Bilder *(photography against the grain)* erzeugen, gegenforensische Evidenzen, die sich der (Polizei-)Macht mit *counter-testimonies*[82] widersetzen. Sie öffnen sich einer Lektüre gegen den Strich und enthüllen die Legitimierungs- und Verschleierungstaktiken staatlicher Gewalt und ihrer Übergriffe.

Während Sekulas theoretische und künstlerische Arbeiten einen wichtigen Anstoß für die Konzeption einer gegenforschenden Praxis bilden, so ist er zu früh verstorben (und zu wenig posthumanistisch veranlagt gewesen), um einen Beitrag zur Frage des Anthropozäns geleistet zu haben. Seine Überlegungen dienen allerdings als konzeptueller Leitfaden für die Arbeit der 2011 gegründeten Rechercheagentur Forensic Architecture. Mit über zwanzig am Goldsmiths, University of London, ausgebildeten *research architects* sowie Anwält*innen, Wissenschaftler*innen, Filmemacher*innen und Journalist*innen hat Forensic Architecture Gegenforensik zu einer künstlerisch-architektonisch-aktivistisch verfeinerten Praxis angereichert. Die Forschungsteams wenden gezielt theoretisch-ästhetische Methoden der forensischen Aufklärung zur Aufarbeitung von Gewalttaten in Krisenherden und im Rahmen humanitärer und ökologischer Katastrophen an. Sie *minen* Datensätze, untersuchen offizielle Berichte von Polizei, Militär und Anwaltschaft, dekonstruieren Ungereimtheiten und rekonstruieren Faktisches.

Den Arbeiten von Sekula, den Recherchen des in forensischer Architektur ausgebildeten Künstler-Architekten Nabil Ahmed und der von ihm gegründeten Plattform INTERPRT sowie dem italienisch-deutschen Künstler Armin Linke widmet *Das Lachen der Quallen* eingehende Besprechungen. Zum Zweck der Rekonstruktion, Aufdeckung und Evaluierung von ökozidalen Verbrechen an der atlantischen Küste Spaniens (Sekula), auf pazifischen Inselstaaten (Ahmed) und am tiefen Meeresboden (Linke) testen sie Untersuchungsmethoden, die zwischen Ethnografie, Journalismus und Forensik oszillieren und mit den Mitteln der Kunst neue Verbindlichkeiten und Zuständigkeiten erproben.

GEGENGESCHICHTE SCHREIBEN

Von der amerikanischen Schriftstellerin Saidiya Hartman und dem Dichter und Theoretiker Fred Moten habe ich wiederum erfahren, was es bedeutet, an den Grenzen des Sagbaren und Nichtwissbaren zu schreiben. Hartman, dem Verfassen der „counter-histories of slavery“[83] verpflichtet, erinnert uns daran, dass Erzählungen der Versklavung und das Heraufbeschwören von Schauplätzen der Unterwerfung die Grammatik der Gewalt wiederaufführen und somit am Leben erhalten. Sie mahnt vor dem Skandal und dem Exzess, die die Legitimität des Archivs durch das Fehlen der Stimmen jener untergraben, die einst aus der Kategorie des Menschlichen verbannt wurden. Die imperiale Gewalt des Archivs „bestimmt, regelt und organisiert die Aussagen, die über Sklaverei gemacht werden können, und schafft Subjekte und Objekte, die seiner Macht unterstellt sind“[84].

Wie gegen die Asymmetrie und verheerende Einstimmigkeit des Historischen schreiben, wenn keine Zeugnisse der Opfer abgelegt und deren Erfahrungen fast ausschließlich aus der Sicht der Täter*innen überliefert sind? Wie erneut lesen und die historiografische Erzählung in den Diensten der Vergessenen und des Ausgelassenen revidieren? Sich der gewaltigen Aufgabe der Geschichtsschreibung des Unsagbaren zu stellen, so Hartman, erfordere eine gegengeschichtliche Sensibilität, die das Ausgelöschte mit der ihr gebührenden Poesie wiedererstehen lässt und in der Dissens und Affirmation, Zeugenschaft und Kunst zusammenfließen. Gegengeschichte bedeutet nicht nur, festgesetzte historische Narrative anzuzweifeln, sondern auch Historiografie und historische Forschung an sich infrage zu stellen.[85] Gegengeschichte ist aber auch eine Geschichte der Gegenwart, die danach strebt, „to illuminate the intimacy of our experience with the lives of the dead, to write our now as it is interrupted by this past, and to imagine a *free state*, not as the time before captivity or slavery, but rather as the anticipated future of this writing“[86].

Eine antizipierte und imaginierte Zukunft, die aus der Intimität mit dem Leben der Toten erwächst, zeigt sich in der „Unterwelt“ der Undercommons.[87] Die von Stefano Harney und Moten geprägte Konzeptschöpfung beschreibt eine antagonistische Multitude, deren Gemeinsamkeit in einer bestimmten Haltung und Neigung

80 Walter Benjamin, „Über den Begriff der Geschichte“, in: Ders., *Gesammelte Schriften*, Bd. 1, hrsg. v. Rolf Tiedemann und Hermann Schweppenhäuser, 7. Auflage, Frankfurt a. Main: Suhrkamp 2015, S. 697.

81 Ebd.

82 Allan Sekula, „The Body and the Archive“, in: *October* 39, 1986, S. 62.

83 Saidiya Hartman, „Venus in Two Acts“, in: *Small Axe: A Caribbean Journal of Criticism* 12, Nr. 2, 1. Januar 2008, S. 1. https://doi.org/10.1215/-12-2-1.

84 Ebd., S. 10. Übersetzung der Verfasserin.

85 Ebd., S. 13. Hartman bezieht sich hier auf Catherine Gallagher und Stephen Greenblatt.

86 Ebd., S. 4.

87 Stefano Harney und Fred Moten, *Die Undercommons: Flüchtige Planung und schwarzes Studium*, hrsg. v. Isabell Lorey, übers. v. Birgit Mennel und Gerald Raunig, 1. Auflage, Wien, Linz, Berlin, London, Zürich: transversal texts 2016.

zur Flüchtigkeit bzw. des Auf-der-Flucht-Seins *(fugitivity)* zu suchen ist. Vom Terrain des Schwarzen Widerstands und aus dem Laderaum des Sklavenschiffs heraus gedacht, solidarisieren sich die Undercommons im Geiste einer Gemeinsinnigkeit, die keinen normativen politischen Körper *(corpus politicum)* anstrebt. Sie definieren sich in der Abgrenzung zu dem, was sie nicht sind, und bleiben stets unfertig, unzulässig und ortlos, die Bedingungen eines Kompromisses oder Arrangements mit der Staatsgewalt ablehnend. Harney und Moten übertragen die Verantwortung zur Gestaltung und Konzeptionalisierung einer solchen subversiven Obdachlosigkeit und Flüchtigkeit an jene, die sie denken und ermöglichen wollen. Sie rufen zu radikalen Formen von Sozialität und Kollektivität auf, die zum fortwährenden sozialen Experiment und Widerstand ermutigen: „The undercommons is a kind of comportment or ongoing experiment with and as the *general antagonism*, a kind of way of being with others"[88], sowie an anderer Stelle: „Es ist für die Undercommons also nicht nur wichtig, ein unangemessener Begriff, ein unangebrachter Begriff, ein unfertiger Begriff zu bleiben, sondern es ist auch für den Begriff wichtig, sich mit einer verworfenen Terminologie im Allgemeinen in Verbindung zu setzen, sich den Diskussions- oder Nutzungsbedingungen zu widersetzen, die Vertrags- oder Vergleichsbedingungen abzulehnen."[89]

Aus der generativen Perspektive der Widerständigkeit formulieren Harney und Moten Kollektivität als eine Seinsform und Wissenspraxis, die immer schon unangemessen war und sich ausschließlich im Konjunktiv denken lässt. Den Erlösungstraum unmittelbarer Geselligkeit (sowie der aufklärerischen Ideale der Commons) bloßstellend, fokussieren sie die Brüche und Mängel im Inneren des sozialen (und universitären) Raums, aber nicht nur, um uns eine ernüchternde Lektion über die Armut zeitgenössischer kapitalistischer Gesellschaftsformen vor Augen zu halten. Sie evozieren Obdachlosigkeit, Flucht und Entbehrungen, um zu zeigen, dass Gemeinschaftlichkeit nur in solchen Leerräumen entstehen kann. Für ein Projekt der Gegenrecherche sind *counter-narrations* und die Undercommons eine wichtige Inspiration. Sie gemahnen zur Verpflichtung, Leerstellen und Inkommensurabilitäten erneut zu betrachten, Repräsentation und „Sprechen-für-Andere" skeptisch zu hinterfragen und autorisierte und normalisierte Sprachakte und Narrative in ein irritierendes Stimmengemenge zu verwickeln. Sie beflügeln uns auch dazu, Zufluchtsorte einzurichten, an denen Flüchtende verweilen können, bevor sie, stets ruhelos, wieder aufbrechen, und führen uns vor Augen, dass diese Orte das Potenzial haben, größere Sammelpunkte zu werden. Auch Hartmans Aufruf, Archiven zu misstrauen und sich ihren Zwängen und Verfehlungen zu verweigern, begleitet die in dieser Publikation vorgestellten Beiträge, allen voran die Werke Sekulas und Amar Kanwars.

OVERTURNS

Über Sylvia Wynters Konzeption des Gegenhumanismus gäbe es viel zu sagen, so weitreichend sind ihre Schriften. Jedenfalls bliebe diese Einleitung unvollständig, wenn sie nicht zumindest in groben Zügen angekündigt wäre. Wynters zentrale Intervention zielt auf die Überrepräsentation des westlich-bürgerlichen menschlichen „Genres" ab, „as the ostensible embodiment of the normalcy of being secularly human, and all other groups, who were now to be, therefore, logically classified and institutionalized as that 'humanity's' Others, i.e., as homunculi (or little men)."[90] In ihren argumentativ verzahnten Schriften demonstriert Wynter, dass eine neue Gattung, die nicht anstrebt, als das Maß des Menschlichen zu gelten, über den Weg eines autopoetischen Umsturzes *(overturn)* sich selbstinstituieren könnte. Menschsein ist dieser Sichtweise zufolge eine Praxis, ja eine gegenkosmogonische *(counter-cosmogonic)* Erfindungsgabe, die nicht aus kategorischen Wissenssystemen schöpft, sondern, häretisch, wie sie meint, dem „Wissen über die Welt, wie sie ist"[91], Platz schafft.

Wynters Methodik der Umkehrung *(turn/overturn; cosmogony/counter-cosmogony)* greift die von der jamaikanischen Rastafari-Bewegung entwickelte Praxis des linguistischen Détournements auf, der zufolge Wörter, die in Bezug auf ihre Konnotationen falsch ausgerichtet sind, durch eine morphologische Umgestaltung auf den Kopf gestellt werden.[92] So wird im Rasta-Talk *understanding* zu *overstanding* und *oppression* zu *downpression* – und demnach wäre *overturn* eine Überdrehung und weniger eine Wende oder ein Umsturz. Der linguistische „Turn", für den sich Wynter hier einsetzt, präzisiert Begriffe nach ihren subjektiv erlebten Eigenschaften und Auswirkungen und entledigt sie ihrer Verschleierungsaspekte. Er schafft Wörter, deren Phonologie das Gewicht ihrer Bedeutung auszutragen vermag. Darin offenbart sich für Wynter die Gegenkosmogonie des Rastafarismus, ihre selbstermächtigende, unangemessene und unautorisierte Praxis „von unten", die sich wohlgemerkt nicht nur im Sprachgebrauch ausdrückt, sondern vielmehr auch eine liminal abweichende Kategorie belegt, die nicht in das Gerechtigkeitsparadigma des westlichen Weltsystems passt.[93]

Wynters Gegenhumanismus und die reiche Ansammlung an *counterings,* die ihr theoretisches Arsenal durchziehen, dienen solchen sprachlich-konzeptuellen Präzisierungen. Ihre Gegenbegriffe artikulieren – „zwingend unauflösbar, weil selbstkorrektiv (wie auch immer, irgendwann)"[94] – Interventionen, Anfechtungen, selbst Anleitungen und Widersprüche, deren Funktion es ist, die erdrückende Kohärenz und Enge welt- und subjektbestimmender Narrative als die Fiktion zu entlarven, die sie von jeher war. Auch helfen sie uns, die Fluchtlinien überdeterminierter Begriffe zu verfolgen und die Notwendigkeit, neue theoretische Entwürfe in der Welt, wie sie ist, zu fundieren.

DAS LACHEN DER QUALLEN

Wenn ich augenzwinkernd das „Lachen der Quallen" im Zeitalter „jenseits des Menschen" im Buchtitel anklingen lasse, zeichne ich im Sinne Sekulas ein „counter-image", das uns planetarische Zukunft in Gestalt dieser vielförmigen Nesseltiere erscheinen lässt. Steigende Wassertemperaturen, zunehmende Salinität, erhöhter Nährstoffeintrag und veränderte Strömungsverhältnisse in den Meeren führen bereits zu Quallenblüten, vor allem in küstennahen Gebieten. Quallen gelten als heimtückische Profiteurinnen der zunehmend leergefischten paleozoischen Ursuppe und der sich ausbreitenden Todeszonen. Mir reicht allerdings das dystopische Bild des Quallenmeeres nicht aus, um das benjaminische *Angeweht-Werden* durch eine unwissbare Zukunft näherzubringen. Vielmehr will ich die Faszinationsgeschichte mit quallenhaften und medusischen Wesen und Figurationen, die ich mit medusophilen Denker*innen teile, zu einer Schlüsselfigur dieser Schrift machen.

Im Gegenbild der lachenden Quallen verbirgt sich tatsächlich eine Mehrzahl an Huldigungen und eine Provokation. Als Erstes will ich den quasi körperlosen
7 Medusen meinen Tribut zollen, ihrer Vielgestaltigkeit, Anpassungsfähigkeit und

88 Stefano Harney und Fred Moten, *The Undercommons: Fugitive Planning and Black Study,* Wivenhoe, New York: Minor Compositions 2013, S. 112.

89 https://transversal.at/blog/Von-der-Kooperation-zur-schwarzen-Operation

90 Sylvia Wynter, „Human Being as Noun? Or Being Human as Praxis? Towards the Autopoetic Turn/Overturn: A Manifesto", Manuskript, 2007, S. 4.

91 Ebd., S. 22.

92 Ebd., S. 23.

93 Ebd., S. 25.

94 Ebd., S. 22. Übersetzung der Verfasserin.

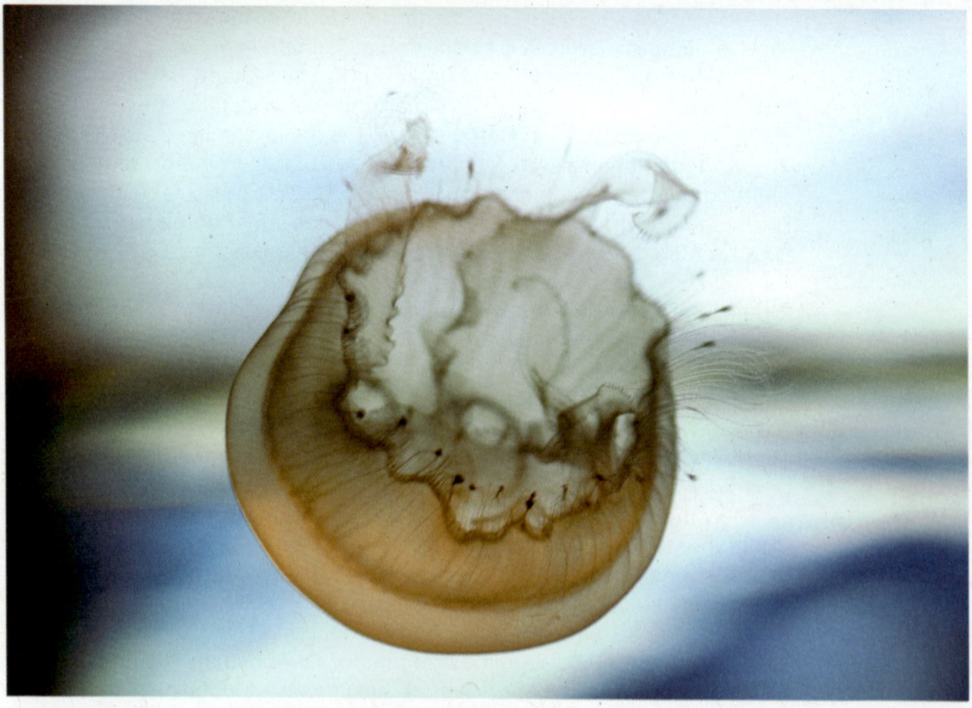

7 Tue Greenfort, *Tamoya Obboya*, 2017 (Detail)

fragilen Schönheit. Für Stacy Alaimo sind sie „metonyms of the vast, unthinkable, pelagic expanses“[95]. Tatsächlich gibt es einige von ihnen, denen Unsterblichkeit attestiert wird. Ihre Cousinen, die Staatsquallen (Siphonophorae), bestehen aus einer ganzen Kolonie von zusammenarbeitenden Organismen, deren interne Dramaturgie es ihnen ermöglicht, so zusammenzuleben, als wären sie ein einziger. Einigen Tierchen wird die Aufgabe der Nahrungsaufnahme zuteil, anderen das Tasten, das Verdauen und die sexuelle Reproduktion (auf das Lachen ist die Wissenschaft noch nicht gestoßen). Sie sind so rätselhaft, dass Wissenschaftler*innen komplexe Orientierungsdiagramme verwenden, um ihre Verteilung und Organisation zu beschreiben. Mit Vorliebe betrachte ich Siphonophorae als eine hochentwickelte aquatische Schwesternschaft, eine rebellische Lebensform, die so fragil, exzentrisch und geheimnisvoll ist, dass die Taxonomie ihnen eine eigene Ordnung widmet.

Im Bild der antiken Medusa und ihres Schlangenhauptes hingegen spiegeln sich einige andere für unsere Erzählung relevanten Aspekte. So steht ihr die zweite Huldigung zu. Ihr versteinerndes Antlitz zeugt von dem Schrecken und der Faszination, die ihr entgegengebracht werden. Medusa ist charismatisch, indem sie eine „für die männliche Ordnung [...] kaum zu bewältigende Form der Bedrohung darstellt“[96]. Als einziges weiblich konnotiertes Wesen des griechischen Mythos gelingt es ihr, die männliche Geschlechterpolitik außer Kraft zu setzen. Für dieses Werk der Unmöglichkeit steht ihr das schallende Lachen zu, das die feministische Analytikerin Hélène Cixous der Medusa ins Gesicht schreibt. Ihr *Lachen der Medusa*[97] – 1975 auf Französisch erschienen – zählt zu den Schlüsseltexten der Écriture féminine und steht für ein aufbegehrendes feministisches Gegenschreiben an den Rändern des Sagbaren und in Auflehnung gegen die Phallologozentrik des einschlägigen Kanons. Schreib! – lautete die Devise, die Cixous Frauen mit auf den Weg gab, und schreibend haben sie die vermeintliche Leere und Stille mit Worten und weiblichen Begehren ausgefüllt, die sich in Cixous' Metapher mit der Tragödie der Medusa um sie ausbreitete. Weil sie am Anfang einer Genealogie steht, für die ich mich begeistere und die mich als junge Frau sensibilisierte, gebührt Cixous' Medusa an dieser Stelle meine Anerkennung. Wichtig erschien mir der Medusa-Text, weil er als Text über das weibliche Schreiben ein weiblich geschriebener war; er das Theoretische aufführte, und das schonungslos und allen Vätermächten zum Trotz.

Medusa, die beflügelte, aber sterbliche Göttin mit dem lebenden Schlangenhaar, ist streng genommen weder Frau noch Mensch. Heute reizt mich ihre Unbestimmbarkeit, den feministischen Kanon zu revidieren. Ihrem abgeschlagenen Kopf entspringen qua Kreationsakt das Dichterpferd Pegasos und sein Bruder Chrysaor. Dem Religionswissenschaftler Klaus Heinrich zufolge ist Medusa die ursprüngliche Trägerin der Insignien der Macht, die Pegasos als Blitz und Donner dem olympischen Zeus überbringt. „Médusa, das kann ‚die Herrscherin' heißen, ganz direkt; aber es ist zunächst einmal die, die denkt, die Geist hat, die ‚Sinnende'. Es ist also diejenige, die qua Geist herrscht und nicht qua Gewalt."[98] Was Heinrichs Interpretationsdestillat so spannend macht, ist die Kompilation von Kunst und Denken, die mit der Gebärfähigkeit der Gorgone ihren freien Lauf nimmt. Ihre weibliche Ursprungsmacht – die je nach Überlieferung sich in ihrer einstigen Schönheit, ihrer Befähigung zum Sinnen, in ihrem Versteinerungsvermögen oder ihrer Kastrationskraft ausdrückt – bleibt ihr sogar in der Unterwelt erhalten. „Bangen mußt ich, es schicke die edle Persephoneia / Gorgos', der grausigen Riesin, Haupt mir zu aus dem Hades."[99] Dieses angsterfüllte Wort schreibt Homer dem Odysseus an der Pforte des Hades zu.

Auch die Queer-Feministin Eva Hayward, deren Vorliebe für diese „sensationellen" genderkomplexen Wesen nicht verblasst und auf deren umfangreiche Arbeit zu wirbellosen Meerestieren an anderer Stelle eingegangen wird, soll abschließend zu Wort kommen. In ihrem Vortrag „Afterwardsness of Medusa: Colonial Racism and Coral Ecology" begibt sie sich auf eine Tiefenerforschung des freudschen Medusakomplexes. Was Medusas Kastrationsangst produzierende Macht zutage fördert, ist, „that Sigmund Freud's psychoanalytic figure of Medusa describes not only the threat of sexual difference but also racial difference"[100]. Die Verknüpfung von „Primitivität" und dem „dunklen Kontinent" mit dem vermeintlich unfertigen und mangelhaften Seelenleben von Frauen offenbare nicht nur das sexistische und rassische Unbewusste der Psychoanalyse. Es zeige auch, wie die „Kastrationsdrohung durch die furchterregende Medusa, die Afrika ist"[101], verdrängt, also nur im Unterbewussten wirksam ist und dass bestimmte Ereignisse – aus der Begegnung mit rassifizierter Differenz – diese Bedrohung reaktualisieren können.

Die Produktion von Differenz wird somit nicht in der Ethik ausgehandelt, sondern in der kolonialen Szene selbst, die laut Hayward eine Szene der Verleugnung und Verdrängung ist, die aus einer unbewältigten Bedrohung hervorgeht. Dementsprechend ist der Medusa-Effekt, wonach angsterzeugende Gefühlsempfindungen wie Klebstoff haften und die kritische Funktion des Denkens um-

95 Stacy Alaimo, „Jellyfish Science, Jellyfish Aesthetics: Posthuman Reconfigurations of the Sensible", in: *Thinking with Water*, hrsg. v. Cecilia Chen, Janine MacLeod und Astrida Neimanis, Montreal: McGill-Queen's University Press 2013, S. 159.

96 Achim Geisenhanslüke, „Medusa. Zur Faszinationsgeschichte des Mythos bei Freud, Nietzsche und Kafka", in: Ders., *Die Sprache der Liebe: Figurationen der Übertragung von Platon zu Lacan*, Paderborn: Wilhelm Fink 2016, S. 101.

97 Hélène Cixous, *Das Lachen der Medusa*, übers. v. Claudia Simma, Wien: Passagen Verlag 2017.

98 Klaus Heinrich, *Floß der Medusa*, Basel und Frankfurt a. Main: Stroemfeld 1995, zit. in: Geisenhanslüke, „Medusa", S. 104.

99 Homer, *Odyssee*, übers. v. Antonio Weiher, Berlin: De Gruyter 2014, S. 321. https://doi.org/10.1515/9783050095530.

100 Eva Hayward, „Afterwardsness of Medusa: Colonial Racism and Coral Ecology", Manuskript, 2018, S. 1. Archiv der Verfasserin.

101 Ranjana Khanna, *Dark Continents: Psychoanalysis and Colonialism*, Durham, N. C.: Duke University Press 2003, S. 50. https://doi.org/10.1215/9780822384588. Übersetzung der Verfasserin.

garnen, den progressivsten Diskursen, wie auch jenen der Ökologie, eingeschrieben. Hayward zufolge sind diese allesamt phänomenologisch, empirisch, epistemologisch und ontologisch, dem Empire geschuldet, „shaped and reshaped by the gravitational pressures of this threat defended“[102]. Die (ständige, unterbewusste, weil verdrängte) Bedrohung entstelle die Realität, das Objekt wissenschaftlicher Objektivität. Diese äußerst bedeutsame Einsicht zieht sich durch den hier besprochenen Forschungskomplex, der das künstlerische wie auch das wissenschaftliche Handwerk miteinschließt. Wie Hayward argumentiert, partizipieren Ökologie und die Naturwissenschaften an der Produktion rassifizierter Differenz – ein schlecht aufgearbeitetes Defizit, das besonders deutlich vor Augen führt, dass humanistische Kategorien von Natur und Kultur an die Verfügbarkeit derjenigen gebunden sind, die als weniger als vollständig menschlich gelten.

Die Verbildlichung der lachenden Quallen spannt einen verknoteten Faden durch die dystopischen und bioästhetischen Szenen des Ozeanischen über die emanzipatorische Lektüre der Écriture féminine und des die künstlerische Fantasie beflügelnden Medusa-Mythos bis hin zur Inszenierung der die Wissenschaften durchsetzenden kolonialen Gewalt. In ihr kreuzen sich Vorstellungen über die Vielfältigkeit von Existenzformen, die Entmachtung der Patriachalordnung mit einer Ursprungsgeschichte der Kunst und des Sinnierens und der achtsamen Dechiffrierung hegemonialen Wissens nach jenen verheerenden Restsubstanzen, die der Missbrauchbarkeit von Ideen, Kunst und Forschung für ideologische Programme geschuldet sind. „Jenseits des Menschlichen“ wiederum soll nicht bedeuten, dass es keine Menschen mehr gäbe oder es ihrer nicht mehr bedürfe. Es indiziert vielmehr eine Überwindung ihrer Alleinherrschaft zugunsten all jener Wesenheiten, für deren Lachen und Bedürfnisse Raum geschaffen werden soll. In unserer kurzen Faszinationsgeschichte sind es neben Quallen, hybriden Wesen, Geistern, Göttern und Göttinnen auch Urgestalten.

Einem anderen Mythos zufolge entlockten die amerindischen Yanomani dem Ur-Alligator das geheime Feuer, das er in seinem Maul verborgen hielt, mit einem Lachen. Als er, vor Heiterkeit und Freude gerüttelt, sein Maul weit aufriss, konnten die Yanomani sich das Feuer schnappen. Juan Downeys launischer Film „The Laughing Alligator“ von 1979, dem diese Referenz entnommen ist, weist in Richtung der Provokation, die es noch abschließend zu schildern gilt. Der lachende Alligator ist eine surrealistische Destabilisierung sowohl der Seriosität von Ethnografie wie auch der binären Vergleiche, die sie postuliert. Mit den Mitteln und Taktiken des Surrealismus – Collage, Verfremdung, Cut-up, non-lineare Erzählung – war Downey bemüht, in den Fußstapfen surrealistischer Ethnograf*innen einen Exzess an Bedeutungen und Sichtweisen zu erzeugen. „And it is important to understand their way of taking culture seriously, as a contested reality – a way which included the ridiculing and reshuffling of its orders“, schreibt der Anthropologe James Clifford.[103] Die Realität ernst zu nehmen bzw. die facettenreichen Realitätssysteme, die sie erzeugen, heißt auch die Grenzen der Vernunft zu kartieren, ihre Autorität zu untergraben und eben jene vergnügliche Unvernunft, die In-der-Welt-Sein ausmacht, ernst zu nehmen. Es bedarf solcher surrealistischen Ungedanken oder, wie es die Yanomani-Shaman*innen praktizieren, des Durchwanderns polysemischer und ekstatischer Realitäten, um einen Blick auf eine Welt, wie sie sein könnte, zu erhaschen, und damit die Welt, in der wir leben, besser zu verstehen.

102 Hayward, „Afterwardsness of Medusa“, S. 2.

103 James Clifford, „On Ethnographic Surrealism“, in: *Comparative Studies in Society and History* 23/4, Nr. 4, 1981, S. 543.

DIE BEDEUTUNG VON VERLUST VERSTEHEN

THE SOVEREIGN FOREST VON AMAR KANWAR

Das Werk des indischen Künstlers Amar Kanwar, insbesondere seine zentrale Arbeit *The Sovereign Forest* (2011–), dient als erste Fallstudie sowie als Inspiration für weiterreichende Überlegungen hinsichtlich der künstlerischen Beforschung postanthropozentrischer ökologischer Gerechtigkeit im Schnittfeld von Gewalt, Menschenrecht und Ökologie. Anhand seiner künstlerischen Arbeiten und seines präzisen analytischen Vokabulars möchte ich aufzeigen, wie theoretische Fragestellungen am „Ort des Verbrechens" unter Druck geraten und wie die vor Ort vorgefundenen Verhältnisse situierte Verfahren und Gegenmethoden einfordern. Seine Interventionen zielen auf die Un-/Angemessenheit von Begriffsvermögen, Zeugenschaft und Archivierung im Angesicht neokolonialer und systemischer Gewalt. Damit tragen sie zur sich formierenden dekolonialen Genealogie ökologischer Denker*innen bei, beleuchten hochbrisante nichtwestliche Perspektiven und bringen lang gehegte Annahmen und etablierte Rechtsbegriffe anschaulich in Unordnung.

Kanwars frühe künstlerische Arbeiten, insbesondere die filmische Trilogie bestehend aus *A Season Outside* (1997), *A Night of Prophecy* (2002) und *To Remember* (2003), befassen sich mit den Auswirkungen der 1947 erfolgten Teilung Indiens. In ihnen kommen einige gängige und eine Vielzahl marginalisierter Ereignisse der indischen postkolonialen Geschichte vor, wie die Flaggenparade am pakistanisch-indischen Grenzübergang in Wagah; die Lieder, Gesänge und indigene Dichtung aus Telangana, Maharashtra, dem Nagaland und Kaschmir, also Gebieten, in denen langanhaltende religiöse, kastenspezifische und territoriale Konflikte gegen *Adivasi*[1], *Dalits*[2] und andere Bevölkerungsgruppen und Ethnien ausgetragen werden; bis hin zu Mahatma Gandhis folgenschwerem Friedensvermächtnis. Was diese Filme auszeichnet, ist, dass sie sich flüchtiger Ausdrucksformen bedienen, die der Unlösbarkeit und Unnahbarkeit des historischen Konflikts und deren Folgen geschuldet sind. In ihnen wird das ideologische Konstrukt einer kohäsiven indischen Nation zerschlagen und ein archipelagisches[3] Bild gezeichnet, bevölkert von ausgegrenzten, vergessenen und verletzten[4] Menschen und von Träger*innen „immer schon unzulässigen" Wissens.

Verstehen und Verständnis *(understanding)* sowie Inadäquatheit *(inadequacy)* tauchen indessen häufig in Kanwars eigenen Werkdarstellungen und seinen Vorträgen auf. Zusammengeführt als die Inadäquatheit des Verstehens stehen diese Begriffe für die Aporie des Denkens, der Sprache und des Bildes, jene Kontingenzen auszudrücken, die gegenwärtige Lebens- und Daseinsformen im Globalen Süden ausmachen. Sie drücken die Zweifel und das Ringen nach einer künstlerischen Methode aus, die nicht extraktivistisch die Erfahrungen anderer darstellt, sich keiner theoriegeladenen Argumente bedient und erkennt, dass die von Chaos, Unsicherheit und Verlust geprägten Umstände, die Menschen und Nichtmenschliches aus ihren Verbundenheiten und Lebenswelten reißen, sich nicht „im Tatsachenraum der geteilten Evidenzen neutralisieren" lassen.[5]

So erklärt Kanwar: „Many years back, in 1996, I felt exhausted by having to go *in*, *go into situations*, regions, areas, people's lives, trying to understand, *to having to take out, put together and present*. In *A Season Outside* I was asking myself: 'Is it possible to make a film as if I were thinking and nothing else?' [...] When I was then making *A Night of Prophecy* I got very tired of super-articulations of arguments, positions, ideologies, images. I came to realize that it is not possible to speak to each other, even if everybody is speaking to each other, nobody seems to understand each other. [...] Thus, the question became: is it possible to understand the passage of time? Poetry was a way to go outside, the way for me to proceed."[6] Die Asymmetrie zwischen dem Filmemacher und denjenigen, die als Repräsentant*innen und Opfer der Teilung Indiens gelten, erfordert ein

1 Selbstbezeichnung der indigenen Bevölkerungen Indiens.

2 Gemeint sind die sogenannten Unberührbaren.

3 Hans Ulrich Obrist, „Archipelic Thinking: Interview with Amar Kanwar", in: Daniela Zyman (Hrsg.), *Amar Kanwar: The Sovereign Forest,* Ausstellungskat. TBA21, Berlin: Sternberg Press 2014, S. 68/69.

4 Der Verweis auf *verletzte* Menschen kann mit der etymologischen Definition von Dalit in Verbindung gebracht werden: „Ein Dalit [ist] jemand, der gebrochen, geschunden oder unterdrückt ist." Ulrike Link-Wieczorek, *Reich Gottes und Weltgestaltung: Überlegungen für eine Theologie im 21. Jahrhundert,* Göttingen: Vandenhoeck & Ruprecht 2013, S. 90.

5 Marcus Steinweg, „Zur Freundschaft von Kunst und Philosophie", Vortrag an der Kunstakademie Düsseldorf, 3. Dezember 2009. https://artmap.com/marcussteinweg/text/zur-freundschaft-von-kunst-und-philosophie-lecture-3-12-09-kunstakademie-du-sseldorf.

6 Amar Kanwar im Gespräch mit Daniela Zyman anlässlich der Eröffnung der Ausstellung „The Sovereign Forest", TBA21–Augarten, Wien, 24. November 2013. Transkription der Verfasserin.

8 Amar Kanwar, *A Night of Prophecy*, 2002
9 rechts oben: Amar Kanwar, *The Lightning Testimonies*, 2007
10 rechts unten: Amar Kanwar, *The Torn First Pages*, 2004–2008

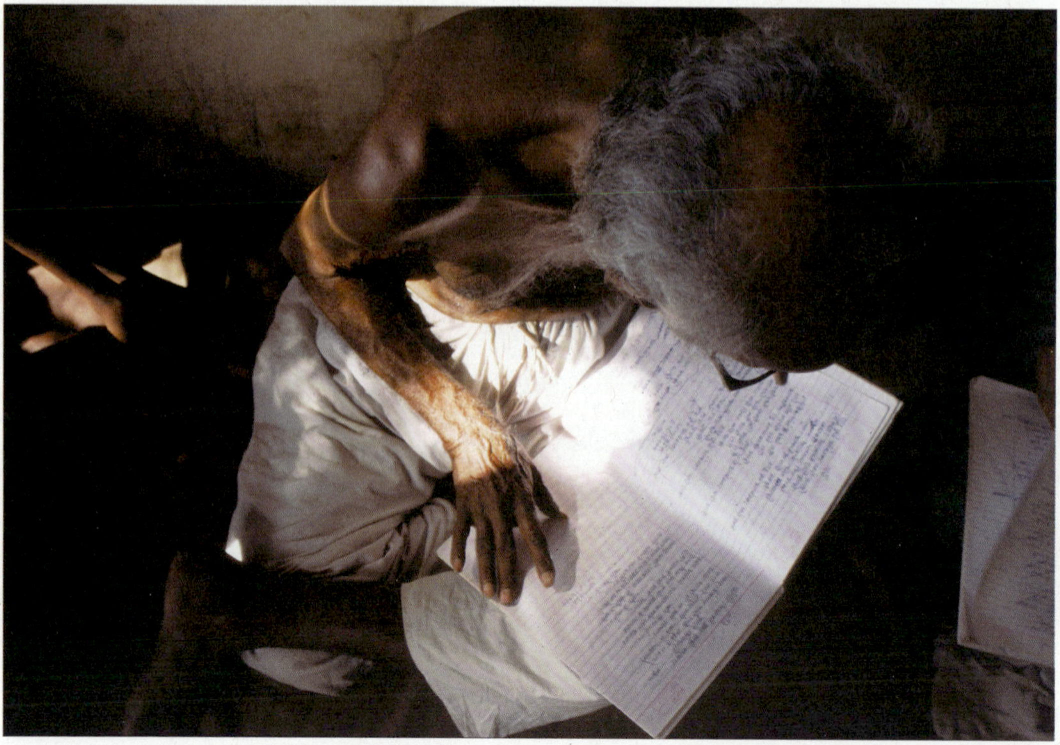

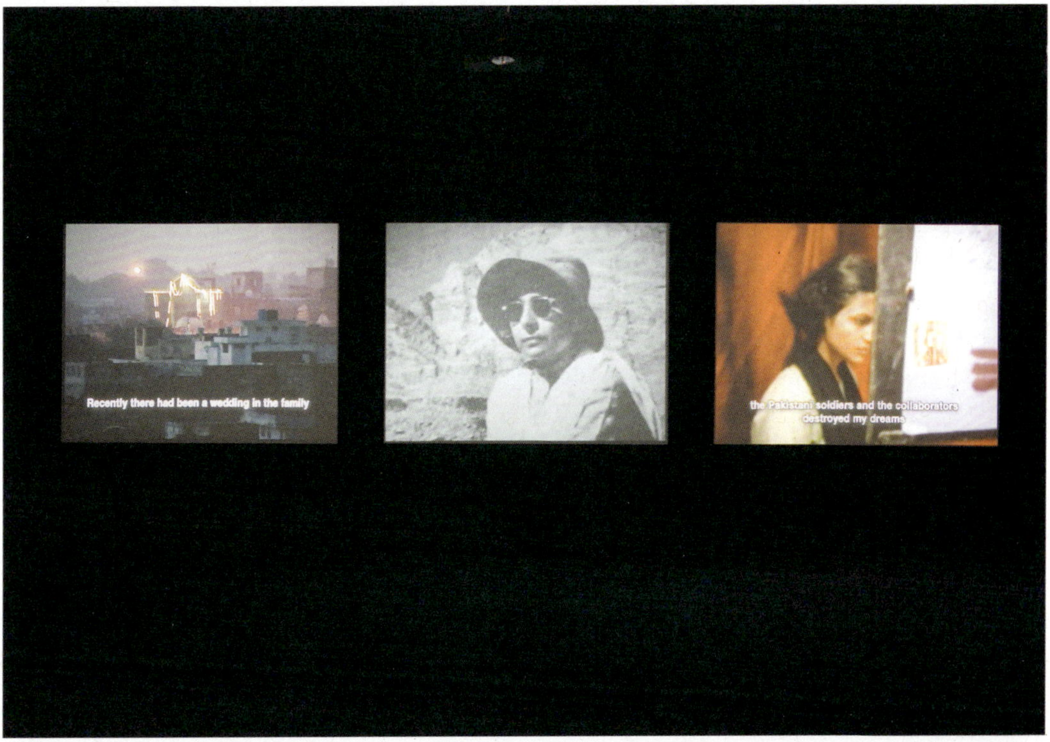
Recently there had been a wedding in the family
the Pakistani soldiers and the collaborators
destroyed my dreams

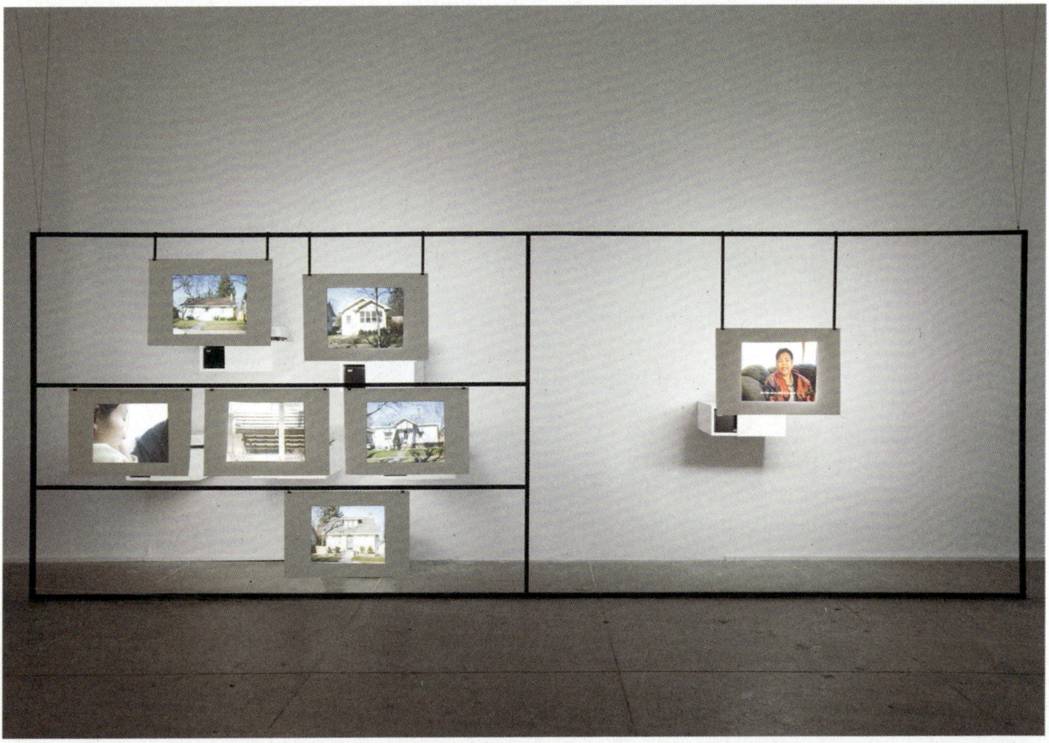

künstlerisch-ethisches Handeln, das sich den Umständen und Konsequenzen dieser prekären Situation bewusst stellt. In Konfliktsituationen gibt es kein Verstehen, weder zwischen den Konfliktparteien noch für Außenstehende. Auch die Sprache scheint zu versagen. Denken als Anwendung von Präzepten, Ideologien und Argumenten bewirkt keine Veränderung. Wie also in die Situation eintreten?, fragt Kanwar. Wie das Untersuchungsumfeld erfassen?

Indem Kanwar die heikle Situation der filmischen Dokumentation ablehnt und der objektiven Beobachtung das Potenzial zur Aufklärungsarbeit abspricht, kehrt er die gesamte Forschungssituation um. Anstatt einzelne Personen ins Bild zu stellen, nimmt er das Untersuchungsumfeld in seiner Gesamtheit („territory of research“[7]) als vielgestaltige und zeitlich verdichtete Erfahrungswelt wahr, die das subjektiv Individuelle als kollektiv gültig auszudrücken vermag. So tauscht er sukzessive in diesen Arbeiten die gängige Methode der Extraktion von Lebensmomenten zum Zweck ihrer Vermittelbarkeit zugunsten poetischer Denkbilder ein, die eine persönliche und philosophische Reise durch die Schatten vergangener Generationen, gegensätzlicher Positionen, Grenzen und Zeitzonen nachzeichnen. Auf ihren poetischen Wanderungen durch die Trennungslinien der Nation spüren seine Filme den zerstreuten Narben der Gewalt und den Träumen der Hoffnung nach, die Gemeinschaften entzweien, aber auch die Möglichkeit eines friedlichen Zusammenlebens andeuten.

POETISCHE EVIDENZEN

Mit *A Night of Prophecy* und den nachfolgenden Arbeiten *The Torn First Pages* (2004–2008) und *The Lightning Testimonies* (2007) wendet sich Kanwar dezidierter dem Poetischen zu. Während in *A Night of Prophecy* die filmische Montage 8–10
von prophetischen Gesängen, *oral histories* und Dichtungen der Trauer und des Protests Betrachter*innen durch die vielen Sprachen, Konfliktregionen und Temporalitäten Indiens leitet, so erlangt das Poetische in *The Torn First Pages* und *The Lightning Testimonies* eine gänzlich neue Bedeutung. Der poetische Akt, auch einer, der sich nicht als solcher definiert – das Ausreißen von Buchseiten, die mit dem Signet der burmesischen Diktatur versehen sind, oder das Weben eines Sarongs, in das sich die Erzählung einer Gewalttat einschreibt –, steht für die flüchtigen und stillen Handlungen von Menschen, denen zwar der Gebrauch der Sprache nicht verwehrt wird, deren Äußerungen jedoch kein Gehör finden. Die Stille, die sich nicht in Worten ausdrücken kann, ist das Schweigen jener, deren Sprache ungehört verhallt.

Während die Beziehung zwischen Sprache, Schweigen und Macht herkömmlich als Unterdrückung von Meinungsäußerung ausgelegt wird, argumentiert Spivak, dass die politische Bedeutung des Schweigens der Subalternen differenziert zu betrachten ist. Schweigen, so Spivak, sei nicht gleichzusetzen mit Nicht-Sprechen.[8] Vielmehr entstünde ein leerer Raum, in dem die regulierende Kraft des Diskurses versagt – eine mögliche Nische für eine Praxis der Freiheit und Selbstbestimmung. Die Unterlassung des Sprechens ist daher diskursiv und kann selbst in dem Spannungsverhältnis zu Reglementierung und Widerstand als Sprache funktionieren. Schweigen als Entbehrung hingegen ist mit den biopolitischen Ausgrenzungen behaftet, die Menschen und Nichtmenschlichem das Recht auf Äußerung entziehen. Indem Spivak dem Schweigen Macht verleiht, entkräftet sie die Gleichsetzung von Sprache als Emanzipation und Schweigen als Zensur.

Das Verknüpfen des Poetischen mit dem polyphonen Ausdrucksvermögen von Stille und Schweigen verleiht Kanwars These von „Poesie als Evidenz“ *(poetry-*

as-evidence) ihre ästhetische und politische Bestimmung. Diese Verknüpfung ermöglicht eine Grammatik, kraft derer Akte des Erinnerns und des Widerstands „die Narrative des Nicht-Seins“[9] überschreiben und gleichzeitig die Reproduktion von Gewalt umgehen. Poesie besitzt somit nicht nur die Fähigkeit, plurale Bedeutungen freizulegen und zu verwahren, auch ermöglicht sie eine Form des Ausdrucks, die der Unterlassung des Sprechens einen Zeugnischarakter attestiert. Tatsächlich lassen sich Stille/Schweigen auf viele Arten beschreiben, vor allem in Hindi, so Kanwar:

> In Hindi there are several words for the word silence: there's lonely silence, there's silence shared with somebody and silence that you may have totally on your own, silence that is forced on you and silence that you accept willingly on you, silence that is just preceding sound and silence that is infinite, silence that is actually filled and silence that is completely empty.[10]

Mit der Stille, die sich in alltägliche Handlungen und in die flüchtigen Gesten des Erinnerns einschreibt, kursieren die vor langer Zeit, sogar vor Generationen erlebten Geschichten und Ereignisse, die sich nicht sprechen lassen. In ihnen vollzieht und archiviert sich das Gedächtnis. Denn auch Stille und Schweigen suchen nach ihren Plätzen des Erinnerns, auch sie wollen sich niederlassen und sind auf ihre Wiederauffindbarkeit und Abrufbarkeit bedacht. Für einige bewirken rituelle Gesten, Handlungen und Gesänge eine Wiederbelebung des Vergangenen. Andere wiederum suchen nach Gedächtnisorten[11], die nach Ansicht der Kulturanthropologin Almeida Assmann „selbst zu Subjekten, Trägern der Erinnerung werden können und womöglich über ein Gedächtnis verfügen, das weit über das der Menschen hinausgeht“[12]. Orte und Handlungen des Andenkens und der Überlieferung sind jedenfalls die Archive, in denen Menschen ihre poetischen Zeugnisse ablegen. Dies beschreibt Kanwar folgendermaßen:

> Then the question on how they [people] archive came up and the search of the answer often led to where the narrative hid. [...] and the more you moved around, the more you saw that some people made marks, some people sang, some people spoke, some people wove, some people never spoke, but pointed, some people took you to a tree, sometimes to a stone, and that existed, decade after decade.[13]

Wenn also Stille, Schweigen und Gedächtnisorte über ihr jeweils spezifisches Wissen verfügen, so bieten Dichtung, Erzählung und Textilkunst bewährte Traditionen, Inhalte zu codieren und verfügbar zu halten. Codierung und Abrufbarkeit sind die Merkmale einer Poetik der Überlieferung, die Kanwar zu artikulieren sucht. Mit ihr bringt er auch überliefertes indigenes Wissen zur Geltung, das „ortsfesten Mächten und Kräften“[14] Wirkmächtigkeit und Hand-

7 Amar Kanwar, „The Lightning Testimonies“, Vortrag anlässlich der Eröffnung der Ausstellung „Other than Yourself“, TBA21, Wien, 8. Februar 2008. Transkription der Verfasserin.

8 Gayatri Chakravorty Spivak, *Can the Subaltern Speak? Postkolonialität und subalterne Artikulation,* übers. v. Alexander Joskowicz und Stefan Nowotny, Wien: Turia + Kant 2008.

9 Dionne Brand, „An *Ars Poetica* from the Blue Clerk“, in: *The Black Scholar* 47, Nr. 1, 2. Januar 2017, S. 59. https://doi.org/10.1080/00064246.2017.1264860.

10 Kanwar, „The Lightning Testimonies“.

11 Gedächtnissorte sind weder bei Kanwar noch bei Assmann notwendigerweise Gedenkorte, sondern Orte, die ins Gedächtnis eingeschrieben sind.

12 Aleida Assmann, *Erinnerungsräume: Formen und Wandlungen des kulturellen Gedächtnisses,* München: C.H. Beck 2018, S. 298.

13 Kanwar, „The Lightning Testimonies“.

14 Assmann, *Erinnerungsräume,* S. 301.

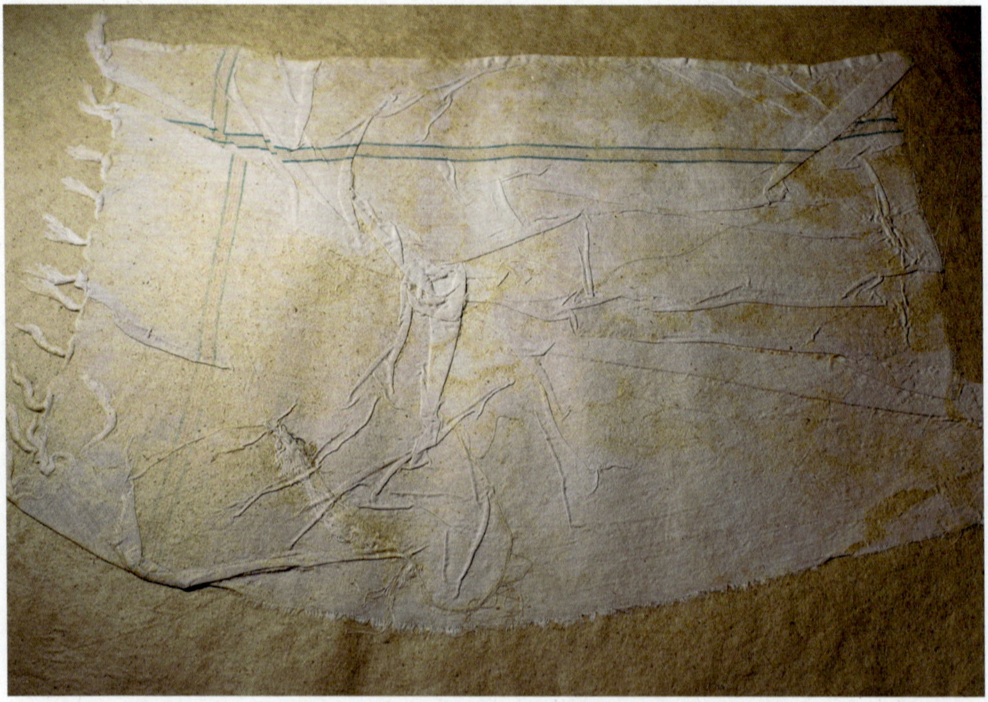

11 Amar Kanwar, *The Sovereign Forest*, 2013/14

lungsfähigkeit zuspricht. Statt diesen Mächten ausschließlich mythisch-archaischen Wert zu verleihen und ihnen damit ihre Diskursfähigkeit abzusprechen, erkennt er, dass sich kulturelles und individuelles Gedächtnis in die Topografie einer Landschaft, in Gegenstände und nichtmenschliche Wesen einschreibt. So werden sie zu Ahnen und Trägern gemeinschaftlicher Existenz.

Zu prüfen bleibt jedoch, welche Bedeutung dem Baum, dem Stein, dem Gesang und dem Gewebten darüber hinaus noch zuteilwird. Besitzen sie über
ihre Diskursfähigkeit und ihren Gedächtniswert hinaus noch eine andere Funk- 12
tion? Die Antwort auf diese Frage findet sich in Kanwars zweiter Artikulation
des Poetischen. Baum, Stein, Gesang, Sarong sind *Beweise*, die Menschen wider 11
das Vergessen erkoren, gesammelt und bewahrt haben: poetische Evidenzen, die vor keinem Gericht Gültigkeit haben, obwohl sie Menschen zugefügtes Leid bezeugen. Sie sind Beweise, die in keiner offiziellen Geschichtsschreibung, in keinem Staatsarchiv und in keinem Gerichtsakt Eingang finden, aber sehr wohl für das Verständnis von Unrecht, Verlust und Leid rechtschaffen sein müssten. Autorisierte Fakten, so argumentiert Kanwar, würden niemals ausreichen, um die miteinander verflochtenen Lebenswelten von Menschen und Nicht-Menschen im Angesicht der Brutalität, denen sie ausgesetzt sind, zu erfassen. Archive wiederum spiegeln eine historisch gewordene Ordnung wider, die sich zwischen Kontingenz und Notwendigkeit bewegt und in diesem Spannungsfeld eine spezifische Wissensarchitektur sichtbar macht, die keine Unbestimmtheiten duldet. In Kanwars ästhetischer Vorstellungskraft erlangen Zeugenschaft und Beweiskraft einen völlig neuen Charakter: Sie zeigen nicht auf, was sichtbar gemacht werden kann, sondern was unsichtbar und versteckt bleiben muss und nur nach strengen Regeln und Vorschriften weitergegeben werden kann.

Da Kanwar keine Definition von Poesie anbietet, können wir nur mutmaßen, und aus seinem Werk ableiten, was er darunter versteht. Sicher ist, dass er nicht nur Dichtung im engeren Sinn meint, nicht den Kanon der Moderne zum Vorbild hat, sondern ein weitreichenderes Verständnis von schöpferischer Tätigkeit. Poesie für Kanwar umfasst: 1) die vielfältigen Sprachakte, Gesten und Handlungen, mitunter auch künstlerischen Fähigkeiten, vergangene Ereignisse symbolisch, musikalisch, bildhaft oder narrativ zu speichern. Als solche erfüllen sie die persönlichen Bedürfnisse der Trauerarbeit, des Gedenkens und der Bezeugung und lassen sich bei Bedarf erweitern oder adaptieren; 2) Vorstellungsbilder und Erzählungen von Erfahrungen am *Ort des Verbrechens,* die bruchstückhaft, unzusammenhängend, *transformiert* auftauchen und trotz ihrer Flüchtigkeit in der Lage sind, das Geschehen ablesbar zu machen. Sie bilden Zeugnisse, *trotz allem,* gegen die Staatsgewalt und dienen der Widerlegung und dem Überschreiben der dominanten Narrative des Nichtseins; und 3) affektiv geladene Gegenstände und nichtmenschliche Wesen (der Baum, der Stein), denen eine performative Fähigkeit zu- oder eingeschrieben ist und die ortsfestes Wissen über die zeitlichen Horizonte von Vergangenheit, Gegenwart und Zukunft transportieren.

In all ihren möglichen Erscheinungsformen bereiten poetische Zeugnisse den beschwerlichen Weg der Wahrheitsfindung, der sich entlang von Fakt und Fiktion bewegt. Sie sind eine Form des Widerstands gegen die Staatsgewalt, die sich nicht als solche erklärt und identifizieren lässt, und bilden ein Gegenarchiv zur offiziellen Historiografie. Indem sie die Leerstellen innerhalb regulativer Diskurse belegt, ermöglicht die Poesie der Evidenz eine Praxis der Freiheit, als Korrektiv und Abhilfe gegen die auferlegte Sprachlosigkeit. Und während sie sich als Erinnerungs- und Überlieferungsarbeit manifestiert, kann sie evidenziellen und denunziativen Charakter annehmen. Die Fallstricke des Faktischen vermeidend, destabilisiert Kanwar mit Poesie-als-Evidenz eine Vielzahl von kategorischen Annahmen sowohl in Bezug auf Poesie als auch auf Evidenz.

DER ORT DES VERBRECHENS

In den Zwischenräumen zwischen Gedächtnis und Vergessen, Fakt und Fiktion verbirgt sich jener Ort, der in der legistischen Sprache, aber auch in Kanwars eigenem Werk als *The Scene of Crime* (2011) bezeichnet wird. Mit dieser filmischen Arbeit, Teil der umfangreichen Assemblage von „bewegten Bildern und Stills, Texten, Büchern, Flugblättern, Musik, Objekten, Samenkörnern, Geschehnissen und Prozessen“[15], die *The Sovereign Forest* bilden, bewegt sich Kanwar an den Ort der Auslöschung von menschlichem und nichtmenschlichem Leben. Ausgehend von Beobachtungen über die Bedeutung von Dichtung als Evidenz, greift Kanwar erneut auf den Evidenzdiskurs zurück, führt ihn jedoch einen entscheidenden Schritt weiter in Richtung einer programmatischen Gegenartikulation.

Kanwars poetische Evidenztheorie wurde, wie ausgeführt, am Beispiel der Erinnerungsarbeit nach traumatischen Ereignissen konzipiert. Ihr zufolge sind Evidenzen, etymologisch Sichtbarwerdungen, weder individuelle Zeugnisse noch sachliche Beweise, zeichnen sie sich doch vornehmlich durch Unsichtbarkeit, Stille und Flüchtigkeit aus. Wie kann Poesie-als-Evidenz an Orten der akuten Gewalt und inmitten politischer Kampfhandlungen weitergedacht werden? Wie lassen sich Auslöschung und Verschwinden darstellen, woran lässt sich deren Undarstellbarkeit festmachen? Wo finden sich Zufluchtsorte und Verstecke, in denen die fragilen Evidenzen des Verbrechens zusammengetragen, bewahrt und beherbergt werden? Und wie kann Zeugenschaft jenseits des menschlichen Subjekts weiterentwickelt werden? Um diese schwierigen Fragen aufzufächern,

15 Zyman (Hrsg.), *Amar Kanwar,* S. 48.

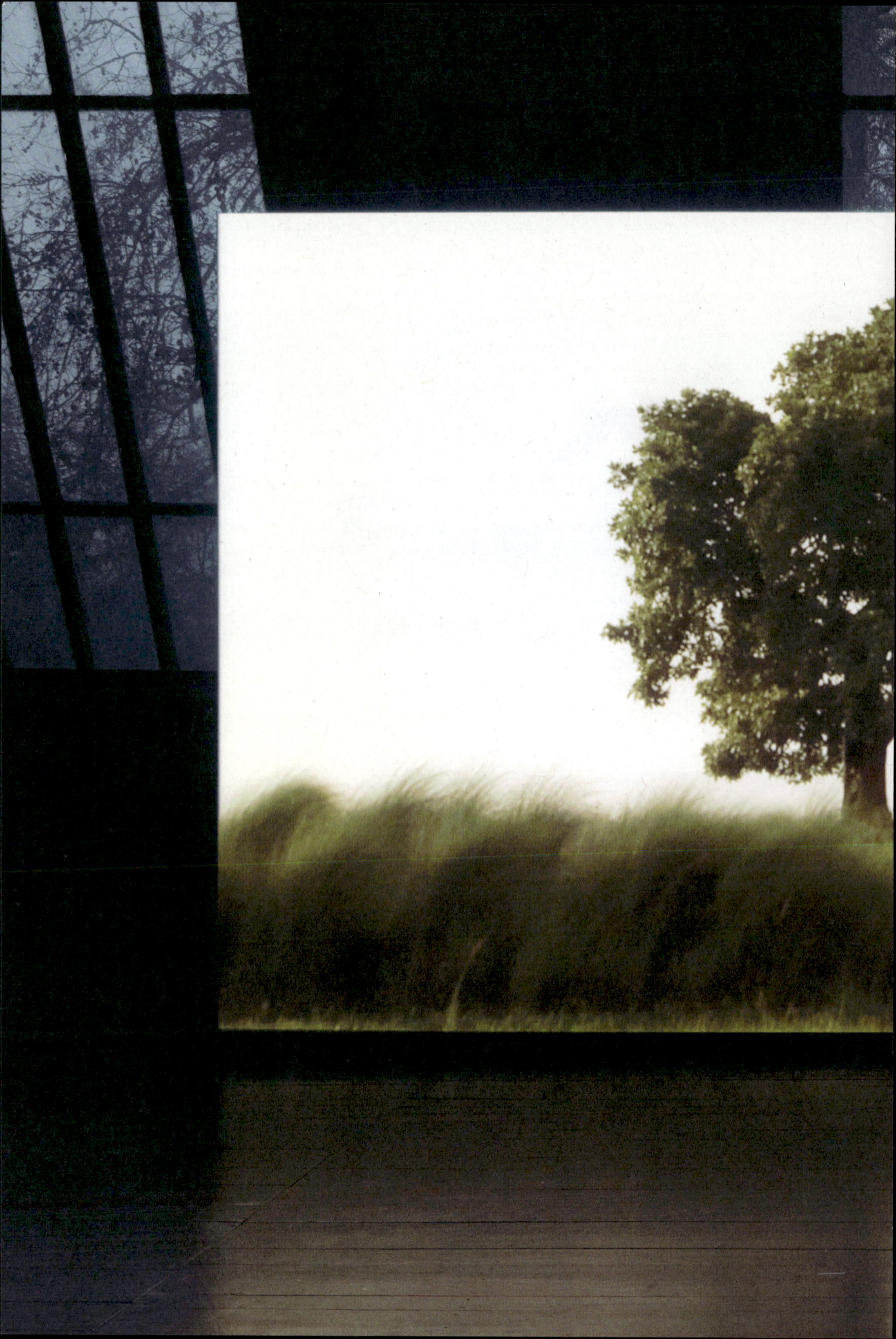

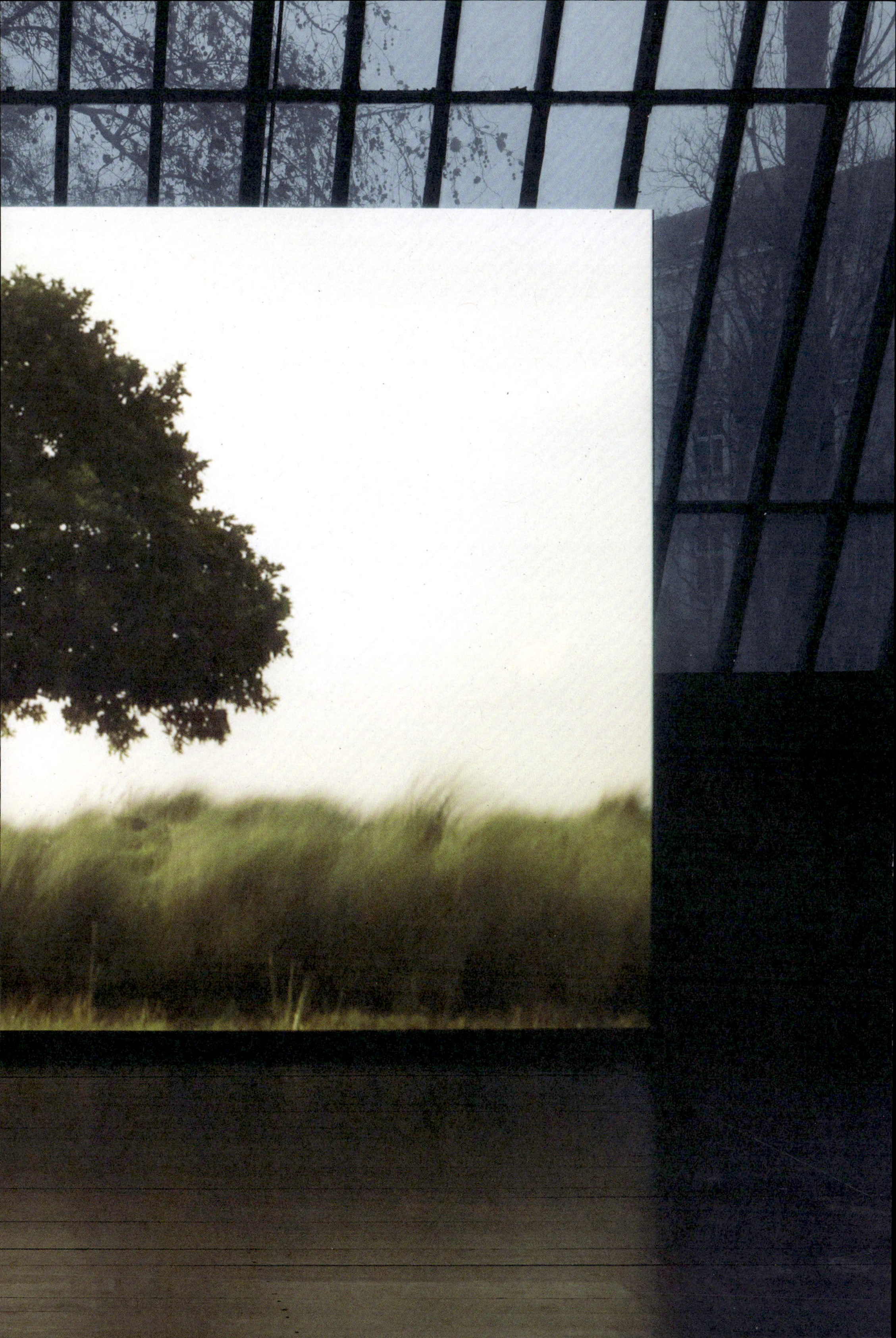

will ich zunächst untersuchen, was die Zeugenschaft vom faktischen Indiz abhebt und wie sich eine Poesie der Evidenz in *The Scene of Crime* und in weiterer Folge in *The Sovereign Forest* manifestiert.

Das Zeugnis impliziert einen Sprachakt, eine „narrative Deklaration“[16], während ein Dokument ein Beleg ist, das geringe „subjektiv-kontextuelle Markierungen“[17] aufweist. Die persönliche Erzählung und Schilderung von Ereignissen galt bis in die Sechzigerjahre als Inbegriff der „Ära der Zeugenschaft“. Die Einvernahme von Zeuginnen wurde danach, laut dem forensischen Architekten Eyal Weizman, durch die Vorherrschaft von Expert*innen, Gutachten, wissenschaftlichen Methoden und Bildbearbeitungstechnologien im Gerichtssaal verdrängt. Diese sogenannte „forensische Wende“ überlässt die autorisierte Definitionsmacht über ein Ereignis den Aussagen von Expert*innen, die nicht am Ort des Verbrechens anwesend waren.[18] Während die Zeugenaussage einen expressiven „Ausdruckswert“ aufweist, gilt der forensische Beweis als Indiz des Faktischen, das rein nach seinem „Wahrheitswert“ beurteilt werden kann.[19] Wie sich zeigt, könnte das Spannungsverhältnis zwischen der subjektiven, verkörperten und affektiven Schilderung von Zeuginnen und der „neutralen“ und objektiven Interpretation von wissenschaftlich erhobenen Daten nicht eindrücklicher sein.[20]

Die historisch-politische und wohl auch ethische Dimension der Verdrängung der Zeugenschaft durch Gutachten und Sachverständige paralysiert auch das Bedürfnis und die Notwendigkeit, Erfahrungen an andere weiterzugeben und so die persönliche Erlebniswelt über die eigene Wirkungszeit weiterleben zu lassen.[21] Demgegenüber treten Evidenz und Poesie durch den performativ-narrativen Ausdruckswert der Bezeugung in ein ursächliches Nahverhältnis. Nicht nur bekräftigen sie Zeugenschaft als Erzählform und Erzählung als Gedenkarbeit, auch die individuelle Erfahrungsweitergabe wird damit restituiert.
All dessen ist sich Kanwar bewusst, wenn er sich dem Tatort nähert. *The Scene of Crime* ist die Erfahrung des Tatorts vor der Tat. Das Bevorstehende – die Akquirierung intakter Landstriche durch Regierung und Bergbauunternehmen und ihre Industrialisierung – schreibt sich in Vorahnung des Zerstörungsakts in die Landschaft ein. Kanwars Kamera zeichnet daher alles auf: *The Gatekeeper* [der Wächter; ein Mangrovenzweig], *The Tower of Flowers* [der Blumenturm; eine Blüte], *The Source of the River Vansadhara* [die Quelle des Vansadhara-Flusses], *The Niyamgiri Mango Sapling* [der Niyamgiri-Mango-Schössling], *The Paddy Fields of Beldal village* [die Reispaddys des Dorfes Beldal], *The Betel Leaf of Dhinkia village* [das Betelblatt aus dem Dorf Dhinkia] erscheinen in
neun geordneten Landkarten *(Map 1–9)*, in denen die Tragödie der Landnahme 13
verzeichnet ist. Sie sind Zeuginnen und Zeugnisse der lebendigen Gegenwart.
Durchzogen von Stimmen, Einblendungen und Textinserts, die einen inneren 14
Monolog wiedergeben, changiert die Landschaftsaufnahme von Tag zu Nacht
und von Wald zu Fluss. Sie reicht von Aufnahmen von Grashalmen und Bäumen 15
über im Gegenlicht auftauchende Silhouetten von Fischern, die Figur eines Soldaten, dreizehn Grabsteine, die hinter einer Betonumfriedung im Wald stehen, Strommasten und eine Straße, die zu einer gestaltlosen Anlage führt, bis hin zum Souveränen Baum, der solitär in voller Pracht auf einer Lichtung thront.

16 Brigitta Kuster im Gespräch mit Stefan Nowotny, „‚J'y étais'. Über das Weitersprechen von Zeugen des Jahres 1892“, in: *transversal texts*, Mai 2008. http://eipcp.net/transversal/0408/kuster/de.

17 Ebd.

18 Eyal Weizman, *Forensic Architecture: Violence at the Threshold of Detectability*, Brooklyn, NY: Zone Books 2017, S. 80 ff.

19 Kuster/Nowotny, „J'y étais“.

20 André Lepecki, *Singularities: Dance in the Age of Performance*, New York: Routledge 2016, S. 171.

21 Ebd., S. 172/173.

12 vorige Seite: Amar Kanwar, *The Scene of Crime,* 2011. Ausstellungsansicht TBA21–Augarten, Wien, 2014
13–15 Amar Kanwar, *The Scene of Crime,* 2011

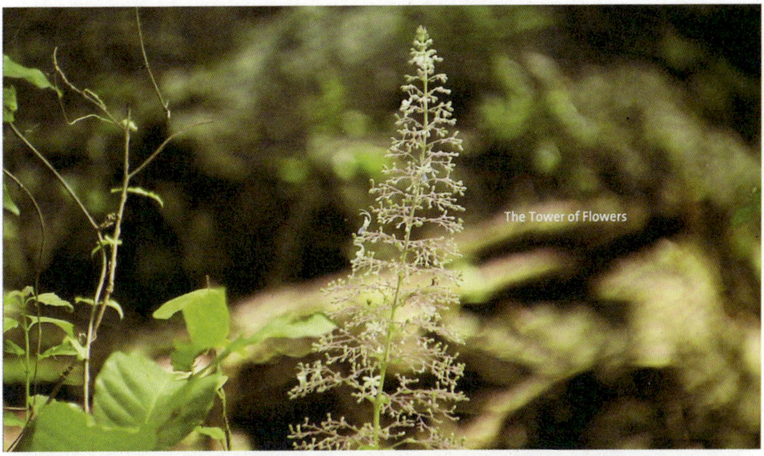

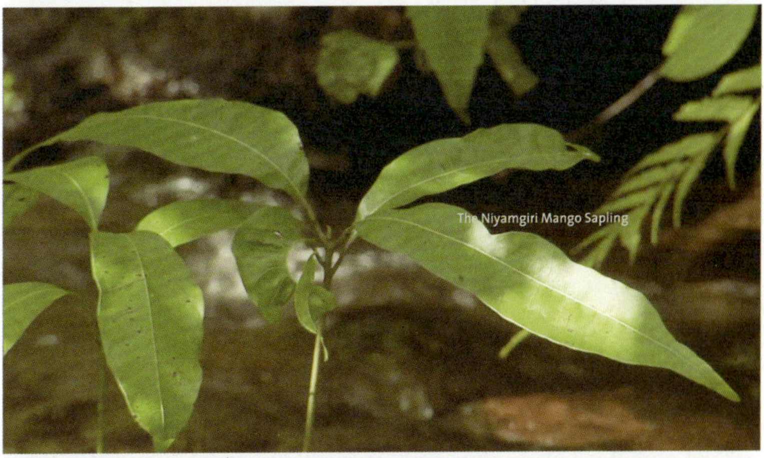

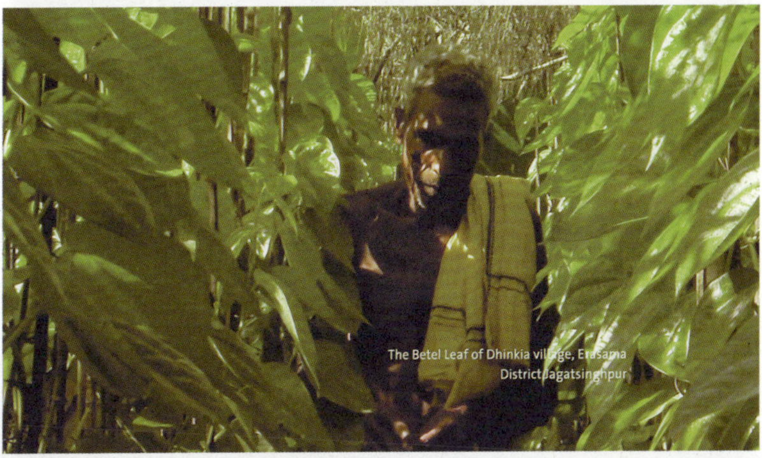

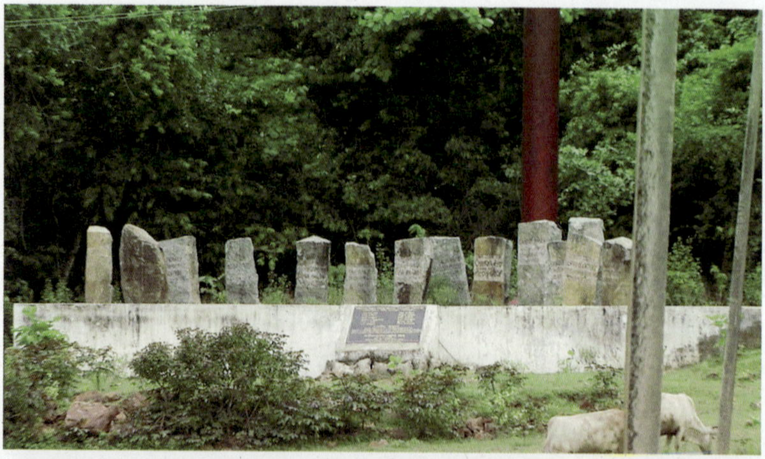

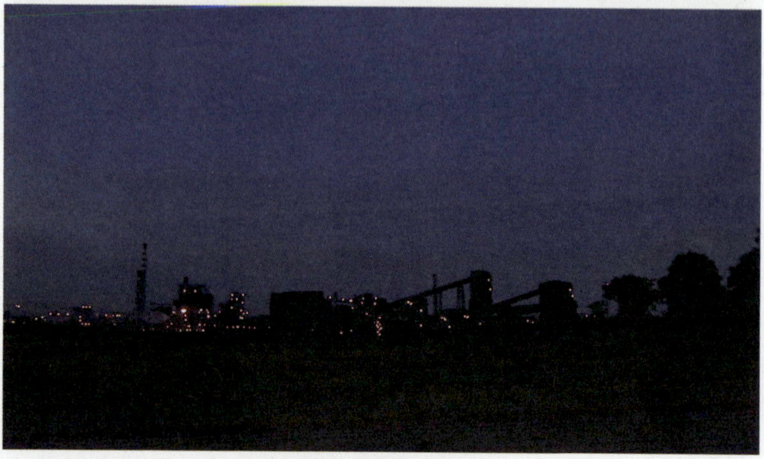

There is a map of Kalinga in the corner of her eye across the fields,
past the tree, down the river she always sees him coming

16 So lautet der erste Texteintrag des Films.[22] Kalinga, das ist das historische Königreich zwischen den Strömen des Mahanadi und Godavari, ein antiker Ort, der, wie in der Mahabharata beschrieben, von den Kalingas besiedelt wurde (und heute noch von deren indigenen Nachfahren bewohnt wird). Kalinganagar hingegen, weder Stadt noch Dorf, sondern Industrieagglomeration, ist ein streng bewachter und abgegrenzter Landstrich rund hundert Kilometer von Orishas Hauptstadt Bubaneswar entfernt, der seine Existenz einer Reihe von Landnahmen verdankt, die in den Neunzigerjahren begannen. Auf einer Fläche von 177 km^2 soll bis 2025 die heute schon tonnenschwere Ausbeutung maximiert werden und mittels weiterer Enteignungen ein Industriekomplex entstehen,
17 der von den Stahl- und Aluminiumgiganten NINL, Tata Steel, Jindal Steel, VISA Steel, POSCO und MESCO sowie fünf weiteren Bergbauunternehmen betrieben wird. Hier wächst zudem eine moderne indische Industriestadt, wozu Bevölkerungen (weiter) umgesiedelt, Flüsse umgeleitet und für industrielle Zwecke nutzbar gemacht, (weitere) Wälder gerodet und für die indigenen Kalingas als heilig geltende Berge abgebaut werden.

Wenn *sie* also Kalinga aus ihren Augenwinkeln wahrnimmt, so erscheinen ihr Felder, Bäume und Flüsse, aber auch das alte Kalinga, das einst ihr Land war, und das zukünftige Kalinganagar, das gierig ihr Land verschlingt und verwüstet. Auch *er*, den sie aus den Augenwinkeln auf sich zukommen sieht, wurde genommen. Da der Beweis an seinem Mord nicht anerkannt ist, gilt er als weder tot noch lebendig.

The suddenness of his departure is still hard to believe
Her eyes ache to see him again
She yearns for him every day
The judge refused to accept the evidence of his murder
So he is neither dead nor alive

Sein plötzlicher Abgang ist immer noch schwer vorstellbar. Sein Verscheiden ist unbegreiflich und schmerzhaft. Er wurde ihr genommen und mit ihm sein Leben, sein Land, sein Recht. Und während sie nicht aufhört, nach ihm zu suchen, zwischen den Lebenden und den Toten, zeugt nur der Fluss von ihrem Leid. Als er ihr ein Landregister aus dem Jahr 1897 vorlegte, hatte sie ihn gewarnt: *Sie* würden kommen, vermessen, berechnen, demolieren, vertreiben und sich sein Land aneignen.

Für Kanwar ist *The Scene of Crime* die Erfahrung des „Hinsehens" auf das Terrain des Konflikts und die persönlichen Leben, die in und mit dieser natürlichen Landschaft existieren. Es ist ein aufzeichnender, aber auch nach innen gerichteter, ein monologischer und intersubjektiver Blick, der durch die intakte Landschaft zieht. Noch lässt sich in diesem Sehen das Unheil nicht ermessen, das die Zerstörung mit sich bringen wird und dessen Vorbote *sein* Verschwinden ist. Die überzeichnete Schönheit und Intaktheit der Landschaft bezeugt auf paradoxe Weise die zukünftige Tat und mit ihr die Auslöschung dieser Lebenswelt.

22 Sämtliche nachstehenden Zitate beziehen sich auf *Inserts* oder Texttafeln im Film, einige sind aber auch in der Publikation angeführt. Zyman (Hrsg.), *Amar Kanwar*, S. 38, 42, 46 und 96.

The Sovereign Forest attempts to reopen discussion and initiate a creative response to our understanding of crime, politics, human rights, and ecology. The validity of poetry as evidence in a trial; the discourse on seeing, on understanding, on compassion, on issues of justice; sovereignty and the determination of the self – all come together in a constellation of moving and still images, texts, books, pamphlets, albums, music, objects, seeds, events, and processes.[23]

Amar Kanwar

Am Tatort selbst traut Kanwar weder dem komplizierten Versprechen der Wahrheitsfindung noch der linear nachvollziehbaren Argumentation. So nähert sich *The Scene of Crime* einer Poetik der Evidenz durch Fragmentierung, Verweigerung schlüssiger Lesbarkeit und Aufhebung subjektspezifischer Erzähl- und Sprechweisen. Diese Erzählform appelliert nicht an den Verstand, sondern vielmehr an das affektive Verstehen, denn, wie Kanwar betont, „das, was geschieht, lässt sich nicht mit unseren normalen, rationalen, intelligenten, akademischen Fähigkeiten des Verstehens begreifen"[24]. Der Tatort ist ein raumzeitlicher Gedächtnisort zwischen dem, was war, und dem, was sein wird, ein Portal zu einer anderen Art von Präsenz, jener der flüchtigen Sinneseindrücke und körperlosen Stimmen, die dem Ort der Toten und Nichtmenschlichen näher scheint als dem der Lebenden.

Das Misstrauen gegenüber historischen, juristischen oder journalistisch-dokumentarischen Wahrheitstechnologien und die Tatsache, dass Kanwar seine Zeuginnen nicht nur als sprechende Subjekte, sondern auch als ortsverbundene Bezeugende ansieht, dass er jedem Zeugnis einen Unwahrheitsgehalt zuschreibt, dass er die Wissensbeziehungen zwischen Erinnerung und Poesie neu knüpft und die Aufzeichnungsfähigkeiten von Sprache und Bild sowie deren Evidenzeffekte kompliziert – all das zeigt, dass es ihm weniger um die Wahrheit an sich geht als vielmehr um deren Bedeutung. Mit anderen Worten: *The Scene of Crime* zielt nicht darauf ab, die Verlusterfahrungen der Menschen zu beweisen und darzustellen, sondern die Bedeutung ihres Verlustes, ihrer Entwürdigung und Schändung fassbar zu machen – als Gegenarchive des Faktischen und in Würdigung ihres Andenkens. Der Film ruft seine Betrachter*innen zum Zusammenfügen von verstreuten Indizien und losen Erzählsträngen auf. Mit ihrer Rezeption konstituieren sie sich politisch zum Publikum, Forum, zur Öffentlichkeit.

IM WALD DER SOUVERÄNITÄTEN

> If a crime continues to occur regardless of the enormous evidence available, then is the crime invisible or the evidence invisible or are both visible but not seen?[25] – Amar Kanwar

The Sovereign Forest beschreibt den Konflikt zwischen der ländlichen Bevölkerung, der Regierung und den Bergbauunternehmen im ostindischen Odisha. Seit 2011 zeichnet Kanwar die destruktiven Folgen der Industrialisierung auf, die weite Teile der Landschaft zerstört haben. Der in den Neunzigerjahren einsetzende gewaltsame Konflikt um die Kontrolle über agrarwirtschaftliches Land, Wälder, Flüsse und Mineralbestände mündete in Zwangsumsiedlungen indigener Gemeinschaften, von Kleinbauer*innen und Fischer*innen und brachte eine nicht abreißende Flut der Gewalt hervor, die ebenso unkontrollierbar wie unsichtbar ist. *The Sovereign Forest* bringt Indizien ans Licht, die an diesem modernen Kriegsschauplatz verborgen gehalten oder von der Polizeigewalt unterdrückt wurden. Gefilmtes, gefundenes und gesammeltes Bildmaterial, Bücher, Spuren, Urkunden, Fabeln und eine Saatgutbank indigener Reissorten bilden ein umfassendes Gegenarchiv an Beweisen, die von Betroffenen vor Ort gesichert wurden – Beweisen, die sichtbar sind, aber nicht gesehen werden. Ihre Bedeutung

23 Zit. in: *Amar Kanwar: The Sovereign Forest*, hrsg. v. Daniela Zyman, Ausstellungskat. TBA21, Berlin: Sternberg Press 2014, S. 48.

24 Amar Kanwar, Daniela Zyman und Clemens Rettenbacher, Telefoninterview mit Amar Kanwar, 10. Juni 2013, Archiv TBA21. Übersetzung der Verfasserin.

25 Zyman (Hrsg.), *Amar Kanwar*, S. 48.

wird durch poetische Perspektiven nuanciert, um neue Prozesse des Sehens und Verstehens in Gang zu setzen. Auf diese Weise schafft das Projekt eine Reihe von Voraussetzungen, die Kanwars These der Gültigkeit von „Poesie als Evidenz" untermauern. Das vertiefende Sehen, das Kanwars Anliegen ist, eröffnet ein mehrdimensionales Verständnis für die Beziehung zwischen Leben und Politik, zwischen persönlichen Schicksalen und den nicht greifbaren und unsichtbaren Auswirkungen von Gewalt.

DIE HÜTER*INNEN DER FLÜSSE UND DER BERG DES RECHTS

Am 18. Juli 2013 stimmten zwölf Dorfräte der indigenen Volksgruppe der Dongria Kondh, die in den Niyamgiri-Hügeln im Südwesten Odishas lebt, einstimmig gegen die geplante Inbetriebnahme der *Vedanta-Resources*-Bauxitmine. Die 18
Dongria Kondh, die sich selbst als *Jharnia,* als „Hüter*innen der Flüsse" bezeichnen, erachten den heiligen Berg Niyam Dongar als Sitz des Niyam Raja, ihrer spirituellen Gottheit. Der Berg wird „Berg des Rechts" genannt und gilt als spirituelles Zentrum und kosmogonische Entität der *Jharnia*. Die Entscheidung der kleinsten politischen Verwaltungseinheiten, nach Jahren des aktivistischen Widerstands gegen die Machtallianz aus Wirtschaft, Regierung und britischen Investoren anzutreten, bleibt von unschätzbarer Bedeutung. Aber auch die Bereitschaft des Gerichts, die Dorfräte anzuhören und ihnen die Entscheidungsgewalt über die Zukunft der (zum damaligen Zeitpunkt schon errichteten, 1,7 Milliarden US-Dollar teuren) Mine zu übertragen, hat die prekären Prozesse der Anerkennung indigener Rechte in Indien neu belebt. Die Würdigung einer „ancestral domain" und der unlösbaren Verbindung zu Land, die nicht auf Titel und Eigentum, sondern auf Ahnenschaft, spirituellen und gemeinschaftlichen Praktiken sowie traditionellen Formen des Wissens beruht, wurde bei Gericht ins Zentrum der Diskussion gestellt.

Der entscheidende Einwand der Dongria Kondh beruhte auf der Tatsache, dass die Niyamgiri-Berge die heilige, spirituelle und natürliche Lebensquelle ihres Volkes darstellen, eine Beziehung, die ortsgebunden und nicht übertragbar ist. In seinem bahnbrechenden Urteil wies der Oberste Gerichtshof Indiens im April desselben Jahres die Gram Sabha (Dorfräte) an, von ihren Befugnissen Gebrauch zu machen. „Wir sind daher der Ansicht, dass die Frage, ob ST [Scheduled Tribes] und andere TFD [traditionelle Waldbewohner*innen], wie die Dongria Kondh, Kutia Kandha und andere, irgendwelche religiösen Rechte, d. h. Rechte der Verehrung über die Niyamgiri-Hügel, bekannt als Nimagiri, in der Nähe von Hundaljali, dem Hügelgipfel, der als Niyam-Raja bekannt ist, haben, von der Gram Sabha geprüft werden muss", sprach das dreiköpfige Gericht in seiner Verfügung. „Wir stellen fest, dass [in der Vergangenheit] diese Angelegenheit der Gram Sabha nicht zur aktiven Prüfung vorgelegt wurde."[26]

So bedeutend dieser Präzedenzfall auch sein mag, so wenig ändert er an der Lage in Odisha. Einschüchterungskampagnen gegen indigene Aktivist*innen, Entführungen und Ermordungen stehen weiterhin an der Tagesordnung. Andere bedeutende Urteile des Obersten Gerichtshofs, wie das Samata-Urteil von 1997 (Samata gegen den Staat Andhra Pradesh), das die Übertragung von Land in *Scheduled Areas* (Stammesgebieten) durch Verpachtung zu Bergbauzwecken verbietet, sowie nationale Umwelt- und Waldschutzgesetze werden weiterhin systematisch umgangen. Die Investitionen und Aktivitäten der mineralgewinnenden Industrien steigen jährlich in atemberaubendem Ausmaß. So trug der Bundesstaat in den Jahren 2019/20 bereits den höchsten Anteil (35,3 Prozent) zur Mineralienproduktion in Indien bei und erreichte einen Umsatz von fast

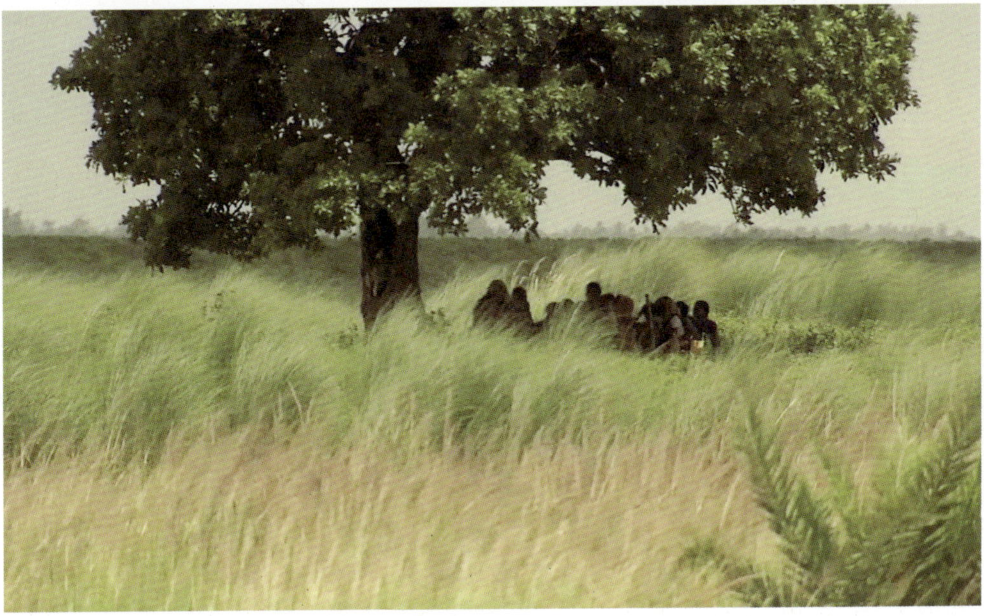

18 Amar Kanwar, *The Scene of Crime*, 2011

1 Mrd. US-Dollar. Im März 2021 unterzeichneten ArcelorMittal Nippon Steel India und die Regierung von Odisha eine Absichtserklärung zur Errichtung eines Stahlwerks mit einem Investitionsvolumen von 6,88 Mrd. US-Dollar. Auf dem Maritime India Summit 2021 kündigte die Regierung an, Odisha als Drehscheibe für den Seehandel zu etablieren.[27]

Obwohl die Rechte der sogenannten Stammesvölker (und von Umwelt-enklaven) in der indischen Verfassung verankert sind, beinhalten sie keine Ansprüche auf Bodenschätze in Schutzgebieten. Unzählige Schlupflöcher bieten Raum für Verstöße. Und doch geben die verfassungsmäßig gewährten Rechte der Gram Sabhas im Fall der Niyamgiri-Berge, die vom Obersten Gerichtshof Indiens bestätigt wurden, den Ton für eine Veränderung an. Was wäre, wenn … der Schutz heiliger Berge, Wälder und Pflanzen zu den gemeinschaftlichen Prioritäten gehörte, wenn die Rechte der Dalits gewahrt blieben und wenn ihre Souveränität nicht durch den frenetischen Abbau von Rohstoffen untergraben würde, die dazu dienen, Indiens kolossale Wirtschaft anzuheizen? Was wäre, wenn, in den Worten Hannah Arendts, „das Recht, Rechte zu haben", gleichermaßen für Bürger*innen wie nichtmenschliche Wesen gelten würde und diejenigen, die zur Rechtlosigkeit gezwungen sind, eine Stimme im politischen Forum erhielten?

Dem Widerstand der Dongria Kondh, unzähliger Kleinbauer*innen, Fischer*innen und Aktivist*innen ist *The Sovereign Forest* gewidmet. So weit lässt sich Kanwars Werk auch innerhalb des postkolonialen Diskurses, der Kapitalismuskritik, der Frage des subalternen Subjekts und ökologischer Gerechtigkeit verorten. Das ist nicht falsch, wie Kanwar konstatiert, aber es ist nicht das, was er mit der Arbeit erzielen wollte:

26 Priscilla Jebaraj, „Court Directs Gram Sabhas to Take a Call on Vedanta's Mining Project", in: *The Hindu*, 19. April 2013. https://www.thehindu.com/news/national/other-states/Court-directs-gram-sabhas-to-take-a-call-on-Vedanta's-mining-project/article12202658.ece. Übersetzung der Verfasserin.

27 https://www.ibef.org/states/odisha.aspx.

> What I am saying is that these conclusions and these analyses are actually inadequate. They are not allowing you to understand the scale, meaning, extend and depth of the crime. In essence, what we need is a non-forensic vocabulary to understand the extent, scale, and depth of the crime.[28]

Was wäre ein nichtforensisches Vokabular oder gar eine gegenforensische Beweisführung zum Aufzeigen eines Verbrechens, das sich unserem Begriffsvermögen entzieht? Die Schriften von Sekula und des französischen Philosophen Georges Didi-Huberman können uns ein Stück weit zum besseren Verständnis verhelfen.

GEGENFORENSISCHE SPURENSUCHE

Allan Sekulas Werk widmet sich der Untersuchung des Verhältnisses zwischen Fotografie, Evidenztheorie und Menschenrecht.[29] Als Theoretiker befasst er sich mit den mannigfaltigen Kontexten und Archiven fotografischer Abbilder: Polizeiarchive, Familienalben, militärische Aufnahmen und künstlerische Werke verdanken ihr epistemisches Potenzial größtenteils der Fotografie. Sekula untersucht sie alle im Detail. Dabei lässt er Bilder selten „nur" Bilder sein. Von wenigen Ausnahmen abgesehen, liest er sie als Belege politischer und biopolitischer Unterdrückung. Ihnen sind die Spuren der phrenologischen, biometrischen und juridischen Wissenschaften des Staatsapparates eingeschrieben. Auch forensische Bilder werden zur Machtausübung über Körper und Leben instrumentalisiert. Systematische wissenschaftliche Methoden werden nicht zum Zweck der Wahrheitsfindung eingesetzt, vielmehr sind sie Teil des staatlichen Überwachungs- und Ausgrenzungssystems. So schreibt Sekula:

> The oppressor state catalogs its victims as precisely as possible, typing them as a group, but seeking to register and track individual members. The key to ideological power over the "other" lies in typing; the key to functional power lies in individuation. In other words, stereotypes are ideologically useful and necessary, but in the end it is individuals who must be reduced to ashes.[30]

Das künstlerische Bild bietet nicht immer eine Ausnahme: Aus ihm spräche zwar Mitgefühl, nur selten hingegen die geteilte Verantwortung für kollektives Handeln.[31] Die Frage nach einem Umgang mit Bildern, der die verschleierte Aussortierung von Menschentypen einerseits und die kompensatorische Sympathie andererseits aushebeln könnte, führt Sekula zur Untersuchung der Beweiskraft und des Zeugnischarakters von Fotografien. Jenseits des Wahrheitsgehalts eines Abbildes – als Index und nicht als Beweis von Wahrheit – muss dieses im Kontext des Forums standhalten, in denen das Bild eingebracht wird. „[A] courtroom is a battleground of fictions"[32], schreibt er und stellt damit die fotografische Evidenz ins Zentrum einer Kampfzone, in der unterschiedliche Fiktionen von Wahrheit verhandelt werden. Das Vorhandensein von forensischem Material erzeugt und entfacht erst die Diskussion um ihre Beweiskraft innerhalb des Forums. Forensik, vom lateinischen *forensis* abgeleitet, bedeutet schließlich so viel wie „zum Forum gehörend". 19, 20

Aber in welchem Forum und mit welchen Evidenzen ließen sich Vergehen an der Menschheit verhandeln? Und wie können die Belege der Barbarei Sichtbarkeit erlangen, wenn Indizien und Beweise vernichtet werden und wenn das, was verschwunden ist und unterdrückt wurde, zur Verhandlung steht? Wenn weder der Staat noch das Strafverfahren gültige Foren begründen können, wenn Ersterer sich der Forensik bemächtigt und Letzteres ein Schlachtfeld von

Fiktionen ist, dann, so Sekula, müssten Methoden der *counter-forensic*[33] eingesetzt werden, um Beweise ans Licht zu bringen und neue Foren zu eröffnen. Gegenforensische Praktiken kommen dementsprechend als selbstautorisierte, taktische Mittel zum Einsatz, um die Kriminaltechnik des Staates an jenen Stellen zu unterwandern, wo dieser gegen die Menschlichkeit verstößt: wenn Gerichtsgutachten und ideologisch gefärbte Desinformationen Individuen zu Täter*innen typisieren, wenn Ausgrenzung Teil einer verschleierten ideologischen Kampagne ist und wenn, im Gegenzug, die gegenforensische Dokumentation der behördlichen Vergehen zu politischem Widerstand und zur Trauerarbeit[34] beiträgt.

In Georges Didi-Hubermans *Bilder trotz allem*, jenem bahnbrechenden Text zum „gewaltigen Laboratorium vorausgeplante[r] Auslöschung menschlicher Wesen"[35], wird Auschwitz als jener Ort gezeichnet, an dem Mord niemals genug war – wo also nicht nur Menschen zum Verschwinden gebracht wurden, sondern auch das Archiv des Verschwindens selbst ausgelöscht werden sollte. An jenem Ort, wo systematisch vernichtet wird, wo totale Gewalt herrscht und wo Spuren verwischt werden, sollte lediglich die Geschichte der Mächtigen überleben. „Zusammen mit den Werkzeugen der Vernichtung mußten auch *die Archive, das Gedächtnis der Vernichtung, zum Verschwinden gebracht werden* – hier zeigt sich ein weiteres Mal die Absicht, die Auslöschung im Bereich des Unvorstellbaren zu halten."[36] Doch auch bei noch so gründlicher Beseitigung von Evidenzen bleibt die Möglichkeit einer Anfechtung erhalten, „wie geringfügig, zerstreut, unbewußt oder verzweifelt diese Widerlegung auch sein mag"[37].

Die Widerlegung ist die einzige, wenn auch noch so fragmentarische und geringfügige Möglichkeit, die Taten der Unmenschlichkeit der Unvorstellbarkeit zu entreißen. Das „Unsagbare" und „Unvorstellbare" walten zu lassen, also gegenforensische Praktiken zu unterlassen, bedeutet im Umkehrschluss, der Barbarei die Deutungsmacht zu überlassen. Aber auch Gegenforensik kann menschliche Zeugenschaft nicht ersetzen, lediglich ergänzen. „Keinen Kaddisch wird man sagen"[38], so Hannah Arendts vielzitiertes Verdikt über das Ausmaß des Verlusts nach Auschwitz: Es würde kein Mensch überleben, der das Totengebet spricht und Erinnerungen bewahrt. Wie aber weiter denken und richten, wenn das Verbrechen in seinem Ausmaß die Begriffe von Schuld und Gerechtigkeit, also bestehendes Recht und Begriffe der Menschlichkeit sprengt? Dann, so Didi-Huberman, „muß man eben die politischen Wissenschaften und das Recht neu überdenken"[39].

Mit *poetry-as-evidence, counter-forensics* und *Bilder trotz allem* habe ich versucht darzulegen, dass es in der Frage um die Zeugenschaft von Evidenzen nicht um „die ganze Wahrheit" geht, dass es oftmals nur „winzige Details einer komplexen Realität, kurze Momente einer Dauer"[40] sind, die aufgrund ihrer

28 Kanwar/Zyman/Rettenbacher, Telefoninterview mit Amar Kanwar.

29 Thomas Keenan, „Counter-forensics and Photography", in: *Grey Room* 55, Special Issue: Allan Sekula and the Traffic in Photographs, Frühjahr 2014, S. 59. https://doi.org/10.1162/GREY_a_00141.

30 Allan Sekula, „Photography and the Limits of National Identity", in: *Grey Room* 55, April 2014, S. 30. https://doi.org/10.1162/GREY_a_00142.

31 Allan Sekula, „The Instrumental Image: Steichen at War", in: Ders., *Photography Against the Grain,* Halifax: The Press of Nova Scotia Art and Design College 1984, S. 51.

32 Allan Sekula, „Dismantling Modernism, Reinventing Documentary (Notes on the Politics of Representation)", in: Ders., *Photography Against the Grain,* S. 57.

33 Sekula, „Photography and the Limits of National Identity", S. 30.

34 Ebd.

35 Georges Didi-Huberman, *Bilder trotz allem,* übers. v. Peter Geimer, Bild und Text, München: Wilhelm Fink Verlag 2007, S. 38.

36 Ebd., S. 40.

37 Ebd., S. 41.

38 Hannah Arendt, „Keinen Kaddisch wird man sagen", in: Dies., *Nach Auschwitz: Essays & Kommentare,* hrsg. v. Eike Geisel und Klaus Bittermann, übers. v. Eike Geisel, 2. Auflage, Critica Diabolis 21, Berlin: Edition Tiamat 2014, S. 140 ff.

39 Didi-Huberman, *Bilder trotz allem*, S. 45.

40 Ebd., S. 63.

19 oben: Gesammelte, hinterlegte und gefundene Dokumente, Zeichnungen, Karten und Fotografien aus dem *Evidence Archive,* 2012/13. Ausstellungsansicht TBA21–Augarten, Wien, 2014
20 unten: Besitzurkunden aus dem *Evidence Archive,* 2012/13

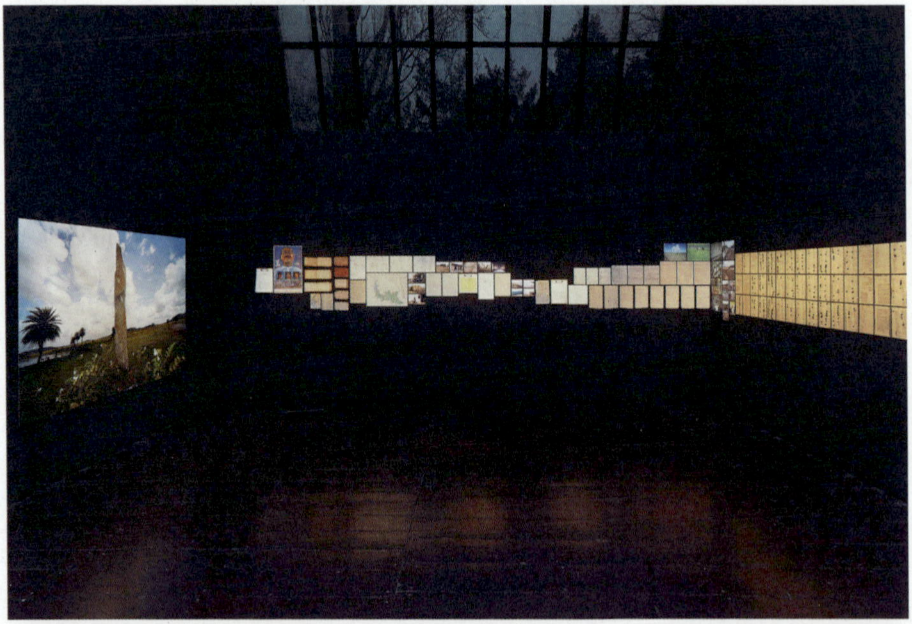

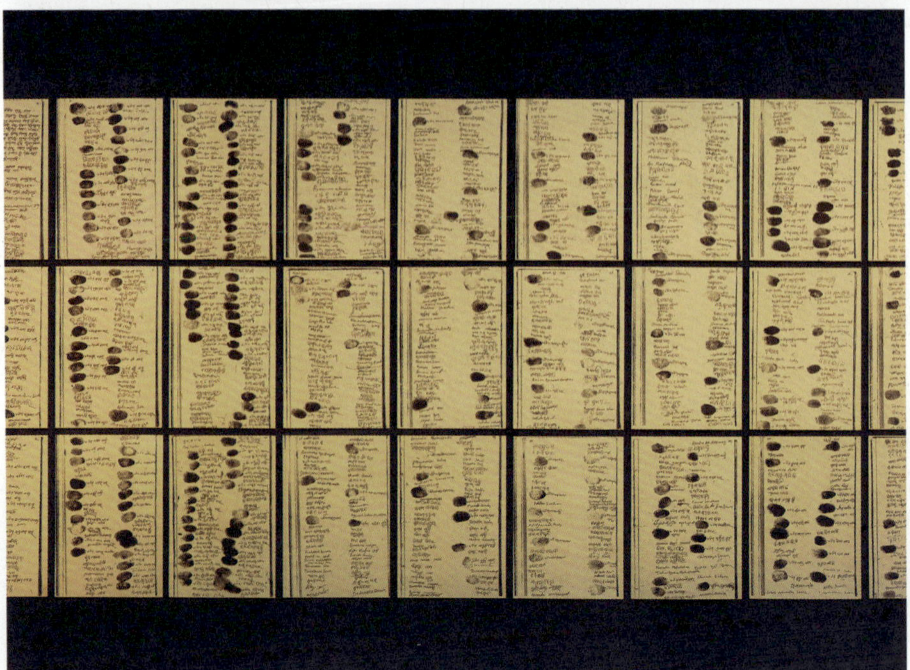

Inadäquatheit, Ungenauigkeit, Kontingenz und ihrer fragmentarischen Gestalt weder von Rechts- noch von Geschichtswissenschaften verstanden oder gewürdigt werden. Gerade weil sie Kontexten der Unterdrückung und Auslöschung abgerungen werden, können sie die wertvollsten Momente der Wahrheit sein, über die wir verfügen. Dabei erkämpfen die der Realität entnommenen Proben ihre eigene Evidenz gegen jene Wahrheitsregime, die sich ihr Auslöschen zum Ziel gesetzt haben.

ARCHIVE GEGEN DIE AUSLÖSCHUNG DER ARCHIVE

Mit der Auslöschung von Leben geht die Zerstörung der Archive der Vernichtung einher. Um den Widerstandskampf in Odisha zu delegitimieren, wenden lokale Regierungen, Handlanger internationaler Konzerne, vielfältige Formen der Auslöschung und Verleugnung an: konstitutionell verankerte Rechte und geltende Gesetze werden missachtet; alteingesessene Kulturformen durch Verordnungen verdrängt; Opfer der systemischen Gewalt in den Selbstmord gedrängt; und selbst die Erinnerung an den Widerstand wird ausgelöscht. Das Gegenarchiv des *Sovereign Forest* dient all diesen Erfahrungen und Demütigungen. In ihm sollen Dokumente und Zeugnisse abgelegt werden, die in keinem öffentlichen Archiv Eingang finden. Somit werden der souveräne Wald und das, was dem Wald zugehörig ist, die Hauptfiguren dieser komplexen Arbeit: die Flüsse, die Äste, die Blumen, die Früchte des Waldes, das angebaute Reisfeld, der heilige Berg und die Menschen, die in ihm und mit ihm leben.

Mit der Auslöschung menschlichen Lebens geht die Zerstörung des Waldes und seiner Archive einher. Der Wald ist souveränes Leben, weil dieses Leben selbstbestimmt ist, aber nur so lange, bis es den Souveränitätsansprüchen des Staates zum Opfer fällt. Als „öffentliches Gut" kann der Wald rechtmäßig enteignet und für das „Gemeinwohl" zum Industriestandort umgewidmet werden. Der Staat kann auch Ansprüche, die auf anzestralen Rechten beruhen, auslöschen und Vereinbarungen auflösen, die den Zugang zu und den Fruchtgenuss von gemeinschaftlichen Ressourcen regeln. Anzestrale Rechte, die indigenen Bevölkerungen das Sammeln von Hölzern, das Jagen und Betreten eines Waldes untersagten oder zuwiesen, und mit ihnen der Jahrhunderte währende Pakt zwischen Mensch und Wald zum gegenseitigen Erhalt und zur Koexistenz, wurden in Indien 1878 durch neue Rechte zum Schutz „heiliger Wälder" *(reserved/protected forests)* ersetzt. Nunmehr sollten nicht mehr die Gemeinschaften selbst, sondern der Staat bestimmen, was zulässig ist und was nicht, erklärt die Menschenrechtsaktivistin Usha Ramanathan: „Kontrolle, Eigentum, Eigentumsrechte, Enteignung, Übernahme der Verwaltung, die Befugnis zu Einschränkungen von Veräußerung in jeglicher Weise – durch Verkauf, Schenkung, Verpachtung, Hypothek ‚oder auf andere Art' –, die Befugnis, ansonsten verbotene Tätigkeiten und Nutzungen zu genehmigen: Damit erlangten Souveränität und Territorium eine Bedeutung, die die Konturen von ‚Enteignung' tiefgreifend beeinflussen sollte."[41]

Souveränes Enteignungsrecht wird folglich zum Eckpfeiler eines nationalen Projekts, das der Modernisierung den Weg ebnet und dabei wirtschaftliche Interessen über jene der Commons stellt. Den *Particularly Vulnerable Tribal Groups* (PVTG), also besonders gefährdeten Stammesgruppen, die einst die

41 Usha Ramanathan, „Sovereign Forest", in: Zyman (Hrsg.), *Amar Kanwar*, S. 122. Übersetzung der Verfasserin.

Wälder hüteten und bewirtschafteten, wird nun der Zugang verwehrt. Auch sie sollen in Schutz-Enklaven verbannt werden, in denen sie der staatlichen Kontrolle anheimfallen würden. Diejenigen, die ihre Kultur bewahren wollen, ihr Land schützen und sich den Gesetzen des Staates widersetzen, müssen mit Einschüchterung, Bestrafung und möglicherweise mit dem Tod rechnen. Solch einer Auslegung von nationaler Souveränität stellt Kanwar die Selbstbestimmung und Immunität des Waldes und seiner Hüter*innen gegenüber. Deren Ansprüche beruhen nicht auf staatlichen Hoheitsrechten über ein Territorium, nicht auf Einfriedungen *(enclosures)*, sondern auf Gewohnheitsrechten, Abmachungen und Verantwortlichkeiten.

Die Auslöschung zeichnet sich nicht nur im souveränen Wald ab, sondern bemächtigt sich auch anderer Formen der Biodiversität. Zwei weitere Sammlungen bilden in *The Sovereign Forest* wirkungsmächtige Archive des Verlusts: *The Seed Room* (undatiert) und *The Evidence Archive* (2012/13). Im Herzen der Ausstellung, in ihrem eigenen Schrein untergebracht, beherbergt *The Seed Room* 272 unterschiedliche Reissorten, jede Sorte in einem handgefertigten Behältnis, mit Sorgfalt beschriftet und archiviert. Am Ort des Verbrechens gesammelt, wieder ausgesät und weitergezüchtet, „bilden die Samen das Vokabular eines weitgreifenden Wissenssystems, das über Jahrzehnte geteilt und weiterentwickelt wurde“[42]. Es ist das Vokabular indigenen Reisanbaus, Indiens wichtigster Nutzpflanze, aber auch heiliges Korn der Opfergabe und Fruchtbarkeit. Mit einst über 100.000 verschiedenen Lokalsorten galt Indien noch vor fünfzig Jahren als Ort unverwüstlicher Biodiversität.[43] 21, 22

Im Bundesstaat Odisha wurden bis zur Verordnung der „grünen Revolution“ in den Sechzigerjahren 1.700 Reissorten kultiviert. Dann kamen die modernen Hybridsorten zum Einsatz, im Volksmund *sarkari dhaan* – Regierungsreis[44] –, und verdrängten das lebende Archiv der Reissorten, Geschmäcker und Bezeichnungen und das Wissen um deren Anbau und Besonderheiten. Die 272 alten Kulturpflanzensorten des *Sovereign Forest* wurden von Natabar Sarangi zusammengetragen, einem ehemaligen Lehrer aus dem Dorf Narishu in der Nähe von Niali in Cuttack, Odisha, heute Reisbauer und Aktivist. Um das biodiverse Erbe seiner Vorfahren zu erhalten und den Reisanbau wiederzubeleben, begann er Saatgut zu sammeln, anzupflanzen, zu ernten, zu verteilen und zu archivieren. 2018 waren es bereits 360 Sorten, die er „wiederbelebt“ hatte. Sein widerständiges Archiv wider das Vergessen lagert Sarangi, in Jutesäcken abgefüllt, in seinem Haus, unter seinem Bett, in seiner Scheune. Sein Traum und Lebensprojekt ist es, ein Reismuseum zu eröffnen, an dem der *dhaan* aufbewahrt wird, von dem aus er zirkulieren kann und das der Gemeinschaft an Gleichgesinnten als Schule und Ausbildungsstätte dient. Im *Seed Room* legen die Reissamen Zeugnis ab, sprechen von ihrer Vitalität und Intelligenz, erzählen aber auch von Transgenetik, Pestizideinsatz und chemischer Düngung, von Ernährungssouveränität und dem Leben in Prekarität, Verlust und Verarmung. Ihre Geschichten schreiben sich nicht ins Repertoire großer Erzählungen ein. Sie sind nach Sekula das „polyphone Vermächtnis der Unterdrückten und Ausgebeuteten“[45], die gegen-

21 Amar Kanwar, *272 Varieties of Indigenous Organic Rice Seeds*, o.D.

42 Daniela Zyman, Franziska Sophie Wildförster und Mirjam Kathrein, Begleitheft zur Ausstellung „Amar Kanwar: The Sovereign Forest“, TBA21-Augarten, Wien, S. 9.

43 Debal Deb, „Folk Rice Varieties, Traditional Knowledge and Nutritional Security in South Asia“, in: *Agroecology, Ecosystems, and Sustainability in the Tropics*, hrsg. v. Poyyamoli Gopalsamy, Neu-Delhi: Studera Press 2017, S. 112–128. https://www.academia.edu/33845663/Folk_Rice_Varieties_Traditional_Knowledge_and_Nutritional_Security_in_South_Asia.

44 Vgl. das Kapitel „The GMO Event“, in: Isabelle Stengers, *In Catastrophic Times: Resisting the Coming Barbarism*, übers. v. Andrew Goffey, Open Humanities Press und meson press 2015, S. 35–42.

45 Allan Sekula, „The Body and the Archive“, in: *October* 39, 1986, S. 64. Übersetzung der Verfasserin.

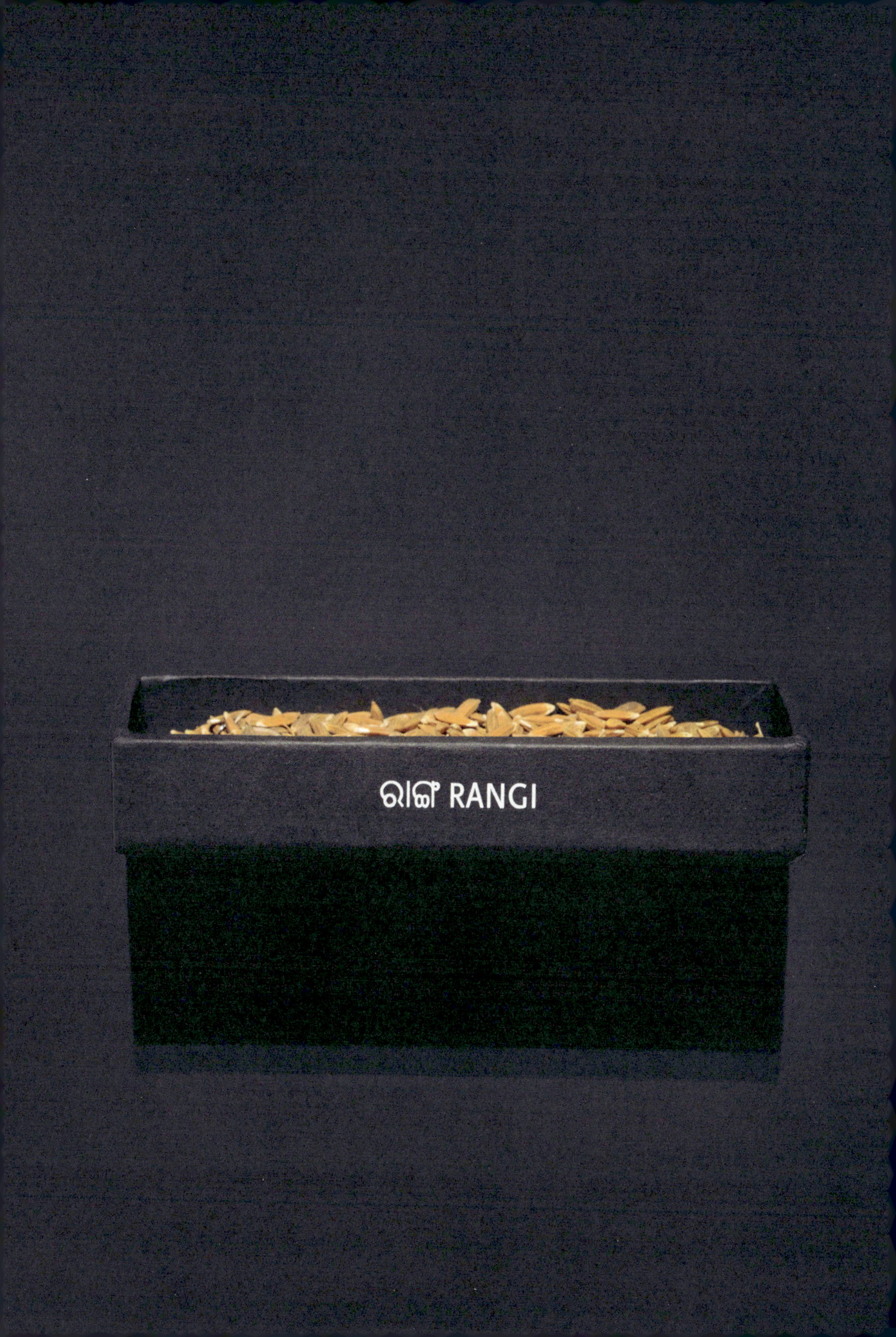
ରାଙ୍ଗି RANGI

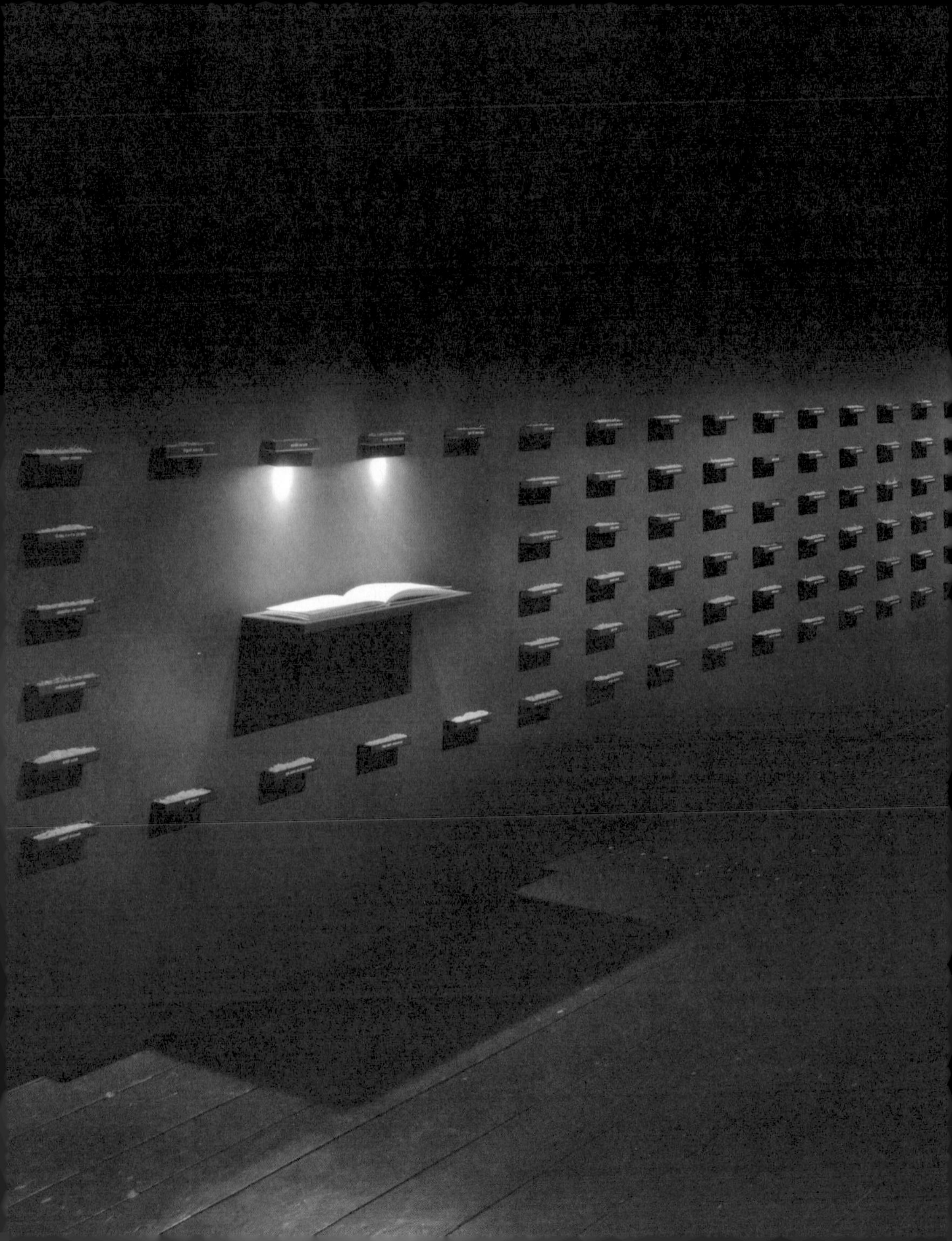

forensischen Spuren und die solidarischen Gesten des gemeinsamen Lernens und Fortlebens in kontaminierten und marginalisierten ökologischen Lebenswelten.

So entfalten sich die Geschichten der Reiskörner in fünf eindrucksvollen Büchern mit Texten und fotografischen Belegen, die Aktivist*innen und Kanwar selbst am Tatort zusammengetragen haben. In ihrer Gesamtheit erzählen sie von den vielen Formen des Widerstands, des Aufbegehrens gegen die Staatsgewalt und von den gewaltsamen Übergriffen von Polizei und Industrieunternehmen. Sie wenden sich aber auch gegen das Vergessen der Toten und Verschwundenen und gegen das Vergehen der Zeit, in der es gilt, Widerstand zu leisten, standzuhalten und zu überleben. *The Seed Book* (2012) ist Natabar Sarangi gewidmet und enthält das uralte Wissen über Reissamen, das er in einer Kartei, in der jede Samenart und ihre spezifischen Eigenschaften und Nutzungen gelistet sind, zusammengetragen hat.

In Memory Of (2012) sucht die Erinnerung an jene Bauern wachzurufen und zu bewahren, die im Lauf der Jahre Selbstmord begingen, nachdem sie der Gewalt multinationaler Agrarunternehmen, der Falle der ertragsorientierten und investitionsintensiven Landwirtschaft, der Immobilienspekulation und dem Geldverleih zum Opfer gefallen waren. Viele dieser heute vergessenen Ereignisse fanden in der Zeit der Widerstandsbewegungen statt und wurden 23–25
von lokalen Nachrichtennetzwerken und Amateurfotograf*innen mit versteckten Kameras dokumentiert. *Photo Album 1* und *Photo Album 2* würdigen die Arbeiten der „eingebetteten" Fotograf*innen und deren Rolle im Aufzeichnen der Beweise der Verbrechen und des Widerstands in Odisha.

Photo Album 1: The Lying Down Protest (2012) enthüllt die Bilder des außergewöhnlichen Protests der Bewohner*innen Dhinkias, Gadkujangs, Govindpurs und Nuagaons vom 11. Juni 2001 gegen die gewaltsame Inbesitznahme ihres Landes durch die örtliche Polizei im Auftrag des koreanischen Stahlunternehmens POSCO und der Regierung Odishas. *Photo Album 2: Kalinganagar* (2012) bezeugt die Ermordung vierzehn Adivasis in der Industriezone von Kalinganagar während ihres Protests gegen die Tata Iron and Steel Company. Das Album wird zusammen mit Abbildungen ihrer Grabstätte ausgestellt, einem unscheinbaren Gedenkort, der auch in *The Scene of Crime* erscheint. Das fünfte kleine Buch mit dem Titel *Time* widmet sich den unbeachteten Details und Alltagsgeschehnissen, die diesen heroischen Wider- 26, 27
standskampf auszeichnen. Das von der lokalen NGO Samadrusti recherchierte Material schildert den Ablauf der Auseinandersetzungen auf einer Zeitachse von 2005 bis 2013 und gewährt detaillierte Einblicke in die Bewegungen und Gegenbewegungen des lokalen Widerstands gegen POSCO und die Regierung Odishas. Dem gegenübergestellt ist eine alte Besitzurkunde aus demselben Gebiet, ein seit langem aufbewahrtes und verstecktes Dokument, das den fortwirkenden Anspruch eines enteigneten Bauern auf Landbesitz belegt.
Das Buch vervollständigt die Sammlung unbeachteter Beweismittel und nicht autorisierten Wissens, die die Dimension des Verlusts, des Widerstands und der sich ausweitenden Gewalttätigkeit beleuchten.

Kanwars Aufzeichnung und Sammlungen aus Odisha eröffnen seinem Publikum zwei Arten des Verstehens: ein kartografierendes und abwägendes, das sich aus Büchern und Zeittafeln erschließt, und ein intuitiv affektives Verstehen, das Zufälliges und persönlich Erlebtes unmittelbar greifbar macht. Es ist jedoch Letzteres, das ihm angemessen scheint, mit den Erfahrungen am Tatort in Verbindung zu treten: „There was a time when the testimony, the anecdote, the experience was actually central to truth. Everything else added on to that. What you gain, when you place the experience of humans, plants and animals in the center of the discourse, is that your relationship with the issue and the discourse becomes different."[46] Wie sich gezeigt hat, sind seine Gegen-

22 vorige Seite: Amar Kanwar, *272 Varieties of Indigenous Organic Rice Seeds.* Ausstellungsansicht TBA21–Augarten, Wien, 2014

23–25 Seiten aus Amar Kanwar, *The Seed Book,* 2012

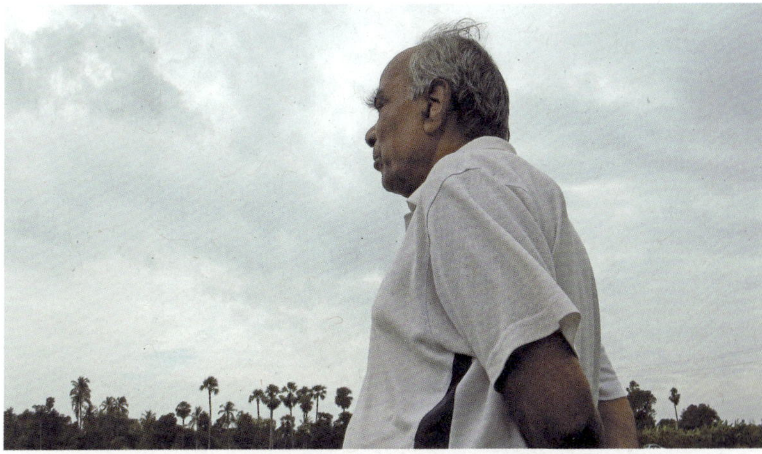

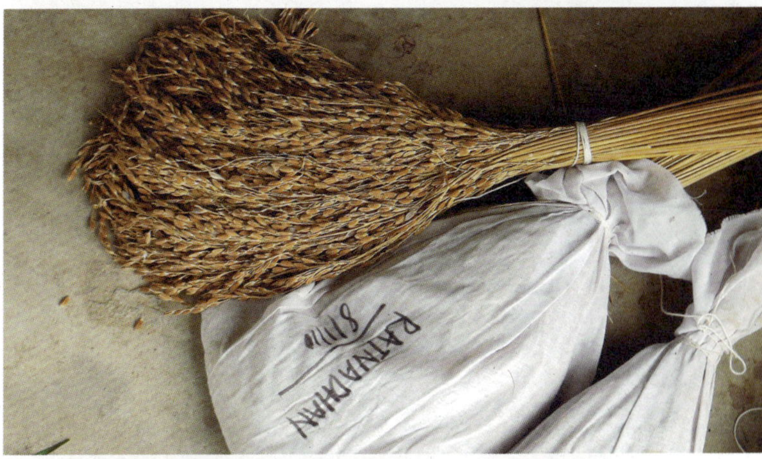

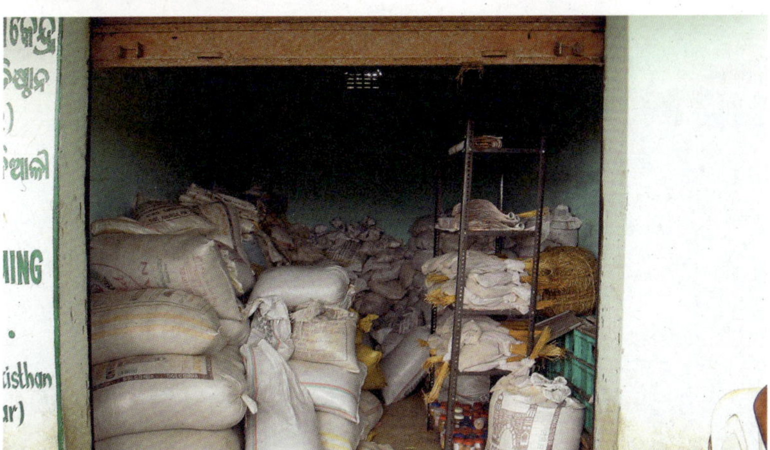

26, 27 oben, mittig: Amar Kanwar, *Photo Album 1: The Lying Down Protest*, 2012
28 unten: Amar Kanwar, *The Prediction*, 1991/2012
29 rechts: Amar Kanwar, *The Prediction*, 1991/2012

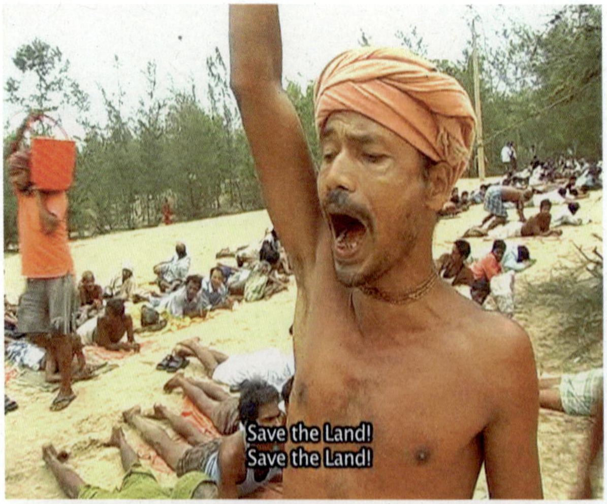

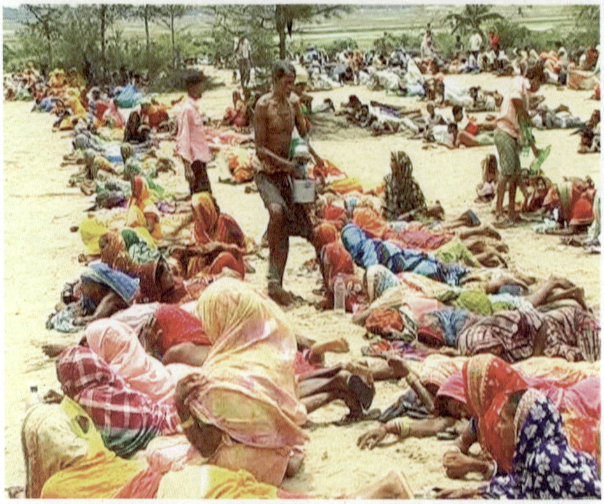

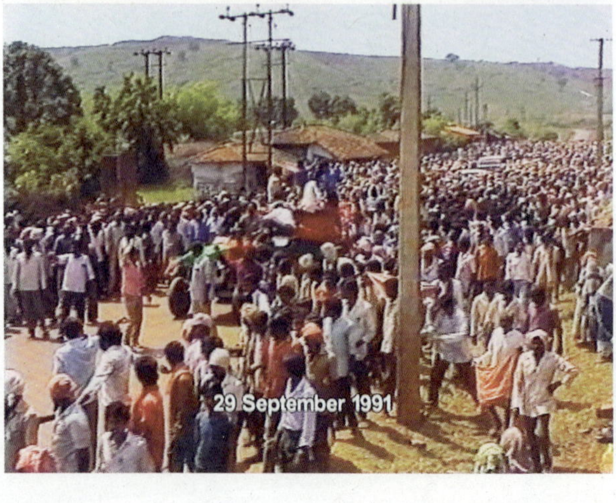

archive Zeugnisse der Lebenserfahrungen und Mikrokonflikte am Ort des Verbrechens, aus der Sicht der Menschen, Pflanzen und Erdwesen. Da die Gewalt am Tatort willkürlich, unberechenbar und planlos ist, zählt es, Details zu registrieren und miteinander in Verbindung zu stellen, Archive gegen die Auslöschung von Archiven. Die von Willkür getriebene Gewalt zielt nämlich darauf ab, die existierenden Beziehungsnetze zu zerstören, die aus der Koexistenz zwischen Menschen und Nichtmenschlichem im souveränen Wald erwachsen sind. Für Völker, die eine mündliche Kultur bevorzugen, und für indigene Volksgruppen, deren Bezug zur Umwelt entweder ungebrochen oder als Erinnerungsmuster gespeichert ist, kommt den Verbindungen zwischen menschlichen und nichtmenschlichen Wissenden, zwischen Orten, Ereignissen und älteren Wissensbewahrer*innen eine entscheidende Bedeutung zu. Diese Beziehungsmatrix ermöglicht ihr „gutes" Leben sowie ihr Überleben, speichert kollektives Gedächtnis und begründet nachhaltige Wissenssysteme.[47]

DIE VERFASSUNG OHNE WORTE

Der Schrein der Reissamen wird von drei auf kleinen Pulten platzierten und von der Künstlerin Sherna Dastur handgemachten Büchern eingefasst. Die Besucher*innen sind eingeladen, in den Büchern zu blättern und die auf die Buchseiten projizierten Filme zu betrachten. Die Überlagerung von Film, Text und Fotografien bringt Erzählungen zum Vorschein, die sich zwischen den verschiedenen narrativen und visuellen Elementen entfalten. *The Prediction* (1991–2012) beinhaltet juristische Dokumente, persönliche Zeugnisse und Foto-Illustrationen. Kanwar bezeichnet diese als Evidenzen eines *vergangenen* Verbrechens. *The Prediction* arbeitet die verhängnisvollen Geschehnisse auf,
29 die zur Ermordung des Gewerkschaftsführers Shankar Guha Niyogi im Jahr 1991 geführt haben. Niyogi war Anführer des Chhattisgarh Mukti Morcha, der wahrscheinlich größten demokratischen Massenbewegung von Arbeiter*-innen, Bäuer*innen und Adivasis im unabhängigen Indien. Als gewerkschaftlicher Hauptverhandler, der für die Einführung von grundlegenden Arbeitsrechten und die Berücksichtigung von Verfassungsverordnungen eintrat, war sich Niyogi seiner exponierten Situation im Zentrum des Konflikts bewusst. In einer Tonbandaufzeichnung sagte er seine eigene Ermordung voraus, identifizierte er Verschwörer*innen und führte mögliche Gründe für seine Ermordung an. Das Buch gibt ebenfalls Auskunft über den sich über zwei Jahrzehnte erstreckenden Mordprozess. Die wegen des Mordkomplotts an Niyogi zunächst verurteilten Industriellenführer wurden 2005 infolge eines oberstgerichtlichen Entscheids wieder freigelassen. Die auf das Buch projizierten Aufnahmen filmte Kanwar am 29. September 1991, einen Tag nach Niyogis Ermordung, in der Stadt Dalli-Rajhara in Chhattisgarh.

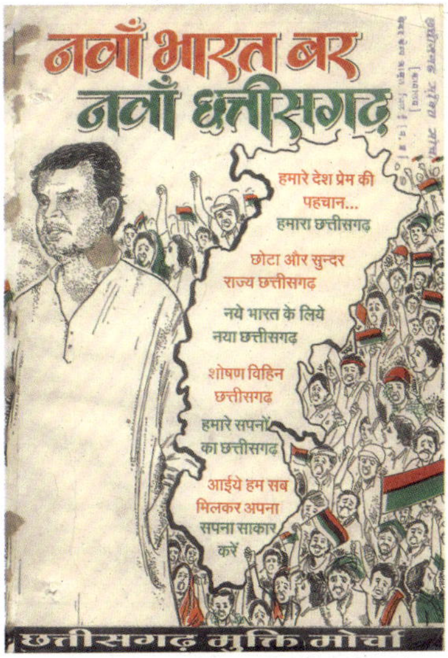

Das zweite große Buch, *The Counting Sisters and Other Stories* (2011), ist handgenäht, aus Bananenfasern geschöpft und erzählt eine von Kanwar verfasste Fabel. Es handelt von sechs „zählenden Schwestern" – Klagefrauen, die die Toten, die Vermissten und vieles mehr abzählen – und „der einen allein", die die

46 Kanwar, „The Lightning Testimonies".
47 Tyson Yunkaporta, *Sand Talk: Das Wissen der Aborigines und die Krisen der modernen Welt,* übers. v. Dirk Höfer, Berlin: Matthes & Seitz 2021.

Lebenden registriert. Das Buch verwahrt auch, in das Papier eingearbeitet, die Spuren der Evidenzen des Tatorts: ein Stück Stoff, Reiskörner, ein Betelblatt und eine Zeitung.

The Constitution (2012), das dritte große Buch, ist ebenfalls handgemacht, jedoch aus Ramie- und Baumwollfasern. Kanwar beschreibt es als ein Buch über jene Formen des Wissens, die nicht verschriftlicht wurden, als eine Verfassung ohne Worte und ohne Einträge – außer den verrätselten Kapitelüberschriften, mit denen der Wald der Souveränität aufgerufen wird. Jede Bezeichnung identi- 28, 30
fiziert zusammengesetzte Baumfiguren, laut Kanwar verkörperte Weisheiten,
die in gültigen Verfassungen fehlen: 31

> *the tree of rain*
> *the tree of death*
> *the tree of sparrows and tubers*
> *the tree of ancestors*
> *the tree of hallucinations*
> *the tree of the nomad*
> *the tree of exile*
> *the tree of insurgency*
> *the tree with no name*
> *the forest of time*[48]

In die handgemachten Seiten sind exquisite Fäden, Fasern und Bänder eingewoben. 32
Durch die Berührung selbst kann es rezipiert, in seiner Materialität und über die Haptik des Papiers ertastet werden. Auch die Orchestrierung von Transparenz, Licht und Schatten und dem flüchtigen Film, der sich auf seinen Seiten abbildet, soll eine andere Betrachtungsweise ermöglichen. Kanwar umreißt *The Constitution* wie folgt:

> A book you can read but has no word. It opens another way of looking at it. [...] *The Constitution* is the most important document, the book of wisdom for a nation. How do you relate to it? The chapters inside are chapter titles of trajectories, of lacunae, of understandings that have been forgotten, or do not exist in our constitutions. If a national document, a constitution, a book of rule, a law – if it is unable to comprehend the range, the depth, if it cannot speak to ancestors, is unable to understand people who do not have identity, the nomad – it does not have much future.[49]

Die Verfassung ohne Worte, die nur Kapitelüberschriften kennt, erinnert an jenes zu begründende „Parlament der Dinge“, das Latour als neue Ordnung des Nichtmenschlichen entworfen hat und das über die Art des Zusammenlebens und Weltenmachens in der Gegenwart von und im Zusammenleben mit Pflanzen, Tieren, Gegenständen und Hybriden entscheiden und richten würde. Aber auch die Invokation der „Tausend Namen der Gaia“, der iterative Versuch der Benennung dessen, was herkömmlich als „Natur“ bezeichnet wird, an dem sich u. a. Stengers, Latour und Viveiros de Castro abgearbeitet haben, taucht in ihrem Schatten auf.

48 Zit. in: Zyman (Hrsg.), *Amar Kanwar*, S. 259–267.
49 Amar Kanwar im Gespräch mit Daniela Zyman, 2013. Transkription der Verfasserin.

30 Amar Kanwar, *The Prediction*, 1991/2012
31 Amar Kanwar, *The Counting Sisters and Other Stories*, 2012
beide: Ausstellungsansichten TBA21–Augarten, Wien, 2014
32 folgende Seite: Amar Kanwar, *The Constitution*, 2012

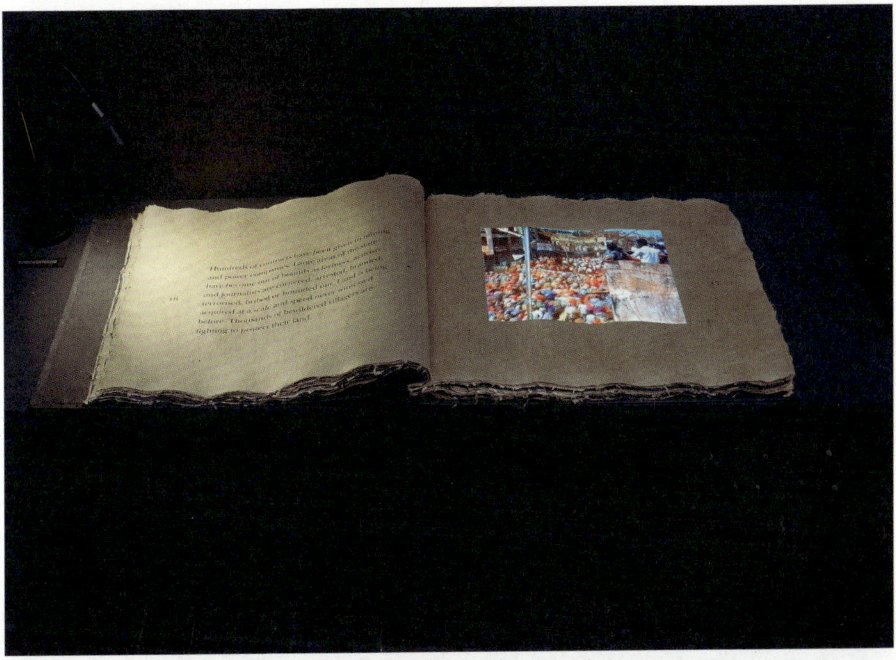

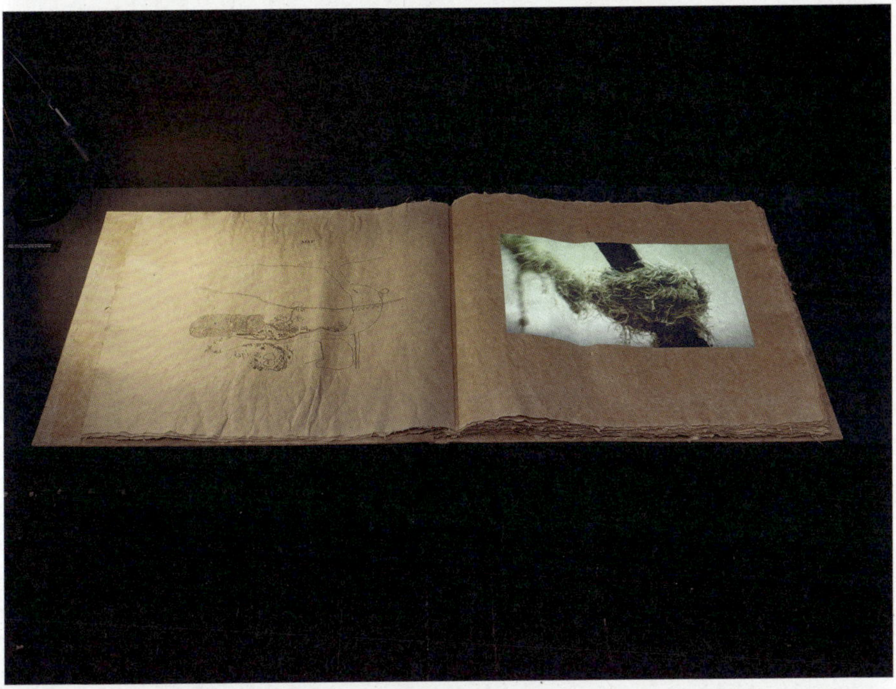

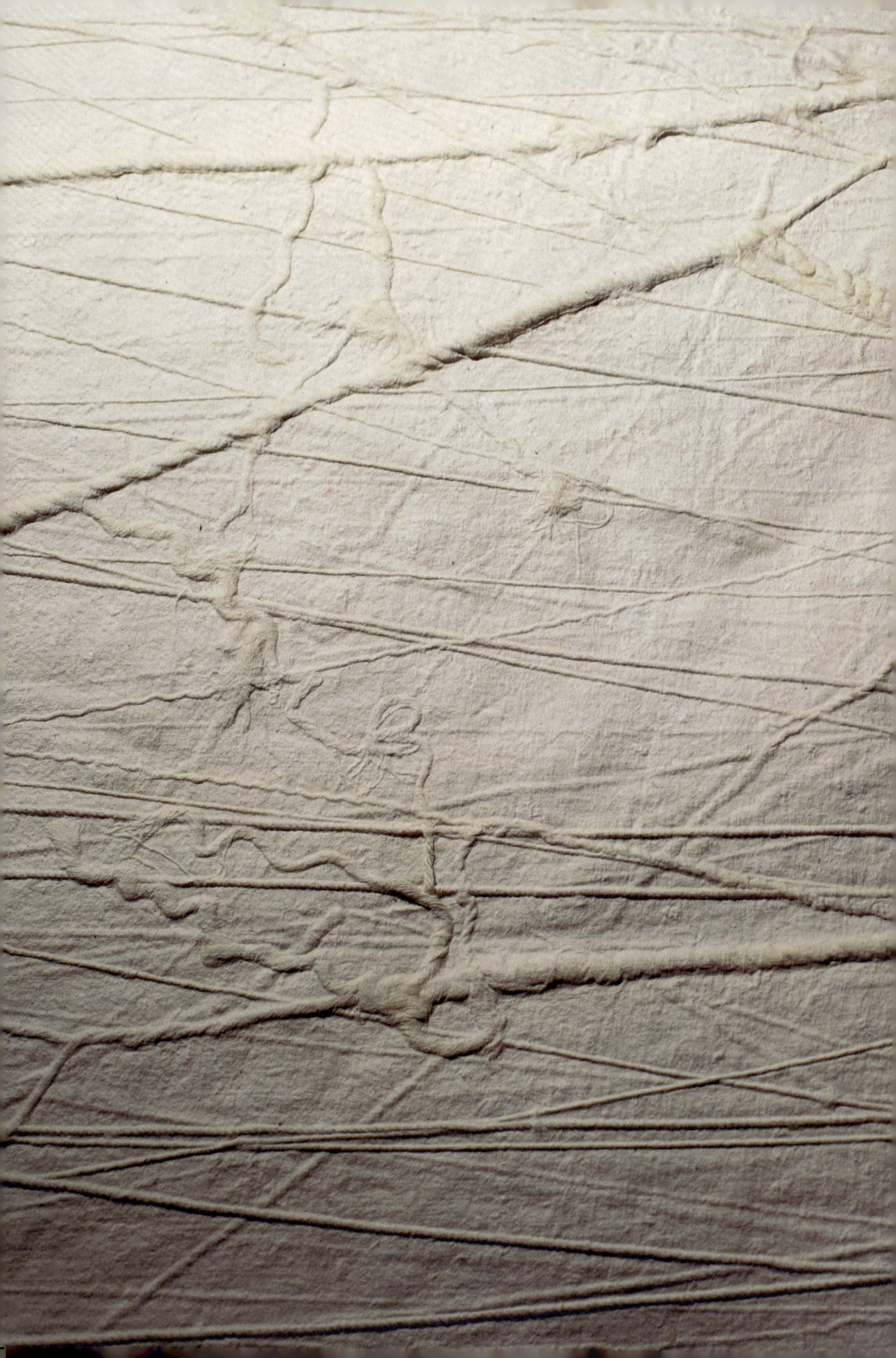

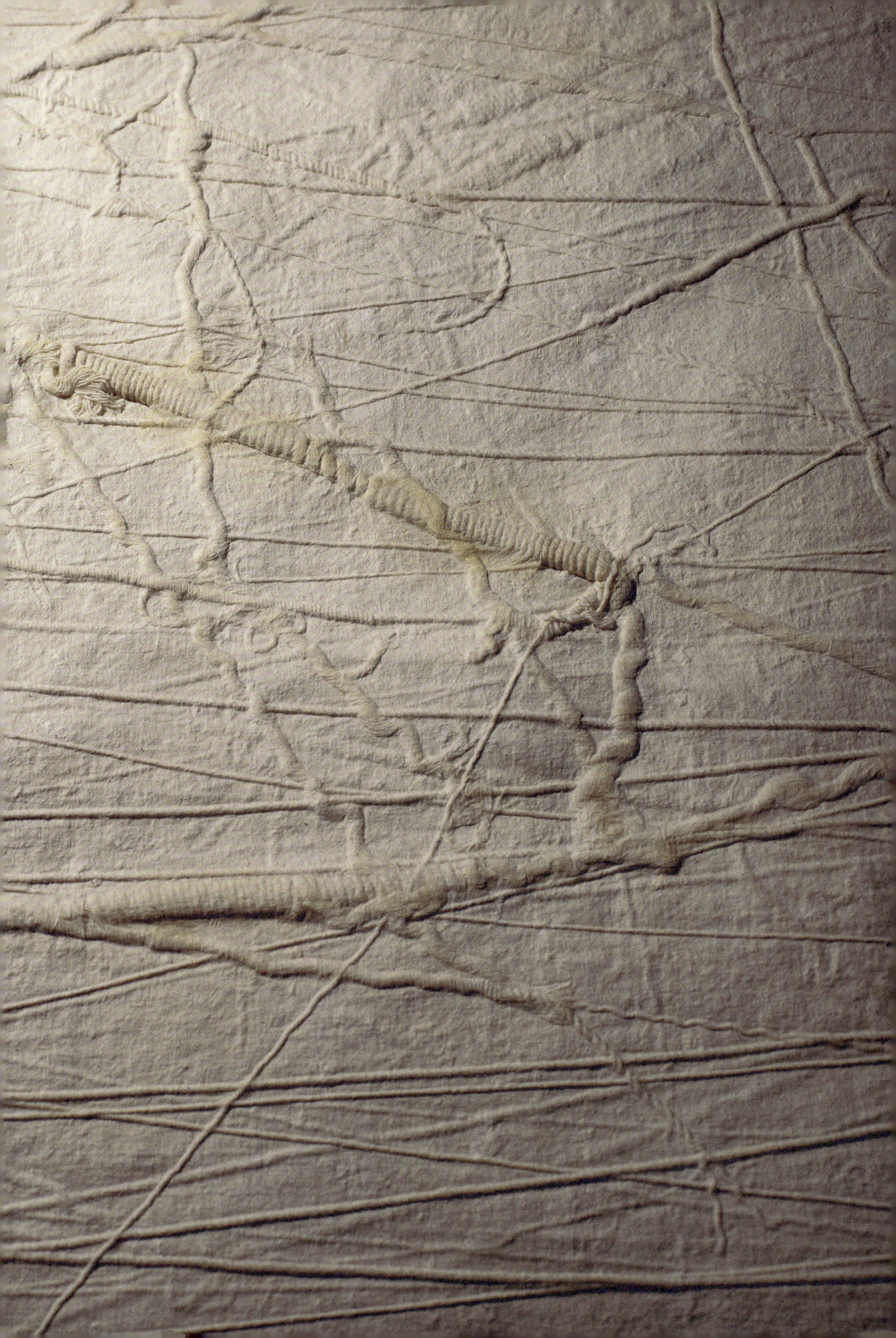

Kanwars konstitutionelle Bäume, Bewohner*innen des souveränen Walds, evozieren ebenfalls die multiplen Möglichkeiten des mehr-als-menschlichen Seins und Werdens und die Erkenntnisquellen, die in ihnen gespeichert sind. Jeder Baum ist eine Invokation, die jene adressiert, die vergessen, verdrängt, unbeachtet und ausgelöscht sind, die das Exil und den Aufstand suchten und deren Erinnerung vielleicht nur noch Bäume tragen. Ohne sie ist kollektives Leben weder lebenswert noch künftig lebbar. Als Ungeachtete und Identitätslose bleiben sie die Immer-Ausgegrenzten, deren (tausend) Namen und Wesensformen sich nur mit einem poetischen Vokabular deklinieren lassen: Regen, Tod, Spatzen und Knollen, Ahnen, Halluzinationen, Nomade, Exil, Aufstand, Die-ohne-Namen und der Wald der Zeit. Ihnen soll die Verfassung dienen.

Ihre (physische oder symbolische) Verdrängung steht für das Ausmaß des Verlustes, das mit der Auslöschung des souveränen Walds einhergeht. Es sind die Am-Rande-Lebenden und die Toten, die Nichtlebenden und Nichtmenschlichen, ihre Geister und Schatten, die hier um ihre Existenzberechtigung ringen. „Wenn es das ist, was zu tun bleibt, daß man leben lernt, dann kann es nur zwischen Leben und Tod geschehen. Weder im Leben noch im Tod *allein*. Was zwischen zweien passiert, wie zwischen Leben und Tod und zwischen allen anderen ‚zweien', die man sich vorstellen mag, das kann sich nur *dazwischen halten* und *nähren* dank eines Spuks. Man müßte also die Geister lernen"[50], schreibt Derrida. Das, was zwischen der Zweiheit von Leben und Tod liegt, in der Interferenz zwischen dem einen und dem anderen, verheißt eine Form des zukünftigen Leben-Lernens außerhalb der Normen und Konventionen, für die es keine vernunftgerechten Begriffe gibt. In diesem zu lernenden Leben muss nicht für Andere – den Regen, den Wald, für das Exil und den Aufstand – gesprochen werden. Keiner müsste sie vertreten, denn in einer Verfassung, die ohne Präzeptionen, Begründungen und Evidenzen auskäme, versiegt die Macht der Worte.[51]

THE PROPOSITIONS

> *The Sovereign Forest* has overlapping identities. It continuously reincarnates as an art installation, an exhibition, a library, a memorial, a public trial, an open call for the collection of more "evidence," an archive and also a proposition for a space that engages with political issues as well as with art.[52] – Amar Kanwar

The Sovereign Forest beinhaltet eine Vielzahl an Thesen *(propositions)* zu Fragen der Souveränität, des Lebens und der Gerichtsbarkeit, die von einer zentralen Vorstellung der Gültigkeit und Angemessenheit der Zeugenschaft angesichts des Ausmaßes des Verbrechens getragen sind. Wenn es um die Aufzeichnung von Evidenzen geht, kann ein Beweismittel, das von außen herangetragen wurde, am Tatort selbst seine Gültigkeit bewahren? Kann ein Zeugnis oder Dokument sprechen, das nicht von den Bezeugenden selbst erlebt, erfahren, gesammelt wurde? Wenn eine Evidenz immer auch eine Konstruktion ist und sich als solche im Forum behaupten muss, welche Eigenschaften sollten wir einerseits der Zeugin und anderseits der Situation der Zeugenschaft selbst zusprechen? Oder anders gefragt: Was passiert, wenn Evidenzen am Tatort selbst (und nicht im Gerichtssaal oder in der Ausstellung) betrachtet, bewertet und auf ihre Wertigkeit geprüft werden? Welche Qualitäten besitzt solch eine Evidenz?

An dieser Stelle lassen sich zwei Konzepte anführen, die Haraway für den gänzlich anderen Kontext der Naturwissenschaften entwickelt hat: einerseits die Figur des bescheidenen Zeugen *(modest witness*[53]*)* und zum anderen das

Konzept des situierten Wissens *(situated knowledges*[54]*).* Beide sind eng miteinander verknüpft. Die bescheidene Zeugin kann aus der Erfahrung des Lebens glaubwürdig berichten, ohne sich auf *objektive oder abstrakte Wahrheiten* zu berufen. Voller Zweifel, Hoffnung und Sorge[55] knüpft sie immer neue, partiale und diskursive Verbindungen zwischen der Beobachtung, dem Ort des Geschehens und ihrer eigenen Befangenheit. Sie kennt die gewichtigen Umstände und die (Hilfs-)Mittel, mit denen sie sieht, was sie sieht, und weiß, was sie weiß. Sie ist in ihrem Wissen situiert und in der Situation selbst verankert.

> Strong objectivity[56] [bzw. situated knowledges] insists that both the objects and the subjects of knowledge-making practices must be located. Location is not a listing of adjectives or assigning of labels such as race, sex, and class. [...] Location is the always partial, always finite, always fraught play of foreground and background, text and context, that constitutes critical inquiry. Above all, location is not self-evident or transparent. Location is also partial in the sense of being for some worlds and not others.[57]

Wenn Haraway von Situiertheit spricht, so handelt es sich nicht um eine einfache Verortung, sondern vielmehr um die Bedingungen, in denen Ausdrucksvermögen und Wissenserwerb stattfinden, um all das, was die Partialität des In-der-Welt-Seins ausmacht.[58] Kritische Befragung ist daher niemals *evident,* sondern das Austesten von situiertem Wissen in partialen, nicht gänzlich verfügbaren und unvollständigen Welten.[59]

Um situierte Zeugenschaft abzulegen, muss *The Sovereign Forest* über den künstlerischen Akt hinaus einerseits jene Zeuginnen mobilisieren können, die am Tatort selbst kritische Arbeit leisten, und sich anderseits am Ort des Geschehens dem Test der Glaubwürdigkeit unterziehen. Kanwar ist sich dieser Aufgabe bewusst, denn „if I take the scene of crime and the evidence that I have collected around the scene of crime *to* the scene of crime, the inadequacy of the evidence that I have collected on the scene of crime will immediately be revealed and becomes obvious“[60]. Die Aufzeichnungen, die er mithilfe seiner Kamera gemacht hat, und die am Tatort gesammelten Hinweise würden, so Kanwar, nicht ausreichen, um am Tatort zu bestehen. Daher eröffnete er am 15. August 2012 in Zusammenarbeit mit Sudhir Pattnaik und einer Gruppe von Medienaktivist*innen, die unter dem Namen Samadrusti in Odishas Haupt-
33, 34 stadt Bhubaneswar tätig sind, das „Kleine Museum“ des *Sovereign Forest,* das bis Dezember 2016 der Öffentlichkeit zugänglich war. Der Museumscampus beherbergte den Samadrustis Newsroom, von dem aus Odishas einzige unabhängige Zeitung *The Samadrusti* veröffentlicht wurde, eine Buchhandlung,

50 Jacques Derrida, *Marx' Gespenster. Der Staat der Schuld, die Trauerarbeit und die neue Internationale,* übers. v. Susanne Lüdemann, Frankfurt a. Main: Fischer Taschenbuch Verlag 1995, S. 10.

51 Vgl. Astrida Neimanis, „No Representation without Colonisation? (Or, Nature Represents Itself)“, in: *Somatechnics* 5, Nr. 2, Herbst 2015, S. 135–153.

52 Zit. in: Zyman (Hrsg.), *Amar Kanwar,* S. 276.

53 Donna J. Haraway, *Modest_Witness@Second_Millennium.FemaleMan_Meets_OncoMouse. Feminism and Technoscience,* New York: Routledge 2018.

54 Donna J. Haraway, „Situated Knowledges: The Science Question in Feminism and the Privilege of Partial Perspective“, in: *Feminist Studies* 14, Nr. 3, 1988, S. 575–599.

55 Haraway, *Modest_Witness@Second_Millennium. FemaleMan_Meets_OncoMouse*, S. 3.

56 *Strong objectivity* ist ein von Sandra Harding entwickelter Begriff, auf den sich Haraway bezieht. „It's an example of strong objectivity, Sandra Harding's term for the 'testing of credible witnessing' which is another way of saying strong objectivity. I developed my ideas about situated knowledges in conflict and collaboration with, and response to, Sandra's approach, in a kind of loving, generative friction.“ Ebd., S. XXII.

57 Ebd., S. 37.

58 Ebd.

59 Ebd., S. 197.

60 Kanwar/Zyman/Rettenbacher, Telefoninterview mit Amar Kanwar.

einen biologisch angebauten Garten, ein Teehaus und im zweiten Stock des kleinen Gebäudes die Ausstellung selbst. Über fünf Jahre finanzierte Kanwar den Komplex und setzte darüber hinaus ein pädagogisches Experiment in Gang.

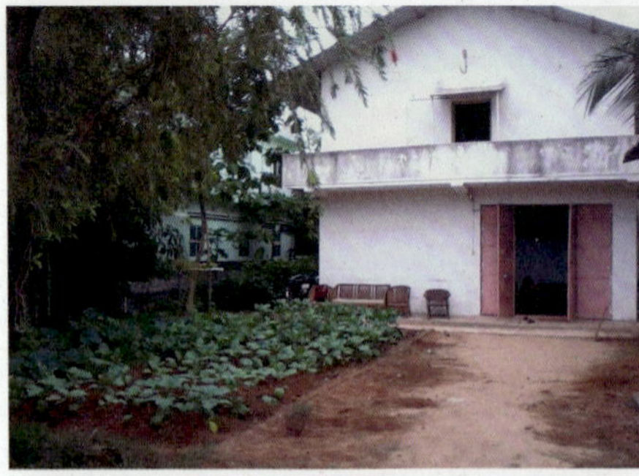

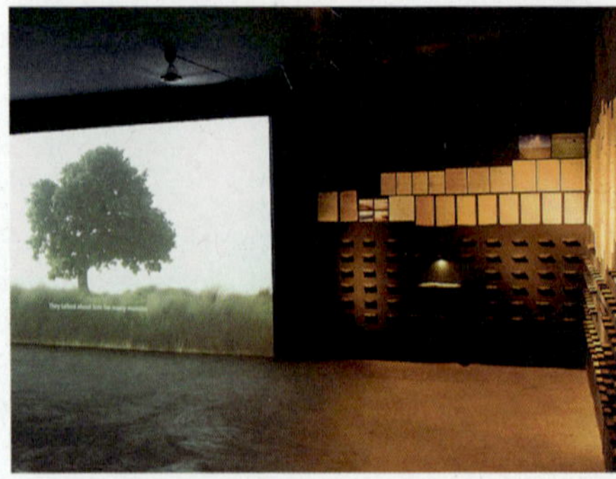

Die Ausstellung sollte eine Diskussion vor Ort initiieren und Reaktionen in Bezug auf das Verständnis von Verbrechen, Politik, Menschenrechten und den Rechten der souveränen nichtmenschlichen Entitäten hervorrufen. Die Suche nach möglichen Antworten zu den hier ausführlich behandelten Fragen liegt dem Projekt zugrunde: Wie verstehen wir den Konflikt um uns? Wie verstehen wir Verbrechen? Wer definiert, was ein Beweismittel ist? Ist ein gesetzlich anerkannter Beweis aussagekräftig, um die Bedeutung und das Ausmaß eines Verbrechens zu verstehen? Kann Dichtung als Evidenz in einer Strafverhandlung oder einem politischen Gerichtsprozess präsentiert werden? Kann sie eine neue und wertvolle Perspektive auf das Verbrechen erzeugen? Wie lässt sich Verschwinden verstehen und erinnern? Wie nochmals blicken? *The Sovereign Forest* in Bhubaneswar sollte daher nicht nur Ausstellung und Denkmal sein, sondern verstand sich auch als Ort der unmittelbaren Gerichtsbarkeit und Archiv der Evidenzen: Besucher*innen wurden dazu eingeladen, Beweismittel zu hinterlegen, und junge Aktivist*innen, mit kleinen Kameras ausgestattet, das Verbrechen aus eigenen Perspektiven zu dokumentieren. Anlässlich des einjährigen Bestehens von *The Sovereign Forest* wurden am 15. August 2013 im Rahmen einer öffentlichen Veranstaltung die über das vorangegangene Jahr gesammelten Beweise in die Installation aufgenommen. Eine Auswahl aus diesem Archiv der Evidenzen wurde in der TBA21–Augarten und in weiteren Ausstellungen des *Sovereign Forest* beherbergt. Sie beinhaltet Fotografien, Einwohner*innenlisten, Steuerbelege, Besitzurkunden, Landkarten der akquirierten Dörfer, Dokumente und einen Gedichtband des Sängers *Wicked Poet*. Sie sind zusammen mit einer Fotografie des aufrechten steinernen Schreins ausgestellt, der den Opfern des Widerstands gegen das Industriekonglomerat in Kalinganagar gewidmet ist.

33, 34 Das „Kleine Museum“ in Bhubaneswar, Odisha, Indien, 2012–2016

61 Amar Kanwar, unveröffentlichtes Manuskript, 23. September 2014.

What we perhaps have to relate to and embrace is the inadequacy of the archive. The presence activates the absence. The collection activates the unknown. It is not the archive that we cling to but the uncertainty in the core of the archive. Testimonies and memories are fluid and constantly changing. It is this temporary fragility that is mobile, potent, and revealing. If the attempt to remember is presented along with what is remembered, if what seems definitive is presented along with what is uncertain, if the part and the whole are both simultaneously visible in the same moment then perhaps, it may possibly create a sense of comprehension that seems new. Maybe we get then a brief glimpse into contemporary memory.[61]

Amar Kanwar

VIER SCHWELLEN-BEWEGUNGEN: PLANET, MENSCH, MYTHOS UND POLIS

MULTIPLE SZENEN: DAS ERDZEITALTER AUS WELTÖKOLOGISCHEN UND LONGUE-DURÉE-PERSPEKTIVEN

Wenngleich ich das Anthropozän als radikalen Paradigmenwechsel beschrieben habe, der das Denken über unseren Planeten sowie mit und auf ihm in neue Bahnen lenkt, blieb bisher die Frage unbeantwortet, wo und wie die Schwelle zu verorten sei, an der die Welt, wie sie einmal war, und die Welt, wie sie sein wird, auseinanderklaffen. An der Frage der Genesis hängen Definitionen, Anschauungen, Ansprüche und womöglich Reparationen. Je nachdem, ob man den Beginn des Anthropozäns auf das Jahr 1492 datiert oder ihn im transatlantischen Sklavenhandel annimmt, in der naturwissenschaftlichen Revolution zwischen dem 16. und 17. Jahrhundert, mit der Erfindung der kohlebetriebenen Dampfmaschine, im Atombombenabwurf über Hiroshima und Nagasaki oder mit der einsetzenden Intensivierung von Konsum und Ressourcenextraktion in der zweiten Hälfte des 20. Jahrhunderts, vollzieht sich ein jeweils anderer historischer Schnitt. Divergierende ökopolitische, ökowissenschaftliche, ökohistorische und ökopoetische Gesichtspunkte offenbaren neben der Benennungsproblematik – ob das Anthropozän nicht doch besser mit einem anderen Namen auszuzeichnen wäre – auch unterschiedliche analytische und politische Schwerpunkte.

Der von einigen Forscher*innen avancierte Alternativbegriff „Kapitalozän" verweist unter Einbeziehung kritischer Kapitalismusforschung auf die extensiven globalen Ausbeutungsmechanismen und Prozesse der Reichtumsakkumulation, die Klimaeskalation und die Enteignung und Zerstörung von ressourcenreichen Landstrichen in Gang gesetzt haben. Der neoliberale Kapitalismus habe Natur in Ware verwandelt und im Zuge der ständigen Produktivitätssteigerung billig konsumierbare und verwertbare *Cheap Natures*[1] hervorgebracht. Die Auffassung, das aufkommende Zeitalter lediglich als das Problem einer einzelnen Spezies zu rahmen, nämlich der des Menschen, würde laut Jason Moore, einem der Hauptvertreter der Kapitalozänforschung, dringliche Erklärungsperspektiven verschleiern und die gesamte Menschheit als Schuldtragende am ökologischen Sündenfall einer unberührten Natur gegenüberstellen.

> The Capitalocene pursues a different approach, privileging a triple helix of environment-making: the mutually constitutive transformation of ideas, environments and organization, co-producing the relations of production and reproduction.[2]

Mit Blick auf die Ausbeutung von Lohnarbeit und die Aneignung von unbezahlter Arbeit, d. h. der Reproduktionsarbeit von Frauen, der Arbeit von versklavten Menschen sowie der „Arbeitsleistungen" der Natur, entwirft das Kapitalozän eine eigenständige Longue-durée-Forschungsperspektive des „Umweltmachens". Dabei analysiert sie die Profitlogik des Petrokapitals, die dem kapitalistischen Wirtschaftssystem eingeschriebenen Beschleunigungstendenzen, gängige „grüne" Rettungsfantasien sowie Klimaflucht.

Das vorwiegend von Anna Tsing und Donna Haraway konzipierte Plantationozän[3] stellt dementsprechend die koloniale Plantage als agroindustrielle „Synthese aus Feld und Fabrik"[4] – ausschlaggebend für den historischen Aufstieg und die Konsolidierung des extraktiven Kapitalismus – ins Zentrum der Analyse. Im Bestreben, die Ökozentrik des Anthropozäns enger mit der langen Sozialgeschichte der Neuzeit zu verknüpfen, wird die Plantage zum paradigmatischen Ort erklärt, an dem sich der Einsatz von Land, Pflanzen, (versklavter, unfreier und erzwungener) Arbeit und Kapital ermessen lassen. Malcom Ferdinand etwa greift den Vorschlag des Plantationozäns für seinen Entwurf einer *Decolonial Ecology* auf und arbeitet präzise heraus, wie der Begriff die Wirkmechanismen und Akteur*innen sozioökologischer Transformationen zu benennen vermag: So verschiebt das Plantationozän die analytischen Grundlagen auf materiell-ökologischen, historischen, geografischen, politischen und kosmopolitischen Ebenen.[5] Es kennzeichnet Plantagen als Assemblagen von Menschen und Nichtmenschen, deren gemeinsamer Metabolismus – also die verdauten Kalorien und verausgabten Kilojoule – eine Kontinuität zwischen materiellen, physischen Ökologien und sozialen Wertschöpfungen erzeugt. Damit begünstigt das Plantationozän, laut Ferdinand, ein Verständnis der Beziehungen, Machtverhältnisse und Abhängigkeiten, die globalen Veränderungen auf der Grundlage der Plantagenpolitik zugrunde liegen. Darüber hinaus bestimmen die Plantagenfabriken nicht nur den interkontinentalen Handelsaustausch, sondern prägen auch öffentliche Institutionen, Universitäten, Forschungsvorhaben und sogar den Geschmack der Verbraucher*innen in den imperialen Metropolen.

PARADIGMATA, METAPHOROLOGIE UND HETEROLOGIE

Nach zwei Jahrzehnten heiß geführter Debatten um den Paradigmenwechsel des Anthropozäns und darüber, woran dieser festzumachen sei, scheint sich zumindest die Verwendung des Begriffs neuerdings stabilisiert zu haben. Mit der Engführung der Begriffswahl, die auch ich vornehme, schließe ich mich jedoch weniger den Erdwissenschaften an, noch blende ich die unterschiedlichen Perspektiven aus, die dem Begriff eingeschrieben sind. Wie ich meine, ist es weder die Geologie, die Antworten bietet, noch sind es die durch Mineralienabbau und Verschmutzung vergifteten Flüsse; es ist nicht die Anzahl der mittlerweile ausgestorbenen Arten, Sprachen und Kulturen und auch nicht die Tatsache, dass mehr als die Hälfte der Erdbevölkerung in Städten lebt und dass mittlerweile in jeder Saison Wettermessungen neue Rekordwerte hervorbringen. Es sind nicht die genetischen und toxischen Veränderungen unserer Körper und Umwelten und nicht die Klimakonferenzen, die „uns" vor der vorausgesagten und berechenbaren Misere warnen sollen. (Sind es die weit unter 2 Grad Celsius, die als vertretbares Limit beschlossen wurden, im Wissen, dass es innerhalb der kommenden Jahrzehnte 2,5 Grad oder mehr sein werden und dass dies nur Durchschnittswerte sind, von denen zahlreiche Regionen massiv abweichen?) Von wenig Bedeutung ist auch jener Schnapp-

1 Jason Moore, „The Capitalocene, Part I: on the Nature and Origins of Our Ecological Crisis", in: *The Journal of Peasant Studies* 44/3, 2017, S. 2. Und auch: „Cheap Nature is at the core of capitalism's audacious and peculiar combination of productivism and exterminism." In: Jason Moore, „The Capitalocene, Part II: Accumulation by Appropriation and the Centrality of Unpaid Work/Energy", in: *The Journal of Peasant Studies* 45/2, 2018, S. 241.

2 Ebd., S. 240.

3 Vgl.: „In a recorded conversation for Ethnos at the University of Aarhus in October, 2014, the participants collectively generated the name Plantationocene for the devastating transformation of diverse kinds of human-tended farms, pastures, and forests into extractive and enclosed plantations, relying on slave labor and other forms of exploited, alienated, and usually spatially transported labor." In: Donna J. Haraway, „Anthropocene, Capitalocene, Plantationocene, Chthulucene: Making Kin", in: *Environmental Humanities* 6, Nr. 1, 2015, S. 162. https://doi.org/10.1215/22011919-3615934.

4 Sidney W. Mintz, *Sweetness and Power: The Place of Sugar in Modern History*, New York: Penguin Books 1986, S. 51.

5 Malcom Ferdinand, *A Decolonial Ecology: Thinking from the Caribbean World*, übers. v. Paul Anthony Smith, Critical South, Cambridge: Polity Press 2022, S. 45/46.

schuss der geologischen Lithosphäre – der sogenannte *Golden Spike* –, nach dem die Geowissenschaften suchten, bis er 2023 in den Sedimentschichten des Crawford Lake in Kanada ausfindig gemacht wurde. All das nicht, oder: all das schon auch, aber nicht ausschließlich, nicht im Sinne von faktischen Indexen, Zahlenströmen und Statistiken, die eine neuerlich attestierte *Anthropocenomania* begründen.

Was ich hier zu zeigen versuche, ist, dass wir an einer Schwelle stehen. Diese Schwelle ist an den Momenten anzusiedeln, an dem Menschen beginnen, Verbindungen zwischen scheinbar art- und systemfremden Phänomenen herzustellen und in eine Konstellation von Fragen und Begründungen einzubinden, wo sie neue Begriffe, Metaphern, Bezeichnungen und Geschichten erfinden und Kunstwerke erzeugen, die andere Realitätssysteme begünstigen. Wo veränderte (Lebens-) Bedingungen auch erweiterte Wissensbegriffe und „biokulturelle, biotechnische, biopolitische, historisch situierte" Subjektivitäten im Wechselspiel mit biotischen und abiotischen Kräften und Assemblagen hervorbringen, wie Haraway argumentiert.[6] Ich verorte diese Verschiebung in der Suche nach neuen Weltbildern und Gegenmodellen, die zaghaft einsetzen, „um Sinn zu stiften". Ich orientiere mich entlang der langsamen Prozesse, an denen Theoretiker*innen, Wissenschaftler*innen und Künstler*innen beteiligt sind, um aus den Ruinen der Gegenwart die Bruchstücke einer Gegenrecherche zusammenzusetzen, die dem Anthropozän seine gespensterhafte, aber gelebte Gestalt verleihen – und weniger an der letztgültigen Entscheidung der International Commission on Stratigraphy (ICS)[7] zur Benennung eines anbrechenden geologischen Zeitalters.

Einen aufschlussreichen Beitrag zu einer solchen Orientierungssuche leistet das Werk des deutschen Philosophen Hans Blumenberg, insbesondere seine 1966 erschienene Studie über *Die Legitimität der Neuzeit*. Anders als Foucaults Annahme von Episteme-Brüchen[8] zwischen unterschiedlichen Epochen verlagert Blumenberg Epochenschwellen „auf die Zonen des Übergangs, des Abbaus und der Neubildung"[9]. Begriffsgeschichtlich vom altgriechischen *epoché,* dem Moment des Einhaltens, auch dem Wendepunkt hergeleitet, versteht er Epoche nicht als Zeitraum, sondern als Zeitpunkt. So ist eine *epoché* zugleich eine Bewegung und eine Verschiebung, die keine präzise Abgrenzung kennt und doch ein eindeutiges Davor und Danach erzeugt: „Es gibt keine Zeugen von Epochenumbrüchen. Die Epochenwende ist ein unmerklicher Limes, an kein prägnantes Datum oder Ereignis evident gebunden."[10] Von Bedeutung sind somit auch nicht die herkömmlichen Hauptprotagonisten von Geschichte[11]; vielmehr ist es die ideologische Umwandlung von Gedanken- und Begriffsgeschichtlichem, die in einer Vielzahl von verwobenen Bezügen von Autor*innen, Theoretiker*innen und (auch künstlerischen) Akteur*innen zum Leben erweckt werden. Das Aufdecken und Ausdeuten von veränderten Denkmöglichkeiten ist somit eine mäandernde Suche, da die Lebensadern von Begriffen sich nicht immer eindeutig freilegen lassen und oft tiefe Wurzeln schlagen. Gerahmt von Fehlschlägen, Abweichungen und Widersprüchen entstehen neue Begriffe nicht nur im Feld der Theorie und Reflexion, sie bewegen sich durchaus auch entlang abseitiger Pfade und finden im Alltäglichen ihren lebensweltlichen Ursprung und Ausdruck.

Das dynamische Modell der blumenbergschen Epochenschwellen lenkt den Blick von der Tatsache der Zeitenwende als geophysikalisches Ereignis auf das Nachspüren der Prozesse, Erzählungen und Umbaubewegungen, die in ihrer Funktion als geistesgeschichtliche Vorläufer und Abdrücke soziomaterielle Transformationen herleiten und begleiten. Mithilfe der Metaphorologie entwickelt Blumenberg ein heuristisches Aufspürsystem, das den wissensproduzierenden Traditionen der Philosophie, Geschichte oder Naturwissenschaft ihren eminenten Rang streitig macht. Metaphorologie, das sind Wortspiele, Metaphern, literarische Figuren, Alltagserzählungen und künstlerische Formen, deren Unabgeschlossenheit und

Offenheit auf dem „Dienstwert der Sprache“[12] beruhen, jene Dinge zum Ausdruck zu bringen, an denen mitunter systemische Kategorisierungen scheitern. Die „der Geschichte unseres Bewusstseins zugehörige Anstrengung, die Unsagbarkeit selbst sprachlich darzustellen“, bewertet Blumenberg als Zeichen dafür, „daß in einer untergründigen Schicht des Denkens immer schon Antwort auf diese Fragen gegeben worden war, die zwar in den Systemen nicht formuliert enthalten, wohl aber implizit durchstimmend, färbend, strukturierend gegenwärtig und wirksam gewesen ist“[13]. Metaphorologische Schöpfungen und Explorationen können als Umrisse einer Methode verstanden werden, die der Metapher und Sprachkomposition, als Werkzeuge der diskursiven Sprache oder parallel zu ihr verlaufend, eigenständige, nicht durch einschlägige Begriffe ersetzbare Bedeutungen zuweist.

Während Blumenberg den unartikulierten Avantgarden des Denkens seine Aufmerksamkeit widmet, befasst sich der französische Geschichtstheoretiker Michel de Certeau mit dem Verdrängten, Unbewussten und Vergessenen an den Bruchstellen von soziohistorischen Dynamiken. In historischen Übergangsphasen entstehen, so de Certeau, heterologische Verschiebungen und Transfigurationen, die das Neue vom Dagewesenen zu zäsieren suchen, indem überwunden geglaubte Praktiken und Handlungen als das „Andere“, eben als Heterologien, ausgezeichnet oder umgedeutet werden. Die so heterologisierten Ereignisse und Diskurse wirken jedoch in den unterschiedlichen Wissensdisziplinen weiter, ähnlich wie das Unbewusste das Bewusste berührt. Unter dem Titel „Die Geschichte: Wissenschaft und Fiktion“ thematisiert de Certeau die Art und Weise, wie sich die Wissenschaften in einem Akt der Emanzipation und Neugründung im Laufe des 18. Jahrhunderts von ihrer Vergangenheit isolierten, sich somit vermeintlich neutralisierten und depolitisierten. Mit einem Schlag hätten sie sich von ihrer fiktionalen Beschaffenheit, ihren Diskursen und Machtverflechtungen freigespielt, nämlich von „der sozialen Relation zum Ereignis, zur Gewalt, zum Vergangenen, zum Tod“, um sich so als Wissenschaft zu konstituieren.[14] Allerdings würden dieselben verdrängten heterologen Elemente die Disziplin trotz ihrer Neukonstitution heimsuchen. Was Wissenschaft zu verschleiern sucht, laut de Certeau, sind die residualen und gegenwärtig nachwirkenden Praktiken, die sie als realitätsproduzierend instituieren.

6 Haraway, „Anthropocene, Capitalocene, Plantationocene, Chthulucene“, S. 159.

7 http://quaternary.stratigraphy.org/working-groups/anthropocene/.

8 Foucault verwendete den Begriff der *episteme* als historisches Apriori, welches das Wissen und dessen Diskurse innerhalb einer bestimmten Epoche begründet. „Die fundamentalen Codes einer Kultur, die ihre Sprache, ihre Wahrnehmungsschemata, ihren Austausch, ihre Techniken, ihre Werte, die Hierarchien ihrer Praktiken beherrschen, fixieren gleich zu Anfang für jeden Menschen die empirischen Ordnungen, mit denen er zu tun haben und in denen er sich wiederfinden wird.“ Vgl. Michel Foucault, *Die Ordnung der Dinge*, übers. v. Ulrich Köppen, Frankfurt a Main: Suhrkamp 1974, S. 22.

9 Hans Blumenberg, „Epochenschwelle und Rezeption“, in: *Philosophische Rundschau* 6, Nr. 1/2, 1958, S. 94.

10 Ebd.

11 Blumenberg nennt als Beispiel Martin Luthers Thesenanschlag von 1517, der die Wende zur Neuzeit eingeleitet haben soll.

12 Hans Blumenberg, *Theorie der Unbegrifflichkeit*, hrsg. v. Anselm Haverkamp, 1. Auflage, Frankfurt a. Main: Suhrkamp 2007, S. 150.

13 Hans Blumenberg, „Paradigmen zu einer Metaphorologie“, in: *Archiv für Begriffsgeschichte* 6, 1960, S. 13.

14 Michel de Certeau, *Theoretische Fiktionen: Geschichte und Psychoanalyse*, übers. v. Andreas Mayer, Wien: Turia + Kant 1997, S. 86.

In der Auseinandersetzung mit den vier Themenkomplexen Planet, Mensch, Mythos und Polis, die uns in den folgenden Abschnitten interessieren, stütze ich mich auf die metaphernreichen Erzählpraktiken, die sich als besonders produktiv für die neuen Fabulationen des Anthropozäns erweisen und in der Regel dem szientistischen Paradigmenmodell vorgezogen werden.[15] In der Tat ist die anti-, post- und gegenhumanistisch gefärbte Sprache reich an konzeptuellen Wendungen, freien Wortverbindungen und Neudesignationen.[16] Begriffe und neugeprägte Unbegriffe kursieren in wilden und immer wieder neu deklinierten und anschlussfähigen Fügungen. Durch biologische, physikalische oder technowissenschaftliche Bezüge angereicherte Bindestrich-Komposita dienen dazu, Verschiebungen und Präzisierungen in Szene zu setzen und Komplexitäten Ausdruck zu verleihen. So halten etwa Braidotti und Hlavajova an experimentellen Ansätzen fest, als „an integral part of the effort to produce adequate representations of our real-life conditions in fast-changing times“[17]. Wie anhand der Verwendung von Fabulationen und Figurationen erörtert, ist das Interesse an Metaphorik und Erzählpraxis durchzogen von materiell-semiotischen Prozessen, die eine Art von materiellem Denken ermöglichen, das in der Lage ist, Symmetrien oder Entsprechungen zwischen Materialität und der Semiotisierung von Lebensformen zu erfassen. Auf diese Weise schreiben sich materielle Zeichen und Prozesse unterschiedlichen Ursprungs in die Bedeutungsökonomie der Sprache ein.

Mit der Frage nach den heterologischen Aspekten, die solchen umfangreichen Überlieferungen innewohnen, folge ich de Certeaus Untersuchungen und will sie mit Theoretiker*innen weiterdenken, die sich vorwiegend mit der Analytik von Rassialität befassen. Angesichts der verdrängten normativen Funktion von Alterität, die sich durch die gesamte moderne Repräsentation (Philosophie, Wissenschaft, Politik, Recht, Kunst) zieht und die Vormachtstellung der weißen/rationalen/zivilisierten Ethnoklasse stabilisiert, ist die Re/Produktion von Exklusionsmechanismen in den Prozessen der das Anthropozän bestimmenden Ideenbildungen besonders akut. Mit da Silva weitergedacht, stellt Alterität einen ständigen Zustand der Bedrohung dar, der nicht mit den allzu einfachen Lösungen der Inklusivität und Vulnerabilität zu bewältigen ist und es erfordert, sich in die eigene Verwundbarkeit zu begeben, anstatt den Zustand der Bedrohung zu sichern. Bei da Silva heißt es folglich,

> unthinking the world, [...] releasing it from the grips of the abstract forms of modern representation and the violent juridic and economic architectures they support[18].

Unthinking, oder Un- und Gegendenken, zielt auf die Vorrechte des souveränen Subjekts und das Ensemble kollektiver Verhaltensweisen, die in Form von Abwehrmechanismen (und Verleugnungen und Verdrängungen) – wie schon Hayward anhand des Medusa-Effekts argumentierte – hegemoniale Wissensordnungen vor der Bedrohung radikaler Andersartigkeit schützen. Will man diese aus dem Gleichgewicht bringen – also nicht nur die Repräsentation von Subjekten, sondern auch die *Metaphysik* von Subjektivität und das soziale Imaginär, das sie trägt –, ist es erforderlich, sowohl die Ethik als auch philosophische Anthropologie immer wieder „jenseits des Menschen“ gegenzulesen.

Die Überlegungen zur Kinetik von Schwellenbewegungen möchte ich mit einer grundlegenden Intervention schließen, die dieses Buch zu leisten sucht: Es zielt darauf ab, die für posthumanistische und postanthropozentrische Theorien zentrale Forderung des Weltenmachens – nämlich Weltverbundenheit, Miteinander-Werden und Verantwortungsübernahme – mit einem scharfen Blick für Alterität und der den einzelnen Entitäten zugewiesenen Stellung in der Welt zu prüfen. Relationale Ontologien wie der Posthumanismus hoffen, die Trennung zwischen Natur und Kultur zu überwinden, indem sie flache Beziehungen und Verflechtungen herstellen. Damit riskieren sie, die Tatsache zu überdecken, dass nicht jede Instanz, die Teil der ökologischen Matrix ist, die gleiche Fähigkeit hat, auf einem bestimmten Terrain der Existenz zu handeln – was Povinelli als „the distribution of the effects of power and the power to affect a given terrain of existence" bezeichnet.[19] In jedem relationalen Gefüge sind die Auswirkungen der Macht und die Befugnis, eine bestimmte Verflechtung zu beeinflussen, ungleich verteilt, wodurch bestimmte Akteur*innen unverhältnismäßig gestärkt bzw. geschwächt werden. Die Unterschiede eben, die den Unterschied machen.

Wenn die „anthropologische Maschine des Humanismus"[20] auf den planetaren Ausnahmezustand zusteuert, steht die Lebbarkeit des Lebens vieler, vor allem marginalisierter und kolonialisierter Existenzen auf dem Spiel. Ihre Anliegen, Einwände und didaktische Autorität animieren antirassistische und antispeziesistische Potenziale. Die Vorbildhaftigkeit indigener Denker*innen und das lebendige Vermächtnis anzestraler Technologien im Umgang und Zusammenleben mit „ökologischen Anderen" stärken, laut Anishinaabe-Kulturtheoretiker Gerald Vizenor, indigene „survivance", sprich die aktive Geltendmachung indigener Präsenz gegenüber Abwesenheit, Entwurzelung und Vergessen.[21]

Für künstlerisch Forschende heißt es, in ihrem Bemühen um ökozentrische und pluri-epistemische Zukünfte wechselseitige und nicht kategorisch geordnete Beziehungen mit der Welt und zu anderen Wesen zu unterhalten, Beziehungen, die über bloße Einbeziehung und Anerkennung hinausgehen. Es bedeutet, „Andere" als historische Akteur*innen und Partner*innen in Prozesse der ständigen Ko-Fabrikation einzubinden, als Subjekte, die ihre jeweils eigenen Welten bewohnen und diese gestalten. Diese Art von Ko-Recherche speist sich aus Dynamiken des „Mit-Wissens" und nicht des „Wissens-über". Sie entkoppelt die Subjekt-Objekt-Beziehungen, die die Wissenschaften und die westliche Erkenntnistheorie beherrschen. Mit-Wissen ist geteiltes Wissen. Es ermöglicht, die Perspektiven zu tauschen, Erfahrungsoptionen zu vervielfältigen, andere, auch nichtmenschliche, Subjektpositionen einzunehmen, ohne jedoch für andere Subjektivitäten die Stimme zu erheben.

15 An dieser Stelle ist anzumerken, dass bei Haraway die Bedeutung der Metapher als Recherchemodus verankert ist. Das erste Kapitel ihres Buches *Crystals, Fabrics, and Fields* ist mit „Paradigms and Metaphors" betitelt. Sie schreibt in Bezug auf den Physiker und Wissenschaftstheoretiker Thomas Kuhn und sein Konzept des Paradigmenwechsels: „An important aspect of a paradigm is metaphor, and it is suggestive to investigate the use of metaphor to direct research and its investigation. The paradigm concept is rich with suggestions for analyzing the proper place of metaphor in biology." In: Donna J. Haraway, *Crystals, Fabrics, and Fields: Metaphors of Organicism in Twentieth-Century Biology*, New Haven und London: Yale University Press 1976, S. 2. Karin Harrasser verweist zudem darauf, dass Haraways Werk vom Interesse an der Metaphorik durchzogen ist, welches sie „ab Mitte der 80er Jahre auf Basis von diskursanalytischen Zugängen in der Tradition Foucaults" entwickelt und so „ihre Auffassung von kulturellen Prozessen als *materiell-semiotische* und damit auch eine implizite Erzähl- und Metapherntheorie" begründet. Vgl. Harrasser, „Donna Haraway: Natur-Kulturen und die Faktizität der Figuration", S. 580.

16 Damit schließen sie durchaus an poststrukturalistische Sprachfindungen an.

17 Rosi Braidotti und Maria Hlavajova (Hrsg.), *Posthuman Glossary*, London: Bloomsbury Academic 2018, S. 10.

18 Denise Ferreira da Silva, „In the Raw", *e-flux Journal* #93, September 2018. http://www.e-flux.com/journal/93/215795/in-the-raw/.

19 Elizabeth A. Povinelli, *Between Gaia and Ground: Four Axioms of Existence and the Ancestral Catastrophe of Late Liberalism*, Durham, N. C.: Duke University Press 2021, S. 18.

20 Giorgio Agamben, *Das Offene. Der Mensch und das Tier*, übers. v. Davide Giuriato, Frankfurt a. Main: Suhrkamp 2017, S. 42–48.

21 Gerald Robert Vizenor (Hrsg.), *Survivance: Narratives of Native Presence*, Lincoln: University of Nebraska Press 2008, S. 1.

Das Spektrum, das es abzudecken gilt, ist weit gefasst, die kunst- und ideengeschichtlichen Beiträge sind äußerst vielseitig. Um einige zumindest anreißen zu können, wie ich es in den folgenden Seiten versuche, bedarf es einigen Raums. Dieses Experiment verlangt aber auch die Geduld der Leser*in, sich auf die Vielstimmigkeit der Argumentationen einzulassen. Auf die oftmals wilden, molekularen und verstrickten Gedanken dieser Theoretiker*innen und Künstler*innen einzugehen, sich ihren undisziplinierten *Fabulierungen* zu nähern, die sich durch Disziplinen und Materialitäten, durch humane, tierische, pflanzliche und geologische Lebensräume, Geschichten und Geschichte ziehen, und die unterschiedlichsten Quellen zu erforschen, lohnt sich, um aus ihnen neue Formen des Sehens, Denkens und Imaginierens zu erlernen. Sie sind unerlässlich, um die ungeordneten Topologien der Künste zu sortieren, die neuen Formen des Ausstellens, Kuratierens, Zusammentragens und Er-Findens, die sich um diese Denker*innen und parallel zu ihnen gebildet haben. Und sie sind ganz wesentlich, um die methodologischen Herausforderungen zu erahnen, vor der die Künste stehen, wenn sie posthumane und materialistische Forderungen aufzugreifen versuchen – im Bemühen, diese nicht nur als „neue Themenfelder" zu betrachten, sondern deren ontoepistemologische Sprengkraft auch auf die eigenen Disziplinen zu übertragen.

EINE GEGENGESCHICHTE PLANETARISCHER VERBINDUNGEN

Mit ihrem 1999 erschienenen Band *Imperative zur Neuerfindung des Planeten* läutet Gayatri Chakravorty Spivak ein Alteritätsdenken in Bezug auf den Planeten in Abgrenzung zum Globalen ein. „Der Planet [...] steht im Zeichen der Alterität, er gehört einem anderen System an; und doch bewohnen wir den Planeten, sozusagen auf Kredit. Der Planet eignet sich nicht für einen genauen Gegensatz zum Globus."[22] Der Erdball als Teil des galaktischen Systems wird, wie Spivak es ausdrückt, um des menschlichen Projekts willen subalternisiert. Tatsächlich unterscheidet ihn denkbar wenig von nichtirdischer Materie. Seine Oberfläche ist das Ergebnis von Zufällen, von den Rhythmen der Atmosphären geformt. Organisches Leben entwickelte sich aus dem Code, der durch die im Weltraum zirkulierenden Moleküle teleportiert wurde. Die Erde selbst ist eine produzierende Einheit, und Menschen sind lediglich eine Variation ihrer eigenen Materie. Leben hat die planetarische Alterität in Bewohnbarkeit verwandelt und den „wissenden Kosmos" hervorgebracht. Leben ist, in Anlehnung an die Kultur- und Medienwissenschaftlerin Jennifer Gabrys, planetarisch geworden.[23]

Im Zeichen des Anthropozäns liefern solche in den letzten Jahren viel beachteten planetarischen Narrative nicht nur ein kosmisch-geologisches Bild für die Veränderung unserer Umwelten, sie zeigen auch auf, dass die seit der Aufklärung gültige Naturauffassung des Westens ausgedient hat. Unter Druck geraten sind die etwas karikiert zusammengefassten Annahmen, dass Natur inert und leblos sei, mechanische Gesetze befolge, die einer linearen Kausalität unterliegen (wie aufeinanderprallende Billardkugeln), und objektiv sei, sprich außerhalb von uns stehe. Dieses „Naturmodell" beherrscht in erheblichem Maße die Naturwissenschaften und bildet sich darüber hinaus in den Belangen des Umweltschutzes, der Biotechnologie, der Wiederherstellung von „natürlichen" Landschaften und der nachhaltigen Rohstoffgewinnung ab. Es ermöglicht auch das im Lichte des spätkapitalistischen Ressourcenwettbewerbs betriebene fortschrittsoptimistische Geschäftsmodell der Ökosystemdienstleistungen, wonach die Arbeitsleistung von Ökosystemen bewertbar und finanzialisierbar sei.[24] Mit technischen Mitteln und finanziellen Instrumenten kann so aus Tier-, Pflanzen- und Mineralienvorkommen „Naturkapital" geschaffen werden.

Planetarität deutet folglich nicht nur auf eine Maßstabserweiterung vom Irdischen zum Kosmischen, auch verschiebt sie den Blickwinkel von „natürlichen" und globalen Diskursen hin zu Sichtweisen, die das Menschliche mit dem Nichtmenschlichen konzeptuell und feinstofflich verbinden und damit die Frage der „Materie" (und Realität) neu zur Diskussion stellen. Einige der Konzepte, die mit

22 Gayatri Chakravorty Spivak, *Imperative zur Neuerfindung des Planeten / Imperatives to Re-imagine the Planet*, hrsg. v. Willi Goetschel, übers. v. Bernard Schweizer, Wien: Passagen Forum 1999, S. 45.

23 Jennifer Gabrys, *Program Earth: Environmental Sensing Technology and the Making of a Computational Planet*, Minneapolis: University of Minnesota Press 2016.

24 Vgl. u. a. Kathleen McAfee, „Selling Nature to Save It? Biodiversity and Green Developmentalism", in: *Environment and Planning D: Society and Space* 17, Nr. 2, 1. April 1999, S. 133–154. https://doi.org/10.1068/d170133.

diesem vielfältigen Trend in Verbindung gebracht werden, sind Assemblagen, Netzwerke und Akteursnetzwerke, Relationalität, nicht dualistische und relationale Ontologien, Emergenz und Selbstorganisation, Hybridität und ähnliche theoretische Ansätze. Ihre ontologische Qualität besteht darin, leblos geglaubten Kräften eine Wirkkraft, ja sogar Wissen und Lebhaftigkeit zuzuschreiben. Auch die Begriffe, die verwendet werden, um die Vielzahl von Prozessen und Merkmalen auszuzeichnen, sind bezeichnend für dieses Ziel: flach versus hierarchisch, horizontal versus vertikal, relationales statt binäres Denken, Selbstorganisation statt Struktur, Immanenz und Emergenz statt Transzendenz, Enactment statt Repräsentation, Aufmerksamkeit für Ontologie gegenüber der Erkenntnistheorie und so weiter.

Indem planetarisches Denken eine Verlagerung zum Fremdweltlichen markiert, ergänzt und kompliziert es auch das konviviale posthumane Bild. In Spivaks Formulierungen gibt sich die Erde nicht als *oikos,* als Heimstätte und wohliges Refugium zu erkennen. Sie wirkt vielmehr unheimlich und selbstbestimmt, ein Außen, das wir bewohnen, und zugleich ein Innen, das uns ausmacht – immer bereits in der Form einer Überschreitung, einer Transgression („it contains us as much as it flings us away", präzisiert Spivak[25]). Planetarität impliziert erdsystemische Dynamiken, gar bedrohliche Erschütterungen und Verwebungen, denen gegenüber menschliche Steuerungsmöglichkeiten immer weniger zur Verfügung stehen. Dementsprechend verfestigt sich die neuartige Beobachtung, dass es in einer anthropogenen Naturkultur kein „weg" und kein „außen" gibt, sich alles biomolekular verbindet und bioverstärkt, dass es letztendlich mehr-als-menschliche Körper sind und ihre Umwelten, in denen sich nukleare, biologische, atmosphärische, plastische und chemische Verunreinigungen einlagern.

Diese Körper sind von langsam einsetzenden, unsichtbaren, aber langzeitig wirksamen Formen der Gewalt befallen, einer „slow violence"[26]. Der Anglist Timothy Morton, Verfasser einiger viel gelesener Bücher zu den *dark ecologies* des Anthropozäns, identifiziert Phänomene mit unheimlichen und uneingrenzbaren Ausdehnungen, wie die Erderwärmung, als unkontrollierbare „Hyperobjekte", die nur anhand der Spuren, die sie in der Welt hinterlassen, wahrnehmbar sind. Er schreibt: „Ein Empfinden, das sich in einer Zeit der Hyperobjekte verändert haben wird, ist das Gefühl für den Abstand von Dingen und den Abstand der Dinge untereinander. Intimität wird das neue Schlüsselwort werden. Es wird kein ‚weg-' geben, wohin wir etwas werfen können."[27] Dem kontaminierenden Wirkmachtkomplex der Hyperobjekte müsse man mit einer radikalen Offenheit begegnen, da es weder ein Entkommen gibt noch objektive Distanz oder der ästhetische Effekt des Abstandnehmens funktioniere.

PLANETARISCHES DENKEN

In seinen Artikulierungen und Weltprojektionen steigert der Planetarismus die Präsenz von Materie und nichtmenschlichen Lebens ästhetisch und kritisch, als Gegenstand eines planetarischen Imaginärs, das Möglichkeiten anzubieten sucht, die (globalisiert fragmentierte) Welt wahrhaftig und ethisch zu einem Planeten zu vereinen. In diesem tiefgreifenden Sinne wird in ökokritischen Kreisen von einem planetarischen Turn[28] gesprochen, von einem Kurswechsel innerhalb hegemonialer Wissensformationen, der Wissenschaft und Lebenspraxis gleichermaßen erfasst. Wenn die *Agency* des Erdsystems und ihrer Verwerfungen die menschliche Absicht und Handlungsfähigkeit bei weitem übersteigt, ist der Mensch letztlich gefordert, sich als „planetarisches Subjekt" neu zu erfinden und seine ermächtigende Rolle als „*global actor*" abzulegen.[29] Und wenn der Materie, Geologie und Biologie eine gesellschaftliche Gestaltungskraft zuerkannt werden, dann können weder Kunst und Kulturgeschichte noch Anthropologie ohne eine Darstellung der Bewegungen,

Zyklen und Krisen des Planeten (etymologisch: des Wanderers) bestehen: Jede Anschauungsform, die den Wanderstern als trägen Hintergrund für menschliches Handeln fixiert, verliert ihre Berechtigung. So dient die *Agency* des Materiellen in zunehmendem Maße und mit historisch beispielloser Dringlichkeit als Matrix und Bedingung für ein planetarisches Denken, dessen Reichweite das Konzeptuelle, das Politische und das Ästhetische einbezieht. Planetarisch denken heißt demnach auch, die Erde und ihre Ökosysteme als Wissensquelle anzusehen, als Denk- und Arbeitsmethode.

Infolge solcher Überlegungen werden das Materielle und Naturhafte nicht nur aus ihrer hierarchisierten Position gegenüber dem Kulturellen entlassen, sie werden nicht nur als handlungsmächtig erachtet und mit „Ding-Macht" ausgestattet, vielmehr steht, den Forderungen der Neomaterialistin Jane Bennett folgend, ihr politischer Status zur Disposition.[30] Ökologisch und planetarisch zu denken bedeutet für Bennett, politische Partizipation über das Menschliche hinaus zu erweitern. Um jedoch nichtmenschliche und planetarische Entitäten, denen ein mehrfaches Stigma der Ausgrenzung anhaftet, in soziale und politische Gefüge einzugliedern, müssen die moderne Sozialtheorie und politische Praxis neu konstituiert werden. Letztere haben sich in der Vergangenheit nur zögerlich mit diesem Problem auseinandergesetzt und sich fast ausschließlich dem menschlichen Gemeinwesen zugewendet. Posthumane und neumaterialistische Theoretisierungen, stark von indigenem Wissen inspiriert, trachten danach, diesen durch soziale und kulturelle Praktiken gesetzten Handlungsrahmen zu sprengen. Einer ökologisch begründeten Gemeinschaftlichkeit wird somit die schwierige Aufgabe zuteil, neue Brücken zwischen einem Ökosystem und einem politischen System zu schlagen und nichtmenschliche Mitglieder ins Gemeinwesen einzugliedern.[31] Diese Aufgabe ist allerdings noch nicht zu Ende gedacht: Politische Theoretiker*innen ringen mit der Formulierung neuer Normen und politischer Institutionen, die festgesetzte Orte und Inhalte von Politik verschieben könnten.

NACH DEM ENDE DER WELT

Das aus den *Science and Technology Studies* (STS) sowie aus der postkolonialen, dekolonialen und antikolonialen Kritik hervorgegangene planetarische Denken verbindet geomorphische Prozesse mit dem rassischen Kalkül und Nachleben[32] von kolonialem Extraktivismus, Landraub und Enteignung sowie mit der Ablagerung und Diffusion von Giftstoffen, der Verbreitung von Viren und dem Aufkommen atmosphärischer Turbulenzen. Auch widmet es sich der Verantwortlichkeit, die der

25 Gayatri Chakravorty Spivak, *An Aesthetic Education in the Era of Globalization*, Cambridge, MA, und London: Harvard University Press 2013, S. 339.

26 Rob Nixon, *Slow Violence and the Environmentalism of the Poor*, Cambridge, MA: Harvard University Press 2013.

27 Timothy Morton, „Zero Landscapes in den Zeiten der Hyperobjekte", in: *GAM. Graz Architecture Magazine*, hrsg. v. Technische Universität Graz, Fakultät für Architektur, Nr. 7, 2011, S. 81.

28 Amy J. Elias und Christian Moraru (Hrsg.), *The Planetary Turn: Relationality and Geoaesthetics in the Twenty-First Century*, Evanston, Illinois: Northwestern University Press 2015.

29 Siehe Mary Louise Pratt, *Planetary Longings, Dissident Acts*, Durham, N. C.: Duke University Press 2022, S. 10.

30 Jane Bennett, *Lebhafte Materie. Eine politische Ökologie der Dinge*, Matthes und Seitz: Berlin 2020, S. 27–53.

31 Ebd., S. 160.

32 Mit „afterlife of slavery" beschreibt Saidiya Hartman das Nachwirken und die fortwährende Präsenz der rassifizierten Gewalt von Sklaverei in der heutigen Gesellschaft, „because black lives are still imperiled and devalued by a racial calculus and a political arithmetic that were entrenched centuries ago. This is the afterlife of slavery [...]." Saidiya Hartman, *Lose your Mother: A Journey Along the Atlantic Slave Route*, New York: Farrar, Straus and Giroux 2007, S. 6.

Mitschuld am verursachten Schaden entwächst. Diese Verantwortlichkeit ist nichts weniger als das eingangs zitierte Imperativ zur Neuerfindung des Planeten.

Planetarität verlagert unausweichlich den Fokus auf gemeinschaftliche *Arrangements* mit dem Natürlichen, Geologischen und Kreatürlichen unter den bedrohlichen Vorzeichen des Anthropozäns und inmitten kapitalistischer Ruinen, möglicherweise sogar „toward the End of the World as we know it"[33]. Die Ruinen, das sind die katastrophalen Auswirkungen der systemischen, historischen und andauernden Gewalt von Siedlerkolonialismus und Kapitalismus sowie der Subalternalisierung der Erde (und damit des nicht anhaltenden Wachstums, Konsums, der Extraktion, Ausbeutung und Enteignung). Die Ruinen bilden das Bindeglied zwischen den materiellen Realitäten anthropogener Ökosysteme und der historischen und gegenwärtigen, rassialisierten Unterwerfung und Marginalisierung von Schwarzen, braunen, indigenen, afrodeszendenten, mestizischen und anderen nichtwestlichen Gemeinschaften. Der globalisierte Kapitalismus und das multinationale, ökonomisch-finanzielle und technokratische System, das er weltweit zu implementieren sucht und gegen das sich planetarische Diskurse entschieden aussprechen, schließt die Ökologie aus der Kolonialgeschichte aus und verdeckt den Zusammenhang zwischen der Auslöschung von ökologischen Lebenswelten und nichtwestlichen Kulturen. Es ist folglich nicht das Anthropozän, sondern die „symbolische und totale Gewalt", laut da Silva, die es erzeugt hat, die ökologisches und antikoloniales Denken geradezu zwangsläufig und äußerst brisant zusammenführt.

Mit der Forderung, „to use the planetary [...] to control globalization interruptively, to locate the imperative in the indefinite radical alterity of the other space of a planet to deflect the rational imperative of capitalist globalization", bekräftigt Spivak einen nichtrationalisierenden Imperativ der Alterität, der, von einer ethischen Infrastruktur getragen, zur Verbundenheit, Demut und zu einem Bekenntnis zum Anderssein aufruft.[34] Solch eine relationale Ontologie ließe sich nicht vom Menschlichen ableiten und nicht als dialektische Opposition denken. Sie sei, so Spivak, Recht und Pflicht zugleich, eine Ver*antwort*lichkeit (mit Haraway, *response-ability*), die sich erst in der Antwort der Anderen erfüllt. Menschsein bedeutet schließlich, auf Alterität hin intendiert zu sein. So schließen planetarische Perspektiven das Menschliche keineswegs aus, stehen aber in einem grundlegenden Konflikt zueinander. Der planetarische Imperativ bietet Handlungsoptionen und Anstöße für ethische, soziale und politische Innovationen, die – von unterschiedlichen Wissenstraditionen verstärkt – den Stellenwert von als nichtmenschlich deklariertem Leben restituieren. Die Restitution von nichtmenschlichem Leben impliziert die Dislokation der wissenschaftlichen Gattungsbegriffe „Natur" und „Mensch" und – damit gelangen wir zum schwierigsten Nexus planetarisch-ökologischen Denkens – birgt die Gefahr, Differenzkategorien zu verkennen.

Neben dem wieder erwachten Interesse für Natur, Materie und den Planeten taucht in der Anthropozän-Debatte, nach einer langen Phase eines „antihumanistischen Konsens", eine erneute Befassung mit dem Menschen auf, suggeriert doch das Wort Anthropozän „ein Menschlich-Werden des Geologischen [und] zugleich ein Geologisch-Werden der Menschheit"[35]. Gemäß der postulierten Konvergenz zwischen Natur- und Menschheitsgeschichte wird der Mensch keineswegs (als bloße Gesteinsform) *weggedacht,* sondern wird vielmehr zum Akteur in planetarischem – manchmal auch als tellurisch ausgewiesenem – Maßstab erhoben. Als solcher ist er nun potenter Urheber, Betroffener und Problembeheber der Menschenzeit. Mit der geologischen Signatur setze sich das Menschenkollektiv in Erfüllung seiner prometheischen, also an Kraft und Größe alles überragenden Bestimmung ein zugegebenermaßen äußerst zweifelhaftes Denkmal. Paradoxerweise wird der Menschheit das Zeugnis ihrer Macht, die Natur zu beherrschen, allmählich und in zunehmendem Maße zum Verhängnis und so wird ihr Erfolg zur Ursache ihres Defätismus. Es ist nicht verwunderlich, dass die „Hyperzentrierung des Humanen"[36] fortschrittsoptimistische Positionen hervorbringt, die das Überleben des Menschen, in vielen Fällen das Überdauern der westlich-liberalen Ordnung, ansteuern. Letztendlich sei es doch der Mensch, der einen Ausweg aus der Katastrophe finden wird: entweder, so die einen, über Hochtechnologie und *Geoengineering* oder für andere wiederum über die Transition (einschließlich der *green transition*) zu nachhaltigeren Formen des Zusammenlebens.

In eine entgegengesetzte Richtung blicken Theoretiker*innen, die den Humanismus, auf dem das Gerüst des planetaren Überlebens ruhen soll, für gescheitert erklären und dennoch an der Veränderbarkeit des Menschen festhalten. Sie verstehen ihre Aufgabe darin, die Vorstellungen, die sich mit der dominanten Form „Mensch" konstituieren, aufzulösen, um damit eine radikale Transformation unserer politischen Arrangements und der Art und Weise herbeizuführen, wie Personen „sich verwandt machen"[37], allerdings nicht zwingend als Individuen oder Menschen. So verfolgen sie in unterschiedlicher Radikalität eine Dezentrierung des *Anthropos* bis hin zu der totalen Nichtunterscheidbarkeit der „Gattung Mensch" von anderen Existenzformen und ihrer ontologisch flachen Eingliederung ins taxonomische System der Lebewesen.

„Das Problem Mensch" bedarf jedenfalls eingehender Betrachtung im Anthropozän-Diskurs und hier einer kurzen Standortbestimmung. Dem Historiker

33 Denise Ferreira da Silva, „Toward a Black Feminist Poethics: The Quest(Ion) of Blackness Toward the End of the World", in: *The Black Scholar* 44, Nr. 2, Juni 2014, S. 84. https://doi.org/10.1080/00064246.2014.11413690.

34 Spivak, *An Aesthetic Education,* S. 348.

35 Philip Hüpkes, „Der Anthropos als Skalenproblem", in: *Der Anthropos im Anthropozän,* hrsg. v. Hannes Bajohr, Berlin: De Gruyter 2020, S. 115. https://doi.org/10.1515/9783110668551-007.

36 Katharina Block, „Humandezentrierung im Anthropozän", in: Bajohr (Hrsg.), *Der Anthropos im Anthropozän,* S. 80.

37 Donna J. Haraway, *Unruhig bleiben: Die Verwandtschaft der Arten im Chthuluzän,* übers. v. Karin Harrasser, Frankfurt a. Main: Campus 2018, S. 141/142. Die Verwendung des Begriffs Person für nichtmenschliche Entitäten leitet sich aus indigenen Vorstellungen ab, verweist aber auch auf die weltweit stattfindenden Bewegungen, das Nichtmenschliche als juristische Person zu etablieren.

Chakrabarty zufolge, der die Theorie der Natur-Kultur-Geschichte-Konvergenz[38] lancierte, treffen hier drei Menschenbilder aufeinander, die jeweils in unterschiedliche Diskurse und Maßstäbe ausstrahlen: der Mensch der Aufklärung, als universeller Rechteträger, für den im Lichte von Migration, Staatenlosigkeit und Entrechtung menschenwürdige und egalitäre Rechte zu sichern sind; der postkoloniale Mensch, der entlang intersektionaler Differenzkategorien (class, race, gender, ability usw.) zu befragen ist; und das menschliche Kollektikkompositum des Anthropozäns, das sich aus der Erfahrungsperspektive der Betroffenheit konstituiert.[39] Chakrabartys Analyse zufolge behalten alle drei Betrachtungsperspektiven ihre Gültigkeit, verweisen sie doch auf unterschiedliche Skalen. Während die zwei ersten Formulierungen auf intramenschliche Gerechtigkeitsfragen abzielen, handle es sich beim Anthropozänmenschen um eine übergeordnete, kollektivierte geophysische Kraft, die eine „nonhuman, forcelike mode of existence of the human"[40] markiert und über die Aufsummierung aller Einzelindividuen hinausgeht.

Chakrabartys vieldiskutierte Thesen sind insofern hilfreich, als sie die spezifische Weltstellung des Menschen und damit seiner tierischen und natürlichen Mitbewohner erhellen. Gemeint ist die jeweilige Stellung und Handlungsmacht von Subjekten – was Haraway als die Unterschiede bezeichnet, die einen Unterschied machen, „in Ökologien, in Ökonomien, für verschiedene Arten und Lebensweisen"[41]. Auf allen Ebenen – sprich am *Terrain* des Menschenrechts, des gelebten Alltags und in Bezug auf die planetarische Vernetzung – zeichnen sich die ungleich verteilten Handlungsoptionen ab, die mehr-als-menschlichen „Personen" zur Verfügung stehen (oder eben nicht) und die angesichts des übergeordneten Problems des planetarischen Notstands, wie ich noch eingehender argumentieren will, nicht aus dem Blick zu verlieren sind. Am Subjekt der Aufklärung hält Chakrabarty an dem Punkt fest, wo es ihm die Grundlagen für universale Menschenrechte liefert. Das post- und antikoloniale Denken erachtet er im Zeitalter der Erderwärmung als weiterhin urgent, aber erweiterungsbedürftig, da es ökologische Belange nicht berücksichtigt. Bezeichnenderweise fällt der nichthumane Aspekt seiner geotiefenzeitlichen Analyse vergleichsweise unartikuliert aus. Das Problem der zeitlichen Skalierungs- und Elargierungsgrößenordnungen sei, so Chakrabarty, dass sie sich dem Erfahrungsspektrum des Menschlichen entzögen und daher, um als politische Kraft wirksam zu werden, ein Desideratum blieben. Als Historiker fällt es ihm sichtlich schwer, die fundamentale Gattung „Mensch" anzurufen – er streift sie zwar, bleibt aber ihr gegenüber unentschlossen –, und so bleibt der „‚Mensch' als Skalierungsbegriff [...] eine noch ungelöste Herausforderung"[42].

POSTHUMANE PERSONEN

Mit dem Auftauchen des Nichthumanen, Posthumanen und Planetarischen verkomplizieren sich in der Tat die Fragen, wer oder was zum Menschlichen zählt und wie jene Ideologien und Regelwerke destabilisiert werden können, die die Andersartigkeit zwischen dem Menschen und dem Nichtmenschlichen verabsolutieren und Differenzen innerhalb des Menschlichen hierarchisieren (sei es nach „Rasse", Klasse oder Geschlecht). Gepaart mit der postanthropozentrischen Infragestellung der Artenhierarchie und der neumaterialistischen Erweiterung von Handlungsträgerschaft hinsichtlich nichtmenschlicher und mehr-als-menschlicher Personen ergibt sich ein wild aufgewühltes Bild von Sozialität. Ganz sicher ist man sich jedenfalls nicht mehr bei der Lektüre des unruhigen Theorieapparats, was noch dem Menschlichen zugeordnet werden kann oder soll.

In seinen verschiedenen Ausformungen ringen der Posthumanismus und seine Kognaten mit dem Versuch, ein alternatives Modell des Menschseins zu denken bzw. Bedingungen zu schaffen, unter denen sich Menschen trotz ihrer sozialen *Konditionierung* dafür entscheiden können, anders zu sein. Dabei forcieren sie, bei all ihren Differenzen, eine mehrfache Umverteilung des Subjekts. Übergeordnet befassen sie sich kritisch mit den Folgen, die einer spezifischen ontologischen Sichtweise entspringen, nach der Menschen, Tieren und Dingen als „natürlich" geltende Rollen und Funktionen zugewiesen werden. Darüber hinaus hinterfragen sie die Naturalisierungen und Normalisierungen, die den unterschiedlichen Kategorien von Hautfarbe, Geschlecht, Identität und körperlicher Unversehrtheit entweder eine taxonomische Funktion zuweisen und/oder sie zur Norm erheben. Und nicht zuletzt streben sie eine politische Neuordnung an, indem sie bio- und geoontologische Personen mit Rechten und Handlungsträgerschaft ausstatten. Mit ihrer Forderung nach einem alle/alles einschließenden Personenbegriff verfolgen sie eine radikale Veränderung, die Handlung und Praxis, die Beziehungen zu anderen und die Vorstellungen von Gerechtigkeit und Ethik einschließt.

Im Wesentlichen lassen sich zwei unterschiedliche Herangehensweisen in der Formulierung posthumaner Verweltlichung sichten. Die eine setzt am menschlichen Subjektbegriff an und strebt danach, diesen in eine flache Ontologie einzubetten, die kein autonomes Individuum voraussetzt und sich zur Ausdifferenzierung multipler Identitäten bekennt. Die Einschätzungen von Jack Halberstam und Ira Livingston stehen für solch eine Haltung:

> The posthuman does not necessitate the obsolescence of the human;
> it does not represent an evolution or devolution of the human.
> Rather it participates in re-distributions of difference and identity.[43]

Unterschiede nicht statisch und hierarchisch zu verfassen, erlaubt die Neuverteilung von Rollen und Identitäten, ein fluides Menschbild, das nicht der Selbstoptimierung dient, sondern sich von „difference-from-others" auf „difference-from-self"[44] verlagert.

Die andere Theoriefraktion wiederum verortet einen holistischen Wert in soziomateriellen und intraaktiven Assemblagen[45], um die Idee einer nicht bis wenig differenzierten Ganzheit auszuzeichnen, wie beispielsweise in ökologischen Biosphären oder anhand von mehr-als-menschlichem Kollektivismus oder Kommunitarismus. In Biogesellschaften wird Menschsein als Gattungsprivileg abgeschafft und im Austausch mit nichtmenschlichen Gefährt*innen und einer unendlichen Vielzahl an Organismen angesiedelt. Mit „We have never been human"[46] kontert daher Haraway, deren *Companion Species Manifesto* eine äußerst prominente Rolle in dieser Diskussion einnimmt, Latours viel zitiertes „We have never been

38 Dipesh Chakrabarty, „The Climate of History: Four Theses", in: *Critical Inquiry* 35, Nr. 2, Winter 2009, S. 219. https://www.journals.uchicago.edu/doi/10.1086/596640

39 Dipesh Chakrabarty, „Postcolonial Studies and the Challenge of Climate Change", in: *New Literary History* 43, Nr. 1, 2012, S. 1/2.

40 Ebd., S. 13

41 Haraway, *Unruhig bleiben*, S. 44.

42 Hannes Bajohr, „Keine Quallen. Anthropozän und Negative Anthropologie", in: Ders. (Hrsg.), *Der Anthropos im Anthropozän*, S. 9. https://doi.org/10.1515/9783110668551-001.

43 Jack (Judith) Halberstam und Ira Livingston, *Posthuman Bodies*, Bloomington: Indiana University Press 1995, S. 10.

44 Ebd.

45 Der Begriff der Assemblage *(agencement)* hat eine komplexe Genealogie, die auf Gilles Deleuze und Félix Guattari zurückgeht. Er beschreibt eine Multiplizität heterogener Elemente, die „ko-funktional" Verbindungen eingehen. „[T]hus, the assemblage's only unity is that of a co-functioning: it is a symbiosis, a 'sympathy'. It is never filiations which are important, but alliances, alloys; these are not successions, lines of descent, but contagions, epidemics, the wind." In: Gilles Deleuze und Claire Parnet, *Dialogues II*, New York: Columbia University Press 2007, S. 69.

46 Donna J. Haraway, *When Species Meet*, Minneapolis: University of Minnesota Press 2008, S. 1. Haraway bezeichnet sich zwar als Kompostin und verwendet sympoietische Vernetzungsmetaphern, um die Welt zu beschreiben, erteilt jedoch der Idee einer flachen Ontologie eine klare Absage.

modern"-Diktum und stellt dabei Menschlichkeit grundsätzlich infrage. Weder menschlich noch modern, so lässt sich das dem Humanismus anzulastende Manko benennen, mehr-als-menschliche Alterität und ihre Wechselbeziehungen, sprich Humusismen *(humusities)*[47], nicht angemessen berücksichtigt zu haben. Mehr noch als Latour zeigt sich Haraway skeptisch, dass irgendein Modell des Menschen der Komplexität der Wirklichkeit gerecht werden kann, und arbeitet gegen jede Art von Ordnung, die dazu dient, all das auszuschließen und zu kontrollieren, was nicht in das jeweilige Modell passt.

GEGENHUMANISMUS NACH DEM MASS DER WELT

Die Frage, die allerdings *Critical-Race*-Denker*innen am meisten beunruhigt, ist die Art und Weise, wie posthumanistische Entmenschlichung den Verlust der Rechte auf Menschlichkeit verstärken könnte, den marginalisierte, rassifizierte und indigene Menschen in der langen Geschichte der Unterdrückung erlitten haben. Da die historische Figur „Mensch"[48] dem untrennbar mit Sklaverei und Kolonialismus verstrickten Humanismus der Aufklärung entwuchs, der seine „Autorität über ‚das Universelle' mittels eines rassifizierten Einsatzes von Gewalt dursetzte"[49], kann die gesamte moderne Repräsentation (Philosophie, Wissenschaft und Politik) nicht außerhalb der „analytics of raciality" gedacht werden.[50] Nach Moten ruft nämlich Schwarzsein gleich eine doppelte Ambivalenz hervor: einerseits eine akute soziale Gefahr und die mit ihr einhergehende Kriminalisierung, anderseits eine „ontisch-ontologische" Andersartigkeit Schwarzer Menschen, die der Stabilisierung ex negativo des weißen Menschen und der gesellschaftlichen Ordnung dient.[51] Es ist vor allem die zweite Form der „Ambivalenz", die Schwarzsein als Animalität, als abjekt und unmenschlich postuliert und zugleich höchst effektiv die normative Ordnung perpetuiert, die in Bezug auf eine Natur/Kultur-Verschmelzung bzw. ontologische Verflachung ein Hochspannungsfeld schafft. In den Worten des Africana-Philosophen Lewis Gordon:

> Dominant groups can "give up" humanism for the simple fact that *their humanity* is presumed, while other communities have struggled too long for the humanistic prize.[52]

Worum es Gordon und anderen *Critical-Race*-Theoretiker*innen geht, ist allerdings nicht die Aufnahme „anderer Gemeinschaften" in die normative Kategorie „Mensch", und schon gar nicht eine Absage an die Menschheit. Sie meinen nicht die Aushebelung rassistischer Vorurteile und auch nicht die gesellschaftliche Aufspaltung in immer kleinteiligere ethnoidentitäre Genres.[53] Anvisiert wird vielmehr die Veränderung der Humanität von innen und die achtsame Decodierung – nach Wynter Dechiffrierung – von Menschlichkeitsentwürfen, einschließlich denen des Posthumanismus, zur Aussortierung dessen, was in ihren Philosophien dem ideologischen Apparat des liberal-humanistischen Rationalismus verpflichtet bleibt. Dechiffrier-Praxis *(deciphering practice)* sei daher, so Wynter, keine „ideology of Otherness"[54] und auch „kein Prozess des Ausgrabens und Wiederfindens, keine Abwesenheit, auf die eine Anwesenheit folgt, sie ist kein Ort, an dem Schwarze Unterdrückung erzählt und beschrieben wird"[55]. Zu dechiffrieren gilt es vielmehr die „normalen" Arten des Wissens und Fühlens (zusammen mit den Praktiken, die diese Normalitäten hervorbringen) als Index dafür, wie jede solche Welt gewusst und gefühlt werden *muss*.[56] Das Ausbuchstabieren der normativen Ordnung ist die unverzichtbare Bedingung für das Habhaftwerden der kollektiven, kulturspezifisch geregelten Verhaltensweisen, die eben solch eine Welt ins Leben ruft. Diese Aufdeckungsarbeit, die der Gegenforschung eine wertvolle Richtung vorgibt, zielt auf das Verhältnis zwischen Menschsein und Entmenschlichung, die für alle Formen der Unterdrückung von zentraler Bedeutung ist.

Die Humanität nicht aufgeben, sie vielmehr „nach dem Maß der Welt" neu erfinden, aus ihrer statischen Form herausschälen und gewissermaßen zu verflüssigen und verflüchtigen, heißt, die wunderbare menschliche Gabe zur Metamorphose und Autoinstituierung unter Beweis zu stellen. Katherine McKittrick spricht diesbezüglich von Wynters Gegenhumanismus[57]. Gegenhumanismus ist eine Praxis, die Wynter dementsprechend mit „counter-signifying practices [that] induce such a counter-writing and, therefore, such a counter-politics of feeling" verknüpft.[58] Sie fordert ein neues, ökumenisches Menschenbild, eine neue Wissenschaft des Menschen und tritt für Bedingungen ein, unter denen Menschen sich dafür entscheiden können, anders zu sein und die Annahme von Gesellschaftsnormen zu verweigern. Wenn Harney und Moten von den Undercommons als stets unvollendetes, unzulässiges und ortloses Kollektiv sprechen, dann zeichnen sie das Bild solch eines (Gegen-) Menschen als wanderndes und heimloses Subjekt, das sich an verstreuten Orten und in Zuständen wiederfindet, die sich der Festschreibung und des Vergleichs verwehren. Mit Flüchtigkeit *(fugitivity)* meinen sie auch eine radikale Obdachlosigkeit und Offenheit gegenüber Anderen.

47 Haraway, *Unruhig bleiben*, S. 50.

48 In der englischsprachigen Literatur wird die Differenz zwischen *Man* und *Human* ins Spiel gebracht.

49 Zakiyyah Iman Jackson, „Animal: New Directions in the Theorization of Race and Posthumanism", in: *Feminist Studies* 39, Nr. 3, 2013, S. 670. Übersetzung der Verfasserin.

50 Denise Ferreira da Silva, *Toward a Global Idea of Race*, Borderlines 27, Minneapolis: University of Minnesota Press 2007, S. xviii.

51 Fred Moten, *The Universal Machine, Consent not to be a Single Being*, v. 3, Durham, N. C.: Duke University Press 2018, S. 143.

52 Lewis Gordon, „African-American Philosophy: Theory, Politics, and Pedagogy", in: *Philosophy of Education*, hrsg. v. Steven Tozer, Urbana, Illinois: Philosophy of Education Society, 1998, S. 39.

53 Jackson, „Animal", S. 672.

54 Sylvia Wynter, „Rethinking 'Aesthetics': Notes towards a Deciphering Practice", in: *Ex-Iles: Essays on Caribbean Cinema*, hrsg. v. Mbye B. Cham, Trenton, N. J.: Africa World Press 1992, S. 263.

55 Katherine McKittrick, „Dear April: The Aesthetics of Black Miscellanea", in: *Antipode* 54, Nr. 1, Januar 2022, S. 9. https://doi.org/10.1111/anti.12773. Übersetzung der Verfasserin.

56 Wynter, „Rethinking 'Aesthetics'", S. 271.

57 Katherine McKittrick und Sylvia Wynter, „Unparalleled Catastrophe for Our Species?", in: *Sylvia Wynter: On Being Human as Praxis*, hrsg. v. Katherine McKittrick, Durham, N. C.: Duke University Press 2015, S. 11. Mit „nach dem Maß der Welt" verweist McKittrick an dieser Stelle auf Aimé Césaire.

58 Wynter, „Rethinking 'Aesthetics'", S. 268.

Mit den kritischen Rückfragen an das Wesen des Menschlichen und seiner autopoietischen Neuerfindung in einer planetar destabilisierten Welt steigt der Bedarf an neuen Erzählungen. Unter Erzählung, *story-telling,* wird allerdings nicht das bloße Erfinden oder Nacherzählen von Geschichten verstanden, vielmehr die Narrativisierung und Aufführung von neuen Ordnungs- und Realitätsvorstellungen, in denen sich das, was möglich/unmöglich, gültig/ungültig und wirksam bzw. wirkungslos ist, verschiebt. Da Menschsein sich durch erfundene und rückwirkend projizierte Ursprungsgeschichten (Kosmogonien) instituiert, lassen sich seine Narrative und Mythen immer wieder neu verfassen. Die moderne Erzählung, einschließlich die der Wissenschaften, ist lediglich eine unter vielen. Sie ist allerdings jene, die hartnäckig durch eine ihr entsprechende staatliche Organisationsform kontrolliert und verteidigt wird.[59] Erzählungen bilden einen möglichen politischen Aktionsraum, sofern sich ihre Erzähler*innen der diskursiv-semantischen und rhetorischen Logiken, die eine stabilisierende Funktion gegenüber der gesellschaftlichen Ordnung einnehmen, bewusst sind und diese zu überschreiten suchen.[60]

In der Folge untersuche ich daher die in den letzten Jahrzehnten zunehmend rezipierten posthumanistischen und postanthropozentrischen Erzählpraktiken sowie queere, Trans-, dekoloniale und indigene Forschungsansätze, die darauf abzielen, In-der-Welt-Sein anders zu formulieren. Sie knüpfen an bestehende westliche und nichtwestliche Erzählungen an – wie jene der Mystik, der spätantiken Philosophie, der afrikanischen diasporischen Traditionen, des Schamanismus oder des Buddhismus, die jeweils eigene „Glasperlenspiele" der Beziehungsnetze zwischen Mensch, Welt und Metaphysik hervorbringen. Insbesondere interessiere ich mich für Praktiken und Theorien, die wissensgenerierende Prozesse (Forschen, Schreiben, Denken) mit weltbildenden Entitäten (Tieren, Umwelten, „Anderen") relational kurzschließen, um „aus der Welt denkend" mehr-als-menschliche Erzähl- und Forschungsperspektiven einzunehmen.

Dieses Umschmieden der postanthropozentrischen Erzähltechnik beruht auf der Fähigkeit zur Weltoffenheit. Weltoffenheit meint in diesem Kontext die Durchlässigkeit und Instabilität des forschenden Selbst, das sich durch seine Ausrichtung zur Welt als „exzentrisch" erfährt, also außerhalb der Zentralität des eigenen Körpers und Denkens, oder „allozentrisch" eine andere Entität (als die eigene Person) in den Mittelpunkt stellt. Neben voneinander getrennten Innen- und Außenwelten erlebt das Subjekt eine Mitwelt, in der es, verstärkt durch Fantasie, Affekt und Mitgefühl, einen weitgesteckten Möglichkeitsraum von Erfahrungen und Handlungen generieren kann. In der Begegnung mit anderen findet auf diese Weise eine wechselseitige Affizierung statt, also so etwas wie eine körperliche und geistige Ansteckung oder gar Durchdringung, die in intersubjektive und transkorporale Mediationsprozesse einbezogen wird. Affekte unterlaufen die Distanz zwischen Subjekten, seien es menschliche oder nichtmenschliche.

Nun kann der Mensch nicht für Tiere, Pflanzen und Steine denken, auch soll er nicht an deren Stelle sprechen. Demnach wird danach geforscht, was und wie Beobachter*innen von diesen Welten wissen, die sie ausmachen und mit denen sie substanziell verschränkt sind. Als Fragestellung umformuliert heißt es: Wer/was bewohnt diese Welten, oder Mitwelten, und vor allem, wann und wie wird welche Welt gelebt?[61] Diese vom Philosophen Martin Savransky formulierten Fragen deuten auf eine Verschiebung von der abstrakten Wissensproblematik hin zu den Akteur*innen, Umständen und Beziehungen, die sie leben und unterhalten. Mit der Konkretisierung der Fragefürwörter „wer/was" entlässt Savransky „die gesamte Menschheit" und „die Natur" aus ihren unbestimmten und unbestimmbaren Rollen und ruft konkrete, auch nichtmenschliche Entitäten auf, die durch das Stellen der Frage wahrnehmbar werden und deren Praktiken, Beziehungen und Herausforderungen ihre jeweils unterschiedlichen Weisen des In-der-Welt-Seins ausmachen.

Zentral für die Beantwortung der Frage, „wie die Welt gelebt wird", ist, den Erkenntnisprozess „ontoepistemologisch" an die Realität zu binden, statt ihn von ihr „objektiv" zu isolieren. Unter der Annahme einer relationalen Prozessontologie, der zufolge alles Lebende ebenso wie Dinge (Gegenstände, Materie, physikalische Realitäten) ständig in Bewegung sind, wird davon ausgegangen, dass sich die Welt besser beschreiben ließe, wenn alle aggregierten Phänomene – inklusive der Beobachter*in – als voneinander abhängig, miteinander verschränkt und als Ergebnis mehr oder weniger kausal bzw. chaotisch ablaufender Prozesse betrachtet werden. Anstatt von Objekten mit statischen Eigenschaften empfiehlt es sich von dynamischen Kräften, Verstoffwechselung und Verbindungen zu sprechen, die alle Entitäten erfassen und keiner eine privilegierte Rolle am Werden der Welt zuweisen. Dementsprechend wird die „Realität" weder als soziales Konstrukt noch als unabhängige Essenz oder präverbale und originäre Kraft dekliniert, sondern entsprechend dem von Barad entworfenen Konzept des „agentiellen Realismus" als Wissen-in-Intra-Aktion:

> Knowledge making is not a mediated activity, [...]. Knowing is a direct material engagement, a practice of intra-acting with the world [...]. The entangled practices of knowing and being are material practices. The world is not merely an idea that exists in the human mind. To the contrary, "mind" is a specific material configuration of the world.[62]

Auf die Ansätze der Weltoffenheit, Relationalität und Intra-Aktivität aufbauend, verfolgen die für meine Untersuchung relevanten und in unterschiedliche Richtungen ausstrahlenden Ansätze (Methoden, Wissenshaltungen, Praktiken und Theorien) neue wagnisbereite Engagements, aus denen Forschung, Denken und das Erleben der Welt als ergebnisoffener Prozess der Teilhabe und affektiven Interdependenz hervorgehen. Zum Teil differenzieren sie sich vornehmlich durch die Verwendung jeweils neuer Vorsilben und Präpositionen, die sich durch immer weitere Wortzusammenschlüsse ausdehnen. In diesen Ausdifferenzierungen liegt allerdings das Unterscheidungsmerkmal der einzelnen epistemologischen Tools. Ich ziehe für die Praxis der Gegenrecherche folgende relationalen praxistheoretischen Konzeptualisierungen heran:

59 Ebd., S. 36–39.

60 Für eine ausführliche Befassung mit dem Thema des Erzählens sind neben Wynter Haraway, de Certeau und Roland Barthes heranzuziehen.

61 Martin Savransky, „Worlds in the Making: Social Sciences and the Ontopolitics of Knowledge", in: *Postcolonial Studies* 15, Nr. 3, September 2012, S. 353. https://doi.org/10.1080/13688790.2012.753572.

62 Karen Barad, *Meeting the Universe Halfway: Quantum Physics and the Entanglement of Matter and Meaning*, Durham, N. C.: Duke University Press 2007, S. 379.

writing with[63]; thinking through the environment[64]; thinking with Zoe[65]; thinking with water[66]; thinking with care[67]; thinking with resources[68]; thinking without method[69]; becoming with[70]; becoming otherwise[71]; trans~knowledge[72]; non-representational methodologies[73]; more-than-representational theory[74]; more-than-human research[75]; nomadic theory[76]; researching-back[77]; standing with und speaking as faith[78]; Bu ni Ovalau[79]; reparative reading[80] und critical fabulations[81].

ANDERES DENKEN

Die exemplarische Aufstellung von Wissenshaltungen will verdeutlichen, dass es bei den im weitesten Sinn ökologisch gelagerten Erkenntnistätigkeiten und den angebotenen Handlungsoptionen darum geht, *anderswie* zu wissen, forschen und erzählen: in anderen Konstellationen, mit anderen Mitteln, Theorien und Zielen. Das Wissen, um das gerungen wird, will grundsätzliche Annahmen verändern und das Vorstellungsvermögen entfachen. Neben der angesprochenen Weltoffenheit geht es, nach Kathrin Thiele, um „eine erschaffende sowie mit- und weiter-denkende Argumentationskonstellation", die der Dialektik der Kritik eine Absage erteilt und stattdessen „einen mit-fühlenden und teil-nehmenden *(com-passionate)* Prozess"[82] in Gang setzt. Affektive und verkörperte Dispositionen bieten über Vergegenwärtigung, Aufmerksamkeit, Stimulation, Leibhaftigkeit, Somatizität, Sinnlichkeit, Sexualität und Gefühle Zugänge zur Welt, die der rationale Geist nicht erreicht. Eine andere Erzählpolitik lässt sich daher weder durch Kritik noch Bloßlegung der kapitalistischen, patriarchalen und rassistischen Merkmale des soziogenen Prinzips erzielen. Es reicht auch nicht, die Kontingenz des Realen zu behaupten. Maßgeblich sind die weltanschaulichen Verlagerungen, Umbau- und Suchbewegungen, die als affirmativ transformierende Ereignisse oder wissenspoetische Erfindungen in die Welt getragen werden und gegenüber vereinfachenden und normalisierenden Wahrheitserzählungen Räume für Reinterpretationen, Resignifikation und Reparation eröffnen. Hartman benutzt dafür den Begriff der Schönheit, den sie der kolonialen Gewalt entreißen will:

> What's really enabling about artistic practice is the way poets and filmmakers and visual artists use materials, the way beauty as both a practice and a method might enable some kind of redress, right? [...] I think that artistic practice becomes the exercise of imagining beauty and what it might make possible in the world.[83]

Um dieses *andere* Denken genauer zu identifizieren, bedarf es aber auch anderer Referenzwissenschaften sowie bewährter dekolonialer und feministischer Methoden. Ökologie und Biologie spielen dabei eine wesentliche Rolle, fundieren sie doch wissenschaftlich die selbstorganisierte Interdepedenz sämtlicher Lebens- und Seinsweisen.[84] Physik, insbesondere die Quantenmechanik, liefert mit dem Phänomen der Quantenverschränkung, mit Quantensprüngen und der Schrödingergleichung theoretische Fluchtlinien zur Kontingenz von Experimentaufbau, Messvorgängen und Beobachtungen. Auch die indigenen Konzepte der *nonhuman people*[85] und *earth beings*[86] (und deren anthropologische Erweiterung in Richtung einer Multiperspektivität[87]) leisten wertvolle Dienste, dienen sie doch als gelebte und lang gediente Modelle für mehr-als-menschliche Lebensweisen. Post- und dekoloniale sowie antirassistische Theorien verdeutlichen, dass systemische Ungerechtigkeit immer auch eine epistemische ist und dass die monoepistemische Herrschaft des Westens systematisch bestrebt ist, das Wissen Schwarzer, marginalisierter, minoritärer und nichtwestlicher Personen *wegzurationalisieren*.

Der Fachbereich der politischen Ökologie zeigt wiederum wirkungsvoll die Zusammenhänge zwischen Anthropozentrismus und westlicher Superiorität einerseits und der Beherrschung und Ausbeutung von Naturräumen anderseits auf. Den Prozessen der feministischen Entgegnung, der Entfremdung *(de-familiarization)*, des Verlernens und Dechiffrierens wird die Aufgabe zuteil, eine kritische Distanz zu bzw. Abkehr von dominanten Subjektformationen herzustellen und eingelernte Privilegien abzulegen. Eine entscheidende methodologische und taktische Maßnahme, den Prozess des Andersdenkens zu befördern, schreibt die feministische Philosophin des Posthumanen Rosi Braidotti wiederum der „Politik der Verortung oder eine[r] situierte[n] und verantwortliche[n] Erkenntnistätigkeit“[88] zu. Feministische Positionalität bedeutet, den Standpunkt der Sprecher*in zu spezifizieren, während Situiertheit kontingente Verwobenheiten und Komplizitäten ins Spiel bringt.

63 Maria Puig de la Bellacasa, „'Nothing Comes Without Its World': Thinking with Care“, in: *The Sociological Review* 60, Nr. 2, 1. Mai 2012, S. 203. https://doi.org/10.1111/j.1467-954X.2012.02070.x.

64 Thom van Dooren, Deborah Bird Rose, Matthew Chrulew et al., „Thinking through the Environment, Unsettling the Humanities“, in: *Environmental Humanities* 1, 2012, S. 1–5.

65 Rosi Braidotti und Heather Davis, „The Amoderns: Thinking with Zoe“, *Amodern* (blog), Juli 2016. https://amodern.net/article/amoderns-thinking-zoe/.

66 Cecilia Chen, Janine MacLeod und Astrida Neimanis (Hrsg.), *Thinking with Water*, Montreal: McGill-Queen's University Press 2013.

67 Puig de la Bellacasa, „Nothing Comes Without Its World“, S. 203.

68 Isabelle Stengers, *Another Science is Possible: A Manifesto for Slow Science*, übers. v. Stephen Muecke, London: Polity 2018, S. 156.

69 Alecia Youngblood Jackson, „Thinking without Method“, in: *Qualitative Inquiry* 23, Nr. 9, November 2017, S. 666–674. https://doi.org/10.1177/1077800417725355.

70 Haraway, *When Species Meet*, S. 3.

71 Elizabeth A. Povinelli, *Geontologies: A Requiem to Late Liberalism*, Durham, N. C.: Duke University Press 2016, S. 55.

72 Eva Hayward und Adela C. Licona, „Trans-Waters: Coalitional Thinking on Art & Environment“, in: *Terrain.org*, 17. Dezember 2014. https://www.terrain.org/2014/currents/trans-waters-coalitional-thinking-on-art-and-environment/.

73 Phillip Vannini (Hrsg.), *Non-Representational Methodologies. Re-Envisioning Research*, New York: Routledge, Taylor & Francis Group 2015.

74 Hayden Lorimer, „Cultural Geography: The Busyness of Being 'more-than-Representational'“, in: *Progress in Human Geography* 29, Nr. 1, Februar 2005, S. 83–94. https://doi.org/10.1191/0309132505ph531pr.

75 Sarah Whatmore, „Materialist Returns: Practising Cultural Geography in and for a More-than-Human World“, in: *Cultural Geographies* 13, Nr. 4, Oktober 2006, S. 600–609. https://doi.org/10.1191/1474474006cgj377oa.

76 Rosi Braidotti, *Nomadic Theory: The Portable Rosi Braidotti*, Gender and Culture, New York: Columbia University Press 2011.

77 Linda Tuhiwai Smith, *Decolonizing Methodologies: Research and Indigenous Peoples*, 2. Auflage, London: Zed Books 2012, S. 7.

78 Kim TallBear, „Standing with and Speaking as Faith: A Feminist-Indigenous Approach to Inquiry“, in: *Journal of Research Practice* 10/2, 2014.

79 Der von Rosiana Lagi entwickelte Forschungsrahmen basiert auf der Metapher einer bestimmten Art von Kokospalme, die in einem Teil der Fidschi-Inseln beheimatet und für indigene Vorstellungen von ortsfesten Kräften von Bedeutung ist. Vgl. Cresantia Frances Koya Vaka'uta, „Rethinking Research as Relational Space in the Pacific: Pedagogy and Praxis“, in: *Relational Hermeneutics: Decolonisation and the Pacific Itulagi*, hrsg. v. Lumā Vaai Upolu und Casimira Aisake, Suva, Fiji: Pacific Theological College, University of the South Pacific, 2017, S. 75.

80 Eve Kosofsky Sedgwick, „Paranoid Reading, Reparative Reading“, in: *Touching Feeling: Affect, Pedagogy, Performativity*, Durham, N. C.: Duke University Press 2003.

81 Saidiya Hartman, „Venus in Two Acts“, in: *Small Axe: A Caribbean Journal of Criticism* 12, Nr. 2, 1. Januar 2008, S. 11. https://doi.org/10.1215/-12-2-1.

82 Kathrin Thiele, „Ende der Kritik? Kritisches Denken heute“, in: *Gegen/Stand der Kritik*, hrsg. v. Andrea Allerkamp, Pablo Valdivia Orozco und Sophie Witt, Zürich und Berlin: diaphanes 2015, S. 142.

83 https://www.moma.org/audio/playlist/298/4088

84 Insbesondere ist das Werk der Biologin Lynn Margulis zu nennen.

85 Timothy Morton, *Humankind: Solidarity with Nonhuman People*, London und New York: Verso 2017.

86 Marisol de la Cadena, *Earth Beings: Ecologies of Practice across Andean Worlds*, Lewis Henry Morgan Lectures, Durham, N. C.: Duke University Press 2015.

87 Viveiros de Castro definiert Perspektivismus als die Fähigkeit bestimmter Individuen, die körperlichen Grenzen zwischen den Arten zu überschreiten, sich also zwischen mehreren Perspektiven zu bewegen.

88 Rosi Braidotti, *Posthumanismus: Leben jenseits des Menschen*, übers. v. Thomas Laugstien, Frankfurt a. Main: Campus 2014, S. 55.

What the Carbon Liberation Front calls us to create in its molecular shadow is not yet another philosophy, but a poetics and technics for the organization of knowledge.[89]

McKenzie Wark

Die praxistheoretischen Anknüpfungspunkte für eine allozentrische Erzähl- und Wissenspraxis sind denkbar breit gelagert und stützen sich darüber hinaus, so Barad, auf eine „bunt zusammengewürfelte Crew queerer Kolleg*innen – unter ihnen soziale Amöben, Blitze, eine Phantomspezies der Dinoflagellaten, Akademiker*innen (eine merkwürdige Gefährten-Spezies) und Atome“[90]. Mit diesen wird zusammengedacht und Weltsein aus ihren Perspektiven erforscht. Das Konzeptinstrument *thinking with,* das ich stellvertretend für andere Verfahren heranziehe, versucht demnach nicht nur wissenschaftliche Objektivität[91] zu unterlaufen, sondern auch, wie beschrieben, aus der Verbindung mit anderen heraus zu denken. Weder als bloße Anerkennung oder Fürsprache noch als Vertretung verstanden, setzt es eine substanzielle Allianz und intersubjektive Verknüpfung zwischen Forscher*innen und Beforschten voraus. Da „knowledge-making“ und „world-making“ als untrennbar erachtet werden, ist *thinking with* nicht allegorisch zu verstehen, also nicht „im Kopf“ situiert, sondern auch im Diesseits der Denkarbeit, in den Instrumenten, Fertigkeiten, Worten und Materialien. Um solchen Verstrickungen Ausdruck zu verleihen, bedienen sich Theoretiker*innen mit großer Vorliebe textiler Metaphern: Fadenspiele, Knoten, Verknüpfungen, Gewebe und schlichtweg unlösbare Fadenverschlingungen sollen veranschaulichen, wie sich Konzepte/Denkfiguren/Materialitäten/Wesenheiten zu instabilen Komplexen verschalten, in denen, ökologischen Prinzipien entsprechend, Widerspenstigkeit und Ordnung wirksam werden. In den viel zitierten Worten Haraways heißt es dann:

> It matters what matters we use to think other matters with; it matters what stories we tell to tell other stories with; it matters what knots knot knots, what thoughts think thoughts, what ties tie ties. It matters what stories make worlds, what worlds make stories.[92]

It matters what knots knot knots will auch wortgewandt zum Ausdruck bringen, dass nicht alles mit allem in Verbindung steht und dass die Art und Qualität der Verbindungen den Ausschlag geben. Haraway bezeichnet Figurationen – ihr Ersatzbegriff für Konzepte und Denkfiguren – als „konzeptuelle Knoten“. In diesem Sinne sind die einzelnen „Knoten“, also die zusammengeführten Wissenspraktiken, Fragestellungen, Methoden und Materialitäten, weder unabhängig voneinander trennbar, noch postulieren sie ein höheres Einheitsprinzip. Figurationen entspringen den *situierten* Bedingungen und Bedingtheiten, die Forscher*innen auffinden und mitbringen. Sie sind bestrebt, die Kluft zwischen Theoretischem und Materiellem zu schließen und die Unbeständigkeit von Denkfiguren hervorzuheben. Die Hündin Camille beispielsweise fungiert bei Haraway als Figuration, als *mit* ihr Fragen der Reproduktion, neuer Gesellschaftsformen und des Zusammenlebens mit *companion species* aufgeworfen werden. Zugleich ist Camille Haraways eigene Hündin und die Protagonistin ihrer symbolisch-materiellen Fiktionen.[93] Gemäß erprobter feministischer Zitierpraktiken werden auch Figurationen weitergereicht, umgeformt und für stets neu gestellte Fragen in Anspruch genommen.

89 McKenzie Wark, *Molecular Red: Theory for the Anthropocene*, Brooklyn: Verso 2015.

90 Karen Barad, *Verschränkungen*, übers. v. Jennifer Sophia Theodor, Internationaler Merve-Diskurs 409, Berlin: Merve Verlag 2015, S. 125.

91 Objektivität ist nach Haraway eine Vielzahl von partialen und situierten, also auch parteilichen Untersuchungen.

92 Donna J. Haraway, „SF: Science Fiction, Speculative Fabulation, String Figures, So Far“, Vortrag anlässlich der Verleihung des Pilgrim Awards, 7. Juli 2011, S. 4.

93 Siehe Kapitel 8: „Camilles Geschichten. Die Kinder der Kompostisten“, in: Haraway, *Unruhig bleiben*, S. 187–230.

Zwangsläufig wird selbst die Binarität zwischen Forschenden und dem Erforschten, grundlegend für akademische Körperpolitik, vor allem von indigenen und nichtwestlichen Denker*innen beanstandet, ja sogar als „pathologisch" erklärt und von fein abgestimmten Prozessen des wechselseitigen Beziehungsaufbaus abgelöst.[94] Getragen von Überlegungen zur Ethik der Rechenschaftspflicht, reevaluieren indigene Forschungsmethologien wie *Researching-back, Standing with* und *Speaking as Faith* oder *Bu ni Ovalau* in umfassender Weise, was als Risiko, Schaden und legitimer Nutzen im Zuge des Wissenserwerbs zählt. Aus dem Fundus bestehender kultureller Praktiken und Erzählungen und den von ihnen getragenen Aspirationen betonen sie die respektvollen Beziehungen zu ortsfesten Kräften, heiligen Stätten und deren Bewohner*innen und den jeweils eigenen Wertekanon, der kulturell-spirituelle Kontinuitäten und gemeinschaftliches Wohlergehen gewährleistet. Gemeint ist allerdings auch, dass die unter dem Label „nichtwestlich" subsumierten epistemischen Leistungen nicht einfach *in den Diskurs* einbezogen werden, sondern unter ihren eigenen Bedingungen und in Übereinstimmung mit ihren eigenen Verpflichtungen und Haltungen berücksichtigt sind.[95] Mit „researching-back" zieht die Maori-Denkerin Linda Tuhiwai Smith den „akademischen Imperialismus" zur Rechenschaft, der indigene und subalterne Subjekte theoretisiert, produziert und reproduziert hat. Zurückforschen setzt demnach De- und Recodierungsprozesse in Gang, die sich des imperialen Blicks zu entledigen suchen und – wesentlich wichtiger – in deren Verlauf die eigene Geschichte in Erscheinung tritt, unter Einsatz selbstgewählter Darstellungsmittel und Erzählmethoden und zur Geltendmachung indigener Identitäten, Traditionen und Erfahrungen.

REPARATIVE ERZÄHLUNG UND CRITICAL FABULATIONS

Posthumane Anteilhabe und Mit-Denken zeigen sich als produktive und ethische Antwort auf die Objektivierung von Nichtmenschlichen und die Degradierung von beforschten „Forschungssubjekten" im Rahmen von Wissensprojekten. Allerdings ist in ihnen auch eine Tendenz zur Metaphorisierung zu erkennen, ein Ausweichmanöver, bei dem nichtwestliches Wissen und nichtwestliche Geschichte sowie die politisch-spirituelle Bedeutung von Land, Souveränität und Vertragsrechten oft nicht angemessen gewürdigt oder sogar missachtet werden.[96] Gemeint ist die Anerkennung von gelebten Erfahrungen und realitätsbildenden Wissensformen, die oft gewaltsam ausgeschlossen und inferiorisiert wurden und immerfort werden. Dazu gehören das Wissen, die Geschichte(n) und die (spirituellen) Praktiken von Landbevölkerungen, der Aborigines, indigener Völker, Schwarzer, diasporischer und orientalischer Traditionen, von Inselbewohner*innen sowie verschiedener Religions- und Glaubensgemeinschaften.

Neben indigenen Forschungsmethologien will ich die für die weitere Behandlung von Erzählpolitik relevanten Konzeptinstrumente der reparativen Praxis und *critical fabulations* rezipieren, da sie Prozessen der Regeneration und Remediation eine zentrale Bedeutung zumessen. Heilung, Regeneration und Wiederherstellung sind eine auszuführende Arbeit und weder Metapher noch abstrakte Utopie. Sie sind eine Intervention und eine Methodik, im Hier und Jetzt angesiedelt, eine kritische Sichtweise und eine wirksame Strategie, die eingesetzt wird, um den Kräften des Zerfalls, der Angst und des Pessimismus zu begegnen. Wiedergutmachung hingegen ist zeitübergreifend, hat sie doch ihren Ursprung in der Geschichte. Sie erfordert die Auseinandersetzung mit der historischen und andauernden Unterdrückung und Gewalt durch die moderne koloniale Weltordnung. Die politische Forderung nach Wiedergutmachung und reparativer Gerechtigkeit eröffnet schwierige, aber lebenswichtige Arenen, um geschädigten Gemeinschaften in einer historisch resonanten Weise zu dienen.

Dem französisch-algerischen Künstler Kader Attia zufolge haben „die Traumata, die aus den schlimmsten Momenten der Geschichte resultieren [...], bleibende materielle und immaterielle Narben hinterlassen, die wie ein Phantomglied eines amputierten Körperteils immer noch da sind. Sie verlangen nach Wiedergutmachung."[97] Mit seinen künstlerischen Arbeiten nimmt er die ermächtigende Arbeit der Wiederherstellung, Rückforderung und Wiedergutmachung gegen die lang andauernde Gleichgültigkeit von Staaten und Institutionen in Angriff. Das Zeigen der Wunden und deren Reparatur mit sichtbaren Klammern zeugen von erfahrenen Brutalisierungen und bereiten die Voraussetzungen für die stets unvollendete und oft verwehrte Arbeit der Reparation. Für die Künstlerin-Philosophin Ariella Aïsha Azoulay bedeutet Reparation, denjenigen, die Wiedergutmachung fordern, dazu zu verhelfen, die Welt in ihren Augen zu gestalten. Dies allerdings nicht so, wie es einst war – Vergangenheit lässt sich nicht reparieren –, sondern bei den Möglichkeiten ansetzend, die ihnen in der Vergangenheit verwehrt wurden und die gegenwärtig für die Fortsetzung und das Aufrechterhalten ihrer Weltbeziehungen unerlässlich sind.

Auch der kamerunische Politologe Achille Mbembe erkennt in Reparation und Wiedergutmachung den einzig möglichen Ausgangspunkt für die Verwirklichung von Bedingungen, unter denen das Individuum und seine Welt ihre Präsenz zurückgewinnen und folglich ihre wechselseitigen aktiven und imaginativen Beziehungen fortsetzen können. Diese lebenserhaltende „endlose Arbeit des Reparierens und der Reparation"[98] findet er zunächst in Schwarzen Kosmologien und volkstümlichem Wissen, deren Funktion es ist, das Verhältnis zwischen Menschen und den Erdwesen, mit denen sie die Welt teilen, auszuhandeln. Initiierte Wissende (in anderen Kulturen Schaman*innen oder Magier*innen) sind gewissermaßen „Realitätstherapeut*innen", die auf die herrschenden Bedingungen einwirken, von denen der Fortbestand kommunalen Lebens abhängt. Solange die kurative Arbeit am kosmologischen System erbracht wurde, war das Leben eine „unvergängliche und unverwesliche Form"[99], eine, die nicht vergehen konnte. Diese therapeutische Stabilisierung ist allerdings aus der Perspektive der Auslöschung und der kannibalischen Strukturen der Moderne vorzunehmen, sprich von den Bedingungen der Krise. In einer Krise, wie wir sie heute leben, geht es schließlich um alles: „Die Welt wird daher keinen dauerhaften Bestand haben, wenn die Menschheit sich nicht der Aufgabe annimmt, die *Lebensreserven,* wie man sie nennen könnte, anzulegen."[100] Nicht nur anzulegen, sondern sie auch zu erhalten und schätzen zu lernen, könnte man zu Mbembes Warnung hinzufügen.

Reparative Erzählungen und Praktiken wie jene von Attia und Mbembe fokussieren in der Regel auf den Umgang mit Geschichte und darauf, wie mit ihr in die Zukunft zu wirken sei. Mit Reparation als hermeneutische Praxis liefert hingegen die queer-feministische Theoretikerin Eve Kosofsky Sedgwick eine Argumentation, reparative Prozesse über ihre Bedeutung als Wiederherstellung hinaus zu interpretieren. Sie distanziert sich von der gängigen „Hermeneutik des Verdachts", die sie kritischen Verfahrensweisen zuschreibt, und erklärt deren Effekt, „das Streben nach positivem Affekt gänzlich zu blockieren", als paranoid und depressiv. Damit entwirft sie die bejahende erkenntnistheoretische Haltung des „reparativen Lesens"

94 TallBear, „Standing with and Speaking as Faith", S. 2.
95 Eve Tuck und Marcia McKenzie, *Place in Research: Theory, Methodology, and Methods,* Routledge Advances in Research Methods 9, New York: Routledge 2015, S. 20.
96 Ebd., S. 17.
97 Kader Attia, „The Field of Emotion, 2018". http://kaderattia.de/the-field-of-emotion. Übersetzung der Verfasserin.
98 Achille Mbembe, *Kritik der schwarzen Vernunft,* übers. v. Michael Bischoff, Frankfurt a. Main: Suhrkamp 2017, S. 327.
99 Ebd., S. 329.
100 Ebd.

(reparative reading). Paranoide Erklärungsmodelle und ihre Entlarvungspraktiken erzeugen einen Quasi-Konsens „about what constitutes narrative or explanation or adequate historicization“[101]. Reparative Impulse hingegen setzen auf ästhetische, lustvolle und regenerative Affekte zugunsten einer Ökologie des Wissens, die aus der Vielfalt der Erfahrungen und Dispositionen den „Genpool“ der Narrative speist.

Entscheidend für Mbembes materiell-spirituelle Lektüre von Reparation ist das kosmologische Sorgetragen für eine geschädigte Welt, für Attia die materielle und psychologische Versorgung der Geschädigten und für Azoulay die Schaffung von Bedingungen, von denen aus eine Wiederaufnahme des gerissenen Fadens der Geschichte möglich ist. Saidiya Hartman, die Sedgwicks reparativen Weg einschlägt, schreibt wiederum:

> Loss gives rise to longing, and in these circumstances, it would not be far-fetched to consider stories as a form of compensation or even as reparations, perhaps the only kind we will ever receive.[102]

Mit ihrer Methode der „critical fabulations“ interveniert die theoretisierende Erzählerin in das Gefüge aus Verlust, Geschichte und reparativen Verfahren. In ihnen wird das Hin und Her zwischen kritischer Theorie und Erzählpolitik ausgependelt – eine Herangehensweise, die wunderbar als „legending in flagrante delicto“ bezeichnet wurde. Dabei geht es Hartman weniger um „große“ Erzählungen – um Mensch, Planet oder Mythos –, ihre kritischen Fabulierungen entfalten sich vielmehr im Kleinen, in den Geschichten, die, von Archiven ausgeschlossen, zu rekonstruieren sind, und zwar aus „den Geschäftsbüchern von Mieteintreiberinnen, Studien und Schriften von Soziologen, Gerichtsprotokollen, Fotografien der Slums, Meldungen durch die Sittenpolizei, Sozialarbeiterinnen und Bewährungshelfer, Interviews mit Psychiatern und Psychologen sowie Gefängnisakten, in denen die Frauen einzig als Problem dargestellt werden.“[103] *Sie* sind in Hartmans Buch *Aufsässige Leben, schöne Experimente* anarchische junge Schwarze Frauen, die im frühen 20. Jahrhundert in US-amerikanischen Städten als Haushelferinnen ihren Unterhalt bestritten. Und so ist es Hartmans Verdienst und der ihrer Fabulationen, die eigensinnigen Protagonistinnen im Zuge einer reparativen Lektüre wiederauferstehen zu lassen, aus den Archiven zu bergen, sodass sie wiederum die spekulativen Gegengeschichten bevölkern können, die sich aus dieser Remediation erschließen lassen.

REALITÄTSTHERAPIEN

Die hervorbringenden und realitätsproduzierenden Potenziale „autopoietischer“ Neuinszenierungen bilden Grundlagen, in denen sich das Projekt der Gegenrecherche affirmiert. *Poiesis,* die sich vom altgriechischen Wort für machen *(poiein)* ableitet und die Arbeit der Poet*innen und Künstler*innen umfasst, verdeutlicht, dass politisches Handeln und Verantwortlichkeit nicht kritisch im *negativen* Sinn zu sein haben. Es ist ein explizites und immanentes Machen anderer Subjektivitäten und Welten und deren implizite „Als-ob“-Demonstration. In den teils paradoxen Prozessen, die zwischen individueller Mythosbildung, kollektiver Vergemeinschaftung und Pluralisierung von Erfahrungswelten oszillieren, kommt mitunter Künstler*innen, Schriftsteller*innen und Philosoph*innen die Rolle von Symptomatolog*innen[104] und Realitätstherapeut*innen zu.[105]

Als gesellschaftlich tolerierte und sogar antizipierte Schnittstelle zur Konstruktion von Wirklichkeiten wird, wie wir wissen, der Kunst zugestanden, dass sie Symptome aufzeichnet, Dinge ausprobiert, Ideen antizipiert und auch „harte“ Einsichten verpackt. Unter Realitätstherapie versteht allerdings der Philosoph Federico

Campagna, den ich an dieser Stelle heranziehe, weder den „schmerzfreien" Zugang zu Kunst als Grundbedingung jeder ästhetischen Erfahrung noch ihre Fähigkeit, die Differenz zur Realität zu minimieren. Was er beschreibt, ist vielmehr eine Form der Intervention, die eine größtmögliche Distanz zur Realität erzeugt, eine Sur- oder Alter-Realität. In ihr gelten parallele Handlungs- und Vorstellungsmöglichkeiten weniger zur Entrückung als vielmehr zur Heilung und Rekonstruktion, mit dem Ziel der Überwindung der erlebten Krise. Im wachsenden Interesse an schamanischen Praktiken, Magie, Kabbala und Science-Fiction erkenne ich eine solche Hinwendung zur Realitätstherapie. Diese dienen nicht nur dem Aufführen von Paralleluniversen, sie wurzeln auch in lang erprobten Traditionen und bieten Methoden und Techniken zur Bewältigung der gegenwärtigen Wirklichkeitskrise. Magie, erklärt Campagna, sei nicht nur

> [an] alternative to Technic, but [is] that cosmogonic system that is capable of tackling therapeutically the state of annihilation in which Technic has reduced the contemporary individual, their world and their claim to a liveable reality.[106]

101 Sedgwick, „Paranoid Reading, Reparative Reading", S. 144.

102 Hartman, „Venus in Two Acts", S. 4.

103 Saidiya Hartman, *Aufsässige Leben, schöne Experimente. Von rebellischen schwarzen Mädchen, schwierigen Frauen und radikalen Queers*, übers. v. Anna Jäger, Berlin: Claasen 2022, S. 12.

104 Die diagnostische Methode der Symptomatologie hat eine lange Geschichte in der Arbeit von Deleuze und Guattari, sowohl einzeln als auch gemeinsam. Sie vertreten die Idee, dass kreativ Schaffende Symptomatolog*innen der Kultur seien, so wie Ärzt*innen und Kliniker*innen es für Körper sind.

105 Federico Campagna, *Technic and Magic: The Reconstruction of Reality*, London: Bloomsbury 2018, S. 117. Mit Bezug auf Eduardo Viveiros de Castros Analyse spricht Campagna von Schaman*innen und Magier*innen in ihrer Funktion als „Realitätstherapeut*innen".

106 Ebd.

Dem langen vorangegangenen Abschnitt, der unterschiedlichen Erzähltechnologien und Wissensressourcen gewidmet war, folgt hier nun die Darlegung von Entwürfen, die im Sinne einer politischen Theorie des Anthropozäns versuchen, das Planetarische, die Rolle von Mensch, Erdwesen und Materie sowie Narratologie zu synthetisieren. Dieses Bemühen bildet sich wieder aus der Komposition von Stimmen und Bewegungen, die unterschiedliche „Enden" des Problems zu fassen suchen und dementsprechend aus jeweils anderen Perspektiven die Frage des guten Zusammenlebens in den Blick nehmen. In Anlehnung an Stengers' (siebenbändige) Konzeption der Kosmopolitik benenne ich diese Suche nach Perspektiven als kosmopolitische Horizonte.

Das Wissen um die verheerende Destabilisierung des Planeten und die klimabedingte Mobilmachung von Menschen, Tieren und Energieströmen bietet in der Tat den vordringlichen Anlass für fruchtbare Spekulationen und transformative Entwürfe. Dass es *so* nicht weitergehen kann, ist weitgehend akzeptiert. Dass der Menschheit und ihren Vertreter*innen eine entscheidende Rolle bei der Gestaltung künftiger Veränderungen in den biophysikalischen und biologischen Regelwerken des Planeten Erde zukommt, scheint ebenfalls weithin bekannt. Die wachsende Unruhe und Besorgnis um den Klimanotstand lassen auch erahnen, dass sich rund um ökologische Themen neue Kampfzonen formieren, an denen sich unterschiedliche Zukunftsvorstellungen und Interessen abbilden.

Spekulative und transformative Ressourcen stehen angesichts der Fragen, wie zukünftig menschliche, nichtmenschliche und planetare Interessen zusammenzudenken und welche gesellschaftlichen und politischen Modelle daraus zu schmieden seien, hoch im Kurs. Die anstehende Konstruktions- und Rekonstruktionsarbeit eröffnet die Diskussion über den tiefgreifenden Schaden, den Menschen verursacht haben, aber auch, was noch wichtiger ist, sie gibt die Richtung für erfinderische und achtsame Arten des Wiederzusammensetzens vor. Die beispiellose Krise der Zukunftsfähigkeit erfordert die Stabilisierung der planetarischen Prozesse und Kräfte an der neu gesetzten Klimaschwelle – und damit den Mut und die Hingabe zur Weltengestaltung. Die vorrangige Aufgabe, die sich nun Individuen und Gemeinschaften stellt, ist möglichst rasch und effektiv zu entscheiden, wie die Zukunft des Planeten aussehen soll.

WELTENGESTALTUNG ALS POLITISCHES PROJEKT

Für *Kosmopolitiker*innen* wie Stengers, Latour und den brasilianischen Anthropologen Eduardo Viveiros de Castro ist das Problem von Politik, dass diese von einer normativen Weltauffassung (Kosmologie als einheitlicher Kosmos verstanden) ausgeht, von der aus die Heterogenität des gesellschaftlichen Miteinanders gedacht wird.[107] Diese als Multikulturalismus bezeichnete Haltung schränkt die Anerkennung multipler Realitäten ein, indem sie eine „objektive Realität" zugunsten der Pluralisierung von Kulturen und Erfahrungsmodi postuliert. *Multi*kulturalismus ist demnach die Konsequenz von *Mono*naturalismus, also einer Natur im Singular.[108] Unter Bezugnahme der Erkenntnisse der kritischen Anthropologie und insbesondere des Multi*naturalismus* – also der Feststellung von multiplen Natur- und Weltauffassungen – vollzieht Kosmopolitik eine Neuordnung des gemeinschaftlichen Lebens auf Grundlage der ontischen Differenzen zwischen Kulturen und deren jeweils unterschiedlichen Welten. Multinatürliche Welten – auch mit Begriffen wie Pluriversum und Existenzweisen *(modes of existence)* beschrieben – erwachsen aus den gelebten, verkörperten und affektiven Verbindungen, die Körper mit ihren jeweils verschiedenen konstituierten Umwelten eingehen.[109] Demnach bewohnen affizierte, in der Tat mehr-als-menschliche Körper polyphone Realitäten und sind in solche jeweils spezifisch eingebunden. Was sie wissen, wissen sie partiell, und sie kennen ausschließlich Teile des Pluriversums.

Multinaturalismus bietet Erklärungsmodelle für Anschauungen, die sonst außer Acht gelassen bzw. als mystisch oder archaisch abgeschrieben werden. Da Multinaturalismus auf den Beobachtungen der Anthropologie aufbaut, berücksichtigt er die Fähigkeiten von bestimmten (amerindischen und anderen) Individuen, sich zwischen den Perspektiven von Menschen, Tieren und Dingen zu bewegen, also einer Weltauffassung, die Viveiros de Castro als (Multi-)Perspektivismus[110] auszeichnet. Darüber hinaus bringt Multinaturalismus die sonst als Pole ausgezeichneten Beziehungen von Mythos und Bios (soziales und biologisches Leben) zusammen und arbeitet gegen die inhärente Voreingenommenheit in der multikulturellen Auffassung von „Natur", die moderne Hintergrundannahme ihrer Allgemeingültigkeit und Handlungs*un*fähigkeit. In Bezug auf die Formulierung einer Kosmopolitik bietet die Annahme multipler Realitäten politisch aktivierbare Anknüpfungspunkte. Wenn sich einerseits unterschiedliche Gesellschaften jeweils anders in Bezug auf radikale Alteritäten verhalten, seien es andere Menschen, Tiere oder Geister, dann lösen sich in ihnen andererseits zumindest exemplarisch jene räumlichen Metaphern auf, „die im soziologischen Diskurs so häufig verwendet werden: Innen, Außen, Zentrum, Ränder, Grenzen, Limen usw."[111] Solche Grenzbegriffe, die darauf abzielen, Unterschiede zu „introjizieren und zu domestizieren"[112] und das Fremde abzuspalten, rufen Polarisierungen hervor. Auch wenn im Lichte des Multinaturalismus andere Gesellschaften *anders* bleiben, so führen sie existenziell und wahrhaftig vor, dass Menschsein *ontologisch* in vielfältigen Weisen lebbar ist und dass sich Gemeinschaftlichkeit *politisch* auch fernab des Staatsapparats und seiner Regeln, außerhalb von Produktivitätsvorgaben und Subjektivitätsnormen, regeln lässt. Die radikale politische Andersartigkeit multinatürlicher und perspektivistischer Gesellschaften ist somit kein ferner Horizont, sondern gelebter Status quo.

107 Isabelle Stengers, *Cosmopolitics I: I. The Science Wars, II. The Invention of Mechanics, III. Thermodynamics*, Minneapolis: University of Minnesota Press 2010; Bruno Latour, „Whose Cosmos, Which Cosmopolitics?: Comments on the Peace Terms of Ulrich Beck", in: *Common Knowledge* 10, Nr. 3, 1. Oktober 2004, S. 450–462. https://doi.org/10.1215/0961754X-10-3-450; Isabelle Stengers, „The Cosmopolitical Proposal", in: *Making Things Public: Atmospheres of Democracy*, hrsg. v. Bruno Latour und Peter Weibel, Cambridge, MA: MIT Press 2005, S. 994–1003. Die unglückliche Überschneidung mit Kants Begriff des Weltbürgertums *(kosmopoliteia)*, das für „Andere" erst durch die Auslöschung ihrer Andersheit erlangbar wird, erzeugt Verwirrung und Kritik.

108 Bruno Latour, *Das Parlament der Dinge: Für eine politische Ökologie*, übers. v. Gustav Roßler, Frankfurt a. Main: Suhrkamp 1998, S. 293.

109 Ebd., S. 294.

110 Eduardo Viveiros de Castro, „Cosmological Deixis and Amerindian Perspectivism", in: *The Journal of the Royal Anthropological Institute* 4, Nr. 3, September 1998, S. 469. https://doi.org/10.2307/3034157.

111 Eduardo Viveiros de Castro, *From the Enemy's Point of View: Humanity and Divinity in an Amazonian Society*, Chicago: University of Chicago Press 1992, S. 4. Übersetzung der Verfasserin.

112 Ebd., S. 6.

Stengers und Latour übersetzen solche anthropologischen Einsichten in einen schlüssigen kosmopolitischen Entwurf. Indem sie den Kosmos ins Zentrum ihrer Konzeptualisierungen stellen, etablieren sie das unbekannte Fremdweltliche, auf das sich Kosmopolitik auswirkt und das aus modernen politischen Arrangements oft ausgeklammert wird, als zentrale Instanz. Der Kosmos sei, so Stengers, „[not a] particular cosmos, or world, as a particular tradition may conceive it", sondern „cosmos refers to the unknown constituted by these multiple, divergent worlds, and to the articulations of which they could eventually be capable"[113]. Oder im an Klarheit nicht zu übertreffenden Diktum der Zapatistas: *a world where many worlds fit.*[114] Worum es also geht, ist nicht *der* Kosmos als Universum und nicht der oft als Stengers' Kategorienfehler kritisierte Vitalismus; vielmehr geht es um die Anerkennung eines Kontinuums zwischen biologischen und sozialen Lebensarrangements.

Mit ihrer Auffassung interveniert Stengers gegen den humanzentrierten Universalitätsanspruch von Recht und Politik sowie gegen die Forderung nach „einem neuen Menschtypus". Sie hebt die Notwendigkeit eines *modus vivendi* zwischen Traditionen und Erkenntnismodi hervor, deren *Kosmose* eine potenziell unendliche Liste von Entitäten vorsieht. Das Universelle stellt sich für sie lediglich als eine Frage innerhalb einer spezifischen Tradition, die es als Voraussetzung und auch als Mittel zur Disqualifizierung derjenigen einsetzt, die sich nicht darauf beziehen. Kosmopolitik hingegeben sei, so Stengers, ein Operator für Gleichheit, der jede Vereinfachung oder Aneignung durch äquivalente Gleichsetzungen ablehne. Von der Welt als Einheitlichkeit und nicht Gemeinsamkeit auszugehen, bringt erwiesenermaßen keine stabilen politischen Visionen hervor. „A common world is not something we come to recognize, as though it had always been here (and we had not until now noticed it). A common world, if there is going to be one, is something we will have to build, tooth and nail, together", schreibt Latour in seiner Darlegung von Stengers' Entwurf.[115]

Da Kosmopolitik sich auf unterschiedliche Kosmologien und Kosmogonien (*gonos*, Rasse, Familie und Genesis) stützt, ist eine Begriffsklärung angebracht. Kosmologie und Weltanschauung sind Begriffe, die erstmals in der Philosophie des 18. Jahrhunderts verwendet wurden, um entweder naturphilosophische Erkenntnisse oder die Gesamtheit der phänomenalen Welt auszuzeichnen. Bis ins 20. Jahrhundert hinein wurden sie der europäischen Philosophie zugeordnet. Die moderne Kosmologie, die aus den astronomischen Beobachtungen im Europa des 17. Jahrhunderts hervorging, vertritt hingegen eine naturwissenschaftliche Vision eines Universums, das völlig entmenschlicht, ethisch indifferent und universell gültig ist. Demgegenüber beschreiben antike und nichtwestliche Weltanschauungen in der Regel eine mehrdimensionale und multiperspektivistische Realität, in der sich verschiedene ökologische, wirtschaftliche, soziopolitische und ideologische Wissenssysteme und Praktiken überschneiden. Solche Weltanschauungen, Kosmovisionen und Weltbilder werden in der Anthropologie unter dem Kosmologiebegriff subsumiert, obwohl ihre Ausrichtungen nicht unterschiedlicher sein könnten. Diese Vieldeutigkeit bringt neben Übersetzungsproblemen, Missverständnissen und Verallgemeinerungen einen vom westlichen Denken geprägten konzeptionellen Rahmen hervor, der die Arten und Weisen erfassen soll, mit denen Menschen ihre mehr-als-physische Umgebung/Umwelt klassifizieren, organisieren und verstehen und ihre Gedankenwelten ausdrücken, und von dem angenommen wird, dass er von nichtwestlichen Gemeinschaften geteilt wird. Umso bedeutsamer ist es, dass dekoloniale Prozesse und Restitutionsforderungen von indigenen Vorstellungen und Begriffen von Land, Personen, Recht und Ethik getragen sind.

Wenn Latour den Kosmologiebegriff heranzog, was er in seinen letzten Schriften vermehrt tat, dann vorwiegend um westlich geprägten Gesellschaften ihre naturphilosophischen Traditionen und Überlieferungen ins Bewusstsein zu rufen und die Säkularisierung und Modernisierung des Naturdenkens abzulegen. „Letztlich hat Ökologie wenig mit der Natur zu tun, jener Erfindung des 17. Jahrhunderts, die geschaffen wurde, um den kosmologischen Wandel jener Zeit zu begründen", schreibt er.[116] Gewissermaßen verknüpft er die zwei kosmologischen Modelle, das der Naturwissenschaften und das der Anthropologie, indem er das Anthropozän als neue Ordnung beschreibt, die den Kosmos erschüttert (the earth *is moving* but that earth *is being moved*), und daraus eine neue Kosmologie im Sinne einer „Down to earth"-Weltanschauung einfordert, die *Agencies* neu verteilt.

Kosmopolitik grenzt sich auch von „klassischen" marxistischen und antikapitalistischen, radikalpolitischen Traditionen ab, deren Ziel es ist, gesellschaftlichen Missständen mit einem Umbau des politischen Systems zu begegnen. Je nach Ausrichtung mobilisieren diese Multituden kolonisierte Menschen, die Arbeiterklasse oder die Armen gegen eine auszuhebelnde Figur, sei es der Staat, der Kapitalismus oder die Bourgeoisie. Im Gegensatz zu solchen Bewegungen erscheint Kosmopolitik als „weak theory" und lebensfremdes Rahmenwerk. Wenn wir uns allerdings neuerer politischer Mobilmachungen – oftmals aus lang andauernden Konflikten hervorgegangen – und entsprechender Theoretisierungen genauer annehmen, speziell in Zentral- und Südamerika, aber auch in anderen Weltregionen, so erweist sich der kosmopolitische Horizont als konkreter greifbar. Rezente Verfassungsänderungen in Ecuador (2008), Uganda (2009), Bolivien (2010 und 2012) und entsprechende Entwürfe in Chile (2022) verankern mittlerweile auf Basis indigener Weltanschauungen *(cosmovisión)* die Eigenrechtsfähigkeit von Natur in nationalen Konstitutionen. Auch Pflanzen wie beispielsweise der Manoomin-Reis der Anishinaabe, Gewässer wie der Whanganui in Neuseeland, der Ganges und Yamuna in Indien oder der Lake Erie in den USA gehören zum stetig wachsenden Kreis der zu juristischen Personen erklärten Entitäten. Die Tatsache, dass solche und ähnliche biodemokratische Innovationen auf indigenen Anschauungen fußen, hat die politische und kulturelle Einflusssphäre indigener Nationen erheblich gestärkt, wenn auch nicht immer konfliktfrei.

DER NOBLE WEG DES BUEN VIVIR

Die Verfassungsprozesse in Ecuador, Bolivien und Chile sowie Volksbewegungen in Kolumbien, Peru und Brasilien zielen in der Tat auf die Grundlegung eines transitiven, sprich explizit auf Veränderung angelegten politischen Projekts, das sich plurinational (auf Basis der Selbstbehauptung der *naciones indigenas*) von seinem kolonialen Erbe zu distanzieren sucht. Die Beziehungen zwischen Kultur, Territorium und natürlichen Entitäten bilden eine zentrale Achse in der Konzeptionalisierung des *Buen Vivir* (*sumak kawsay* in Quechua), des zum politischen Leitspruch erhobenen andinen Mottos für die Anerkennung eines Rechtsdualismus, der indigenen Völkern die Anwendung eigener Normen und Verfahren innerhalb des modernen Rechtssystems zugesteht. Buen Vivir, wie auch die Begriffe aus verschiedenen indigenen Sprachen (vorwiegend Aymara), die sich in dem bolivianischen Verfassungstext finden – *suma qamaña* (*vive bien,* lebe gut), *ñandereko* (*vida armoniosa,*

113 Stengers, „The Cosmopolitical Proposal", in: *Making Things Public*, S. 995.

114 Zit. nach Arturo Escobar, *Designs for the Pluriverse: Radical Interdependence, Autonomy, and the Making of Worlds*, New Ecologies for the Twenty-First Century, Durham, N. C.: Duke University Press 2018, S. xvi.

115 Latour, „Whose Cosmos", S. 454.

116 Bruno Latour, „Cosmology and Class: An Interview with Bruno Latour by Nikolaj Schultz", in: *Critical Inquiry*, 13. Januar 2020. https://critinq.wordpress.com/2020/01/13/cosmology-and-class-an-interview-with-bruno-latour-by-nikolaj-schultz/.

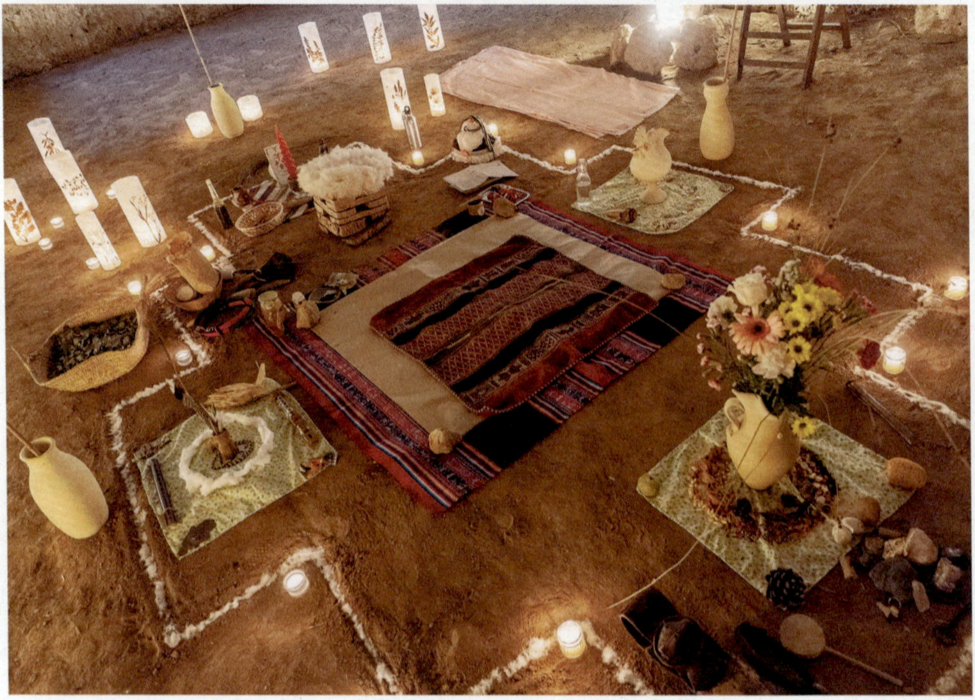

35 Andischer Altar von Pilar Amor, errichtet im Rahmen von „Remedios: The Art of Healing“, Cuevas del Pino, Córdoba, Spanien, 2023

harmonisches Leben), *teko kavi (vida buena), ivi maraei* (*tierra sin mal,* Erde ohne Böses, auch als intakte Umwelt übersetzt) und *qhapaj ñan* (*camino o vida noble,* der Weg oder das Leben der Weisheit)[117] –, versuchen emergente Formen der Politik in anzestrale Konzepte zu übersetzen, die nicht auf homogenisierten Vorstellungen von Indigenität, Kultur oder Identität basieren und sich jenseits der binären Setzungen von Indigenität/Modernität rezipieren lassen. Als „ein Konzept in Konstruktion“ keimt Buen Vivir tatsächlich in unterschiedlich gelagerten Kontexten und findet selbst als politisch-philosophische Formulierung außerhalb Lateinamerikas Anklang.

35 Einen Schritt weiter geht das an dieser Stelle relevante Konzept der *Pachamana.* Es dient als Schlüsselbegriff, das indigene Volksbewegungen und Kosmopolitik noch näher zusammenrücken lässt. *Pacha* in Quechua ist die Gesamtheit des Seins, Raum und Zeit und zugleich die Überwindung des kartierenden Raum-Zeit-Schemas. Es drückt die Fähigkeit aus, am Universum teilzuhaben. Der indigene Philosoph Fernando Huanacuni weist weiters darauf hin, dass *Manqhapacha* die tellurische (erdbezogene) Dimension des Pacha meint, die auf das Innere der Erde als Ursprung verweist. In Bezug auf den Menschen zeichnet *Manqhapacha* seine innere Welt aus, die auch das Unterbewusste umfasst.[118] Pachamana ist folglich die tellurische Ursprungsfigur (Mama), die Welt und Sein bestimmt.

Die Anerkennung der Pachamana wirft zwangsweise die heikle Frage der juristischen Vertretung und Fürsprache auf, die der Biozentrismus nicht konfliktfrei lösen kann. Auch die Übertragung des Konzepts der Rechtsperson auf natürliche Entitäten ist nicht so schlüssig, wie es zunächst scheint. Wo beginnt und wo endet ein Berg oder ein Baum? Ergibt es Sinn, einen Baum zu schützen und nicht das Ökosystem, an dem er teilhat und das er aufrechterhält? Und wie ökosystemische Zonen so gestalten, dass kommunale Praktiken nicht ausgeschlossen werden? Vertreter*innen der Buen-Vivir-Bewegungen verweisen auf die erprobten und eingesessenen Regeln, Normen und Praktiken, die in indigenen kommunalen Systemen verankert sind und solche für moderne Rechtssysteme paradox erscheinende Probleme regeln. Somit behaupten sie das Recht indigener, ländlicher und diasporischer Gemeinschaften wie auch afrodeszendenter und mestizischer Bevölkerungen, im Rahmen ihrer eigenen Verfahren nichtmenschliche Entitäten zu vertreten und diese Repräsentationspraktiken als Wissen und Politik geltend zu machen. Indem sie relationale Ontologien postulieren und dieses weltanschauliche Konstrukt politisch mobilisieren, wollen sie kommunale, kommunitäre und partizipative Modelle der Politik restituieren, die menschliche und nichtmenschliche Entitäten umfassen.

Wenn ich verschiedene Bewegungen, Kämpfe und Versuche unter den Horizont des Kosmopolitischen stelle, wie es auch Marisol de la Cadena mit ihrer adaptierten Konzeption der *indigenen Kosmopolitik* vorschlägt, so lediglich um aufzuzeigen, dass es sich um einen transformativen Perspektivenwechsel handelt, der sich nicht in einheitliche Regelwerke und Praktiken gießen lässt.[119] Auch Kosmopolitik ist ein Konzept in Konstruktion, das sich in den verschiedensten Begriffen und Kontexten durchdekliniert. Woran Denker*innen wie de la Cadena oder Mario Blaser, Wissenschaftler*innen, Künstler*innen und viele engagierte Praktiker*innen arbeiten, sind lebensnahe und aus den eigenen Erfahrungen konstituierte Verfahrensweisen zur Umsetzung solcher Perspektiven. Der kolumbianische Theoretiker Arturo Escobar bezeichnet sie als „designs for the pluriverse" und versteht darunter

> ontological design as a means to think about, and contribute to, the transition from the hegemony of modernity's one-world ontology to a pluriverse of socionatural configurations[120].

Neben den schon beschriebenen Buen-Vivir-Initiativen reiht er die Bewegungen des Degrowth, Commoning, Conviviality und andere pragmatische Initiativen des Globalen Nordens unter solche politicophilosophische Innovationen. Kosmopolitik steht für eine Ökologie der Praktiken, die nach fruchtbaren Standpunkten sucht, von denen aus, auch im Sinne nachkommender Generationen, die sich massiv verändernden Lebens-, Überlebens- und Sterbebedingungen gedacht werden können.

IN EINEM MULTIVERSUM SICH ARTIKULIERENDER DISZIPLINEN[121]

Im Bewusstseinsprozess um das Anthropozän mangelt es nicht an Fakten und auch nicht an Gewissheiten. Wie ich versucht habe aufzuzeigen, bringt die theoretische Artikulation des Anthropozäns neu verfasste Sinnhorizonte und Sichtweisen selbst zum Vorschein – solche, die affektive und kollaborative Formen des Andersseins und -lebens fordern, ohne jedoch die Andersartigkeit der Erfahrungen der Klimaeskalation aus dem Blick zu verlieren. Die Epochenwende als Geschichte sich erweiternder Denk- und Handlungsmöglichkeiten will Grundsätzliches verändern und das Vorstellungsvermögen entfachen. *Thinking differently* in einem posthu-

117 Thomas Fatheuer, *Buen Vivir: Eine kurze Einführung in Lateinamerikas neue Konzepte zum guten Leben und zu den Rechten der Natur,* Schriftenreihe Ökologie 17, Berlin: Heinrich-Böll-Stiftung 2011, S. 18.

118 Fernando Huanacuni, „Paradigma Occidental y Paradigma Indígena Originario", in: *América Latina en Movimiento* 452, Februar 2010, S. 19 f.

119 Marisol de la Cadena, „Indigenous Cosmopolitics in the Andes: Conceptual Reflections beyond 'Politics'", in: *Cultural Anthropology* 25, Nr. 2, Mai 2010: S. 334–370. https://doi.org/10.1111/j.1548-1360.2010.01061.x.

120 Escobar, *Designs for the Pluriverse*, S. 4.

121 Katie King zit. in: Haraway, *Unruhig bleiben*, S. 239.

manistischen Kontext versucht nicht nur wissenschaftliche Orthodoxien infrage zu stellen, sondern auch mit Begriffen, Lebensformen und Praktiken möglichst unbeschwert und explorativ umzugehen. Für Elizabeth Povinelli und Elizabeth Grosz stehen „the capacity for being otherwise“[122] und „a practice for becoming otherwise“[123] als Aufforderung, Überholtes abzuwerfen und in und aus der Welt heraus zu handeln. Die Fähigkeit des *becoming-otherwise* indiziert die politische und ethische Möglichkeit einer radikalen Veränderung – im Hier und Jetzt anderswie zu sein –, aber auch jemand anderer/etwas anderes werden zu können. Braidotti bezeichnet diesen Forschungsansatz als *nomadic theory*, eine Theorie, die Bewegung und Veränderung privilegiert, veranschaulicht mit „becoming-minority or becoming-nomad or becoming-molecular/woman/animal“[124]. Das Werden-mit-Anderen ist als ethisch-intellektuelles Imperativ zu verstehen: Mit der Transformation, die ein Nomaden- oder Tier-Werden bewirkt, lässt sich Menschsein aus mehr-als-individuellen Perspektiven erfahren. Im Denken mit Tieren, Steinen, Molekülen und Giftstoffen fließen immer neue, additive Erfahrungsdimensionen in Forschung und Textproduktion ein.

In diesem Zusammenhang, so meine These, nimmt eine gegenforschende Kunst, die ein Aufspürungssensorium für andere Formen des Wissens zu entwickeln vermag, eine essenzielle Rolle ein: als dritte Partnerin zwischen Theorie/Philosophie und Wissenschaft in der Provokation kultureller und politischer Kräfte innerhalb anthropogener Weltenbilder und als untergründige Symptomatologin, die Bewegungen und Spannungen aufzeichnet und aufdeckt. Kunst ist gegenwärtig intradisziplinär ausgerichtet und testet immer neue Modalitäten der Kooperation, Partizipation und Praxis. Wie andere Disziplinen ist sie in ihren eigenen Orthodoxien und jenen ihrer Zeit verankert, die abzulegen antagonistischer Methodologien bedarf. Angesichts der aktuellen herausfordernden Reorganisation von Wissen geht es weniger darum, welcher neuen Themen sich Künstler*innen annehmen, als vielmehr darum, wie künstlerische Artikulationen und die Arrangements, in denen diese zirkulieren, sich neu denken und praktizieren lassen. Oder anders gesagt: Es beschäftigt mich die Frage, welche Multiversen und Lebensentwürfe künstlerische Artikulationen miterzeugen. Für diese Umwandlungsprozesse innerhalb der Kunst und in ihrem Außen kann die künstlerische Gegenrecherche zumindest eine wichtige Vorleistung erbringen. Dabei folge ich der Einschätzung von Elizabeth Grosz, die schreibt:

> Art, [...] does not produce concepts, though it does address problems and provocations. It produces sensations, affects, intensities as its mode of addressing problems, which sometimes align with and link to concepts, the object of philosophical production, which are how philosophy deals with or addresses problems.[125]

122 Elizabeth Grosz, „Feminism, Materialism, and Freedom“, in: *New Materialsim: Ontology, Agency, and Politics*, hrsg. v. Diana Coole und Samantha Frost, Durham, N. C.: Duke University Press, S. 149.

123 Povinelli, *Geontologies*, S. 55.

124 Braidotti, *Nomadic Theory*, S. 29.

125 Elizabeth Grosz, *Chaos, Territory, Art: Deleuze and the Framing of the Earth*, New York: Columbia University Press 2008, S. 1.

ANTHROPOLITHISCHE ZEUGENSCHAFT

FAIVOVICH & GOLDBERG: AUF DER SUCHE NACH MESÓN DE FIERRO

Das argentinische Künstlerduo Faivovich & Goldberg arbeitet seit 2006 ausschließlich an einem künstlerischen Forschungsvorhaben, das sich mit den kulturellen Auswirkungen der Campo-del-Cielo-Meteoriten befasst, die vor etwa 4.000 Jahren in den abgelegenen Ebenen der Chaco-Region im Norden Argentiniens einschlugen. Um Projekte zu realisieren, die neue Sichtweisen auf vergangene kosmische Ereignisse und deren irdische Rezeption eröffnen, nehmen sie wechselweise die Position von Wissenschaftlern, Historikern, Anthropologen und Sammlern ein. Indem sie die Diskurse und Praktiken der Expert*innen beleuchten, die geologische Funde klassifizieren und verwalten und deren Deutungen festschreiben, irritieren sie die gängige Definitionsmacht über das Geologische. Auf diese Weise lösen sie Bio- und Artefakte (gemeinhin als Objekte bezeichnet) aus ihren wissenschaftlichen und museologischen Rahmungen und stellen sie in neue Kontexte. So thematisieren die Künstler Fragen nach dem Forschungsbegriff in Kunst und Wissenschaft und den epistemologischen Grenzziehungen zwischen Menschheitsgeschichte und Naturgeschichte sowie der je eigenen Historizität soziokultureller und geologischer Bestimmungen.

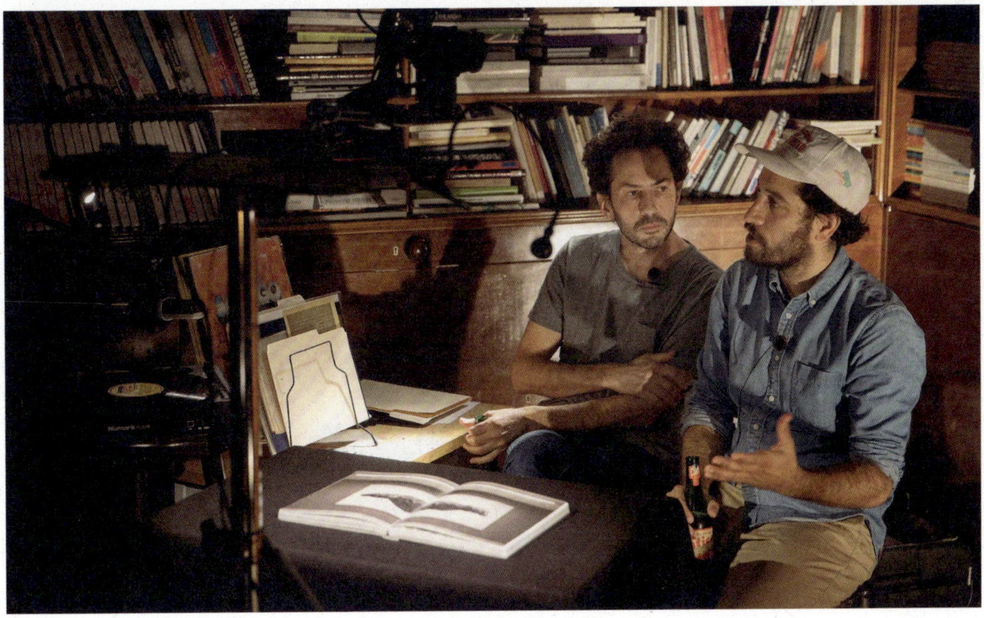

36 Faivovich & Goldberg, *In Search of Mesón de Fierro*. Lecture-Performance im Rahmen der Spoken-Word-Reihe *ephemeropteræ*, TBA21–Augarten, Wien, 2017

„Auf der Suche nach Mesón de Fierro / In Search of Mesón de Fierro" ist der Titel eines Projekts von Faivovich & Goldberg, das unter meiner kuratorischen
36 Leitung in der TBA21 im Rahmen einer Lecture-Performance[1] vorgetragen und anschließend als Ausstellung im Naturhistorischen Museum in Wien 2018/19 gezeigt wurde.[2] Es umfasst jahrzehntelange Recherchen von archivarischen und musealen Fundstücken, Objekten und Dokumenten, die zur Wiederauffindung eines Fragments des verlorenen Astralkörpers des Mesón-de-Fierro-Meteoriten führten. Faivovich & Goldberg verstehen das Chaco-Meteoritenfeld im Sinne des französischen Soziologen Pierre Bourdieu als soziales und historisches Feld, das von unterschiedlichen Akteur*innen verhandelt wird und dessen Mittelpunkt die Meteoriten selbst bilden. In diesem geologischen Feld sind Kräfte wirksam, die sich in der Mineralisierung von kosmogonischen Erzählungen abbilden und sich angesichts der Kontinuität von geosozialen Effekten als entscheidend für die Möglichkeiten der Subjektivierung im Anthropozän erweisen. Ihre künstlerische Funktion in diesem Feld ist es einerseits, Dinge und Ereignisse aufzuzeichnen und zu decodieren, um sie in neuen Assemblagen zu präsentieren, anderseits die Fragen und Spekulationen, welche die Beschäftigung mit außer-irdischen Körpern auslösen, in neue Kontexte zu verlegen. Damit versuchen sie, das Verständnis von Zeitlichkeit, Zeugenschaft und der Rolle des Menschen innerhalb geologischer Kontexte zu rekalibrieren. Dass ihre künstlerische Gegenrecherche sowohl kontroversielle Debatten als auch eine Befragung zum Status von Kunst an sich und zur Autorität und Definitionsmacht über kulturell-geologische Fundstücke auslöst, zeigt, wie empfindlich ihre Praxis an die Aufteilung von Wissensordnungen rührt.

1 „Faivovich & Goldberg: Auf der Suche nach Mesón de Fierro / In Search of Mesón de Fierro", Lecture-Performance im Rahmen von *ephemeropteræ*, kuratiert gemeinsam mit Boris Ondreička, 1. September 2017, TBA21–Augarten, Wien. https://tba21.org/ephemeropterae-2017-9-e.

2 „Faivovich & Goldberg: Auf der Suche nach Mesón de Fierro / In Search of Mesón de Fierro" war vom 21. November 2018 bis 11. März 2019 im Saal 6 des Naturhistorischen Museums Wien zu sehen.

In der Besprechung von „Auf der Suche nach Mesón de Fierro" schließe ich, ausgehend von der Frage nach der paradoxen Vorstellung von „geologischem Leben"[3] sowie des Skalenproblems für die Imaginierbarkeit des Anthropozäns, an die bereits erfolgte Erörterung von planetarischem Denken an. Ich verwende den Begriff „anthropo-lithische" Zeugenschaft, um die beweiskräftige Funktion von Materie als *material witness* im heterodoxen Zusammenlesen von menschlicher Geschichte und lithisch-geologischer Materie zu beschreiben. Als „materielle Zeugen" *(material witnesses)* bezeichnet die forensische Künstlerin Susan Schuppli „nonhuman entities [...] that archive their complex interactions with the world, producing ontological transformations and informatic dispositions that can be forensically decoded and reassembled back into a history"[4]. In ihrer Funktion als Zeugen werden geologische Funde als sinnstiftende Entitäten verstanden, die die Wechselwirkungen zwischen Leben und Nicht-Leben sowie Geschichtlichkeit und Zeitlosigkeit entschlüsseln.

Während extraterrestrisches Material, das sich als Staub und Mikrometeoriten auf der Erde ablagert, in großer Zahl vorhanden ist, sind Meteoriteneinschläge mit etwa zehn jährlichen Funden weltweit relativ selten. Meteoriten haben ihren Ursprung im Weltraum und werden nach ihrer Entdeckung auf der Erde in komplexe wissenschaftliche, kulturelle und museale Netzwerke eingebettet. Geowissenschaftlich sind sie von großer Bedeutung, da sie „die einzigen Zeugen [sind], die wir für die Entstehung der Erde und des Sonnensystems haben"[5], und werden daher von Museen und Forschungseinrichtungen in großer Anzahl gesammelt. Ihre materielle Zeugenschaft ist jedoch lediglich über ausgedehnte Vermittlungssysteme zugänglich, die im besten Fall anfällig für disziplinäre Einseitigkeiten sind. In ihren Erscheinungsformen als außerplanetarische Körper, als wissenschaftliche Artefakte, museale Sammlungsobjekte oder kultische Kräfte eröffnen Meteoriten eine Diskussion über die Möglichkeiten und Unmöglichkeiten des Zugangs zu unterschiedlichen epistemologischen Registern sowie zu interskalaren, zeitlichen und räumlichen Größenordnungen.

Eine aus anthropolithischer Perspektive betrachtete Menschheitsgeschichte weicht von der gängigen, vorwiegend biopolitischen Auffassung von Leben ab und beleuchtet dessen geophysikalischen Ursprünge. Sie baut auf den Erkenntnissen der Geologie auf, insbesondere auf deren Verfahren zur Entschlüsselung der Aufzeichnungen von planetarischen Entstehungs-, Transformations- und Auslöschungsepisoden in Erdschichten, Fossilien und Biofakten, erachtet diese aber weder als „weltlos" noch als leblos. So lassen sich durch die Lektüre historischer, mythischer und spekulativer Archive und mittels „kognitiver Sprünge" und ästhetischer Imagination historische und materielle Beweise aus den Spuren gewinnen, die in und auf der Materie hinterlassen wurden, und die tiefenzeitlichen Beziehungen zu Genesis und Endlichkeit erzählen. Und gerade diese anthropolithischen Spuren sind als Ort des Denkens und für die Bildung eines kollektiven Gedächtnisses und Bewusstseins im Anthropozän wirksam geworden.

Wenn das Anorganische weitläufig als weltlos und leblos erachtet wird, wie kann es als weltenbildend verstanden werden? Wie lassen sich Aussagen über außerirdische Körper treffen, die zeitlich die Emergenz von Leben und

3 Kathryn Yusoff, „Geologic Life: Prehistory, Climate, Futures in the Anthropocene", in: *Environment and Planning D: Society and Space* 31, Nr. 5 (Oktober 2013): S. 779–795, https://doi.org/10.1068/d11512.

4 Susan Schuppli, *Material Witness: Media, Forensics, Evidence*, Leonardo, Cambridge, MA: MIT Press 2020, S. 3.

5 Franz Brandstätter, Ludovic Ferriére und Christian Köberl (Hrsg.), *Meteoriten. Zeitzeugen der Entstehung es Sonnensystems*, Baden: Lammerhuber 2013, S. 7.

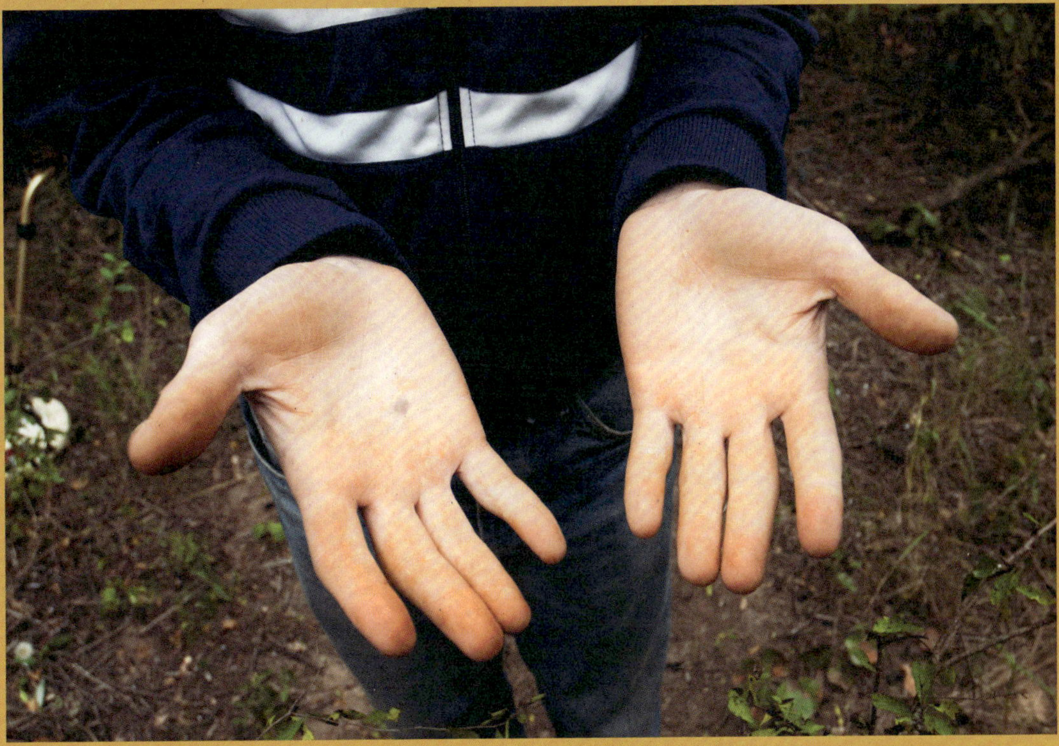

Das (übliche) Ergebnis auf der Suche nach Mesón de Fierro.
Erste Expedition zum Campo del Cielo, 2006.

Faivovich & Goldberg, *Auf der Suche nach Mesón de Fierro,* 2018. Foto-Essay.

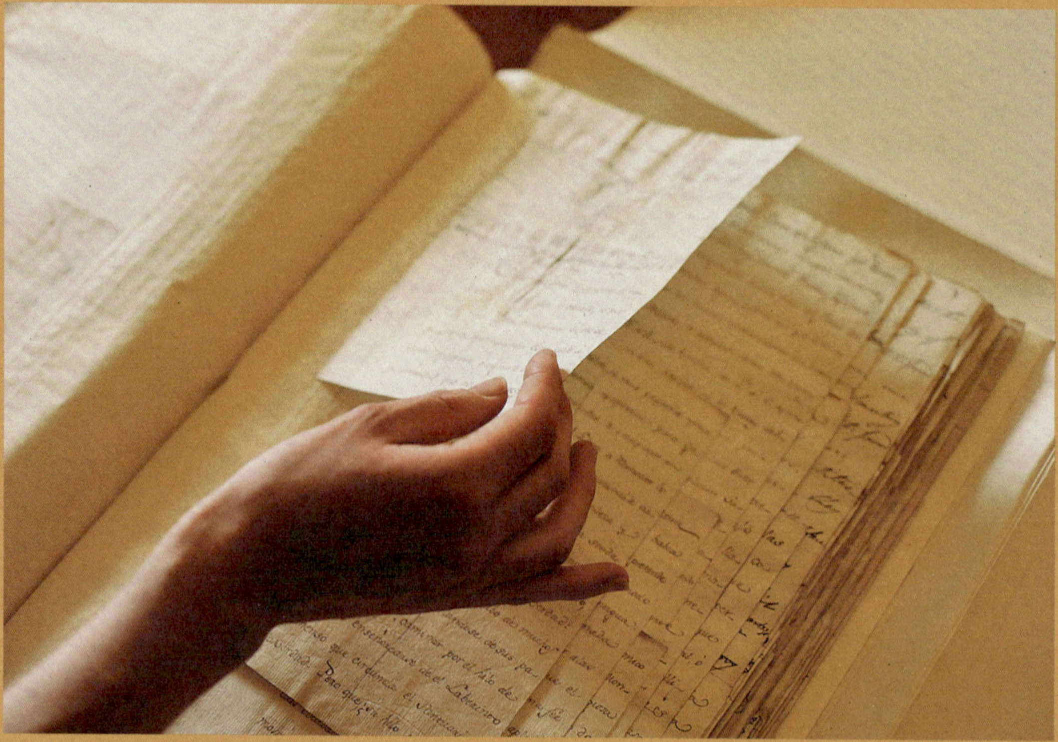

Faivovich & Goldberg stießen 2008 in der Royal Society of London auf das Manuskript „An Account of a Mass of Native Iron, Found in South America“ (Ein Bericht über eine Masse von einheimischem Eisen, gefunden in Südamerika). Die viel beachteten Memoiren von Rubín de Celis, die 1788 in den *Philosophical Transactions* veröffentlicht wurden, enthalten eine detaillierte Beschreibung der Ereignisse, die sich während der Expedition von 1783 zutrugen, als Mesón de Fierro zuletzt gesichtet wurde.

Denken antizipieren und räumlich außerhalb „unserer Welten" ihren Ursprung haben? Wie kann eine künstlerische Investigation sowohl kulturelle Narrative, die Meteoriten innewohnen, neu verhandeln als auch die nichtmenschlichen Welten, denen sie entspringen, in ihrer explosiven Tiefenzeitlichkeit reanimieren? Um diese Fragen zu beantworten, untersuche ich die verschiedenen Archive, die meteoritische Körper verhandeln, und zeige, wie die Gegenrecherche von Faivovich & Goldberg eine Relationierung scheinbar nicht linear zusammenhängender räumlicher und zeitlicher Skalen und Erzählungen rund um ein himmlisches Fossil vornimmt.

HISTORISCHE EVIDENZEN

> [...] dann wurde das Land vom Feuer verzehrt, und Flammen umhüllten die Bäume, Pflanzen, Tiere und Menschen. Nur wenige der Mocoví sahen das Feuer kommen und stürzten sich in die Flüsse und Lagunen, wo sie in Wasserschweine und Krokodile verwandelt wurden. Zwei von ihnen, ein Mann und seine Frau, suchten Zuflucht in einem hohen Baum, wo sie zusahen, wie die Feuerflüsse die Erdoberfläche überschwemmten; aber unerwartet wehte das Feuer nach oben und verbrannte ihre Gesichter, verwandelte sie in Affen und gebar die Spezies dieser absurden Tiere.[6]

Das Volk der *Moqoit* (*Mocoví* in der spanischen Bezeichnung), präkolumbianische nomadische Bewohner*innen der wüstenähnlichen Savanne in den Ebenen des Gran Chaco, im Grenzgebiet von Bolivien, Paraguay und Argentinien, berichtete in seinen Mythen vom Fall eines Asteroiden aus Eisen und Nickel. Der herabgestürzte Himmelskörper schlug mit einer Explosion in ihr Land ein und zerschmetterte dabei in bemerkenswert große Bruchstücke. Dieses Ereignis, das vor etwa 4.000 Jahren stattfand, veranlasste die Moqoit, die ausgedehnte geologische Einschlaglandschaft *Pigüem Nonraltá* zu benennen, das Feld des Himmels – ein Toponym, das später von den Spaniern als *Campo del Cielo* übersetzt wurde.[7] *Pigüem Nonraltá* ist die sagenumwobene Landschaft, aus der die Moqoit selbst hervorgegangen sind.

Im Juli 1576 wurde eine spanische Expedition unter der Leitung des energischen Capitán Hernán Mexía de Miraval zu einer der Einschlagstellen des Campo del Cielo geleitet. Auf der Suche nach der Eisenmasse, aus der die Ureinwohner*innen ihre Speerspitzen herstellten, marschierten Mexía de Miraval und acht seiner Männer tagelang durch die Otumpa-Region. In seinem handschriftlichen Bericht beschreibt der Hauptmann die Entdeckung einer großen Masse, die später als *Mesón de Fierro,* der Eisentisch, bekannt wurde und deren Gewicht mit 23 Tonnen angegeben wird. Mexía de Miraval ließ einige Proben entnehmen, deren Analyse ergab, dass es sich um ein Eisen von außergewöhnlich hoher Reinheit handelte. Der Mesón de Fierro wurde damit zum ersten Meteoriten, der am amerikanischen Kontinent gesichtet wurde, und galt für Jahrhunderte als die größte vermessene Eisenmasse auf dem Planeten.

Im Jahr 1783 erreichte eine weitere Gesandtschaft von zweihundert Mann den Einschlagsort, bestrebt herauszufinden, ob das Eisen Teil einer weitläufigen

6 Vom Jesuitenmissionar Padre Guevara über den Mocoví-Mythos, wie die Sonne vom Himmel fiel (1764). Vgl. Pedro de Angelis, „Historia del Paraguay, Río de la Plata y Tucuman por el P. Guevara de la Compañía de Jesús", in: *Colección de obras y documentos relativos a la historia antigua y moderna de las Provincias del Río de la Plata,* Teil II, Buenos Aires: Imprenta del Estado 1836.

7 Rogelio Acevedo, Maximiliano Rocca und Victor Garcia, *Catalogue of Meteorites from South America, Argentina* (2014), doi:10.1007/978-3-319-01925-3, 10

Ader sei. Die Expeditionsmitglieder führten eine Reihe von Detonationen und Ausgrabungen durch, die das Fundament der Masse so stark aushöhlten, dass schließlich eine Grube rund um den Meteoriten zurückblieb. Zu diesem Zeitpunkt fertigte der Kartograf Pedro Antonio Cerviño eine Zeichnung der Masse an. Die Quelle des Eisenerzes nicht zu finden, stellte den wissenschaftlich interessierten Leutnant der königlichen spanischen Armada, Miguel Rubín de Celis, vor ein ernsthaftes Problem. In seinen der Royal Society of London vorgelegten Memoiren aus dem Jahr 1786, die am 22. November 1787 verlesen und später in den *Philosophical Transactions* veröffentlicht wurden, stellte er folgende Vermutungen an:

> Entweder wurde diese Masse an dem Ort erzeugt, an dem sie liegt, oder sie wurde durch menschliche Kunst hierher befördert oder durch irgendeinen Vorgang der Natur hierher geworfen. Sie konnte nicht an dieser Stelle nach irgendeinem bekannten Naturvorgang erzeugt werden. [...] Diese Masse muss also das Ergebnis einer vulkanischen Explosion gewesen sein.[8]

Um seine Forschungen erfolgreich abzuschließen, suchte Rubín de Celis nach Anzeichen von Vulkanismus, den er als Ursache für das Eisenaufkommen vermutete. Etwa zehn Kilometer östlich der Einschlagstelle stieß er auf eine brackige Quelle neben einer sanften, ein bis zwei Meter hohen Erhebung und kam so zu dem Schluss, dass es sich bei dieser Erhebung um die verbrauchte vulkanische Quelle handeln musste, die die Metallmasse ausgestoßen hatte. Mit diesen Schlussfolgerungen verließ der Leutnant die verwüstete Stätte auf dem Campo del Cielo, jedoch nicht ohne seine Männer zu veranlassen, Proben des großen Eisens abzustemmen und zu sichern. Bei dieser letzten verzeichneten Sichtung wurde Mesón de Fierro durch die getätigten Detonationen destabilisiert, verschwand in weiterer Folge auf ungeklärte Weise von der Bildfläche und wurde seither nie wieder gesichtet.

Einige der Eisenfragmente wurden allerdings in das Kommuniqué von Rubín de Celis an die Royal Society aufgenommen, andere wurden wissenschaftlichen Gesellschaften in Europa zur Verfügung gestellt. Die seltenen Exemplare wurden von Hand zu Hand weitergereicht, in immer kleinere Stücke geteilt, geätzt, analysiert und von den fähigsten Köpfen der europäischen Aufklärung untersucht. Nur wenige Jahre nachdem sie Europa erreicht hatten, stieß der deutsche Physiker Ernst F. Chladni, der sich mit fallenden Massen beschäftigte, auf den Bericht von Rubín de Celis. Chladni verwarf die Vulkanhypothese und interessierte sich für die überlieferten Augenzeugenberichte des Chaco-Falls. 1794 veröffentlichte er die zunächst kaum beachtete These, dass Meteore und Feuerbälle aus dem Weltraum stammen, und stellte die Hypothese auf, dass diese mit Berichten über vom Himmel fallende Stein- und Eisenmassen übereinstimmten. Sein 63-seitiges Buch *Über den Ursprung der von Pallas gefundenen und anderer ihr ähnlicher Eisenmassen, und über einige damit in Verbindung stehende Naturerscheinungen* widersprach den zur damaligen Zeit anerkannten Lehrsätzen der newtonschen Weltmechanik: Es widerlegte erstens, dass der kosmische Raum jenseits der Erde nur die großen Körper – Fixsterne, Kometen und Planeten – beherberge und zweitens, dass der gesamte Raum jenseits des Mondes leer sei, abgesehen von einem weltlosen Äther, und dass folglich keine Gesteins- und Metallfragmente vom Himmel auf unseren Planeten stürzen könnten. Darüber hinaus vermutete Chladni, dass Elemente wie Schwefel, Silizium und Magnesium nicht auf unsere Erde beschränkt seien, sondern sehr wahrscheinlich auch in der Materie vorkommen, aus denen die Himmelskörper sich bilden.[9]

Im Jahr 1799 erhielt der französische Chemiker Joseph Louis Proust eine halbe Unze der kostbaren, nun in Madrid deponierten Probe des Mesón de Fierro. Mithilfe einer neuen quantitativen Analyse gelang Proust der früheste Nachweis von Nickel in einem Meteoriten. Proust stellte fest, dass das Metall neunzigprozentig aus Eisen und zu zehn Prozent aus Nickel bestand, und spekulierte, ob die wertvolle Legierung ein Produkt der Natur sei. Spätere chemische und mineralogische Analysen von Steinen und Eisen, die ebenfalls aus dem Zerkleinern, Ätzen und Schleifen von Mesón-de-Fierro-Material stammten, zeigten, dass Steine mit identischer Textur und Zusammensetzung zu unterschiedlichen Zeiten in weit voneinander entfernten Teilen der Welt gefallen sind. Sie erwiesen auch, dass erratische Massen von metallischem Eisen und in Steinen eingeschlossene Eisenkörner Nickel enthielten, was die Wissenschaftler auf einen gemeinsamen kosmischen Ursprung zurückzuführten.[10]

Während die Proben des Mesón de Fierro in der europäischen Wissenschaftswelt zirkulierten, muss die Masse selbst langsam in ihrer Grube versunken sein, von Erde begraben und von Vegetation überwuchert. Mit dem wachsenden Ruhm der Eisenmasse versuchten zahllose Forscher*innen, Wissenschaftler*innen und begeisterte Amateur*innen über zwei Jahrhunderte lang, den verlorenen Meteoriten zu sichten – mit gemischten Ergebnissen, aber ohne den physischen Beweis für seine Existenz zu erbringen. Seit ihrer ersten Exkursion zum Campo del Cielo im Jahr 2006 widmen sich Faivovich & Goldberg der Suche nach dieser vermissten Masse. Als die Künstler erkannten, dass sie am Einschlagsort nicht fündig werden würden, setzten sie ihre Bemühungen an anderer Stelle fort: Sie stellten umfangreiche Nachforschungen in Bibliotheken, Archiven und Sammlungen auf der ganzen Welt an, auf der Suche nach Hinweisen und Spuren in Verbindung mit der Geschichte des rätselhaften Meteoriten. Im Februar 2017 entdeckten sie nach unzähligen Irrwegen und Reisen schließlich in der Meteoritensammlung des Naturhistorischen Museums Wien ein 19-Gramm-Fragment, das sie nach seiner Beschaffenheit und geschichtlichen Überlieferung ziemlich überzeugend mit Mesón de Fierro in Verbindung bringen konnten.

TIEFENZEITLICHE EVIDENZEN: DIE EXPLOSION DER MASSSTÄBE

Mit jeder irdischen Sekunde sammelt sich kosmisches Material auf unserem Planeten an. Millionen von winzigen extraterrestrischen Partikeln mit einer täglichen Gesamtmasse von etwa 100 Tonnen dringen in die Erdatmosphäre.[11] Dieser kosmische Staub bildet sich aus den Bruchstücken von Asteroiden, die vor Milliarden von Jahren im Asteroidengürtel kollidierten, oder von Kometen, die durch das Sonnensystem rasten. Die unvorstellbar alte Materie erhitzt beim Eintritt in die Atmosphäre, sodass ihre Überreste augenblicklich zu Staub

8 Michael Rubín de Celis, „III. An Account of a Mass of Native Iron, found in South-America. By Don Michael Rubín de Celis. Communicated by Sir Joseph Banks, Bart. P. R. S.“, in: *Philosophical Transactions of the Royal Society of London* 78, 1788, S. 37–189. https://doi.org/10.1098/rstl.1788.0004. Übersetzung der Verfasserin.

9 Ursula B. Marvin, „Ernst Florens Friedrich Chladni (1756–1827) and the Origins of Modern Meteorite Research“, in: *Meteoritics & Planetary Science* 42, Nr. S9, 2007, S. B19–20. https://doi.org/10.1111/j.1945-5100.2007.tb00606.x.

10 Edward Howard, „VII. Experiments and Observations on Certain Stony and Metalline Substances, Which at Different Times are Said to Have Fallen on the Earth; Also on Various Kinds of Native Iron“, in: *Philosophical Transactions of the Royal Society of London* 92, 1802, S. 168–212. https://doi.org/10.1098/rstl.1802.0009.

11 Meteor-Radarstation des NHM Wien. https://www.nhm-wien.ac.at/forschung/mineralogie__petrographie/meteor.

verglühen. Gelegentlich landen größere Bruchstücke in Einschlagskraterfeldern und anderen Einschlagstellen. Diese Myriaden von Nicht-Ereignissen deuten nicht nur darauf hin, dass die Erde im ständigen Austausch mit ihrem extraplanetaren „Außen" steht, sondern auch dass die Erdoberfläche wie eine durchlässige Membran außerirdische Informationen, Bewusstsein, Energie und Materie absorbiert und ihrerseits ausstrahlt.

Meteoriten und kosmischer Staub sind Boten aus der tiefen Raumzeit; *sub specie aeternitatis*, wie Baruch de Spinoza jene Unendlichkeit benennt, die er allem zeitlich und räumlich Enthobenen gleichsetzt. Es ist ebendieser materielle und tiefenzeitliche Ursprung unseres *oikos*, unserer Heimstätte, der Gayatri Chakravorty Spivak dazu veranlasst, irdische Planetarität in der Gestalt ihrer radikalen Alterität zu deuten. Auch der deutsche Medientheoretiker Siegfried Zielinski, der die geologische Tiefenzeit *(deep time)* mit Blick in die Vergangenheit der Erde theoretisiert hat, beschreibt ihre Unvorstellbarkeit:

> Die Tiefe von Zeit sinnlich erfahren zu dürfen, zwingt uns in gewisser Weise in die Knie vor dem, was uns in seiner zeitlichen Ausdehnung bei weitem überläuft, und was wir deshalb nie wirklich begreifen können; selbst wenn wir lernen, dieses Es zu berechnen. Tiefenzeit ist in diesem Sinne [...] etwas, was ich als *Denkding* bezeichnen möchte, als Stütze für unsere Vorstellung. [...] Tiefenzeit ist [...] eine zutiefst ästhetische Erfahrung.[12]

Während die Tiefenzeit eine schwindelerregende Größenordnung suggeriert, bieten Steine und Meteoriten materielle Zugänge zu den skalaren Tiefen von Entstehungsgeschichten und zukünftigen Möglichkeitswelten. Als Kommunikationsmedien vermitteln sie zwischen der Tiefenzeit der Vergangenheit, der geologischen Zeit der Menschheitsgeschichte und jener der Zukunft *(deep future)*[13]. Sie durchlaufen dynamische Kreisläufe und speichern dabei irdische und außerirdische Spuren von Erosionen, Ablagerungen und Explosionen wie auch jene der Menschheitsgeschichte, die sich konventionell an lithischen und metallischen Zeiteinheiten misst: das Paläolithikum, Mesolithikum, Neolithikum, das aus der Mode geratene Megalithikum, die Eisenzeit und Bronzezeit. Mit Steinen und Metallen lässt sich bis zu einem gewissen Grad die Welt, wie wir sie kennen, ordnen.

Der Kreuzungspunkt zwischen Astronomie, Geologie und Geschichte, an dem Tiefenzeit, historische Erzählung und Jetztzeit zusammentreffen, scheint jedoch ohne Poesie, Ästhetik und Spekulation „als Stütze für unsere Vorstellung" schlecht auszukommen. Harry Hess, dessen Forschung zum bahnbrechenden Verständnis der Plattentektonik führte, bezeichnet die notwendige Imaginationsleistung als Geopoesie *(geopoetry)*, in der geologischer Materialismus auf Dichtung und Mystik trifft.[14] Geopoetisches Denken legitimiert das Spekulieren von Wissenschaftler*innen und nutzt strategisch die Fähigkeiten der jeweils anderen Erkenntnisform, sich neuen Fragen zu stellen. Das interdisziplinäre Rendezvous ist jedoch keinesfalls rein ästhetisch, sondern ermöglicht „fraktale" erkenntnistheoretische Sprünge und Korrespondenzen, wie sie etwa Denise Ferreira da Silva beschreibt:

12 Siegfried Zielinski, Eröffnungsrede zur Ausstellung „Tom Fecht – TiefenZeit" im Museum DKM, Duisburg, 4. Mai 2017. http://www.tomfecht.com/wp-content/uploads/2016/04/Siegfried-Zielinski-Opening-Address-at-the-Exhibition-DeepTime-Deutsch.pdf.

13 Curt Stager, *Deep Future: The Next 100,000 Years of Life on Earth*, 1. Auflage, New York: Thomas Dunne Books 2011.

14 Siehe Don McKay, „Ediacaran and Anthropocene: Poetry as a Reader of Deep Time", in: *Prairie Fire* 29, Nr. 4, Winter 2008/2009, S. 4–15.

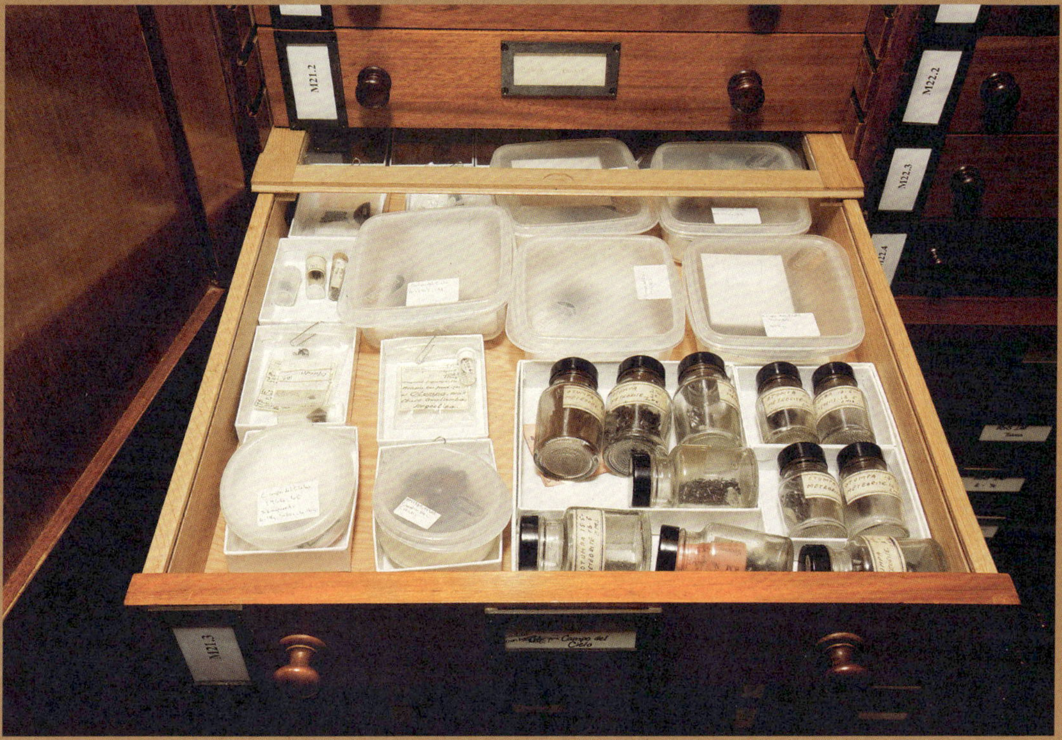

Nach Hinweisen, die sie zum Natural History Museum in London leiteten, konnten Faivovich & Goldberg mit dem Kurator der Meteoritensammlung zusammenarbeiten, um nach Fragmenten von Mesón de Fierro zu suchen, die Ende des 18. Jahrhunderts in das British Museum gelangten. Obwohl diese Proben in der Sammlung des Museums beschrieben wurden, verschwanden sie im Jahr 1904.

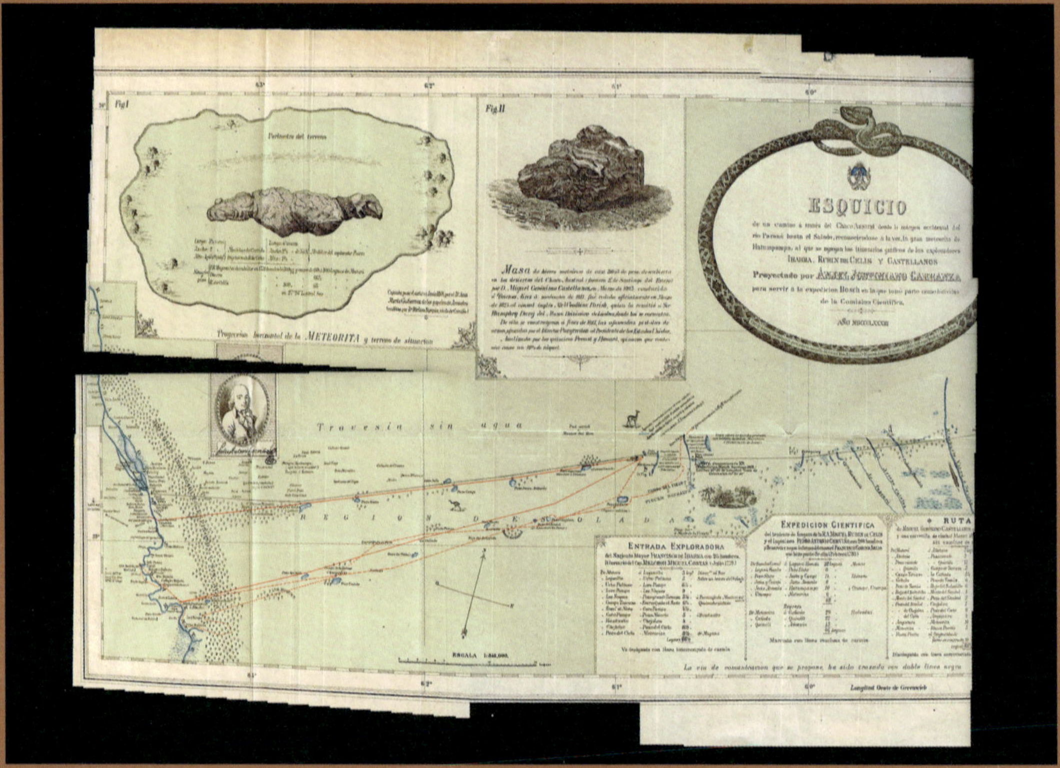

Faivovich & Goldbergs Collage einer Schatzkarte aus dem Jahr 1883. Sie zeigt den Verlauf dreier Expeditionen im 18. Jahrhundert, die von Mesón de Fierro (abgebildet oben links) berichteten.

> Attention to elements exposes similarities and enables a kind of material thinking capable of reading symmetries, or correspondences. Images of poetical thought are not linear (transparent, abstract, glassy, and determinate) but fractal (immanent, scalar, plenteous, and undetermined), like most of what exists in the world.[15]

Mittels fraktaler Korrespondenzen lassen sich die Zusammenhänge zwischen Mikrokosmos und Makrokosmos erschließen, sofern die Linearität und Positionalität des anthropozentrischen Denkens aufgegeben werden können.

Mit dem Problem der Geopoetik befasst sich auch Timothy Morton in dem kurzen Essay „Third Stone from the Sun" und thematisiert damit die Zeitlichkeit von Poesie und Steinen. Der namensgebende dritte Stein, seinerseits einem Jimi-Hendrix-Song entlehnt, verweist auf die Erde in ihrer Position als dritter sonnenferner Planet im Sonnensystem. „When is a poem? The time of reading it? The early twenty-first century? The time of contemporary poetry (whenever that started)? The Anthropocene? Modernity? The time of the Neolithic (since 10,000 BC)? The time of the human species? Of life on Earth?"[16], fragt sich der Ökotheoretiker, um mit der Feststellung zu schließen:

> When we start to think ecologically, we start to think on a number of different time and space scales at once.[17]

Ökologisch und gar geopoetisch zu denken bedeutet, sich mit der Explosion unterschiedlicher Skalen und Größenordnungen *(explosion of scales)* zu befassen. Skalen, wie Zielinski feststellte, bringen inkommensurable Verhältnisse zum Ausdruck. Im Gegensatz zur absoluten Fixierung auf eine zentrale Maßeinheit, wie das Maß des Menschlichen oder Individuellen, erzeugen Skalenverschiebungen Perspektivenwechsel bzw. die radikale Vergrößerung oder Verkleinerung von Beobachtungssystemen. Jede Skala erzeugt ihre eigenen Referenzen und systemimmanenten Regelwerke. Auch Gesetzmäßigkeiten sind an spezifische Größenordnungen und Beobachtungsstandpunkte geknüpft. Um diese zu erkennen, bedarf es, je nach dem Schnitt, den wir setzen, der Überwindung eines theologischen Dogmas, linearen und mechanistischen Denkens oder des gängigen anthropozentrischen Weltbilds.

> Certainly most scales with which we are accustomed are anthropocentric, for example. They tend strongly not to take the time(s) of nonhumans into account. There tends to be one scale to rule them all. But ecological thought makes it necessary to drop the idea that there can ever be one scale to rule them all. At what scale should one examine a system of lifeforms? Molecular, cellular, hormonal, ecosystemic, biospheric, bioregional? All are relevant, and there is no easy bridge or continuum between them.[18]

15 Denise Ferreira da Silva, „Fractal Thinking", in: *aCCeSsions* Nr. 2, 27. April 2016. https://accessions.org/article2/fractal-thinking/

16 Timothy Morton, „Third Stone from the Sun", in: *SubStance* 47, Nr. 2, 16. August 2018, S. 110.

17 Ebd.

18 Ebd.

Carolyn Christov-Bakargiev:
Was existiert in dieser Welt, das älter ist als die Welt?

Daniel Birnbaum:
Du meinst also, dieses Objekt [Mesón de Fierro] ist in gewisser Hinsicht nicht Teil unserer Welt?

Carolyn Christov-Bakargiev:
Ja – es ist zu einem Teil unserer Welt geworden, aber es kommt von sehr weit her und ist sehr, sehr alt. Es ist transzendent und immanent zugleich. Und es befindet sich in einem so unmöglichen Zustand, weil es eine Art Trauma durchlebt hat, als es in unsere Umlaufbahn gezogen wurde und zerbarst.[19]

Um in unterschiedlichen skalaren Maßstäben zu denken, sind singuläre, lineare und geschlossene Denksysteme zugunsten „awkward cognitive jumps“[20] einzutauschen. Diese Sprünge und Verschiebungen können, ähnlich der *scale effects*, aus der Sicht des Menschen die Vorstellbarkeit und sogar die Berechenbarkeit von Ereignissen und die Beweiskraft der Empirie außer Kraft setzen. Infolge von Skaleneffekten kann das, was auf einer Skala selbstverständlich ist, auf einer anderen Ebene rätselhaft und verstörend sein. Lithisch-ökologisiertes Denken sprengt die Definitionen, mit denen die meisten Wissenschaftler*innen das Feld der Geologie rahmen würden, und Literaturwissenschaftler*innen jenes der Dichtung. Es schafft neue Bezüge zwischen Menschlichem, Geologischem und Technologischem und stellt geologische Kompositionen außerhalb jener Fragestellungen, mit denen sich die Disziplin traditionell befasst. Aus dieser Perspektive kann eine poetisch beflügelte Geologie als wirksames Korrektiv zu bio- und anthropozentrischen Anschauungen eingesetzt und die Vitalität des Abiotischen in den Wirkungsbereich des Ökologischen und damit des Politischen gerückt werden.

POLITISCHE UND RECHTLICHE DILEMMAS: WHO OWNS THE SKY?

Wer besitzt den Himmel?[21] Als vitale Ökosysteme sind der Weltraum, der Himmel und extraterrestrische Ressourcen Gegenstand unterschiedlicher Rechtsordnungen, Abmachungen, Wissensregime und unterliegen unterschiedlichen Deutungen. In Ermangelung einer völkerrechtlich verbindlichen Definition kann derzeit jeder Staat die Abgrenzung von eigenem Luftraum und hoheitsfremdem Weltraum über seinem Staatsgebiet selbst vornehmen. Noch heftiger umkämpft sind die wirtschaftliche Nutzung und Ausbeutung von Ressourcen und den Bodenschätzen von Himmelskörpern. Mit zunehmendem technologischem Fortschritt wird die wirtschaftliche Nutzung des Himmels und von solaren Planeten – vergleichbar mit dem tiefen Meeresboden – immer greifbarer.

Elizabeth Povinelli verortet im Geologischen – einschließlich des Sternensystems – das Herzstück spätliberaler Geontomacht[22] *(geontopower)*, die sie als Herrschaft über meist ferngelegene, jedenfalls „andere“ Territorien und deren Existenzformen beschreibt. Die Macht über und das inszenierte Grauen vor dem Unbelebten, Trägen und Leblosen dienen der totalen Ausbeutung all dessen, was Povinelli als „Nemesis des Lebens“ tituliert: die erhabene Granitlandschaft der Rocky Mountains, die uralten Krater des Erdmondes oder die Winde des intergalaktischen Raums.[23] Mit der Ausübung uneingeschränkter Geontomacht verschärft sich allerorts der Kampf um lithische Konfliktlinien und mineralische Bodenhorizonte. Der Horror vor dem Unbelebten wird auf der Grundlage der kategorischen Unterscheidung zwischen der Einzigartigkeit und Schutzwürdigkeit des Lebens und der ontologischen Wertlosigkeit der unbelebten Materie gebildet und legitimiert. Geontomacht stabilisiert eine hegemoniale Ordnung

19 Guillermo Faivovich & Nicolás Goldberg, *The Campo del Cielo Meteorites, Vol. 1: El Taco*, hrsg. v. Documenta und Museum Fridericianum, übers. v. Andrea Bargenda, Ostfildern: Hatje Cantz 2010, S. 150.

20 Ebd.

21 Peter Barnes, *Who Owns the Sky? Our Common Assets and the Future of Capitalism*, Washington, D.C.: Island Press 2001.

22 Elizabeth A. Povinelli, *Geontologies: A Requiem to Late Liberalism*, Durham, N. C.: Duke University Press 2016.

23 Elizabeth A. Povinelli, „The Urban Intensions of Geontopower“, in: *e-flux architecture*, Liquid Utility, Mai 2019. https://www.e-flux.com/architecture/liquid-utility/259667/the-urban-intensions-of-geontopower/.

der Dinge, nach der, so Povinelli, „the everyday ethical, social, and political hierarchies and differences of things have to be treated as if their materialities do not matter“[24]. Aus Sicht der westlichen Philosophie ist die Materie nicht nur ethisch weltlos, sondern in ihrer politischen und legalistischen Tradition auch „von Natur“ aus gesetzlos. Zur Logik der profitorientierten Nutzung und des Missbrauchs der Dinge zählt alles, was sich töten und zerstören lässt, und so gehören zu den entmenschlichten und *entbehrlichen* subalternen Existenzformen auch deren Bräuche, Traditionen und Lebensräume. Nicht nur meteorologische Ereignisse und geologische Formationen, sondern auch die Lebensgrundlagen derjenigen Menschen, die der Geologie zugeordnet werden (die signifikanterweise als „steinzeitlich“ betrachtet werden), fallen der georassifizierten Logik zum Opfer. Geologie ist durchdrungen von Erfahrungen, Empfindungen und unterschiedlichen Arten des Wissens. Die diskursive Bindung an Stasis und Weltlosigkeit sowie die Vorstellung, dass Materialität nur ökonomischen Wert besitze, schließen das Geologische als eine Praxis differenzierter planetarischer Bewohnbarkeit und verkörperter Verbundenheit aus.[25]

Vom Maßstab des Geologischen gedacht, gibt es keinen triftigen Grund, nicht alle Entitäten in den Kreis der sozialen und politischen Akteure einzubeziehen, um eine nichtanthropozentrische Ordnung zu etablieren. In *Lebhafte Materie: Eine politische Ökologie der Dinge* unternimmt Jane Bennett den Versuch, den Biozentrismus westlicher philosophischer Ontologien zu entkräften und die politische Handlungsfähigkeit von Aktant*innen und Proto-Aktant*innen[26] als urgente Herausforderung angesichts biotechnologischer und ökologischer Veränderungen zu behaupten. Was sie unter geologischen Formationen versteht, ist der Mix aus Kohle, Schweiß, elektromagnetischen Feldern, Computerprogrammen, Elektronenströmen, Profitdenken, Hitze, Lifestyle und nuklearer Energie.[27]

> Wie würden sich die politischen Reaktionen auf gesellschaftliche Probleme verändern, wenn wir die Vitalität (nichtmenschlicher) Körper ernst nähmen? Mit „Vitalität“ meine ich die Fähigkeit von Dingen – etwa von essbaren Gegenständen, Waren, Stürmen, Metallen –, den Willen und die Vorhaben von Menschen nicht nur zu behindern und blockieren, sondern darüber hinaus auch als Quasi-Aktanten oder Kräfte mit eigenen Entwicklungsverläufen, Neigungen und Tendenzen zu wirken.[28]

Vitalität, wie sie Bennett skizziert, ist nicht nur die Lebenskraft von Organismen. Sie ist auch als Irritation zu begreifen, als Assemblage unterschiedlicher Vektoren, Kräfte und Materialitäten, die auf menschliche Lebensarrangements einwirken. Lebhafte Materie, das ist Gaias Eindringen, und das sind die Müllhalden toxischer Rückstände und anderer Abfallprodukte. Bennett wirft die beunruhigende Frage nach der Verhandlungsfähigkeit mit lebhaft gewordenen Techno- und Ökosphären auf und bricht salopp mit allen philosophischen und rechtswissenschaftlichen Traditionen, nicht ohne deren komplexe Implikationen anzusprechen:

24 Ebd.
25 Yusoff, „Geologic Life“, S. 781.
26 Als Proto-Aktanten bezeichnet Bennett in Anlehnung an Latour jene Entitäten, die ein geringes Maß an Performanz oder energetisches Potenzial vorweisen.
27 Jane Bennett, *Lebhafte Materie. Eine politische Ökologie der Dinge*, Matthes und Seitz: Berlin 2020, S. 61.
28 Ebd., S. 8

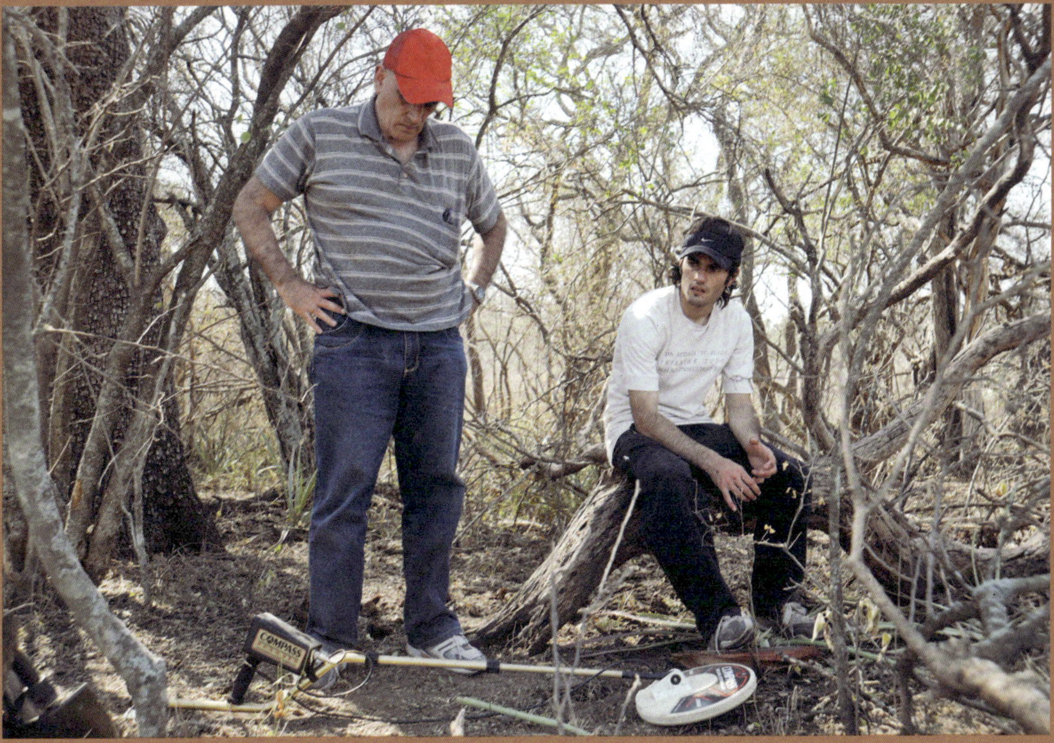

Der Gymnasiallehrer Elios René Jourdán aus Santa Fé in Argentinien sucht seit dreißig Jahren nach dem Mesón de Fierro. Die Kopie seines Berichts, den er bei der Library of Congress in Washington, D. C. eingereicht hatte, führte 2009 zu einem Treffen mit den Künstlern. Später begleiteten sie ihn bei einem weiteren erfolglosen Versuch, den lange verschollenen Meteoriten zu bergen.

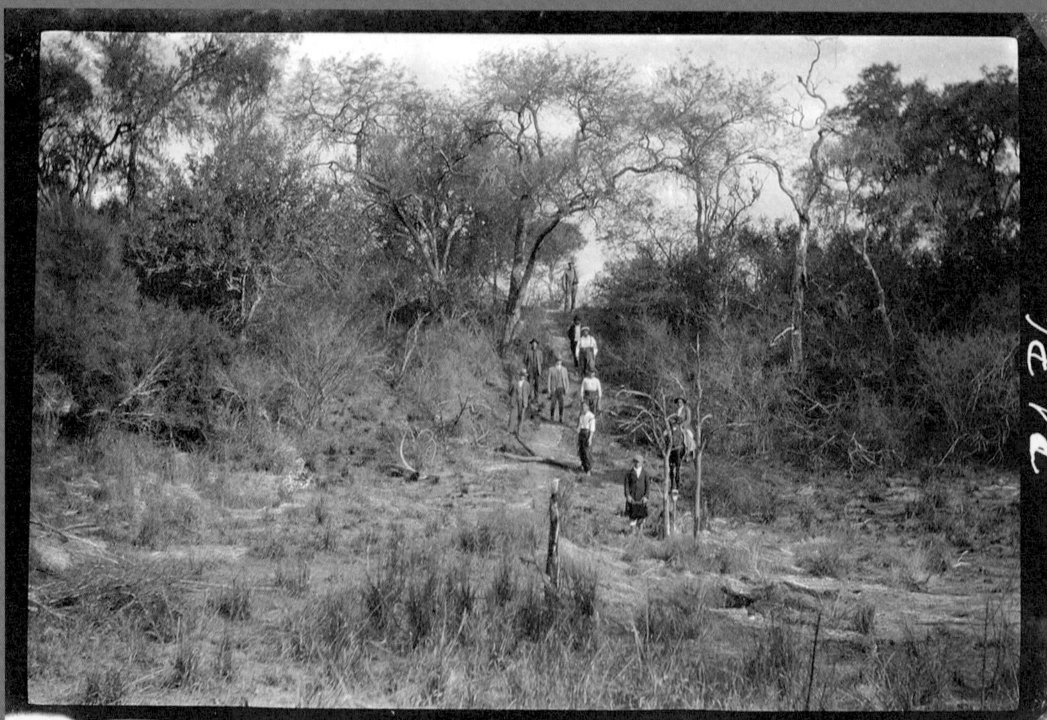

Während einer ihrer zahlreichen Missionen in Zusammenhang mit Mesón de Fierro stießen Faivovich & Goldberg 2011 in einem aufgelassenen Archiv in einer staatlichen Einrichtung in Buenos Aires auf Originalnegative von 1923, darunter bisher unveröffentlichte Bilder. Diese Aufnahme zeigt eine Gruppe von Männern am Rand eines Kraters im Campo del Cielo.

> Worin liegt der Unterschied zwischen einem Ökosystem und einem politischen System? Sind die beiden analog – zwei Bezeichnungen für dasselbe, wenn auch in unterschiedlichen Größenordnungen verwirklichte System? Was ist der Unterschied zwischen einem Aktanten und einem politischen Akteur? Gibt es überhaupt einen eindeutigen Unterschied? Gilt eine Handlung dadurch als politisch, dass sie „in" einer Öffentlichkeit stattgefunden hat? Gibt es nichtmenschliche Mitglieder der Öffentlichkeit?[29]

Ökosysteme und politische Systeme sind möglicherweise nur verschiedene Maßstäbe von Gemeinschaftlichkeit, die entlang kontrollierter Grenzen als unüberbrückbare Differenzen verteidigt werden. Ökologisch zu denken, bedeutet daher, die Frage nach politischer Partizipation radikal neu zu stellen und die Kluft zwischen Natur und Kultur zugunsten einer kollektiven Produktion von Umwelten, an der menschliche und nichtmenschliche Partizipient*innen gleichermaßen beteiligt sind, zu überbrücken. Die Folge solch eines Paradigmenwechsels wäre ein gemeinschaftliches Verhandeln von natürlichen und ökologischen Ressourcen, oder *res communes,* und damit die Ablösung von einem Bewusstsein, das „Natur" als Externalität fixiert. Die Aufgabe bestünde darin, sich mit einer alles durchdringenden Materialität auseinanderzusetzen, während diese mit dem Menschlichen in agentischen Assemblagen rivalisiert, und dabei unserer eigenen gewahr zu werden.[30]

DIE POLITISCHE ÖKONOMIE DES KOSMOS

Politische und kulturelle Ansprüche auf kosmische Körper werden auch von indigenen Bevölkerungsgruppen gestellt. In einer Vielzahl von indigenen Kosmologien kommt dem „kosmischen Steinschlag" eine besondere rituelle Stellung zu. Bezeichnungen wie *Pigüem Nonraltá* der Moqoit Argentiniens, Adhibuya-Gestein (übersetzt als großes Licht) der Saibai-Inselbewohner*innen[31] oder *Yeo Yeo* (Debbil/Debbil, also Teufel/Teufel) für den australischen Narraburra-Meteoriten[32] geben Auskunft über den Stellenwert und die über Generationen anhaltende Überlieferung von astralen Phänomenen wie Meteoren, Kometen und Eklipsen. In einigen Fällen als Todes- und Krankheitsomen mit Tabus oder Verboten belegt oder dem Wirken von Geistern und dunklen Mächten zugesprochen, gelten sie als kulturell *sensible* Erscheinungen. Aufgrund ihres *Manas* – der ihnen innewohnenden Kraft und Transzendenz – wurden Meteoriten schon vor tausenden Jahren als kultische Gegenstände verehrt und zu Werkzeugen und Waffen umgeformt. Die Moqoit des Campo del Cielo führen ihre kosmogonische Entstehungsmythe auf den Einschlag selbst zurück. Dem tobenden Feuer entsprangen die ersten Menschen und Tiere, und es entstand eine kosmologische Geometrie zwischen den menschlichen und nichtmenschlichen Wesen, die das Feld des Himmels besiedelten. Der Himmel, *Piguim,* bezeichnet eine Welt, die der vom Menschen bewohnten ähnelt und sich gleichzeitig von ihr unterscheidet. Himmelsbewohner*innen unterhalten eine nichtmenschliche Gemeinschaftlichkeit mit denselben Beziehungen, die die Moqoit untereinander haben.

29 Ebd., S. 160.
30 Ebd., S. 183/184.
31 Duane W. Hamacher, „Recorded Accounts of Meteoritic Events in the Oral Traditions of Indigenous Australians", in: *ArXiv:1408.6368 [Physics]*, 17. August 2014, S. 8. http://arxiv.org/abs/1408.6368.
32 Ebd., S. 4.

Als Faivovich & Goldberg im Kontext der Documenta 13 im Jahr 2012 den El-Chaco-Meteoriten von Argentinien nach Deutschland transferieren wollten, entfachte dieses scheinbar harmlose Unterfangen eine heftige Diskussion zur kosmologischen Politik der amerindischen Bevölkerungen der Chaco-Ebene. El Chaco ist ein 37 Tonnen schwerer Meteorit, der als Symbol für die komplexe himmelsgebundene Kosmologie der Moqoit gilt, die seit 2010 auch im Rahmen von Tanzdemonstrationen im Parque Provincial del Meteorito en Chaco für den Schutz der gefallenen Himmelskörper eintreten. Als daher im Dezember 2011 ein Provinzgesetz zur Ausfuhr des Meteoriten erlassen wurde, löste das Projekt eine intensive Debatte innerhalb der Gemeinschaften des Chacos, aber auch unter Anthropolog*innen sowie im internationalen Kunstumfeld aus. Im Zentrum der Diskussion stand die unverletzbare Integrität und immerwährende Präsenz des Chaco an seinem Standort, als Symbol und Hüter der Moqoit. Im Rahmen einer als „politischen Ökonomie des Kosmos"[33] bezeichneten territorialen und kulturellen Reklamation spielten sowohl die Eisenmassen als auch die mit ihnen verbundenen Kräfte und Mächte eine ausschlaggebende Rolle. „Diese riesige Eisenmasse", so der argentinische Anthropologe Alejandro Martín López, „war das Symbol ihres Territoriums und der Beziehung, die sie zu ihm aufbauten. Sie wurde als ‚Quelle einer Energie' beschrieben, als etwas, das ‚nicht religiös, nicht spirituell, sondern wahr' ist, und galt als das Herzstück der Lebenserfahrung der Moqoit."[34] Die mit ihrer Kosmologie verbundene politische Praxis der Moqoit wäre durch das künstlerische Projekt verletzt worden, so López. Während die Documenta-Direktorin Carolyn Christov-Bakargiev und die Künstler einen laufenden Austausch mit indigenen Vertreter*innen *(Caciques)* führten, zog die Affäre um El Chaco immer weitere Kreise. Im Zuge dieser Auseinandersetzungen verzichteten die Künstler am 30. Januar 2012 auf die Entlehnung des Meteoriten und binden seither die Moqoit in ihre Arbeiten und Untersuchungen ein.

Stein- und Eisenmeteoriten müssen innerhalb des Registers von urgenten Fragestellungen nach Interpretation, Besitz, Aufteilung und Schutz des Dinglichen und Atmosphärischen situiert werden, adressieren sie doch weitläufige Fragen des kulturellen, indigenen und ökologischen Erbes der Menschheit. „Steine, die vom Himmel fallen", sind geologische Artefakte und Biofakte, Hinterlassenschaften menschlichen Handelns und Gestaltens und durch Naturkräfte entstandene Formationen und Findlinge. Die lange Geschichte menschlicher Interaktion mit und wissenschaftlicher Erforschung von Meteoriten sowie deren reger internationaler Handel veranlasste einige Länder in den vergangenen Jahrzehnten dazu, Gesetze zum Schutz der Stein- und Eisenmassen als Kulturgüter laut UNESCO-Konvention[35] zu verabschieden. Die Chaco-Meteoritenfunde Argentiniens stehen beispielsweise seit 1990 unter regionalem Schutz, sechs australische Bundesstaaten und zwei Territorien haben das ausschließliche Recht auf Funde an nationale und regionale Museen übertragen, wie auch Dänemark, die Schweiz und Indien. Archäologischen Fundstücken gleichgestellt, zählen Meteoriten nunmehr vielerorts aufgrund ihrer Seltenheit als Güter, die als besonders bedeutsam für das kulturelle Erbe der Menschheit gelten. Die lang gepflegte Praxis, Meteoriten in Kleinsegmente zu zerteilen, um diese zu handeln, wird mittlerweile immer häufiger als Verstoß gegen die Integrität der geologischen Körper angesehen. Trotz all dieser Ansätze gelten sie heute vielerorts immer noch als „stumpfe Materie" *(dull matter)*[36], denen im besten Fall als Sammlungsobjekt, Kuriosum oder Faszinosum Aufmerksamkeit zugesprochen wird.

Das Naturhistorische Museum (NHM) in Wien, 1889 als naturhistorisches Gesamtmuseum inauguriert, beherbergte neben bedeutenden geologisch-mineralogischen, botanischen und zoologischen Sammlungen als das „einzige konsequente Evolutionsmuseum"[37] Europas eine wichtige anthropologische und ethnografische Sammlung. Wie viele andere Naturkundemuseen des 19. Jahrhunderts, deren wissenschaftliches Programm Charles Darwins einst revolutionäre Theorie der natürlichen Selektion popularisierten, sollte es den materiellen Beweis für die Evolutionsthese und damit des menschlichen Exzeptionalismus erbringen. Dementsprechend ambitioniert zeigte sich der NHM-Gründungsintendant Ferdinand von Hochstetter. Seine wissenschaftliche Gesamtvision ließ er, dem aufgeklärten Kaiser zu Ehren, in einen fürstlich dekorierten Prunkbau gießen. Besonderes Augenmerk legte er auf die Ausstattung des monumentalen Gebäudes im Renaissancestil sowie den durch ein künstlerisches Gesamtkonzept visualisierten progressiven Bildungsauftrag seiner musealen Neugründung. Thematisch auf die Sammlungsschwerpunkte abgestimmt, zeigen ins Interieur integrierte Gemälde geologische Phänomene, Schauplätze bedeutsamer Naturereignisse, Expeditionsreisen, historische Szenen in Bergwerken oder während der Goldgewinnung sowie, im sogenannten Meteoritensaal, „den vierten Saal des alten Mineraliencabinets in der Hofburg (von Eduard Ameseder), den Meteoritenfall von Knyahinya (von Othmar Brioschi) und den ersten Saal des alten Mineraliencabinets in der Hofburg (von Fahrid Sabha nach einem Aquarell von Eduard Ameseder)"[38].

Da Hochstetters programmatische Ausrichtung des NHM in den Grundzügen bis heute erhalten geblieben ist, zumindest in der Aufteilung der Schau- und Studiensammlungsbereiche und in weiten Teilen der Saalausstattungen und der Anordnung der Schauvitrinen, lohnt es sich dem Gründerzeitgeist nachzuspüren, der einst das Museum prägte und sich heute noch zu erkennen gibt. So wird in der *Geschichte der Wiener naturhistorischen Sammlungen* anlässlich des 100-jährigen Bestehens des Museums der Forschungsenthusiasmus des 19. Jahrhunderts wie folgt beschrieben:

> Man empfand wissenschaftliche Forschung […] fast als eine Art heiliger Handlung, hielt deren Träger in Naturforschung und Geographie, Völkerkunde und Archäologie, Medizin und Technik in rührender Naivität für Beauftragte einer jenseits aller Vorurteile stehenden höheren Weltvernunft und erblickte dabei in der Erschließung der Heimat wie in der Entdeckung und Durchforschung fremder Länder, Meere und Kulturen eine Art höherer Bestimmung des Menschengeschlechtes, deren Vollstrecker – die Forscher – einen Ehrenrang innerhalb der Werteskala der Berufe einnahmen.[39]

33 Jandro Martín López, „Las texturas del cielo. Una aproximación a las topologías moqoit del poder", in: *Gran Chaco: ontologías, poder, afectividad,* hrsg. v. Florencia Carmen Tola, Celeste Medrano und Lorena Cardin, Buenos Aires: Asociación Civil Rumbo Sur 2013, S. 103.

34 Ebd., S. 108 (Übersetzung der Verfasserin).

35 Das Übereinkommen über Maßnahmen zum Verbot und zur Verhütung der unzulässigen Einfuhr, Ausfuhr und Übereignung von Kulturgut wurde am 14. November 1970 auf der 16. Tagung der UNESCO-Generalkonferenz in Paris verabschiedet. Es war der erste friedensrechtliche Vertrag, der den Begriff des Kulturguts definierte.

36 Bennett, *Lebhafte Materie,* S. 7.

37 Herbert Matis, *Darwin in Zentraleuropa: Die wissenschaftliche, weltanschauliche und populäre Rezeption im 19. und frühen 20. Jahrhundert,* Münster: LIT Verlag 2018, S. 427.

38 „Naturhistorisches Museum Wien – Meteoritensaal (Saal 5)". https://www.nhm-wien.ac.at/ausstellung/dauerausstellung__schausammlung/hochparterre/meteoriten_saal_5.

39 Günther Hamann, *Die Geschichte der Wiener naturhistorischen Sammlungen bis zum Ende der Monarchie,* Wien: Verlag Naturhistorisches Museum 1976, S. 7.

Was einst dem Versprechen einer „jenseits aller Vorurteile stehenden höheren Weltvernunft" dienen und der Volksbildung zugutekommen sollte, erwies sich in Folge als anachronistisch, unzureichend bis hin zu katastrophisch, um die Komplexitäten der sich wandelnden ideologischen und wissenschaftlichen Anschauungen zu vermitteln. Während die ethnografischen Sammlungen ins 1928 neu eröffnete Museum für Völkerkunde (heute Weltmuseum Wien) übersiedelten, entbrannte in den Neunzigerjahren eine heftige Kontroverse um die aus dem Jahr 1978 stammende anthropologische Dauerausstellung mit dem Titel „Die heute lebende Menschheit (Rassenkunde)". Der erst 1996 geschlossene, im Volksmund als „Rassensaal" bezeichnete Saal 17 im NHM präsentierte eine unvertretbar unzeitgemäße und durch Beschreibungen, Fotos und Schädelexponate vermittelte Anordnung ausgestellter Menschentypologien, die einen hierarchisierenden und diskriminierenden Umgang mit rassifizierten Differenzen propagierte.

Jedoch herrscht heute noch in den musealen Displays und Schauvitrinen eine gespenstische Stimmung, die Anna-Sophie Springer und Étienne Turpin als eine Ästhetik des Toten und Leblosen *(necroaesthetics*[40]*)* bezeichnen. Während menschliche Überreste restituiert oder, wie in den meisten Fällen, lediglich in den Depots verschwanden, so stellen weiterhin „kindgerechte" Dioramen mit präparierten Tierspezimina liebliche, meist patriarchal konnotierte Familienarrangements zur Schau. Ausgestorbene Tierarten vermitteln den Eindruck ihrer unmittelbaren und immanenten Präsenz. Ihre museale Reanimation verleitet dazu, diese tierischen Biofakte mit Mitgefühl und Bewunderung oder aus Kuriosität zu rezipieren und die Zeichen von Extinktion, Ausbeutung, Diebstahl und Opferung, die ihren Geschichten eingeschrieben sind, auszublenden. Als tote Natur („nature morte") sind sie in die heroischen Bilderzählungen westlicher wissenschaftlicher Anstrengungen und deren Rationalitätskult eingebettet. Ähnlich verhält es sich mit mineralogischen und geologischen Sammlungen. Ihre Klassifikations- und Ordnungssysteme berücksichtigen weder die politischen, kolonialen und ökologischen Kontexte, denen Museumsbestände entnommen wurden, noch die komplexen Geschichten ihrer Entdeckung, ihres Erwerbs und ihrer musealen Eingliederung.

EVIDENZEN IM MUSEUM

Das NHM ist heute eine wissenschaftliche Einrichtung mit einem derzeit geschätzten Sammlungsbestand von 30 Millionen Exponaten und dem „allgemeinen Zwecke der Volksbildung" gewidmet. Wissenschaft und Volksbildung lassen ein explosiv spannendes Zusammentreffen von Forschung, Diskurs und Vermittlung vermuten. Jedoch scheint genau das Gegenteil der Fall zu sein: Während das Museum publikumsadäquat oftmals seit Jahrzehnten nur geringfügig veränderte Sammlungsdispositive zeigt, wird gleichzeitig *intra muro* wissenschaftlich geforscht. Kustod*innen und Sammlungsleiter*innen sind in universitäre und wissenschaftliche Netzwerke eingebunden und arbeiten am Puls der Zeit, doch in ihren musealen Funktionen fungieren sie oft lediglich als Bewahrer*innen der ihnen zugewiesenen Exponate. Als Beispiel für das Auseinanderklaffen von Forschung und Bewahrung kann die Meteoritensammlung herangezogen werden. Nach dem National Museum in Washington, D.C., und dem National Institute of Polar Research in Tokio beherbergt das NHM mit über 7.000 Objekten eine der größten Meteoritensammlungen der Welt. Einen
einzigartigen Status genießt der Saal 5, der sogenannte Meteoritensaal, mit 43
einer Zurschaustellung von ca. 1.100 Exemplaren, die zudem die weltweit längste Sammlungsgeschichte aufweisen. Nicht nur war der NHM-Gründungsdirektor

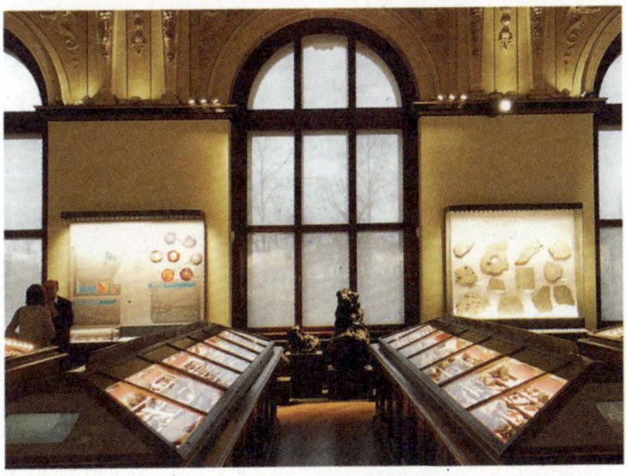

Meteoritensaal, Naturhistorisches Museum Wien

Hochstetter ein renommierter Geologe, auch viele seiner Nachfolger arbeiteten auf dem Gebiet der Mineralogie, Paläontologie und der Geologie. Umso verwunderlicher, dass Hochstetters ursprüngliches Raumprogramm mit den historischen Doppelpultkästen und den zur Aufbewahrung von Studiensammlungsbeständen konzipierten Ladenkörpern heute noch erhalten ist und der Charakter des Sammlungssaals im Wesentlichen unverändert blieb – wenn auch digitale Lehrtafeln, interaktive Medienstationen und Videomaterial hinzugefügt wurden. Scheinbar spurlos sind an dieser Sammlung die wissenschaftlichen und gesellschaftlichen Befragungen vorbeigegangen, die gegenwärtig Anstoß für die Wende im kulturellen Bewusstsein zu den Problemen des Geologischen und des Anthropozäns liefern. Noch werden hier materielle Evidenzen und Fragen nach dem Stellenwert von geologischen Funden diskutiert. Beharrlich werden epistemologische und ethische Zweifel zur Stellung von Objekten und zu dem umfassenden anthropozentrischen Weltbild ignoriert, die klassifizierende Ordnungssysteme hervorbringen.

Die lange Geschichte und aktuelle Gegenwart des NHM dient an dieser Stelle als Anstoß zu Überlegungen, in welcher Weise viele Museen der Naturgeschichte einem vorgeschriebenen kulturellen Programm und einer konservativen, selbstreflektiven und überholten epistemologischen Rahmung verpflichtet sind. Während im Kontext der zeitgenössischen Kunstinstitution, wie auch vermehrt der ethnografischen Sammlungen, die Praktiken der Dekolonisierung und Ökologisierung intensiv diskutiert und immer häufiger auch praktiziert werden, sind die Museen der Naturgeschichte oftmals ihren Gründungsparadigmen verpflichtet. Erst in jüngster Zeit und sehr zögerlich haben sich die Naturkundemuseen mit ihren zoologischen, mineralogischen, paläontologischen, botanischen und geologischen Sammlungen in diese Debatten eingeschaltet. Zu beobachten sind immer noch ein epistemologischer Stillstand und eine historische und intellektuelle Amnesie, wenn auch oftmals unter Einsatz modernster medientechnologischer Hilfsmittel. Sammlungssäle werden zwar hin und wieder um- und ausgeräumt, Displays interaktiv verbessert und Wissenslücken geschlossen, ohne jedoch den tiefgreifenden Wandel zu reflektieren, den die Wissenschaften und die sie kritisch begleitenden philosophischen und erkenntnistheoretischen Diskurse längst vollzogen haben.

Die epistemologische Autorität des Museums beruht auf der exemplarischen Inszenierung von Artefakten und Objekten (menschlich gefertigten Gegenständen, geologischen Fundstücken, menschlichen und tierischen Anschauungspräparaten usw.), die der formelhaften Darstellung von Kulturen, Lebensformen und -gemeinschaften und deren wissenschaftlicher Kategorisierung dienen, die ihrerseits Belege kolonialer Alterisierung sind. In ihrem Essay „Collecting Life's Unknows"[41] verwendet Clémentine Deliss den Begriff „to remediate"[42] im Zusammenhang mit ethnografischen Sammlungen und signalisiert damit die Notwendigkeit, diese *Unbekannten* in zeitgenössische Kontexte zu stellen, sodass alternative Interpretationen und Ausstellungspraktiken erprobt werden können. Deliss' Verständnis von *Remediation* birgt verschiedene

40 Anna-Sophie Springer und Étienne Turpin, „Necroaesthetics: Denaturalising the Collection", in: *Ecologising Museums,* S. 78–89.

41 Clémentine Deliss, „Collecting Life's Unknowns", in: *Decolonising Museums,* hrsg. von L'Internationale Online, 2015, S. 23–34. http://www.internationaleonline.org/research/decolonising_practices/27_collecting_lifes_unknowns.

42 Ebd., S. 28.

subtile Konnotationen. Einerseits bezieht sie sich auf den Akt der Wiederherstellung und Heilung (*remedy* als Heilmittel) angesichts der kolonialen Gewalt, die in die museale Geschichte des Sammelns im Globalen Norden eingeschrieben ist. Andererseits impliziert sie die Verwendung von neuen, dekolonialen Medien und Techniken und stellt die Praxis des Sammelns als aktive Form der Vermittlung (Mediation) zur Diskussion. Aus einer medientheoretischen Sicht verarbeitet jedes neue Medium (wie ein Museumsdisplay) ein älteres (koloniale Technologien) – auch wenn es das Vorhandensein des alten Mediums im neuen zu verschleiern sucht – und verlangt daher nach immer neuen Methoden der *Remediation*. Das Aufdecken der von Deliss beschriebenen Defizite, die angesichts so mancher anachronistischer Museumspraktiken augenscheinlich sind, soll „die ambivalente Resonanz der kolonialen Vergangenheit" offenlegen und Möglichkeiten für andere Sammlungspraktiken, einschließlich der Rückgabe von Artefakten, eröffnen.[43]

Auch Springer und Turpin zufolge indiziert jede Art des Sammelns eine Form normalisierter Gewalt, die sowohl erkenntnistheoretisch als auch institutionell verhandelt wird. Insbesondere für die aus einem kolonialen und imperialen Erbe hervorgegangenen Sammlungen ist eine konsequente Dekolonisierung und Ökologisierung, eine dekolonisierte und ökologisch geleitete Überprüfung und *Remediation* der Bestände und der sie vermittelnden Narrative unerlässlich. Aber auch angesichts der tiefgreifenden Veränderungen der materiellen Realitäten des Lebens auf dem Planeten gilt es vieles von dem, „was wir wissen", aus ganz anderen Blickwinkeln neu zu vermitteln. Neue wissenschaftliche Entwicklungen wie auch die Politisierung der Natur setzen Impulse für eine ökologische und historische Neubewertung naturhistorischer Bestände wie auch der Rolle des Museums selbst. Eine Weltdarstellung des Anthropozäns, sollte dieser Begriff jemals seine endgültigen wissenschaftlichen Weihen erhalten, so der kritische Ansatz, verlangt nach neuen Darstellungsformen und ökologisierten und dekolonialen Erzählungen.

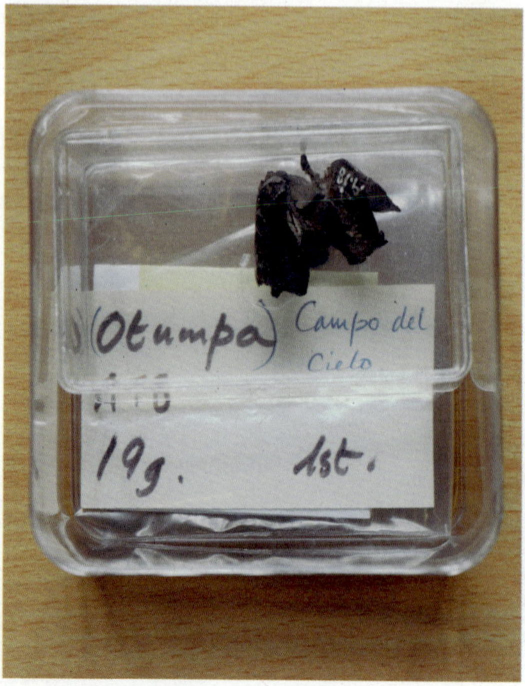

43 Ebd. Übersetzung der Verfasserin.
44 Faivovich & Goldberg, *Some Accounts of A-18.* Unveröffentlichtes Manuskript, 29. November 2017. Archiv und Übersetzung der Verfasserin.

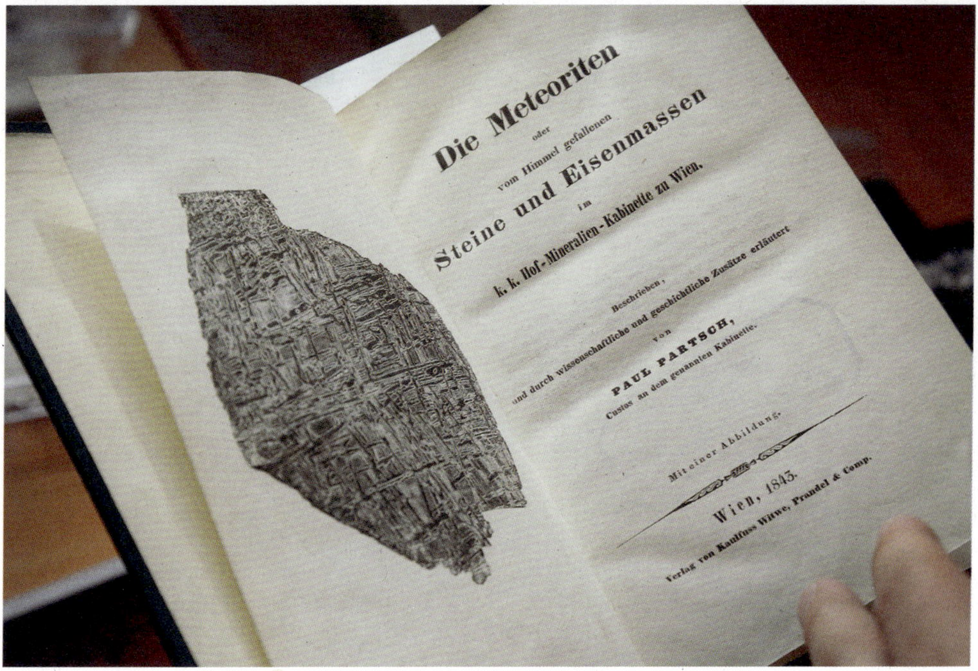

45 Paul Partsch, *Die Meteoriten oder vom Himmel gefallene Steine und Eisenmassen im k. k. Hof-Mineralien-Kabinette zu Wien*, 1843

44 Tucumán 3a mit der Inventarnummer A-18, Eintrag im Sammlungskatalog des Vereinigten K.K. Naturalien Cabinets, 1807. Historisches Inventar des Naturhistorischen Museums Wien

MESÓN DE FIERRO, TUCUMÁN, A-18

> Am 24. Februar 2017 hatten wir einen Termin im Naturhistorischen Museum Wien mit Direktor Christian Köberl, um die Möglichkeit einer Auftragsarbeit für das Museum zu besprechen. Da wir wussten, dass diese Institution eine der ersten ihrer Art ist und wahrscheinlich die beste Meteoritensammlung beherbergt, nutzten wir dieses Treffen, um Anfragen zum *Campo del Cielo* zu stellen. Nach einem Rundgang durch die atemberaubenden Mineralien- und Meteoritensäle landeten wir im Büro von Dr. Franz Brandstätter, einem der Kustoden der Meteoritensammlung. Wenn man bedenkt, dass die ältesten Sammlungsbestände auf das Jahr 1753 zurückgehen, ist es nicht weit hergeholt, sich vorzustellen, dass im Museum wertvolle Proben aus *Campo del Cielo* aufbewahrt werden oder wurden. […] Glücklicherweise hatte Dr. Brandstätter ein Exemplar
> 45 von *Die Meteoriten oder vom Himmel gefallene Steine und Eisenmassen im k. k. Hof-Mineralien-Kabinette zu Wien* aus dem Jahr 1843 zuhanden. Bei der Publikation handelte es sich um ein Verzeichnis der im kaiserlichen Museum aufbewahrten Meteoriten. Auf Seite 128 fand sich unter dem Eintrag *Tucumán* (eine andere Bezeichnung für den *Campo del Cielo*) eine Liste von Proben. Zu unserer Überraschung war eines der Stücke mit dem Verweis versehen, dass es 1807 in die Sammlung gelangte. Uns fiel die Kinnlade herunter. Der einzige mögliche Meteorit, mit dem diese
> 44 19-Gramm-Probe in Verbindung gebracht werden konnte, war unweigerlich *Mesón de Fierro*.[44] – Faivovich & Goldberg

Das Wiederauffinden des 19 Gramm schweren Sammlungsobjekts mit der Bezeichnung A-18 (die niedrige Inventarnummer ist ein Verweis auf dessen sehr frühe Anschaffung) durch Faivovich & Goldberg am Morgen des 24. Februars 2017 war der Höhepunkt einer jahrzehntelangen Suche nach Hinweisen auf den verlorenen Mesón de Fierro. Während es noch über sechs Monate dauern sollte, bis die Künstler A-18 in Händen halten würden, sorgte der Fund für Aufregung. Meteoriten sind in der Regel sehr genau erforscht und vor allem so frühe, in ein Museum eingegangene Funde historisch ausgewertet. Dieses außergewöhnliche Ereignis, dass nämlich Künstler*innen Hinweise auf die Provenienz eines seltenen geologischen Sammlungsobjekts liefern, führte im November 2018 zu der kleinen Ausstellung im NHM unter dem Titel „Auf der Suche nach Mesón de Fierro". In dem etwa vierzig Quadratmeter großen, unmittelbar an den Meteoritensaal angrenzenden Raum wurden nur wenige Ausstellungsstücke gezeigt. Im Zentrum des völlig abgedunkelten und schwarz ausgemalten Raums prunkte der A-18-Findling in der ehemaligen Vitrine der rätselhaften Venus von Willendorf, einer 29.500 Jahre alten Statuette aus der Altsteinzeit. Daumen und Zeigefinger einer mit hellblauem Einweghandschuh bekleideten Hand umfassten sorgsam den kleinen Meteoriten. Die „präparierte" Hand hatten die exzellenten Tierpräparatorinnen des NHM schon Tage zuvor angefertigt. Teil der Präsentation waren ein Gemälde, das Faivovich & Goldberg nach der Vorlage einer Zeichnung des argentinischen Kartografen Pedro Antonio Cerviño aus dem Jahr 1783 anfertigen ließen; eine Collage kartografischer Fragmente von Ángel J. Carranza, die jene drei historisch nachgewiesenen Expeditionen von Juli 1779, Februar 1783 und März 1803 abbilden (wobei Letztere allerdings nicht mehr zum Mesón, sondern zur Auffindung des Runa-Pocito-Meteoriten führte); eine Soundinstallation, die Gesänge und Stimmen der *Indians of the Gran Chaco*, der Mataco und Charote, von einer im Jahr 1976 herausgegebenen Langspielplatte wiedergab; sowie eine Texttafel, die neben der Geschichte des Mesón de Fierro folgende gaiaische Leseart der Installation vorschlug:

> Was wäre, wenn die Begriffe für Natur und Kultur vertauscht oder gar durch Natur-Kultur ersetzt würden und wir damit die viel zu lang eingelernte Trennung zwischen beiden auflösen könnten? Im neuen Parlament der Dinge würden wir auf Eis gelegten genetischen Proben, außerirdischen Steinen und lebensverlängernden Herzimplantaten begegnen und mit ihnen neue Beziehungsformen verhandeln. In den vergangenen zwölf Jahren erforschte das Künstlerduo Faivovich & Goldberg die spezifische Natur-Kultur-Assemblage des Campo del Cielo in Argentinien. Sie haben Meteoriten in Kunstmuseen gebracht, fotografische Abdrücke gezeigt und längst vergessene Geschichten wiederaufleben lassen. Sie befragen, was Präparate und Artefakte außerhalb von Laboren, Museumsdisplays und Sammlungsvitrinen darstellen. Sie erzählen neue Geschichten und bereiten neue Ideen anhand alter Wissensformen. Dieser Raum ist lediglich ein Ausschnitt einer sehr langen und sehr alten Geschichte.[45]

„Auf der Suche nach Mesón de Fierro" diente der kritischen Befragung musealer Epistemologien im Kontext des Geologischen und der Rolle künstlerischer Gegenrecherche zur Destabilisierung wissenschaftlicher und anthropozentrischer Narrative. Ins Auge stach, dass das nur wenige Zentimeter kleine A-18-Fragment eine weitreichende Narratologie[46] entwickelte, wobei die künstlerische Intervention vorwiegend daraus bestand, Gefundenes, Gesammeltes und Geortetes – also Recherchematerial und Fundstücke – in einen historisch stringenten Präsen-

45 Texttafel zur Ausstellung, verfasst von der Verfasserin.
46 Mieke Bal, *Narratology: Introduction to the Theory of Narrative*, 3. Auflage, Toronto: University of Toronto Press 2009, S. 3.

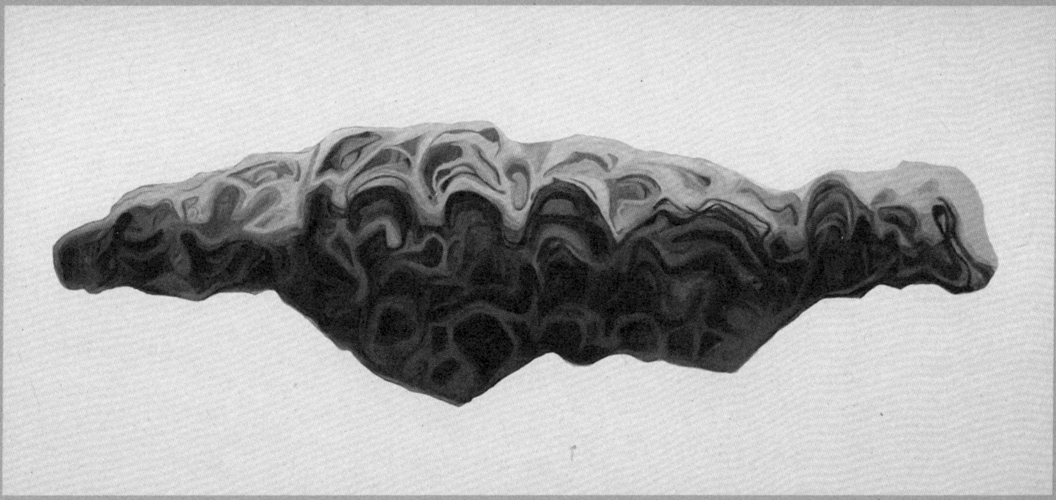

Faivovich & Goldberg beauftragten ein Gemälde des Mesón de Fierro im Maßstab 1:1, um ihn der Welt auf diese Weise zurückzugeben. Das Bild basiert auf einer fotografischen Reproduktion einer Zeichnung, die 1926 veröffentlicht wurde, sowie auf den Abmessungen des Meteoriten, wie sie vom Kartografen Pedro Antonio Cerviño im Jahr 1783 abgenommen wurden. Seine Zeichnung dokumentiert die letzte Sichtung des Meteoriten.

Faivovich & Goldberg. *Mesón de Fierro*, 2011. Acryl of Leinwand. 180 × 400 cm.

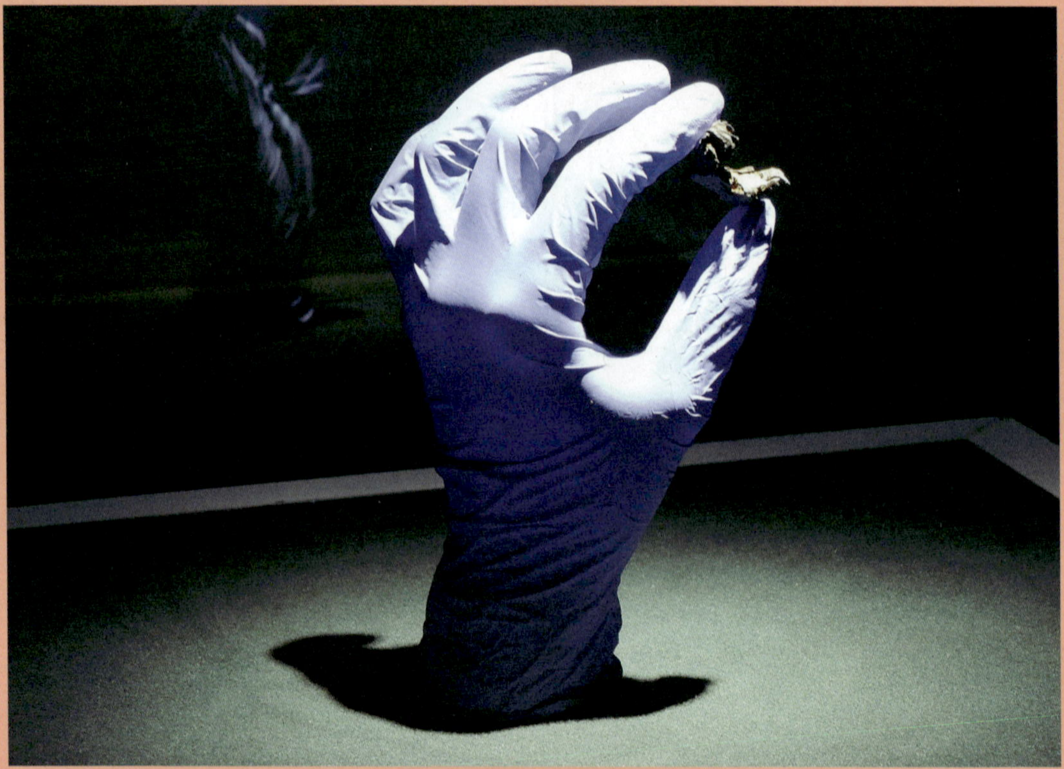

Im Jahr 2017 wandten sich Faivovich & Goldberg an das Naturhistorische Museum in Wien. Nach Recherchen in der Bibliothek und Durchsicht der Aufzeichnungen des Museums konnten sie einen direkten Zusammenhang zwischen Mesón de Fierro und dem 1807 von der Sammlung erworbenen Fragment A-18 herstellen.

tationsrahmen und zugleich in spekulative Bedeutungszusammenhänge zu setzen. Kalkulierte Gesten des Zeigens und Aufführens wurden mit diskursiv-sinnlichen Interventionen verknüpft. Visuelle, materielle und akustische Zeugnisse standen als historischer und informatischer Quellenkorpus zur Verfügung, um bildkräftige Vorstellungen des verlorenen Astralkörpers zu erzeugen. Die komplexen Interaktionen, die der A-18-Meteorit archiviert – seine Kolonialgeschichte, die Expeditionen, die zu seiner Entdeckung führten, seine Entnahme aus dem verlorenen Findling und seine weiteren Manipulationen, seine Laufbahn innerhalb der Wissenschaftswelt und seine Bedeutung für die Chaco-Bewohner*innen –, ließen sich so entschlüsseln und zu einer anthropolithischen Erzählung neu zusammenfügen.

Der Meteorit fungierte allerdings nicht nur als materieller Zeuge oder als ästhetisch-sinnliches Objekt. Er diente nicht nur der Zeitreise und der Rekonstruktion längst vergessener Ereignisse. Die Schau bekräftigte ein geopoetisches Denken mit Steinen, das sich vom humanistisch-anthropozentrischen Denken absetzt und ein Konzept des Unmenschlichen als materiell konstitutiv für die komplexen Manifestation des Lebenhaften nahelegt. Geopoetik kommt ohne die Vorstellungskraft nicht aus, da sich das Geologische „durch und mit dem Nichtmenschlichen bewegt, vor, während und nach der Subjektivität“[47]. Wenn der Mensch nicht länger als organisierendes Prinzip des Wissens gilt, dann ist das Geologische auch nicht außerhalb des Menschlichen, als seine Alterität bzw. Externalität zu situieren. So gewährt die Suche, die in „Auf der Suche nach Mesón de Fierro“ angedeutet wird, nicht nur Erkenntnisse zur Auffindung des A-18-Fragments. Vielmehr meint sie ein ständiges Neu-Entdecken und Re-Konfigurieren von Wissensmodalitäten, die Vergangenheit und Zukunft[48] in skalaren Größenordnungen explorieren und das menschliche mit dem meteorologischen Werden verbinden. Wenn materielle Zeugenschaft die Sichtbarmachung des Unsichtbaren suggeriert, wurde die multiskalare Singularität des Außerirdischen in der Physis des verschwundenen *Mesón de Fierro* beschworen.

Es war die Ambition der Ausstellung, einen Ausschnitt einer umfassenden und nicht abgeschlossenen Recherche zum Campo del Cielo zu eröffnen, aber auch eine Geschichte zu erwecken, die das Geologische innerhalb eines weitreichenden kosmischen und politischen Horizonts stellt. Als solche dient sie als Ideengenerator für ein geologisch bestimmtes Zeitalter, in dem das Geologisch-Werden des Menschen als Folge von geopolitischen Formationen begriffen wird, die tief mit der Mobilisierung planetarischer und außerplanetarischer Kräfte verwoben sind. Diese Denkansätze sind im Raum der Naturgeschichte nicht nur gut untergebracht, um Impulse für ein Umdenken im Hinblick auf das Geologische und für ein Verständnis von Materie auch als *lebhafte* Materie zu liefern, sondern sind angesichts der Vielzahl der dort aufbewahrten Objekte und ihrer individuellen Geschichten auch von besonderer Dringlichkeit.

47 Kathryn Yusoff, „Anthropogenesis: Origins and Endings in the Anthropocene“, in: *Theory, Culture & Society* 33, Nr. 2, März 2016, S. 7. https://doi.org/10.1177/0263276415581021. Übersetzung der Verfasserin.

48 Die Zukunft spielt im Werk von Faivovich & Goldberg eine wichtige Rolle. Immer wieder entsenden sie Zeitkapseln mit unterschiedlichen Inhalten – mit Meteoriten oder kuratorisch-philosophische Spekulationen – in die nahe und ferne Zukunft.

MANGROVEN-
METHODOLOGIE

MADISON BYCROFT
LÉO LANDON BARRET
AEZ PINAY

CARRIED AWAY: BEYOND A ROOTED CONDITION

Carried Away: Beyond a Rooted Condition von Madison Bycroft, Léo Landon Barret und Aez Pinay ist eine Performance, die am 5. Juni 2022 im Königlichen Botanischen Garten von Córdoba aufgeführt wurde.[1] Die für das Festival „Pasaje del Agua“[2] in Auftrag gegebene Arbeit befasst sich mit den Auswirkungen von Taxonomie, Repräsentation und archivarischer Ordnung im Kontext von Botanik und Naturgeschichte. Thematisch schließt sie somit an das vorangegangene Kapitel an, begegnet ihrem Gegenstand allerdings mit einer trans*-antitaxonomischen Sensibilität. Gegen die empfundene Übergriffigkeit von botanischen Ordnungen komponieren Bycroft, Barret und Pinay (Bycroft identifiziert sich mit den Pronomen *they/them*, Pinay mit *er/they* und Barret mit *sie/they*) szenische Tableaus, die Wildheit und Unbestimmbarkeit produktiv machen und so mehr-als-menschlichen Wesen ermöglichen, Autor*innen ihrer eigenen Identitäten zu werden. Ausgehend vom Studium der in den Gewächshäusern gezüchteten Pflanzenarten und deren Taxonomien bewegt sich die 45-minütige Performance inhaltlich wie auch physisch mit den mäandernden Schleifen und Strudeln des an den Herbarien vorbeifließenden Guadalquivir.

48–50 von oben nach unten: Madison Bycroft, Léo Landon Barret und Aez Pinay in *Carried Away: Beyond a Rooted Condition.* Performance im Königlichen Botanischen Garten, Córdoba, Spanien, 2022

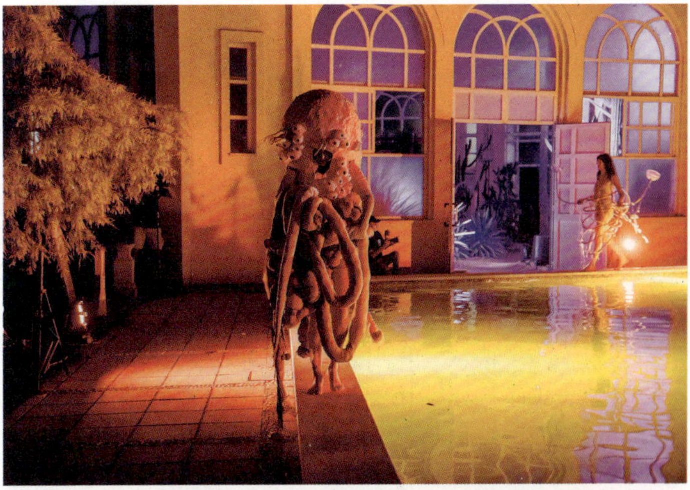

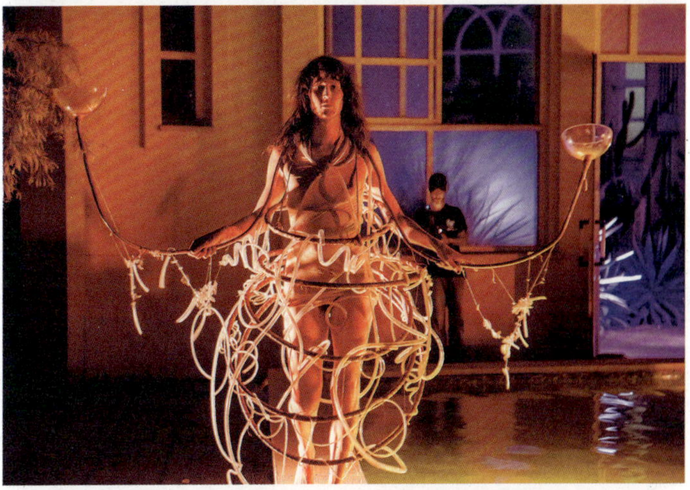

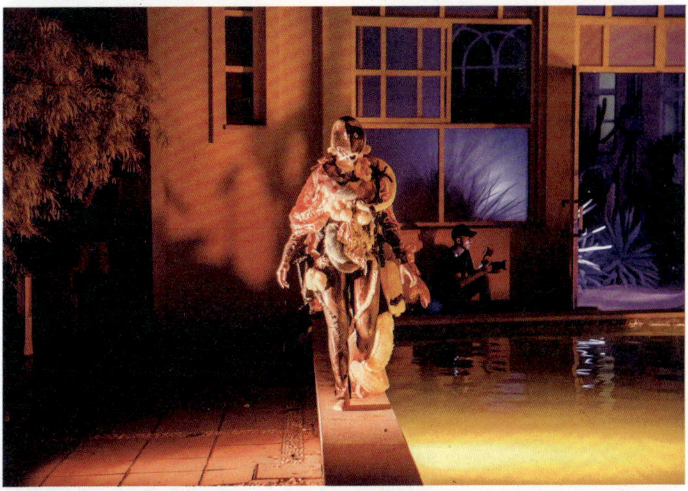

Wildness makes of these connections [signifier and signified] spaces of darkness and light in which objects stare out in their mottled nakedness while signifiers float by. Wildness is the death space of signification.[3]

Michael Taussig

Die botanische Taxonomie befasst sich mit der Identifikation, Nomenklatur und Klassifikation von Pflanzen, mit dem Ziel, die phylogenetischen Beziehungen zwischen Arten zu systematisieren. Die Ursprünge dieser wissenschaftlichen Disziplin gehen auf die Arbeiten von Carl Linnaeus im 18. Jahrhundert zurück, der ein binomiales (auch binäres) Nomenklatur-System einführte, anhand dessen Pflanzen und Organismen durch die Kombination ihres Gattungsnamens und ihres Artnamens identifiziert werden. Generell gelten Klassifizierungs- und Ordnungssysteme als Voraussetzung für die Organisation und Objektivierung von Wissen. Was die Wissenschaften allerdings systematisch zu verschleiern suchen, sind die residualen und gegenwärtig wirksamen Praktiken, ihre Diskurse und Machtverstrickungen, insbesondere, wie der Wissenschaftshistoriker Michel de Certeau behauptet, „the relation to the social, to the event, to violence, to the past, to death [...] those matters each scientific discipline must eliminate in order to be constituted as a science"[4]. Die eliminierte Geschichte der biologischen Taxonomie, ihre klaffende Leerstelle, ist jene der kolonialen Eroberung fremder Territorien und die Schaffung und Erprobung einer terminologischen und in weiterer Folge ontologischen Ordnung, die zu katastrophalen biologischen, sexistischen und speziesistischen Diskriminierungen führte. Auf die Benennung von Pflanzen (Botanik) folgte die Klassifizierung von Menschen (Anthropologie) und ihre epidermale und geschlechtliche Einordnung („Rassenkunde" und Sexologie).

48–58 In *Carried Away: Beyond a Rooted Condition* unterziehen Madison Bycroft, Léo Landon Barret und Aez Pinay die Naturkunde und ihre Verfahren, die Hand in Hand mit kolonialen Eroberungen entwickelt wurden, einer kritischen Prüfung. Indem sie Typisierungen und Paradoxa von Benennungspraktiken und der rangbasierten wissenschaftlichen Klassifizierung von Pflanzen und Tieren zunächst bloßstellen und in weiterer Folge im Wasser auflösen, erzeugen sie latente Unsicherheiten an den Grenzen der Taxonomie, Normativität und Orientierung. Sie nehmen Objekt-, Subjekt- und Identitätsbegriffe jeglicher Art auseinander und überantworten sie dem verblüffend Befremdlichen *(bewilderment)*.[5] Sie verlassen den festen Boden der Systematik und Gewissheit, um Sprach- und Erfahrungsformen zum Ausdruck zu bringen, die unordentlich bis hin zu unleserlich sind, in gewisser Weise das Naturhafte wieder verwildern lassen.

Wildheit *(wildness)* ist laut Queer-Theoretiker Jack Halberstam als Überbegriff zu verstehen für „this notion of existing without explanation, without a niche, outside of an orderly and inevitable scheme of life"[6]. Dem Natürlichen im engeren Sinne zugeordnet, bedarf der Begriff, um als Intervention in Politik, Ästhetik und Theorie operativ zu werden, zunächst einer Verortung außerhalb der Natur-Zivilisation-Dyade. Über die Verbindungen zu Queer Studies, Ökologie,

1 Madison Bycroft, Léo Landon Barret und Aez Pinay, *Carried Away: Beyond a Rooted Condition*, 2022, kuratiert von Barbara Casavecchia und Daniela Zyman. Bycroft arbeitet mit unterschiedlichen Kollektiven und in performativen Ensembles, um Projekte zu realisieren, die zwischen Performance, Skulptur und Film oszillieren. *Carried Away* ist zwar eine kollektive Arbeit, enthält aber Textpassagen von Bycroft und basiert auf theoretischen Formulierungen, die Bycroft vorgebracht hat.

2 „Pasaje del Agua | The Journeying Stream", organisiert von TBA21 und TBA21–Academy, fand vom 3. bis 5. Juni 2022 in Córdoba, Spanien, statt und wurde von Sofía Lemos und Daniela Zyman kuratiert.

3 Zit. in: Jack Halberstam, *Wild Things: The Disorder of Desire, Perverse modernities*, Durham, N. C.: Duke University Press 2020, S. 33.

4 Michel de Certeau, *Heterologies: Discourse on the Other*, Theory and History of Literature, v. 17, Minneapolis: University of Minnesota Press 1986, S. 219.

5 Es ist bekannt, dass Columbus bei seiner zweiten Expedition 1494 Pflanzen nach Europa brachte und dass Tomaten, Kartoffeln, Zucker, Kakao und Kaffee schon bald zu wertvollen Handelswaren wurden, sodass in weiterer Folge Naturbeobachter auf der Suche nach „grünem Gold" auf Entdeckungsreisen versandt wurden.

6 Halberstam, *Wild Things*, S. 22.

animal studies und *critical race theory* wird Wildheit zu einer kritischen und ästhetischen Trope, die vorrangig Ordnung und Norm als Katastrophe demaskiert und im Gegenzug Exzess, Üppigkeit, Spontaneität, Porosität und Verwandlung zur Geltung bringt. Was gegen Objekt und Subjekt ins Feld geführt wird, ist nicht nur die vernachlässigte Materialität, das verkörperte Fleisch, sondern vor allem auch deren vermeintliche Anpassung an und Identifizierung mit kulturellen, historischen und politischen Koordinaten. „Ich bin gespannt, was wir mit Textur, Gesang, Klang und schleifenden, fließenden, gezeitenartigen und wirbelnden Stimmen machen können", schreibt Bycroft.[7] Sowie: „We are creating a world that doesn't make sense in a traditional form."[8]

Mit der Absicht, den botanomusealen Skript zu verwildern, wenden die Künstler*innen Techniken des (Re)Mixens, Überschreibens und der Kontamination an, die sie in der Suche nach Analogien als Mangroven-Methodologie bezeichnen. Aus einer Vielzahl von Quellen und Referenzen sowie textuellen, musikalischen und performativen Versatzstücken collagiert, experimentieren sie mit der Möglichkeit, zugleich „eins" und „vieles" zu sein, weder das eine noch das andere. Als Grenzgänger*innen fließender queerer Identitäten inszenieren sich die Performer*innen als exzentrische, nomadische und instabile Charaktere: als eine sich häutende Kartoffel, aus deren Augen Tränen fließen, als Wasserträgerin und als Fischmensch. Gemeinsam sowie innerhalb und außerhalb der ihnen zugewiesenen Rollen spekulieren sie anhand von opaken Geschichten, zirkulären Kurzvorträgen, onomatopoetischen Liedern und schrillen Sounds.

Erreichen wollen sie „an active non-knowing impulse", eine Art des (Nicht-)Verstehens, das seinen Gegenstand nicht innerhalb sinnbildender hierarchischer Ordnungen lokalisiert, sondern das Subjekt-Objekt-Verhältnis theoriepolitisch kompliziert.[9] Dadurch entstehen Handlungsspielräume auf beiden Seiten des Gleichnisses und nicht lediglich auf jener des anthropologisch und historisch determinierten Subjekts. In der oszillierenden Dynamik zwischen Selbstreflektion und Infragestellung von Normativität und Urteilsvermögen vollzieht sich in der Arbeit – entsprechend der Suche nach einer Gegenrecherche – der nahezu unhaltbare „Gegen/Stand der Kritik"[10]. Solch ein Gegen/Stehen (die implizierte aufrechte Haltung ist in diesem Fall rein metaphorisch gemeint) verliert seinen fixen Gegenstand, seinen determinierten Standort und selbst seine dialektische Widerständigkeit, wie ich im Folgenden zeigen werde.

GEGEN/STAND DER KRITIK

In der Suche nach Haltungen, die in der Lage sind, das „Projekt der Kritik" zeitgemäß zu aktualisieren, fragen die Autor*innen des Sammelbands *Gegen/Stand der Kritik* nach ihrer selbstreflexiven und „situative[n] Bezüglichkeit"[11]. Gemeint ist eine Praxisauffassung, die sich nicht als Methode, sondern als ein Denken versteht, das sich gegenüber seinen Schwerpunkten und Gegen/Ständen stets neu problematisiert und die „unterschiedlichsten Voraussetzungen ihres eigenen Urteilens"[12] zur Disposition stellt. Durch das Einfügen des diakritischen Schrägstrichs wird das Wort Gegenstand in seine etymologischen Bestandteile zerlegt und eine Sinnpotenzierung herbeigeführt. Neben seiner Bedeutung als Stellung, Zustand und Objekt werden so noch Residuen der Empfindung und Widerständigkeit restituiert. Ähnlich dem affektiven Mit-Denken beschreibt die Gender-Theoretikerin Kathrin Thiele diese postkritische Haltung[13] als „einen mit-fühlenden und teil-nehmenden *(com-passionate)* Prozess der kritischen Auseinandersetzung, in dem *konstitutive Implikation* und nicht Separierung zum Ausgangspunkt genommen wird"[14]. Wie die Besprechung der reparativen Lektüre zeigte, steht affirmative Kritik ihrem Gegen/Stand mit affizierter Offenheit gegenüber, empfänglich für emotionale und ästhetisch-transformative Identifizierung. Jenseits ihrer negativen und dialektischen Disposition innoviert reparative und teilhabende Kritik die distanzierenden, teilenden und urteilenden Impulse, die auch als Hermeneutik des Verdachts definiert wurden. Sie legt Wert auf eine befürwortende Haltung, einen empathischen Ton und eine anteilnehmende Sensibilität.

Bei Bycroft, Barret und Pinay von Kritik zu sprechen, mutet zunächst sonderlich an, so sehr ist Kritik dualistischen Wissensordnungen verpflichtet, die sie zu überwinden suchen. Da sie sich aber immer wieder eingehend mit Wissen, Sprache und Haltung befassen und dazu ihre eigenen Formulierungen entwerfen, liegt ihnen, wie ich meine, daran, ein kritisch-teilhabendes und mit-denkendes Repertoire zu erproben, das den Komplexitäten von Sprache, Körpern und Identitätsfragen gerecht wird. In *Unsteady subjects – Waterlogue* erinnert Bycroft an die altgriechischen Wurzeln von Kritik *(krinein)* als scheiden, trennen, urteilen und entscheiden und fragt:

> [H]ow can we critique a single wave that is in multiple places at the same time, or multiple waves that are in the same place at the same time? As wave thinkers our criticism is subject to paradox, multiplicity, and drifting with the weather.[15]

Ich werde mich dieser Frage zunächst über den Umweg der Untersuchung der „middle voice" nähern, die Bycroft seit der Studienzeit verfolgt und die Thieles These der Nicht-Separierung einer teilnehmenden Kritik in paradoxer Weise auf den Punkt bringt. Charakteristisch für das Englische, wie auch für viele andere Sprachen, ist die Repräsentation bipolarer Dominanzstrukturen, wie sie etwa von Sedgwick und Frank beschrieben wurden: „The bipolar, transitive relations of subject to object, self to other, and active to passive [...] are dominant organizing tropes."[16] Die Medialkonstruktion (auch Medium) hingegen schafft Ambivalenzen, indem sie unpersönliche, mehrdeutige und inhärent reflexive Satzkonstruktionen zulässt – wie beispielsweise „das Buch liest sich gut"–, in denen das handelnde Subjekt zugunsten des Objekts „unterdrückt" wird. Das Verb hingegen bleibt dem Sinn nach in der Schwebe. Weder aktiv noch passiv, manifestiert sich in ihm ein subjektloses Handeln und eine syntaktische Unsicherheit. Mithilfe der Grammatik forscht daher Bycroft nach Satzstrukturen, die das Subjekt ablegen, sprich es indirekt ausdrücken oder fakultativ danach verlangen. Damit wird auch implizit Stellung bezogen gegen das anthropozent-

7 Madison Bycroft, „About the work", E-Mail, 7. Mai 2022. Übersetzung der Verfasserin.

8 *Islands in the Stream*, ein Gespräch mit Madison Bycroft, Léo Landon Barret und Aez Pinay, moderiert von Daniela Zyman, TBA21 on st_age, 7. Oktober 2022. https://www.stage.tba21.org/detail/islands-in-the-stream.

9 Madison Bycroft, *No \ / \ / Here: A Middling in the Course of the River*, Rotterdam, Department of Fine Art Piet Zwart Insitute/Willem de Kooning Academy Hogeschool 2016, S. 20. http://online.fliphtml5.com/yuad/owab/#p=2.

10 Andrea Allerkamp, Pablo Valdivia Orozco und Sophie Witt (Hrsg.), *Gegen/Stand der Kritik*, Zürich und Berlin: diaphanes 2015.

11 Ebd., S. 10.

12 Ebd., S. 12.

13 Elizabeth S. Anker und Rita Felski (Hrsg.), *Critique and Postcritique*, Durham, N. C.: Duke University Press 2017. Postcritique ist zwar vermehrt im Umlauf, aber wie so viele gängige „Post"-Begriffe uneindeutig.

14 Kathrin Thiele, „Ende der Kritik? Kritisches Denken heute", in: Allerkamp, Valdivia Orozco, Witt (Hrsg.), *Gegen/Stand der Kritik*, Zürich und Berlin: diaphanes 2015, S. 142.

15 Madison Bycroft, *Unsteady subjects – Waterlogue*, unveröffentlichte Projektbeschreibung, Januar 2023, S. 1. Archiv der Verfasserin.

16 Eve Kosofsky Sedgwick und Adam Frank, „Shame in the Cybernetic Fold: Reading Silvan Tomkins", in: *Critical Inquiry* 21, Nr. 2, Januar 1995, S. 496. https://doi.org/10.1086/448761.

rische Subjekt als sinnstiftende Instanz, das sich sprachlich beharrlich in Szene setzt, zugunsten einer Bedeutungsambivalenz, die durch sein Außerkraftsetzen ermöglicht wird.

„Polyguität" ist allerdings kein Sprachspiel, sondern die konsequente Umsetzung von posthumanem, nicht dialektischem und nonbinärem Denken-Fühlen und In-der-Welt-Sein im Kontext der „semiotischen Ideologie"[17] von Sprache. Sie ist Ausdruck einer Haltung und eines ästhetisch-kritischen Projekts, das sein Gegen/über in der „Mitte" – im Medium – sucht, in der Bewegung zwischen Subjekt und Objekt, und den Gegen/Stand der Verdriftung und Zerstreuung preisgibt.[18] Und sie ist für Bycroft ein (sprachliches und formales) Mittel, das binäre Grenzen und ausgrenzende Konstruktionen im Medium auflöst und die Selbstsouveränität des Individuums (Ich/Ego/Person) pluralisiert.

> Dementsprechend setzt sich Bycroft folgende Aufgaben:
>
> Task:
> - A new way of thinking: understanding as an uncertain middleness, undergoing a movement rather than active or passive reception.
> - A new way of feeling: of being in touch, to experience affect as a reciprocal register that lets the self suffer itself and suffers others through itself.
> - A new way of being: to the side, a para locus for a new subjectivity and negative affirmation.[19]

DEN BODEN UNTER DEN FÜSSEN VERLIEREN

„Carried Away: Beyond a Rooted Condition" bedeutet in etwa, sich davontragen und hinreißen zu lassen und damit erkenntniskritisch und subjektiv die festgeschriebene Position aufzugeben. Impliziert ist eine Grenzhaltung, deren Movens die Bewegung selbst ist – *wave thinking* eben. Bewegung bedeutet allerdings kein Vorwärtsstreben, sondern folgt dem Flusslauf gleich einer Kinetik der Verzweigungen, der Gezeiten, des Aufstauens und Steckenbleibens. „Waves are hard to judge, hard to predict, and by their very nature, unruly and wild", schreibt Halberstam.[20] Die Strömungsdynamik liefert Metaphern und Orientierungshilfen, nach denen Text, Sprache, Rhythmus, Erzählstruktur und andere formale Überlegungen modelliert werden können. Dementsprechend sind die Geschichten, die *Carried Away* erzählt, dazu bestimmt, im Schlamm zu versinken und in der trüben Opazität des Guadalquivir unkenntlich zu werden.

> Uprooting nomenclatures, classifications, and histories, the work is a movement from one place to another. But the way is not straight: it meanders, eddies, detours, and gets stuck in the mangroves and reed swamps before a story swells and pushes it forward.[21]

Wenn mit dem mäandernden Fluss gedacht wird, dann verliert die Position ihre absolute Gültigkeit. Laut der Fluiddynamik ist eine Welle an mehreren Orten zugleich. Und wie die Quantenmechanik zeigt, bedingen die Eigenschaften des Gegenstands seine positionelle Messbarkeit. Ein Quantenobjekt ist Welle und Teilchen und damit an mehreren Orten zugleich. Ambiguität, Instabilität und Fluidität stellen somit eine besondere Herausforderung für Positionalität und Verortung dar, die klare Grenzsetzungen und Definitionen benötigen. Ohne Limes und Koordinaten entwurzeln sich Nomenklaturen und Klassifikationen; Gattungen, Ordnungen und Namen driften zusammenhanglos durch Raum und Zeit.

Wave thinking und Nicht-Separierung implizieren auch die Auflösung des souveränen und ausgrenzenden Selbst, eine zentrale Forderung posthumanen In-der-Welt-Seins. Damit wird gegen das handlungsfähige Subjekt und die es beschreibenden Theorien Stellung bezogen – insbesondere gegen jene, die in der Körperlichkeit eine Repräsentationsebene und folglich eine symbolische Koordinate erkennen. Das ständige Sichverändern von Körpern macht sie Alteritäten gegenüber grundsätzlich aufgeschlossen und befähigt sie dazu, sich mit ihnen zu verbinden. Körper verfügen über affektive Fähigkeiten, die stets neue Relationen zwischen Innen und Außen knüpfen und so durchlässige Zustände der Dezentrierung erzeugen, mit Bycroft „the kind of multiplicity and/or porousness of self that can produce ecstasy (standing outside oneself), contagion, and supreme absorption (being entirely saturated with the 'outside')“[22]. Metaphern und Beispiele für solch eine ontoepistemische Entsubjektivierung lassen sich in unterschiedlichen Erkenntnispraktiken finden, so auch in der mystischen Ekstase und Ergriffenheit. Neimanis zufolge sind es „watery bodies“, Körper, die über ihre Grenzen „in zähflüssigen Schlamm“ sickern und Zeichen sind für „the mingling of our bodies with those potential bodies of water that we have incorporated – those fishy, watery beginnings that we carry with us as material, vestigial potentiality.“[23]

In *Carried Away* dient die Mangrove als Vorbild, nach dem sich Script und Performance ausrichten. In ihr erkennen Bycroft, Pinay und Barret eine seltsame posthumane Theoretikerin, deren Eigenschaften und spezifische Anpassung das Projekt der taxonomischen Enthierarchisierung und körperlichen Entortung maßgeblich mitgestalten. Mangroven bilden im Gezeitenbereich tropischer Küsten salztolerante Ökosysteme, in denen sich produktive Gemeinschaften hochspezialisierter Lebewesen ansiedeln. Ihr zartes aus dem Wasser ragendes Wurzelgewebe ermöglicht ihnen das Überleben in lebenswidrigen Zwischenräumen, die für terrestrische Arten ungeeignet sind. Im Unterschied zu tiefen Pfahlwurzeln sind ihre rhizomatischen Geflechte oberflächlich und gewinnen ihre Stabilität und Widerstandsfähigkeit selbst auf weichem, schlammigem Untergrund aus unentwirrbaren Verflechtungen und Verknotungen, die auch zur Sauerstoffzufuhr der Pflanzen beitragen.

Die Mangroven-Methodologie „beyond a rooted condition“ befasst sich kritisch mit der Metapher der Verwurzelung als tiefe Zugehörigkeit. Verwurzelt-Sein heißt, sich in einer Identität zu verankern und folglich die Namen, Zuweisungen und Geschichten, die diese formen und prägen, zu verinnerlichen. Es bestimmt die auf Individualismus ausgerichtete Identität des Einzelnen und festigt das exkludierende Anrecht auf Zugehörigkeit zu gleichartigen Gruppen. Der Mangrovengürtel gedeiht hingegen mithilfe gänzlich anderer Manöver: Er ist weder terrestrisch noch ozeanisch, seine flachen Wurzelsysteme filtern Wasser, Sedimente und Salz und er ist als Biom vernetzt und dezentralisiert. Und im Bereich der Biologie, auf den sich die Performance bezieht, stellt die Mangrove die Baummetapher als epistemologisches Ordnungsprinzip oder generatives Modell sowie das Klassifikationssystem des „Lebensbaums“ auf

17 Saba Mahmood, „Religious Reason and Secular Affect: An Incommensurable Divide?“, in: *Critical Inquiry* 35, Nr. 4, Januar 2009, S. 841, https://doi.org/10.1086/599592. Mahmood zeigt auf, wie linguistische Modelle an spezifische Epistemologien gebunden sind, die beispielsweise abweichende religiöse Sentimente nicht berücksichtigen.

18 „Middle voice“ ist nicht im Sinne einer Zentrierung zu verstehen und auch das Medium ist in seinem medientheoretischen Sinn verwendet.

19 Bycroft, *No \ / \ / Here*, S. 80.

20 Halberstam, *Wild Things*, S. 176.

21 Bycroft, „About the work“.

22 Bycroft, *Unsteady subjects*, S. 2.

23 Astrida Neimanis, *Bodies of Water: Posthuman Feminist Phenomenology*, London: Bloomsbury 2017, S. 138.

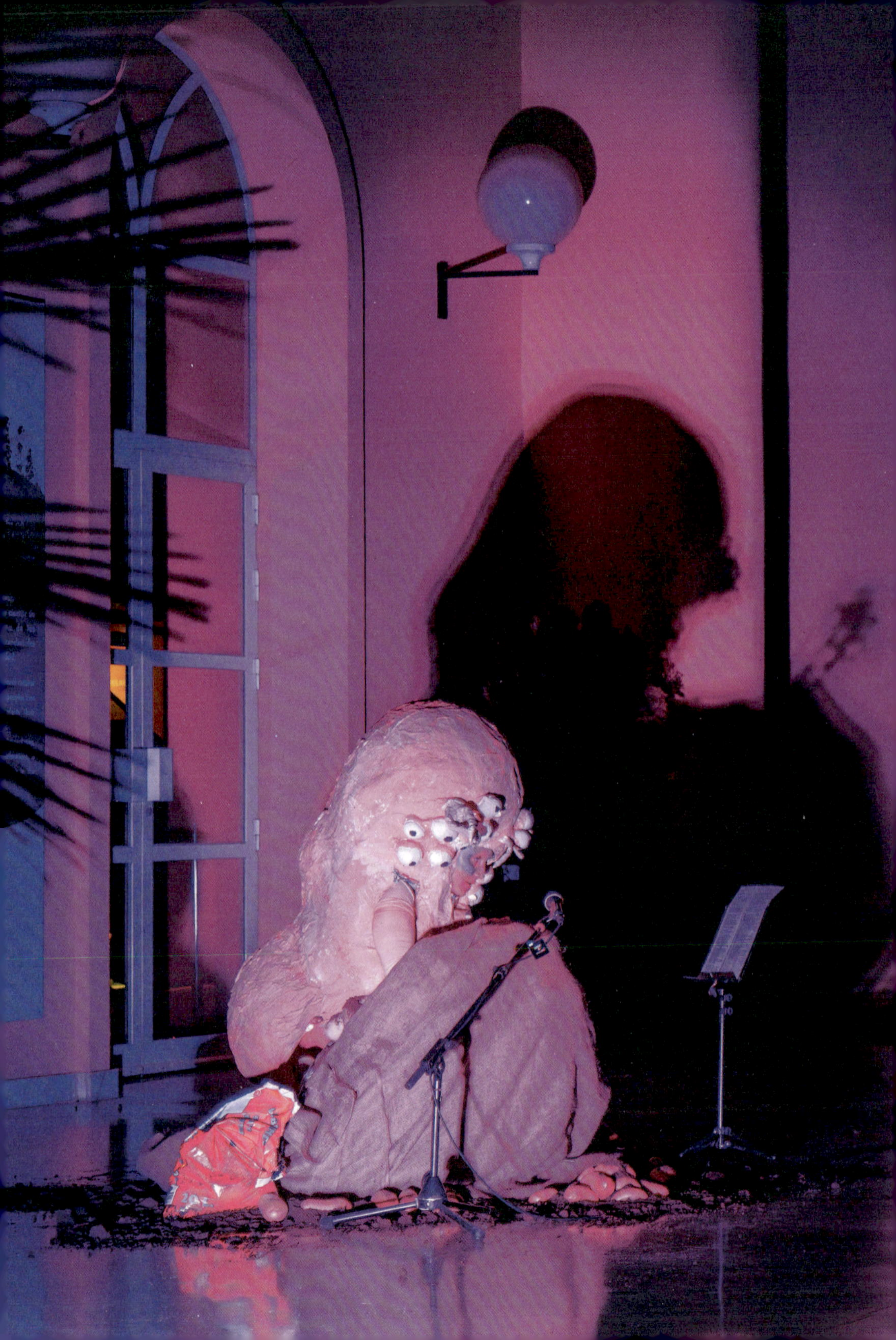

den Kopf. Die Mangroven-Methodologie forscht nach einer Welt jenseits des Menschlichen mit kontaminierten Beziehungen zu anderen Lebensformen, nach Affekten, die herkömmliche Binaritäten und verfestigte Identitätsbegriffe durchspülen.

Jenseits des Verwurzeltseins widersetzt sich nicht zuletzt den fragwürdigen Metaphern von Tiefe und Verborgenheit. Gegen die Annahme, dass die wesentliche Bedeutung eines Werks oder Textes in einem tiefliegenden und unbewussten Inhalt verborgen liegt, setzten Bycroft, Pinay und Barret das Oberflächliche, Wörtliche und die Oberfläche selbst in Szene. Im Geiste der Mangroven-Methodik, ihrer Unreinheit, Oberflächlichkeit und ihres Überflusses will ich versuchen, in zwei Bewegungen den epischen Mix aus Sprachanalyse, visuell-performativer Überfrachtung und magisch-spielerischer Aushöhlung verkrusteter Konzepte und Dualismen wiederzugeben und mit Auszügen aus dem Performance-Skript zu beleben.[24]

ERSTE BEWEGUNG: EINE VERWURZELTE LISTE

Die erste Bewegung von *Carried Away* beginnt im Atrium des Ethnobotanischen Museums. Bycroft, in das rosafarbene Pappmaché-Kostüm einer überdimensionalen Kartoffel gekleidet, sitzt auf einem Haufen knollenartiger Früchte, die ausläuferartig an der Mutterknolle baumeln. Das vieläugige Kartoffelwesen rezitiert „Eine Liste von dreißig Dingen, die ich weiß“. Die Liste nennt Namen und Unnamen. Sie beginnt mit der Zahl Eins und dem Buchstaben A.

24 Bycroft, Barret, Pinay, *Carried Away*, https://www.stage.tba21.org//detail/carried-away-beyond-a-rooted-condition-2022.

A list of thirty things that I know:

1 One is the first whole number above zero. It is the number denoting unity, or to be *at one* with something, signifies harmony. One is singular, particular, individual but at the same time "*one*" might refer to an individual of a vaguely indicated group, for example, "one knows what one is talking about." Which one? At least not two.
One might be the number given to that which comes first. For example, the first letter in the Latin alphabet is *A*, which curiously signifies the singular, i.e. "A list of things that I know" denotes a single list, only one. It is nonetheless unspecified and could be one of many. Interestingly, placing *A* before a word also inverts the word, saying instead what it is not. Asignifying, atemporal, atopic, asexual, asymmetrical, are examples of words where the *A* robs the word of its own quality, leaving it without itself, lacking, emptied of itself.

2 The opposite of being left without, lacking or emptied of itself, would be to be full of itself, itself being property of itself, in possession of itself, properly.

3 In language A proper name is an arrangement of letters that produce a sound or series of sounds that are used to identify an individual.

4 When I say identify, I mean to establish or indicate who or what (someone or something) *is*. In order to indicate who or what someone or something is, "Isness" must be stable, locatable, or perhaps even rooted. By rooted, I mean established deeply and firmly.

5 Most names are established deeply and firmly by someone outside the named individual.

6 There are, however, instances of self naming.

7 Official recognition of self naming invites long administrative processes. By official, I mean recognized by the state.

8 There are conventions for naming, generally agreed upon.

9 Capital letters should be used at the beginning of the name. Capital itself is a name given to the letters that comes from the Latin *capit*, meaning "head." Some recent radicals have found some interest in decapitation, to rob the name of its proper properties. Headless and improper – they are doomed to wander without worth.

10 Names should be able to be said. Pronounceable. Symbols and roman numerals are often prohibited. Apostrophes should be avoided, as should foreign languages.

11 Names should be appropriate, compact, euphonious, memorable, and unlikely to cause offence.

12 In many places in the world, specific names are banned. The banning of names is thought to have emerged as an attempt to stop those without nobility taking the names of the noble. A selection of banned names include: Batman, Brother, Captain, Chief, Christ, Duke, Ikea, Emperor, Father, Facebook, God, Judge, Justice, King, Lady, LOL, Lord, Lucifer, Majesty, Messiah, Mafia No Fear, Metallica, Nutella, President, Prince, Princess, Robocop, Satan, Sex Fruit, Smelly Head, Spinach, Superman and Verandah, 4real, 89, as well as the full stop and the star symbol.

13 In many places it is illegal to give your offspring a name that "is proper" to "the opposite sex." Names proper to a sex are defined by tradition, established deeply and firmly, and in allocation, help us maintain and reproduce these roots.

14 The longest personal name belongs to Hubert Blaine Wolfeschlegelsteinhausenbergerdorff Sr. (b. August 4, 1914, Germany) who passed away on October 24, 1997, in Philadelphia, Pennsylvania, USA, as verified on January 1, 2021. Hubert's name in full is Adolph Blaine Charles David Earl Frederick Gerald Hubert Irvin John Kenneth Lloyd Martin Nero Oliver Paul Quincy Randolph Sherman Thomas Uncas Victor William Xerxes Yancy Zeus Wolfeschlegelsteinhausenbergerdorffwelche-voralternwarengewissenhaftschaferswessen-schafewarenwohlgepflegeundsorgfaltigkeit-beschutzenvonangreifendurchihrraubgierig-feindewelchevoralternzwolftausendjahres-

vorandieerscheinenvanderersteerdemensch-derraumschiffgebrauchlichtalsseinursprung-vonkraftgestartseinlangefahrthinzwischen-sternartigraumaufdersuchenachdiestern-welchegehabtbewohnbarplanetenkreisedre-hensichundwohinderneurassevonverstandig-menschlichkeitkonntefortpflanzenund-sicherfreuenanlebenslanglichfreudeundruhe-mitnichteinfurchtvorangreifenvonanderer-intelligentgeschopfsvonhinzwischenstern-artigraum Senior. While this name is undoubtedly unique, using it for means of identification may prove challenging.

15 It is legal in some countries to have a one letter name. Such as J.

16 A nickname is a shortening of a name.

17 Shortening a one-letter name is difficult. One can cut the letter in half, becoming "J" instead of JAY or, by removing the letter altogether, indicated by a short intake of breath.

18 Parents are legally permitted to give names. Therefore parents are taxonomists.

19 Anyone can be a taxonomist if they can produce unnamed offspring that they can then classify and name based on an established system of property.

20 There are many ways to produce offspring that I do not have time to explain today but have outlined elsewhere, see Bycroft, 1987, offspring production methods in the living world, published in the *Philosophical Transactions of the Royal Society Journal*.

21 It is not necessary to produce offspring to be a taxonomist, one can also invent a thing and then name it or make a discovery of something as of yet unnamed.

22 These somethings might be islands, geographical features, comets, minor stars, mathematical proofs, galaxies, meteorites, fireballs, animals, bacteria, or plants.

23 Scientists count 1.4 million different names for plants on earth, but botanists estimate there are just 300,000 existing species.

24 These numbers do not match up.

25 Indigenous names were not included in this list.

26 Consequences of this research reveal that named entities have the propensity to have multiple names, and multiple namers.

27 It therefore follows that individuals may be identified by multiple sounds or series of sounds.

28 If multiple sounds are made at the same time, they become mashed up and indistinguishable from one another. In these instances, names are not helpful for identification. Similarly, if multiple names are written at the same time, same place, palimpsestically the identification is rendered null and void. A scribble ensues.

29 Scribbles have been thought to resemble roots.

30 The term roots might also mean origin, the basic cause or source of something. Tracing the roots of the Homo sapiens has often left the researcher ungrounded. Let's look back before now. Perhaps 6:00 pm. Or this morning. Monday Morning. The first of May. The first of January. 1999.

An diesem Punkt wird die menschliche Bohne abtrünnig! Verlässt das Drehbuch! Und beginnt, ihren ungeerdeten Wurzeln nachzuspüren.

52–54 *Carried Away: Beyond a Rooted Condition.* Mitte: Madison Bycroft, unten: Aez Pinay als trisomischer *Alburnus alburnus*

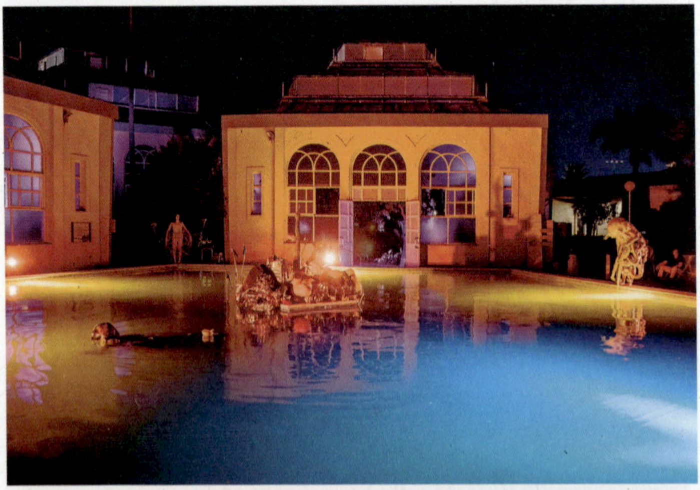

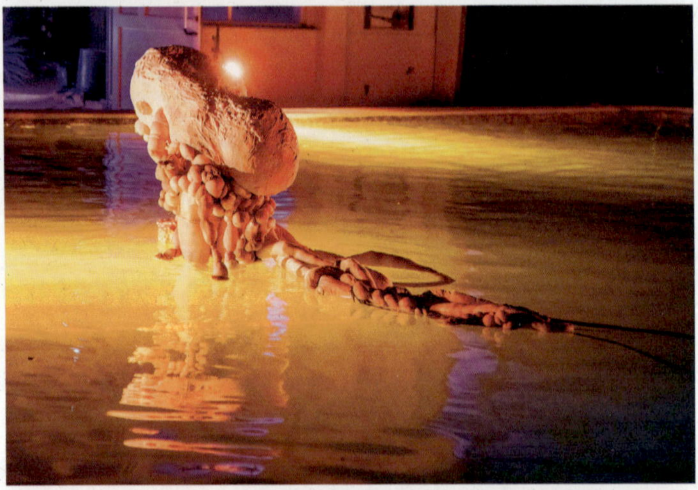

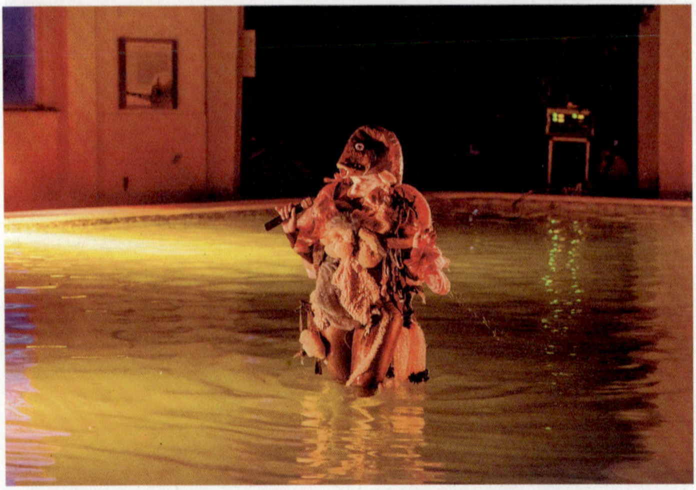

Die von der menschlichen Knollenfigur im wissenschaftlichen Modus vorgetragene entwurzelte Liste spannt den Bogen von linguistischen Spezifitäten und Polyvalenzen bis hin zur Politik von Namensvergaben und -zuschreibungen. Getreu dem beschriebenen Interesse an Grammatik, Syntax und Etymologie reihen sich lapidar Kuriositäten, Paradoxa, Willkürlichkeiten an axiomatische Behauptungen und selbstevidente Schlussfolgerungen. Lediglich zwischen den Zeilen und in beiläufigen Nebensätzen lässt sich das Konfliktpotenzial taxonomischer Usancen herauslesen. Fest steht, dass Namen von Eltern, Erzeuger*innen, Entdecker*innen und Erfinder*innen vergeben und von staatlichen oder institutionellen Instanzen geregelt werden. Der Akt der Zuweisung spiegelt das implizite kardinale Drama wider, das ich mit dem religiös-patriarchalen Gestus „im Namen des Vaters" verbinde. Sozialen und biopolitischen Konventionen zufolge bedarf es dieser Zuweisung, um Identität (*Isness* heißt es in der „Liste") zu erzeugen und, in vielen Fällen, das soziale Geschlecht zu definieren. Mit der Namensgebung, der Taufe oder Initiation gleich und dem etablierten System von Eigentumsrechten folgend, wird Abstammung, Geschlecht und Zugehörigkeit geregelt. Sie signalisiert den Wandel vom wilden Ding zum souveränen Wesen. Das namentlich (und geschlechtlich) ausgezeichnete Subjekt wird, seiner Selbstbestimmung beraubt, in die Welt geworfen und muss sich in dieser prädeterminierten Weise innerhalb der sozialen Ordnung behaupten. Der Akt der genealogischen Benennung funktioniert zugleich als Einordnung in ein System von Beziehungen und galt lange als das Privileg des Adels.

Identifizierende Zugehörigkeit ist allerdings immer auch von einem Bruch bedroht: Namensvielfalt, Lärm, Gekritzel *(scribbles)*, Rebellion und Verweigerung verkomplizieren Subjektivität (*subiectivitas*, etymologisch Unter-geworfenheit, also der Zustand, nach etwas oder jemand anderem gestellt zu sein). Die Unterwerfung zu verweigern, ist, nach Halberstam, eine Rückkehr in den Zustand der Wildheit, in eine Existenz außerhalb der ordentlichen und unentrinnbaren Schemata, „beyond current logics of rule"[25]. Sie gilt als Voraussetzung für radikale politische Subjekt-Werdung vor allem angesichts erfahrener Diskriminierung. Im posthumanen Denken wiederum steht die Auflösung der Grenzen zwischen Subjekt und Welt im Vordergrund, sodass ontologische Differenzen in einem prozesshaften Mit-Sein absorbiert werden.

Einen Akt der sprachlichen Auslöschung wiederum erkennt Bycroft im Alpha privativum (lateinisch, „beraubendes Alpha"), wobei das Präfix a- eine Abwesenheit, Umkehrung oder Wirkungslosigkeit des Bezeichneten ausdrückt. Das Alpha privativum ist sowohl Alpha, da es am Anfang steht, als auch beraubend von einem Attribut, eine Negation, die es durch die Bezeichnung der Abwesenheit bedeuten will. Aus der botanischen Terminologie abgeleitet, erkennt Bycroft in „asignifikant, atemporal, atopisch, asexuell, asymmetrisch" Beispiele für Wörter, die ein Fehlen ausdrücken und *von sich selbst entleert* zu bestehen haben. Hier dient die etymologische Rückführung zur Beleuchtung des in den Queer Studies ausführlich behandelten Themas der vermeintlichen Neutralität der Biologie. Der von Bycroft angedeutete Vergleich zwischen dem Akt der Benennung und der wissenschaftlichen Nomenklatur wird im letzten Drittel der „Liste" ausgeführt. Dinge – also Pflanzen, mathematische Formeln oder Inseln – werden oft nach ihren Entdecker*innen benannt und identifizierbar gemacht. Botanische Namen zeichnen allerdings keine einzelnen Individuen aus, sondern entsprechend der binären Nomenklatur werden Pflanzen in Bezug auf botanische Merkmale mit Gattungs- und Artnamen versehen. Ein

25 Halberstam, *Wild Things*, S. xiv.

botanischer Garten ist somit ein geerdetes *(grounded)* Archiv lebender Exemplare und ein Aufbewahrungsort, an dem das System des Pflanzenwissens beurkundet wird. Als Gegenstück zu *wilden,* hochdiversen Ökosystemen, die bezwungen und in Schach gehalten werden müssen, ist der botanische Garten hochspezialisiert, wobei jeder Pflanze ein bestimmter Platz im System zugewiesen wird. Mit einem Alpha privativum versehen wird das Archiv zur Anarchie, in den wilden Zustand der Abwesenheit von Herrschaft und Ordnung geworfen.

Mit der verwurzelten Liste gibt Bycroft-als-Kartoffel den Ton an, um eine Weltordnung zu skizzieren, die Menschen und Nichtmenschen an ihre Orte und Definitionen bindet und das wild Anarchische des Lebens mit seinen musealen und staatlichen Archiven zu zähmen sucht. Diese Welt „auszulöschen", heißt nicht, ihr zu widerstehen, sondern metamorphisch unter ihre Oberfläche zu tauchen, in ein hydro-logisches System der Vermischung. Unter der Oberfläche, im Medium Wasser und seiner Logik verpflichtet, sind Mischwesen zwischen Mensch, Tier, Ding und Göttlichem beheimatet, die ihre eigenen Identitäten und Geschichten bestimmen. Braidotti bezeichnet solche Wesen der Metamorphose als nomadisch.

> Becoming nomadic means that one learns to re-invent oneself and one desires the self as a process of transformation. It is about the desire for change, for flows and shifts of multiple desires.[26]

Der Verwandlung fallen rigide Zuordnungen zum Opfer und sogar Sprache verliert ihre bezeichnende Bedeutung. Mit nomadisch-hybriden Wesen ist eine Verständigung im herkömmlichen Sinn nicht mehr möglich, sie verfolgen ihre eigene Logik, die dem Zauber ähnelt. „We were interested in the idea of some sense of magic in the performance. Those texts, those sentences, they act as formulas."[27]

ZWEITE BEWEGUNG: ZAUBERFORMELN

Im Anschluss an den Monolog der Erdpflanze verlagert sich das Geschehen in der zweiten Bewegung von *Carried Away* zum hexagonalen Wasserbecken des Botanischen Gartens, unmittelbar neben der Sammlung amerikanischer Exemplare gelegen. Die Tore zu den Gewächshäusern, die das Becken flankieren, sind weit geöffnet und geben den Blick auf einige prächtige Agaven frei. Der Brunnen wird zur Bühne, auf und in der die drei Performer*innen ihren nächsten Auftritt haben. In seiner Mitte türmen sich silbern glitzernde Gegenstände, pneumatische Skulpturen aus Folien und Tüchern, die auf der Wasseroberfläche treiben. Es dauert eine Weile, bis das Publikum erkennt, dass Pinay seine Kreise im Wasser zieht. Erst als sein Fischkopf aus dem Becken auftaucht, tritt seine ichthyoide Gestalt zum Vorschein. Auf der Kante des sechseckigen Brunnens balancieren derweilen Barret und Bycroft, mit üppigen Kostümen ausgestattet: Bycroft trägt immer noch das übernatürliche Kartoffel-Outfit und schleppt schwanzähnliche Ausläufer mit sich. Barret gleicht einer wassertragenden Göttin, deren Körper von einer durchsichtigen Röhre umschlungen wird. Pinay ist ein theriomorphes Wesen aus der gaiaischen Vorzeit, halb Fisch, halb Mensch, eine hybride Unschärfe. Sein Kostüm besteht aus einem großen Fischkopf, mit algenartigen Stoffresten und Schwämmen bestückt. Bycroft setzt mit einer langgezogenen Rezitation ein:

> And my mother's father and my father's mother, and my mother's mother and my father's father and my father's father and my mother's mother's mother. My mother's mother's father's mother's father's father's father's mother's mother's father's father's mother's father's and my father's mother's mother's mother's father's father's mother's father's mother's father's mother's father's father. And my mother's mother's father's mother's father's mother's mother's mother's father's mother's father's father's father. And my father's father's father's mother's father's father's mother's father's father's father's mother's father's mother.

Die halb gesungenen und halb gesprochenen Worte morphen zu einer polyphonen A-capella-Kantate: Vervielfältigung, semantische Instabilitäten, Echo und Nachhall rhythmisieren das genealogische Muster, das dem Text zugrunde liegt. Mit frustrierend langsamen Bewegungen schiebt Barret, mittlerweile auch ins Becken getaucht, widerspenstige Requisiten gegen den Widerstand des Wassers. Er hat mit ihnen zu kämpfen, da die Trägheit und die aufgewühlten Kräfte des Wassers die beabsichtigte Komposition der schrill funkelnden Gegenstände ablenken. Und wieder setzt die Knolle an, aber langsam verliert ihre Rede den Faden und verebbt in brüchigen Aneinanderreihungen:

> and the use of language and tools and is this the origin of man man man with his face and his thumb, the *homo erectus*, the downward nose and the ape? And the ability to ape, yes, primates in general, the chimp, the gorilla, the bonobo, the gibbon, the chimp, the gorilla, the bonobo and the gibbon the tarsier the tree shew to the mammals the wombat walking forwards towards backwards towards forwards towards the reptile, the red belly black snake, the brown snake sliding over there, yes, yonder to the half stuck lizard on land and water on land and water on land and water to the fish diddle diddle diddle dum.

Ob ob ob ... An dieser Stelle beginnt über einige Umwege die Geschichte des Fisches:

> *Ob ob ob*
> I remember floating in the *al-wādi al-kabīr* – the Guadalquivir river, the side voluntarily exposed to the touch of the air for a few minutes. Like the falling leaves I see sometimes, mmm, trying to move the same way, trying to catch the sun on my scales, trying to move my fins like the birds do with their wings, mmm.
> [...]
>
> *Ob ob ob*
>
> *Triplex chromosomatum aerius habeo, ob ob ob*

26 Rosi Braidotti, *Metamorphoses Towards a Materialist Theory of Becoming*, Cambridge: Polity 2013, o. S.

27 Barret, *Islands in the Stream.*

So the girl asked the water what was the first memory of themself. And the water, fine and snooty answered in a wreath:

First memory of myself? Tricky question. I am ageless, timeless, the sum of memories, you know, no beginning, either ending. *Oh* ...

Who dares asking the water myself about their first memory, hm?

Don't you know, said the water. Don't you know time melts in my stream. You impertinent bean being.

Der sprechende und singende Fisch verkörpert einen trisomischen *Alburnus alburnus,* der die Gewässer des Guadalquivir bewohnte. Aus seinen Schuppen wurde einst Fischsilber gewonnen und er besinnt sich der zeitlosen Erinnerungen des Wassers. Wassermoleküle weisen die Besonderheit auf, hydrologische Zyklen vom Grund zur Oberfläche zu durchlaufen und nach ihrer Verdunstung als Regen wieder in den Wasserkreislauf einzutreten. Mit unterschiedlich langen Verweilzeiten in den Stadien, die sie durchlaufen, werden sie von Pinay als zeitlos und alterslos beschrieben, die mikromolekularen Spuren vergangener Eindrücke speichernd. Da sich in Gewässern Feststoffe zu Partikeln und Molekülen auflösen und diese auf verschiedene Weise gebunden werden, kann deren *residence time* (Verweilzeit) tatsächlich bis zu Hunderttausende von Jahren betragen. In der Verweilzeit befindet sich alles im Jetzt; Vergangenheit und Gegenwart vereint.

In *Carried Away* wird Wasser zu einem szenografischen und heuristischen Mittel, um Momente der Sichtbarkeit und Unsichtbarkeit zu erzeugen, in denen lose assoziierte und desorientierende Text- und Soundfragmente auftauchen und wieder verebben. Auf seiner Oberfläche spiegeln sich Glanz und Glitter, die der ausgeprägten Ästhetik der Wildheit und des Exzesses zugutekommen. Tatsächlich setzt die Arbeit durch den wirkungsvollen Einsatz von metallischen Folien und Requisiten auf eine Bling-Ästhetik, wobei „bling" ein Wort ist, das in seiner Verdoppelung (Bling-Bling) die spektakuläre Zurschaustellung von materiellem Überschuss in der Populärkultur betont. Hier geht es jedoch nicht um die plakativen Zeichen von Reichtum und Prestige, sondern um die Schaffung audiovisueller Reize und die Intensivierung von Sprache und Klang durch die Reflexion von Licht auf der Wasseroberfläche. Die letzte Szene offenbart eine sich entfaltende Welt des unverblümten Begehrens und Vergnügens, die keinen tieferen Sinn mehr braucht, noch eine Katharsis. Wenn Bling, Glanz, Metallfolie und exzessive Maskerade die Kulissen und Hilfsmittel der Transformation sind, dann ist die Rolle des Wassers deren Vervielfältigung. Licht wird benutzt, um zu erhellen und zu dramatisieren, Gesang verschlüsselt das gesprochene Wort, Poetik verklärt die Diktion: Sie sind die wilden Medien der Transsubstantiation.

The final tableau is a still image. The only thing moving was the movement of wind. We worked with reflecting fabrics and shapes of sculptures that would diffract the light. We had a silver crown and mirror heads. We're creating this last image that was inspired at first out of plants. We wanted to end the performance as silver plants.

... Drop, drop drop, drop ...... yaddy yaddy yaddy

55–57 *Carried Away: Beyond a Rooted Condition.* Mitte: Aez Pinay, unten: Léo Landon Barret als Wasserträgerin

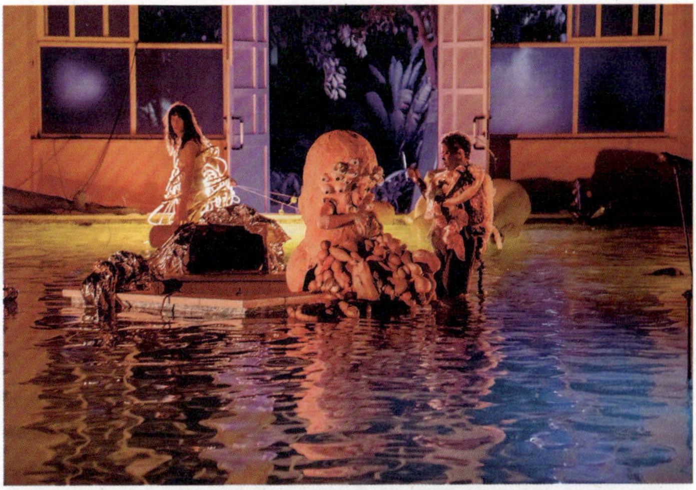

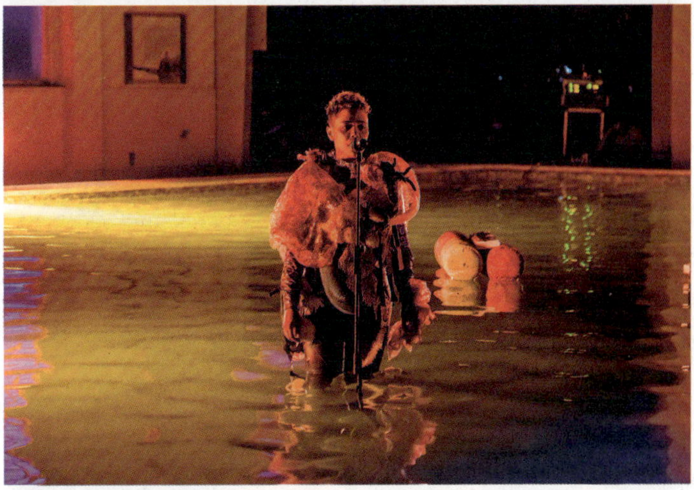

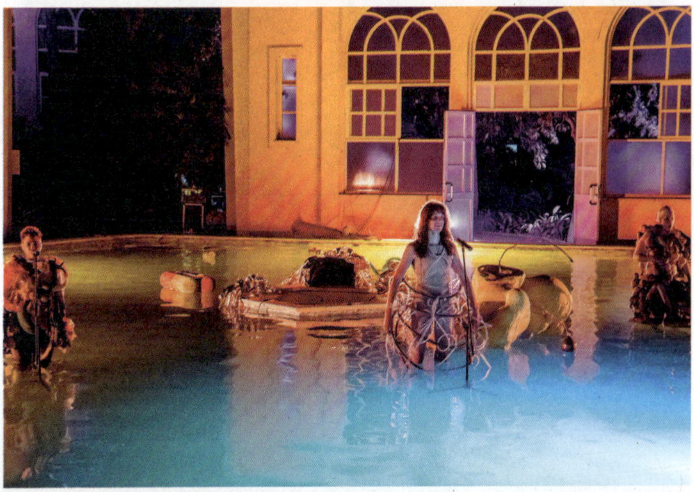

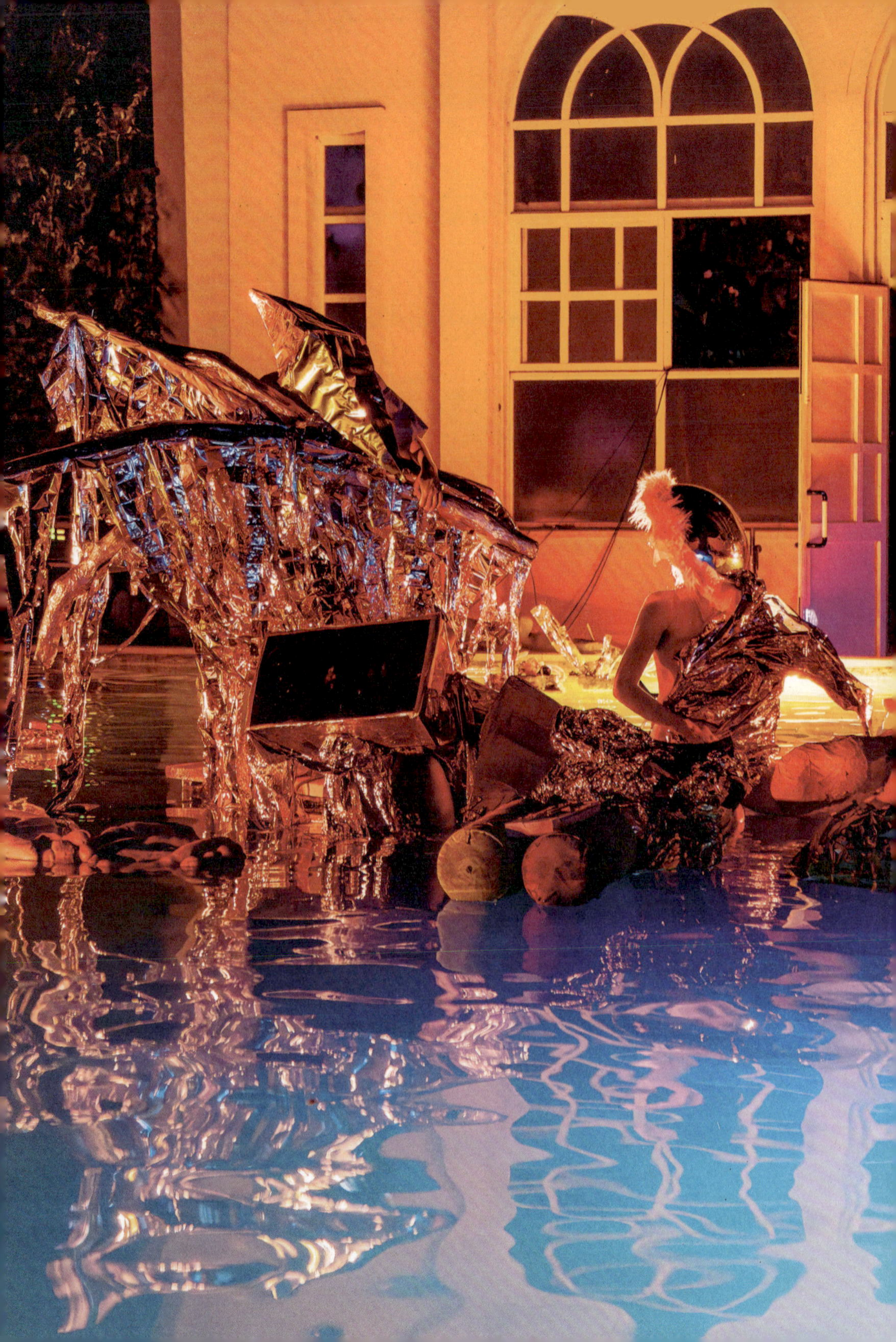

Über den Gegen/Stand der Kritik habe ich mich mit *Carried Away* der Frage angenommen, was Kritik aus einer posthumanen Perspektive in Bewegung zu setzen vermag, wenn Hierarchien, Bezeichnungen, Verwurzelungen und Subjektivität ihre strukturierende Valenz verlieren. Bycroft, Barret und Pinay begegnen dem Zynismus und der Selbstgefälligkeit, die in der kritischen Hermeneutik des Verdachts vorherrschen, mit affirmativen und *oberflächlichen* Affekten und humorvoll wortgewandten Sprachspielen. Sie huldigen der „anticipatory illumination of art"[28] in der Vorwegnahme queerer posthumaner Zukünfte, die sie in lustvoll schillernde Tableaus gießen und mit stimmungsvollem Gesang herbeizaubern.

In der Botanik erkennen Bycroft, Barret und Pinay ein umfassendes Rahmenwerk, das zur Stabilisierung von Identitäts- und Geschlechterprotokollen beiträgt. Körper wurden ihrer kolonialen Logik der Unterscheidung und Klassifizierung unterworfen, wodurch eine Trennung zwischen Arten, Geschlechtern und Identitäten erfolgte. In „objektiven" Nomenklaturen spiegelt sich daher die Geschichte der gewaltvollen Benennung von Menschen und ihren Anderen, auch all jener, die ihre Körper in Abweichung zu ihrem biologischen Geschlecht bewohnen. Jeder Akt der Namensvergabe ist somit eine Inbesitznahme, die mehr-als-menschliche Personen in Machtsysteme einreiht. Auch an der Grammatik und an den vorgegebenen Subjekt-Objekt-Konstruktionen lassen sich Dominanzverhältnisse ablesen.

Um die koloniale Systematik von Botanik/Anthropologie/Sexologie aus ihren Verankerungen zu lösen, also die Zuordnungen von Zeichen und Bezeichnetem aufzuwirbeln, experimentieren die Künstler*innen mit Methoden der Verwirrung, Verwilderung und semantischen Überfrachtung. Sie mixen verschiedene Formen der Adressierung – den wissenschaftlichen Vortrag, die orakelhafte Rede, Gesang, Magie und wildes Fabulieren –, kreieren fabelhafte sprechende Wesen, fantasievolle Kostümierungen und surreale Settings. Sie übergeben ihre Geschichten den Strömungen des Wassers und nutzen dessen Heuristik, um Gewissheiten aufzulösen. Was sie vortragen und aufführen, ist keine Kritik am wissenschaftlichen Narrativ und auch kein Widerstand dagegen, sondern „ein erneutes und erneuerndes Aufgreifen, das andere Geschichten, Fragen *und* Antworten und damit auch andere Resultate produziert"[29]. Mit rauschhafter Opulenz entwerfen sie affektive Körper, die keine Identitäten sein wollen und sich in ständigem Wandel befinden. So erschaffen sie eine Welt, die in traditioneller Form keinen Sinn ergibt, eine wilde Welt, die keiner Ordnung, Zähmung und Nutzbarmachung unterworfen ist.

28 José Esteban Muñoz, *Cruising Utopia: The Then and There of Queer Futurity,* Sexual Cultures, New York: New York University Press 2009, S. 3.

29 Thiele, „Ende der Kritik?", S. 159/160.

ALTER/NATIVE WELTEN-PRODUKTIONEN

ERNESTO NETO UND DIE HUNI KUIN: ARU KUXIPA

„Ernesto Neto und die Huni Kuin: Aru Kuxipa" ist Titel einer Ausstellung im Wiener Augarten, aber auch das Protokoll eines Transformationsprozesses im Zeichen des Xina Bena/ Aru Bena – einer Ära des Austauschs und des Strebens nach indigener Neubestimmung. Von amazonischen Künstler*innen, Pflanzenheiler*innen und Pajés (Schaman*innen) aus den 32 Huni-Kuin-Gemeinschaften entlang des Jordão in Acre, im Nordwesten Brasiliens, gemeinsam mit dem brasilianischen Künstler Ernesto Neto konzipiert, eröffnete das Projekt eine Kontaktzone, einen Raum, in dem Ko-Präsenz, Interaktion sowie gemeinsame Explorationen im Vordergrund standen.

Im Sinne der in dieser Studie verfolgten Verwebungen von theoretischen und kuratorischen Praktiken eröffnet dieses Kapitel eine weitere Unterhaltung zwischen Denkmethoden, Disziplinen und künstlerischen Rechercheformen. Es ist jene mit anzestralen Gemeinschaften und indigenen Gelehrten sowie Theoretiker*innen, die sich mit indigenen Weltbildern und Lebensformen befassen. Aufbauend auf Konzepten des amerindianischen Perspektivismus und vor dem Hintergrund verfassungsrechtlicher Neuerungen in Bezug auf die Rechte der Natur in einigen lateinamerikanischen Staaten zielt diese Begegnung nicht auf eine Priorisierung zwischen „unseren" und „ihren" Denkweisen und Praktiken. Vielmehr geht es um eine Pluralisierung der Möglichkeiten des In-der-Welt-Seins durch die Dezentrierung von epistemischen und ontologischen Annahmen.

Der Beitrag indigener Akteur*innen zum Verständnis komplexer und mehr-als-menschlicher Kosmologien und zum Erhalt sensibler Ökosysteme[1] sowie ihr reicher Traditionsfundus wurden in den letzten Jahren vielerorts diskutiert. Anders als in den Sechziger- bis Achtzigerjahren, als indigene Forderungen im Kontext des politischen Widerstands und der Bürgerrechtsbewegungen rezipiert wurden, richtet sich neuerdings die Aufmerksamkeit auf indigene kosmologische und kulturelle Errungenschaften. Eben diese „ontologische Wende“[2] hätte nun, wie Kritiker*innen anmerken, zu neuerlichen Verwerfungen, gar zu respektlosen Aneignungen geführt. Die Métis-Theoretikerin Zoe Todd beispielsweise mahnt Posthumanist*innen – namentlich Bruno Latour – zur Anerkennung und namentlichen Nennung von indigenen Mitstreiter*innen. Während ihre Errungenschaften weiße Akademiker*innen zur Wiederentdeckung neuer Ontologien inspiriert hätten, wären die Autor*innen selbst in den Schatten westlicher Denker*innen getreten.[3] Darüber hinaus weist Todd darauf hin, dass indigene Ontologien nicht nur Untermalungen und „philosophische Anekdoten“ für einen „neuen“ westlichen Naturbegriff sein dürften, vielmehr gelten diese seit Jahrhunderten als „Rechtsordnungen, durch die indigene Völker auf der ganzen Welt für Selbstbestimmung und Souveränität kämpfen“.[4] Todds Kritik, die an dieser Stelle für viele indigene Denker*innen und Aktivist*innen steht, richtet sich gegen die ontologische Wende, die der angloeuropäischen Modernismuskritik entspringt, dabei allerdings eine „neoimperiale“ Haltung einnimmt und den „decolonial turn“ außer Acht lässt. Während Dekolonisierung die dunklen Seiten kolonialer Geschichte(n) und der Monokultur eurozentrischer Wissensregime aufdecken will, reproduzierten ontologische Denkweisen hegemoniale Bedingungen. Oder: „'Ontology' is just another word for colonialism.“[5]

Auch die Politologen David Chandler und Julian Reid üben scharfe Kritik am anthropologischen Interesse für Ontologie als Ausdruck einer Haltung, die sie als „Indigen-Werden“ *(becoming indigenous)* bezeichnen. Wenn sich diese Haltung auch dadurch auszeichnet, dass indigene „Andere“ als Subjekte einer neuen Metaphysik des Wissens angesehen werden, führt sie dennoch dazu, indigene Gruppen oder Gemeinschaften weniger als historische und politische Akteure zu sehen, „but rather as a vicarious stage army for critical scholars meeting the fashionable demand to develop non-modern approaches to knowledge production“[6]. Die Diskussion verlagere sich damit vollständig von Fragen der politischen Ökologie mit ihrem Augenmerk auf die Wechselwirkungen zwischen sozialen und ökologischen Systemen sowie der Nutzung und Verteilung von

1 Indigene Bewirtschaftungs- und Landmanagementpraktiken wurden von indigenen Gemeinschaften auf der Grundlage ihrer spirituellen Überzeugungen und kulturellen Traditionen entwickelt, werden aber auch häufig im Zuge einer Öko-Gouvernamentalität von Staaten in Beschlag genommen. Vgl. Astrid Ulloa, *The Ecological Native: Indigenous Peoples' Movements and Eco-Governmentality in Colombia,* London und New York: Routledge 2011.

2 Martin Holbraad und Morten Axel Pedersen, *The Ontological Turn: An Anthropological Exposition,* Cambridge: Cambridge University Press 2017. https://doi.org/10.1017/9781316218907.

3 Zoe Todd, „An Indigenous Feminist's take on the Ontological Turn: 'Ontology' is just another word for colonialism (Urbane Adventurer: Amiskwacî)“, in: *Uma (in)certa antropologia* (Blog), 26. Oktober 2014. https://umaincertaantropologia.org/2014/10/26/an-indigenous-feminists-take-on-the-ontological-turn-ontology-is-just-another-word-for-colonialism-urbane-adventurer-amiskwaci/. Übersetzung der Verfasserin.

4 Ebd.

5 Ebd.

6 David Chandler und Julian Reid, „Becoming Indigenous: The 'Speculative Turn' in Anthropology and the (Re) Colonisation of Indigeneity“, in: *Postcolonial Studies* 23, Nr. 4, 1. Oktober 2020, S. 489. https://doi.org/10.1080/13688790.2020.1745993.

Ressourcen bzw. der „Realität" indigener Lebensumstände hin zu einem „spekulativen" und indigenisierten Imaginär einer endzeitlichen Zukunft nach dem Scheitern der Moderne.

Im Bereich der politischen Ökologie zeitigten indigene Forderungen nach Anerkennung traditioneller Lebensformen, wie Todd betont, in den letzten Jahren bemerkenswerte Erfolge. In einigen Ländern Südamerikas fanden indigene Weltanschauungen (die meistverwendete Übersetzung für *cosmovisión*[7]) Eingang in neue Gesetzesentwürfe. Da die nach der Unabhängigkeit zu Beginn des 19. Jahrhunderts verabschiedeten republikanischen Verfassungen keine Mechanismen zur Wahrung der Sonderstellung indigener Bevölkerungen vorsahen, mussten in den ersten Dekaden des 21. Jahrhunderts Verfassungs- und Gesetzesreformen erkämpft werden, die neue, wenn auch zögerlich einsetzende plurikulturelle und multiethnische Realitäten statuierten. „Die den indigenen Völkern nunmehr gegebenen Möglichkeiten, durch ihre Autoritäten eine auf eigenen Normen beruhende Rechtsprechung ausüben zu können, haben dabei besondere Bedeutung"[8], bestätigt der Rechtswissenschaftler René Kuppe. Weiters führt er die Merkmale der indigenen Rechtsordnungen wie folgt aus: Sie sind von Gegenseitigkeit und Konsens geprägt; Konfliktlösungen werden in Anwesenheit aller Beteiligten kasuistisch entschieden und „Recht ist nicht deutlich als gesellschaftliches Subsystem ausdifferenziert, sondern in hohem Maße mit der indigenen Weltanschauung (cosmovisión) verflochten, in welcher Mensch, Natur und Kosmos normativ verbunden sind."[9]

Sowohl Kosmovision als auch indigene Rechtssysteme dürften allerdings nicht rein „traditionell" verstanden, sondern müssten, wenn auch von Kontinuität geprägt, als „zeitgenössische Erscheinungen" gewertet werden, die sich „im Zuge einer – meist konflikthaften – Auseinandersetzung mit dem dominanten System verändert haben"[10]. Die in diesem Kontext am häufigsten zitierte, 2008 erlassene Verfassung Ecuadors übernimmt eine Rechtsauffassung, die indigene Vorstellungen von Natur *(Pachamama)* als Rechtssubjekt anerkennt. Sie fußt auf dem spanischen Begriff *Buen Vivir* – oder *Sumak Kawsay* in Quechua –, also „gut leben", und stellt „eine biozentrische Wendung" aus dem lateinamerikanischen Kontext dar.[11] Der Einfluss indigener Kosmovisionen auf aktuelle Rechtssysteme, die sich als Alternative zum westfälisch-souveränen Nationalstaatsgedanken erweisen, sowie die Rolle indigener Akteur*innen im politischen Widerstand dienen Todd und anderen indigenen Denker*innen als Vorbild und gelebte Praxis, wie Vorstellungen von Kosmopolitik zu verwirklichen seien. Dabei geht es nicht nur um die Anerkennung von Natur als Rechtssubjekt, sondern, wie Kuppe bemerkt, auch um die Berücksichtigung gelebter Sozialordnungen und deren regulatorischen und lebensweltlichen Grundlagen, die jeweils spezifische Vorstellungen eines „guten Lebens" anschieben.

Obwohl indigenen Völkern auch auf der Grundlage verschiedener UN-Übereinkommen[12] das Recht auf Selbstidentifikation zugestanden wird, ist mit dem Begriff „Volk" (auch Nation) ein rechtlich unscharfer Begriff im Umlauf, der keine völkerrechtlichen Rechte und Pflichten umfasst. Die an der Aushandlung multilateraler Deklarationen beteiligten Nationen, die den Status indigener Gruppen festlegten, waren vordergründig darauf bedacht, dass aus diesem keine Souveränitätsansprüche abgeleitet werden können. Dies bewirkt, dass indigenen Nationen in der politischen Praxis der Nationalstaaten, zu dessen Staatsvolk sie gehören, meist nur Partizipations- und Beratungsrechte an den sie betreffenden Agenden zuteilwerden. Die strikte Verweigerung der Souveränität indigener Völker spiegelt sich auch in der Haltung der vier Siedlerkolonialstaaten Australien, Kanada, Neuseeland und Vereinigte Staaten wider, die 2007 gegen die „Erklärung der Vereinten Nationen über die Rechte der indigenen Völker" gestimmt hatten. Der Hauptgrund dafür wird in der heiklen und verdrängten Frage der Landrechte gesehen. Somit werden die Lebenswirklichkeiten der meisten indigenen Bevölkerungsgruppen meist heute noch von Rechtskategorien bestimmt, die erschaffen wurden, um sie zu marginalisieren und ihre Ansprüche zu negieren. Dies bedeutet auch, dass sie sämtliche Forderungen, Reparationen und territorialen Ansprüche in dominante Rechtsbegriffe und nationalstaatliche Logiken zu übersetzen haben, selbst wenn ihre Raumordnungen „explizit nicht-territorial und gegen die Raumform des Nationalstaates sowie die Reifizierung des abstrakten Raums gerichtet sind“[13]. Bernd Belina und Judith Miggelbrink weisen darüber hinaus auf die problematische Zusammenführung des „strategische[n], reifizierende[n] Gebrauch[s] von indigener Identität und Raum“[14] im Kontext politischer Auseinandersetzungen hin. Die zu erkämpfenden politischen Ziele können immer weniger gegen systemische Unterdrückung und historisches Unrecht gerichtet werden, sondern müssten unter die diskursiven Rubriken von „kultureller Identität“ und „Tradition“ fallen. Kultur und eine reifizierte Auffassung von Indigenität werden so im Rahmen politischer Debatten instrumentalisiert, um die brisanten Themen von Landrückgabe, Selbstbestimmung und Wiedergutmachung zu vermeiden oder zu verschleiern.

Während der Amtszeit des ehemaligen brasilianischen Präsidenten Jair Bolsonaro (2019–2022) verschärfte sich in Brasilien der politische Druck gegen vorwiegend amazonische Völker und Gemeinschaften. In einer Reihe von Amtshandlungen hatte sich die Regierung für die Ausweitung von Bergbau-, Holzeinschlag- und landwirtschaftlichen Aktivitäten auf indigenen Territorien eingesetzt und die Rolle der Umweltbehörden bei der Überwachung und Durchsetzung von Umweltschutzgesetzen geschwächt. Leila Sotto-Maior, eine ehemalige Mitarbeiterin der Bundesbehörde FUNAI, die für die Wahrung der Rechte indigener Völker eingesetzt wurde, kommentierte Bolsonaros Politik wie folgt:

> What they want to do is to usurp the rights of indigenous people and to get hold of the lands of the Union [that is, public land] to advance agribusiness, creating havoc with our forests and denying any right to contest what they are doing. This type of demarcation would free up areas for exploitation by foreign capital, whether for hydroelectric power or mining, without the measures needing to be approved by the National Congress.[15]

7 Alfredo López Austin, *Cuerpo humano e ideología: I as concepciones de los antiguos nahuas,* 2a ed, Serie antropológica / Instituto de Investigaciones Antropológicas; Etnología/historia 39, México: Universidad Nacional Autónoma de México, Instituto de Investigaciones Antropológicas 1984. Vgl. insbesondere Kapitel 2 „La Cosmovisión“, S. 54–98.

8 René Kuppe, „Moderne Traditionen“, in: *Südwind Magazin,* Nr. 10/2007. http://www.suedwind-magazin.at/moderne-traditionen.

9 Ebd.

10 Ebd.

11 Eduardo Gudynas, „Politische Ökologie: Natur in den Verfassungen von Bolivien und Ecuador“, in: *Juridikum,* Nr. 4/2009, S. 214–218.

12 Als wichtigste Vereinbarungen gelten die ILO-Konvention Nr. 169 von 1989 und die United Nations Declaration on the Rights of Indigenous Peoples von 2007. ILO 169 ist die bisher einzige internationale Norm, die den indigenen Völkern der Welt rechtsverbindlichen Schutz und Anspruch auf eine Vielzahl von Grundrechten garantiert. Sie wurde allerdings erst von 24 Ländern ratifiziert. Die UN-Deklaration hingegen ist kein völkerrechtlich verpflichtendes Dokument und verfolgt hauptsächlich kulturelle Agenden. https://www.ilo.org/dyn/normlex/en/f?p=NORMLEXPUB:55:0::NO::P55_TYPE,P55_LANG,P55_DOCUMENT,P55_NODE:REV,en,C169,/Document und https://social.desa.un.org/issues/indigenous-peoples/united-nations-declaration-on-the-rights-of-indigenous-peoples.

13 Bernd Belina und Judith Miggelbrink, „Raum, Recht und Indigenität – Zu den Kämpfen um Landrechte indigener Völker am Beispiel der Sámi in Finnland“, in: *PERIPHERIE – Politik • Ökonomie • Kultur* 32, Nr. 126/127, 14. März 2016, S. 194. https://www.budrich-journals.de/index.php/peripherie/article/view/22820.

14 Ebd., S. 195.

15 Vgl. Mauricio Torres und Sue Branford, „Bolsonaro Hands over Indigenous Land Demarcation to Agriculture Ministry“, in: *Mongabay Environmental News,* 2. Januar 2019. https://news.mongabay.com/2019/01/bolsonaro-hands-over-indigenous-land-demarcation-to-agriculture-ministry/.

Ich habe die durchaus legitimen Einwände und vehement formulierten Kritiken von indigenen und westlichen Denker*innen, sowie die indigenen Errungenschaften und Kämpfe hinsichtlich politischer Souveränität, meiner Erörterung der Ausstellung „Aru Kuxipa" von Ernesto Neto und dem Amazonasvolk der Huni Kuin vorangestellt, um die das Projekt betreffenden Entscheidungen und Zielsetzungen der Huni Kuin in den Kontext aktueller Debatten und politischer Entwicklungen zu stellen. Diese Kontextualisierung dient meinen Überlegungen als Anleitung, wie in Ko-Recherche-Unterfangen mit indigenen Kollektiven zunächst jenen Geschichten und Forderungen Gehör zu verleihen ist, die indigenes Leben bestimmen, statt anthropologischen, philosophischen oder (kunst)wissenschaftlichen Diskursen über Indigenität Priorität zu erteilen. Von diesen Überlegungen angeleitet und mithilfe der Anweisungen, die ich über mehrere Jahre von indigenen Partner*innen erhalten habe, will ich mit dem von mir als Ko-Recherche bezeichneten Projekt „Aru Kuxipa" (heiliges Geheimnis) unter dem Zeichen von „Xina Bena", dem Huni-Kuin-Begriff für neue Zeit, Fragestellungen von Tradition, Ontologie und dekolonialer Politik verweben. Die Praxis der Ko-Recherche beschreibt hier eine Arbeitssituation, deren Protokolle und Parameter im Projekt selbst zu verhandeln waren, die auf die Veränderung des Status quo ausgerichtet ist und die davon ausgeht, dass Ergebnisse ungewiss und nicht durch statische und festgefahrene Identitätsbegriffe festgelegt sind. Darüber hinaus beziehe ich mich auf indigene dekoloniale Forschungsmethoden als alternative und kontextspezifische Forschungsansätze, die auf indigenem Wissen, Weltanschauungen und Erfahrungen beruhen und dominante Machtstrukturen und Wissenspraktiken herausfordern.

Wie lassen sich andere, mit Kamau Brathwaite als „alter/native"[16] zu bezeichnende Traditionen, Denkmodelle und Weltenproduktionen als Anleitungen für die Neubegründung von überstrapazierten Vorstellungen von Natur/Kultur, Mensch/Nichtmensch, Interiorität und Exteriorität erlernen? Alter/native spielt mit der Vorstellung einer Alter-Ontoepistemologie, die *nativen*, indigenen oder anzestralen Erfahrungen und Konzepten entspringt. Mit dieser Frage habe ich mich als Kuratorin der Ausstellung „Ernesto Neto und die Huni Kuin: Aru Kuxipa"[17] in Wien und dem in Zürich ko-kuratierten Zusammentreffen „Assembleia MotherTree"[18] intensiv befasst. Beide Projekte sind auf Initiative des brasilianischen Künstlers Ernesto Neto entstanden, der seit 2013 einen nachhaltigen Austausch mit dem amazonischen Volk der Huni Kuin pflegt.

ANZESTRALE ZUKÜNFTE

„Aru Kuxipa" entsprang 2014 der Vision Ernesto Netos und amazonischer Künstler*innen, Heiler*innen und *Pajés* (Schamanen) der 32 Huni-Kuin-
Gemeinschaften aus dem Gebiet des Jordão in Brasilien. Letztere beschlossen 59
nach einer langen Periode der selbstbestimmten Isolation auf Einladung Netos, einen Ort der Transformation, der Begegnung und der Heilung *(cura)* im Wiener Augarten zu schaffen. Von der Entscheidung der Huni Kuin getragen, ihre traditionellen Formen der Kunst und des Rituals sowie ihr überliefertes Wissen nach Europa zu bringen und mit Netos Kunst zu verweben, spürte die Ausstellung der Vorstellung „anzestraler Zukünfte" nach. Diese stehen im Zeichen der *Xina Bena/Aru Bena*[19] auf Hatxa Kuĩ (neue Zeit/neue Welt) – einer
Zeit des Austausches und der Konsolidierung indigener Selbstidentifikation – 60
und deuten auf einen gemeinschaftlichen Transformationsprozess und auf die Bemühungen der Huni Kuin, sich mit der Welt außerhalb des Amazonasgebiets auszutauschen, um gesellschaftlich und planetar relevante neue Wege zu beschreiten.

Die Figur der anzestralen Zukünfte ist eine Abwandlung des paradoxen Begriffs der „traditional futures", der die historisch rückwärtsgewandte Bedeutung von Tradition in Kontradistinktion zum fortschrittsgewandten Denken der Moderne aufheben soll. In dem gleichnamigen und äußerst einflussreichen Text aus dem Jahr 2004 argumentiert James Clifford, dass „indigenous movements – reoccupying lands, asserting and updating old ways, relearning languages, articulating larger tribal coalitions, rewriting colonial histories and ethnographies, filing legal briefs, making films – have pragmatically asserted a wide freedom of manoeuvre"[20]. *Traditional Futures* sind als politisches Projekt zu verstehen, das darauf abzielt, jene der Kolonisierung und Modernisierung vorgängigen indigenen Welten zu rekonstituieren und dabei die sozialen, technologischen und ökologischen Praktiken, die für deren Realisierung und Gestaltung förderlich sind, den gegenwärtigen Anforderungen entsprechend zu reartikulieren. Ausgehend von einem Verständnis der dynamischen Prozesse „erfundener Traditionen"[21] betont dieser Ansatz die sozial produzierenden Verhältnisse, die zwischen Werterhalt und Transformation oszillieren, durch die Traditionen eine entsprechende Aktualisierung und Transformierung erfahren. Erinnern, Vergessen und Neuverfassen werden daher als vitale Kulturleistungen angesehen, die sowohl in die Vergangenheit als auch in die Zukunft weisen und immer wieder diskursiv, performativ und symbolisch hergestellt werden. Die Bezugnahme auf gemeinsame, primordiale Geschichte und Traditionen einerseits und auf aktuelle politische Herausforderungen und den Kampf um Landrechte anderseits bringt eine zyklische zeitliche Dynamik in Anschlag, die es laut Clifford indigenen Nationen ermöglicht, Vergangenes als „soziomythische"[22] Ressource für zukünftige Herausforderungen zu nutzen.

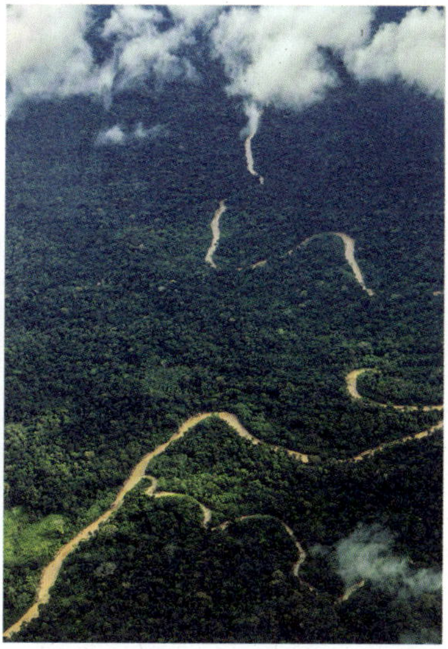

Cliffords Entwurf der politisch-kulturell produktiven Kraft, die Anzestralität innewohnt, ist dabei hilfreich, um „Aru Kuxipa" und das relativ neue Phänomen des Ayahuasca-Schamanismus[23] in der Geschichte der Huni Kuin, dem die Ausstellung einen pulsierenden Aufführungsraum bieten wollte, zu rahmen. Die Huni Kuin („wahres Volk") wurden nach ersten Kontakten mit Brasilianer*innen und Peruaner*innen unter dem Namen Kaxinawa (auch Cashinahua oder „Fledermaus-Menschen") bekannt. In Brasilien leben sie im Bundesstaat Acre im Amazonasgebiet an der Grenze zu Peru in zwölf indigenen Gebieten, die sich auf eine Fläche von mehr als 653.000 Hektar und um die Flüsse Purus, Envira, Muru, Humaitá, Tarauacá, Jordão und

16 Kamau Brathwaite und Natasha Saje, „KB in Utah by Kamau Brathwaite and Natasha Saje", *Ariel 40* 2–3 (1. April 2009), S. 234.

17 „Ernesto Neto und die Huni Kuin: Aru Kuxipa – Sacred Secret", 25. Juni–29. November 2015, TBA21–Augarten, Wien, kuratiert von Daniela Zyman.

18 „Assembleia MotherTree" im Rahmen von „Ernesto Neto: GaiaMotherTree", 30. Juni und 1. Juli 2018 am Zürcher Hauptbahnhof, ein Projekt der Fondation Beyeler, kuratiert von Ernesto Neto, Daniela Zyman und Damian Christinger.

19 *Xina Bena* lässt sich mit dem Konzept des „Indigenous Spring" – abgeleitet von der Bezeichnung des arabischen Frühlings – verknüpfen. Vgl. Michael Lerma, *Indigenous Sovereignty in the 21st Century: Knowledge for the Indigenous Spring,* Gainesville: Florida Academic Press 2014.

20 James Clifford, „Traditional Futures", in: *Questions of Tradition,* hrsg. von Mark Phillips und Gordon J. Schochet, Toronto: University of Toronto Press 2004, S. 156. (Dieser Text ist wiederabgedruckt in: *Ernesto Neto and the Huni Kuin: Aru Kuxipa – Sacred Secret,* hrsg. v. Daniela Zyman, Eva Ebersberger und Franziska Sophie Wildförster, Ausstellungskat. TBA21, Berlin: Sternberg Press 2016, S. 164–172.)

21 Ebd., S. 155.

22 Ebd., S. 157.

23 Pirjo Kristiina Virtanen, „(Re)Establishing Relations and the Huni Kuin's Complementary Ensembles", in: Zyman, Ebersberger, Wildförster (Hrsg.), *Ernesto Neto and the Huni Kuin: Aru Kuxipa*, S. 64–76.

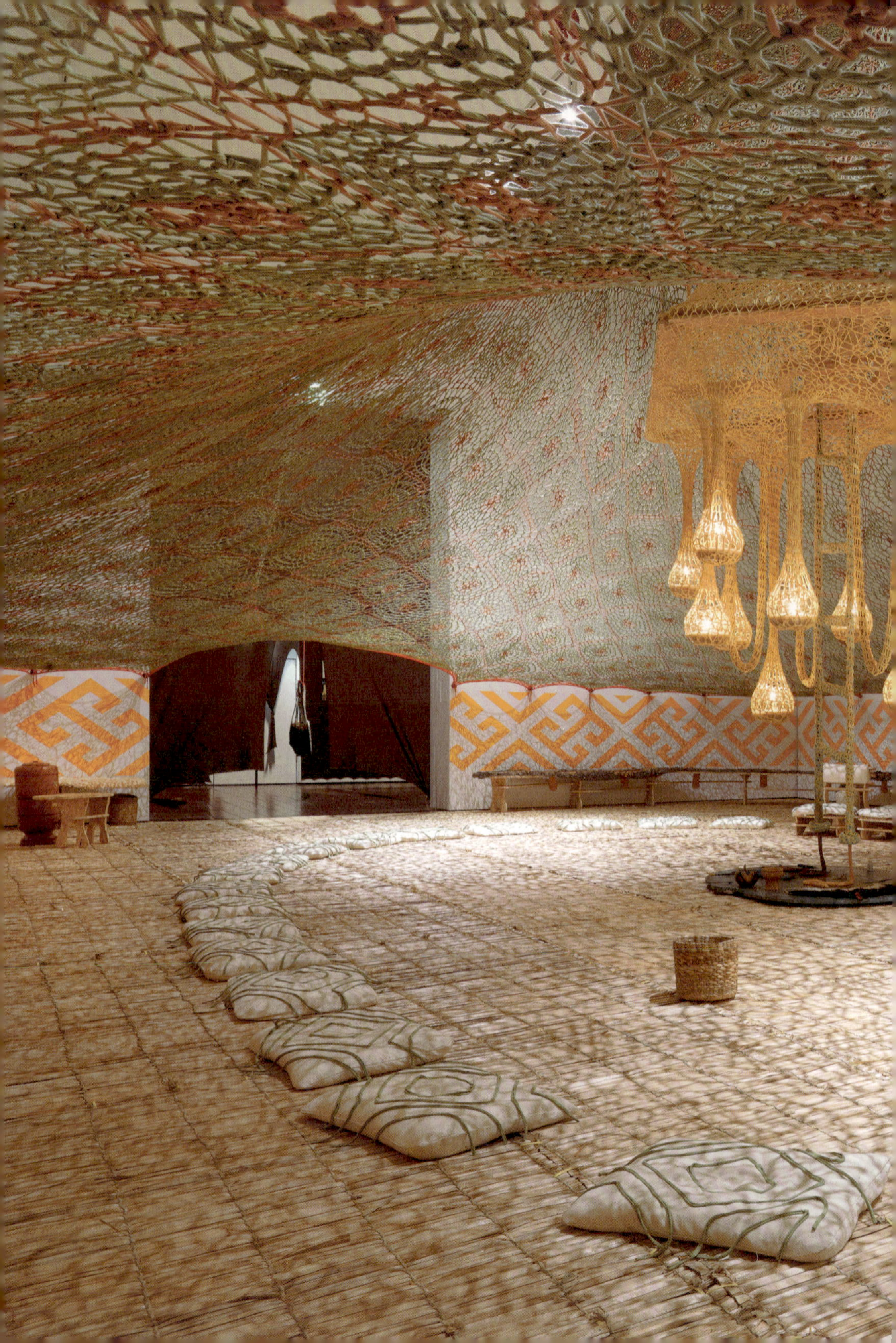

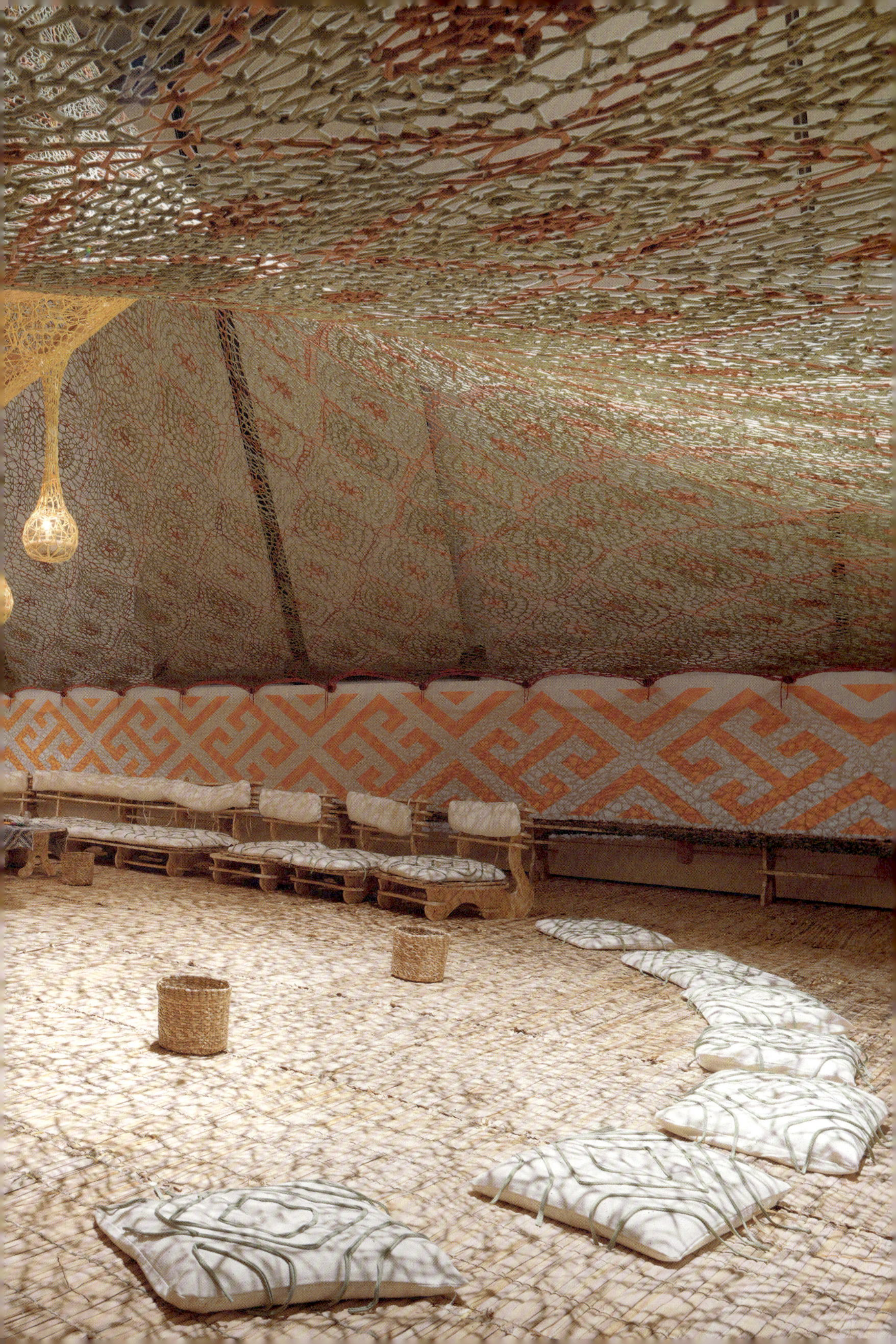

Die Art und Weise, wie sich die Huni Kuin in Wien präsentieren – mit ihren traditionellen Gewändern, Zeichnungen und Schmuck – ist ein relativ junger Ausdruck ihrer Identität und ihrer Kommunikation mit neuen Welten und anderen Völkern. Diese wurzeln in der Tradition, der Mythologie, aktivieren historische Prozesse und durchdringen die Gegenwart. Sie repräsentieren die Huni Kuin als Gruppe, als Individuen und als Vertreter ihrer Generationen. Gleichzeitig handelt es sich um eine zeitgenössische Ästhetik, die als Möglichkeit dient, sich selbst darzustellen und einen offenen Dialog anzubieten.[24]

Marcelo Piedrafita Iglesias

vorige Seite: Ernesto Neto und die Huni Kuin, *BasnepuruTxanaYubé*, 2015, Ausstellungsansicht TBA21–Augarten, Wien, 2015

Breu verteilen. Mit etwas mehr als 7.900 Menschen stellen die Huni Kuin 45 Prozent der gesamten indigenen Bevölkerung in Acre dar und sind somit die größte der achtzehn ethnischen Gruppen dieser Region. Ihre Sprache, die sie Hatxa Kuĩ („wahre Sprache") nennen und deren Reichtum sich auch in ihrer musikalischen Vielfalt und materiellen Kultur ausdrückt, gehört zur linguistischen Familie der Pano. Das Gebiet der Huni Kuin wurde Ende des 19. Jahrhunderts mit der Erweiterung der Kautschuk-Extraktion (auf brasilianisch *borracha* und *caucho*) kolonisiert. Erst Mitte der Fünfzigerjahre, nach einer gewaltsamen Dezimierung ihres Volkes, bildete sich unter der Führung von Sueiro Sales wieder eine kleine Huni-Kuin-Gemeinschaft, die aufgrund von Sondervereinbarungen ihre eigene Sprache pflegen und relativ autonome Handelsbeziehungen eingehen konnte. Mit der 1967 gegründeten FUNAI (*Fundação Nacional do Índio* oder Nationale Stiftung der Indio) entstand in Brasilien eine mit der Sicherstellung der Rechte der amerindischen Bevölkerungen beauftragte Ministerium-ähnliche Organisation. Die Huni Kuin konnten sich im Rahmen der Demarkierung von 1986 ihre Landrechte als „indigenes Territorium" sichern, und es gelang ihnen 1988 zwei kollektiv betriebene Kautschuk-Plantagen von insgesamt 17.000 Hektar zu erwerben. In der brasilianischen Verfassung von 1988 erhielten amerindische Völker darüber hinaus weitgehende Autonomierechte zuerkannt, die völlig neue juristische und kulturelle Voraussetzungen für die Sicherung ihrer Lebenswelten boten. Unter der Präsidentschaft von Jair Bolsonaro wurden diese jedoch wieder angefochten, ebenso wie ihr territorialer Lebensraum.[25]

Die Huni Kuin gliedern ihre rezente Geschichte in die folgenden Abschnitte: die Zeit der Auslöschung (1975 bestand das Volk nur noch aus 375 Individuen); die Zeit der Rechte (bzw. des Kampfes um Rechte, die bis in die Achtzigerjahre reichte); die Zeit der Kultur (und deren Wiederbegründung) sowie die jetzt anbrechende neue Zeit, die sie als *Xina Bena* bezeichnen.[26] Über Jahrzehnte legten sie ihr Augenmerk auf die Wiedererrichtung einer soliden kulturellen, gesellschaftlichen und rechtlichen Basis. Dies geschah bis vor wenigen Jahren im tiefen Amazonas, in einem designierten Gebiet, für das Nichtindigene spezielle Reisegenehmigungen benötigten. Dort wurden *Kupixawa* (rituelle Langhäuser) errichtet, Mythen, Gesänge, Handwerk, Pflanzenkunde und ihre Symboliken wieder erinnert, aufgezeichnet und dokumentiert. Im Wald wurde auch das lange unterdrückte und von Missionaren verbotene Ayahuasca-Zeremoniell rituell praktiziert, verfeinert und an die (neue) Zeit angepasst.

61 Ayahuasca *(Nixi Pae*[27]*)* ist von zentraler Bedeutung in den Heilpraktiken und für das relationale Verständnis der Huni Kuin. Der aus zwei psychoaktiven Pflanzen gebraute Trank ist „eine lebendige geistige Entität, die durch Bewusstsein, Intentionalität, Subjektivität und eigene Handlungsmacht mit Menschen und anderen Waldwesen interagieren kann"[28]. Ayahuasca wird in erster Linie zur

24 Piedrafita Iglesias, „Historical Trajectories and Shared Presents", S. 135. Übersetzung der Verfasserin.

25 Eine der ersten Amtshandlungen des ehemaligen Präsidenten Jair Bolsonaro war es, FUNAI vom Justiz- ins Landwirtschaftsministerium zu überführen. Obzwar der brasilianische Kongress im Juni 2019 Bolsonaros Dekret revidierte, überantwortete der Präsident – quasi im Gegenzug – die Leitung der Stiftung dem ehemaligen Polizeibeamten Marcelo Xavier da Silva, einem gefürchteten Opponenten indigener „Sonderrechte". Bolsonaro hatte schon während seiner Wahlkampagne angekündigt, dass er der FUNAI einen Schlag versetzen würde.

26 Vgl. Marcelo Piedrafita Iglesias, „Historical Trajectories and Shared Presents", in: Zyman, Ebersberger, Wildförster (Hrsg.), *Ernesto Neto and the Huni Kuin: Aru Kuxipa*, S. 132.

27 Ayahuasca besitzt viele Namen, die den perspektivistischen Ursprung und das Wandlungspotenzial dieser Pflanzen/Person verkünden; *Nixi Pae* ist die gängigste.

28 Ebd. Die Hauptbestandteile von Ayahuasca sind *Banisteriopsis caapi*, eine Amazonas-Liane, und *Psychotria viridis* (Chacruna) sowie Wasser. Andere Bestandteile können Tabak, Engelstrompete und die DMT-haltige *Diplopterys cabrerana* sein. Übersetzung der Verfasserin.

Heilung eingesetzt – und somit auch als Medizin bezeichnet – sowie für geistige Reinigung und spirituelle „Reformatierung". So beschreibt Isaka Osvaldo Manduca aus dem Dorf Aldeia São Joaquim die Wirkkraft der Heilpflanze:

> This healing is the cure, and kayatiarã is really a medicine. With the healing herb kayatiarã you can cure anything; it cures disease, cures the evil spirits, heals the evil thoughts, heals everything; kayatiarã has the word kaya [cure] within it.[29]

Ayahuasca wirkt auf das „kybernetische" und energetische Netz, das Menschen, Tiere und Pflanzen verbindet, und löst negative Dissonanzen auf. Ein anderer Schamane vergleicht den Vorgang mit dem Knüpfen der Muster einer *Kené*, des traditionellen kosmogonischen Ornaments, das gewebt, gezeichnet und in Körperbemalungen verwendet wird. Der Akt des energetischen Verknüpfens, der in den Zeremonien erfolgt, dient der Pflege und Aufrechterhaltung von Beziehungen mit nichtmenschlichen Kräften. Die mit *Nixi Pae* aktivierten Erkenntnisse und Wahrnehmungsdimensionen entfachen und stabilisieren die mythischen Verbindungen, die der perspektivischen Weltsicht der Huni Kuin zugrunde liegen. „Die Mythen sind bevölkert von Wesen, in deren Form, Namen und Verhaltensweisen sich menschliche und tierische Eigenschaften unentwirrbar vermischen und die in einem gemeinsamen Kommunikationsraum existieren"[30], so der brasilianische Anthropologe Eduardo Viveiros de Castro. Dem interspezifischen Perspektivismus der Huni Kuin und anderer amerindischer Völker zufolge werden Pflanzen, Tiere und Naturentitäten agentiell erlebt und in der Sprache der Huni Kuin als *Txai* (Gefährt*in oder gesinnungsnahe Person) sowie als *Kuxipa* (heilige Wesen) adressiert. Tiere und Dinge, so Viveiros de Castro, treten als in „Kleider" gehüllte menschliche Formen auf, die nur Schamanen in ihrer Wesenheit erscheinen.[31]

(Multi)perspektivismus ist ein weites und für nichtindigene Sensibilitäten verstörendes Konzept, da es alle Dichotomisierungen aufhebt – Natur/Kultur; Mensch/Tier/Ding; Körper/Geist –, aber auch die Fähigkeit zu sozialen Beziehungen radikal erweitert. Wenn alles in Verbindung zueinander steht, dann ist auch Menschlichkeit ein verteiltes, geteiltes und verhandelbares Attribut, das sich durch sämtliche biologische, dingliche und atmosphärische Entitäten zieht. Dann besitzen Menschen ebenso wie alles Biotische und Abiotische die Fähigkeit zur Gesellschaftlichkeit. Auch für die Huni Kuin ist die Kommunikation mit ihren *Txai* ein ständiger Prozess des Lernens und Forschens. „Es ist die Suche nach der richtigen Information"[32], bemerkt Txana Bane Fabiano Sales Huni Kuin Kaxinawa, die über das Wissen und das Wesen von Pflanzen zu erlangen sei. Und dass diese „richtige Information" nicht nur auf mythologischen Weltvorstellungen beruht, sondern durch-aus auch mit westlicher Wissenschaft und Philosophie in Einklang zu bringen ist, erklärte der Philosoph Emanuele Coccia: „This is not just a *mythological* storytelling based on a hallucinatory state. It is the truth that the most common science affirms. Our world is literally *produced* by plants. Plants, indeed, are the major cosmogonic force on our planet since they have begotten the world as we know it."[33]

Die Lehrpflanze[34] verschafft Zugänge und generiert Verbindungen zu Seinszuständen, in denen Menschen, Tiere, Ahnen, Götter und andere Agenzien, welche die Welt bewohnen, sich gegenseitig durchdringen und einander intersubjektive Einsichten und Realitätsperspektiven eröffnen. Vermittelt durch die zentrale Figur des *Pajé* (Schamanen), dem die Huni Kuin und andere indigene

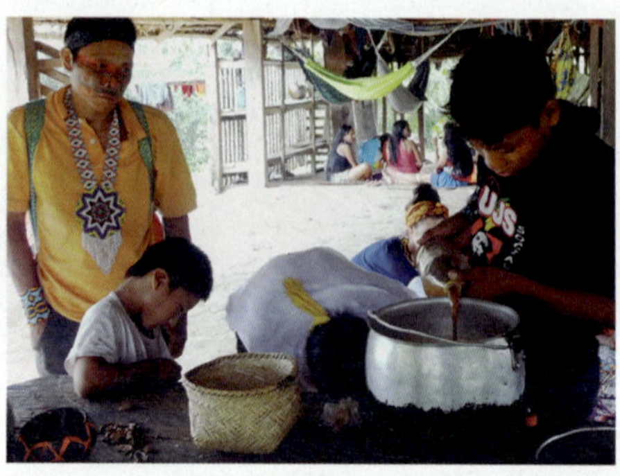

61 Francisco Macário während der Assembleia in Aldeia Novo Natal, Brasilien

Ethnien eine wesentliche Rolle in ihrer Kultur zusprechen, werden mit Ayahuasca und anderen Ritualen die Verbindungen zum spirituellen Raum und soziale Zusammengehörigkeiten aufrechterhalten. Ayahuasca öffnet nicht nur Portale in die Vergangenheit, in verborgene Wissensreservoirs und das Wesen von Intersubjektivität, sondern weist ebenso den Weg in die Zukunft und wie diese aus dem souveränen Weltbild der Huni Kuin zu gestalten sei. Unter den zwei Vorzeichen des *Aru Kuxipa* (heiligen Geheimnisses) – dem der anzestralen Zukunft und dem der Gestaltung von Begegnungen – nahm die Ausstellung in Wien nach einem langen Vorbereitungsprozess Gestalt an.

SCHAMAN*INNEN DER „NEUEN ZEIT"

> Die jüngste Entscheidung der Huni Kuin, nach Wien zu reisen, um sich und ihre heiligen Wesenheiten für Europäer*innen in der TBA21-Augarten zu präsentieren, kann durch die Strategie verstanden werden, die sie gewählt haben, um sichtbar zu werden und neue lebendige Austauschbeziehungen mit Außenstehenden zu etablieren. […] Aus ihrer Sicht können ihnen gerade nichtindigene Personen mit transformativen Kräften und Wissen mögliche Bereiche förderlicher sozialer Veränderungen und Werkzeuge für neue Kreativität bereitstellen. Die Zusammenarbeit mit dem Künstler Ernesto Neto und anderen Partner*innen im Team hat eine dieser Möglichkeiten geboten.[35] – Pirjo Kristiina Virtanen

Die Anthropologin Pirjo Virtanen begleitet seit vielen Jahren die Huni Kuin in ihren Veränderungsprozessen. Ihr Beitrag soll uns an dieser Stelle leiten, die Wiener Zusammenkünfte unter dem Zeichen der Aru Kuxipa einzuordnen und die Bedeutung dieses Recherchevorhabens zu beleuchten. Mit der Konzeptionalisierung des Projekts als Beitrag zum Verständnis von „ancestral futures" irritierte es herkömmliche Traditionsbegriffe, die einen engen Spielraum für vorgefasste politisch-kulturelle und ästhetische Artikulationen einräumen. Die traditionellen Gemeinschaften zugewiesenen Orte (im Wald, in ortsgebundenen Gemeinschaften, im ethnografischen Museum) und Plätze (in Tradition und im Volkstum, im Bewahren von Werten und „authentischen" Bräuchen) sind von primordialistischen Vorstellungen durchsetzt, die selbst ein Produkt der Moderne sind und sich mit dem souveränen Fortschreiben von Lebenspraxen nur schwer vereinbaren lassen. So rührt es auch an postkolonial geschulte Empfindsamkeiten, wenn indigene Amerinder*innen neuerdings in Kontexten „auftreten", denen ihre Artikulationen fremd sind, dort ihre Traditionen und Werte „zur Schau tragen" und reifizierten Vorstellungen gelebte Selbstidentifikation und gar wirtschaftliche Interessen entgegenhalten. Diese werden oft-

29 Isaka Osvaldo Manduca Mateus Kaxinawa, in: Zyman, Ebersberger, Wildförster (Hrsg.), *Ernesto Neto and the Huni Kuin: Aru Kuxipa*, S. 4.

30 Eduardo Viveiros de Castro, „Perspektiventausch: Die Verwandlung von Objekten zu Subjekten in indianischen Ontologien", in: *Animismus: Revisionen der Moderne*, hrsg. von Irene Albers und Anselm Franke, Zürich: diaphanes 2012, S. 73.

31 Ebd., S. 74.

32 Txana Bane Fabiano Sales Huni Kuin Kaxinawa, „Aru Kuxipa", S. 9. Übersetzung der Verfasserin.

33 Emanuele Coccia, „Gaia Mother Tree", Manuskript des Vortrags im Rahmen von „Assembleia MotherTree", 2018. Archiv der Verfasserin.

34 Schamanische Pflanzen werden als „planta maestra" bezeichnet. Vgl. Kenneth Tupper und Beatriz Labate, „Ayahuasca, Psychedelic Studies and Health Sciences: The Politics of Knowledge and Inquiry into an Amazonian Plant Brew", in: *Current Drug Abuse Reviews* 7, Nr. 2, 27. Januar 2015, S. 73. https://doi.org/10.2174/1874473708666150107155042.

35 Virtanen, „(Re)Establishing Relations and the Huni Kuin's Complementary Ensembles", S. 75. *Übersetzung der Verfasserin.*

mals vorschnell unter der Rubrik des Primitivismus abqualifiziert. Anhand des Performativs, das indigenen Personen im Rahmen von Kontaktbeziehungen zugeschrieben wird, offenbart sich das Paradox westlicher Indigenitätsbilder: Einerseits wird ihnen der symbolische Raum der Tradition zugewiesen; andererseits ist die Art und Weise, wie sie diese Tradition zu leben und in nichtindigenen Kontexten zu überführen hätten, durch die hegemoniale Wirkung westlicher Vorstellungsbilder geregelt.[36] Zudem trägt die seit mehr als dreißig Jahren geführte Debatte über die Gefahren des Primitivismus im Kunstkontext bedauerlicherweise dazu bei, dass oftmals „indigene Codes einseitig mit kunsthistorischen Begriffen [decodiert werden], wodurch die Lesbarkeit indigenen Handelns, ihrer Praxis und Ikonografie ausgeblendet wird“[37].

Wie Virtanen und Piedrafita eindrucksvoll beschreiben, messen die Huni Kuin gerade ihrem Auftreten in ihren Gewändern und Bemalungen sowie ihrer Pflanzenheilkunde eine ästhetisch-politische Rolle bei, durch die sie *Xina Bena,* die neue Zeit, demonstrativ darstellen und praktisch gestalten. Auch der Schamane Iba Tiago Paulino Sales Kaxinawa betonte in seiner Abschiedsrede in Wien, dass die Huni Kuin nicht *allein* nach Wien kamen, sondern mit einem besonderen Auftrag und einer spezifischen Heilpraxis, die sie in „die ganze Welt“ hinaustragen wollten.

> I want to thank all of my *txais*, everyone whom we met here in Vienna. For us, coming here was very important! We felt very welcome, lots of energy, strength, and very connected with *yuxibu* of nature, with *yubebu*, with the strength of the boa, connected with our healing work, with nature, with the healing medicine, with the healing herb, with our *rapé*! With our singing, with our prayer chants, with our smoking, with medicine, with the healing, with *sápu*, *kãpú*, cleansing of the body, healing bodies in the entire world. *Haux*, *haux*![38]

Es ist insbesondere der seit den Neunzigerjahren florierende Ayahuasca-Schamanismus – praktiziert in Städten wie Iquitos in Peru und Manaus sowie mittlerweile auch in globalen Metropolen –, dem oftmals mit abwertendem Misstrauen begegnet wird. Die vornehmlich an weiße New-Age-Noviz*innen und Heilssuchende gerichteten Praktiken sind laut Kritiker*innen ein Ausverkauf indigener „Geheimnisse“ und würden lediglich als Folklore-Darbietungen abgehalten. Darüber hinaus sei die Einnahme des DNT-hältigen Tranks in den meisten Ländern nicht gesetzeskonform, wie im Rahmen des dreitägigen Symposiums „The Rise of the Phyto Age“[39] erörtert. Tatsächlich ist jedoch der 62
neue Schamanismus vor allem ein Berufsfeld.[40] Schon während des Kautschuk-Booms in der zweiten Hälfte des 19. und Anfang des 20. Jahrhunderts boten Schaman*innen ihre Dienste entgeltlich nichtindigenen Plantagenarbeiter*innen an, die in weiterer Folge den Schamanismus in die Städte trugen. Ayahuasca-Schamanismus ist auch keiner „tribalized practice“ zugehörig: Seine Entwicklung und Verbreitung entlang des Napo-Beckens war weder stammesspezifisch – Ayahuasceros wurden weitergereicht und unter den Völkern und Familien ausgetauscht – noch spezifisch ethnisch, da er nicht nur Indigenen vorbehalten war.[41]

Aufgrund des Rückgangs der im Amazonas erwirtschafteten Einkünfte (vornehmlich Kautschuk, aber auch Holz und Erdöl) war es für amerindische Völker notwendig, andere Formen des Lebensunterhalts zu suchen. Diese Veränderungen gingen mit dem wachsenden Interesse an amazonischen Pflanzen im Gesundheitswesen einher. Erhebungen aus kontrollierten Untersuchungen ergeben neuerdings empirische Daten, Anwendungen und Theorien, die den vielseitigen Verwendungsmöglichkeiten von psychotropen Pflanzen Rechnung tragen. „These kinds of psychoactive substances are epistemic technologies or cognitive tools. [...B]ecause the brew does not neatly fit into modern scientific, legal and political categories, a process of negotiation and alternative understanding may be helpful for realizing the potential it (and other psychedelics) may have to reflexively reshape understandings of knowledge itself, as well as empirical science, personal and public health, or even planetary ecology"[42], so die Verfasser*innen einer Studie zum Einsatz von Ayahuasca im Gesundheitssystem. Über das Verständnis von *Nixi Pae* als Heilmittel, agentielle Wesenheit, Eintrittsmedium zur Welt der Mythen und über ihr Potenzial als „epistemische Technologie" zeigt sich, wie zentral die „Medizin" für die Kosmopolitik der Huni-Kuin-Gemeinschaft ist. Und nicht zuletzt lässt sich erahnen, wieso das Wissen der Pflanzen als Medium zur Weltenheilung erachtet wird.

GEIST HEILT – PAJÉ LEHRT – JIBOA SINGT

Das Zentrum der Ausstellung „Aru Kuxipa" markierte *BasnepuruTxanaYubé*
63 (2015), ein *Kupixawa*. Der Kupixawa, auch *Maloca* genannt, dient traditionell nicht nur der Besprechung der wesentlichen die Gemeinschaft betreffenden Entscheidungen, hier finden auch die durch das Ayahuasca angeleiteten rituellen Begegnungen statt. Während der fünfmonatigen Ausstellungsdauer in der TBA21–Augarten wurden in *BasnepuruTxanaYubé* Heilungsrituale, Symposien und Zusammenkünfte abgehalten, ebenso bot der Raum die Möglichkeit zur Entspannung, Kontemplation und zum gemeinsamen Feiern. Seine zeltartige Struktur, die aus handgefärbten grünen, pink- und orangefarbenen Baumwollbändern geknüpft und mit Lavendel, Nelken und Kurkuma gewürzt ist, visualisiert die Formensprache des zentralen Versammlungsortes der Huni Kuin und vereint Elemente der unsichtbaren Welt, die von Schaman*innen während der Nixi-Pae-Riten visualisiert werden. Aus von der Formensprache der kenés abgeleiteten farbigen Rauten und dem Diamantenmuster der *Jiboia* (Königsboa) zusammengesetzt, spannt sich die durchsichtige Netzmembran giebelförmig in die Raummitte und wirft geometrische Schattenmuster auf den Boden. In der Mitte des *Kupixawa* schwebt ein aus gelber Baumwolle geknüpfter Leuchter, der mit Kristallsteinen gefüllte und von Kerzenlicht illuminierte runde Glasschalen trägt. Seine hängenden Tropfenformen, die den sackförmigen Nestern der Amazonas-Oropendola-Vögel gleichen, erhalten symbolisch die energetische Beziehung zwischen Himmel und Erde aufrecht. Eine gehäkelte, mit Nelken und Kurkuma aromatisierte Leiter verweist darüber hinaus auf eine Huni-Kuin-Mythe, in der sie ihren Ahnen die Verbindung zum Himmel ermöglichte.[43]

36 *Um Sagrado Lugar*, der Beitrag von Neto und den Huni Kuin zur 57. Venedig-Biennale, 2017, wurde auch von indigenen Kritiker*innen als „spectacle and the fetishization of primitivism" gelesen. https://canadianart.ca/reviews/ryan-rice-venice-biennale/.

37 Camila Maroja, „The Persistence of Primitivism: Equivocation in Ernesto Neto's *A Sacred Place* and Critical Practice", in: *Arts* 8, Nr. 3, 29. August 2019, S. 2. https://doi.org/10.3390/arts8030111.

38 Iba Tiago Paulino Sales Kaxinawa, „Diary of Work", in: Zyman, Ebersberger, Wildförster (Hrsg.), *Ernesto Neto and the Huni Kuin: Aru Kuxipa*, S. 117/118.

39 „The Rise of the Phyto Age", kuratiert von Daniela Zyman, 26./27. Juni 2015, TBA21–Augarten, Wien. https://tba21.org/the-rise-of-the-phyto-age.

40 Obzwar traditionell ein männlicher Beruf, ändert sich die Situation zunehmend.

41 Gayle Highpine, „Is It Cultural Appropriation for White People to Drink Ayahuasca?", in: *Kahpi–The Ayahuasca Hub* (blog), 6. Juni 2018. https://kahpi.net/cultural-appropriation-ayahuasca/.

42 Tupper und Labate, „Ayahuasca, Psychedelic Studies and Health Sciences", S. 75.

43 Nach Mircea Eliade ist die schamanische Leiter die früheste Version der Idee einer Weltenachse, die die verschiedenen Ebenen des Kosmos miteinander verbindet und in zahlreichen Schöpfungsmythen Australiens, Tibets, Nepals, des alten Ägyptens, Afrikas und Nord- und Südamerikas zu finden ist. Vgl. Jeremy Narby, „Seeing Correspondences", in: Zyman, Ebersberger, Wildförster (Hrsg.), *Ernesto Neto and the Huni Kuin: Aru Kuxipa*, S. 115.

62 oben: Dua Busẽ und Ayani führen eine spirituelle Heilungszeremonie mit Besucher*innen durch TBA21–Augarten, Wien, 2015

63 unten: Ernesto Neto und die Huni Kuin, *PedraGiboLagoDuaBusé* (StoneBoaDuaBuséLake), 2015. Ausstellungsansicht TBA21–Augarten, Wien, 2015

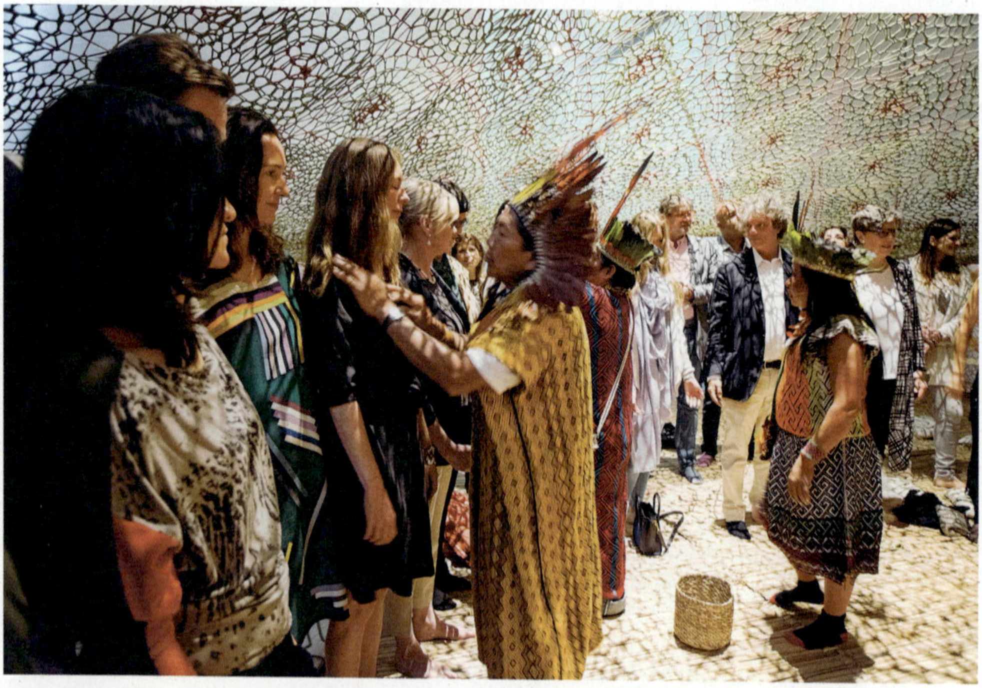

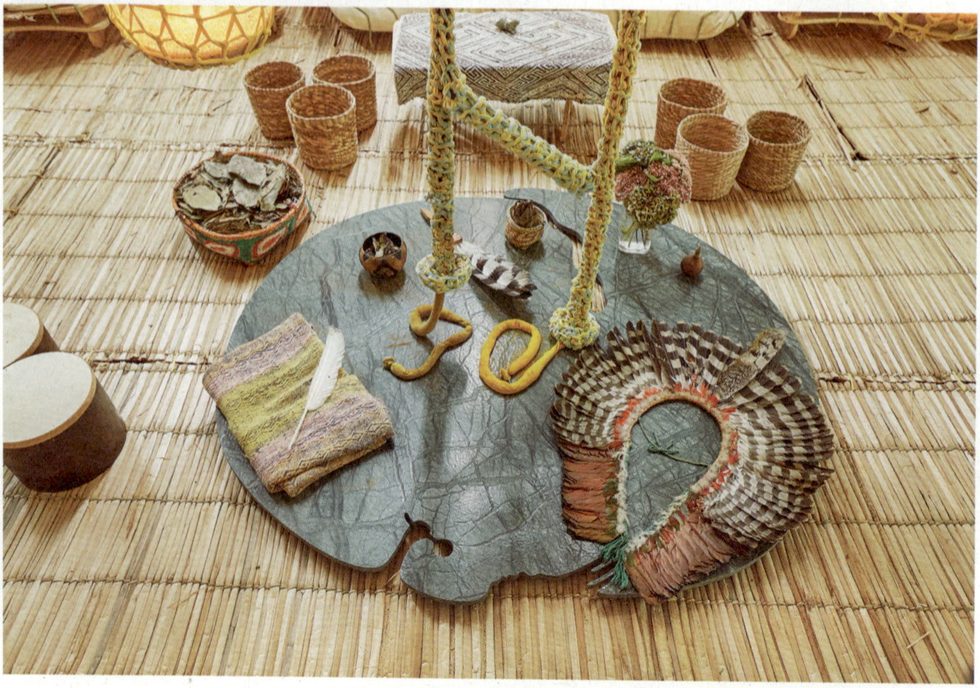

Der mit Strohmatten und handgefertigten Kissen ausgelegte Boden ist von zwei schmalen ondulierenden Bänken umrahmt, die sich entlang der Längsseiten des Raumes erstrecken. Heilende Steine aus Amazonit (Stein der Kraft) und Rosenquarz (Stein der Liebe) sind in kleinen, in den Vertiefungen der Bänke eingenähten Taschen aufbewahrt. Den größeren Pajésitzen gegenüber steht ein tiefgrüner aus Guatemala-Marmor gefertigter Ritualtisch, auf dem die Konturen der *Jiboia* und eines Pajé mit Maraca-Rassel eingemeißelt sind. Ritualobjekte wie *Kuripe* und *Tepi*, Blasröhrchen aus Bambus oder Knochen zur Verabreichung von Heilmitteln – medizinische Mischungen aus Tabak, Asche und Blättern zur Reinigung von Körper und Geist –, sind hier aufbewahrt. An den Außenwänden verläuft ein dekorativer Fries, der in Form eines *Kené* direkt auf die Wand gemalt ist. *Kené* sind heilige und multiperspektivische Embleme der Huni Kuin, die, von Naturformen abgeleitet und mnemonisch in geometrische Musterungen übersetzt, als Körperbemalungen, Webstücke oder als Keramikornament verwendet werden. *Kené* visualisieren und materialisieren die multirelationalen Beziehungen, die sich durch das energetische Informationsnetz ziehen, das Menschen, Tiere, Pflanzen und Mineralien gleichermaßen durchdringt. Ebenso wie die traditionellen Gesänge der Huni Kuin stellen sie ein zentrales, weibliches Ausdrucks- und Kommunikationsmittel mit den Ahnen und nichtmenschlichen Entitäten dar – sie (re)produzieren historische Verbindungen, begleiten, schützen und aktivieren Heilkräfte.

64 Im angrenzenden Raum, an dessen Wänden mehr als vierzig von Pajés und
65–70 Künstler*innen angefertigte Zeichnungen zu sehen waren, lag die amazonische Pflanzenenzyklopädie *Una Isĩ Kayawa*[44] auf. Das „Buch des Heilens“ bewahrt die Bestimmungen und Verwendungen der 109 Pflanzenarten, die bei den Therapien der Huni Kuin eingesetzt werden. Der Pajé Agostinho Manduca Mateus Ĩka Muru empfing in einem Traum die Anweisung, das überlieferte Pflanzenwissen der Huni Kuin zu dokumentieren, um es für zukünftige Generationen zu sichern. Die Publikation, die das Ergebnis von Ĩka Murus mehr als dreißigjähriger Arbeit ist, entstand 2014 als zweisprachige Ausgabe (Portugiesisch und Hatxa Kuĩ) in Zusammenarbeit zwischen Huni-Kuin-Pajés, dem *Rio de Janeiro Botanical Garden Research Institute* (JBRJ) und dem brasilianischen Verlag Dantes. Die englische Übersetzung mit dem Titel *Book of Healing*, initiiert von den Huni Kuin, wurde gemeinsam mit TBA21 erarbeitet und erstmals in Wien der Öffentlichkeit präsentiert. Sie gewährt Einblick in das „heilige Geheimnis“, das für Wissenspraxen und -ordnungen steht, die den Pflanzen und dem Wald Handlungskraft und Bewusstsein einräumen.

Der letzte Teil der Ausstellung war dem reichen Universum mündlich überlieferter Geschichten und Mythen der Huni Kuin gewidmet. Ihre Stimmen erklangen in sechs kurzen Filmen, die diese Passage in ihre Kosmovision begleiteten: die Mythe über die traditionellen Heilmittel Tabak, Pfeffer und Ayahuasca, die aus dem Körper des Pajé Dua Buse wuchsen; über die Vielfalt an Vogelgesängen und die Transformationen zwischen Menschen und Federtieren; sowie die Entstehung der Kené aus der folgenreichen Begegnung zwischen einem *Jiboia*-Paar (Königsboa) und einer Huni-Kuin-Frau. Die Herstellung von Töpferwaren zeigt sich als privilegiertes Wissensgut der *Kunkoro,* der Mutter Natur, das sie für die Zubereitung von Maniok mit den Huni Kuin teilte. Das verzauberte Eichhörnchen verkörpert den allegorischen Bereich der Pflanzenvielfalt und das mystische

44 Agostinho Ĩka Muru, Manuel Vandique Dua Busẽ und Alexandre Quinet, *Una isĩ Kayawa. Livro da cura do povo Huni Kuĩ do Rio Jordão*, Rio de Janeiro: Dantes und Jardim Botânico do Rio de Janeiro 2014.

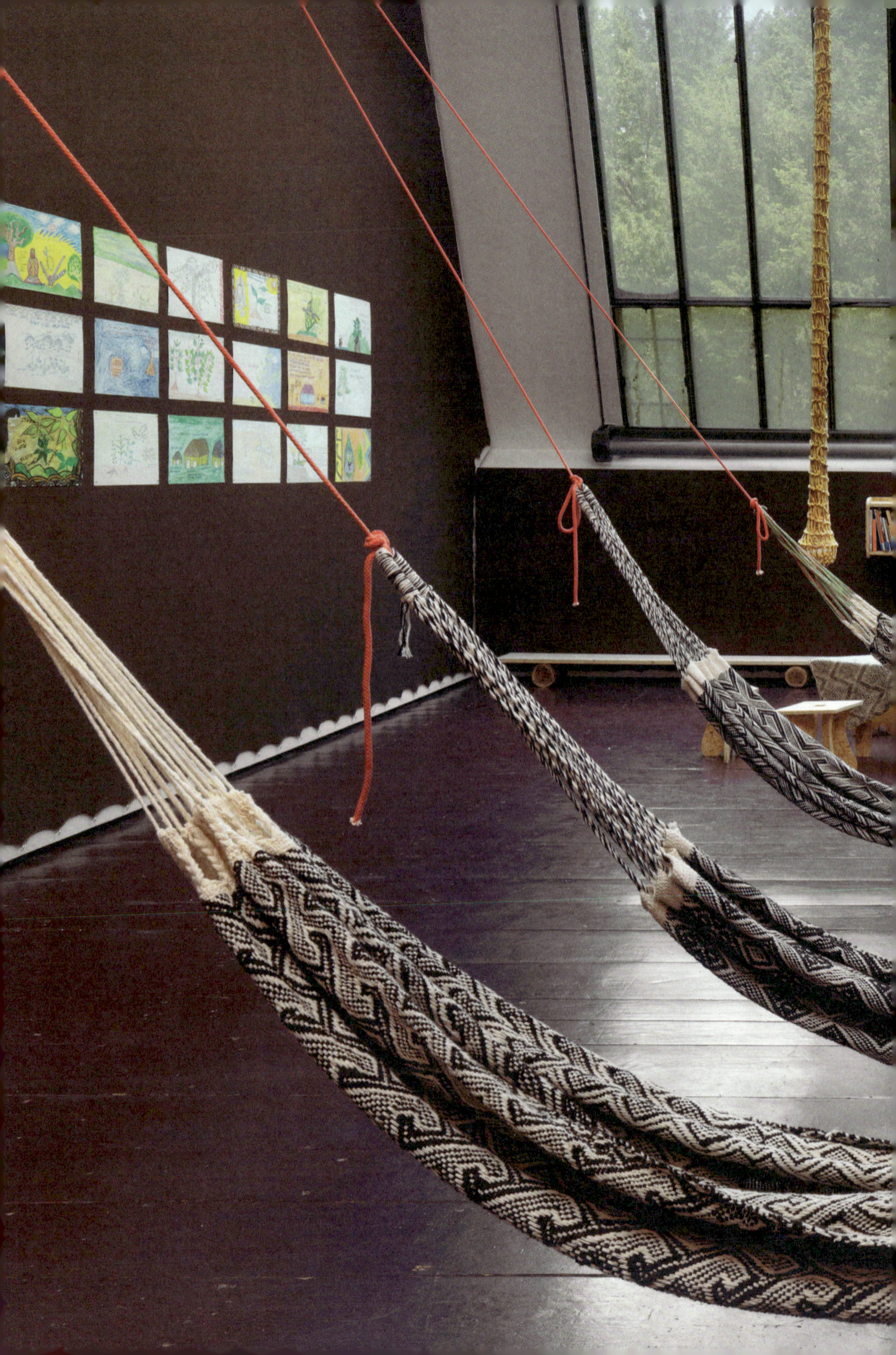

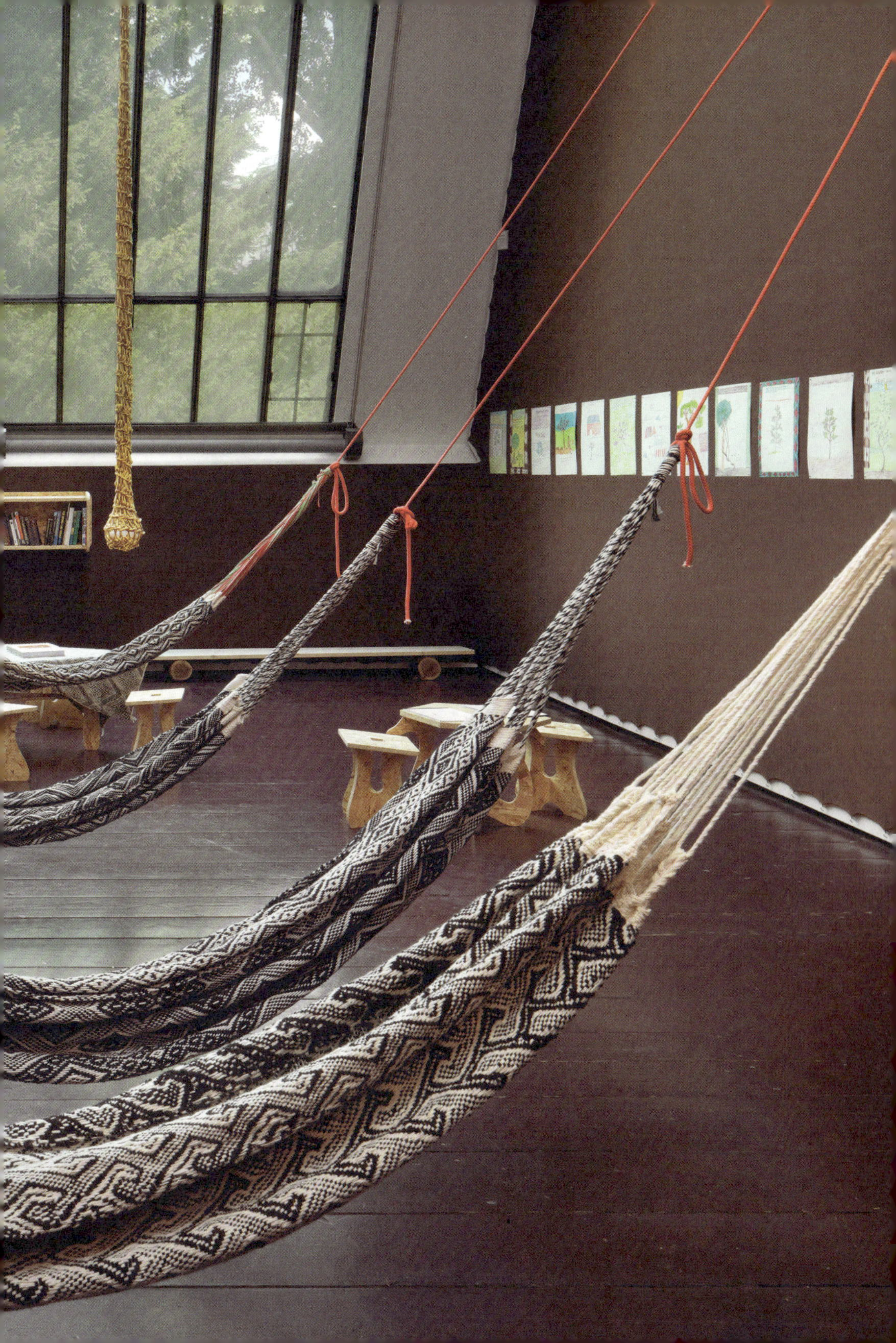

64 vorige Seite: Ernesto Neto und die Huni Kuin, *KenẽRedeSonhoDorme* (KenẽHammockSleepDream), 2015. Huni Kuin, *DesenhadoVidaHuniKuin* (DrawingLifeHuniKuin), 2015. Ausstellungsansicht TBA21–Augarten, Wien, 2015

65–70 oben, von links nach rechts: Josenildo Sales Siã Kaxinawá, Aldeia Bom Futuro, *Txana txixi bata*, 2015. Angelo Paulo Mateus Kaxinawá, Aldeia São Joaquim, *Inani, muka*, 2015. José Domingos Kaxinawá, Aldeia Belomonte, *Dau*, 2015. Unten, von links nach rechts: Isaka Osvaldo Manduca Mateus Kaxinawá, Aldeia São Joaquim, *Boa vista*, 2015. Kaxinawá Keã, Aldeia Nova Mina, *Maka huni*, 2015. Raimundo Abdias Kaxinawá, Aldeia Cana Fista, *Una Shubu Muka Inu Bake*, 2015

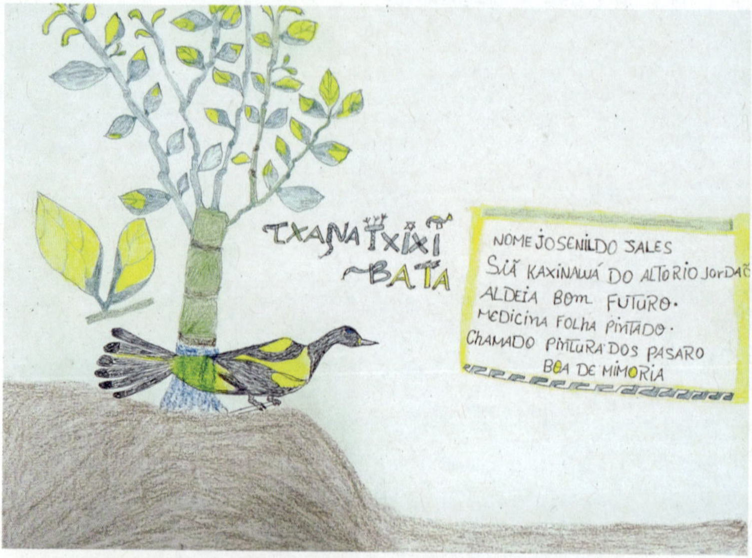

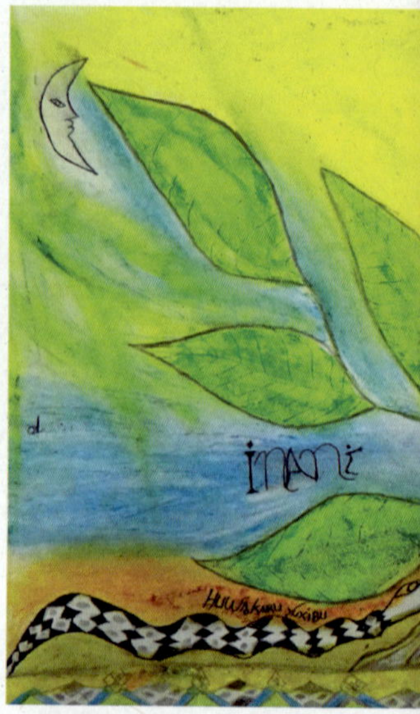

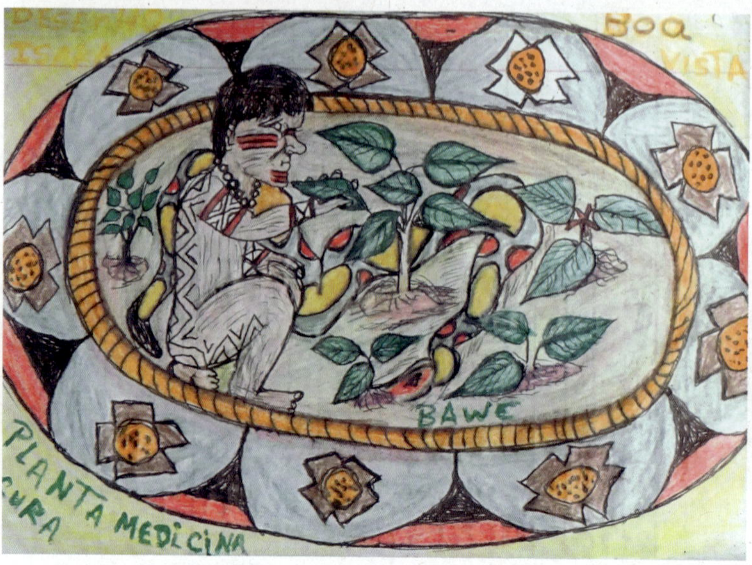

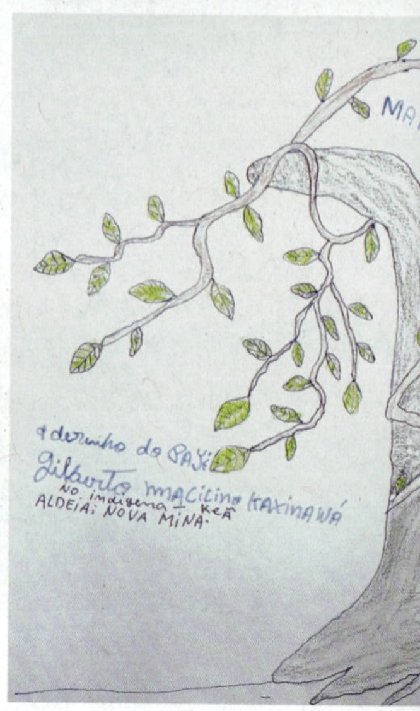

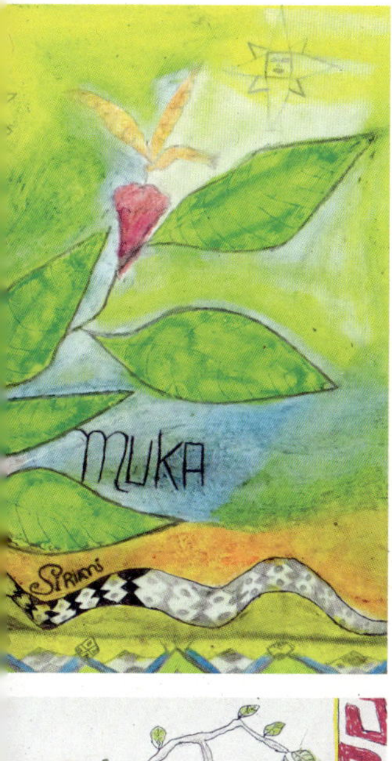
MUKA

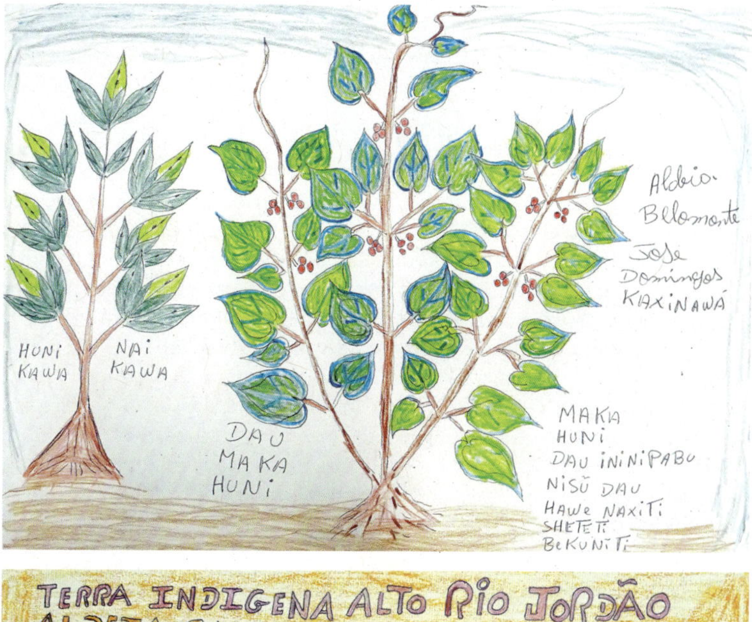
HUNI KAWA
NAI KAWA
DAU MAKA HUNI
Aldeia Bellomonte
Jose Domingos KAXINAWÁ
MAKA HUNI
DAU ININIPABU
NISŨ DAU
HAWE NAXITI
SHETETI
BEKUNITI

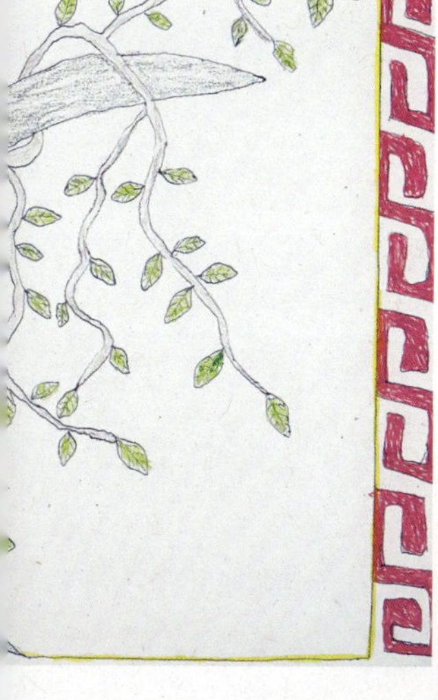

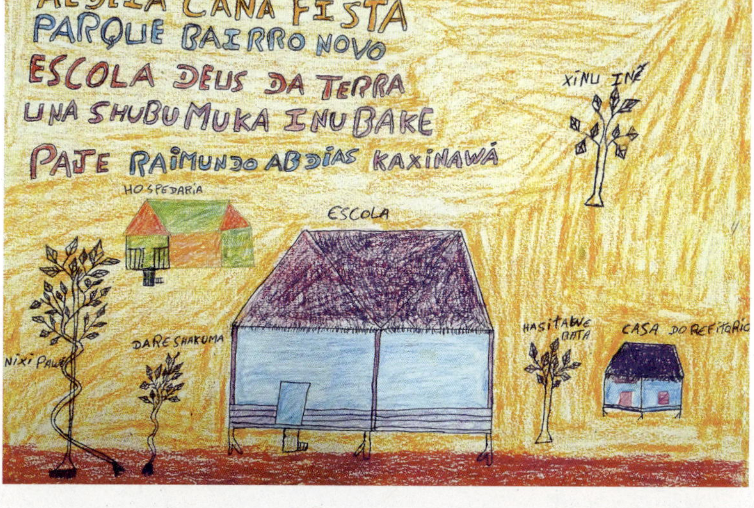
TERRA INDIGENA ALTO RIO JORDÃO
ALDEIA CANA FISTA
PARQUE BAIRRO NOVO
ESCOLA DEUS DA TERRA
UNA SHUBU MUKA INUBAKE
PAJE RAIMUNDO ABDIAS KAXINAWÁ
XINU INĨ
HOSPEDARIA
ESCOLA
NIXI PAWE
DARESHAKUMA
HASITAWE BATA
CASA DO REFITORIO

Gedeihen von Nahrungsmitteln. Der Geschichte des *Nixi Pae* und den heiligen Gesängen der Pajés sind weitere Filme gewidmet. Die Auswahl und Zusammenstellung der Mythen eröffnete die perspektivische Weltsicht der Huni Kuin. Von der zentralen Wand überblickte die Darstellung eines in einer Meditationspose ruhenden Pajés den Raum. Vom Symbol der verschlungenen Boaschlangen umrandet, hält er die Erdsphäre in seinen Händen und bringt sie zur Ruhe.

Symbolisch und performativ tritt Netos künstlerisches Formenvokabular in „Aru Kuxipa" in einen Dialog mit Wissensformen, Bräuchen und (rituellen) Erfahrungen der Huni Kuin. Aus dialogischen Resonanzen entstehen polyphone und sinnlich ansprechende Szenarien, die den Raum für Gesang, Tanz, Diskussion und Ritual öffnen. Mit respektvoller Sensibilität verhandeln Neto und die Huni Kuin die Grenzen zwischen künstlerischen, natürlichen, übernatürlichen und sozialen Welten und eröffnen eine Zone der Korrespondenzen und Transformation – des Lernens und Umlernens –, um so die Übersetzbarkeit von distinkten Erfahrungsweisen auf die Probe zu stellen. Diese Korrespondenzen bringen zwei ausgeprägte Kunst- und Lebensauffassungen miteinander in Berührung, ohne sie den gängigen Wertvorstellungen oder dem Begriffsapparat von Kunst oder Anthropologie zu unterziehen.

GEMEINSAME WELTEN GESTALTEN

Kontaktbeziehungen zwischen unterschiedlichen Kulturen haben eine schwierige und oft auch missverständliche Ausgangslage zu überbrücken, nicht zuletzt, weil sie von gewaltvollen (neo)kolonialen Übergriffen überschattet sind, die sich auch in den analogisierenden Übersetzungen der Anthropologie spiegeln. Viveiros de Castro, der sich als Anthropologe jahrzehntelang mit den Huni Kuin (er verwendet das Exonym Kaxinawa) befasste, entwickelte gerade am Beispiel dieses Volkes das Konzept der Äquivokation, um gängige Vergleichsmethoden zu verkomplizieren. Viveiros de Castro argumentiert, dass in der Suche nach Übersetzungslexika für fremde Kulturen und Bräuche stets die Begriffe der dominanten Kultur als Approximation für indigene Anschauungen zum Einsatz kommen. Diese könnten allerdings weder die Tragweite noch die Bedeutungsnuancen präzisieren, die indigenen Begriffen innewohnen. Anhand des Wortes *Txai*, das oftmals als Bruder oder Schwester übersetzt wird, erläutert Viveiros de Castro, dass es sich um eine irreführende Äquivokation handelt. *Txai* sind alles andere als Blutsverwandte – selbst die Vorstellung von Gemeinsamkeit basiere in Huni-Kuin-Anschauungen auf Differenz und nicht auf Gleichheit – und so postuliert der Begriff vielmehr eine spezifische Beziehungsform, wo bislang keine bestand. Dementsprechend erklärt er: „The Amerindian relation is a difference of perspective. While we tend to conceive the action of relating as a discarding of differences in favor of similarities, indigenous thought sees the process from another angle: the opposite of difference is not identity but *indifference*."[45] Das Problem, das Viveiros de Castro mit dem Konzept der Äquivokation diagnostiziert, ist nicht der subjektive Irrtum, den wir mit dem falschen Gebrauch eines Begriffs begehen, vielmehr handelt es sich um „a failure to understand that understandings are necessarily not the same"[46].

45 Eduardo Viveiros de Castro, „Perspectival Anthropology and the Method of Controlled Equivocation", in: *Tipití: Journal of the Society for the Anthropology of Lowland South America* 2, Nr. 1, 1. Juni 2004, S. 19. https://digitalcommons.trinity.edu/tipiti/vol2/iss1/1.

46 Ebd., S. 11.

71–73 „Assembleia MotherTree“ mit Repräsentant*innen der Huni Kuin, Yawanawa und Tukano sowie dem tibetischen Lama Kalmykiens Telo Tulku Rinpoche, Künstler*innen, Ökolog*innen, Anthropolog*innen, Aktivist*innen und Philosoph*innen in Ernesto Netos Installation *GaiaMotherTree* (2018), Hauptbahnhof, Zürich, 30. Juni–1. Juli 2018

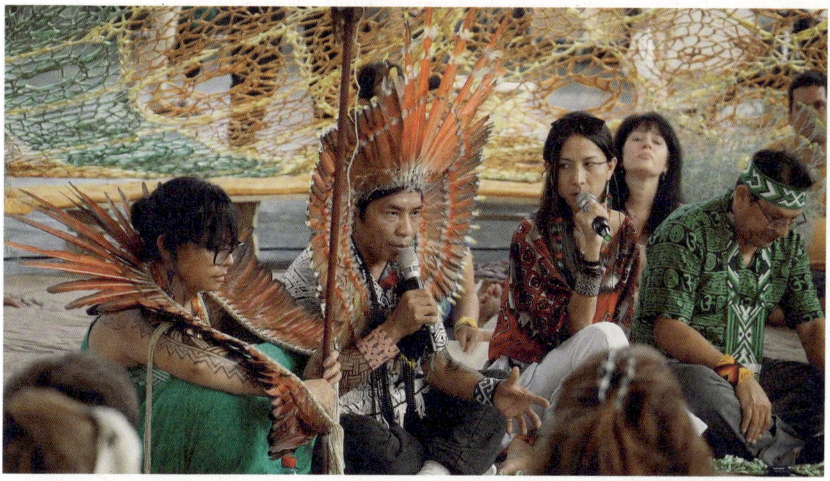

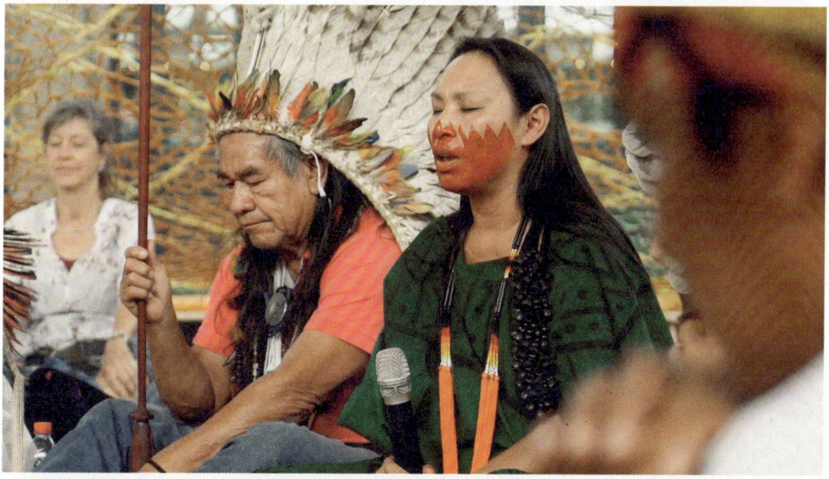

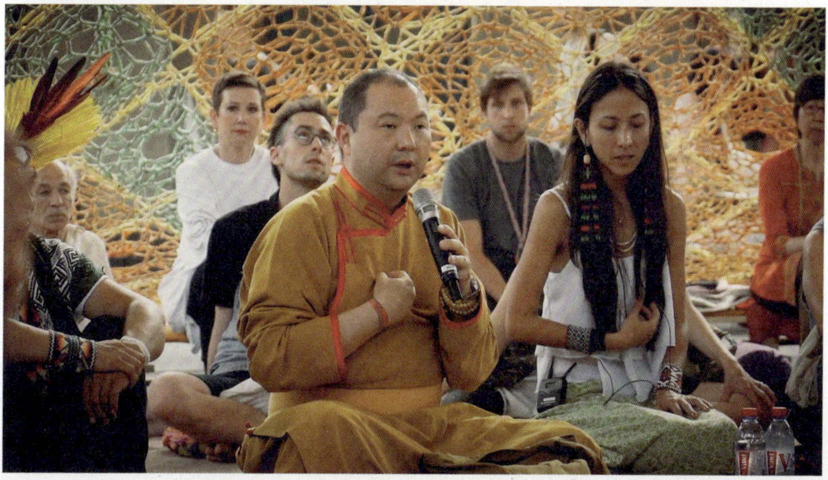

My people have always preserved the identity that comes from their knowledge of nature – the language, the painting, the songs, the dances, the way we work; so everything is one, everything is sacred, everything is nature, everything is God, everything has an owner, everything has a life.[47]

Txana Bane Fabiano Sales Huni Kuin Kaxinawa

Begegnungen mit anderen Kulturen und die Übersetzung ihrer Mythen und Weltbilder fordern ebendiese fehlende Einsicht der Unvereinbarkeit von Verständnisperspektiven heraus. Somit werfen sie die Frage nach der Diskrepanz zwischen Intention und der mehrheitsgesellschaftlichen Rezeption auf, die ich im Kontext von „Aru Kuxipa" in der eingangs besprochenen Perspektivenproblematik zwischen Ontologie und politischer Ökologie sichte und an dieser Stelle nochmals aufgreifen möchte: Findet eine Begegnung im Raum der Kunst statt, in den Zusammenkünften der „Aru Kuxipa" und im Zeichen des *Xina Bena*, mit dem die Huni Kuin gemeinschaftliche und kosmopolitische Verbindungen markieren? Und wie lassen sich dann die Motive hinter diesen Begriffen äquivozieren? Oder steht sie im Zeichen des sich seit Jahrzehnten abzeichnenden Ökozids Amazoniens und von Themen, die westliche Rezipient*innen als brisant legitime Anliegen erachten? Wenn wir das Motiv der Begegnung in den epistemizidalen und ökozidalen Kontext der gewaltsamen Rodungen und der Auslöschung des mehr-als-menschlichen Lebensraums im Amazonas stellen, also das Engagement mit indigenem Wissen in seinen brisanten geopolitischen Kontext rücken und so der Frage von indigenem Recht nachgehen, dann scheint es angemessen, eine dezidiert aktivistische Position im Projekt zu suchen. So könnte auch im Rahmen von „Aru Kuxipa" die durchaus legitim anmutende Praxis der (legalen) Vertretung zum Schutz ebendieses Waldes und seiner Bewohner*innen als Bewertungsmaßstab herangezogen werden. Dieser Ansatz verfehlt trotz bester Intention die Anliegen der Huni Kuin, und das in vielfacher Hinsicht: Angesichts der offensichtlich unüberbrückbaren epistemischen Differenz zwischen den Kulturen der Huni Kuin und jener der nichtindigenen *nawa*[48] gäbe es nur die Möglichkeit, den Weg der rechtlichen Anerkennung ins Zentrum der Diskussion zu stellen: die Rechte des Waldes, seiner Naturkräfte und jene der indigenen Völker. Doch die rechtliche Repräsentation stellt eine steinige Route dar, die Expert*innen, Rechtsvertretungen, NGOs usw. mobilisiert, um jene Welten zu sichern, die als „Armatur" der relationalen Ontologie der Huni Kuin gelten. Um vor dem Recht den Beweis anzutreten, dass der Lebensraum und die Weltenkonstruktion des Huni-Kuin-Volkes von der Sicherung ihres Waldes in Acre abhängen, müsste dieser per Expertise plausibel aufzeigen, wie viele Quadratmeter oder -kilometer „Bewegungsraum" ein Stammesmitglied benötigt und welche Wassermengen und sonstige Ressourcen. All dies wäre ein In-Beziehung-Treten, das den Regeln und Protokollen der *nawa* entspräche und auf ihre Gesetze rekurrierte, also ein „politicoconceptual problem"[49], das nicht mit den gegenwärtigen Auffassungen und Anliegen der Huni Kuin zu vereinbaren wäre.

Diesen Weg wollen die Huni Kuin mit *Xina Bena* nicht verfolgen, sondern sich den reparativen Möglichkeiten der Zusammenarbeit widmen, die sie durchaus als politisch erachten. So schreibt der indigene Gelehrte Yawabane Leopardo Sales Huni Kuin Kaxinawa: „As a student I am willing to create possibilities for collaboration instead of reinforcing the age-old story of conflict between people with different values. The new age we are experiencing is an age of partnerships and alliances that are not indigenous but are made between

47 Txana Bane Fabiano Sales Huni Kuin Kaxinawa, „Aru Kuxipa", in: Zyman, Ebersberger, Wildförster (Hrsg.), *Ernesto Neto and the Huni Kuin: Aru Kuxipa*, S. 9.

48 *Nawa* ist die gängige Bezeichnung der Huni Kuin für nichtindigene Menschen. *Nawas* gelten aber durchaus als *Txais*, also Brüder und Schwestern im Sinne ihrer Angehörigenerkennung.

49 Vgl. die Diskussion der Problematik einer politischen Ontologie in: Mario Blaser, „Notes towards a Political Ontology of ‚Environmental' Conflicts", in: *Contested Ecologies: Dialogues in the South on Nature and Knowledge*, hg. von Lesley Green (Cape Town: HSRC Press, 2013), S. 13–27.

friends: the txai, which have an indigenous spirit and embrace the Kaxinawa cause."[50] Unter Berücksichtigung der ethischen und politisch-konzeptuellen Tragweite, die in die Realitätsfähigkeit von Begegnungen eingewoben ist, wurde so „Aru Kuxipa" in Übereinstimmung mit den Wünschen und Vorstellungen der Huni Kuin als Vehikel konzipiert, um Ko-Recherche in einem kosmopolitisch komplexen Kontext zu etablieren, der – neben dem gegenseitigen Austausch von Kulturtechniken – den Vorgaben, Anschauungen, Ausdrucksformen und Ritualen der Huni Kuin entsprang und diese befolgte. Diese Vorgaben wurden bei einem ersten Zusammentreffen mit Neto und Repräsentant*innen der TBA21 im Wald der Huni Kuin in Acre im März 2015 schriftlich niedergelegt, immer wieder herangezogen und untereinander abgestimmt. 74, 75

XINA BENA: KO-RECHERCHE IM RAUM DER KUNST

Xina Bena, die neue Zeit, steht für die Anerkennung indigener Rechte unter den Vorzeichen anzestraler Zukünfte und ihrer spirituellen Stärkung mithilfe des Ayahuasca-Schamanismus. Sie beruht auf der Ausübung und Verbreitung indigener Kultur- und Lebenspraktiken, die keinen eigenen Ort und keinen Rückzug suchen. Vielmehr setzt die neue Zeit auf Habituation und Interferenz: Eine neue/alte Denkart, die aus der Beherrschung spiritueller Techniken eine eigene perspektivische Weltsicht begründet und sich der „Welt der Zivilisation" gestellt hat, sieht ihren Platz im Alltäglichen und im Gewöhnlichen nicht als exotisch Anderes, sondern in der Mitartikulation einer neuen planetaren Allianz. In der „Vision" für „Aru Kuxipa" formuliert Txana Bane Huni Kuin die Vorstellungen seines Volkes wie folgt:

> Today *Aru Bena* is this new generation, which is being transformed by the world of civilizations; this new generation as it can be found within this present moment of civilization. So the new thinking unites itself in order to strengthen and bring together this new force, this new alliance, and also this new knowledge of our ancestry. This new thinking has its origin in the old thinking. It came from our ancestors. [...] So the new generation is also the one that is bringing its strengths to a new beginning.[51]

Die diskursive und praktische Konstruktion von Aru Bena als spezifisch indigen und dennoch inklusiv und weltoffen ist als politisch-ontologisches und ökologisches Manöver zu lesen. Mit Bezug auf ihre naturnahen Lebensweisen und anzestralen Wissensressourcen legitimieren die Huni Kuin damit ihre Eigenständigkeit gegenüber den Anstrengungen des Nationalstaates, sich ihres Territoriums zu bemächtigen, und festigen solidarische Allianzen mit nichtindigenen Öffentlichkeiten, auch außerhalb Brasiliens. Somit ist das Wissen, das die Huni Kuin in ihren Ritualen und Erzählungen entfalten, nicht als mythologische oder folkloristische Geschichte zu deuten, sondern als Anstoß dafür, im gegenwärtigen Moment mit Weltenkonstruktionen zu experimentieren. Dass für die Berührungen zwischen Huni Kuin und *nawa* der Raum der Kunst und das gemeinsame Auftreten mit dem Künstler Ernesto Neto ausgewählt wurden, spricht für das Verhandlungspotenzial, das dieser Kontext birgt. Narby, dessen eigene Arbeit eine Brücke zwischen Naturwissenschaft und indigener Praxis herzustellen sucht und dafür eine jahrzehntelange Abfuhr vonseiten westlicher „Gatekeeper" einfuhr, beschrieb dieses Potenzial so: „Yes that seems right: mediating between different systems of knowledge takes art."[52]

Die Kunst ermöglicht Andockmanöver, die keiner literalen Übersetzung bedürfen, und lässt „bikognitive" Haltungen zu, wie Narby erklärt:

> In the same way that one can learn to speak two languages, and to go back and forth between the two, even if certain things get lost in translation, one can also hold two ways of knowing in mind, and learn to go back and forth between the two. I called this approach "bi-cognitivism" and argued that it gives you more concepts to think about the world.[53]

Aber – so die letzte offene Frage – auf welche Weise sind die Interaktionen mit den Huni Kuin als Gegenrecherche zu qualifizieren und welchen Platz nimmt *diese* Form der Forschung im Kontext der vorliegenden Arbeit ein? Wenn auch die Anliegen, die die Huni Kuin mit „Aru Kuxipa" nach Europa brachten, nicht außerhalb der „messy and unfinished [...] ongoing colonial/postcolonial contact relationship"[54] zu rezipieren sind, betonten sie unmissverständlich, dass sie Möglichkeiten suchten, eine Form der sozialen Kooperation zu konstituieren, die reparativ und transformativ wirksam ist. Restorative Forschungsansätze favorisieren Wiedergutmachungsprozesse, die auf Futurität ausgelegt sind, „primarily oriented towards repairing the individual, relational and social harm caused by that offence"[55]. Die Recherche, die die Huni Kuin nach Wien führte, befasste sich mit den Herausforderungen, wie sich ihre Kosmologien, Praktiken und Kunst – untermauert von Diskussionen ihrer politischen, dekolonialen Ontologie – in westlichen Kontexten verbreiten und gemeinsam entfalten ließen und in welcher Weise diese Wirkkraft für die Gegenwart besitzen.

Wenn ich mich auf die Praxis der Ko-Recherche mit ihrer operaistischen Genealogie beziehe, geht es mir allerdings nicht nur darum, den kollaborativen Ansatz des Projekts zu betonen, sondern vielmehr auch um „a kind of 'counter-learning by doing'"[56]. Die Konstitution von Formen sozialer Produktion, die von der Subjektivitätsbildung durch kapitalistische Konsumvorstellungen und invasive Kommunikationsmedien abweichen, erfordert eine Recherchepraxis, die in der Lage ist, die dominante Perspektive ausgehend von der Ambivalenz der laufenden Prozesse zu positionieren. Damit ein solches Experiment gelingt, ist es notwendig, sich für die Praktiken der Huni Kuin zu öffnen, ohne dabei indigen werden zu wollen. Narbys Bikognitivismus weist in die Richtung einer subversiven Pädagogik, die westlichen und indigenen Wissensformen Raum gibt, ohne der Verführung einer leider oftmals falsch verstandenen Befreiung des westlichen Subjekts zu verfallen.

Der sensiblen Frage, die der Art und Weise eingeschrieben ist, wie Forschungsunterfangen aus indigener Perspektive zu gestalten sind, bietet Linda Tuhiwai Smiths 1998 erschienenes Buch *Decolonizing Methodologies. Research and Indigenous Peoples* eine weitgefasste historische Diskussion. „The word itself, 'research', is probably one of the dirtiest words in the indigenous world's vocabulary"[57], erinnert die Maori-Wissenschaftlerin einleitend.

50 Yawabane Leopardo Sales Huni Kuin Kaxinawa, „Xina Bena – A Bridge Between Two Worlds", in: Zyman, Ebersberger, Wildförster (Hrsg.), *Ernesto Neto and the Huni Kuin: Aru Kuxipa*, S. 158. Kaxinawa ist eine ältere, von Anthropolog*innen geprägte Bezeichnung der Huni Kuin.

51 Txana Bane Fabiano Sales Huni Kuin Kaxinawa, „Aru Kuxipa", S. 9.

52 Narby, „Ancestral Futures: Shamans and Scientists".

53 Ebd.

54 Clifford, „Traditional Futures", S. 161.

55 Lode Walgrave, *Restorative Justice, Self-interest and Responsible Citizenship*, Cullompton: Willan Publishing 2008.

56 Guido Borio, Francesca Pozzi und Gigi Roggero, „*Conricerca* as Political Action", in: *Utopian Pedagogy. Radical Experiments against Neoliberal Globalization*, hrsg. v. Mark Coté, Richard J. F. Day und Greig de Peuter, Toronto: University of Toronto Press 2007, S. 169. https://doi.org/10.3138/9781442685093-013.

Sie bezieht sich dabei auf die jahrhundertelang währende Erfahrung indigener Gemeinschaften, als Gegenstand von Forschungsuntersuchungen und Expeditionsziel gedient zu haben – eine erniedrigende Erfahrung der Ausbeutung und Objektivierung, die sie mit der pointierten Feststellung „We are the most researched people in the world"[58] zum Ausdruck bringt. Im Zuge ebensolcher Entdeckungs- und Erkundungsprojekte wurden vernichtende Seuchen und Krankheiten eingeschleppt, wie auch Religionen, Regeln und Verhaltensformen. Beforschte auf der ganzen Welt würden bezeugen, dass die im Rahmen von Untersuchungen und Befragungen angewendeten ethischen Parameter, damals wie heute, oftmals gegen die kulturellen, religiösen und individuellen Rechte und Gepflogenheiten vor Ort verstießen.

Die kollektive Erinnerung des Imperialismus, so Tuhiwai Smith, bewahrte sich in der Art und Weise, wie Wissen über „Indigene" gesammelt, klassifiziert und dargestellt und wie dieses im Blick des Westens an jene „Kolonisierten" zurückgeworfen wurde. „Research is one of the ways in which the underlying code of imperialism and colonialism is both regulated and realized."[59] Die systematische Verbreitung von Forschung in den ehemaligen Kolonien über ein Netzwerk an wissenschaftlichen Institutionen und Gesellschaften bot die Möglichkeit für die Ansiedlung von Forschern, die wiederum mit den imperialen Zentren Europas in engem Austausch standen. Zudem waren es oftmals reisende Erkunder und Abenteurer, die Geschichten aus der Fremde heimbrachten und diese in exotisierend aufgeladenen Milieus fixierten. Abenteuergeschichten, oftmals lediglich erfundene Fantasiereisen, wurden weit rezipiert und erreichten weite Bevölkerungsschichten, einschließlich jener Gefangenen, die, in die neuen Territorien versendet, zu zukünftigen Kolonialisten wurden.

Der aus dieser langen Geschichte der Beforschung ableitbare Konflikt zwischen der (prospektiven) Suche nach Wissen und dem gegen sie gerichteten indigenen Widerstand zeichnet die Grundzüge der dekolonisierenden Methodologien, die Tuhiwai Smith erarbeitet hat. Da sie in den Achtziger- und Neunzigerjahren eine ablehnende „anti-research"[60] Haltung innerhalb der indigenen Gemeinschaften, im Speziellen der Maori, konstatierte, entwickelte sie die Praxis des „researching back"[61]. Den Begriff stellt die Autorin in Bezug zu „writing back" und „talking back", was sich mit Gegenschreiben und Widerrede übersetzen ließe. Gängig ist auch der im Filmkontext verwendete Begriff des „shooting back"[62]. All diese Methoden beschreiben unterschiedliche indigene, dekoloniale, aber auch feministisch-queere Praktiken der selbstermächtigten Eigendarstellung und der Verwendung von autochthonen Mitteln, Sprachen und Instrumenten, die sich aus Praktiken des Dissenses herleiten. *Shooting back* steht für die filmische Praxis der „umgekehrten Kamera", deren Anliegen es ist, die eigene Geschichte zu erzählen, unter Einsatz selbstgewählter Darstellungsmittel und -methoden und zur Geltendmachung von Identität, Tradition und Erfahrung. In dem Maße, in dem Künstler*innen und Theoretiker*innen neue Sprachen und Formen entwickelt haben, um über sich selbst zu sprechen, wehrten sie sich ihrerseits gegen die groben, stereotypen und konstruierten Bilder ihrer jeweiligen Kulturen, die von Mainstream-Medien und der Wissenschaft verbreitet wurden.[63]

Die ozeanische Theoretikerin Cresantia Frances Koya Vaka'uta[64] erweiterte in Folge die Praxis der dekolonialen und indigenen Gegenforschung mit der Formulierung von Protokollen und Anweisungen, die zu berücksichtigen und dem kollektiven Miteinander als Leitfäden an die Hand zu geben sind. In der gemeinsamen Gestaltung von Wissensräumen werden, so Koya Vaka'uta, unterschiedliche Ontologien und Epistemologien verhandelt, zu denen nur über indigene Wissensträger*innen Zugang *(entry point)* gewährt wird. Dabei gilt es zu hinterfragen, welches Zugriffsrecht die mehrheitsgesellschaftlichen Partner*innen auf indigene Wissensformen haben und wie ihnen eine Berechtigung

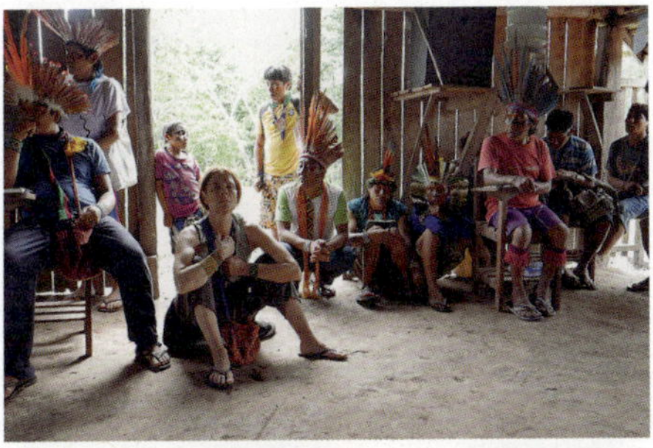

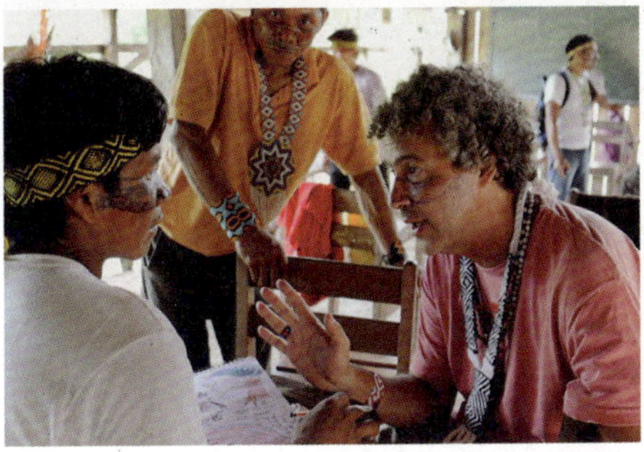

74, 75 oben: Assembleia, Aldeia Novo Natal; unten: Tiago Sales, Francisco Macário und Ernesto Neto, Aldeia Novo Natal

erteilt wird *(negotiation and protocol)*. Welche Prozesse sind zu durchlaufen, welche Wissensmethoden anzuwenden *(methodology)* und wie werden Beziehungen aufgebaut *(relationship building)*? Welche Verantwortungen und Erwartungen sind zu erfüllen *(personal commitment and expectation)* und wie ist Mitsprache und Mitgestaltung zu erzielen *(openness to negotiation)*?

Um Antworten und Anleitungen dafür zu finden, begaben sich Neto, Francesca Thyssen-Bornemisza, Markus Reymann und ich im März 2015 ins Dorf Novo Natal, um im Rahmen einer zweitägigen „zeremoniellen Tagung" gemeinsam mit allen 32 Huni-Kuin-Schaman*innen und über 35 Repräsentant*innen sämtlicher Dorfgemeinschaften ihre Bereitschaft zur Teilnahme zu ergründen.[65] Als Resultat der *Assembleia*, Ergebnis eingehender Verhandlungen und Zeremonien, verschriftlichten die Schaman*innen ihre Vorstellungen und die Bedingungen, die sie im Rahmen dieser Zusammenkünfte erfüllt sehen wollten. Das Anliegen der Huni Kuin war es, Wissen zu erweitern: neues zu erlangen und angestammtes weiterzugeben. Um dies zu erreichen, stellten sie genaue Bedingungen: Wer reisen würde, für wie lange, wer eine Ausbildung erhalten sollte, wie sich die Generationen und Geschlechter aufteilen würden. Sie wählten den Ausstellungstitel und schrieben ihre „Vision" fest. In erster Linie ging es um die Heilungsarbeit *(trabalho)*[66] und das Erlernen nichtindigener Technologien – tatsächlich waren während der fünfmonatigen Ausstellungsdauer rund zwanzig Schaman*innen, Handarbeits-Künstlerinnen und junge Lernende für mehrere Monate in Wien. Junge Schamanen wurden in westlichen phytomedizinischen Praktiken ausgebildet und erzeugten verschiedene Tinkturen aus mitgebrachten Heilkräutern. Fragen, Probleme und Entscheidungen wurden nach den Regeln der Huni Kuin diskutiert und gelöst. All diese Momente produzierten die Ausstellung und ihre Inhalte. Politische Auftritte – beispielsweise im Rahmen der COP21 in Paris[67] – wurden ebenfalls nach Huni-Kuin-Art abgehalten. Im traditionellen Gewand, mit Körperbemalung und Federschmuck zelebrierten die Schaman*innen ihre indigene Präsenz und damit ihre Kultur und ein Stück weit ihre Ontologie.

Unser Teil war es zu erarbeiten, wie sich diese Vorstellungen umsetzen ließen; wie einen geschützten Raum schaffen; wie und welche Diskussionen anregen; wie „übersetzen" und mit welchen Mitteln die Prozesse, die im Laufe

57 Linda Tuhiwai Smith, *Decolonizing Methodologies: Research and Indigenous Peoples*, 2. Auflage, London: Zed Books 2012, S. 1.
58 Ebd., S. 3.
59 Ebd., S. 7.
60 Ebd., S. 178.
61 Ebd., S. 7.
62 Daniela Zyman und Gabrielle Cram (Hrsg.), *Shooting back*, Wien: Thyssen-Bornemisza Art Contemporary 2007.
63 Ebd., S. 8.
64 Cresantia Frances Koya Vaka'uta, „Tapu: Is Anything Sacred Anymore?", in: *Thyssen-Bornemisza Art Contemporary: The Commissions Book*, hrsg. v. Daniela Zyman und Eva Ebersberger, Berlin: Sternberg Press 2020, S. 704–715. Sämtliche Begriffe zitiere ich aus der gegenständlichen Quelle.
65 https:// https://tba21.org/huni_kuni_assemblea.
66 Amazonische Schamanen bezeichnen Rituale und Heilungen als *trabalho* (Arbeit).
67 Die im Rahmen der COP21 abgehaltene UNESCO-Konferenz „Resilience in a Time of Uncertainty: Indigenous Peoples and Climate Change" versammelte fünfzehn indigene Sprecher*innen, aber vor allem Vertreter*innen von Hilfsorganisationen und NGOs (insgesamt 585 Personen). Dieses Verhältnis ist symptomatisch für die Unterrepräsentation indigener Wissensträger*innen in solchen Foren. Die Huni Kuin waren mit Siã Tadeu Mateus Kaxinawa und Txana Bane Fabiano Sales Huni Kuin Kaxinawa anwesend. https://en.unesco.org/events/resilience-time-uncertainty-indigenous-peoples-and-climate-change.

der Zeit entstehen sollten, sichern und weitergeben. Neben praktischen Vorgaben – das Beantragen von Reisepässen und die sichere Überführung von zwanzig Schamanen nach Wien, ihre Beherbergung und Verpflegung über viele Wochen – waren es rituelle – wie Zeremonien durchführen und in welcher Weise – und politische Fragen, die uns beschäftigten. Weiterer Angelpunkt des Unterfangens war es, das „Buch des Heilens" auf Englisch zu übersetzen und in das kuratorische Konzept der Ausstellung einzubetten.

Die im Rahmen der Ausstellung und ihrer begleitenden Programmierung praktizierten Interaktionen und durch diese sich eröffnenden Handlungsräume wurden in der anschließenden Zusammenkunft „Assembleia MotherTree" weiter- 71–73
geführt, abgehalten am 30. Juni und 1. Juli 2018 in Zürich. Die Veranstaltung, die der Gegenwart und Zukunft des Planeten, der Umwelt und der Koexistenz in einer globalen Welt gewidmet war, orientierte sich an den Zusammenkünften amerindischer Traditionen, wo die Zukunft der Gemeinschaft verhandelt wird und dabei alle Kräfte der sinnlichen und übersinnlichen Welten angerufen sind. Um diesen prekären Moment in unserer planetaren Geschichte intersektional zu begreifen, Konsequenzen einzuschätzen, Handlungsmöglichkeiten zu diskutieren und intellektuelle sowie spirituelle Kräfte zu mobilisieren, versammelten sich Delegierte aus dem Amazonas, Brasilien, Indien, Russland, USA und Europa. Repräsentant*innen dreier unterschiedlicher amerindischer Völker, der Huni Kuin, Yawanawa und Tukano, kamen mit Künstler*innen, dem tibetischen Lama Kalmykiens, einem Agrikulturalisten, Ökolog*innen, Anthropolog*innen, Aktivist*innen und Philosoph*innen zusammen, mit dem Ziel, eine kosmoökologische Vision zu entwickeln. Gemeinsam mit der Schweizer Öffentlichkeit suchten sie Wege und formulierten Methoden, den Geist von „GaiaMotherTree" aufleben zu lassen. Künstlerische Transversalität und anzestrale Praktiken dienten als Werkzeug und Vermittlungsinstrument, wie andere Stimmen zu erwecken und mit ihnen plurale Anstöße zu liefern seien. Netos Kunstwerk diente dabei als Katalysator und Mediator, wobei es seinerseits wieder von den Beiträgen und Gesprächen „aufgeladen" wurde.

„A common world, if there is going to be one, is something we will have to build, tooth and nail, together"[68], lautet Latours Anweisung für die Begründung von kosmopolitischen Gemeinschaften. Die mit den Huni Kuin und Ernesto Neto erprobten Zusammenkünfte waren dem Zusammenzimmern und der Konstruktion von stets partiellen, gemeinsamen Welten gewidmet.

68 Bruno Latour, „Whose Cosmos, Which Cosmopolitics?: Comments on the Peace Terms of Ulrich Beck", in: *Common Knowledge* 10, Nr. 3, 1. Oktober 2004, S. 454.

69 Zit. in: Zyman, Ebersberger, Wildförster (Hrsg.), *Ernesto Neto and the Huni Kuin: Aru Kuxipa*, S. 3.

Wind connects everything – our thoughts, what's inside our bodies – because we breathe with wind; without the wind no one can breathe. When you breathe, you go deep down and go back up again, you carry the message, and then everything is connected, nature, the planet – all that already exists is connected.[69]

Isaka Oswaldo Kaxinawa

DER ANTHROPOGENE OZEAN UND AQUA-ZENTRISCHE GEGEN-INVESTIGATIONEN

We sweat and cry salt water, so we know that the ocean is really in our blood.[1]

Teresia Teaiwa

Die Ozeanosphäre, das Netzwerk der marinen Gewässer, erstreckt sich über etwa siebzig Prozent der Erdoberfläche und umfasst den größten Teil der erdnahen Hydrosphäre. Paradoxerweise eröffneten der distanzierte Blick aus dem Weltraum und die Aufnahmen der Apollo-8-Mission (1968) eine Sichtweise auf unseren Planeten und seine Ozeane – die Perspektive der *blauen* Erde –, die wesentlich dazu beitrug, das Bewusstsein für die Einzigartigkeit und Verwundbarkeit unseres Planeten zu schärfen. Obwohl die Erdgewässer eine herausragende Rolle als Klimaregulatoren spielen und entscheidend für Sauerstoffproduktion und Biodiversität sind, priorisiert die Anthropozänforschung eine geoterrestrische Lektüre des Erdgeschehens. Die Fokussierung auf den Menschen als epistemische Zentralfigur des Anthropozäns hat zudem zur anhaltenden Vernachlässigung der ökologischen und sozialen Bedeutung von Wasser beigetragen. Festgesetzte kontinentale Denkweisen und kartografische Konventionen verstehen Meere und Ozeane als *leere* Räume und perpetuieren damit hierarchische Konzepte, die räumliche, ontologische und politische Dichotomien wie Land/Ozean, West/Ost, Globaler Süden/Globaler Norden, aber auch Natur/Kultur normalisieren.

Die folgende mehrteilige Fallstudie thematisiert die Ozeane und Weltmeere vornehmlich aus dem Blickwinkel der Programme und Untersuchungen, welche die TBA21–Academy seit 2011 unternimmt. Ich möchte diskutieren, wie die Ozeane „aus dem kognitiven und imaginativen Horizont der Spätmoderne“[2] verdrängt wurden; entnaturalisiert und in ihrer kapitalisierten Form als „globale Gewässer“ reifiziert werden; einer auf extraktiven Beziehungsformen zwischen Land und Meer beruhenden, epistemischen Gewalt ausgesetzt sind; und heute mehr denn je nach neuen kritischen Engagements aus dem Zusammenfluss der Disziplinen verlangen. In meiner Argumentation versuche ich auch aufzuzeigen, auf welche Weise gegenforschende Künstler*innen in der Lage sind, die meist nicht miteinander kommunizierenden Netzwerke der Meeresbiologie, des Umweltschutzes, des Rechts, der Kunst, des Films, des indigenen Aktivismus und der Philosophie miteinander zu verknüpfen und so alternative *hydrologische* Wissensformationen zu lancieren. Indem sie Raum für Dialog und Zusammenarbeit schaffen, leisten sie zudem einen wichtigen Beitrag zur Sensibilisierung für die Bedeutung der Ozeane und ihres Schutzes und üben eine transformative Wirkung auf die beteiligten Disziplinen aus.

Gestützt auf hochentwickelte technologische Medien, Sensoren und ferngesteuerte Robotik, werden die Ozeane derzeit als *new frontier*, als Grenze und Horizont von Wissenschaft und Forschung ins Visier genommen. In dieser Neukonstitution des maritimen Raums steht allerdings einiges auf dem Spiel. Der Anthropologe Stefan Helmreich konstatiert zwei konträre Tendenzen, die im Moment auch vonseiten der Meereswissenschaften propagiert werden. Die eine sieht das Ozeanische als Kontinuität und Verlängerung des terrazentrischen menschlichen Lebens- und Handlungsraums, die andere wiederum erkennt in ihm das grundlegend Fremde, Unbeherrschbare und Unbekannte. „New knowledge in marine microbiology“, schreibt Helmreich, „reproduces, reinforces, but also reconfigures such double visions of the ocean. The constantly shifting quality of such images [...] reflects a concern and unease about the future of the ocean and humanity's relation to it.“[3]

1 Teresia Teaiwa, „We sweat and cry salt water, so we know that the ocean is really in our blood“, in: *International Feminist Journal of Politics* 19, Nr. 2, 2017, S. 133–136.

2 Allan Sekula, *Dismal Science: Photo Works, 1972–1996*, Normal: University Galleries of Illinois State University 1999, S. 122. Übersetzung der Verfasserin.

3 Stefan Helmreich, *Alien Ocean. Anthropological Voyages in Microbial Seas*, Berkeley: University of California Press 2009, S. XI.

Als Verlängerung terrestrischer Systeme und Bestandteil der Technosphäre werden maritime Räume extensiv für wirtschaftliche und militärische Zwecke genutzt. Handelsrouten ermöglichen den Transport von Gütern und dienen als Plattformen für maritime Industrien wie Schifffahrt, Fischerei sowie Öl- und Gasförderung. Da etwa neunzig Prozent der weltweiten Produktion von Waren, Einzelteilen, Trockenfracht und Brennstoffen im Seetransit quer über den Planeten transportiert werden, hat sich die maritime Lieferkette zu einem nicht lokalisierten, grenzüberschreitenden Netzwerk entwickelt, das durch Superfrachter verbunden und mithilfe von Echtzeit-Geoinformationsdiensten überwacht wird. Die maritime Logistik ist in den letzten Jahrzehnten zu einer umfangreichen physischen und datafizierten Infrastruktur von Superhäfen, Freihandelszonen und eng integrierten Niedriglohnländern angewachsen. Im militärischen und sicherheitspolitischen Kontext werden maritime Räume für strategische Zwecke genutzt, einschließlich Seemachtprojektion, Überwachung und Kontrolle, sowie für die Durchführung von – bis in die Neunzigerjahre nuklearen – Militäreinsätzen und -übungen.

Der Ozean des Anthropozäns wird somit zuweilen als Territorium beschrieben – trotz der paradox klingenden Assoziation mit dem Festland –, weil er denselben kalkulatorischen Techniken, Mess- und Kontrollmethoden und ähnlichen Formen der Ausbeutung unterworfen ist.[4] Aber auch aus einer ökologischen und klimazentrierten Perspektive lassen sich Land und Ozean nicht mehr trennen. Die zunehmende Verflechtung von terrestrischen und ozeanischen Aktivitäten, die Land und Meer über unterschiedliche Intensitätsgradienten in einem Kontinuum verbinden, wird in den Forschungsansätzen von Allan Sekula, Nabil Ahmed und Armin Linke thematisiert. Sie belegen auch, wie die Unsichtbarkeit der Weltmeere zur Tarnung von Territorialisierungsprozessen, Technologisierung und Militarisierung beiträgt und es verschiedenen Akteur*innen ermöglicht, unkontrolliert und meist straffrei zu operieren.

Demgegenüber haben jüngste Erkenntnisse auf den Gebieten der Ozeanografie, Geophysik sowie der Evolutions- und Meeresbiologie die Aufmerksamkeit auf mikrobielle Lebensformen wie extremophile Bakterien und Archaeen gelenkt, die sich in den Tiefen der Ozeane ansiedeln und Ergebnis von extremen evolutionären Anpassungen sind. Die neuesten Entdeckungen von zigtausenden Lebensformen, für die es bislang keine begrifflichen Kategorien gab, führten zu einem erweiterten Verständnis der Komplexität und Vielfalt des marinen Lebens hin zu einer Neukonzeptionierung dessen, was Leben ist und wo es vorkommt. Für Helmreich ist der „alien ocean" ein Raum der extremen Alterität, der zu einem begrenzten Teil bekannt ist, teilweise nur erahnt werden kann und dem er eine völlig eigenständige ontologische Beschaffenheit zuschreibt. So schreibt er:

> Allied with the alien, the marine microbe stands today for the strangeness of the sea. Neither fully self nor other, the marine microbe is an alien whose purpose we don't know. […] The alien is a channel for exchange between the oceanic and the human.[5]

Auch in den sogenannten *critical ocean studies*[6], die sich interdisziplinär sowohl mit den Natur- als auch mit den Sozial- und Geisteswissenschaften vernetzen, lassen sich xenophile Erkenntnishaltungen erkennen. Anhand der materiellen Eigenschaften von Fluiddynamik, der Diffraktion von Wellen sowie der Turbulenz von Strömungen und der Turbidität von Gewässern ergründen diese etwa (theoretisch und metaphorisch) tiefe und übersäuerte Meeresräume, den Anstieg des Meeresspiegels, multispeziesistische Verbindungen sowie hydrofeministische und indigene Epistemologien. Die systemischen Krisen der Ozeane erfordern ein präzises analytisches Spektrum, das sich von der Spezifizität des

Wassers ableitet, eine Art „Hydro-criticism“[7], das eigenständige Begriffe und Denkparadigmen entwickelt, da, laut Steinberg,

> the physical geography of the ocean *does* matter. How we interact with, utilize the resources of, and regulate the oceans that bind our ocean regions is intimately connected with how we understand those oceans as physical entities.[8]

Fremdheit, Fremdartigkeit und Alienität durchdringen das Ozeanische, Eigenschaften und Lebensformen, die sich der Darstellbarkeit und sogar der Vorstellbarkeit verschließen. Und tatsächlich ist es die Brüche und Fehlstellen erzeugende Partialität der Begegnungen mit dem Medium Wasser zum einen und die spezifische Unergründbarkeit der Ozeane zum anderen, die dem Theoretiker der „nassen Ontologien“[9] („wet ontologies“) Philip Steinberg zur Aussage veranlasst: „The unrepresentable becomes the unacknowledged and the unacknowledged becomes the unthinkable.“[10] So versuchen Forscher*innen das Ozeanische in seine Einzelsysteme zu zerlegen, um seine Wesenheit aus den Elementarteilen – dem mikrobischen Leben, dem tiefen Meeresgrund, den Molekülen, *sounds,* Wellen und Strömungen – zu entschlüsseln. Doch die partielle Sichtweise, die Menschen gegenüber den Tiefen und extremen Verhältnissen des Ozeanischen zuteilwird, entkräftet zwar die lang gehegte Vorstellung seiner Totalität und seiner immer nur von außen wahrgenommenen Oberflächlichkeit, doch vermag sie die Andersartigkeit und Fremdheit zum Terrestrischen nicht zu überbrücken. Die terrazentrischen Vorstellungen von Zeit, Raum, Fläche und Bewegung lassen sich nicht einfach auf das Wasser übertragen. Alles scheint in Wasserkörpern *(bodies of water*[11]*)* andere metaphorische und materielle Qualitäten anzunehmen und anderen Gesetzmäßigkeiten zu folgen.

Die hier diskutierten Werke intervenieren im Spannungsbogen zwischen ozeanischer Territorialisierung und der unüberwindbaren Alienität des Aquatischen. Sekula und Linke thematisieren die menschliche Hybris und Vermessenheit in dem Versuch, die Ozeane als auszubeutende Ressource zu kommodifizieren – und das damit in Zusammenhang stehende unkalkulierbare ökozidale Risiko. Ahmed rekonstruiert die Umstände, unter denen

4 Vgl. das Rechercheprojekt von Territorial Agency, *Oceans in Transformation* (2018–2020). Daniela Zyman (Hrsg.), *Oceans Rising. A Companion to Territorial Agency: Oceans in Transformation,* Reader und Ausstellungskat. TBA21–Academy, Berlin: Sternberg Press 2021.

5 Helmreich, *Alien Ocean,* S. XI.

6 Vgl. Elizabeth DeLoughrey, „Toward a Critical Ocean Studies for the Anthropocene“, in: *English Language Notes* 57/1, 1. April 2019, S. 22–36. https://doi.org/10.1215/00138282-7309655. (Eine gekürzte Fassung des Texts findet sich in: Zyman [Hrsg.], *Oceans Rising,* S. 112–118.)

7 Laura Winkiel, „Introduction“, in: *English Language Notes* 57/1, S. 2.

8 Philip E. Steinberg, „Of Other Seas: Metaphors and Materialities in Maritime Regions“, in: *Atlantic Studies* 10/2, 1. Juni 2013, S. 159. https://doi.org/10.1080/14788810.2013.785192.

9 *Wet ontologies* werden den weiter verbreiteten *flat ontologies* (flachen Ontologien) gegenübergestellt. Vgl. Philip Steinberg und Kimberley Peters, „Wet Ontologies, Fluid Spaces: Giving Depth to Volume through Oceanic Thinking“, in: *Environment and Planning D: Society and Space* 33/2, 1. April 2015. https://doi.org/10.1068/d14148p. Die nasse Ontologie ist von der Flüssigkeit und Komplexität des Wassers inspiriert, die als Metapher für die der Realität innewohnenden Interdependenzen, Transformationen und Relationalität dient. Sie beschreibt eine Perspektive, die die flüssige, dynamische und vernetzte Natur der Existenz betont und damit Solidität, Stabilität und diskrete Grenzen zwischen Entitäten infrage stellt. Die flache Ontologie postuliert die Existenz einer Vielzahl von Entitäten oder Wesenheiten ohne hierarchische Unterscheidungen oder Ebenen des Seins. Sie geht davon aus, dass alle Entitäten, ob lebendig oder nicht lebendig, menschlich oder nichtmenschlich, den gleichen ontologischen Status haben und in einem Netz von Beziehungen miteinander verbunden sind.

10 Steinberg, „Of Other Seas“, S. 157.

11 Astrida Neimanis, *Bodies of Water: Posthuman Feminist Phenomenology,* London: Bloomsbury 2017.

jahrzehntelang atomare Tests im Pazifik abgehalten wurden, um anhand neuer Evidenzen die französische Regierung für ihre ökozidalen Verbrechen zur Rechenschaft zu ziehen. Alle drei sammeln faktografisches Material, führen investigative Recherchen und setzen sie in essayistischen Installationen ins Werk. Die Künstlerinnen Susanne M. Winterling und Jana Winderen hingegen tauchen metaphorisch und physisch unter den Wasserspiegel und zeigen auf, wie das Wasser selbst und seine aquatischen Bewohner neue tidalektische[12] Wissensformen und spezielle Varianten der Achtsamkeit und Intimität hervorbringen. Dabei aktivieren sie sinnliche Verbindungen zu nichtmenschlichen Entitäten und bringen Erzählungen in Umlauf, die der Alterität des wässrigen Aliens mit Respekt und hydrofeministischer Ethik begegnet.

12 Der von Kamau Brathwaite geprägte Neologismus versucht die karibische Kultur als nicht dialektisch, sondern den Bewegungen des Wassers folgend zu definieren. Vgl. Marc Shell, *Islandology: Geography, Rhetoric, Politics,* Stanford: Stanford University Press 2014, S. 19/20. Stefanie Hessler (Hrsg.), *Tidalectics: Imagining an Oceanic Worldview Through Art and Science,* TBA21–Academy, Cambridge, MA: MIT Press 2018.

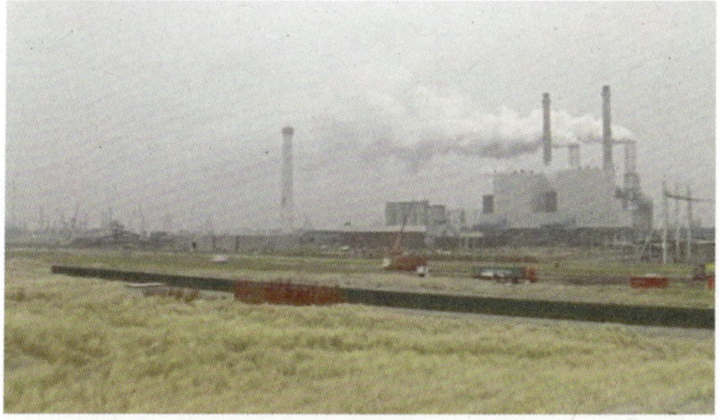

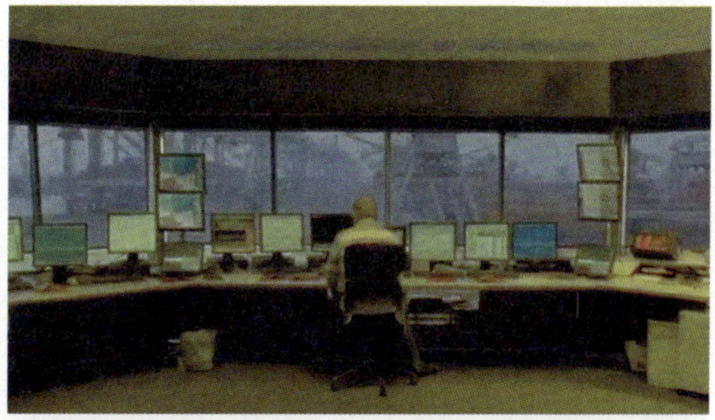

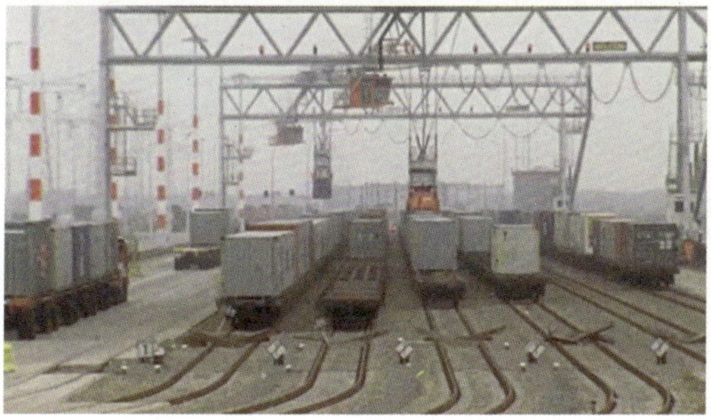

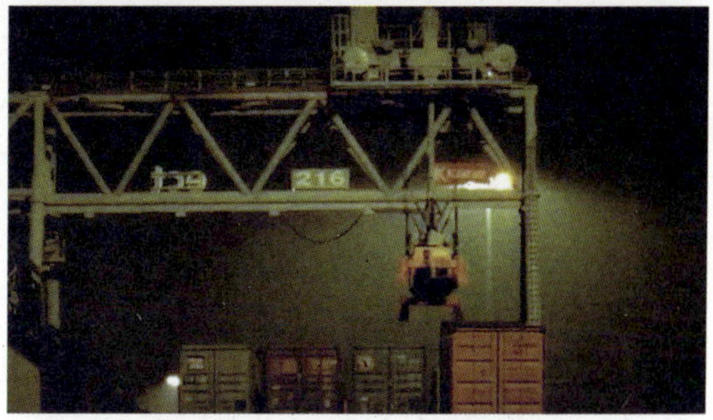
216

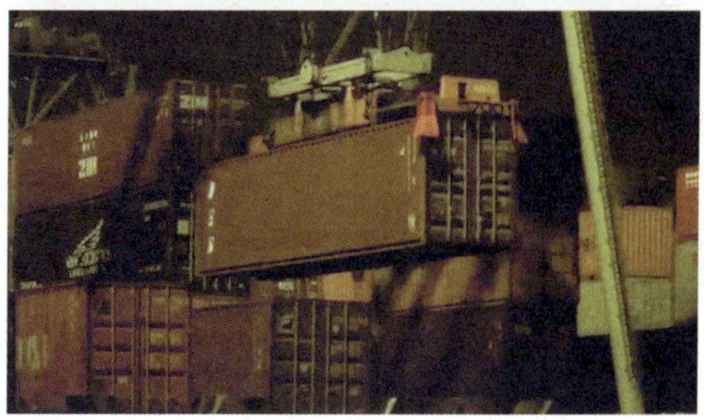

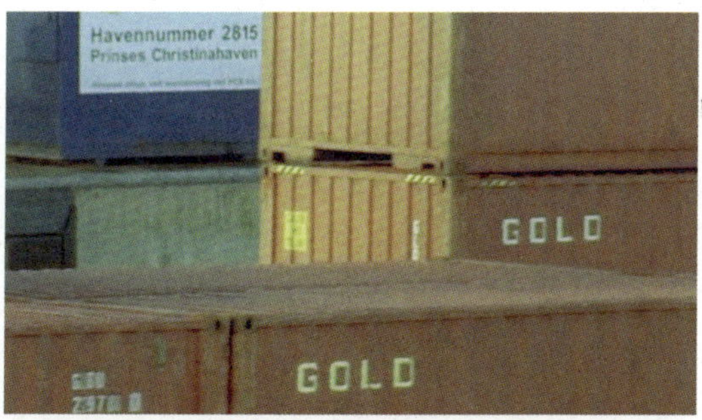
Havennummer 2815
Prinses Christinahaven
GOLD
GOLD

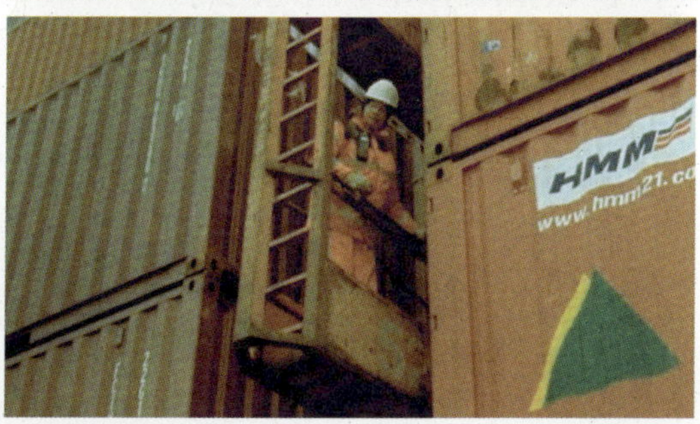
HMM
www.hmm21.co

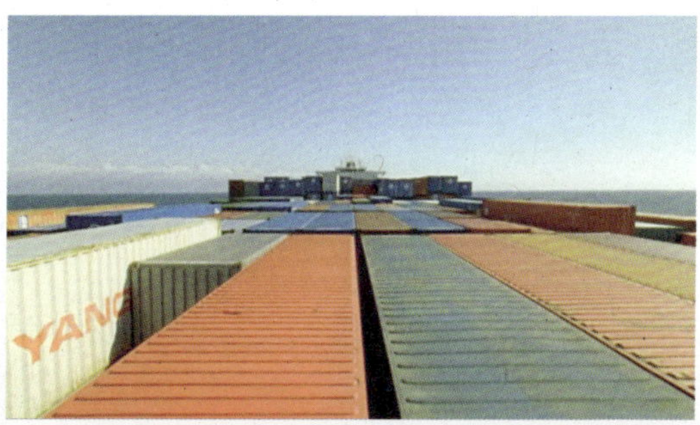

DER VERGESSENE RAUM: ALLAN SEKULAS KRITISCHE MEERESFORSCHUNG

Der US-amerikanische Künstler-Theoretiker Allan Sekula widmete sich über drei Jahrzehnte der systematischen Erforschung der Globalisierung der Weltmeere. Mithilfe der Fotografie, die er als eine radikale kulturelle Praxis verstand, entwickelte er eine neue Form der sozialen Dokumentation, die als „kritischer Realismus" bekannt ist. In den Neunzigerjahren verlagerte sich sein Interesse auf die maritime Ökonomie, insbesondere den Welthandel, die Containerlogistik und die sich verändernden Arbeitsbedingungen in den Häfen weltweit. Seine Fotografien und Filme dokumentierten die Rationalisierung der Transportsysteme durch die Erfindung des Containers, die die Globalisierung der Weltwirtschaft auf See- und Landwegen vorantrieb. Mit der These vom „vergessenen Raum" theoretisierte er die Zusammenhänge zwischen der Unsichtbarkeit der Ozeane im Vorstellungshorizont der Moderne und ihrem Sichtbarwerden im Zuge von wirtschaftlichen, ökologischen und humanitären Katastrophen. Demgemäß argumentierte Sekula: „The sea is forgotten until disaster strikes. But perhaps the biggest seagoing disaster is the global supply chain, which – maybe in a more fundamental way than financial speculation – leads the world economy to the abyss."[13]

Allan Sekulas künstlerisches Werk wird heute zunehmend als bedeutender Beitrag zur kritischen Meeresforschung gelesen. Seine Untersuchungen zu den sozialen, geopolitischen und ökologischen Auswirkungen des Ausbaus und der Infrastrukturalisierung maritimer Räume in Zeiten der aufkommenden Globalisierung haben unsere Sicht auf die Ozeane nachhaltig geprägt.[14] Aufbauend auf seinem Interesse für Geografie und soziale Reproduktion erkannte er, dass der industrielle Kapitalismus nicht nur darauf abzielt, die Erdoberfläche nutzbar zu machen und zu terraformieren, sondern dass der maritime Raum und das Festland auch als vernetzte Territorien des Expansionismus analysiert werden müssen. Diese räumliche Integration wird durch infrastrukturierende Verkehrs-, Militär- und Technikverbindungen sowie durch Telekommunikationsbeziehungen gewährleistet.

Die verbreitete Vorstellung des Meeres als grenzenloser Weite und unerschöpflicher Ressource dient lediglich dazu, romantische Vorstellungen zu nähren und die Mechanismen des Kapitals zu verschleiern. Aus der Spannung zwischen Sichtbarkeit und Unsichtbarkeit erwachsen Missverständnisse und eine Unterschätzung der Rolle der maritimen Ökonomie bei der Entstehung der Moderne und der Konsolidierung des kapitalistischen Systems. In Foto- und Filmessays, in Publikationen und Ausstellungen, aber auch anhand ausgedehnter ethnografischer Feldforschungen legte daher Sekula die Mikroprozesse der kapitalistischen Reproduktion auf den Weltmeeren frei. Er sah in der Fotografie und im Dokumentarfilm nicht nur ein Mittel zur Wahrheitsfindung, sondern auch eine Möglichkeit, Widersprüche zu benennen, Mythen aufzuzeigen und eine kritische öffentliche Debatte anzustoßen. So schrieb er programmatisch:

> Ich widerspreche hier der weitverbreiteten Ansicht, der Computer und die Telekommunikation seien die einzigen Motoren der dritten industriellen Revolution. Tatsächlich rede ich der anhaltenden Bedeutung des maritimen Raums das Wort, um der überzogenen Bedeutung zu begegnen, die dem „Cyberspace", diesem weitgehend metaphysischen Konstrukt und dem daraus folgenden Mythos vom Sofortkontakt zwischen weit voneinander entfernten Räumen beigemessen wird.[15]

Dieser Grundthese folgend, wird der Meeresraum in Sekulas Werk zu einem „Widerstandsmotiv"[16], den er gegen die Rhetoriken der digitalen Entmaterialisierung und die ihnen innewohnenden Verschleierungstaktiken richtet. Sein ab dem Jahr 1988 verfolgter Fokus, von der Fotohistorikerin Sally Stein als „spatial turn in a science of power"[17] bezeichnet, gewährte Sekula eine Perspektive „from which to encounter a world increasingly characterized by connections and flows"[18]. Mit seinem Opus magnum *Fish Story* (1988–1995) und seinen späteren Arbeiten[19] zum Thema schuf er ein vielschichtiges Werk der Gegenrecherche, das ihm erlaubte,

13 https://www.theforgottenspace.net/static/home.html

14 Die Ausstellung „Allan Sekula: OKEANOS", 21. Februar–14. Mai 2017, TBA21–Augarten, Wien, kuratiert von Daniela Zyman, präsentierte und kontextualisierte Sekulas Arbeiten zum maritimen Kapitalismus. Siehe auch die Publikation: Daniela Zyman und Cory Scozzari (Hrsg.), *Allan Sekula: OKEANOS*, Ausstellungskat. TBA21, Berlin: Sternberg Press 2017.

15 Allan Sekula, *Seemannsgarn*, Düsseldorf: Richter Verlag 2002, S. 50.

16 Alexandra Oliver, *Critical Realism in Contemporary Art*, Dissertation, University of Pittsburgh 2014, S. 108. http://d-scholarship.pitt.edu/21564/1/Oliver_2014_Critical_Realism.pdf. Übersetzung der Verfasserin.

17 Sally Stein, „Back to the Drawing Board: Maritime Themes and Discursive Crosscurrents in the Notebooks of Allan Sekula" in: Zyman, Scozzari (Hrsg.), *Allan Sekula: OKEANOS*, S. 66.

18 Steinberg, „Of Other Seas ", S. 156.

19 Zu nennen sind im Speziellen die Filme *Tsukiji* (2001), *Lottery of the Sea* (2006) und *The Forgotten Space* (2010), die Fotoarbeiten *Titanic's Wake* (1989–2000), *Ship of Fools* (1999–2000), *Black Tide / Marea negra* (2002/03), *Shipwreck and Workers* (2007) sowie die unfertige Sammlung an Objekten, die zum *The Docker's Museum* zusammengetragen wurden und heute in der Sammlung des M HKA, Antwerpen, aufbewahrt werden.

den maritimen Raum als „dispersed machinistic ensemble"[20] zu veranschaulichen. Im komplexen Zusammenspiel von Maschinen, Schiffen, Infrastrukturen und menschlichen Akteur*innen fungieren die Meere als Schauplatz der zunehmenden industriellen Produktion, des Handels und der Logistik, die den jähen Niedergang des Seefahrertums, der Dockarbeiterschaft und der artisanalen Fischerei herbeiführen. 84, 85

„Notes for an Exhibition Project [for Witte de With, Rotterdam]" (1992) ist die erste schriftliche Verfassung des Projekts und beschreibt das forschende Reisevorhaben des Künstlers.

> Already visited, studied, and photographed are Los Angeles, San Diego, New York, Glasgow, Newcastle-upon-Tyne, Barcelona, Rotterdam, Gdansk.[21]

Für die unmittelbare Zukunft setzte er sich folgende Ziele: „Photographs will be made within the next year in one African port, Dakar (Senegal), and one East Asian port, Ulsan (South Korea). The choices are determined by historical, geo-economic, geopolitical and literary/aesthetic as well as fortuitous, autobiographical and whimsical factors."[22] In Anlehnung an „dokumentarische" Praxen – die Anführungszeichen stehen für Sekulas ambivalentes Verhältnis zum Dokumentarischen – legte die Reiseroute seinen Arbeitsplan fest. Darüber hinaus verdeutlichen diese ersten Notizen Sekulas makrohistorische Konzeption der Ozeane als Weltsystem, das sich entlang langzeitlicher und georäumlicher Vektoren entwickelt hat und dessen Effekte sich an weit auseinanderliegenden Orten manifestieren. „What we're struggling with here is the big story", bekannte er Jahre später, zu einem Zeitpunkt, als er mit Noël Burch den epischen Essay-Film *The Forgotten Space*[23] plante, 76–83 „and no one thinks they can tell the big story anymore, everyone's given up; they're feeling hopeless about their ability to [...] tell this story. Maybe in economics it's similar to the turn to microeconomics, away from macroeconomics, you know, tending your own little garden while the whole earth is trembling."[24]

In neun ausufernden Kapiteln mit mehreren hundert Bildern, Texttafeln und Diaprojektionen folgt *Fish Story* den Akteur*innen und Mobilitätsvektoren auf See und Land (den Containern, Schiffen, der Fischerei, den Hafen- und Dockarbeiter*innen), zeichnet Frachttransport, Schiffsbau, Fischfang und -handel sowie die neoliberalen Lebens- und Arbeitsbedingungen in den zunehmend in den Globalen Süden verlagerten maritimen Industrien auf. Mit *Fish Story* reanimiert Sekula den vergessenen Raum maritimer Ökologien anhand einer Gegenlektüre von Geschichte, Geografie, Ozeanografie, Wirtschaft, Politik-, Rechts- und Sozialwissenschaften, Urbanismus, Kunstgeschichte und Fotografie. Er fotografiert, filmt, schreibt, sammelt, kompiliert und wertet Beobachtungen, Evidenzen, Symptome und Folgewirkungen aus. Seine Ambition ist es, die Regime des globalen Handels, die Verdrängungsmechanismen und die Verlagerung zum „Outsourcing" und die Entfremdung und Dequalifizierung *(de-skilling)* der Arbeiter*innenwelt umfassend zu beleuchten. „Einerseits stellt *Fish Story* eine ‚dokumentarische' Interpretation des gegenwärtigen maritimen Raumes dar", erläutert Sekula seinen Ansatz. „Es wird die Frage gestellt, ob die ‚klassische' Beziehung zwischen Land und Meer angesichts der zunehmenden ‚Rationalisierung' durch die fortschreitende Entwicklung

20 Allan Sekula, „Notes for an Exhibition Project [for Witte de With, Rotterdam]", 1992, S. 1, Witte de With, Rotterdam.

21 Ebd., S. 2.

22 Ebd.

23 *The Forgotten Space* ist der Titel des Films, den Sekula gemeinsam mit Noël Burch 2010 herausbrachte.

24 Allan Sekula im Gespräch mit Benjamin Buchloh und David Harvey, im Rahmen der Vorführung des Films *The Forgotten Space*, Cooper Union, New York, Mai 2011. http://www.afterall.org/online/material-resistance-allan-sekula-s-forgotten-space.

84 oben: Allan Sekula, *Walking on Water*, Kapitel 9, aus *Fish Story*, 1992/94
85 unten: Allan Sekula, *Message in a Bottle*, Kapitel 5, aus *Fish Story*, 1992/94

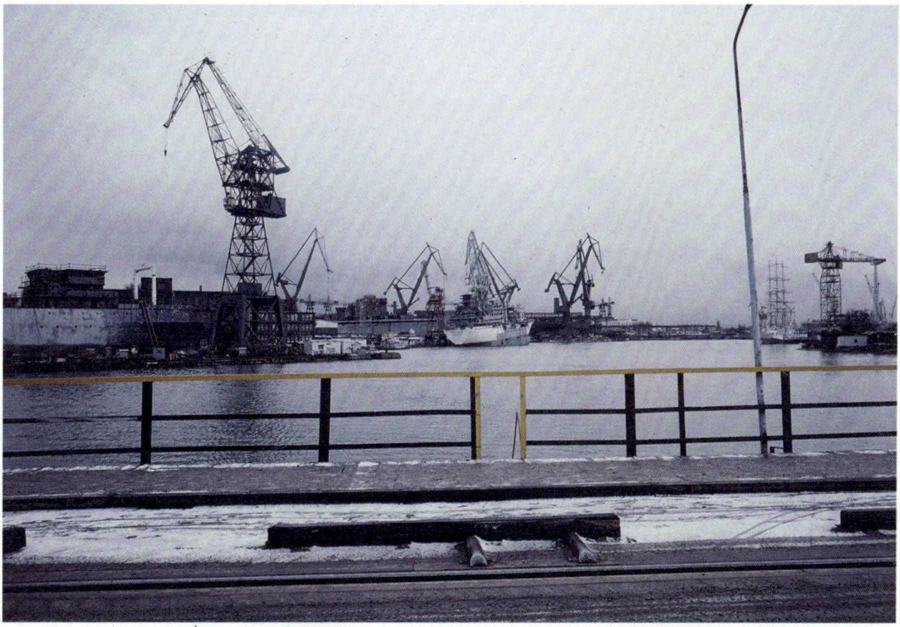

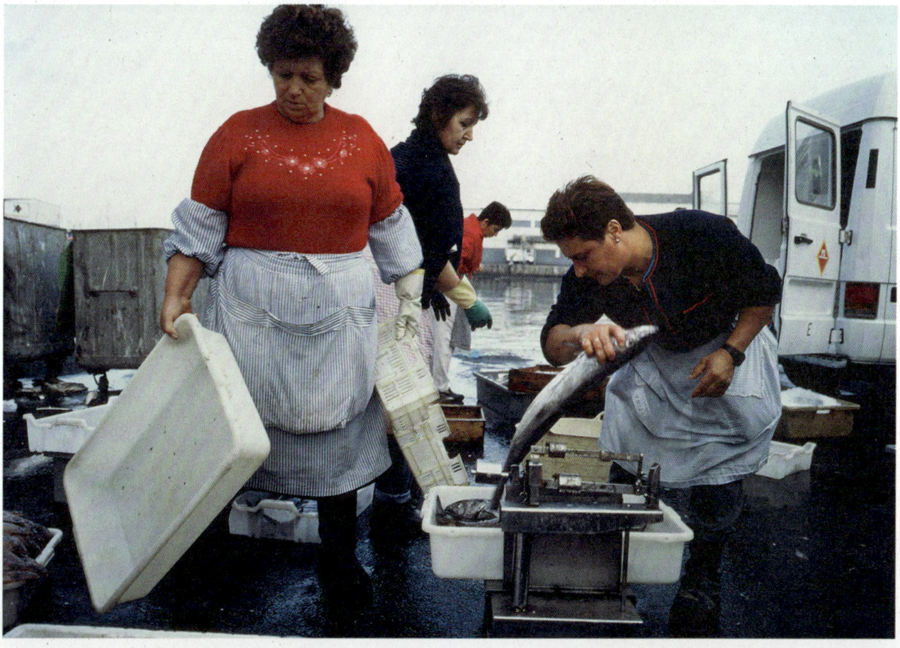

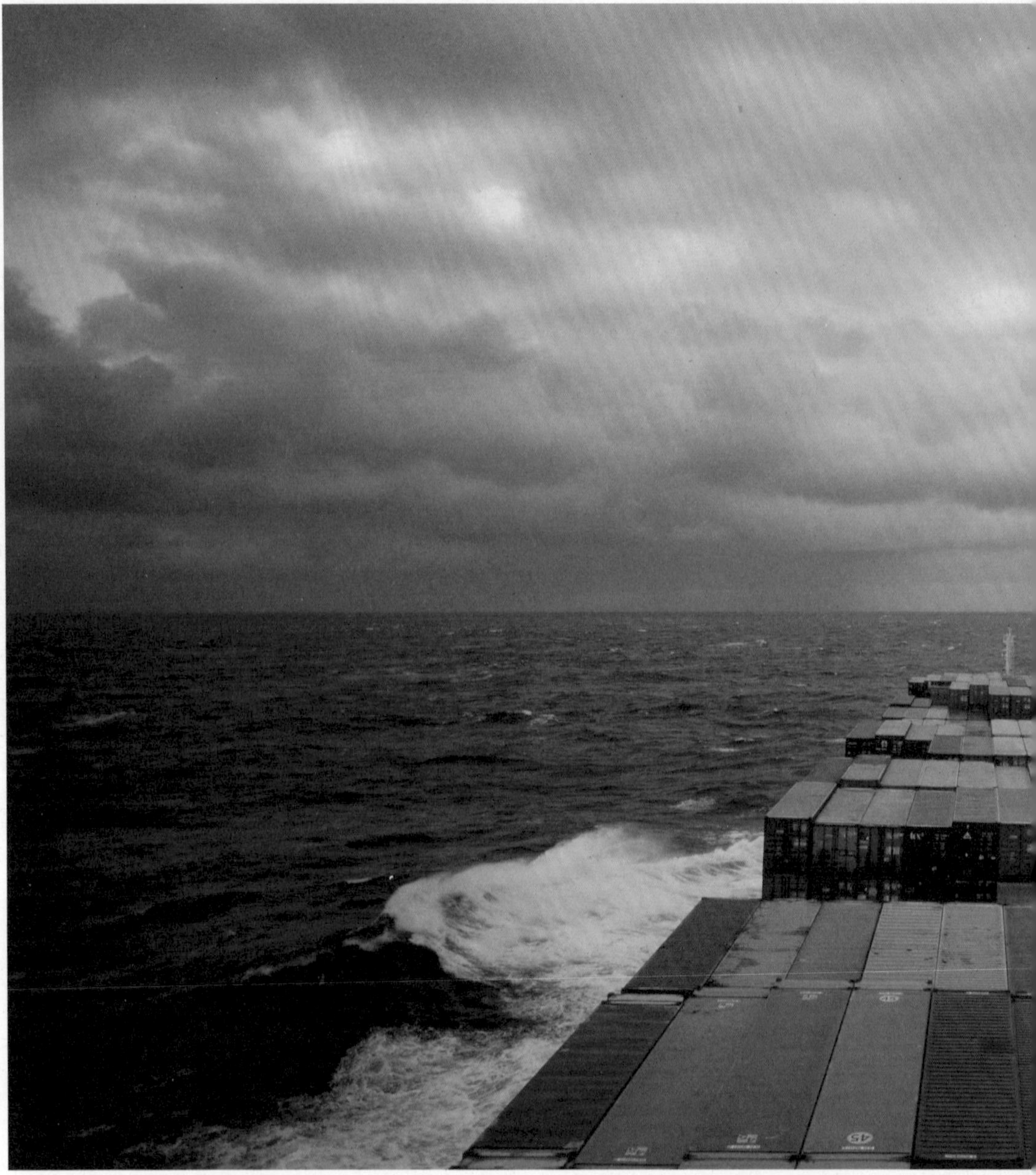

 Allan Sekula, *Middle Passage,* Kapitel 3, aus *Fish Story,* 1994

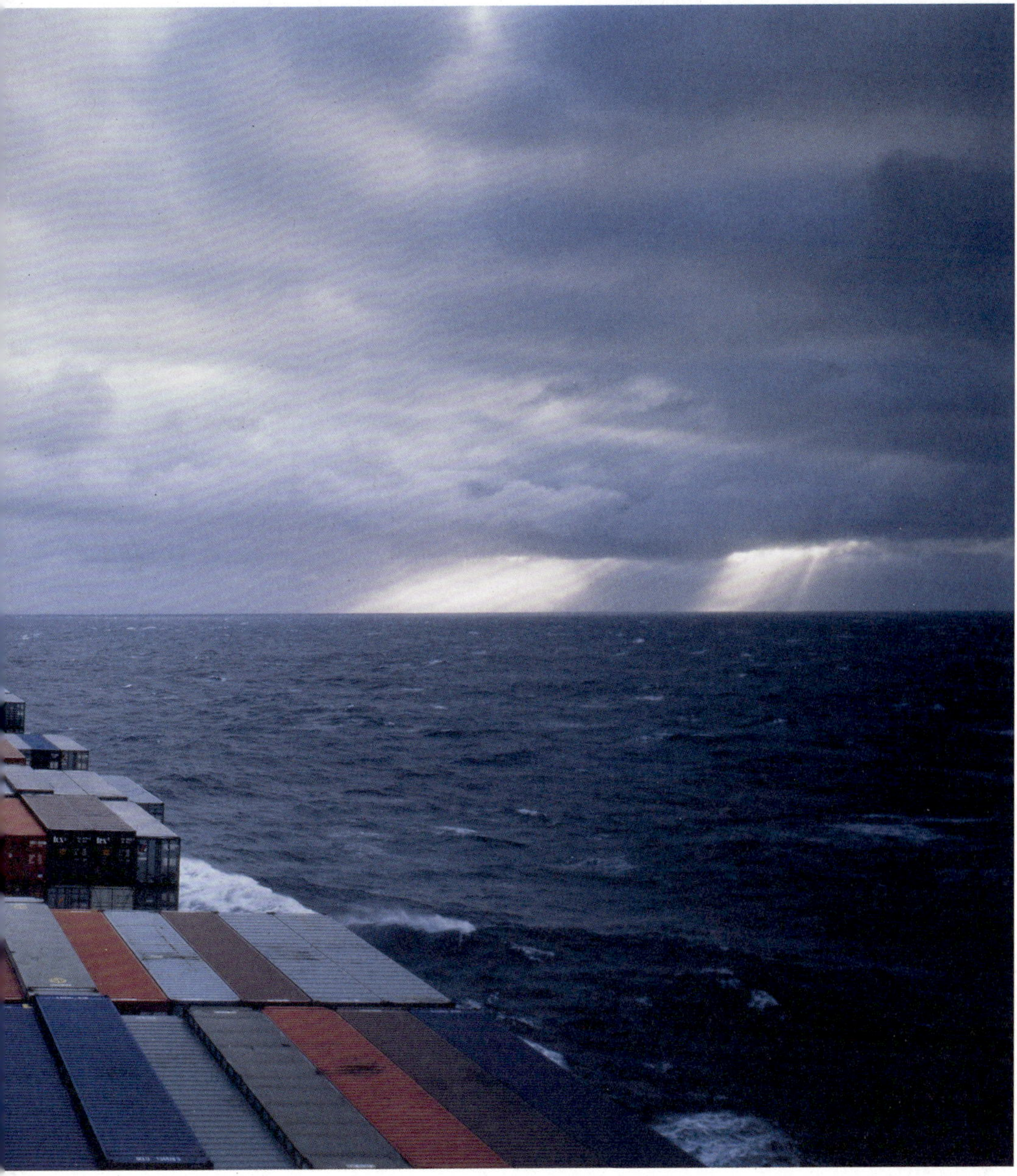

industrieller Methoden eine Umkehrung erfährt: Wird das Meer fest und das Land bewegt? Andererseits ist *Fish Story* eine ‚kunstgeschichtliche' Allegorie auf das Meer als Gegenstand der Darstellung. Wie kommt es, dass das Meer vom Wahrnehmungs- und Vorstellungshorizont der Spätmoderne verschwindet? Sind aus diesem Verschwinden weiterreichende Lehren zu ziehen?"[25]

Die Fragen, die Sekula hier aufwirft und in seinem Essay „Die trostlose Wissenschaft" („Dismal Science")[26] theoretisch aufgreift, sind zentral für das Verständnis seiner analytischen Leistung. Weitsichtig erkennt er, wie die Meere 86
zunehmend zu einem dichten und *festen* Raum mutieren, „der von vorbestimmten Routen und unüberwindbaren Grenzen durchpflügt und in spezialisierte und streng regulierte Wasserstraßen unterteilt ist"[27]. Nach Ansicht der künstlerischen Forschungsgruppe Multiplicity, die 2002 mit Sekulas analytischem Vokabular die Migrationsströme im Mittelmeer untersuchte, lässt sich der Meeresraum zunehmend als ein „festes Meer" qualifizieren, dessen Grenzen „von Trichtern, von Ein- und Ausgängen umgeben sind [...]. Ein fester Raum, der in unterschiedlichen Tiefen und mit unterschiedlichen Vektoren von klar abgegrenzten Strömen von Menschen, Waren, Informationen und Geld durchquert wird."[28]

Ermöglicht wurde die Transformation des maritimen Raums durch das Verschwinden und die Auslöschung der Meere aus dem kognitiven und imaginativen Horizont der Spätmoderne. Als Raum fehlender geografischer Konsistenz und zur schieren dunklen Oberfläche reduziert, wurden sie aus dem Bewusstsein der Menschheit verdrängt. Unsichtbarwerdung und Entwertung legitimieren zudem die kolonialen und extraktiven Beziehungen zwischen dem Universalraum landbasierter Souveränität und der undifferenzierten Sphäre nicht-menschlicher, biotischer und von mit plastischem und öligem Restmüll durchsetzten maritimen Räumen. Gegen die Unsichtbarkeits- sowie die Komprimierungs- und Verflachungslogiken des späten Kapitalismus setzt Sekula das Bild der Ozeane als „space of *contradictions* and a non-human actor in its own right"[29].

LEVIATHANE DES HOCHSEETRANSPORTS

Sekula sichtet die Verflüssigung des Festlands in der unberechenbaren und kaum noch nachvollziehbaren Streuung von Arbeitskraft auf dem Weltmarkt, in den nomadischen Produktionsstätten der sogenannten *run-away sweatshops* sowie in den global dislozierten Macht- und Finanzzentren. Dieser Verflüssigung steht der ozeanische Raum gegenüber. Er ist wiederum von Handelsrouten sowie Kabel- und Kommunikationssystemen durchzogen und mangels wirksamer Überwachungsorgane von folgenschwerer Laissez-faire-Gleichgültigkeit bedroht. Globalisierung, so Sekulas Analyse, ist eine Funktion der kostengünstigen und integrierten, auf den Seewegen abgewickelten Mobilität von Gütern und Handelswaren – „Fabriken werden [...] schiffähnlich" und Industrien „unstet und nomadisch"[30].

Zentrale Aufmerksamkeit schenkt Sekula daher dem maritimen Cargo-Transport, der rund neunzig Prozent der globalen industriellen und Warenproduktion verschiebt. Der standardisierte Container, in den Fünfzigerjahren für den Bedarf der US Navy entwickelt, ermöglicht die kostengünstigen und logistisch vernetzten Transportsysteme auf Land und See. Für Sekula sind Container daher die Hauptprotagonisten des Spätkapitalismus, und Containerfrachter figurieren als „late modern machinic Leviathans"[31], anhand derer er Frachtrouten nachzeichnet und sie gegen die Rhetorik der Dematerialisierung virtueller Datenströme in Stellung bringt. „The boxes are everywhere, mobile and anonymous [...]: 'coffins of remote labor-power' carrying goods manufactured [...] by invisible workers on the other side of the globe"[32], schreibt er gemeinsam mit Burch. Die Särge der entfremdeten Arbeitskraft tragen nicht nur zur totalen ökonomischen Integration und zur räumlichen Komprimierung bei, sie sind auch die Ursache für die soziale Reorganisation von kapitalistischen Produktionsbedingungen. Die global integrierte Lieferkette reproduziert neokoloniale Formen von Produktion und Ressourcenförderung, kanalisiert den Warenhandel von Süden nach Norden und verdrängt menschliche und ökologische Katastrophen in die *Low-visibility*-Zonen des Globalen Südens. Erstmals im US-Japanischen Handelskrieg der Achtzigerjahre erprobt, verhalf die *global supply chain* der US-Wirtschaft aus der Regression und wurde zum Vehikel einer neoliberalen Dynamik, die unter anderem die Umstrukturierung westlicher Unternehmen mit (relativ) stabilen sozialen Strukturen vorantrieb.

Das Forschungsprojekt *Fish Story* ist eine detaillierte soziopolitische Studie sowie ein umfangreiches Archiv der Meere. Es erfasst nicht nur komplexe wirtschaftliche, politische, soziale und ökologische Zusammenhänge, sondern hat auch das Wissen über und das Verständnis für maritime Räume revolutioniert. Zur Zeit ihrer Entstehung wurde *Fish Story* als Verlängerung und Fortsetzung von Sekulas theoretischer Arbeit gelesen und weniger als eigenständiges künstlerisches Werk.[33] Der als kritischer sozialer Realismus „gegen den Strich" bezeichnete Forschungsansatz stellt tatsächlich die Trennung zwischen theoretischer Arbeit und Praxis auf den Prüfstand, indem er Text, Performance, Ton, Bild und Montage miteinander verschränkt. Es ist genau diese Komplexität aus kritischer Befragung, künstlerischer Artikulation und einer Logik, die sich zwischen „Diskurs und Dokument"[34] ansiedelt, die Sekulas Arbeiten zu den Ozeanen zu einem an philosophischen, historischen und literarischen Referenzen reichen Werk macht, und ihn selbst zu einem Vorreiter einer Gegenrecherche der anthropogenen politischen Ökologie.

ZÄHFLÜSSIGE TECHNOGENE GEMISCHE

> Suicide–homicide–genocide–zoöcide [ceteacide–mammocide–vertebracide–invertebracide]–biocide [fungicide–herbicide]–geocide–galaxacide. Omnicide. – Allan Sekula[35]

Während *Fish Story* das Gesamtsystem der Verflüssigung und Verdrängung von Arbeitskraft und Welthandel im Spätkapitalismus untersucht, widmen sich Sekulas spätere Arbeiten *Black Tide / Marea negra* (2002/2003), *Lottery of the Sea* (2006) und (bis zu einem gewissen Grad) *Tsukiji* (2001) der Zerstörung der Hydrosphäre und ihrer Biota. *Black Tide / Marea negra* entstand als unmittelbare Reaktion auf das Öltanker-Desaster vor der atlantischen Küste von Galizien im

25 Allan Sekula, „Über Fish Story: Der Sarg lernt tanzen", in: *Camera Austria* 59/60, 1997, S. 54.

26 Allan Sekula, „Die trostlose Wissenschaft: Teil 1", in: Ders., *Seemannsgarn*, S. 41–54.

27 Multiplicity, *Solid Sea*, 2002. Commissioned by Documenta 11. http://www.multiplicity.it/index2.htm, Übersetzung der Verfasserin.

28 Ebd., Übersetzung der Verfasserin.

29 Philip E. Steinberg, „The Ocean as Forgotten Space of Capitalism", in: Zyman, Scozzari, *Allan Sekula: OKEANOS*, S. 193.

30 Sekula, „Die trostlose Wissenschaft: Teil 1", S. 49.

31 Stein, „Back to the Drawing Board", S. 64.

32 Allan Sekula and Noël Burch, „Notes for a Film", 2010. http://www.theforgottenspace.net/static/notes.html.

33 Vgl. Benjamin H. D. Buchloh, „Since Realism There Was... (On the Current Conditions of Factographic Art)", in: *Art & Ideology*, hrsg. von Marica Tucker, New York: The New Museum of Contemporary Art 1984, S. 8. „The first argument that will of course be leveled against this type of work is that it simply cannot be 'art' – and this accusation has in fact been made against artists like Lonidier, Hatch, Rosier and Sekula."

34 Vgl. Benjamin H. D. Buchloh, „Allan Sekula: Fotografie zwischen Diskurs und Dokument", in: Sekula, *Seemannsgarn*, S. 189–204.

35 Notizbuch „Brazil", datiert 07 I 23 I 10.

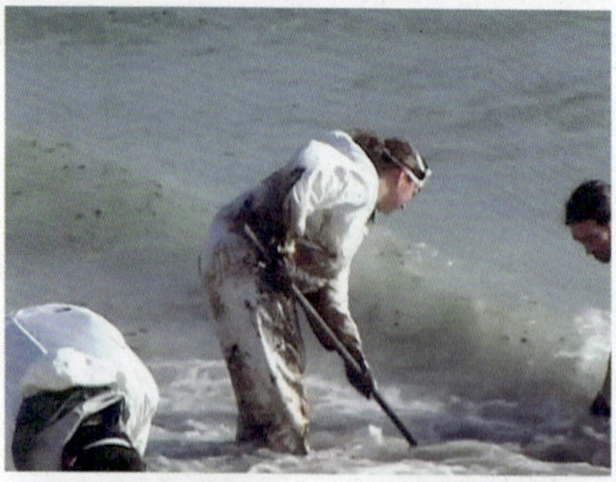
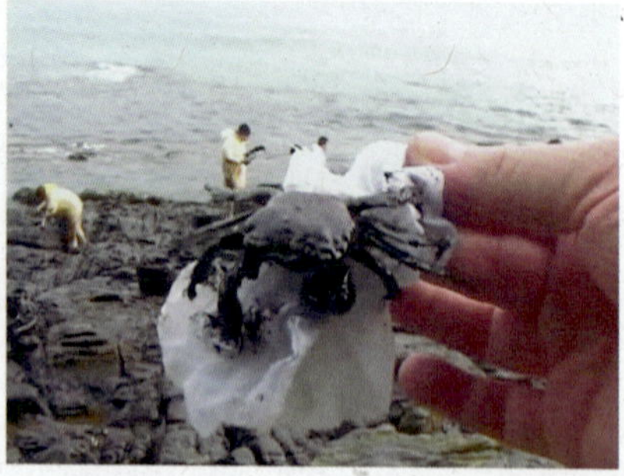
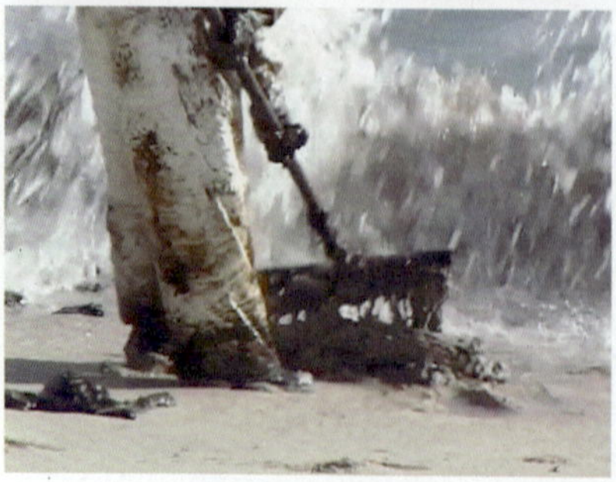
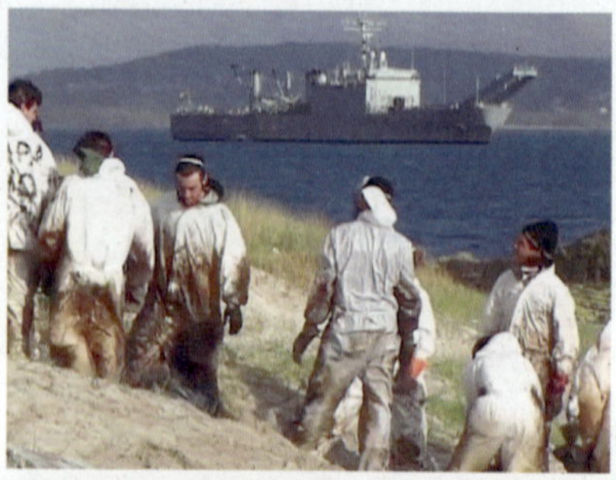
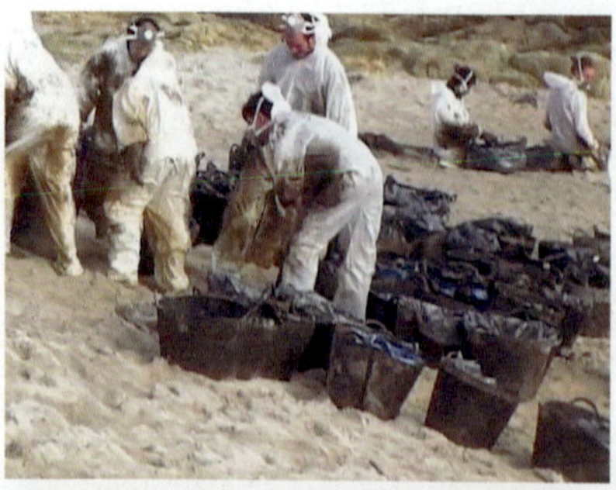
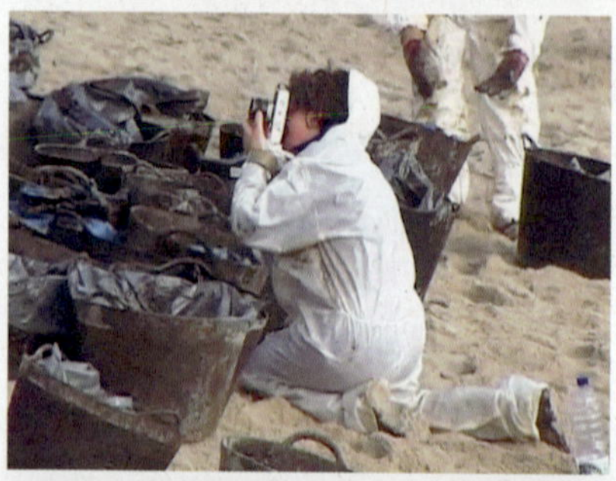
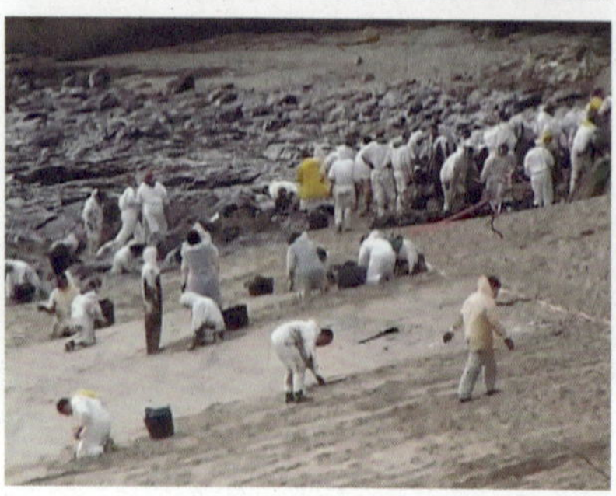
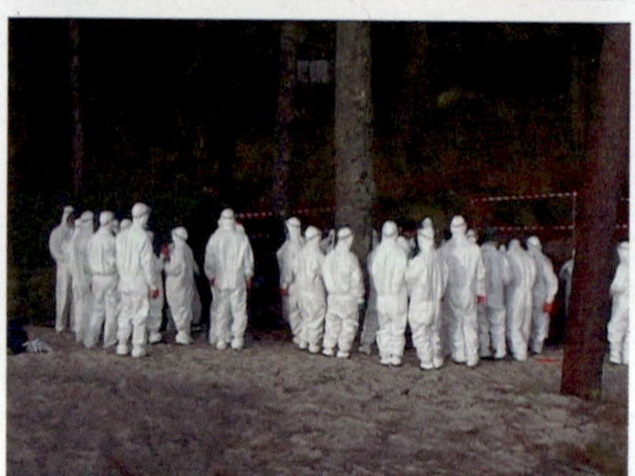

87–94 Allan Sekula, *Lottery of the Sea*, 2006

Auftrag der in Barcelona erscheinenden Zeitung *La Vanguardia*. In einer Folge von zwanzig Cibachrome-Fotografien dokumentierte Sekula die Auswirkungen des sogenannten „Prestige"-Tankerunglücks vom 19. November 2002, bei dem der schrottreife und von einer griechischen Scheinfirma im Dienste der Ölmultis betriebene Frachter rund 60.000 Tonnen Rohöl verlor und dramatische Umweltschäden in den Küstenregionen Frankreichs, Spaniens und Portugals verursachten. Getreu seiner gewohnten Herangehensweise folgte er den physischen Spuren des Öls, bildete die durch das „Unglück" verursachten Verunreinigungen ab und stellte die von der Katastrophe betroffenen Menschen in den Mittelpunkt: die Fischer*innen, Anrainer*innen und Helfer*innen, die bei den Reinigungsarbeiten mitgewirkt hatten. Sekulas Fotos sind unspektakulär, konzentrieren sich auf die Details der Reinigungsarbeiten und die ökologischen Auswirkungen auf Landschaft und Tierwelt.

Das Thema des der „Prestige"-Katastrophe greift Sekula einige Monate später in der enigmatischen Arbeit *Black Tide: Fragments for an Opera* auf, die unter dem Titel *Marea negra: fragmentos para una ópera*[36] gleichfalls in *La*
95–98 *Vanguardia* erschien, sowie im dreistündigen Filmessay *Lottery of the Sea*. Als zukunftsgerichtetes Libretto-Fragment, dessen Aufführung er auf das Jahr 2032 vertagt, thematisiert *Marea negra: fragmentos para una ópera* die langfristigen Folgen der Ölpest. Es ist eine Erzählung des verdrängten Umweltdesasters, in den Ruinen der modernen Welt angesiedelt, die zu einem atavistischen Königreich der Bergungs- und Aufräumarbeiten regrediert ist. Von Freiwilligen in weißer Tyvek-Montur bevölkert (dem sogenannten Chor der Astronauten), denen die Aufgabe zukommt, die ölverschmierten Substanzen in schwarze Säcke einzusammeln, um sie zu verbrennen oder in unterirdischen Gräben zu verscharren, dient die Arbeit gleichzeitig der Würdigung jener Mobilisierung von Helfer*innen (in Spanien auch als *marea blanca*, weiße Tide, bezeichnet), die sich 2002 den Räumungsarbeiten in Galizien angeschlossen hatten, sowie als
87–94 Memento gegen das Vergessen und Verdrängen.

„Prestige" war bereits die vierte Ölkatastrophe in nur zwei Jahrzehnten vor der galizischen Küste. 1976 ging der Öltanker „Urquiola" in Flammen auf und verseuchte das Meer mit 100.000 Tonnen Rohöl. Zwei Jahre später explodierte die „Andros Patria", 34 Seeleute kamen dabei ums Leben und 50.000 Tonnen Rohöl strömten ins Meer. 1992 war es die „Aegean Sea", die am Kap vor La Coruña havarierte. „The sea is really remembered only when maritime disaster strikes. / When the black tide rolls in. / Some of the oil is recovered and burned, polluting twice over. And then we forget again"[37], prophezeite Sekula in Vorahnung des Vergessens, das eintritt, sobald die unmittelbare Wirkmacht der Katastrophe abschwillt. Tatsächlich dauerte es elf Jahre, bis der Prozess um den „Prestige"-Unfall mit einer äußerst kontroversen Reihe von Freisprüchen gerichtlich abgeschlossen wurde.[38] Auch die „Deepwater-Horizon"-Katastrophe von 2010 zeigte, wie kurzsichtig und primär auf Sichtbarkeitsregelungen ausgerichtet die Beseitigung von Umweltschäden gehandhabt wird. Um das Dispergieren des Ölteppichs im Golf von Mexiko zu bekämpfen, versprühte BP rund eine Million Liter einer umweltschädlichen Chemikalie namens Corexit 9500. Diese Substanz wurde eingesetzt, um zu verhindern, dass das Rohöl an die Wasseroberfläche tritt

36 Die Arbeit *Black Tide: Fragments for an Opera* wurde zuerst auf Spanisch unter dem Titel „Marea negra: fragmentos para una ópera" veröffentlicht, in: *Culturas*, Nr. 34, der wöchentlichen Beilage von *La Vanguardia*, Barcelona, 12. Februar 2003, S. 2–7. Die englische Fassung des Librettos ist zur Gänze abgedruckt in: Zyman, Scozzari (Hrsg.), *Allan Sekula: OKEANOS*, S. 133–137.

37 Filmskript, Allan Sekula und Noel Burch, „The Forgotten Space", in: Zyman, Scozzari (Hrsg.), *Allan Sekula: OKEANOS*, S. 164.

38 Vgl. https://www.theguardian.com/world/2013/nov/13/spanish-prestige-oil-tanker-disaster.

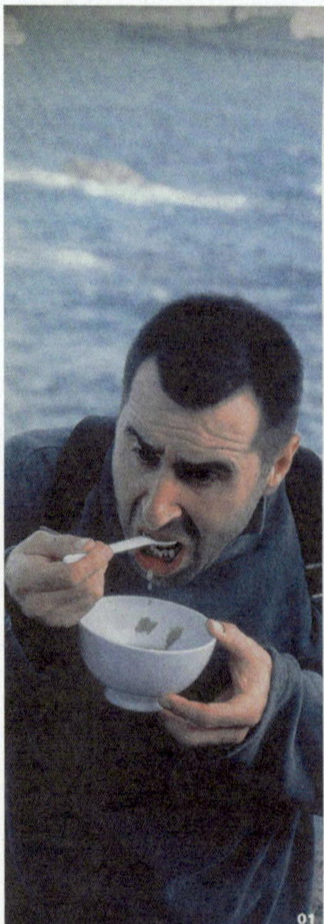

01 Voluntario comiendo sopa (Isla de Ons, 19/XII/2002)

02 Marea negra (Isla de Ons, 19/XII/2002)

03 Tríptico de Touriñan ("percebeiros" trabajando y el Ejército preparado, 24/XII/2002)

04 Voluntario observando (Isla de Ons, 19/XII/2002)

05 Voluntario en la orilla (Islas Cíes, 20/XII/2002)

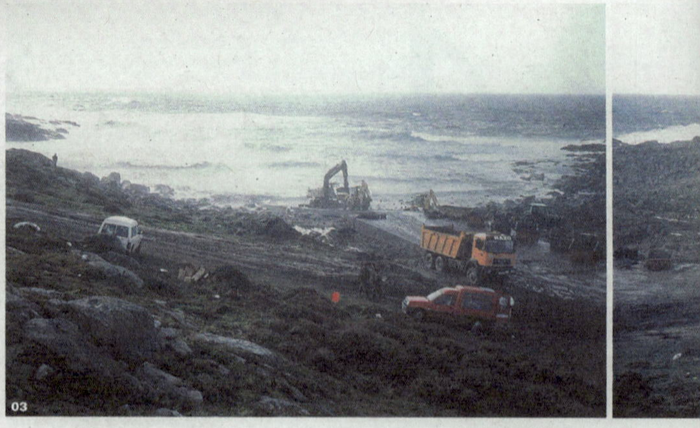

El fotógráfo y ensayista norteamericano Allan Sekula pasó las Navidades en las Rías Baixas y la Costa da Morte. Éste es el retrato que ha realizado para "Cultura/s" de la tragedia ocasionada por el "Prestige"

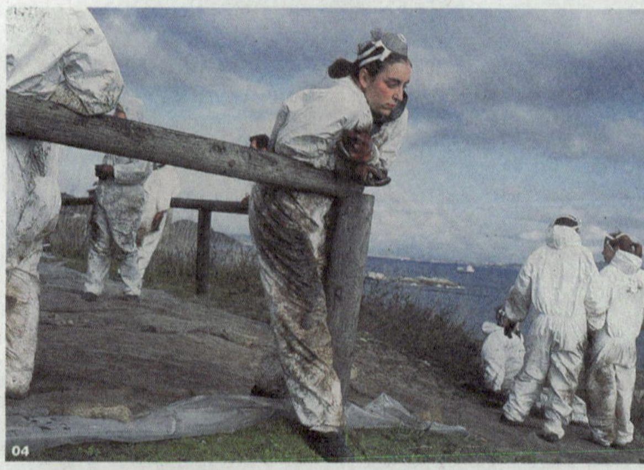

Marea negra: fragmentos para una ópera

ALLAN SEKULA

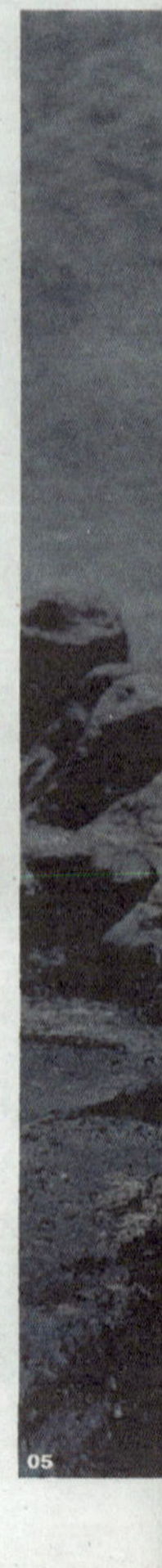

95–98 Allan Sekula, „Marea negra: fragmentos para una ópera", *Culturas,* Nr. 34, wöchentliche Beilage der spanischen Tageszeitung *La Vanguardia,* Barcelona, 12. Februar 2003

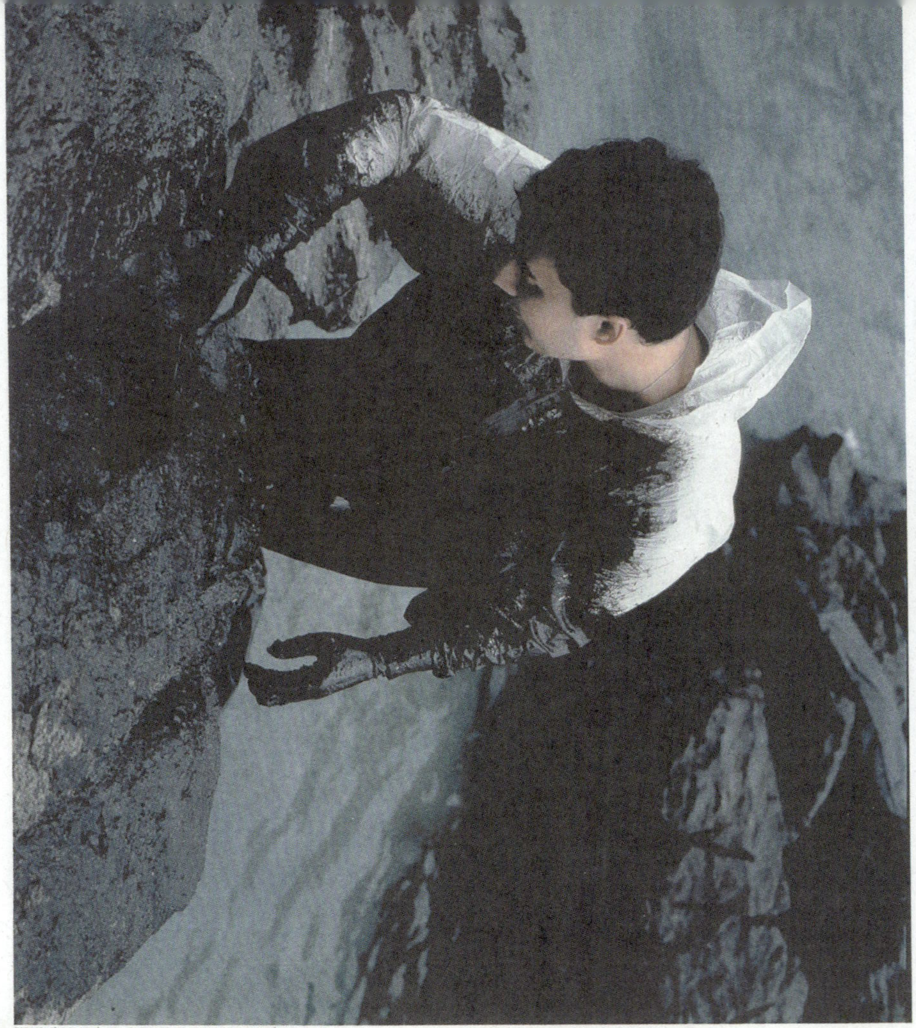

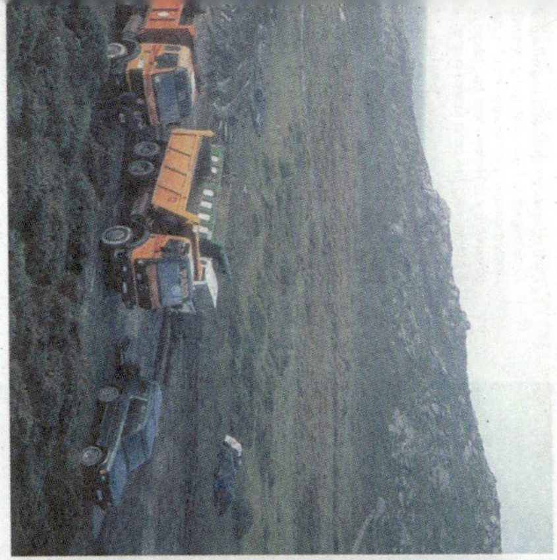

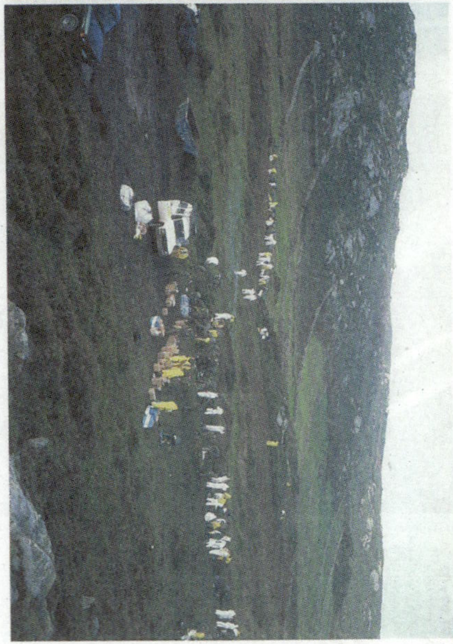

FOTOGRAFÍAS CORTESÍA DE CHRISTOPHER GRIMES GALLERY, SANTA MÓNICA, CALIFORNIA

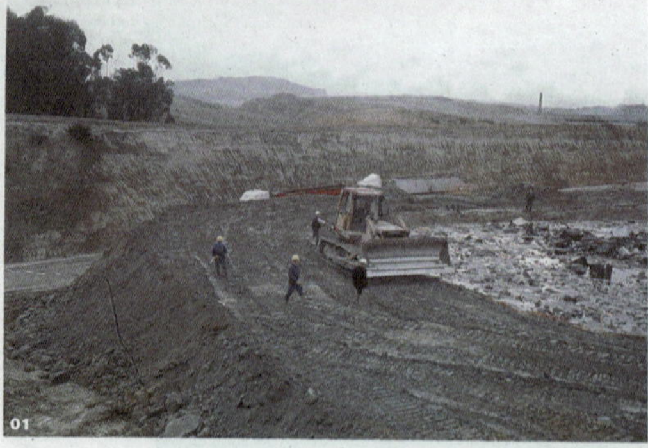

01

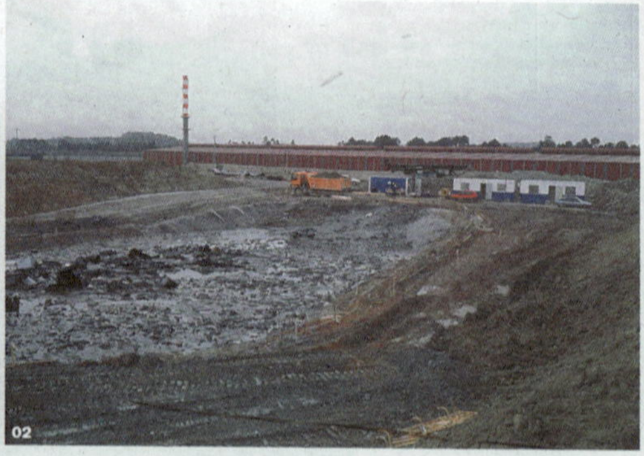

02

> nube de fotógrafos. El Coro prosigue con su sisífica tarea, ajeno en gran medida a la comitiva real. El Rey se vuelve de pronto, en equilibrio poco elegante sobre un solo pie, para inspeccionarse la suela del zapato. Los fotógrafos retroceden todos al mismo tiempo ante ese gesto prohibido.

CANCIÓN DE LOS PINGÜINOS EN EL ZOO DE SAN FRANCISCO

"El fotógrafo, descendiente de augures y arúspices..."

"Nadan sin parar hacia ninguna parte..." (2)

Desciende una pancarta:

UN MES MÁS TARDE

El Presidente del Gobierno y su comitiva entran, por la izquierda del escenario, a una bien equipada torre de vigilancia que ha sustituido al endeble mástil del vigía. Los fotógrafos abandonan al Rey y corren hasta la base de la torre. El Presidente observa el Coro con unos anteojos de teatro. Aparece un cortesano y lee un comunicado de prensa:

"A esa gélida profundidad, el fuel se congelará y adquirirá la consistencia del adoquín."

"Además, la presión de las profundidades, aunque se ejerce por igual sobre toda la materia, impedirá milagrosamente la flotación del petróleo."

"Y, si estas predicciones resultan equivocadas, podemos prometer sin temor a error que el barco dejará de tener filtraciones el 15 de enero del 2003."

El Presidente del Gobierno es distraído por un alboroto en la esquina más alejada del escenario. Unos viajeros de tez oscura desembarcan de un bote de remos. Los oficiales se consultan y envían a una cuadrilla de marineros para detener a los intrusos.

El cortesano prosigue:

"Esperábamos poder remolcar el barco hacia el sur... hasta quitarlo de en medio."

Aparece una carta náutica con detalles de la costa francesa, española, portuguesa y de África occidental.

LA CANCIÓN DE EUROPA (3)

Se proyecta una fotografía periodística. El Secretario de Defensa estadounidense en una conferencia de prensa, absurdamente visto desde un ángulo situado

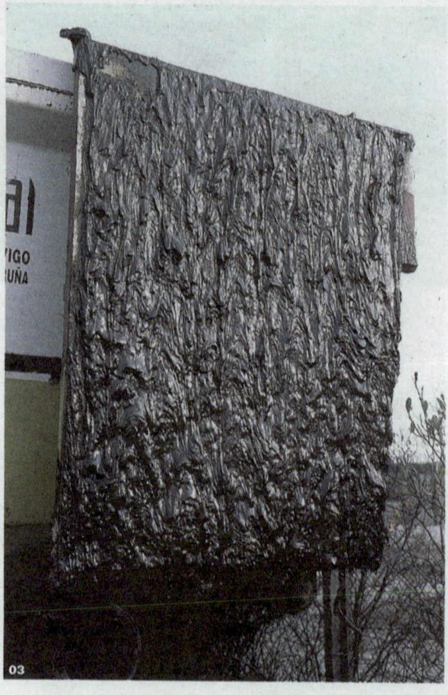

03

bajo de la punta de los zapatos. Desde fuera del escenario, una voz con acento tejano repite la frase "Nunca máis" al compás de un acompañamiento musical de western, que se funde con el ruido de los motores diésel de los barcos y luego con el rugido de unos potentes reactores. El estribillo es retomado con más convicción por el Coro y luego desciende hasta conducir a:

LA CANCIÓN DE LA NECESIDAD DE PETRÓLEO (4)

Cualquiera que sea la letra de esta canción, es importante que empiece o acabe con una frase de "Los viajes de Gulliver":

"la vergonzosa materia sea retirada en carretillas."

Aparece el Presidente Autonómico, acompañado del Ministro del Interior y el Ministro de Defensa. Con estudiada indiferencia, el Presidente hace caso omiso de los trabajos del Coro y procede a inaugurar ceremoniosamente un nuevo tramo de autopista. Un creciente coro de motores de coches sigue al corte de la cinta.

El Ministro del Interior anuncia que la marea negra no es una emergencia nacional, sino un contratiempo menor que recae bajo la jurisdicción del Ministerio de Fomento. (5)

El Ministro de Defensa, que ha estado pasando revista al Coro, anuncia que las playas están esplendorosas (6). Llega un ayudante con una tumbona, una sombrilla y una bebida tropical. La mitad del Coro continúa en posición de firmes, mientras la otra mitad trabaja.

Aquí concluyen las notas, pero, como suele decirse, no acaba la historia...

El autor agradecería la ayuda de los lectores con las siguientes canciones:

LA CANCIÓN DEL ÚLTIMO FASCISTA TRADICIONAL (7)

LA CANCIÓN DEL INSPECTOR DEL BARCO

"El dinero viaja a la velocidad de la luz,
hasta que llega el invierno
y el mar nos recuerda..."

"Tras veinticinco años
estos petroleros gigantes
son máquinas agotadas..."

"No se envían postales desde el fondo del mar."

LA CANCIÓN DE LA SOCIEDAD CONTRA EL ESTADO, que el Coro cantará al final de la ópera y que debería incluir, en algún lugar, un pasaje de "El mito de Sísifo" de Camus:

"Pero tras haber visto de nuevo
el rostro de este mundo,
degustado el agua y el sol,
las piedras cálidas y el mar,
ya no quiso volver a la sombra
infernal."

Galicia · Los Ángeles
Diciembre 2002 · enero 2003 (8)

TRADUCCIÓN: JUAN GABRIEL LÓPEZ GUIX
FOTOS, TEXTO Y MAQUETA: ALLAN SEKULA

(1) Aquí el autor, llevado por su poco razonable deseo de seguir el espíritu de los "Poemas gallegos" de Lorca y dado que sólo es un fotógrafo y no un libretista, sin talento para la poesía en castellano o en su inglés nativo, agradecerá sugerencias de los lectores. Las propuestas deben dirigirse a culturas@lavanguardia.es
(2) "Los Angeles Times", 21 enero 2003.
(3) Véase la nota 1.
(4) Véase la nota 1.
(5) "El País", 24 diciembre 2002.
(6) "La Vanguardia", 25-26 diciembre 2002.
(7) Para algunos comentarios útiles, véase Gustavo Luca de Tena, "Fraga, retrato de un fascista", traducción del gallego de Antia Milde Carballeira, Anglet, Miatzen, 2001.
(8) Gracias a Carles Guerra, Manuel Sendón, Olaia Sendón, Clara Sendón, Gustavo Luca de Tena, Franc Herbello y Sally Stein, así como a la Christopher Grimes Gallery.

01 y **02** Depósito de desechos (Lendo, 23/XII/2002)

03 Trapezoide del goteo negro (Lendo, 22/XII/2002)

Sekula en Galicia

Tras los pasos de Evans y Agee

CARLES GUERRA

La última Documenta de Kassel reconoció el trabajo de Allan Sekula (Erie, Pennsylvania, 1951) con una exposición monográfica. Sus ensayos fotográficos resucitan la tradición de Walker Evans y James Agee. Sekula visitó Galicia en el mes de diciembre. En plena marea negra documentó los estragos causados por el "Prestige". A medida que recorríamos Rías Baixas y Costa da Morte, la imagen que más le oí nombrar se refería a una gran coreografía. A veces espontánea, otras dirigida: pescadores recogiendo fuel con sus botes, voluntarios organizándose por su cuenta y jóvenes del ejército desfilando por las playas. O más tarde, el 22 de enero, cuando 45.000 escolares formaron una cadena humana entre Laxe y Muxía. Un argumento de extraña continuidad surgía del encuentro de esos grupos –movidos por un objetivo común, pero con formas de organización distintas. Enfundados en el mono blanco, su aspecto aún aportaba más coherencia a la historia. De cerca, los ademanes y exabruptos de cada uno les distinguían. ¿Es posible representar en un mismo plano el papel de los políticos, sus percepciones absurdas del desastre, y los miles de cuerpos entregados a la limpieza? Sólo la ópera puede añadir algo a la marea informativa. Es el único registro que puede evitar la inercia de los medios. Han sido tantas las imágenes de trabajo penoso que no quedan ángulos desde los que cubrir el suceso.

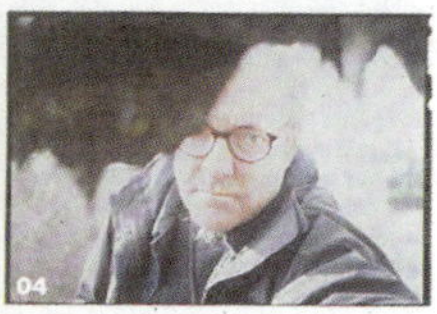

04

Sekula ha renovado el género documental. Allí donde los medios parecen haber agotado su presencia, él ha encontrado su razón de estar. "La hipervisibilidad –afirma Sekula– es el complemento de la ignorancia"."Fish story" (1989-1995), su proyecto más conocido y divulgado, ha creado una geografía alternativa. Desde el océano, la globalización no es una historia de "e-mails" instantáneos, sino de barcos de carga pesada, leyes inexistentes y condiciones laborales humillantes. Para este proyecto ya recaló en Galicia en 1992. Allí fotografió la crisis del sector pesquero. La ópera que ahora presenta en estas páginas convierte las imágenes de Galicia en fragmentos de una gran producción que nunca llegará a la Scala de Milán. La gran producción a la que se refiere Sekula responde a un escenario global. "Marea negra" es la ópera que caricaturiza la incapacidad de los políticos para representar un poder que se juega en el mar. Éste será, seguramente, el capítulo de un nuevo trabajo de Sekula. En él se vislumbra una soberanía marítima que, como demuestra el "Prestige", desafía a los reyezuelos de tierra.

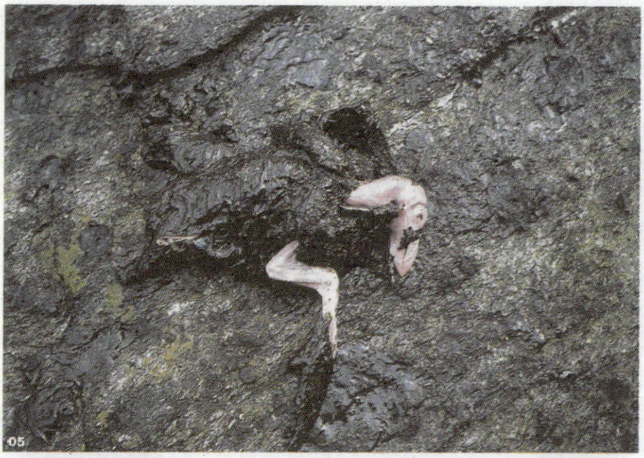

05

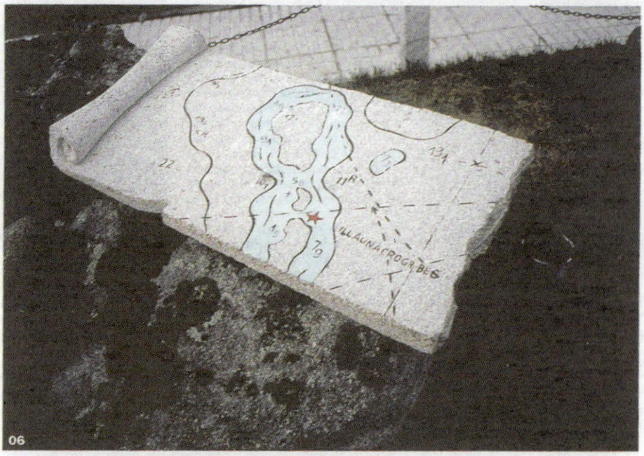

06

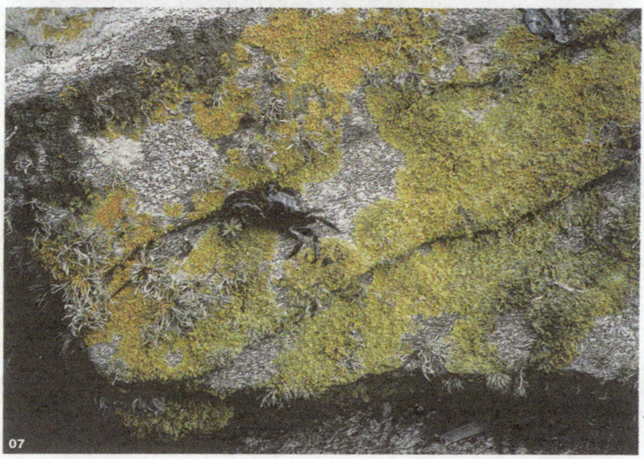

07

04 Autorretrato con chapapote (Lendo, 22/XII/2002)

05, 06 y 07 Tríptico conmemorativo (islas Cíes y Bueu, 20/XII/2002)

El trabajo de Allan Sekula que se presenta en estas páginas se podrá ver el próximo mes de julio en una exposición en el Centre de Cultura Contemporània de Barcelona (CCCB)

und damit es sich fern von Kameraaufzeichnungen am Meeresgrund absetzen und dort verteilen kann. Die forensische Forscherin Susan Schuppli berechnet die (rein theoretische) Dispersion des ausgetretenen Öls auf die Hälfte der globalen Wasseroberfläche.[39]

Metaphorisch und physisch stellt Sekula in seinen Fotografien die schwarze zähflüssige Materialität von Schweröl ins Bild. Die Aufnahmen triefen von öligen Schlieren und verschmierten Oberflächen. Panoramaaufnahmen zeigen die Tiefe der Entsorgungsgruben, in denen die technogenen Reste beseitigt werden. Vögel, Krabben, Wasseroberflächen, Felsen, Schutzanzüge, eines seiner seltenen Selbstporträts sowie eine geöffnete Lkw-Türe sind mit der teerigen Substanz überzogen. Wie Schuppli schreibt, veranschaulichen solche Motive die hybriden Transformationen zwischen Lebendem und Anorganischem, die eine Ölpest hervorbringt.

> Out of this refractive and monstrous shimmer a new breed of hybrids was being birthed as oil transformed living organisms into an abject surface of technogenic sludge. Birds and wildlife becoming co-extensive with the "black lagoon" that had spawned them and that would soon reclaim their brood.[40]

Sekulas dystopische Vision der 2030er Jahre – eben jener Jahre, die jüngst einige überoptimistische Länder als die Schwelle zur Kohlenstoffneutralität gesetzt haben – mutet wie eine Vorahnung von Reza Negarestanis Buch *Cyclonopedia*[41] an, das im Sinn eines spekulativen Materialismus die Wirkungsmacht des fossilen Kohlenwasserstoffgemisches entlang mythisch-historischer, geopolitischer und geophysischer Spekulationen entfaltet. Das Buch erforscht Erdöl nicht nur als Rohstoff, sondern auch als eine Art „dämonische" entitätsähnliche Intelligenz. „Oil is an agent of the xenodrome", reflektiert McKenzie Wark und „Oil is the agent which brings a time of the aeons, a geological time, through a hole in historical time"[42]. Öl ist demnach kein „Ding", sondern vielmehr ein „complicitous material", das menschliches Handeln und Denken kontrolliert.

Marea negra ist nicht nur eine Vorausdeutung von Negarestanis anorganisch-xenophilem Geotrauma, sondern auch eine Vorwegnahme von Timothy Mortons Hyperobjekten. „[M]odernity is the story of how oil got into everything. Such is the force of the hyperobject oil"[43], schreibt er. Anhand von Hyperobjekten entwickelt Morton eine philosophisch-ökologische Theorie, die Gegenständen und Materialitäten wirkungsmächtige Agenzien und komplexe Eigenschaften zuschreibt. Hyperobjekte sind non-lokale[44], viskose und unheimliche[45] Entitäten, die menschliche Kontrolle außer Kraft setzen. Sie sind weitläufig verteilt und dermaßen „riesig und so dauerhaft, dass sie die menschlichen Vorstellungen von Zeit und Raum sprengen"[46]. Der Viskosität kommt dabei eine besondere Stellung zu, sie beschreibt das Klebrig-Dauerhafte, das Anhaftende und Abjekte, das Hyperobjekten wie Erdöl zu eigen ist. Hyperobjekte können zudem nicht (leicht) beseitigt werden, sie lassen sich nicht

39 Susan Schuppli, „Slick Images: The Photogenic Politics of Oil", in: *Allegory of the Cave Painting*, hrsg. v. Mihnea Mircan und Vincent van Gerven Oei, Mailand: Mousse Publishing 2015, S. 437.

40 Schuppli, „Slick Images", S. 426.

41 Reza Negarestani, *Cyclonopedia: Complicity with Anonymous Materials*, Melbourne: Re.press 2008.

42 McKenzie Wark, *„An Inhuman Fiction of Forces"*, in: *Leper Creativity: Cyclonopedia Symposium*, hrsg. v. Ed Keller, Nicola Masciandaro und Eugene Thacker, Brooklyn: Punctum 2012, S. 41.

43 Timothy Morton, *Hyperobjects: Philosophy and Ecology after the End of the World*, Posthumanities 27, Minneapolis: University of Minnesota Press 2013, S. 54.

44 Ebd., S. 38.

45 Ebd., S. 28.

46 Timothy Morton, „Zero Landscapes in den Zeiten der Hyperobjekte", in: *GAM. Graz Architecture Magazine*, hrsg. v. Technische Universität Graz, Fakultät für Architektur, Nr. 7, 2011, S. 80.

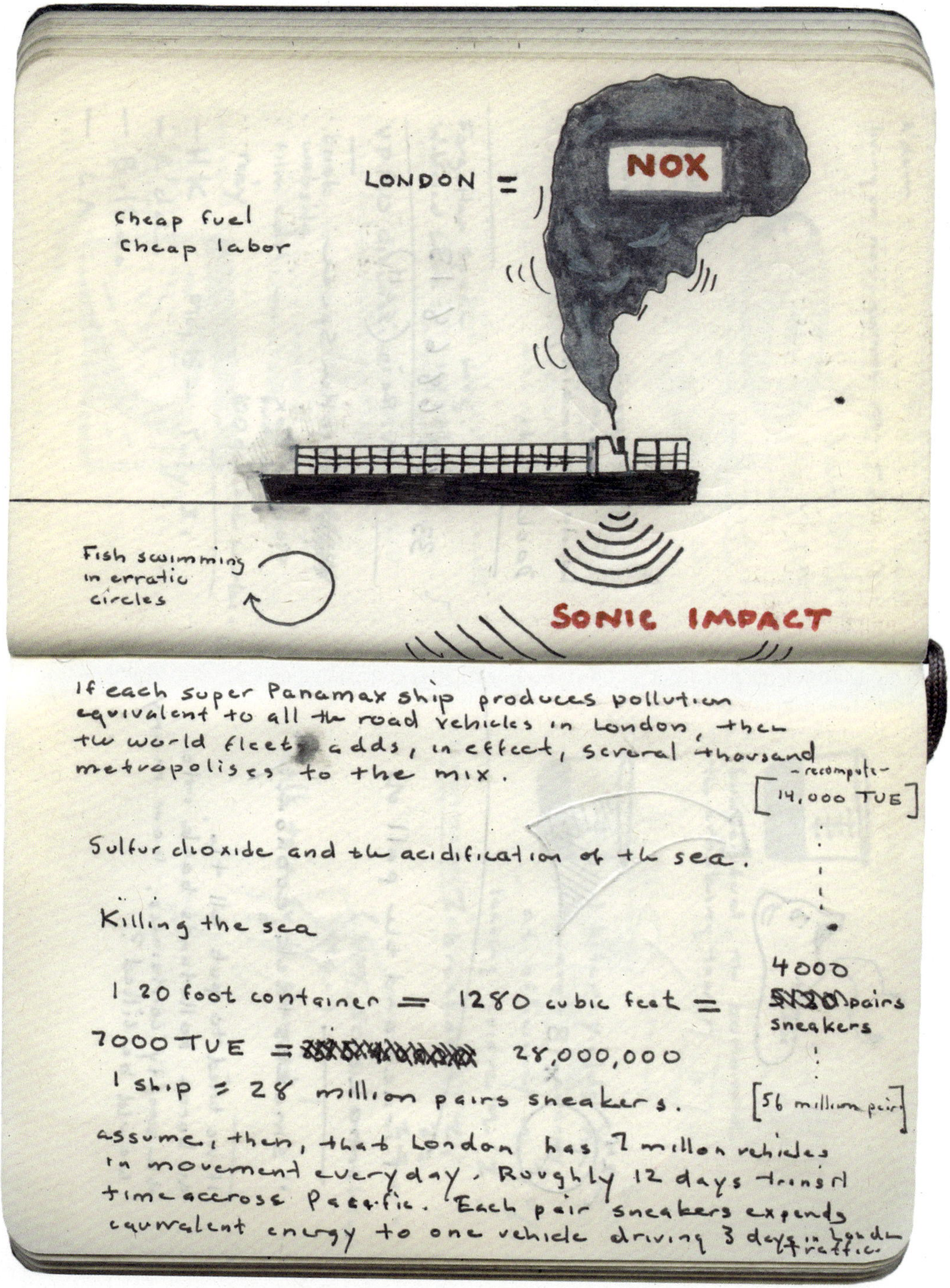

99 Allan Sekula, *Untitled, Notebook 094*, 2007

„in ein wie auch immer geartetes Jenseits entsorgen“[47] und bestehen aus dem akkumulierten toxischen Abfall der Menschheit.

„Marea negra: fragmentos para una ópera“ erschien am 12. Februar 2003 in der wöchentlichen Beilage *Culturas* der Tageszeitung *La Vanguardia*. Wie Gabriele Mackert schreibt, ist die journalistische Version der Arbeit, die auch als eigenständige Fotoserie existiert, als Aufruf für zivilgesellschaftliche Solidarität und als Positionsbestimmung zu verstehen.[48] Mit dem letzten Lied „The Song of Society against the State“ wird offensichtlich, dass Sekula die Ursachen der Umweltkatastrophe dem kapitalistischen Staat und seinen neoliberalen Verstrickungen zuschreibt, aber auch, dass in dieser Tragödie Gesellschaftlichkeit und Freiheit auf dem Spiel stehen. *Carbon Democracy*[49] ist der vom Historiker Timothy Mitchell geprägte Begriff, der die Abhängigkeit politischer Machthabe von der Verfügbarkeit fossiler Brennstoffe aufzeigt. Mitchell identifiziert die geostrategische Komplizenschaft zwischen Erdöl und Politik als vorrangiges Phänomen, das den Neoliberalismus und die US-amerikanische Vorherrschaft konsolidierte. Obwohl sich Emissionen als primärer anthropogener Faktor erwiesen haben, ist eine Welt jenseits des Petrokapitalismus weiterhin schwer vorstellbar. Auch in Sekulas Libretto wird Erdöl als Gleitmittel des Kapitals beschrieben, das die Welt in seinen Klauen hält. Währenddessen geriet der Staat, in Komplizenschaft mit diesem anonymen Material verstrickt (um mit Negarestani zu sprechen), zum handlungsunfähigen und selbstgefälligen Partner petroindustrieller Machenschaften.

Die ausführliche Behandlung von Sekulas Arbeiten zum maritimen Raum und zum Umweltdesaster infolge der „Prestige“-Havarie ist zum einen methodisch interessant – im Sinne einer Praxis der Gegenforschung – und zum anderen als Beitrag zu einer politischen Ökologie des Ozeanischen. Dabei geht er zunächst von einer Weltsystemtheorie aus, die ein Konzeptinstrument liefert, um gesamtheitliche Phänomene zu erfassen. Dies gelingt ihm durch eine weitläufige Ko-Recherche, die er an Bord von Handelsfrachtern, in globalen
Hafenstädten gemeinsam mit Dock- und Hafenarbeiter*innen, Matrosen und 100–107
Seemännern, Fischer*innen, Aktivist*innen u. v. a. zusammenträgt, aber auch durch das Vermessen des kulturellen Vorstellungsraums, den das Meer eröffnet. Er befasst sich ausführlich mit der Geschichte der Seefahrt, des Fischfangs, mit der Kunstgeschichte von Seelandschaften, mit der ozeanischen Literatur, mit der Darstellung des Meeres im Hollywoodfilm (insbesondere *Titanic*), mit kolonialen Eroberungen, der Logistikwirtschaft und der Unberechenbarkeit und Risikobehaftung der Seefahrt als Analogie zum Finanzmarkt. Seine detaillierte Kenntnis des maritimen Raums und der dort herrschenden exterritorialen Praxen lässt ihn sehr frühzeitig erkennen, dass dieser das neoliberale Territorium der Globalisierung bildet. Neokoloniale Ausbeutungsmechanismen schreiben sich in diesen unbeobachteten Raum ein und machen den *Forgotten Space* des Kapitalismus zu einem Schauplatz massiver Verschiebungen und des unaufhalt-
samen *Omnizids*. 99

100–107 Allan Sekula und Noël Burch, *The Forgotten Space*, 2010

47 Ebd., S. 81.

48 Gabriele Mackert, „Sisyphus's Prestige. On Allan Sekula's Marea negra“, in: Zyman, Scozzari (Hrsg.), *Allan Sekula: OKEANOS*, S. 157.

49 Timothy Mitchell, *Carbon Democracy: Political Power in the Age of Oil*, London: Verso 2013.

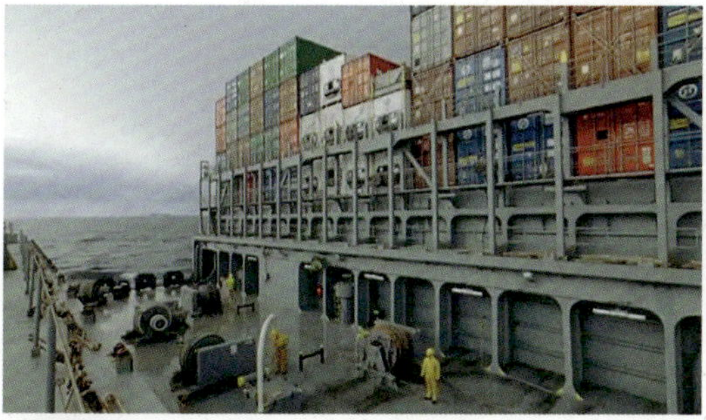
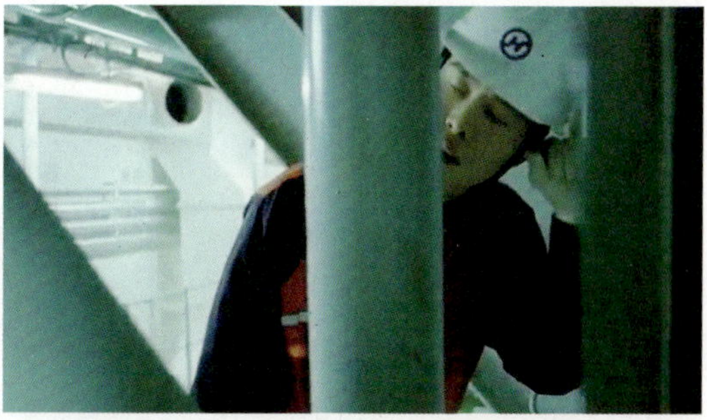
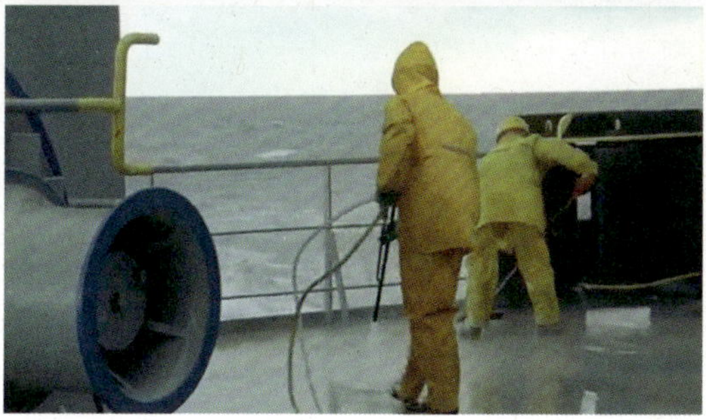
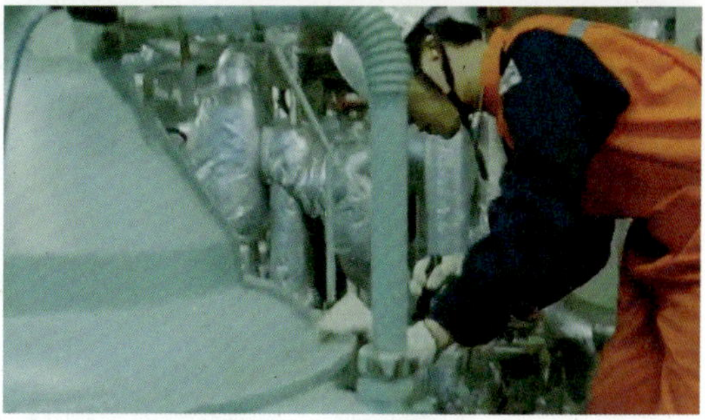
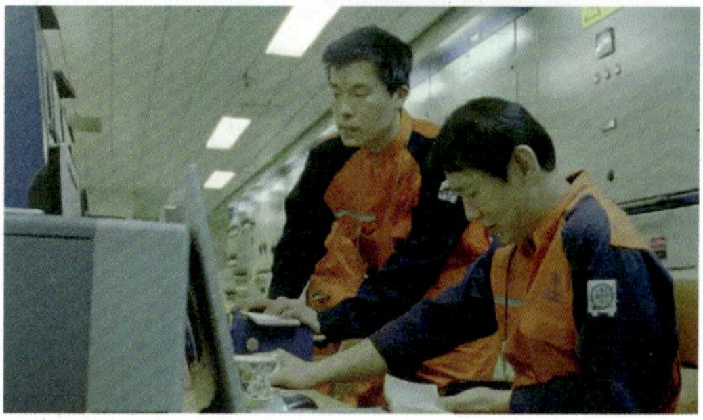
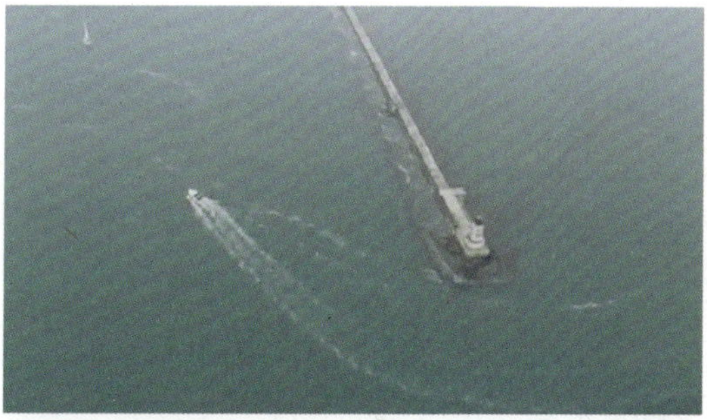
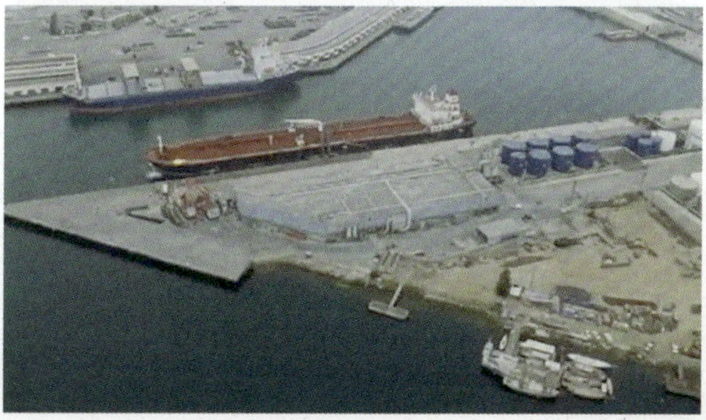
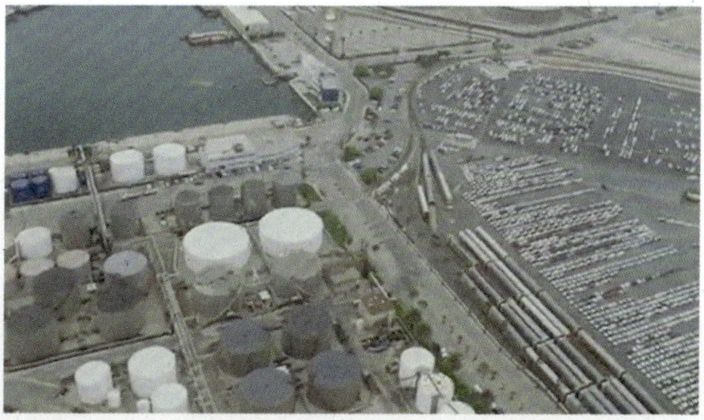

EXTRAKTIVISMUS: VON RESSOURCEN UND KONFLIKTEN IN *PROSPECTING OCEAN* VON ARMIN LINKE

Armin Linkes *Prospecting Ocean*[50] ist die Aufarbeitung eines umfassenden künstlerischen Forschungsprojekts im Auftrag der TBA21–Academy und in Zusammenarbeit mit der Kuratorin Stefanie Hessler. Über drei Jahre begleitete Linke Meereswissenschaftler*innen in ihren Labors, interviewte Expert*innen zur Meeresjurisdiktion und alliierte sich mit Umweltaktivist*innen. Dabei untersuchte er die oft vernachlässigten Voraussetzungen und gesetzlichen Rahmenbedingungen des Tiefseebergbaus und anderer Formen der Ressourcengewinnung sowie deren Auswirkungen auf marine Lebensräume und Gemeinschaften.

Linkes Fotoarchiv von über 100.000 Bildern bildet die Grundlage für die Erkundung neuer investigativer Methoden, die sich zwischen Kunst, Diskurs und Dokument bewegen. Durch Kategorisierung, Anordnung und Gegenüberstellung von Fotos, Interviews und Videoaufzeichnungen entsteht eine vielschichtige intersektionale Lektüre der Verflechtungen von Industrie, Wissenschaft, Politik und Wirtschaft im Bereich des Ozeanischen.

Unter Prospektion *(prospecting)* versteht man im Bergbau und in der Geologie die Suche nach unerschlossenen Rohstoff-Lagerstätten. Im Kontext der Ozeane befassen sich derzeit wissenschaftliche und kommerzielle Prospektoren mit den Möglichkeiten der großflächigen Förderung von polymetallischen bzw. Mangan-
108, 109 knollen, also mit mangan-, kobalt-, kupfer-, zink- und nickelhaltigen Klumpen, die in einer Tiefe von 4.000 bis 6.000 Metern am Meeresgrund lagern. Eine andere Art von Tiefseemineralien sind die zwischen 2 und 26 Zentimeter dicken Kobaltkrusten, die fest auf der Felsoberfläche von Seebergen angesiedelt sind. Manganknollen und Kobaltkrusten haben eine Wachstumsrate und, bei Abbau, eine Regenerationszeit von ca. einem respektive sieben Millimetern in einer Million Jahren. Intensiv geforscht wird zudem zu extremophilen Organismen (Archaeen, Bakterien und Eukaryoten), die sich an als lebensfeindlich erachtete Umweltbedingungen anpassen – wie an Extremtemperaturen (+80 °C und unter –10 °C), hohe Methan- oder Giftstoffkonzentrationen, ionisierende Strahlung – oder gar in den Hydrothermalquellen der Tiefsee zu finden sind (die sogenannten Schwarzen und Weißen Raucher), in dessen Biotopen sich der Ursprung irdischen Lebens reproduziert. Diese am metabolischen Limit existierenden Organismen gedeihen in der letzten „unerforschten Wildnis"[51] des Planeten.

Der Vorstoß in die Tiefe und in neue technologische Geografien der Extraktion wird ungeachtet der unberechenbaren ökologischen und politischen Auswirkungen von Befürworter*innen euphorisch als „Geburt einer neuen Großtechnologie"[52] gefeiert. Legitimiert mit dem steigenden Bedarf an Rohstoffen und dem Rückgang einiger landbasierter Ressourcen bzw. deren Monopolisierung durch einzelne Staaten (z. B. im Falle der Seltenen Erden) wird die Expansion in aquatische Risikogeografien, trotz des wissenschaftlichen Nachweises über die verheerenden Folgen des Abbaus von mineralischen Ressourcen in der Tiefsee, als notwendige Maßnahme zur Rohstoffsicherung propagiert. Die Rhetorik der Tiefseebergbauindustrie zielt darauf ab, die Zerstörung des Ökosystems des Meeresbodens als begrenzten Kollateralschaden der Rohstoffgewinnung darzustellen. Die Internationale Meeresbodenbehörde (International Seabed Authority, kurz: ISA) verhandelt seit Jahren darüber, wie der Tiefseebergbau zukünftig geregelt werden soll. Bislang hat sie noch keine kommerziellen Bergbauverträge genehmigt, jedoch wird erwartet, dass die ISA in naher Zukunft eine endgültige Entscheidung über die kommerzielle Nutzung des tiefen Meeresbodens fällt, die als wegweisend für die Zukunft der Ozeane gilt.

An die spekulativen Praktiken der Prospektion (etymologisch abgeleitet von „Vorsorge" und „aus der Ferne erblicken") des tiefen Meeresbodens schließen sich die Fragen der Gesetzgebung und der legalen Rahmenbedingungen an, ebenso wie jene nach der Verteilung von und des Handels mit Schürf-Lizenzen; der Patentierung von rekombinanten Enzymen und DNA-Polymerasen; der Arbeitsprozesse in Laboren und Forschungseinrichtungen; der Validierung von wissenschaftlichen Forschungserkenntnissen; des Setzens ethischer Standards und der Anliegen der aktivistischen Widerstandsbewegungen, die sich zum Schutz

50 Armin Linkes Ausstellung „Prospecting Ocean" wurde vom 23. Mai bis zum 30. September 2018 im Istituto di Scienze Marine (CNR-ISMAR) in Venedig gezeigt, von Stefanie Hessler kuratiert und von der TBA21–Academy kommissioniert und produziert in Partnerschaft mit dem Institut für Meereswissenschaften des Italienischen Nationalen Forschungsbeirats (CNR-ISMAR). „Prospecting Ocean" ist sowohl der Titel der Ausstellung als auch der Hauptvideoarbeit *Prospecting Ocean*, 2018, Zweikanalvideoinstallation, 56 min., Loop. Der nachfolgende Text bezieht sich auf beides.

51 Vgl. die webbasierte Serie zu Tiefseebergbau von Inhabitants in Zusammenarbeit mit Margarida Mendes, *What is Deep Sea Mining?, Episode 2: Deep Frontiers*, 2018 von Stefan Helmreich verfasst. http://inhabitants-tv.org/july2018_whatisdeepseamining_ep2.html

52 Kai Kaschinski, Christoph Spehr und Francisco Marí, *Solwara 1: Bergbau am Meeresboden vor Papua-Neuguinea. Hintergründe, Folgen, Widerstand*, hrsg. v. Verein für Internationalismus und Kommunikation e.V., 2018, S. 6. http://www.ozeanien-dialog.de/wp-content/uploads/2018/10/Studie_Solwara1_BfdW.pdf.

108 oben: Armin Linke, *International Seabed Authority ISA, manganese nodule, Kingston, Jamaica*, 2016
109 unten: Armin Linke, *Prospecting Ocean* (Lecture), 2018. Matthias Haeckel, Wissenschaftler, GEOMAR Helmholtz-Zentrum für Ozeanforschung Kiel

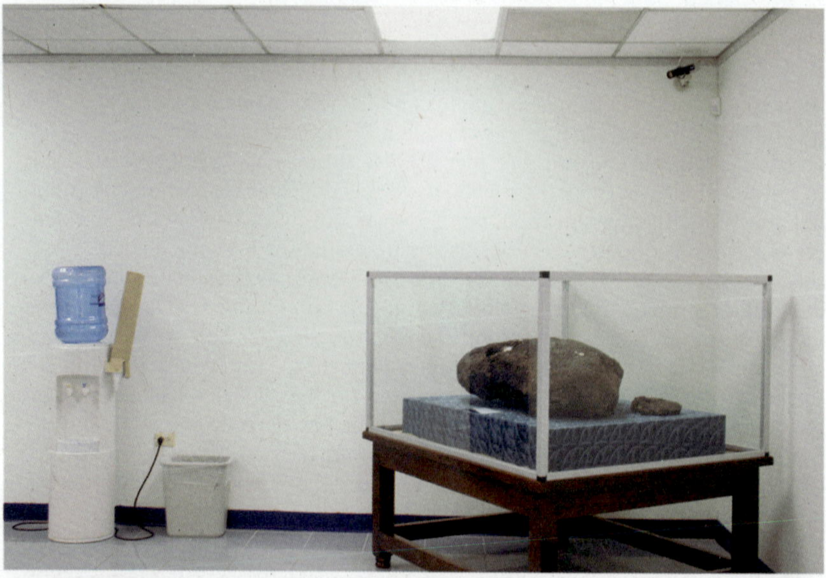

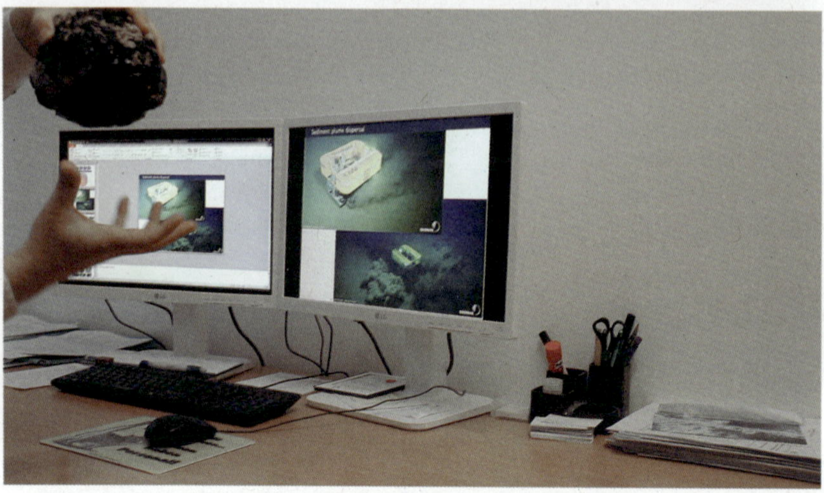

der Meereszonen formiert haben. Die Bedrohung durch die industrielle Schürfung in den Ozeanen kommt zu einer Zeit, in der das Bewusstsein für die Fragilität der aquatischen Ökosysteme, die dank ihrer regulierenden Funktionen und ihrer Artenvielfalt das Überleben des Planeten sichern, deutlich zunimmt. Neben den direkt vom Tiefseebergbau betroffenen Communities fordern Ökolog*innen, Meeresbiolog*innen, hydrofeministische Denker*innen und Aktivist*innen vehement andere Formen des Umgangs mit den Ozeanen und ein Verbot von kommerziellen Tiefseebergbauaktivitäten.

Es ist unter diesen Vorzeichen, dass sich Linkes *Tour-de-force*-Ausstellung „Prospecting Ocean“ zum Ziel setzt, Netzwerke der wissenschaftlichen, wirtschaftlichen und politischen Interessen im Zusammenhang mit dem anthropogenen Ozean zu entflechten und diese mit den Protestbewegungen rund um die mineralreiche Bismarcksee in Dialog zu setzen. Ähnlich wie in seinen früheren Arbeiten zum Anthropozän enträtselt Linke die komplexen und komplizierten Mechanismen – in diesem Fall des Tiefseebergbaus in seiner gegenwärtigen „prospektiven Phase“ –, indem er sich zwischen den Disziplinen und den verstreuten Orten und Milieus der Entscheidungsfindung, Forschung, Vorbereitung und des Widerstands bewegt und diese aus der Nähe beobachtet. So zeichnet er ein kaleidoskopisches Bild des anthropogenen Ozeans zu Beginn des 21. Jahrhunderts und zeigt die folgenschweren Weichenstellungen auf, die zwischen Profitdenken und dem Gemeinwohl der Menschheit zu treffen sind. Um diese komplexen Themen anzugehen, wendet Linke eine repräsentationskritische intersektionale Recherchemethode an, die es ihm ermöglicht, aus alternierenden Blickwinkeln vielschichtige Wissensperspektiven aufzuspüren und diese anhand von kritischen Bildproduktionen zu überprüfen.

DER NEUE RAUM DES EMPIRES

OCEANS. Dialogues between ocean floor and water column (2017) ist die erste Arbeit, die Linke der Erforschung der anthropogenen Ozeane und dem Komplex der Fragestellungen um Meeresbiologie, Datentechnologie und den tiefen Meeresgrund widmet. Als Fellow des *The Current*-Programms der TBA21–Academy begann seine Recherche im Oktober 2015 in Papua-Neuguinea. Hier stieß das Expeditionsteam[53] auf die Aktivitäten der Nautilus Minerals Inc., eines kanadisch-australischen Konsortiums mit omanisch-russischen Minderheitsbeteiligungen, im Bereich der in der Bismarcksee gelegenen Metallsulfid-Lagerstätte Solwara 1. Solwara 1 bereitete damals das weltweit erste kommerzielle Tiefseebergbauprojekt vor und plante die Aufnahme des Kupfer- und Goldabbaus etwa dreißig Kilometer vor der Küste Papua-Neuguineas, d.h. in den Hoheitsgewässern des Landes. Im Jahr 2019, also kurz nach Fertigstellung von „Prospecting Ocean“ meldete Nautilus Minerals Insolvenz an und stellte seine Aktivitäten ein.

Die in 1.600 Metern Tiefe gelegene Unterwassermine in der Bismarcksee befindet sich in einer der artenreichsten Meeresregionen der Welt und ist mit naheliegenden Korallenriffen und Mangrovenlandschaften ökologisch eng verwoben. Die Lizenzen für Solwara 1 wurden ursprünglich 1997 für Forschungs-

53 Unter der kuratorischen Leitung von Ute Meta Bauer nahmen neben Linke die Künstler*innen Laura Anderson Barbata (Mexiko/USA), Tue Greenfort (Dänemark/Deutschland), Newell Harry (Australien) und Jegan Vincent de Paul (Kanada/Singapur) teil.

zwecke und 2011 schließlich für den Mineralienabbau erteilt. Zusätzlich erhielt Nautilus zwölf weitere Lizenzen für Solwara 2–13. Um die Rohstoffe abzubauen, waren drei speziell von Soil Machine Dynamics entwickelte Abbaumaschinen vor Ort gelagert.[54] Teilschnittmaschinen *(auxiliary cutter)* entfernen den Meeresboden oberhalb der metallischen Schicht, um sie für den sogenannten *bulk cutter* freizulegen. Der Fräslader pumpt dann den gewonnenen Schlamm zum Förderschiff. Nach der Entwässerung und Reinigung des Erzschlamms werden die Reststoffe durch ein Rohrsystem zurück auf den Meeresboden geleitet.

Für die Nutzung von Meeresboden-Ressourcen gelten unterschiedliche – nationale und internationale – rechtliche Rahmenbedingungen. Die ersten zweihundert Seemeilen werden als Teil der „ausschließlichen Wirtschaftszone" (AWZ, engl. Exclusive Economic Zone, kurz: EEZ) eines Staates angesehen, was auch das Recht auf die Nutzung aller Ressourcen am Meeresboden und in der Wassersäule sichert. Jenseits dieser Grenze gilt internationales Seerecht. Die Einführung der AWZ geht auf den Exekutivbefehl der Truman-Proklamation zurück, benannt nach dem damaligen US-Präsidenten. Durch diesen Befehl sowie durch die Annektierung von Mikronesien konnten die USA ihr Hoheitsgebiet im Jahr 1945 auf einen Schlag verdreifachen. Darauf folgten das internationale Seerechtsübereinkommen der Vereinten Nationen (UNCLOS 1958 und 1983) wie auch die umfangreiche Neuvermessung der Welt. „[T]he new EEZ cartographies are the most dramatic change to global mapping since the post-World War II era of decolonization"[55], schreibt die Meerestheoretikerin Elizabeth DeLoughrey.

Auch die gängige Praxis der Erweiterung des Festlandsockels von 200 auf 350 Seemeilen wird von Expert*innen als Möglichkeit angesehen, über einen schnellen Weg zu Schürf- und Nutzungsrechten von Bodenschätzen zu gelangen, wie eine Studie zeigt: „Hunderttausende von Quadratkilometern haben einzelne Staaten auf diesem Weg schon zusätzlich zugesprochen bekommen. Auch dies ist ein Ausdruck des Wettrennens um die marinen Ressourcen. Die Ausdehnung der ausschließlichen Wirtschaftszonen stellt oft einen Versuch dar, internationale Absprachen zu umgehen und auf eine Deregulierung internationaler Meerespolitik zu setzen."[56] Das Interview, das Linke mit Davor Vidas führte, dem Direktor des Law of the Sea and Marine Affairs Programme des Fridtjof Nansen Institute in Oslo, belegt diese Aussage: „As the geological science and technical means develop, options to extend the continental shelf expand, and the 'common heritage of humankind' shrinks."[57]

In Kingston, Jamaika, befindet sich der Hauptsitz der ISA, jener autonomen internationalen Organisation, die 1994 infolge des Seerechtsübereinkommens ins Leben gerufen wurde. Die ISA hat das Mandat, die Ressourcen und Bodenschätze der Tiefsee als gemeinsames Erbe der Menschheit zu verwalten und entsprechende Maßnahmen zum Schutz des Meeresbodens zu sichern. Die ISA 110, 111
vergibt allerdings auch die Prospektionsrechte und Abbau-Lizenzen an seine Mitgliedsstaaten auf Basis des im Jahr 2000 verabschiedeten Tiefseebergbau-

54 Eine ausführliche Dokumentation und ein Interview mit dem Solwara-Ingenieur Simon Graham sind Teil der Arbeit. In: Armin Linke, „Simon Graham, engineer of the Solwara Project at Nautilus Minerals Inc., Port Moresby, Motukea Island, Papua New Guinea, 11/12/2017", Begleitvideo zu „Prospecting Ocean".

55 Elizabeth M. DeLoughrey, *Allegories of the Anthropocene*, Durham, N. C.: Duke University Press 2019, S. 139.

56 Kaschinski/Spehr/Marí, *Solwara 1*, S. 16.

57 In: Armin Linke, „Prof. Davor Vidas, Research Professor in International Law and Director of the Law of the Sea Programme at the Fridtjof Nansen Institute, Norway, member of the Anthropocene Working Group, Chair of the Committee at the 77th conference of the International Law Association on International Law and Sea Level Rise in Johannesburg, South Africa. Filmed in collaboration with Territorial Agency for the Anthropocene Observatory project, Oslo, Norway, 5/11/2013", Begleitvideo zu „Prospecting Ocean".

110 oben: Armin Linke, *International Seabed Authority ISA, legal office, Kingston, Jamaica*, 2016
111 unten: Armin Linke, *Twenty-second Session of the International Seabed Authority Assembly ISA, Kingston, Jamaica*, 2016

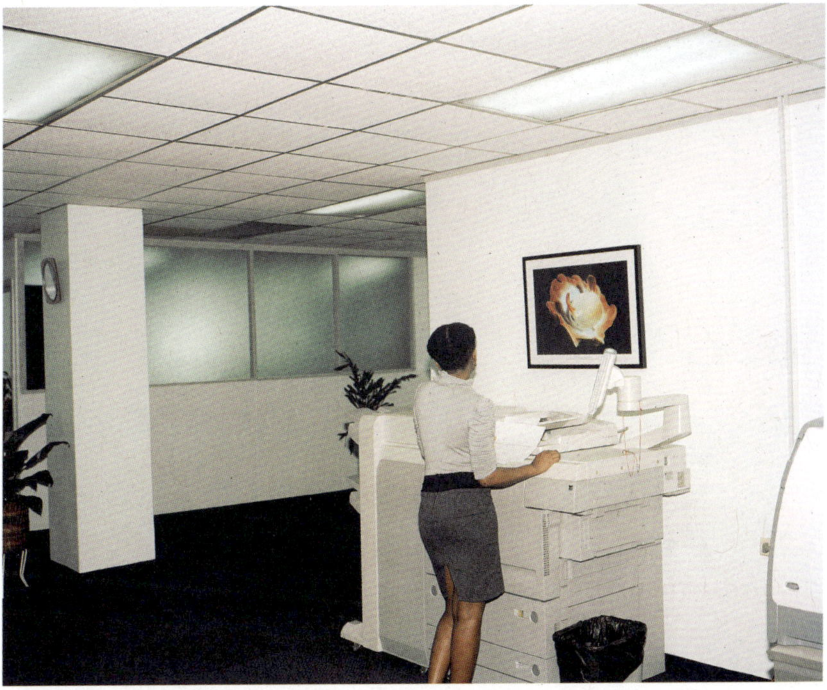

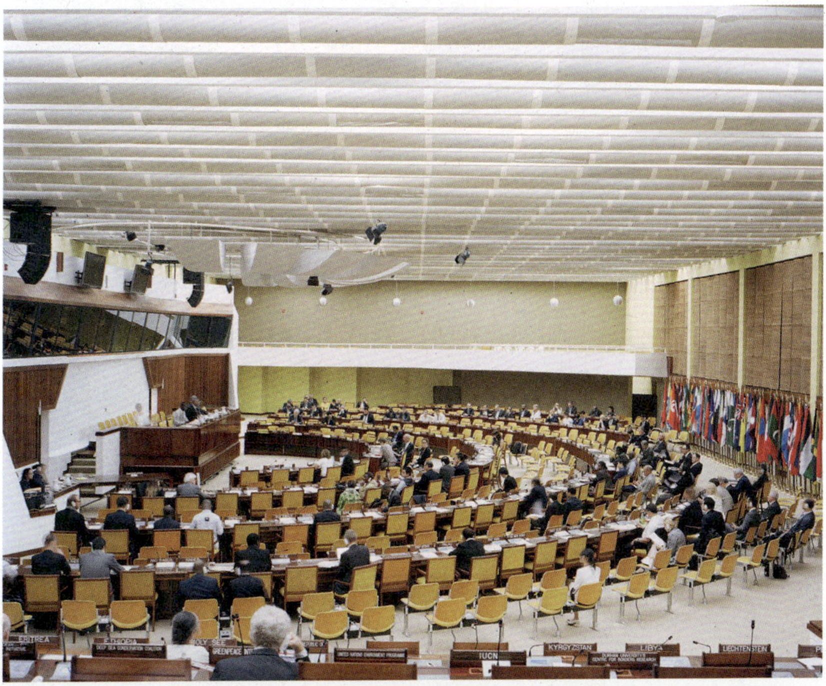

112 oben: Armin Linke, *Prospecting Ocean* (Lectures), 2018. Erik van Doorn, wissenschaftlicher Mitarbeiter, Walther-Schücking-Institut für Internationales Recht, Universität Kiel
113 unten: Ann Vanreusel, Biologin, Marine Biology Research Group, Universität Gent, Belgien

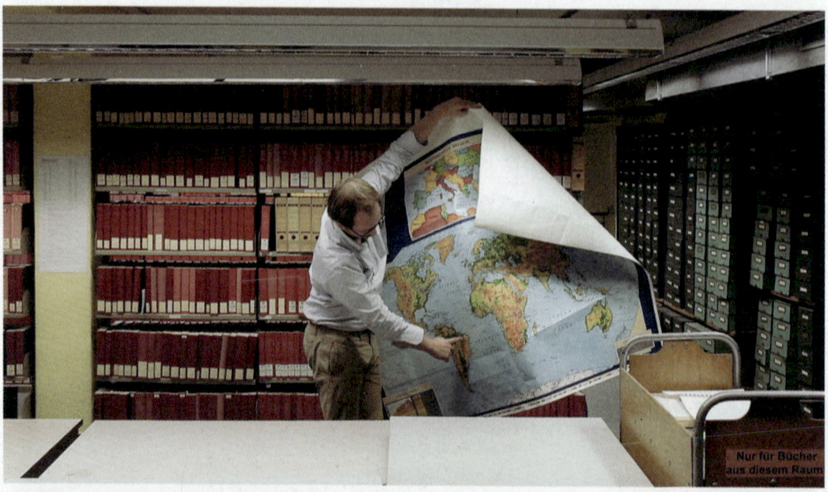

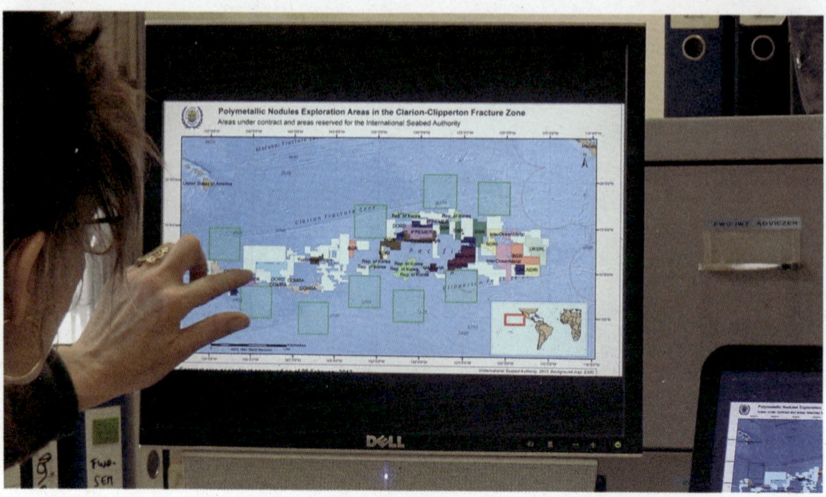

Kodex. Mitgliedsstaaten erwerben bei dieser Behörde zeitlich begrenzte Schürflizenzen, die sie oftmals an multinationale Konzerne weiterverkaufen. Die der ISA zugeteilten Aufgaben sind im Grunde unvereinbar und führen zu gravierenden Interessenskonflikten. Wie die Environmental Justice Foundation (EFJ) aufzeigt, ist der ISA-Rat aufgrund seiner Besetzungskriterien dem Tiefseebergbau tendenziös zugeneigt. Auch wird die ISA von den Beiträgen der Bergbauunternehmen mitfinanziert und würde direkt von den Einnahmen aus Tiefseebergbau profitieren.[58] Weiters wird der Behörde fehlende wissenschaftliche Kompetenz und mangelnde Transparenz bei oftmals unter Ausschluss der Öffentlichkeit stattfindenden Entscheidungsprozessen nachgesagt. Die massiven Mängel und Inkompetenzen stellen einen beachtlichen Risikofaktor dar, da laut EFJ „keine demokratisch legitimierten Entscheidungen über den Tiefseebergbau im Interesse der gesamten Menschheit getroffen werden“[59].

Sandor Mulsow, zum Zeitpunkt des Interviews mit Linke Direktor des Office of Environmental Management and Mineral Resources der ISA, gibt Auskunft über die Rolle und Funktionsweise seiner Behörde. Über Mulsows Vermittlung konnte die TBA21–Academy Beobachterstatus bei der Internationalen Meeresbodenbehörde und damit Zugang zu ihren Jahresversammlungen erlangen und Linke bei weiteren Recherchen zu den Praktiken und Regulierungsansätzen für den Tiefseebergbau unterstützen[60]. Angesichts der massiven Interessen an den Tiefseeschätzen und der strukturellen Schwächen der ISA ist das Gesamtbild der derzeit neu verhandelten legislativen Maßnahmen, die darauf abzielen, die drohende Invasion der Ozeane zu erleichtern, äußerst beunruhigend. DeLoughrey bringt diese prekäre Verwundbarkeit mit der dramatischen Feststellung auf den Punkt:

> [I]n the Anthropocene, the ocean has become a new space of empire.[61]

KARTOGRAFIEN DES OZEANISCHEN

> *The conceptual point would be: the ocean is impossible for a photograph to depict directly, as it is too vast and too deep for humans. Human beings have the illusion that through mechanical, technological, and remote devices they would be able to make cartographies and images of the oceans, but these remain partial. This is why I never try to depict the ocean or "nature" itself, but rather the human effort to image it (in a kind of Sisyphean myth where something is depicted and then immediately a more detailed, spectacular or technological image needs to be created and consumed). This effort to create an overflow of images has a specific agenda and carries some risk:*

58 https://ejfoundation.org/de/news-media/wie-tiefseebergbau-menschen-und-unseren-planeten-bedroht

59 Environmental Justice Foundation, „Towards the Abyss: How the rush to deep-sea mining threatens people and our planet“, 7. März 2023, S. 55. https://ejfoundation.org/de/berichte/in-den-abgrund-wie-tiefseebergbau-menschen-und-unseren-planeten-bedroht. Übersetzung der Verfasserin.

60 Vgl. dazu die Interviews unter den folgenden Einträgen: Armin Linke, „Michael W. Lodge, Deputy to the Secretary-General and Legal Counsel, International Seabed Authority (ISA), Kingston, Jamaica, filmed at the Assembly of the 22nd Session of the International Seabed Authority in Kingston, Jamaica, 22/7/2016“; „Sandor Mulsow, Head Office of Resources and Environmental Monitoring, International Seabed Authority (ISA), Kingston, Jamaica, 14/3/2016“; „Peter Thompson, International Seabed Authority (ISA), Fiji Mission to United Nations, USA, filmed at the 22nd Session of the International Seabed Authority in Kingston, Jamaica, 12/7/2016“.

61 DeLoughrey, *Allegories of the Anthropocene*, S. 140.

- *to project ideas of conquest, exploration, a remote and romantic paradise or inferno that contrasts the alienation of our urban society, which has been detached from direct contact with nature.*

- *to project the idea of human technocratic control with sophisticated remote sensing technologies, video cameras, microscopes, telescopes, satellite images, real-time interactive cartographies, statistical computation, and accumulation of physical archives – all those images and information that create an "inside image of the outside world" and give humans the impression that they are in control and thus have the right to colonize reality, including the oceans.*

So I decided not to depict the reality of the oceans but to depict the humans depicting it or to depict the process of capture, which can seem banal but has immense consequences, although in their (in)visible perception they may simply give the impression of being insignificant. In many images what is depicted is the process of making the images of the ocean and the processes by which this visual information is then used.

Let me be provocative: my way of selecting images often involves asking questions like, is this an image a magazine like National Geographic would publish? If the answer is yes, then the image does not work well. What kind of image does National Geographic need? It's images that are colourful, that are spectacular, that show the surface to distract from the process, to distract from the colonial and imperialistic tradition that is embedded in exploration photography itself. Images that are spectacular enough to seduce and distract us from the context. Images that grab our attention and keep it on the magazine so that we also notice the advertisements, which makes us consume even more of the resources of the very landscape and nature depicted in those photos.

I think our society needs to be aware of how we read the codes of images and how they were produced, and for what agenda. For me, images that are produced without artistic intention are conceptually interesting because they project the historical and technical – and thus political history of our society.[62]

Seinem programmatischen Ansatz entsprechend verzichtet Linke in seiner Recherchearbeit „Prospecting Ocean“ auf Abbildungen und fotografische Aufnahmen der Ozeane, zumindest auf solche aus seiner eigenen Kamera. Tatsächlich zeigt das gesamte mehrteilige Werk nur eine einzige, allerdings sehr
ausgedehnte ozeanische Aufnahme im 4-Kanal-Video *OCEANS. Dialogues* 116
between ocean floor and water column. Sie besteht aus Unterwasseraufnahmen aus 5.000 Metern Tiefe, die von Remote Operated Vehicles (ROVs) unter der Leitung von GEOMAR Helmholtz-Zentrum für Ozeanforschung Kiel und MARUM, Zentrum für Marine Umweltwissenschaften der Universität Bremen, angefertigt wurden. Zu sehen ist in diesem 40-minütigen Zusammenschnitt der tiefe Meeresboden, das sogenannte Benthal, also jene Zone, zu der kein Licht vordringt, in der extreme Druckverhältnisse herrschen und kaum verfügbare Sauerstoffvorkommnisse die Lebensbedingungen der im Substrat lebenden Biota
bestimmen. Meeresschnee rieselt in einem permanenten Partikelstrom, der von 115
der Oberfläche in die tiefen Ozeanzonen sinkt; heiße, mineralhaltige Wasserquellen sprudeln aus Weißen Rauchern und hydrothermalen Spalten und Rissen;

62 Armin Linke, E-Mail an die Verfasserin vom 28. März 2018.

114, 115 oben und unten: Armin Linke, *OCEANS. Dialogues between ocean floor and water column*, 2017
116 folgende Seite: Armin Linke, *OCEANS. Dialogues between ocean floor and water column*, 2017. Ausstellungsansicht CNR-ISMAR, Venedig, 2018

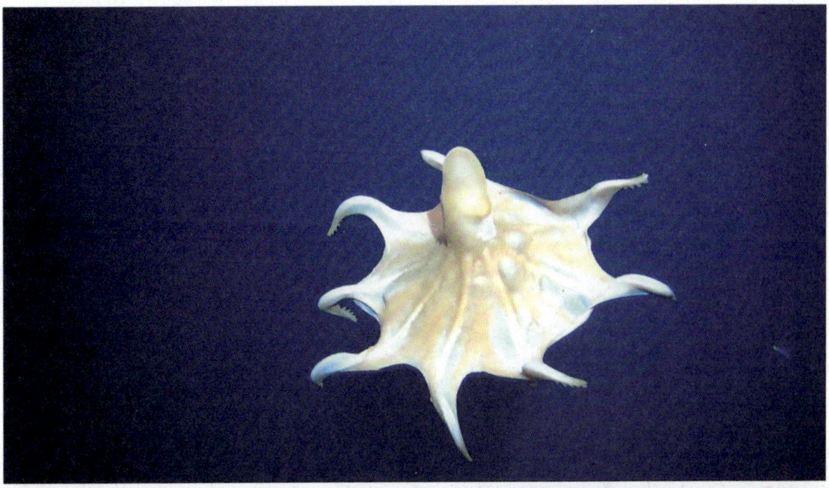

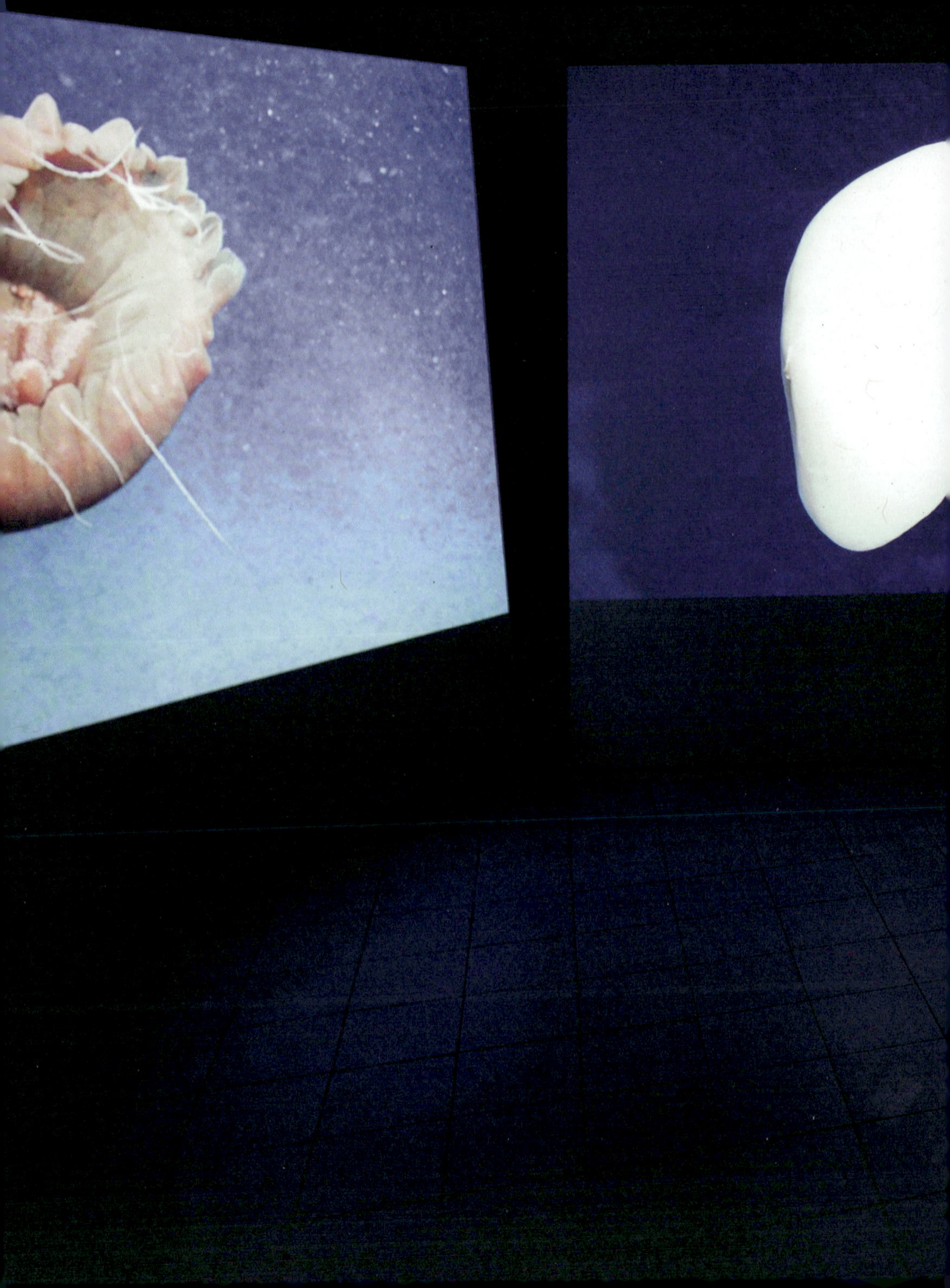

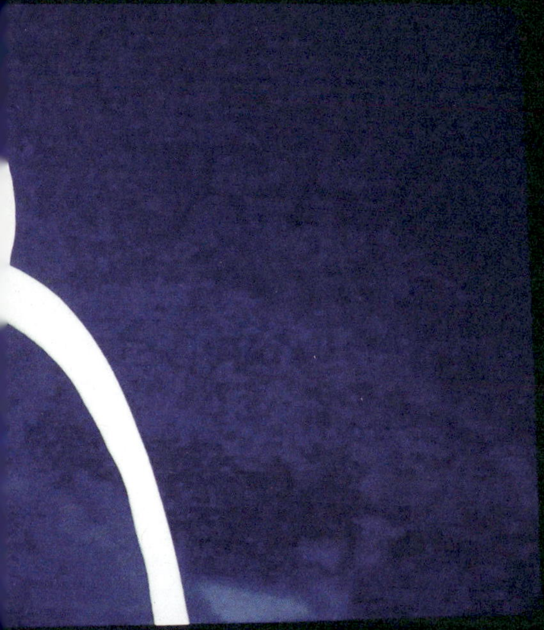

biolumineszente Tiefseeorganismen bewegen sich auf Klumpen und Felsformationen und ein achtarmiger Kopffüßer, möglicherweise ein Vampirtintenfisch, schwebt durchs Bild. Als *Vampyroteuthis infernalis,* also aus der Hölle stammend, ist dieses wundersame bilateralsymmetrische Strahlentier in die Annalen der Biologie eingegangen, als hypoxisches Wesen, das zwischen Tintenfisch und Oktopus eine eigene taxonomische Ordnung – die der Vampyromorphida – einnimmt. Der Philosoph Vilém Flusser hat diesem bemerkenswerten Tier eine betörende paranaturalistische Fabel[63] gewidmet.

Die kritische Auseinandersetzung mit der Darstellung des Ozeans, wie sie Linke in dem zitierten Statement anregt, geht über die bloße Kritik an der Spektakularität und Kommerzialisierung von Bildproduktionen hinaus. Sie wirft die Frage auf, ob Sichtbarkeit, selbst mittels „anderer" Bilder des Ozeanischen, tatsächlich dazu beiträgt, machtpolitische und hegemoniale Narrative zu überwinden. Insbesondere der Einsatz fotografischer Abbildungen in ökosozialen Kontexten birgt das Risiko, dass hegemoniale Repräsentationsordnungen lediglich fortgeschrieben werden. Im Fall der Ozeane könnten solche Darstellungen dazu beitragen, die gängige Reifizierung und die Wahrnehmung des Ozeans als „vergessenen Raum" aufrechtzuerhalten. Ich werde diese Fragen in den nachfolgenden Fallstudien vertiefen und hier darauf eingehen, wie Linke auf Handlungs-, Repräsentations- und Verhandlungsräume fokussiert, in denen geforscht, Richtlinien erstellt und Recht gesprochen wird. In diesen werden die Mittel und Prozedere erprobt, ausgehandelt und gespeichert, die in wissenschaftlichen und politischen Kontexten das „Bild" der Ozeane formen und vermitteln. Es ist in den Laboren, Archiven, Speichern und an den Verhandlungstischen, dass die Wirklichkeit der Ozeane validiert wird und die Grundlagen für das hegemoniale Verständnis und die Darstellung der Ozeane geschaffen werden.

GROSSTECHNOLOGIE AM MEERESBODEN: IN DEN LABOREN UND GERICHTSHÖFEN, AN DEN VERHANDLUNGSTISCHEN UND AUF DEN SPUREN DES AKTIVISTISCHEN WIDERSTANDS

Linkes Entscheidung, „nicht die Realität der Ozeane abzubilden, sondern die Menschen, die sie abbilden, oder den Prozess [der Bildproduktion selbst] darzustellen", setzt einen Rechercheprozess ins Werk, den T. J. Demos als intersektionale Ästhetik bezeichnet. Intersektionalität wurde im Rahmen feministischer Theorie zur Analyse der ungleichen Verteilung von Macht, Wissen, Ressourcen und Privilegien in Hinblick auf Differenzkategorien (meist *race, class, gender*) entwickelt.[64] Das Konzept beleuchtet die Wechselwirkungen und Verschränkungen dieser Kategorien bei Diskriminierungserfahrungen und zielt darauf ab, die sich gegenseitig verstärkenden Erfahrungen und Herausforderungen von Personen zu berücksichtigen, die von mehreren Diskriminierungsformen betroffen sind. Durch die Betrachtung von Schnittpunkten sollen sowohl individuelle als auch strukturelle Formen der Ungerechtigkeit erfasst und bekämpft werden.

Ursprünglich dem postkolonialen und antirassistischen Kontext entsprungen, haben sich in den letzten Jahren einzelne, durchaus abweichende Stränge im Kontext des Ökofeminismus, der *animal studies,* der Kunsttheorie und der Klimaforschung entwickelt. Die Politologinnen Anna Kaijser und Annica Kronsell bedienen sich beispielweise intersektionaler Modelle, um eine größere Auflösung bei der Evaluierung von Situiertheiten einzelner Akteur*innen (und Institutionen) in der Frage um Klimagerechtigkeit zu erlangen.[65] Dabei folgen sie einer „radically cross-disciplinary stance"[66], um Verflechtungen zwischen sozialen, wissenschaftlichen und ökologischen Faktoren sowie mit nichtmenschlichen Entitäten aufzuzeigen. Ein besonderes Augenmerk legen sie auf die materiellen, ideellen und normativen Machtstrukturen, wie sie in Institutionen angelegt sind und in ihren Alltagspraxen zutage treten.[67]

Demos, ein prominenter US-amerikanischer Vertreter der *ecological humanities,* verwendet den Begriff der *intersectionalist aesthetics,* um diesen in künstlerischen Wissenspraxen zu verankern.

> [Intersectional aesthetics] joins with and builds upon avant-garde techniques of montage (linking disparate fields of reference), [...] open systems (associating diverse structures in indeterminate relationships), and archival practice (collecting documents with historical purpose, even if also to deconstruct the authority and truthfulness of so-called objective knowledge systems), yet insists upon retaining a solidarity to recent movements of identity politics, anti-racist and anti-sexist decolonial praxis. Adding to this the engagement of political ecology [...] intersectionality also expands into an approach that sees environmental conditions as inseparable from political and economic frameworks.[68]

Intersektionale Ästhetik bietet sich in der künstlerischen Analyse breitgefächerter und komplexer Sachlagen an, die von autoritativen Diskursen und Praktiken geprägt sind. Sie versteht sich als eine Methode, mit der ein System aus Akteur*-innen, Institutionen, Diskursen, normativen Regelwerken und Technologien analysiert, dekonstruiert und in seinem Zusammenwirken verstanden werden kann, um darin wirksame ideologische und politische Tendenzen und ökonomische Interessen aufzudecken. Aus der Sozialtheorie und Gerechtigkeitsforschung auf die politische Ökologie übertragen, interveniert sie zudem in die Darstellungsbedingungen – „als von Normen durchzogene Bedingungen der Sichtbarkeit und der Intelligibilität“[69] – von marginalisierten Gruppen, Lebensweisen und reifizierten nichtmenschlichen Entitäten.

Linkes „Prospecting Ocean“ ist das Ergebnis einer intensiven dreijährigen Auseinandersetzung mit den anthropogenen Veränderungen der Ozeane am Beispiel der Tiefseeschürfungen in Papua Neuguinea und behandelt darüber hinaus die Versauerung der Ozeane, die Klimaforschung mittels Eisbohrkernen, die Messung und Modellierung von Meeresströmungen sowie die Auswirkungen von Düngemitteln auf die Meeresökologie. Das vielteilige Werk setzt sich zudem mit wirtschaftlichen Praktiken auseinander, wie der Öl- und Mineralienexploration, der Fischerei, dem Schiffstransport und der Eisschmelze in der Arktis. Es untersucht internationale Regelungen und Gesetze, die im Zusammenhang
118 mit dem Meeresboden, der Bioprospektion und dem steigenden Meeresspiegel stehen. Für seine weitreichende Recherche bereiste und untersuchte Linke u. a.

63 Vilém Flusser und Louis Bec, *Vampyroteuthis infernalis. Eine Abhandlung samt Befund des Institut Scientifique de Recherche Paranaturaliste,* Edition Flusser 06, Berlin: European Photography 1987.

64 Intersektionalität wurde von der Rechtsprofessorin und Sozialaktivistin Kimberlé Crenshaw entwickelt. Vgl. Kimberlé Crenshaw, „Mapping the Margins: Intersectionality, Identity Politics, and Violence against Women of Color“, in: *Stanford Law Review* 43, Nr. 6, Juli 1991, S. 1241. https://doi.org/10.2307/1229039.

65 Anna Kaijser und Annica Kronsell, „Climate Change Through the Lens of Intersectionality“, in: *Environmental Politics* 23, Nr. 3, Okt. 2013, S. 420.

66 Nina Lykke, *Feminist Studies. A Guide to Intersectional Theory, Methodology and Writing,* New York: Routledge 2010, S. 22.

67 Kaijser/Kronsell, „Climate Change Through the Lens of Intersectionality“, S. 428.

68 T. J. Demos, „The Night We Became People Again: On Allora & Calzadilla's Art of Intersectionality“, in: *Blackout: Allora & Calzadilla,* hrsg. v. Hou Hanru und Anne Palopoli, Mailand und Rom: Lazy Dog und MAXXI 2018, S. 62.

69 Johanna Schaffer, *Ambivalenzen der Sichtbarkeit: Über die visuellen Strukturen der Anerkennung,* Bielefeld: transcript Verlag 2008, S. 19. https://doi.org/10.1515/9783839409930.

das Massachusetts Institute of Technology, Cambridge, USA; GEOMAR Helmholtz-Zentrum für Ozeanforschung Kiel; ISA, Kingston, Jamaika, sowie die 22. Tagung der Internationalen Meeresbodenbehörde; die Forschungsgruppe für Meeresbiologie der Universität Gent; das Helmholtz-Zentrum für Polar- und Meeresforschung in Bremerhaven; das Fridtjof Nansen Institute, 117
Lysaker, Norwegen; die 77. Konferenz der International Law Association zum Thema Internationales Recht und Meeresspiegelanstieg, Johannesburg; die Ozean-Konferenz der Vereinten Nationen, New York, sowie Port Moresby, Motukea Island, und Kono Village in Papua-Neuguinea. Er filmte und editierte insgesamt 26 Interviews mit Expert*innen, politischen Entscheidungsträger*innen und Aktivist*innen der Protestbewegungen in Papua-Neuguinea. Linke übersetzte seine Recherche in elf großformatige Fotoarbeiten, zwei Mehrkanal-Filminstallationen *OCEANS. Dialogues between ocean floor and water column* (2017) und *Prospecting Ocean* (2018), eine Soundinstallation, Videomaterial der Sitzungen des International Tribunal for the Law of the Sea aus den Jahren 2010 und 2011 und kontextualisierte sein Material mit der vierstündigen Interviewreihe mit Expert*innen und unterschiedlichen Archivarien aus der ISMAR-Sammlung.

Linkes weitläufige Argumentation wird, neben der TBA21–Academy, von den Partnerinstitutionen ISMAR, GEOMAR, MARUM, der Norwegian University of Science and Technology (NTNU) und dem Wissenschaftsjahr Meere und Ozeane 2016/17 des deutschen Bundesministeriums für Bildung und Forschung mitgetragen.[70] Die Liste der Schauplätze, an denen Linke gefilmt und fotografiert hat und im Laufe seiner Recherche tätig war, ist gleichfalls beeindruckend. Fünfzehn „Szenen“ habe ich gezählt, sicher waren es mehr, Orte, zu denen er und sein Team Zugang erhielten. Durchwegs sind es Räume, die verdeckt, unzugänglich oder institutionell geschützt sind. Sie alle aufzuzählen, scheint mir von Bedeutung, um zu belegen, dass eine Recherchearbeit dieser Dimension ein wahrlich weitreichendes Netzwerk aktivieren muss, um das unübersichtliche Terrain abzustecken. Mit „Prospecting Ocean“ gelingt es Linke, ein komplexes Bild der Weltozeane im Schnittpunkt von Wissenschaft, Politik, Recht, Ressourcenimagination, Umweltgerechtigkeit, indigenem Wissen und Widerstand zu zeichnen. Es trägt zu einem differenzierten Verständnis der technokratischen Verflechtungen und der Komplexität der soziopolitischen Gegebenheiten an den Grenzen der Meeresforschung bei und beschreibt die epochalen Herausforderungen im Zusammenhang mit den Ozeanen.

70 Tatsächlich sind das die finanziellen Hauptpartner*innen des Projekts. Daneben nennt Linke noch folgende Institutionen: Bismarck Ramu Group, Madang, Papua-Neuguinea; Brot für die Welt / Bread for the World, Regional Office Pacific, Madang, Papua-Neuguinea; Colorzenith, Mailand; Committee of the International Law Association on International Law and Sea Level Rise; Edith-Russ-Haus für Medienkunst, Oldenburg; Environmental Biochemistry (ICBM), Carl von Ossietzky Universität Oldenburg; Fair Oceans, Verein für Internationalismus und Kommunikation e.V., Bremen; Fundació Sorigué, Lleida, Spanien; Ghent University Marine Biology Research group, Belgien; Harvard University, Cambridge; Institute for Advanced Sustainability Studies e.V. (IASS), Potsdam; International Seabed Authority (ISA), Kingston, Jamaica; International Tribunal for the Law of the Sea (ITLOS), Hamburg; Massachusetts Institute of Technology (MIT), Cambridge; Nationalgalerie – Staatliche Museen zu Berlin, Hamburger Bahnhof – Museum für Gegenwart – Berlin; Nautilus Minerals Inc., Port Moresby, Papua-Neuguinea; NTU Centre for Contemporary Art Singapore; RWTH Aachen, AMR Unit of Mineral Processing, Aachen; The University of Texas at Austin; United Nations, New York.

117 oben: Armin Linke, *Alfred Wegener Institute AWI, laboratory HGF-MPG Joint Research Group for Deep-Sea Ecology and Technology, Bremerhaven, Germany*, 2017
118 unten: Armin Linke, *MARUM, International Ocean Discovery Program (IODP) and Integrated Ocean Drilling Program (IODP), seabed core deposit, Bremen, Germany*, 2017
119 folgende Seite: Armin Linke, *OCEANS. Dialogues between ocean floor and water column*, 2017. Ausstellungsansicht CNR-ISMAR, Venedig, 2018

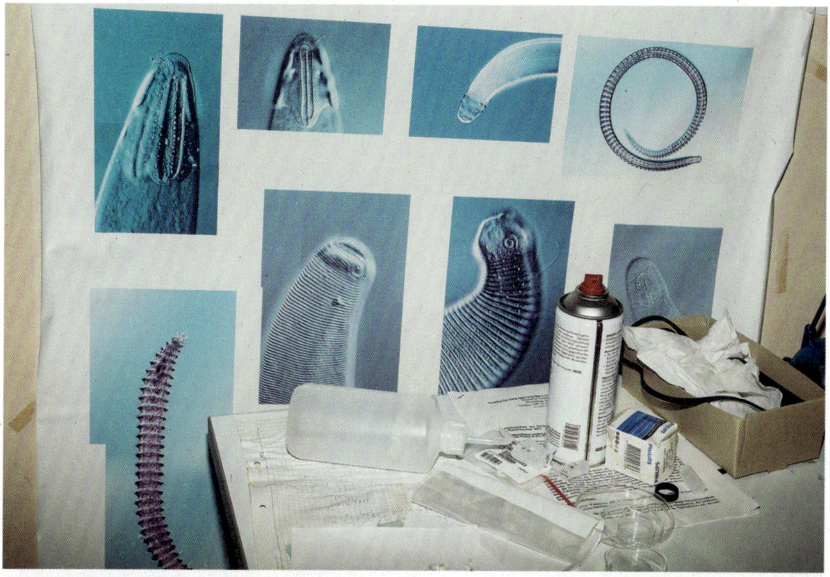

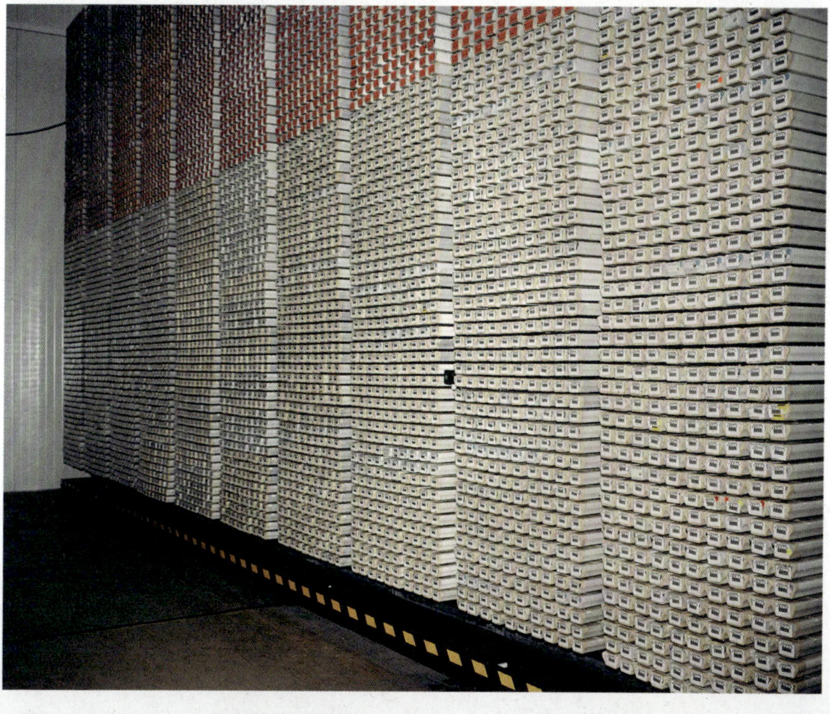

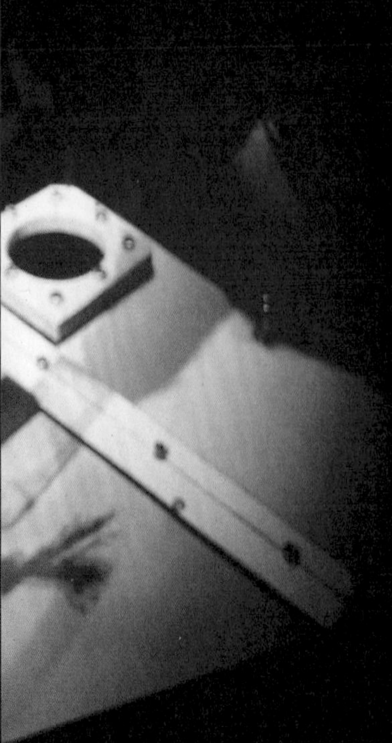

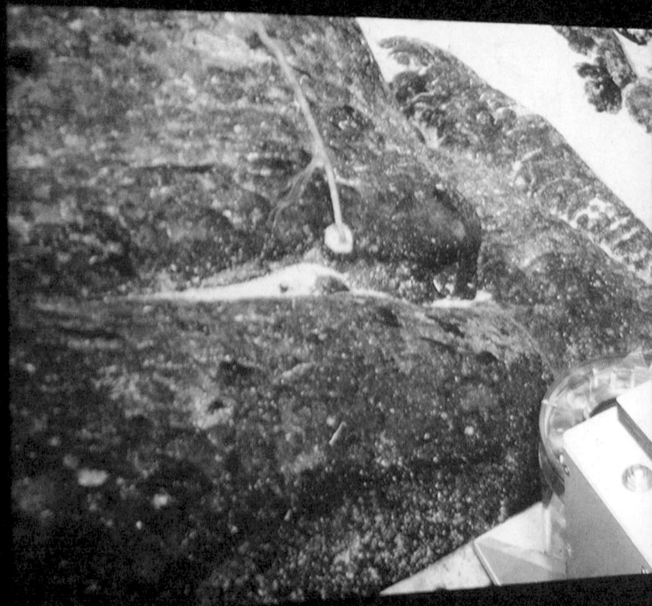

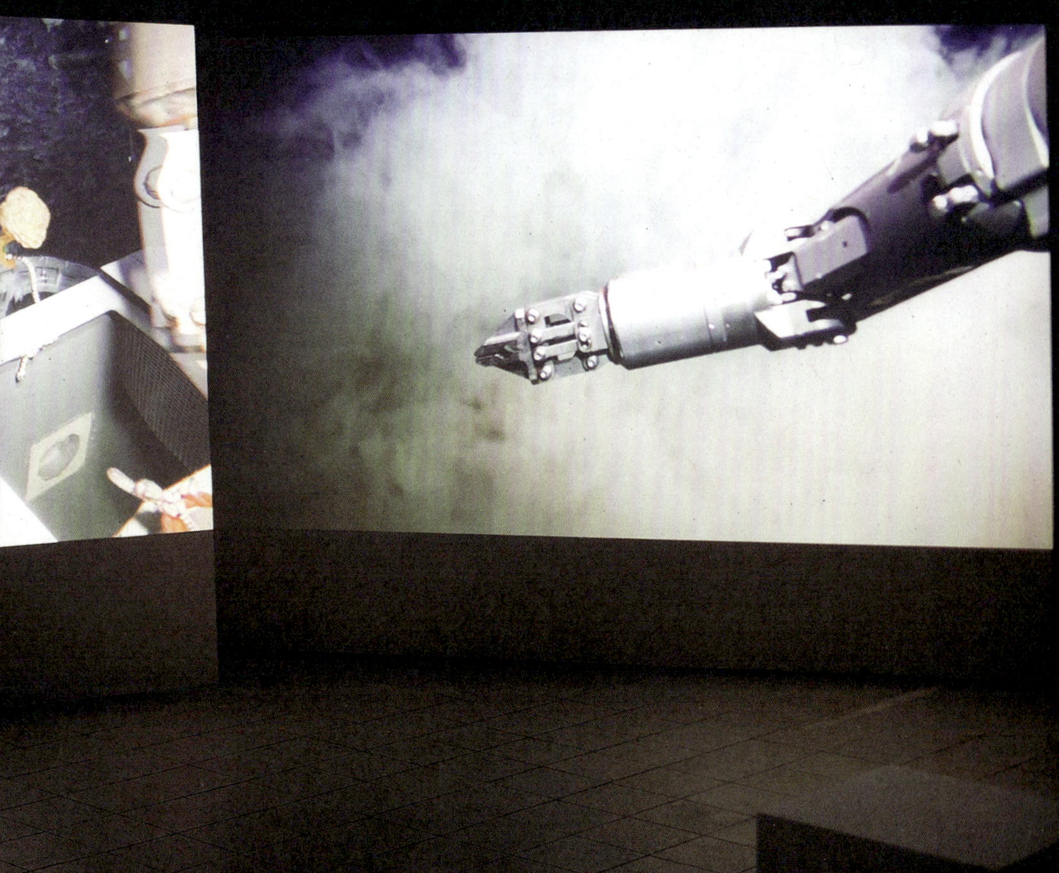

Ein Robotergreifarm tastet sich vorsichtig über den Meeresboden, faltet sich ferngesteuert um einen Tiefseeschwamm, lässt ihn wieder fallen, tastet und fasst. „Das ist ein Eine-Million-Dollar-Schwamm“[71], kommentiert die Meeresbiologin Ann Vanreusel der Universität Gent, Marine Biology Research Group, in einem Begleitvideo in Linkes *Lecture Room* und kalkuliert dabei überschlagsmäßig die Gesamtkosten der Expedition, die zu seiner Auffindung führte. Das jähe Auftauchen des Greifarms erzeugt befremdliche sensorische Eindrücke, die auf die speziellen Arten des Fühlens, Tastens und Sehens zurückgehen, die Fernerkundungstechnologien *(remote sensing)* ermöglichen. Die Medientheoretikerin Jennifer Gabrys beschreibt diese technologisch vermittelten Sinneserfahrungen als neue Konfigurationen der „techno-geographies of experience“[72]. Damit meint sie Fernerfahrungen, die durch Bild- und Tonübertragungen per Sensoren, Überwachungssystemen und Kommunikationsnetzwerken vermittelt werden, die unmittelbar in ökologische Umwelten eingebettet sind. Die Taktilität des Robotergreifarms simuliert darüber hinaus eine körperliche Berührungsübertragung zwischen der Wissenschaftlerin und dem Tiefseeschwamm. „How do these image-sensor-milieus create and express experiences beyond the visual- and human-oriented toward other operations of sense?“[73], fragt Gabrys. Die Beziehungen, die diese *Berührungstechnologien* über das rein Visuelle und Menschenzentrierte hinaus herstellen, veranschaulichen den transformativen Charakter von Kontakt und Konnektivität, bei dem die sensorische Erfahrung unmittelbar mit der direkten Interaktion der beobachteten Objekte oder Umgebungen verbunden ist. Sie konfigurieren die Erfahrungen von Distanz, Leere und Fürsorge, sie regeln die neuen Blickregime des Ozeanischen und werfen zugleich Fragen zur Datafizierung und Datengerechtigkeit auf. 119

Zunächst zur Szene der Distanz. Distanz ist Maß der physischen Entfernung ebenso wie ein epistemologisches Kriterium, das beeinflusst, wer was über wen oder was – und mit welchen Mitteln – weiß.[74] Aufgrund des Mangels an Informationen galt der tiefe Meeresboden bis vor kurzem als unbekanntes Territorium, der *alien ocean*. Durch den Einsatz von Fernerkundungstechnologien und künstlicher Intelligenz wird derzeit seine systematische Kartierung vorgenommen, mit dem Ziel, bis zum Jahr 2030 „die verlässlichste öffentlich zugängliche Bathymetrie der Weltmeere“[75] zu erstellen. Dies soll dazu beitragen, die größte verbliebene Wissenslücke zur Ozeanosphäre zu schließen. Es ist jedoch kein Zufall, dass „Seabed 2030“ just zum Zeitpunkt der vermehrten Tiefseebergbauaktivitäten einsetzt. Diese hochaufgelösten Visualisierungen der Tiefsee erleichtern erheblich die Such-, Prospektierungs- und Abbauaktivitäten auf dem Meeresboden.

Aus einer ökofeministischen Perspektive wird Distanz durch Intimität und Fürsorge reguliert. Der zufolge macht es einen wesentlichen Unterschied, ob wir Distanz aus einer rationalen Entrücktheit und im Streben nach Objektivität erfahren oder ihr im Rahmen einer umfassenderen posthumanistischen Ethik des Wissens begegnen. Der Eine-Million-Dollar-Schwamm schwebt bildlich in diesem unauflösbaren Spannungsfeld: Im Erhaschen seines Antlitzes bündelt sich die wissenschaftlich-technologische Großleistung und der erhebliche finanzielle Einsatz, die zu seinem Auffinden geführt haben. Die Entwicklung des Greifarmroboters ermöglicht seine „sorgfältige“ Entnahme aus der Tiefe des Ozeans. Die Visualisierungsmedien liefern zudem Sofortaufnahmen, die das Studium seines Verhaltens in situ begünstigen. Und dennoch bereiten die Aufnahmen ein beträchtliches Maß an Unbehagen: Die Fernsichtbarkeit – als positiver Gegenpol zur Unsichtbarkeit gedacht – verstärkt die Lesbarkeit ozeanischer Extremlebensformen innerhalb hegemonialer Repräsentationsregime, normalisiert ihr Vorkommen und hebt die Unantastbarkeit dieser fernliegenden Ökosysteme auf.

Die unspektakulär anmutenden Bilder aus einer Tiefe von 5.000 Metern lassen sich schwer mit den beeindruckenden Bildern von Korallenriffen oder reichen Fischschwärmen messen. Es sind extrem *dünne* Bilder, die eine Atmosphäre der Leere und Unwirtlichkeit vermitteln. Diese Leere wird durch die mangelnde Bildauflösung und die Art der durchgeführten Messungen verstärkt und scheint die Bezeichnungen „Benthal" (von dem altgriechischen Wort für Tiefe) oder „Hadal" (abgeleitet von Hades, der griechischen Unterwelt) zu bestätigen, die von alters her verwendet werden, um die Leere aus der Tiefe zu beschreiben, die von „infernalischen" Tieren bewohnt wird. Tatsächlich sind die aufgrund der Extremverhältnisse am häufigsten vorzufindenden Lebewesen polychäte Meereswürmer, nur wenige Millimeter groß und daher kaum auffindbar. Die Frage, die sich hier stellt, betrifft den Zeugnischarakter technologisch gesteuerter Bildproduktionen. Sind dies Bilder, die Grundlagen für ökologische Schutzmaßnahmen und die daraus resultierenden politisch-ökologischen Richtlinien und Gesetzgebungen bieten? Oder sind es Bilder, die diese Umwelten als epistemisch leere Räume – also außerhalb jeglicher Intelligibilität – minorisieren und sie somit zur Extraktion freigeben? Wo bilden sich in dieser „Leere" die noch unerforschte Vielfalt und Vielförmigkeit von Leben ab, die Wissenschaftler*innen zu der Vermutung über den Ursprung des mikrobiellen Lebens in der tiefen Biosphäre geführt haben? Diese Fragen werden zurzeit im Rahmen der Schürfungsgesetzgebungen vehement diskutiert: Während Befürworter*innen sich auf die geringen ökologischen Schäden beziehen, die Folgen der Schürfungsarbeiten wären, weisen Vertreter*innen des Vorsorgeprinzips darauf hin, dass aufgrund der fehlenden Forschung zu untermeerischen Ökosystemen der Tiefseebergbau nicht genehmigungsfähig sei.

Der „Eine-Million-Dollar-Schwamm", den der Robotergreifarm an die Wasseroberfläche befördert, ist auch ein Eine-Million-Dollar-Blick, der kostspielige Einsatz für „the monopoly of vision and hearing, appearing and silencing, speech and action, afforded to themselves by government agencies"[76]. Es ist ein exklusiver Blick, der nur schwer reproduzierbar ist und der meist regierungsnahen Forschungseinrichtungen eine autoritative Interpretationshoheit und Definitionsmacht über den Meeresboden verleiht. Tatsächlich befindet sich der Großteil der aussagekräftigen Daten auf den Clouds und Servern von öffentlichen und vermehrt privaten Einrichtungen, die sie als proprietäres Wissen schützen und eine umfassende zivilgesellschaftliche Nutzung unterbinden. Zudem haben sich maritime Industrien wie Fischerei, Aquakultur, Schifffahrt, Logistik, Offshore-Energie und Bergbau um exklusive Vorhersagetechnologien herum zusammengeschlossen, die Informationen sammeln, modellieren und vermarkten. Insgesamt führt diese Fragmentierung der Datenhoheit und ihre industrie- und staatenspezifische Monopolisierung dazu, dass das Wissen über die Ozeane – trotz der Menge an Sensoren, Satelliten und Bojen, die die Weltmeere vermessen – äußerst partiell ist und angesichts der Herausforderungen dringend überdacht werden muss.

71 In: Armin Linke, „Dr. Ann Vanreusel, biologist, Ghent University Marine Biology Research group, Belgium, 23/11/2016". Begleitvideo zu „Prospecting Ocean".

72 Jennifer Gabrys, *Program Earth: Environmental Sensing Technology and the Making of a Computational Planet,* Electronic mediations 49, Minneapolis: University of Minnesota Press 2016, S. 57.

73 Ebd., S. 60.

74 Ebd., S. 65.

75 https://www.gebco.net/news_and_media/release_of_gebco_2023_grid.html. Übersetzung der Verfasserin.

76 Yates McKee, „'Eyes and Ears': Aesthetics, Visual Culture, and the Claims of Nongovernmental Politics", in: *Nongovernmental Politics,* hrsg. v. Michel Feher, Gaëlle Krikorian und Yates McKee, New York: Zone Books 2007, S. 328.

Die Kontrolle der Unterseewelt mithilfe hochentwickelter Technologie-Tools wirft zudem Fragen zum ethischen Umgang mit fernerkundeten Daten und ihrer Governance auf. Nicht nur die Problematiken der Provenienz, des Zugangs und der Handhabung des Untersee-Datenmaterials sind zu adressieren, sondern auch jene der Kustodenschaft und sicheren Verwahrung solch eines sensiblen Wissensarchivs. Wie die Medientheoretikerin Monika Halkort argumentiert, werden die zu Umweltschutzzwecken eingesetzten Überwachungstechnologien nicht zur Unterstützung der humanitären Hilfe im Mittelmeerraum zur Verfügung gestellt. Informationen werden unterdrückt oder so aufbereitet, dass sie das Sterben von Migrant*innen auf See nicht erfassen.

> Considering the number of floating instrument platforms and sensing technologies in the Mediterranean, one is left to wonder why the loss of human lives has so far been left unattended, leaving a huge gap in the amount of data available on dying oceans and species and drowning migrants at sea.[77]

Auch hier steht die prekäre Frage nach der Zusammenarbeit zwischen unterschiedlichen Behörden und der programmierten Willkür innerhalb von „sensing networks" im Raum, durch die manche Lebensformen als schützenswert erachtet, während andere dem Sterben preisgegeben werden.

Wenn Daten die neuen kollektiven Archive des Meeresraums bilden, so wie es einst die Naturkundemuseen waren, wird es immer dringlicher, den zivilgesellschaftlichen Zugang und den öffentlichen Erhalt sensibler Daten zu regeln. Wie ließen sich die kontextuellen, historischen, dekolonialen Narrative und die fremdartigen Intelligenzen, die sich in die Datensets einschreiben, erhalten und weitervermitteln? In Bezug auf automatisierte urbane Datensammlungen ruft die Medientheoretikerin Shannon Mattern kritische Kurator*innen und Interpret*innen (und Künstler*innen) dazu auf, Daten sorgsam in kulturelle Milieus einzubetten, damit diese nicht als gegebene Fakten ihres epistemischen Potenzials beraubt werden. So fordert sie: „We need to see data's human, institutional, and technological creators, its curators, its preservers, its owners and brokers, its 'users', its hackers and critics."[78] Der Schwamm, den Linke samt der ihn manipulierenden Wissenschaftlerin ins Bild setzt, gelangt auf diesem Weg in das Archiv des Ozeanischen, in das Inventar seiner historischen Repräsentation und ins kollektive kulturelle Gedächtnis. Damit verliert er seine reine Faktizität und wird Teil der großangelegten „faktografischen" Erfassung der Praktiken, technologischen Erneuerung und wissenschaftlichen Diskurse, die den epochalen Wandel des Planeten erforschen. Die faktografische Aufzeichnung bildet keine Fakten und keine Daten ab, sondern zeigt auf, wie das Faktische fabriziert, montiert, codiert und von Zeichen historischer, technischer und daher politischer Agenden durchsetzt ist.[79]

GEGEN DEN „LEEREN" RAUM DES PAZIFIKS

Nichts ist an sich eine Ressource. Ressourcen entstehen aus Ansprüchen, Forderungen und Vorstellungen und im Zuge soziopolitischer Prozesse, die die jeweiligen Wertebeziehungen zwischen Gesellschaften und ihrem natürlichen Raum zum Ausdruck bringen. Sie bilden sich aus dem Verhältnis zwischen Begehrlichkeit und Knappheit eines Rohstoffs, das die Anthropologinnen Ferry und Limbert als die Wesenheit von Ressourcen beschreiben: „The moment when something (water, air, virgin forest) becomes conceptualized as a resource, the issue of its finitude is raised (or perhaps the converse: only those things for which scarcity is at issue are conceptualized as resources in the first place).“[80] Die Befürchtung der zukünftigen Erschöpfung eines Rohstoffes fungiert dabei als Motor für geopolitische Allianzen und territoriale Expansionen.

Ferry und Limbert zeigen des Weiteren auf, dass die Einstufung von Staaten als „schwach“ oder „stark“ in internationalen politischen Kreisen von ihrer Fähigkeit des Ressourcenmanagements abhängt und Letzteres tief mit Vorstellungen von Souveränität einhergeht. Klassische Modernisierungstheorien legen nahe, dass Extraktivismus – also die extensive Ausbeutung und der Export von natürlichen Ressourcen – der Wegbereiter für eine erfolgreiche Entwicklungsdynamik ist. Extraktivismus ist jedoch nicht nur eine wirtschaftliche Tätigkeit, sondern auch ein sozialer und politischer Prozess. Er umfasst die Aneignung von Land und Rohstoffen, die Ausbeutung von Arbeitskräften, die Veränderung oder Zerstörung von Ökosystemen und die Beeinträchtigung von Gemeinschaften und indigenen Völkern, die in den betroffenen Gebieten leben. Aufgrund der technologischen und finanziellen Einstiegskosten geht er oftmals mit Abhängigkeit von ausländischen Produzenten und Märkten einher. Rohstoffgewinnung ist daher eng mit den Narrativen und Dispositiven der Modernisierung und mit Vorstellungen und Projektionen von Nation, Fortschritt und nationalem Standing verbunden.

Aus der Perspektive des Finanzkapitals wird die Klimakrise nicht als die größte Herausforderung, sondern als große Wachstumschance im Rahmen des „grünen Wandels“ *(green transition)* betrachtet. Der Widerspruch zwischen der Endlichkeit von Rohstoffvorkommen und dem Versprechen kontinuierlichen Wachstums kurbelt so den Opportunismus ressourcenbasierter Wirtschaftsformen an. Er erzeugt immer neue „resource imaginations“[81] wie jene der erneuerbaren Energien, die nicht einlösbare Fantasie der kostenlosen und endlosen Verfügbarkeit von photovoltaischen Energiequellen, die über Batterieproduktion und Seltene Erden eng mit dem Tiefseebergbau verbunden ist. Teil der Rhetorik der Tiefseebergbauindustrie besteht darin, das Land vom Meer und das Klima vom Ozean zu trennen, wobei das Meeresleben als „Kollateralschaden“ für die Gewinnung von Mineralien dargestellt wird. Um den Abbau polymetallischer Nuggets zu rechtfertigen, werden Argumente von der weltweiten Knappheit strategischer Rohstoffe, ihrer reichlichen Verfügbarkeit am Meeresboden und der Durchsetzbarkeit von Schürfungsrechten in „schwachen“ nationalen Territorien verbreitet.

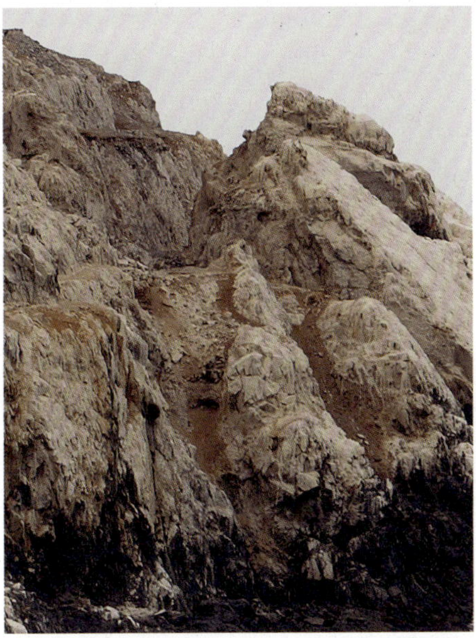

120 Guano-Ablagerungen (Vogeldung) an der ehemaligen Abbaustätte Pabellón de Pica, Chanavaya, Chile

Die Geschichte der Insel Banaba, auch Ocean Island genannt und von der Pacific-Studies-Gelehrten Katerina Teaiwa brillant erforscht, zeigt beispielhaft, wie ein Atoll mit reichem Phosphatvorkommen durch Prospektion, Abbau sowie die skrupellosen Interessen von Superphosphatfirmen und der Agrarwirtschaft „für das Wohl der Menschheit“ in Besitz genommen und als „sacrifice zone“[82] geopfert wurde. Der Phosphatabbau begann auf Banaba im frühen 20. Jahrhundert, als das Gebiet von britischen

77 Monika Halkort, „Post-human Tactility: Sensing Death in the Mediterranean Sea“, in: Zyman (Hrsg.), *Oceans Rising*, S. 42.

78 Shannon Mattern, „A City Is Not a Computer“, in: *Places Journal*, Februar 2017. https://doi.org/10.22269/170207.

79 Buchloh, „Since Realism There Was...“, S. 10.

80 Ebd., S. 7.

81 Ebd., S. 4.

82 „Sacrifice zone“ beschreibt eine Region, die aufgrund von umweltbelastenden industriellen Aktivitäten bewusst geopfert oder vernachlässigt wird.

To call something a resource is to make certain claims about it.[83]

Elizabeth Emma Ferry und Mandana Limbert

Kolonialisten kontrolliert wurde. Die Bergbauaktivitäten führten zur Zerstörung der natürlichen Umgebung, zur Entwaldung und zur Erosion des Bodens. Nach 1945 wurden die Banabans nach Fidschi umgesiedelt. Bis 1980, zum Zeitpunkt der Unabhängigkeit, wurden zweiundzwanzig Millionen Tonnen von *te aba* (der
120 Insel) für die Düngemittelproduktion vornehmlich nach Neuseeland verschifft. Nachdem die Phosphatvorkommen weitgehend erschöpft waren, wurde die Insel aufgegeben. Heute noch ist Banaba größtenteils unbewohnt und gilt als eine der am stärksten geschädigten Inseln im Pazifik.

In *Consuming Ocean Island* illustriert Teaiwa den Konflikt zwischen extraktivistischen Ressourcenimaginationen und den Vorstellungswelten ihrer Einwohner*innen, für die Land und Menschen untrennbar miteinander verbunden sind. Sie geht auf die metonymische, ontologische und spirituelle Einheit ein, die in vielen pazifischen Sprachen zum Ausdruck kommt: „When speaking of land, one does not say *au aba*, 'my land,' but *abau*, 'me-land'."[84] Auf diese Weise erklärt sie, dass drei Wissensbereiche die kulturelle Prägung der Inselbewohner*innen ausmachen: „knowledge of one's genealogy, knowledge of one's customary rights, and knowledge of one's land boundaries"[85]. Über die indigenen Konzepte von Genealogie, Gewohnheitsrechten und territorialen Grenzen entwickelt sie in Folge den Begriff der „storied landscape" – eines Ortes, der von Erzählungen, Geschichten und kultureller Bedeutung erfüllt, ja gar beseelt ist. Teaiwa hebt hervor, dass die Landschaft von Banaba eine Vielzahl von Geschichten beherbergt, die untrennbar mit der indigenen Identität der Insel verbunden sind und sich gegen die Meta-Narrative von Modernismus und dem kolonialen Gewaltprivileg wenden. Was für Phosphatprospektoren eine Ressource darstellte, ist für die Inselbewohner*innen der unveräußerliche, ontologische Ort zwischen dem Meer und der Insel als geschichtsträchtiger Landschaft.

Auf dem Spiel steht der Fortbestand indigenen Lebens angesichts der herrschenden und ungebrochenen Wirkungsmacht des kolonialen Paradigmas des „leeren Raums" *(terra nullius)*. Als *terra, aqua* oder *res nullius*[86] wurden vor allem nach der Eroberung Amerikas Gebiete bezeichnet, die nach Ansicht der Kolonisatoren unbewohnt waren oder, nach dem niederländischen Juristen Hugo Grotius, als nicht abgesteckt und nicht als Eigentum eingegrenzt galten oder als Land, das vermeintlich vernachlässigt oder unsachgemäß genutzt und bewirtschaftet wurde.[87] Gemäß dieser Doktrin wurden jahrhundertelang Territorien besiedelt und ausgebeutet, als minderwertig angesehene Lebensformen und Dinge in privates Eigentum umgewandelt und kolonisierte Menschen ihrer Humanität beraubt.

Der extraktive Kapitalismus verschärft die Folgen der globalen Ressourcenabhängigkeit an Land und im Wasser und schafft ein Set von sozialen Beziehungen, Destabilisierungen und Toxizitäten. Die chilenische Theoretikerin Macarena Gomez-Barris beschreibt *extractivismo* als „an economic system that engages in thefts, borrowings, and forced removals, violently reorganizing social life as well as the land by thieving resources from Indigenous and Afrodescendent territories".[88] Der „Nullius" der territorialen und maritimen Ordnung fungiert dabei als Unsichtbarkeitsschirm, hinter dem Nekropolitik praktiziert wurde und wird. Teaiwa hält angesichts der fortschreitenden technologischen

83 Elizabeth Emma Ferry und Mandana E. Limbert (Hrsg.), *Timely Assets: the Politics of Resources and Their Temporalities*, Santa Fe: School for Advanced Research Press 2008, S. 4.

84 Katerina Martina Teaiwa, *Consuming Ocean Island: Stories of People and Phosphate from Banaba*, Bloomington: Indiana University Press 2014, S. 7.

85 Ebd., S. 8.

86 Land, Wasser und Dinge, die niemandem gehören.

87 Hugo Grotius, *Commentary on the Law of Prize and Booty*, übers. v. Gwladys Williams und Walter Zeydel, Indianapolis: Liberty Fund, [1604] 2006, S. 23.

88 Macarena Gómez-Barris, *The Extractive Zone*, Durham, N. C.: Duke University Press 2017, S. xvii.

Entwicklungen den pazifischen Raum für besonders durch Extraktivismus gefährdet: „The space between the United States and China has become the pivot around which geopolitical power will be expressed and cemented this millennium with the largest, albeit oceanic, region on the planet providing the potential not just for political and economic manoeuvres but, with the vast improvement in extractive technology, for natural resources from oil to minerals to natural gas."[89] Paradoxerweise setzt das „post-neoliberale Entwicklungsmodell oder der Imperialismus des 21. Jahrhunderts"[90] gerade zu dem Zeitpunkt an, an dem Wissenschaftler*innen die Bedeutung der Ozeane für die klimatischen Bedingungen des Planeten erkennen.

DAS MINERAL-ELDORADO IN BEDRÄNGNIS

Zurück nach Papua-Neuguinea. Während die Gerätschaften am Hafen von Port Moresby auf ihren Einsatz warten, mobilisiert sich die lokale indigene Bevölkerung gegen das bevorstehende marine Bergbauprojekt. Linke interviewt eine Reihe von Aktivist*innen. Daniel Lavin und John Momori, beide aus Kono Village, geben Auskunft darüber, wie die Inselbevölkerung nicht ausreichend informiert und mit losen Versprechen geködert wurde.[91] Schulen und soziale Einrichtungen sollten als Kompensation errichtet werden, infrastrukturelle Investitionen die sozialen Bedingungen vor Ort verbessern. Nur wenig davon wurde eingehalten. Ein Interviewpartner vergleicht den Tiefseerausch mit der langen Geschichte der Goldförderung auf den Inseln. Diese erfolgte nach 1888 in drei Phasen und gab Anstoß für den zehn Jahre währenden Bürgerkrieg auf Bougainville. Die Bevölkerung der Insel blieb damals von den Einnahmen ausgeschlossen. Schwermetallhaltige Abwässer kontaminierten Flüsse und Landzonen. Ähnliche Erfahrungen in Ost-Neubritannien führten 2014 aufgrund von Rechtsstreitigkeiten zur Schließung der Wild Dog Mine. Auch hier wurden Zyanid-Verseuchungen registriert. Eine mittelformatige Fotografie mit dem Titel *RamuNiCo Management* 121–124
MCC Limited, Basamuk Refinery, Madang, Papua New Guinea, 2017 belegt einen anderen virulenten Streitfall. Das Bergbauunternehmen Ramu Nico Management (MCC) betreibt außerhalb von Madang eine Nickelmine und entsorgt seine toxischen Abfälle und Reststoffe in der Astrolabe Bay. Als weiterer Präzedenzfall werden die Atomtestversuche angesehen, die zwischen 1946 und 1996 auf den südpazifischen Inseln der Marshall Islands (Bikini und Eniwetok), Fangataufa und Mururoa sowie Kiribati und Malden von den USA, Frankreich und Großbritannien durchgeführt wurden.

97 Prozent der Fläche Papua-Neuguineas sind im Besitz indigener Gemeinschaften. Hier gilt traditionelles Recht, das 1975 in der Verfassung niedergelegt wurde. Während die Anerkennung indigener Rechte national und international in den vergangenen zwanzig Jahren zu dynamischen Entwicklungen geführt hat, findet die Regierung immer wieder neue Wege, diese zu umgehen oder zu missachten. Die mandatierte „freie, vorherige und informierte Zustimmung" der Bevölkerung wird oft nur sehr kursorisch eingeholt.

89 Katerina Martina Teaiwa, „Reframing Oceania: Lessons from Pacific Studies", in: *Framing the Global: Entry Points for Research*, hrsg. v. Hilary E. Kahn, Bloomington: Indiana University Press 2014, S. 90.

90 Henry Veltmeyer, James F. Petras und Verónica Albuja, *The New Extractivism: A Post-neoliberal Development Model or Imperialism of the Twenty-first Century?*, London: Zed Books 2014.

91 Vgl. Armin Linke, „Daniel Lavin, activist in the west coast Barok area of the New Ireland Province, Kono Village, Papua New Guinea, 8/12/2017"; „John Momori, activist, Caritas Coordinator for Namatanai Parish in the west coast Barok area of the New Ireland Province, Kono Village, Papua New Guinea, 9/12/2017", Begleitvideos zu „Prospecting Ocean".

121 oben: Armin Linke, *Ramu NiCo Management MCC Limited, Basamuk Refinery, Madang, Papua New Guinea*, 2017

122 unten: Armin Linke, *Prospecting Ocean* (Main Film), 2018

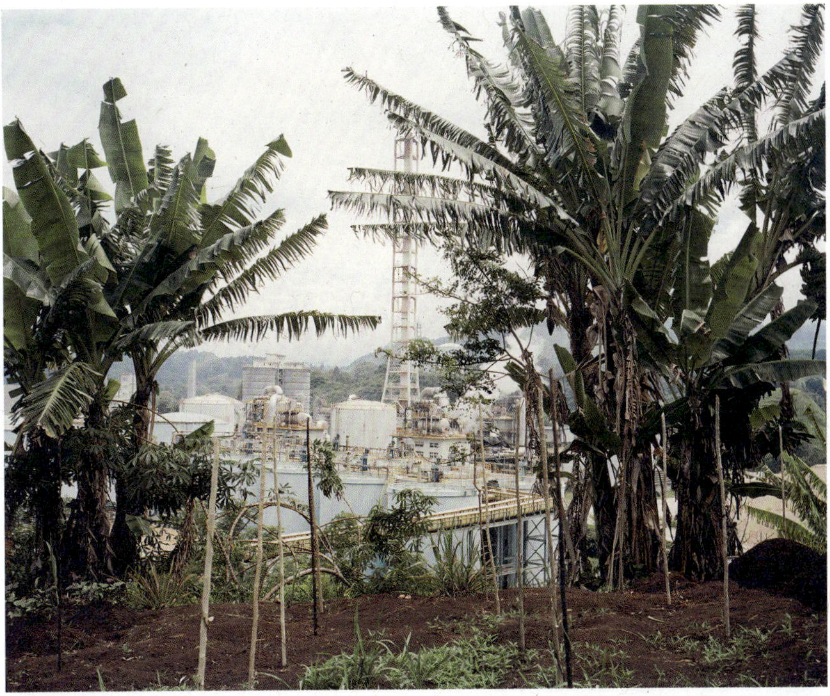

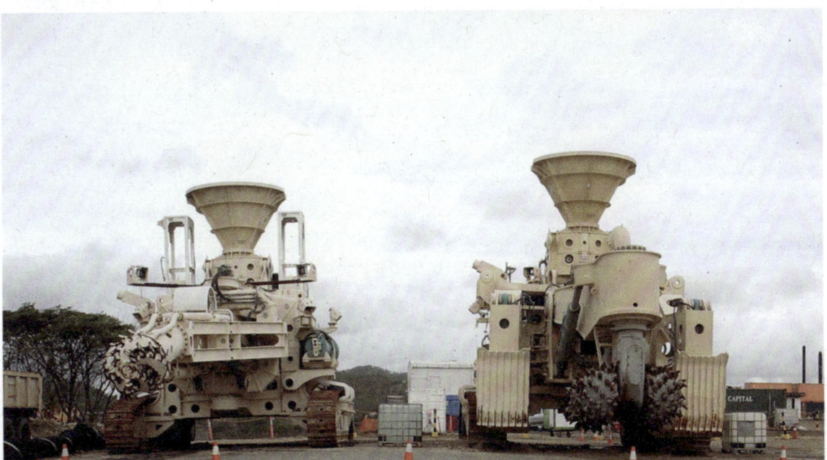

123 oben: Armin Linke, *Prospecting Ocean* (Main Film), 2018
124 unten: Armin Linke, *Protest against deep-sea mining project in the Bismarck Sea, Karkar Island, Papua New Guinea*, 2017

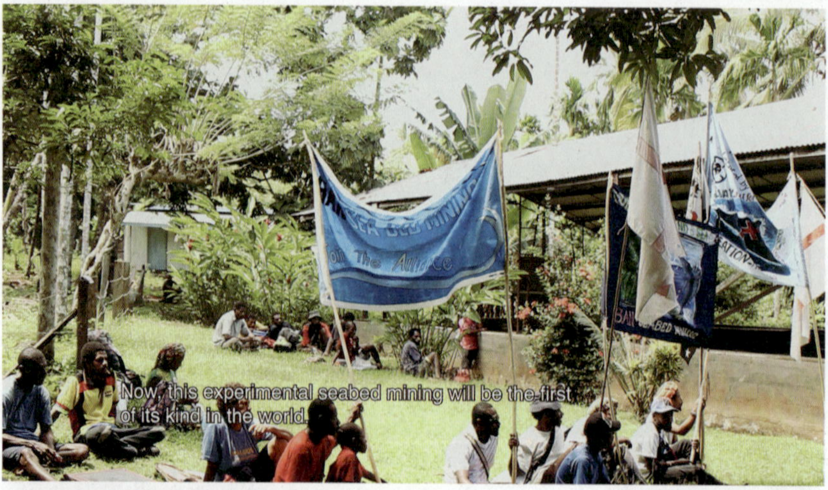

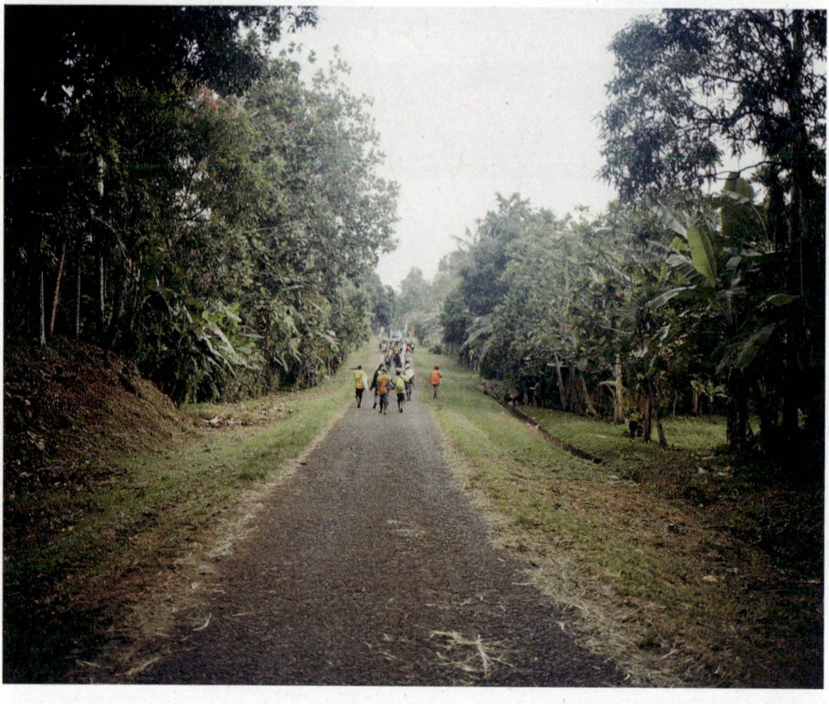

Lavin schildert den Vorgang, der zur Nautilus-Mineralsvergabe führte, wie folgt:

> When the group, Nautilus, initially visited us, we all said yes. We agreed to seabed mining in order to enjoy the benefits. That our living standards will improve. [...] But I have now reconsidered as a community representative and on behalf of the elders. We were shown a film wherein we realized the damages and destruction that will be caused by Nautilus. [...] In the name of development, Nautilus has supported for instance with the toilets they built for the schools. But such assistance is not long term and are only temporary measures. [...] How is our livelihood in the future?[92]

Momori schließt sich dem Urteil an: „There are only empty promises to convince the people. But the real side of the story is this: Who will benefit from the mine? They are not telling the people this. It is just between the company and the government."[93] Nach anfänglichem Wohlwollen seitens der indigenen Gemeinschaften wuchs allmählich der Widerstand gegen die Solwara-Förderung. „Der klassische Bergbau an Land brachte zumindest auf Zeit Jobs und bot sowohl dem Staat als auch nahegelegenen Gemeinschaften die Möglichkeit, einen gewissen Anteil an den Einnahmen zu erzielen. Die neuen Extraktionstechnologien sind technisch und finanziell aufwändiger, sie verlagern die Arbeit in den Entwicklungsprozess und die Profite zu den Kapitalgebern", schreiben die Autor*innen der hervorragenden Solwara-1-Studie.[94] Die hochspezialisierte Automatisierung der Meeresökonomien hat vielerorts ein ähnliches Szenario hinterlassen: Internationale Konzerne erlangen Schürfungs-, Förderungs- oder Fischfang-Rechte auf Basis von kurzfristigen Versprechen, verdrängen lokale und indigene Industrien und Handwerke und legen gesamte Küstenabschnitte still. 24.000 Personen haben 2018 in Papua-Neuguinea eine Petition gegen den Tiefseebergbau unterzeichnet. Sie sollen zur Insolvenz von Nautilus beigetragen haben.

GEGENRECHERCHE ALS FORM

Linkes „Prospecting Ocean" ist das Nachfolgeprojekt des *Anthropocene Observatory*[95] am Haus der Kulturen der Welt in Berlin, an dem Linke in den Jahren 2013/14 gemeinsam mit dem Londoner Architekt*innenteam Territorial Agency und Kurator Anselm Franke teilnahm. Das *Anthropocene Observatory* ging der Validität und Validierung der wissenschaftlichen These des Anthropozäns nach und verortete diese in vier thematischen Abschnitten hinter den Kulissen der komplexen Entscheidungsprozesse, die zu ihrer Registrierung, Verhandlung und Beweisführung führen sollen. Das Projekt stützte sich auf die forensische Beweisführung eines unabhängigen Teams von Künstler*innen/Forscher*innen, mit dem Ziel, die technoszientistischen, politischen und kulturellen Prozesse, die zur Ausformulierung des Menschenzeitalters führen, zu dokumentieren und kritisch zu kommentieren.

92 Ebd.
93 Ebd.
94 Kaschinski/Spehr/Marí, *Solwara 1*, S. 23.
95 https://archiv.hkw.de/de/programm/projekte/2014/anthropozaenobservatorium20132014/start_anthropozaen_observatorium_2013_2014.php

Auch wenn mit ähnlichen Methoden wie in Berlin gearbeitet wird, scheint „Prospecting Ocean" gegenüber dem Vorgängerprojekt wie eine drohende Anklage, der immer lauter einsetzende Appell der Zivilgesellschaft gegen die rücksichtslose Ausbeutung der *Hydro-Commons,* des gemeinsamen ozeanischen Erbes der Menschheit, zur Zeit der großflächigen Kolonialisierung ihrer maritimen Räume. Linkes vielfach erprobte Methode der verdichteten und assoziativen Inszenierung, die medienübergreifend Dokumentarisches, Filmisches, Interviews und Referenzmaterial in elf strukturierten Kapiteln anordnet und mit den kuratorischen Texten von Stefanie Hessler verwebt, ist im Bereich der künstlerischen Forschung verankert. Ihren Ursprung hat sie allerdings in den installativen Arbeiten kritischer Künstler*innen der späten Achtzigerjahre, wie auch jenen Sekulas, die auf Basis soziologischer Recherchen und Datenevaluierungen „Methode[n] der assoziativen Inszenierung dokumentarischen Materials im Installationsraum"[96] erprobten. Damals wie heute stellt sich die Frage nach der Zugänglichkeit eines solchen „trockenen" Bildmaterials und wie dieses mit dem Anspruch der Kunst auf Eigenständigkeit, Kommentierung und Diskursivierung zu vereinbaren sei.

Linkes Totalinstallation bespielte sämtliche der seit einigen Jahren aufgelassenen Büro- und Laborräume von CNR-ISMAR. Einem strikten Leitsystem folgend, durchwanderten die Besucher*innen diese Räume und eigneten sie sich in einem dichten Vermittlungsszenario an. Die Art und Weise, wie der jahrzehntelange Hauptsitz der norditalienischen Meeresforschung wiederbelebt und zum Erfahrungsraum transformiert wurde, weist darauf hin, dass die Installation die Betrachter*innen auch affektiv erfassen wollte: Im Treppenaufgang wurde eine Soundinstallation abgespielt, die durch eine vom Anthropologen Stefan Helmreich gesprochene und durch Überlagerungen verfremdete Textpassage zur Einstimmung auf den Parcours diente. Die changierende Größe und Anordnung der Fotografien, deren sachlicher Charakter durch verquere Sujets, eigenwillige Ausschnitte und überraschende Rahmungen zumindest infrage gestellt wurde, bewies eine dramaturgische Absicht. Und die Art, wie die Interviews im *Lecture Room* ein Forum der Stimmen bildeten, hatte durchaus politisch-aktivistischen Charakter.

Dennoch blieb der Gesamteindruck sowohl inhaltlich als auch künstlerisch-wissenschaftlich sachlich. Die recherchierten Themen wurden nicht gewertet, Schlussfolgerungen weder für Betrachter*innen noch für Leser*innen gezogen. Jan Verwoert nennt diese Art des Displays in Anlehnung an Theodor Adorno „essayistische Installation"[97]. Er setzt dieser, ganz im Geiste der frühen 2000er Jahre, das „linear fortschreitende objektivierende Denken der Wissenschaft" entgegen und behauptet, dass die essayistische Installation „ein nötiges Maß an formaler Kohärenz herzustellen [vermag], um Inhalte erfahrbar zu machen, ohne dabei die Komplexität des Gegenstandes durch die Form der Darstellung zu reduzieren"[98]. Bei Linke, und bei vielen anderen Rechercheuren, ist das Komplexität erzeugende Verweben von Essay und Argument, von Gesamtbild und Fragment, Subjektivität und Komplexität ein durchgängiges Signaturelement, das den „Begegnungen zwischen Ästhetik, Politik, Umwelt und Erkenntnistheorie"[99] im Zeichen des Anthropozäns entspricht. Ganz im Gegensatz zu den 2000er Jahren spielen heute die Naturwissenschaften eine zentrale Rolle, prägen Argumentationsmodalitäten und Diskursivierungsapparate, die es zu beleuchten und zu hinterfragen gilt. Statt Ausgrenzung oder Verschlüsselung herrscht hier Inklusion, eine repräsentationskritische Offenlegung von Praktiken aus den vielstimmigen intersektionalen Perspektiven, die zur Entfaltung komplexer politischer Gefüge beitragen.

Bei Linke ist – in Weiterführung von Adornos „Essay als Form" (des Politischen, ließe sich hinzufügen)[100] – Recherche nicht nur Inhalt, sondern auch als

Form zu verstehen. Recherche-als-Form beziehungsweise im Sinne dieser Studie Gegenrecherche-als-Form ist möglicherweise stärker geprägt vom Essay-Film, jenem durchkonstruierten Format, das Jacques Rancière[101] zufolge Effekte produziert und nicht Fakten darstellt. Im filmischen Essay wird „Wirklichkeit" konstruiert, diskursiv gestaltet und stetiger Re-Interpretation unterzogen. Sekula, durchaus ein Verfechter von klaren Formen, plädiert ebenfalls für offene, undogmatische Formate: „Let's demolish phony evaluative oppositions between art and document, modernism and postmodernism, politics and aesthetics, writing and picturing. I would like to see a discourse in which we could move from non-fiction writing to documentary filmmaking or documentary photography and understand these as discourses with shared problems, shared issues."[102] Ich verstehe Sekulas Aufruf als Verlagerung des ästhetischen Diskurses von den Fragen der gewählten Mittel auf deren repräsentationssensible Motivation und zivilgesellschaftliche Wirkung.

Auch die Kuratorin Natasha Ginwala sieht die Aufgabe von Künstler*innen darin, die Vorstellung von sozialen Wirklichkeiten als vernetzte und versponnene Weltenproduktion aufrechtzuerhalten und bezeugend an einem einsetzenden kollektiven Erwachen mitzuwirken: „Artistic forms [...] call forth active strategies of collective awakening, witnessing, refusal and the slow momentum of building evidence."[103] Der kleine Aufmarsch des indigenen Kollektivs von Papua-Neuguinea, der „Prospecting Ocean" seine aktivistische Perspektive verleiht, kann als Vorhut jener begriffen werden, die zu verstehen beginnen, wie die Mechanismen der *extrastatecraft*[104] im „leeren" Raum der Ozeane zu wirken beginnen und der Menschheit das letzte Territorium der *Gemeinschaftlichkeit* zu entreißen versuchen. *Extrastatecraft* ist Keller Easterlings Begriff für den planetar verteilten, außerstaatlichen und exterritorialen Komplex an Infrastruktur, Finanz- und Industriemacht sowie gesetzlichen Ausnahmezonen. Die Gefahr, die aus Unachtsamkeit gegenüber der Hydrosphäre droht, ist unermesslich und – wie Will Steffen et al. in der sehr lesenswerten Studie zum Anthropozän argumentieren – weitaus größer als jene, die aus anthropogenen Veränderungen des Festlands entstünde:

> As humans are terrestrial creatures, we focus strongly on changes in the planetary environment that occur on the land (e.g., degradation and deforestation) or the atmosphere (e.g., climate change) rather than the cryosphere or the ocean. However, in terms of planetary stewardship, the ocean is arguably more important than either land or atmosphere in the functioning of the Earth System.[105]

96 Jan Verwoert, „Dokumentation als künstlerische Praxis. Über journalistisches und ethnographisches Arbeiten im Kunstbereich", in: *springerin* 3/2003, https://www.springerin.at/2003/3/dokumentation-als-kunstlerische-praxis/.

97 Ebd.

98 Ebd.

99 Vgl. Heather Davis und Etienne Turpin (Hrsg.), *Art in the Anthropocene. Encounters Among Aesthetics, Politics, Environments and Epistemologies,* London: Open Humanities Press 2015.

100 Theodor W. Adorno: „Der Essay als Form", in: Ders., *Philosophie und Gesellschaft,* Stuttgart: Reclam 1984, S. 5–32.

101 Jacques Rancière, *Film Fables,* übers. v. Emiliano Battista, New York: Berg 2006, S. 158.

102 Allan Sekula und Carles Guerra, *Allan Sekula Speaks with Carles Guerra,* Madrid: La Fábrica, 2006, S. 87.

103 Natasha Ginwala, „Where Survival Leaves Its Mark as Testimony", in: *Thyssen-Bornemisza Art Contemporary: The Commissions Book,* hrsg. v. Daniela Zyman und Eva Ebersberger, Berlin: Sternberg Press 2020, S. 214.

104 Keller Easterling, *Extrastatecraft: The Power of Infrastructure Space,* London: Verso 2014.

105 Will Steffen u. a., „The Anthropocene: From Global Change to Planetary Stewardship", *AMBIO* 40, 2011, S. 744. https://doi.org/10.1007/s13280-011-0185-x.

DIE UMWELT ALS OPFER: FORENSISCHE ANALYSEN VON NABIL AHMED UND INTERPRT

Anhand einer Reihe von Untersuchungen des Forschungsinstituts INTERPRT, die Kartierungen, Satellitenbildanalysen und 3D-Rekonstruktionen einschließen, erforscht der forensische Architekt und Künstler Nabil Ahmed, gemeinsam mit dem Team bestehend aus Filip Wesołowski, Olga Lucko und Tiago Patatas, wie militärische Aktivitäten und Extraktionsindustrien die Umweltzerstörung auf eine neue Ebene heben. Die erforschten Szenen von Umweltgewalt im Pazifik dienen dazu, den anhaltenden Zustand der Straffreiheit und das paradoxale Problem zu veranschaulichen, dass es derzeit keine Gesetze gibt, diese systematisch zu verfolgen. Auf Grundlage der frühen Bemühungen des internationalen Justizprojekts, Verbrechen gegen die Umwelt zu benennen und zu kodifizieren, zeigt er auf, warum es unerlässlich geworden ist, den Ökozid in unserer Zeit zu kriminalisieren. Der Ökozid zwingt uns dazu, die natürliche Umwelt oder Entitäten selbst als Opfer anzuerkennen.

Wenn im Zusammenhang mit der anthropogenen Transformation der Ozeane von einem globalen Tatort[106] die Rede ist, wird in der Regel auf die langzeitlichen, intensiven und vernetzten Folgen von Transportwirtschaft, Extraktion und militärischer Sekurisierung verwiesen. Dieses Kapitel behandelt diese drei Aktivitätskomplexe unter dem Aspekt von Umweltgewalt und illustriert anhand von Fallstudien das Geflecht der ökologischen, sozialen und politischen Prozesse, die den anthropogenen Ozean prägen. Sekula fokussiert den Wandel der maritimen Transportsysteme und deren Infrastrukturen, Linke die aufkommende Extraktionswirtschaft rund um Mineralstoffe und Bioorganismen und Nabil Ahmed behandelt im weitesten Sinne die Fragen der Militarisierung und Sicherheitspolitik anhand der Geschichte nuklearer Testfelder im Pazifik.

Dass sich der Künstler-Forscher Nabil Ahmed den Praktiken der Gegenrecherche widmet, hängt ursächlich mit seiner Ausbildung am Architektur-Forschungsinstitut Forensic Architecture (FA) in London zusammen. FA wurde 2010 von Eyal Weizman als Fakultät der Goldsmiths-Universität gegründet und verfolgt, mit direkter Bezugnahme auf Sekulas Invertierung des forensischen Blicks, gegenforensische Investigationspraktiken an der Schnittstelle von Kunst, Kriminalistik und Wissenschaft. Die Mitglieder von FA verstehen sich primär als interdisziplinäre Theoretiker*innen, wenden jedoch ihre *counter*-forensischen Methoden in der praktischen Aufarbeitung von Gewalttaten in politischen Krisenherden und im Rahmen ökologischer und humanitärer Katastrophen an. Sie *minen* öffentlich zugängliche Datensets, werten offizielle Berichte von Polizei, Militär und Anwaltschaft aus, dekonstruieren Ungereimtheiten und rekonstruieren Faktisches. Dazu nutzen sie forensische Medien und mediengestützte Techniken wie 3D-Modellierungen, kartografische Regressionsanalysen, KI, OSINT *(open source intelligence)*, Mustererkennungsmethoden und viele andere Analysemethoden, die zur Aufklärung von Gewalttaten und Umweltverbrechen beitragen können. Die Ubiquität von informationstechnischen und medialen Spuren, die bei entsprechender Aufbereitung als Beweismittel herangezogen werden können, erlaubt es FA, kriminalforensische Methoden in Anspruch zu nehmen und sie in den Dienst der Öffentlichkeit zu stellen. Mit ihren *counter-investigations* etablieren die FA-Teams neue Recherchestandards zwischen Ästhetik und Forensik und operieren innerhalb und außerhalb des Kulturfelds. Sie verfolgen eine Praxis, die sich als „Kunst ohne Künstler*innen" beschreiben ließe, und dies immer häufiger auch in Kooperation mit NGOs, Opfergruppen und Auftraggeber*innen wie Amnesty International, dem deutschen Verfassungsschutz oder den Vereinten Nationen.

Angesichts sich weltweit verschärfender neoliberaler und illiberaler Konfliktkonstellationen entwickelte sich FA im Laufe der Zeit zu einem transdisziplinären forensischen Netzwerk, mit dem Anliegen, den forensischen Blick gegen den neuen Autoritarismus und seine Medienlandschaften zu wenden. So richten sich FAs Investigationspraktiken gegen die *Post-truth*-Manipulationen autoritärer Staaten und die Schwächung und Zerstörung der Institutionen, die für die Auswertung und Archivierung von Fakten zuständig sind, wie Universitäten, öffentliche (Medien-)Einrichtungen, wissenschaftliche Labors oder die Justiz. Diese Konstellation – von Weizman als *dark epistemology*[107] bezeichnet – ruft anspruchsvolle und zivilgesellschaftlich getragene Methoden und forensische Einsätze auf den Plan: „An evolving information and media environment enables

106 „Oceans in Transformation" ist der Titel einer Ausstellung von Territorial Agency, die ich 2020/21 im Ocean Space, Venedig, kuratierte. Ich danke John Palmesino und Ann-Sofi Rönnskog für sehr wertvolle Hinweise, die zum Verständnis des anthropogenen Ozeans beigetragen haben.

107 Ebd.

authoritarian states to manipulate and distort facts about their crimes, but it also offers new techniques with which civil society groups can invert the forensic gaze and monitor them. This is what we call counter-forensics."[108] Sowie: „[W]e seek to expose police and military cover-ups, government lies, and instances in which the legal system has been aligned against state victims."[109] Als Klimawandelleugner*innen treten die „dunklen" Handlanger*innen, wie von Naomi Oreskes und Erik M. Conway[110] unter die Lupe genommen, auch häufig in Gestalt von Museumsvorständen, Sponsor*innen und Mäzen*innen auf. An genau diesen ethisch fragwürdigen Schnittstellen hat sich in den letzten Jahren ein immer stärkerer aktivistischer Widerstand formiert.[111]

AUF DEN SPUREN DER „DUNKLEN EPISTEMOLOGIEN" DES ATOMAREN

Ahmed ist Absolvent des FA-Goldsmiths-Programms und in den dort erlernten medienästhetischen und theoretischen gegenforensischen Methodologien geschult. Mit Blick auf die Ermittlung ökozidaler Verbrechen im Globalen Süden konzentrierte sich seine frühere transdisziplinäre Arbeit u. a. auf die durch die Textilindustrie verursachten nachhaltigen Umweltschäden in Bangladesch, die Bedrohung der Amphibiengebiete im Ganges-Brahmaputra-Delta durch den ansteigenden Meeresspiegel sowie die Kontamination des Akjwa-Flusses durch giftige Aufbereitungsrückstände der weltgrößten Goldmine und des hochtoxischen Kupferabbaus in Westpapua. Wie Linke war auch er Teilnehmer des Anthropozän-Projekts am Haus der Kulturen der Welt in Berlin und Fellow des *The Current*-Programms der TBA21–Academy unter der Leitung von Ute Meta Bauer, das u.a. die Tuamoto-Atolle von Französisch-Polynesien bereiste. Am 2. Juli 2016 wurde die Forschungsgruppe Zeuge des 50. Gedenktags zum ersten Kernwaffentest über Mururoa und der aus diesem Anlass abgehaltenen Protestkundgebungen. Sie trafen Mitglieder von Association 193[112] – einer seit 2014 auf Tahiti tätigen Vereinigung, die sich für die Anerkennung der durch radioaktive Verseuchung geschädigten Nuklearopfer und für die Gedenkarbeit und Erinnerungskultur zum pazifischen Atomprogramm einsetzt – und nahmen gemeinsam mit Anti-Nuklear-Aktivist*innen an einer Konferenz in Pape'ete, Tahiti, teil.

Das direkt dem französischen Militär unterstellte Centre d'expérimentation du Pacifique (CEP) führte zwischen 1966 und 1996 insgesamt 193 atmosphärische und unterirdische Nukleartests auf den Inseln Mururoa und Fangataufa durch. Zuvor wurde ab 1964 das nahegelegene Atoll Hao zu einer Militärbasis aufgerüstet: Wohnstätten für 2.500 ständige zivile und militärische Bewohner*innen, eine 3,4 Kilometer lange Landebahn, eine Hafenanlage, Laboratorien und eine Krankenstation wurden auf dem 17 Kilometer dünnen Landstreifen errichtet. Außerdem wurden Mururoa und Fangataufa zur Teststätte umfunktioniert, Aufzeichnungs- und Beobachtungszentren in festungsartigen Betonbunkern untergebracht und die Militärinfrastruktur ausgebaut. Zwischen 1966 und 1974 wurden 41 atmosphärische Testzündungen durchgeführt, wobei schon der zweite, von einer Mirage IV abgeworfene Atomsprengkopf einen regelrechten Kriegseinsatz simulierte.

Ab 1975 führte das CEP unterirdische Detonationen durch, auch aufgrund massiver lokaler und internationaler Proteste (allen voran jenen von Greenpeace, dessen auf dem Weg nach Mururoa befindliches Schiff „Rainbow Warrior" im Juli 1985 von Agent*innen des französischen *Service Action* versenkt wurde). Bis zum 26. Januar 1996 wurden noch ca. 150 weitere Versuche abgehalten. Zur Dekontaminierung des Militärpersonals und der Einsatzgeräte, aber auch der Inselbevölkerungen und der umliegenden Landflächen wurde eine 500 Personen starke radionukleare Beobachtungsstation eingerichtet, das Service Mixte de Sécurité

Radiologique (SMSR) sowie das Service Mixte de Controle Biologique (SMCB), dem die Beobachtung der biologischen Bestände oblag.[113] Tausende Proben wurden von beiden Einrichtungen entnommen und ausgewertet. Wie lange Zeit aufgrund militärischer Geheimhaltung nur bruchstückhaft bekannt, wurden die pazifischen Atomversuche jahrzehntelang mit nur unzureichenden Schutzvorkehrungen ausgerüstet.[114]

Obwohl bereits in den Sechzigerjahren umfassende Kenntnisse über die langfristigen Auswirkungen radioaktiver Isotopenverteilung vorlagen[115], herrschte im Pazifik das Phänomen des „nuclear colonialism"[116], der sich unter der Kontrolle der Atommächte vornehmlich gegen kolonialisierte und indigene Gemeinschaften richtete. Diese Form der Kolonisierung wirkt nach Ansicht von Karen Barad gleichzeitig in der Vergangenheit, Gegenwart und Zukunft, „making evident that nuclearity in its specificity radically scrambles, if not disassembles, the imperialist universalizing sequentiality of past-present-future"[117]. Im pazifischen Kontext führte die koloniale Politik Frankreichs von der territorialen Aneignung hin zur Umstrukturierung von pazifischen Gebieten in militärische Zonen – samt der Zwangsumsiedlung ihrer Bevölkerungen, der Abhaltung von atomaren Tests unter oft unzulänglichen Bedingungen, der oberflächlichen Beseitigung kontaminierter Flächen und Feststoffe und schließlich der Abkehr vom „giftigsten Ort der Welt"[118]. Aufgrund Frankreichs nuklearer Langzeitpflichten und seiner militärischen Präsenz im Pazifik ist Französisch-Polynesien heute noch Teil des französischen Staatsgebiets. Ähnlich verhält es sich mit den ehemaligen pazifischen US-Atomtestgebieten auf den Marshallinseln. Die Assoziierungspolitik der Vereinigten Staaten im Rahmen der *Compact of Free Association* (COFA) erstreckt sich auf deren Staatsgebiet wie auch auf die Föderierten Staaten von Mikronesien und die Republik Palau. Dieses Entwicklungsabkommen über freie Vereinigung dient der Sicherung der US-Militärinteressen im pazifischen Raum, die sich, ausgehend von Hawaii, in der als Logistik- und Nachschubbasis neu aufgerüsteten Andersen Air Force Base auf Guam (Guåhån)[119]

108 Eyal Weizman, „Open Verification", in: *e-flux architecture,* 18. Juni 2019. https://www.e-flux.com/architecture/becoming-digital/248062/open-verification/.

109 Ebd. Neben FA operiert seit 2021 der Verein Forensis in Berlin und „arbeitet für und mit Individuen und Gemeinschaften, die von staatlicher und unternehmerischer Gewalt betroffen sind, um deren Forderungen nach Gerechtigkeit, Wiedergutmachung und Rechenschaftspflicht zu unterstützen." https://counter-investigations.org/about/association.

110 Naomi Oreskes und Erik M. Conway, *Merchants of Doubt: How a Handful of Scientists Obscured the Truth on Issues from Tobacco Smoke to Global Warming,* New York: Bloomsbury Press 2011.

111 Die New Yorker Milliardäre David und Charles Koch haben beispielsweise über 100 Millionen Dollar an *libertarian causes* gespendet, also an rechte Organisationen, die u. a. den Klimawandel verleugnende Forschung finanzieren. Dieser *climate-gate* hat in den letzten Jahrzehnten entscheidend zur Beeinflussung politischer Entscheidungsträger*innen beigetragen. Vgl. Jane Mayer, „Covert Operations", in: *The New Yorker,* 30. August 2010. https://www.newyorker.com/magazine/2010/08/30/covert-operations.

112 https://www.facebook.com/pg/ASSOCIATION193/about/?ref=page_internal.

113 Bengt Danielsson und Marie-Thérèse Danielsson, *Poisoned Reign: French Nuclear Colonialism in the Pacific,* 2. überarbeitete Auflage, Ringwood; New York: Penguin Books 1986; Stewart Firth, *Nuclear Playground*, South Sea Books, Honolulu: University of Hawaii Press 1987.

114 Bengt Danielsson, „Under a Cloud of Secrecy: The French Nuclear Tests in the Southeastern Pacific", in: *Ambio* 13, Nr. 5/6, 1984, S. 336–341; EJOLT, „Nuclear Colonialism and French Nuclear Tests, Polynesia | EJAtlas", Environmental Justice Atlas. https://ejatlas.org/conflict/french-nuclear-tests-in-polynesia.

115 Joseph Masco, „The Crisis in Crisis", in: *Current Anthropology* 58, Nr. S15, 9. November 2016, S. 69. https://doi.org/10.1086/688695. Masco befasst sich hier mit der Verbreitung von Radionukliden in der Stratosphäre und der sehr früh einsetzenden Forschung zu diesem Thema.

116 Ward Churchill und Winona LaDuke, „Native America: The Political Economy of Radioactive Colonialism", in: *Insurgent Sociologist* 13, Nr. 3 (1. April 1986), S. 51–78. https://doi.org/10.1177/089692058601300306.

117 Ebd.

118 Karen Barad, „After the End of the World: Entangled Nuclear Colonialisms, Matters of Force, and the Material Force of Justice", *Theory & amp; Event,* S. 525. https://www.academia.edu/39975142/After_the_End_of_the_World_Entangled_Nuclear_Colonialisms_Matters_of_Force_and_the_Material_Force_of_Justice. Übersetzung der Verfasserin.

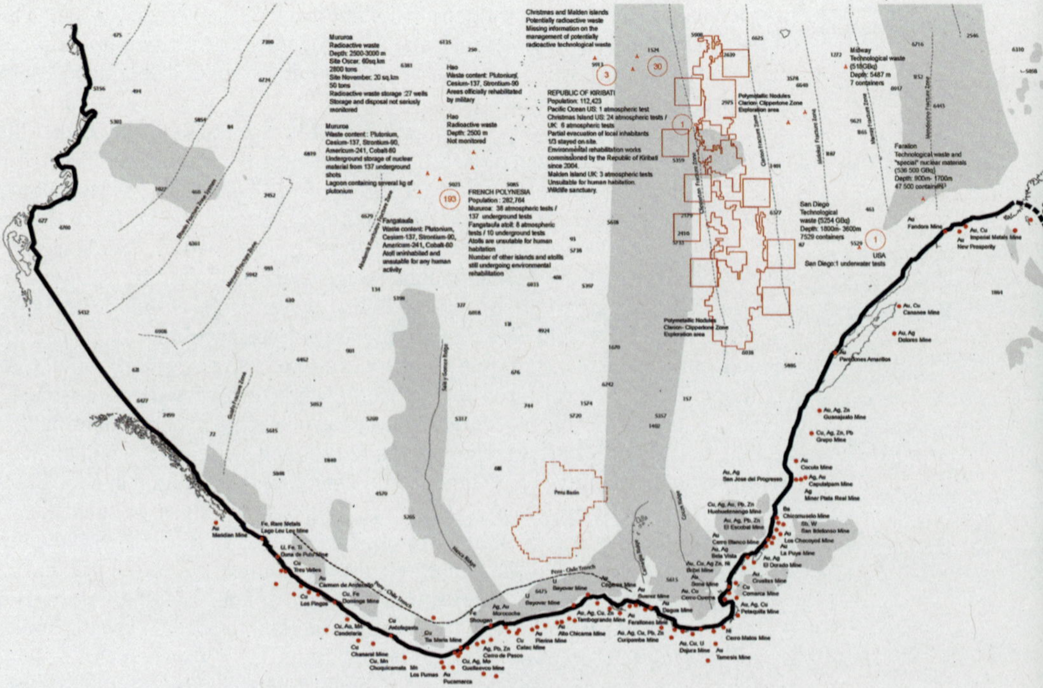

Unfolded Pacific

The Pacific ring represents circum-Pacific zones of volcanic and seismic activity and overlaps vast mineral frontiers. Visually unfolding the Pacific ring from its north axis down the middle creates a contiguous line that shows patterns of mineral exploitation from terrestrial and seabed mining (proposed in territorial and international waters). The drawing locates terrestrial mines with reported conflict between corporations and local communities over environmental harm and land rights. Historical data of nuclear testing conducted by France, United States and the UK and current nuclear waste sites have a lasting impact on the ocean and island communities. Ecologically or Biologically Significant Marine Areas (EBSA), following the Convention on Biological Diversity (1993) for the North Pacific and Western South Pacific overlap resource extraction and conflict zones. The diagram visualizes key historical, contemporary and future threats posed by state and corporate industrial activities to the Pacific Ocean. It reorganizes the Pacific as a site of ecocide for future prosecutions of international, transboundary and regional crimes.

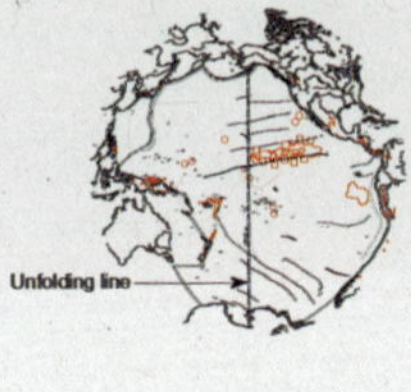

DRAWING KEY

- Pacific ring
- Coastal line
- Ecologically and Biologically Significant Marine Areas (EBSA)
- Depth (meters)
- Conflict terrestrial mines
- Deep sea mining area
- Number and location of nuclear tests
- Terrestrial and marine nuclear waste sites

Minerals:

Ag - silver
Au - gold
Ba - barium
Co - cobalt
Cu - copper
Fe - iron
Li - lithium
Mn - manganese
Mo - molybdenum
Ni - nickel
Pb - lead
Sb - antimony
Ti - titanium
U - uranium
W - tungsten
Zn - zinc

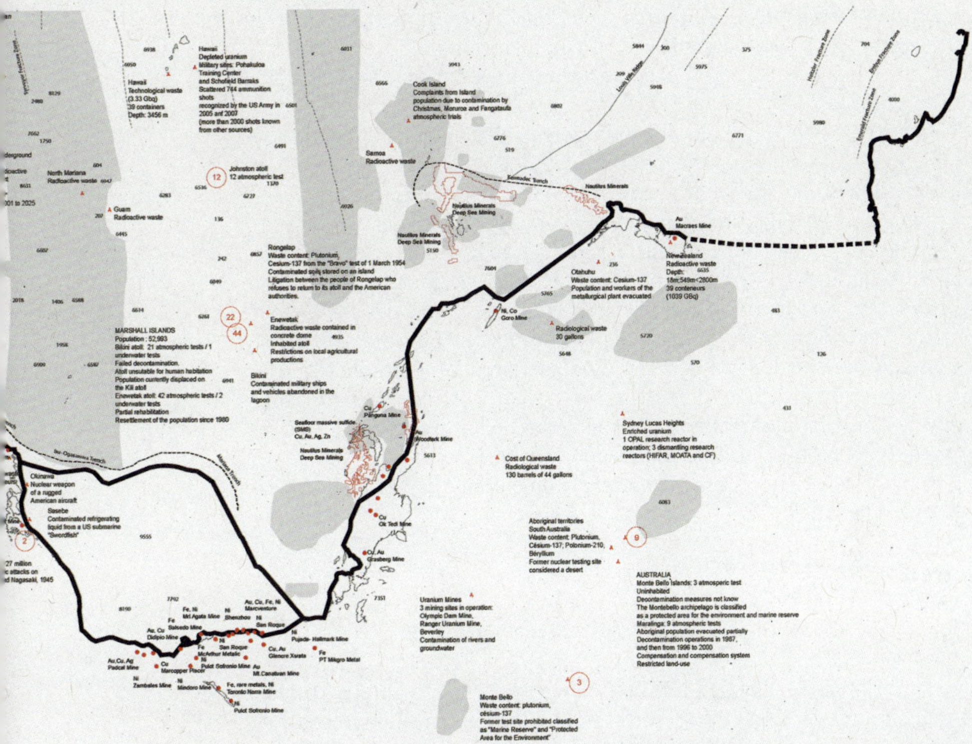

Drawing to be read in colour.

Revision	Date	Status	Note
1	15/09/2016	Site analysis	Akademie Schloss Solitude, Stuttgart
2	24/03/2017		Arts Catalyst
3			London
4	28/04/2017		MACBA Barcelona
5	09/12/2017		NTU Singapore
6	02/02/2018		Dhaka Art Summit

INTERPRT

UNFOLDED PACIFIC - PROJECT SITE

PACIFIC RING DIAGRAM

PR- 01

INTERPRT / Olga Lucko / Mike Alonzo, *Ecocide In West Papua.* Kartierung der Umweltzerstörung durch die Grasberg-Mine zwischen 1987 und 2014

manifestieren. Zudem sind Australien und Neuseeland (Aotearoa) ordnungspolitische Schlüsselakteure im pazifischen Raum, neben China, das mit der aufmerksamkeitserregenden Initiative der *Maritime Silk Road* neuerdings eine wichtige Rolle in der Region spielt. Diese geopolitische Dynamik prägt die Interaktionen und Beziehungen zwischen den beteiligten Parteien und setzt die fragile Region weiter unter Druck.

Die Spätfolgen des Nuklearkolonialismus zeigen sich auch im Umgang Frankreichs mit angemessenen Reparationen für Nukleartestopfer. Das erst 2010 verabschiedete Gesetz Loi Morin sieht einen Entschädigungsmechanismus für das Militärpersonal und Bevölkerungsgruppen in Französisch-Polynesien vor. Demnach haben Personen, die an bestimmten radiogenen Krebsarten erkrankten, Anspruch auf Entschädigung durch die französische Regierung – es sei denn, es kann nachgewiesen werden, dass die effektive Strahlungsdosis, der sie in einem bestimmten Jahr zum Opfer fielen, weniger als 1 mSv betrug. Die *retrospektiven* Dosisberechnungen, die von der französischen Atomenergiekommission (CEA) im Jahr 2006 durchgeführt wurden, dienen als Grundlage für Entschädigungsentscheidungen. Wie Ahmeds Investigation *Moruroa Files* belegt, schließen diese Berechnungsgrundlagen etwa 110.000 Menschen, was 90 Prozent der damaligen Bevölkerung Französisch-Polynesiens entspricht, von einem Anspruch auf finanzielle Entschädigungen aus.[120]

DAS ANTHROPOZÄN ALS ÖKOZIDALE UMWELTGEWALT DER MODERNE

Die von Ahmed mit Unterstützung der TBA21–Academy gegründete intersektionale Rechercheorganisation INTERPRT zu deren ständige Mitglieder Filip Wesołowski, Olga Lucko und Tiago Patatas zählen, bearbeitet seit 2017 mit den Methoden der Raumforschung, der Umweltjustiz und der künstlerischen Gegenrecherche u. a. vier am pazifischen Ring[121] situierte ökozidale Streitfälle. Diese sind: die Langzeiteffekte der nuklearen Versuche in Französisch-Polynesien; die laufenden Wiedergutmachungsverhandlungen aus diesen Vergehen *(Moruroa Files);* die Minen in 125
Westpapua und die agroindustriellen Projekte in Merauke, an der Grenze zu Papua-Neuguinea *(Ecocide in West Papua);* und die ab 2030 geplanten Tiefseebergwerke in Vanuatu *(Mining the Abyss)*.[122] Zur Bearbeitung dieser Fälle bedient sich INTERPRT eines Netzwerks indigener, aktivistischer, forensischer, künstlerischer und juridischer Expert*innen, die die Handlungszusammenhänge zwischen den nachweisbaren Spuren von Umweltschädigungen und den sie verursachenden Täter*innen verfolgen. Das Hauptziel von INTERPRT ist es somit, die Voraussetzungen und neuartigen Methoden für die Erfassung und Interpretation von „Verbrechen gegen die Natur" zu erarbeiten, die zu neuen Regulationspolitiken im Hinblick auf eine Ökozid-Gesetzgebung führen sollen.

119 Vgl. die ausführliche Studie zum US-Militärkomplex im Pazifik von Pierre Bélanger und Alexander Arroyo, in: *Ecologies of Power: Countermapping the Logistical Landscapes & Military Geographies of the U.S. Department of Defense*, Cambridge, MA: MIT Press 2016.

120 Sébastien Philippe, Sonya Schoenberger und Nabil Ahmed, „Radiation Exposures and Compensation of Victims of French Atmospheric Nuclear Tests in Polynesia", in: *Science & Global Security* 30, Nr. 2, 4. Mai 2022, S. 62–94. https://doi.org/10.1080/08929882.2022.2111757.

121 Der sich über 40.000 km erstreckende pazifische Feuerring entspricht den Küstengebieten entlang des pazifischen Ozeanbeckens, dem erdbebenreichsten Gebiet der Welt, das auch sehr ergiebig an Mineralien ist: Kupfer, Gold, Zink, Zinn, Quecksilber, Uran und andere Seltene Erden werden hier abgebaut.

122 Im Laufe der Jahre haben sich die „Investigations" auch u. a. auf das Mittelmeer und Brasilien erweitert. Ich behandle im Kontext dieser Publikation nur die vier mit der TBA21–Academy initiierten Fälle. https://www.interprt.org/?page_id=20.

123 https://jkijiner.wordpress.com/2011/04/13/tell-them/.

tell them about the water
how we have seen it rising
flooding across our cemeteries
gushing over the sea walls
and crashing against our homes
tell them what it's like
to see the entire ocean_level__with the land[123]

Kathy Jetñil-Kijiner, Auszug aus dem Gedicht: „Tell Them“

Mit dem Begriff des Ökozids ist die völkerrechtliche Kriminalisierung von Vergehen gemeint, die gegen die Umwelt und Natur gerichtet sind. Seine Anerkennung unter dem Römischen Statut des Internationalen Strafgerichtshofs würde den Ökozid mit den schwerwiegendsten Verbrechen gegen den Frieden, nämlich mit dem Völkermord, mit Verbrechen gegen die Menschlichkeit, mit der Aggression und dem Kriegsverbrechen gleichsetzen. Entwürfe für eine Ökozidgesetzgebung stammen aus der Zeit des Vietnamkriegs und sind eine Folge des mittlerweile verbotenen Einsatzes von Agent Orange/Dioxin, dem militärisch genutzten Entlaubungsmittel mit zum Teil tödlichen Langzeitfolgen, und der verheerenden ökologischen Zerstörung der Kulturlandschaften von Laos und Vietnam.[124] Zwischen 1984 und 1996 kamen verschiedene Gesetzesentwürfe in der Völkerrechtskommission der Vereinten Nationen zur Vorlage, um die grundsätzliche Erfassung ökozidaler Verbrechen „als fünftes Kriegsverbrechen" zu regeln. Schließlich wurde 1996 – in allerletzter Minute und ohne nachvollziehbare Gründe – der sogenannte Artikel 26 ersatzlos gestrichen, was die Vermutung nahelegt, dass er einer politischen Intervention zum Opfer gefallen ist. Der Völkerrechtsexperte Christian Tomuschat, zwischen 1985 und 1996 Mitglied der Ökozid-Arbeitsgruppe, vermutet: „One cannot escape the impression that nuclear arms played a decisive role in the minds of many of those who opted for the final text."[125]

Derzeit gibt es kein spezifisches internationales Gesetz, das ausschließlich für die Ahndung von Umweltverbrechen oder -desastern gilt. Um diese zu verfolgen und Verantwortliche zur Rechenschaft zu ziehen, müssen daher verschiedene nationale und internationale Gesetze und Abkommen herangezogen werden. Die meisten legislativen Traditionen, wie auch die UN-Charta, anerkennen das Recht auf Leben ausschließlich für menschliche Subjekte. So werden infolge von Umweltverstößen zwar verschiedene zivil- und strafrechtliche Verfahren eingeleitet, um für die Schäden an Privatpersonen, Unternehmen und Regierungsbehörden aufzukommen. In den seltensten Fällen kommt das Prinzip der reparativen Gerechtigkeit zur Wiederherstellung der betroffenen Ökosysteme und der ökologischen Stabilität zur Anwendung. Eine nennenswerte Ausnahme sind die „Rechte-der-Natur"-Legislaturen, die mit einigem Erfolg darauf abzielen, natürlichen Entitäten (wie Wäldern, Flüssen) und „Mutter Natur" Rechtspersönlichkeiten zuzusprechen. Diese Bewegung hat zu Rechte-der-Natur-Klagen geführt, einem innovativen rechtlichen Instrument, das es Gemeinschaften und Umweltverbänden ermöglicht, im Namen von geschädigten Ökosystemen rechtliche Schritte zu unternehmen und Wiedergutmachung zu fordern. Eine neue international verankerte Gesetzgebung wäre auch erforderlich, um die *global commons*[126] – wie beispielsweise den Pazifischen Ozean – zu schützen und internationale Kooperationen zum Klimaschutz zu stimulieren. Die Rechtsprechung müsste allerdings auch die Letztverantwortung für kommerzielle Extraktionsmethoden einbeziehen, etwa zur Gewinnung fossiler Brennstoffe, Mineralien oder von Bodenschätzen, auch in Friedenszeiten.

Seit seiner Gründung beobachtet INTERPRT umweltforensisch die „mineral frontiers"[127] entlang des pazifischen Rings, die ergiebige und noch wenig erschlossene Vorkommen an Bodenschätzen beherbergen. Wie schon beschrieben, haben Papua-Neuguinea und (das zu Indonesien gehörende) Westpapua eine besonders turbulente und blutige Geschichte, die mit der Förderung ihrer Bodenschätze in Verbindung steht. Auch Fidschi, Kiribati, Palau, Samoa, die Salomon-Inseln, Tonga, Tuvalu und Vanuatu erfahren derzeit eine neue Episode neokolonialer Ausbeutung, die – überlagert von der unaufhaltsamen Bedrohung des steigenden Meeresspiegels (die für 22 Inselstaaten und Korallenatolle des Pazifiks eine existenzielle ist und laut Klimavorhersagen noch in diesem Jahrhundert in Umsiedlungen kulminieren wird) – die zerstörerische Kräftekonzentration des Anthropozäns ankündigt. Mit der zunehmenden Verlagerung von Abbaukampagnen in abgelegene und rechtlich weniger greifbare Gebiete kompensieren multinationale Bergbauunternehmen die Erschöpfung leichter abbaubarer Mineralienvorkommen und umgehen die strengeren Klima- und Umweltschutzbestimmungen, die westliche Regulierungsbehörden fordern.

Auch in den sogenannten Risikogeografien des Pazifiks wird die politische Volatilität und mangelnde Aufsichtskapazität lokaler Machthaber*innen zugunsten des Aufbaus eines alternativen Versorgungsnetzes für westliche Großindustrien ausgenützt.[128] Am pazifischen Ring kommen jene Faktoren zusammen, die Christian Parenti als katastrophale Konvergenz bezeichnet, einschließlich der „Anfälligkeit für Naturkatastrophen, Armut und mangelhafte Regierungsführung"[129], wie in einem EU-Bericht dargelegt ist. Im Süden werden die direkten und indirekten Folgen und Effekte der Klimakatastrophe als Fortsetzung historischer Ausbeutungs- und gar Auslöschungserfahrungen erlebt.

> This is a kind of "environmental violence" where the target is both the territory and its indigenous people. What I call "Environmental violence" attacks the life-world, extinguishing it abruptly or gradually. It penetrates both the organic and non-organic.[130]

So beschreibt Ahmed die Situation in Westpapua als eine, die von Landraub, Enteignung, Verschmutzung und Auslöschung gekennzeichnet war und nun, in den Händen multinationaler Akteure, erneut gewalttätig ausgetragen wird.

Dem Umstand, dass der Anthropozän-Befund die Novität der Krise beansprucht und sich postkolonialen und indigenen Perspektiven verschließt, begegnet Ahmed mit der umweltforensischen Prozessierung von Spurenbildern, die belegen sollen, dass das Anthropozän nicht bloß als Kollateralschaden der Moderne aufgetreten ist, sondern vielmehr in Form von *omnizidaler* Gewalt gegen jene Zonen des „Abseits" und „Außens" erzeugt wird, die die kolonialen Territorien des *Empires* ausmachen.[131] Es ist genau dort, wo Plantagensklaverei, Extraktivismus und nukleare Testfelder erprobt und über lange Zeit aufrechterhalten wurden, dass sich der originäre Raum modernistischer Gewaltausübung festgesetzt hat und die Entstehung des Anthropozäns materiell angefeuert sowie (über die Gewinnung von Kohle, fossilen Brennstoffen u. v. a.) mit Energie und Nährstoffen versorgt wurde und nach wie vor wird. Da Spuren nur rückwärts gelesen werden können, also in den Abdrücken und Effekten rekonstruierbar sind, die Tatvorgänge hinterlassen, besteht seine Arbeit aus der Amplifizierung und schließlich Modellierung von Kleinpartikeln und Mikromaterialien der Gewalt.

124 Vgl. Barry Weisberg, *Ecocide in Indochina,* Canfield Press, San Francisco 1970.

125 Anja Gauger u. a., *The Ecocide Project: Ecocide is the Missing 5th Crime Against Peace,* London: Human Rights Consortium, University of London, 2012. https://sas-space.sas.ac.uk/4830/1/Ecocide_research_report_19_July_13.pdf.

126 Laut Europäischer Kommission „ist der Pazifische Ozean – neben anderen wichtigen Ökoregionen wie dem Amazonas – als ein globales öffentliches Gut zu betrachten". Vgl. Kommission der Europäischen Gemeinschaften, „Die Beziehungen zwischen der EU und den Pazifik-Inseln. Eine Strategie für eine verstärkte Partnerschaft", 29. Mai 2006, S. 3. https://eur-lex.europa.eu/LexUriServ/LexUriServ.do?uri=COM:2006:0248:FIN:DE:PDF.

127 Nabil Ahmed, „Inter-Pacific Ring Tribunal (INTERPRT)", in: Zyman, Scozzari (Hrsg.), *Allan Sekula: OKEANOS,* S. 242.

128 Die Mitteilung der EU-Kommission von 2006 schätzt die Situation wie folgt ein: „Während die natürlichen Ressourcen in anderen Erdteilen allmählich zur Neige gehen und die Volkswirtschaften von China, Indien und den ASEAN-Ländern weiter wachsen, wird die Nachfrage nach natürlichen Ressourcen weiter steigen und daher die Bedeutung der beträchtlichen Ressourcen des pazifischen Raums zunehmen. Aus diesem Grund sollte die EU der nachhaltigen Bewirtschaftung dieser Ressourcen große Aufmerksamkeit schenken." Vgl. Kommission der Europäischen Gemeinschaften, „Die Beziehungen zwischen der EU und den Pazifik-Inseln", S. 4.

129 Ebd., S. 2.

130 Nabil Ahmed, „Land Rights: Counter-mapping West Papua", in: *Continent,* 4, Nr. 4, 10. Januar 2015, S. 12.

131 Vgl. DeLoughrey, *Allegories of the Anthropocene,* S. 2.

Neben den Überlegungen zu einer kapitalozänen „Anthropogenesis“[132] dienen diese Bemerkungen zum Anthropozän des Globalen Südens dazu, die Blickrichtung zu wechseln und, wie INTERPRT es vorschlägt, die zunehmende Komplexität der planetarischen Destabilisierung durch das Einbringen nichtwestlicher Perspektiven aufzufächern. Wie bereits anhand intersektionaler Rechercheansätze erörtert, dienen die vermeintlich neutralen, bürokratischen Maßstäbe und Kartografien des Anthropozäns der ungleichen Gewichtung von Umweltgewalt und tragen potenziell zu noch größerem Schaden für diejenigen bei, die bereits Ausgrenzungen und Belastungen aufgrund anderer Kategorien und Dispositive erfahren. In ihrer Konstruktion und Anwendung sind diese Instrumente von Voraussetzungen und Machtverhältnissen geprägt, die einerseits die Glaubwürdigkeit des Anthropozän-Masternarrativs unterstützen und andererseits darauf abzielen, die Verantwortung für Schäden und deren Spätfolgen zu minimieren. 126–128

DIE (SYMBOLISCHE) GERICHTSBARKEIT DER ZIVILGESELLSCHAFTLICHEN TRIBUNALE

Wenn es keine geeigneten Gerichte zur Verfolgung von Umweltverbrechen gibt, muss die Zivilgesellschaft andere Wege gehen, um Verbrechen aufzudecken und zu verfolgen. In der Tat haben Bürger*innen-Foren in den vergangenen Jahren zu den Themen Menschenrechte und Umweltgerechtigkeit sowie im Bereich von Kunst, Performance und Theater an Zugkraft gewonnen. Aus Interesse an der „Umverteilung forensischer Handlungsmacht“[133] initiierte Ahmed zwischen 2016 und 2018 eine Reihe von offenen Zusammenkünften mit International Lawyers for West Papua (ILWP) und anderen NGOs und Aktivist*innen in Vorbereitung eines „Inter-Pacific Ring Tribunal“. Das Tribunal sollte die Justiziabilität von Straftaten gegen die Umwelt im Sinne eines breiter gefassten Ökozidmandats untersuchen und Ökozid-Advocacy als klimapolitisches Instrument für den Pazifik propagieren.

Das erste unabhängige „Vietnam-Kriegsverbrechen-Tribunal“ wurde von dem Philosophen Bertrand Russell[134] ins Leben gerufen, um ab 1966 die Kriegsverbrechen der USA im Vietnamkrieg zu untersuchen und zu dokumentieren. Russell zufolge sollte es im Geiste der Nürnberger Prozesse die Taten des US-Militärs aufdecken, die Zivilgesellschaften informieren und sie gegen das „Verbrechen des Schweigens“[135] mobilisieren. Das erste Vietnam-Tribunal setzte sich aus Philosoph*innen, Wissenschaftler*innen, Bürgerrechtler*innen und Aktivist*innen zusammen, die auch als Richter*innen auftraten. Obwohl es keine rechtlichen Entscheidungen treffen konnte und über keine Mittel zur Durchsetzung seiner Urteile verfügte, strahlte es eine bedeutende symbolische und moralische Wirkung aus. Nachdem das Russell-Tribunal in Paris und Kopenhagen verboten und daran gehindert worden war, seine Arbeit fortzusetzen, tagte es mit sehr prominenter Besetzung in London, Stockholm und in der dänischen Stadt Roskilde. Weitere Tribunale wurden in den Folgejahren – „im Fall fehlender oder fehlgehender staatlicher Jurisdiktion“[136] – zu den Menschenrechtsverletzungen in Lateinamerika und Südafrika, an den indigenen Völkern Nord- und Südamerikas, in zahlreichen „Courts of Women“ und 2009 zur Lage der Menschenrechte in den

132 Ebd., S. 84.
133 Simon Rothöhler, *Medien der Forensik*, Bd. 92, Edition Medienwissenschaft, Bielefeld: transcript Verlag 2021, S. 136. https://doi.org/10.14361/9783839460009.
134 Bertrand Russell und Jean-Paul Sartre (Hrsg.), *Das Vietnam-Tribunal oder Amerika vor Gericht*, Rororo 109, Reinbek bei Hamburg: Rowohlt 1970.
135 Ken Coates, Peter Limqueco und Peter Weiss (Hrsg.), *Prevent the Crime of Silence: Reports from the Sessions of the International War Crimes Tribunal, Founded by Bertrand Russell*, London: Allen Lane at Penguin Press 1971.
136 Berenice Böhlo, „Gesellschaftsgerichte nach Russell“, in: *Kritische Justiz* 43, Nr. 1, 2010, S. 70.

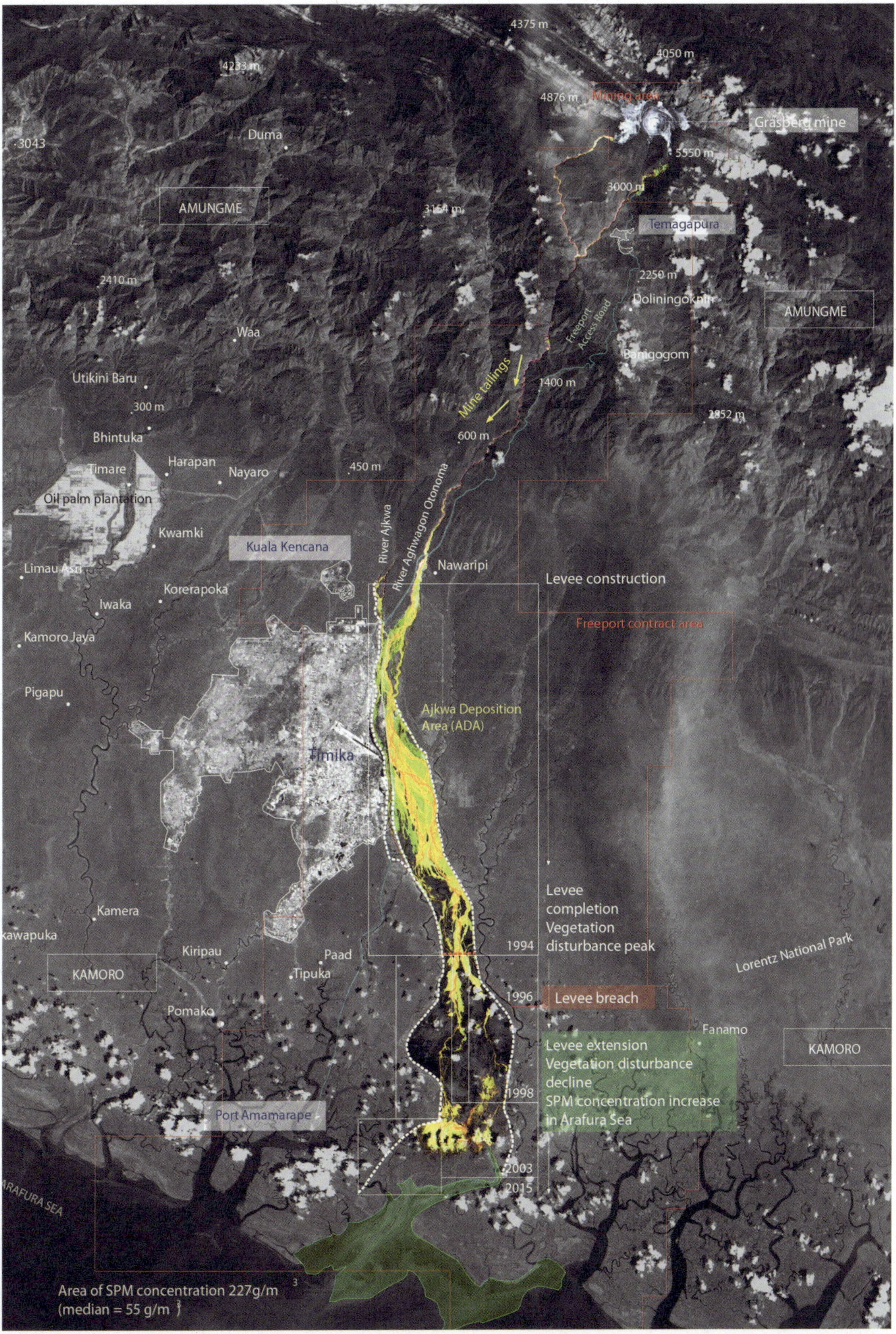
4375 m
4050 m
4233 m
4876 m
Mining area
Grasberg mine
5550 m
3043
Duma
AMUNGME
3000 m
3154 m
Temagapura
2250 m
AMUNGME
2410 m
Waa
Freeport Access Road
Banigogom
Utikini Baru
Mine tailings
1400 m
300 m
2852 m
Bhintuka
600 m
Harapan
Nayaro
450 m
Timare
Oil palm plantation
Kwamki
Kuala Kencana
River Ajkwa
River Aghwagon Otonoma
Nawaripi
Limau Asri
Korerapoka
Levee construction
Iwaka
Freeport contract area
Kamoro Jaya
Pigapu
Ajkwa Deposition Area (ADA)
Timika
Levee completion
Vegetation disturbance peak
Kamera
awapuka
1994
Kiripau
Paad
Lorentz National Park
KAMORO
Tipuka
1996
Levee breach
Pomako
Fanamo
Levee extension
Vegetation disturbance decline
SPM concentration increase in Arafura Sea
KAMORO
1998
Port Amamarape
2003
2015
ARAFURA SEA
Area of SPM concentration 227g/m3
(median = 55 g/m3)

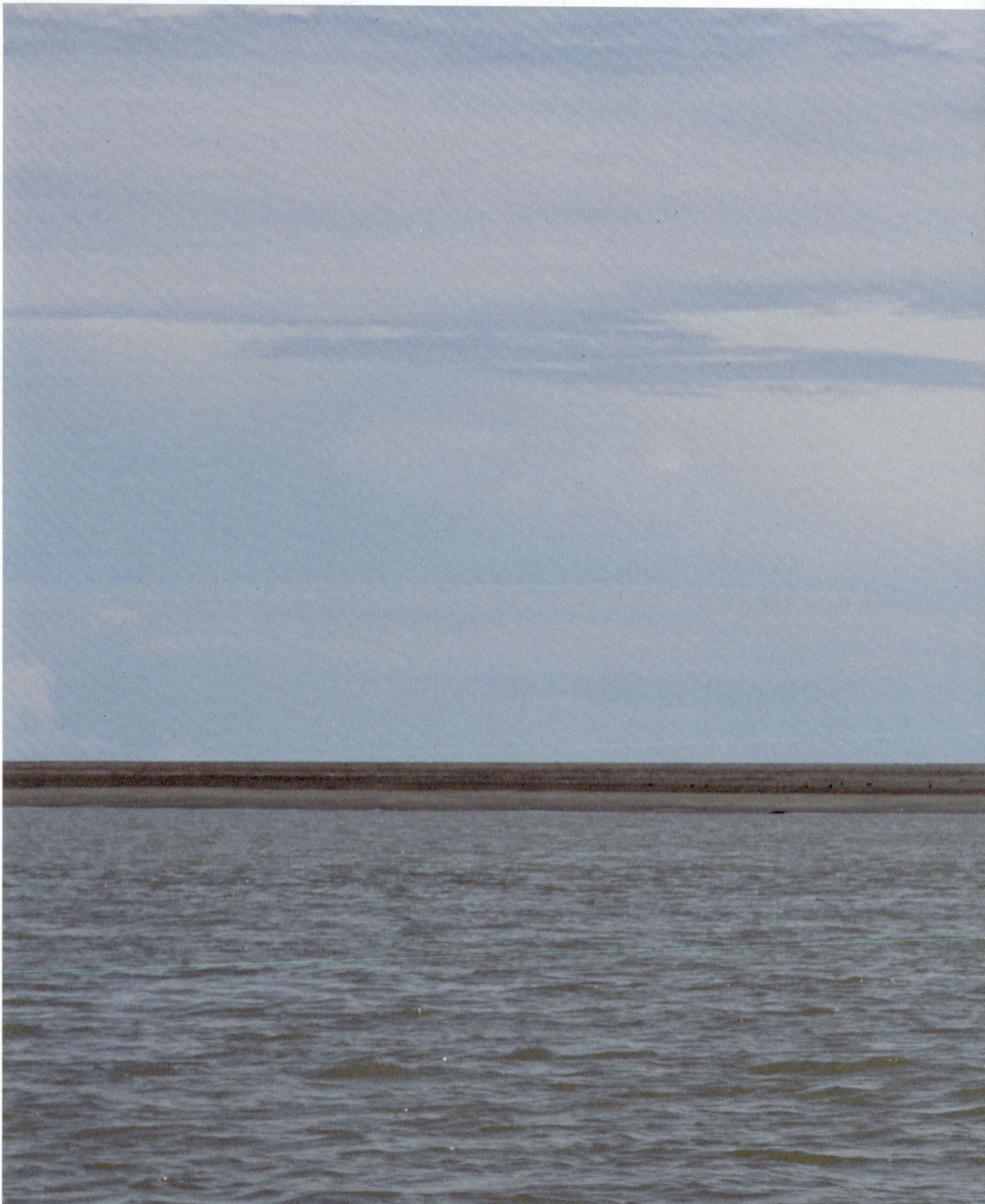

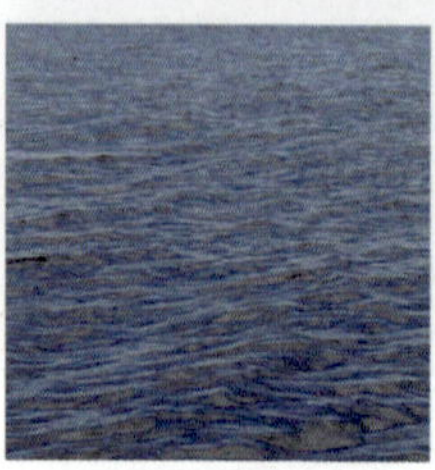
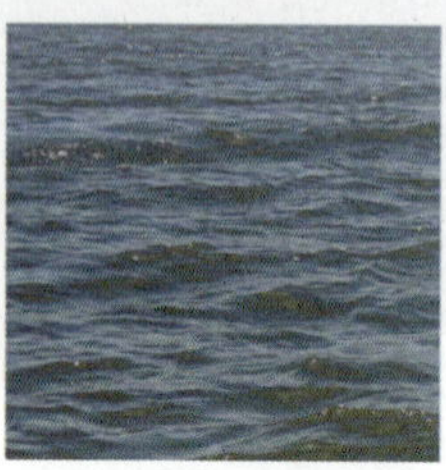
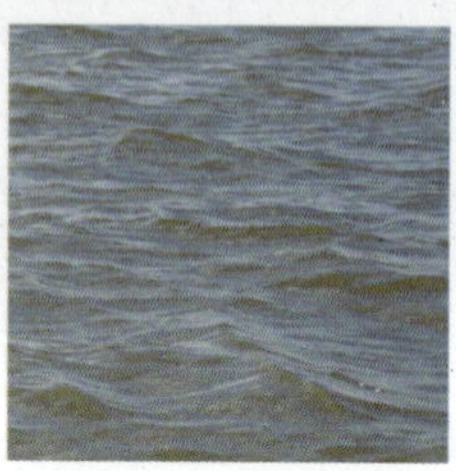
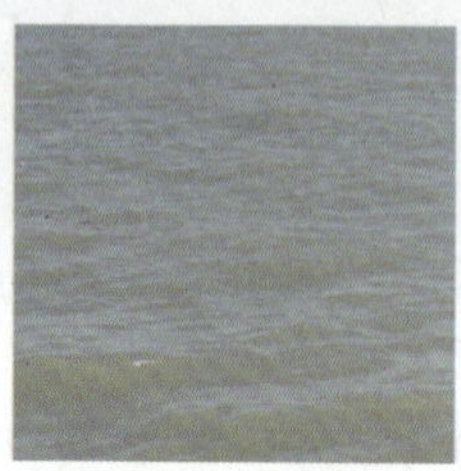

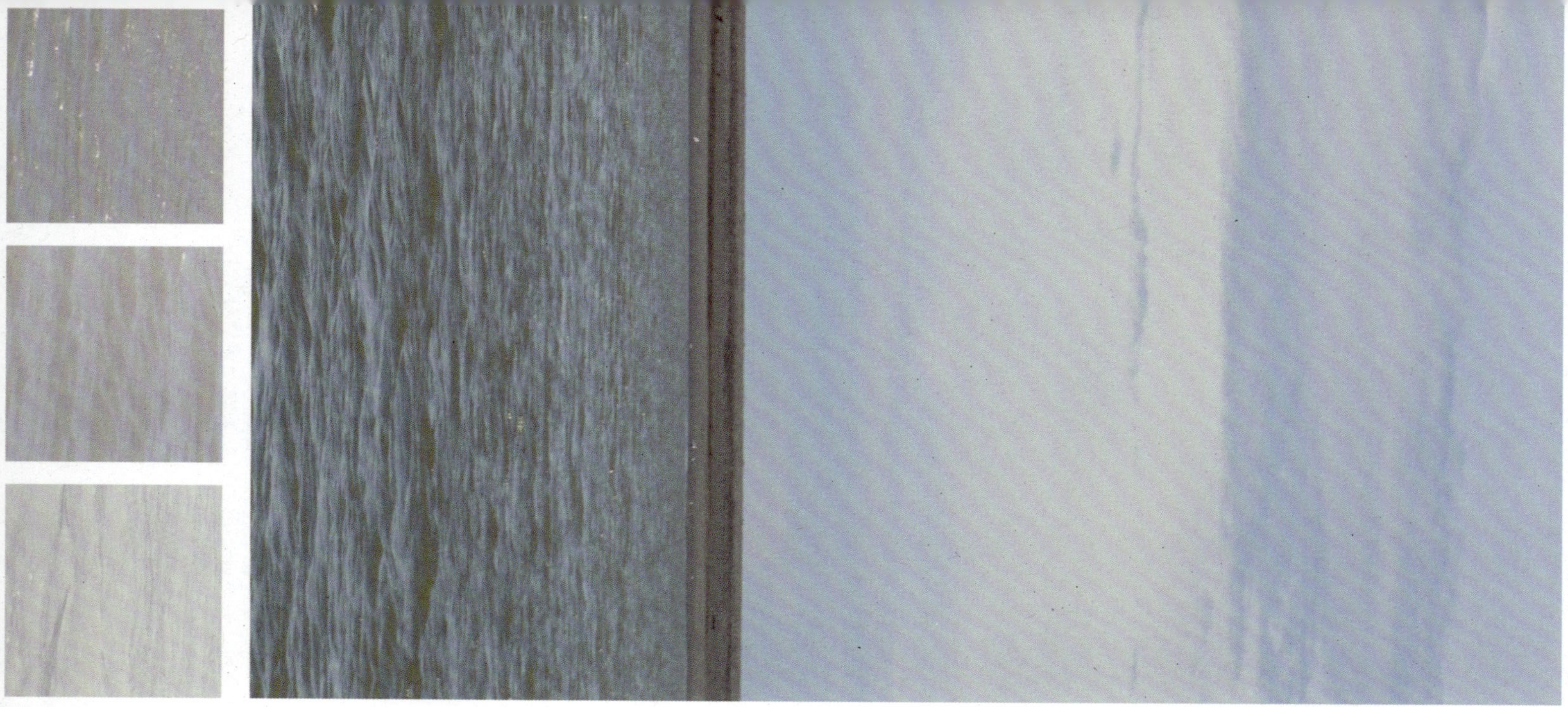

126 vorige Seite: Visualisierung der industriellen Bergbauinfrastruktur und Urbanisierung, Rückstandszonen, Abholzung und Schwermetallkontamination in Küstengebieten über einen Zeitraum von zwanzig Jahren unter Verwendung mehrerer Fernerkundungsanalysen, die großflächige Umweltschäden auf dem Land der Amungme und Komoro zeigen.

127 Ökozidale Folgen der Grasberg-Bergbauaktivitäten in der Arafurasee. Ausgedehnte Inselbildung aus Grasberg-Minenrückständen (Tailings und Schlacke) in der Nähe der Mündung des Flusses Ajkwa (2016). Die kleinen Fotos unten zeigen die zunehmende Kontamination des Meerwassers.

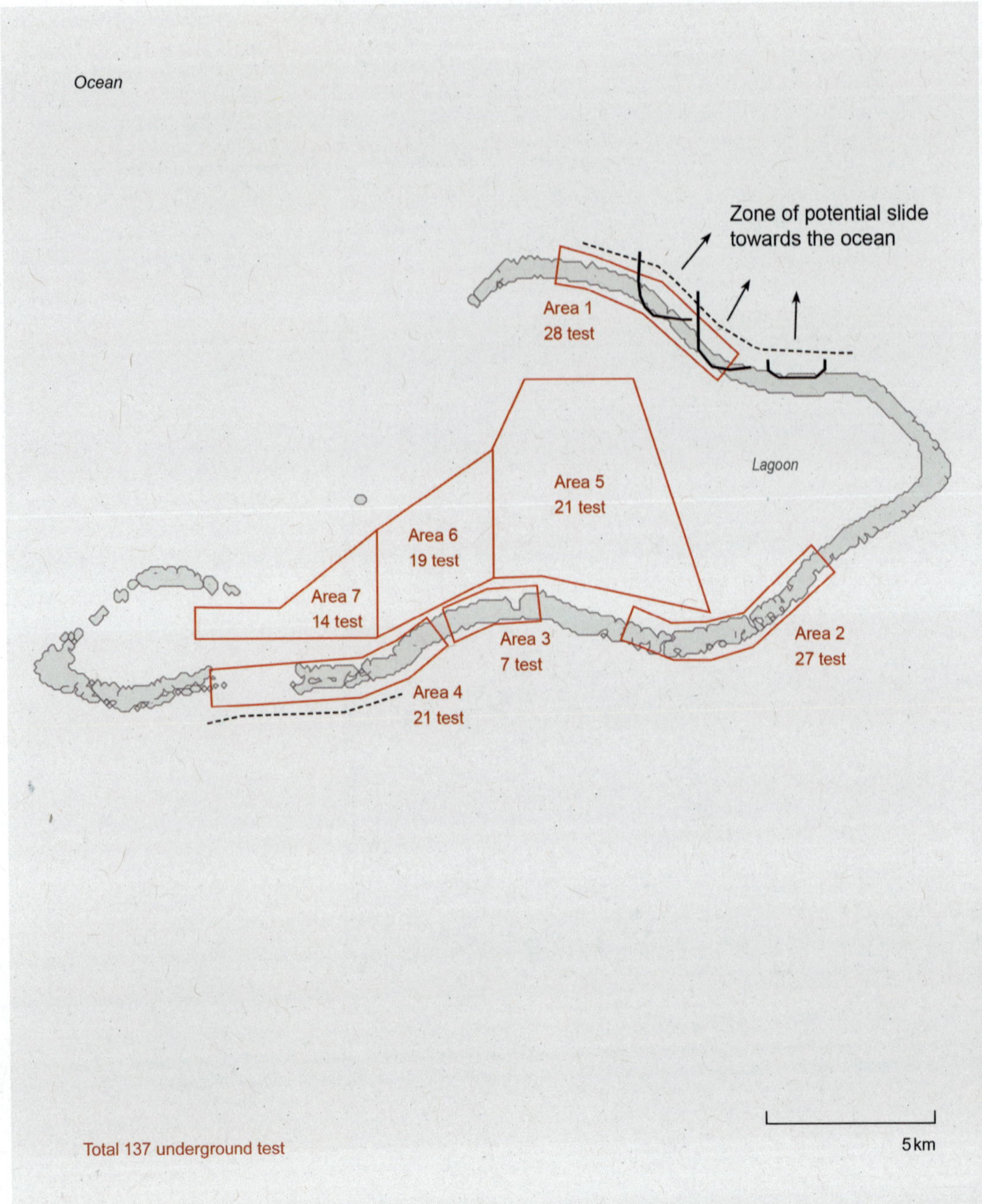
Ocean
Zone of potential slide
towards the ocean
Area 1
28 test
Lagoon
Area 5
21 test
Area 6
19 test
Area 7
14 test
Area 3
7 test
Area 2
27 test
Area 4
21 test
Total 137 underground test
5 km

besetzten Gebieten Palästinas abgehalten. Interessant an den Volkstribunalen ist die Art und Weise, wie zivilgesellschaftliche Akteur*innen an der Schaffung kritischer Rechtsformen jenseits staatlicher Legitimation mitwirken und eigene prozessuale Formen der Beweisführung und Rechtsprechung schaffen. „Durch die Instauration zivilgesellschaftlicher Gerichte wird der Verfügbarkeit des Rechts für Staatsapparate auf symbolische Weise Grenzen gesetzt“[137], schreibt die Juristin Berenice Böhlo.

Seit 2014 finden zudem zahlreiche *Rights of Nature Tribunals* statt, mit dem erklärten Ziel, ein unabhängiges Forum zu schaffen, in dem Menschen aus der ganzen Welt im Namen der Natur sprechen, gegen die Zerstörung der Erde protestieren und Empfehlungen zum Schutz und zur Wiederherstellung der Erde abgeben können.[138] Auch in der die Rechte der Natur anerkennenden ecuadorianischen Rechtsordnung sind Volksanwaltschaften *(Defensoria del Pueblo)*[139] vorgesehen, um im Prozessfall die fehlende Stimme der Natur einzunehmen. Mit der Verabschiedung des ersten Rechte-der-Natur-Gesetzes in Europa in 2022 – das der spanischen Lagune Mar Menor Rechtspersönlichkeit zuspricht – wurde die Aufmerksamkeit der Gesetzgeber*innen auf die Vereinbarkeit der europäischen Rechtstradition mit den Auswirkungen des Persönlichkeitsrechts für natürliche Entitäten gelenkt.[140] Aufgrund des Fehlens von ökozentrischen Vorbildern sieht das spanische Gesetz drei Gremien vor, die gemeinsam die Vormundschaft für das Mar Menor übernehmen: ein 13-köpfiges Komitee mit sieben unabhängigen Vertreter*innen der Zivilgesellschaft, das die Mar-Menor-Lagune repräsentiert, eine politisch besetzte Überwachungskommission und ein wissenschaftlicher Ausschuss. Die Zusammensetzung des Repräsentant*innenkomitees zeigt eine bürgernahe Auslegung des Supervisionsprinzips. So ist es Bürger*innen möglich, stellvertretend für die Lagune vor Gericht zu klagen, selbst wenn sie persönlich nicht unmittelbar von den Auswirkungen betroffen sind. Dieser Ansatz unterstreicht die Bedeutung der demokratischen Partizipation, indem er Menschen eine Stimme verleiht, um die Rechte der Natur zu verteidigen und durchzusetzen. Zu betonen ist auch, dass das Zustandekommen des neuen Gesetzes einem Volksbegehren zu verdanken ist, bei dem über 600.000 Personen ihre Stimme abgegeben hatten.

Sowohl die zivilgesellschaftlichen Tribunale als auch die in ästhetischer Praxis verankerten INTERPRT-Zusammenkünfte zielen vornehmlich darauf ab, Sichtbarkeit und Repräsentation für Gewaltopfer auch jenseits menschlicher Entitäten zu adressieren. Einerseits reagieren sie taktisch und methodisch auf die Unterdrückung und Unterlassung forensischer Evidenzen und gegen die Hegemonialität staatlicher Gewalt und Rechtsprechung, wie anhand der Case Study von Amar Kanwars *The Sovereign Forest* ausführlich besprochen. Anderseits dienen die Tribunale und zivilgesellschaftlichen Aufklärungsprojekte wie jene von INTERPRT dazu, den Kampf gegen Straflosigkeit bei nachweisbaren Verbrechen zu unterstützen und dabei jene Betroffenen zu Wort kommen zu lassen, die nicht „gehört“ und nicht „angehört“ werden. Ahmed erkennt jedenfalls in dem „Medium Gericht“ die reale und urgente Möglichkeit, das herrschende Rechtssystem derart zu reformieren, dass es als Mittel gegen den haltlosen Extraktivismus und zur Anklage ökozidaler Brennpunkte eingesetzt werden kann.

137 Ebd., S. 76.

138 https://www.rightsofnaturetribunal.org.

139 https://www.defensoria.gob.ec. Hier ist anzumerken, dass die „fehlende Stimme“ der Natur rechtlich kein Problem darstellt, da Rechte auch jene besitzen, die sich nicht selbst artikulieren können. Zu regeln gilt es vielmehr, wer diese stellvertretend wahrnehmen kann/darf.

140 https://www.boe.es/diario_boe/txt.php?id=BOE-A-2022-16019.

Die indisch-US-amerikanische Theoretikerin des Postkolonialismus, Gayatri Chakravorty Spivak, hat in ihrem immer noch einflussreichen Essay von 1988 die provokant formulierte Frage „Can the Subaltern Speak?" in den Raum gestellt und dabei die zwei unterschiedlichen Bedeutungen von „Repräsentation" – als Darstellung und (rechtliche) Vertretung – thematisiert. Spivak argumentiert, dass das subalterne Subjekt zwar sprechen und sich ausdrücken kann, jedoch aufgrund struktureller Mechanismen weder gehört noch rechtlich oder gesellschaftlich angehört wird. Die attestierte Stimmlosigkeit subalterner Subjekte wirft die heikle Frage nach ihrer Repräsentierbarkeit und Vertretung auf. Wer hat in einem dekolonialen Kontext das Recht, für andere zu sprechen – und unter welchen Umständen? Repräsentation und damit verbundene größere Sichtbarkeit und Rechtschaffenheit bieten zwar unter Umständen Zugang zu politischer Macht, erfordern allerdings auch eine kritische Reflexion über dominante Wissens- und Herrschaftsverhältnisse. Mehr Sichtbarkeit bedeutet weder notwendigerweise mehr Rechte noch eine Form der Anerkennung, die auf der Eigenständigkeit minorisierter Menschen beruht. Spivak verwendet die Begriffsamalgamierung „(im)possibility"[141], um die Möglichkeit, gar Unerlässlichkeit einer Aufgabe bei ihrer gleichzeitigen Unmöglichkeit zu signalisieren. Diese (Un)möglichkeit deutet darauf hin, dass es die Aufgabe der Privilegierten[142] (des Nordens, aber auch des postkolonialen Südens) ist, die Bedingungen zu bekämpfen, die ausgrenzende Herrschaftsmodelle aufrechterhalten, und immer wieder neue ethisch-politische Wege des Umgangs mit ausgegrenzten Anderen und mehr-als-menschlichen Subjekten zu (er)finden.

Das Problem der Vertretung anderer Menschen ist in der Tat schwerwiegend und komplex, aber wie verhält es sich, wenn nichtmenschliche Akteure repräsentiert werden sollen? Im Bemühen, die Interessen nichtmenschlicher Entitäten zu schützen, die sich nicht selbst artikulieren können, stellt sich die Frage, ob es zulässig ist, für sie einzutreten und für sie zu *sprechen*. Besonders aus der Perspektive der flachen Ontologie, also jener posthumanen und neumaterialistischen Vorstellungen, die allen Entitäten ontologische Relevanz und nichthierarchische wechselseitige Beziehungen zuschreiben, wird eine Vertretungsdynamik oder gar eine rechtliche Sachwalterschaft von natürlichen Subjekten als unzulässig oder zumindest als ethisch fragwürdig angesehen. Eine solche Vertretung würde nämlich implizieren, dass die für sie zentrale *natureculture*-Symbiose auseinanderbräche und eine präverbale Natur reinstituiert wäre, die auf Kultur angewiesen ist, um gesehen/gehört/anerkannt zu werden.

Ein ähnliches Problem wirft Repräsentation-als-Abbildung auf, bei der das Sichtbarwerden von Natur medial, in der Regel durch den Blick der Kamera, gerahmt und fixiert wird. Auch das kann dazu führen, dass Natur als passiver Gegenstand betrachtet wird. Durch die Re-Produktion entsteht ein reifizierendes Bild, das häufig den Blickwinkel und die Perspektive seiner Produzent*innen widerspiegelt und vorgefasste Interpretationen reproduziert. „No Representation without Colonisation? (Or, Nature Represents Itself)", so lautet das Fazit von Astrida Neimanis in ihrem gleichnamigen Essay, das die Problematik der Selbst(re)präsentation der Natur aufrollt. „'Nature represents itself' doesn't solve the problem of representation [...]; the task is rather living ethically with the problem. We are not exonerated from representation's ethical quandaries. Nature representing itself does, however, recast this problem. It is no longer primarily an ontological question (is representation possible?), but a decidedly ethical and political one."[143] Die Auflösung dieses Dilemmas besteht jedoch nicht darin, Repräsentation „aufzugeben" oder sie als soziale Konstruktion zu entlarven, sondern darin, die Annahme einer reinen und präfigurativen „Natur", die einer abgehobenen, konzeptuellen Deutung bedarf, zu komplizieren und einer ethischen Prüfung zu unterziehen. Es gilt, über die Vorstellung einer passiven Natur, die lediglich Gegenstand menschlicher Repräsentation ist, hinauszugehen und stattdessen die Wechselwirkungen zwischen Menschen, Technologien und Natur als ethisch-politisches Problem in den Fokus zu rücken. Dies erfordert eine Erweiterung des Repräsentationsbegriffs, um die aktive Beteiligung der Natur an der Konstitution von Bedeutung zu berücksichtigen.

Im Zeichen posthumaner und dekolonialer Wissensformationen zeigt sich, dass die Problematik der Gerichtsbarkeit ökologischer Zerstörung und der Beeinträchtigung des menschlichen Lebensraums eine Vielfalt von Fragestellungen aufwirft. Wenn Leben, menschliches und nichtmenschliches, in die verwobenen sozialen Beziehungen einer Naturkultur eingebettet ist, dann muss die Rechtsprechung über das Leben ebenfalls neu verhandelten Prozessen und Imaginationen unterliegen. Dem Axiom folgend, dass Natur und marginalisierte menschliche Subjekte „sich selbst repräsentieren", müssen diese Formen der Gerichtbarkeit an den Möglichkeiten und Widrigkeiten arbeiten, wie diese politisch und ethisch gehört werden können. Dabei bedienen sie sich, wie Ahmed erläutert, auch der Mittel der Kunst. „Where existing legal norms fall short, the tribunals will mix performative events and hearings, rigorously appraising the effects of environmental destruction and impunity."[144]

Die Vermischung performativer Events und gerichtlicher Anhörungen, so Ahmed, soll die Normativität der gerichtlichen Situation sprengen und neue Arten des Sprechens begünstigen. Es sind jedoch vor allem die ästhetischen und medientechnisch aktivierbaren Kapazitäten von „material witnesses" und ihr informatives Potenzial, die multisensorische Abdrücke von „aesthetic agents" liefern sollen. Susan Schupplis Rechtsfigur der materiellen Zeugenschaft, die sie im Kontext von FA entwickelt hat, bietet einen medienforensischen Zugriff auf die epistemologischen Herausforderungen einer nicht ohne Weiteres beanspruchbaren Umwelt und verknüpft sie mit Theoriepositionen des Neuen Materialismus, um die Handlungsfähigkeit nichtmenschlicher Akteur*innen in Anschlag zu bringen. Dabei arbeitet sie mit und verstärkt die medialen Qualitäten natürlicher Prozesse und ihrer „evidenzbezogene[n] Informiertheit"[145], die sie der inhärenten Sensibilität organischer Materialität zuschreibt. In ihrer Untersuchung entfaltet sie durch verschiedene Fallstudien – wie *Nature Represents Itself* und *Slick Images* (beide 2018), die die Frage der „doppelten" Repräsentation im Kontext der „Deepwater-Horizon"-Katastrophe aufwerfen – einen erweiterten Medienbegriff, der die materielle Zeugenschaft über natürliche Informierung in Umweltaspekten konzeptualisiert.[146] *Nature Represents Itself*[147] dient der Veranschaulichung von naturanalogen Inskriptionsprozessen, „that are fundamentally comparable to how analog media – photography and film – disclose perturbances as visible aesthetic effects"[148]. Mit Blick auf die materielle Zeugenschaft des Ölfilms, der sich im Golf von Mexiko auf der Meeresoberfläche bildete, analogisiert Schuppli das ölige Spurenbild mit dem kinemato-

141 Gayatri Chakravorty Spivak, *Death of a Discipline,* New York: Columbia University Press 2003, S. 72.

142 Spivak verwendet den Begriff des Privilegs in verschiedenen Kontexten, um aufzuzeigen, dass Privilegien eine hegemoniale Weltsicht erzeugen.

143 Astrida Neimanis, „No Representation without Colonisation? (Or, Nature Represents Itself)", in: *Somatechnics* 5, Nr. 2, Herbst 2015, S. 150.

144 Nabil Ahmed, „INTER-PACIFIC RING TRIBUNAL (INTERPRT): An interdisciplinary project on environmental justice in the Pacific region", 2017, TBA21–Academy Archiv.

145 Rothöhler, *Medien der Forensik*, S. 172.

146 Ebd., S. 171/172.

147 Susan Schuppli, *Nature Represents Itself,* 2018. CGI Simulation, 6:26 Minuten (Loop). Prouziert in Zusammenarbeit mit Harry Sanderson. *Slick Images,* 2018. Digitale Videoanimation. 12:18 Minuten (Loop).

148 Susan Schuppli, *Material Witness: Media, Forensics, Evidence,* Leonardo, Cambridge, MA: MIT Press 2020, S. 286, und https://susanschuppli.com/NATURE-REPRESENTS-ITSELF.

grafischen Film und kombiniert zudem medienästhetische Simulationen des Ölfilms mit der Anklageschrift gegen den Erdölkonzern British Petroleum, die von der Rechtspersönlicheit „Natur“ nach dem Prinzip der universellen Gerichtsbarkeit der Rechte der Natur in Quito, Ecuador, am 26. November 2010 eingereicht wurde.

DIE ÄSTHETIK DER FAKTEN

> The nuclear waste that will slowly transform and contaminate the earth's soil will also mobilize complex political agendas. Thus, the history of nuclear waste must be read as a stratigraphic process, as an accumulation of precipitate material, but also of political, economical, and technological strata.[149]

Jede Art der Gerichtsbarkeit erfordert nachvollziehbare und beurteilbare Evidenzen. Im Anthropozän nehmen allerdings die materiell-semiotisch-kompositen Zeugnisse eine besondere Form an, wie die Beispiele des „Deepwater-Horizon“-Ölfilms, der sich akkumulierenden flüchtigen CO_2-Emissionen und der unsichtbaren Atomvermüllung zeigen. Evidenz bewegt sich im Bereich der Sichtbarkeit, ihrer Gestaltung und Befragung. Was allerdings, wenn sich die gängigen Spuren und Abdrücke ökologischer Prozesse und Veränderungen nicht herkömmlichen Analysen der Sichtbarkeit öffnen; wenn die „Intimitäten“, die sie erzeugen, ihren langsamen Werdegang erst über Jahrzehnte entfalten und wenn die Gewalt, denen sie entspringen, nicht als Verbrechen anerkannt wird? Die Herausforderung bei der Gerichtsbarkeit und Verfolgung von Umweltverbrechen liegt in den Widerständen von Staat, Militär und Konzernen sowie in der Tatsache, dass die Auswirkungen der Schäden oft über einen großen geografischen Bereich verteilt und zeitlich verzögert auftreten. „Langsame Gewalt“ ist der treffende Begriff des Literaturwissenschaftlers Rob Nixon, der die heimtückische, weit verbreitete und diffuse Zerstörung beschreibt, die oftmals ökologische Gewalt charakterisiert. *Bio-* und *techno-intimacies*[150] nennt die Anthropologin Kath Weston die Art der Verbindungen, die Körper und ihre Umwelten eingehen und durch die sich Kontaminierungen in Körper einschreiben, bis hin zu ihren genetischen Abdrücken. Diese Art der Intimität hat nichts mit der emphatischen posthumanen Verschränkung von Leben und Nichtleben zu tun. Sie erzeugt vielmehr „bodies [that] are fully industrialized products of a highly industrialized world“[151]. Chemische Belastungen durch polychlorierte Biphenyle (PBC) in Weichmachern und Kunststoffen aller Art, gentechnisch veränderte Organismen (GMO) und melaminhaltige Milchprodukte haben sich allgegenwärtig in den Alltag eingeschlichen. Aber vor allem für Körper, die „zu nuklearen Brennstäben“ werden, wie in Polynesien oder zuletzt in Fukushima, Japan (2011), sind radioaktive Biointimitäten über Generationen hinweg pathologisierend, werden Nachvollziehbarkeiten und Evidenzen von Regierungsstellen verstellt oder verfälscht und ist das Nahverhältnis von *dark epistemologies* und *dark ecologies*[152] greifbar.

149 Gabriel Ruiz-Larrea, *Green Glass Rocks and Red Clouds: Postnuclear Media Objects of the Anthropocene*, 2019. Ausstellungsbeitrag zu *Broken Nature: Design Takes on Human Survival*, XXII Triennale di Milano, 2019. http://www.brokennature.org/green-glass-rocks-red-clouds-postnuclear-media-objects-anthropocene/.

150 Kath Weston, *Animate Planet: Making Visceral Sense of Living in a High-Tech, Ecologically Damaged World*, Anima, Durham, N. C.: Duke University Press 2017, S. 79.

151 Ebd.

152 Timothy Morton, „Dunkle Ökologie. Für eine Logik zukünftiger Koexistenz“, in: *Internationales Jahrbuch für Medienphilosophie* 4, Nr. 1, 1. September 2018, S. 251. https://doi.org/10.1515/jbmp-2018-0013.

AUGMENTATION DE L'ACTIVITE SURFACIQUE EN nCi/m²

Mois de ..JUILLET....,

DATE	TUREIA	REAO	TOTEGEGIE	HAO	MAHINA
1	–	X	X	X	X
2	–	X	X	X	X
3	–	X	X	–	X
4	–	–	–	–	X
5	–	–	–	–	X
6	–	–	–	–	–
7	–	–	–	–	–
8	–	–	–	–	–
9	–	–	31	–	–
10	–	–	–	–	–
11	–	–	–	–	–
12	–	–	–	–	–
13	–	–	–	–	–
14	–	–	–	–	–
15	16	–	–	–	96
16	–	–	–	–	–
17	–	–	–	–	–
18	–	–	–	–	–
19	894	–	–	–	66500
20	331	–	–	–	24400
21	–	–	–	–	2270
22	–	–	–	–	630
23	–	–	–	–	[illegible]
24	–	–	–	–	4270
25	–	–	–	[illegible]	[illegible]
26	–	–	–	[illegible]	[illegible]
27	–	–	–	[illegible]	[illegible]
28	–	–	–	[illegible]	[illegible]
29	–	–	–	[illegible]	[illegible]
30	70	–	40	20	–
31	–	–	–	62	–

value CEA used

values CEA did not include dose calculation

total:
92678 nCi/m²
=
3,400,000 Bq/m²

_ : inférieur à la limite de détection: 15nCi/m²

X : pas de prélèvement

129 vorige Seite: Messungen der radioaktiven Bodenkontamination in Nanocuries pro Quadratmeter, durchgeführt von der Radiologischen Station Mahina, Tahiti, im Anschluss an den Centaur-Kernwaffentest, Juli 1974. Die Dosisrekonstruktionsstudie der CEA (Commissariat à l'énergie atomique et aux énergies alternatives) von 2006 berücksichtigt keine Ablagerungen nach dem 19. Juli. Deklassifiziertes Dokument 01-1974 - 02-29-58.

130 Indexierung der radioaktiven Bodenkontamination in Tahiti nach dem Centaur-Kernwaffentest von 1974. Beide Karten zeigen Ablagerungswerte im Verhältnis zum Referenzwert der Radiologischen Station Mahina. Unten: Die Karte aus dem CEA-Bericht von 2006 reproduziert die Originalzeichnung von 1974. Die 1974 gemessenen Höchstwerte in Taravao (9,6-fach) und Teahupoo (11-fach) erscheinen allerdings nicht im Bild von 2006. Auch die Strahlungsobergrenze im westlichen Teil der Hauptinsel wurde von 0,3 auf 0,2 herabgesetzt.

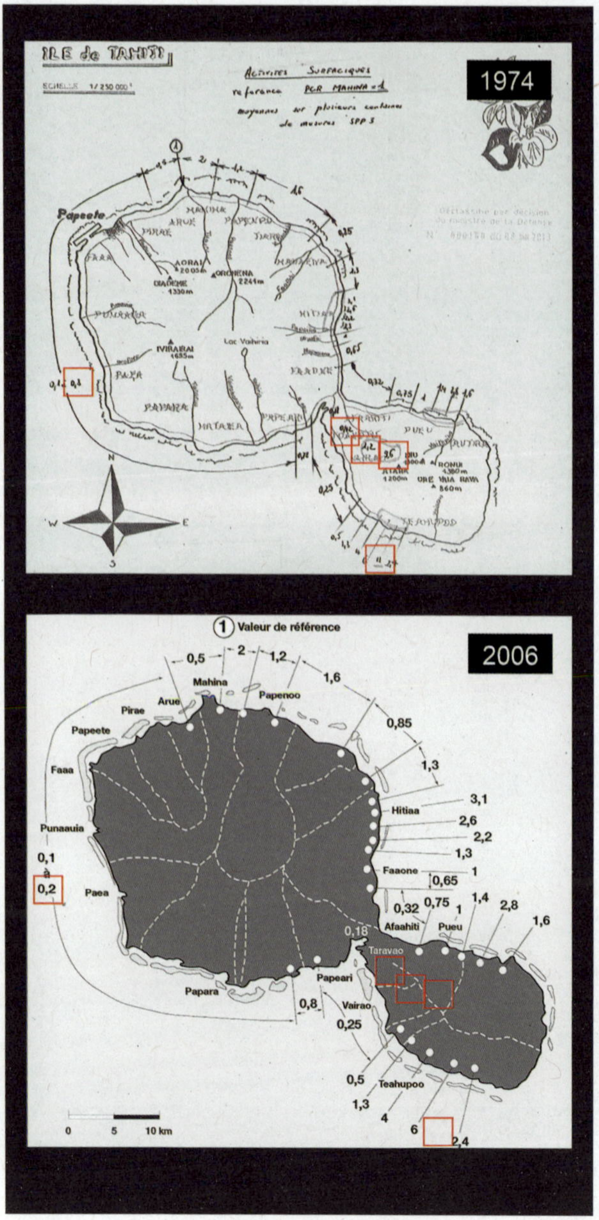

Volatile chemische, synthetische oder nukleare Schad- und Gefahrenstoffe hinterlassen diffuse Kontaktsignaturen in ökologischen Systemen, die eine aufwendige Rückverfolgung erfordern. Aus forensischer Sicht impliziert diese Tatsache, dass kontaminierte Ökosysteme in Gewässern, in der Luft oder am Festland zu Informationsträgern werden, die über mediale und informatische Übersetzungstechnologien ausgewertet, als Spurenbilder decodiert und kausal mit einem Verbrechen in Verbindung gebracht werden müssen. Zu ihrer Aufdeckung werden materielle und ökozentrische Evidenzen benötigt, die, wie im Fall der Nukleartests, militärischer Geheimhaltung unterliegen oder oft als proprietäres Wissen von multinationalen Konzernen geschützt sind. Neben aufwendiger Datensammlungen und -auswertungen bedarf es komplexer umweltforensischer Technologien und ökologischen Wissens, um beweiskräftiges Material zur Vorlage an die entsprechenden Gerichte aufzubereiten.

Für den Tatort der Atomtests auf Mururoa und zur Unterstützung von Reparationsklagen erstellte INTERPRT in Zusammenarbeit mit dem Science & Global Security Program an der Princeton University ein Kompendium an
129, 130 Modellierungen und Forschungsunterlagen, das unter der Bezeichnung *Moruroa Files* der Öffentlichkeit zugängig gemacht wurde. Darin heißt es: „With the help of thousands of declassified military documents, hundreds of hours of calculations and dozens of unpublished testimonies, this investigation demonstrates for the first time the extent of the radioactive fallout that struck the inhabitants of this vast territory as the Europe.“[153]

Der spezifische Streitfall, um den gerungen wird, betrifft die Rekonstruktion der Testabläufe an drei tatrelevanten Tagen, nämlich den atmosphärischen Abwurf von Aldéraban, so der Codename der Bombe, am 2. Juli 1966; der Encélade-Bombe am 12. Juni 1971; und der Centaure am 17. Juli 1974. Für alle drei Tests visualisierte das Team in einem aufwendigen Verfahren umweltkriminalistische Modellversionen, einschließlich der vorherrschenden Wetter- und Windbedingungen. Die atmosphärischen Kernwaffenexplosionen setzten eine große Menge radioaktiven Staubs frei, der durch Luftbewegungen über beachtliche Entfernungen transportiert wurde. Auch die Zündungshöhe der Atombomben und ihre Explosionsstärke spielten eine wesentliche Rolle. Dieser Niederschlag führte dazu, dass Gebiete kontaminiert wurden, entweder durch direkte Verstrahlung oder als Folge der Bioakkumulation von radioaktiven Partikeln in der Umwelt, die nicht unter die Richtlinien des Loi Morin fallen.

Für alle drei Nukleartests konnte so das INTERPRT-Team auch unter Bezugnahme auf historische Karten des CEP mit großer Sicherheit nachweisen, dass der nukleare Fallout die völlig ungeschützten Bevölkerungen von benachbarten Inseln erfasst hatte. Mit ihren virtuellen Mappings rekonstruieren sie nicht
131, 132 nur navigierbare 3D-Oberflächen, die als historische Raumsimulationen verstanden werden können. Die Ergebnisse ihrer kartografischen Recherche lassen sich zudem mit ethnografischen Feldforschungen abgleichen, da geolokalisierte Krebserkrankungen und deren Häufungen auf den nuklearen Dispersionsmodellen erfasst und indexiert wurden. Die wissenschaftliche Aufarbeitung, die den strengen Prinzipien des Peer-Reviews unterliegt, trägt dazu bei, die Validität und Genauigkeit dieser Ergebnisse zu gewährleisten.[154] Durch die Einbeziehung ihrer aktualisierten Dosisschätzungen in das Kompensations-Antragsverfahren gegenüber der französischen Regierung ließe sich der Kreis der anspruchsberechtigten Antragsteller*innen um den Faktor zehn vergrößern.

153 https://moruroa-files.org/en/investigation/moruroa-files.
154 Philippe, Schoenberger, Ahmed, „Radiation Exposures“, S. 62–94.

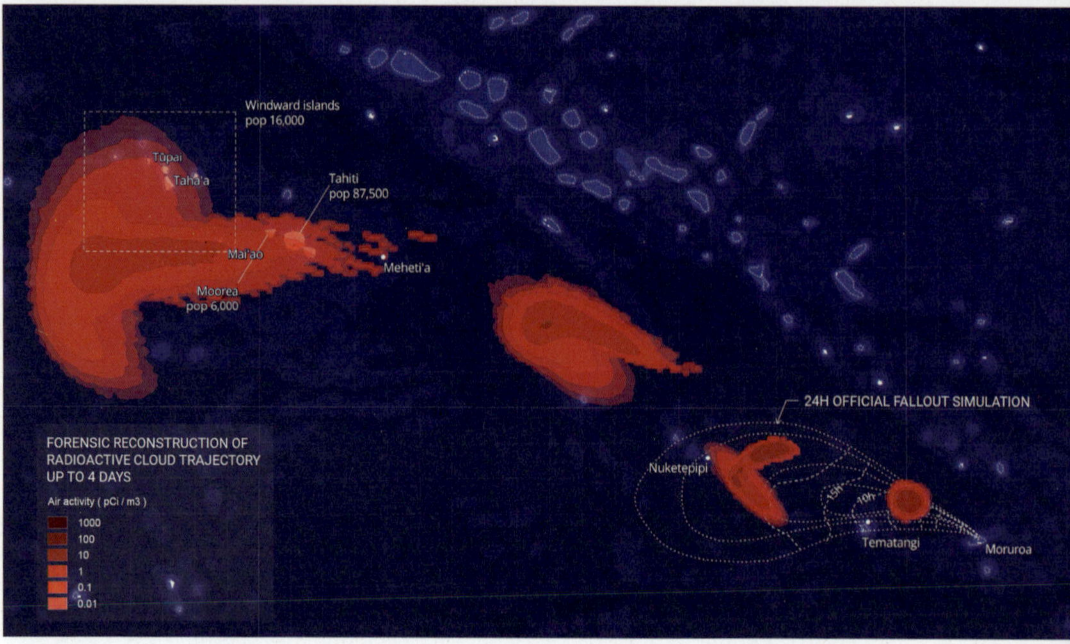

131 INTERPRT, Forensische Rekonstruktion des Centaur-Kernwaffentests und dessen Fallout, 2019: Synthetisches Testergebnis der Ausbreitung radioaktiver Partikel in der Atmosphäre, simuliert anhand meteorologischer Daten, mit Angaben zum Zeitpunkt des Eintreffens der Nuklearwolke (farbcodiert).

132 INTERPRT, Verbreitungsmuster der Fallout-Wolken von 31 atmosphärischen Kernwaffentests, interaktive Story-Map.

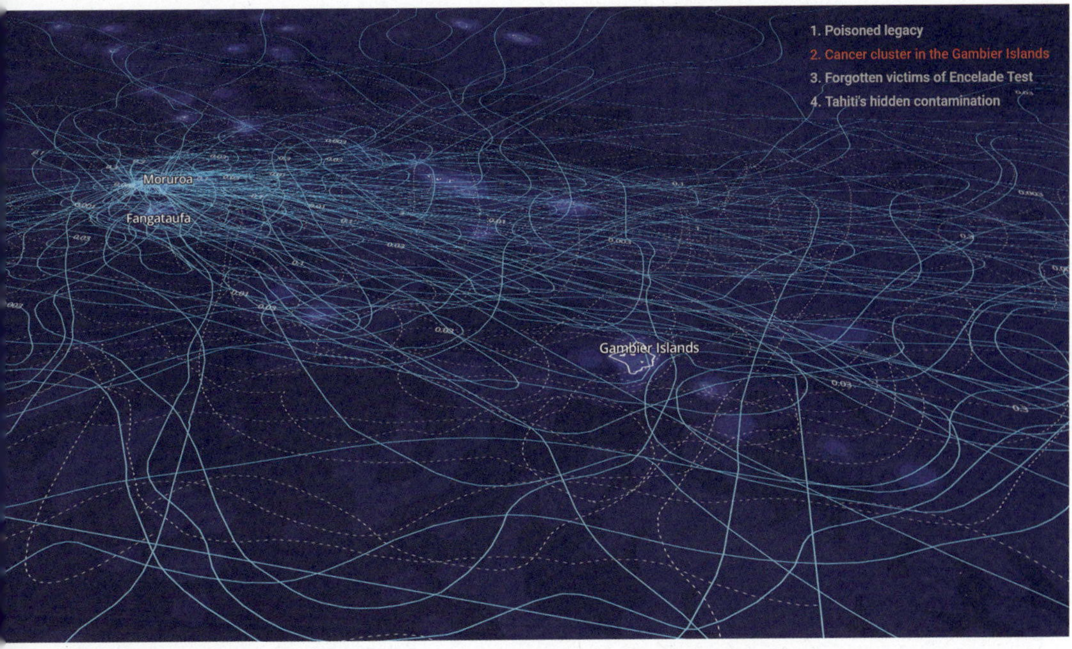
1. Poisoned legacy
2. Cancer cluster in the Gambier Islands
3. Forgotten victims of Encelade Test
4. Tahiti's hidden contamination
Moruroa
Fangataufa
Gambier Islands

Das neue Bild des nuklearen Pazifiks, das INTERPRT mit seiner Gegenrecherche rekonstruiert, hat sowohl ästhetischen und epistemischen als auch kommunikativen Mehrwert. Es adressiert existierende und zukünftige forensische Foren der Gerichtsbarkeit, mobilisiert zivilgesellschaftliches Engagement und macht komplexe Zusammenhänge mittels ästhetischer Strategien kommunizierbar. Eine „new aesthetic of facts" nennt Weizman die „poly-perspectival" Hybridisierung von *Open-source*-Material und Formen des künstlerischen und wissenschaftlichen Visualisierens, die der „disinformation, noise, bias, and distortion" sowie den „deepfakes"[155] unserer Zeit neue Verifikationsprozesse entgegenhalten. Die *aesthetic commons* seien zu aktivieren, um solche offenen Prozesse der Verifikation in Gang zu setzen. Dementsprechend plädiert Weizman auch für einen Zusammenschluss von Kunst und Wissenschaft:

> Today this gulf between science and art must close again. The practice of open verification is one of the avenues through which to re-entangle artistic and scientific work and bring forth a new aesthetic of facts.[156]

COUNTER-MAPPINGS DER KOHLENWASSERSTOFF-VERKNÜPFUNGEN

In der Beweisführung gegen den französischen Staat, gegen den Öl- und Energiekonzern Royal Dutch Shell oder gegen die Betreiber*innen der Grasberg-Gold- und Kupferminen in Westpapua gilt es, den – molekularen, atomaren, bioorganischen – Verknüpfungen und Verkettungen, den verstofflichten Veränderungen (im Körper, in der Umwelt und für unsere Mit-Welt) und den räumlich-forensischen Indikatoren Schicht für Schicht Form zu geben, und zwar in ihren politischen, rechtlichen und medientechnologischen Dimensionen. Anhand der akribischen Aufbereitungen von Spuren, Signalen, umweltforensischen Abdrücken und Feldforschungen in Video, Sound und *counter-mappings* erhalten die komplexen, nicht erkennbaren, zeitlich und räumlich versetzten Prozesse der Transformationen und Transfigurationen ästhetische Gestalt und politische Vermittlungskraft. Diese Techniken verwenden, nach Edward Said, Geografie als „Kunst des Widerstands"[157], die in Gegenkartierungen ihren Ausdruck findet.

Die Praxis des *counter-mapping* detailliert Ahmed in einem Text zu den Landrechten in Westpapua. Darin zeigt er auf, wie Gegenkartografien im indigenen Widerstand von Landbevölkerungen angefertigt und eingesetzt wurden, um ihre Rechte gegen den Staat (Indonesien) zu verteidigen, etwa als weite tropische Waldstriche in Borneo zum Abholzen freigegeben wurden. Er schreibt: „Es ist offensichtlich, dass das Gegenkartieren ein politischer Begriff ist, der zwar in erster Linie in indigenen Ansprüchen gegenüber dem Staat eine Rolle spielt, aber auch von Aktivist*innen und Gemeinschaften weltweit verbreitet eingesetzt wird."[158] Die kartografischen Artefakte der Umweltforensik operationalisieren die intrinsische Medialität von Spurenbildern, wie auch die exakten dreidimensionalen fotogrammetrischen Rekonstruktionen von tatortspezifischen Objekten, Zeug*innenaussagen und wissenschaftliche Daten, um dichte materiell-semiotische Belege anzufertigen, die vor Gericht, in Ausstellungen sowie in anderen, auch webbasierten, Foren präsentiert werden können. Sie dienen dazu, die Beweislast gegenüber dem Staat und multinationalen Konzernen zu stärken und auf anschauliche Weise die Zusammenhänge und Auswirkungen von Landnutzung, Ressourcenausbeutung und den damit verbundenen sozialen und ökologischen Folgen darzustellen.

2018 erarbeitete INTERPRT gemeinsam mit der von der Anwältin Polly Higgins ins Leben gerufenen Umweltschutz-NGO *Ecological Defence Integrity*

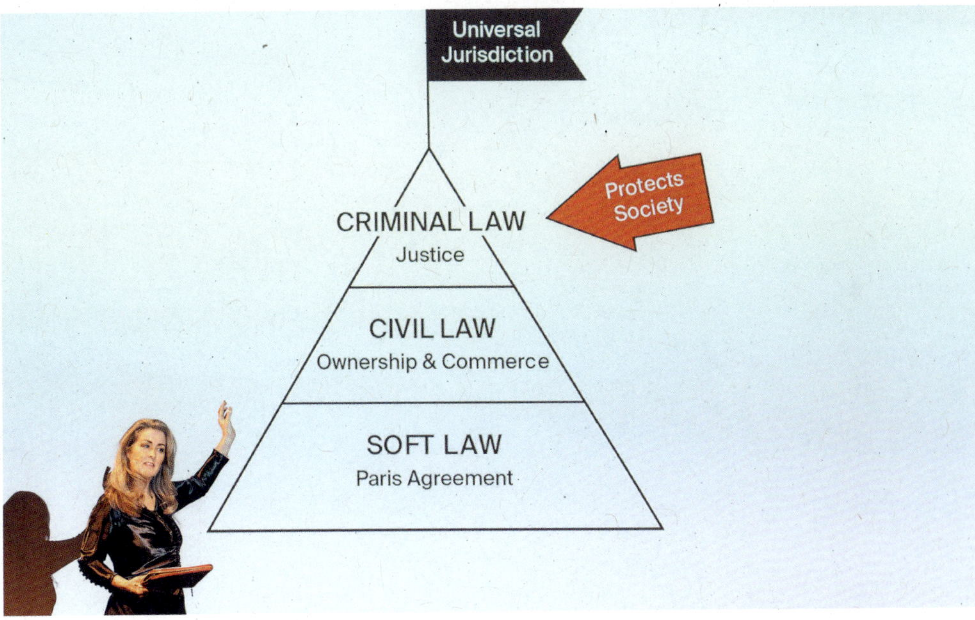

133 Juristin Polly Higgins, Museon, Den Haag, 2018

das transdisziplinäre *Earth Law*-Projekt. Anlässlich der 17. Jahresversammlung der Vertragsstaaten des Internationalen Strafgerichtshofs (5.–12. Dezember 2018 in Den Haag) wurde es im Rahmen einer Ausstellung im Museon-Omniversum, Den Haag, eines Webauftritts und eines Gegenforums für ökozidale Verbrechen vorgestellt. Mit einer zehnminütigen gegenforensischen Datenvisualisierung versuchte *Earth Law* den Beweis anzutreten, dass Royal Dutch Shell[159] jahrzehntelang nicht nur der Öffentlichkeit seine Forschungsergebnisse zu den klimatischen Folgen des Treibhauseffekts vorenthalten hatte, sondern trotz dieses Wissens auch seine Firmenpolitik hinsichtlich CO_2 emittierender Brennstoffe nicht adaptiert hatte. *Earth Law* zeigte des Weiteren auf, dass Shell (nach wie vor) Millionensummen in Desinformationskampagnen investiert: „As recently as in 2016 Shell has been supporting climate disinformation groups such as the American Petroleum Institute (API), National Association of Manufacturers (NAM) and Western State Petroleum Association (WSPA). Moreover, Shell spent some $22 million in 2015 on lobbying activities against climate policies."[160] Da die weltweite CO_2-Produktion auf einzelne Energieunternehmen zurückgeführt werden kann, berechnete die Plattform, dass Shell mit 1,8 Prozent der Gesamtmenge einer der größten Verursacher von Kohlendioxidemissionen in der Atmosphäre ist und somit für 1,6 Prozent des gemessenen Temperaturanstiegs und 1,4 Prozent des gemessenen Anstiegs des Meeresspiegels gerichtlich
133 verantwortlich gemacht werden kann.[161]

155 Weizman, „Open Verification".
156 Ebd.
157 Edward W. Said, *The Politics of Dispossession: The Struggle for Palestinian Self-Determination, 1969–1994*, New York: Vintage Books 1995, S. 416.
158 Ahmed, „Land Rights", S. 13.
159 Der Hauptsitz von Shell befindet sich in Den Haag, Niederlande, daher war die Wahl des Ortes für das Tribunal doppelt signifikant.
160 https://www.earth-law.org.
161 https://www.earth-law.org.

MIT WASSER DENKEN: SUSANNE M. WINTERLINGS *GLISTENING TROUBLES*

Mit *Glistening Troubles* eröffnet Susanne M. Winterling eine Reflexion über Praktiken der ökologischen Solidarität mit ökologischen „Anderen", die eine kollaborative Lebensweise pflegen. Im Sinne einer performativen Forschung mit organischen Körpern untersucht sie potenziell toxische Algenarten und das Phänomen der Biolumineszenz, um Geschichten zu erzählen und die tiefgreifenden Auswirkungen des Anthropozäns auf prekäre Ökosysteme weiter zu theoretisieren. Sie leitet diesen Forschungsansatz aus der Lektüre und intellektuellen Zusammenarbeit mit Denker*innen wie Elizabeth A. Povinelli, Gayatri Chakravorty Spivak, Lynn Margulis und Karen Barad ab, die sich mit Konzepten einer Anthropologie des Anderen, radikalen Feminismen, der Überwindung von Grenzen zwischen Natur und Kultur und der Rolle von Subalternen befassen. Die bloße Frage, wer für wen zu sprechen hat, löst jedoch nicht das Problem der Repräsentation. Stattdessen strebt Winterling eine neue Art des Denkens und Seins an: eine Praxis der Nähe, Intimität und Solidarität. Ihr Ziel ist es nicht, eine Lösung anzubieten, sondern eine Methode. Auf diese Weise schafft sie Raum für die Geschichten toxischer Souveränitäten und erinnert uns dabei daran, dass Geschichten kollektive Unternehmungen sind.

Für den US-amerikanischen Anthropologen Stefan Helmreich ist das Ozeanische ein von außerirdischen Intelligenzen, extremophilen Organismen und vampirischen Tieren bewohnter „alien ocean“, den die Menschen zum größten Teil noch nicht erforscht haben. Es ist das „höllische“ Reich der extremen Tiefe, auch Hadal genannt, der veränderten atmosphärischen und chemischen Bedingungen und der totalen Alterität. Für Hydrofeminist*innen[162] bieten die nassen Ontologien einen innovativen Forschungsansatz, der das Medium Wasser als Methode des Denkens und Schreibens in den Mittelpunkt stellt. Dabei nutzen sie die fluviale Natur des Ozeanischen und die Medialität von Wasser, um eine Welt der Mobilität, des Dazwischenseins, der Instabilität und des Werdens zu denken. Es ist eine Welt in der Schwebe, die keinen kohärenten logischen Zusammenhang zwischen den Dingen braucht, sondern einen Erfahrungsüberschuss aus dem Fluss der Seinsformen, Wahrnehmungen und Empfindungen schöpft.

In Anbetracht der ökologisch brisanten Entwicklungen im Anthropozän wächst der Druck auf die Geistes- und Sozialwissenschaften, in Kooperation mit den Naturwissenschaften einsatzbereite Paradigmen bereitzustellen, die die komplexen Beziehungen zwischen Mensch und Natur ansprechen können. Die Beschäftigung mit Ozeanen und mit wässrigen Umwelten hat in der Tat in den letzten Jahrzehnten ein solches Archiv an Gegenerzählungen und theoretischen Figurationen hervorgebracht. Welten-anderswie-Wissen haben einige ökokritische Denker*innen diese aquatischen Theoriekonstruktionen genannt. Dieses „Anderswie“ oder *otherwise,* dem ich in der Rahmung der Praktiken der Gegenrecherche eine diffraktive, emergente und disruptive Rolle zugeschrieben habe, kommt im Denken *mit* Wasser zum Tragen. Mit-Wasser-Denken *verflüssigt* für Stacy Alaimo, Elizabeth DeLoughrey, Eva Hayward und Astrida Neimanis, um einige wichtige Vorreiterinnen zu nennen, das „Wissensprojekt“ als solches und zeitigt Effekte eines manifesten Unwissens, einer „epistemology of unknowability“[163]. Die Mobilisierung einer hydrophilen feministischen Ethik des Wissens bietet die Möglichkeit, sich andere Formen des Seins, des Umgangs mit Wasser und seinen Bewohnern vorzustellen. Sie inspiriert zu Solidarität, Behutsamkeit und Gegenseitigkeit mit den Ozeanen.

Wasser ist Element, Urkörper und Medium zugleich; es ist elementarer Stoff, Ursprung irdischen Lebens und Verbindungsmaterie. Wie Neimanis betont, sind unsere Körper Teil des hydrologischen Zyklus – sie sind *bodies of water* und in ständigem Austausch mit anderen hydrologischen Umwelten, essend, rotzend, urinierend, ejakulierend und weinend. Wasser speichert, archiviert, erinnert. Wasser hat die Fähigkeit, alles zu zersetzen, aber auch Spuren und mikromolekulare Evidenzen zu bewahren: Plastik, Antibiotika, Reststoffe, Rückstände und flüchtige Substanzen sowie ihre Geschichten. So bringt das Wasserhafte andere Verbindungen und Wechselwirkungen zwischen Leben und Nichtleben, Stofflichkeit und ihrer Auflösung sowie technischen und medialen Praktiken hervor, die es sorgfältig zu beobachten gilt.

162 Der Hydrofeminismus ist eine Forschungsrichtung, die aus dem Zusammentreffen von Feminismus, Posthumanismus und ökologischem Denken entstand und sich der Ergründung der Wasserzyklen widmet. Vgl. Stacy Alaimo, „Violet-Black“, in: *Prismatic Ecology: Ecotheory Beyond Green,* hrsg. v. Jeffrey Jerome Cohen, Minneapolis: University of Minnesota Press 2013, S. 233–251, https://www.academia.edu/21655761/Violet-Black; Eva Hayward und Adela C. Licona, „Trans-Waters: Coalitional Thinking on Art & Environment“, in: *Terrain.org,* 17. Dezember 2014. https://www.terrain.org/2014/currents/trans-waters-coalitional-thinking-on-art-and-environment/; Neimanis, *Bodies of Water;* DeLoughrey, *Allegories of the Anthropocene.*

163 Astrida Neimanis, „Water and Knowledge“, in: *Downstream: Reimagining Water,* hrsg. v. Dorothy Christian und Rita Wong, Waterloo, Ontario: Wilfrid Laurier University Press 2017, S. 58.

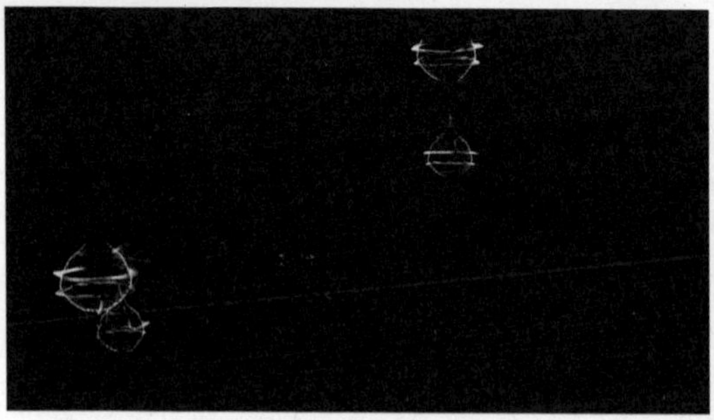
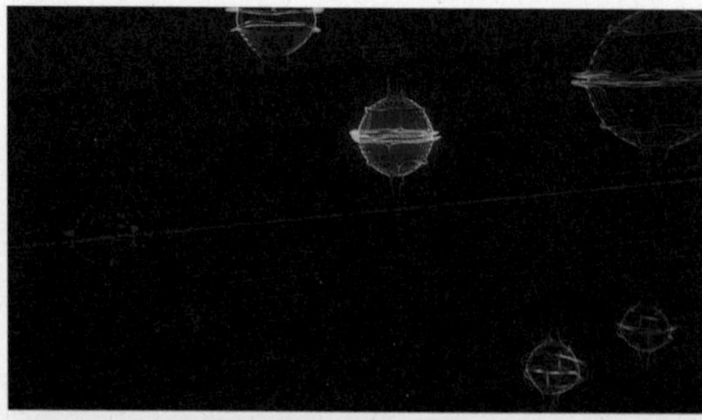
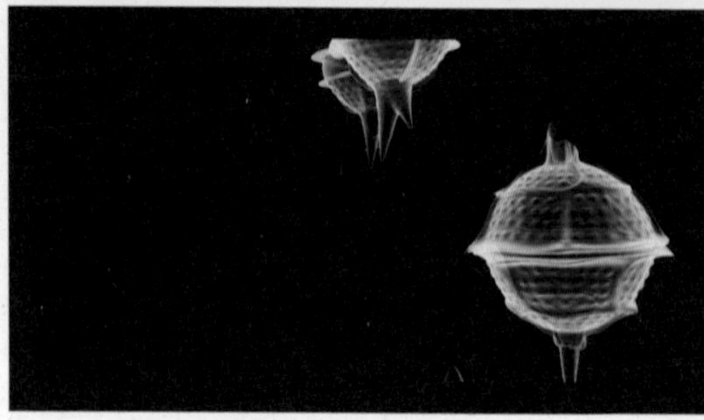
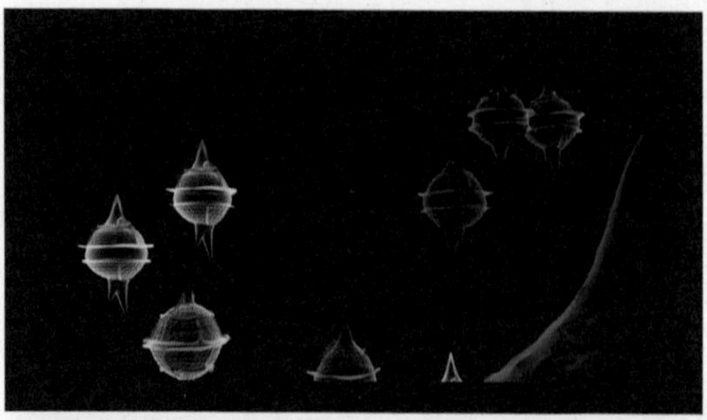
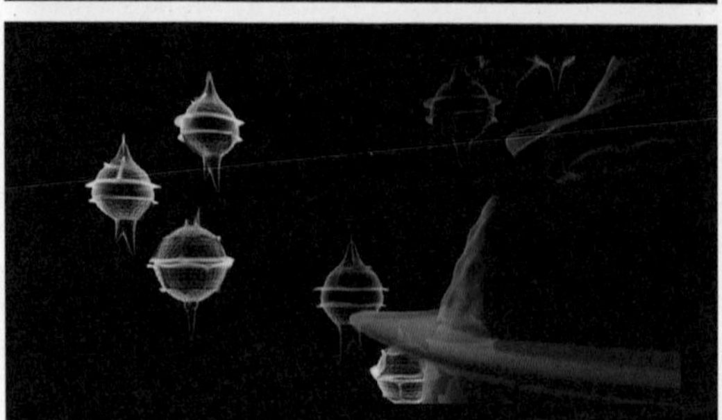
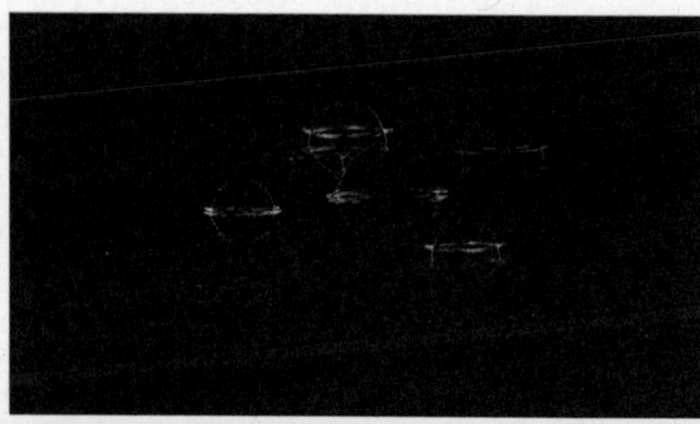
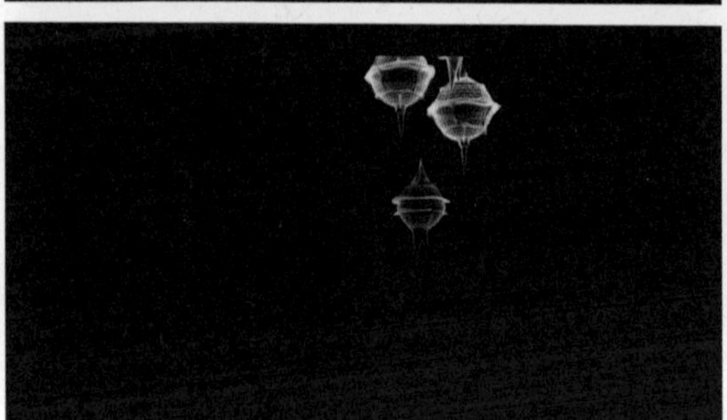
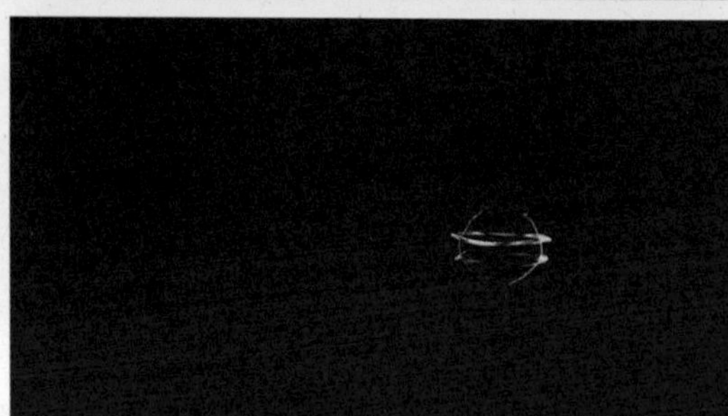

Terrazentrische Vorlieben haben, so Neimanis, festgefahrene dialektische Binaritäten erzeugt, nicht nur zwischen Festland und Wasser, sondern auch anhand von Hierarchisierungen, „where female/natural/fleshy/black/Indigenous/spiritual bodies are subordinated to male/cultural/cerebral/white/colonizer/rational ones."[164] Da eine einfache Umkehrbewegung dialektische Sichtweisen aufrechterhalten und möglicherweise sogar vertiefen würde, schlägt der aus Barbados stammende Dichter und Historiker Kamau Brathwaite eine „tidalektische" Weltsicht vor, die Raum und Zeit, Land und Meer sowie Wissen und Nichtwissen in dynamisch-zyklischen Bewegungen methodisch miteinander verbindet. Die Kuratorin Stefanie Hessler hat mit „Tidalectics" 2017 eine Ausstellung in der TBA21–Augarten in Wien kuratiert, welche die anschwellenden und abebbenden Bewegungen der Gezeiten *(tides)* als Motiv und Analog in den Blick nimmt.[165]

Ein Exponat der Ausstellung war Susanne M. Winterlings *Glistening*
142 *Troubles* (2017). Entstanden im Rahmen einer von der TBA21–Academy unterhaltenen Residency in der Alligator Head Foundation, spiegelt der Titel die lokale Bezeichnung *glistening waters* für die jamaikanische Oyster Bay in Falmouth, wo bei Nacht ein Spektakel glitzernder Unterwasserpartikel zu bestaunen ist, um das sich Mythen und Geschichten ranken. „Früher nannten wir sie *spooky bay*", erzählt ein Fischer namens Gerry in einem der Videos, das Teil der Installation ist. Unheimlich sei die Austernbucht, weil sie von einer äußerst vielfältigen und alten Art von Mikroalgen bevölkert ist, den sogenannten Dinoflagellaten, die bei Stimulation biolumineszentes Licht emittieren. Diese weitverbreiteten zweigeißeligen eukaryotischen Mikroben bevölkern wichtige Nischen in marinen und Süßwasserökosystemen und sind für die Produktion von Sauerstoff sowie als Nahrungsgrundlage vieler Meeresorganismen von großer Bedeutung. Für die Menschen in Falmouth bleibt es eine magische Bucht, die heilen und Schaden zufügen kann, je nachdem, wie man ihr begegnet.

Glistening Troubles handelt aber nicht von Gerry, auch wenn seine Geschichte eine wesentliche Rolle in der meditativen Installation einnimmt. Vielmehr geht die Arbeit dem Versuch nach, Dinoflagellaten – oder besser: digitale Kaskaden ihrer gleitenden und schwebenden CGI-Konterfeis – in die posthumanen planetarischen Erzählungen von Toxizität, Queerness, Kolonialismus, Medialität, Science-Fiction und multispeziesistischen Relationalitäten einzuschreiben.

> I have invested and will do in the science and the world of the dinoflagellates, their numerous stories to tell their glow and their toxins and first and foremost our relations with them.[166]

Winterling wurde, wie sie schreibt, von Dinoflagellaten regelrecht „entführt"[167], um mit den Mitteln einer spekulativen Ethik den politischen Grenzziehungen zwischen Leben und Nicht-Leben (aber auch dem Unsichtbaren, Wertlosen, Toxischen) nachzuspüren und die multiplen empathischen Lebensverwandt-
134–141 schaften im Ozeanischen künstlerisch aufzuzeigen.

164 Ebd., S. 52.
165 Hessler (Hrsg.), *Tidalectics*.
166 Elizabeth A. Povinelli und Susanne M. Winterling, „Saltwater Dreaming", *ephemeropteræ#10*, TBA21–Augarten, Wien, 8. September 2017. https://www.youtube.com/watch?v=-lkeCCZz5XU.
167 Susanne M. Winterling, „Code und Poetik der See", in: *Texte zur Kunst*, Juni 2019, S. 79.

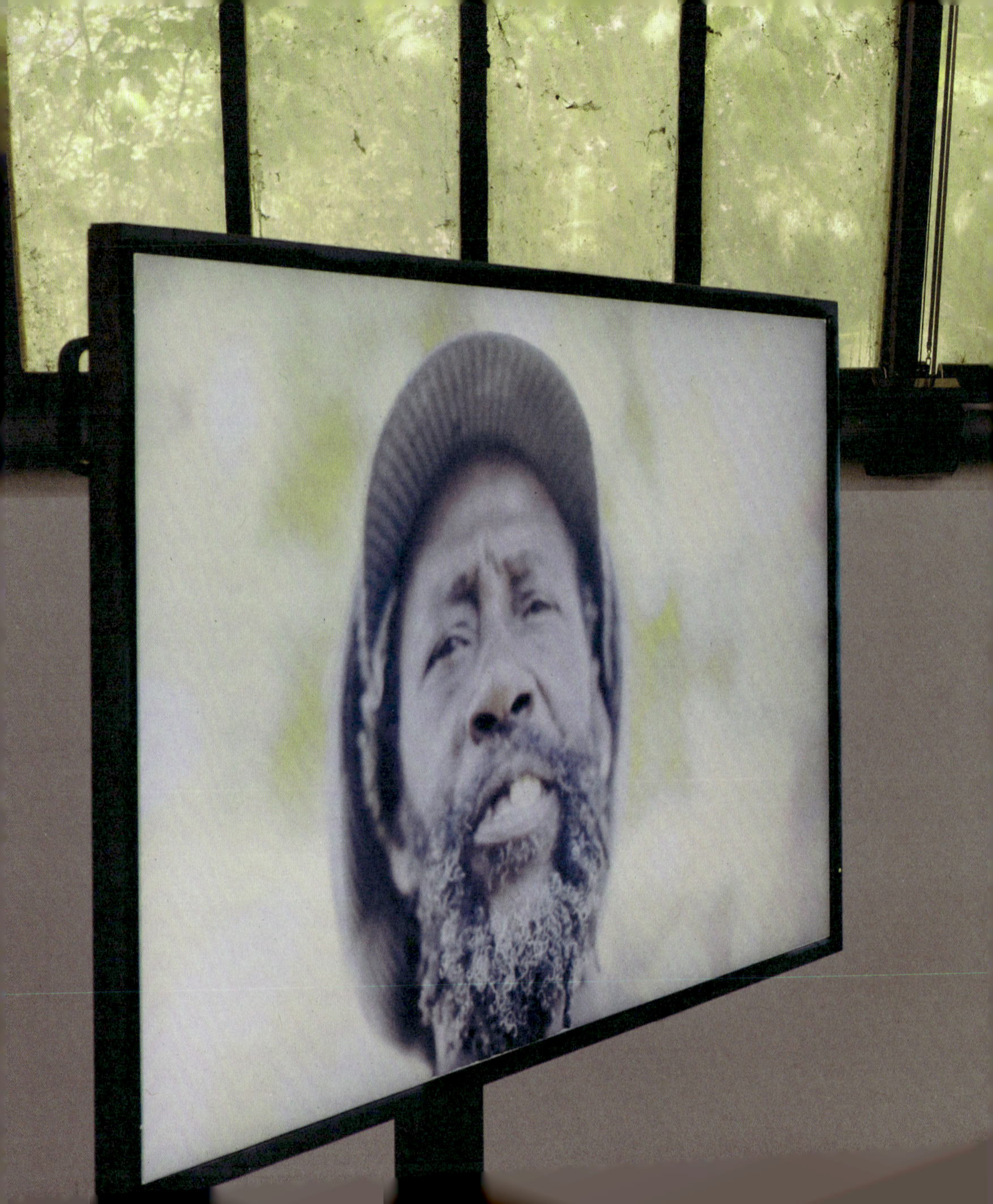

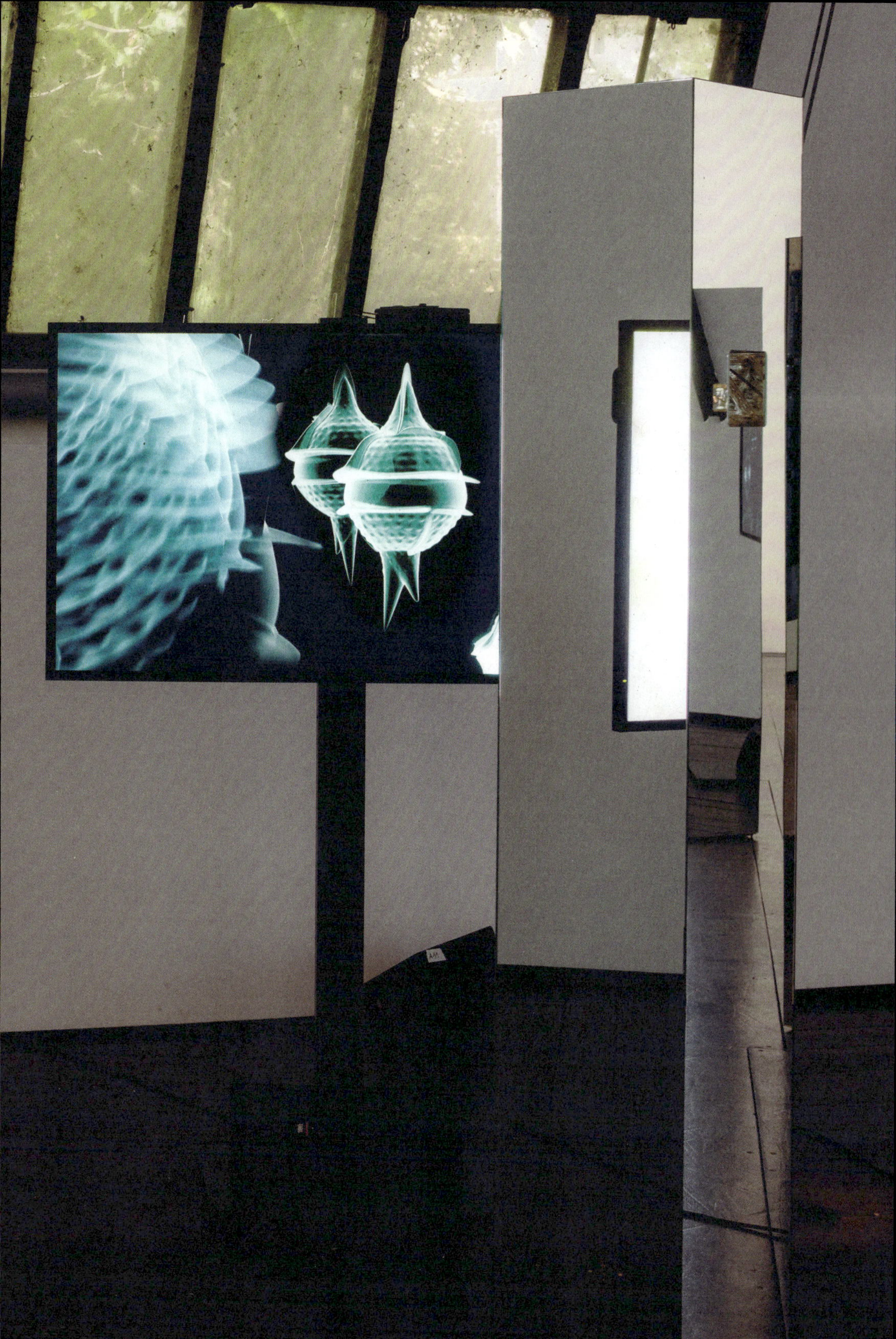

Dinoflagellaten, auch als Panzergeißler bekannt, sind hauptsächlich im Meer lebende mikroskopische Einzeller, die einen Großteil des Phytoplanktons bilden und eine enorme Formenvielfalt aufweisen. Aufgrund ihrer Anpassungsfähigkeit besiedeln sie unterschiedlichste Habitate, vom Polarmeer über den tropischen Pazifik bis hin zu benthischen Zonen. Die freischwimmende Zelle hat eine eiförmige bis rundliche Form und zwei lange Geißeln. Die transversale Geißel erlaubt der Zelle Drehungen und trägt hauptsächlich zum Vortrieb bei, während die longitudinale Geißel primär für die Steuerung der Bewegungsrichtung zuständig ist. Die Geißeln ermöglichen eine taktile Navigation und eine sensible Steuerung mittels eines fein ausgeprägten sensorischen Systems. Das durch Wellenbrechung oder sonstige Aktivierung emittierte biolumineszente Licht ist blau-grün und besitzt eine maximale Sichtbarkeit im Wasser. Es wird vermutet, dass die so erzeugten Lichtblitze einen selektiven Vorteil bei der Prädation bieten und zudem als Kommunikations- und Alarmsystem zwischen den Einzelorganismen fungieren.

Für Gerry, den jamaikanischen Fischer, symbolisiert Biolumineszenz die Verbindung mit dem Magischen sowie mit indigenen Heiltherapien und Wissenstraditionen. In der funkelnden Gischt zu schwimmen, erlebt Winterling als ein Eintauchen in virtuelle Realitäten. Touristisch als eine von nur vier biologisch leuchtenden Lagunen weltweit vermarktet, generieren die *Glistening Waters* von Falmouth Einkünfte für die lokalen Communities, sind aber auch Anziehungspunkt für private Luxusinvestoren. Dabei erhöht die Zunahme des Kreuzfahrttourismus in der Region die Belastungen für die Umwelt mit schädlichen ökologischen und sozialen Folgen. Die Verschmutzung der bereits vom Klimawandel betroffenen Küstenzone bedroht die Biosphäre und die Artenvielfalt der Insel. Hinzu kommt, dass die lokalen Gemeinschaften, insbesondere Frauen und Kinder, unter einer hohen Gewaltrate und der sich verschlechternden wirtschaftlichen Lage leiden. Nicht anders erging es Puerto Ricos Mosquito Bay (auch bekannt als Bioluminescent Bay oder Bio Bay), eine der bekanntesten biolumineszenten Buchten der Welt und ehemaliger Militärstützpunkt der Vereinigten Staaten. Bis 2003 wurde die Insel von der US-Marine genutzt, die dort umfangreiche Bombardierungen und Truppenübungen durchführte. Infolge von Protesten und Forderungen nach Beendigung der militärischen Aktivitäten wurde die Bucht schließlich zu einem Naturschutzgebiet erklärt und wird nun touristisch genutzt. In Puerto Rico wird das von Plankton energetisierte Meer als *Agua Viva*, als lebendiges Wasser bezeichnet. „Facing the political challenges of climate change", so Winterling, „the algae species are a specially interesting companion and a dangerous one to immerse with. We have not yet imagined the coming problems and growing inequality in geopolitics."[168] Die Klimakatastrophe aus der Perspektive der blühenden Algen zu reflektieren, bedeutet sich mit besonders sensiblen und gefährlichen Gefährten zu alliieren. Weder Tier noch Pflanze im eigentlichen Sinn, gelten sie als queere Protisten – Erstlinge und Urwesen, die sich mit ihren sich erwärmenden und verschmutzten Wasserwelten abmühen. Wie andere Klimaflüchtende migrieren sie aus ihren angestammten Ökosystemen. Aufgrund ihrer Empfindlichkeit gegenüber Umwelteinflüssen, Temperaturveränderungen und Nährstoffeinträgen sind sie selbst Indikatoren der Gewässer, in denen sie leben. Sie verbreiten sich unter günstigen Bedingungen zu Massenkolonien, in denen sich, sehr zur Beunruhigung menschlicher Beobachter*innen, das Wasser wegen der großen Menge der von ihnen gebildeten Carotinoiden rot oder orange färbt. Gepaart mit Phosphat-Überdüngung und Oberflächenerwärmung verursachen sie hypoxische und eutrophe Zonen, sogenannte Todeszonen, in denen Gewässer kippen und zum Massensterben der

142 vorige Seite: Susanne M. Winterling, *Glistening Troubles*, 2017. Ausstellungsansicht TBA21–Augarten, Wien, 2017

darin lebenden Fauna führen. Im Zuge dieser Massenvermehrungen, der sogenannten „Roten Tiden", besiedeln die Mikroorganismen ganze Küstenabschnitte und produzieren dabei toxische Substanzen, wie das Saxitoxin, Maitotoxin oder Brevetoxin, die über die Nahrungskette auch für Fische, Vögel und Menschen eine Gefahr darstellen können.

Algen werden, so Winterling, eine entscheidende Rolle in der Zukunft der Ozeane und Gewässer spielen, und trotzdem wissen wir denkbar wenig über sie. Die Frage wird sein, ganz darwinistisch, ob die toxischen ihre *harmlosen* Artgenossen ausgrenzen werden und die dominante Rolle in geschwächten Ökosystemen übernehmen. Aber schon jetzt sind sie Teil eines anthropogenen planetaren Kreislaufs – die gefürchteten Vorboten eines möglichen ökologischen Kollaps. Die Schreckensfigur jener Unzahl an mikroskopischen Carotin-getränkten Einzellern ist neben Plastikinseln, Todeszonen, Quallenkolonien und dem steigenden Meeresspiegel einer der Indikatoren der ökosystemischen Beeinträchtigung und Schädigung des marinen Raums. Gleichzeitig nehmen Algen, wie andere Mikroorganismen auch, eine überlebenswichtige Rolle im ozeanischen Holobiom ein, das den komplexen Metaorganismus beschreibt, der durch die Wechselwirkungen verschiedener Organismen in einer bestimmten Umgebung entsteht.

TOXISCHE SOUVERÄNITÄTEN ZWISCHEN LEBEN UND NICHTLEBEN

Dass es Winterling allerdings nicht nur um die bloße Vorliebe für Algen geht, sondern auch um ontoepistemologische und letztendlich politische Fragen, erläutert sie in einem Gespräch mit der sie seit Jahren begleitenden Anthropologin Elizabeth Povinelli.[169]

> My work has always been invested in power struggles of some sort: gender, race and class-based concepts and materialities that aim for our *skin* in history, futures or the denial in modernity and in technologies.

Povinelli verdeutlicht die Verwendung des Konzepts Haut, das in der Form von „embankments" ihrem theoretischen Gegen-Vokabular entspringt:

> [E]mbankments [...] are a key way in which geontology separates and elevates life from nonlife via the concept of the skin. Life is that which is written against a skin that at the same time separates it from its milieu and provides a "within which" it can unfold itself. Note that skin is a concept, not a fact.[170]

Embankments kennzeichnen eigentlich poröse Übergangszonen, Böschungen oder Schwellen, die sich durch Ablagerungen und Mineralisierungen bilden und aufgrund des Zusammentreffens zweier Ökosysteme biodiverse und eng verwobene Existenzräume bieten, wie beispielsweise in Küstengebieten, Algenfeldern oder im Mangrovengürtel. Fachsprachlich auch als Ökotone bezeichnet, spielen sie eine wichtige Rolle für den Erhalt untypischer Lebensgemeinschaften

168 Winterling, *ephemeropteræ#10.*
169 Ebd.
170 Elizabeth A. Povinelli und Susanne M. Winterling, „Beyond the Skin: Political Imaginaries after the Entanglement of Existence", in: Zyman, Ebersberger (Hrsg.), *Thyssen-Bornemisza Art Contemporary: The Commissions Book*, S. 727.

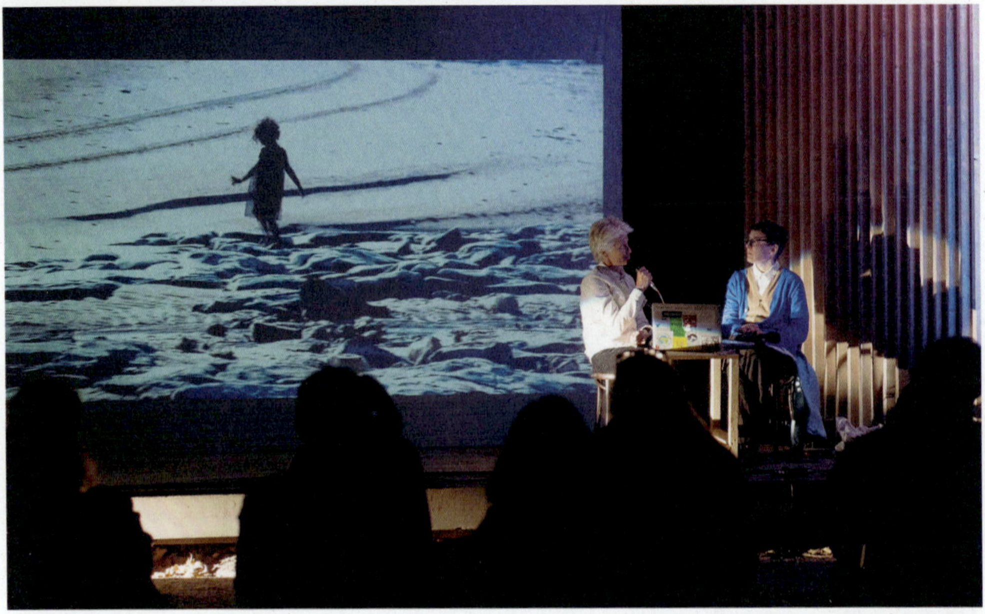

143 Elizabeth A. Povinelli und Susanne M. Winterling, *Saltwater Dreaming*, Lecture-Performance im Rahmen der Spoken-Word-Reihe *ephemeropteræ*, TBA21–Augarten, Wien, 2017

und von Holobionten. Sie erleichtern ökologische Funktionen wie den Schutz vor Erosion, den Übergang von Nährstoffen und die Migration von Organismen.

Die Biologin Lynn Margulis, deren Forschung die moderne Biologie revolutionierte, prägte in den Neunzigerjahren den Begriff Holobiom, auch Holobiont, um die Zusammenführung der genetischen Informationen zu beschreiben, die von Tieren, Pflanzen und der zugehörigen Mikrobiota eingebracht werden. Das sich durch Symbiogenese entwickelnde Holobiom „ist eine wesentliche lebensverändernde Kraft, die zu einer komplexen koordinierten Koevolution von Lebensformen geführt hat“[171]. Holobionten sind in gewisser Weise Lebensgemeinschaften, die radikale Arbeitsteilung mittels Mikroperformativität praktizieren. In den Ozeanen bilden Algen die Grundlage der Nahrungskette im Holobiom. Sie recyceln Nährstoffe wie Stickstoff und Phosphor, regulieren die Wasserqualität und gehen Symbiosen mit Korallen (speziell die symbiotischen Zooxanthellen) ein. In dieser Gemeinschaft leben die Algen in den Geweben der Korallen und versorgen sie durch Photosynthese mit Nährstoffen, während sie von der Koralle Schutz und anorganische Verbindungen erhalten. Ausschlaggebend ist jedoch nicht der holistische Blick auf das Ensemble, sondern auf die Mikroebenen, Interaktionen und die Organisation von Lebensfunktionen. „How microbes metabolize and organize into effective, functional communities forms a crucial component of Gaian research“[172], bekräftigt Margulis.

Dort wo poröse, durchlässige und laut Povinelli „extime“ Verbindungen existieren, erzeugt allerdings die spätliberale Herrschaft der Geontomacht, eine Art der Macht, die Unterscheidungen zwischen Leben und Nicht-Leben (enggefasst Biologischem und Geologischem) reguliert, undurchdringbare Grenzen, verhärtete „Häute“ im übertragenen Sinn, welche die Ökologien des Anthropozäns bestimmen. Solche Grenzziehungen – sowohl physische als auch konzeptionelle – werden zur Bestimmung und Hierarchisierung von Objekten/Materie gegenüber lebenden Existenzen herangezogen und führen dazu, dass nichtvitalen Entitäten das Recht auf Existenz, Handlungsfähigkeit und Bewegungsfreiheit verweigert wird. In ihrem weit rezipierten Buch *Geontologies* argumentiert Povinelli, dass gemäß der spätliberalen Logik Leben *(Bios)* als privilegiert angesehen, während Nichtleben, einschließlich indigener Kulturen, Tierarten oder ökologischer Systeme, abgewertet und unsichtbar gemacht werde.[173] Auf einen Nenner gebracht, schlägt Povinelli folgende Formel vor: „Life (Life{birth, growth, reproduction}v. Death) v. Nonlife."[174]

Wissenschaftsphilosophisch taugen allerdings Leben und Nichtleben oder Sein und Nichtsein als absolute Kategorien denkbar wenig. Sie werden vielmehr als Aspekte einer paradigmatischen Anordnung der „Dinge" betrachtet, die spontan ihre Zustände austauschen können oder in Unbestimmtheit schweben. Auch Povinellis Verwendung des Begriffs *embankment* zielt auf die Auflösung des Imaginärs von autonomen Objekten und scharf deliminierten Existenzen *(existents)* ab. Wenn wir uns gezielt auf die „Organe der Erde"[175] – und damit auf eine ontologische Verflachung – einlassen, wird ersichtlich, dass es keine Objekte und keine Existenzen an sich gibt, sondern lediglich polysemische holobiontische Assemblagen, die sich um lebende und nichtlebende Entitäten formieren. Mit der Verweigerung oder dem Zusammenbrechen der von der herrschenden *Geontomacht* aufrechterhaltenen Polarität von Leben und Nichtleben setzt die radikale Perspektive des Geos und Nichtlebendigen ein. Povinelli verortet (post)geontologische Entitäten und Existenzen dort, wo andere territoriale, atmosphärische oder meteorologische Phänomene diagnostizieren, sei es in Magnesiumfeldern oder in Smogformationen, aber auch an den Staatsgrenzen, an denen Flüchtende abgewehrt werden, oder in der Implementierung von CO_2-Steuern und Handelsabkommen, die zur Umverteilung von ökologischen Verantwortungen beitragen sollen.[176]

Was ist von oder gar mit diesen geontologischen *Figuren* zu lernen? „Welche Formen der Existenz bleiben bestehen, ziehen sich zurück, werden ausgelöscht und gewinnen an affektiver Kraft; und welche politischen Vokabulare entstehen, während die fiktive Politik des Logos anderen Signalen, Sinnen und Träumen weicht?", fragten Povinelli und Winterling anlässlich ihres gemeinsamen Auftritts
143 in der TBA21.[177] Für posthumanistische Denker*innen, in deren Reihe Winterling sich stellt, sind die unsichtbaren nichtmenschlichen Organismen Gefährt*innen, mit denen Menschen – mehr als ihnen recht sein mag – teilen. Viren, die Povinelli genauer in den Blick nimmt, aber auch Algen sind die mitunter ältesten Existenzen und holobiontischen Assemblagen auf diesem Planeten. Sie lassen sich als geontologische Symptome, Figuren und Diagnostika heranziehen. Als Störenfriede der bestehenden Ordnung sprengen sie „von Natur aus" die Unterscheidung von Leben und Nichtleben – sie stehen außerhalb der traditionellen Taxonomie von Tieren, Pflanzen und Bakterien – und beanspruchen ihre eigenen, recht unstabilen Klassifizierungen. Den Zustand des Weder/Noch können sie „zum alleinigen Zweck nutzen oder missachten, die Energien der Existenzordnungen für [ihre] eigene Vermehrung zu zweckentfremden"[178].

Dinoflagellaten besitzen die Fähigkeit, Energie aus eigener Proteinbasis zu fördern und die Ambiguität zwischen Leben und Nichtleben für sich zu nutzen. Die mehrstufige Metagenese und oftmals ungeschlechtliche Vermehrung

171 Ricardo Guerrero, Lynn Margulis und Mercedes Berlanga, „Symbiogenesis: The Holobiont as a Unit of Evolution", in: *International Microbiology,* Nr. 1, 2013, S. 134. https://doi.org/10.2436/20.1501.01.188. Übersetzung der Verfasserin.

172 Lynn Margulis, „Gaia by Any Other Name", in: *Scientists Debate Gaia: The Next Century*, hrsg. v. Stephen Henry Schneider, James R. Miller, Eileen Crist und Penelope J. Boston, Cambridge, MA: MIT Press 2004, S. 10.

173 Povinelli, *Geontologies.*

174 Ebd., S. 9.

175 Elizabeth A. Povinelli. https://conversations.e-flux.com/t/live-coverage-planetary-records-performing-justice-between-art-and-law-at-contour-biennale-8/6249/16.

176 Povinelli, *Geontologies,* S. 128.

177 Povinelli/Winterling, *ephemeropteræ#10,* Text zur Veranstaltung, Übersetzung der Verfasserin.

178 Elizabeth A. Povinelli, „Geontologien: Das Konzept und seine Territorien", übers. v. Katharina Freisinger. https://hfbk-hamburg.de/de/aktuelles/geontologien-das-konzept-und-seine-territorien/.

durch Teilung und genetischen Austausch, die Bildung von Zoosporen und widerstandsfähigen Zysten, die es ihnen ermöglichen, ungünstige Bedingungen zu überdauern, oder das Durchlaufen von effizienten Lebenszyklen sind nicht nur Verbreitungsstrategien, sondern auch Ausdruck ihrer Anpassungsfähigkeit beziehungsweise, laut Povinelli, ihrer Lernfähigkeit, die sie zu aktiven antagonistischen Akteuren der Geontologie werden lässt.

> Isn't this the point of Winterling's work *Glistening Troubles*? Her call to understand microcritters such as the brittle star and the scorpion, which function through communication with their environment via tactile navigation and highly complex sensing systems, and dinoflagellates, which negotiate between life and nonlife as complex multitudes and assemblages. As fractal beings they learn through transformation – transformation is their form of learning and analysis. Her work is no less bracing in its encounter with such a form of learning. After all, dinoflagellates might learn that to have longevity they may well need to become something that constrains our own.[179]

In ihrem Aufsatz „The Kinship of Tides" stellt Povinelli Winterlings Arbeit in den Kontext des Lernens und Erlernens mit und von Mikroorganismen als eine Art von solidarischer Dinoflagellatenhaftigkeit. Dies tut sie zunächst im Verständnis für die Art und Weise, wie Dinoflagellaten in ihren aquatischen Umwelten leben, ihre Veränderungen fühlen und aufnehmen. Zusammen mit Quallen sind sie die Marker des ozeanischen Wandels. Auch sie vermehren sich in Blüten und erobern Lebensräume explosionsartig. Wissen und Fühlen sind bei diesen Organismen extrudiert und auf Geißeln, Tentakel, Wimpern und sogar auf ausgelagerte Einzeltiere verteilt – stets in Bewegung, stets im Fluss, schwebend, rotierend, gleitend, fließend. Vielleicht lernen sie, sich „uns" gegenüber durchzusetzen, dem höchsten Tier zu trotzen. „And so learning from different species, like single-celled micro-organisms, might open perspectives for building embankments", schreibt Winterling und benennt das kommende Zeitalter als jenes der „toxic sovereignties".[180]

Aus der Science-Fiction-Perspektive toxischer Machtverhältnisse stellt sich somit die Frage neu, welches Leben zählt und welches ausgelöscht wird, welche Gebiete bewohnbar bleiben und welche lebensfeindlich werden. Noch lässt sich das ökologische Potenzial der sich wuchernd vermehrenden Algen, Qualen, Viren und anderer resilienter Kritter nicht ermessen, aber fest steht, dass sie bessere Voraussetzungen mitbringen als der menschliche Primat, sich in Habitaten durchzusetzen, die einem rapiden Wandel unterliegen. Die vom Menschen verursachten Veränderungen in der Meeresökologie, die dazu führen, dass Mikroalgen immer mehr zu Schädlingen werden und Menschen überhaupt den Kontakt zu bakteriellen und viralen Lebensformen verlieren, lösen Prozesse aus, die sich in antagonistischer Resilienz und manchmal sogar Resistenz manifestieren. Wenn in Folge „das Andere in die eigenen Haut"[181] eindringt und geschwächte Körper besiedelt – und wenn die Reorganisation von Leben und Nichtleben im Kapitalozän (so Winterlings präferierte Bezeichnung für den

179 Elizabeth A. Povinelli, „The Kinship of Tides", in: Hessler (Hrsg.), *Tidalectics*, S. 165–176.

180 Susanne M. Winterling, „Solidarities and Alliances in Times of Toxic Sovereignties", in: Hessler (Hrsg.), *Tidalectics*, S. 177 und 179.

181 Karen Barad, *Meeting the Universe Halfway: Quantum Physics and the Entanglement of Matter and Meaning*, Durham, N. C.: Duke University Press 2007, S. 392.

182 Susanne M. Winterling, „saltwater dreaming–swamps and ecosystems imaginary and toxic potential", 2017, Archiv der Verfasserin.

… loads of creatures and critters like the brittlestar and the scorpio function through communication with their environment via tactile navigation and highly complex sensing systems … vision, sound, and embodied tactile reaction play together in a very coded and interactive way – as multitudes and assemblages they negotiate between the living and the non living, maybe between plant and animal like the coral – they are marked and assigned to virtuality more than the oculus and connect to a fractal thinking and being – a sci-fi trajectory but one that is real as well and based crucially on TRANSFORMATION AND IMMERSION in – non linear existence as marked by virtuality, matter imagined with contingency and possibility rather than necessity – and determinism …[182]

Susanne M. Winterling

Weltenwandel) neue Gemeinschaften und Holobiome kreiert –, dann bedarf es einer artenübergreifenden Solidarität, um auf die prekären und kritisch ungleichen Verhältnisse zu reagieren. Dinoflagellaten aus der Nähe zu beobachten, heißt daher für sie, die politisch brisanten Fragen von Populationswachstum, Migration, Veränderungen von Lebensräumen, Vergiftung des Habitats und wachsender sozialer und globaler Ungleichheit zu registrieren und neu zu denken. Und wenn sich die Mikrokritter zu blühenden Assemblagen zusammenschließen, nehmen sie den Raum der *Commons* für sich in Anspruch und verbreiten, unmissverständlich für ihre menschlichen und nichtmenschlichen Mitwesen, die leuchtenden roten Kolorationen des Todes.

SOLIDARITÄTEN UND ALLIANZEN

Winterlings Erforschung der biolumineszenten Planktonökologien hat 2014 im Rahmen einer Langzeit-Residency in Puerto Rico und in Zusammenarbeit mit Wissenschaftler*innen, Biolog*innen und Anthropolog*innen ihren Ausgang genommen. Dort wurde sie erstmals auf die bedrohlichen Auswirkungen aufmerksam, die der wachsende Stadtraum und die Meeresverschmutzung auf das vielfältige Ökosystem der Insel und die Verbreitung der Dinoflagellaten haben. Um diese Organismen weiter zu erforschen, wurde sie 2017 zu einem von der TBA21–Academy ermöglichten Forschungsaufenthalt in Jamaika eingeladen. In weiterer Folge erarbeitete sie mit einem Team von digitalen Animateur*innen und wissenschaftlichen Berater*innen die CGI-Animationen, welche die Grundlage der zentralen, auf mehrere Bildschirme verteilten Videoarbeit von *Glistening Troubles* bilden. Exakte digitale Modellierungen der Panzergeißler zwirbeln in Auf- und Abwärtsbewegungen durchs Bild. Ihre Körper sind von mehrteiligen plattenbelegten und manchmal mit Zysten besetzten Hüllen umfasst und mit tastenden Fühlern und Antennen ausgestattet. Die generativen Potenziale der Animierung nutzend, strömen sie coelinblau strahlend im schwarzen digitalen Ozean. Eine transluzide Membran konturiert die ansonsten substanzlosen Wesen, die zu 99 Prozent aus Wasser bestehen und von einem *Cingulum,* dem Äquator der Zelle, in zwei Hälften geteilt werden. Zu einem subaquatischen Soundtrack rotieren die futuristischen Planeten in dichten Kaskaden über den Plasmaschirm, in vielfachen Überlagerungen und dann wieder einzeln – in unterschiedlichen Größen und Variationen. Wie schon in Winterlings früheren Fotografien wirken diese Animationen haptisch und brillant, wobei die Biolumineszenz der Dinoflagellaten durch die Strahlkraft des Monitors verstärkt wird.

Einzelne Dinoflagellaten-Exemplare sind auf im Galerieraum verspannte Plexiglasplatten gedruckt, wie übergroße Teststreifen tragen sie die körperlosen Abbilder. Verspiegelte stelenartige Säulen bilden die Vitrinen für Proben organischen Materials: In Augenhöhe angebracht, sind Pilze, eukaryotische Verwandte und Algen in kleinen Glasbehältern konserviert und in Epoxidharz auf Dauer fixiert. Während die CGI-Animationen eine abstrahierende Hightech-Immaterialität vermitteln, suggerieren die runden Tiegel Intimität und Nähe. Die kleinen organischen Proben lassen sich ausschließlich durch eine besondere Nahsicht erschließen – am geeignetsten wäre eine Lupe –, und erst dann sticht ihre klinische Aufbereitung ins Auge. Musealen Biofakten gleich wurden sie zur 144–146
Veranschaulichung und Aufbewahrung zubereitet und wie ihre Laborgenossen vermitteln sie eine speziell präparierte Sicht auf „Natur“. Gelegentlich zeigt Winterling auch einen Teppich, auf dem die salzverkrusteten Fischknochen des kalifornischen Saltonsees abgebildet sind. Er verweist auf die planetarische Dimension ökologischer Zusammenhänge, insbesondere auf die zunehmende Salinität von Gewässern und die Verwüstung einst fruchtbarer Ökosysteme.

144 Susanne M. Winterling, *Glistening Troubles,* 2017
145 folgende Seite: Susanne M. Winterling, *Glistening Troubles,* 2017. Ausstellungsansicht TBA21–Augarten, Wien, 2017

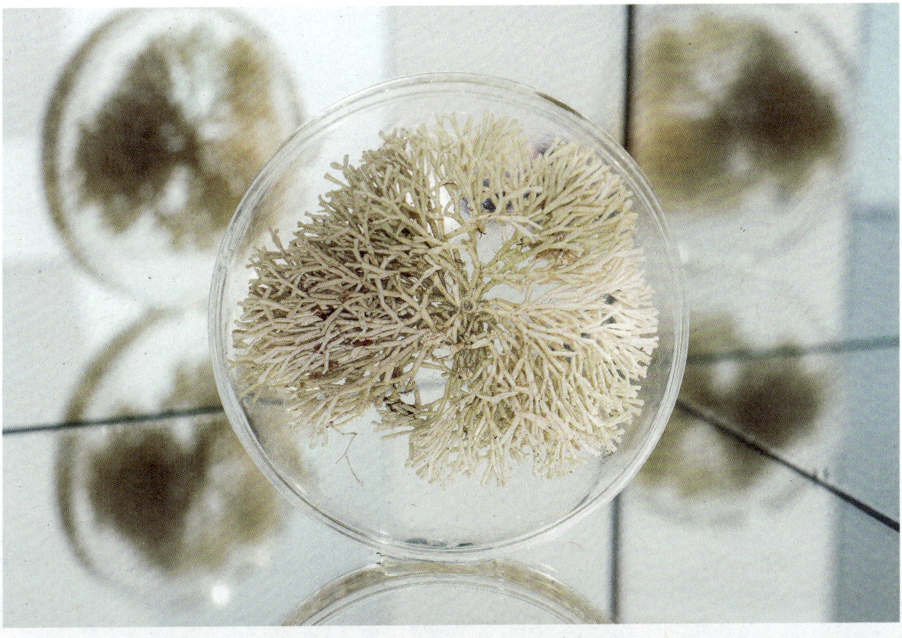

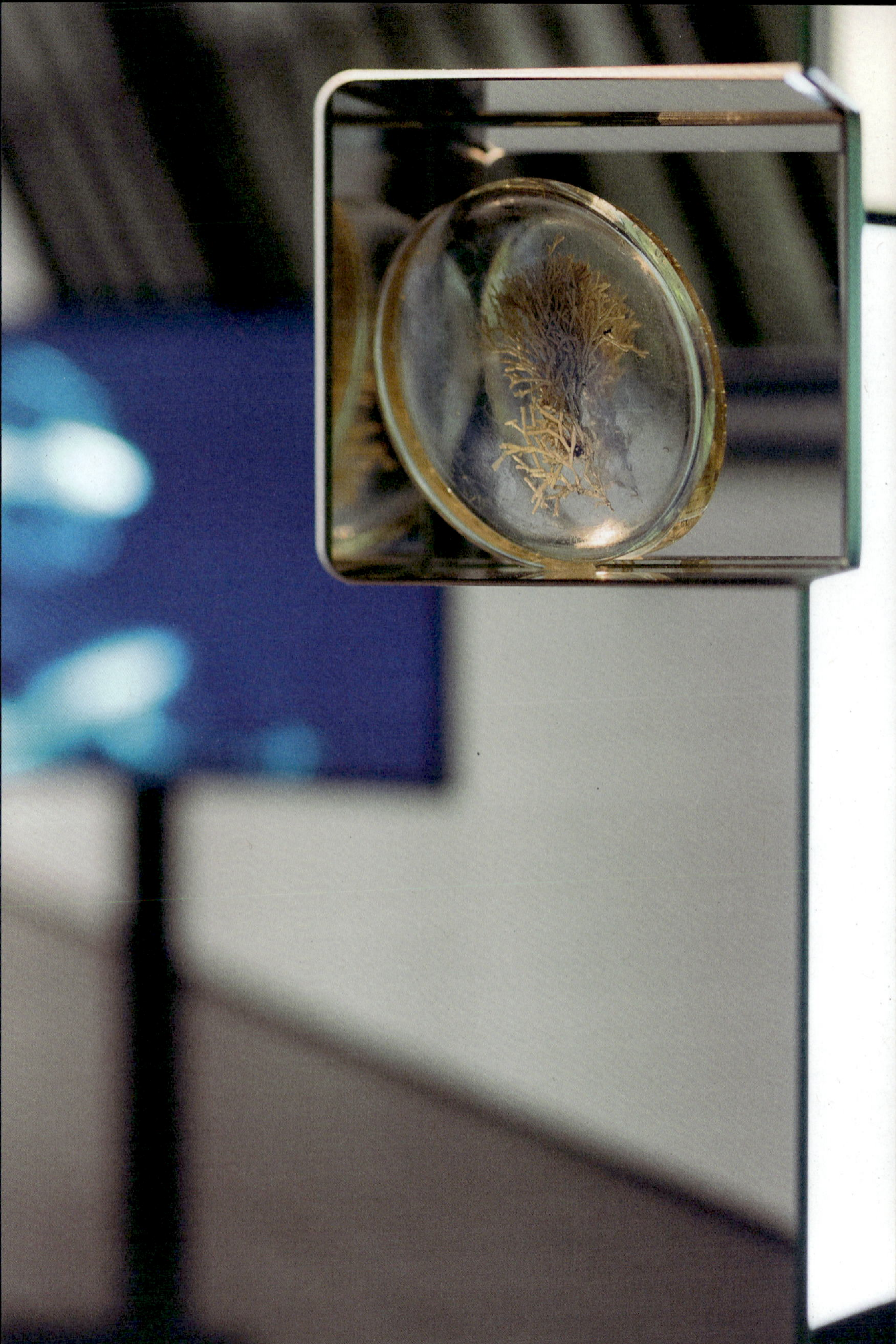

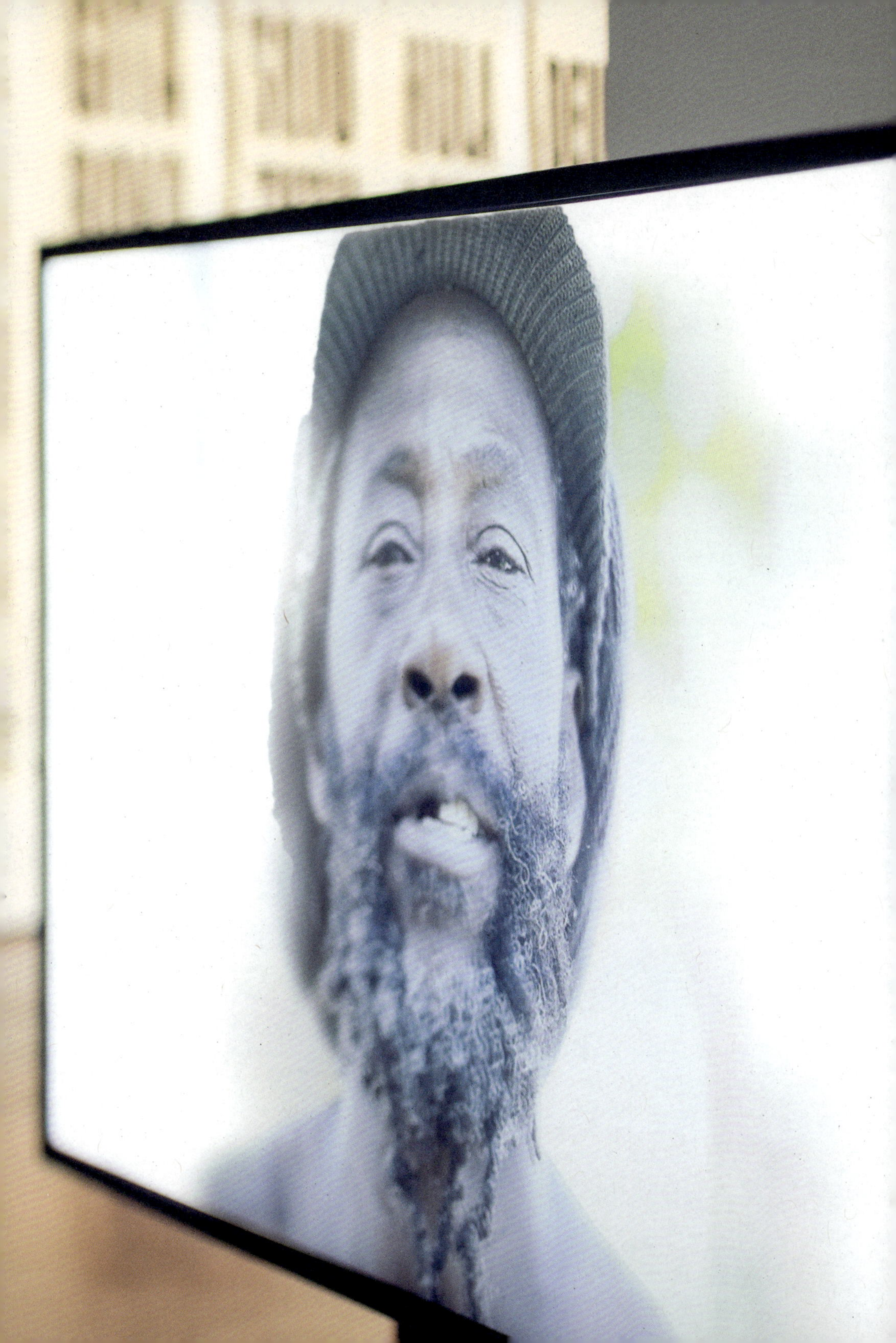

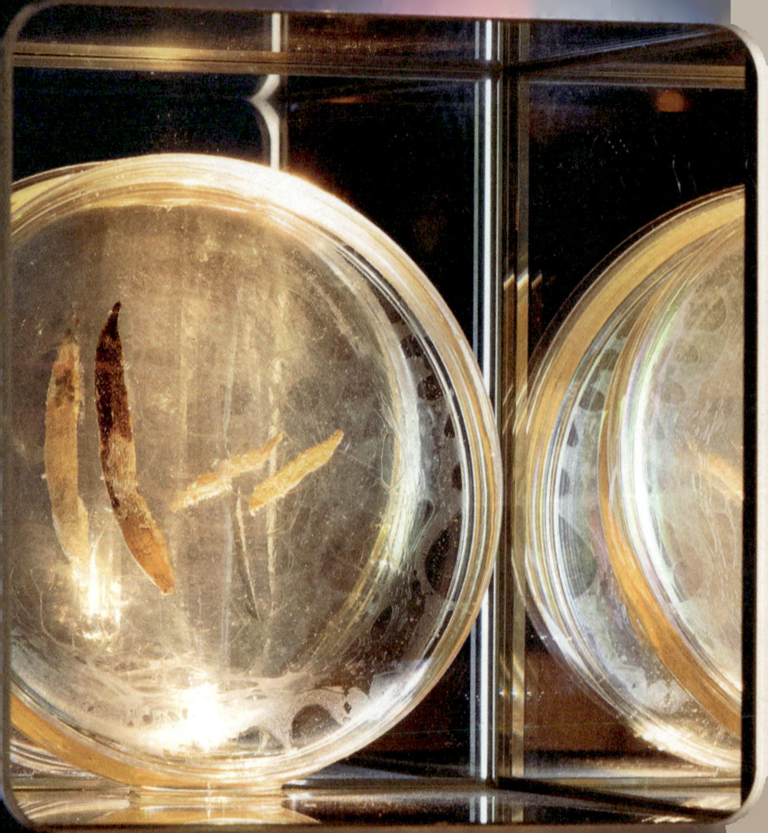

Drittes Element der Arbeit ist das Videointerview mit Gerry, dem Fischer. Seine *Oral-history*-Erzählung belegt, wie die Dinoflagellaten in der jamaikanischen Bucht rezipiert werden, Anlass zur Sorge bieten, aber auch in Voodoo-Riten und für Heilzwecke Verwendung finden. Biolumineszenz – lange als archaische magische Kraft erachtet – diente Gerrys Vorfahren dazu, das koloniale Eindringen abzuwehren. Mit Gerry denkt Winterling über die Rastafari-Kultur, das Nachwirken von Extraktivismus und das Verdrängen von ortsüblichen Riten und Praktiken nach. Gerade in der Karibik wurden im Zuge des Kolonialismus bestimmte afrodeszendente Körper sowie Böden und Gewässer zu *Orten* erklärt, aus denen Arbeit (Nährstoffe) extrahiert werden kann, um lediglich Erschöpfung (Giftstoffe) zu hinterlassen. Die akkumulierten Auswirkungen von Misshandlung und
145 toxischen Umwelten sedimentieren sich heute noch in Körpern und Landschaften.

DAS ZUSAMMENSPIEL VON VISION UND TASTSINN

Medien- und affekttheoretisch relevant sind die aufleuchtenden Dinoflagellaten, da sie, den Touchscreens gleich, berührungssensibel sind. Über die Berührung werden elektronische Oberflächen aktiviert, ebenso erzeugt sie auch biolumineszente Signale und Signaturen im Algenmeer – Anlass genug, um über Empfindungsfähigkeit und affektive Resonanzen nachzudenken. Wenn Tieren und anderen Arten Handlungsfähigkeit zugesprochen wird, dann sollten auch ihre körperlichen Ausdrucksformen und Affekte als intentional verstanden werden. Ein Affekt ist genau genommen eine Übertragung von Kräften oder Intensitäten und „entsteht inmitten des Dazwischen“, ein Beziehungszustand, der von „Körper an Körper (menschlich, nicht-menschlich, teilkörperlich und anderweitig) weitergegeben wird“.[183] Affekte lassen sich demnach nicht einfach mit Gefühlen oder Emotionen gleichsetzen. Sie gehen mit Transformationsprozessen einher, die zumindest zwei, wenn nicht mehrere Individuen umfassen. Affektiv sich nichtmenschlichen Anderen zu nähern, bringt körperliche, haptische, olfaktorische, elektrische oder akustische Kanäle in Anschlag. Über solche Kommunikations- und Interaktionskanäle entstehen intersubjektive und transkorporale Kommunikationsprozesse.

Berührung ist für die unsichtbaren Dinoflagellaten die einzige Form, für das menschliche Auge sichtbar zu werden. Diese Kommunikationssignale sieht Winterling als Möglichkeit, „nicht repräsentationale Beziehungen gestreuter Empathie [wiederzuentdecken], die ein Bewusstsein erwecken, dass wir in diesem Kampf auf derselben Seite stehen“[184]. Nicht repräsentationale Beziehungen[185] aktivieren nicht abbildende, nicht symbolische sowie nicht sprachbasierte Kommunikationsfrequenzen. Dabei spielt Kunst eine zentrale Rolle:

183 Melissa Gregg und Gregory J. Seigworth, *The Affect Theory Reader,* Durham, N. C.: Duke University Press 2010, S. 1. Übersetzung der Verfasserin.

184 Winterling, „Code und Poetik der See“, S. 81.

185 Nigel Thrift, *Non-Representational Theory: Space, Politics, Affect,* International Library of Sociology, London und New York: Routledge 2007.

> I want to draw some lines to what Isabelle Stengers calls "the art of paying attention". Artists and poets focus on the daily life, the art of living, which means taking care of our commons and common ground (soil, air, water, as the ecology). [...] Artistic means can be non-representational. They have and claim a different power that is neither down to bits and codes nor to the representation mode in a 1 to 1 kind, instead they rely on common features of our bodies, interspecies communication and an immersion with elements: the art of living.[186]

Zur Beschreibung der Empfindungsfähigkeit von wirbellosen Tieren wie Quallen und Anemonen hat die Trans*-Denkerin Eva Hayward ein nuanciertes Vokabular ersonnen. Am Beispiel des Monterey Bay Aquariums in Kalifornien bespricht sie die Sichtbarkeits- und Interaktionsregime, wie sie um in Gefangenschaft gehaltene Tiere choreografiert und wiederum von den Tieren selbst mitproduziert werden. Unter Verwendung der Refraktions- und Intra-Aktionstheorien von Karen Barad analysiert Hayward die Spezifika des Aquariumdesigns und seiner immersiven Display-Technologien.[187] Der multimediale Science-Fiction-Begegnungsraum des Aquariums, so Hayward, steuert und überhöht die Nahsicht auf artenübergreifende Erfahrungen und ist auf eine maximale Affektentfaltung der „ausgestellten" Quallen programmiert. Er simuliert eine virtuelle Kopräsenz, potenzialisiert über die Eindrücke der Immersion, des Schwebens und Schillerns.

In dieser artifiziellen Aura exprimieren sich die *finger-augenden* Medusen über Bewegung, ihre Tentakel den menschlichen Fingern und Augen gleich. Aufgrund des fehlenden Sehsinns nutzen sie ihren gesamten taktil-visuellen Körper, um ihre Umgebung zu ertasten und referentielle Signale zu emittieren. Indem sie ihre Körper als visuelle Apparate ihrer Selbstdarstellung intensivieren, vervielfältigen sie die proximalen Kommunikationslinien und -möglichkeiten mit ihren Umwelten. Hayward bezeichnet die Gefühlswahrnehmung von Quallen auch als „wimpernden" Sinn („ciliated sense"[188]), mit dem sie sich zart tastend ihre Umwelt erfühlen. Der Begriff „ciliated sense" verdeutlicht, mit poetischer Lizenz, die faszinierende Entstehung und Entwicklung der Sinneswahrnehmung bei Lebewesen, basierend auf Margulis' Endosymbiogenese-Theorie. Dieser zufolge entwickelten sich die menschlichen und tierischen Sinne nicht aus Mitochondrien oder Chloroplasten, sondern aus einem einst frei im Urmeer schwimmenden, spiralförmigen Bakterium namens Spirochäte. Aus ihrer organismischen Eingliederung entstanden die Flimmerhärchen, winzige Sinneszellen an den Zellrändern, die beim Menschen das Sehen, Riechen, Fühlen und Hören ermöglichen, durch Einfaltung und Eingliederung der Spirochäten.[189] Flimmerhärchen wandeln mechanische Reize in neuronale Aktivität um und kommen sowohl bei Bakterien wie den Dinoflagellaten in Form von bakteriellen Geißeln wie auch bei eukaryontischen Zilien vor.

Der Ziliensinn beeinflusst maßgeblich die Zellsignalisierung von Quallen und die verkörperte Wahrnehmung ihrer Umwelt, wie Hayward schreibt:

> The whole body is required, with all its sensate grappling hooks. As such, the tactile visuality, or fingery eyes, relies on textured proximity rather than objective distance [...]. The moving and touching body becomes a visual apparatus, or the visual apparatus is the touching body.[190]

Die Begriffe Fingeraugen, Ziliensinn und Tentakelhaftigkeit („tentacularity"[191]) sollen diese Form des sehend-fühlend-denkenden multimedialen Austausches versprachlichen, über den sich Körper aufeinander abstimmen:

> Attending to the interplay of vision and touch, I invoke fingeryeyes to articulate the in-between of encounter, a space of movement, of potential: this haptic-optic defines the overlay of sensoriums and the inter- and intrachange of sensations. Fingeryeyes, in this instance, is the transfer of intensity, of expressivity in the simultaneity of touching and feeling.[192]

Die verteilten und überlappenden Sensorien *(distributed sensoria)*[193] orchestrieren den Austausch zwischen Blick und Berührung sowie zwischen den Betrachtenden und den schwebenden Ctenophora. Sie sind Teil der erweiterten und feministisch orientierten Umgangsformen mit anderen, die dazu anregen, die Beziehung zu ihnen zu überdenken und uns auf eine tiefe, mitfühlende und partizipative Verbindung zu den von uns erforschten Phänomenen einzulassen. Erweitert und sinnlich durchdekliniert, heißt es bei Karen Barad:

> Immersion, entanglement, visual hapticity, ciliated sense, the synesthetic force of perceiving-feeling, contact, affective ecology, involution, sensory attunement, arousal, response, interspecies signaling, affectively charged multisensory dance, and remembering are just a few of the sensuous practices and figurations at play in feminist science studies.[194]

Dinoflagellaten, Diademseeigel, Schlangensterne oder Quallen manifestieren eine queere Transness, die in der Vitalität und Vielfalt der Entscheidungen hinsichtlich ihrer physischen Erscheinung, sei es als Einzelindividuen oder als präindividuelle Multiplizitäten, zum Ausdruck kommt. Ihre paralinguistischen Ausdrucksformen sind genuin relational, also stets auf Andere und ihre jeweiligen Nachbarschaften ausgerichtet. Was Winterling „die Kunst der Aufmerksamkeit" nennt, ist demzufolge die ästhetisch-ethische Annäherung an die sensorischen und affektiven Konfigurationen, die Dinoflagellaten als Wahrnehmungs- und Empfindungsvermögen zur Verfügung stehen, und erfordert die Erweiterung des menschlichen Registers an intersubjektiver und interobjektiver Empathiefähigkeit. „[E]mpathy is not experiencing with one's own body what the other experiences, but rather creating the possibilities of an embodied communication", so die Wissenschaftsphilosophin Vinciane Despret.[195] Sie eröffnet die Möglichkeiten des Affiziert-Werdens und Anders-Werdens – mit anderen verkörpert in Beziehung zu treten und von anderen verändert zu werden –, aus jeweils partiellen Perspektiven, mit den jeweils unterschiedlichen Sinnen und Sinnlichkeiten und den jeweils eigenen Fähigkeiten. Daher bestimmt auch das taktile Sehen die feinstoffliche Qualität der ethischen Rahmenbedingungen bei der Begegnung mit Tieren und anderen nicht vitalen Entitäten.

186 Winterling, *ephemeropteræ#10.*
187 Eva Hayward, „Sensational Jellyfish: Aquarium Affects and the Matter of Immersion", in: *Differences* 23, Nr. 3, 1. Dezember 2012, S. 168. https://doi.org/10.1215/10407391-1892925.
188 Ebd., S. 183.
189 Stefan Helmreich, *Sounding the Limits of Life: Essays in the Anthropology of Biology and Beyond,* Princeton, N. J.: Princeton University Press 2016, S. 175. https://doi.org/10.1515/9781400873869.
190 Ebd., S. 174.
191 Eva Hayward, „Fingeryeyes: Impressions of Cup Corals", in: *Cultural Anthropology* 25, Nr. 4, 2010, S. 593. doi:10.1111/j.1548-1360.2010.01070.x.
192 Ebd., S. 581.
193 Hayward, „Sensational Jellyfish", S. 183.
194 Karen Barad, „On Touching – The Inhuman That Therefore I Am (v1.1)", in: *Power of Material – Politics of Materiality,* hrsg. v. Kerstin Stakemeier und Susanne Witzgall, Zürich/Berlin: Diaphanes 2014, S. 153.
195 Vinciane Despret, „Responding Bodies and Partial Affinities in Human–Animal Worlds", in: *Theory, Culture & Society* 30, Nr. 7/8, Dezember 2013, S. 51. https://doi.org/10.1177/0263276413496852.

Winterlings Arbeit mit Dinoflagellaten dient der Erforschung der oft unsichtbaren Verhältnisse in den sich verhärtenden Asymmetrien der kapitalozänen Ökologien des Wandels. Ihre Netzwerke spannen sich in die unterschiedlichsten Richtungen auf und zielen darauf ab, das Bewusstsein für „nicht lineare und nicht hierarchische – nodale – Mensch-Tier- und Mensch-Materie-Beziehungen“[196] zu schärfen. Sie solidarisiert sich mit Denker*innen wie Povinelli, Barad, da Silva und Hayward, mit lokalen Fischer*innen und Meereskenner*innen wie Gerry, mit Wissenschaftler*innen und Aktivist*innen. Wenn sie als Künstlerin-Denkerin, Aktivistin und Pädagogin über ihre Arbeit spricht, dann beruft sie sich auf diese Kohorte von Mitdenker*innen, mit denen sie eine „deep implicancy“[197], eine ethische Achtsamkeit sogar für toxische Assemblagen praktiziert. Mit einigen von ihnen gründete sie auch die interdisziplinäre und intermediale Plattform *Planetary sensing: navigations below the surface* – ein Langzeitforschungsprojekt mit und über Algen, an dem u. a. Philosoph*innen, Sozialwissenschaftler*innen, Meeresbiolog*innen und Quantenphysiker*innen sowie Communities in Jamaika partizipieren.[198] Als feministisches Projekt, das soziale Gerechtigkeit unlösbar mit Umweltgerechtigkeit verbindet, erprobt *Planetary sensing* ein institutionelles, organisatorisches und Management-Modell zur Bewältigung systemischer Ungleichheiten in der Oyster Bay. Beschrieben als „ein Wissenstransfer-Experiment“, ist es darauf ausgerichtet, ökosystemischen Naturschutz mit traditionellen Wissensformen und sozialen sowie künstlerischen Praktiken abzugleichen. Über verschiedene Bildungsprogramme sollen vor allem Frauen und Kinder für den Schutz der Ozeane geschult und als *citizen scientists* eingesetzt werden. Mit dem langfristigen
Ziel, ein Biosphärenreservat zu schaffen, vernetzt *Planetary sensing* Umweltschutz 147
mit Bildung, Ökotourismus und Arbeitsplatzbeschaffung und mobilisiert „die künstlerischen Kräfte aus Wissenschaft, Ökologie, Computerprogrammierung, Poesie, Videospielen, ökologischem Gärtnern und Kunsthandwerk“[199].

Planetarisches Fühlen und „deep implicancy“ sind aber auch Leitprinzipien eines „poethischen“ Programms, das Verständnisgrundlagen für das Verhältnis zwischen Kultur und Natur zu liefern sucht, um die Kluft zwischen abstraktem Diskurs und materieller und sozialer Praxis, Erfahrung und Spekulation sowie zwischen Körpern und Technologien und nicht zuletzt zwischen rassifizierten Machtstrukturen und historischen Kontexten zu überbrücken. In eine dezidiert feministische Sozialkritik eingebettet, richtet sich diese Ethik vielfältiger Zugehörigkeiten gegen die gegenderten, rassifizierten und „natürlichen“ Machtgefälle zwischen lebhaft verkörperten Entitäten. Mit einem theoretischen Werkzeugkasten ausgestattet, den Winterling auch posthumanen, neumaterialistischen, queeren und dekolonialen Epistemologien entlehnt, nimmt sie verwobene mehr-als-menschliche Lebenswelten in den Blick, ohne sich auf das anthropologische Vokabular zu verlassen, das das Denken über den Menschen und das nichtmenschliche Leben stillschweigend organi-

196 Winterling, „Code und Poetik der See“, S. 83.

197 „Deep implicancy“ bezieht sich auf die Filminstallation von Denise Ferreira da Silva and Arjuna Neuman *4 Waters: Deep Implicancy* (2018).

198 *Planetary sensing* (2018–2022) ist ein interdisziplinäres Projekt, das von Susanne M. Winterling in Zusammenarbeit mit Denise Ferreira da Silva, dem Biologen Michael Latz, der Juristin Laleta Davis-Mattis sowie der Alligator Head Foundation und der TBA21–Academy durchgeführt wird. Das Projekt beschäftigt sich mit der Erforschung und Erfahrung des Planeten Erde aus unterschiedlichen Perspektiven und Wissensbereichen. https://planetarysensing.com/.

199 https://planetarysensing.com/about/.

147 Susanne M. Winterling, *Sensors for the Commons*, 2018.
Ausstellungsansicht Empty Gallery, Hongkong, 2018

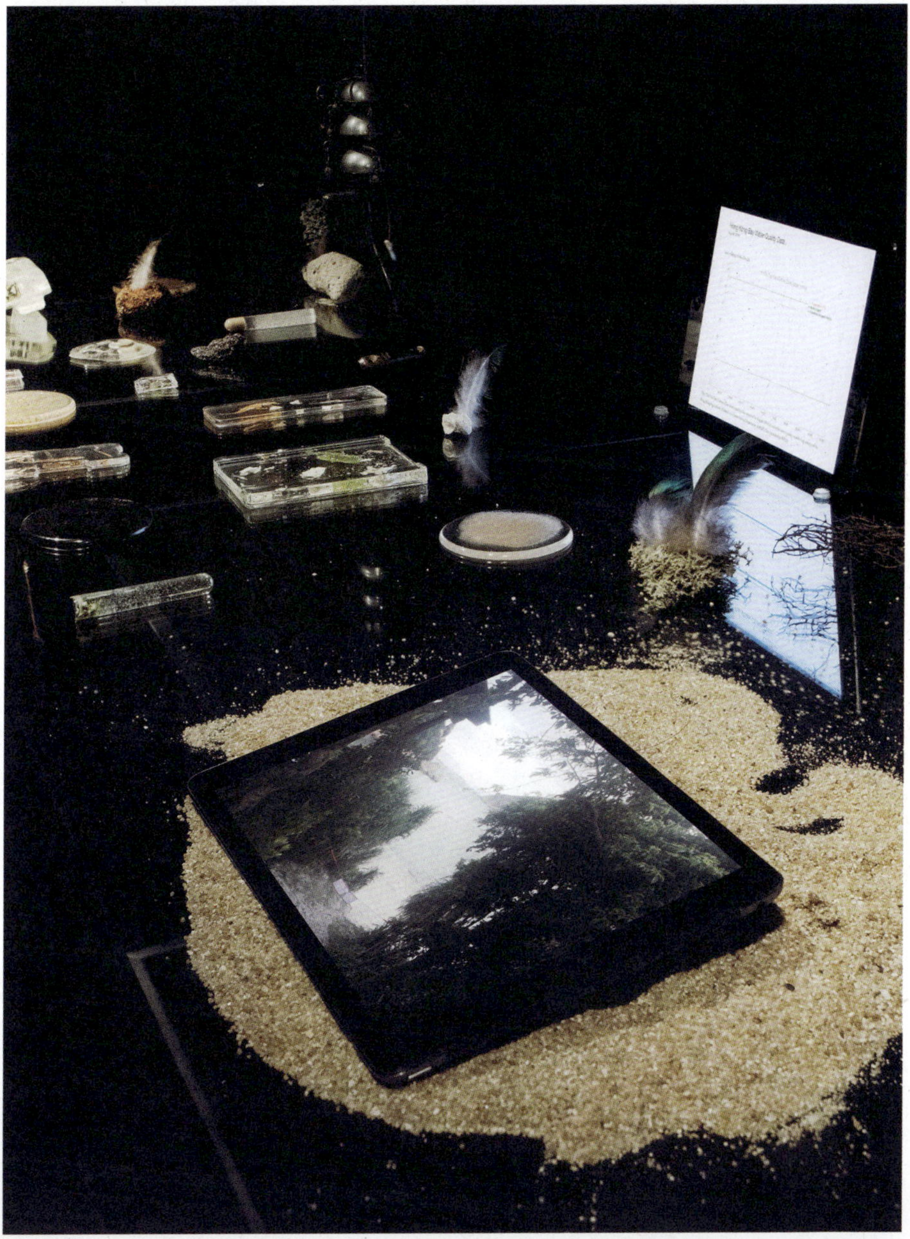

siert hat. „I am also interested to turn the terminologies around and work on languages as well as sensibilities, where cohabitation and alliances are the basis"[200], schreibt sie.

Neben Povinelli, mit der Winterling eine langjährige Arbeitsgemeinschaft verbindet, zieht sie gerne und häufig die quantischen Schriften von Karen Barad und Denise Ferreira da Silva heran. Barads agentieller Realismus – aus der Quantenfeldtheorie, Biologie, den STS-Wissenschaften, der queeren Theorie und poststrukturalistischen Philosophie abgeleitet – ist in den letzten Jahren besonders populär geworden, weil er die westliche philosophische Trennung zwischen Materie und Denken und zwischen menschlicher und nichtmenschlicher Agency problematisiert. „Eine Ontologie der Quanten dekonstruiert die klassische", schreibt Barad. „Es gibt keine vorher vorhandenen einzelnen Objekte mit festgelegten Grenzen und Eigenschaften, die manchen Interaktionen vorgängig sind, noch gibt es irgendwelche Begriffe mit bestimmten Bedeutungen, die verwendet werden könnten, um ihr Verhalten zu beschreiben."[201]

Quantenobjekte weisen Eigenschaften der „multiplen Unbestimmtheit" auf, sind sowohl Welle als auch Teilchen, sowohl hier als auch dort, und im Fall von Schrödingers Katze sowohl tot als auch lebendig. Ähnlich verhält es sich mit Wellen im Meer; auch sie sind an unterschiedlichen Orten gleichzeitig und als Objekte im klassischen Sinn nicht mehr zu fassen. Indem Quantenobjekte und Meereswellen das Nicht-Widerspruchsprinzip[202] der aristotelischen und formalen Logik aushebeln, welches besagt, dass zwei widersprüchliche Aussagen nicht gleichzeitig wahr sein können, erzeugen sie Differenzeffekte, in denen sich Widersprüche allerdings nie restlos auflösen. Ähnlich wie Povinelli, jedoch aus einer anderen Perspektive, argumentiert Barad, dass damit auch die Vorstellungen einer Abgrenzung des autonomen Selbst, des Körpers und all jener Ideen fallen, die Denker der europäischen Aufklärung dazu verführten, die Natur als etwas externalisiertes Fremdes und Kultur als das rationale Eigene zu konzipieren.

Wie sind, können wir nun mit der Intraaktionsdenker*in fragen, die Bezüge zwischen Konzepten, Welten, Dingen, Bedeutungen, Algen und materiellen Konfigurationen neu aufzuspannen? Barads Antwort ist eindeutig: Die materielle Welt ist lebendig, sie denkt, sie stellt Theorien auf und folgt Konzepten, die als „atmende" Rekonfigurationen verstanden werden können.[203] Leben in seinen unterschiedlichen Manifestationen entwickelt sich nicht in berechenbaren Bahnen, es probiert „sich" aus, testet Möglichkeitsformen und Erscheinungsformen, die aus den bekannten Mustern fallen.

> But life, whether organic or inorganic, animate or inanimate, is not an unfolding algorithm. Electrons, molecules, brittlestars, jellyfish, coral reefs, dogs, rocks, icebergs, plants, asteroids, snowflakes, and bees stray from all calculable paths, making leaps here and there, or rather, making here and there from leaps, shifting familiarly patterned practices, testing the waters of what might yet be / have been / could still have been, doing thought experiments with their very being.[204]

Das sind mutige Behauptungen und visionäre Leitgedanken. Dahin mit den kategorischen Trennungen und hierarchischen Altlasten. Quanten sind, wie Barad zeigt, äußerst hinterlistige Objekte, widersetzen sich zu allem Übel dem ordnungsgemäß fließenden Gebrauch der Sprache und erschweren die Kommunikabilität von Realitätskomplexen, in denen partielle Aspekte und gesamtheitliche Konfigurationen spontan kommutieren. Als fraktales Erfühlen/Denken im planetarischen Maßstab[205] bezeichnet da Silva die nonlinearen, atemporalen und atopografischen Erkenntnisprozesse, die agentiellen Realitäten auf der Spur sind.

148 folgende Seite: Susanne M. Winterling, *Planetary Loop of Gravitation*, 2018. Ausstellungsansicht Empty Gallery, Hongkong, 2018

Fraktale Kompositionen – „fractal (immanent, scalar, plenteous, and undetermined), like most of what exists in the world“[206] – geben zu erkennen, dass jedes Ereignis und jede Handlung im Grunde eine Komposition ist – sei es eine Zusammensetzung, Zerlegung oder Neuzusammensetzung. Da Silva bezieht sich dabei auf die Idee, dass Muster und Strukturen auf unterschiedlichen Skalen wiederholt auftreten. Ähnlich wie bei einem mathematischen Fraktal, bei dem ein Muster in jeweils anderen Skalen reproduziert wird, zeigt sich auch in den Ereignissen und Handlungen der Welt die Wiederholung von Mustern auf verschiedenen Ebenen. Diese fraktalen Kompositionen verdeutlichen, dass vergangene Ereignisse und zukünftige Möglichkeiten in den gegenwärtigen Moment miteinbezogen sind und so eine komplexe Verwebung von Ursache und Wirkung entsteht.

Da Silva geht es allerdings weniger um Elektronen und Quallen und die flache Verteilung von Handlungsmacht als vielmehr um die Kontinuität rassifizierter Gewalt und der tiefsitzenden „colonial-racial machinery“.[207] Fraktal spricht sie dem „racial event“, wie beispielsweise der europäischen Migrationskrise, seinen Singularitätscharakter ab, „[that] severs the links between various incarnations of capital across the fabric of global spacetime“.[208] Zugunsten von transtemporalen und -historischen Symmetrien und Verdichtungen löst sie es von seiner zeitlichen (historischen) Verortung los. Vergleichbar mit dem vom argentinischen Schriftsteller Jorge Luis Borges entwickelten Konzept des Aleph, eines winzigen Punktes im Raum, der eine *Mise en abyme* einer umfassenden und gleichzeitigen Erfahrung der Realität ermöglicht, bettet fraktales Denken (auch poetisches oder kompositorisches Denken) das Partielle wie auch das Globale in einen größeren kosmischen Kontext ein.

Mit dem fraktalen und poethischen Vokabular der „deep implicancy“ beschreibt da Silva die tiefgreifenden Verwicklungen und Verschränkungen (*entanglements* und *diffractions*) zwischen Lebens- und Nichtlebensformen, rassifizierten und Gender-diskriminierenden Verhältnissen, Machtstrukturen und historischen Kontexten. Es dient ihr, wie auch Winterling, als Triebfeder für eine ästhetische Praxis, die im Moment der Krise *(fracturing)* zum Tragen kommt, wenn sich verfügbare Antworten und Leitlinien für den Umgang mit kritischen Situationen als unangemessen oder unzureichend erweisen. Was uns all diese Begriffe und Theoretisierungen nahelegen, ist nicht nur die Aufmerksamkeit auf Relationen zu lenken, sondern auch zu erkennen, dass diese in ihren Vulnerabilitäten politisch organisiert und reguliert sind.

200 Susanne M. Winterling, „saltwater dreaming – swamps and ecosystems imaginary and toxic potential“, 2017, Archiv der Verfasserin.

201 Karen Barad, *Was ist das Maß des Nichts?: Unendlichkeit, Virtualität, Gerechtigkeit,* Documenta 13. 100 Notizen – 100 Gedanken Nr. 099, Ostfildern: Hatje Cantz 2012, S. 21.

202 „Es ist nämlich unmöglich, dass jemand annehme, dasselbe sei und sei nicht.“ (Aristoteles, *Metaphysik*, Buch IV, 1005b).

203 Barad, „On Touching“, S. 153.

204 Ebd.

205 Denise Ferreira da Silva und Susanne M. Winterling, „Fractal Sensing / Thinking on a Planetary Scale“, https://planetarysensing.com/fractal-sensing-thinking-on-a-planetary-scale//.

206 Denise Ferreira da Silva, „Fractal Thinking“, in: *aCCeSsions* Nr. 2, 27. April 2016. https://accessions.org/article2/fractal-thinking/.

207 Ebd.

208 Ebd.

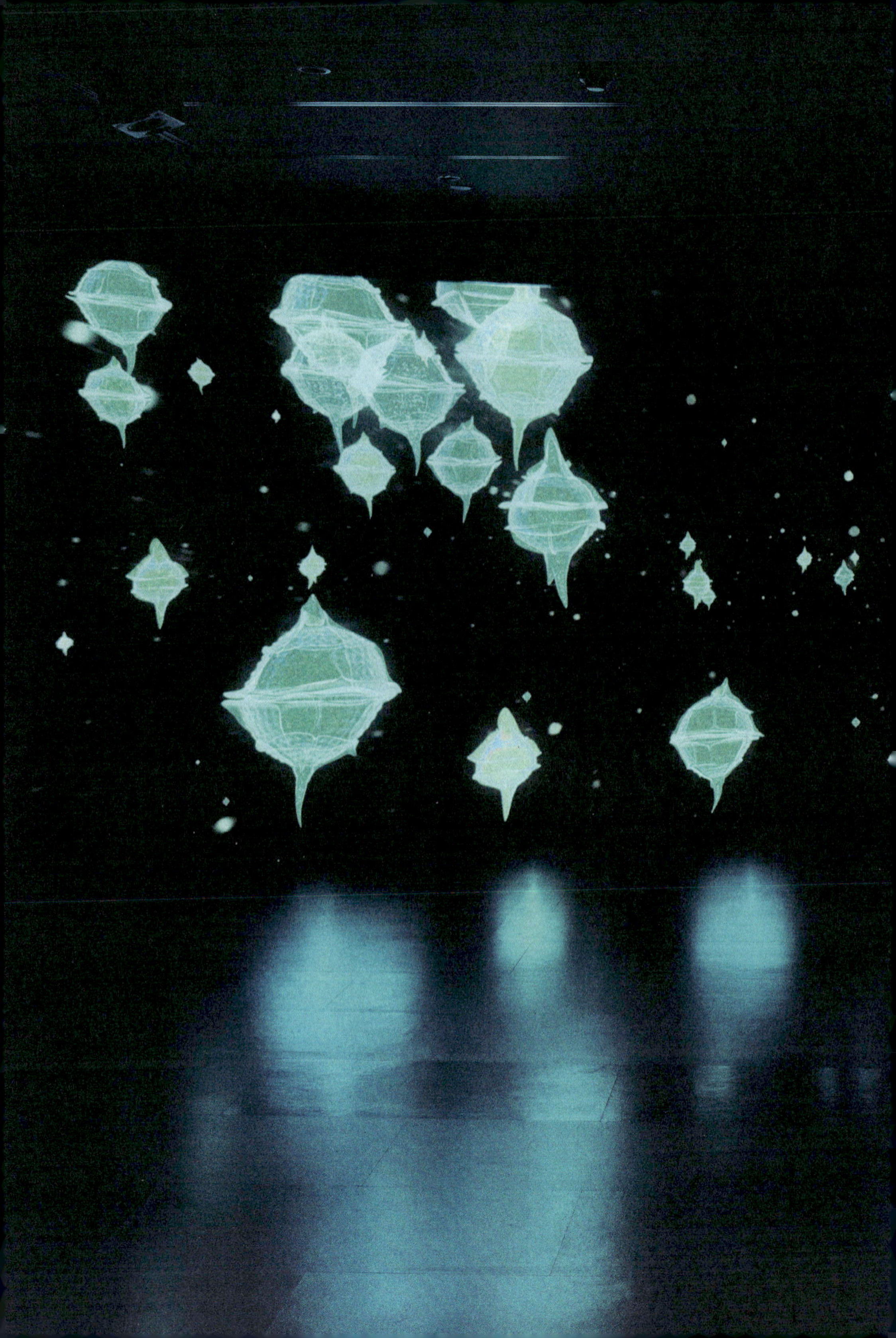

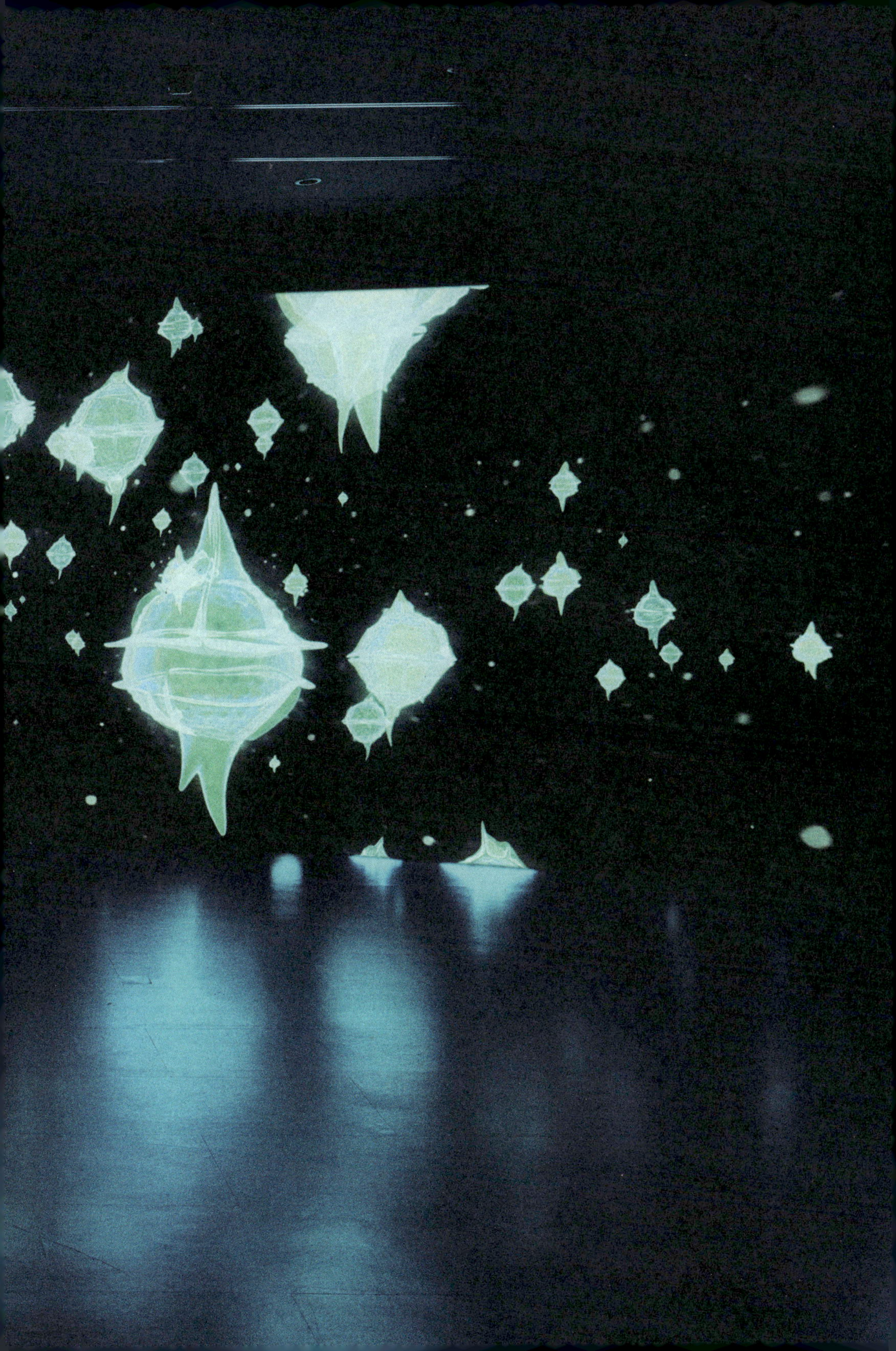

DIE KUNST DES UNTERWASSERHÖRENS: JANA WINDERENS *SILENCING OF THE REEFS*

Das Sterben der Ozeane, die Veränderung der globalen Hydro- und Kryosphäre sowie die Suche nach einem medienästhetischen Ausdruck, der diese sensiblen Ökosysteme erfahrbar macht, bewegten 2007 die norwegische Künstlerin Jana Winderen dazu, ihre Praxis (fast) ausschließlich auf Unterwasser-Tonaufnahmen zu verlegen. Als Klangsammlerin, Zuhörerin und Komponistin des Ozeanischen, mit einer unterbrochenen Ausbildung in Meeresbiologie, ist sie in besonderem Maß sensibilisiert, die subtilen Töne – von niederfrequenten Schwingungen, Klicks und Zwitschern bis hin zu kraftvollen Gesängen und tiefen Grunzgeräuschen – aufzuspüren, welche die Unterwasserwelt mit Leben und Kommunikation erfüllen. Ihre „Kunst des Unterwasserhörens“ macht auf die dringende Notwendigkeit aufmerksam, die Stimmen, Rufe und Vibrationen der Ozeane zu erhören.

Im August 2011 startete Winderen die Langzeitstudie *Silencing of the Reefs*, die sie gemeinsam mit der TBA21–Academy in Belize bis 2014 durchführte. Beratend zur Seite standen ihr dabei die Woods Hole Oceanographic Institution in Massachusetts sowie Melanie McField von der Healthy Reefs Initiative. Winderens künstlerische Gegenrecherche zielte darauf ab, die Lautsensibilität von Meeresökologien zu erforschen, die durch Lärmbelastung und Verschmutzung verursachten Schäden zu evaluieren sowie die Möglichkeit zu erkunden, den Gesundheitszustand von Korallenriffen anhand ihrer akustischen Emissionen zu bewerten. In den Tiefen der ozeanischen Nacht spielt Schall bei der Orientierung von Tieren eine essenzielle Rolle, da die akustische Wahrnehmung ihre Navigation steuert. Winderens Projekt sollte durch die Analyse akustischer Veränderungen Einblicke in den Zustand von besonders gefährdeten Ökosystemen geben. Von der wissenschaftlichen und empirischen Erfahrung der Hörbarkeit planetarischer Transformationsprozesse geleitet – mehr Lärm, weniger Tierstimmen –, sammelt und archiviert sie seitdem die „prophetischen Geräusche" und den „vibrierenden Vorhall"[209] des Anthropozäns.

In ihrem initialen Projektexposé beschreibt die Künstlerin die Funktion von subaquatischen Tonumwelten und thematisiert das beunruhigende Verstummen der Meerestiere angesichts des massiven Artensterbens:

> Sounds from the environment [...] announce to the fish that the shore is close by. Underwater mountain chains in the Atlantic Ocean echo the calls of sea mammals. Soundscapes provide a three-dimensional topographical "view" of their world. [...] As species die out, so also does their sound imprint without us knowing they were ever there, before we are even close to understanding them or their habitats.[210]

Der Spezifik vitaler Akustiklandschaften von Riffökosystemen sei es zu verdanken, so Winderens Annahme, dass Fischlarven sicher ihren Weg zu den in Rissen und Rillen befindlichen Verstecken aufspüren und dort heranwachsen können. Wenn ihre Schallorientierung, auf die sie bei ihrer Habitatsuche angewiesen sind, aufgrund von sich ändernden Umweltbedingungen aussetzt oder behindert wird, sind die Larven auf ihrem Weg vermehrt Gefahren ausgesetzt. Die Gründe für die Desorientierung der Larven und anderer Meeresbewohner liegen u. a. in der Versauerung des Ozeanwassers. Da bei einem niedrigeren pH-Wert im Meerwasser die Konzentration schallabsorbierender Chemikalien (wie Magnesiumsulfat und Borsäure) abnimmt, verbreiten sich insbesondere tieffrequente Geräusche weiter, sodass die Unterwasserwelt einer zunehmenden Geräuschausbreitung ausgesetzt ist. Ein niedriger pH-Wert beeinträchtigt zudem die Ausbildung der Gehörsteinchen, der Otolithen, die im Wesentlichen aus Kalziumkarbonat und einer organischen Schicht bestehen, und erschwert die Kalkbildung in den Schalen und Skeletten der Korallen. Das Ausbleiben des Knisterns des atlantischen Krills und des Knarrens und Knatterns von Krebstieren sowie die mangelnde Kalzifizierung von Korallen sind deutliche Anzeichen und die direkten Auswirkungen des atmosphärischen CO_2-Anstiegs, der in großen Mengen von den Ozeanen aufgenommen und gespeichert wird.

Winderens Studie hatte zum Ziel, über einen mehrjährigen Zeitraum bedrohte Riffe vor und nach ihrem ökologischen Kollaps aufzuzeichnen und diese

209 Stefan Helmreich, *Sounding the Limits of Life: Essays in the Anthropology of Biology and Beyond,* Princeton University Press 2016, S. xxii, https://doi.org/10.1515/9781400873869.

210 Jana Winderen, „Project descriptions for a residency at Dardanella, 2011", 2011, S. 2, TBA21-Archiv.

149 links: Jana Winderen bei Aufnahmen mit einem SoundField Mikrofon, Panama, 2013
150 rechts oben: Aufnahmen mit einem Hydrofon von Tony Myatt, Panama, 2013
151 rechts unten: Aufnahmen mit einem Reson 4042 Hydrofon, Panama, 2013

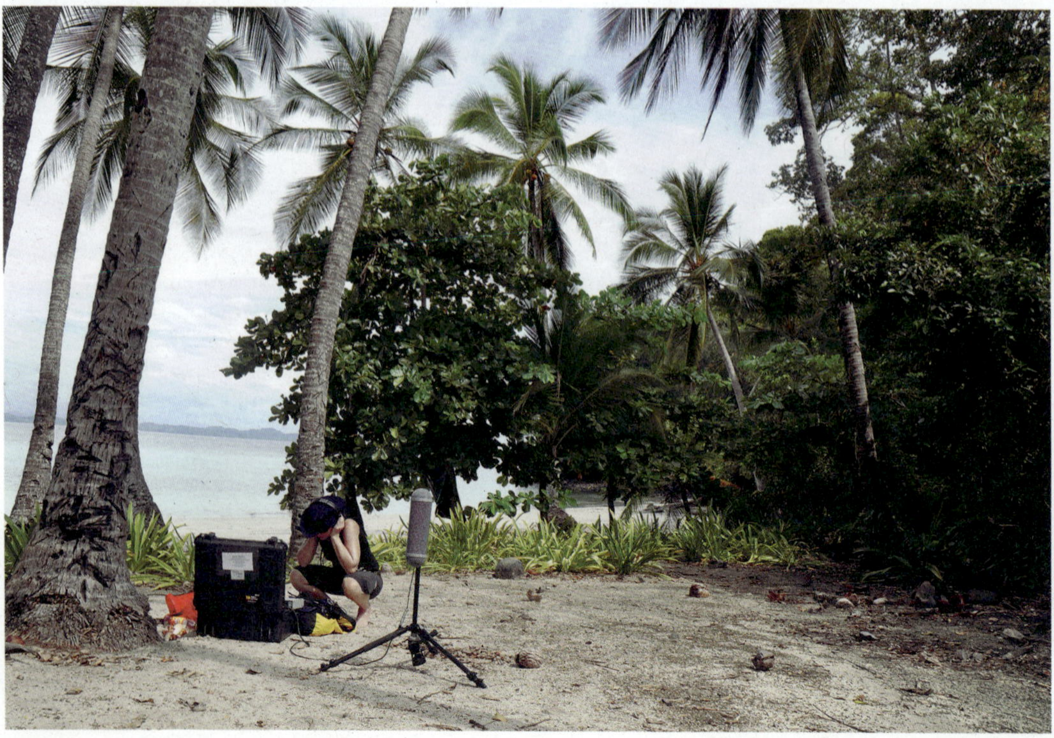

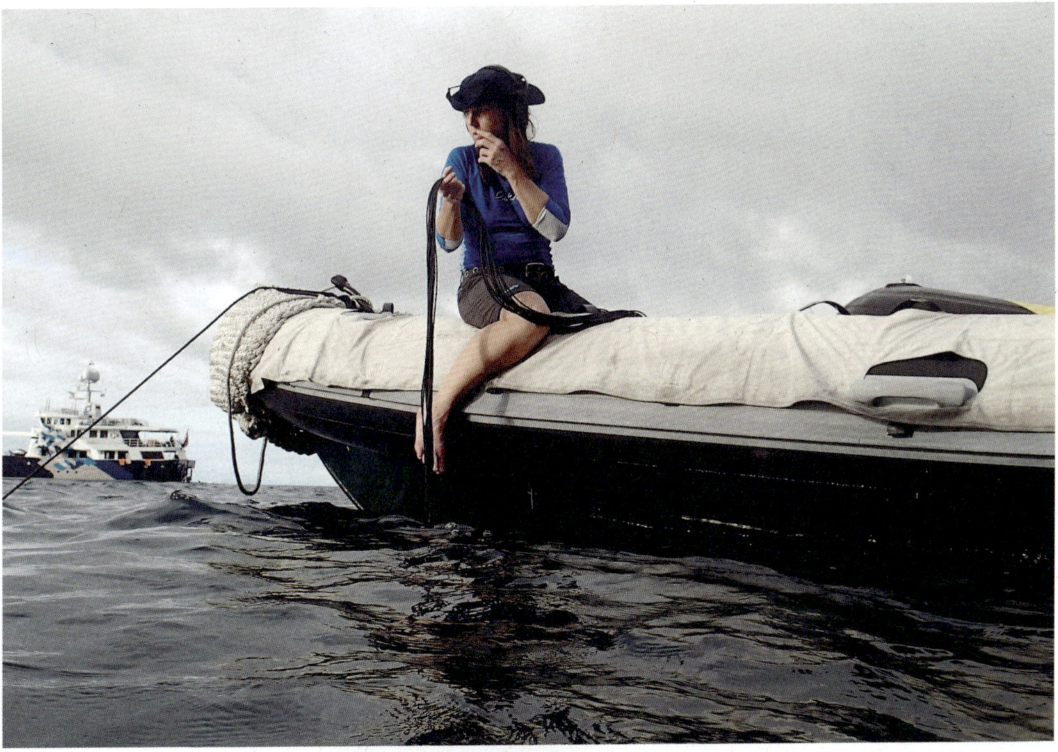

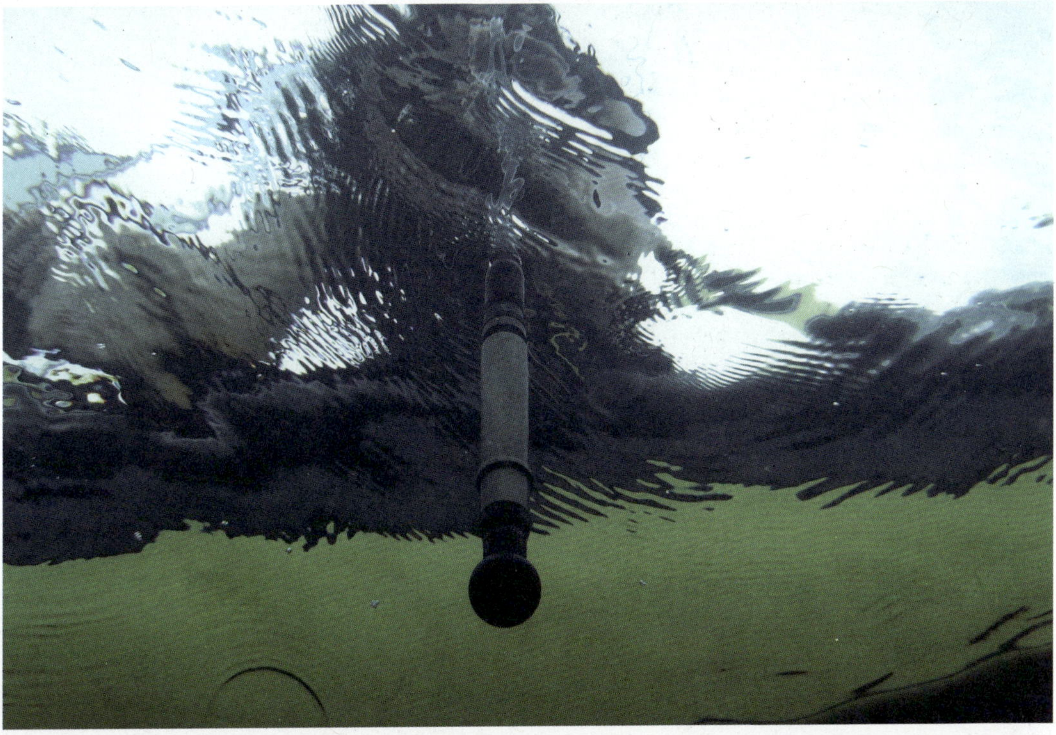

„aus der Sicht der Lebewesen" in künstlerischen Soundkompositionen für Menschen rezipierbar zu machen. Ihr Interesse gilt der Ökosystemakustik und der Analyse von komplexen Klanglandschaften, die neben den tierischen *Soundscapes* auch die Auswirkungen anthropogener Lärmverschmutzung wie Schiffsverkehr, Unterwasserbaustellen, geologische Erkundungen und militärische Sonare auf das Verhalten, die Kommunikation und das Stresslevel von Meerestieren erfassen. Für *Silencing of the Reefs* entwickelte sie in Zusammenarbeit mit dem Soundtechnologen Tony Myatt spezielle Aufnahmetechniken, die sie in die Lage versetzen, Mehrkanal-Hydrophonaufnahmen und „Porträts" von subaquatischen Landschaften anzufertigen. Mit dem nativen Ambisonic-B-Format kommen Aufnahme- und Wiedergabestandards zum Einsatz, die holistisch Sound-Environments abtasten und die Verteilung von Geräuschen und Resonanzen, einschließlich der Bewegung der Schallquelle, als individuelle Soundobjekte erfassen können. Winderen nutzt diese technologische Innovation, um akustische Landschaften und Ökosysteme nachzubilden, wie sie von Meereslebewesen wahrgenommen werden – insbesondere in vertikalen Schichtungen, die für Riffökologien aufschlussreicher sind als horizontale Ausdehnungen.

„Ich begann über unsichtbare, aber hörbare Landschaften unter Wasser nachzudenken, Klangräume, die Fische, Krustentiere und Säugetiere meiner Meinung nach zur Orientierung nutzen"[211], erklärt sie. Der Zusammenhang zwischen der Beschaffenheit biophonischer Gemeinschaften – also dem akustischen Ensemble verschiedener Tierarten, die in einem bestimmten Lebensraum zusammen existieren und miteinander interagieren – und der (eingeschränkten) Vitalität von Riffökosystemen galt 2011 als weitgehend unerforscht. Aus diesem Grund stieß Winderens Vorschlag eines akustischen Fingerabdrucks von Soundscape-Ökologien auch bei Meereswissenschaftler*innen auf großes Interesse.[212] Durch die vergleichende Analyse landschaftsökologischer Lautbilder sind Forscher*innen in der Lage, ohne einzelne Lebensräume im Detail zu vermessen, Unregelmäßigkeiten zu erkennen, das Vorhandensein oder Fehlen bestimmter Arten (auch deren Verstummen) spontan festzustellen und Stressfaktoren zu identifizieren.

Auf insgesamt vier von der TBA21–Academy organisierten Forschungs- 149–151
reisen[213] machte Winderen kontinuierliche Tonaufzeichnungen und legte dabei ein akustisches Archiv an, das auch Wissenschaftler*innen zur Verfügung gestellt wird. Im Sommer 2011 querte sie den Nordatlantik von Island nach Grönland; im Dezember 2012 partizipierte sie an der ausgedehnten Reise nach Belize, um Placencia, Sapodilla Lagoon, Tunecate Cove und die Carrie Bow Cay Field Station[214] auf dem mesoamerikanischen Riff zu besuchen; im März 2013 folgte eine Expedition nach Silberbank in der Dominikanischen Republik. Die Feldforschung endete im Dezember 2013 mit einer Reise nach Isla del Rey, Bahía San Telmo und Isla Pedro González (Perleninseln), Bahía Hermosa, Isla Jicarita und Islas Ladrones im Marineschutzgebiet des Coiba National Park in Panama. Die Reisen ermöglichten Winderen, die wichtigsten Korallensysteme der nördlichen Hemisphäre zu erkunden und maßgebliche Forschungseinrichtungen zu besuchen. Wie die meisten Riffe weltweit sind auch die Riffe in der Karibik von einem Zusammenbruch ihrer Ökosysteme bedroht.

153 Wer Winderens Kompositionen aus ihren Unterwasser-Tonsammlungen hört – wie etwa *Silencing of the Reefs: Departure Iceland*, 2012[215] –, taucht in die vielschichtige und gesprächige Welt des Fisch- und Tier-Geschwätzes ein. Tausende Meeresbewohner sind auf akustische Kommunikation und Wahrnehmung angewiesen, da Lichtabsorption und die langsame Verteilung von olfaktorischen Molekülen die optischen und geruchsbasierten Sinne im Wasser stark beeinträchtigen. Da Wasser ein effizientes Leitmedium ist, propagiert sich Schall darin fünfmal schneller als in der Atmosphäre. „Sie leben in einer Welt der Klänge. Jeder Laut, den sie hören, sagt ihnen etwas", so Valeria Vergara, Wissenschaftlerin und Ko-Direktorin des Walforschungsprogramms der Raincoast Conservation Foundation in British Columbia.[216] Über Jahrmillionen hinweg haben sich solche akustisch dichten Unterwasserlandschaften entwickelt. Diesem ausgedehnten Evolutionszeitraum ist es zu verdanken, dass sich das Leben unterhalb der Wasseroberfläche derart diversifiziert hat und Formen und Assemblagen hervorgebracht hat, die auf dem Festland unvorstellbar sind. Im Ozean lässt sich die Tiefenzeit bis zu ihren Ursprüngen zurückverfolgen, wie auch die Variabilität und Multiplizität von Evolution und Anpassung erleben.

Meereswesen nutzen ein weites Spektrum an Lauten und Tönen für Kommunikation, Jagd, Paarung und Orientierung und setzen dabei unterschiedliche Töne differenziert ein. Sie markieren sich selbst und ihre Umwelten mit Sounds und verfügen über herausragende sensorische Fähigkeiten wie Ultraschallwahrnehmung, elektrische Orientierung, ein Seitenlinienorgan und Biolumineszenz. Mit ihrem Seitenlinienorgan nehmen Fische Strömungen wahr und lokalisieren andere Wesen und topografische Formationen mittels Staudruck. Zudem verwenden Organismen verschiedene Druckverhältnisse, Strömungen und Temperaturen, um ihre Kommunikationsmöglichkeiten zu intensivieren. Durch die Relation optischer, akustischer und körperlicher Reize erleben sie eine synästhetische Vielfalt an sensorischen Eindrücken, die ihnen eine einzigartige Wahrnehmung der Unterwasserwelt bietet.

Polyphone Vokalisierungen entstehen durch Klicken, Pfeifen, Grunzen, Schnurren, Dröhnen, Brummen, Rülpsen, Quaken, Knurren, Gurgeln oder
152 Klimpern. Manche Fische erzeugen akustische Signale durch die Kontraktion ihres Klangmuskels gegen ihre Schwimmblase, andere mithilfe ihrer Kieferzähne, wieder andere emittieren Hochfrequenzlaute, indem sie Skelettteile aneinanderreiben oder Gase im Analbereich mit repetitiven Klicklauten freisetzen. Das Knistern des atlantischen Krills und die knarrenden Laute der Krebstiere *(Crustacea)* sind allgegenwärtig – da Krebse sämtliche Lebensräume besiedeln –

211 Stefan Helmreich und Jana Winderen, „Hydrophonic Fields", in: Zyman, Ebersberger (Hrsg.), *Thyssen-Bornemisza Art Contemporary. The Commissions Book,* S. 736.

212 Winderens Beitrag wurde 2021 in einer breitangelegten Studie publiziert. Vgl. Carlos M. Duarte u. a., „The Soundscape of the Anthropocene Ocean", in: *Science* 371, Nr. 6529, 5. Februar 2021: eaba4658, https://doi.org/10.1126/science.aba4658.

213 26. Juli–5. August 2011, Island; 4.–13. Dezember 2012, Belize; 11.–23. März 2013, Silberbank, Dominikanische Republik, und 12.–22. Dezember 2013, Coiba National Park in Panama. https://www.janawinderen.com/field-trips/silencing-of-the-reefs-dardanella-belize-3-14-december-2012.

214 Die vom Smithsonian Institute betriebene Beobachtungsstation verfolgt das Caribbean Coral Reef Ecosystems Program. https://naturalhistory2.si.edu/ccre/.

215 Jana Winderen, *Silencing of the Reefs: Departure Iceland. A Composition for The Morning Line,* 2012. Multi-Kanal-Soundarbeit, 20 Min. Im Auftrag von Thyssen-Bornemisza Art Contemporary, Thyssen-Bornemisza Art Contemporary Sammlung.

216 Alanna Mitchell, „Bioacoustics: What Nature's Sounds Can Tell Us about the Health of Our World", 12. August 2022. https://canadiangeographic.ca/articles/bioacoustics-what-natures-sounds-can-tell-us-about-the-health-of-our-world/.

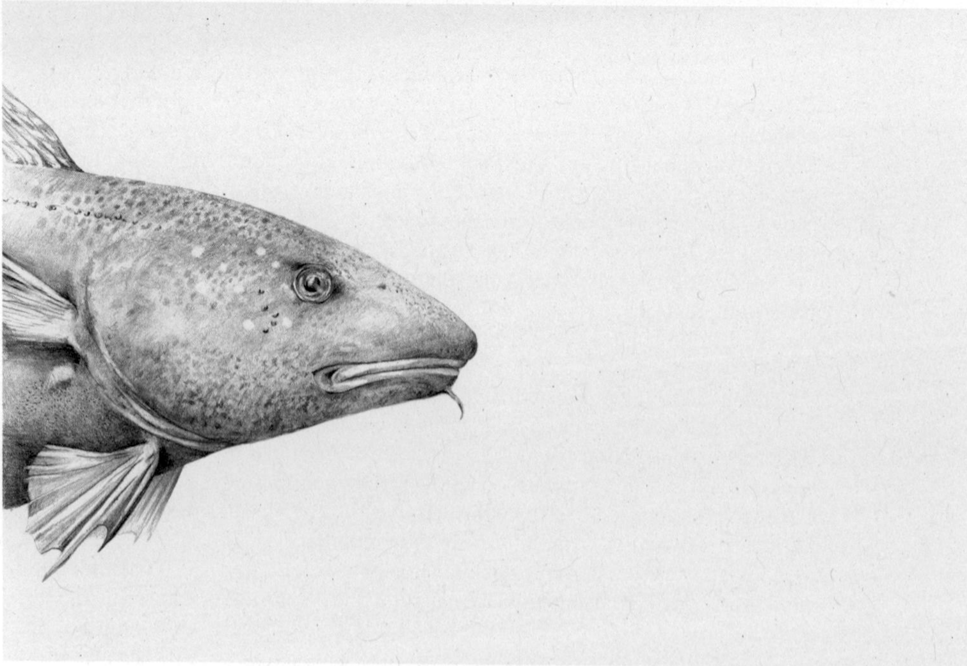

152 Jana Winderen, Kabeljau-Zeichnung, 2020

und meist auch ohne Verstärkung zu hören. Bei Zahnwalen entstehen Laute durch das Ausstoßen von Hochdruckluft über sogenannte Ton-Lippen, die sie befähigen, zwei Töne gleichzeitig zu produzieren und in jene auch divergierende Richtungen zu lenken, die sie zur Echoortung benötigen. Buckelwale hingegen erzeugen die strophenbasierten Walgesänge, die seit den Sechzigerjahren erforscht werden. Die strukturierten Tonfolgen werden über Tage hinweg wiederholt und in Niederfrequenz ausgesandt. Sie bewegen sich tausende Kilometer zwischen einzelnen Tieren. Bartenwale wie der Blauwal und der Buckelwal nutzen die Luftumwälzung zur Schallerzeugung. Ihre Töne werden in Frequenzen gepulst, die weit unter der Wahrnehmung des menschlichen Ohrs liegen und Tausende von Kilometern im Ozean zurücklegen. Über die Knochen in ihrem Kopf nehmen sie die Schallschwingungen auf und leiten sie an eine Innenohrstruktur weiter. Ihre audiozentrische Welt ist auf das Gehör und die Wahrnehmung ausgerichtet.

Die Beispiele ließen sich beliebig fortsetzen, um Winderens Faszinationsgeschichte mit subaquatischen Klanggeografien zu veranschaulichen und zu argumentieren, dass Unterwassergemeinschaften abgestimmte, sinnstiftende und möglicherweise ästhetische Kommunikationsformen nutzen. Für Winderen ist es jedenfalls von grundlegender Bedeutung, die Lautgenerierungen und das Verhalten von Lebewesen als Prozesse der Artikulation zu verstehen, diese also nicht als bloße Geräusche, sondern als (ästhetische) Zeichen und Kommunikationsformen zu erfassen. Daher stützt sie sich auf eine Praxis des Zuhörens, die Aufmerksamkeit mit Intimität und Fragen der Ethik verschränkt. Zuhören ist nicht nur ein affizierendes Erlebnis, es bringt auch kulturelle Überzeugungen über Innerlichkeit und menschliche Identität in Anschlag, die sich kontradistinktiv auf die Kategorie Tier stützen, um zu bestehen. Im Hören bzw. im Verhältnis von Innen- und Außenwahrnehmung offenbart sich die sozialisierte Bewertung von Tieren zugesprochenen Fähigkeiten und Rechten.

und land und meer scheint dumpf und tief erstillt in trübem duft
gestaltlos zu verqualmen. – Christoph Martin Wieland[217]

Obwohl die Welt unter dem Wasserspiegel alles andere als still ist, wurde sie im Zuge ihres *Vergessens* auch zum *Schweigen* gebracht. Mit dem preisgekrönten Film *Die schweigende Welt* (Originaltitel: *Le Monde du silence*, 1956) trachteten der Meeresforscher Jacques-Yves Cousteau und der Regisseur Louis Malle danach, Unterwasserwelten einem Massenpublikum zugänglich zu machen. Ihr Film trug zweifellos zur Sensibilisierung für Meeresbewohner bei, festigte jedoch gleichzeitig das falsche Bild des stillen, tauben und schweigsamen Meeres. Zum Zeitpunkt des Erscheinens des Films hatten Wissenschaftler*innen eigentlich bereits den Reichtum der Unterwassersounds mithilfe von Hydrophontechnologie enthüllt. Eine (fast) vergessene Pionierin der marinen Bioakustik, Marie Poland Fish, archivierte im Auftrag der US-Navy in den Jahren nach dem 2. Weltkrieg die überlieferten Berichte von Seeleuten und U-Bootmannschaften, denen „mysterious 'beeps', 'groans', 'croaks', 'crackles', 'whistles' and moans“[218] zu Ohren gekommen waren. Das von ihr gegründete Laboratorium an der Universität von Rhode Island hatte 1954 über 180 Arten akustisch untersucht, deren „Sprachen“ Fish auf Presto-Aufnahmeplatten sammelte und so eine riesige akustische Bibliothek zusammentrug. Besonderes Augenmerk legte sie auf die differenzierte Beschreibung der einzelnen Lautartikulationen. Der Steinpicker, schrieb sie, summt wie ein Generator; Seepferdchen schnalzen, als ob jemand mit den Fingern schnippen würde; Heringe klopfen und Barsche grunzen. Sie analysierte die Anatomie von Fischen und Meerestieren, klassifizierte sie nach ihren Lauterzeugungsmethoden und identifizierte die Einsatzmöglichkeiten der Unterwasserakustik in der Fischerei und der Marine. Wie ihre Nachfolger*innen, das weitaus bekanntere Meeresbiolog*innenpaar Katy und Roger Payne, verfiel sie Walgesängen und erforschte jahrzehntelang die Fähigkeit der Meeressäuger, Töne zu erzeugen, zu hören und zu interpretieren.

Roger Paynes LP *Songs of the Humpback Whale*[219] wurde zu einem wahrhaften Hit der Siebzigerjahre, führte zum Durchbruch der Meeresakustik und setzte eine äußerst erfolgreiche Kampagne zum weltweiten Schutz der Wale in Gang. Trotz der anhaltenden Popularität von Walgesängen, die sogar als Botschaft an mögliche außerirdische Zivilisationen auf der „Golden Record“ an Bord der Voyager-2-Raumsonden verewigt sind, werden Fische und andere Meeresbewohner, mit Ausnahme der charismatischen Säugetiere, weiterhin aus der Welt der Semiose – und damit aus der Rechtswürdigkeit – ausgeschlossen. Während die Weltmeere mit brutalen Methoden leer gefischt werden, bleiben sie im Tierschutz weitgehend unbeachtet, obwohl Fische zur kleinen Minderheit wildlebender Wesen auf der Erde zählen.

Wie die postkoloniale Theoretikerin Kalpana Seshadri argumentiert, ist der Ort der Animalisierung von Menschen und der Brutalisierung von Tieren in erster Linie ein Ort, an dem durch das Auslöschen semantischer Strukturierung die Sprache als Repräsentation und legitime Rede unzugänglich wird. Sie schreibt: „It is effectively a mute space – a pocket of semantic failure or 'silence' that marks

217 Christoph Martin Wieland, „Oberon“, in: Ders., *Wielands Werke: Historisch-kritische Ausgabe*, Oßmannstedter Ausgabe, hrsg. v. Klaus Manger und Jan Philipp Reemtsma, Band 15.1 Text, Berlin, Boston: De Gruyter 2013, S. 97.

218 Marie Poland Fish, „Animal Sounds in the Sea“, in: *Scientific American* 194, Nr. 4, 1956, S. 93.

219 Während nur Roger Payne als Herausgeber genannt ist, hat Katy Payne erheblich zur Walforschung und zur Erstellung der Unterwasseraufnahmen beigetragen.

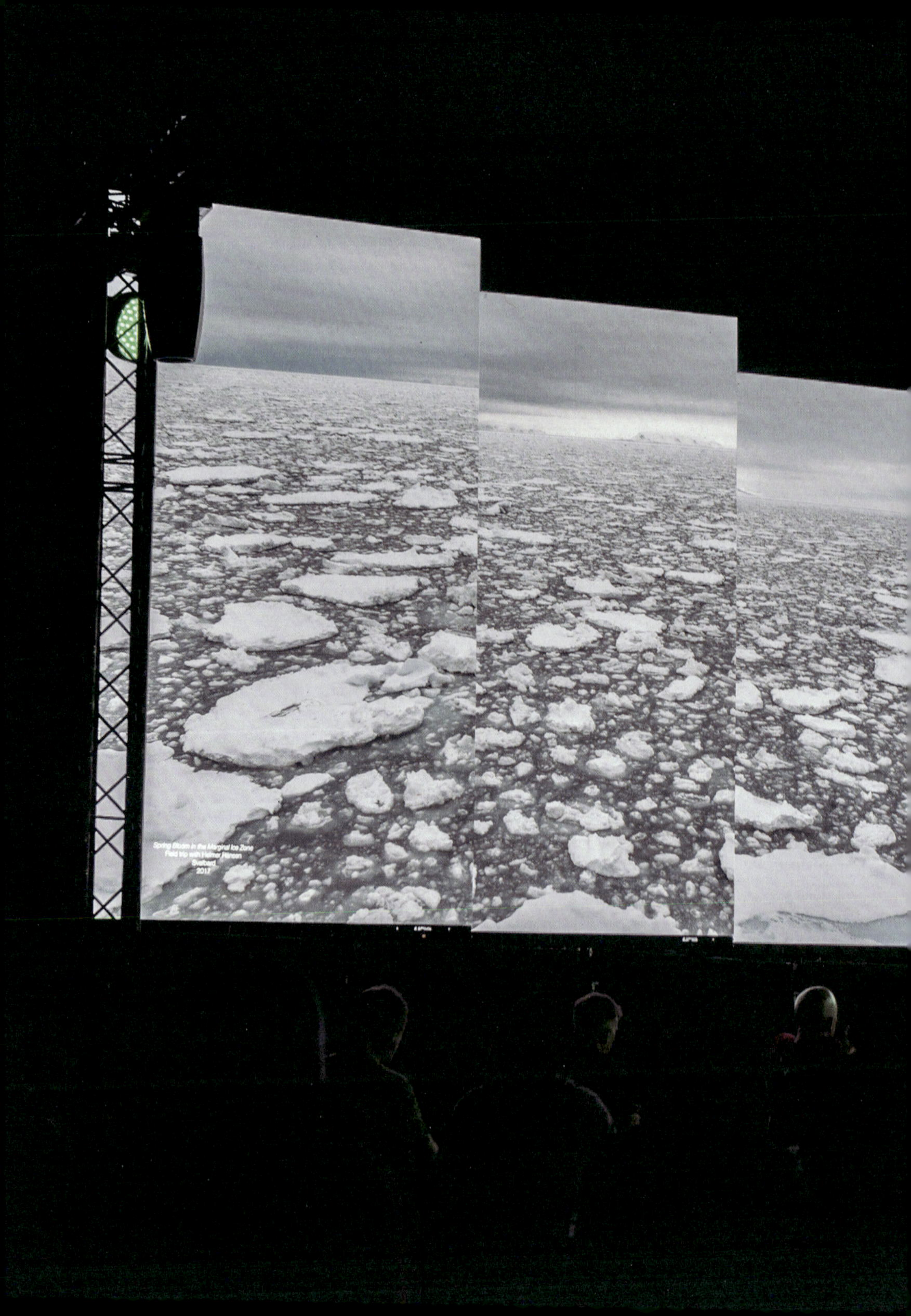
Spring Bloom in the Marginal Ice Zone
Field trip with Helmer Hanssen
Svalbard
2017

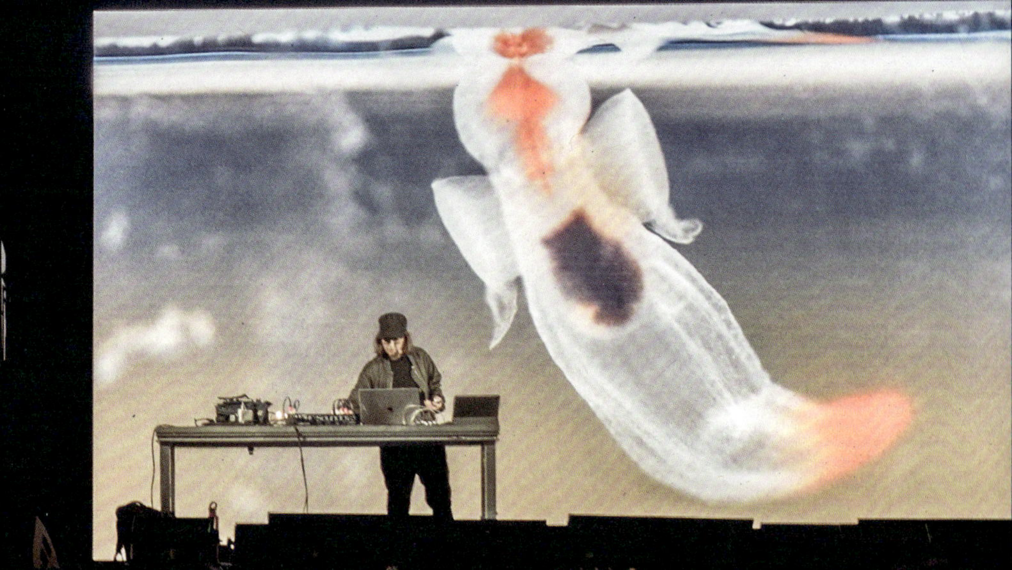

the limit of the discourse of rights."[220] Die in der Regel heikle Engführung von Tier- und Humanitätsdiskursen fördert an dieser Stelle zutage, wie sich Dehumanisierungsrhetoriken des Tieres bedienen, und macht deutlich, wie anhand der Fähigkeit zur Artikulation zwischen dem, was zum Politischen gehört, und dem, was als rein biologisch gilt, unterschieden wird. Anhand der Geschichte der Taxonomisierung von Stimmen beleuchtet auch die Musikwissenschaftlerin Rachel Mundy, wie in den letzten anderthalb Jahrhunderten der Tiergesang der Ausdifferenzierung von Arten, Rassen und Kulturen und zur Konsolidierung moderner Identitätsbegriffe (inklusive der Gewaltbereitschaft gegen das Animalische) diente. In ihrem Buch *Animal Musicalities: Birds, Beasts, and Evolutionary Listening* zeigt Mundy, dass, wo immer es um die Sprachfähigkeit von Tieren geht, die Diskussion an die sensible Sonderstellung des (in aristotelischer Diktion) „zoon logon echon" rührt – des Tiers, das Sprache hat.

In Ergänzung zum gängigen Paradigma des Blicks, das seit Foucault das Dominanzverhältnis zwischen dem Betrachtenden und Gesehenen begründet und zum analytischen Prisma der Tierforschung geworden ist, taucht Mundy in die Welt der Bioakustik.[221] Mit der Frage, warum Vögel singen, rollt sie die heiß geführte Debatte zwischen Charles Darwin und Herbert Spencer zur kulturellen und evolutionären Standortbestimmung des Vogelgesangs auf. Während Darwin den Vogelgesang in ein evolutionäres Kontinuum von Lauterzeugung als vorsprachliche Ausdrucksgebärde einordnete, postulierte Spencer die axiologische Unterscheidung von Mensch und Tier. Ihr Disput über *Sprache* versus (den oft libidinös konnotierten) *Kraftüberschuss* („overflow of energy"[222]) deutet eine im Verlauf des frühen 20. Jahrhunderts sich zuspitzende Diskussion an, die sich im Zuge der kolonialistischen Erschließung nichtwestlicher Kulturen auf deren musikalische Ausdrucksformen ausweitete. Im musikbiologischen Klima der Rassenforschung etablierte sich mit Blick auf die Postulierung der Sonderstellung des weißen, männlichen Subjekts und seiner uneinnehmbaren und ungeteilten Interiorität die vergleichende Musikwissenschaft der Zwanziger- und Dreißigerjahre, mit dem Ziel, „das gesamte musikalische Leben der Menschheit [...] aus dem kulturhistorischen wie psychologischen, anthropologischen und biologischen Zusammenhang der Gesamtentwicklung und -erscheinungsform der Gattung ‚Homo sapiens' zu erklären und so zu einer sozusagen Biologie der Musik zu werden."[223]

Für Mundy ist die historische Erforschung von Tiergesängen eine der besonders aussagekräftigen methodischen Perspektivierungen, die zu erkennen gibt, wie sich die weiße Ethnoklasse gegenüber ihren Anderen festigte, sich aus der Kategorie des Tieres herausmanövrierte und im Zuge dessen ihre Anderen zum Verstummen brachte. Einerseits strebt sie nach „a critical examination of [humanism's] framing devices [...that] are dependent on a specific problematic tradition of difference in which race has often been the middle term between species and culture"[224]. Anderseits zeigt sie auf, wie Einstellungen und Behauptungen über Animalität und Kultur weiterhin „Platzhalter" für Annahmen über Rassen-, Geschlechts-, Sexualitäts- und Klassenunterschiede sind. Angesichts der Prägung unserer Hörgewohnheiten, aus den Tönen und Rhythmen der Welt sowohl das (symbolische westliche) Selbst als auch seine Alteritäten herauszufiltern, ist Spivaks Frage nach dem Sprechen und Gehörtwerden von subalternen Subjektivitäten nicht länger metaphorisch zu bewerten. Ebenso lädt die Frage nach den Konsequenzen der Gegenüberstellung der menschlichen Stimme mit der „akustischen Signatur" der tierischen Natur zu neuen Theoretisierungen ein.

153 vorige Seite: Jana Winderen, *Listening to Find Questions*, Konzert und performativer Vortrag, Sónar, Barcelona, 2023

Armin Linkes Darstellung eines ROV-Arms bei der Manipulation eines Tiefsee-Schwamms brachte die erkenntnistheoretische Distanz zur Geltung, die die technologisierte Relation zwischen der Wissenschaftlerin und ihrem Untersuchungsgegenstand bestimmt. Anhand der aus der Tiefe übertragenen informationsarmen Bilder habe ich die Problematik erörtert, wie diese die Grundlagen für ökologische Schutzmaßnahmen bzw. extraktivistische Ambitionen bilden. Um die involvierten und in Mitleidenschaft gezogenen natursensorischen Spuren des Klimakollapses im Ozean und die damit verbundenen Risiken zu vermessen, bedarf es, wie Ulrich Beck ausführt, der „'sensory organs' of science – *theories, experiments, measuring instruments – in order to become visible or interpretable as hazards at all*"[225]. Etwas abgewandelt könnte man sagen, dass die Sinnesorgane der Wissenschaften die Rahmenbedingungen festlegen, unter denen die Klimabedrohung einsortiert, definiert sowie in Standards und *baselines* gegossen wird, und damit auch Wertesysteme und ideologische Weltbilder schaffen. Oder: Die Art und Weise, wie Risiken gerahmt werden, ist immer auch Teil des Problems.[226]

Akustische sensorische Organe werden als grundsätzlich „transduktiv" beschrieben, als eine Form von Energie, die durch ein Medium übertragen wird, von der Antenne zum Empfänger, vom Verstärker zum Ohr, von der Flüchtigkeit der Luft zur Dichte des Wassers. Sie bedürfen eines Arsenals an technischen Gerätschaften zur Fernübertragung, Verstärkung und Modulierung. Helmreich bezeichnet deshalb den Sound als „technisches Objekt", der, um gehört zu werden, „must be transformed (brought into the air, cleaned up, etc.); in that process, ideas about what underwater sound should sound like become key to how people make such noises audible."[227] Die informationstheoretisch gefärbte Rhetorik, nach der Sound ein mathematisch verschlüsselter und manipulierbarer Code ist, spitzt die Frage nach der Relationierung mit Unterwasser(klang)welten noch schärfer zu: Wie formen wissenschaftlich kodifizierte, qualitative (und quantifizierbare) anthropozentrische *Vorstellungen* ihrer Sonorität nicht nur die Medienästhetik, sondern auch die gängigen Modelle für das Management und die Konservierung mariner Ökosysteme?

Kein geringeres epistemologisches Problem stellt die anthropozentrische Maßeinheit des Dezibels dar, das seit den späten Zwanzigerjahren zur Messung des Schalldruckpegels im Einsatz ist. Entgegen der allgemeinen Annahme, dass es sich bei der Dezibelskala um eine objektive Messungseinheit handle, die den Lärmpegel in gleichmäßigen Schritten kalibriert, ist sie subjektiv (angepasst an die menschliche Durchschnittshörschwelle im Medium Luft) und verläuft logarithmisch. Ein 50-Dezibel-Ton hat nicht die fünfzigfache Lautstärke eines an der Grenze der Hörschwelle gerade noch vernehmbaren Flüsterns, sondern

220 Kalpana Seshadri, *HumAnimal: Race, Law, Language*, Posthumanities 21, Minneapolis; London: University of Minnesota Press 2012, S. 13.

221 Der Fokus auf Visualität findet sich in den wichtigsten Schriften zu Mensch-Tier-Beziehungen, wie beispielsweise John Berger, *Why Look at Animals?*, Great Ideas 80, London: Penguin 2009; Donna J. Haraway, *Primate Visions: Gender, Race, and Nature in the World of Modern Science*, New York: Routledge 2006.

222 Herbert Spencer, „The Origin of Music", in: *Mind* 15, Nr. 60, 1890, S. 453.

223 Robert Lach, *Die vergleichende Musikwissenschaft, ihre Methoden und Probleme*, Akademie der Wissenschaften in Wien. Philosophisch-historische Klasse. Sitzungsberichte, Bd. 200, Abh. 5, 120 p., Wien und Leipzig: Hölder-Pichler-Tempsky a.-g. 1924, S. 115 f.

224 Rachel Mundy, *Animal Musicalities: Birds, Beasts, and Evolutionary Listening*, Music/Culture, Middletown, Connecticut: Wesleyan University Press 2018, S. 178.

225 Ulrich Beck, *Risk Society: Towards a New Modernity*, Theory, Culture & Society, London; Newbury Park: Sage Publications 1992, S. 27.

226 Siehe „Climate Change: How We See the Problem is Part of the Problem", in: Báyò Akómoláfé, „What Climate Collapse Asks of Us", 17. August 2019. https://www.bayoakomolafe.net/post/what-climate-collapse-asks-of-us.

227 Helmreich, *Sounding the Limits of Life*, S. xx.

bedeutet das Einhunderttausendfache an Leistung. Im Unterwasserbereich, wo Wasserschallwellen sich uneingeschränkt ausbreiten und die tierspezifischen Hörcharakteristika sehr unterschiedlich ausgebildet sind, erweist sich die Dezibelskala als inadäquate terrestrische Abstraktion. Bei hinreichender Sendeleistung können etwa im tieffrequenten Bereich Laute im gesamten Wasserkörper wahrgenommen werden, sofern sie nicht von Landmassen unterbrochen werden. Gestrandete Delfine und Wale mit tödlichen Hörschäden zeugen von der Zunahme ungeahnter Lärmentwicklungen in den Ozeanen.

Mit den ozeanografischen Wissenschaften zu denken und ihre durchaus wertvollen Technologien zu begrüßen, bedeutet allerdings nicht, sich unkritisch den von ihnen vorgegebenen „Ideen" und Problemrahmen anzuschließen. Zu den Fallstricken, die es zu vermeiden gilt, gehört die Vereinnahmung durch Fachwissen wie auch die Begünstigung von Polarisierungen. Wie Arturo Escobar feststellt, „in designing tools (objects, structures, policies, expert systems, discourses, even narratives) we are creating ways of being"[228]. Insbesondere in Bezug auf die Vorstellbarkeit von ungesichteten und unhörbaren Unterwasserwelten 154–156
ist das Problem in hohem Maße ein ästhetisch-ontologisches. Wem wird die Aufgabe zuteil und wer besitzt die Autorität, diese zu repräsentieren und damit ihre Seinsweisen zu bestimmen? So importieren beispielsweise die sogenannten Meeresschutzgebiete (MPAs) landbasierte kartografische Modelle, die den Dynamiken und der Organisation von Leben sowie der Reichweite von Tonfrequenzen in Unterwasserzonen kaum entsprechen. Wenn deren Design an technowissenschaftliche Expert*innen und ihre Sensibilitäten übertragen wird und diese die Autorität über bestimmte Erfahrungen, Narrative und Repräsentationen innehaben, werden alternative, aber ebenso relevante Perspektiven und Wissenssysteme delegitimiert. Dazu gehört die Anerkennung von indigenen und traditionellen Ontologien in Bezug auf die Ozeane und ihre Bewohner ebenso wie die Einbeziehung verschiedener Disziplinen wie Kunst, Literatur und Philosophie, die alternative Wege des Verstehens und Vorstellens eröffnen können.

Es bleibt daher eine fortwährende und stets neu zu formulierende Herausforderung, dem *sensory capture*, jener kulturell und diskursiv geprägten Einengung von Wahrnehmungswelten zu entrinnen, der die Sinne in Beschlag nimmt und dazu führt, dass im Zuge ästhetischer Translationsprozesse die Vorstellungswelten und Rhetoriken reproduziert werden, die die technokratische Kontrolle der Unterseewelt prägen. Um dieser adäquat zu begegnen, setzten die Künstler Linke und Ahmed auf gegenforensische Methoden, während sich Winterling aus einer explizit feministischen und posthumanen Ethik heraus mit Dinoflagellaten alliiert. Winderens Arbeit erfordert hingegen ein breites Spektrum an auditivem Wissen, um die Expressivität animalischer Rhythmen in eine Form (Erfahrung) der Unbestimmtheit zu übersetzen, in der das Außen keine Ausschließung des Innen ist, das Technische sich mit dem Natürlichen mischt und die lärmenden, sprechenden und tönenden Unterwasserlandschaften hörbar werden. „Sounding" – also Sondierung – nennt Helmreich die Prozesse der akustischen Erkundung, ein Homonym im Englischen, das mit der Klanggenerierung selbst überlappt.

Helmreich eröffnet eine zusätzliche Perspektive, indem er Ozeanwellen und Radiofrequenzen analogisiert, um die Ozeane als eine Art Radiosender vorzustellen, der Informationen über vergangene und zukünftige Wellenfrequenzen

228 Arturo Escobar, *Designs for the Pluriverse: Radical Interdependence, Autonomy, and the Making of Worlds*, New ecologies for the twenty-first century, Durham; London: Duke University Press 2018, S. 135.

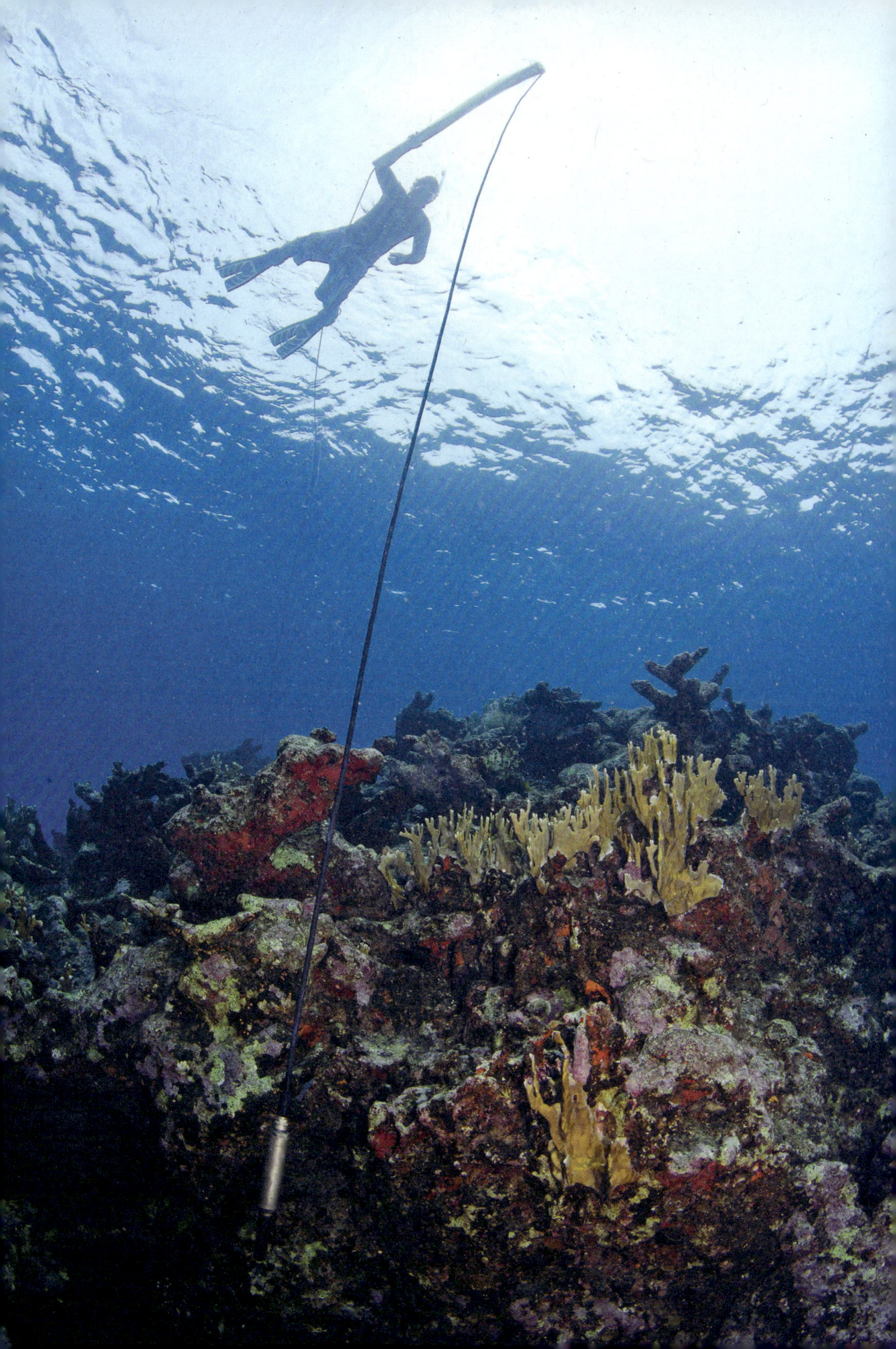

154 vorige Seite: Unterwassertonaufnahmen, Silverbank, Dominikanische Republik, 2013, für Jana Winderens Projekt *Silencing of the Reefs,* 2011–2014

155, 156 Ruben Torres bei der Entnahme von Proben zur Beurteilung des Gesundheitszustands der Riffökosysteme, Silverbank, Dominikanische Republik, 2013, für *Silencing of the Reefs*

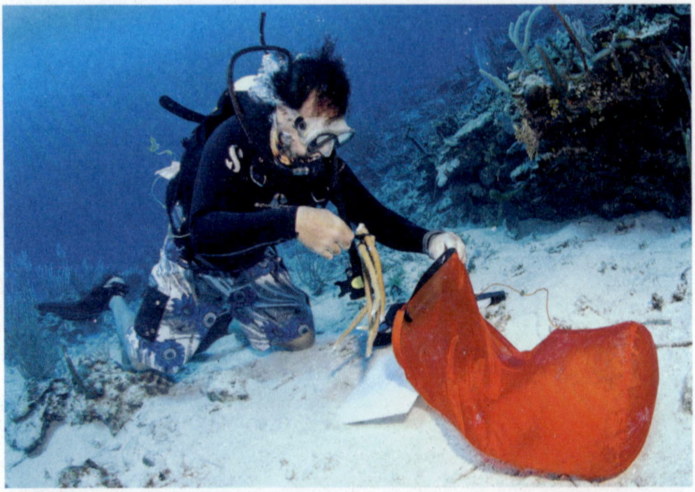

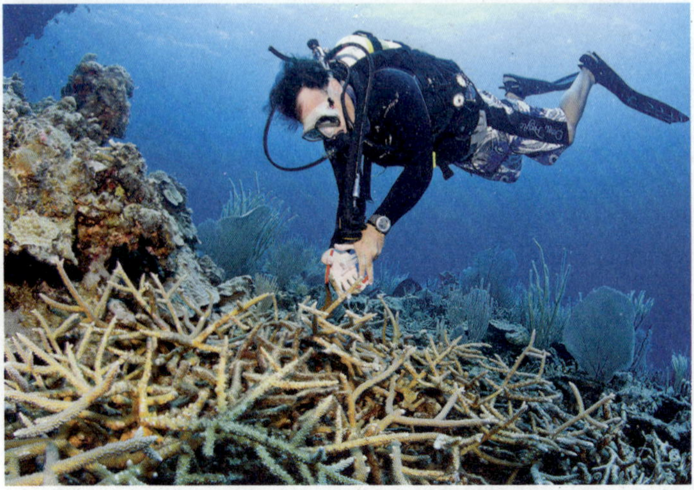

ausstrahlt. „Radio Ocean", schreibt er, „transmit[s] messages from pasts and presents colonial (waves that take shape in ports carved the Middle Passage), military and industrial (waves that carry the legacies of Cold War and contemporary nuclear radiation), and transnational (waves that carry tourists, exiles, and refugees across surf that is alternately enticing, promising, or deadly). Radio Ocean carries dispatches, too, from futures arriving with the Anthropocene or Capitalocene (waves that move with the winds of humanmade climate change, waves that come to life in a newly melted and opened-up Arctic Ocean)."[229] Dieser Sicht zufolge sind Wasser und Ozeane Ausdrucksmaterien, sie emittieren ihre eigenen Töne, Bilder und Reize, die es – wenn überhaupt – als Signale zu verstärken gilt. Die Vorstellung des Ozean-Radios und seiner Wellen, die nicht nur Schall und Elektrizität leiten, sondern auch des Ozeans eigene Geschichte(n) senden, kommt der Vorstellung der sich selbst repräsentierenden Natur, über die Neimanis nachdenkt, jedenfalls sehr nahe.

Mit der Metapher des nachrichtenversendenden Meereskörpers und seiner sprechenden, singenden und rauschenden Wellen schneidet Helmreich die Frage nach der Ausdrucksfähigkeit semiotischer Gefüge an, die sich nicht nur auf die des Tieres beschränkt. Für den Anthropologen Eduardo Kohn ist jede Lebensform semiotisch, seien es Tiere, Pflanzen, Bäumen oder der Wald in seiner Gesamtheit. „All life is semiotic and all semiosis is alive. In important ways, then, life and thought are one and the same: life thinks; thoughts are alive"[230], schreibt er in *How Forests Think* und befasst sich darin ausgiebig mit den Sprachen des Waldes und den Interaktionen zwischen nichtmenschlichen Entitäten mittels ihrer Signaturen an Geräuschen, Gesten und Verhaltensweisen. Im Wald herrsche eine „umfassenden Semiose", die nicht auf kognitive Fähigkeiten oder Bewusstsein beschränkt, sondern in der materiellen und lebendigen Welt verwurzelt sei. Während seiner Feldforschung in Ecuador lernte Kohn, wie ein Jäger zu lauschen und die Bedeutungen im Bellen von Hunden und den Bewegungen von Wildschweinen herauszuhören. Diese auditiven Zeichen wiederum zwangen Kohn, neu darüber nachzudenken, was es bedeutet, ein Selbst, eine Agency zu haben, und dass Jagen im amerindischen Kontext Ausdruck einer erdzentrierten Kosmologie ist, die eine Verschmelzung zwischen Jägern und dem Wild voraussetzt.

Die Semiotiken des Walds und des Meeres hängen also weder von der bezeichnenden Sprache noch vom Bewusstsein ab. Sie sind präverbal, körperlich und rhythmisch. Intensität, Klangqualität, Intervall, Rhythmus und Tempo wirken direkt auf das sensorisch-motorische System. Ein „wässriges" In-Beziehung-Treten erfolgt allerdings nicht im Gegenüber zweier Körper; es ist vielmehr subkutan, oder, wie Neimanis vorschlägt, ein interkorporaler und transkorporaler Prozess, erlebbar in mehr-als-menschlichen Dimensionen und Feinstofflichkeiten, die in den „torqued scales of watery connection [...] a relation of responsivity"[231] hervorbringen. Ihr wässriger Posthumanismus sowie der von Helmreich, Alaimo, Hayward u. a. fordert uns auf, den Körper als poröse und hypersensible Membran zu denken, der Schwingungen, Verbindungen und Verbindlichkeiten aufnimmt und leitet. Das Verständnis der Substanz des eigenen Ichs als mit der weiteren Umwelt verwoben bewirkt eine tiefgreifende Destabilisierung der Subjektivität. Das Wasser-Medium selbst, seine molekulare Substanz,

229 Stefan Helmreich, „Radio Ocean", in: Hessler (Hrsg.), *Tidalectics*, S. 211/212.

230 Eduardo Kohn, *How Forests Think: Toward an Anthropology Beyond the Human*, Berkeley: University of California Press 2013, S. 16. (Die deutsche Übersetzung des Buches erschien unter dem Titel *Wie Wälder denken. Eine Anthropologie jenseits des Menschlichen* 2023 beim Verlag Matthes & Seitz Berlin.)

231 Neimanis, *Bodies of Water*, S. 52.

die diffraktiven Intra-Aktionen von Bakterien, Mikroorganismen, Tönen und Signalen und die im Wasser gespeicherten Spurenrückstände und Kontaktsignaturen von Kolonialismus und (Umwelt)Gewalt drängen auf den Körper ein, setzen ihn unter Druck oder versetzen ihn in Vibration. Der Körper wird zunehmend auch vonseiten der Biologie als wissensproduzierender und *erfahrender* Korpus verstanden: Er fühlt, tastet, registriert, ist sinnlich und sinnstiftend, und er umfasst Milliarden von Endosymbionten – Mikroorganismen, Einzeller, Bakterien, Viren, Parasiten –, die in mutualistischen Verbindungen zueinander stehen. Ein Denken, Fühlen und Hören mit kooperierenden Zellverbindungen und -bewegungen zeichnet jede menschliche und nichtmenschliche Erfahrung aus und bringt eine Form von genetisch-anzestralem Wissen hervor, das die Grenzen zwischen Innen und Außen durchdringt.

WIE DIE „NATUR" VOM FLAMBOYANTEN ENDE DER WELT KÜNDET

Vibration und Lebhaftigkeit sind auch Winderens Metier. Sie hört, spürt, sammelt und moduliert die intensiven Schwingungskräfte zwischen Organismen und ihren Umwelten. Es bedarf der Resonanzräume der lebenden Korallenriffe, der Leitfähigkeit und Salinität des Wassers, des schwebenden Mikroplanktons und des Rauschens der Wellen und Winde an der Oberfläche, um die Raumzeitlichkeit des Ozeanischen aus einer mehr-als-menschlichen Sichtweise sinnlich zum Ausdruck zu bringen und erfahrbar zu machen. In ihren Soundinstallationen werden die feinsten Emanationen von tierischen, viralen, lithischen, materiellen und technologischen Körpern zu geschichteten Kompositionen, die sich stabilen Klangreferenzen entziehen. Klang fungiert als transkorporaler und intermaterieller Schwingungsverstärker, der in Echos und Resonanzen von Körper zu Körper übertragen wird.

Die „relations of responsivity", die sich Winderens Schilderung zufolge spontan einstellen, sobald sich ihre Begleiter*innen die Kopfhörer aufsetzen, um der Unterwasserwelt zu lauschen, äußern sich in Imitationslauten und staunendem Kopfschütteln. Winderen lacht über die fast kindlichen Freuden, die sie bereiten kann, und weiß sehr wohl, dass ihre Arbeiten (auch) die Funktion von „sensitizers" und „amplifiers"[232] einnehmen. Ihre Kunst fungiert als Übersetzerin zwischen Sphären, die selten und vielleicht immer weniger miteinander in Kontakt treten. Allerdings begnügt sie sich nicht damit, ästhetische Reize zu erzeugen. Inmitten der drastischen Veränderungen im „arrangement of existence [of water…] as a response to human actions"[233] sucht Winderen nach Möglichkeiten, Fische, Wasser, Korallen, Wellen, Winde sprechen zu lassen – sprechen zu lassen, ohne für sie zu sprechen und dabei Neimanis' radikaler Forderung der „Autografie" nachzuspüren: „What if nature writes, thinks, is literate and numerate, produces patterns and meanings, expresses sociality, intelligence, changeability, invention?"[234]

Wenn sich Winderen in ihrer Kunst der „ungehörten" Aspekte des anthropogenen Ozeans annimmt, dann sind es nicht nur die nicht wahrgenommenen Tierartikulationen, subaquatischen Atomtestdetonationen und die seismischen Sprengungen, die sie für die menschliche Hörbarkeit aufbereitet, sondern auch ihre „unhörbaren" Dimensionen: die sich ausbreitenden Todeszonen, Opferzonen und die tödlichen atlantischen und mediterranen Passagen. „Hören, ohne Antworten zu erhalten"[235], nennt sie die verunsichernde Erfahrung des Hinhörens ohne Gewissheit. Und wenn die Natur selbst spricht und theoretisiert, so berichtet sie möglicherweise von dem Ende einer Welt, wie sie einmal war. Indem wissenschaftliche Rahmungen des Anthropozäns stets Rettungs-, Schutz-

und Wiederherstellungsszenarien implizieren, übersehen sie, dem Philosophen Báyò Akómoláfé zufolge, dass die Welt, in der wir und unsere Unterwassergefährten leben, bereits eine andere ist.

> In a World that exceeds thinkability, in a world we have no language for, one "fundamentally" delinked from a prior due to the traversal flashing up of "nature" in her flamboyant passing away, and one in which forward movement is now impossible, we need new forms of inquiry. We need new ways of making sense. We need new ways of listening.[236]

Was es Akómoláfé zufolge zu erhören gilt, sind die „murmurations" und „change[s] of rhythm", die vom Ende der Welt künden. Nur wenn wir, als Menschheit, uns der Endlichkeit stellen und dieses Ende nicht als Metapher, als lösbare Bedrohung erkennen und uns von den Rahmungen des „Problems" lossagen, könnten wir uns mit der Monstrosität des Anthropozäns versöhnen und die „strange World" vernehmen, in der wir leben.

In dem Maß, in dem wir uns aus der Perspektive des Weltenendes aus der progressiven Problemachse des Anthropozäns hinauskatapultieren, ergeben sich auch neue Aufgaben und Fallstricke für die „new forms of inquiry", mit der wir der Welt begegnen. Ich meine zu erkennen, dass Winderens Soundarchive und -kompositionen von dieser Arbeit zeugen. *Silencing of the Reefs* ist die Erfassung der Sonorität der vitalsten Lebensassemblagen vor ihrem Verschwinden, sie ist Huldigung, Spurensicherung und Trauerarbeit zugleich. Wenn Fish am Anfang einer (denkbar kurzen) Genealogie von Meeresarchivist*innen steht, so widmet sich Winderens Werk dem Kippmoment, an dem Riffe und Unterwasserlandschaften beginnen, in die ozeanische Stille einzutauchen.

MIT KÖRPERN HÖREN

Das nachfolgende Gespräch mit Jana Winderen führte ich am 3. April 2019. Seit 2010 haben wir im Rahmen von Talks, Seminaren, Konzerten und Auftragswerken zusammengearbeitet. Das Gespräch gab uns die Möglichkeit, gemeinsam Erlebtes und Erfahrenes Revue passieren zu lassen und ihre neuen Ausrichtungen zu erörtern. Die Passage, die ich aus dem langen Gespräch leicht überarbeitet herausgegriffen habe, ruft eine Stelle aus Neimanis' Buch *Bodies of Water* in Erinnerung, in der sie darauf eingeht, dass Wasser aus einer indigenen Weltsicht ein Verwandter ist, mit dem familiäre Beziehungen zu unterhalten sind. „Water is a relation"[237], zitiert Neimanis die Anishinabe-Theoretikerin Deborah
157–159 McGregor. Dass die Verbindung zu Wasser und Wasserbewohner*innen über den Körper und über das Hören des Körpers erfolgen kann, lässt die Schilderung der blinden und gehirnlosen Qualen und Schlangensterne *(brittlestar)* wiederaufleben, die über ihren Körper verteilt wahrnehmen können. Ihre „extended knowledge systems" funktionieren über ganz andere Kanäle und Impulse als diejenigen des Menschen, obwohl kleine Reste ihres Körpers sowie der unserer ichthyischen Vorfahren im Menschen transformiert enthalten sind.

232 Ebd., S. 55.
233 Ebd., S. 52.
234 Neimanis, „No Representation without Colonisation?", S. 16.
235 Jana Winderen, „Listening without getting Answers". https://www.youtube.com/watch?v=B2WhkERpUPo.
236 Akómoláfé, „What Climate Collapse Asks of Us".
237 Neimanis, *Bodies of Water*, S. 173.

Human-Fish Relations

DANIELA ZYMAN *Can we talk about hearing and listening underwater?*[238]

JANA WINDEREN The origins of our hearing can be traced back to our underwater ancestors. It is intriguing to consider that our hearing system has something in common with fish, as we retain a memory of hearing underwater. The evolution of hearing began with simple organisms sensing vibrations, which led to the emergence of bones around 500 million years ago. Fish played a pivotal role in the development of hearing, adapting their sensory mechanisms over time to perceive sound underwater. The entire bodies act as sensors for fish, they can detect vibrations in water using sensory receptors located in their skin as well as their bones. As some fish evolved and moved to the land, their gill arches evolved into reptile jaws, enabling them to detect sounds in a different medium, air. Their jaws eventually transformed into the human middle ear structure, which contains a record of these transformations. Human bodies are a patchwork of features inherited from these ancestral creatures, with some resemblances to jellyfish, worms, and fish.

When I am out recording with my hydrophones on a river shore or from a boat, it is wonderful to see the faces of people I meet or am in the boat with. As I hand them the headphones to listen to the underwater sounds, their faces light up, revealing a sense of surprise and wonder as they immerse themselves in a new auditory world. Everywhere I have been, people – young and old, from different cultures and with different experiences of the sea – share this wonderful expression on their faces. Even after twenty years of underwater listening, I still feel a new excitement and wonder, as every session offers a new surprise.

During my recordings, I listen very carefully and concentrate on the sounds using high-quality hydrophones. It allows me to immerse myself in the sounds I hear. Sometimes we will anchor and listen for hours at one spot and hear the sound change. While we drift over a seamount along with a school of fish, I start to hear the individual fish very clearly. Engaging in conversations with the boat's captain or with locals who possess knowledge both below and above the water's surface greatly enhances the experience. Their insights into the locations of different fish or mammals contribute to the exploration. Listening at various times of day or night and observing how the soundscape changes according to the different phases of the moon reveals the dynamic nature of the underwater world. Different species of fish exhibit varying levels of activity during specific times. They signal to each other as part of the schooling behavior or to indicate danger. I do not know which – and that is one of the things I like. Wondering, excitement, and curiosity are always guiding me.

DZ *Do you anticipate what you will be hearing during your field recordings?*

JW After all this time spent recording, I have certain expectations when I go out to listen. I anticipate hearing crackling and popping sounds, which still intrigue me and for which I continue to seek answers. Sometimes local people give me new ideas about these sounds. I also expect to hear grunting, chewing, and various fish activities. While I may have knowledge of certain species in the area, I always encounter new and unique sounds.

DZ *You have been researching those ubiquitous crackling sounds quite a bit. What did you find out?*

JW The crackling sound you hear a lot under water is attributed by scientist to snapping shrimp, but it also may have many other sources. There are many species of snapping shrimp, and they inhabit many places on the planet. In 2008, I released a cassette titled "The Noisiest Guys on the Planet," aiming to unravel the question behind this ubiquitous crackling. To my great surprise, I encountered this sound beyond the supposed habitat of snapping shrimp, for instance in the North. Seeking clarification from a shrimp expert yielded uncertainty; even their network of shrimp professors couldn't clearly pinpoint its origin. During a visit to Thailand, I discussed the sound with Rungreung Ramanyah, who proposed a large barnacle as the source, having never observed snapping shrimp in the area. Another scientist suggested that a particular fish might be responsible for the popping sound. This diversity of perspectives fascinates me, prompting conversations with various individuals to compile knowledge from many perspectives, both human and other than human. In our quest for understanding, we need to listen to all voices.

DZ *How do you gain new insights into fish behavior, beyond scientific explorations?*

JW I remember when I was recording in the north of Thailand, north of Chiang Mai in 2007, I was traveling down the river Mae Taeng on a bamboo float and talking to the fishermen along the way. I learned that they had been cultivating specific types of plants to attract fish and give them shelter. That was how I discovered different species in the area. Everywhere I went, local communities possess valuable knowledge. And not only that: they genuinely care about the fish – in Norway and in Thailand.

During a recent recording session in Thailand with an experienced fisherman, we discovered a fish he knew from his childhood at a very particular spot in the estuary. When I dropped the hydrophones, the sounds it produced were unlike anything I had heard before. It coincided with the full moon. It sounded a bit like a toad fish, which I had heard in the Caribbean. Its habitat was also a bit similar, and yet very different. It sounded like a trumpet, very tonal. According to the fisherman, this type of fish only appears during the full moon. Despite returning multiple times after the full moon, we never encountered it again on that trip, while another grunting fish appeared every day at the same spot. So, when you spend time in a place, you start to relate to where the fish are, following the guidance of local fishermen.

DZ *Beyond their job of catching fish, fishermen develop the skills of "fishermen-scientists." They conduct their own empirical science by virtue of their deep connection and intimate experience with the oceans and rivers. I would like to explore with you what the Métis anthropologist Zoe Todd refers to as "fish pluralities," the different, sometimes contradictory, and sometimes very similar forms of understanding of what a fish or any other aquatic creature is, and how to engage with it. Spanning across time, locations, and geographies, each perspective is certainly intricately linked to a community's or an individual's specific human-fish relation.*

JW In 2017, I was invited to the first Thailand Biennale to make a piece in Krabi. It all started serendipitously when I intended to make recordings in the river Pali from source to mouth, together with Palin Ansusinha. However, due to the tide, we had to navigate in the opposite direction, downriver. It was at this moment that Saman Samanbut approached our boat with his boat and asked what we were doing. I offered him the headphones so he could listen to the crackling sounds, and he said: "Yes, I know this, but this is how I listen." He then showed me how he listened to the fish by placing the wooden oar *(image 157)* against his head, listening to the crustacea and fish under the surface. Guy, who took us down the river in his boat, then also showed me how he listened from the belly of the boat.

This encounter resonated with ideas I had drawn in my sketchbook before I left Norway, where I had contemplated experimenting with bone conduction by putting an oar against my head to listen underwater. I had read about this technique for listening to bowhead whales and bearded seals in Alaska a few years earlier and made the connection between the hunter's head through his oar and the melting ice in the Arctic Ocean in Alaska to the fisherman's oar in Thailand, where severe floodings occur. I decided with Supan Rachakan and Palin that we would bring people in a boat down the river, letting them listen by placing an oar against their heads. Subsequently, we would stop a wooden platform near the river's mouth where they could engage in focused listening before heading back upstream ahead of the tide. This immersive work/experience was called *Through the Bones*.

After my first site visit to Krabi, I had a Skype conversation with Rungreung Ramanyah, who lives further south in Thailand, in Chana, Songkhla province. We found out that we were both listening to fish. Rungreung has been listening to fish all his life. He practices a technique called Dulam. Our conversations circled around my extensive experience of listening and recording and his experience of many years of listening. Even though we didn't speak the same language, we found ourselves saying the same things. We shared a deep understanding of the art of concentrated listening, and it felt as if we were conversing in the same language.

DZ *How was he listening to the fish?*

JW With his body! He can hear the fish when he is submerged in the water. It is a physical knowledge, and it requires a lot of experience over long time. In Chana, Dulam is part of a very old fishing technique that is still practiced today, but no longer exists in very many other places as far as I know. The next time Palin and I visited

238 Jana Winderen und Daniela Zyman im Gespräch, April 2019 und Dezember 2023, Archiv der Verfasserin.

Rungreung and the Chana community, less than a year later, I also tried the technique. It is very, very difficult and demands a lot of skill. We were out recording and listening in both day and night-time, and I have never heard more biodiversity in one place. In the last thirty years the local community has been working hard to take care of their environment and get the fish back after their fish stock was emptied by trawling thirty years ago. It is very audible; you can hear the rich biodiversity very clearly.

This experience has led me to think about our bodily presence in the water, and that it is actually time to go into the water and meet the creatures. People say they want to protect the fish, but what do they really know about them? I wanted to delve further into the "old knowledge," which may simply be the wisdom passed down from our ancestors. I don't think we necessarily have to think that knowledge is far from us. It has just been forgotten – and this process of forgetting has accelerated in the last couple of generations. I want to reconnect with that physicality, as the Norwegian saying goes, "put the finger in the earth." I think that's quite an urgent thing to do. Make things less complicated and combine technology with our physicality and bodily presence. I find myself more and more interested in people and their experiences.

My grandfather told me about the rich biodiversity in the outer Oslo fjord when I was a child. I saw photos of him with large fish and heard him talk about large schools of mackerel close to the land. When I was growing up there, I saw some fish, but nothing like what he told me. I can hear a few small cod grunts there now. I hope that soon in the future we could once again listen to what I imagine it must have sounded like only eighty or so years ago, in the Oslo fjord, like it does in Chana.

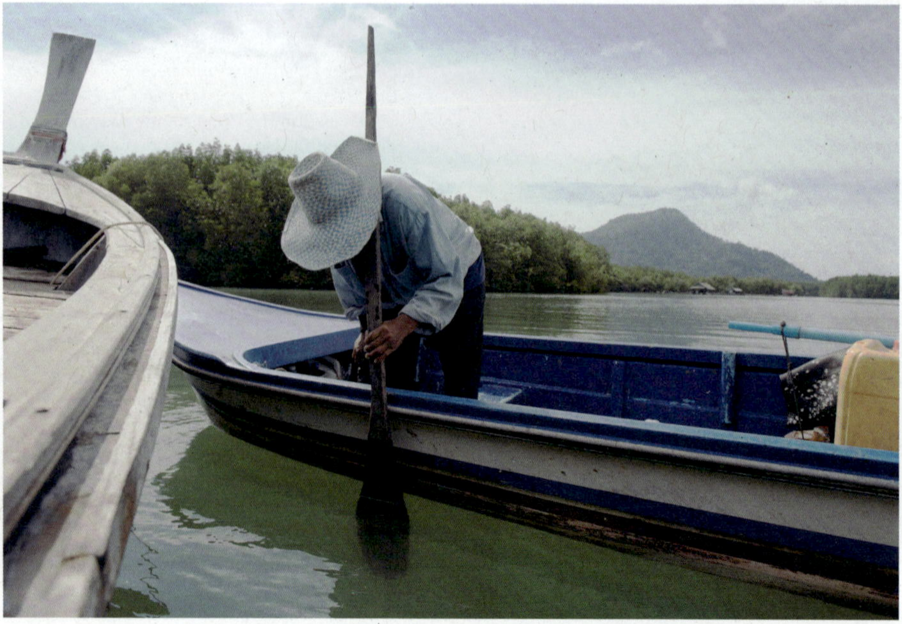

157 links: Saman Samanbut nutzt ein Ruder als akustisches Hilfsmittel, Tha Pom, Thailand, 2018
158 rechts oben: Belize, 2012
159 rechts unten: Hamarøy, Norwegen, 2009

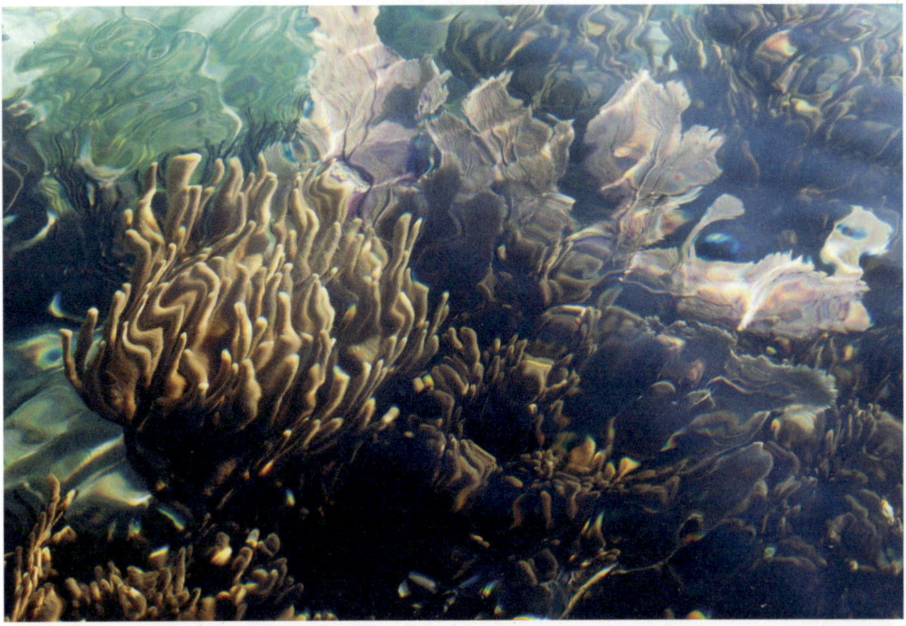

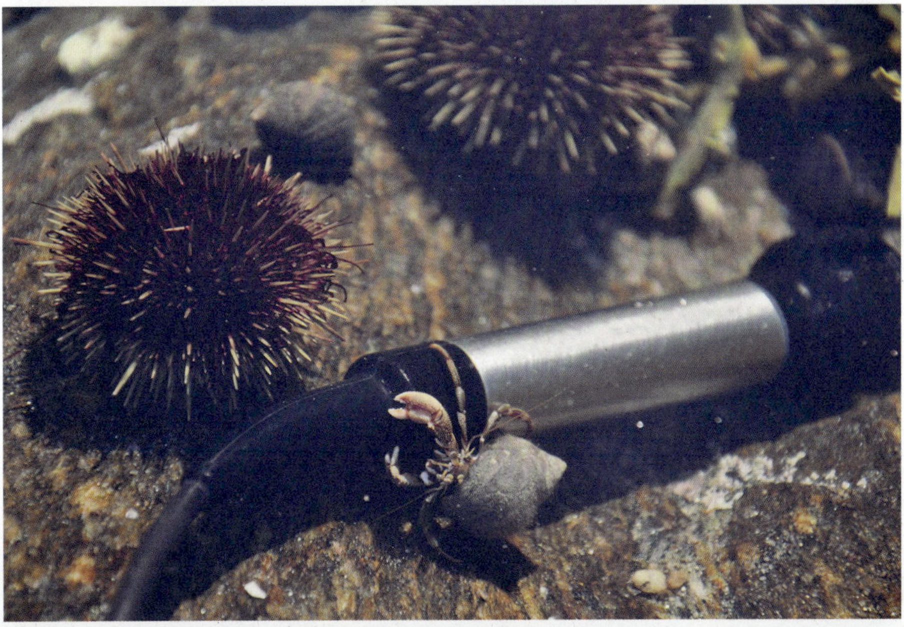

[W]hatever the material “nature” of the ocean is today, it is multiple – high-tech, low-tech, sublime, dirty, lively, deadly – not simply an ahuman force with which one might, as human maker, negotiate.[239]

Stefan Helmreich und Caroline Jones

How we interact with, utilize the resources of, and regulate the oceans that bind our ocean regions is intimately connected with how we understand those oceans as physical entities.[240]

Philip E. Steinberg

In diesem langen Kapitel zu den anthropogenen Diffraktions- und Intra-Aktionsmustern des Ozeanischen habe ich Argumente und Fallbeispiele vorgestellt, die der ozeanischen Alienität und ihren sichtbaren, verborgenen und sich verfestigenden Grenzen begegnen. Wasserhaftigkeit erschüttert terrazentrische Vorstellungen, die sich tief ins lithische Gewissen des Anthropozäns eingegraben haben. Als Begriff der stratigrafischen Geologie steht das Anthropozän für ein Zeitalter und eine Denkweise, die sich dem Aquatischen verschließt und die den flüssig-wässrigen und lebendigen Körper der Meere als Provokation erachtet. Dabei steht einiges auf dem Spiel, das eine ozeanische Weltsicht rechtfertigen würde. Möglicherweise sind die Meere und Wasserquellen die wichtigsten Lebensadern auf unserem Planeten, u. a. als CO_2-Reservoir, als Wärmeregulator, als Transportweg, zur Nahrungsversorgung und Rohstoffextraktion und als pharmazeutische Forschungsfelder.

Ich habe mich bemüht zu zeigen, wie Künstler-Forscher*innen in Langzeitprojekten vielfältige künstlerische Annäherungen und Dis/Engagements mit dem Ozeanischen eingehen. Mit Dis/Engagements beschreibt die Theoretikerin Sandra Noeth den instabilen Grund, auf dem Begegnungen stattfinden, und die epistemische Schieflage, die jeder Form von Forschung eingeschrieben ist und der es entgegenzuwirken gilt.[241] Demnach gilt es nicht nur die Themen zu untersuchen, die mit der „New-Frontier"-Rhetorik angeschoben werden, sondern auch wie, mit welchen Mitteln, in welchen Konstellationen, unter welchen Bedingungen und mit welcher Befugnis geforscht werden kann. Ich habe nachgezeichnet, wie die Ozeane und Meere in der Vorstellungswelt der Moderne zu einer leeren, stillen, transparenten und ausbeutbaren Ressource und in der Rhetorik des Anthropozäns zum „globalisierten Ozean" umgedeutet, kommodifiziert und dem möglichen Ökozid preisgegeben wurden. Diese ökozidalen Tendenzen, durch den heillosen Nexus aus libertärer Politik, Klimaleugner*innen und Kapital angetrieben, erfordern die Mobilisierung alternativer Kräfte, um die dunklen Epistemologien unserer Zeit zu entlarven. Die Fronten, die hier ins Spiel gebracht werden, replizieren nationalstaatliche Territorialgrenzen; es sind jene der Extraktion, des Militarismus, der Transportsysteme, der Flüchtlingsströme und der *extrastatecraft*[242]: harte und bewachte, isolierte, großtechnologische und drohnenkontrollierte Grenzen. Ich habe aufgezeigt, wie Sekula, Linke und Ahmed gegen diese Grenzen anarbeiten; Ungerechtigkeiten und verdeckte Operationen aufdecken; Koalitionen und Ko-Recherchen mit Wissenschaftler*innen, Aktivist*innen, Rechtsexpert*innen, Fischerleuten und Hafenarbeiter*innen eingehen.

Die von Jana Winderen und Susanne M. Winterling angestellten Untersuchungen und Befragungen gehen von posthumanistischen Sensibilitäten aus, welche die Andersartigkeit des Aquatischen nicht so sehr als Grenze als vielmehr als Grenzerfahrung oder Grenzobjekt erachten. Beide Künstlerinnen forschen nach Kommunikationsformen und -organen, mit denen sie „in Verbindung treten können". Sie komplizieren Formen der Repräsentation, indem sie

239 Stefan Helmreich und Caroline A. Jones, „Science/Art/Culture Through an Oceanic Lens", in: *Annual Review of Anthropology* 47, Nr. 1, 21. Oktober 2018, S. 106. https://doi.org/10.1146/annurev-anthro-102317-050147.

240 Philip E. Steinberg, „Of Other Seas: Metaphors and Materialities in Maritime Regions", in: *Atlantic Studies* 10/2, 1. Juni 2013, S. 159. https://doi.org/10.1080/14788810.2013.785192.

241 Vgl. Kapitel 2, „Negotiating Engagement: the Empirical Part of the Study", in: Sandra Noeth, *Resilient Bodies, Residual Effects. Artistic Articulations of Borders and Collectivity from Lebanon and Palestine,* Bielefeld: Transcript Verlag 2019, S. 37–84.

242 Keller Easterling, *Extrastatecraft: The Power of Infrastructure Space,* London; New York: Verso 2014.

nach anderen Sprachen, Klängen, Bildern und Assemblagen suchen, die nicht bestrebt sind, das Andere, Fremde zu fixieren, sondern das Begrenzende als poröse und durchlässige Möglichkeit der Vielfalt und Diversität erachten. „Boundary objects"[243], so die STS-Wissenschaftlerin Susan Leigh Star, sind repräsentationale Objekte – Gegenstände oder Ideen –, die von Gemeinschaften geteilt werden und dennoch für jedes Kollektiv unterschiedliche Bedeutungen haben und bewahren. So lassen sich über Grenzobjekte, theoretisch zumindest, Wissenspraktiken und -formen als geteilt und doch als grundlegend verschieden erleben und Formen der Aufmerksamkeit üben, die ein genaueres Hinhören, Hinsehen und Annähern abverlangen.

Es ist der Verdienst der TBA21–Academy, seit 2011 neues Wissen zu den Ozeanen zu fördern, mit unkonventionellen Vermittlungsformen zu experimentieren und die Weltmeere betreffende Fragestellungen mithilfe von künstlerisch-wissenschaftlichen Projekten zu profilieren. Sie hat in den Jahren ihres Bestehens die Ideen, Vorstellungen und Geschichten der Ozeane um neue schwellende Figurationen maßgeblich erweitert und neue Formen der Konvivialität zwischen denkbar unterschiedlichen Gesinnungen und Expertisen inspiriert.

243 Susan Leigh Star und James R. Griesemer, „Institutional Ecology, 'Translations' and Boundary Objects: Amateurs and Professionals in Berkeley's Museum of Vertebrate Zoology, 1907–39", in: *Social Studies of Science* 19, Nr. 3, 1. August 1989, S. 387–420. https://doi.org/10.1177/030631289019003001.

ATEMWENDE: AUF DEN SPUREN EINER GEGENGESCHICHTE DER GEGENWART[1]

To See the Earth Before the End of the World

People are grabbing at the chance to see
the earth before the end of the world,
the world's death piece by piece each longer than we.

Some endings of the world overlap our lived
time, skidding for generations
to the crash scene of species extinction
the five minutes it takes for the plane to fall,
the mile ago it takes to stop the train,
the small bay to coast the liner into the ground,

the line of title to a nation until the land dies,
the continent uninhabitable.
– Ed Roberson[2]

Vor über fünfzig Jahren legte der Club of Rome mit seiner wegweisenden Studie den Grundstein für die Forderung nach dem „Ende des Wachstums" vor dem Hintergrund rasanter Umweltveränderungen. Trotz des seither immer detaillierteren Wissens zum Zeitalter des Anthropozäns und nach fast drei Jahrzehnten der UN-Klimagipfel und Abmachungen steigen weiterhin atmosphärische Emissionen in Folge der anhaltenden extraktiven und petrochemischen Gewalt, die mittlerweile eskalierende Klimakatastrophen nach sich ziehen. Angesichts des dramatischen Scheiterns der „Klimapolitik" und des Ausblendens der wissenschaftlichen Grundlegung der menschengemachten Katastrophe ist es umso dringlicher, die Vielfalt an intellektuellen, aktivistischen und künstlerischen Bemühungen und Interventionen zu würdigen, die „fieberhaft nicht nur nach einer besseren Politik, sondern auch nach neuen politischen Projekten und Lebensformen suchen"[3]. Während sich der politische Mainstream auf Emissionsreduktion und -verlagerung sowie nachhaltige Wirtschaftsmodelle stützt, zeichnet sich ein vitaler „Trans-Environmentalismus"[4] durch eine intersektionale und multiperspektivische Ausrichtung aus. Der Konjunktion aus Feminismus, Queer- und Trans*aktivismus, Antirassismus, Antikapitalismus, Klassenbewusstsein, Anti-Extraktivismus und Anti-Speziesismus entwachsen, bietet das Reservoir an Positionen weitgefächerte ökopolitische Sichtweisen auf die Störungsökologie der Gegenwart. Was uns diese Ansätze, Perspektiven und Praktiken vor Augen führen, ist, dass sich ökologisches Denken heute nicht auf einen *Single-issue*-Fokus reduzieren lässt, sondern ein vielstimmiges, auch in Widersprüchen verstricktes gegengeschichtliches Unterfangen darstellt. Eine Gegengeschichte – als Historie und Erzählung verstanden – stellt die Vorstellung einer singulären und hegemonial verfassten Gegenwart infrage, die auf einer Wissenstradition und einer Mastererzählung basiert und einer spezifischen (oft eurozentrischen und anthropozentrischen) Chronologie den Vorzug erteilt.

In *Das Lachen der Quallen* argumentiere ich, dass das koalitionäre und multidimensionale Wissen, das ein solches transökologisches Projekt untermauert und sich der etablierten teleologischen Geschichtlichkeit widersetzt, ein Gegenwissen ist, nicht lediglich eine Praxis des Dissenses, sondern eine auf Gegenentwürfen und Interventionen basierende epistemophile Arbeit. Voraussetzung für die Präzisierung solch eines umfangreichen und nach allen Seiten offenen kritischen Vorhabens ist es, neben der Erarbeitung generativer und regenerativer Methoden Forschungspraktiken als die Suche nach Wissen zu befragen und zu revidieren, sprich: eine dem Gegenwissen entsprechende Gegenforschung zu betreiben. Anstelle eines einheitlichen ökologischen Leitkonzepts setzt Gegenforschung auf eine Ökologie von Praktiken, die die praktisch-analytische Arbeit leisten, Wissenskonventionen und -arrangements auf ihren jeweiligen Sinn, ihre Konstitution und Richtung zu befragen und dadurch das Feld der Möglichkeiten zu verändern. Gegenforschung steht darüber hinaus für ein Bemühen, die forschende Praxis so einzusetzen, dass sie ihre ökologische Diagnose – zeitlich, örtlich und sozial situiert – mit unverzichtbaren soziopolitischen Anliegen verbindet.

Das *Gegen* der Gegenforschung (und des Gegenwissens) signalisiert somit in erster Linie eine Wende, die sich mit einer Verkehrung des wertesetzenden Blicks verknüpft, die selbst schöpferisch wird und ihre eigenen Vorstellungen hervorbringt. Sie ist als ein Eingriff in die Wissensproduktion im Angesicht der planetarischen und politischen Krisen und nicht als eine Strategie der Demontage, Behinderung oder Ausgrenzung zu verstehen. Die Herausforderung besteht zudem darin, Plattformen und Räume zu schaffen, die pluralistisch, demokratisch und ökologisch sind, um Alternativen zu bestehenden Normen und Werten zu verteidigen und mit soliden Grundlagen zu untermauern. Es reicht nicht, Ideen zu formulieren und Gegenwissen zu behaupten – ebenso wichtig ist es, diese zu belegen und an Orten der kollektiven Gestaltung zu erproben. Als Kuratorin verstehe ich das Kuratorische, im Gegensatz zum bloßen Ausstellungsmachen, als eine koalitionäre Wissenspraxis und als einen Raum, wo Wissen nicht nur angewendet und reproduziert, sondern in einer Vielzahl kultureller und sozialer Debatten auch aktiv mitproduziert wird. Dementsprechend zielt mein Beharren auf der Praxis der Gegenrecherche darauf ab, den in der künstlerischen Forschung angelegten Ungehorsam zu stärken und deren Potenzial zur Präfiguration zu schärfen. Gegenrecherche selbst ist ein Experimentierfeld, das sich neuer, marginalisierter oder prekärer Ressourcen bedient, um die Praxis und das Wesen der Forschung sowie deren Beziehungen zu Kunst, Wissenschaft, Gesellschaft, Politik und zum Planetarischen zu erneuern.

Das sind die zentralen Anliegen, die ich mir anhand von künstlerischen und theoretischen Standortvermessungen zu präzisieren vorgenommen habe. Die Fakten des sogenannten Klimawandel sind bestens aufgearbeitet und die analytischen Werkzeuge und Wissensbestände, die von unterschiedlichen Disziplinen bereits im Detail entwickelt wurden, liegen auf der Hand. Die gegenforschende Arbeit, die aktuell zu leisten ist, besteht meines Erachtens darin, diese Quellen im Zeichen der anthropogenen Rupturen, Zerwürfnisse und Konflikte zu hinterfragen, neu zu verknüpfen und gegen das gängige realitätsbildende Narrativ zu wenden. Eine fragmentierte Betrachtungsweise der verschiedenen Herausforderungen, mit denen „die Welt" derzeit konfrontiert ist, verstellt den Blick darauf, wie diese miteinander verbunden sind und ein komplexes Geflecht von Diskontinuitäten und Ungerechtigkeiten bilden, das zudem je nach Raum und sozialer Erfahrung anders beschaffen ist. Im Lichte der multipolaren Anliegen und Interventionen, die sich im Transökologischen bündeln, war ich bemüht, in *Das Lachen der Quallen* ein breit gefächertes und doch nur selektives Bild künstlerischer Praktiken zu entwerfen, die nicht nur bestehende Missstände aufzeigen, sondern auch transformative Vorschläge bieten, wie ökologisches Denken mit gesellschaftlichen, feministischen, antirassistischen, indigenen oder biozentrischen Entwürfen verschränkt werden kann.

Isabelle Stengers' „ecology of practices"[5] dient mir als praxistheoretischer Vorschlag, der die Trennung von Wissen und Tun, sprich: die Auffassung, dass Wissen die Vorstufe zu Handlung sei oder Wissen völlig unabhängig existiere, dezidiert ablehnt. Für Stengers äußert sich eine Ökologie der Praktiken in der ständigen Entwicklung neuer Verfahren, die aus bereits bestehenden hervorgehen und zum Verschwinden anderer Praktiken beitragen. Ihr Potenzial entfaltet sich in der „Produktion von Werten, dem Vorschlag neuer Bewertungsmodi, neuer Bedeutungen" und der Infragestellung der Normalisierungsprozesse, die in „unbestreitbaren Tatsachen" münden.[6] Ein viel und oft verwendetes „otherwise" steht darüber hinaus, zugegebenermaßen etwas undifferenziert, für eine feministische Ethik des Wissens – eine Ethik, die sich von hierarchischen, eurozentrischen, extraktivistischen und sonst wie ausgrenzenden Wissensformen abzusetzen sucht. „Knowing otherwise" beruft sich auf minoritäre Wissenstraditionen und affektive, körperzentrierte, mit-denkende und mit-fühlende Fakultäten, die sich mit Aufmerksamkeit, Achtsamkeit und Sorge menschlichen, nichtmenschlichen und planetarischen Entitäten öffnen.

Die weitere Motivation zum gegenforschenden Arbeiten beziehe ich aus der Anthropozänthese selbst. Die Genese und Entwicklung dieser Synthese aus kybernetischem Systemdenken und der Gaia-Hypothese von James Lovelock und Lynn Margulis führte zu einer Neukonzeption planetarischer Regelwerke. Nichts ist im Anthropozän, wie es war, und nichts lässt sich nach Gaias „Eindringen" linear fortschreiben. „Nicht analoge" und dynamisch-chaotische Kaskaden unberechenbarer Wechselwirkungen prägen das Anthropozän und stellen die Menschheit und nichtmenschliche Erdwesen vor komplexe Herausforderungen. Und während der Anthropozän-Vorschlag von eminenter Wichtigkeit für das Verständnis planetarischer Transformationen gilt, so ist er, wie die Autoren Christophe Bonneuil und Jean-Baptiste Fressoz feststellen, auch „a product of Western naturalism and the scientific culture of the Cold War"[7]. Sie folgern daraus: „We must make sense of what has happened to us, producing multiple, debatable and polemical narratives rather than a single hegemonic narrative that is supposedly apolitical."[8]

Mit der hypothetischen Lancierung des Menschenzeitalters um die Jahrtausendwende setzte ein nicht endender Strom an Gegennarrativen ein. Es ließe sich ein lohnendes Buch verfassen, das sich allein diesem Gegendenken widmet, einschließlich der Einwände, die gegen die hegemoniale und technophile Ausformulierung des Anthropozäns und der es registrierenden Wissensinfrastrukturen erhoben werden. Im Fadenkreuz der Kritik stehen „der Mensch", zur herrschenden geologischen Kraft erhoben, und seine technofossilen Abfälle und Vermüllungen, die dem neuen Erdzeitalter seine Signatur verleihen. So wird in der Gegenliteratur der „Wiederkehr des Menschen im Moment seiner vermeintlich endgültigen Verabschiedung"[9] der Garaus gemacht. Mit der Figur des Menschen wird dessen spezifische *Erfindung* im 18. Jahrhundert – als universell, rational, weiß – indiziert und mit ihr „the key categories that anthropology has historically relied on [...] – culture, humanity, history, morals, body, nation, primitive, progress, race, society"[10]. Die naturwissenschaftliche Anthropozäntheorie sei immun gegenüber den Problemstellungen des Humanismus und der hegemonialen Konzeptionen des Anthropos, so auch die Argumente der Gegendenker*innen, die ihre jeweiligen Standpunkte auf den theoretischen Grundlagen von Posthumanismus, Antihumanismus, Gegenhumanismus, in der Anthropologie sowie in der feministischen, postkolonialen, Schwarzen, indigenen und prozessontologischen Kritik vertreten.

Eng mit der Frage nach Urheberschaft der planetarischen Ausnahmesituation ist die Debatte nach der Datierung ihres Auftretens verknüpft. Datierungsvorschläge und argumente – explizit im Kapitalozän oder Plantationozän – erweitern die historische Linse, durch die die aktuellen ökologischen Katastrophen beschrieben werden. Indem diese Gegenliteratur die Naturgeschichte des Anthropozäns mit der Sozial- und Kolonialgeschichte der Moderne querliest, verleiht sie jenen Menschen Sichtbarkeit, die bereits den Preis für die Entstehung des Anthropozäns bezahlt haben. Dies schließt Arbeitskräfte auf Plantagen, in Industrien und Bergwerken ebenso ein wie indigene Gemeinschaften, deren Lebensgrundlagen durch koloniale Ausbeutung zerstört wurden und die das „Ende der Welt" bereits erlebt haben. Die Kapitalakkumulation beruht – aus der Perspektive des von Jason Moore vertretenen Kapitalozäns – auf der Ausbeutung von Lohnarbeit, der Appropriation von unbezahlter Arbeit, der Reproduktionsarbeit von Frauen sowie den Arbeitsleistungen der Natur. Erst die Auswertung dieses Kompendiums an Gegennarrativen macht deutlich, dass der entscheidende strategische Einsatz des „geocratic grand narrative of the Anthropocene"[11] in der Relativierung der Schuldfähigkeit des Menschen verborgen liegt. Zudem widerlegt die erlittene Erfahrung der „billion black Anthropocenes" entschieden die Behauptung, die Menschheit sei sich der ökologischen Krise bis zu dem jüngsten *Weckruf* durch eine wissenschaftliche Elite nicht bewusst gewesen. Ebenso fragwürdig ist das „gouvernementale Skript"[12], das eine neue planetarische Stewardship unter dem Zeichen der ökologischen Transition einfordert.

Ein wesentlicher Aspekt, der sich aus ökokritischen Gegen-Anthropozän-Formulierungen ableitet, stellt zentral die Frage nach Handlungsoptionen und Wissensbeständen im Umgang mit der bereits eingetretenen Zerstörung und ihren langfristigen Folgen. Die sich um den Feminismus, Posthumanismus, Neumaterialismus und seine Kognaten formierenden *environmental humanities* befassen sich bezeichnenderweise nicht mit der Abwendung zukünftiger Desaster. Stattdessen richten ihre Vertreter*innen die Achtsamkeit auf verwüstete Landschaften und ihre dezimierten Bewohner*innen – in den Worten des schwarzamerikanischen Dichters Ed Roberson „Die Erde vor dem Ende der Welt sehen“ –, um in den Ruinen der Gegenwart „the arts of living on a damaged planet“[13] zu erproben. Diese Ruinen manifestieren sich im gespenstischen Schwinden von Fauna und Flora, in toxischen Todeszonen sowie wild wuchernden Quallenschwärmen und Algenteppichen, die explosionsartig marine Lebensräume übernehmen. Die Fähigkeiten zum Mit-Denken, zum teilhabenden Wahrnehmen und Inkontakttreten deuten auf eine posthumane Affektökonomie, deren Adressaten bislang aufgrund von ontologischen Kategoriefehlern (als bloße Materie, Fleisch, Ungeziefer oder „Natur“) keine Handlungsmacht zugesprochen wurde.

Es steht außer Zweifel, dass das Verständnis, das wir der Natur-Kultur-Verbindung entgegenbringen, die Art und Weise, wie „Natur“ gerahmt, beschrieben und erträumt wird – mit oder ohne Anthropozänbegriff –, gesellschaftliches Zusammenleben und die Überlebensfähigkeit von Lebensformen bestimmen wird. Die störungsökologische Risikolandschaft wird für die Menschheit zum Verhängnis, solange Natur weiterhin als Ressource, Arbeitsleistung und Handelsware erachtet wird. Die Naturkonstruktion, die sich zentral um Rohstoff-Imaginationen und Extraktionismus bildet, zielt auf die „accumulation by dispossession“, so der Geograf David Harvey, durch die der Besitz und die Kontrolle über Ressourcen, Landschaften und Vermögenswerte von einer Gruppe per Enteignung in die Hände einer anderen überführt werden. Umso wichtiger ist es, mit der Kunst und ihrer Forschung die Vorstellung eines Pluriversums „multipler, umstrittener und polemischer“ Anschauungen zu kultivieren. Dieses Pluriversum wird unverzichtbar, wenn hochmoderne Gesellschaften mit ihren je eigenen Vorstellungen in Bezug auf ihre Umwelten und ihren Gemeinsinn sowie mit ihren technowissenschaftlichen Infrastrukturen die herausfordernden Transitionsprozesse in Angriff nehmen.

Von den detaillierten Projekten befassen sich einige im Detail mit etablierten Anliegen der politischen Ökologie: Enteignungen, Landgrabbing, das Abtragen von heiligen Bergen, Ökozide durch Öltankerhaverien und nukleare Detonationen, industrieller Tiefseebergbau und die Destabilisierung der Hydrosphäre sind die Marker unserer Epoche. Diese Geschichten sind allerdings nicht neu. An den Beispielen von Amar Kanwars *The Sovereign Forest,* den evidenztheoretischen Arbeiten von Allan Sekula und den Forschungsarchiven von INTERPRT/Nabil Ahmed habe ich aufgezeigt, dass die Verletzung von Menschenrechten in vielen Fällen und seit langem gegen und mit den Mitteln der „Natur“ ausgetragen wird. Die Aufdeckung der pazifischen Atomtests der aufstrebenden Nuklearmacht Frankreich, die ökozidalen Machenschaften von Royal Dutch Shell (INTERPRT), die Zerstörung des heiligen Walds in Odisha durch extraktivistische Gewalt und Enteignung (Kanwar) oder die „Prestige“-Katastrophe mit ihren verheerenden Auswirkungen vor der Küste Galiziens (Sekula) profilieren den evidenziellen und denunziativen Charakter von Gegenforschung.

Mitte der Neunzigerjahre scheiterte die völkerrechtliche Kriminalisierung des Ökozids; heute wird eine solche im Zeichen der Umweltgerechtigkeit abermals als unerlässliches juridisches Mittel propagiert und mit neuen Evidenzverfahren untermauert. In Anbetracht der Tatsache, dass Verbrechen, die von Staats wegen und von Großkonzernen begangen werden, Spuren hinterlassen, die systematisch vertuscht werden, nutzen Künstler*innen und Kollektive, die sich mit Wahrheitsfindung, ökozidalen Verbrechen und/oder Gedenkarbeit befassen, immer neue Gegenforschungsverfahren. Diese kommen als selbstautorisierte taktische Mittel zum Einsatz, um staatseigene Kriminaltechniken zu unterwandern. Weil Materie Verbindungen eingeht und Spuren zwischen auseinanderliegenden Ereignissen, Zeiten und Räumen vermittelt, lässt sie sich medial, forensisch und ästhetisch aufbereiten, wenn es darum geht, Beweise ans Licht zu bringen und neue Foren der Verhandlung zu eröffnen. Und ausgehend von der Erkenntnis, dass es in der anthropogenen Ökosphäre kein „Außerhalb“ gibt, also sich alles biomolekular verbindet und von nuklearen, biologischen, atmosphärischen und chemischen Verunreinigungen und Konzentrationen kontaminiert wird, ergeben sich neuartige Vorstellungen von „langsamer Gewalt" und Methoden der ästhetischen, medialen und zeugnishaften Sichtbarmachung.

Um die „Natur" für sich selbst sprechen zu lassen, statt sie zu repräsentieren – ein ethisches wie rechtliches Dilemma –, experimentiert beispielsweise das forensische Forschungsstudio INTERPRT mit „materiellen Zeugnissen", indem es bioästhetische Signale, die von naturhaften Entitäten emittiert und archiviert werden, decodiert und wieder zu einer Geschichte zusammensetzt. Donna Haraways Verdienst ist es, dafür eine Reihe von Grundlagen erarbeitet zu haben, die den Forschungsprozess durch partielle Verlagerungen mehr-als-menschlich etablieren. Für Haraway ist die Welt aktives Subjekt, gar Verhandlungspartnerin. Da Bedeutungsproduktion nicht nur durch sprachliche Zeichen allein entsteht, sondern auch durch Handlungen, Interaktionen und die physische Präsenz von Körpern in der Welt, argumentiert sie, dass die Trennung von Körpern und Zeichen, von Materie und Bedeutung überwunden werden solle. Dazu bedient sie sich des eingängigen Doppelbegriffs des Materiell-Semiotischen, der ihr erlaubt, Gegensätzliches (symmetrisch) auszudrücken. Die materielle Semiotisierung sei die „Sprache" des Biologischen, Materiellen und Technologischen.[14]

Wahrheitsfindung wirft Fragen nach dem Zugang, der Handhabung und der Angemessenheit von Zeugnissen auf, ebenso wie nach der Gültigkeit von ephemeren „poetischen" Beweisen für die am Ort des Verbrechens begangenen Taten. Während das materielle Zeugnis als faktisches Beweismittel dienen soll, zielt Kanwars poetische Evidenz darauf ab, die Stille, die Flüchtigkeit und das Unsagbare festzuhalten, und all jenes, das zwischen Fakt und Fiktion und Menschlichem und Naturhaftem liegt. Wenn das Ausmaß des Verbrechens an Menschen und ihren Lebenswelten die Wahrnehmungsfähigkeit des Gesetzes und die Begriffe von Schuld und Gerechtigkeit übersteigt, bedarf es eines Gegenvokabulars, das Leid, Verlust und Sprachlosigkeit auszudrücken vermag. In ihrer Klandestinität bietet „poetry as evidence" Schutz vor Vereinnahmung. Als Speicher registriert sie verborgene Narrative und in ihrer Expressivität schafft sie Abhilfe gegen die auferlegte Stille. Kanwar entwirft damit eine andere Figur der *bescheidenen* Zeugin: Ihr affektiv-performativer Einsatz richtet sich auf die Konstituierung einer affizierten Öffentlichkeit, weniger durch Übermittlung von Fakten als durch Bekundung und Weitergabe eines Erfahrungsgedächtnisses. So argumentiert der Performance-Theoretiker André Lepecki: „The witness must be given back its performative forces: juridical and political, but also aesthetic."[15] Und an anderer Stelle: „The excesses that our affective-experiencing bodies incur as transmitters of experiential memory are what forensic aesthetics cannot tolerate."[16]

Bodies of water verschärfen einerseits die Krise der Wahrnehmbarkeit und bieten anderseits ein reiches, völlig fremdartiges Register an hydrologischen und hydrokritischen Theoriekonstrukten und Praktiken. Unter dem Eindruck der jahrelangen Beschäftigung der TBA21–Academy mit wässrigen Welten und ihren mehr-als-menschlichen Bewohner*innen fächere ich die Bandbreite von Interventionen auf, die sich in den letzten Jahrzehnten um das Ozeanische gebildet haben. Ausgehend von Sekulas Analyse der Auslöschung der Weltmeere aus der Vorstellungswelt der Moderne zeichne ich die epistemische und praktische Gewalt nach, die sich gegen Menschen, Meereslebewesen und die Hydrosphäre richtet. Die Globalisierung, so Sekula, sei alles andere als eine Entmaterialisierung, wie ihre digitale Logik vermuten ließe. Sie sei vielmehr eine räumliche und geografische Verlagerung und Dispersion. Über maritime Highways, auf Superfrachtern und in Industriecontainern werden Wirtschaftsgüter quer über den Globus verschifft, wodurch Arbeitskräfte in Niedriglohnländern angeworben und Arbeits- und Umweltschutzauflagen umgangen werden. Die „Freiheit der Meere" – die völkerrechtliche Doktrin, die den freien Zugang zu Hoheitsgewässern und den Meeren sichert – wurde in freie Ausbeutung und straffreie Deregulierung umgemünzt.

Am Beispiel des geplanten (allerdings gescheiterten) Tiefseebergbauvorhabens in Papua-Neuguinea beschreibt Armin Linke die Intensivierung der ressourcenhungrigen Ausbeutung, nun auch am tiefen Meeresboden. Mit *Prospecting Ocean* untersucht er nicht nur den großtechnologischen Einsatz an den Grenzen von Armut, politischer Destabilisierung und indigener Territorialpolitik, auch zeichnet er das ganze Arsenal an Forschungs- und Wirtschaftsinteressen nach, die sich um die begehrten ozeanischen Bergbauaktivitäten formieren. In einem riesigen Meeresgebiet im Zentralpazifik, der rund sechs Millionen Quadratkilometer großen Clarion-Clipperton-Zone, sollen – die Genehmigung neuer Bergbaurichtlinien durch die Internationale Meeresbodenbehörde vorausgesetzt – die weltweit größten Vorkommen an polymetallischen Knollen abgebaut werden, um sogenannte strategische Metalle zu gewinnen. Entgegen der verbreiteten Annahme, dass die Meerestiefen „weltlos" seien, weder eigenständiges Biom noch Lebensraum, warnen Meereswissenschaftler*innen und Biolog*innen vor ihrer imminenten Zerstörung. Indem Linke, nach dem Vorbild Sekulas, ein Gegenarchiv an Fotografien, filmischen Aufzeichnungen, Interviews sowie wissenschaftlichem und historischem Material zusammenträgt und in die Diskussion um Umweltgerechtigkeit und Ressourcenimaginationen einbringt, trägt er zur Disartikulation und Legitimitätsprüfung der auf fortschreitenden Technologieentwicklungen gestützten Ansprüche und Versprechen der Extraktionswirtschaft bei.

Anhand der Arbeiten von Jana Winderen und Susanne M. Winterling bin ich den Fragen nachgegangen, wie mit nichtmenschlichen Wesen in Kontakt zu treten und für deren Wohlergehen Sorge zu tragen sei. Aus posthumaner Sicht entsteht im Akt der Adressierung – der die Anerkennung von Handlungsfähigkeit sowie die Sorge um das Wohlergehen der Ko-Spezies einschließt – intersubjektive Nähe und Intimität auch jenseits des Menschlichen. Die Zugänge und der Austausch mit einer nicht logozentrischen naturhaften Welt werden folglich über affektive Dispositionen geregelt. Eine solche Haltung grenzt sich ebenso dezidiert von den normativen und idealistischen Vorgaben des Pflegens und Versorgens ab wie von der Trennung zwischen der Figur des Sorgenden und jener des Empfängers einer sorgenden Zuwendung. Es ist wichtig zu betonen, dass Affekt, Intuition und Imagination weniger als innerpsychische Dispositionen aufgefasst werden denn als sozial beziehungsbildend. Affekte bieten den entscheidenden Vorteil, die Distanz zwischen Subjekten, menschlichen oder nichtmenschlichen, spontan zu unterlaufen. Bewusstsein qua Erfahrung zentralisiert somit Präsenz, Aufmerksamkeit, Stimulation, Leibhaftigkeit, Somatizität, Sinnlichkeit und Gefühle. Das gesteigerte Interesse an Gefühlen in ihrer Eigenschaft, zu intersubjektiven Kommunikationsakten zu befähigen, aktualisiert in posthumanen Kreisen einen wahrhaften „affective turn" – quasi als Korrektiv zum vernunftgesteuerten Denken oder gar als eigenständige Forschungsmethodologie.

In der Begegnung mit Dinoflagellaten und *sprechenden* Fischen spielt aber auch die Erweiterung der menschlichen Registrierfähigkeit durch Wahrnehmungsinstrumente und Messapparate eine wesentliche Rolle. So wurden Fische und Meereslebewesen als stumm und nicht kommunikationsfähig erachtet, bis in den Fünfzigerjahren Hydrophone entwickelt wurden, die ihre Laute und ihr Ausdrucksspektrum erfassen konnten. Auch die Entschlüsselung des faszinierenden Phänomens des Schwarmverhaltens bei einzelligen Algen ließ auf sich warten – bis zur Ergründung der Biolumineszenz, der Photo- und Chemotaxis (der Reaktionsfähigkeit auf Licht bzw. chemische Signale) und deren Befähigung zur Zell-Zell-Kommunikation, über die sie interagieren und zusammenarbeiten. Diese Beispiele führen uns vor Augen, dass die Gestaltung der Werkzeuge, mit denen die Welt und das In-der-Welt-Sein vermessen werden – und das sind neben Aufzeichnungs- und Messapparaturen auch Richtlinien, Expertensysteme, Diskurse, sogar Erzählungen –, die Arten und Möglichkeiten des Seins bestimmt. Die Wissenschaftstheoretikerin Karen Barad erweitert diese Feststellung, um aufzuzeigen, wie sich die Beziehung zwischen dem Gegenstand der Untersuchung (dem Wissensobjekt) und dem Subjekt (der Beobachter*in) mittels der Apparatur (des Mediums) konstituiert. Das Beobachtungsinstrument vollzieht den Schnitt, der das Objekt zu einem solchen macht, seine Grenzen und Eigenschaften definiert.[17]

Die Befassung mit Tieren, Naturwelten und „Anderen" wirft theoretische und ethische Probleme auf, die in Begegnungsbeziehungen, Repräsentationsfragen und Wissensarchitekturen ihren Ausdruck finden. Während Repräsentation herkömmlich als kulturelle Konstruktion theoretisiert und die

Unzulässigkeit des Ins-Bild-Setzens des „Anderen" problematisiert wird, geht es relationalen Denker*innen auch darum, den zugrunde liegenden Natur-Kultur-Dualismus ins Visier zu nehmen. Forscher*innen und Künstler*innen, so ihr Kernargument, seien immer auch Teil von naturkulturellen Verflechtungen. Re-Präsentation und Re-Flektion hingegen führen ein Gegenüber ins Feld: Es werden binäre Gegensätze zwischen Objekt und Subjekt (der Forschung) hergestellt, Korrespondenzen zwischen der Darstellung und ihrem Gegenstand angestrebt. Das Abbildungsverhältnis erzeugt „eine Illusion der Präsenz, [...] das ‚Einstehen' für eine unantastbare oder reinere Natur", schreibt Astrida Neimanis.[18] Der wohlgemeinte Impuls, die nichtmenschliche Natur zu schützen, würde diese passiv und stumm schalten und koloniale Beziehungen fortschreiben. Mit Bezug auf Barad argumentiert Neimanis, dass Repräsentationalismus eine Denktradition sei, die „Dinge" als verschieden und unabhängig von ihren Repräsentationen erachtet. Nicht, dass wir keiner Repräsentation bedürften, vielmehr steht die Annahme auf dem Prüfstand, dass eine symbolische, wissenschaftliche oder linguistische Darstellung einer Sache uns einen „wahren" und direkten Zugriff auf Dinge an sich vermittelt. Was hier auf dem Spiel steht, ist die Entkräftigung der Annahme, dass es Darstellungen und *ontologisch andersartige* Dinge gäbe, die der Darstellung harrten.[19]

Für den künstlerischen Forschungsprozess ist ein solches relationales Denken folgenreich. Die Herausforderung besteht darin, von einem Zustand der Verflechtung auszugehen und Erkenntnistheorien, die Hierarchie und Distanz verordnen, durch solche zu ersetzen, die Interdependenz, Interaktion und gemeinsamem In-der-Welt-Sein den Vorzug geben. Auch wenn sich Machtverhältnisse und Reibungen auf diese Weise nicht beseitigen lassen, dienen nicht repräsentationale Praktiken der Problematisierung von Mensch-Tier-Beziehungen und Naturdarstellungen dem *Verlernen* von privilegierten Subjektauffassungen und soziodiskursiven Normalisierungen sowie der Erprobung alternativer Kontaktverfahren, die zugunsten der Interspezies-Kommunikation in Anschlag gebracht werden können. Verlernen wird als eine Form von Widerstand interpretiert, in der Subjekte sich selbst und die Position, die sie einnehmen, reflektieren und neu artikulieren.

Indigene Nationen und Völker verfügen jeweils über ein eigenes Verständnis von Natur und Kultur, um sich auf die Semiotik und die Beziehungen zu naturhaften Wesen einzulassen. Ihre *perspektivistischen* Ontologien und Praktiken dienten vielmals, jedoch nicht reibungslos, als Inspiration für das Neuskripten posthumaner und neumaterialistischer Anschauungen. Zur Theoretisierung von (historischen und gegenwärtigen) Kontaktbeziehungen verwendet die Anthropologin Mary Louise Pratt den Begriff der Kontaktzone. Als Denkmodell und methodologischer Rahmen zeigt er auf, wie Subjekte in und durch ihre Beziehungen zueinander konstituiert werden, vor allem in Situationen, wo Kulturen aufeinandertreffen, „aufeinanderprallen und miteinander ringen, oft in Kontexten mit höchst asymmetrischen Machtverhältnissen"[20]. Kontaktzonen sind nicht frei von Spannungen, Äquivokationen und Missverständnissen, vor allem nicht im Bereich der Forschung – Kontakt bezeichnet signifikanterweise das erstmalige In-Beziehung-Treten von indigenen und nicht indigenen Menschen. Der prattsche Begriff betont jedoch auch die interaktiven und improvisatorischen Dimensionen der „Ko-Präsenz", der Ko-Recherche und des gemeinsamen Handelns.

Auch in der Kunst wurden indigene Ontoepistemologien in den letzten Jahren vermehrt rezipiert. Die zunehmende Präsenz indigener Künstler*innen und Theoretiker*innen begünstigt die Pluralisierung ästhetischer und weltanschaulicher Differentiale und die Aktualisierung eines von modernen Anschauungen abweichenden Gegenwissens. Im Zeichen pluriepistemischer Gerechtigkeitsbestrebungen sollen gewaltsam unterbrochene Möglichkeiten und unterdrückte Lebenspraktiken in ihrer Vitalität zutage treten können. Forciert wird auch die Unterwanderung der scheinbaren Kohärenz und Einstimmigkeit dominanter monologischer Kunstgeschichten. Anhand von zwei Projekten, initiiert durch den Künstler Ernesto Neto und die amazonischen Huni Kuin, habe ich besprochen, wie mit Aufmerksamkeit und Achtsamkeit ein Raum der Ko-Präsenz entstehen kann – der zweifellos nicht unproblematisch ist und stets partiell bleiben muss.

Zentral scheint mir in der Beschreibung dieses Raums, den ich in Anlehnung an Pratt als Kontaktzone beschreibe, die Berücksichtigung der Rechtssysteme und Weltanschauungen der Huni Kuin. Um ihre unter der Bezeichnung „Xina Bena" subsumierten Lebensentwürfe für das 21. Jahrhundert zu verdeutlichen und diese ins koalitionale Denken der Ko-Recherche einfließen zu lassen, habe ich jene Protokolle und Begehren detailliert, die die Huni Kuin zu solchen Zusammenkünften motivieren.

Mit der Ausstellung „Aru Kuxipa" als Beitrag zur Ergründung von „ancestral futures" wurden auch herkömmliche Vorstellungen von Tradition und die gängige Bevormundung von indigenen Gemeinschaften herausgefordert. Diese Vorstellungen führen dazu, ihnen einen engen Raum für (westlich) vordefinierte politisch-kulturelle und ästhetische Ausdrucksformen zuzugestehen. Die traditionellen indigenen Gemeinschaften zugewiesenen Orte (wie der Wald oder ethnografische Museen) und Praktiken (verstanden als Volkskultur oder als die Bewahrung von Werten und Bräuchen) sind oft von primordialistischen Vorstellungen durchdrungen, die selbst ein Produkt der Moderne sind und sich schwerlich mit einer souveränen Artikulierung von Lebenspraktiken in Einklang bringen lassen. So werden auch postkoloniale Empfindlichkeiten irritiert, wenn die Huni Kuin in neuen, kunstspezifischen Kontexten auftreten sowie gelebte Selbstidentifikation und wirtschaftliche Interessen auf ihre eigene Weise verhandeln. Dass anzestrale Zukünfte auch außerhalb der Kunst möglich sind und keine romantischen Schwärmereien reinszenieren, belegt wiederum das Konzept des indigenen *buen vivir,* das neue lateinamerikanische Verfassungen *(nuevo constitucionalismo)* grundlegend – und abweichend von westfälisch-souveränen Nationalstaatsgedanken – reformiert hat.

Rigide epistemische Rahmungen, wie sie in der Naturgeschichte und ihren Einrichtungen – den Museen, botanischen Gärten und „klassischen" Feldern der Biologie, Zoologie und Geologie – immer noch gerne vorgeführt werden, lassen „den alten Wissenschaftstraum der symbolischen und technologischen Totalaneignung der Welt"[21] nachhallen. Die musealisierten naturhistorischen Einrichtungen ritualisieren die Begegnung mit dem im 19. Jahrhundert perfektionierten linearen Evolutionsnarrativ und reduzieren belebte, naturhafte Assemblagen zu streng klassifizierten, leblosen „Naturobjekten". Das Projekt *Auf der Suche nach Mesón de Fierro* des argentinischen Künstlerduos Faivovich & Goldberg sowie die aus der Zusammenarbeit zwischen Madison Bycroft, Léo Landon Barret und Aez Pinay entstandene Performance *Carried Away: Beyond a Rooted Condition* intervenieren mit jeweils unterschiedlichen Strategien in die Angelegenheiten der Naturkunde. Die Geschichte einer Suche, die Faivovich & Goldberg erzählen, ist vordergründig eine Meditation über Meteoritik. Hintergründig kreist sie um die Beziehung zwischen dem Kosmischen und dem Irdischen, das Skalenproblem im Anthropozän, um Alienität und das Wissbare sowie um das *Troubling* von Naturgeschichten. Anhand eines 19 Gramm schweren Meteorit-Bruchstücks, das die Künstler im Naturhistorischen Museum Wien ausfindig machten, suchen sie den Weg zu *dichten* Beschreibungen in verschiedenen raumzeitlichen Maßstäben, ohne dabei die xeno-epistemischen Unwägbarkeiten meteorischer (oder kosmischer oder planetarischer) Alterität aus dem Blick zu verlieren.

Den von Gayatri Chakravorty Spivak, Stengers und vielen anderen vorgezeichneten Theoretisierungen folgend, stellt sich für Faivovich & Goldberg das Problem der Gemeinsamkeit und zugleich inkommensurablen Differenz zum Außerirdischen – zu dem zu erkämpfenden Status der Relationalität, der das Verhältnis zur „Natur" bereits zutiefst erschüttert hat und dabei ist, Ansichten über das Kosmische neu zu verfassen. Ihr Interesse gilt der Krise, die sich Kunst, Forschung oder Spekulation nennt und als Destabilisierung von Wissensformen in Erscheinung tritt, wenn das geologisch Außerirdische das menschenzentrierte Denken berührt. So untersuchen Faivovich & Goldberg – in einem entschieden widerständigen Gestus gegenüber der schauerlichen Nekro-Ästhetik, die in Naturdisplays herrscht – den Mesón de Fierro mal als Wesen, mal als materielles Zeugnis, Medium, Botschaft, Methode und als archaischer Vorfahre und, unter anderem, als Kunstwerk. Dies ermöglicht ihnen und ihrem Publikum ein ständiges Neu-Zusammensetzen und Re-Konfigurieren von historischen

Dokumenten, Fundstücken, Aufzeichnungen, Diskursen und naturwissenschaftlichen Relikten und Proben.

In *Carried Away: Beyond a Rooted Condition* gehen Bycroft, Barret und Pinay mit performativen und diskursiven Mitteln ans Werk, um vorherrschende Normen und Werte in Bezug auf mehr-als-menschliche Körper, ihre taxonomischen Etiketten und Kategorisierungen und schließlich ihre Sexualität aufzuwirbeln. Gegen die Übergriffigkeit von naturwissenschaftlichen Ordnungen – als Eingriff in Körperlichkeit, Lebhaftigkeit und Subjektivität empfunden – inszenieren sie szenische Tableaus, die Wildheit und Unbestimmbarkeit produktiv machen und in denen widerständige Mehr-als-Mensch-Wesen zu Autor*innen ihrer selbstgestalteten Identitäten werden. Denn die imperialen Kategorien, die Menschen, Pflanzen und andere Erdwesen klassifizieren, haben nicht nur Hierarchien, Ordnungen und Dualismen erzeugt, nicht nur bestimmte Eigenschaften über Züchtungsverfahren monokultiviert, sie haben vor allem die sinnliche Vorstellungs- und Erfahrungswelt beschnitten und verarmen lassen. Der Eintönigkeit, Fantasielosigkeit und Toxizität setzen Bycroft, Barret und Pinay sensorischen Exzess, performative Übersteigerung und sprachliche Polyguität entgegen. Diese spiegeln die Zerstreuung, Diversifizierung und Queerness wider, die multispeziesistischem Leben zu eigen ist: die Bewegung von einer Einheit (Konsolidierung, Hierarchie, Individualisierung) zur Multiplikation. „Multi-species-becoming-with, multispecies co-making, making-together, sympoiesis rather than auto-poiesis“[22] – paraphrasiert in Haraways metaphorologischen Deklinationen. *Becoming-with* ist eine Provokation zur Vermischung und Vereinigung, die Steigerungsform von Gilles Deleuze und Félix Guattaris rhizomatischem Werden, das sich dem Zukünftigen öffnet.

Mit dieser zusammenfassenden Relektüre der künstlerischen Werke, die *Das Lachen der Quallen* animiert haben, und der ihnen zugrunde liegenden Ideengeschichten möchte ich noch einmal, wenn auch mit poetischer Freizügigkeit, die Ausgangsfrage nach dem Ort der Gegenrecherche im Gefüge der Forschung stellen. Vielleicht ist es kein Ort per se, sondern eher ökologisch-ethisches „place-making“[23], die Erschaffung von Freiräumen in den Diensten der Beherbergung von Leben in all seinen alltäglichen Intensitäten und Widersprüchen. Ohne die Sehnsucht und das Bemühen, Räume für reparative und regenerative Potenziale zu öffnen, würden wir womöglich angesichts der ökologischen Dystopie der Angst und dem Schmerz erliegen und lediglich „zwischen Verleugnung, Wahnsinn und Verzweiflung“ hin und her taumeln. Unter dem Eintrag „Ausbrechen (aus dem bereits Gedachtem und Bekannten)“ schreibt Tobias Rees: „Das Versprechen der Forschung – ihre bestechende Schönheit – besteht in der Möglichkeit, dass etwas, das man bisher als selbstverständlich angesehen hat – als so selbstverständlich, dass man sich dessen gar nicht bewusst sein konnte – plötzlich als problematisch erscheint.“[24]

Was kann dies für die forschende Praxis bedeuten? „It means“, Lepecki zufolge, „to affirm a logic of living and a desire for collective sociability that are altogether different in their ways of establishing relations between subjects, between objects and subjects, between matters and subjects, between matters and matters, between human animals and nonhuman animals, between life and death, life and art, death and art, in order to bring about other logics of existence – modes of existence as the insistence to openly fight against [...] 'the imperial and colonial liberal monohumanist premises' of existence.“[25] Oder kann sie als Einladung verstanden werden, die Chance zu ergreifen, „Die Erde vor dem Ende der Welt zu sehen“ und dabei das leise Lachen der Quallen zu erhaschen, das im Hintergrund der allzu bekannten monohumanistischen Melodie zu hören ist? Höchstwahrscheinlich ist dieses Trickster-Lachen nur ein Sirren, ein Rhythmus oder eine dissonante Stimme von unten, voller unerfüllter Hoffnungen und unverwirklichter Möglichkeiten, ein rebellisches Lachen gegen die Gewalt und Verachtung für alle vergessenen und ungewürdigten Lebensformen. Ihre tiefste Arbeit besteht jedoch darin, die Enge des „Menschseins“ zu durchbrechen und uns in die undenkbare und unzählbare Vielfalt an Artikulationen und des Geflüsters der Lebensströme zu locken. Denn nichts wäre schrecklicher als das Verstummen der Welt.

1 Der Titel ist Paul Celans Gedichtband *Atemwende* (Frankfurt a. Main: Suhrkamp 1967) entliehen.

2 Ed Roberson, *To See the Earth Before the End of the World,* Wesleyan Poetry, Middletown, CT: Wesleyan University Press 2010, S. 3.

3 Nancy Fraser, „Climates of Capital", in: *New Left Review,* Nr. 127, 25. Februar 2021, S. 96.

4 Ebd., S. 97.

5 Isabelle Stengers, „Introductory Notes on an Ecology of Practices", in: *Cultural Studies Review* 11, Nr. 1, März 2005, S. 183–196.

6 Isabelle Stengers, *Cosmopolitics I: I. The Science Wars, II. The Invention of Mechanics, III. Thermodynamics,* Minneapolis: University of Minnesota Press 2010, S. 32/33. Übersetzung der Verfasserin.

7 Christophe Bonneuil und Jean-Baptiste Fressoz, *The Shock of the Anthropocene: The Earth, History and Us,* übers. v. David Fernbach, London und New York: Verso 2017, S. 87.

8 Ebd., S. 289.

9 Hannes Bajohr, Hrsg., *Der Anthropos im Anthropozän,* Berlin: De Gruyter 2020.

10 Tobias Rees, *After Ethnos,* Durham, N. C.: Duke University Press 2018, S. 11.

11 Bonneuil und Fressoz, *The Shock of the Anthropocene,* Part II, S. 45–96.

12 Andreas Folkers, „Was ist das Anthropozän und was wird es gewesen sein? Ein kritischer Überblick über neue Literatur zum kontemporären Erdzeitalter", in: *NTM Zeitschrift für Geschichte der Wissenschaften, Technik und Medizin* 28, Nr. 4, Dezember 2020, S. 598. https://doi.org/10.1007/s00048-020-00269-1.

13 Anna Lowenhaupt Tsing, Heather Anne Swanson, Elaine Gan und Nils Bubandt, Hrsg., *Arts of Living on a Damaged Planet: Ghosts of the Anthropocene,* Minneapolis: University of Minnesota Press 2017.

14 Donna J. Haraway, *Simians, Cyborgs, and Women: The Reinvention of Nature,* New York: Routledge 2015, S. 208.

15 André Lepecki, *Singularities: Dance in the Age of Performance,* New York: Routledge 2016, S. 172.

16 Ebd., S. 174.

17 Karen Barad, *Meeting the Universe Halfway: Quantum Physics and the Entanglement of Matter and Meaning,* Durham, N. C.: Duke University Press 2007, S. 143.

18 Astrida Neimanis, „No Representation without Colonisation? (Or, Nature Represents Itself)", in: *Somatechnics* 5, Nr. 2, Herbst 2015, S. 150. Übersetzung der Verfasserin.

19 Siehe auch Barad, *Meeting the Universe Halfway,* S. 49.

20 Mary Louise Pratt, *Imperial Eyes: Travel Writing and Transculturation,* 2. Auflage, London, New York: Routledge 2008, S. 7. Übersetzung der Verfasserin.

21 Karin Harrasser, „Donna Haraway: Natur-Kulturen und die Faktizität der Figuration", in: *Kultur. Theorien der Gegenwart,* hrsg. v. Stephan Moebius und Dirk Quadflieg, Wiesbaden: VS Verlag für Sozialwissenschaften 2011, S. 584. https://doi.org/10.1007/978-3-531-92056-6_47.

22 Donna J. Haraway und Martha Kenney, „Anthropocene, Capitalocene, Chthulhucene", in: *Art in the Anthropocene. Encounters Among Aesthetics, Politics, Environments and Epistemologies*, hrsg. v. Heather Davis und Etienne Turpin, London: Open Humanities Press 2015, S. 260.

23 Arturo Escobar, „Culture Sits in Places: Reflections on Globalism and Subaltern Strategies of Localization", in: *Political Geography* 20, Nr. 2, 1. Februar 2001, S. 153. https://doi.org/10.1016/S0962-6298(00)00064-0.

24 Rees, *After Ethnos,* S. 32. Übersetzung der Verfasserin.

25 André Lepecki, „Decolonizing the Curatorial", in: *Theater* 47, Nr. 1, 1. Februar 2017, S. 106. https://doi.org/10.1215/01610775-3710441.

NABIL AHMED (*in Dhaka, Bangladesch, lebt in Trondheim, Norwegen) ist ein forensischer Forscher, Künstler und Professor an der Akademie der bildenden Künste in Trondheim. Als Gründer des Inter-Pacific Ring Tribunal (INTERPRT) leitet er zusammen mit Filip Wesołowski, Forscher und Videoproduzent, Olga Lucko, Direktorin, und Tiago Patatas, Forscher und Raumgestalter, ein Langzeitprojekt zur Förderung von Umweltgerechtigkeit mit Fokus auf der Untersuchung und Befürwortung der strafrechtlichen Verfolgung von Ökozid in Ozeanien und der Pazifikregion nach internationalem Recht. http://interprt.org/

MADISON BYCROFT (they/them, *1987 in Tarntanya, Adelaide, Australien, lebt in Marseille, Frankreich) arbeitet mit Video, Performance und Skulptur. Bycrofts Arbeiten bieten aus einer queeren Perspektive kritische Reflexionen über gesellschaftliche Normen und Konventionen, wobei diese heteronormative Machtstrukturen sowohl in der textuellen als auch in der visuellen Bedeutungsproduktion dekonstruieren. https://maddog.hotglue.me/

FAIVOVICH & GOLDBERG – Guillermo Faivovich (*1977 in Buenos Aires, Argentinien) und Nicolás Goldberg (*1978 in Paris, Frankreich) – ist ein argentinisches Künstlerduo aus Buenos Aires, welches seit 2006 an dem Forschungsprojekt *A Guide to Campo del Cielo* arbeitet, das sich mit dem historischen, kulturellen und spekulativen Einfluss der Meteoriten von Campo del Cielo befasst.

Die HUNI KUIN sind ein indigenes Volk aus Jordão, Brasilien, das aus zweiunddreißig Gemeinschaften besteht. An dem Projekt „Aru Kuxipa" nahmen folgende Künstler*-innen, Pflanzenmeister*innen und Pajés (Schaman*innen) teil: Ayani Maria Dalva Manduca Mateus Kaxinawa, Dua Bake Kixtin Savio Alves Barbosa, Dua Busẽ Manoel Vandique Kaxinawa, Francisco Arnaldo Macario Kaxinawa, Iasã Lauro Sales, Iba Tiago Paulino Sales Kaxinawa, Isaka Osvaldo Manduca Mateus Kaxinawa, Ixã Virgulino Rodrigues Sales Kaxinawa, Maná Edinaldo Kaxinawa, Nixiwaka Francisco das Chagas Sabino Maia, Siã Tadeu Mateus Kaxinawa, Siriani Maria Carlos da Silva Kaxinawa, Txana Bane Fabiano Sales Huni Kuin Kaxinawa, Yawabane Leopardo Sales Huni Kuin Kaxinawa, Zezinho Yubẽ José de Lima Kaxinawa.

AMAR KANWAR (*1964 in Neu-Delhi, Indien, wo er lebt und arbeitet) ist Filmemacher. Seine poetischen Dokumentarfilme und Videoinstallationen untersuchen die Auswirkungen von Nationalismus, Modernisierung, Gewalt und die Sozialgeschichte auf dem indischen Subkontinent. https://www.amarkanwar.com/

LÉO LANDON BARRET (sie/they, lebt in Paris, Frankreich) ist eine französische Schauspielerin und Regisseurin, Sängerin, Performerin und Dramaturgin. @babealoneinbabylone2

ARMIN LINKE (*1966 in Mailand, Italien, lebt in Berlin, Deutschland) ist Fotograf und Filmemacher. In seinen Arbeiten erforscht er die Gestaltung der natürlichen, technologischen und urbanen Umgebung. Er ist Professor an der Akademie der Bildenden Künste München und Gastprofessor an der ISIA, Urbino. 2019–22 war er Artist in Residence am KHI Kunsthistorischen Institut in Florenz. https://www.arminlinke.com/

ERNESTO NETO (*1964 in Rio de Janeiro, Brasilien, wo er lebt und arbeitet) schafft mit seinen raumgreifenden Installationen, die zur physischen Interaktion und sinnlichen Erfahrung einladen, Orte des Austauschs und der ästhetisch-spirituellen Erfahrung. Seit 2013 realisierte er Arbeiten gemeinsam mit dem amerindischen Volk der Huni Kuin. @ernestonetoart

AEZ PINAY (er/they) ist ein französisch-kamerunischer Schauspieler, Schriftsteller und Performer. Pinays Arbeit spürt Postkolonialismus, Intersektionalität und den Verbindungen zwischen Politik, Spiritualität und Repräsentation nach.

ALLAN SEKULA (1951–2013) war ein US-amerikanischer Fotograf, Schriftsteller, Filmemacher, Theoretiker, Kritiker und Professor. In seinem umfangreichen Werk erforschte er Ideen im Zusammenhang mit Arbeit, Kapitalismus und marxistischer Theorie. Dabei lieferte er komplexe Kritiken der sozialen Realität, die tiefgreifende Einblicke in die Wechselwirkungen zwischen Wirtschaft, Neoliberalismus, Gesellschaft und Politik boten. https://www.allansekulastudio.org/

TERRITORIAL AGENCY ist eine unabhängige Forschungsagentur in London, die 2007 von Ann-Sofi Rönnskog (*1976 in Finnland) und John Palmesino (*1970 in Lugano, Schweiz) gegründet wurde. Territorial Agency verbindet Architektur, Wissenschaft, Kunst und Advocacy, um umfassende territoriale Transformationen im Zeitalter des Anthropozäns zu ergründen und zu veranschaulichen. https://www.territorialagency.com/

JANA WINDEREN (*1965 in Bodø, Norwegen, lebt in Oslo, Norwegen) ist eine Soundkünstlerin, deren Fokus auf Audioumgebungen und Lebewesen gerichtet ist, die für den Menschen schwer zugänglich sind, sowohl physisch als auch akustisch – tief unter Wasser, im Eis oder in Frequenzbereichen, die für das menschliche Ohr unhörbar sind. https://www.janawinderen.com/

SUSANNE M. WINTERLING (*1970 in Rehau, Deutschland, lebt in Berlin, Deutschland und Oslo, Norwegen) ist Künstlerin und Professorin für Kunst, derzeit an der Nationalen Akademie der Künste Oslo, Norwegen. Ihre vielschichtige Praxis, meist in Form von Installation, erforscht, wie Lebendiges und Nicht-Lebendiges ästhetische und politische Solidaritäten schaffen kann, trotz und durch das Geflecht von geopolitischen und planetarischen Machtkonstellationen. https://susannewinterling.com/

TBA21 THYSSEN-BORNEMISZA ART CONTEMPORARY ist eine führende internationale Kunst und Advocacy-Stiftung, die 2002 von der Philanthropin und Sammlerin Francesca Thyssen-Bornemisza gegründet wurde und das kunstfördernde Engagement der vierten Generation der Thyssen-Familie repräsentiert. TBA21 – mit Sitz in Madrid und Projektstandorten in Venedig, Jamaika und Córdoba – verwaltet die TBA21-Sammlung und führt ihre Outreach-Aktivitäten durch, darunter Ausstellungen, Bildungsprogramme und Veranstaltungen. Die TBA21–Academy, der Forschungszweig der Stiftung, setzt sich für die Belange der Ozeane und anderer Gewässer ein und fungiert als Inkubator für gemeinschaftliche Forschungsvorhaben, künstlerische Produktion und Umweltschutz. Seit mehr als einem Jahrzehnt fördert die Academy neue Formen des Wissens mit den Mitteln des interdisziplinären Austauschs zwischen Kunst, Wissenschaft, Politik und Umweltschutz und pflegt langfristige und kooperative Partnerschaften durch Stipendien- und Residenzprogramme. Im Zentrum aller Aktivitäten der TBA21 stehen Künstler*innen und der Glaube an Kunst und Kultur als treibende Kräfte sozialer und ökologischer Transformationen. www.tba21.org

Francesca Thyssen-Bornemisza
Gründerin und Vorsitzende der TBA21-Stiftung

Rosa Ferré und Markus Reymann
*TBA21 Direktor*innen*

MIT DANK

Mein aufrichtiger Dank gilt in erster Linie Francesca Thyssen-Bornemisza, die dieses Buch visionierte und deren Freundschaft und Unterstützung mich seit über zwei Jahrzehnten mit der TBA21 verbinden. Mit Francesca und Markus Reymann teile ich die Begeisterung für das transformative Potenzial künstlerisch-forschender Praktiken wie auch das Bekenntnis zu neuen pädagogischen Ansätzen. Auch möchte ich den an diesem Projekt beteiligten Künstler*innen für ihr Vertrauen und die befruchtende Zusammenarbeit danken, sowie den Denker*innen, Theoretiker*innen und Wegbereiter*innen, deren Arbeiten und Stimmen in diesen Text eingeflochten sind. Sie alle haben mir gezeigt, dass es unverzichtbar ist, *gemeinsam zu denken,* um neue Welten zu ersinnen.

Das Lachen der Quallen ist die überarbeitete Fassung der Dissertation, die ich unter der Betreuung von Rainer Zendron und der Begutachtung durch die brillante Philosophin Mirjam Schaub an der Kunstuniversität Linz abgeschlossen habe. Meine Versuche, den ursprünglichen Text in die vorliegende Buchform zu verwandeln, begleitete zunächst die aufmerksame und wortgewandte Kuratorin Eva Wilson. Eva Ebersberger, meine langjährige Verbündete und unermüdliche Bücher-Erschafferin, überwachte die vielfachen Textentwürfe und verlieh dem Prozess der Umwandlung des Manuskripts in die Buchfassung ihre magische Note. Sonja Illa-Paschens Lektorat bändigte mit Fingerspitzengefühl meine Sprachexzesse. Dank der kongenialen grafischen Gestaltung von Kristin Metho ist *Das Lachen der Quallen* schließlich ein sinnlich anspruchsvolles Buch geworden.

Die Realisierung der besprochenen Werke und Ausstellungen ist die kollektive Leistung einer Vielzahl an Personen, die über die Jahrzehnte in unterschiedlichen Konstellationen in der TBA21 tätig waren. Ohne ihren Einsatz, ihr Wissen und ihre Feinfühligkeit hätten diese Projekte nicht verwirklicht werden können. Ihnen allen, insbesondere dem Ausstellungsgestalter Philipp Krummel, der Sammlungsleiterin Simone Sentall, den Kurator*innen Marina Avia, Beatrice Forchini, Stefanie Hessler, Sofia Lemos, Boris Ondreička, Cory Scozzari, Franziska Wildförster und vielen anderen, sowie dem Team um Markus Schlüter, Clemens Rettenbacher und David Weidinger bin ich zutiefst zu Dank verpflichtet.

Die von Krisen und Zweifeln begleiteten Jahre der Schreibarbeit wären zweifellos ohne den Beistand und die Begeisterung meiner Kinder Oona, Elia und Kiran und meines Lebenspartners Gilbert Bretterbauer kaum möglich gewesen. Unzählige Male haben sie mich vorbehaltlos ermutigt, meinen Elan zum Weitermachen gestärkt und vor allem mir den Raum und die Zeit eingeräumt, mich diesem Projekt zu widmen. Nicht zuletzt danke ich meinen weisen Ahninnen, meiner Mutter Éva, *nagymama* Rozsi und Mariska-*neni* für alles, was sie mir mit auf den Weg gegeben haben, sowie meinem Vater Ascher und Bruder Andi, die mich gelehrt haben, trotz traumatischer Verluste mit Hoffnung und Vergebung zu leben. Es ist die Alltäglichkeit der Liebe füreinander, die die Liebe für alles Lebende und das Leben an sich trägt und nährt.

Daniela Zyman

EINE WELT OHNE GARANTIEN
UND GEWISSHEITEN

Territorial Agency
Oceans in Transformation, 2018–20
Forschungsprojekt und Ausstellung
28 75-Zoll-LED-Bildschirme mit Visualisierungen von wissenschaftlichen Datensätzen (Farbe, ohne Sound)
Klanginstallation mit seismischem Ton von der Organisation des Vertrages über das umfassende Verbot von Nuklearversuchen (Comprehensive Nuclear-Test-Ban Treaty Organization, CTBTO)
360-Grad-Laser, Projektionen, Tische (jeweils 300 × 100 cm)
In Auftrag gegeben von TBA21–Academy

DIE BEDEUTUNG VON
VERLUST VERSTEHEN
THE SOVEREIGN FOREST
VON AMAR KANWAR

Amar Kanwar
The Scene Of Crime, 2011
1-Kanal-Videoinstallation, Farbe, Sound; 42 Min.
In Auftrag gegeben von Thyssen-Bornemisza Art Contemporary und Public Press, Neu-Delhi
Produziert mit Unterstützung des Centre Pompidou, Paris
TBA21 Thyssen-Bornemisza Art Contemporary Sammlung

Amar Kanwar
272 Varieties Of Indigenous Organic Rice Seeds, o.D.
Installation mit Reissamen, Papierschachteln, Metall- und Holzbretter, drei Bücher (*In Memory Of*, *The Seed Book* und *Photo Album 1: The Lying Down Protest*), LED Leuchten
Produziert mit Unterstützung von Samadrusti, Odisha; Thyssen-Bornemisza Art Contemporary; Centre Pompidou, Paris; Yorkshire Sculpture Park; Public Press, Neu-Delhi, und Documenta 13, Kassel
TBA21 Thyssen-Bornemisza Art Contemporary Sammlung

Amar Kanwar
The Counting Sisters and Other Stories, 2011
Installation mit 1-Kanal-Videoprojektion (Farbe, ohne Sound) auf handgefertigtes Buch (Bananenfaserpapier, Siebdruck), Holztisch, Lampe
57,6 × 68,2 × 4,2 cm (Buch); 40 Min. (Video)
Produziert mit Unterstützung von Samadrusti, Odisha; Thyssen-Bornemisza Art Contemporary; Centre Pompidou, Paris; Yorkshire Sculpture Park; Public Press, New Delhi und Documenta 13, Kassel
TBA21 Thyssen-Bornemisza Art Contemporary Sammlung

Amar Kanwar
The Prediction, 1991/2012
Installation mit 1-Kanal-Videoprojektion (Farbe, ohne Ton) auf handgefertigtes Buch (Bananenfaserpapier, Siebdruck), Holztisch, Lampe
58 × 71 × 6,5 cm (Buch); 8 Min. (Video)
Produziert mit Unterstützung von Samadrusti, Odisha; Thyssen-Bornemisza Art Contemporary; Centre Pompidou, Paris; Yorkshire Sculpture Park; Public Press, New Delhi und Documenta 13, Kassel
TBA21 Thyssen-Bornemisza Art Contemporary Sammlung

Amar Kanwar
The Constitution, 1991/2012
Installation mit 1-Kanal-Videoprojektion (Farbe, ohne Sounds) auf handgefertigtes Buch (Ramie/Baumwollfaserpapier, Siebdruck), Holztisch, Lampe
64 × 56 × 4,2 cm (Buch); 9 Min. (Video)
Produziert mit Unterstützung von Samadrusti, Odisha; Thyssen-Bornemisza Art Contemporary; Centre Pompidou, Paris; Yorkshire Sculpture Park; Public Press, New Delhi und Documenta 13, Kassel
TBA21 Thyssen-Bornemisza Art Contemporary Sammlung

ANTHROPOLITHISCHE
ZEUGENSCHAFT
FAIVOVICH & GOLDBERG:
AUF DER SUCHE NACH
MESÓN DE FIERRO

Faivovich & Goldberg
In Search of Mesón de Fierro / Auf der Suche nach Mesón de Fierro, 2017
Performativer Vortrag im Rahmen von *ephemeropteræ*, TBA21–Augarten, Wien, 1. September 2017
Produziert von TBA21 Thyssen-Bornemisza Art Contemporary

MANGROVEN-METHODOLOGIE
MADISON BYCROFT, LÉO
LANDON BARRET, AEZ PINAY
CARRIED AWAY: BEYOND
A ROOTED CONDITION

Madison Bycroft, Léo Landon Barret, Aez Pinay
Carried Away: Beyond a Rooted Condition, 2022
Performance, 45 Min., im Rahmen von *Pasaje del Agua/The Journeying Stream*, Königlicher Botanischer Garten, Córdoba, Spanien, 5. Juni 2022
Produziert von TBA21 Thyssen-Bornemisza Art Contemporary

ALTER/NATIVE WELTEN-
PRODUKTIONEN
ERNESTO NETO UND
DIE HUNI KUIN: ARU KUXIPA

Ernesto Neto und die Huni Kuin
BasnẽpuruTxanaYubé, 2015
In Auftrag gegeben von Thyssen-Bornemisza Art Contemporary
TBA21 Thyssen-Bornemisza Art Contemporary Sammlung

Huni Kuin
DesenhadoVidaHuniKuin (DrawingLife-HuniKuin), 2015
41 Zeichnungen, Kreide und Filzstift auf Papier
Je 29 × 42 cm / 42 × 29 cm
In Auftrag gegeben von Thyssen-Bornemisza Art Contemporary

DER ANTHROPOGENE OZEAN
UND AQUAZENTRISCHE
GEGEN-INVESTIGATIONEN

Allan Sekula
Message in a Bottle, 1992/94
Kapitel 5, aus *Fish Story*
7 Cibachrome-Abzüge and 2 Texttafeln
Diverse Maße
TBA21 Thyssen-Bornemisza Art Contemporary Sammlung

Allan Sekula
Walking on Water, 1990/93
Kapitel 9, aus *Fish Story*
1-Kanal-Diaprojektion mit 80 35 mm Farbdias
280 × 280 cm (Projektionsgröße)
TBA21 Thyssen-Bornemisza Art Contemporary Sammlung

Allan Sekula
Black Tide / Marea negra, 2002–03
20 Cibachrome-Abzüge in 10 Rahmen
Diverse Maße
TBA21 Thyssen-Bornemisza Art Contemporary Sammlung

Allan Sekula
Lottery of the Sea, 2006
1-Kanal-Videoinstallation, Farbe, Sound; 179 Min.
TBA21 Thyssen-Bornemisza Art Contemporary Sammlung

Allan Sekula and Noël Burch
The Forgotten Space, 2010
Film, Farbe, Sound; 112 Min.

Armin Linke
Photoessay related to the "Prospecting Ocean" project, 2016–17
Serie von 11 Fotografien
Je 157 × 206,6 cm / 53 × 63 cm
In Auftrag gegeben und produziert von TBA21–Academy
TBA21 Thyssen-Bornemisza Art Contemporary Sammlung

Armin Linke
Oceans. Dialogues between ocean floor and water column, 2017
4-Kanal-Video Installation, Farbe, Sound, 40 Min.
Oceans war ein offizieller Beitrag zum „Wissenschaftsjahr 2016*17 – Meere und Ozeane", eine Initiative des deutschen Bundesministeriums für Bildung und Forschung
In Auftrag gegeben und produziert von TBA21–Academy
TBA21 Thyssen-Bornemisza Art Contemporary Sammlung

Armin Linke
Prospecting Ocean, 2018
Main Film: 2-Kanal-Videoinstallation, Farbe, Sound; 56 Min.
Lectures: 2-Kanal-Videoinstallation, Farbe, Sound; 240 Min.
In Auftrag gegeben und produziert von TBA21–Academy
TBA21 Thyssen-Bornemisza Art Contemporary Sammlung

INTERPRT
Moruroa Files
Projektleitung: Nabil Ahmed (INTERPRT/NTNU), Geoffrey Livolsi (Disclose), Sébastien Philippe (SGS). Team: INTERPRT: Nabil Ahmed, Olga Lucko, Svitlana Lavrenchuk, Filip Wesołowski, Martinus Suijkerbuijk. Plattformentwicklung: Code Chorus (James Dose und Jacob Liu). Disclose: Mathias Destal, Geoffrey Livolsi, Tomas Statius, Mathieu Asselin. Program on Science and Global Security – Princeton University: Sébastien Philippe.

INTERPRT
Ecocide in West Papua, 2014–16
Projektteam: Nabil Ahmed, Olga Lucko und Mike Alonzo mit Unterstützung von Forensic Architecture
In Auftrag gegeben von TBA21–Academy

INTERPRT
Mining the Abyss
Projektleitung: Nabil Ahmed und Olga Lucko. Team: Gwil Hughes, Einar Grinde, Svitlana Lavrenchuk, Martinus Suijkerbuijk, Filip Wesołowski.
In Auftrag gegeben von TBA21–Academy

Susanne M. Winterling
Glistening Troubles, 2017
Installation mit 4 CGI 3D-Animationen von Dinoflagellaten auf Monitoren (Farbe, Sound), einem 1-Kanal-Video auf Monitor (Farbe, Sound), 2-Kanal-Ton, 4 Spiegelsäulen, 8 Dinoflagellaten in Kunstharzgüssen.
1:24 Min., 2:50 Min., 1:09 Min., 00:43 Min. (Animationen)
7:14 Min. (Video)
In Auftrag gegeben von Contour Biennale 8, Mechelen; TBA21–Academy; Alligator Head Foundation TBA21–Residency, Jamaica; Henie Onstad Kunstsenter (HOK), Høvikodden; Institute Of Contemporary Art, Pennsylvania. Mit Unterstützung der Oslo National Academy of the Arts, IFA (Institut für Auslandsbeziehungen) und Goethe-Institut Belgien.
TBA21 Thyssen-Bornemisza Art Contemporary Sammlung

Susanne M. Winterling
Planetary Sensing (Navigations below the Surface), 2018–22
Künstlerisches Forschungsprojekt
In Auftrag gegeben von TBA21–Academy

Jana Winderen
Silencing of the Reefs: Departure Iceland, 2012
Soundarbeit, codiert für das 47-Kanal-Soundsystem des Pavillons *The Morning Line;* 20 Min.
In Auftrag gegeben von Thyssen-Bornemisza Art Contemporary
TBA21 Thyssen-Bornemisza Art Contemporary Sammlung

IMPRESSUM

Daniela Zyman
Das Lachen der Quallen
Zur künstlerischen Gegenforschung jenseits des Menschen

Herausgegeben von
Eva Ebersberger
Thyssen-Bornemisza Art Contemporary
Köstlergasse 1/40
1060 Wien, Österreich

Fundación TBA21
C/ Amor de Dios 1
28014 Madrid, Spanien
www.tba21.org

Lektorat: Sonja Illa-Paschen
Grafische Gestaltung: Kristin Metho
Lithographie: Eberle & Eisfeld, Berlin
Druck: Medienfabrik Graz

Umschlag: Zeichnungen
von Jana Winderen, 2024

Umschlagklappe vorn: Territorial Agency, *Oceans in Transformation,* 2018–20

Umschlagklappe hinten: Armin Linke, *OCEANS. Dialogues between ocean floor and water column,* 2017. Courtesy MARUM Zentrum für Marine Umweltwissenschaften der Universität Bremen

Papier: Munken Lynx Rough, 100 g/m² und Rebello Recycling, 90 g/m²

Bibliografische Information der Deutschen Nationalbibliothek
Die Deutsche Nationalbibliothek verzeichnet diese Publikation in der Deutschen Nationalbibliografie; detaillierte bibliografische Daten sind über http://dnb.d-nb.de abrufbar.

Printed in Austria

Erschienen im Verlag der Buchhandlung Walther und Franz König
Ehrenstr. 4, D-50672 Köln

ISBN 978-3-7533-0268-3

Vertrieb: Buchhandlung Walther König
Ehrenstraße 4, D–50672 Köln
Tel: +49 (0) 221 / 20 59 6 53
verlag@buchhandlung-walther-koenig.de

BILDNACHWEIS

1–6 © Territorial Agency. 7, 142, 145 Foto: 2017©joritaust.com. 8, 3, 13–18, 34 © Amar Kanwar. 9 Foto: Katrin Guntershausen. Courtesy Amar Kanwar und Marian Goodman Gallery, Paris / New York. 10 Courtesy Amar Kanwar und Marian Goodman Gallery, Paris / New York. 11, 32 © Jonty Wilde. Courtesy Yorkshire Sculpture Park. 12, 19, 20, 21, 22, 30, 31, 60, 64 © Jens Ziehe. 23–25, 29 Courtesy Amar Kanwar. 26–27 Courtesy Samadrusti, Tarun Kumar Mishra, Amar Kanwar und POSCO Pratirodh Sangarsh Samiti. 28 © Amar Kanwar. Courtesy Amar Kanwar und Marian Goodman Gallery, Paris / New York. 35, 48–58 Foto: Fernando Sendra. 36 Foto: eSeL.at – Lorenz Seidler. 37–42, 44, 45, 46 © Faivovich & Goldberg. 43, 47 © NHM Wien, Alice Schumacher. 59, 62, 75 © Camilla Coutinho. 61 Foto: Daniela Zyman. 63 Foto: Irina Gavrich. 65–70 Foto: Elodie Grethen. 71–73 Stills: Kristin Metho. 74, 150, 151 Foto: Francesca Thyssen-Bornemisza. 76–99 © Allan Sekula Studio. 100–107 Courtesy Doc.Eye Film. 108–113, 117, 118, 121–124 © Armin Linke. 114, 115 ROV Video Archivmaterial © GEOMAR Helmholtz-Zentrum für Ozeanforschung Kiel | MARUM Zentrum für Marine Umweltwissenschaften der Universität Bremen. 116, 119 Foto: Giulia Bruno | Courtesy Armin Linke | ROV Video Archivmaterial GEOMAR Helmholtz-Zentrum für Ozeanforschung Kiel | MARUM Zentrum für Marine Umweltwissenschaften der Universität Bremen. 120 Foto: Patricia Domínguez. 125, 126 © INTERPRT / Olga Lucko / Mike Alonzo. 127 Fotos: Nabil Ahmed. 128 © INTERPRT / Olga Lucko. 129–132 © INTERPRT. 133 Foto: Diego Diez. 134–141 Courtesy Susanne M. Winterling © Bildrecht, Wien 2024. 143 Foto: Christoph Liebentritt. 144 Courtesy Susanne M. Winterling | Henie Onstad Kunstsenter, Høvikodden | Institue of Contemporary Art, University of Pennsylvania | © Bildrecht, Wien 2024. 146 Foto: Roberto Ruiz. 147, 148 Courtesy Susanne M. Winterling und Empty Gallery. Foto: Michael Yu. 149 Foto: Pascal Wyse. 152 Foto: Courtesy Jana Winderen. 153 Foto: Lena Winderen. 154–156 Fotos: José Alejandro Alvarez. 157–159 Foto: Jana Winderen.

Tunesisch häkeln
Die große Mustersammlung

150 Muster mit Fotos in Originalgröße, Häkelschriften und Schritt-für-Schritt-Fotos zu jedem Design

Anna Nikipirowicz

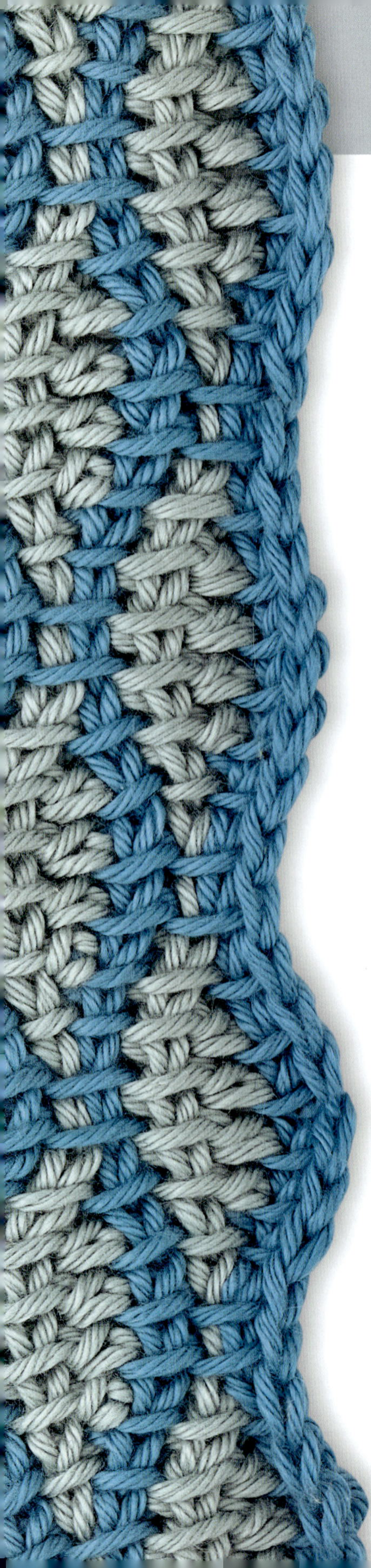

Impressum

Produktmanagement: Mareike Upheber
Übersetzung: Angela Letmathe, Ascheberg
Lektorat: Petra Puster, Niederpöcking
Covergestaltung: Eva Hook
Satz: Petra Theilfarth
Druck und Bindung:
1010 Printing International
Printed in China

Titel der Originalausgabe:
Tunisian Crochet Stich Dictionary

1 Triptych Place, 185 Park Street
GB - SE1 9SH, London

2. Auflage 2025

Best.-Nr. 27063 · ISBN 978-3-7358-7063-6

FSC
www.fsc.org
MIX
Papier | Fördert gute Waldnutzung
FSC® C016973

Penguin Random House
VerlagsgruppeFSC® N001967

Inhalt

Dieses bebilderte Inhaltsverzeichnis zeigt Fotos aller 150 in diesem Buch vorgestellten Muster. Die jeweils fett gedruckte Zahl darunter verweist auf die Seite, auf der die vollständige Anleitung für das Muster zu finden ist.

Fächer und Muscheln

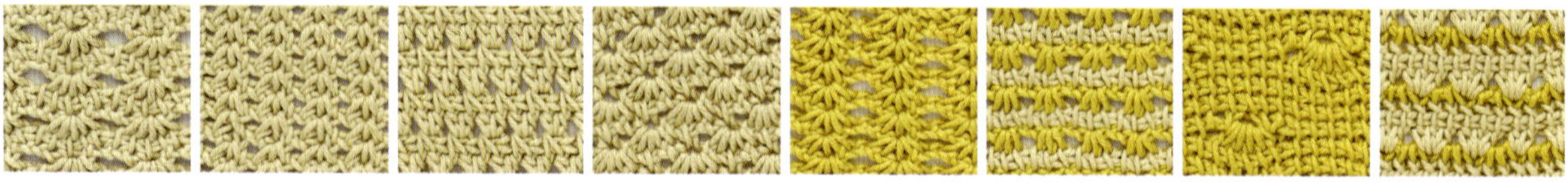

Noppen und Büschel

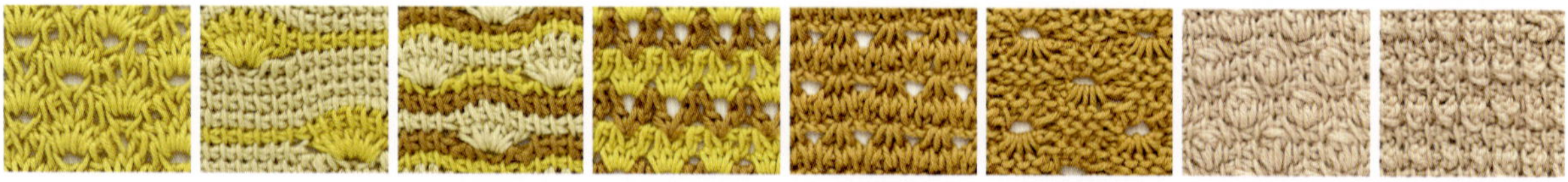

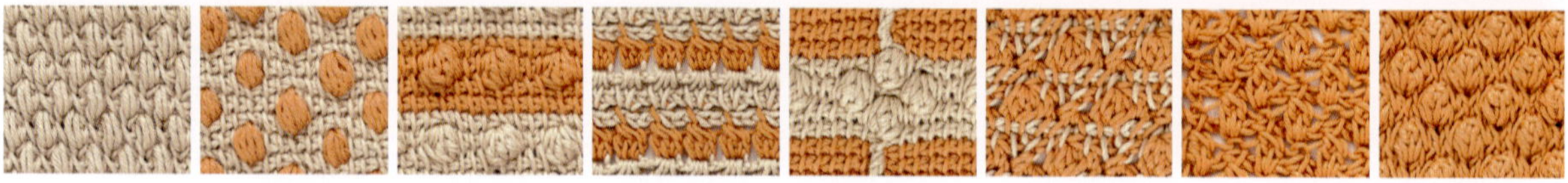

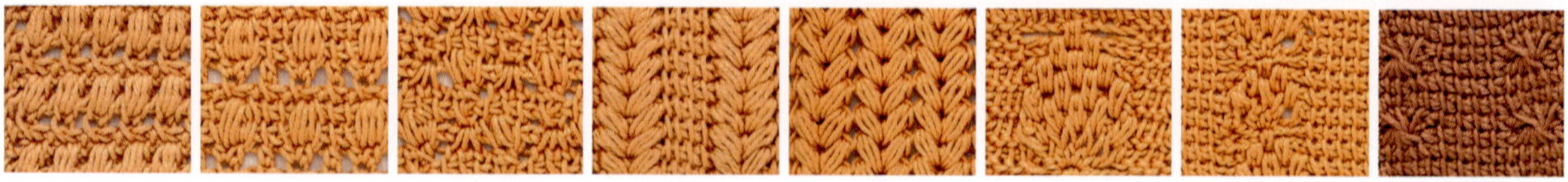

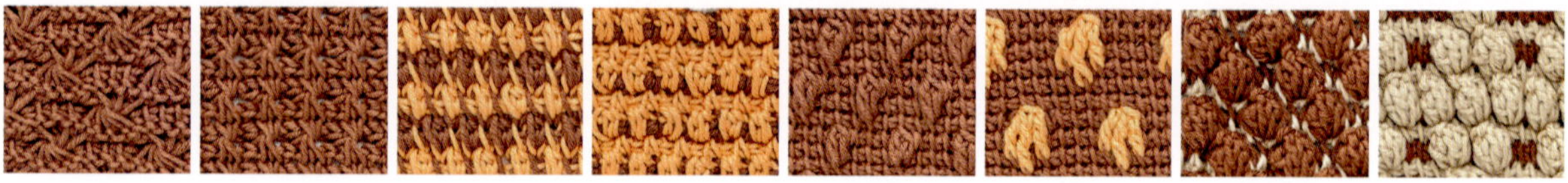

Zopfmuster

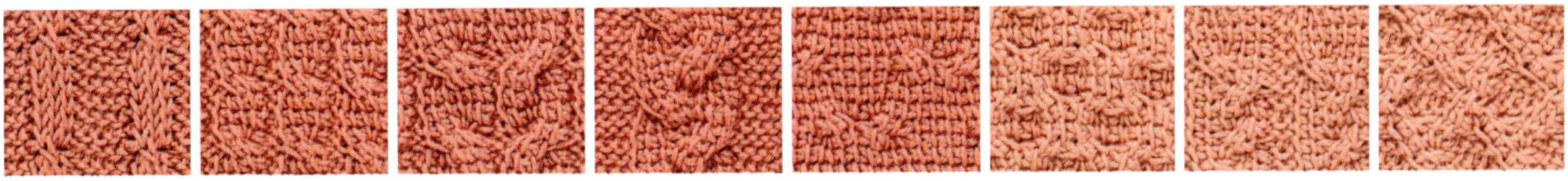

70	71	72	74	76	77	78	80
Kleine Drehung	Einfacher Zopf	Geweih	Knoblauch-zopf	Verstreute Zöpfe	Zopfwaben	Gartenweg	Gitter

Reliefmuster

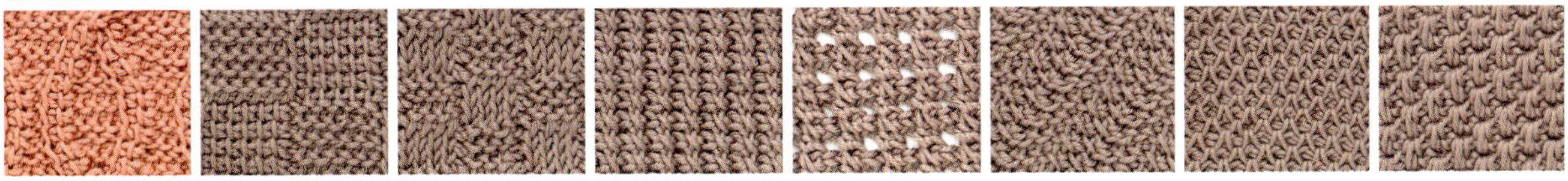

82	84	86	87	87	88	90	91
Ovale	Korbgeflecht I	Korbgeflecht II	Kreuzstiche	Kreuz-stäbchen	Diagonal-Kreuzstich	Geraffte Maschen	Ozean

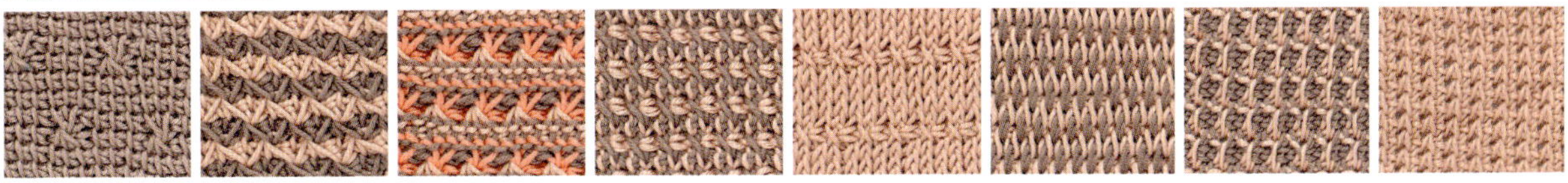

92	93	93	94	94	95	96	97
Spalier	Diamanten	Funken	Drehkreuz	Bogen	Gewebe	Karo	Gipfel

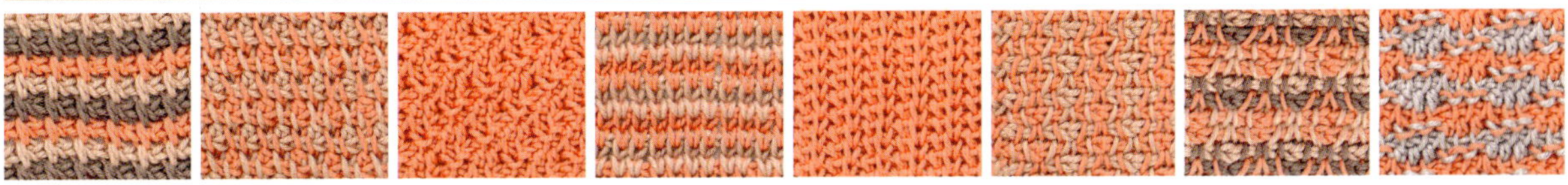

97	98	98	99	99	100	101	102
Textur	Knoten	Pseudo-Korbmuster	Gerippt	Pflug	Bindung	Azteken	Block

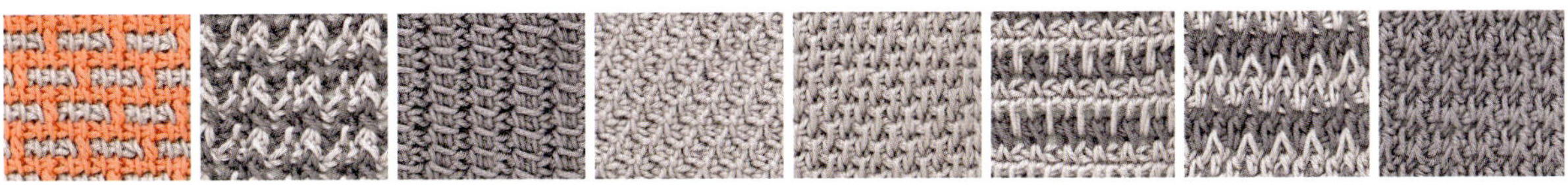

103	104	104	105	105	106	107	107
Ziegelstein	Dachziegel	Bambus	Mini-Waben	Häkchen	Pfad	Zähnchen	Reihen

Lochmuster

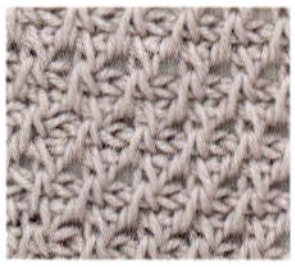
108 Pfeile

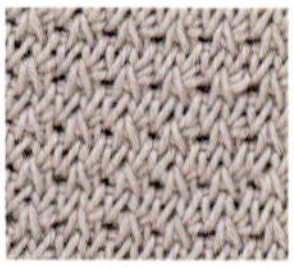
108 Verdrehte Pfeile

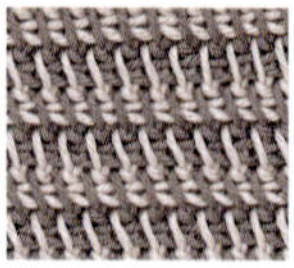
109 Schnürung

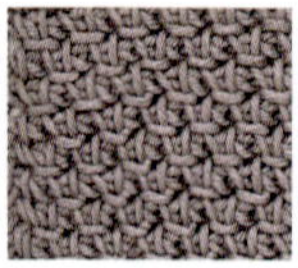
109 Doppel-Schnürung

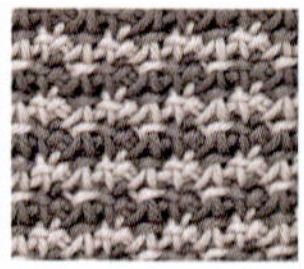
110 Verpackt

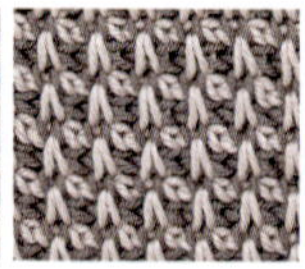
111 Spikes

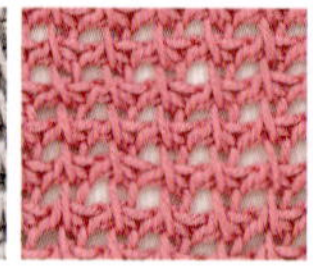
112 Lochmuster

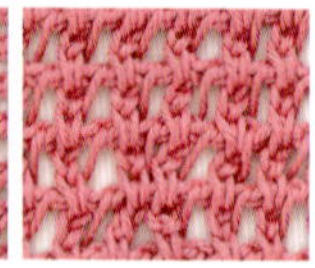
113 Lockeres Netz

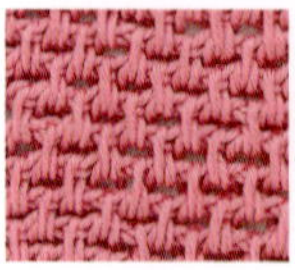
113 Dichtes Netz

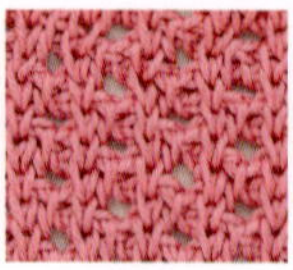
114 Kleine Ösen

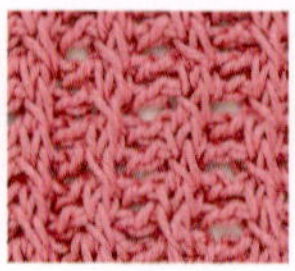
115 Gekreuzte Ösen

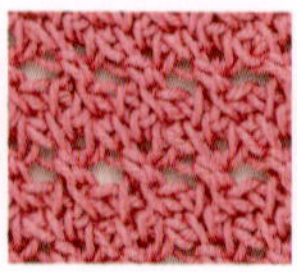
115 Gekreuzte Stäbchen

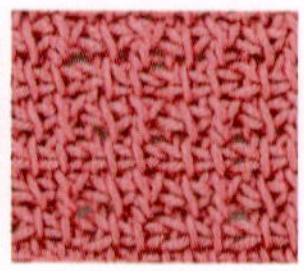
116 Doppel-Lochmuster

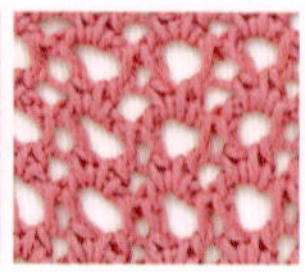
116 Großes Loch-muster

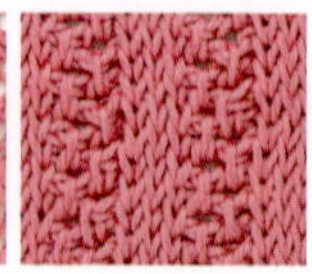
117 Rippen-Lochmuster

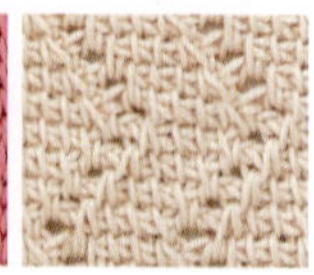
118 Zickzack-Lochmuster

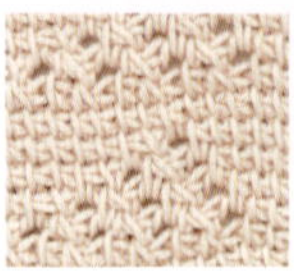
119 Dreieck

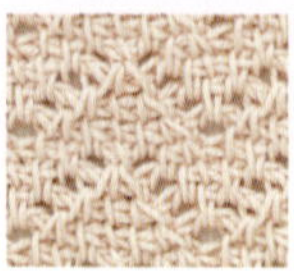
120 Gebrochene Wellen

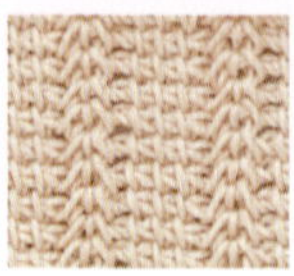
122 Muscheln & Rippen

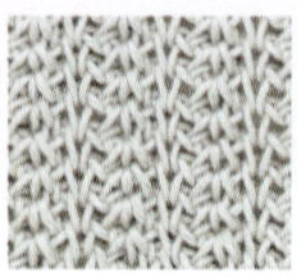
122 Pyramide

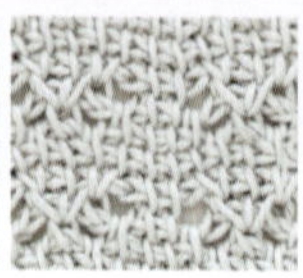
123 Pfeil-Loch-muster

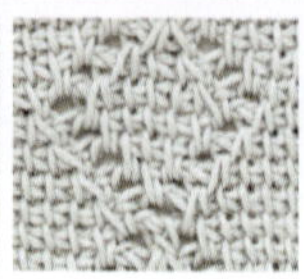
124 Rauten-Loch-muster II

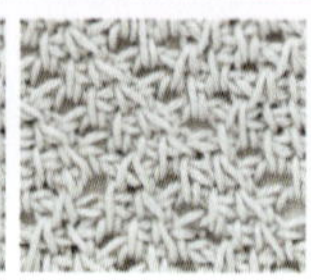
126 Rauten-Spirale

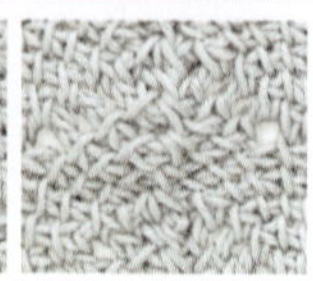
128 Hufeisen

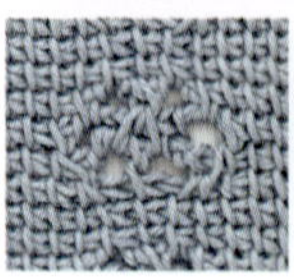
129 Kreis

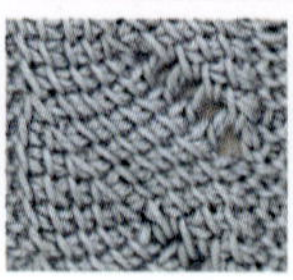
130 Spirale

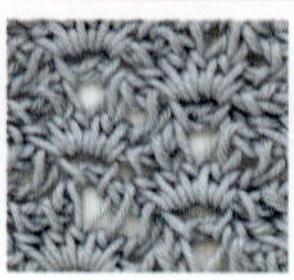
131 Fächer-Loch-muster II

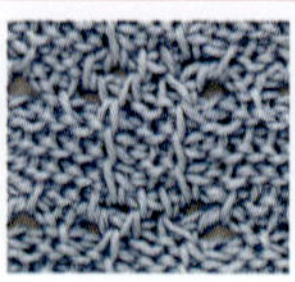
132 Glocken-blume

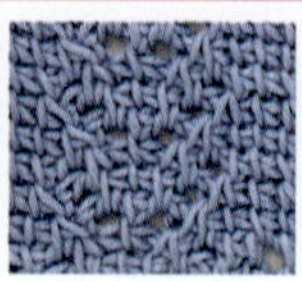
133 Fontäne

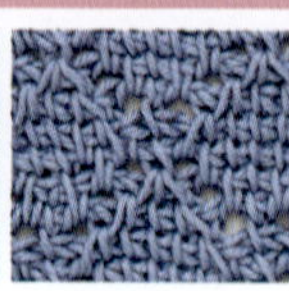
134 Verstreute Rauten

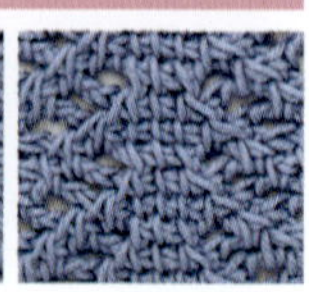
136 Pfeilspitzen

Wellen und Zacken

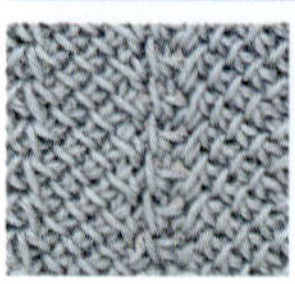
138 Zacken-muster I

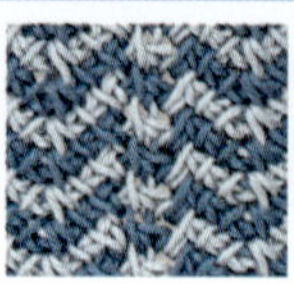
139 Zacken-muster II

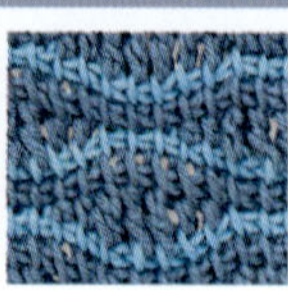
140 Wellen-muster

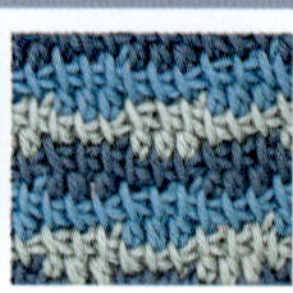
142 Fluss

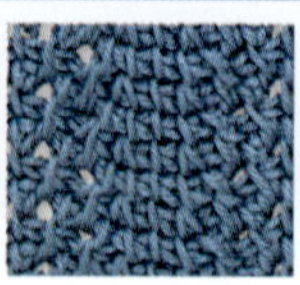
143 Sanfte Wellen

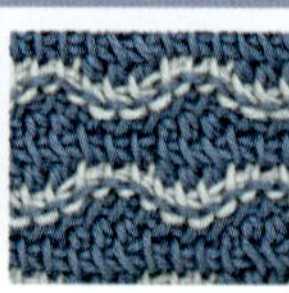
144 Einfache Wellen

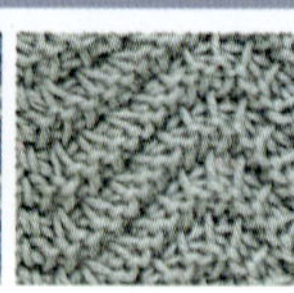
146 Rippen-Wellen

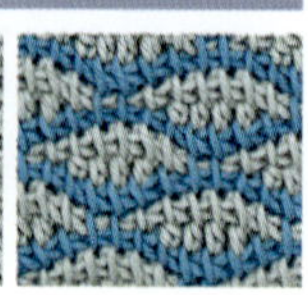
147 Wellen in Waben

Verzierungen

Kanten

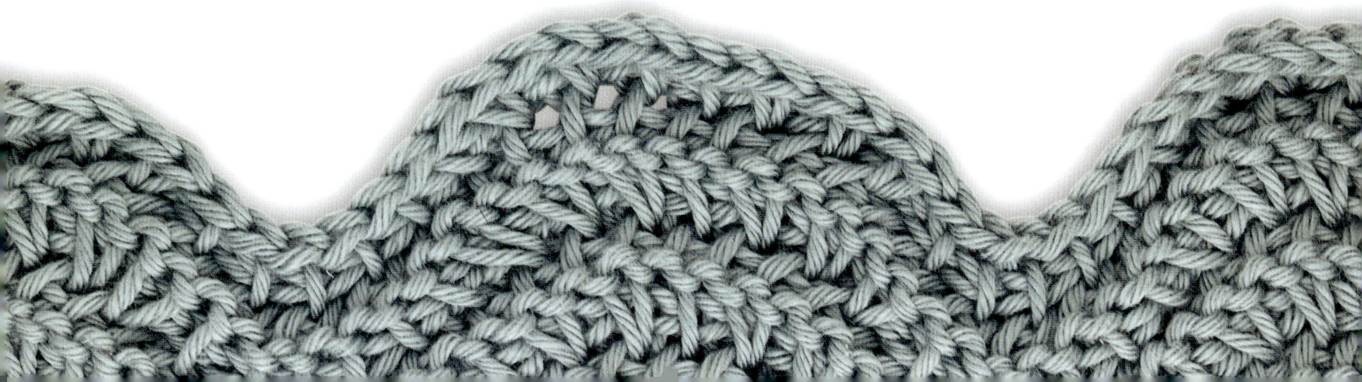

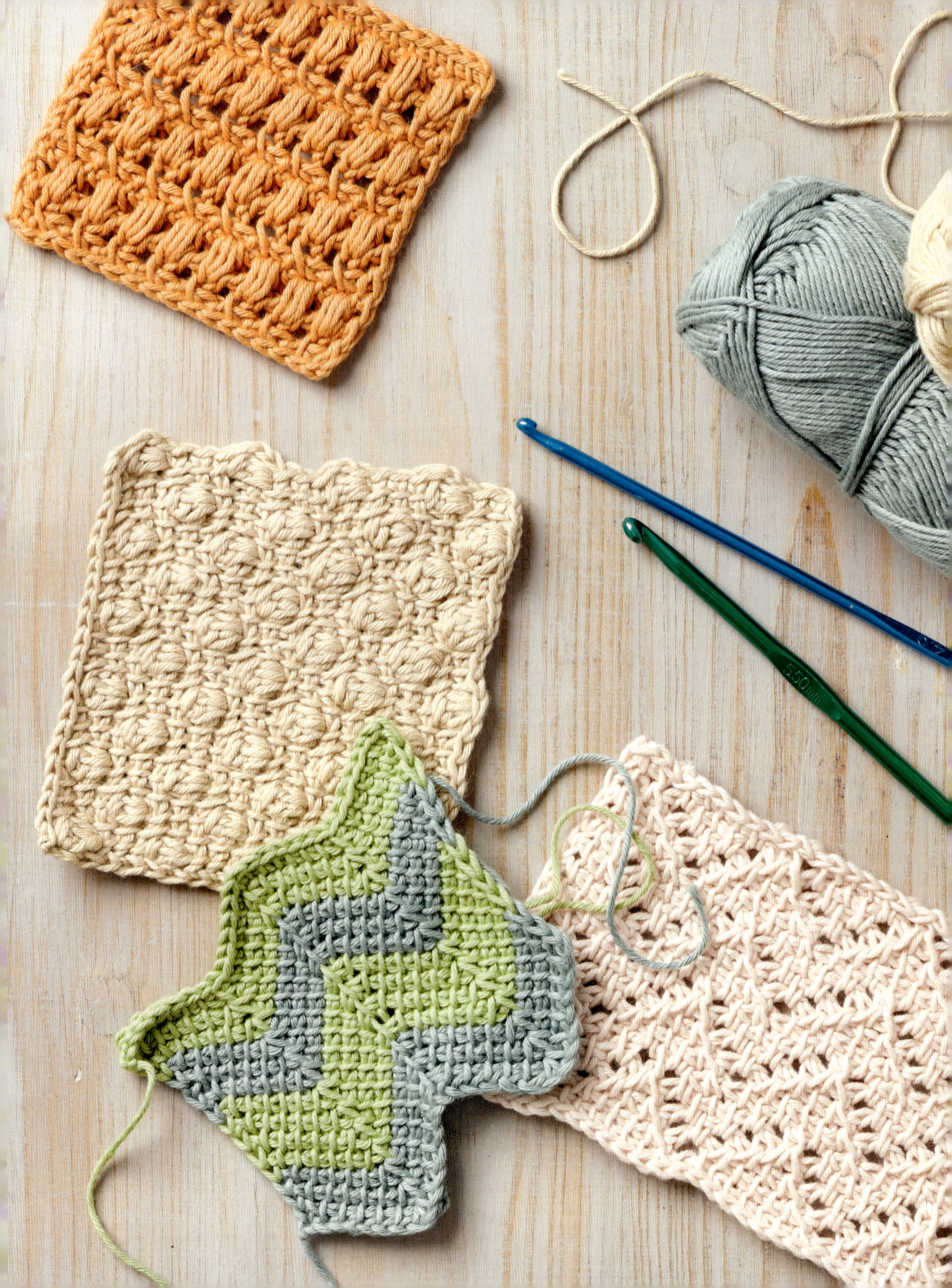

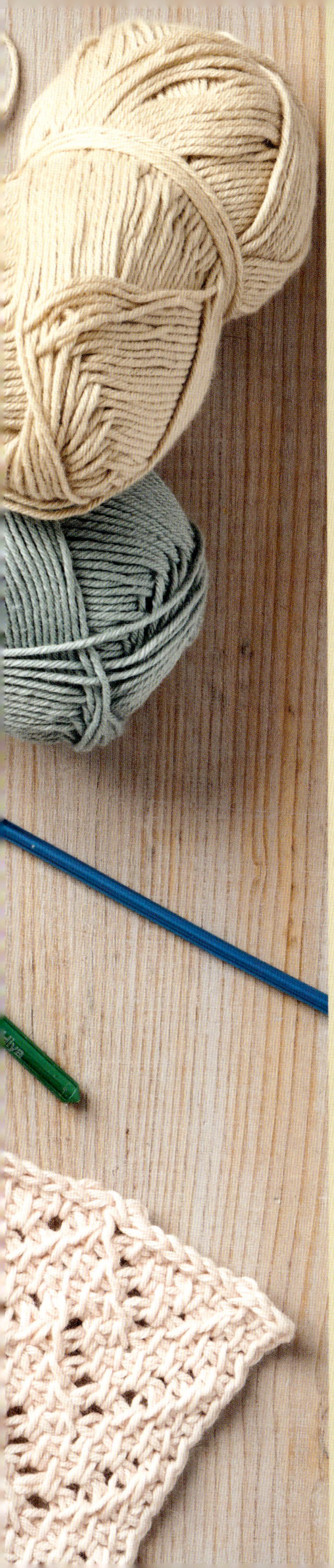

Einleitung

Häkeln und Stricken sind seit jeher meine großen Leidenschaften, wobei das Häkeln dem Stricken oft den Rang abläuft. Ich experimentiere und entwerfe nun schon seit einigen Jahren und lerne ständig neue Techniken. Meine Liebe zum Stricken und Häkeln verdanke ich meiner wundervollen verstorbenen Mutter Lucy.

Vor ein paar Jahren habe ich zum ersten Mal tunesisches Häkeln ausprobiert. Es war ein Schal, den ich in einem Vintage-Magazin entdeckte. Ich war total begeistert von dieser süchtig machenden Kombination aus Häkeln und Stricken.

Wie beim Häkeln wird mit einer Hakennadel gearbeitet, die allerdings länger ist als beim Standardhäkeln, und die Arbeit wird ebenfalls mit Luftmaschen begonnen. Man fasst die Maschen aber auf der Nadel zusammen wie beim Stricken. Während die Arbeit bei beiden herkömmlichen Methoden am Ende einer Reihe gewendet wird, arbeiten Sie beim tunesischen Häkeln nur auf der rechten Seite. Das hergestellte Gewebe ist optisch ein Strickstoff, der sich aber so dick und robust anfühlt wie eine Häkelarbeit.

Tunesisches Häkeln ist ein sehr altes Handwerk. Königin Victoria von England liebte es so sehr, dass es ihr zu Ehren sogar „Royal Princess Knitting“ genannt wurde. In den 1930er Jahren verlor tunesisches Häkeln zunächst seine Popularität. Zwar wurden weiterhin Muster und Bücher zu dieser Handarbeitstechnik veröffentlicht, aber bei weitem nicht so viele wie zum Stricken und Häkeln. Zu meiner großen Freude ist diese hervorragende Technik derzeit aber verdientermaßen wieder ganz groß im Kommen.

Ich habe eine Vielzahl sehr unterschiedlicher Muster in dieses Buch aufgenommen, von einfach bis kompliziert(er), so dass für alle etwas dabei sein wird. Meine Häkelkenntnisse nutzte ich für Muster wie „Popcorn“ und „Noppen“, und mit meinen Strickerfahrungen experimentierte ich an Zöpfen und Lochmustern.

Es ist mir eine große Ehre, Ihnen dieses wunderbare Nachschlagewerk mit 150 meiner liebsten tunesischen Häkelmustern vorzustellen. Jedes Muster wird begleitet von einem anschaulichen Foto, einer schriftlichen Anleitung, einer Häkelschrift und Schritt-für-Schritt-Fotos. Ich hoffe, das Buch wird Ihre Kreativität beflügeln und Sie werden es genießen, Neues auszuprobieren und schöne Projekte zu kreieren.

Anna x

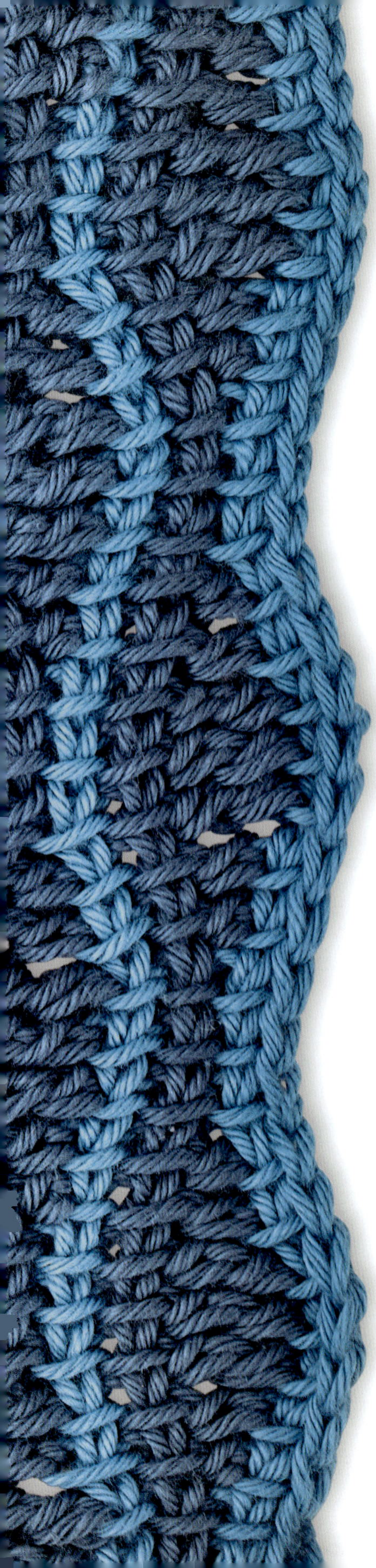

Über dieses Buch

Das Herzstück dieses Buches bildet die Mustersammlung (Seiten 14-155) mit Schritt-für-Schritt-Anleitungen für 150 tunesische Häkelmuster angefangen bei Noppen und Muscheln über Zopf- und Reliefmuster bis hin zu Wellen- und Lochmustern. Für Neulinge des tunesischen Häkelns oder zum Auffrischen Ihrer Kenntnisse empfiehlt sich das Kapitel „Material und Technik“ (Seiten 156-173). Dort finden Sie viele Informationen zu den Grundlagen des tunesischen Häkelns, zur Auswahl von Garn und Nadeln, zum Halten der Arbeit, zu den in diesem Buch verwendeten Abkürzungen und vielem mehr.

WICHTIGE ANGABEN

Grundreihe und Maschenzahl Tunesisches Häkeln beginnt immer mit einer Grundreihe. Zu Beginn jedes Musters wird die erforderliche Maschenzahl angegeben, mit der kalkuliert werden kann (Seite 163).

Grundstiche Für alle Muster wird der tunesische Grundstich benötigt, deshalb sollte dieser zuerst geübt werden (Seite 16). Wichtig sind außerdem der tunesische Strickstich, linke Maschen, Füllstich Stäbchen und Hebemaschen. Diese werden im Kapitel Grundstiche (Seiten 16-27) erklärt, sowie in der Übersicht auf Seite 165.

Spezielle Maschen werden am Anfang des Musters erklärt, bei dem sie auftreten. Oft ist es dadurch einfacher, einem Muster zu folgen und es sich einzuprägen.

Die Nummerierung der Arbeitsschritte entspricht der Nummerierung in den Häkelschriften. Beim tunesischen Häkeln besteht jede Reihe aus einer Hin- und der zugehörigen Rückreihe (Seite 164). Die ungeraden Zahlen sind Hinreihen, die gerade Zahlen Rückreihen.

Der letzte Schritt jedes Musters beschreibt, welche Arbeitsschritte wiederholt werden, um das Muster fertigzustellen.

In der Häkelschrift ist der Musterrapport eingezeichnet. Das komplette Muster wird immer mindestens einmal dargestellt.

Es gibt Richtlinien für die erforderliche Länge der Grundreihe. Mehr dazu Seite 163.

Anleitungen für spezielle Maschen werden zu Beginn des jeweiligen Musters erläutert.

Maschen und Muster entstehen mit Hilfe geschriebener Schritt-für-Schritt-Anleitungen. Wichtig ist es, stets mit der korrekten Maschenzahl zu arbeiten und die Anleitung genau zu befolgen. Die Terminologie des Häkelns kann zunächst etwas verwirrend sein. Ein Abkürzungsverzeichnis findet sich auf Seite 170.

ANLEITUNGEN UND HÄKELSCHRIFTEN LESEN

Die 150 tunesischen Häkelmuster dieser Mustersammlung erleichtern das Erlernen tunesischer Häkelfähigkeiten mit schriftlichen Anleitungen und Häkelschriften. Sie sind in neun Musterfamilien eingeteilt und eindeutig nummeriert, sodass man damit entweder experimentieren oder einen bestimmten Abschnitt konsequent durcharbeiten kann, um spezielle Fertigkeiten zu erlernen.

Stiche und Muster sind verschiedenen Musterfamilien zugeordnet und nummeriert.

Fotos der Musterrapporte, fast in Originalgröße, liefern ein optimales Bild vom Aussehen des fertigen Musters.

Häkelschriften mit Symbolen in den verwendeten Farben sind eine visuelle Darstellung der unterschiedlichen Maschen und deren Anordnung zueinander. Eine Symbolliste finden Sie auf den Seiten 170-173. Die Häkelschriften zeigen immer die rechte Seite der Arbeit. Hinreihen sind rechts nummeriert und werden von rechts nach links gelesen. Rückreihen sind links nummeriert und werden von links nach rechts gelesen.

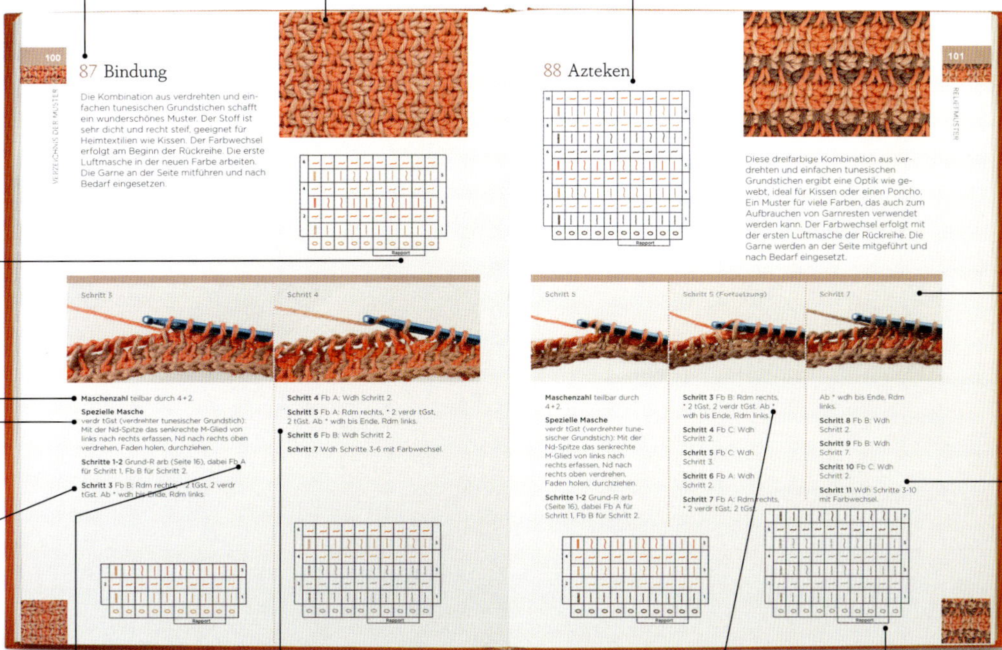

Schritt-für-Schritt-Fotos zeigen die Entwicklung des Musters während des Arbeitsprozesses.

Zum Schluss erfolgt die Angabe, welche Arbeitsschritte wiederholt werden müssen.

A

Für verschiedenfarbige Garne werden in der Schritt-für-Schritt-Anleitung unterschiedliche Großbuchstaben verwendet.

Die Randmasche (Anfangsschlinge) am rechten Rand einer Reihe zählt als erste Masche. Sie wird nicht gearbeitet, sondern unabhängig vom Muster nur mitgeführt (es sein denn, es sollen Maschen zugenommen werden). Die linke Masche am Ende der Reihe wird unabhängig vom Muster immer gleich gearbeitet. Auf Seite 164 finden sich weitere Informationen zur ersten und letzten Masche einer Reihe (rechte und linke Randmasche).

Ab * wdh

Sternchen * innerhalb der Anleitung stehen an einem Punkt, ab dem Anweisungen wiederholt werden sollen. „Ab * wdh bis Ende" bedeutet, dass der Vorgang nach dem * bis zum Ende der Reihe wiederholt werden soll. Wenn die Anweisungen nach dem * keinen vollständigen Rapport ergeben, wird das wie folgt verdeutlicht. „* 1 tGst, 3 tSst. Ab * wdh bis Ende, letzte Wdh 2 tSst" bedeutet, Sie wiederholen die Schritte nach dem * aber bei der letzten Wiederholung werden nur 2 statt 3 tunesische Strickstiche gearbeitet.

Bei komplexen Mustern werden Einzelschritte in Häkelschriften separat dargestellt, um den beschriebenen Schritt genau erkennen und bearbeiten zu können. Vorangegangene Schritte werden grau dargestellt, um die Zuordnung des aktuellen Schrittes im Gesamtmuster deutlich zu machen.

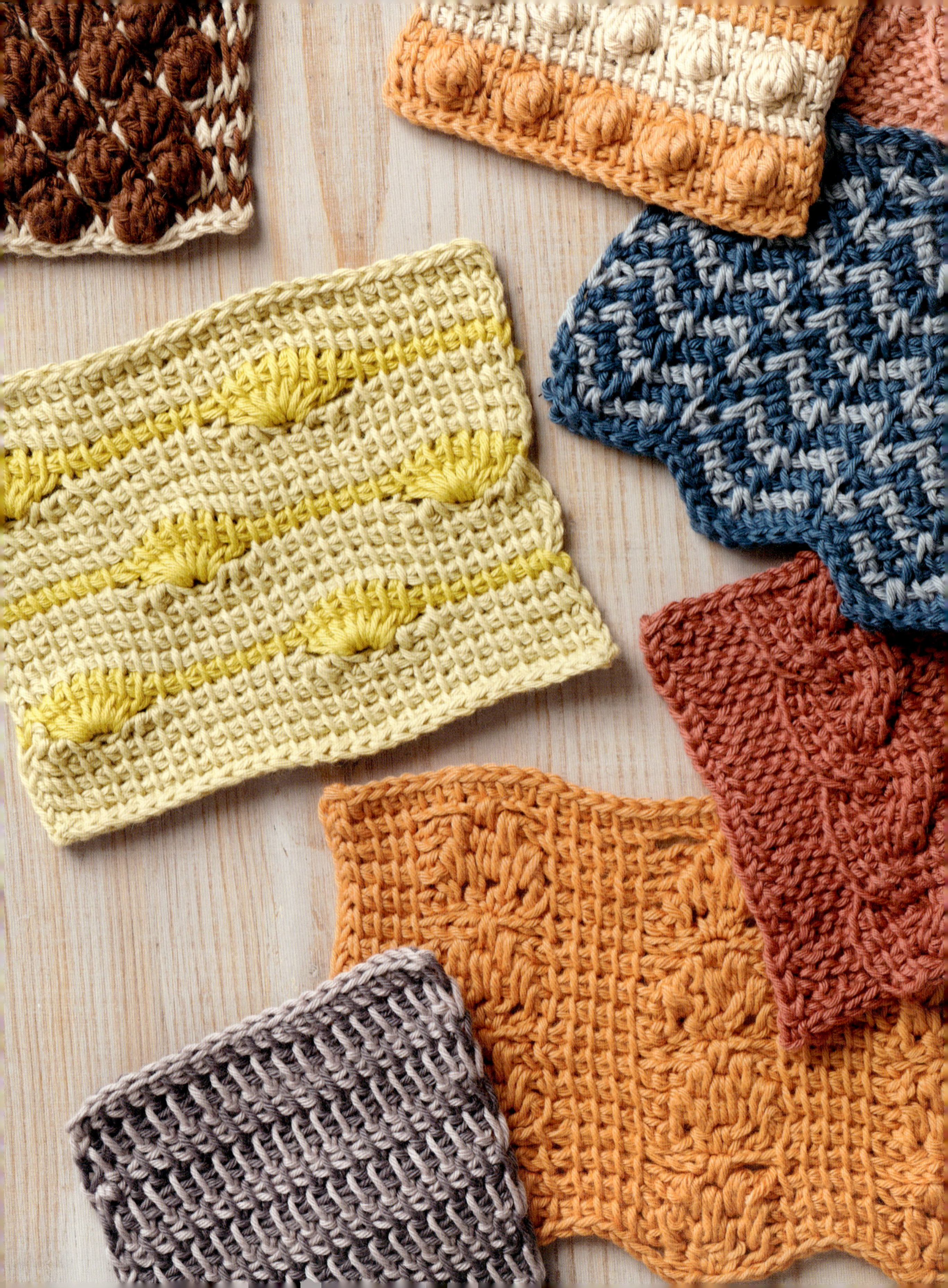

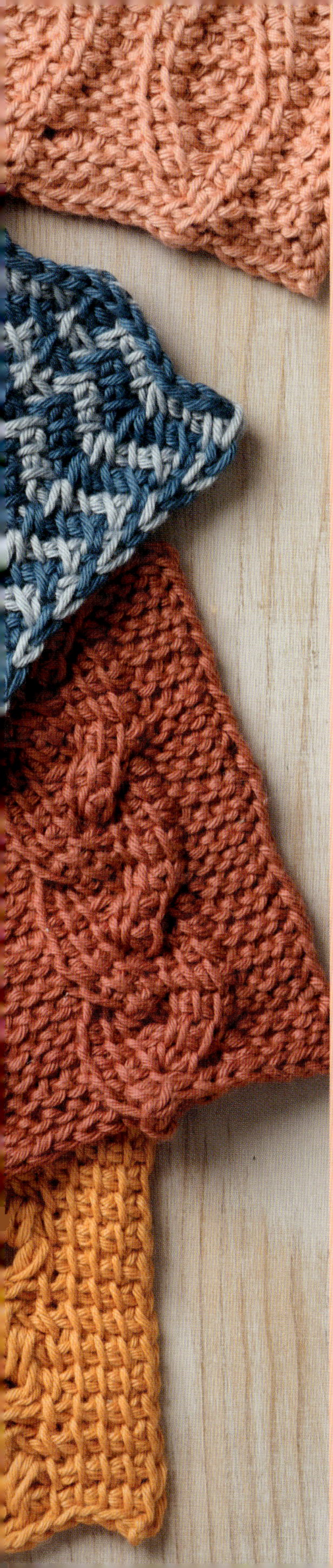

1 Muster-sammlung

Eine Sammlung von 150 tunesischen Häkelmustern wartet darauf, entdeckt zu werden. Lernen Sie, wie sich aus tunesischen Grundstichen strapazierfähige Gewebe gestalten lassen. Kreieren Sie mehrfarbige Muster mit Wellen und Muscheln, zaubern Sie einen schönen, zarten Spitzenstoff oder verschönern Sie Ihre Stücke mit Noppen, Reliefs oder Zöpfen. Die Muster sind in neun Familien eingeteilt, so finden Sie schnell das perfekte Design für Ihr Projekt. Ob Sie experimentieren oder einen kompletten Abschnitt systematisch durcharbeiten, um eine Technik zu erlernen, ist egal. Freuen Sie sich auf atemberaubende tunesische Häkelkreationen.

1 Tunesischer Grundstich

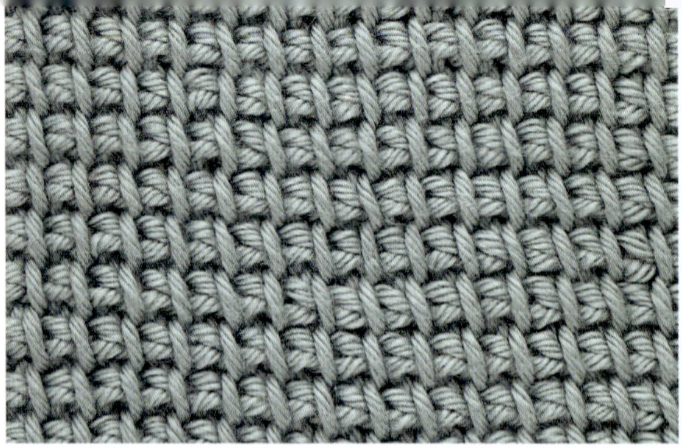

Er ist Grundlage aller tunesischen Häkelmuster. Daraus entsteht ein Stoff, der angenehm fällt und sich für Accessoires, Kleidungsstücke und Heimtextilien eignet. Er neigt zum Einrollen, deshalb am besten eine größere Häkelnadel verwenden als für das jeweilige Garn empfohlen.

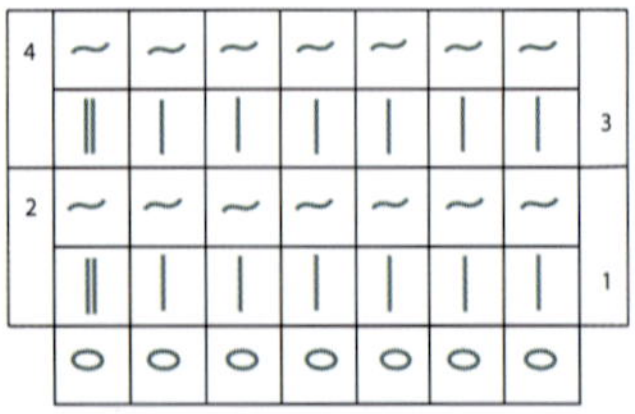

Grundreihe Alle tunesischen Muster beginnen mit der gleichen Grundreihe (Schritte 1-2), sofern nicht anders angegeben.

Randmasche links Die linke Randmasche am Ende der Hinreihe wird immer gearbeitet. Dafür mit der Nadel in das vordere und das hintere senkrechte Maschenglied einstechen (2 senkrechte Maschenglieder auf der Nadel) und diese Randmasche im einfachen tunesischen Grundstich arbeiten, sofern nicht anders angegeben.

Schritt 1

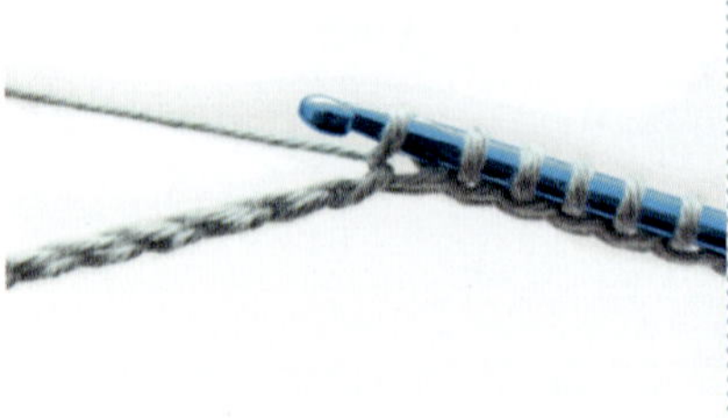

Schritt 2

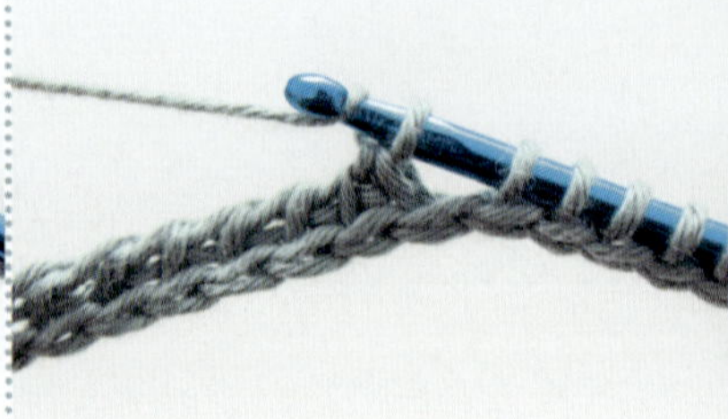

Schritt 3

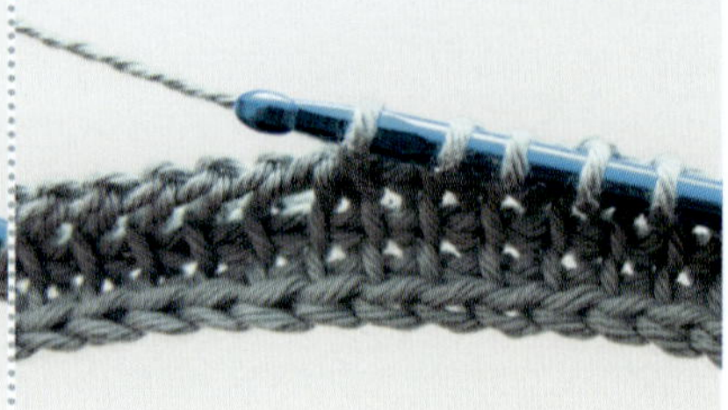

Maschenzahl beliebig.

Spezielle Masche
tGst (tunesischer Grundstich): Von rechts nach links in das vordere senkrechte M-Glied (bzw. die hintere Querrippe der Lm) einstechen, Faden holen, durchziehen.

Schritt 1 (Hinreihe) 1 tGst in 2. Lm und in jede weitere Lm bis Ende.

Schritt 2 (Rückreihe) Faden holen, 1 Schlinge abm, * Faden holen, 2 Schlingen abm. Ab * wdh, bis 1 Schlinge auf der Nd bleibt.

Grundreihe Die Schritte 1 und 2 bilden die Grundreihe. In den Anleitungen wird immer wieder auf diese Grundreihe verwiesen. Schritt 2 ist die Standard-Rückreihe für alle tunesischen Häkelmuster, sofern nicht anders angegeben.

Schritt 3 Die letzte Schlinge auf der Nd zählt schon als 1. M der nächsten Hinr. Sie ist die Rdm rechts. Sie wird nie gehäkelt, sondern das 1. senkrechte M-Glied wird übersprungen. Weiter 1 tGst in jede M bis Ende, Rdm links.

Schritt 4 Wdh Schritt 2.

Schritt 5 Wdh Schritte 3-4.

Hinweis Der letzte Schritt jedes Musters (hier Schritt 5) gibt an, welche Schritte zur Vervollständigung des Musters wiederholt werden müssen.

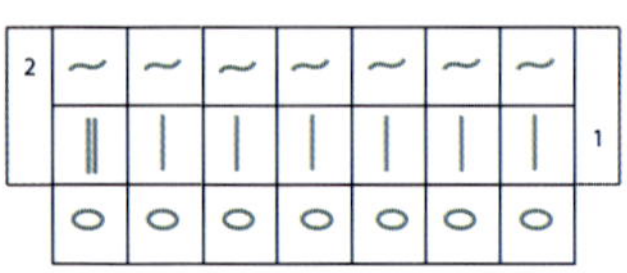

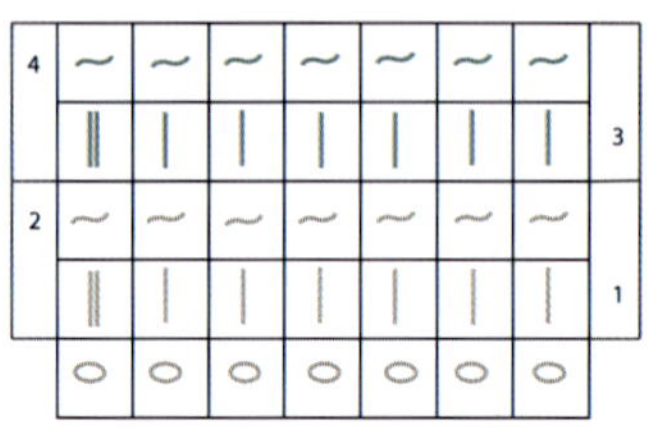

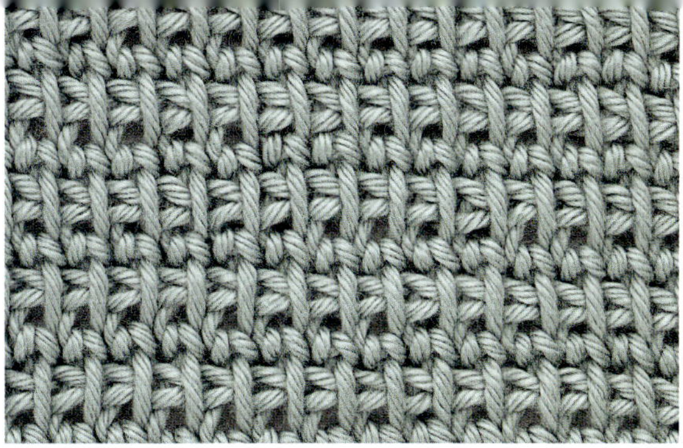

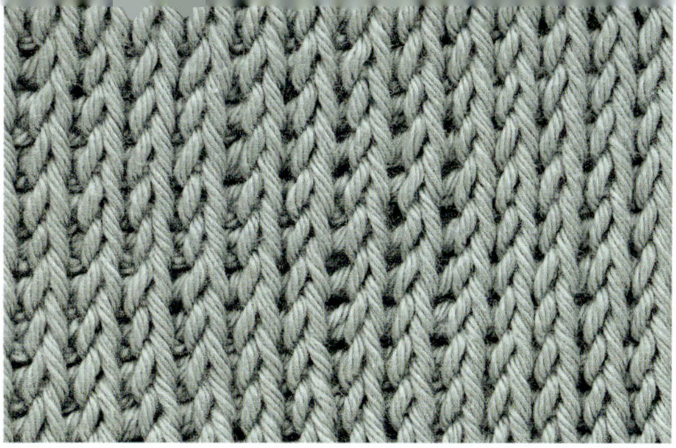

2 Verlängerter tunesischer Grundstich

Bei dieser Variante des Grundstichs entsteht durch Hinzufügen einer Luftmasche ein leichtes Gewebe mit schönem Fall und einem luftigen Tragegefühl, perfekt für Accessoires und Kleidungsstücke.

Schritt 1

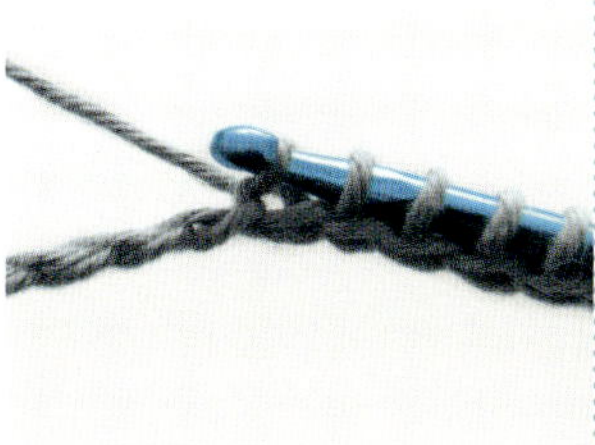

Schritt 3

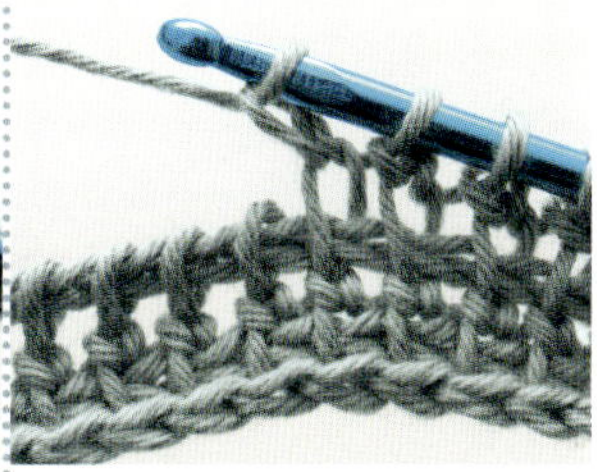

Maschenzahl beliebig.

Spezielle Masche verl tGst (verlängerter tunesischer Grundstich): Von rechts nach links in das vordere senkrechte M-Glied einstechen, Faden holen, durchziehen, 1 Lm.

Schritte 1-2 Grund-R arb (Seite 16).

Schritt 3 1 Lm, Rdm rechts, 1 verl tGst in jede M bis Ende, Rdm links.

Schritt 4 Wdh Schritt 2.

Schritt 5 Wdh Schritte 3-4.

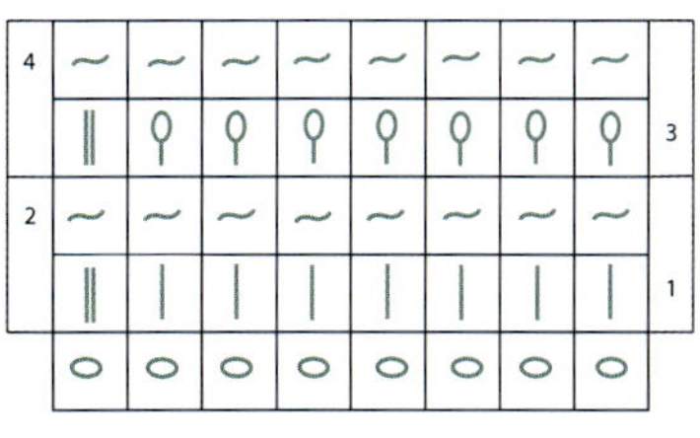

3 Tunesischer Strickstich

Das Gewebe sieht aus wie glatt rechts gestrickt, ist aber dichter und robuster. Es rollt sich stark ein und erfordert sorgfältiges Spannen. Die Nadelstärke sollte größer sein als für das Garn empfohlen. Es ist ein super Stich für Kleidungsstücke und Accessoires, auch in Kombination mit anderen tunesischen Stichen.

Schritt 2

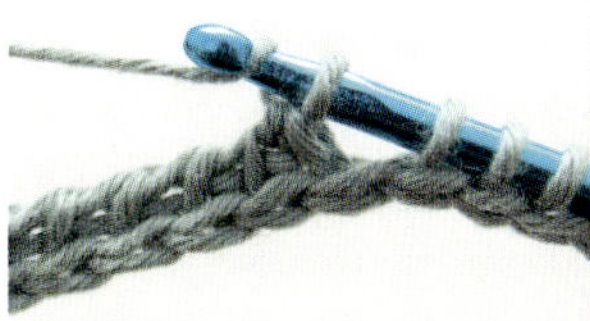

Schritt 3

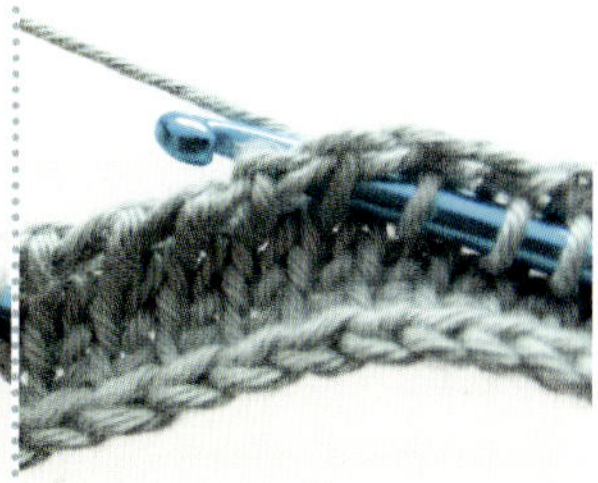

Maschenzahl beliebig.

Spezielle Masche tSst (tunesischer Strickstich): Von vorn nach hinten mittig zwischen die senkrechten M-Glieder durchstechen, Faden holen, durchziehen.

Schritte 1-2 Grund-R arb (Seite 16).

Schritt 3 Rdm rechts, 1 tSst in jede M bis Ende, Rdm links.

Schritt 4 Wdh Schritt 2.

Schritt 5 Wdh Schritte 3-4.

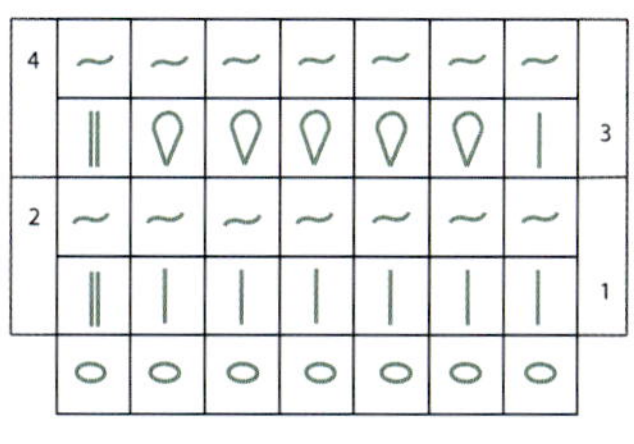

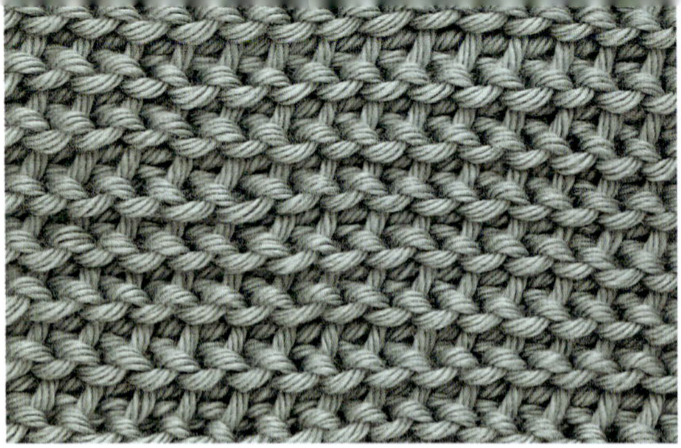

4 Linke Masche

Der Stich ähnelt linken Maschen beim Stricken. Es entsteht ein griffiger Stoff mit intensiver Textur, perfekt für Accessoires wie Schals und Tücher. Er ist strapazierfähig und somit ideal für Heimtextilien wie Decken und Kissen.

Schritt 1

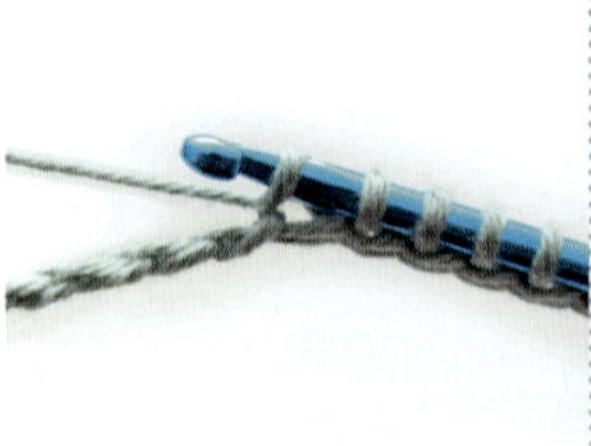

Schritt 3

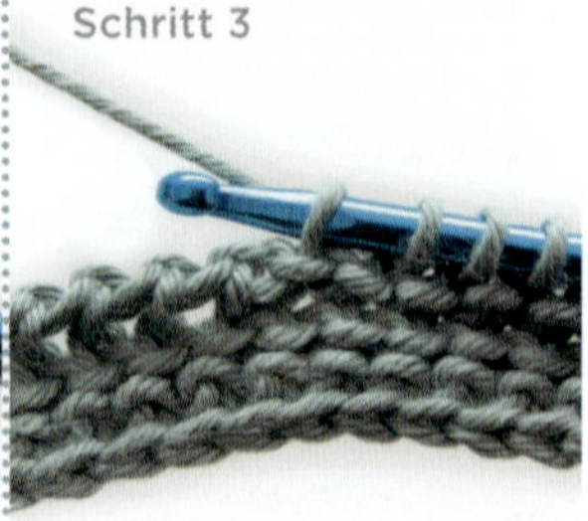

Maschenzahl beliebig.

Spezielle Masche
tliM (tunesische linke Masche): Faden vor die Nd legen, von rechts nach links in das nächste senkrechte M-Glied einstechen, Faden holen, durch das senkrechte M-Glied ziehen.

Schritte 1-2 Grund-R arb (Seite 16).

Schritt 3 Rdm rechts, 1 tliM in jede M bis Ende, Rdm links.

Schritt 4 Wdh Schritt 2.

Schritt 5 Wdh Schritte 3-4.

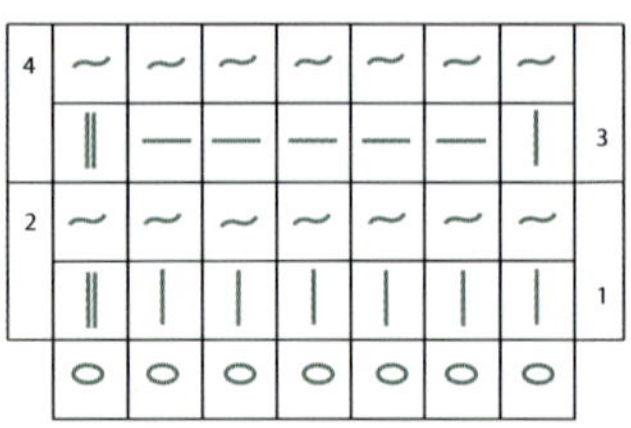

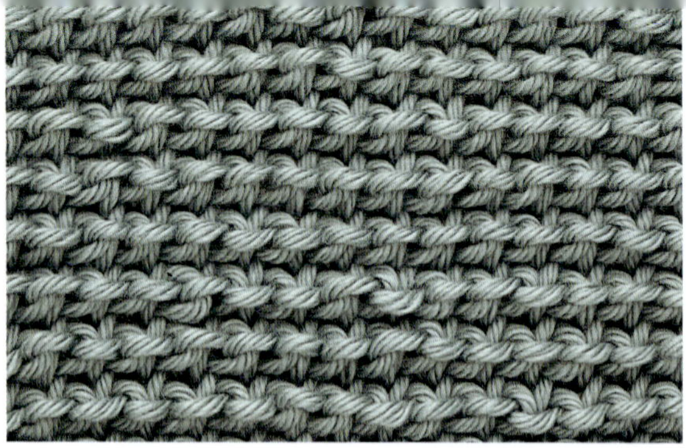

5 Tunesischer Rückstich

Dieser Stich ähnelt der tunesischen linken Masche. Es entsteht ebenfalls ein strapazierfähiger Stoff mit intensiver Textur und gutem Fall, der sich für Accessoires und Heimtextilien eignet.

Schritt 2

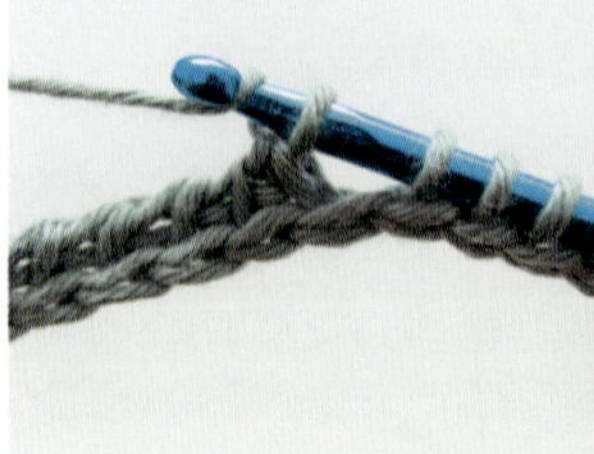

Schritt 3

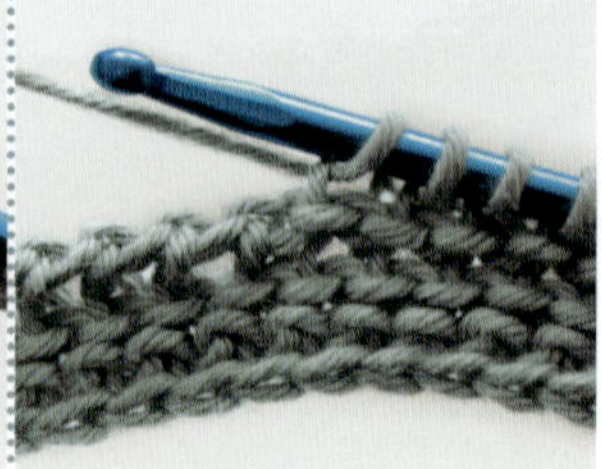

Maschenzahl beliebig.

Spezielle Masche
tRst (tunesischer Rückstich): Faden und Nd hinter der Arbeit, Nd von rechts nach links in das hintere senkrechte M-Glied einstechen, Faden holen, durchziehen.

Schritte 1-2 Grund-R arb (Seite 16).

Schritt 3 Rdm rechts, 1 tRst in jede M bis Ende, Rdm links.

Schritt 4 Wdh Schritt 2.

Schritt 5 Wdh Schritte 3-4.

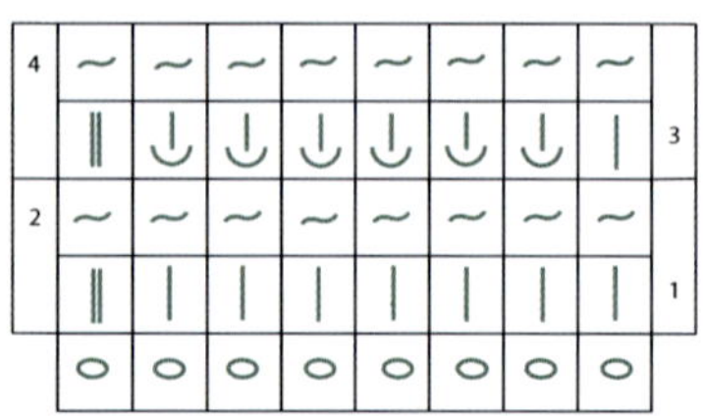

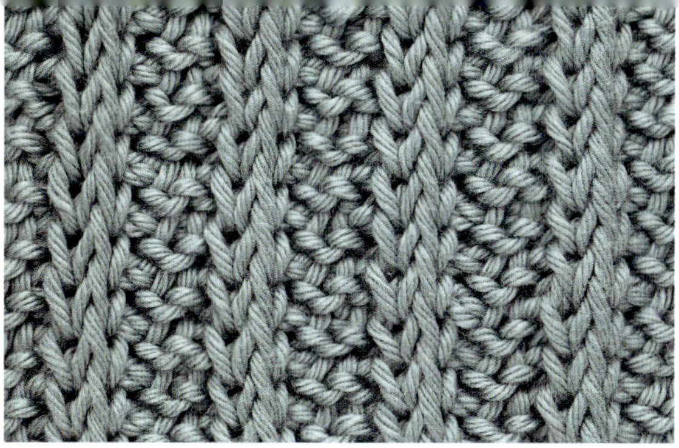

6 Rippenmuster

Wechselnde Rippen aus tunesischem Strickstich und linken Maschen erzeugen einen Stoff, der aussieht wie gestrickt. Er eignet sich perfekt für Bündchen und Bordüren. Probieren Sie Varianten mit unterschiedlichen Rippenbreiten aus wie 1/1 oder 3/3.

Schritt 3

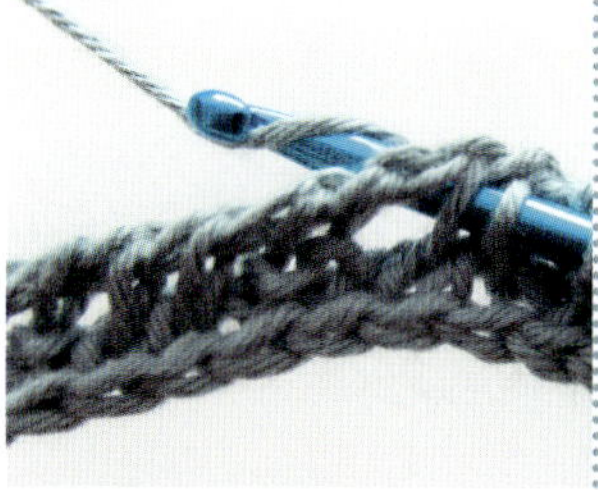

Schritt 3 (Fortsetzung)

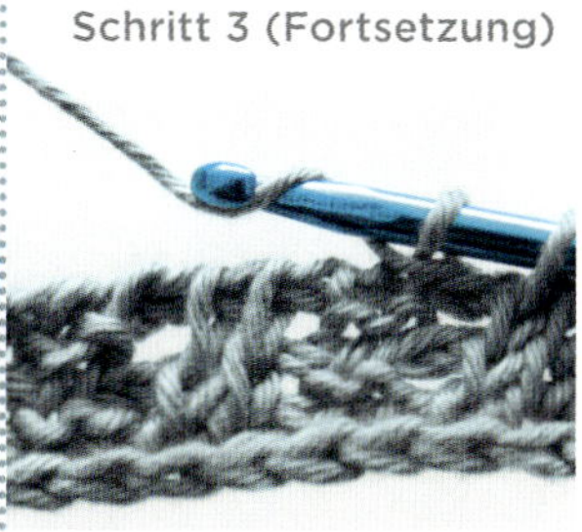

Maschenzahl teilbar durch 4+2.

Spezielle Maschen
tSst (tunesischer Strickstich): Von vorn nach hinten mittig zwischen die senkrechten M-Glieder durchstechen, Faden holen, durchziehen.

tliM (tunesische linke Masche): Faden vor die Nd legen, von rechts nach links in das nächste senkrechte M-Glied einstechen, Faden holen, durch das senkrechte M-Glied ziehen.

Schritte 1-2 Grund-R arb (Seite 16).

Schritt 3 Rdm rechts, * 2 tliM, 2 tSst. Ab * wdh bis Ende, Rdm links.

Schritt 4 Wdh Schritt 2.

Schritt 5 Wdh Schritte 3-4.

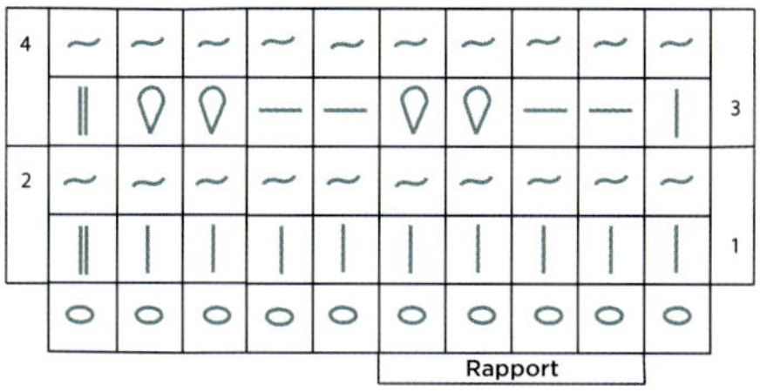

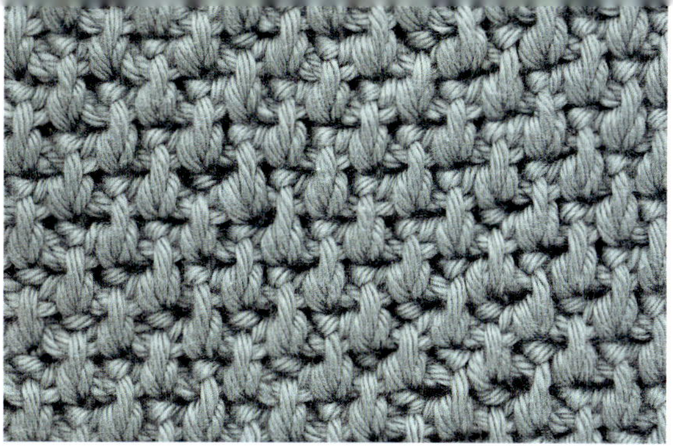

7 Perlmuster

Bei diesem Muster werden abwechselnd Strickstich und linke Maschen gehäkelt. Es entsteht ein interessanter Stoff, der sich perfekt für Kleidungsstücke, Accessoires und Heimtextilien eignet. Das Muster entspricht dem gestrickten Perlmuster.

Schritt 3

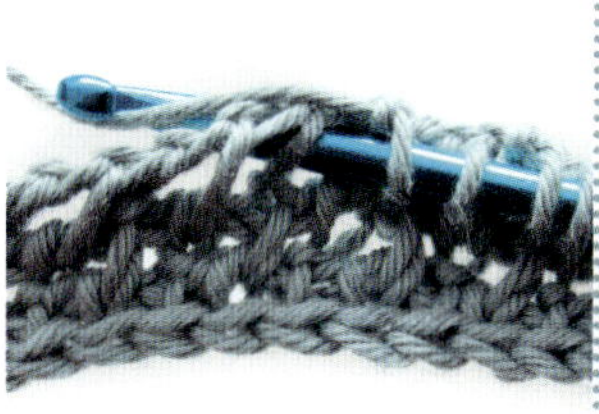

Schritt 5

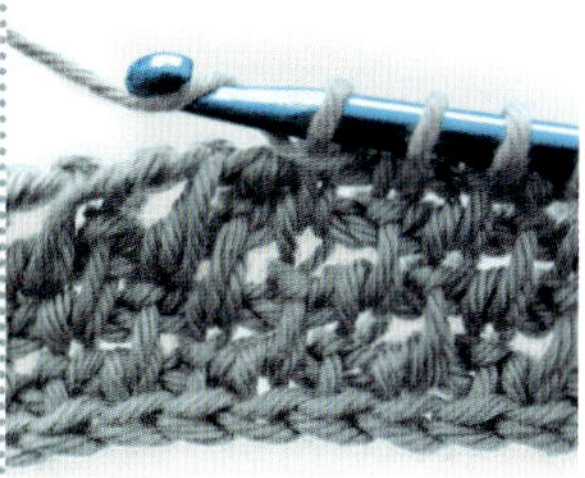

Maschenzahl teilbar durch 2+2.

Spezielle Maschen
Siehe Rippenmuster.

Schritte 1-2 Grund-R arb (Seite 16).

Schritt 3 Rdm rechts, * 1 tSst, 1 tliM. Ab * wdh bis Ende, Rdm links.

Schritt 4 Wdh Schritt 2.

Schritt 5 Rdm rechts, * 1 tliM, 1 tSst. Ab * wdh bis Ende, Rdm links.

Schritt 6 Wdh Schritt 2.

Schritt 7 Wdh Schritte 3-6.

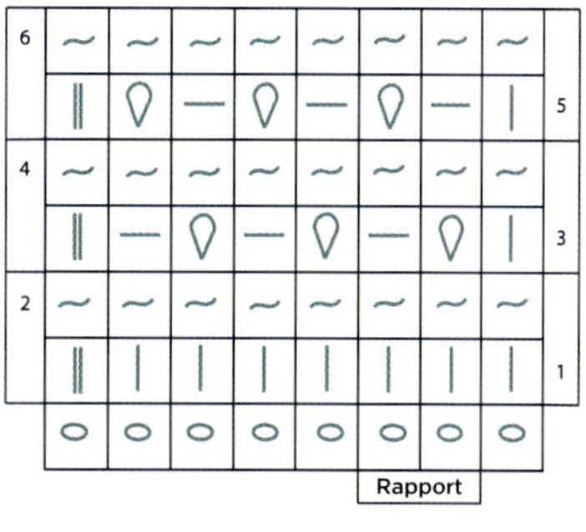

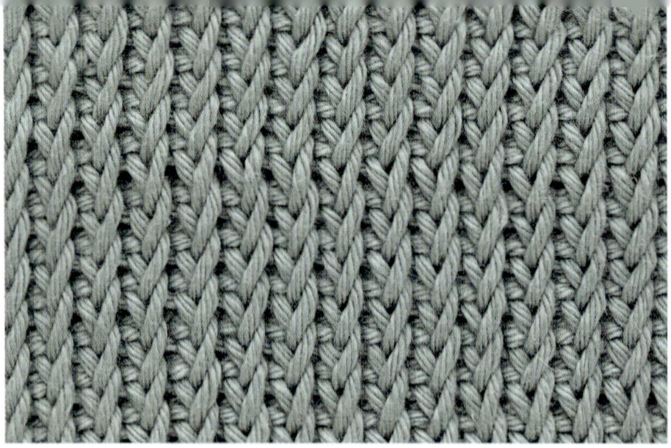

8 Verschränkter Strickstich

Dieser Stich erzeugt einen sehr festen Stoff. Er ist gut geeignet für robuste Heimtextilien, wie Körbe und Kissen. Das Gewebe rollt sich stark und muss gespannt werden. Für eine weichere Struktur mit einer größeren Nadelstärke arbeiten.

Schritt 3

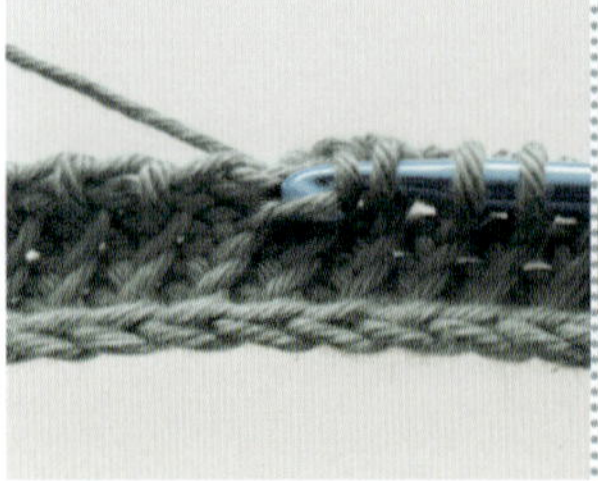

Schritt 3 (Fortsetzung)

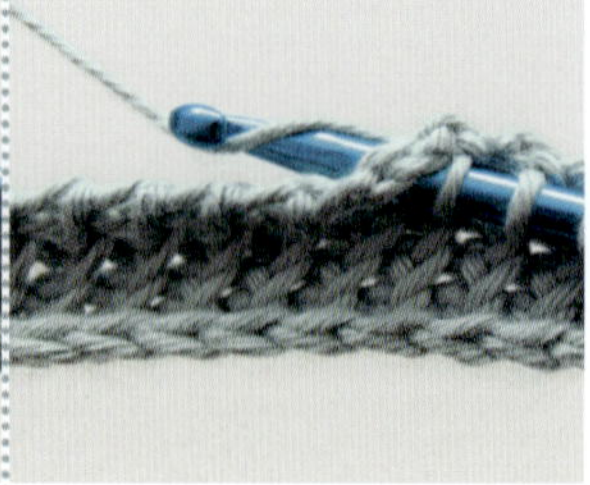

Maschenzahl beliebig.

Spezielle Masche verschr tSst (verschränkter tunesischer Strickstich): Mit dem Haken der Nd das vordere senkrechte M-Glied nach rechts ziehen, um das hintere senkrechte M-Glied sichtbar zu machen, Nd von vorn nach hinten zwischen die beiden senkrechten M-Glieder einstechen, Faden holen, durchziehen.

Schritte 1-2 Grund-R arb (Seite 16).

Schritt 3 Rdm links, 1 verschr tSst in jede M bis Ende, Rdm rechts.

Schritt 4 Wdh Schritt 2.

Schritt 5 Wdh Schritte 3-4.

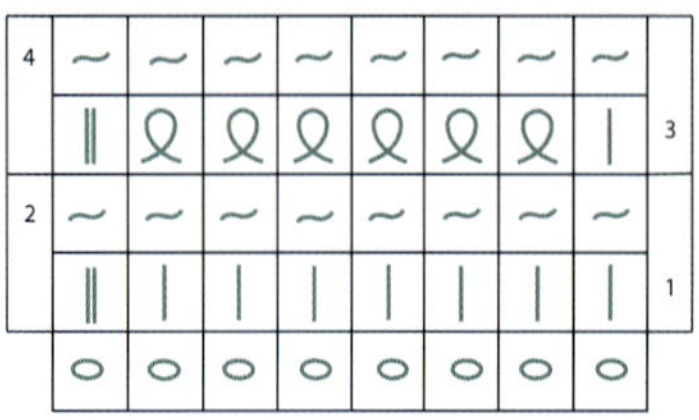

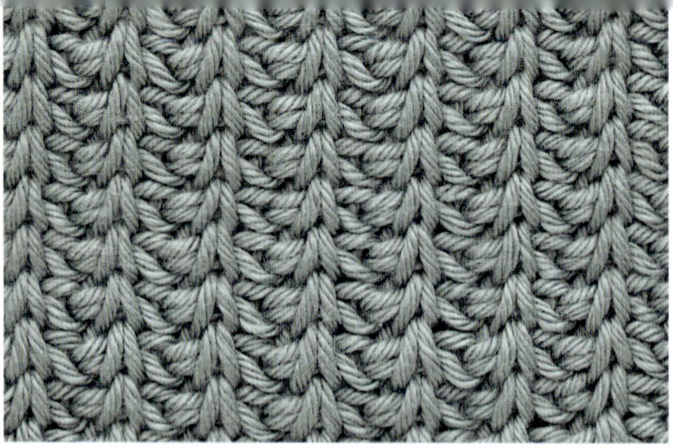

9 Schein-Rippen

Dieses Muster erzeugt die Illusion eines Rippenmusters 1/1. Es ist eine Kombination aus tunesischem Grundstich und verdrehtem Grundstich. Der Stoff wird sehr dicht, hat aber einen guten Fall.

Schritt 3

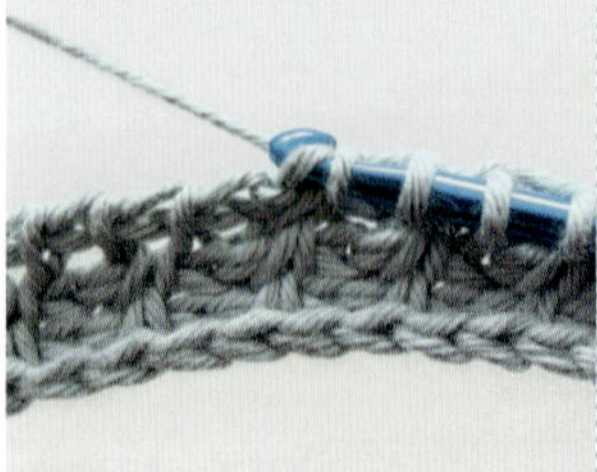

Schritt 3 (Fortsetzung)

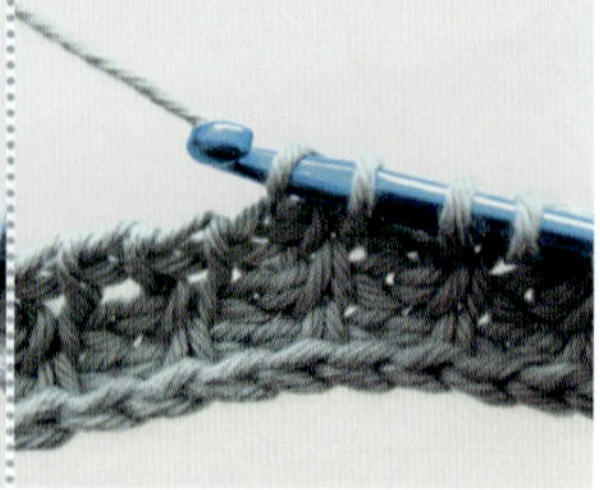

Maschenzahl teilbar durch 2+2.

Spezielle Masche verdr tGst (verdrehter tunesischer Grundstich): Mit dem Haken der Nd das senkrechte M-Glied von links nach rechts erfassen, Haken nach rechts oben drehen, Faden holen, durchziehen.

Schritte 1-2 Grund-R arb (Seite 16).

Schritt 3 Rdm rechts, * 1 verdr tGst, 1 tGst. Ab * wdh bis Ende, Rdm links.

Schritt 4 Wdh Schritt 2.

Schritt 5 Wdh Schritte 3-4.

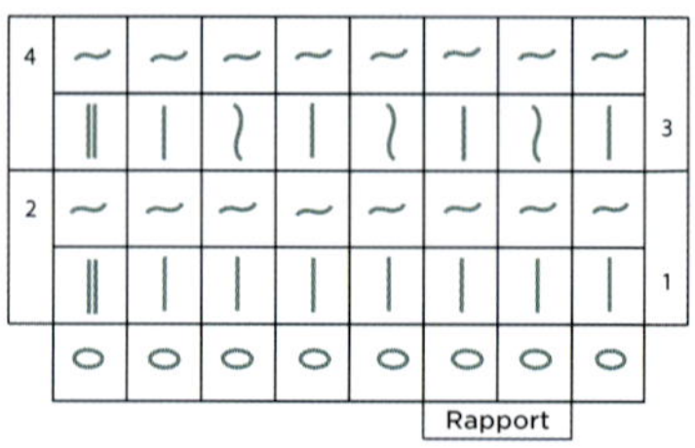

10 Hebemuster I

Die Kombination aus Grundstich und Hebemaschen erzeugt einen dichten, fast steifen Stoff, daher sollte die Nadelstärke mindestens zwei Nummern größer sein, als das Garn vorgibt. Sowohl ein- als auch mehrfarbig sehen diese Maschen wunderbar aus. Das Muster eignet sich perfekt für Heimtextilien. Der Farbwechsel erfolgt am Ende der Rückreihe. Die letzten zwei Maschen der Nadel mit der neuen Farbe abmaschen. Die Garne werden an der Seite des Werkstücks mitgeführt und nach Bedarf eingesetzt.

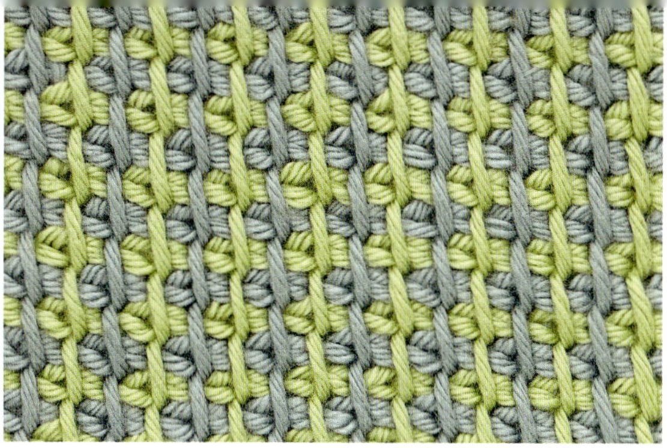

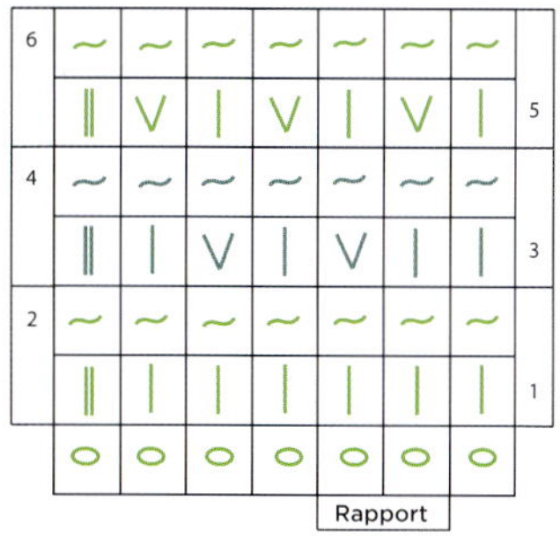

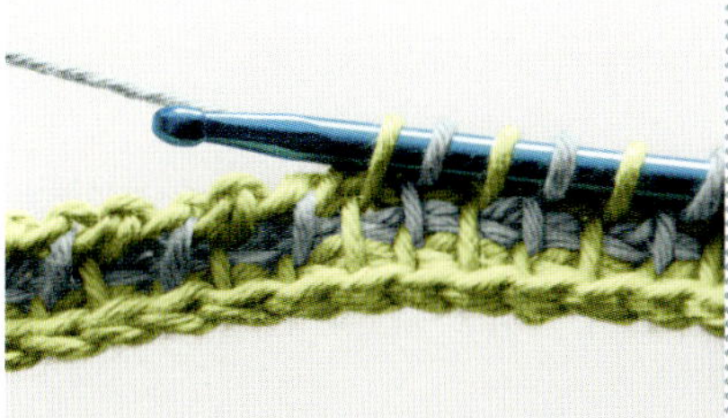
Schritt 3

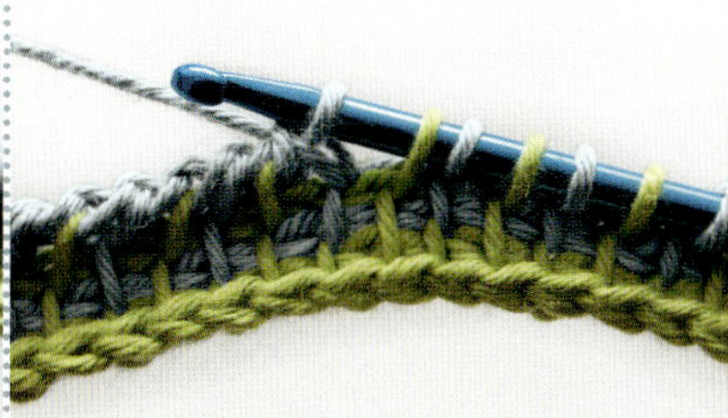
Schritt 4

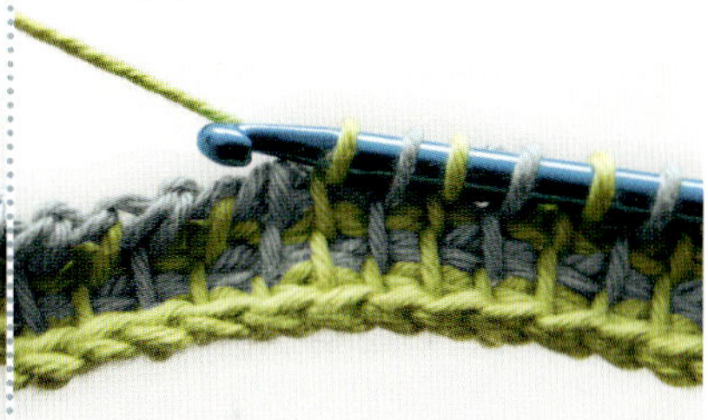
Schritt 5

Maschenzahl teilbar durch 2 + 3.

Spezielle Masche
tHm (tunesische Hebemasche): Nd von rechts nach links ins nächste senkrechte M-Glied einstechen, abheben wie für tGst, unbearbeitet auf der Nd lassen.

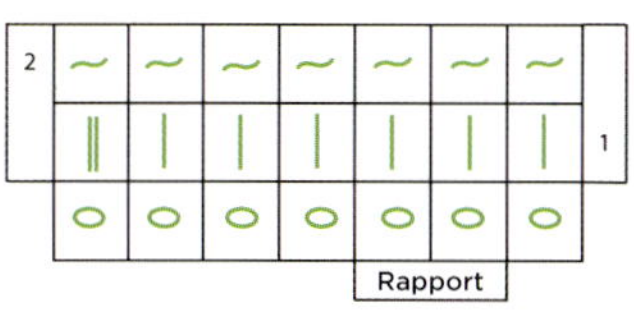

Schritte 1-2 Fb A: Grund-R arb (Seite 16).

Schritt 3 Fb B: Rdm rechts, * 1 tGst, 1 tHm. Ab * wdh bis 1 M, 1 tGst, Rdm links.

Schritt 4 Fb B: Wdh Schritt 2.

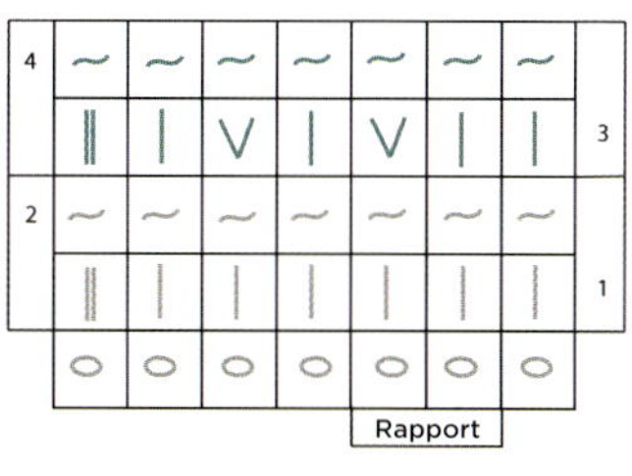

Schritt 5 Fb A: Rdm rechts, * 1 tHm, 1 tGst. Ab * wdh bis 1 M, 1tHm, Rdm links.

Schritt 6 Fb A: Wdh Schritt 2.

Schritt 7 Wdh Schritte 3-6 mit Farbwechsel.

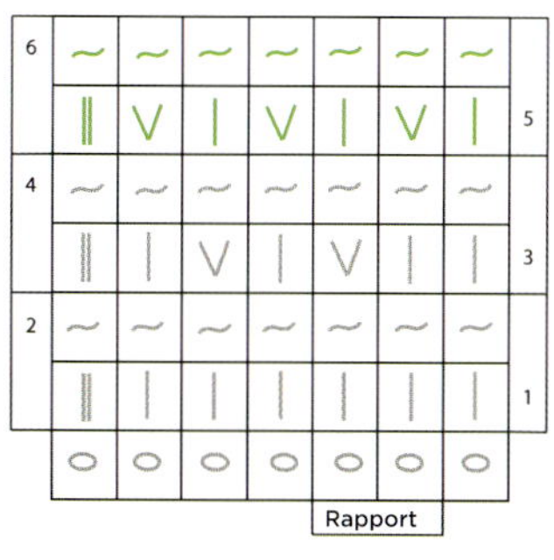

11 Wabenmuster

Durch den Wechsel von Grundstichen und linken Maschen entsteht ein sehr schöner, texturreicher Stoff. Er fällt sehr schön und kreiert perfekte Kleidung und Accessoires.

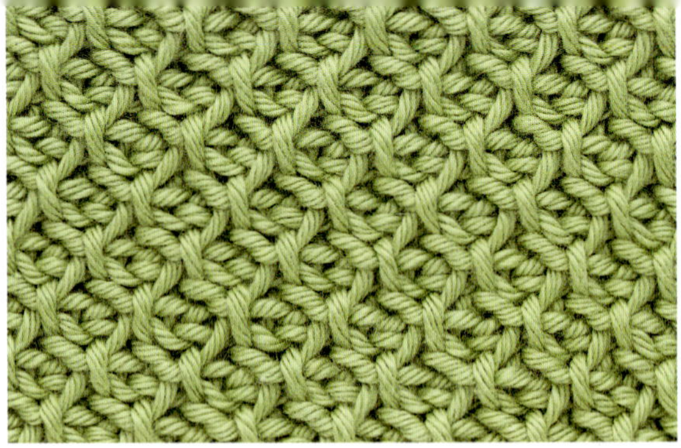

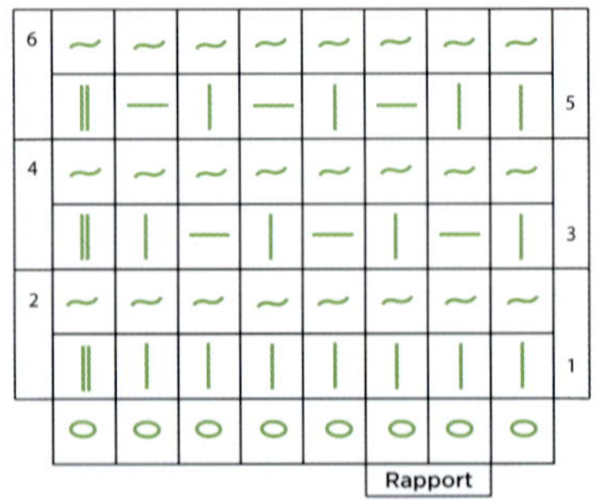

Schritt 2

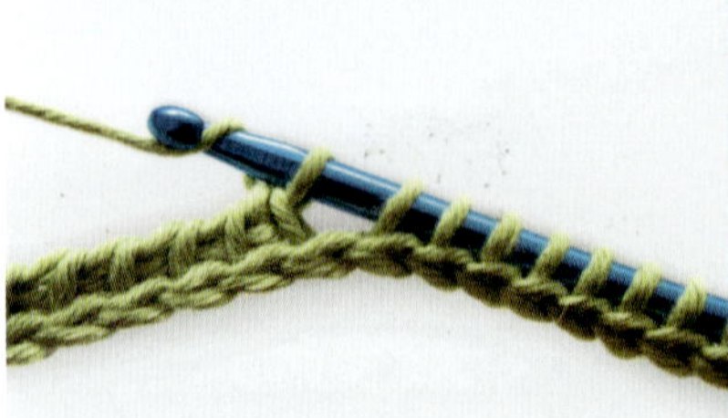

Schritt 3

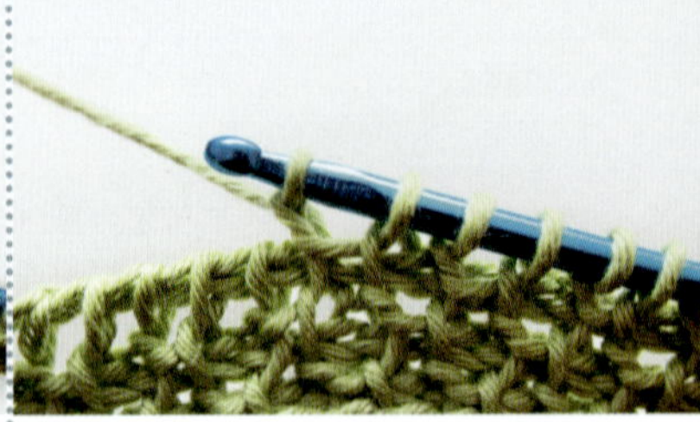

Schritt 5

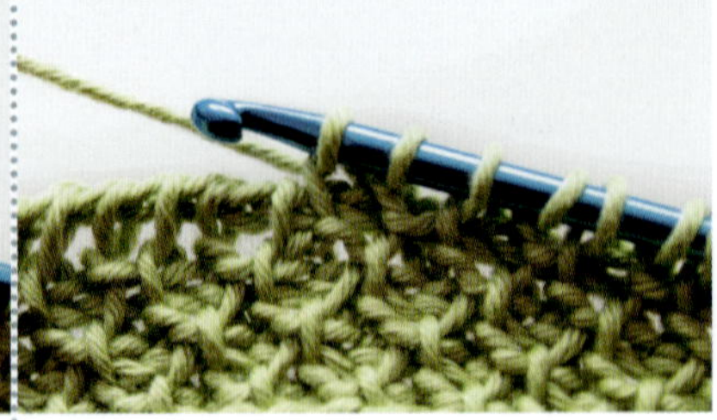

Maschenzahl teilbar durch 2+2.

Spezielle Masche
tliM (tunesische linke Masche): Faden vor die Nd legen, von rechts nach links in das nächste senkrechte M-Glied einstechen, Faden holen und durch das senkrechte M-Glied ziehen.

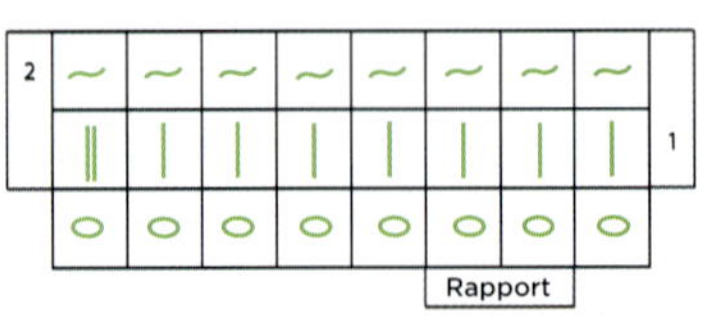

Schritte 1-2 Grund-R arb (Seite 16).

Schritt 3 Rdm rechts, * 1 tliM, 1 tGst. Ab * wdh bis Ende, Rdm links.

Schritt 4 Wdh Schritt 2.

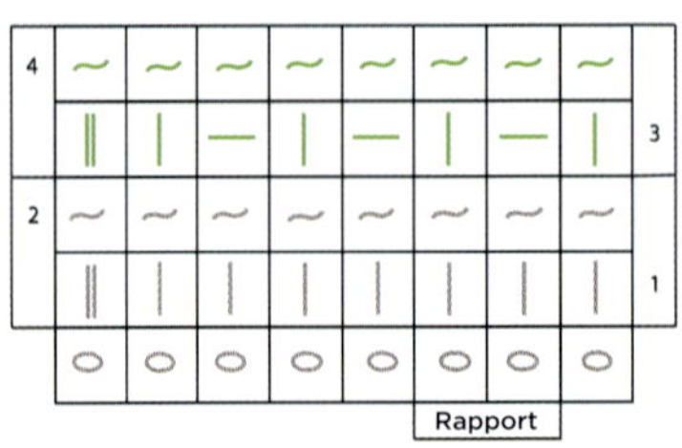

Schritt 5 Rdm rechts, * 1 tGst, 1 tliM. Ab * wdh bis Ende, Rdm links.

Schritt 6 Wdh Schritt 2.

Schritt 7 Wdh Schritte 3-6.

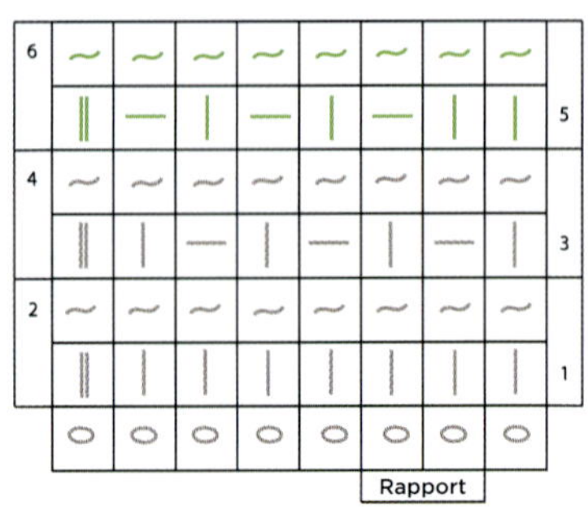

12 Hebemuster II

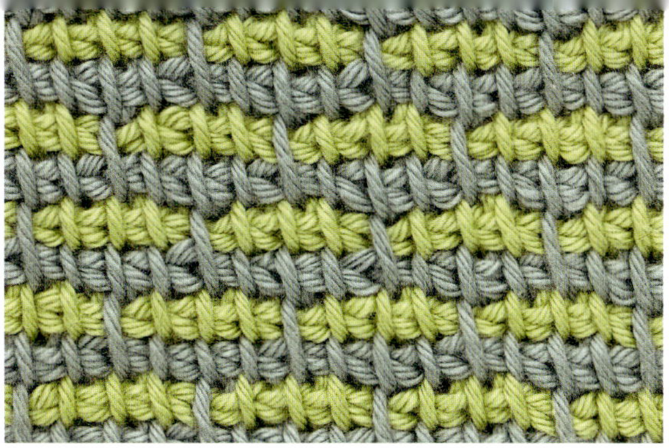

Dieses Gewebe wird sehr dicht und fest. Der Farbeffekt entsteht aus einfachen Grundstichen und Hebemaschen. Durch seine Steifigkeit eignet sich der Stoff bestens für Heimtextilien wie Kissen und Wandbehänge. Soll der Stoff weicher fließen, muss mit einer Nadel gearbeitet werden, die zwei Nummern größer ist als für das Garn empfohlen. Der Farbwechsel erfolgt bei den letzten beiden Maschen der Rückreihe, die mit der neuen Farbe abgemascht werden. Die Garne werden an der Seite mitgeführt und nach Bedarf eingesetzt.

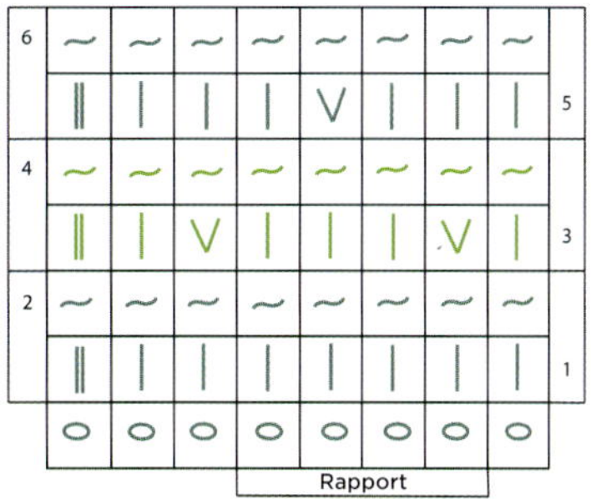

Schritt 2

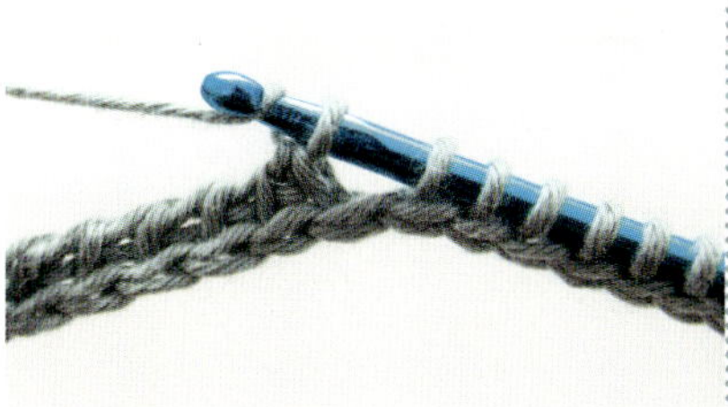

Schritt 3

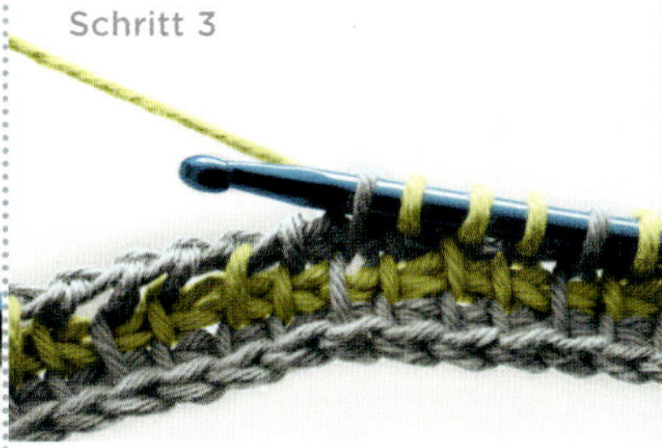

Schritt 5

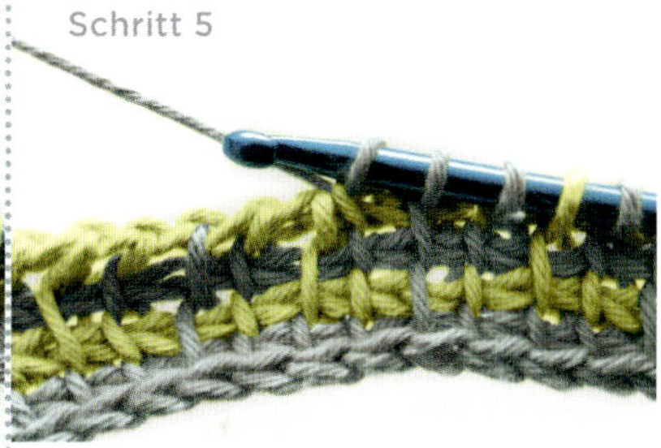

Maschenzahl teilbar durch 4+4.

Spezielle Masche
tHm (tunesische Hebemasche): Nd von rechts nach links ins nächste senkrechte M-Glied einstechen, abheben wie für tGst, unbearbeitet auf der Nd lassen.

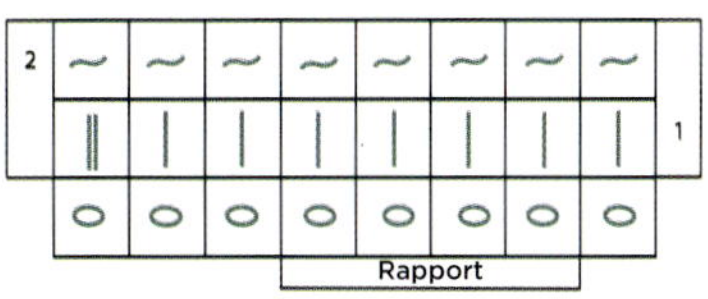

Schritte 1-2 Fb A: Grund-R arb (Seite 16).

Schritt 3 Fb B: Rdm rechts, * 1 tHm, 3 tGst. Ab * wdh bis 2 M, 1 tHm, 1 tGst, Rdm links.

Schritt 4 Fb B: Wdh Schritt 2.

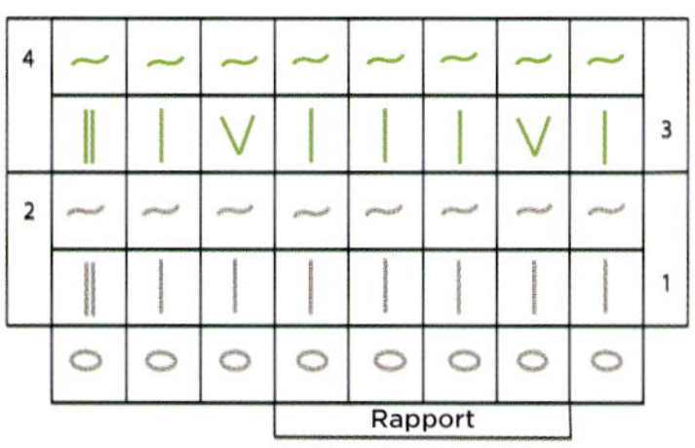

Schritt 5 Fb A: Rdm rechts, * 2 tGst, 1 tHm, 3tGst. Ab * wdh bis Ende, Rdm links.

Schritt 6 Fb A: Wdh Schritt 2.

Schritt 7 Wdh Schritte 3-6 mit Farbwechsel.

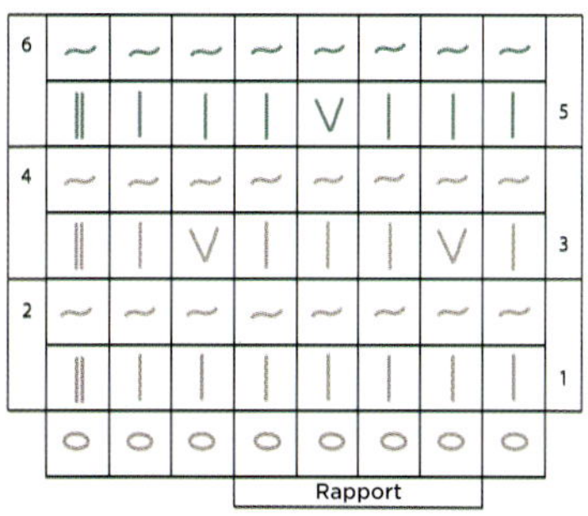

13 Netzmuster

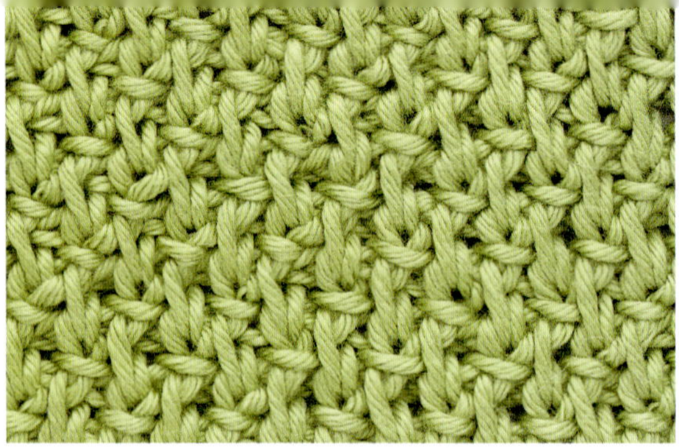

Obwohl dem tunesischen Perlmuster sehr ähnlich, ergibt dieses Muster einen Stoff mit mehr Fall. Es ist perfekt für die Herstellung von Kleidungsstücken und Accessoires. Das Muster ist eine Kombination aus tunesischem Strickstich und linkstunesischem Strickstich.

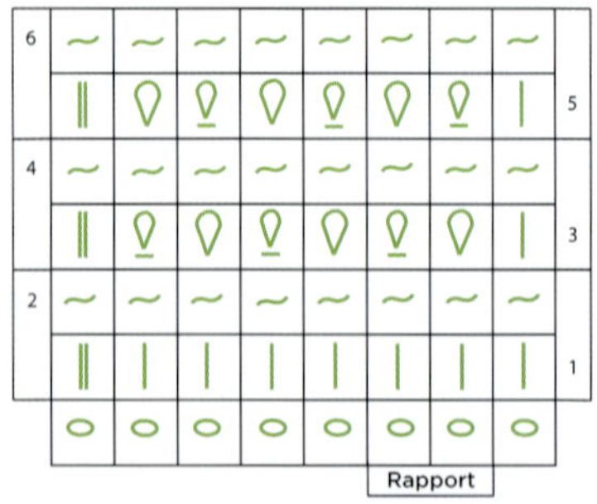

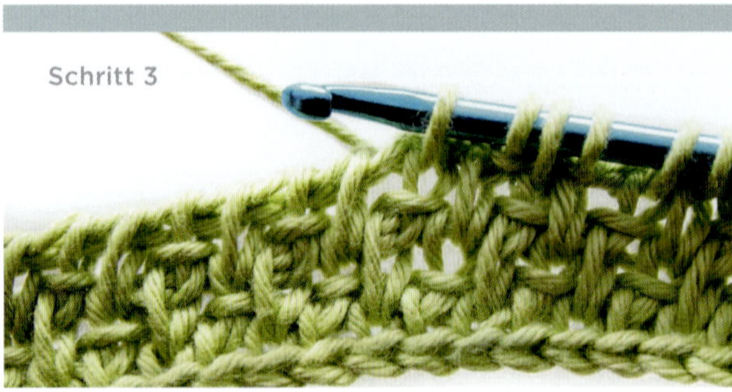

Schritt 3

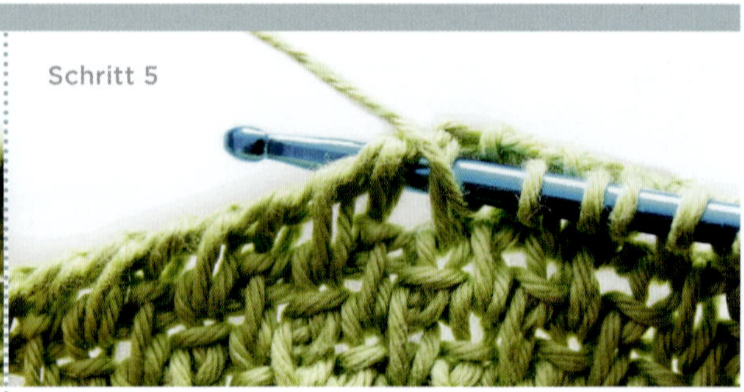

Schritt 5

Maschenzahl teilbar durch 2+2.

Spezielle Maschen
tSst (tunesischer Strickstich): Von vorn nach hinten mittig zwischen die senkrechten M-Glieder nach hinten durchstechen, Faden holen, durchziehen.

tliSst (tunesischer linker Strickstich): Faden vor die Arbeit legen, Nd einstechen wie beim tunesischen Strickstich, Faden vor der Einstichstelle wieder nach hinten führen, Faden holen, durchziehen.

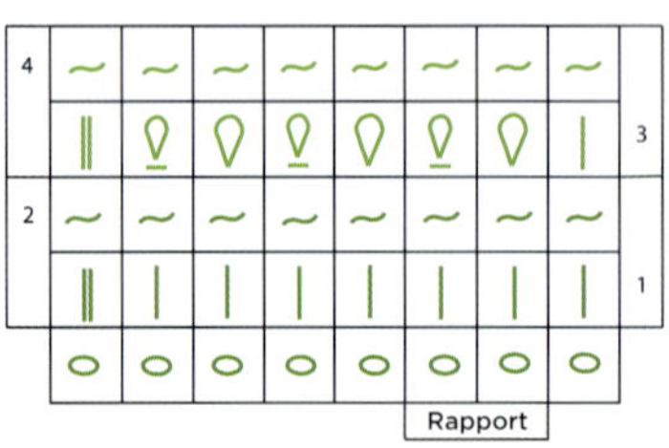

Schritte 1-2 Grund-R arb (Seite 16).

Schritt 3 Rdm rechts, * 1 tSst, 1 tliSst. Ab * wdh bis Ende, Rdm links.

Schritt 4 Wdh Schritt 2.

Schritt 5 Rdm rechts, * 1 tliSst, 1 tSst. Ab * wdh bis Ende, Rdm links.

Schritt 6 Wdh Schritt 2.

Schritt 7 Wdh Schritte 3-6.

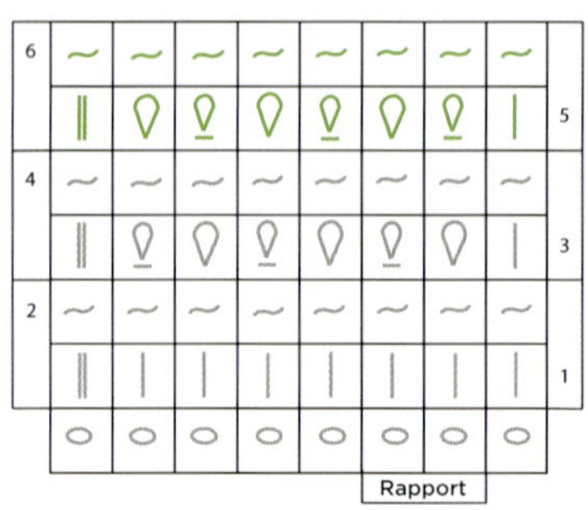

14 Webmuster

Eine wunderbare Kombination aus Grundstich und tunesischen linken Hebemaschen. Das Muster lässt sich schön drapieren. Sowohl ein- als auch mehrfarbig der perfekte Hingucker bei Heimtextilien, Kleidungsstücken und Accessoires. Der Farbwechsel erfolgt bei den letzten beiden Maschen der Rückreihe, die mit der neuen Farbe abgemascht werden. Die Garne werden an der Seite mitgeführt und nach Bedarf eingesetzt.

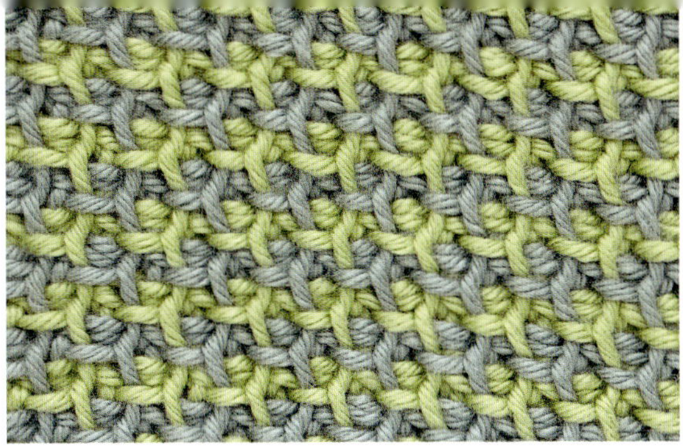

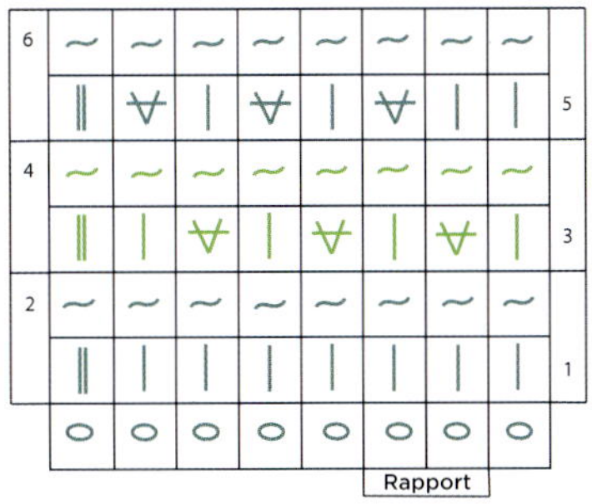

Schritt 3

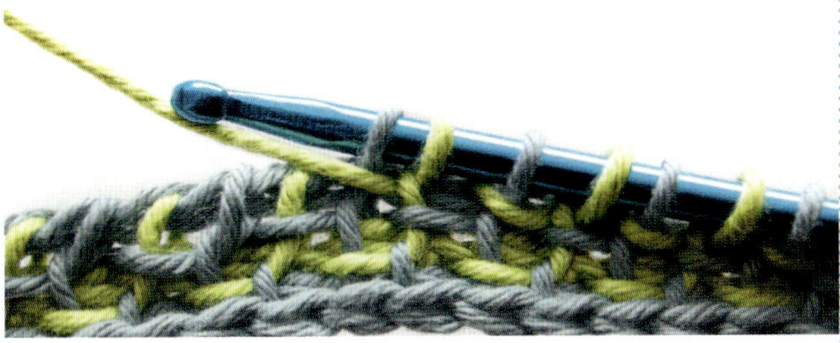

Schritt 5

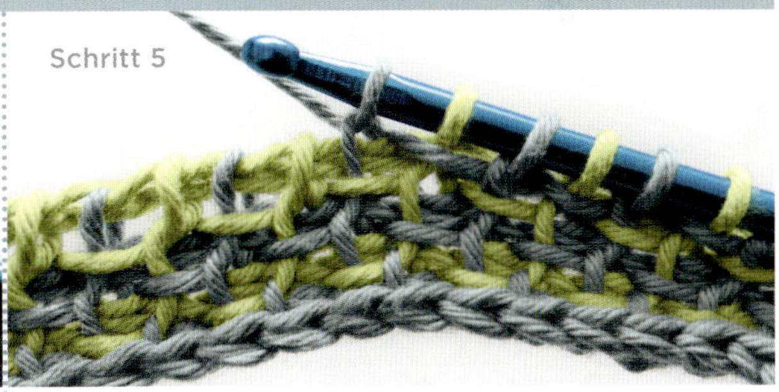

Maschenzahl teilbar durch 2+2.

Spezielle Masche
tliHm (tunesische linke Hebemasche): Faden vor die Arbeit legen, von rechts nach links in das vordere senkrechte M-Glied einstechen, M-Glied unbearbeitet lassen, Faden vor der Einstichstelle wieder nach hinten führen.

Schritte 1-2 Fb A: Grund-R arb (Seite 16).

Schritt 3 Fb B: Rdm rechts, * 1 tliHm, 1 tGst. Ab * wdh bis Ende, Rdm links.

Schritt 4 Fb B: Wdh Schritt 2.

Schritt 5 Fb A: Rdm rechts, * 1 tGst, 1 tliHm. Ab * wdh bis Ende, Rdm links.

Schritt 6 Fb A: Wdh Schritt 2.

Schritt 7 Wdh Schritte 3-6 mit Farbwechsel.

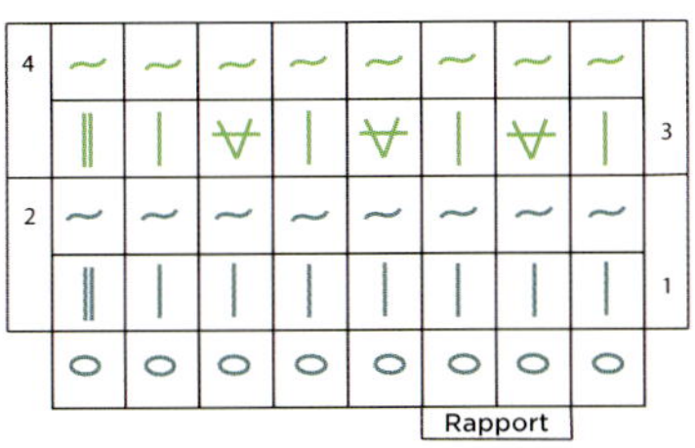

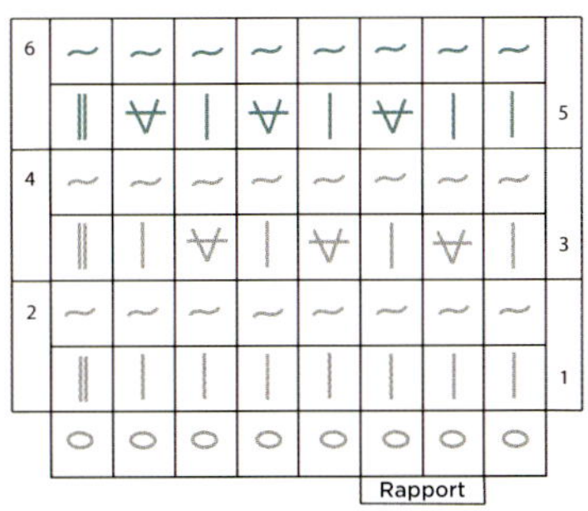

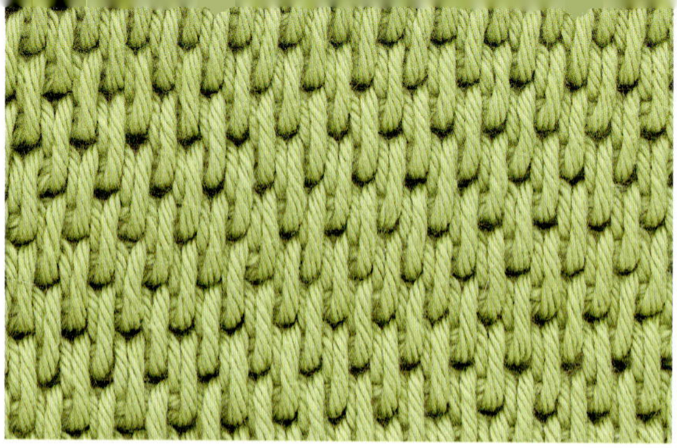

15 Füllstich

Es entsteht ein Netzmuster. Ein wunderschöner Stoff, angenehm zu drapieren, rollt sich aber stark und erfordert deshalb gutes Spannen. Der Stich wird in die Lücken zwischen den senkrechten Maschengliedern gearbeitet. Nach jeder Hinreihe die Maschenzahl kontrollieren, damit das Muster korrekt bleibt und die Kanten gerade.

Schritt 2

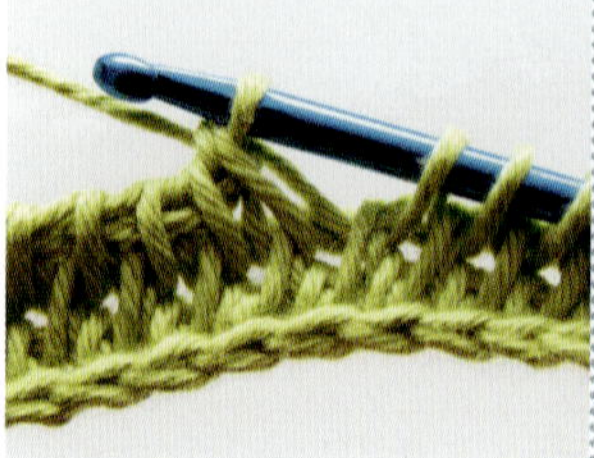

Schritt 3

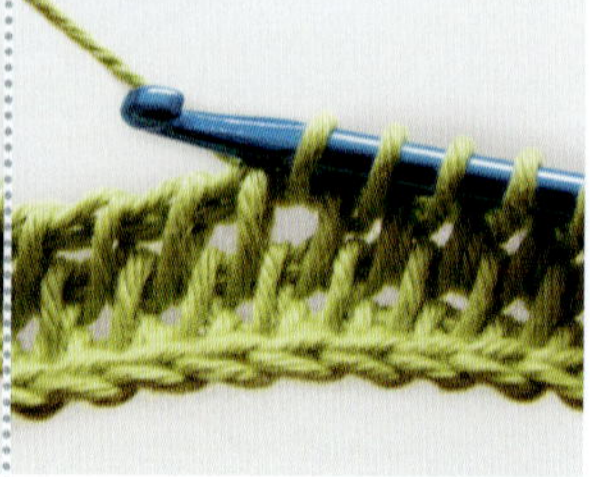

Maschenzahl beliebig.

Spezielle Masche
tFst (tunesischer Füllstich): Nd von vorn nach hinten in die Lücke zwischen 2 M einstechen, Faden holen, durchziehen.

Schritte 1-2 Grund-R arb (Seite 16).

Schritt 3 Rdm rechts, 1 tFst zwischen die 1. und 2. M, 1 tFst in jede Lücke bis zum letzten, diesen überspr, Rdm links.

Schritt 4 Wdh Schritt 2.

Schritt 5 Rdm rechts, 1. Lücke überspr, 1 tFst zwischen die 2. und 3. M, 1 tFst in jede Lücke bis Ende, Rdm links.

Schritt 6 Wdh Schritt 2.

Schritt 7 Wdh Schritte 3-6.

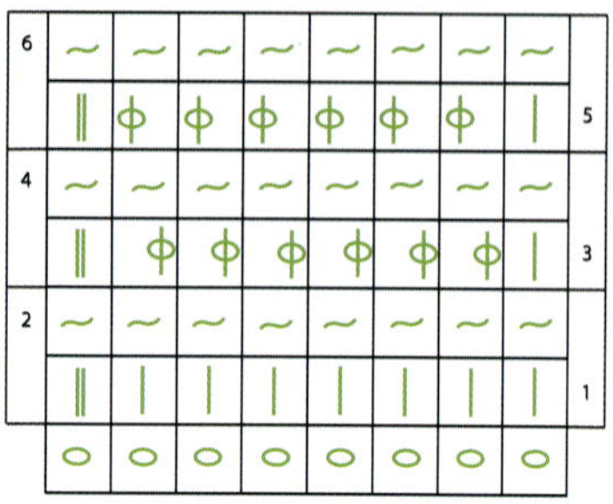

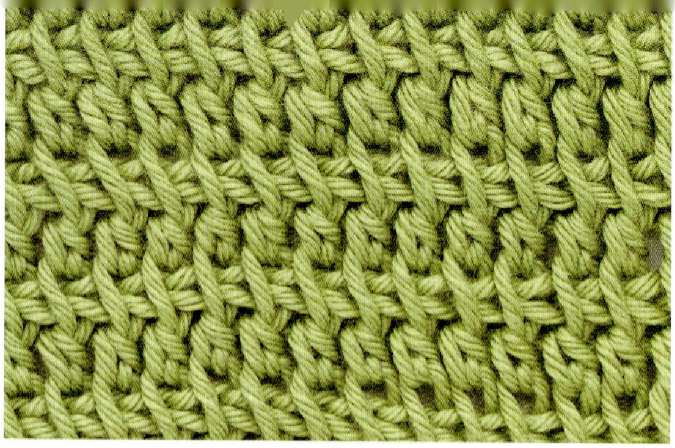

16 Stäbchen

Dieser schöne, lockere Stich erzeugt einen luftigen Stoff, perfekt für Accessoires wie Tücher und Schals. Stäbchen entstehen, indem das Garn als Umschlag schon vor dem Einstechen um die Nadel gelegt wird.

Schritt 3

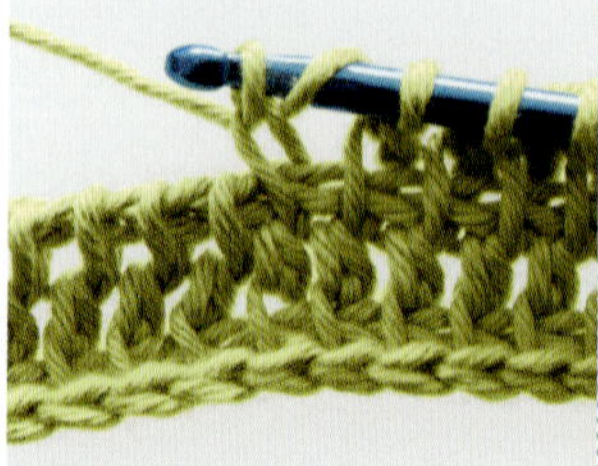

Schritt 3 (Fortsetzung)

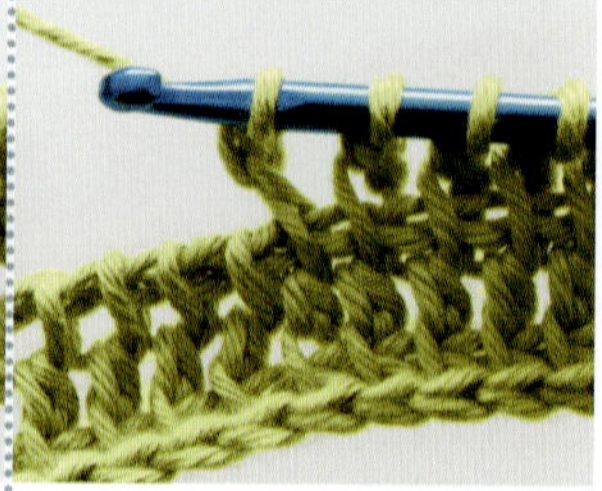

Maschenzahl beliebig.

Spezielle Masche
tStb (tunesisches Stäbchen): 1 U, Nd von rechts nach links in das vordere senkrechte M-Glied stechen, Faden holen, 1 Schlinge abm, Faden holen, 2 Schlingen abm.

Schritte 1-2 Grund-R arb (Seite 16).

Schritt 3 1 Lm, Rdm rechts, 1 tStb in jede M bis Ende, 1 tStb in Rdm links.

Schritt 4 Wdh Schritt 2.

Schritt 5 Wdh Schritte 3-4.

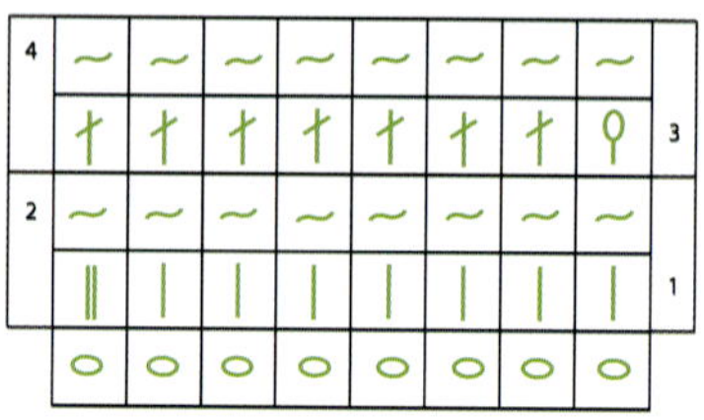

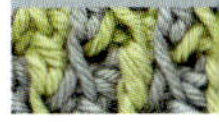

17 Feldstich

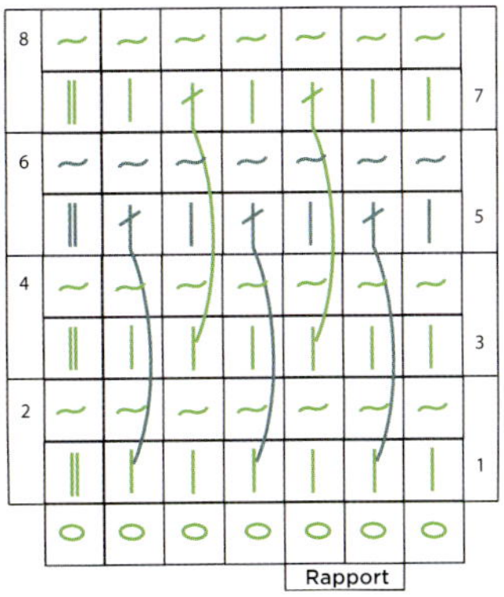

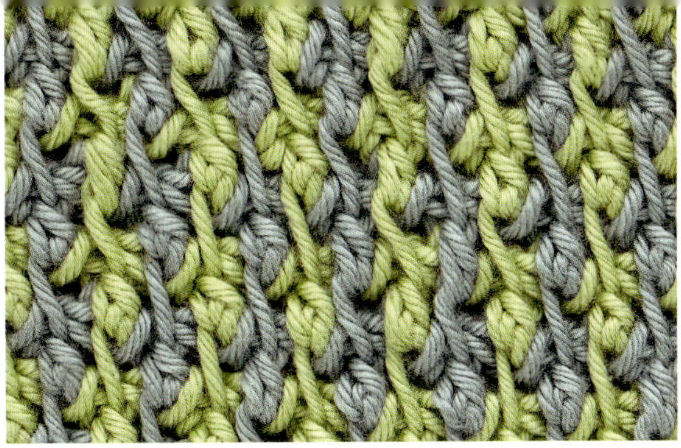

Wunderschön texturiert, weist dieser Stoff einen herrlichen Fall auf, der perfekt ist zur Herstellung von Kleidungsstücken und Accessoires. Der Farbwechsel erfolgt bei den letzten beiden Maschen der Rückreihe, indem diese mit der neuen Farbe abgemacht werden. Die Garne werden an der Seite mitgeführt und nach Bedarf eingesetzt.

Schritt 4

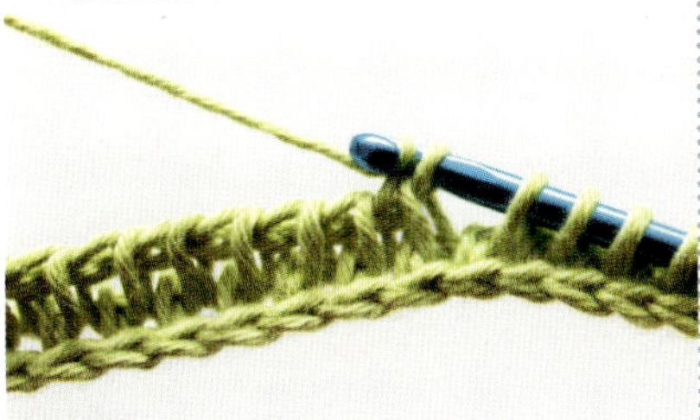

Schritt 5

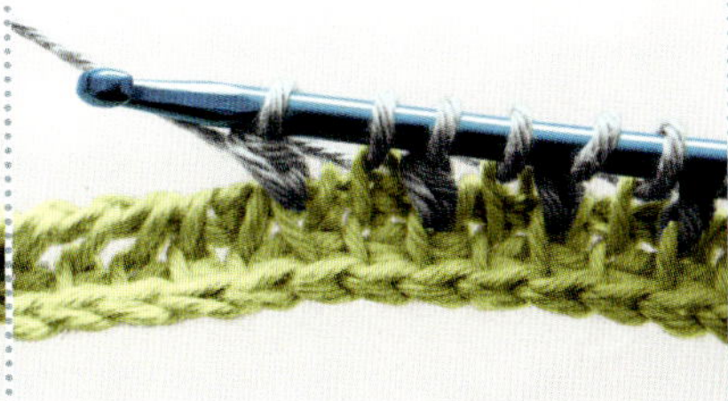

Schritt 7

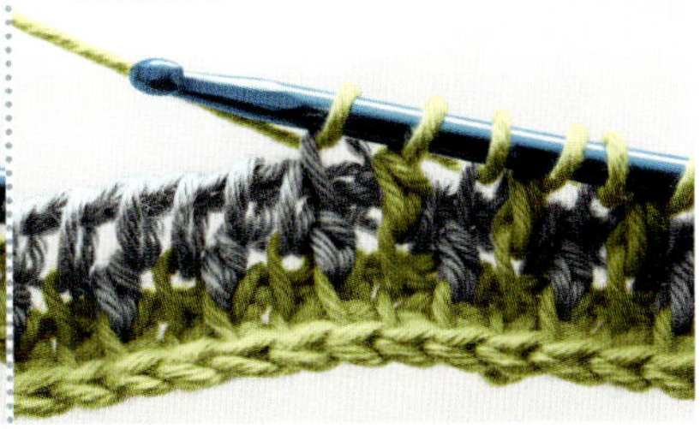

Maschenzahl teilbar durch 2+1.

Spezielle Maschen
tiefer gest tStb (tiefer gestochenes tunesisches Stäbchen): 1 U, Nd von rechts nach links in das vordere senkrechte M-Glied 1 M 2 R tiefer einstechen, Faden holen, 1 Schlinge abm, Faden holen, 2 Schlingen abm.

Schritte 1-2 Fb A: Grund-R arb (Seite 16).

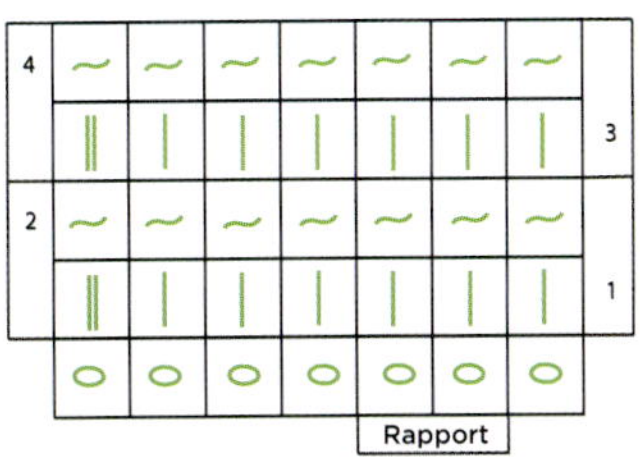

Schritt 3 Fb A: Rdm rechts, 1 tGst in jede M bis Ende, Rdm links.

Schritt 4 Fb A: Wdh Schritt 2.

Schritt 5 Fb B: Rdm rechts, 1 tiefer gest tStb, * 1 tGst, 1 tiefer gest tStb. Ab * wdh bis Ende, Rdm links.

Schritt 6 Fb B: Wdh Schritt 2.

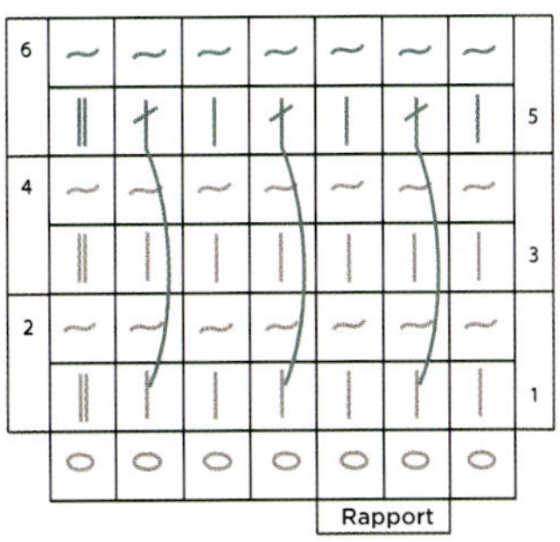

Schritt 7 Fb A: Rdm rechts, 1 tGst, * 1 tiefer gest tStb, 1 tGst. Ab * wdh bis Ende, Rdm links.

Schritt 8 Fb A: Wdh Schritt 2.

Schritt 9 Wdh Schritte 5-8 mit Farbwechsel.

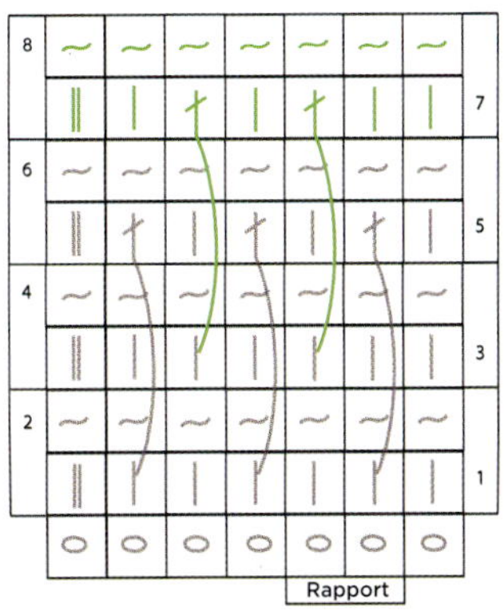

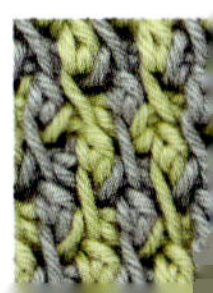

18 Muschelstich

Dieser schöne Muschelstich ergibt einen weichen Fall und ist perfekt für Spitzenkleidung und Accessoires. Die Muscheln werden in der Rückreihe gearbeitet. Die Arbeitsschlinge auf der Nadel wird als erste Masche der jeweiligen Muschel gezählt.

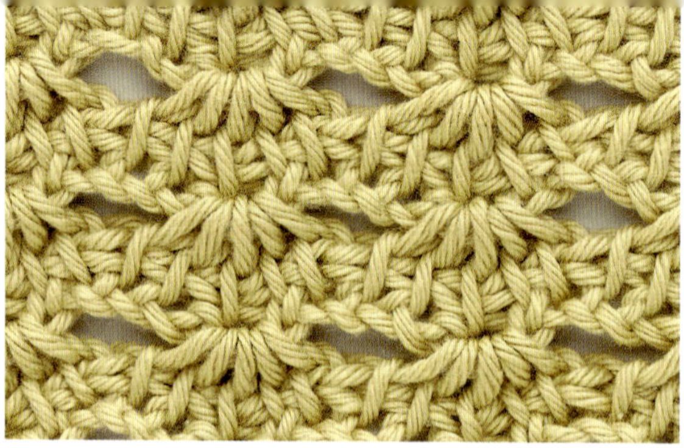

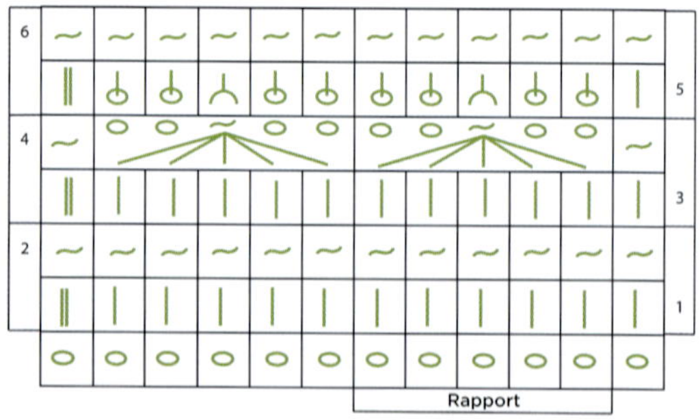

Schritt 3

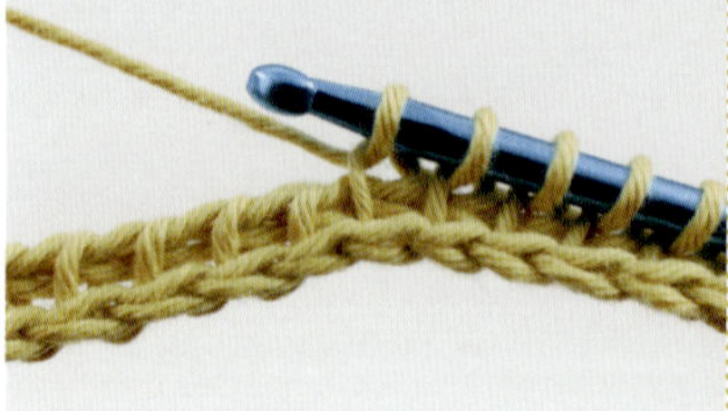

Schritt 4

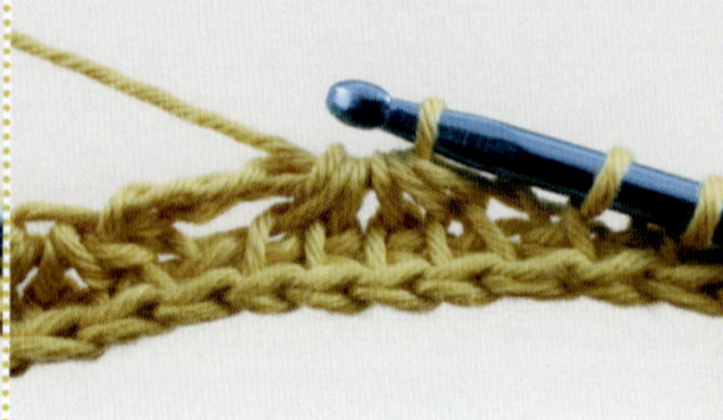

Schritt 5

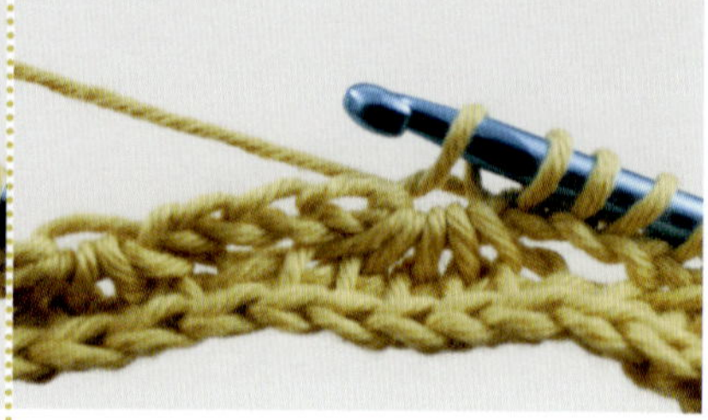

Maschenzahl teilbar durch 5+2.

Schritte 1-2 Grund-R arb (Seite 16).

Schritt 3 Rdm rechts, 1 tGst in jede M bis Ende, Rdm links.

Schritt 4 Faden holen, 1 Schlinge abm, * 2 Lm, Faden holen, 6 Schlingen abm (Muschel), 2 Lm. Ab * wdh bis 2 Schlingen, Faden holen, 2 Schlingen abm.

Schritt 5 Rdm rechts, 1 tGst in jede Lm und obere Schlinge der Muschel bis Ende, Rdm links.

Schritt 6 Wdh Schritt 2.

Schritt 7 Wdh Schritte 3-6.

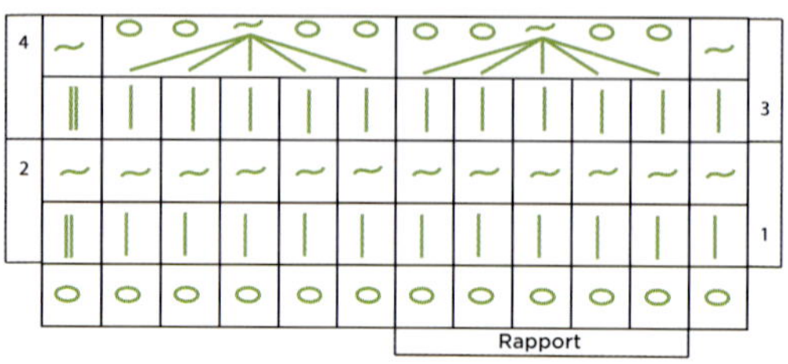

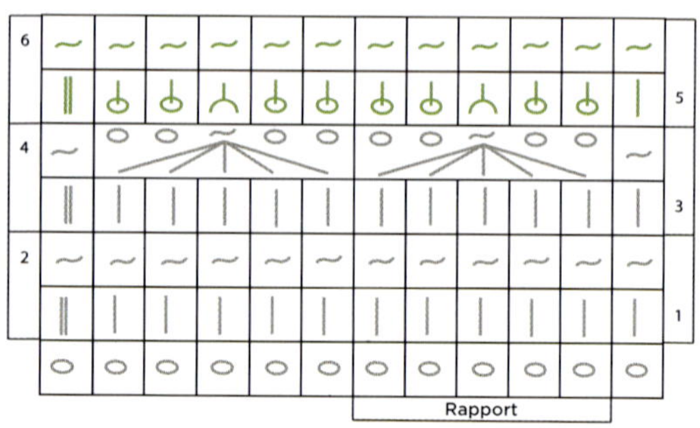

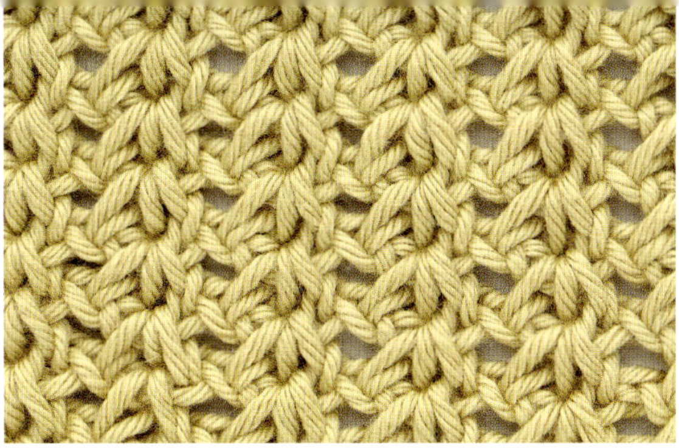

19 Kleine Muschel

Kleine Muscheln ergeben einen schönen, weich fallenden Stoff, der wie Spitze wirkt. Die Muscheln werden in der Rückreihe gearbeitet. Die Arbeitsschlinge auf der Nadel wird als erste Masche der jeweiligen Muschel gezählt.

Schritt 2

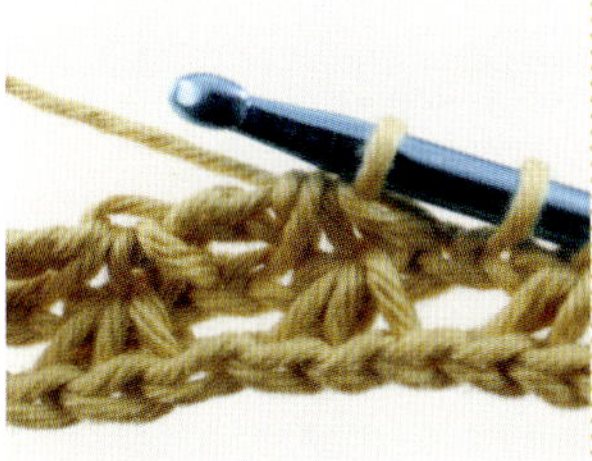

Schritt 3

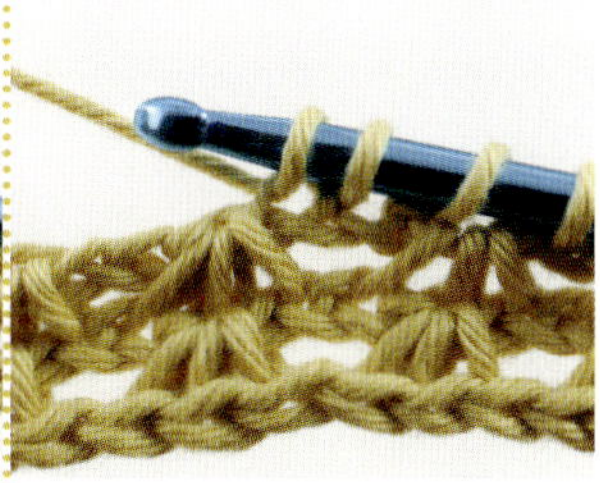

Maschenzahl teilbar durch 3 + 2.

Schritt 1 1 tGst in die 2. Lm ab Nd und jede weitere Lm bis Ende.

Schritt 2 Faden holen, 1 Schlinge abm, * 1 Lm, Faden holen, 4 Schlingen abm (Muschel), 1 Lm. Ab * wdh bis 2 Schlingen, Faden holen, 2 Schlingen abm.

Schritt 3 Rdm rechts, 1 tGst in jede Lm und obere Schlinge der Muschel bis Ende, Rdm links.

Schritt 4 Wdh Schritte 2-3, enden mit Schritt 2.

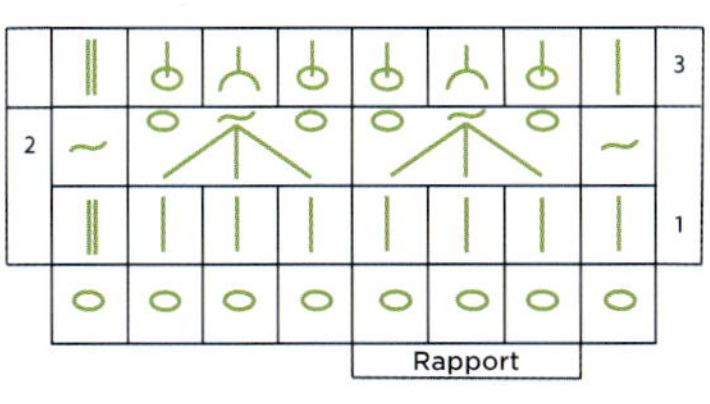

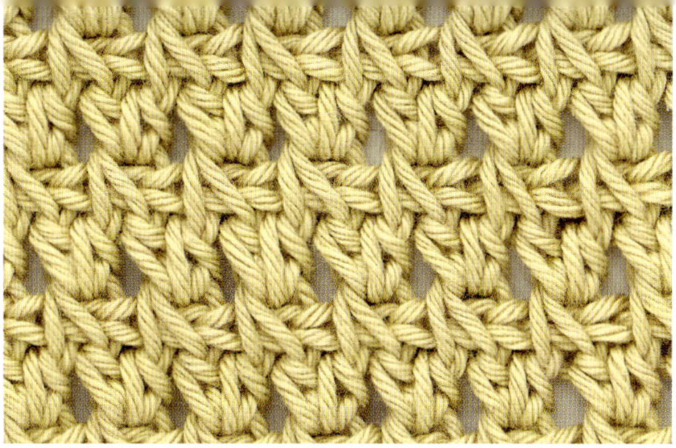

20 Einfacher Fächer

Dieser einfache Stich sieht aus wie Spitze und ist locker mit weichem Fall. Das Muster entsteht durch zwei tunesische Stäbchen, die in zwei Grundstichen gearbeitet werden.

Schritt 3

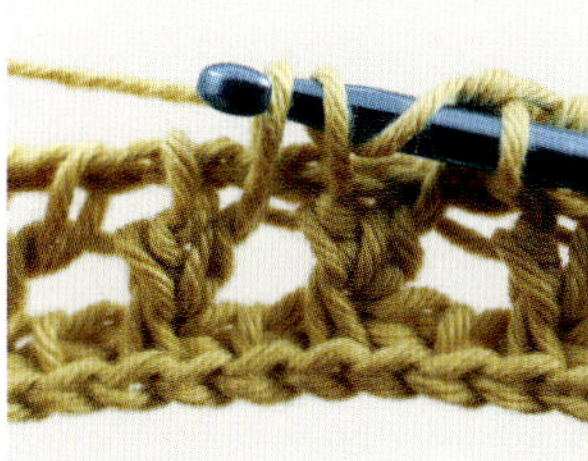

Schritt 3 (Fortsetzung)

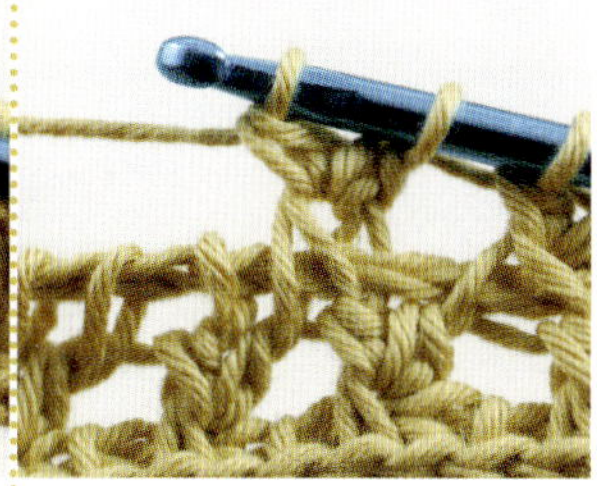

Maschenzahl teilbar durch 2 + 3.

Schritte 1-2 Grund-R arb (Seite 16).

Schritt 3 1 Lm, Rdm rechts, * 2 tStb zus in die nächsten 2 M arb (Nd für jedes tStb in das vordere senkrechte M-Glied beider M einstechen). Ab * wdh bis 1 M, 1 tStb, 1 tStb in die Rdm.

Schritt 4 Wdh Schritt 2.

Schritt 5 1 Lm, Rdm rechts, 1 tStb, * 2 tStb zus in die nächsten 2 M arb. Ab * wdh bis Ende, 1 tStb in die Rdm.

Schritt 6 Wdh Schritte 2-5, enden mit Schritt 2.

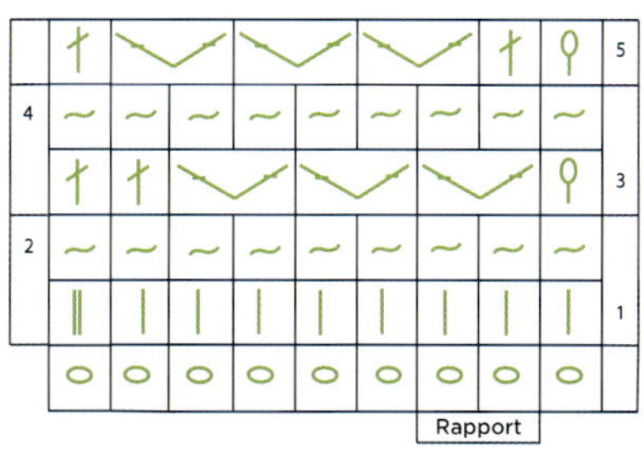

21 Muschel-Lochmuster I

Ein eleganter Stich mit viel Fall, der mit Spitzengarnen toll aussieht. Die Muscheln werden in den Rückreihen im Versatz gearbeitet. Die Arbeitsschlinge auf der Nadel wird als erste Masche der jeweiligen Muschel gezählt.

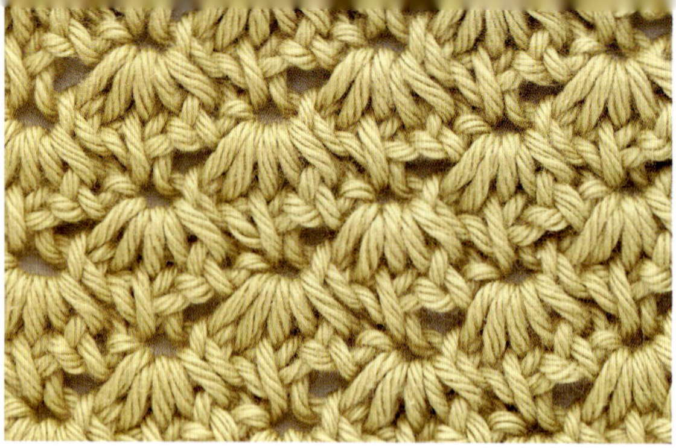

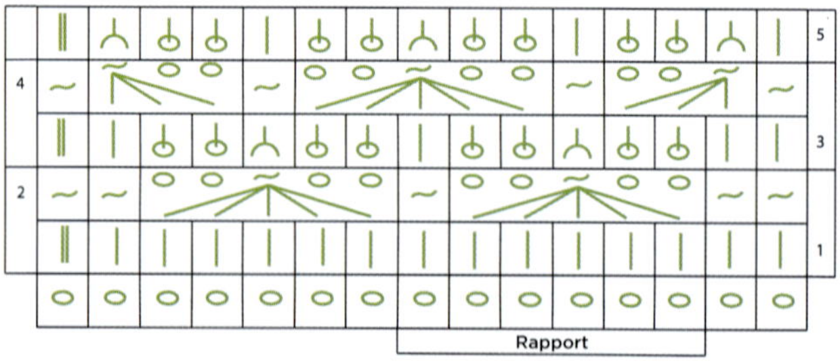

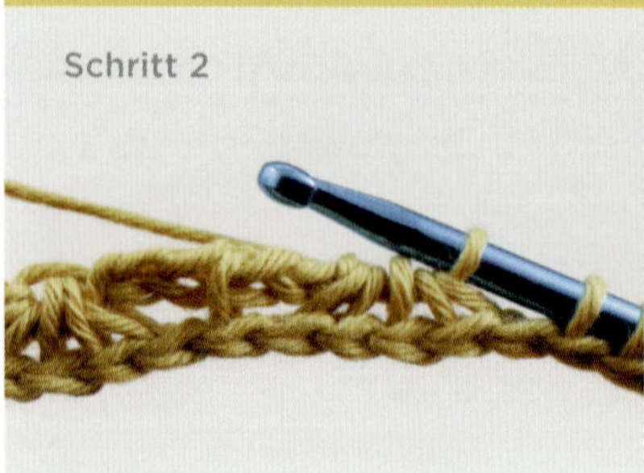

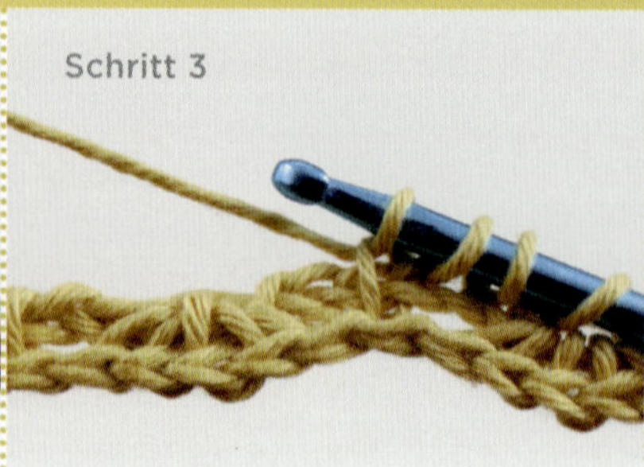

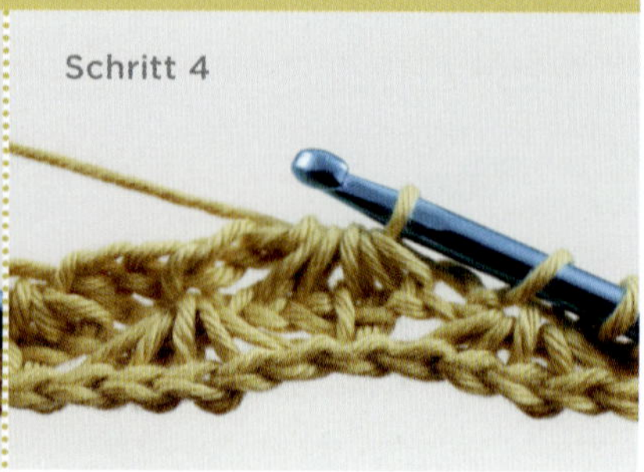

Maschenzahl teilbar durch 6 + 3.

Schritt 1 1 tGst in 2. Lm und jede weitere Lm bis Ende.

Schritt 2 Faden holen, 1 Schlinge abm, * Faden holen, 2 Schlingen abm, 2 Lm, Faden holen, 6 Schlingen abm (Muschel), 2 Lm. Ab * wdh bis 3 Schlingen, [Faden holen, 2 Schlingen abm] 2x.

Schritt 3 Rdm rechts, 1 tGst in jede M, Lm und obere Schlinge der Muschel bis Ende, Rdm links.

Schritt 4 Faden holen, 1 Schlinge abm, Faden holen, 4 Schlingen abm (Muschel), 2 Lm, * Faden holen, 2 Schlingen abm, 2 Lm, Faden holen, 6 Schlingen abm (Muschel), 2 Lm. Ab * wdh bis 6 Schlingen, Faden holen, 2 Schlingen abm, 2 Lm, Faden holen, 4 Schlingen abm (Muschel), Faden holen, 2 Schlingen abm.

Schritt 5 Wdh Schritt 3.

Schritt 6 Wdh Schritte 2-5, enden mit Schritt 2.

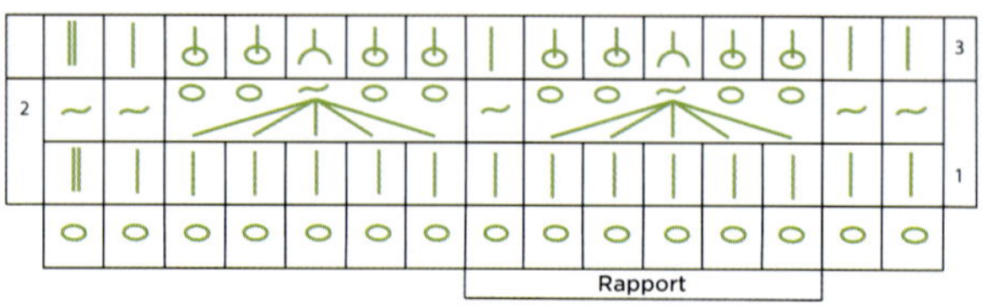

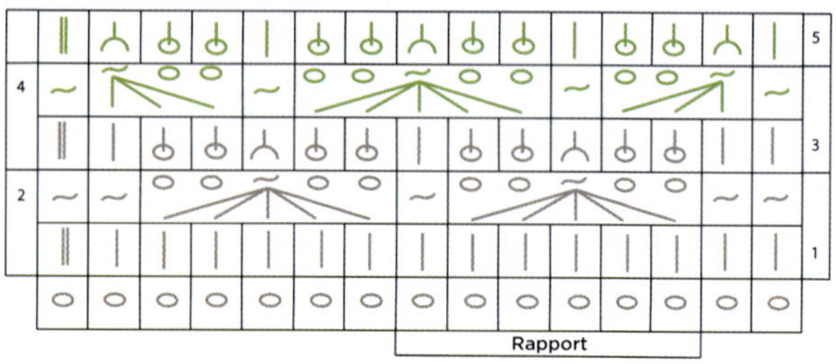

22 Muschel-Lochmuster II

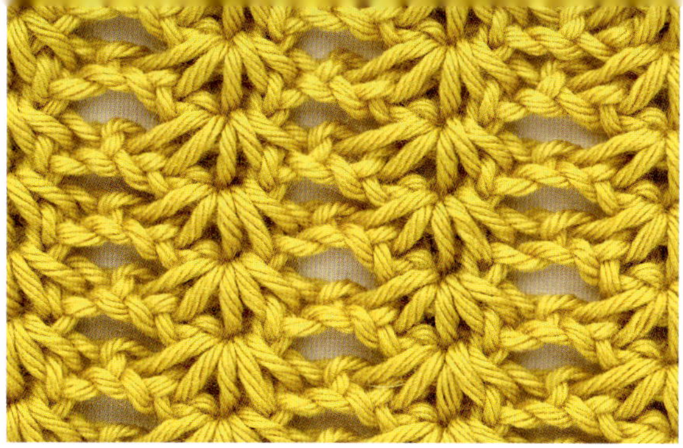

Dieses luftige, weich fallende Gewebe ist besonders schön für Sommersachen. Hier sitzen die Muscheln direkt übereinander. Sie werden in der Rückreihe gearbeitet. Die Arbeitsschlinge auf der Nadel wird als erste Masche der jeweiligen Muschel gezählt.

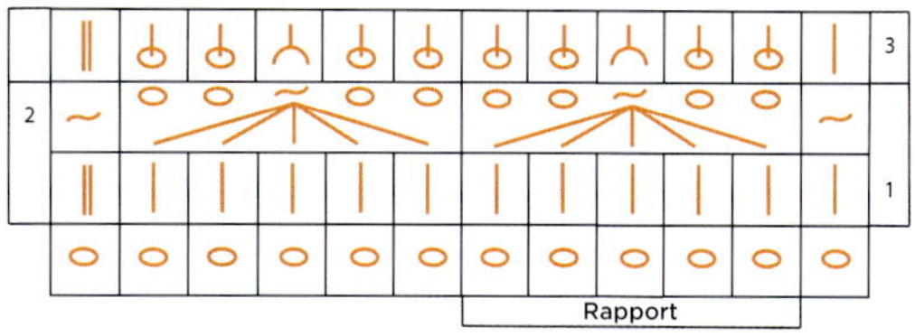

Schritt 1

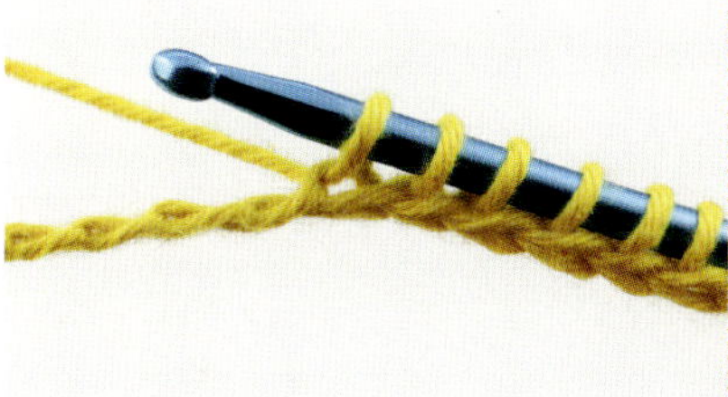

Schritt 2

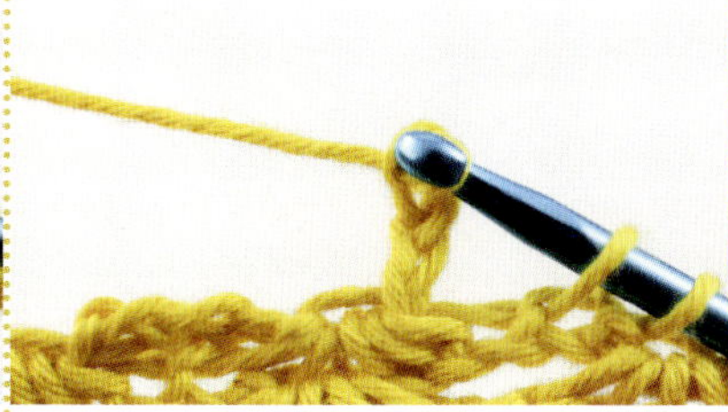

Schritt 3

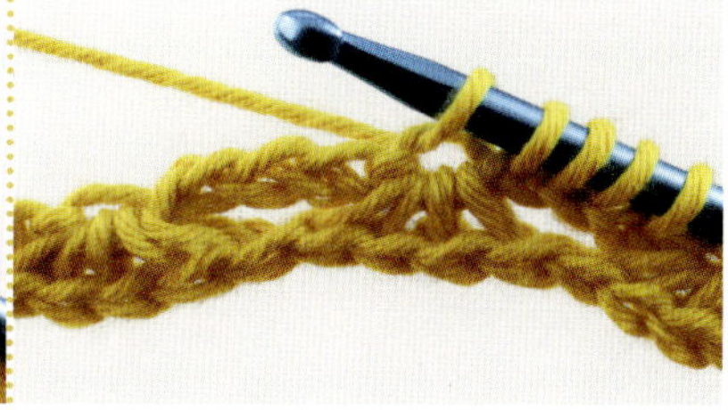

Maschenzahl teilbar durch 5+2.

Schritt 1 1 tGst in die 2. Lm und jede weitere Lm bis Ende.

Schritt 2 Faden holen, 1 Schlinge abm, * 2 Lm, Faden holen, 6 Schlingen abm (Muschel), 2 Lm. Ab * wdh bis 2 Schlingen, Faden holen, 2 Schlingen abm.

Schritt 3 Rdm rechts, * 1 tGst in jede Lm und obere Schlinge der Muschel bis Ende, Rdm links.

Schritt 4 Wdh Schritte 2-3, enden mit Schritt 2.

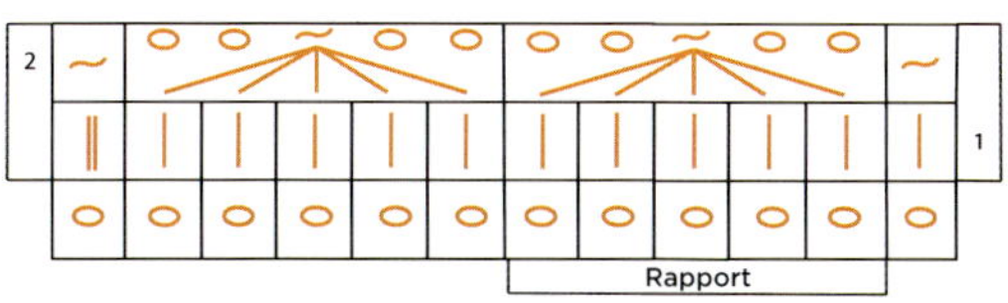

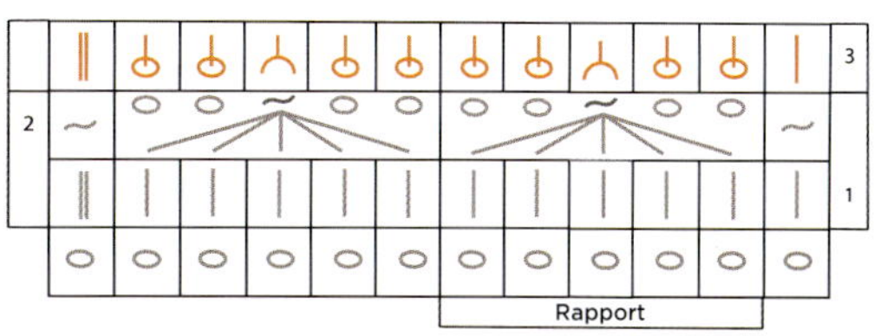

23 Muschel-Lochmuster III

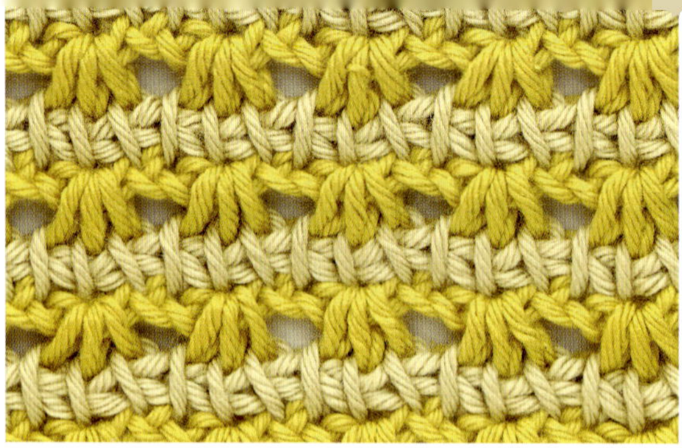

Dieser hübsche Stich sieht sowohl in einer als auch in zwei Farben schön aus. Das Gehäkelte fällt angenehm leicht und eignet sich gut für Spitzenkleidung und Accessoires. Die Arbeitsschlinge auf der Nadel wird als erste Masche der jeweiligen Muschel gezählt. Der Farbwechsel erfolgt in der Rückreihe. Die letzten beiden Schlingen werden mit der neuen Farbe abgemascht.

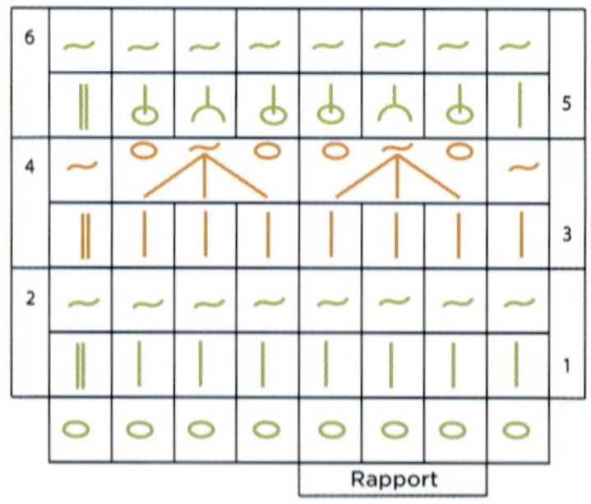

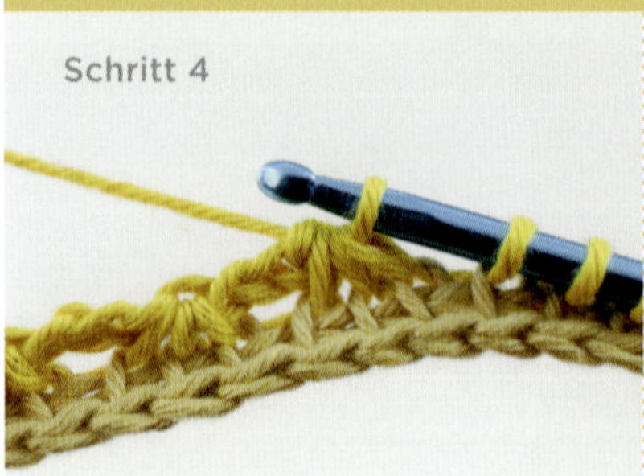

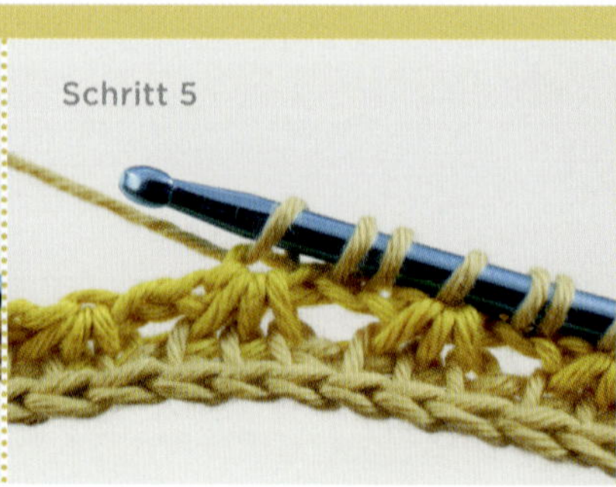

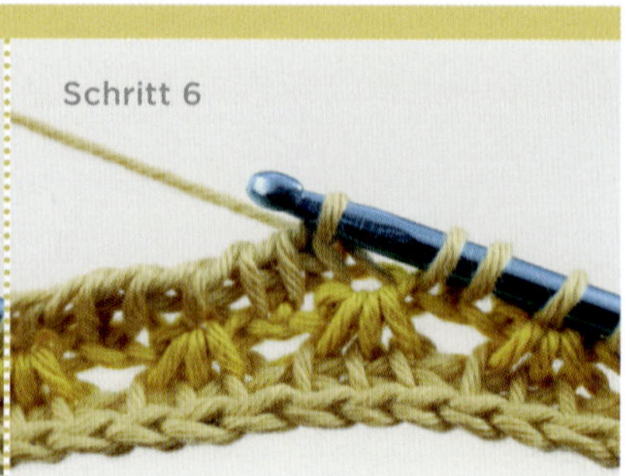

Maschenzahl teilbar durch 3+2.

Schritte 1-2 Fb A: Grund-R arb (Seite 16).

Schritt 3 Fb B: Rdm rechts, * 1 tGst in jede M bis Ende, Rdm links.

Schritt 4 Fb B: Faden holen, 1 Schlinge abm, * 1 Lm, Faden holen, 4 Schlingen abm (Muschel), 1 Lm. Ab * wdh bis 2 Schlingen, Faden holen, 2 Schlingen abm.

Schritt 5 Fb A: Rdm rechts, * 1 tGst in jede Lm und obere Schlinge der Muschel bis Ende, Rdm links.

Schritt 6 Fb A: Wdh Schritt 2.

Schritt 7 Wdh Schritte 3-6 mit Farbwechsel.

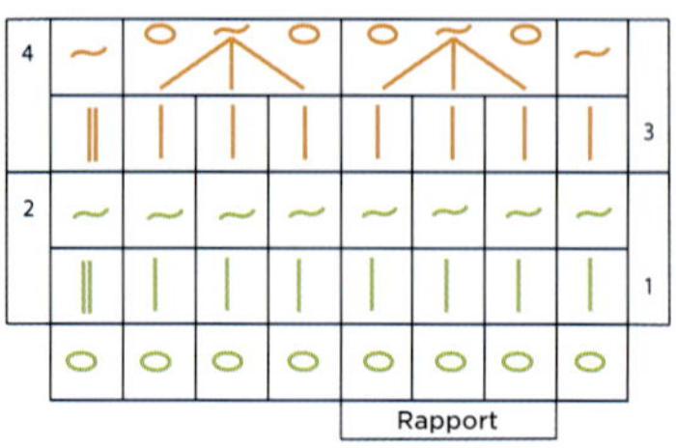

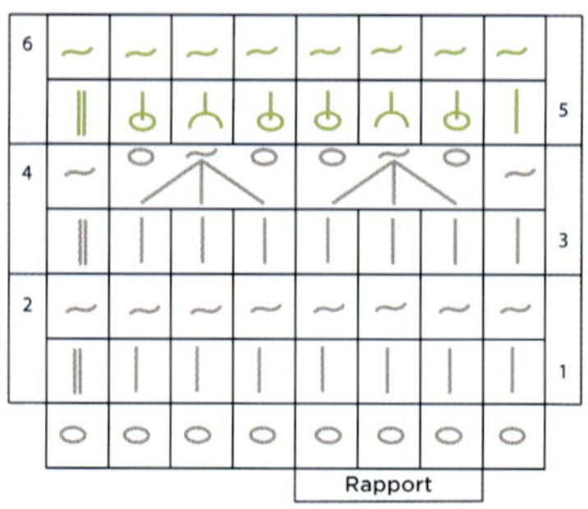

24 Fächer-Webmuster

Dieses leicht zu merkende Muster eignet sich bestens für Wohn- und Winteraccessoires. Reihen im einfachen tunesischen Grundstich werden unterbrochen von Fächern.

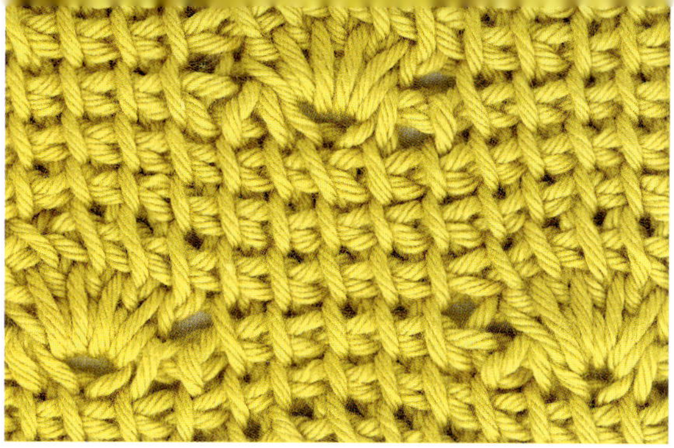

Schritt 6

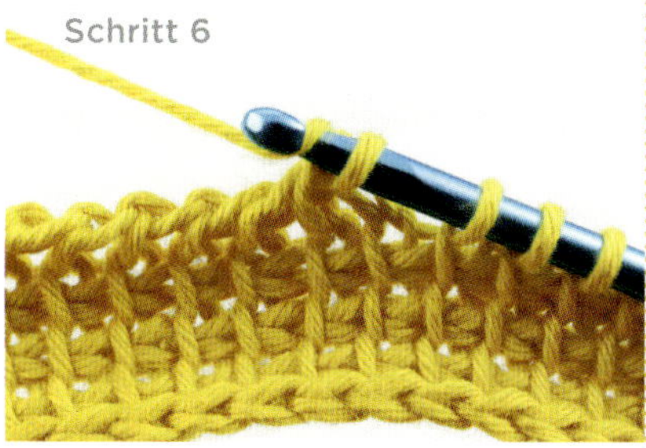

Schritt 7

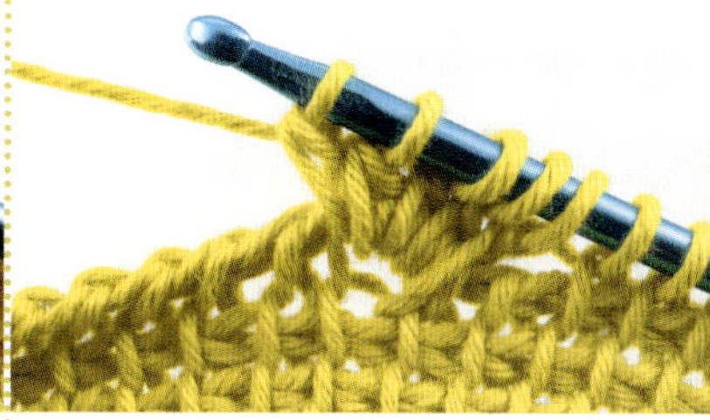

Schritt 8

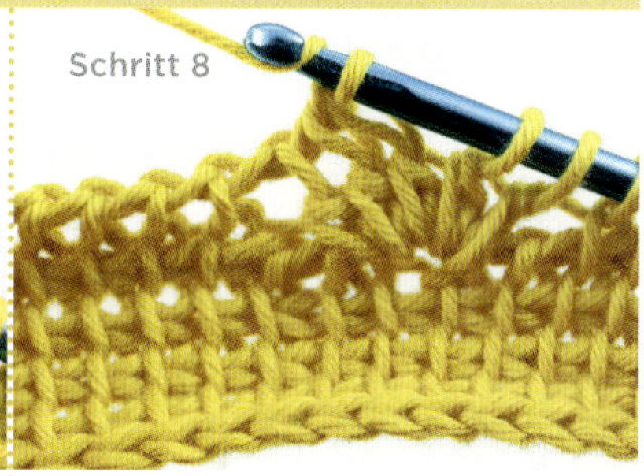

Maschenzahl teilbar durch 10 + 2.

Spezielle Masche
Fächer: Nd einstechen wie für tSst, 5 tGst in dieselbe M arb.

Schritte 1-2 Grund-R arb (Seite 16).

Schritt 3 Rdm rechts, * 1 tGst in jede M bis Ende, Rdm links.

Schritte 4, 6, 8, 10, 12 Wdh Schritt 2.

Schritt 5 Wdh Schritt 3.

Schritt 7 Rdm rechts, * 2 M überspr, Fächer, 2 M überspr, 5 tGst. Ab * wdh bis Ende, Rdm links.

Schritte 9, 11 Wdh Schritt 3.

Schritt 13 Rdm rechts, * 5 tGst, 2 M überspr, Fächer, 2 M überspr. Ab * wdh bis Ende, Rdm links.

Schritt 14 Wdh Schritte 2-13, enden mit Schritt 2.

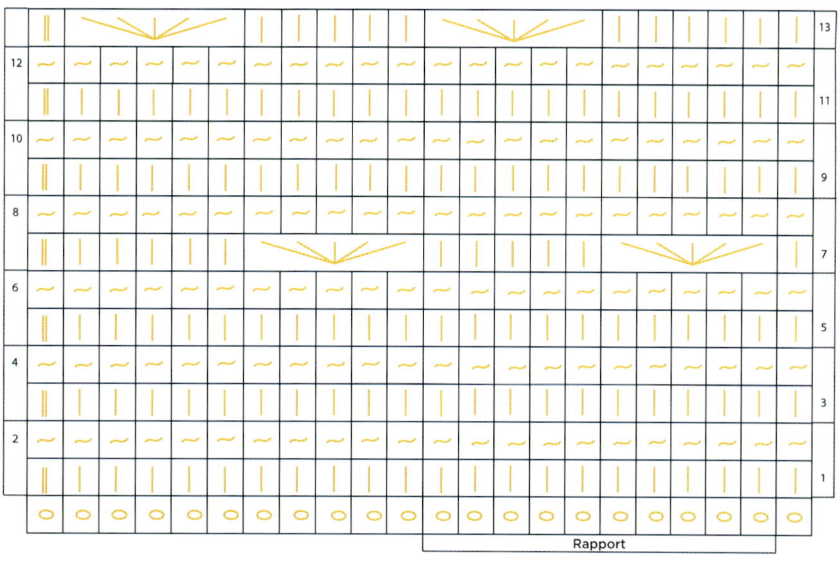

25 Blütenknospe

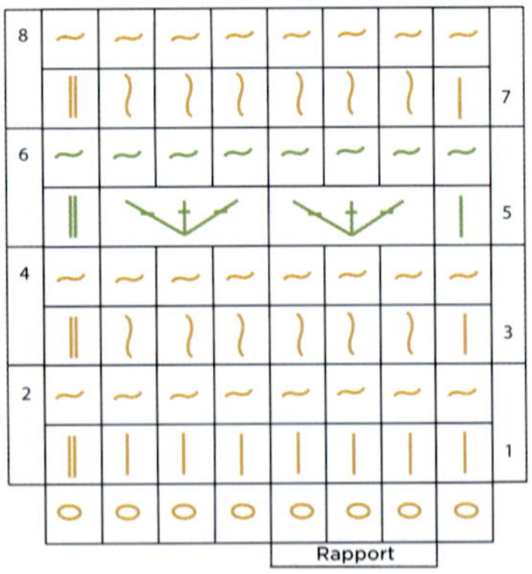

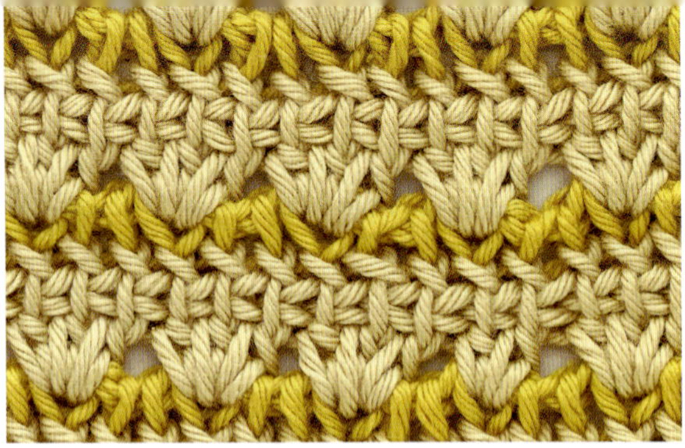

Dieser zarte Stich entsteht durch kleine Fächer und ergibt einen luftigen Stoff für Sommerkleidung und Accessoires. Die Fächer werden hier in Reihen verdrehter tunesischer Grundstiche eingehäkelt. Der Farbwechsel erfolgt am Ende der Rückreihe mit den letzten zwei Maschen, die in der neuen Farbe abgemascht werden.

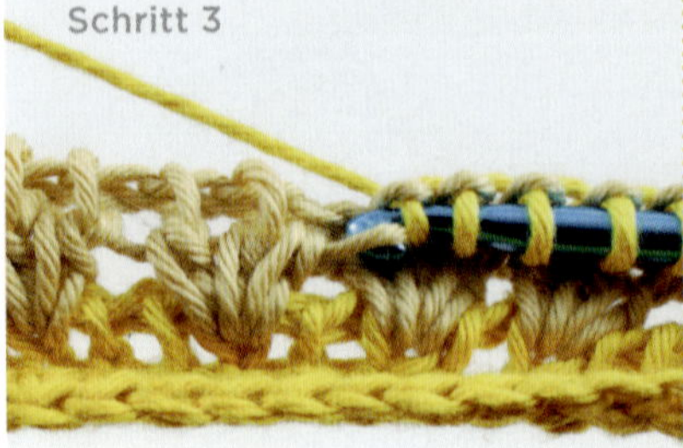

Schritt 3

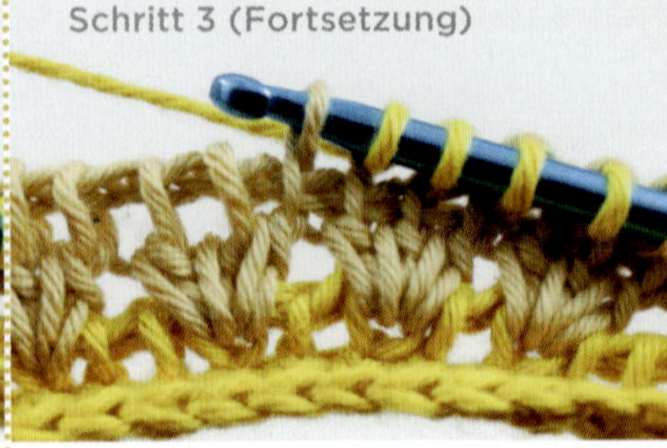

Schritt 3 (Fortsetzung)

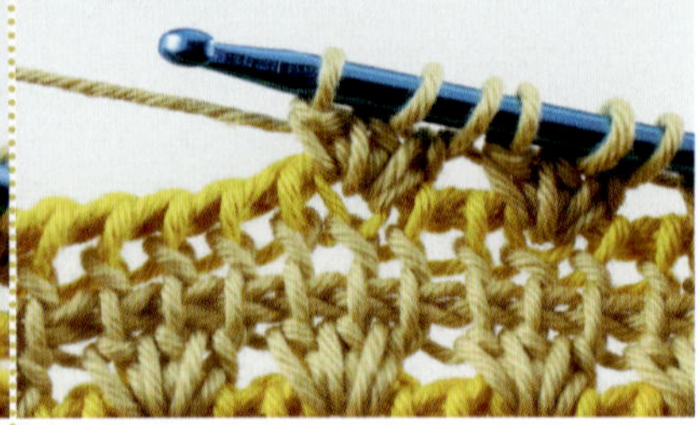

Schritt 5

Maschenzahl teilbar durch 3+2.

Spezielle Maschen
verdr tGst (verdrehter tunesischer Grundstich): Mit der Nd-Spitze das senkrechte M-Glied von links nach rechts erfassen, Nd nach rechts oben verdrehen, Faden holen, durchziehen.

Fächer: Nd einstechen wie für tSst, 3 tStb in dieselbe M arb.

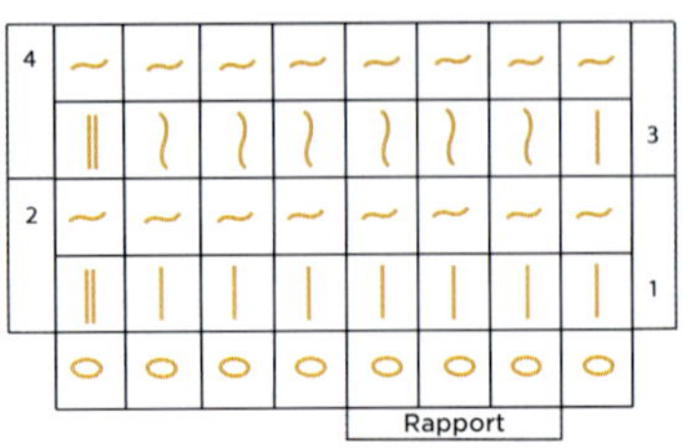

Schritte 1-2 Fb A: Grund-R arb (Seite 16).

Schritt 3 Fb A: Rdm rechts, 1 verdr tGst in jede M bis Ende, Rdm links.

Schritt 4 Fb A: Wdh Schritt 2.

Schritt 5 Fb B: Rdm rechts, * 1 M überspr, Fächer, 1 M überspr. Ab * wdh bis Ende, Rdm links.

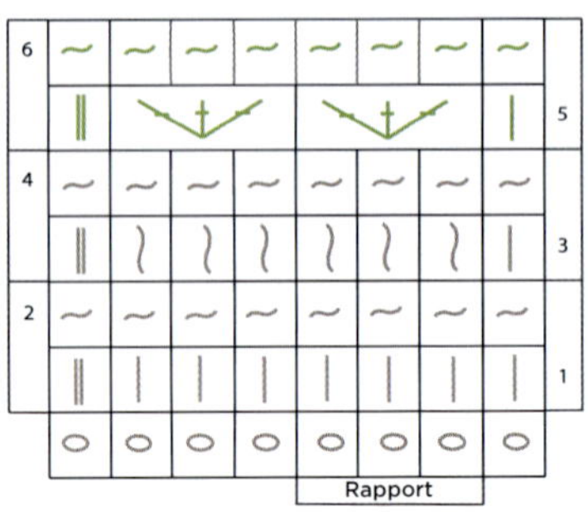

Schritt 6 Fb B: Wdh Schritt 2.

Schritte 7-8 Fb A: Wdh Schritte 3-4.

Schritt 9 Wdh Schritte 5-8 mit Farbwechsel.

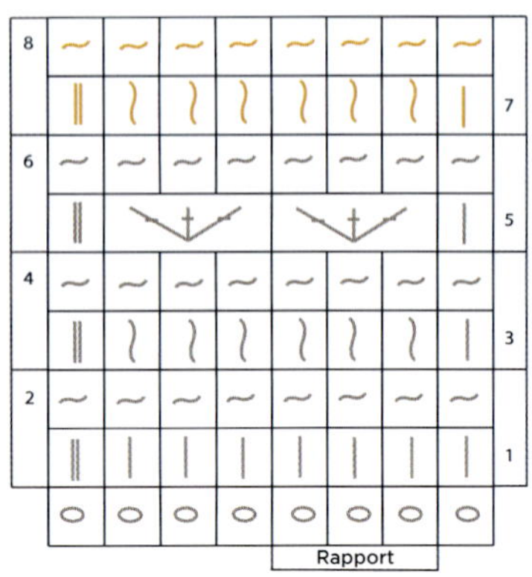

26 Fächer-Lochmuster I

Dieses Fächer-Lochmuster ist sowohl ein- als auch zweifarbig ein Hingucker. Es eignet sich besonders für Stücke, die zum Wenden vorgesehen sind. Das Material ist sehr luftig und fällt sehr schön. Die Fächer werden in der Hinreihe aus tunesischen Stäbchen gearbeitet.

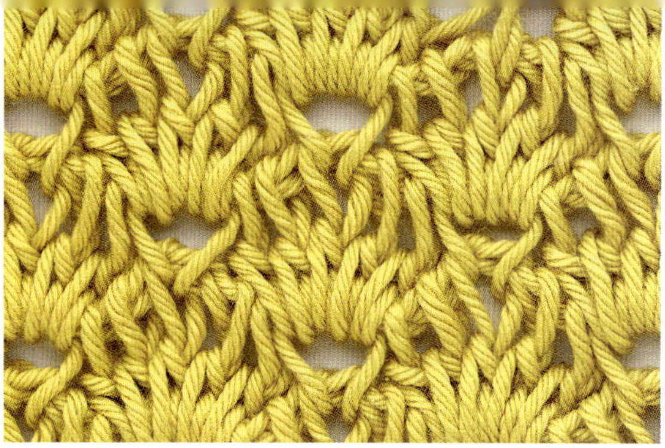

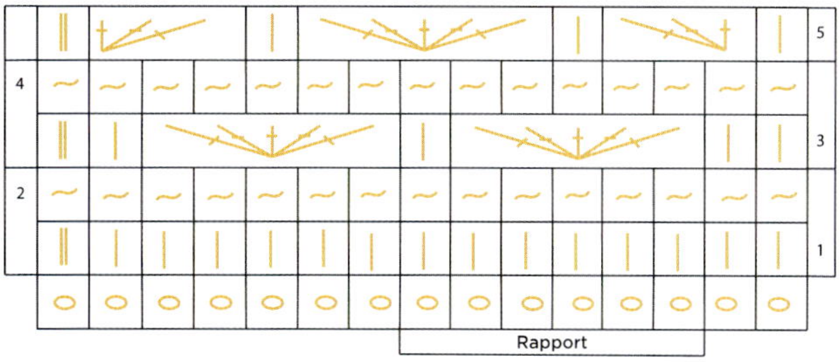

Schritt 3

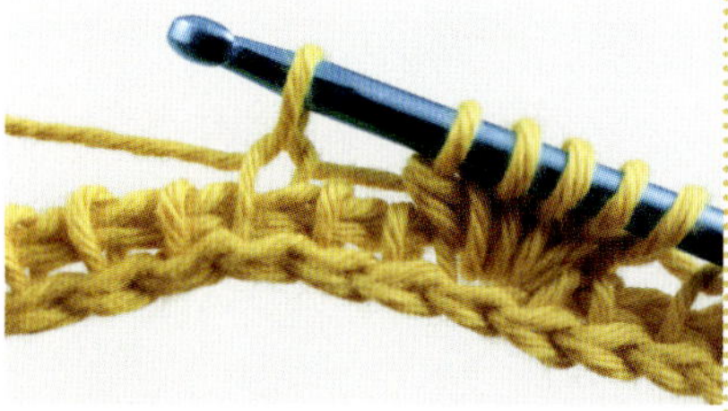

Schritt 4

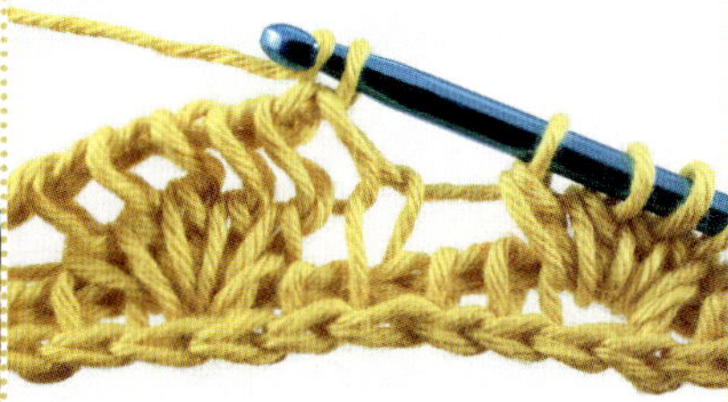

Schritt 5

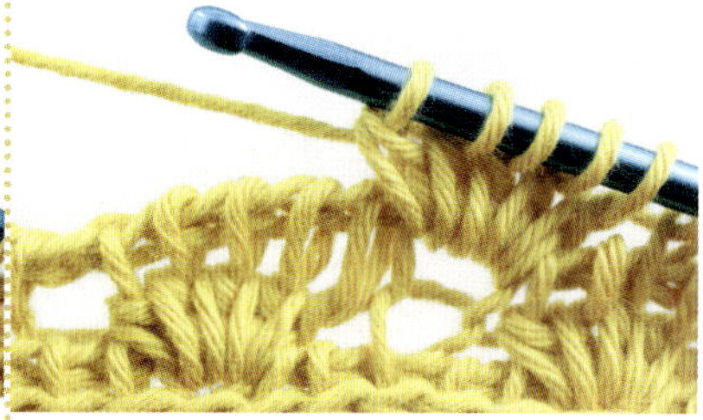

Maschenzahl teilbar durch 6 + 3.

Spezielle Maschen
Fächer: Nd einstechen wie für tSst, 5 tStb in dieselbe M arb.

Halber Fächer: Nd einstechen wie für tSst, 3 tStb in dieselbe M arb.

Schritte 1-2 Grund-R arb (Seite 16).

Schritt 3 Rdm rechts, 1 tGst, * 2 M überspr, Fächer, 2 M überspr, 1 tGst. Ab * wdh bis Ende, Rdm links.

Schritt 4 Wdh Schritt 2.

Schritt 5 Rdm rechts, halber Fächer, 2 M überspr, 1 tGst, * 2 M überspr, Fächer, 2 M überspr, 1 tGst. Ab * wdh bis 3 M, 2 M überspr, halber Fächer, Rdm links.

Schritt 6 Wdh Schritte 2-5, enden mit Schritt 2.

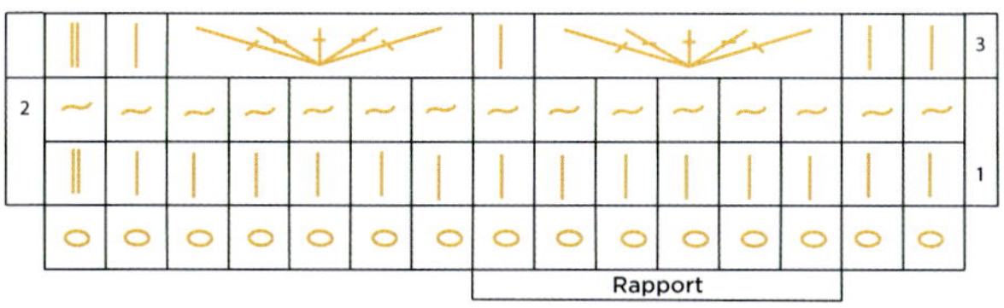

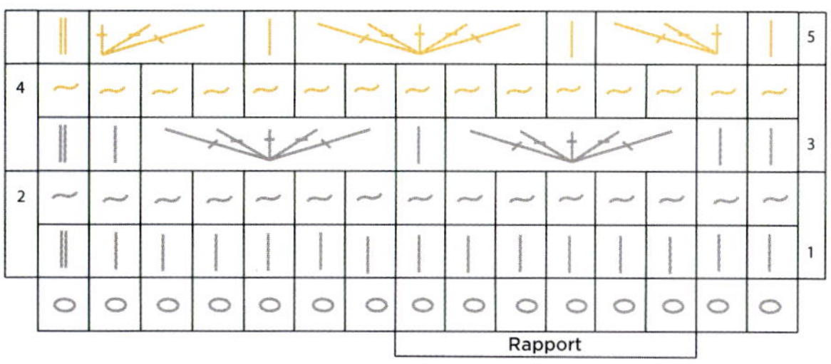

27 Versetzte Fächer

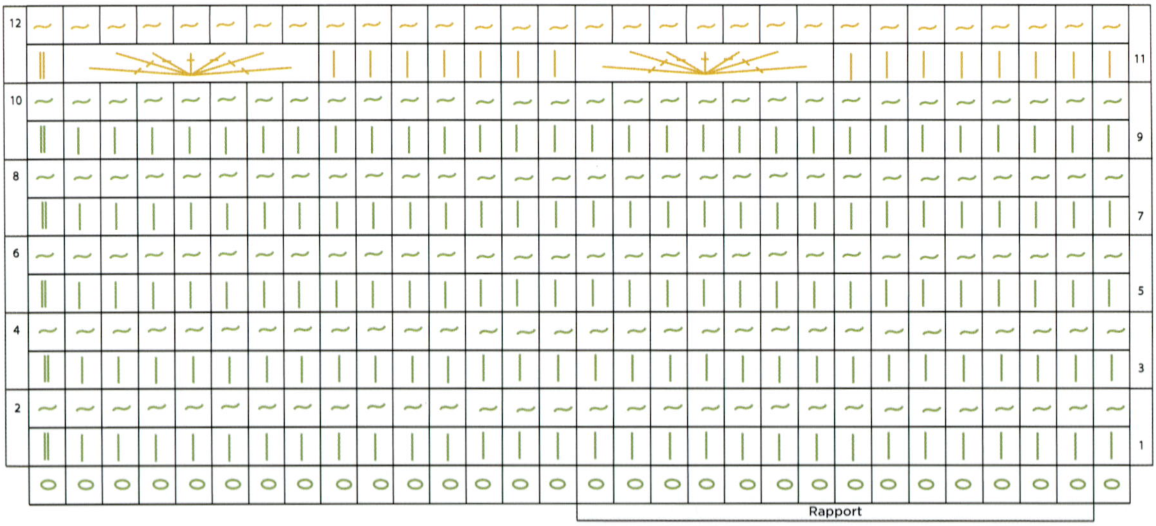

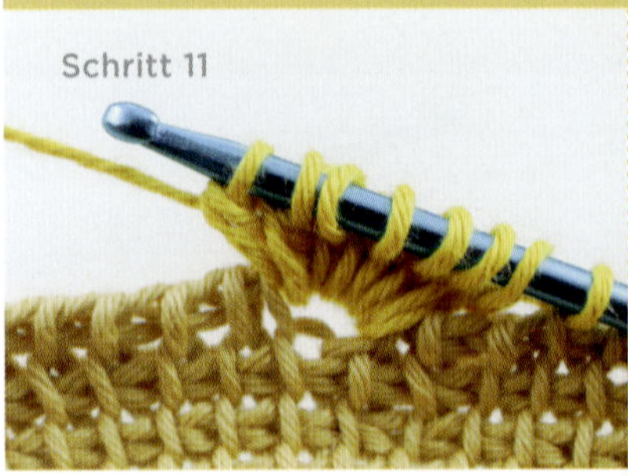

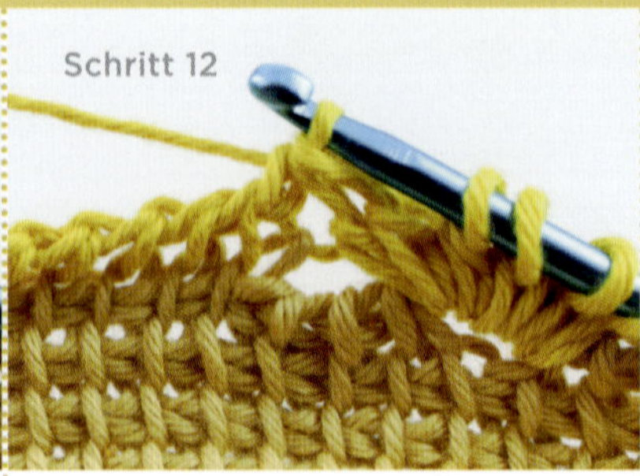

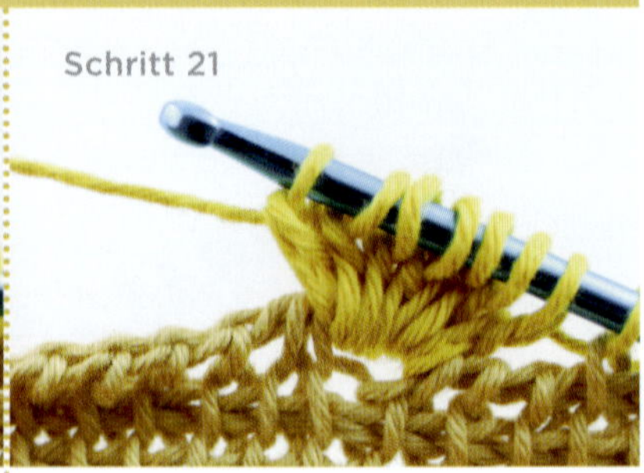

Maschenzahl teilbar durch 14 + 2.

Spezielle Masche
Fächer: Nd einstechen wie für tSst, 7 tStb in dieselbe M arb.

Schritte 1-2 Fb A: Grund-R arb (Seite 16).

Schritt 3 Fb A: Rdm rechts, 1 tGst in jede M bis Ende, Rdm links.

Schritt 4 Fb A: Wdh Schritt 2.

Schritte 5-10 Fb A: Wdh Schritte 3-4.

Schritt 11 Fb B: Rdm rechts, * 7 tGst, 3 M überspr, Fächer, 3 M überspr. Ab * wdh bis Ende, Rdm links.

Schritt 12 Fb B: Wdh Schritt 2.

Schritte 13-20 Fb A: Wdh Schritte 3-4.

Schritt 21 Fb B: Rdm rechts, * 3 M überspr, Fächer, 3 M überspr, 7 tGst. Ab * wdh bis Ende, Rdm links.

Schritt 22 Fb B: Wdh Schritt 2.

Schritt 23 Wdh Schritte 3-22 mit Farbwechsel.

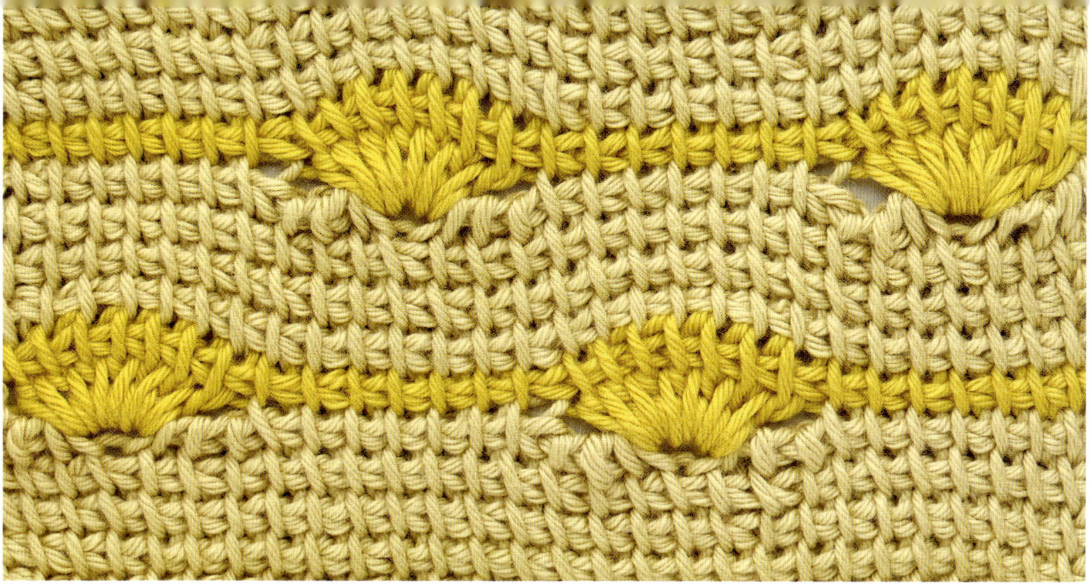

Mehrfarbig kommt dieses große Fächermuster am besten zur Geltung. Es ist ideal für Kleidungsstücke und Wohnaccessoires. Der Farbwechsel erfolgt in der Rückreihe. Wenn nur noch zwei Schlingen auf der Nadel sind, werden diese mit der neuen Farbe abgemascht.

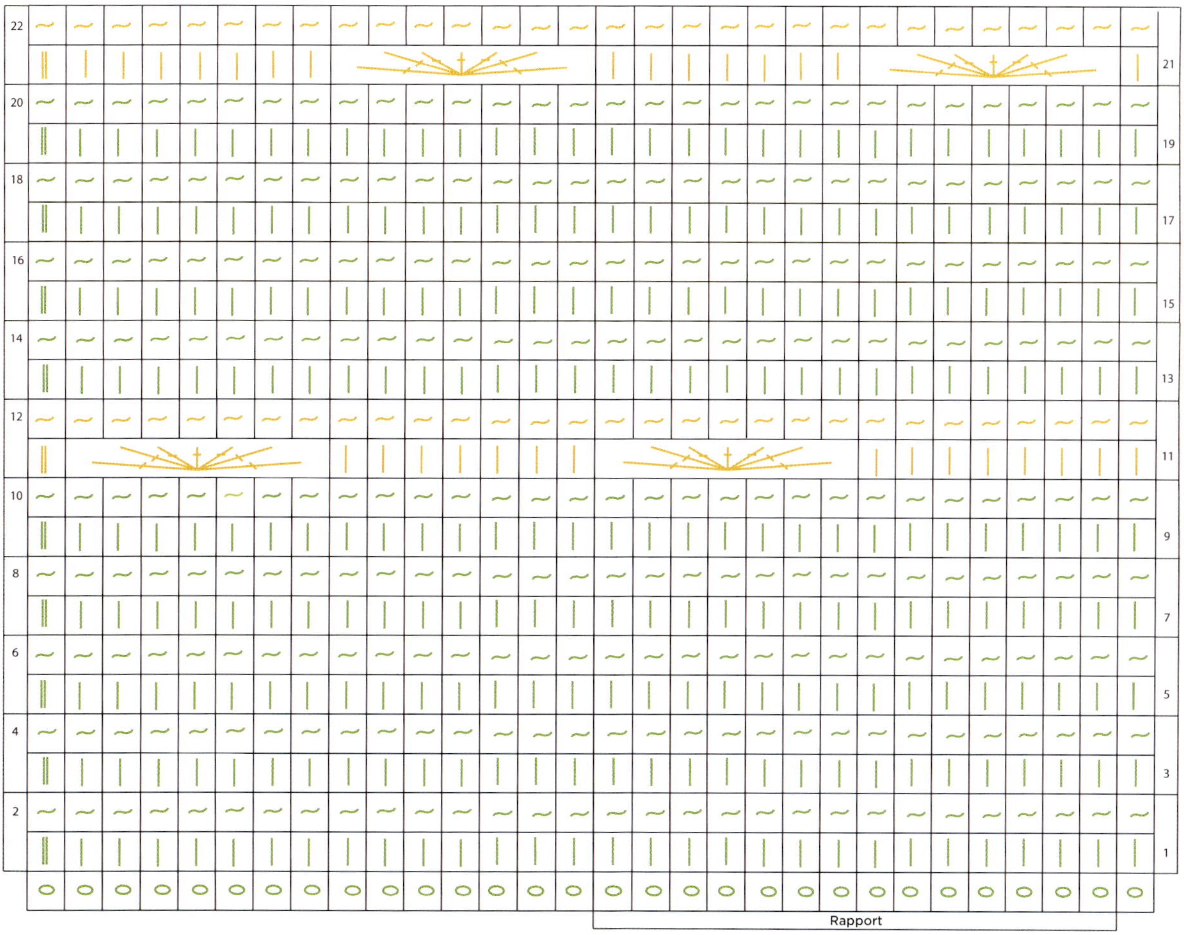

28 Fächer in Wellen

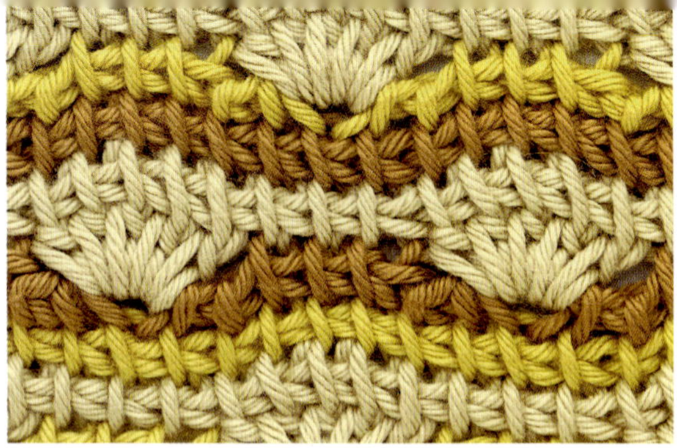

Dieses schwungvolle Muster ist schön in zwei oder mehr Farben. Für große Stücke wie Decken und Tücher ist es bestens geeignet. Der Farbwechsel erfolgt in der Rückreihe. Wenn nur noch zwei Schingen auf der Nadel sind, werden diese mit der neuen Farbe abgemascht.

Spezielle Maschen
Fächer: Nd einstechen wie für tSst, 5 tStb in dieselbe M arb.

halber Fächer: Nd einstechen wie für tSst, 3 tStb in dieselbe M arb.

Farbfolge
Schritte 1-2: Fb A
Schritte 3-4: Fb B
Schritte 5-6: Fb A
Schritte 7-8: Fb C
Schritte 9-10: Fb B
Schritte 11-12: Fb C
Schritte 13-14: Fb A

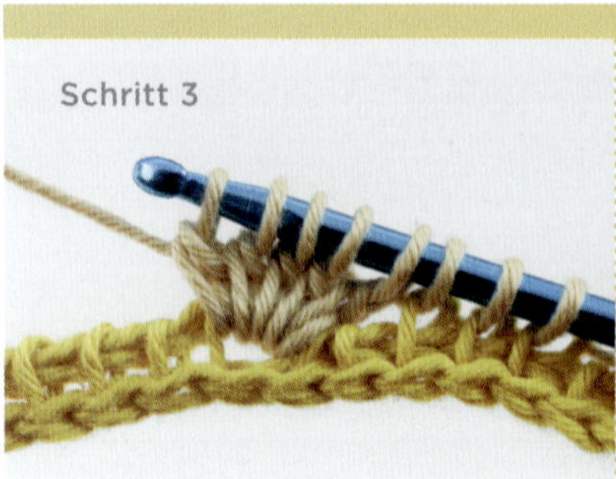

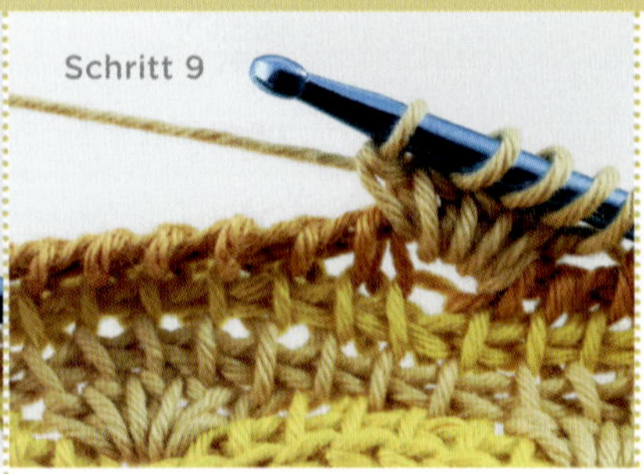

Schritt 9 Rdm rechts, halber Fächer, 2 M überspr, 3 tGst, * 2 M überspr, Fächer, 2 M überspr, 3 tGst. Ab * wdh bis 3 M, 2 M überspr, halber Fächer, Rdm links.

Schritt 15 Wdh Schritte 3-14 mit Farbwechsel.

Maschenzahl teilbar durch 8+3.

Schritte 1-2 Grund-R arb (Seite 16).

Schritt 3 Rdm rechts, 2 tGst, * 2 M überspr, Fächer, 2 M überspr, 3 tGst. Ab * wdh bis Ende, bei letzte Wdh mit 2 tGst, Rdm links.

Schritte 4, 6, 8, 10, 12, 14 Wdh Schritt 2.

Schritt 5 Rdm rechts, 1 tGst in jede M bis Ende, Rdm links.

Schritte 7, 11, 13 Wdh Schritt 5.

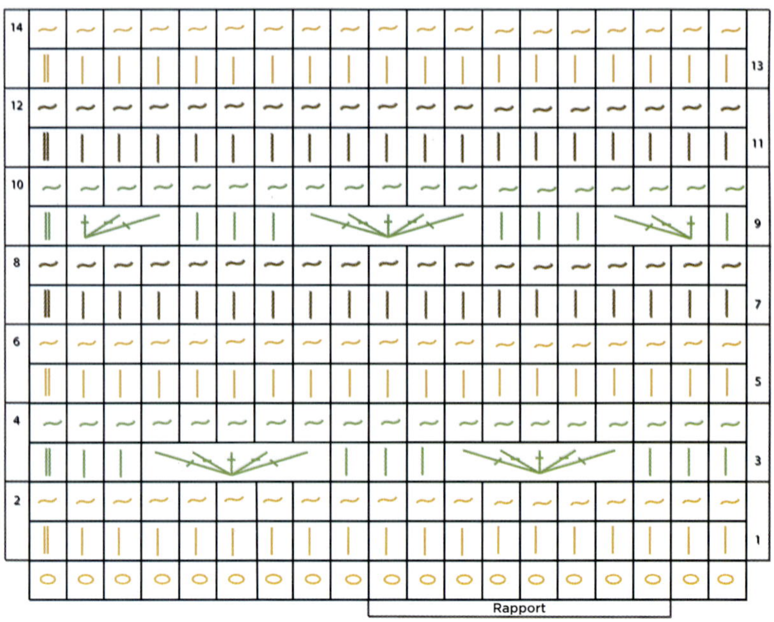

29 V-Stich & Fächer

Für viele Projekte ist dieses schöne Muster eine attraktive Möglichkeit. Es geht schnell von der Hand und ist auch einfarbig sehr interessant. Es werden zuerst V-Stiche gearbeitet, die dann mit tunesischen Stäbchen gefüllt werden. Der Farbwechsel erfolgt in der Rückreihe. Wenn nur noch zwei Schingen auf der Nadel sind, werden diese mit der neuen Farbe abgemascht.

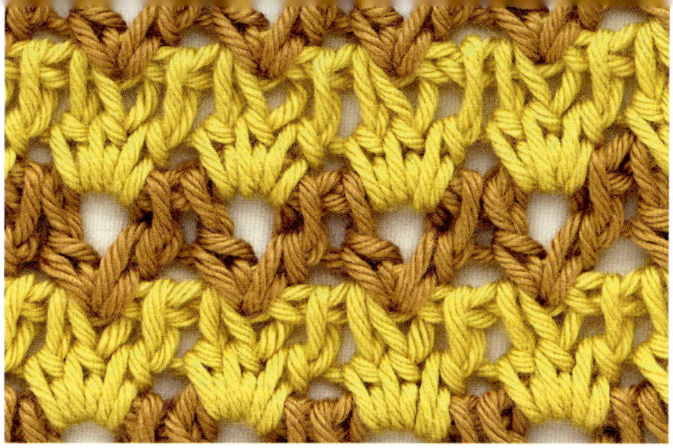

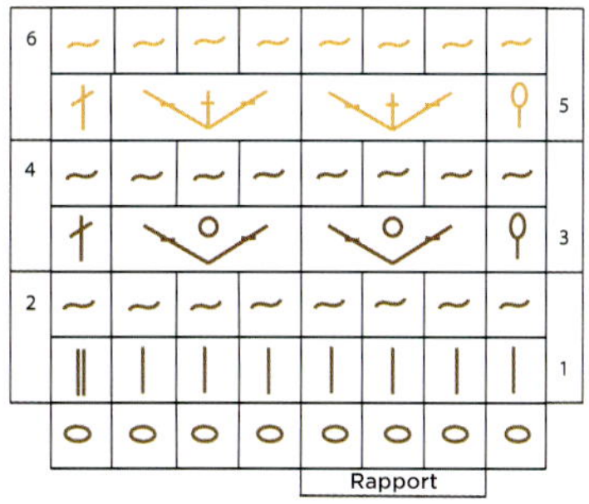

Schritt 3

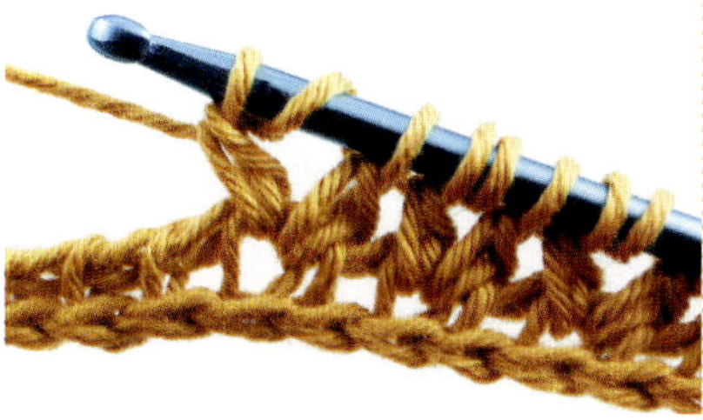

Schritt 5

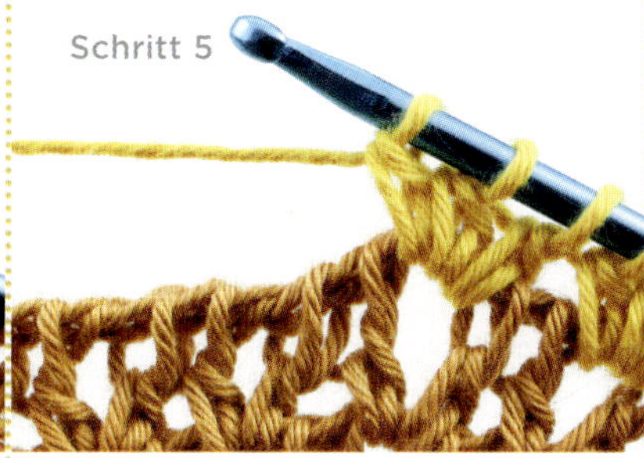

Schritt 6

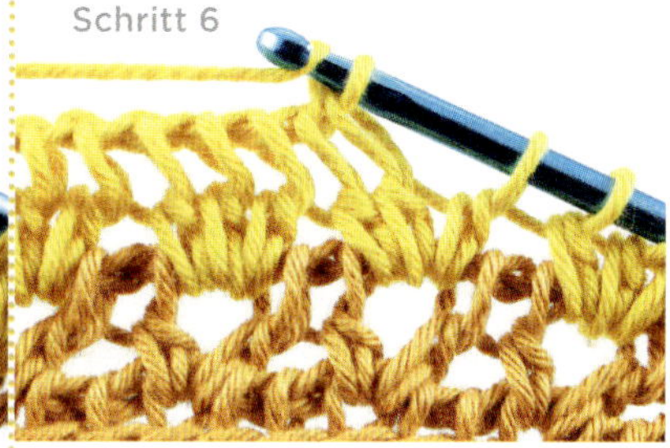

Maschenzahl teilbar durch 3 + 2.

Spezielle Maschen
Stb-V-Stich: Nd einstechen wie für tSst, [1 tStb, 1 U, 1 tStb] in 1 M arb.

Fächer: 3 tStb in das Loch in der Mitte des V-Stichs.

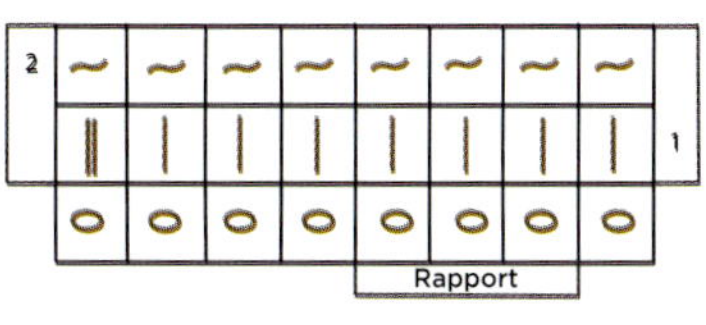

Schritte 1-2 Fb A: Grund-R arb (Seite 16).

Schritt 3 Fb A: 1 Lm, Rdm rechts, * 1 M überspr, Stb-V-Stich, 1 M überspr. Ab * wdh bis Ende, 1 tStb in die Rdm.

Schritt 4 Fb A: Wdh Schritt 2.

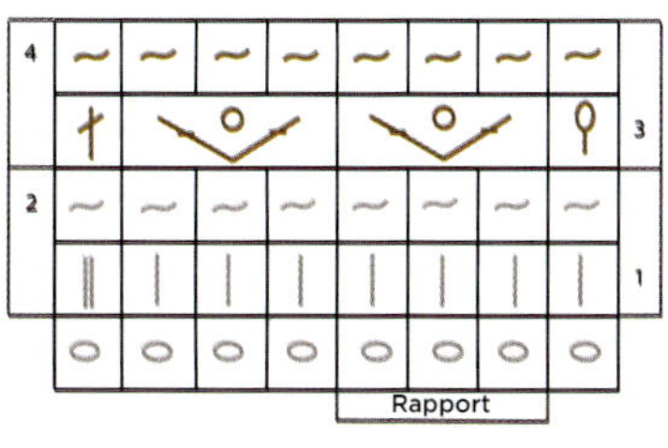

Schritt 5 Fb B: 1 Lm, Rdm rechts, * 1 M überspr, Fächer in V-Stich, 1 M überspr. Ab * wdh bis Ende, 1 tStb in die Rdm.

Schritt 6 Fb B: Wdh Schritt 2.

Schritt 7 Wdh Schritte 3-6 mit Farbwechsel.

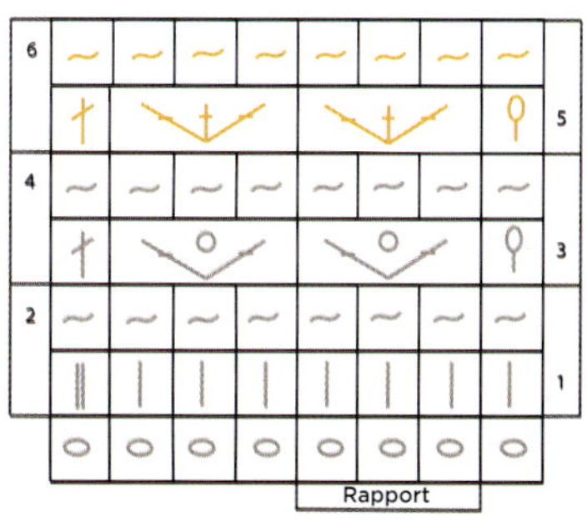

30 Waben-Lochmuster

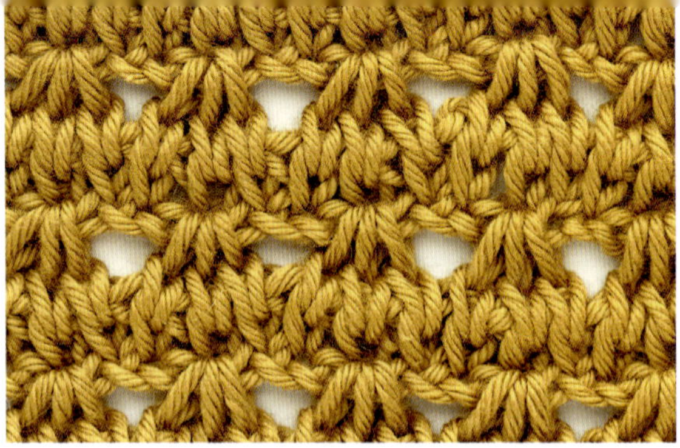

Die kleinen Muscheln entstehen in der Rückreihe nach einer Reihe mit verlängerten Grundstichen.

Diese Kombination ergibt einen Stoff mit schönem Fall für Sommerkleidung und Accessoires. Die Muscheln lockern das Gewebe auf, wodurch es perfekt ist für Tücher und Schals. Mehrfarbiges Arbeiten würde hier das Muster noch mehr betonen.

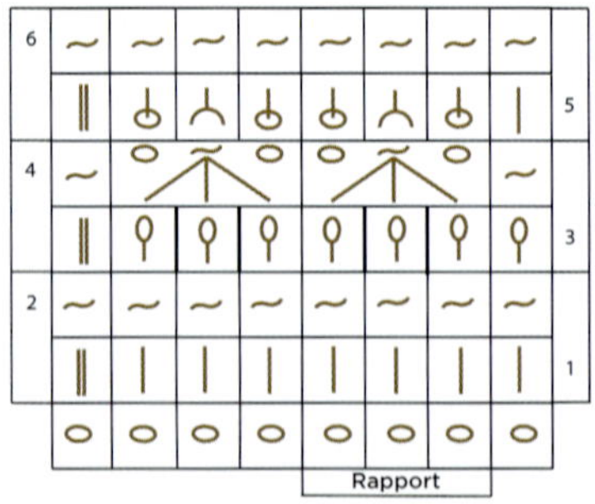

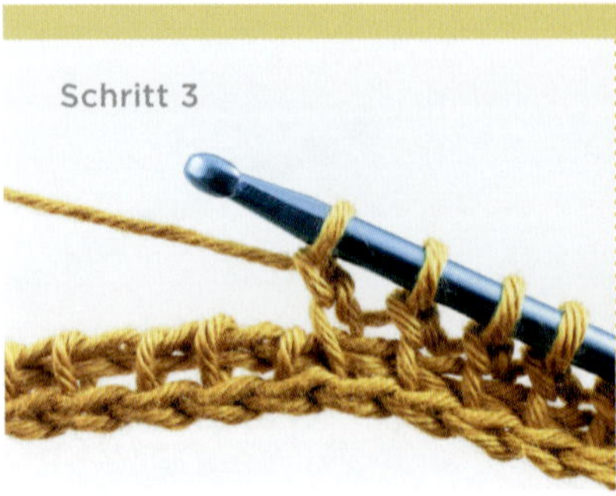

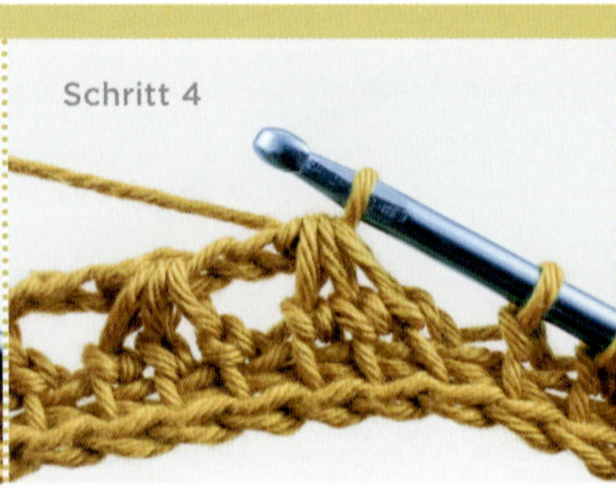

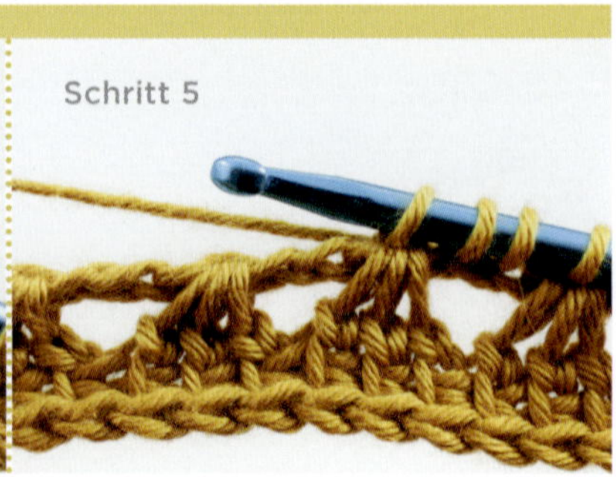

Maschenzahl teilbar durch 3+2.

Spezielle Masche
verl tGst (verlängerter tunesischer Grundstich): Von rechts nach links in das vordere senkrechte M-Glied einstechen, Faden holen, durchziehen, 1 Lm.

Schritte 1-2 Grund-R arb (Seite 16).

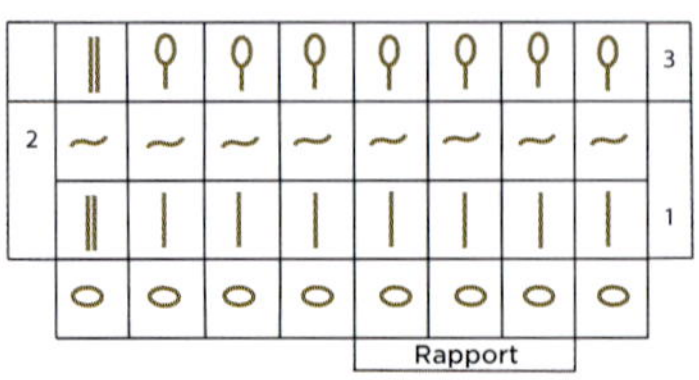

Schritt 3 1 Lm, Rdm rechts, 1 verl tGst in jede M bis Ende, Rdm links.

Schritt 4 Faden holen, 1 Schlinge abm, * 1 Lm, Faden holen, 4 Schlingen abm (Muschel), 1 Lm. Ab * wdh bis 2 Schlingen, Faden holen, 2 Schlingen abm.

Schritt 5 Rdm rechts, * 1 tGst in jede Lm und obere Schlinge der Muschel bis Ende, Rdm links.

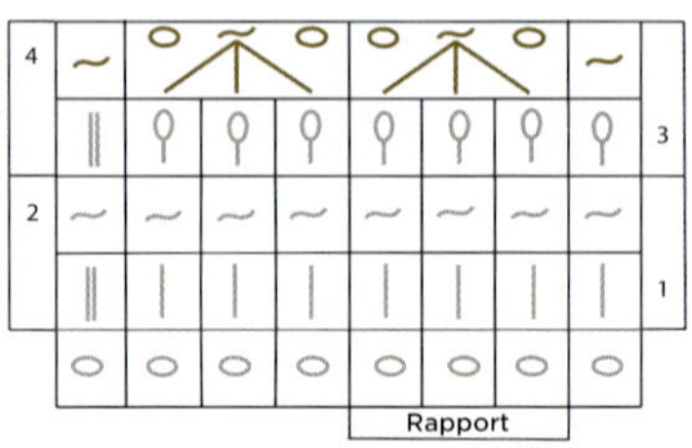

Schritt 6 Wdh Schritt 2.

Schritt 7 Wdh Schritte 3-6.

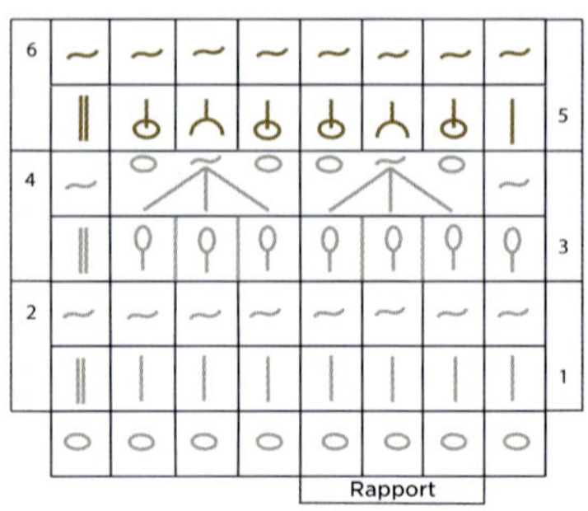

31 Muscheln & Bogen

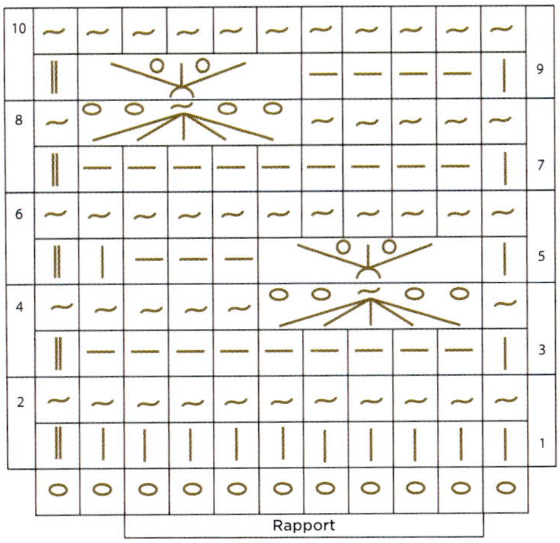

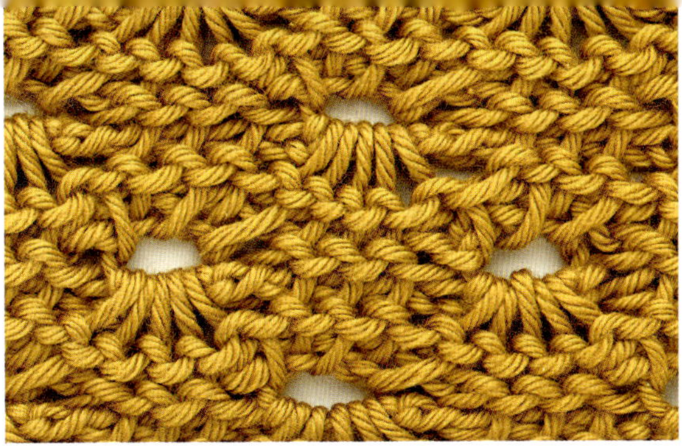

Dieses Muster erzeugt ein Gewebe mit schönem Fall. Sein Muschelstich wird durch linke Maschen und Bögen besonders akzentuiert. Die Arbeitsschlinge auf der Nadel wird als erste Masche der jeweiligen Muschel gezählt.

Spezielle Masche

Bogen: 2 Lm überspr, [1 tGst, 1 U, 1 tGst, 1 U, 1 tGst] in die obere Schlinge der Muschel, 2 Lm überspr.

Schritt 3

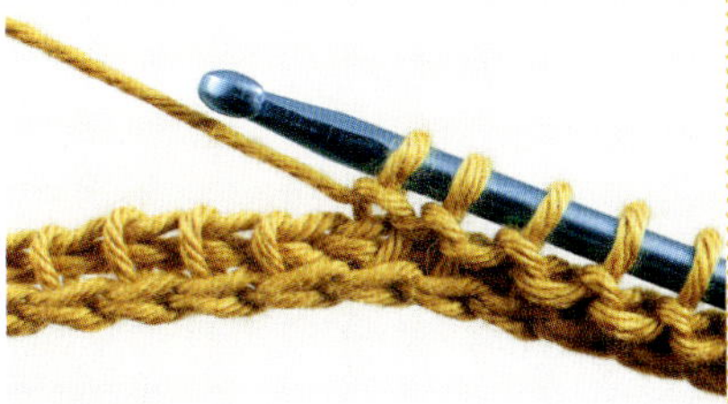

Schritt 4

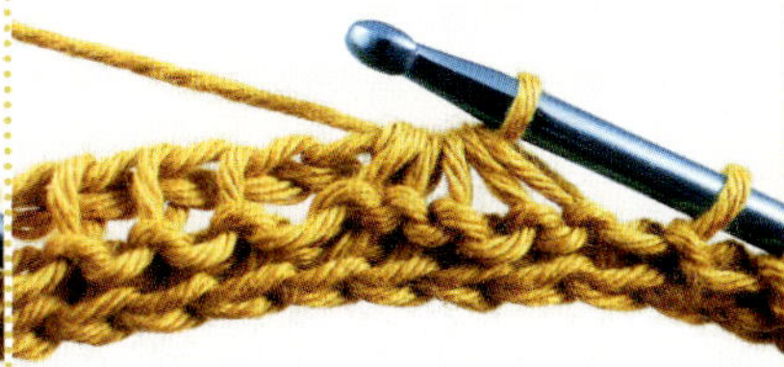

Schritt 5

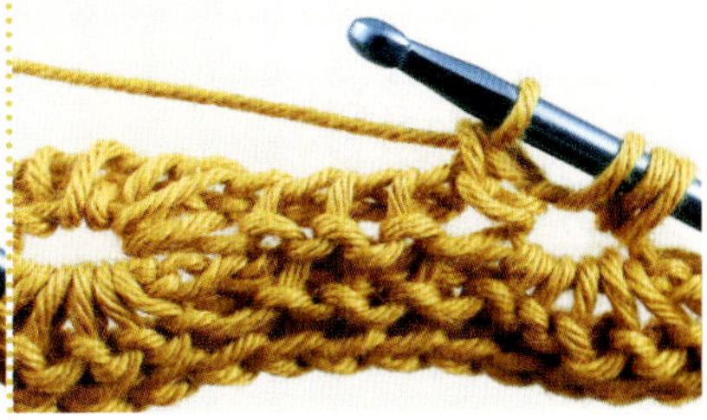

Maschenzahl teilbar durch 8 + 3.

Schritte 1-2 Grund-R arb (Seite 16).

Schritt 3 Rdm rechts, 1 tliM in jede M bis Ende, Rdm links.

Schritt 4 Faden holen, 1 Schlinge abm, Faden holen, 2 Schlingen abm, * [Faden holen, 2 Schlingen abm] 3x, 2 Lm, Faden holen, 6 Schlingen abm (Muschel), 2 Lm. Ab * wdh bis 2 Schlingen, Faden holen, 2 Schlingen abm.

Schritt 5 Rdm rechts, * Bogen, 3 tliM. Ab * wdh bis 1 M, 1 tGst, Rdm links.

Schritt 6 Wdh Schritt 2.

Schritt 7 Wdh Schritt 3.

Schritt 8 Faden holen, 1 Schlinge abm, * 2 Lm, Faden holen, 6 Schlingen abm (Muschel), 2 Lm, [Faden holen, 2 Schlingen abm] 3x. Ab * wdh bis 3 Schlingen, [Faden holen, 2 Schlingen abm] 2x.

Schritt 9 Rdm rechts, 1 tliM, * 3 tliM, Bogen. Ab * wdh bis Ende, Rdm links.

Schritt 10 Wdh Schritt 2.

Schritt 11 Wdh Schritte 3-10.

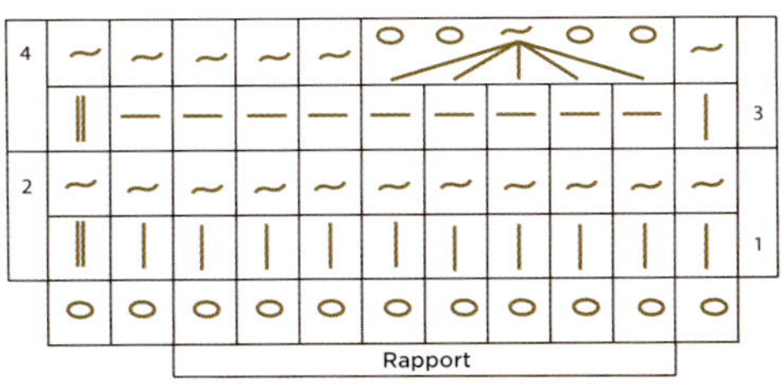

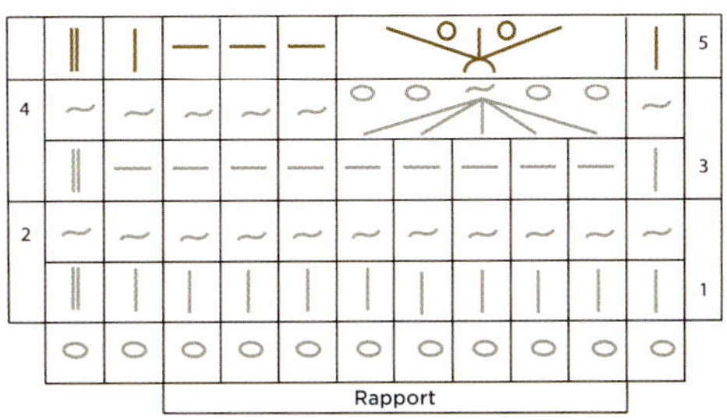

32 Stäbchengruppen

Dieses Muster ist der ideale Einstieg in das Häkeln von Stäbchengruppen. Hier sind es drei Stäbchen, die zusammen in einen Grundstich gehäkelt werden. Wichtig ist dabei, die Grundstiche zu beiden Seiten der Stäbchengruppe fest zu arbeiten, damit die Gruppe zusammengezogen und dadurch erhaben wird. Eventuell müssen die Stäbchen etwas nach vorne geschoben werden. Es entsteht ein festes Gewebe, das sich hervorragend für Accessoires und Heimtextilien eignet.

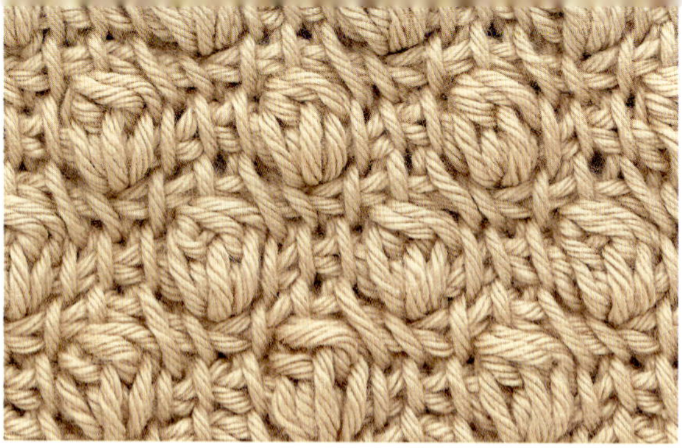

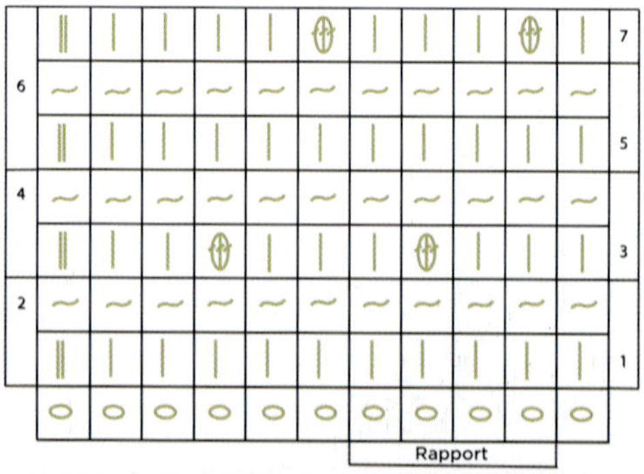

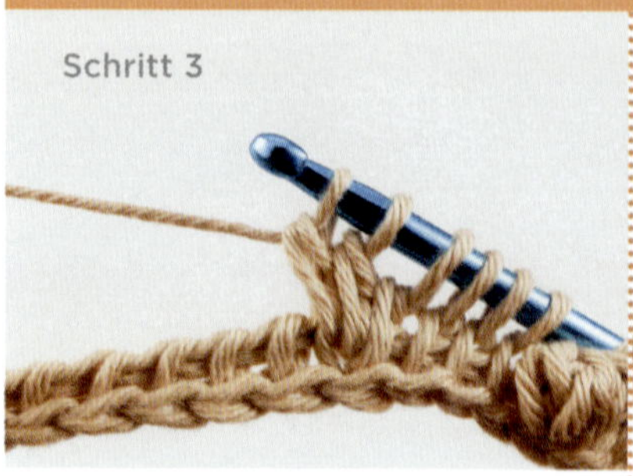

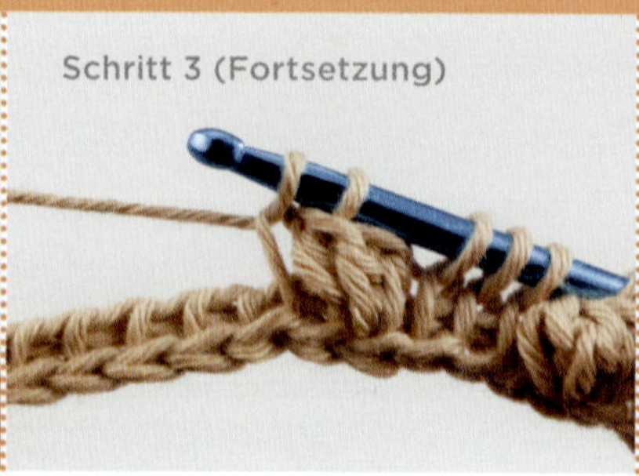

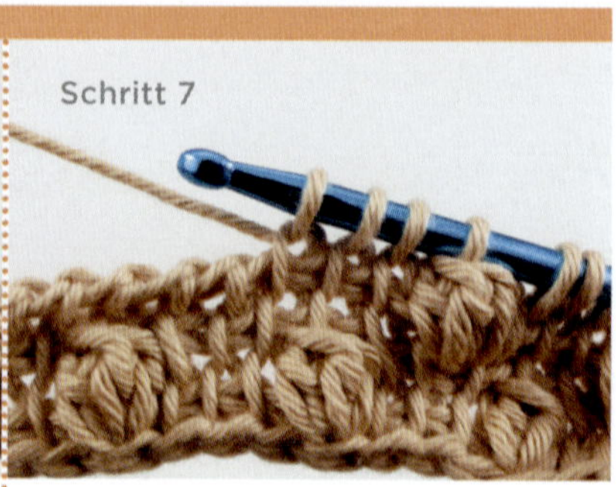

Maschenzahl teilbar durch 4 + 3.

Spezielle Masche
tStbG aus 3 tStb in 1 M zus abm (3 tunesische Stäbchen in 1 Masche und zusammen abmaschen): [1 U, Nd einstechen wie für tSst, Faden holen, durchziehen, Faden holen, 2 Schlingen abm] 3x in dieselbe M, Faden holen, 3 Schlingen abm.

Schritte 1-2 Grund-R arb (Seite 16).

Schritt 3 Rdm rechts, 2 tGst, * 1 tStbG, 3 tGst. Ab * wdh bis Ende, letzte Wdh mit 2 tGst, Rdm links.

Schritt 4 Wdh Schritt 2.

Schritt 5 Rdm rechts, 1 tGst in jede M bis Ende, Rdm links.

Schritt 6 Wdh Schritt 2.

Schritt 7 Rdm rechts, * 1 tStbG, 3 tGst. Ab * wdh bis 1 M, 1 tGst, Rdm links.

Schritt 8 Wdh Schritte 2-7, enden mit Schritt 2.

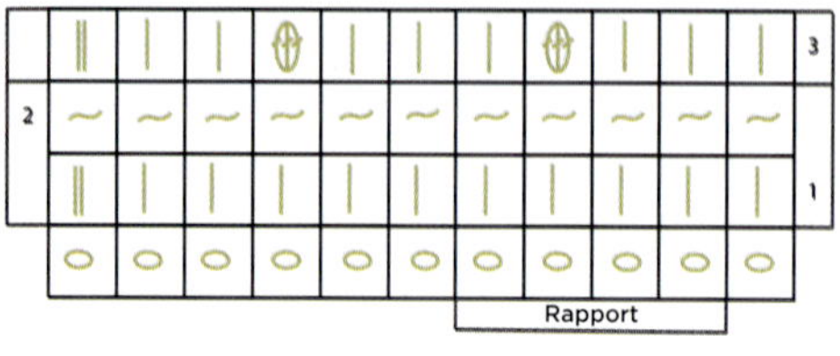

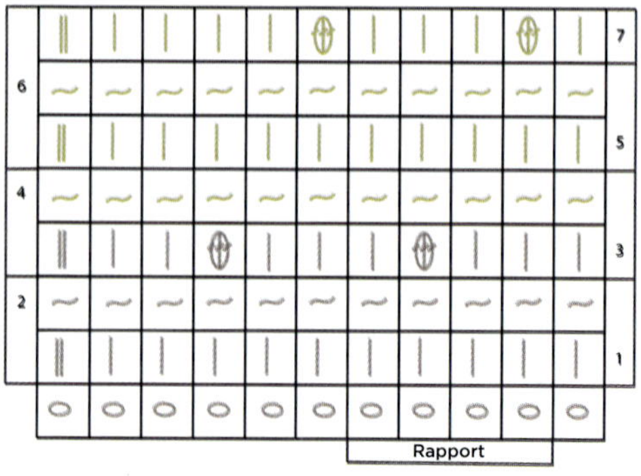

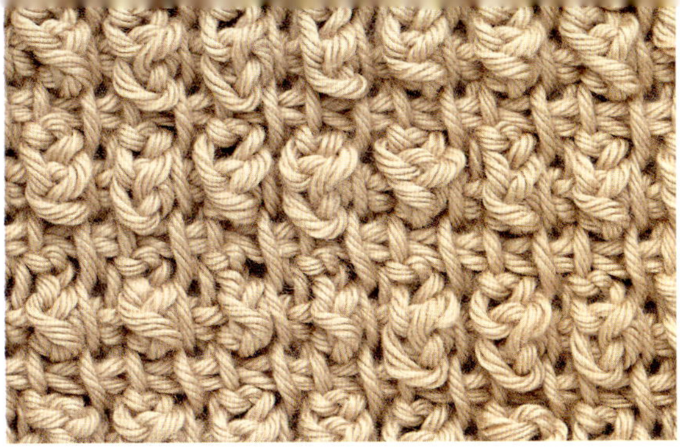

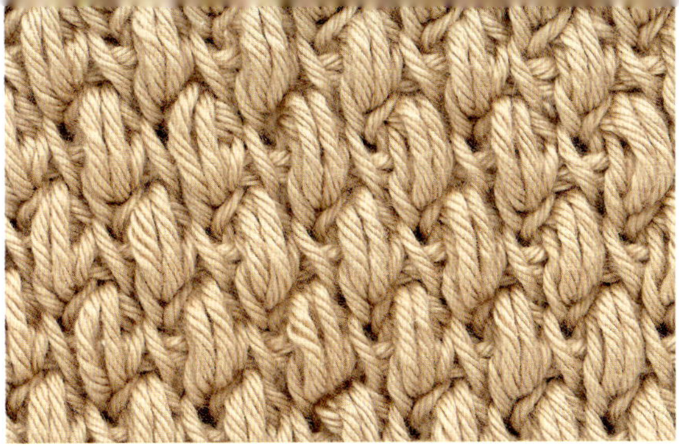

33 Pseudo-Noppen

Ein lustiges Muster, das dem Stoff viel Textur verleiht. Die Pseudo-Noppen entstehen aus Luftmaschen auf Grundstichen. Ein leicht zu merkendes Muster, das sich gut für Heimtextilien wie Kissen eignet.

Schritt 3

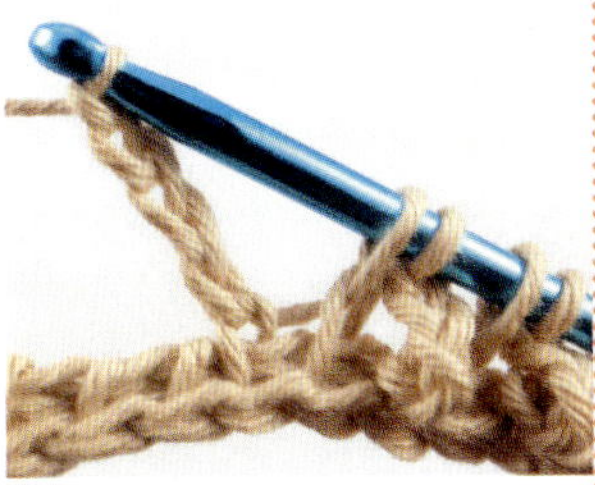

Schritt 7

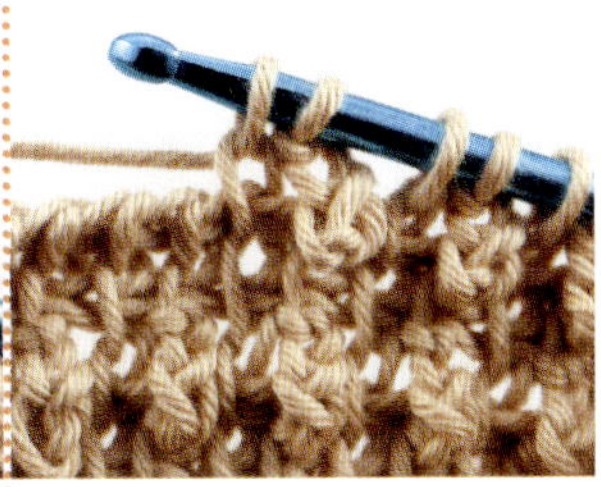

Maschenzahl teilbar durch 2+1.

Schritte 1-2 Grund-R arb (Seite 16).

Schritt 3 Rdm rechts, 1 tGst, 4 Lm, * 2 tGst, 4 Lm. Ab * wdh bis Ende, Rdm links.

Schritt 4 Wdh Schritt 2.

Schritt 5 Rdm rechts, 1 tGst bis Ende, Rdm links.

Schritt 6 Wdh Schritt 2.

Schritt 7 Rdm rechts, * 2 tGst, 4 Lm. Ab * wdh bis 1 M, 1 tGst, Rdm links.

Schritt 8 Wdh Schritte 2-7, enden mit Schritt 2.

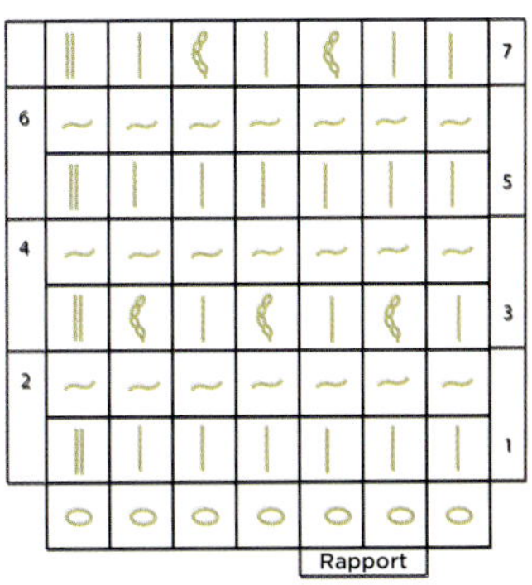

34 Büschelmaschen

Das Muster entsteht, wenn drei halbe Stäbchen zusammen in dieselbe Masche gearbeitet werden. Ein optimaler Stoff für Heimtextilien und alles, was große Haltbarkeit erfordert, wie Taschen und Matten.

Schritt 5

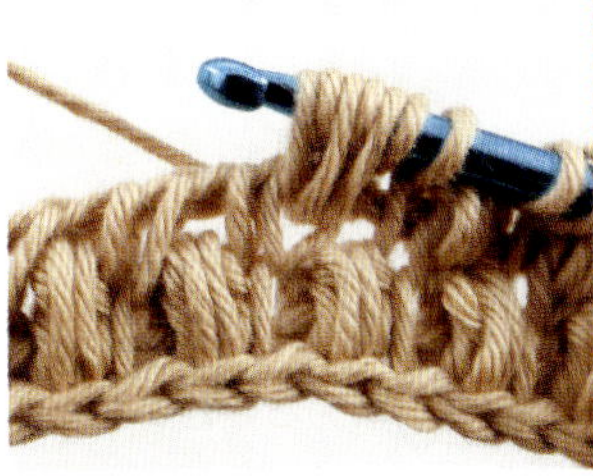

Schritt 5 (Fortsetzung)

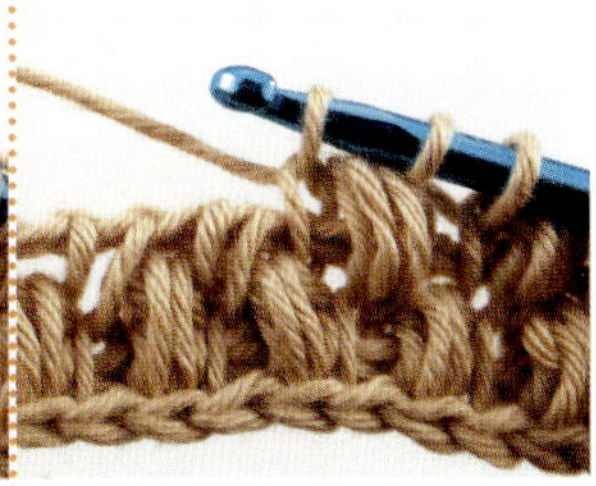

Maschenzahl teilbar durch 2+1.

Spezielle Masche Büschel-M aus 3 htStb (3 halbe tunesische Stäbchen in 1 Masche und zusammen abmaschen): [1 U, Nd einstechen wie für tSst, Faden holen, durchziehen] 3x in dieselbe M, Faden holen, 6 Schlingen abm.

Schritte 1-2 Grund-R arb (Seite 16).

Schritt 3 Rdm rechts, * 1 tGst, 1 Büschel-M. Ab * wdh bis 1 M, 1 tGst, Rdm links.

Schritt 4 Wdh Schritt 2.

Schritt 5 Rdm rechts, * 1 Büschel-M, 1 tGst. Ab * wdh bis 1 M, 1 Büschel-M, Rdm links.

Schritt 6 Wdh Schritt 2.

Schritt 7 Wdh Schritte 3-6.

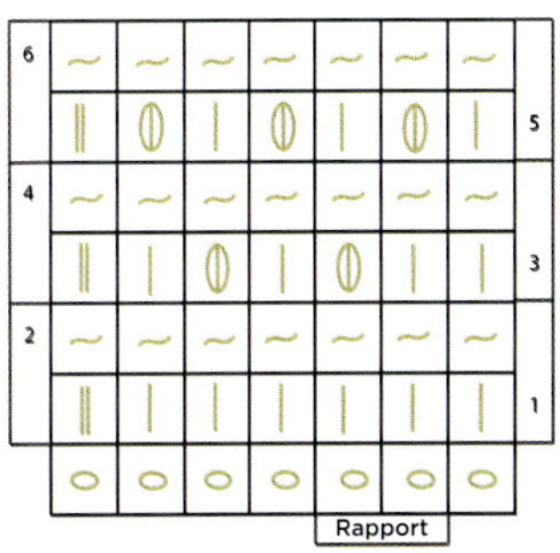

35 Kontrast-Büschel

Büschelmaschen in Kontrastfarbe heben sich schön vom Hintergrund aus einfachen tunesischen Grundstichen ab. Vor der ersten Büschelmasche das Kontrastgarn ansetzen, über ein paar Grundstiche unsichtbar mitführen und einhäkeln. Dazu platziert man den Kontrastfaden auf jedem fertiggestellten Grundstich. Zwischen den einzelnen Büschelmaschen ebenso verfahren, da sich die Arbeit sonst verzieht. Die Kontrastfarbe nach jeder Reihe mit Büschelmaschen abschneiden.

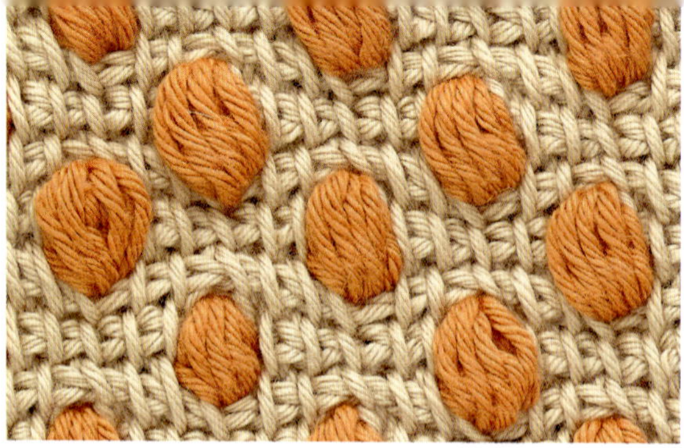

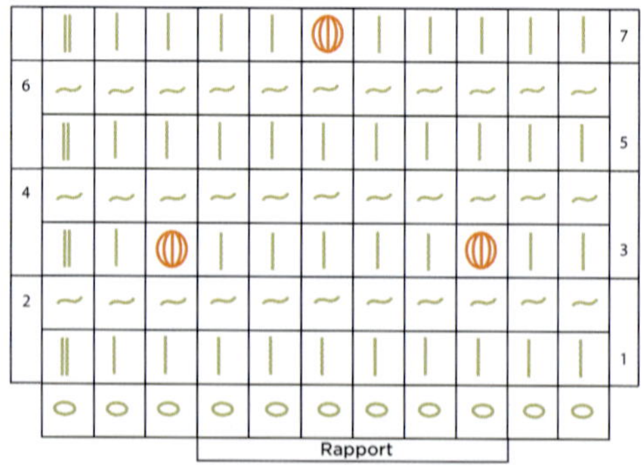

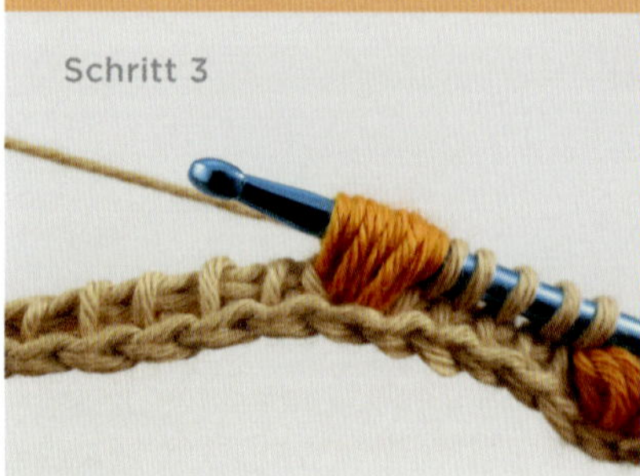

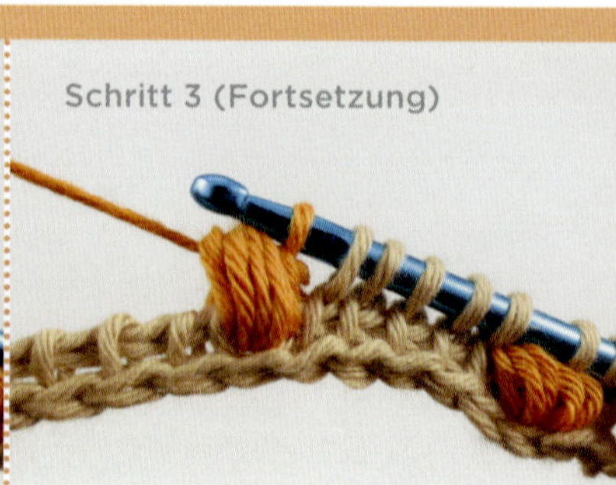

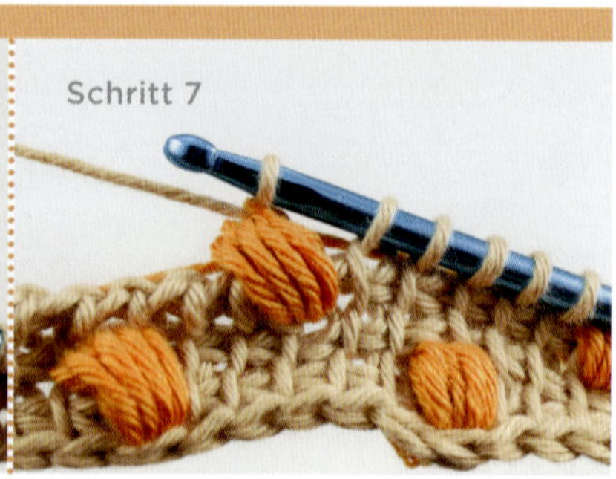

Maschenzahl teilbar durch 6 + 5.

Spezielle Masche
Büschel-M aus 5 htStb (5 halbe tunesische Stäbchen in 1 Masche und zusammen abmaschen): [1 U, Nd einstechen wie für tSst, Faden holen, durchziehen] 5x in dieselbe M, Faden holen, durch 10 Schlingen ziehen.

Schritte 1-2 Fb A: Grund-R arb (Seite 16).

Schritt 3 Fb A: Rdm rechts, 1 tGst, * in Fb B 1 Büschel-M, in Fb A 5 tGst. Ab * wdh bis 2 M, in Fb B 1 Büschel-M, in Fb A 1 tGst, Rdm links.

Schritt 4 Fb A: Wdh Schritt 2.

Schritt 5 Fb A: Rdm rechts, 1 tGst in jede M bis Ende, Rdm links.

Schritt 6 Fb A: Wdh Schritt 2.

Schritt 7 Fb A: Rdm rechts, 1 tGst, * 4 tGst, in Fb B 1 Büschel-M, in Fb A 2 tGst. Ab * wdh bis 2 M, 2 tGst, Rdm links.

Schritt 8 Wdh Schritte 2-7, enden mit Schritt 2.

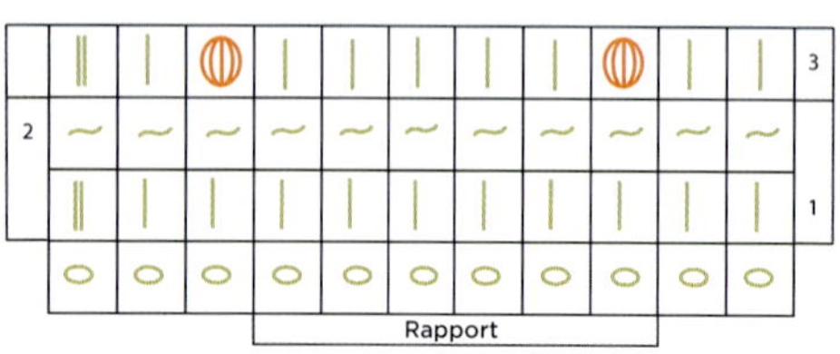

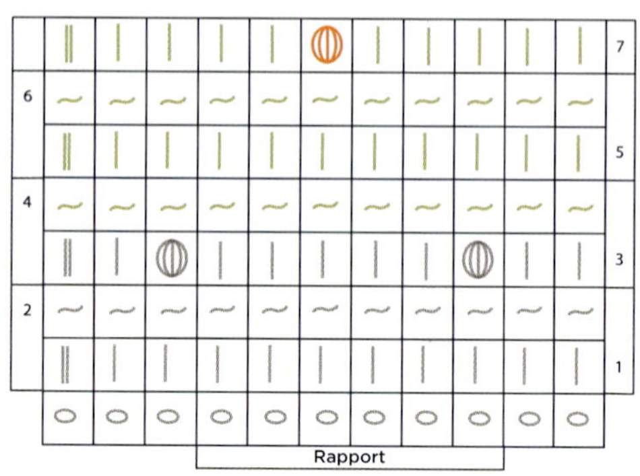

36 Noppen

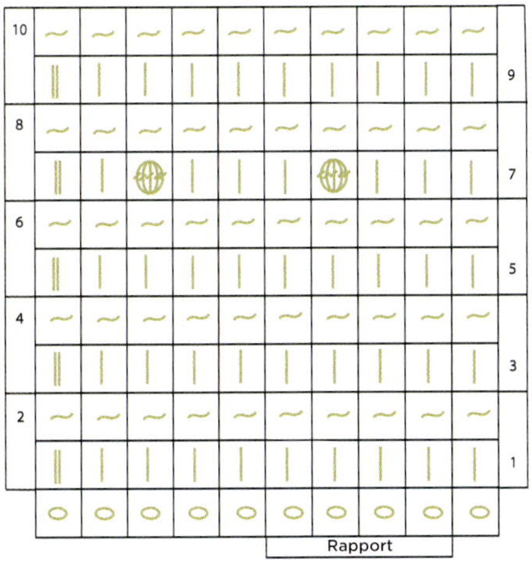

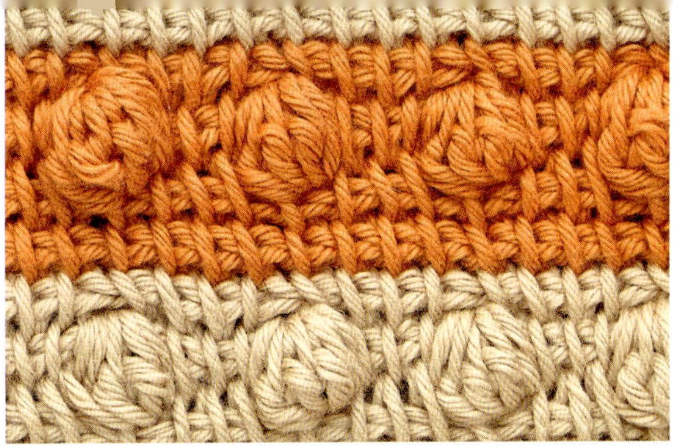

Mit seiner üppigen Textur eignet sich dieses Muster für Textilien, bei denen eine Seite hervorgehoben werden soll. Es ist ein- als auch mehrfarbig schön anzusehen. Der Farbwechsel erfolgt am Ende der Rückreihe mit den letzten zwei Maschen, die in der neuen Farbe abgemascht werden. Die Garne an der Seite mitführen und bei Bedarf bei der zweiten Masche in den Grundstich-Reihen aufnehmen.

Schritt 7

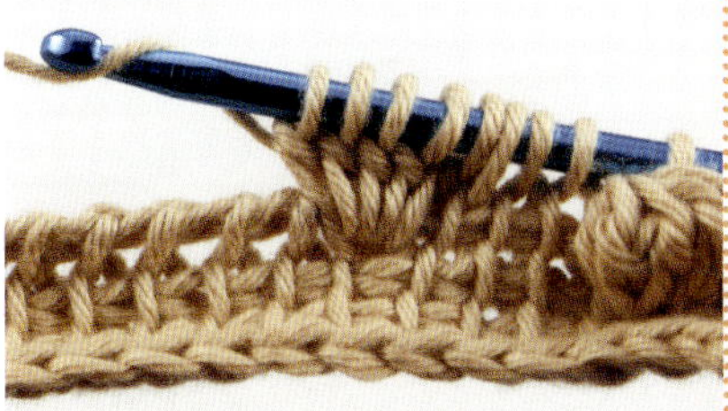

Schritt 7 (Fortsetzung)

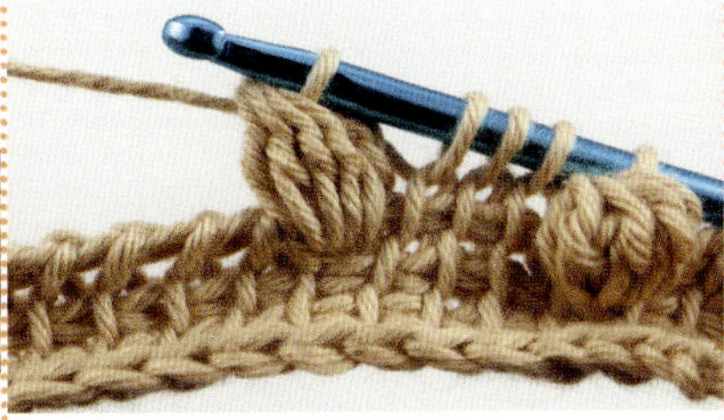

Schritt 7 (Fortsetzung)

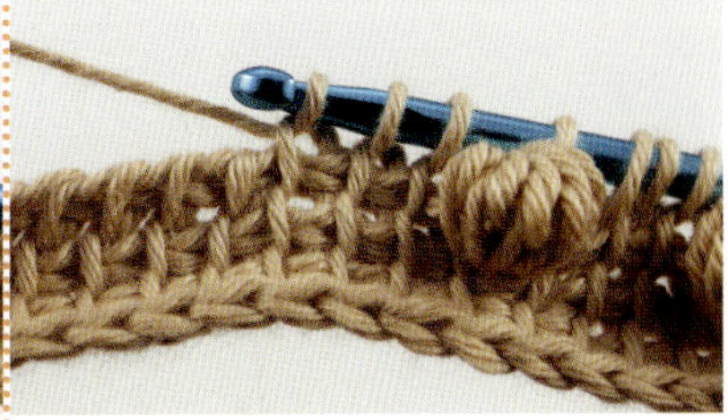

Maschenzahl teilbar durch 4+2.

Spezielle Masche
Noppe aus 5 tStb (Noppe aus 5 tunesischen Stäbchen): [1 U, Nd einstechen wie für tSst, Faden holen, 1 Schlinge abm, Faden holen, 2 Schlingen abm] 5x in dieselbe M, Faden holen, 5 Schlingen abm.

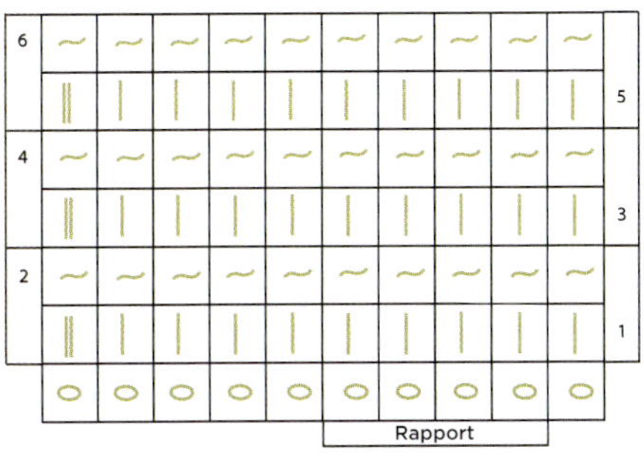

Schritte 1-2 Fb A (Schritte 1-10), Grund-R arb (Seite 16).

Schritt 3 Rdm rechts, * 1 tGst in jede M bis Ende, Rdm links.

Schritte 4, 6, 8, 10 Wdh Schritt 2.

Schritt 5 Wdh Schritt 3.

Schritt 7 Rdm rechts, * 2 tGst, 1 Noppe, 1 tGst.

Ab * wdh bis Ende, Rdm links.

Schritt 9 Wdh Schritt 3.

Schritt 11 Fb B: Wdh Schritte 3-10, weiter im Muster fortfahren mit Farbwechsel.

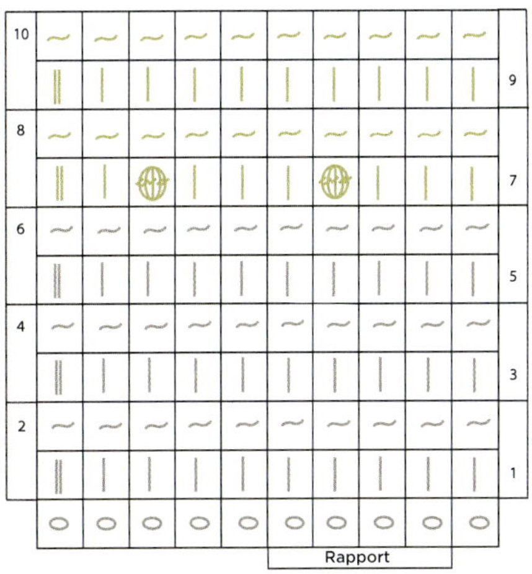

37 Muscheln & Stäbchen

Dieses hübsche Muster sieht zwar kompliziert aus, ist aber leicht zu arbeiten. Es eignet sich bestens für Accessoires und Kleidung, da es wunderbar in Form bleibt, dabei aber locker und luftig ist. Die Arbeitsschlinge auf der Nadel wird als erste Masche der jeweiligen Muschel gezählt. Beim Farbwechsel am Ende der Rückreihe, die letzten zwei Maschen in der neuen Farbe abmaschen. Beim Farbwechsel am Ende der Hinreihe wird die Randmasche in der aktuellen Farbe gearbeitet, dann die erste Luftmasche der Rückreihe in der neuen Farbe.

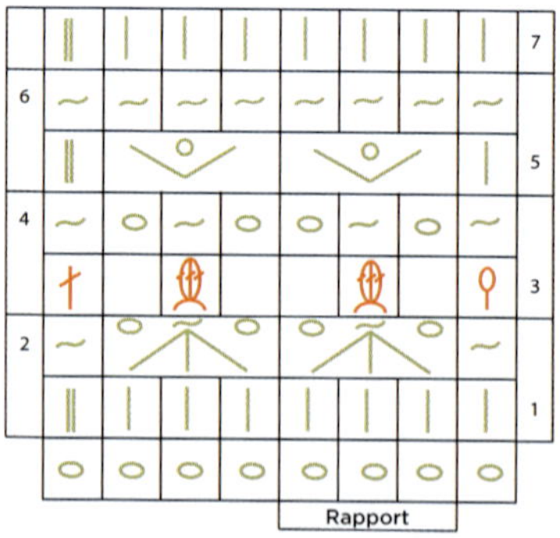

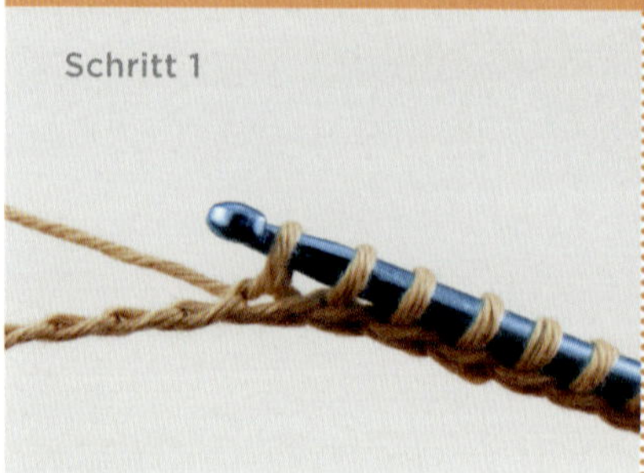

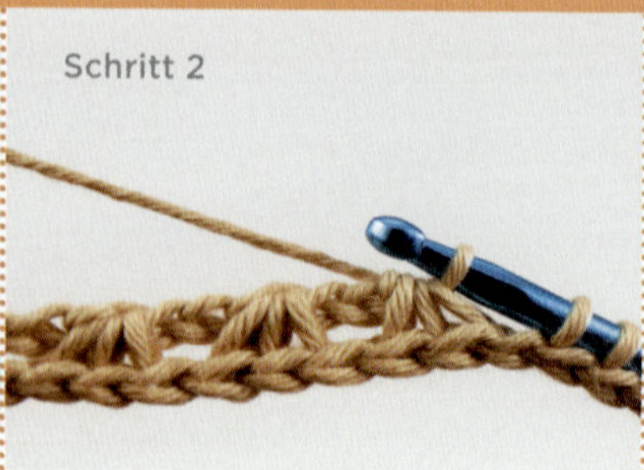

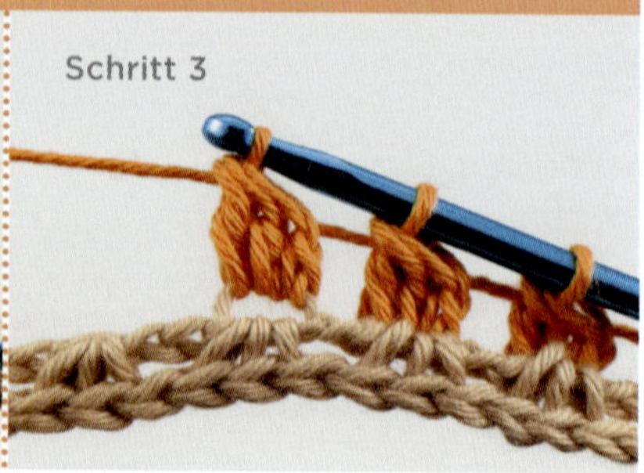

Maschenzahl teilbar durch 3+2.

Spezielle Maschen
tStbG aus 3 tStb in 1 M zus abm (3 tunesische Stäbchen in 1 Masche und zusammen abmaschen): [1 U, Nd einstechen wie für tSst, Faden holen, durchziehen, Faden holen, 2 Schlingen abm] 3x in dieselbe M, Faden holen, 3 Schlingen abm.

V-Stich: [1 tGst, 1 U, 1 tGst] in die obere Schlinge der tStbG.

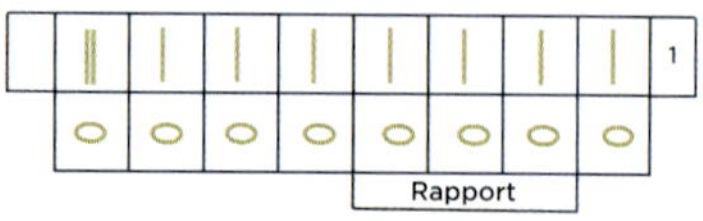

Schritt 1 Fb A: 1 tGst in die 2. Lm und in jede weitere bis Ende.

Schritt 2 Fb A: Faden holen, 1 Schlinge abm, * 1 Lm, Faden holen, 4 Schlingen abm (Muschel), 1 Lm. Ab * wdh bis 2 Schlingen, Faden holen, 2 Schlingen abm.

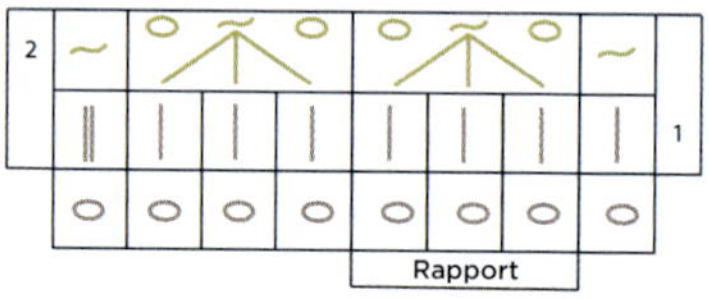

Schritt 3 Fb B: 1 Lm, Rdm rechts, * 1 Lm überspr, 1 tStbG in die obere Schlinge der Muschel, 1 Lm überspr. Ab * wdh bis Ende, 1 tStb in die Rdm.

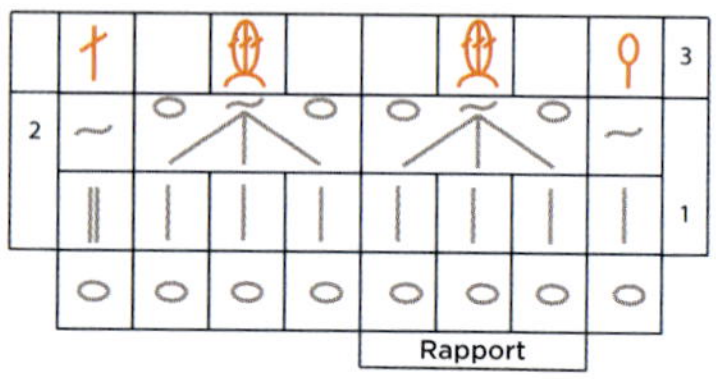

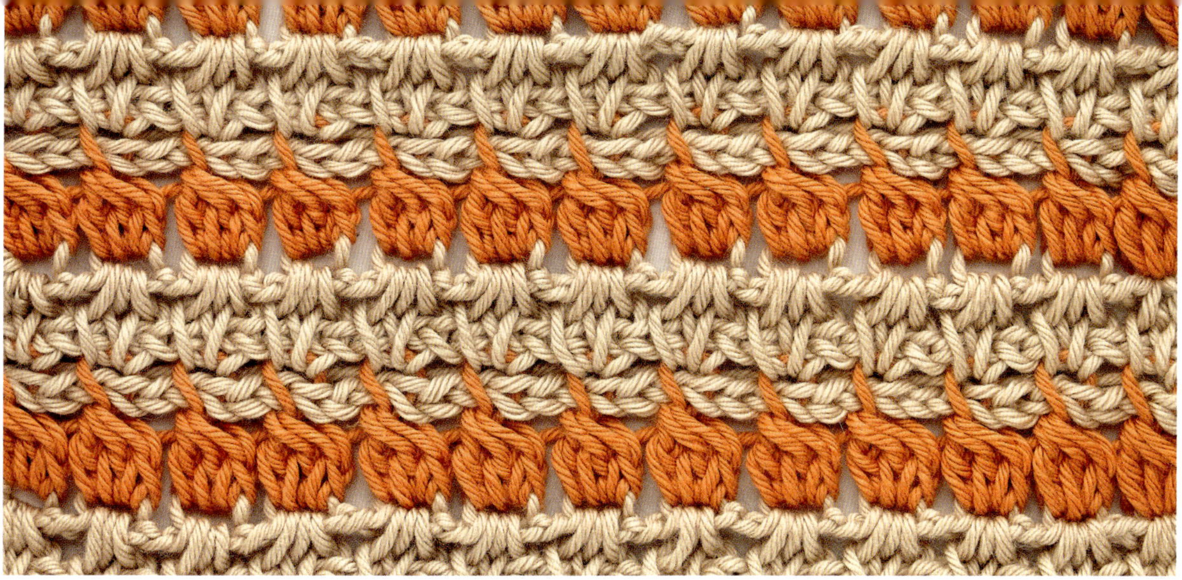

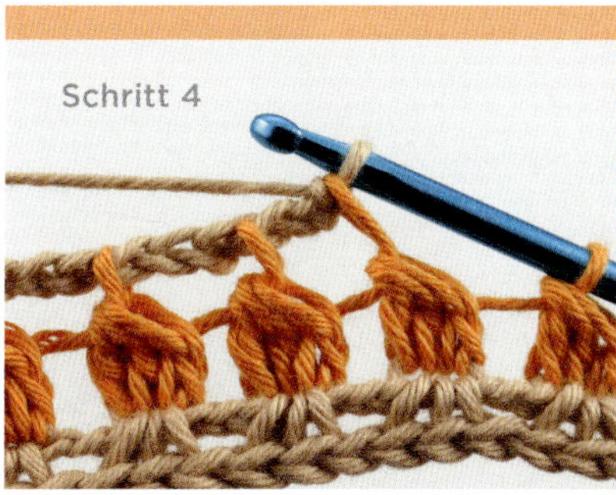

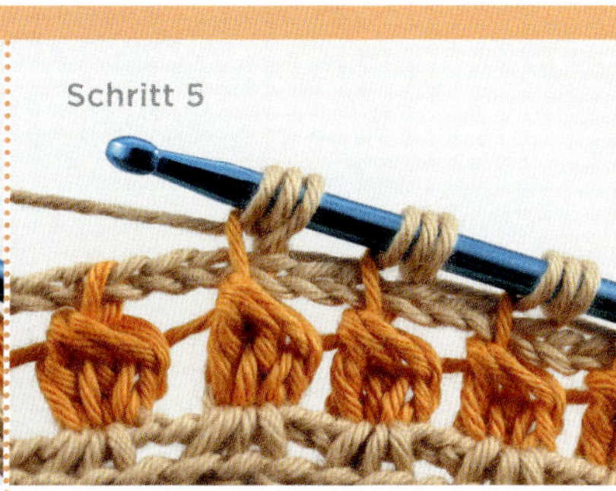

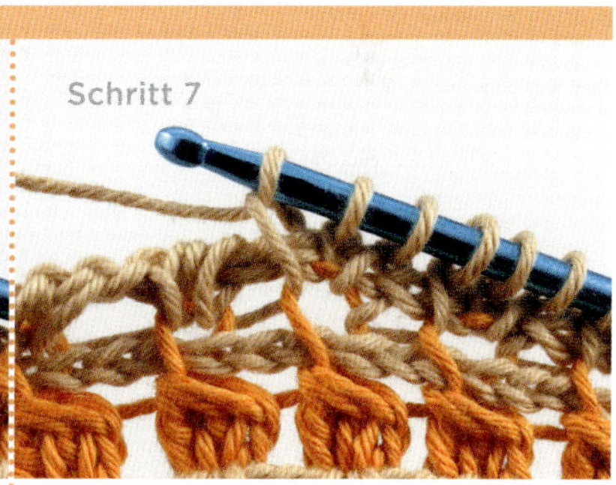

Schritt 4 Fb A: Faden holen, 1 Schlinge abm, * 1 Lm, Faden holen, 2 Schlingen abm, 1 Lm. Ab * wdh bis 2 Schlingen, Faden holen, 2 Schlingen abm.

Schritt 5 Rdm rechts, * 1 Lm überspr, V-Stich in die obere Schlinge der tStbG, 1 Lm überspr. Ab * wdh bis Ende, Rdm links.

Schritt 6 Faden holen, 1 Schlinge abm, * Faden holen, 2 Schlingen abm. Ab * wdh bis 1 M.

Schritt 7 Rdm rechts, * 1 tGst in jede M bis Ende, Rdm links.

Schritt 8 Wdh Schritte 2-7 mit Farbwechsel, enden mit Schritt 2.

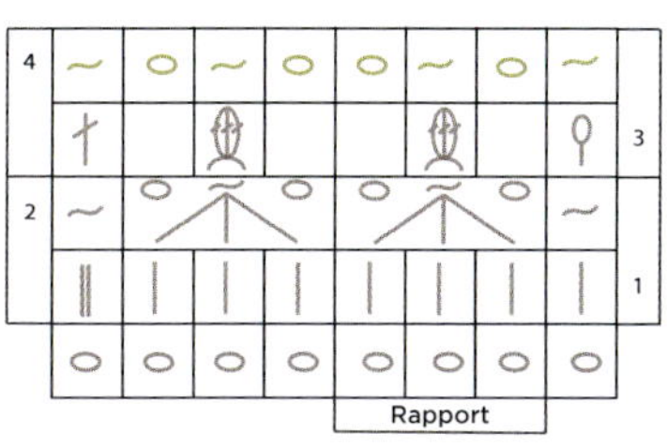

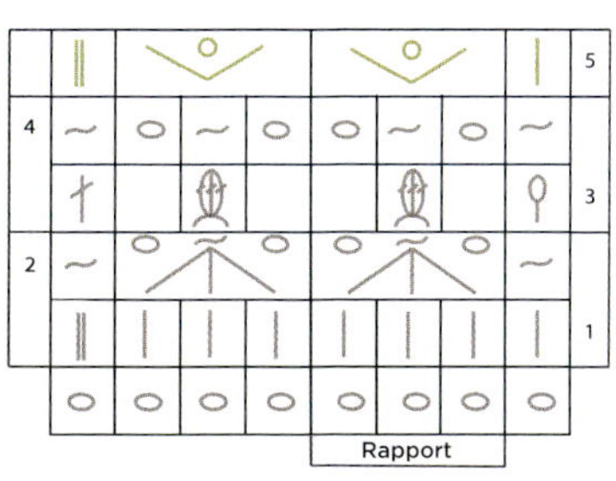

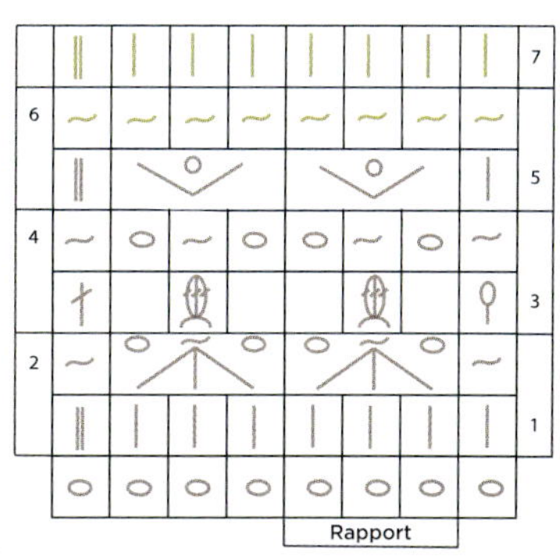

38 Noppen & Ziegel

Dies ist ein ideales Muster für Heimtextilien und Dinge, die lange halten sollen, wie Taschen. Es ist ein- und mehrfarbig sehr attraktiv. Die Noppen entstehen durch 5 Stäbchen in eine Masche. Der Farbwechsel erfolgt am Ende der Rückreihe mit den letzten zwei Maschen, die in der neuen Farbe abgemascht werden. Die Garne werden an der Seite mitgeführt und nach Bedarf eingesetzt.

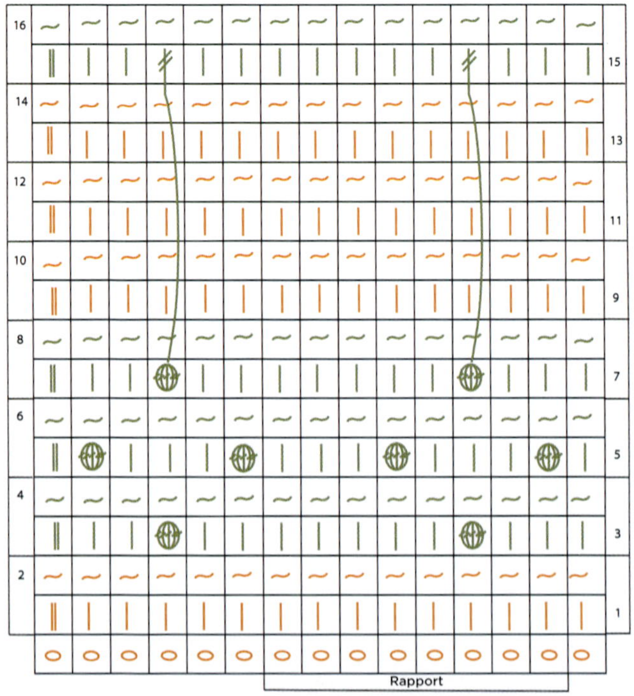

Schritt 2

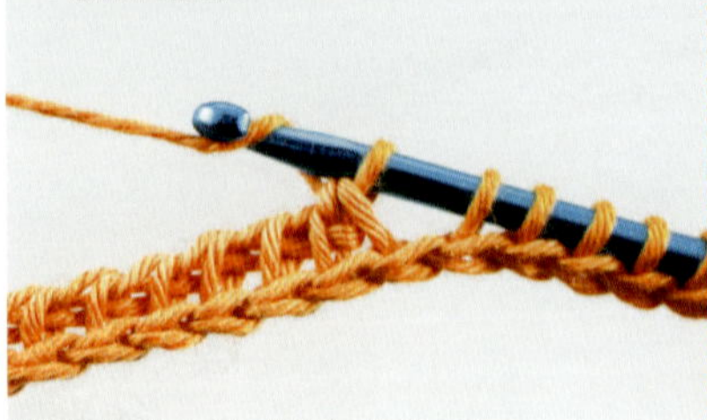

Schritt 3

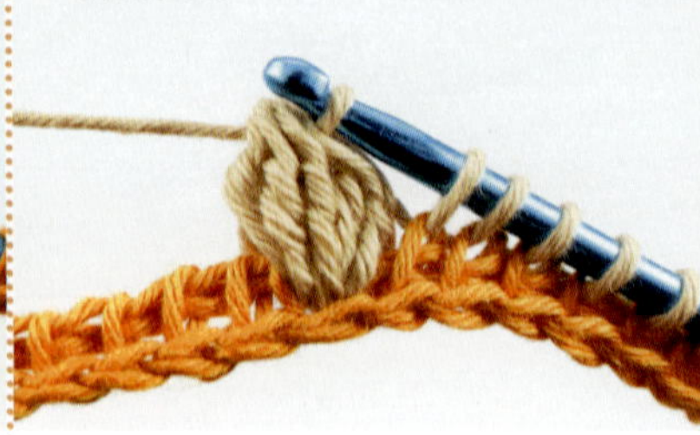

Schritt 5

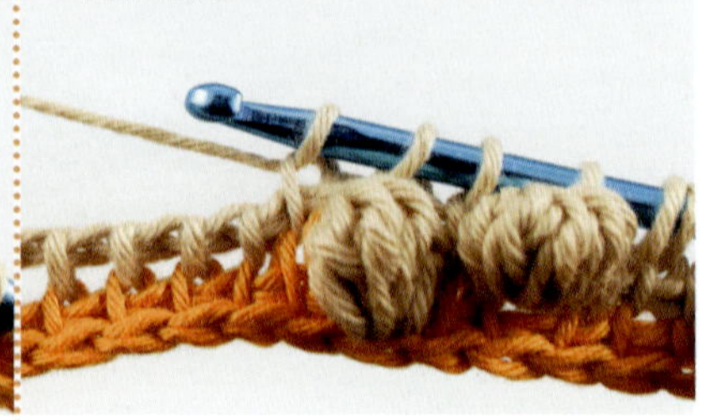

Maschenzahl teilbar durch 8+7.

Spezielle Maschen
Noppe aus 5 tStb (Noppe aus 5 tunesischen Stäbchen): [1 U, Nd einstechen wie für tSst, Faden holen, durchziehen, Faden holen, 2 Schlingen abm] 5x in dieselbe M, Faden holen, 5 Schlingen abm.

tiefer gest tDstb (tiefer gestochenes tunesisches Doppelstäbchen): locker arb – 2 U, Nd in die obere Schlinge der Noppe 4 R tiefer einstechen, Faden holen, durchziehen, [Faden holen, 2 Schlingen abm] 2x.

Schritte 1-2 Fb A: Grund-R arb (Seite 16).

Schritt 3 Fb B: Rdm rechts, 2 tGst, * 1 Noppe, 7 tGst. Ab * wdh bis 3 M, 1 Noppe, 2 tGst, Rdm links.

Schritte 4, 6, 8 Fb B: Wdh Schritt 2.

Schritt 5 Fb B: Rdm rechts, 1 Noppe, * 3 tGst, 1 Noppe. Ab * wdh bis Ende, Rdm links.

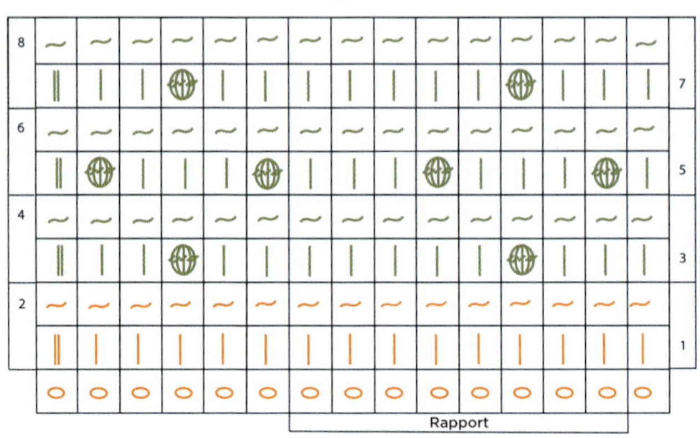

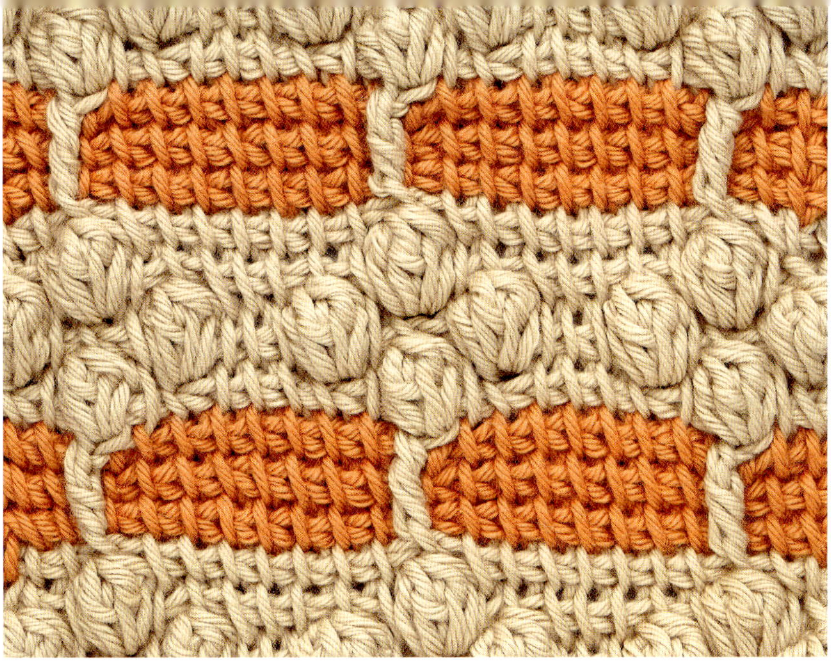

Schritt 7

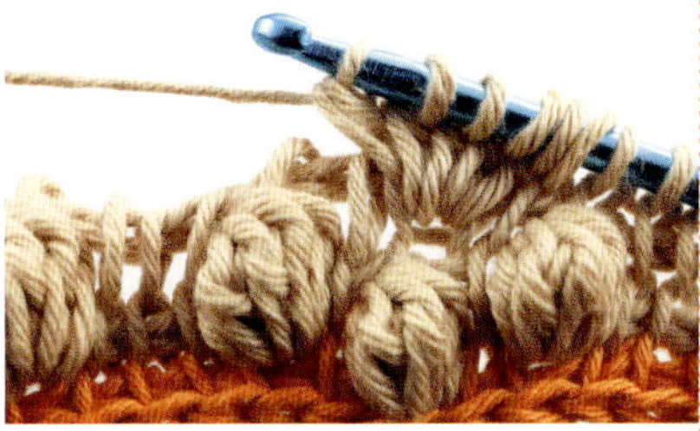

Schritt 14

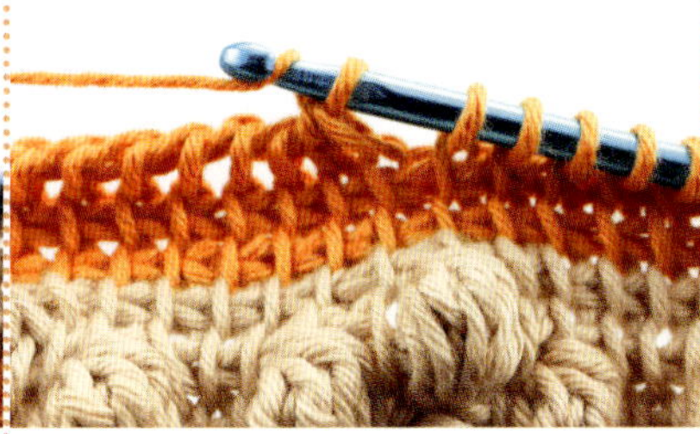

Schritt 15

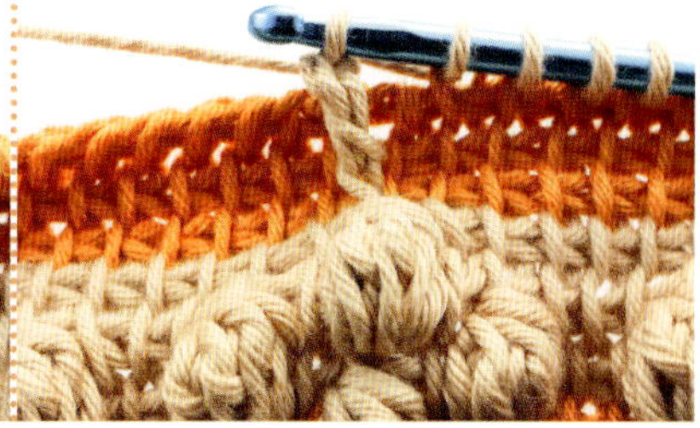

Schritt 7 Fb B: Wdh Schritt 3.

Schritt 9 Fb A: Rdm rechts, * 1 tGst in jede M bis Ende, Rdm links.

Schritt 10 Fb A: Wdh Schritt 2.

Schritte 11-14 Fb A: Wdh Schritte 9-10.

Schritt 15 Fb B: Rdm rechts, 2 tGst, * 1 tiefer gest tDstb, 7 tGst. Ab * wdh bis 3 M, 1 tiefer gest tDstb, 2 tGst, Rdm links.

Schritt 16 Fb B: Wdh Schritt 2.

Schritt 17 Wdh Schritte 3-16 mit Farbwechsel.

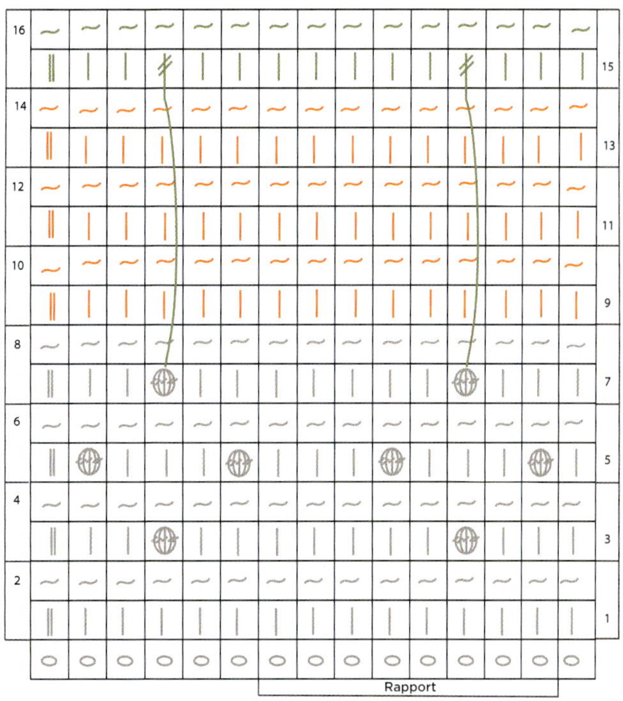

39 Versetzte Gruppen

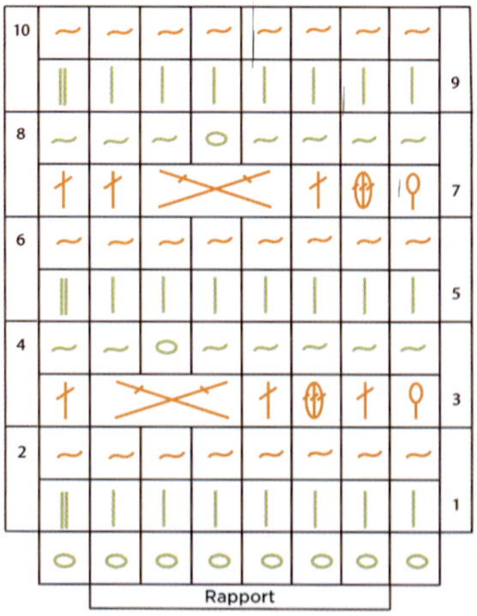

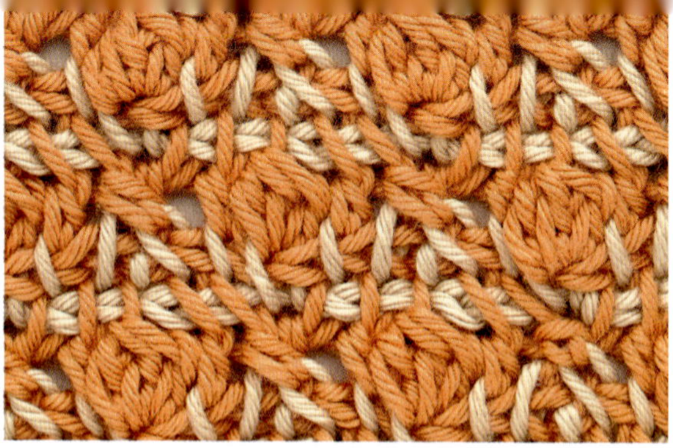

Ein toller Stich aus gekreuzten Stäbchen und einfachen Grundstichen. Es entsteht ein interessanter Stoff voller Textur, der sich nicht einrollt und somit optimal geeignet ist für viele Accessoires. Der Farbwechsel erfolgt bei der ersten Luftmasche der Rückreihe.

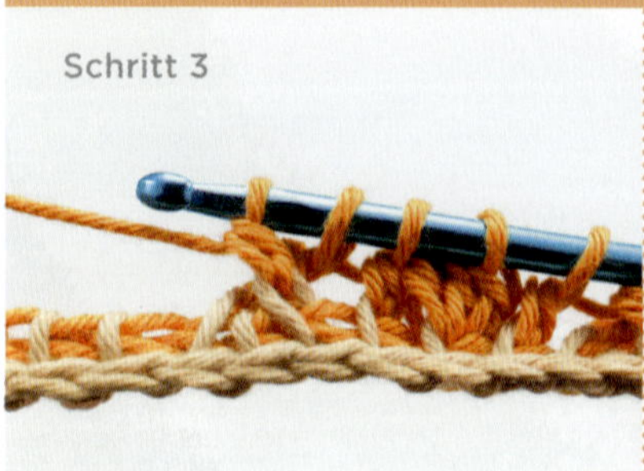
Schritt 3

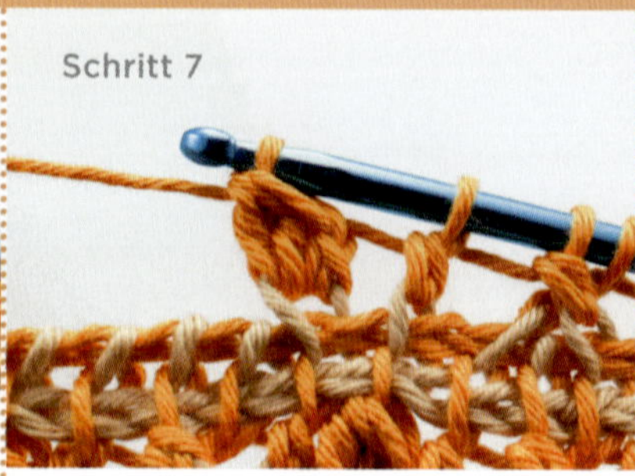
Schritt 7

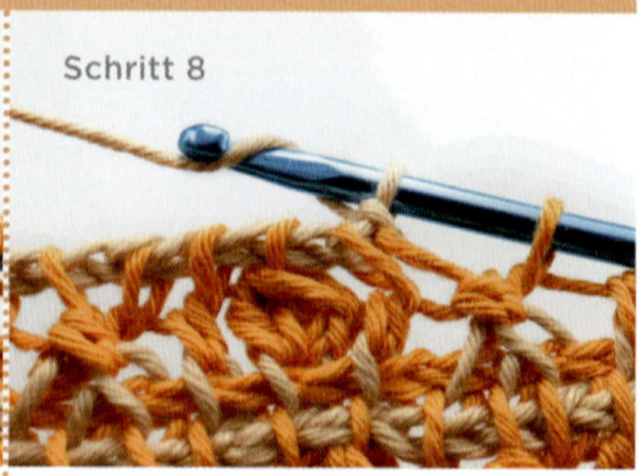
Schritt 8

Maschenzahl teilbar durch 6+2.

Spezielle Maschen
tStbG aus 3 tStb in 1 M zus abm (3 tunesische Stäbchen in 1 Masche und zusammen abmaschen): [1 U, Nd einstechen wie für tSst, Faden holen, durchziehen, Faden holen, 2 Schlingen abm] 3x in dieselbe M, Faden holen, 3 Schlingen abm.

2 gekreuzte tStb (2 gekreuzte tunesische Stäbchen): 2 M überspr, 1 tStb, 1 tStb in die 1. übersprungene M (M in der Mitte bleibt unbearbeitet).

Schritte 1-2 Grund-R arb (Seite 16), dabei Fb A für Schritt 1, Fb B für Schritt 2.

Schritt 3 Fb B: 1 Lm, Rdm rechts, * 1 tStb, 1 tStbG, 1 tStb, 2 gekreuzte tStb. Ab * wdh bis Ende, 1 tStb in Rdm.

Schritt 4 Fb A: Faden holen, 1 Schlinge abm, Faden holen, 2 Schlingen abm, * 1 Lm, [Faden holen, 2 Schlingen abm] 5x. Ab * wdh bis 1 Schlinge auf der Nd.

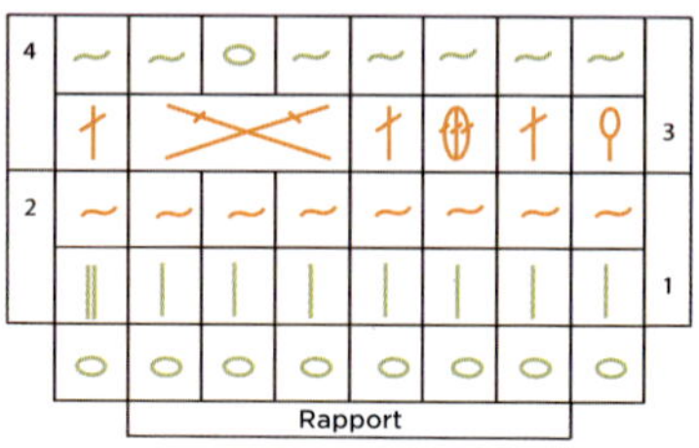

Schritt 5 Fb A: Rdm rechts, * 1 tGst in jede M und Lm bis Ende, Rdm links.

Schritt 6 Fb B: Wdh Schritt 2.

Schritt 7 Fb B: 1 Lm, Rdm rechts, * 1 tStbG, 1 tStb, 2 gekreuzte tStb, 1 tStb. Ab * wdh bis Ende, 1 tStb in Rdm.

Schritt 8 Fb A: Faden holen, 1 Schlinge abm, * [Faden holen, 2 Schlingen abm] 2x, 1 Lm, [Faden holen, 2 Schlingen abm] 3x. Ab * wdh bis 2 Schlingen, Faden holen, 2 Schlingen abm.

Schritte 9-10 Wdh Schritte 5-6.

Schritt 11 Wdh Schritte 3-10 mit Farbwechsel.

40 Stäbchen-Netz

Die weiche Textur macht dieses Muster ideal für Accessoires wie Schals und Tücher. Der Stoff hat einen guten Fall, perfekt für Sommerkleidung.

Spezielle Masche
tStbG aus 2 tStb in 1 M zus abm (2 tunesische Stäbchen in 1 Masche und zusammen abmaschen): [1 U, Nd einstechen wie für tSst, Faden holen, durchziehen, Faden holen, 2 Schlingen abm] 2x in dieselbe Lm oder M, Faden holen, 2 Schlingen abm.

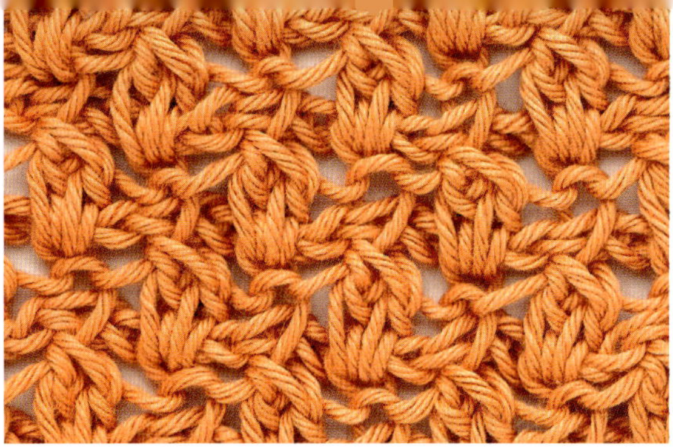

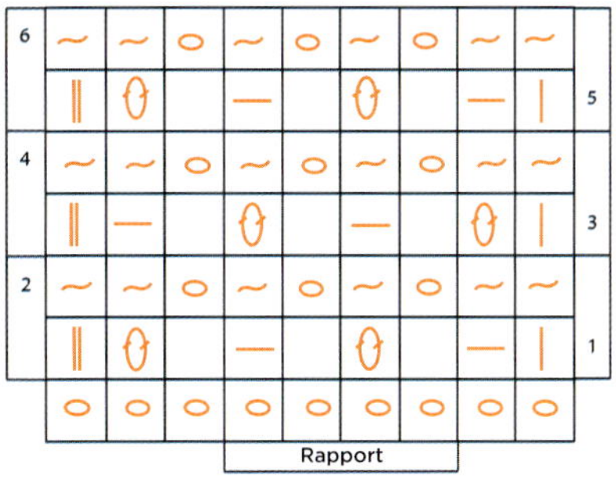

Schritt 3

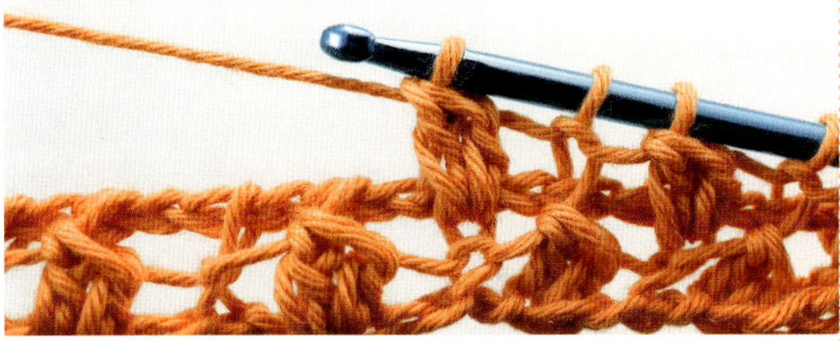

Schritt 4

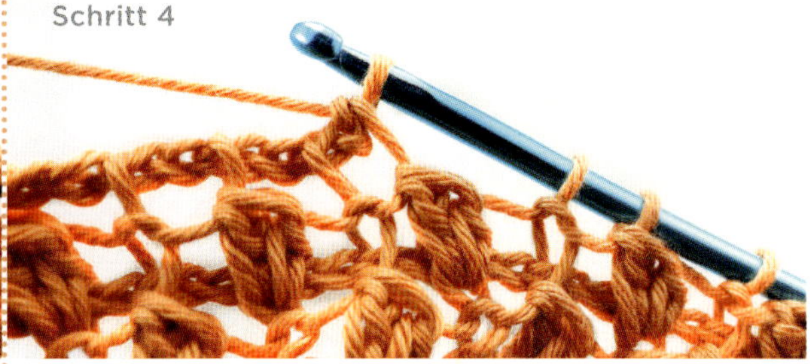

Maschenzahl teilbar durch 4 + 1.

Schritt 1 1 tliM in die 2. Lm, * 1 Lm überspr, 1 tStbG in die nächste Lm, 1 Lm überspr, 1 tliM. Ab * wdh bis 3 Lm, 1 Lm überspr, 1 tStbG in die nächste Lm, 1 tGst in letzte Lm.

Schritt 2 Faden holen, 1 Schlinge abm, * Faden holen, 2 Schlingen abm, 1 Lm. Ab * wdh bis 3 Schlingen, [Faden holen, 2 Schlingen abm] 2x.

Schritt 3 Rdm rechts, * 1 tStbG, 1 Lm überspr, 1 tliM, 1 Lm überspr. Ab * wdh bis 3 M, 1 tStbG, 1 Lm überspr, 1 tliM, Rdm links.

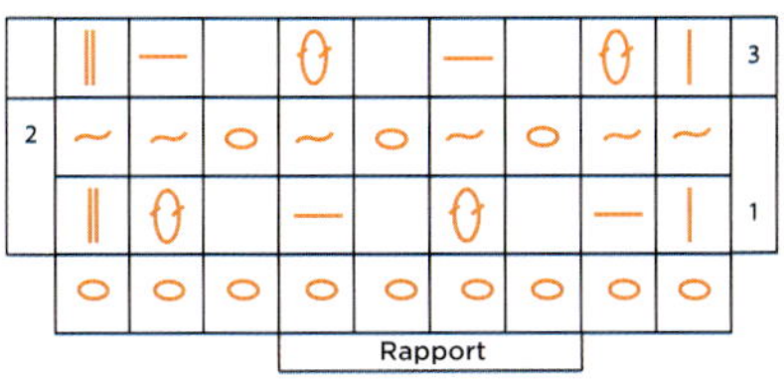

Schritt 4 Wdh Schritt 2.

Schritt 5 Rdm rechts, 1 tliM, * 1 Lm überspr, 1 tStbG, 1 Lm überspr, 1 tliM. Ab * wdh bis 2 M, 1 Lm überspr, 1 tStbG, Rdm links.

Schritt 6 Wdh Schritt 2.

Schritt 7 Wdh Schritte 3-6.

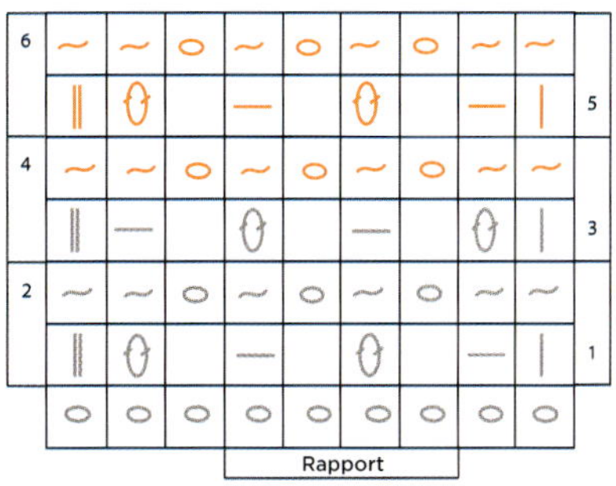

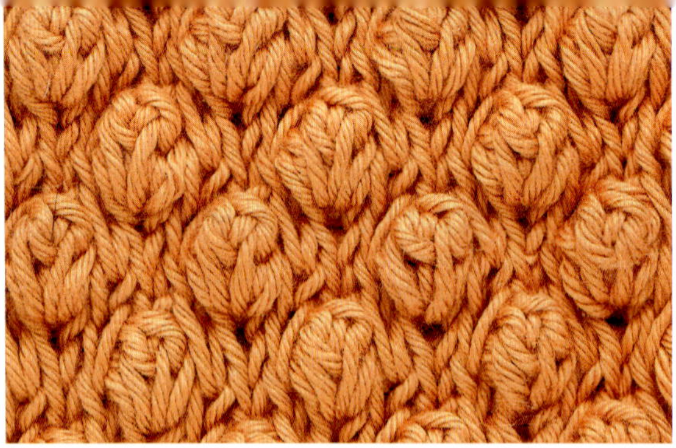

41 Stäbchen in Waben

Dieses stark strukturierte Muster ist optimal für einen Schal oder als Hutkrempe.

Spezielle Masche
tStbG aus 4 tStb in 1 M zus abm (4 tunesische Stäbchen in 1 Masche und zusammen abmaschen): [1 U, Nd einstechen wie für tSst, Faden holen, durchziehen, Faden holen, 2 Schlingen abm] 4x in dieselbe M, Faden holen, 4 Schlingen abm.

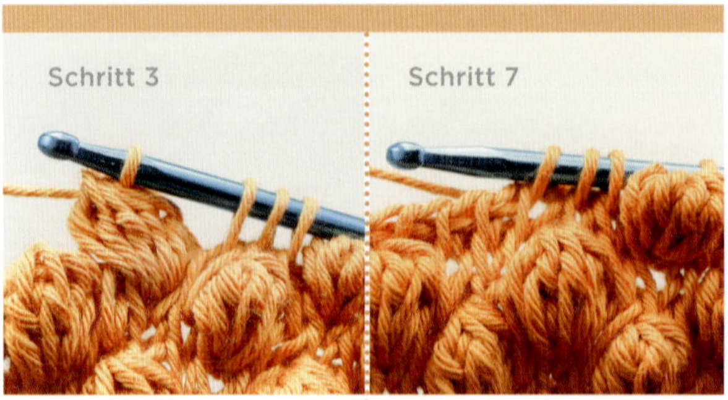

Maschenzahl teilbar durch 4 + 5.

Schritte 1-2 Grund-R arb (Seite 16).

Schritt 3 Rdm rechts, 1 tSst, * 1 tStbG, 3 tSst. Ab * wdh Ende, enden mit 1 tSst, Rdm links.

Schritt 4 Wdh Schritt 2.

Schritt 5 Rdm rechts, * 1 tSst in jede M bis Ende, Rdm links.

Schritt 6 Wdh Schritt 2.

Schritt 7 Rdm rechts, 3 tSst, * 1 tStbG, 3 tSst. Ab * wdh bis Ende, Rdm links.

Schritt 8 Wdh Schritte 2-7, enden mit Schritt 2.

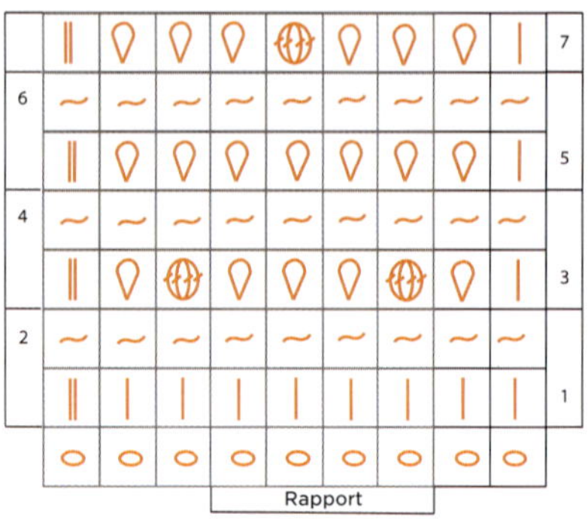

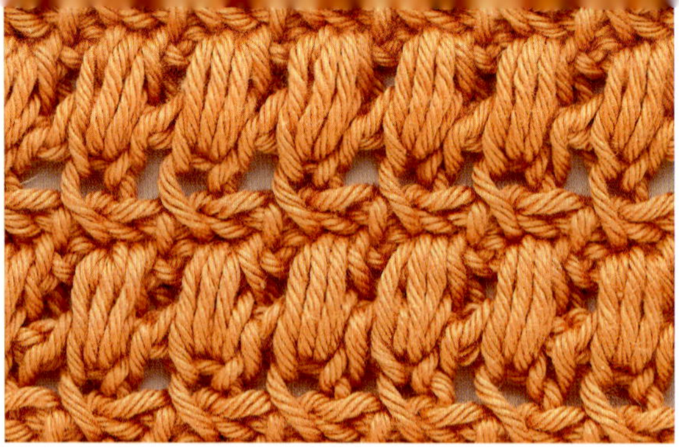

42 Büschel in Rauten

Dieses offene Muster ist sehr hübsch für Schals und Umhänge. Durch Umschläge entsteht ein leichter, luftiger Stoff.

Spezielle Masche
Büschel-M aus 3 htStb (3 halbe tunesische Stäbchen in 1 Masche und zusammen abmaschen): [1 U, Nd einstechen wie für tSst, Faden holen, durchziehen] 3x in dieselbe M, Faden holen, 6 Schlingen abm.

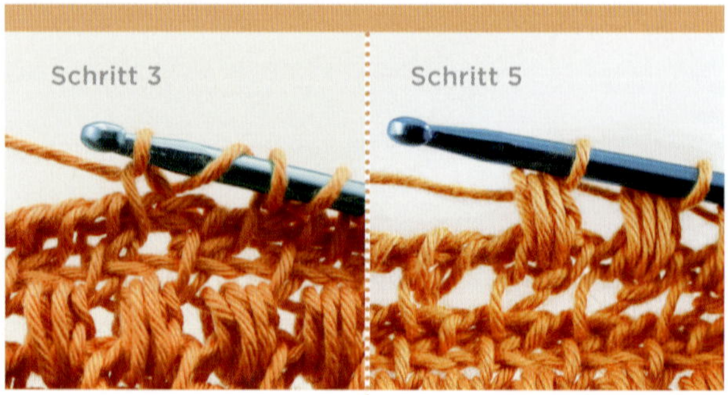

Maschenzahl teilbar durch 2 + 3.

Schritte 1-2 Grund-R arb (Seite 16).

Schritt 3 Rdm rechts, 1 U, 1 M überspr, * 1 tSst, 1 U, 1 M überspr. Ab * wdh bis Ende, Rdm links.

Schritt 4 Wdh Schritt 2.

Schritt 5 Rdm rechts, 1 M überspr, * 1 Büschel-M, 1 M überspr. Ab * wdh bis Ende, Rdm links.

Schritt 6 Faden holen, 1 Schlinge abm, * 1 Lm, Faden holen, 2 Schlingen abm. Ab * wdh bis 1 Schlinge auf der Nd.

Schritt 7 Rdm rechts, 1 tGst in jede Lm und jede M bis Ende, Rdm links.

Schritt 8 Wdh Schritte 2-7, enden mit Schritt 2.

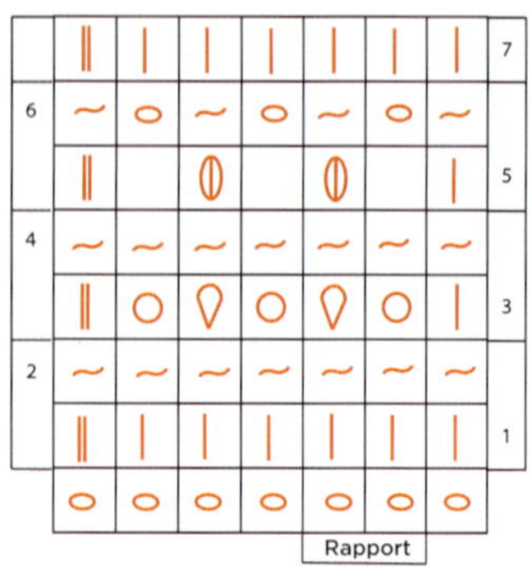

43 Rauten-Lochmuster I

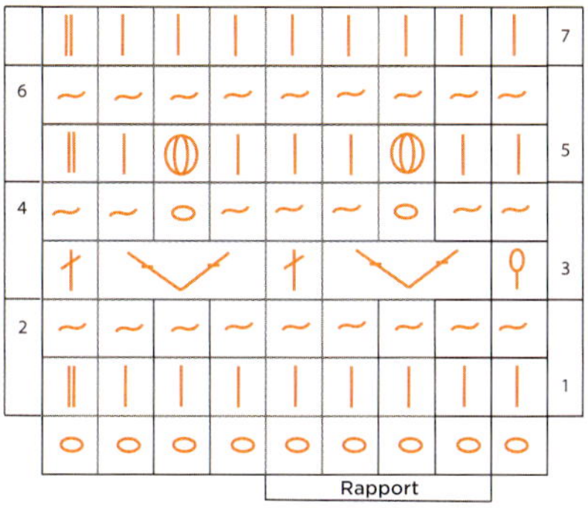

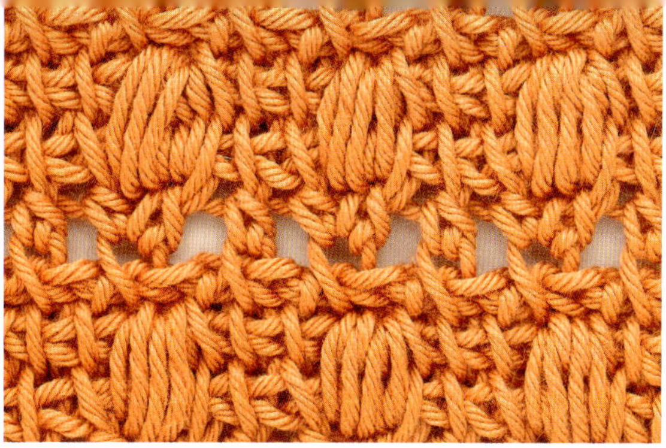

Die offene Textur lässt den Stoff attraktiv fallen und macht ihn ideal für Kleidungsstücke und Tücher. Den Hintergrund der Büschel bilden hier einfache tunesische Grundstiche, die von Lochmusterreihen unterbrochen werden.

Schritt 3

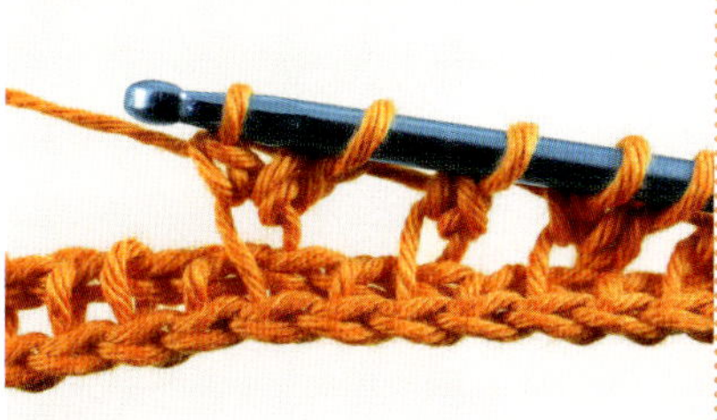

Schritt 4

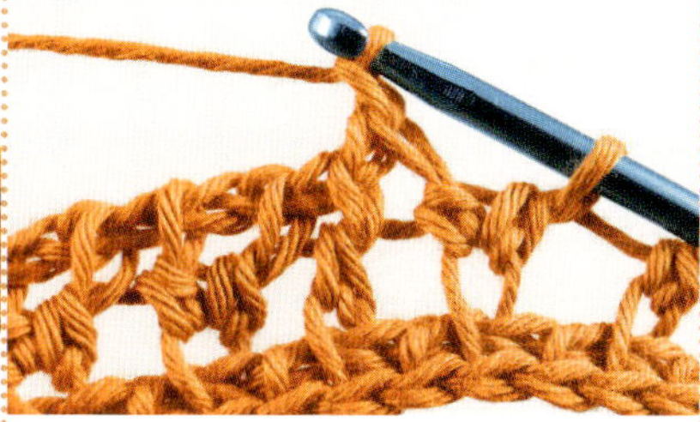

Schritt 5

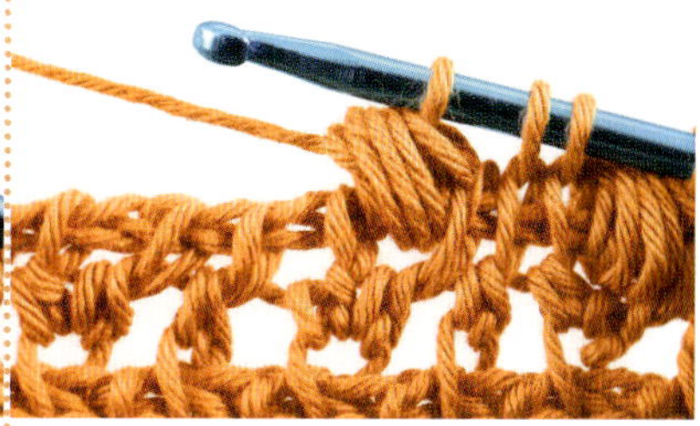

Maschenzahl teilbar durch 4 + 1.

Spezielle Masche
Büschel-M aus 4 htStb zus (4 halbe tunesische Stäbchen in 1 Masche und zusammen abmaschen): [1 U, Nd einstechen wie für tFst, Faden holen, durchziehen] 4x in dieselbe Lm-Lücke, Faden holen, 8 Schlingen abm.

Schritte 1-2 Grund-R arb (Seite 16).

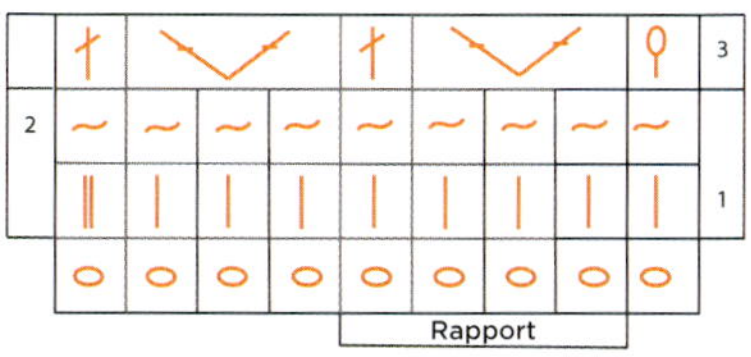

Schritt 3 1 Lm, Rdm rechts, * 1 M überspr, 2 tStb in die nächste M, 1 M überspr, 1 tStb. Ab * wdh bis Ende, enden mit 1 tStb in die Rdm.

Schritt 4 Faden holen, 1 Schlinge abm, Faden holen, 2 Schlingen abm, * 1 Lm, [Faden holen, 2 Schlingen abm] 3x. Ab * wdh bis Ende, enden mit [Faden holen, 2 Schlingen abm] 2x.

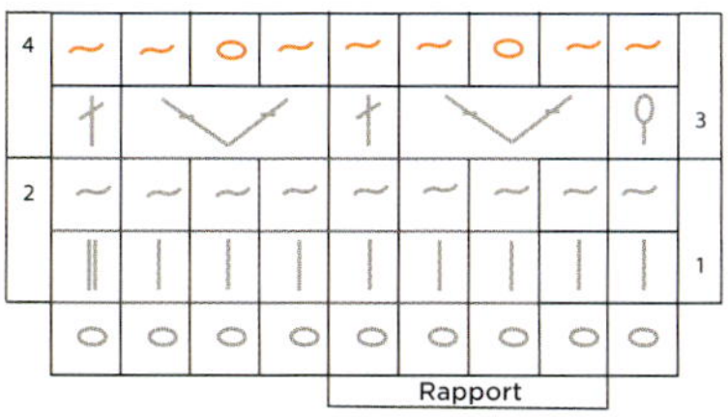

Schritt 5 Rdm rechts, 1 tGst, 1 Büschel-M in Lm-Lücke, * 3 tGst, 1 Büschel-M in Lm-Lücke. Ab * wdh bis 1 M, 1 tGst, Rdm links.

Schritt 6 Wdh Schritt 2.

Schritt 7 Rdm rechts, * 1 tGst in jede M bis Ende, Rdm links.

Schritt 8 Wdh Schritte 2-7, enden mit Schritt 2.

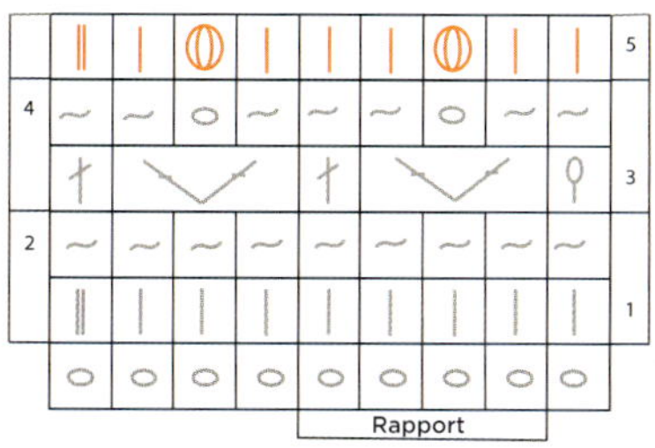

44 Muscheln & Büschel

Das Muster ergibt einen festen, texturierten Stoff mit gutem Fall, der sich für sehr viele Projekte eignet. Experimentieren Sie mit unterschiedlichen Garnstärken, um interessante Effekte zu erzielen. Jede Reihe ist spannend! Während in der Hinreihe die Büschelmaschen und V-Stiche entstehen, werden die Maschen in der Rückreihe zu Muscheln verbunden. Die Arbeitsschlinge auf der Nadel wird als erste Masche der jeweiligen Muschel gezählt.

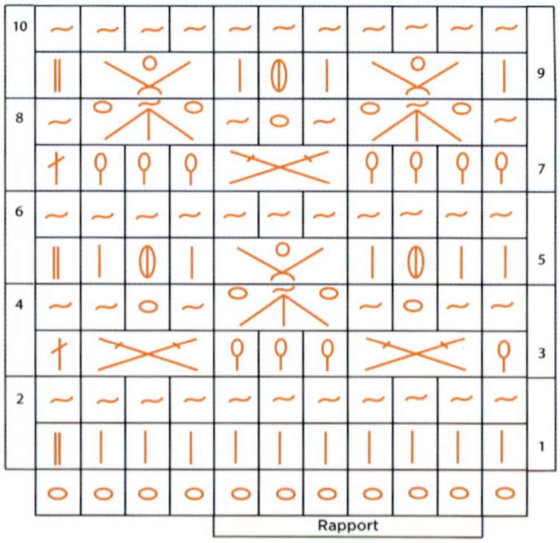

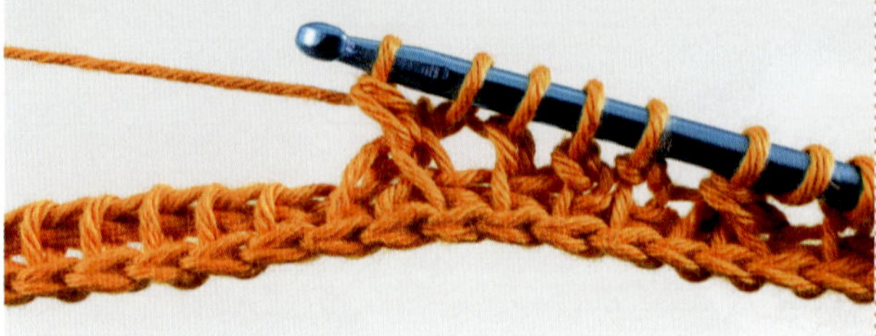
Schritt 3

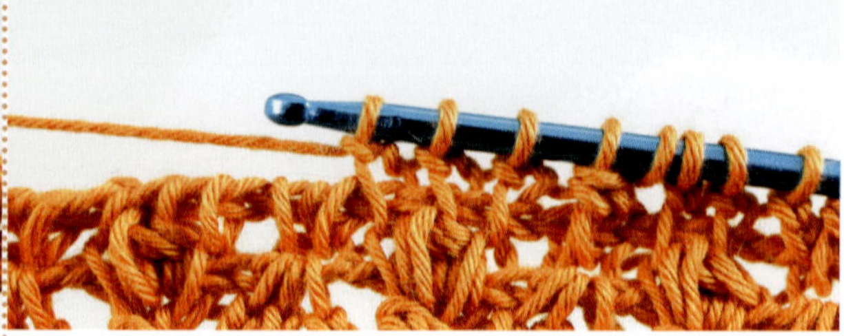
Schritt 7

Maschenzahl teilbar durch 6 + 5.

Spezielle Maschen
2 gekreuzte tStb (2 gekreuzte tunesische Stäbchen): 2 M überspr, 1 tStb, 1 tStb in die 1. übersprungene M (M in der Mitte bleibt unbearbeitet).

verl tGst (verlängerter tunesischer Grundstich): Von rechts nach links in das vordere senkrechte M-Glied einstechen, Faden holen, durchziehen, 1 Lm.

Büschel-M aus 3 htStb (3 halbe tunesische Stäbchen in 1 Masche und zusammen abmaschen): [1 U, Nd einstechen wie für tFst, Faden holen, durchziehen] 3x in dieselbe Lm-Lücke, Faden holen, 6 Schlingen abm.

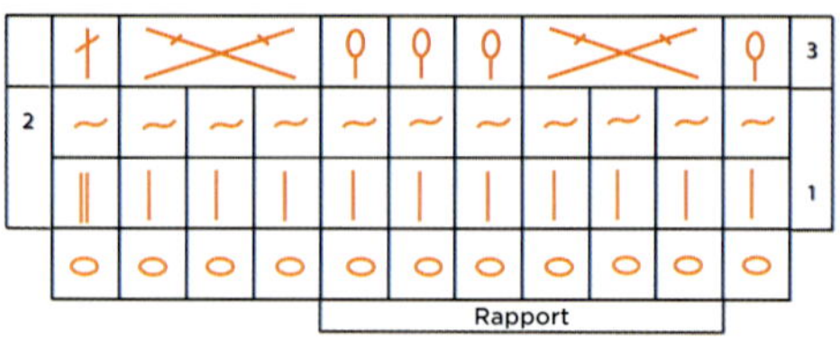

V-Stich: [1 tGst, 1 U, 1 tGst] in die obere Schlinge der Muschel.

Schritte 1-2 Grund-R arb (Seite 16).

Schritt 3 1 Lm, Rdm rechts, 2 gekreuzte tStb, * 3 verl tGst, 2 gekreuzte tStb. Ab * wdh bis Ende, 1 tStb in die Rdm.

Schritt 4 Faden holen, 1 Schlinge abm, * Faden holen, 2 Schlingen abm, 1 Lm, Faden holen, 2 Schlingen abm, 1 Lm, Faden holen, 4 Schlingen abm (Muschel), 1 Lm. Ab * wdh bis 4 Schlingen, Faden holen, 2 Schlingen abm, 1 Lm, [Faden holen, 2 Schlingen abm] 2x.

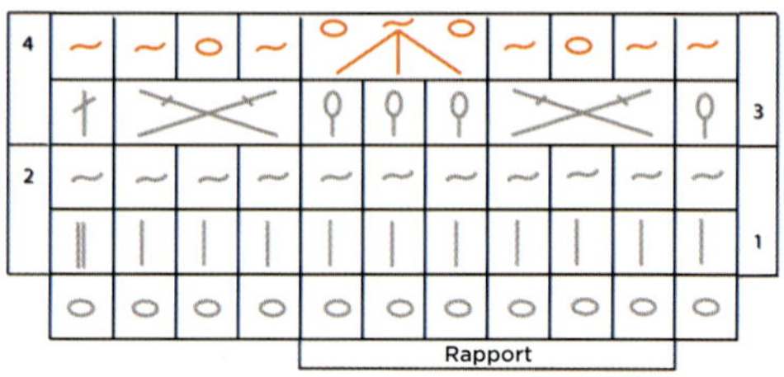

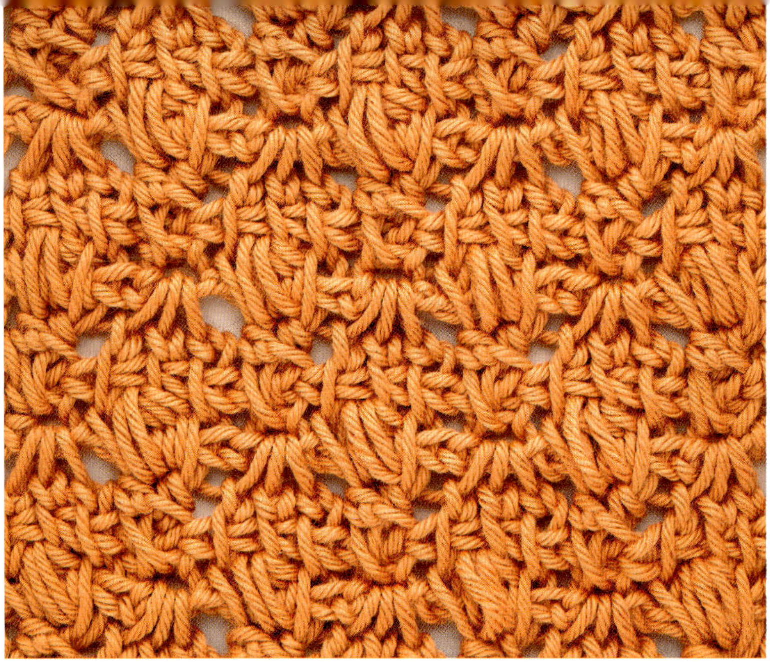

Schritt 9

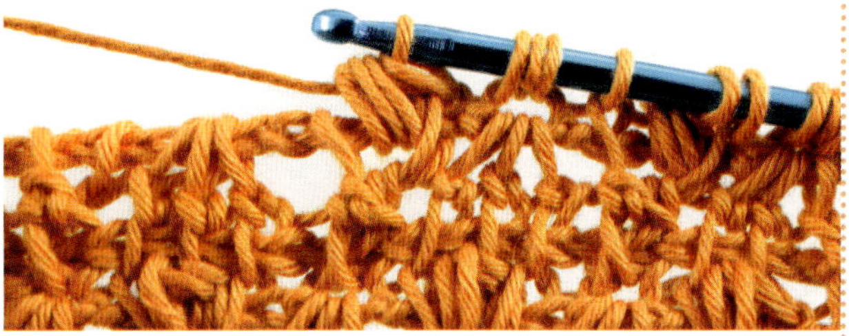

Schritt 5 Rdm rechts, 1 tGst, 1 Büschel-M in Lm-Lücke, 1 tGst, * 1 Lm überspr, 1 V-Stich in die obere Schlinge der Muschel, 1 Lm überspr, 1 tGst, 1 Büschel-M in Lm-Lücke, 1 tGst. Ab * wdh bis Ende, Rdm links.

Schritt 6 Wdh Schritt 2.

Schritt 7 1 Lm, Rdm rechts, 3 verl tGst, * 2 gekreuzte tStb, 3 verl tGst. Ab * wdh bis Ende, 1 tStb in die Rdm.

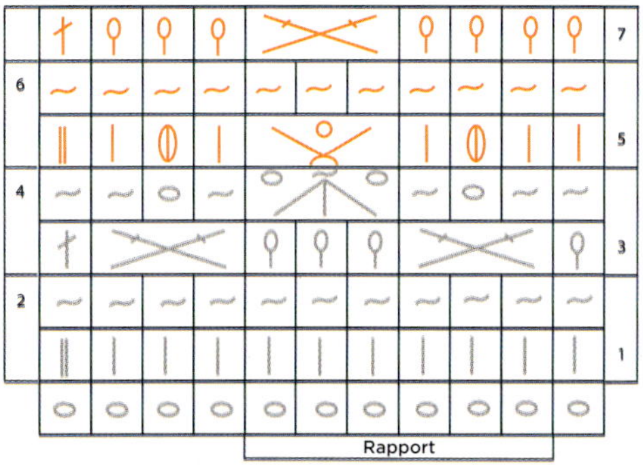

Schritt 8 Faden holen, 1 Schlinge abm, 1 Lm, Faden holen, 4 Schlingen abm (Muschel), 1 Lm, * [Faden holen, 2 Schlingen abm, 1 Lm] 2x, Faden holen, 4 Schlingen abm (Muschel), 1 Lm. Ab * wdh bis 2 Schlingen, Faden holen, 2 Schlingen abm.

Schritt 9 Rdm rechts, 1 Lm überspr, 1 V-Stich in die obere Schlinge der Muschel, 1 Lm überspr, * 1 tGst, 1 Büschel-M in Lm-Lücke, 1 tGst, 1 Lm überspr, 1 V-Stich in die obere Schlinge der Muschel, 1 Lm überspr. Ab * wdh bis Ende, Rdm links.

Schritt 10 Wdh Schritt 2.

Schritt 11 Wdh Schritte 3-10.

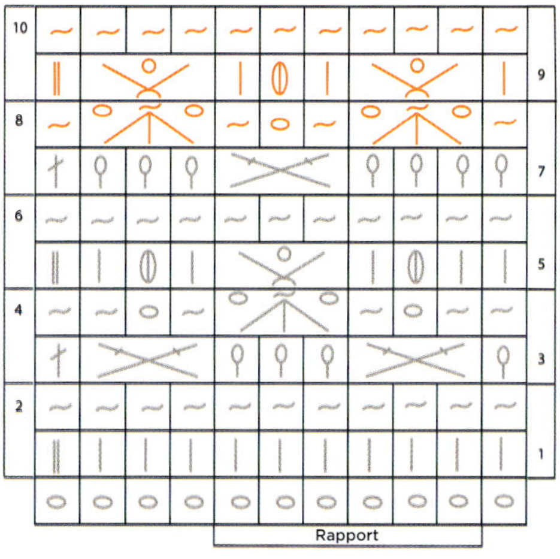

45 Herzen in Streifen

Dieses süße Muster ist perfekt für große Projekte wie Decken. Mit einer größeren Nadel als für das Garn empfohlen wird der Stoff geschmeidiger. Die offenen Büschelmaschen entstehen durch viele Umschläge in der Hinreihe und werden in der Rückreihe geschlossen. In der Hinreihe wird also zu-, in der Rückreihe abgenommen. Die Arbeitsschlinge auf der Nadel wird als erste Masche der jeweiligen Büschelmasche gezählt.

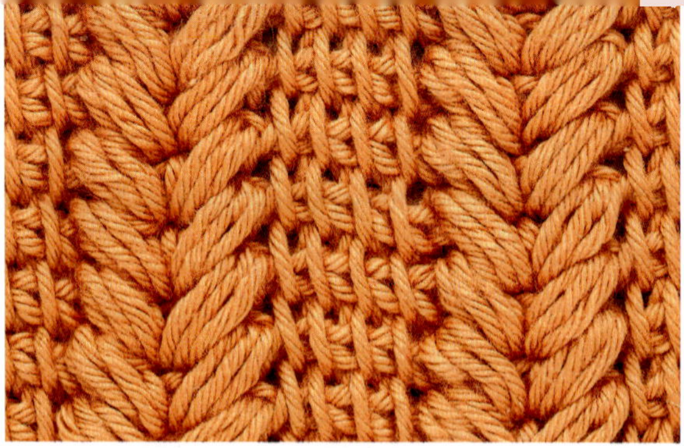

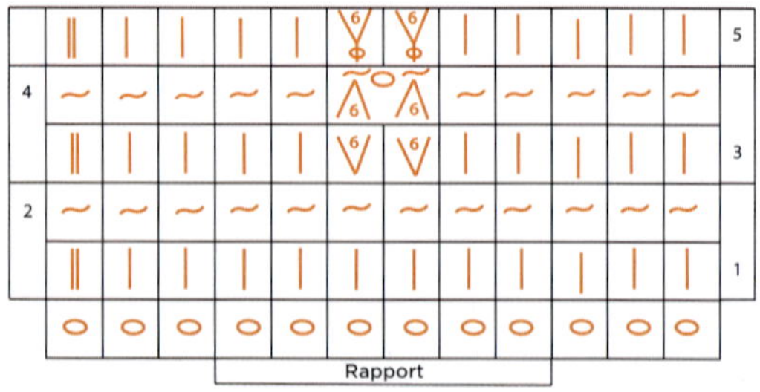

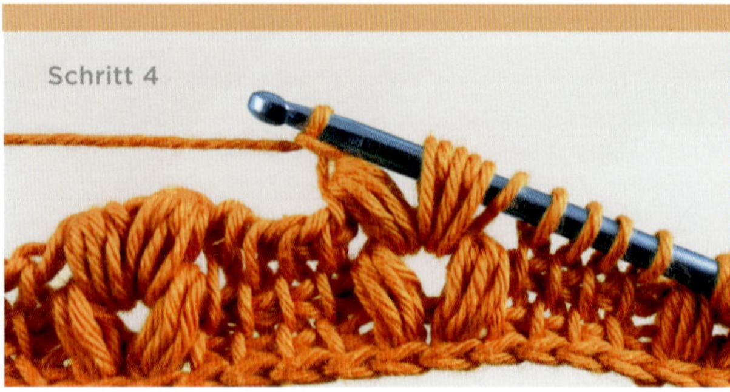

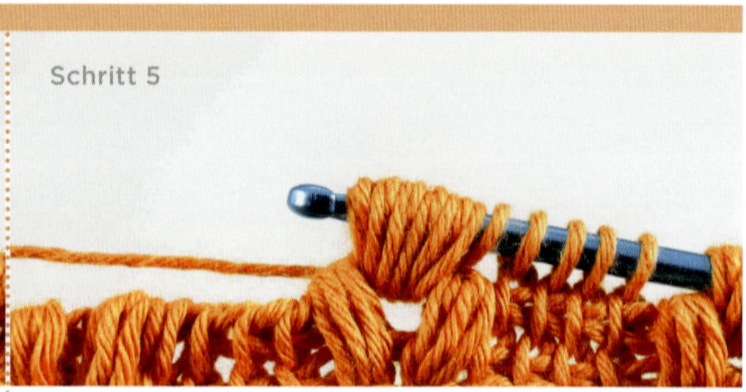

Maschenzahl teilbar durch 6 + 6.

Spezielle Masche
offene Büschel-M (offene Büschelmasche): locker arb – [1 U, bei M die Nd einstechen wie für tSst bzw. bei Lm-Lücke wie für tFst, Faden holen, durchziehen] 3x in dieselbe Stelle, 6 Schlingen auf Nd lassen.

Schritte 1-2 Grund-R arb (Seite 16).

Schritt 3 Rdm rechts, 4 tGst, * [1 offene Büschel-M] 2x, 4 tGst. Ab * wdh bis Ende, Rdm links.

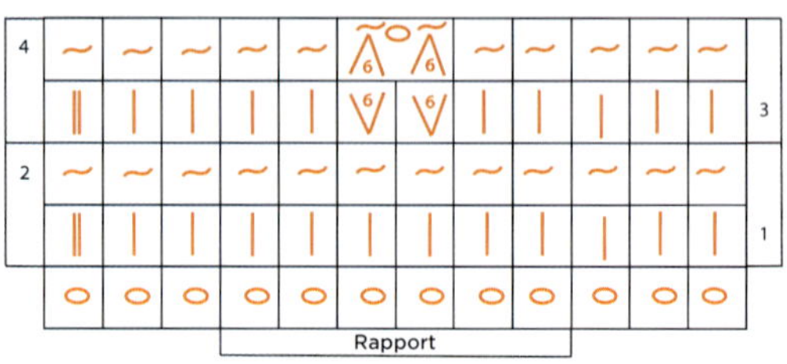

Schritt 4 Faden holen, 1 Schlinge abm, [Faden holen, 2 Schlingen abm] 4x, * Faden holen, 7 Schlingen abm, 1 Lm, Faden holen, 7 Schlingen abm, [Faden holen, 2 Schlingen abm] 4x. Ab * wdh bis 2 Schlingen, Faden holen, 2 Schlingen abm.

Schritt 5 Rdm rechts, 4 tGst, * 1 offene Büschel-M überspr, 2 offene Büschel-M in dieselbe Lm-Lücke, 1 offene Büschel-M überspr, 4 tGst. Ab * wdh bis Ende, Rdm links.

Schritt 6 Wdh Schritte 4-5, enden mit Schritt 4.

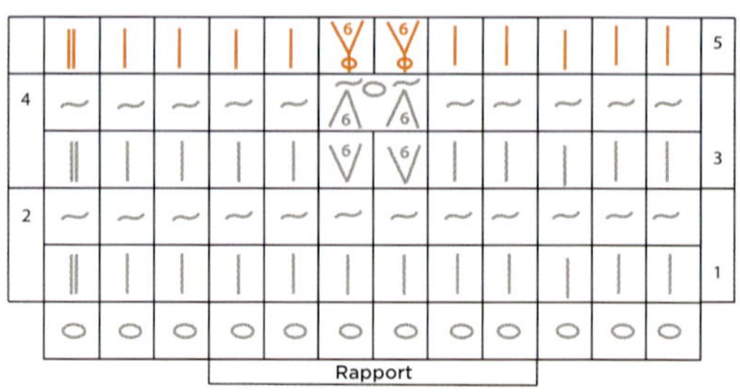

46 Herzmuster

Hier sitzen Herzen dicht an dicht! Es entsteht ein wunderschöner Stoff für Decken und Kissen, der viel Garn benötigt und sehr fest ist. Die offenen Büschelmaschen entstehen durch viele Umschläge in der Hinreihe und werden erst in der Rückreihe geschlossen. Dabei müssen die Büschelmaschen sehr locker gehäkelt werden. In der Hinreihe wird zu-, in der Rückreihe abgenommen. Die Arbeitsschlinge auf der Nadel wird als erste Masche der jeweiligen Büschelmasche gezählt.

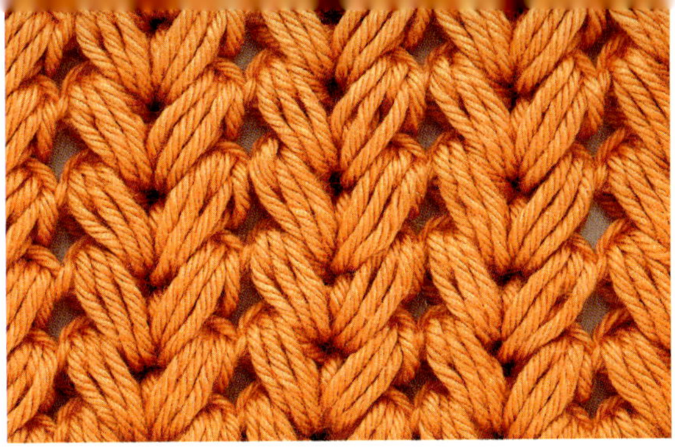

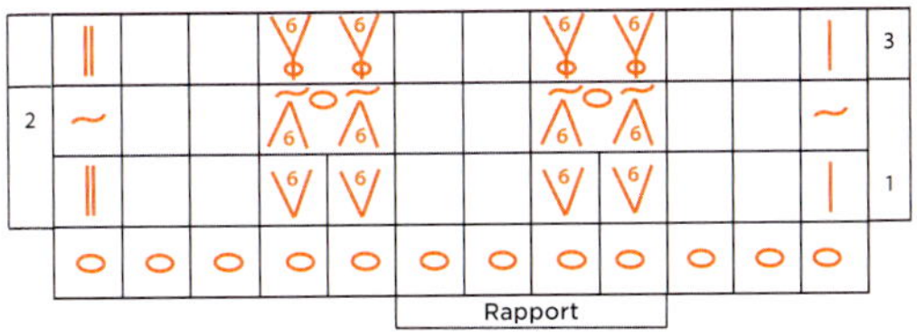

Schritt 2

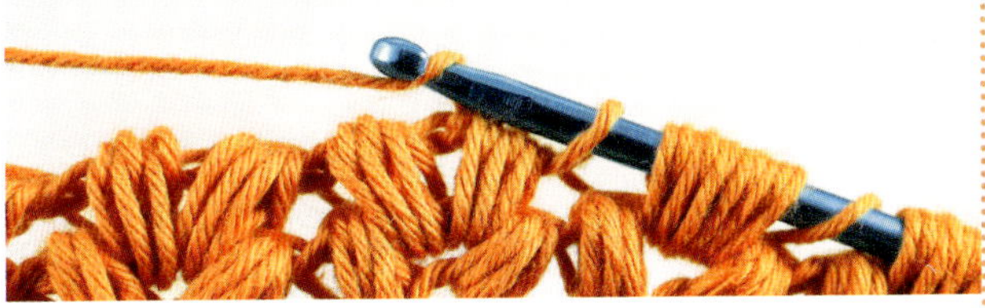

Schritt 3

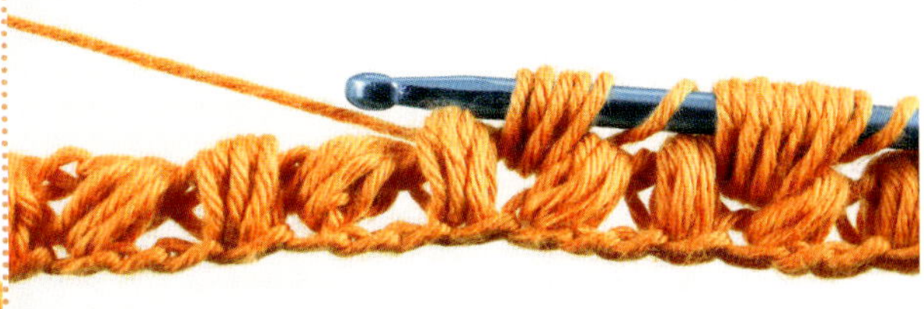

Maschenzahl teilbar durch 4 + 4.

Spezielle Masche
offene Büschel-M (offene Büschelmasche): locker arb – [1 U, Nd in Lm-Lücke wie für tFst einstechen (oder in die hintere Querrippe der Lm bei Grund-R), Faden holen, durchziehen] 3x in dieselbe Stelle, 6 Schlingen auf Nd lassen.

Schritt 1 3 Lm überspr, * [1 offene Büschel-M] 2x, 2 Lm überspr. Ab * wdh bis letzte Lm, 1 tGst in Rdm.

Schritt 2 Faden holen, 1 Schlinge abm, * Faden holen, 7 Schlingen abm, 1 Lm, Faden holen, 7 Schlingen abm. Ab * wdh bis 2 Schlingen, Faden holen, 2 Schlingen abm.

Schritt 3 Rdm rechts, * 1 offene Büschel-M überspr, 2 offene Büschel-M in dieselbe Lm-Lücke, 1 offene Büschel-M überspr. Ab * wdh bis Ende, Rdm links.

Schritt 4 Wdh Schritte 2-3, enden mit Schritt 2.

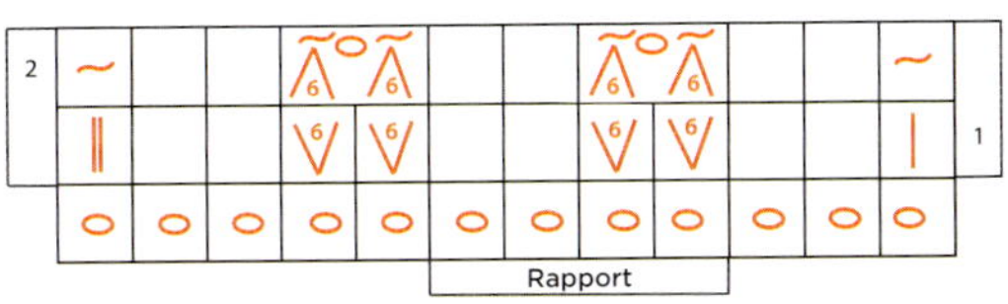

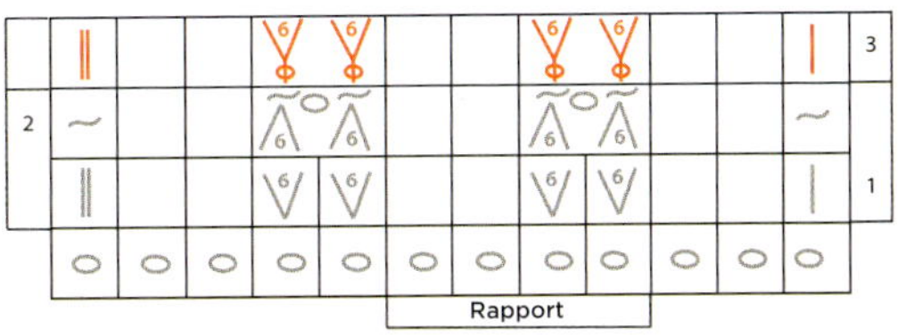

47 Blätter

Dieses atemberaubende Muster macht als Verzierung ein schlichtes Kleidungsstück zu einem Kunstwerk. Auch für eine Stola ist es eine gute Wahl. Es eignet sich wunderbar für weiche Sportgarne. Die offenen Büschelmaschen werden wie V-Stiche in der Hinreihe aufgenommen und in der Rückreihe abgemascht. Die Arbeitsschlinge auf der Nadel wird als erste Masche der jeweiligen Büschelmasche gezählt.

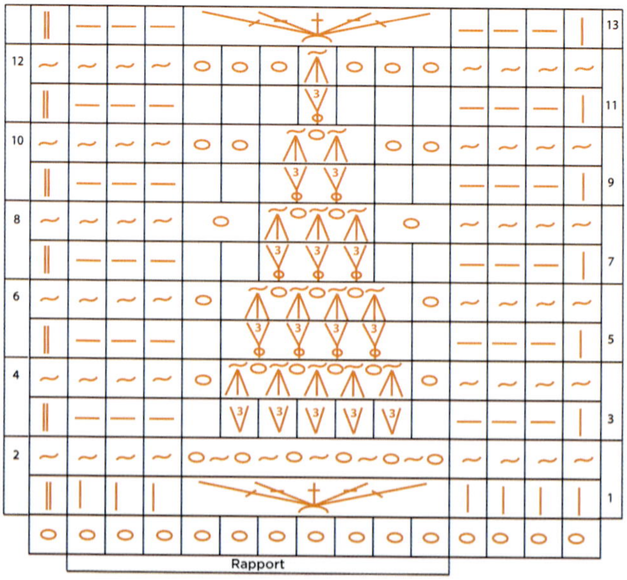

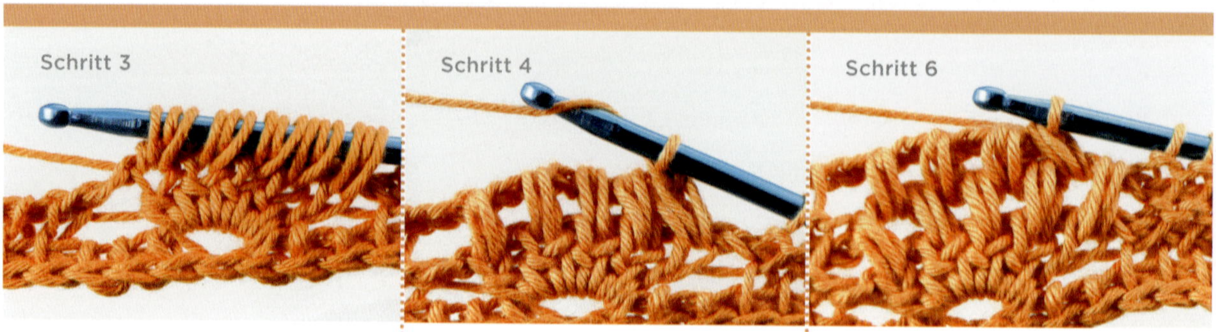

Maschenzahl teilbar durch 10 + 5.

Schritt 1 1 tGst in 2. Lm, 2 tGst, * 3 Lm überspr, 1 Fächer in 1 Lm, 3 Lm überspr, 3 tGst. Ab * wdh bis letzte Lm, 1 tGst.

Schritt 2 Faden holen, 1 Schlinge abm, [Faden holen, 2 Schlingen abm] 3x, * [1 Lm, Faden holen, 2 Schlingen abm] 6x, [Faden holen, 2 Schlingen abm] 2x. Ab * wdh bis 2 Schlingen, Faden holen, 2 Schlingen abm.

Schritt 3 Rdm rechts, 3 tliM, * 1 Lm überspr, [1 offene Büschel-M, 1 Lm überspr] 5x, 3 tliM. Ab * wdh bis Ende, Rdm links.

Schritt 4 Faden holen, 1 Schlinge abm, [Faden holen, 2 Schlingen abm] 3x, * 1 Lm, [Faden holen, 4 Schlingen abm, 1 Lm] 5x, [Faden holen, 2 Schlingen abm) 3x. Ab * wdh bis 2 Schlingen, Faden holen, 2 Schlingen abm.

Schritt 5 Rdm rechts, 3 tliM, * 1 Lm und 1 M überspr, [1 offene Büschel-M in Lm-Lücke, 1 M überspr] 4x, 1 Lm überspr, 3 tliM. Ab * wdh bis Ende, Rdm links.

Schritt 6 Faden holen, 1 Schlinge abm, [Faden holen, 2 Schlingen abm] 3x, * 1 Lm, [Faden holen, 4 Schlingen abm, 1 Lm] 4x, [Faden holen, 2 Schlingen abm] 3x. Ab * wdh bis 2 Schlingen, Faden holen, 2 Schlingen abm.

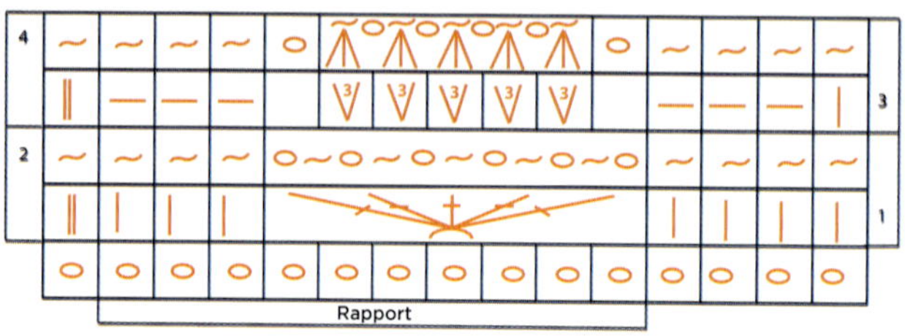

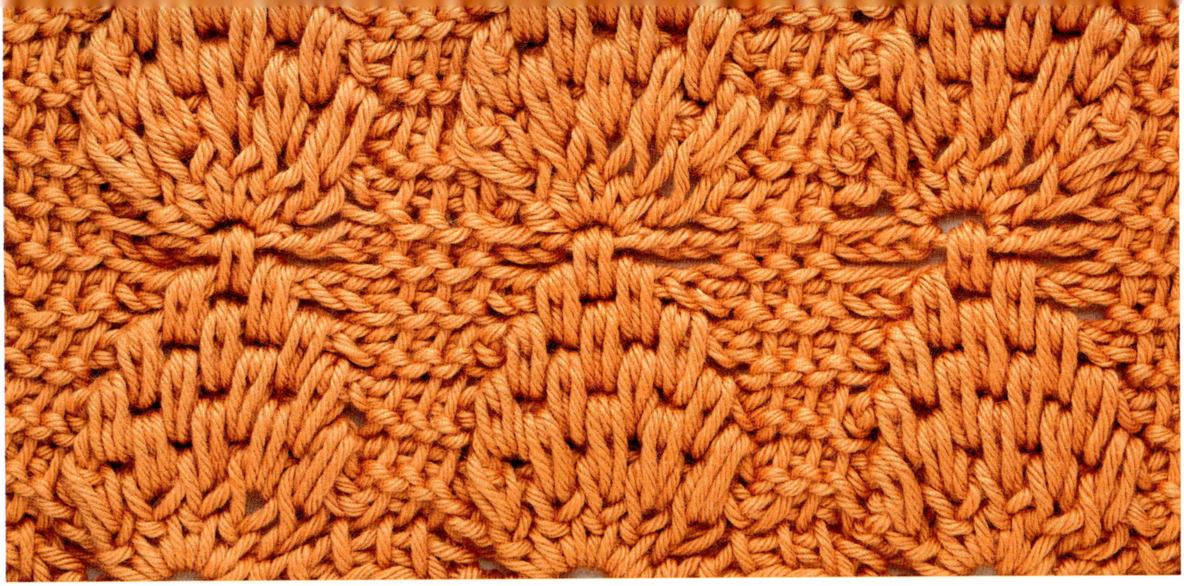

Spezielle Maschen
Fächer: Nd oben in die offene Büschel-M einstechen (oder in die hintere Querrippe der Lm bei Grund-R), 5 tStb in dieselbe Stelle.

offene Büschel-M (offene Büschelmasche): locker arb – bei M die Nd einstechen wie für tSst bzw. bei Lm-Lücke wie für tFst, Faden holen, durchziehen, 1 U, Nd an selber Stelle einstechen, Faden holen, durchziehen, 3 Schlingen auf Nd lassen.

Schritt 7

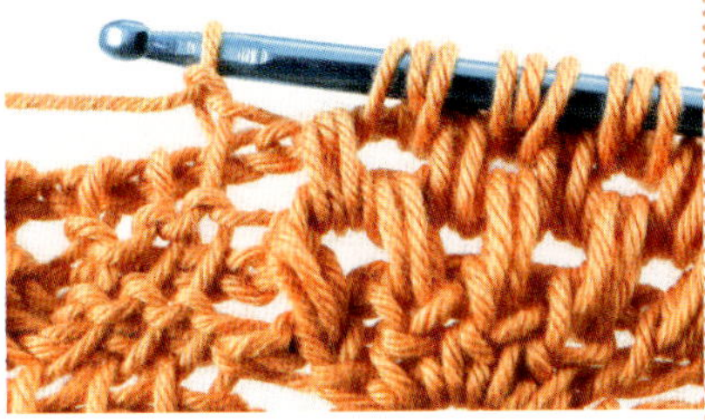

Schritt 11

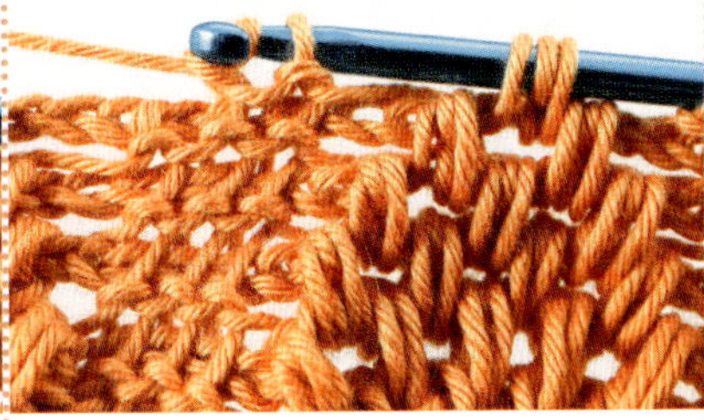

Schritt 13

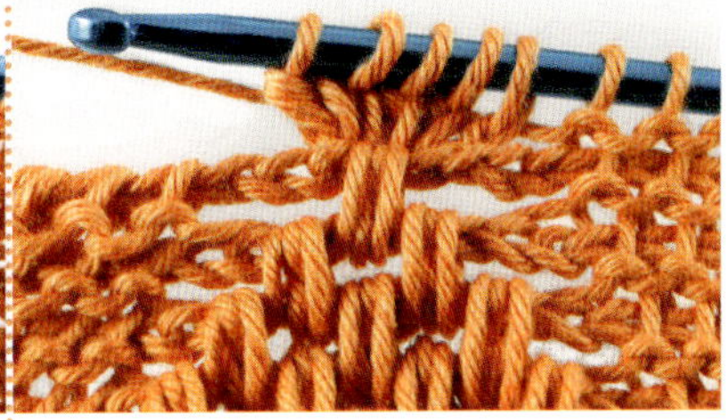

Schritt 7 Rdm rechts, 3 tliM, * 1 Lm und 1 M überspr, [1 offene Büschel-M in Lm-Lücke, 1 M überspr] 3x, 1 Lm überspr, 3 tliM. Ab * wdh bis Ende, Rdm links.

Schritt 8 Faden holen, 1 Schlinge abm, [Faden holen, 2 Schlingen abm] 3x, * 1 Lm, [Faden holen, 4 Schlingen abm, 1 Lm] 3x, [Faden holen, 2 Schlingen abm] 3x. Ab * wdh bis 2 Schlingen, Faden holen, 2 Schlingen abm.

Schritt 9 Rdm rechts, 3 tliM, * 1 Lm und 1 M überspr, [1 offene Büschel-M in Lm-Lücke, 1 M überspr] 2x, 1 Lm überspr, 3 tliM. Ab * wdh bis Ende, Rdm links.

Schritt 10 Faden holen, 1 Schlinge abm, [Faden holen, 2 Schlingen abm] 3x, * 2 Lm, Faden holen, 4 Schlingen abm, 1 Lm, Faden holen, 4 Schlingen abm, 2 Lm, [Faden holen, 2 Schlingen abm] 3x. Ab * wdh bis 2 Schlingen, Faden holen, 2 Schlingen abm.

Schritt 11 Rdm rechts, 3 tliM, * 2 Lm und 2 M überspr, 1 offene Büschel-M in Lm-Lücke, 1 M und 2 Lm überspr, 3 tliM. Ab * wdh bis Ende, Rdm links.

Schritt 12 Faden holen, 1 Schlinge abm, [Faden holen, 2 Schlingen abm] 3x, * 3 Lm, Faden holen, 4 Schlingen abm, 3 Lm, [Faden holen, 2 Schlingen abm] 3x. Ab * wdh bis 2 Schlingen, Faden holen, 2 Schlingen abm.

Schritt 13 Rdm rechts, 3 tliM, * 3 Lm überspr, 1 Fächer in 1 offene Büschel-M, 3 Lm überspr, 3 tliM. Ab * wdh bis Ende, Rdm links.

Schritt 14 Wdh Schritte 2-13. Enden mit Schritt 12. Danach 1 Hinr mit 1 tGst in jede M, jedes hintere M-Glied der offenen Büschel-M und in jedes hintere M-Glied der Lm bis Ende. Dann die Grund-R 2 (Seite 16) arb und 1 R mit Km.

48 Kleine Blätter

Kleine Blütenblätter entfalten sich hier auf einem Hintergrund aus einfachen tunesischen Grundstichen. Sie sind perfekt als Bordüre an Kleidungsstücken oder Decken. Die offenen Büschelmaschen werden wie V-Stiche in der Hinreihe aufgenommen und in der Rückreihe abgemascht. Die Arbeitsschlinge auf der Nadel wird als erste Masche der jeweiligen Büschelmasche gezählt.

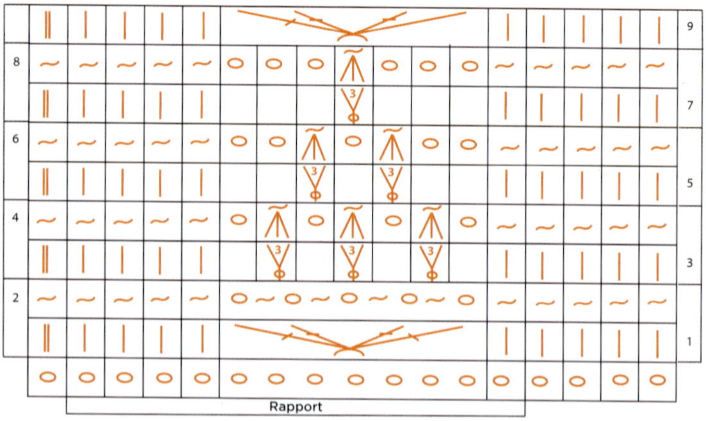

Schritt 2

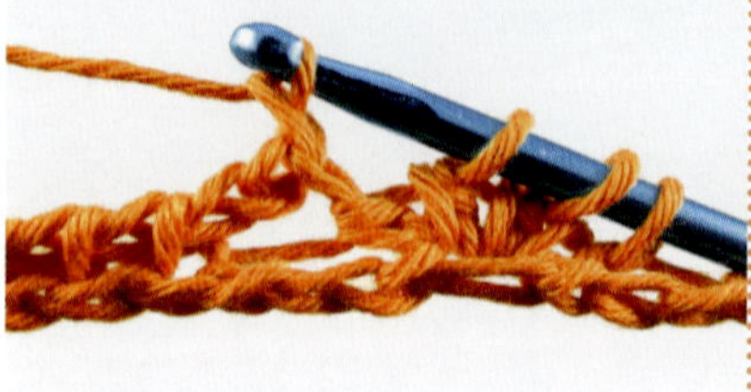

Schritt 3

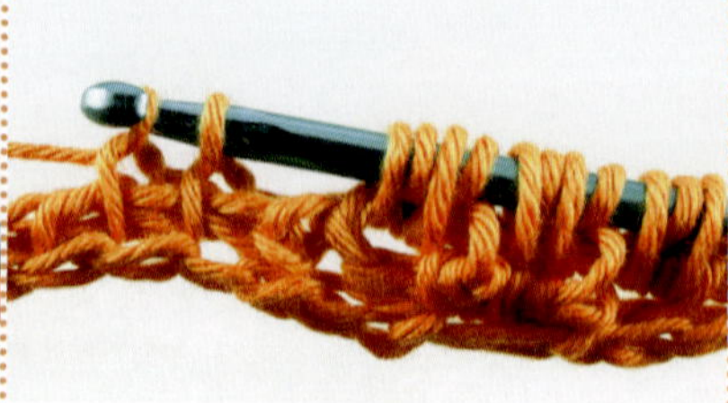

Schritt 4

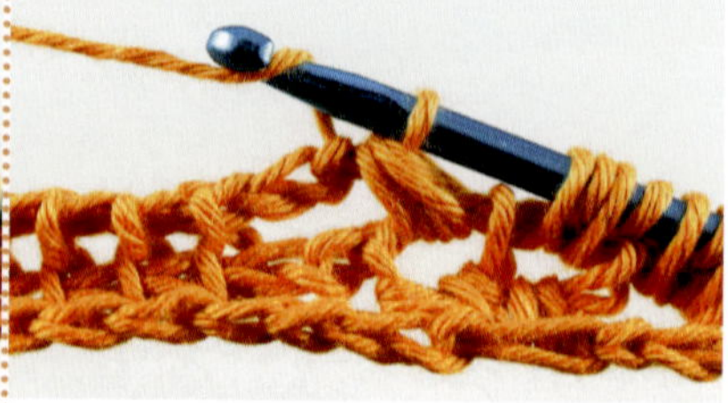

Maschenzahl teilbar durch 12 + 5.

Schritt 1 1 tGst in 2. Lm, 3 tGst, * 3 Lm überspr, 1 Fächer in 1 Lm, 3 Lm überspr, 5 tGst. Ab * wdh bis Ende.

Schritt 2 Faden holen, 1 Schlinge abm, [Faden holen, 2 Schlingen abm] 4x, * [1 Lm, Faden holen, 2 Schlingen abm] 5x, [Faden holen, 2 Schlingen abm] 4x. Ab * wdh bis 1 Schlinge auf Nd.

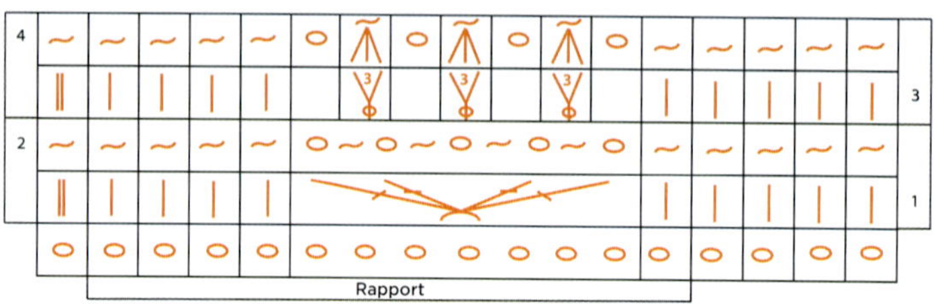

Schritt 3 Rdm rechts, 4 tGst, * 1 Lm und 1 M überspr, [1 offene Büschel-M in Lm-Lücke, 1 M überspr] 3x, 1 Lm überspr, 5 tGst. Ab * wdh bis Ende, letzte Wdh mit 4 tGst, Rdm links.

Schritt 4 Faden holen, 1 Schlinge abm, [Faden holen, 2 Schlingen abm] 4x, * 1 Lm, [Faden holen, 4 Schlingen abm, 1 Lm] 3x, [Faden holen, 2 Schlingen abm] 5x. Ab * wdh bis 1 Schlinge auf Nd.

Schritt 5 Rdm rechts, 4 tGst, * 1 Lm und 1 M überspr, [1 offene Büschel-M in Lm-Lücke, 1 M überspr] 2x, 1 Lm überspr, 5 tGst. Ab * bis Ende wdh, letzte Wdh mit 4 tGst, Rdm links.

Schritt 6 Faden holen, 1 Schlinge abm, [Faden holen, 2 Schlingen abm] 4x, * 2 Lm, Faden holen, 4 Schlingen abm, 1 Lm, Faden holen, 4 Schlingen abm, 2 Lm, [Faden holen, 2 Schlingen abm] 5x. Ab * wdh bis 1 Schlinge auf Nd.

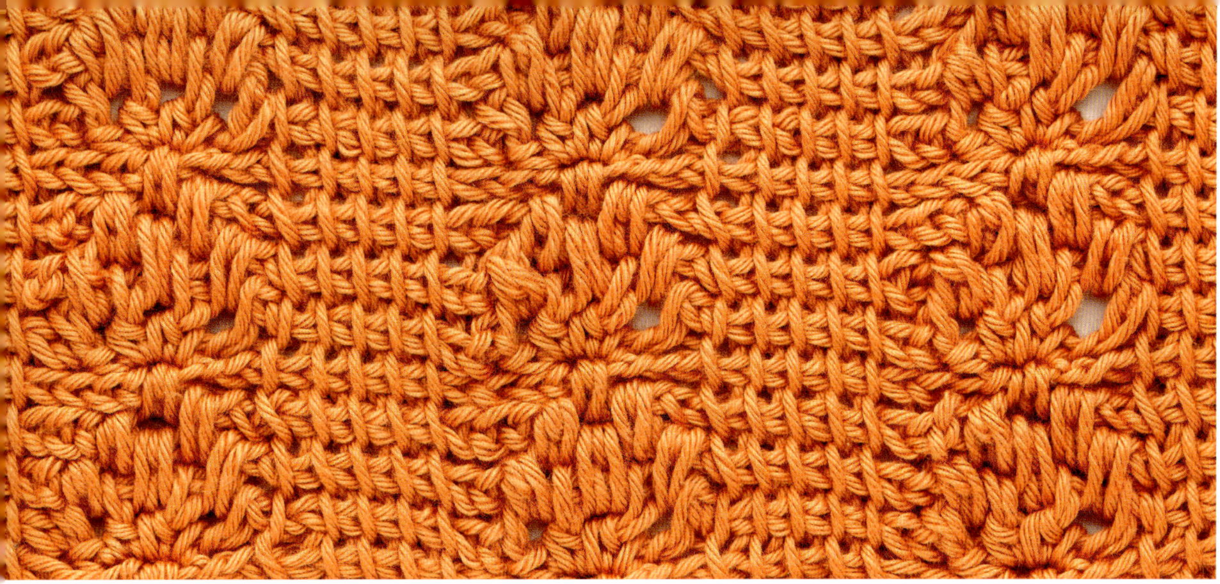

Spezielle Maschen
Fächer: Nd oben in die offene Büschel-M einstechen (oder in die hintere Querrippe der Lm bei Grund-R), 4 tStb in dieselbe Stelle.

offene Büschel-M (offene Büschelmasche): Locker arb, die Nd einstechen bei Lm-Lücke wie für tFst, Faden holen, durchziehen, 1 U, Nd an selber Stelle einstechen, Faden holen, durchziehen, 3 Schlingen auf Nd lassen.

Schritt 7

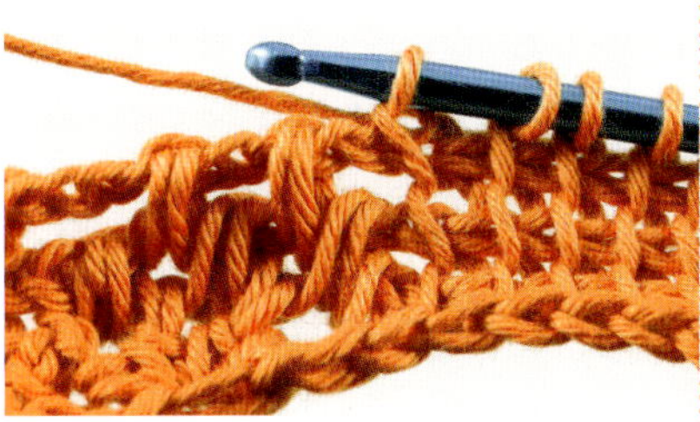

Schritt 8

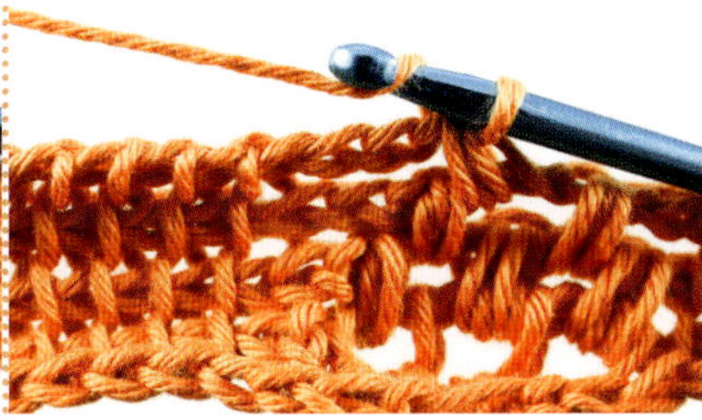

Schritt 9

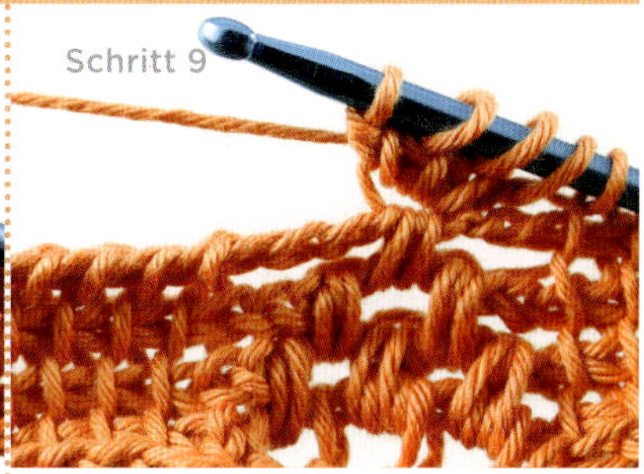

Schritt 7 Rdm rechts, 4 tGst, * 2 Lm und 1 M überspr, 1 offene Büschel-M in Lm-Lücke, 1 M und 2 Lm überspr, 5 tGst. Ab * bis Ende wdh, letzte Wdh mit 4 tGst, Rdm links.

Schritt 8 Faden holen, 1 Schlinge abm, [Faden holen, 2 Schlingen abm] 4x, * 3 Lm, Faden holen, 4 Schlingen abm, 3 Lm, [Faden holen, 2 Schlingen abm] 5x. Ab * wdh bis 1 Schlinge auf Nd.

Schritt 9 Rdm rechts, 4 tGst, * 3 Lm überspr, 1 Fächer in 1 offene Büschel-M, 3 Lm überspr, 5 tGst. Ab * bis Ende wdh, letzte Wdh mit 4 tGst, Rdm links.

Schritt 10 Wdh Schritte 2-9. Enden mit Schritt 8. Danach 1 Hinr mit 1 tGst in jede M, jedes hintere M-Glied der offenen Büschel-M und in jedes hintere M-Glied der Lm bis Ende. Dann die Grund-R 2 (Seite 16) und 1 R mit Km.

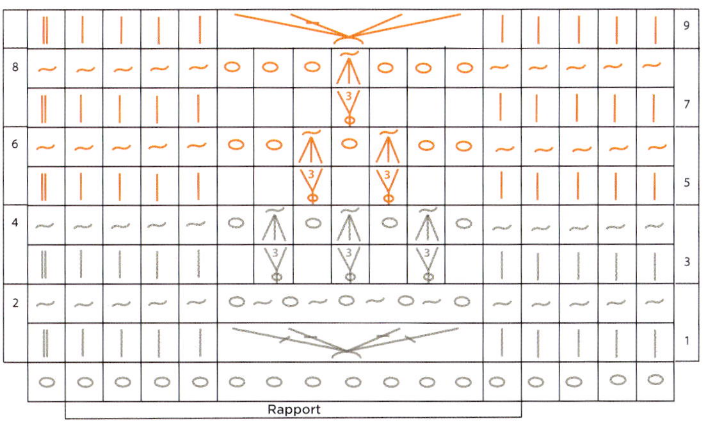

49 Sternstich

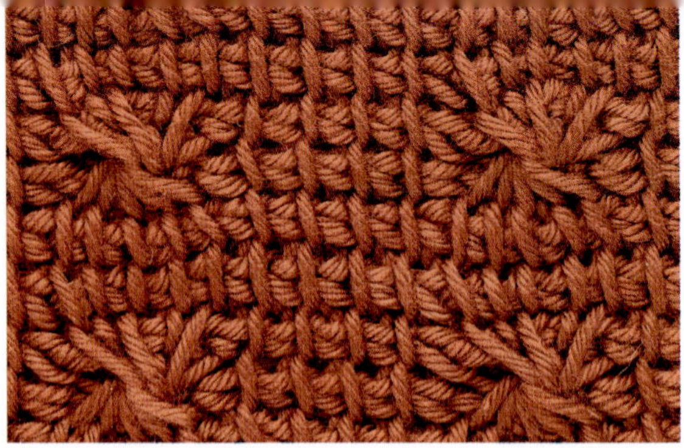

Dieses schöne Muster wirkt am besten mit weichem Garn, z. B. als Bordüre an einem Cardigan. Das Häkeln der Sterne erfordert zwar einige Konzentration, aber das Ergebnis entschädigt für jede Mühe. Die Sterne werden in einen Hintergrund aus einfachen tunesischen Grundstichen gesetzt, wodurch ein Stoff mit gutem Fall entsteht. Für die Sterne nimmt man zunächst Maschen ab, es folgt aber sofort eine Zunahme, um die Maschenzahl wieder herzustellen. Sterne bewirken, dass der Stoff sich zusammenzieht und somit recht fest wird.

Schritt 7

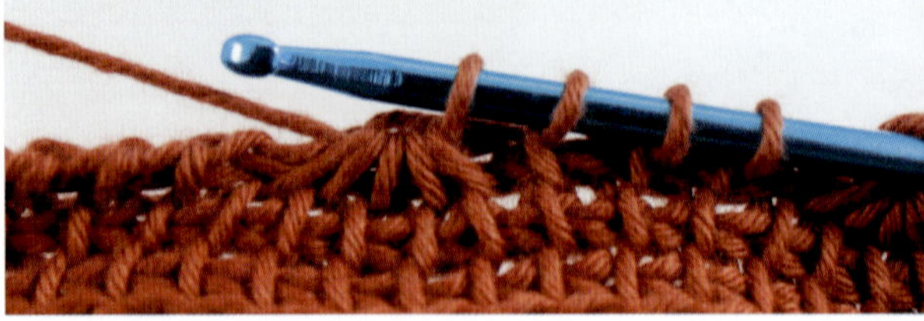

Schritt 7 (Fortsetzung)

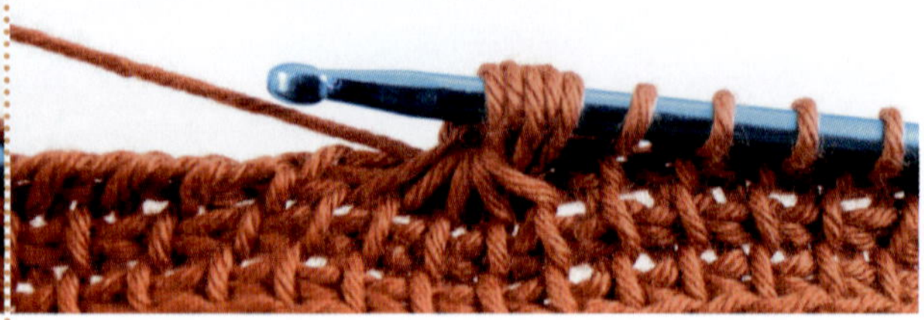

Maschenzahl teilbar durch 9 + 4.

Spezielle Masche
Stern aus 5 tGst (Stern aus 5 tunesischen Grundstichen): Nd gleichzeitig in die vorderen senkrechten M-Glieder von 5 M einstechen, Faden holen, durchziehen, [1 U, Nd in dieselben 5 M einstechen, Faden holen, durchziehen] 2x. 5 neue Schlingen zusätzlich auf Nd.

Schritte 1-2 Grund-R arb (Seite 16).

Schritt 3 Rdm rechts, 1 tGst in jede M bis Ende, Rdm links.

Schritte 4, 6, 8, 10, 12 Wdh Schritt 2.

Schritt 5 Wdh Schritt 3.

Schritt 7 Rdm rechts, 3 tGst, * 1 Stern aus 5 tGst, 4 tGst. Ab * wdh bis Ende, letzte Wdh mit 3 tGst, Rdm links.

Schritte 9, 11 Wdh Schritt 3.

Schritt 13 Wdh Schritte 5-12.

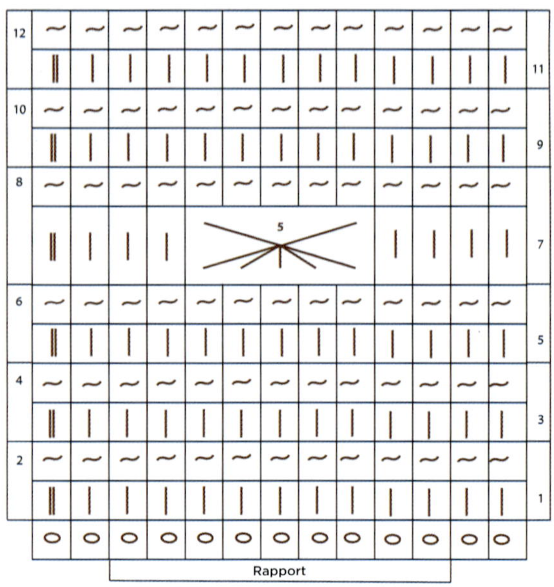

50 Versetzte Sterne

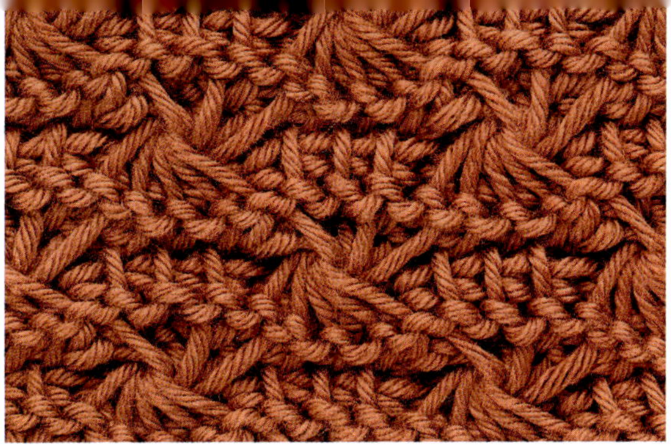

Sterne, dicht beisammen auf einem Hintergrund aus linken Maschen und Grundstichen ergeben eine interessante Textur. Die Sterne straffen den Stoff, deshalb ist es ratsam eine größere Nadel zu verwenden als das Garn vorgibt. Für die Sterne nimmt man zunächst Maschen ab, es folgt aber sofort eine Zunahme, um die ursprüngliche Maschenzahl wieder herzustellen.

Spezielle Masche
Stern aus 5 tGst (Stern aus 5 tunesischen Grundstichen): Nd gleichzeitig in die vorderen senkrechten M-Glieder von 5 M einstechen, Faden holen, durchziehen, [1 U, Nd in dieselben 5 M einstechen, Faden holen, durchziehen] 2x. 5 Schlingen zusätzlich auf Nd.

Schritt 5

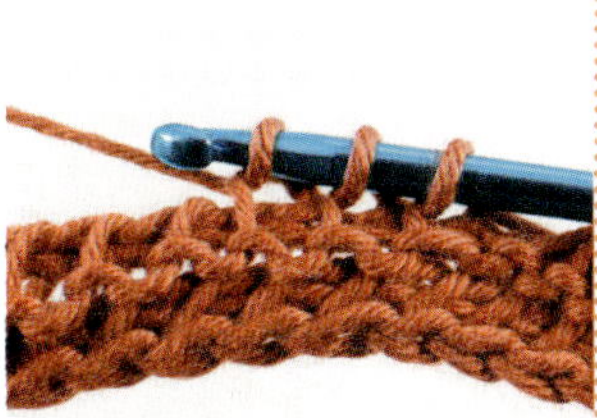

Schritt 7

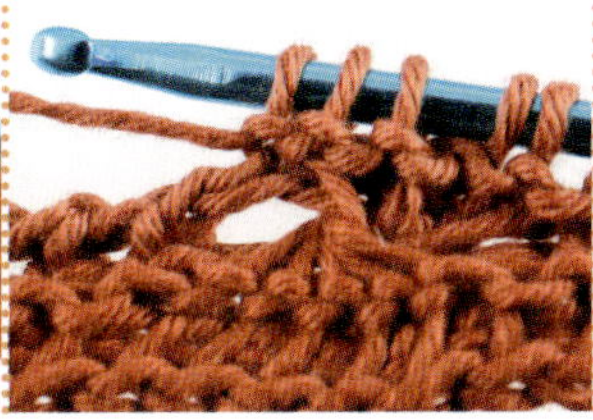

Schritt 9

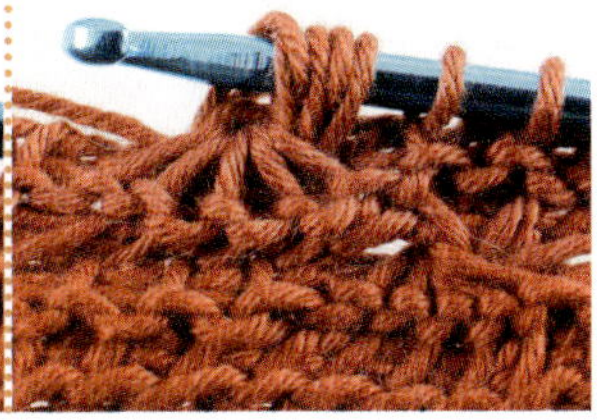

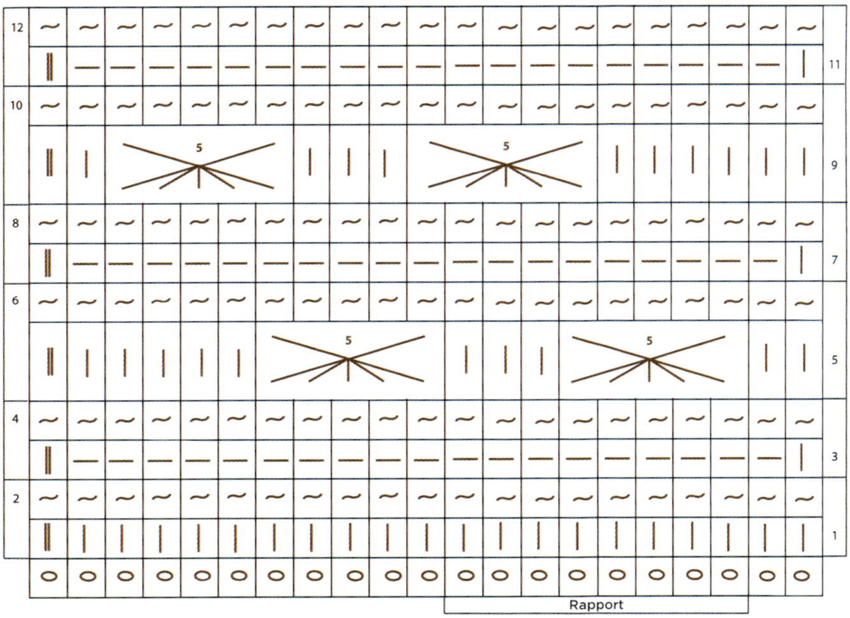

Maschenzahl teilbar durch 8 + 5.

Schritte 1-2 Grund-R arb (Seite 16).

Schritt 3 Rdm rechts, 1 tliM in jede M bis Ende, Rdm links.

Schritte 4, 6, 8, 10, 12 Wdh Schritt 2.

Schritt 5 Rdm rechts, 1 tGst, * 1 Stern aus 5 tGst, 3 tGst. Ab * wdh bis 2 M, 2 tGst, Rdm links.

Schritt 7 Wdh Schritt 3.

Schritt 9 Rdm rechts, 5 tGst, 1 Stern aus 5 tGst, * 3 tGst, 1 Stern aus 5 tGst . Ab * wdh bis 1 M, 1 tGst, Rdm links.

Schritt 11 Wdh Schritt 3.

Schritt 13 Wdh Schritte 5-12.

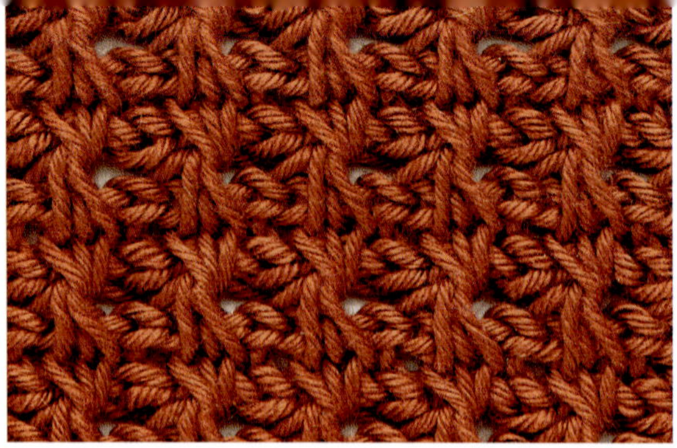

51 Mini-Sterne

Die kleinen Sterne schaffen einen Stoff mit gutem Fall für Kleidung und Accessoires.

Spezielle Masche
Stern aus 3 tGst (Stern aus 3 tunesischen Grundstichen): Nd gleichzeitig in die vorderen senkrechten M-Glieder von 3 M einstechen, Faden holen, durchziehen, 1 U, Nd in dieselben 3 M einstechen, Faden holen, durchziehen. 3 Schlingen zusätzlich auf Nd.

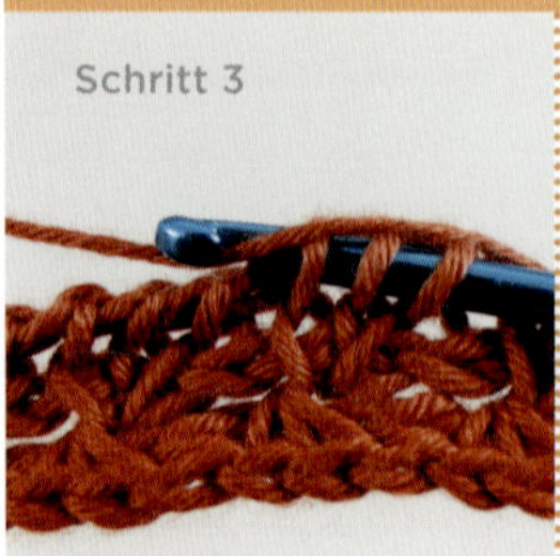

Schritt 3

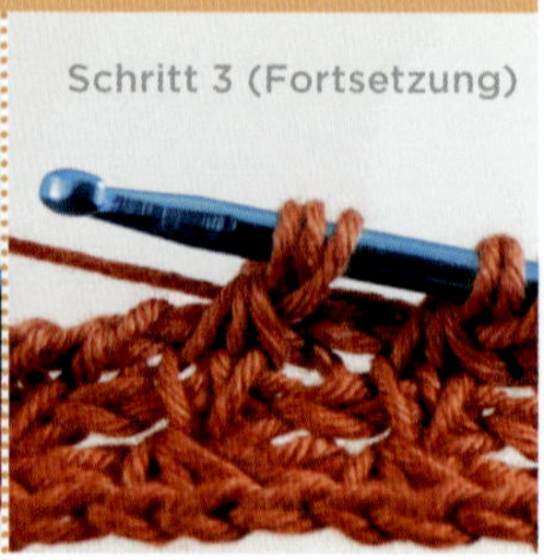

Schritt 3 (Fortsetzung)

Maschenzahl teilbar durch 3+2.

Schritte 1-2 Grund-R arb (Seite 16).

Schritt 3 Rdm rechts, * 1 Stern aus 3 tGst. Ab * wdh bis Ende, Rdm links.

Schritt 4 Wdh Schritt 2.

Schritt 5 Rdm rechts, 1 tGst in jede M bis Ende, Rdm links.

Schritt 6 Wdh Schritt 2.

Schritt 7 Wdh Schritte 3-6.

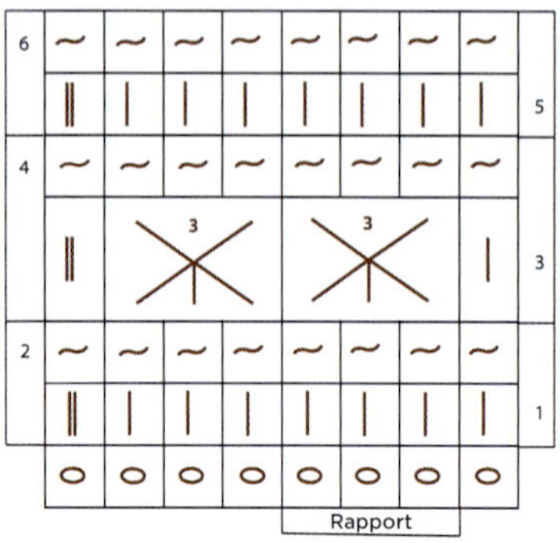

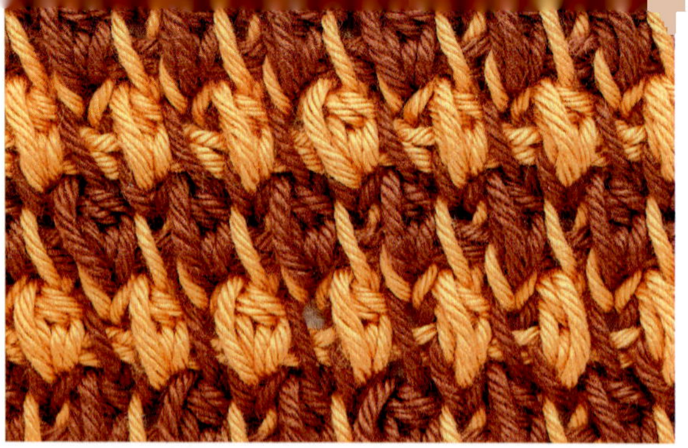

52 Dichte Büschel

Ein einfaches Muster aus Büschelmaschen perfekt für Kleidung und Accessoires.

Spezielle Masche
Büschel-M aus 2 htStb (2 halbe tunesische Stäbchen in 1 Masche und zusammen abmaschen): [1 U, Nd einstechen wie für tSst, Faden holen, durchziehen] 2x in dieselbe M, Faden holen, 4 Schlingen abm.

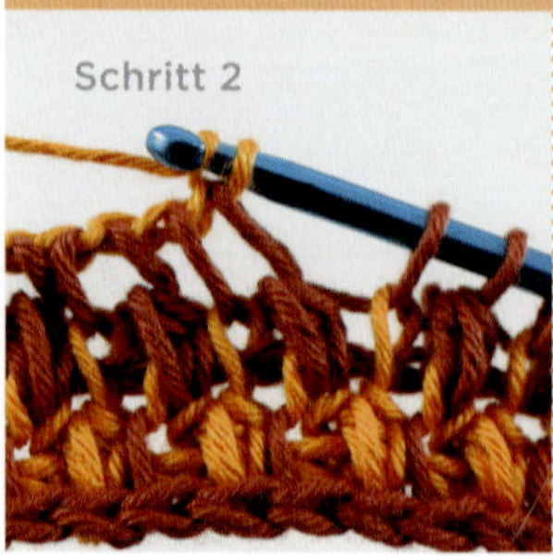

Schritt 2

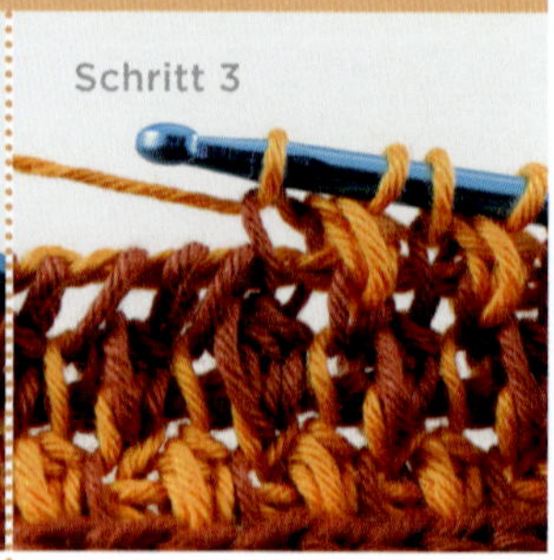

Schritt 3

Maschenzahl teilbar durch 2.

Farbwechsel Die 1. Lm der Rückr mit neuer Fb abm.

Schritte 1-2 Grund-R arb (Seite 16), dabei Fb A für Schritt 1, Fb B für Schritt 2.

Schritt 3 Fb B: Rdm rechts, * 1 Büschel-M, 1 tGst. Ab * wdh bis Ende, Rdm links.

Schritt 4 Fb A: Wdh Schritt 2.

Schritt 5 Fb A: Rdm rechts, * 1 tGst, 1 Büschel-M. Ab * wdh bis Ende, Rdm links.

Schritt 6 Fb B: Wdh Schritt 2.

Schritt 7 Wdh Schritte 3-6 mit Farbwechsel.

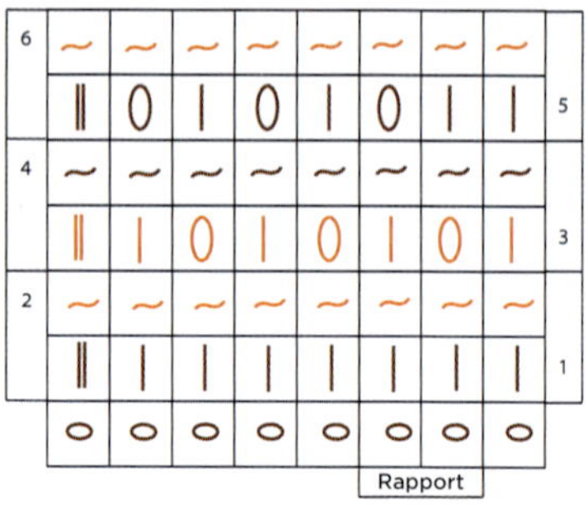

53 Lockere Büschel

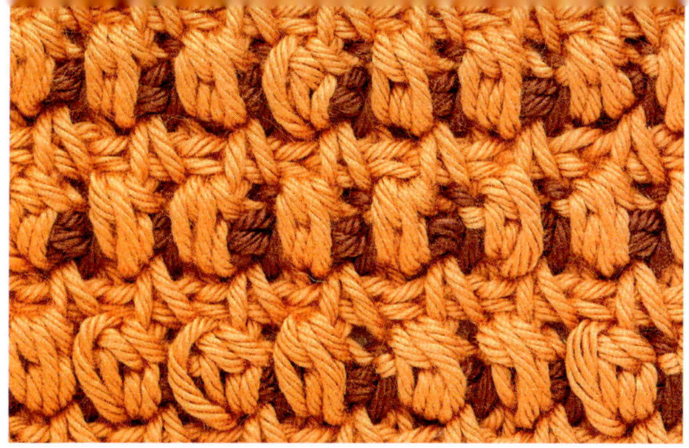

Ein verspieltes Muster, das für jedes Projekt ideal ist, denn es sieht in jeder Garn- und Farbkombination großartig aus. Die Büschelmaschen aus halben Stäbchen werden in Lücken gehäkelt, die durch Luftmaschen entstanden sind. Der Farbwechsel erfolgt, indem die erste Luftmasche der Rückreihe mit der neuen Farbe abgemascht wird.

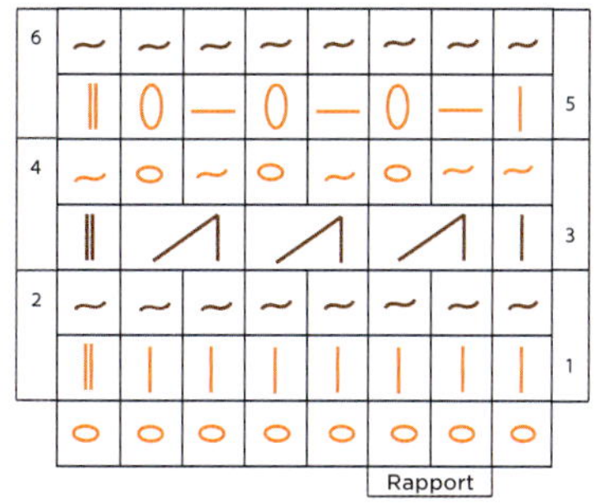

Schritt 3

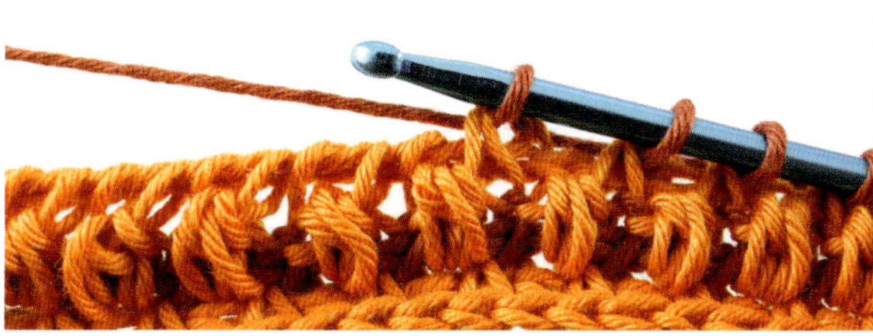

Schritt 5

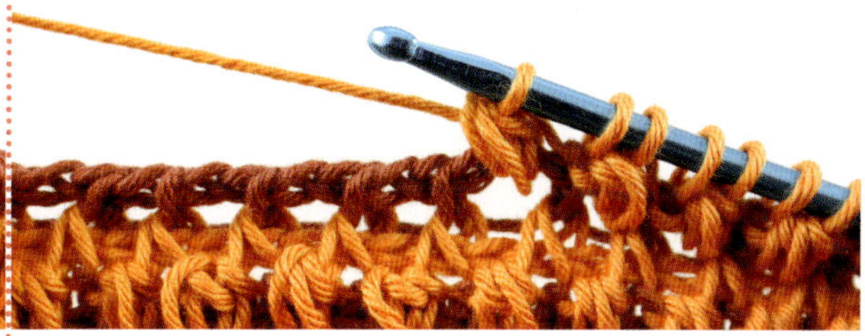

Maschenzahl teilbar durch 2+2.

Spezielle Maschen
2 tGst zus abm (2 tunesische Grundstiche zusammen abmaschen): Nd gleichzeitig in die vorderen senkrechten M-Glieder von 2 M einstechen, Faden holen, durchziehen.

Büschel-M aus 2 htStb (2 halbe tunesische Stäbchen in 1 Masche und zusammen abmaschen): [1 U, Nd einstechen wie für tSst, Faden holen, durchziehen] 2x in dieselbe M, Faden holen, 4 Schlingen abm.

Schritte 1-2 Grund-R arb (Seite 16), dabei Fb A für Schritt 1, Fb B für Schritt 2.

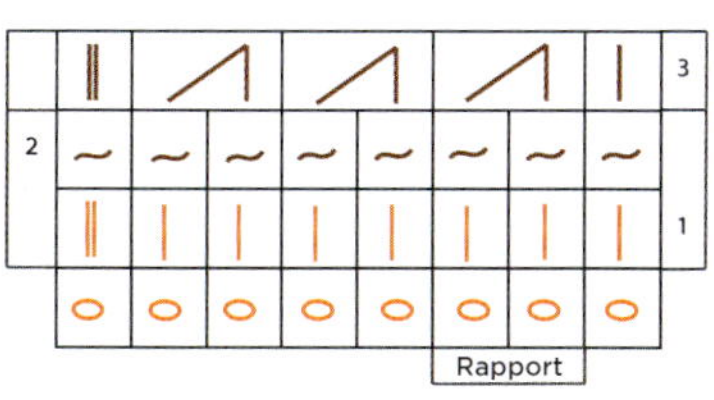

Schritt 3 Fb B: Rdm rechts, * 2 tGst zus abm. Ab * wdh bis Ende, Rdm links.

Schritt 4 Fb A: Faden holen, 1 Schlinge abm, * 1 Lm, Faden holen, 2 Schlingen abm. Ab * wdh bis 2 Schlingen, Faden holen, 2 Schlingen abm.

Schritt 5 Fb A: Rdm rechts, * 1 tliM, 1 Büschel-M in Lm-Lücke. Ab * wdh bis Ende, Rdm links.

Schritt 6 Fb B: Wdh Schritt 2.

Schritt 7 Wdh Schritte 3-6 mit Farbwechsel.

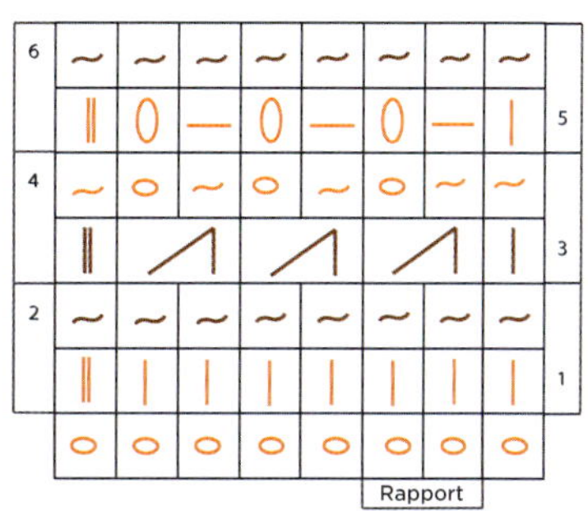

54 Tropfen

Dieser interessante Stich ist leicht zu merken. Die Stäbchen werden zusammen in senkrechte Maschenglieder drei Reihen tiefer eingestochen, wodurch sie sehr plastisch wirken, bestens geeignet für Heimtextilien wie Kissen und Decken.

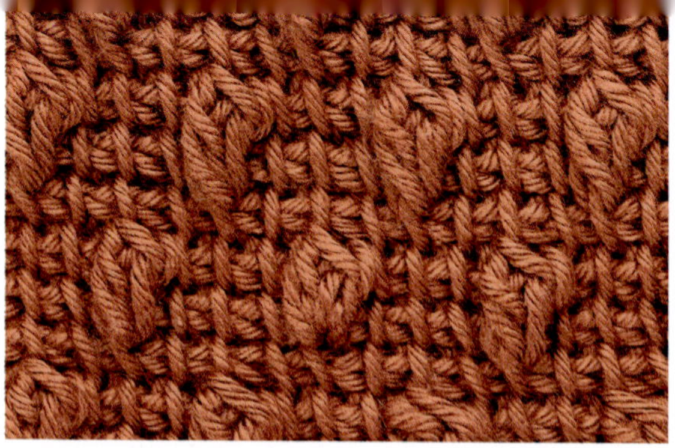

Spezielle Masche
tStbG aus 2 tiefer gest tStb 3 R tiefer in 1 M zus abm (2 tunesische Stäbchen 3 Reihen tiefer in 1 Masche und zusammen abmaschen): In 1 M 3 R tiefer [1 U, Nd einstechen wie für tGst, Faden holen, durchziehen, Faden holen, 2 Schlingen abm] 2x in dieselbe M, Faden holen, 2 Schlingen abm.

Schritt 17

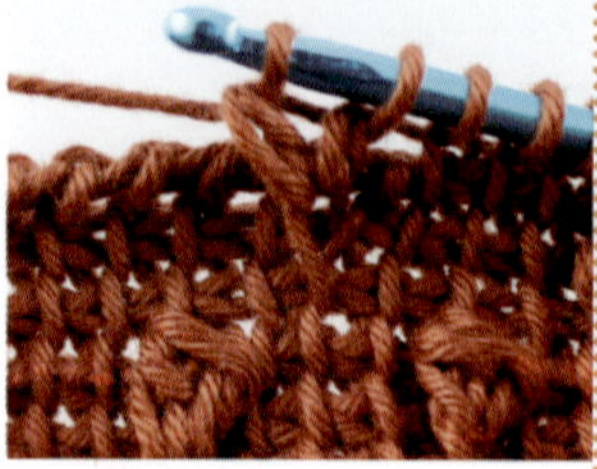

Schritt 17 (Fortsetzung)

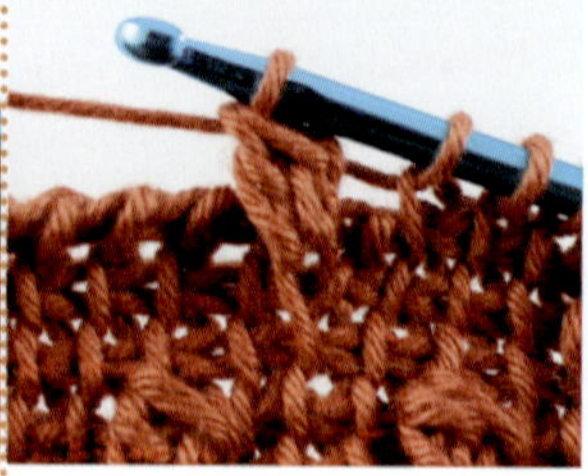

Maschenzahl teilbar durch 4+7.

Schritte 1-2 Grund-R arb (Seite 16).

Schritt 3 Rdm rechts, 1 tGst in jede M bis Ende, Rdm links.

Schritte 4, 6, 8, 10, 12, 14, 16, 18 Wdh Schritt 2.

Schritte 5, 7 Wdh Schritt 3.

Schritt 9 Rdm rechts, 4 tGst, * 1 tStbG, 3 tGst. Ab * wdh bis Ende, letzte Wdh mit 4 tGst, Rdm links.

Schritte 11, 13, 15 Wdh Schritt 3.

Schritt 17 Rdm rechts, 2 tGst, * 1 tStbG, 3 tGst. Ab * wdh bis Ende, letzte Wdh mit 2 tGst, Rdm links.

Schritt 19 Wdh Schritt 3.

Schritt 20 Wdh Schritte 4-19, enden mit Schritt 4.

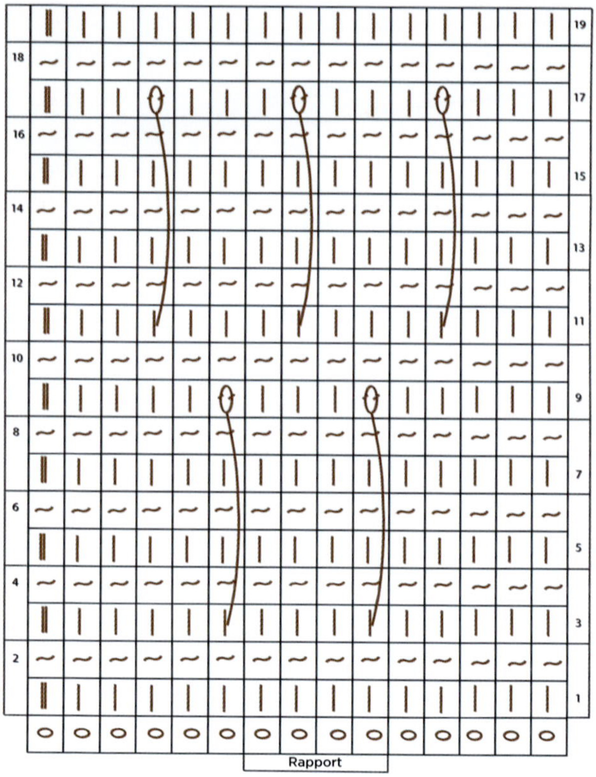

55 Klauen

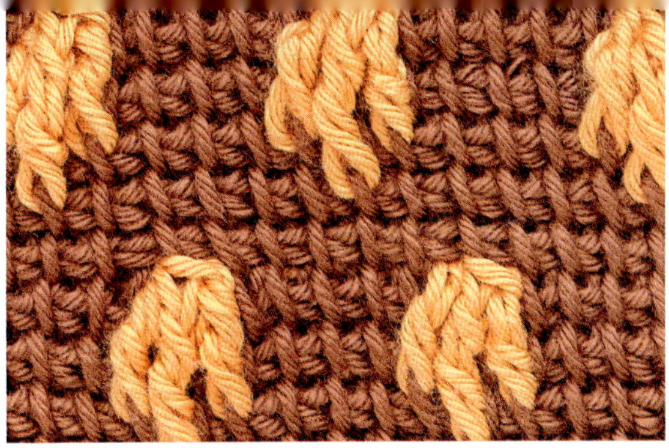

Dieses lustige Muster ist sehr plastisch. Hier sind die Klauen in einer Kontrastfarbe gearbeitet, aber das Muster ist auch einfarbig sehr schön. Vor der ersten Klaue das Kontrastgarn ansetzen, über ein paar Grundstiche unsichtbar mitführen und einhäkeln. Dazu platziert man den Kontrastfaden auf jedem fertiggestellten Grundstich. Zwischen den einzelnen Klauen ebenso verfahren, da sich die Arbeit sonst verzieht. Die Kontrastfarbe nach jeder Reihe mit Klauen abschneiden.

Spezielle Masche
Klaue aus 3 tiefer gest tDstb in 3 M und zus abm (3 tunesische Doppelstäbchen in 3 tiefere Maschen häkeln und zusammen abmaschen): Mit Fb B 3 R tiefer * 2 U, Nd in 1 tGst, Faden holen, durchziehen, [Faden holen, 2 Schlingen abm] 2x. Ab * in die nächste M 4 R tiefer wdh, ab * in die nächste M 3 R tiefer wdh. Mit Fb A Faden holen, 3 Schlingen abm. Den tGst direkt unter der Klaue überspr.

Schritt 19

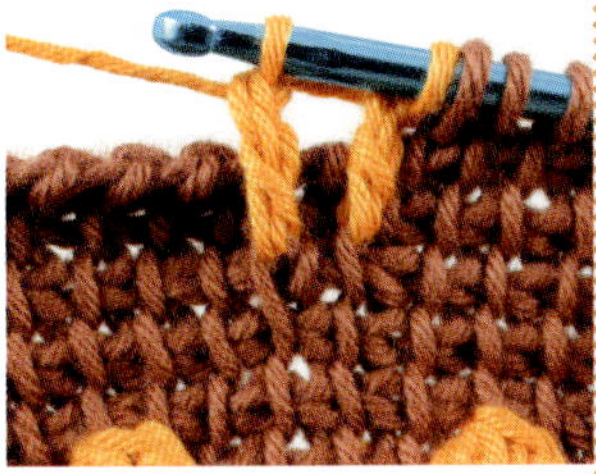

Schritt 19 (Fortsetzung)

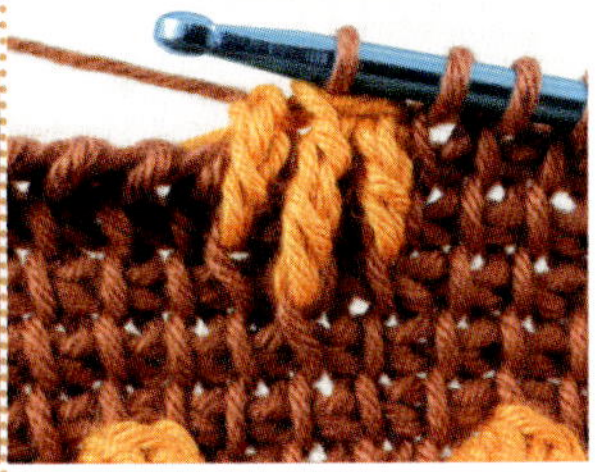

Maschenzahl teilbar durch 6+1.

Schritte 1-2 Fb A für alle M außer Klaue. Grund-R arb (Seite 16).

Schritt 3 Rdm rechts, 1 tGst in jede M bis Ende, Rdm links.

Schritte 4, 6, 8, 10, 12, 14, 16, 18, 20 Wdh Schritt 2.

Schritte 5, 7 Wdh Schritt 3.

Schritt 9 Rdm rechts, 2 tGst, * 1 Klaue, 5 tGst. Ab * wdh bis Ende, letzte Wdh mit 2 tGst, Rdm links.

Schritte 11, 13, 15, 17 Wdh Schritt 3.

Schritt 19 Rdm rechts, 5 tGst, * 1 Klaue, 5 tGst. Ab * wdh bis Ende, Rdm links.

Schritt 21 Wdh Schritt 3.

Schritt 22 Wdh Schritte 2-21, enden mit Schritt 2.

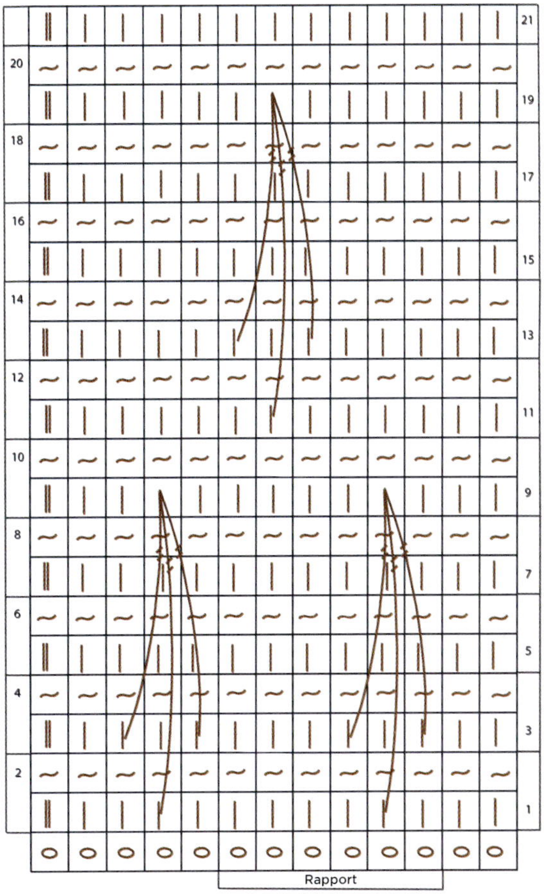

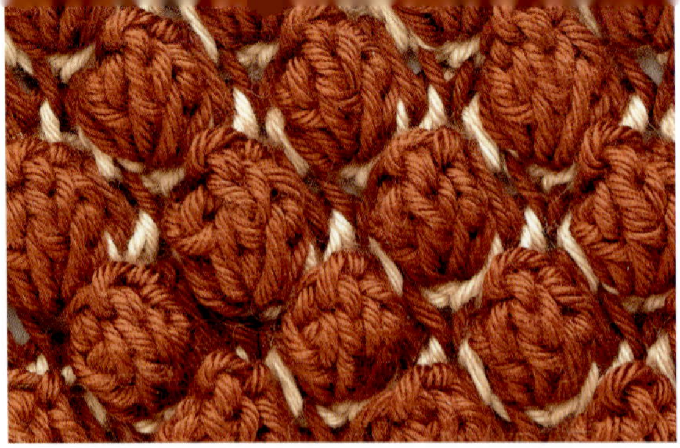

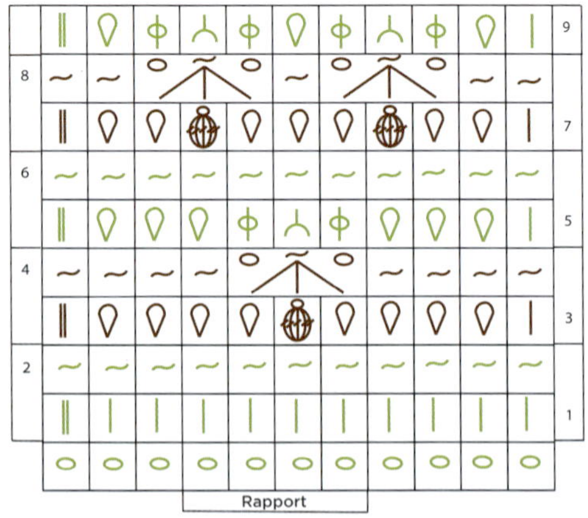

56 Popcorn

Popcorn-Muster sorgen für auffällige 3D-Effekte und machen den Stoff sehr lebhaft für Kleidungsstücke, Accessoires und Heimtextilien. Das Popcorn entsteht in der Hinreihe, die letzte Popcorn-Schlinge wird durch die erste Masche gezogen und mit einer Luftmasche gesichert.

Spezielle Masche
Popcorn aus 5 tStb (5 tunesische Stäbchen in 1 Masche und zusammen abmaschen): 1 U, Nd einstechen wie für tSst, Faden holen, durchziehen, Faden holen, 2 Schlingen abm, [1 U, Nd in dieselbe M einstechen, Faden holen, durchziehen, (Faden holen, 2 Schlingen abm) 2x] 4x, Schlinge aus Nd nehmen, Nd in 1. Stb einstechen, Schlinge wieder aufnehmen, durchziehen, 1 Lm.

Schritt 7

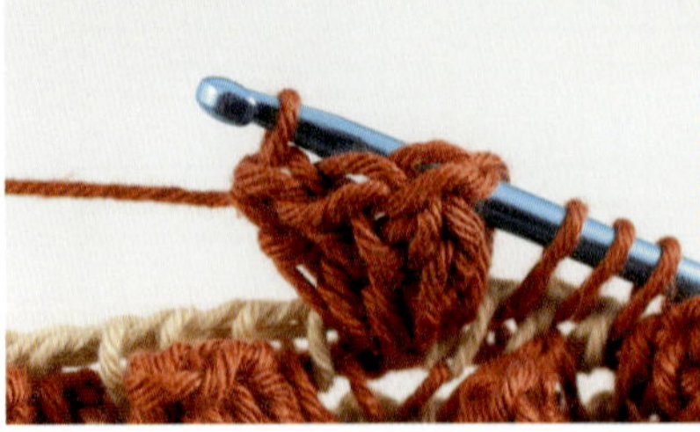

Schritt 7 (Fortsetzung)

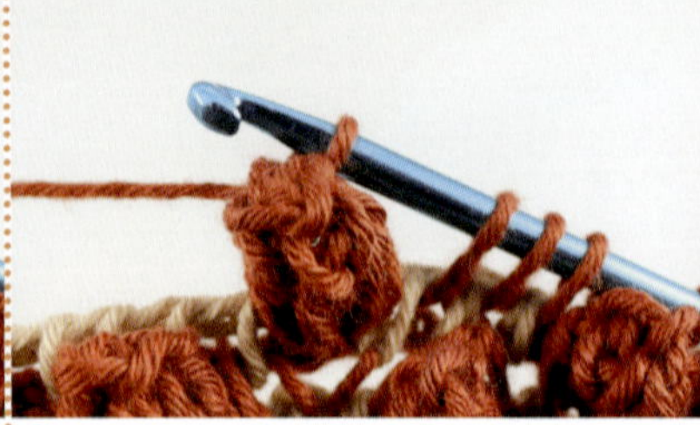

Schritt 8

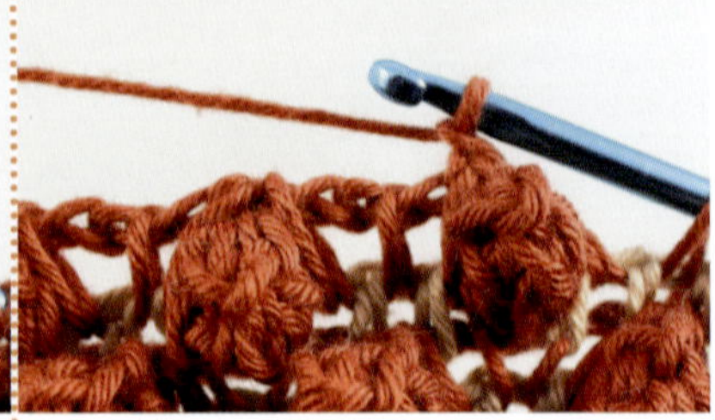

Maschenzahl teilbar durch 4 + 7.

Farbwechsel erfolgt in der Rückr, die letzten 2 Schlingen mit neuer Fb abm. Fb A für Schritte 1-2, Fb B für Schritte 3-4, dann abwechselnd 2 Schritte in Fb A, 2 Schritte in Fb B.

Schritte 1-2 Grund-R arb (Seite 16).

Schritt 3 Rdm rechts, 4 tSst, * 1 Popcorn, 3 tSst. Ab * wdh bis 1 M, 1 tSst, Rdm links.

Schritt 4 Faden holen, 1 Schlinge abm, * [Faden holen, 2 Schlingen abm] 3x, * 1 Lm, Faden holen, 4 Schlingen abm (Muschel), 1 Lm, Faden holen, 2 Schlingen abm. Ab * wdh bis 4 Schlingen, [Faden holen, 2 Schlingen abm] 3x.

Schritt 5 Rdm rechts, 3 tSst, * 1 tFst in Lm-Lücke, 1 tGst in die obere Schlinge der Muschel, 1 tFst in Lm-Lücke, 1 tSst. Ab * wdh bis 2 M, 1 tSst, Rdm links.

Schritt 6 Wdh Schritt 2.

Schritt 7 Rdm rechts, 2 tSst, 1 Popcorn, * 3 tSst, 1 Popcorn. Ab * wdh bis 2 M, 2 tSst, Rdm links.

Schritt 8 Faden holen, 1 Schlinge abm, Faden holen, 2 Schlingen abm, * 1 Lm, Faden holen, 4 Schlingen abm (Muschel), 1 Lm, Faden holen, 2 Schlingen abm. Ab * wdh bis 2 Schlingen, Faden holen, 2 Schlingen abm.

Schritt 9 Rdm rechts, 1 tSst, * 1 tFst in Lm-Lücke, 1 tGst in die obere Schlinge der Muschel, 1 tFst in Lm-Lücke, 1 tSst. Ab * wdh bis Ende, Rdm links.

Schritt 10 Wdh Schritte 2-9 mit Farbwechsel, enden mit Schritt 2.

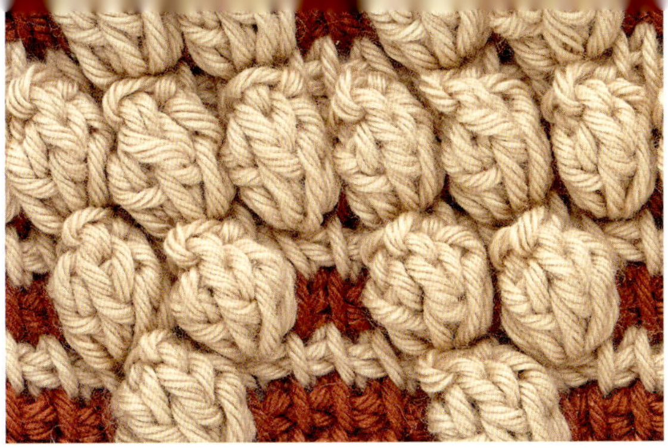

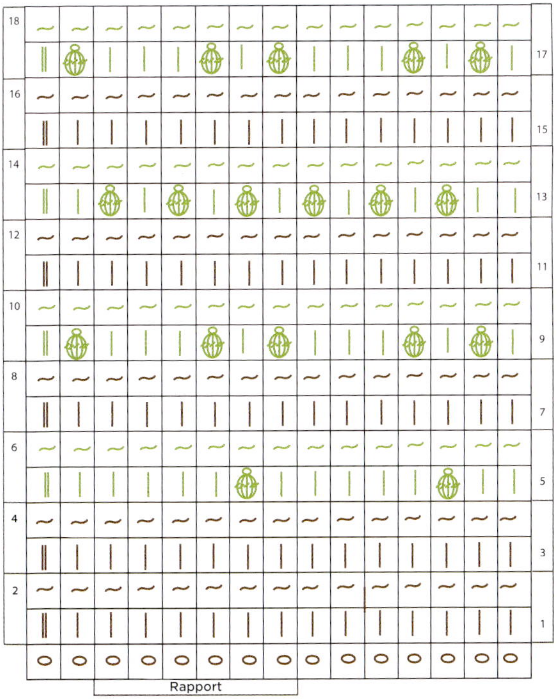

57 Popcorn-Diamanten

Die Popcorn-Diamanten kommen auf einem Hintergrund mit Kontraststreifen besonders gut zur Geltung. Das Popcorn entsteht in der Hinreihe, die letzte Popcorn-Schlinge wird durch die erste Masche gezogen und mit einer Luftmasche gesichert.

Schritt 5

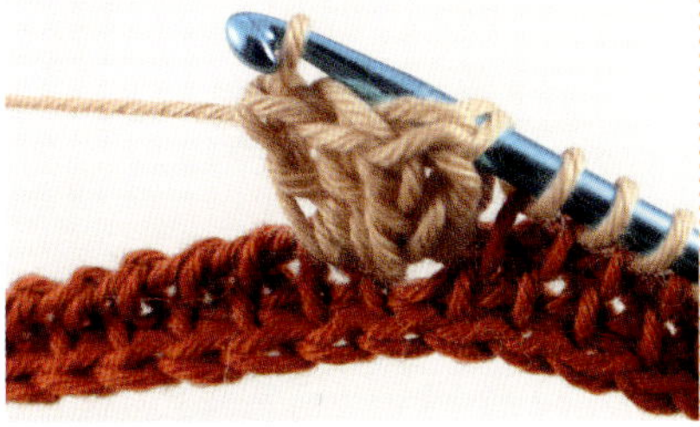

Schritt 5 (Fortsetzung)

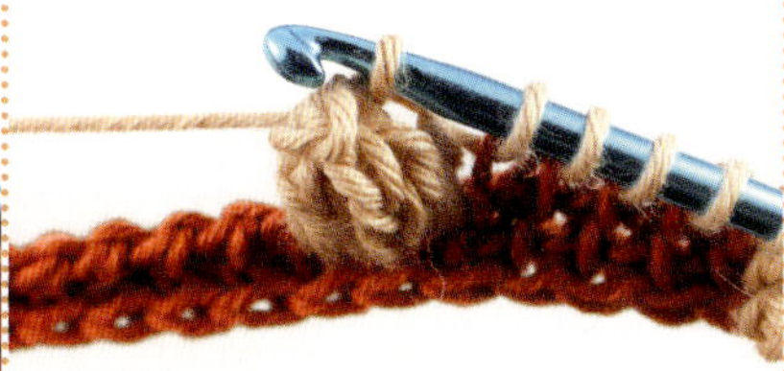

Schritt 6

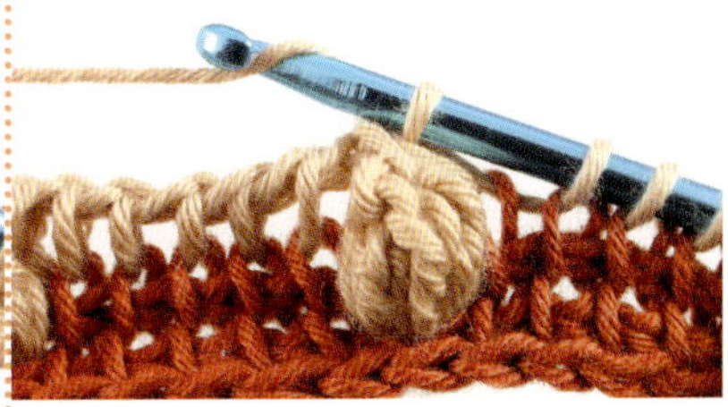

Maschenzahl teilbar durch 6 + 3.

Spezielle Masche
Popcorn aus 5 tStb (5 tunesische Stäbchen in 1 Masche und zusammen abmaschen): 1 U, Nd einstechen wie für tSst, Faden holen, durchziehen, Faden holen, 2 Schlingen abm, [1 U, Nd in dieselbe M einstechen, Faden holen, durchziehen, (Faden holen, 2 Schlingen abm) 2x] 4x, Schlinge aus der Nd nehmen, Nd in 1. Stb einstechen, Schlinge wieder aufnehmen, durchziehen, 1 Lm.

Farbwechsel erfolgt in der Rückr, die letzten 2 Schlingen mit neuer Fb abm. Fb A für Schritte 1-4, Fb B für Schritte 5-6, dann abwechselnd 2 Schritte in Fb A, 2 Schritte in Fb B.

Schritte 1-2 Grund-R arb (Seite 16).

Schritt 3 Rdm rechts, 1 tGst in jede M bis Ende, Rdm links.

Schritte 4, 6, 8, 10, 12, 14, 16, 18 Wdh Schritt 2.

Schritt 5 Rdm rechts, 1 tGst, * 1 Popcorn, 5 tGst. Ab * wdh bis Ende, Rdm links.

Schritt 7 Wdh Schritt 3.

Schritt 9 Rdm rechts, * 1 Popcorn, 1 tGst, 1 Popcorn, 3 tGst. Ab * wdh bis 1 M, 1 Popcorn, Rdm links.

Schritt 11 Wdh Schritt 3.

Schritt 13 Rdm rechts, 1 tGst, * 1 Popcorn, 1 tGst. Ab * wdh bis Ende, Rdm links.

Schritt 15 Wdh Schritt 3.

Schritt 17 Rdm rechts, 1 Popcorn, * 1 tGst, 1 Popcorn, 3 tGst, 1 Popcorn. Ab * wdh bis Ende, Rdm links.

Schritt 19 Wdh Schritte 3-18 mit Farbwechsel, enden mit Schritt 4.

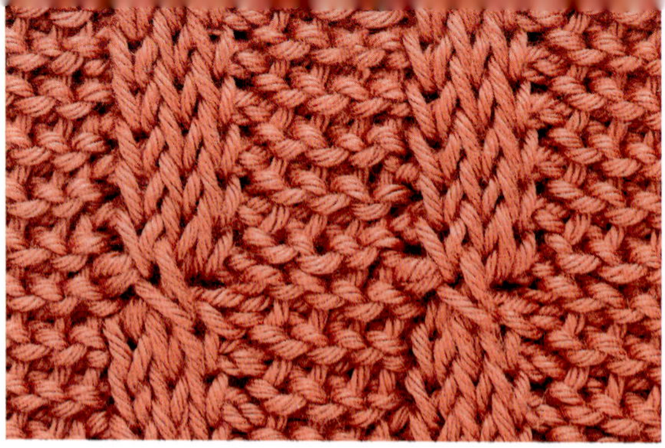

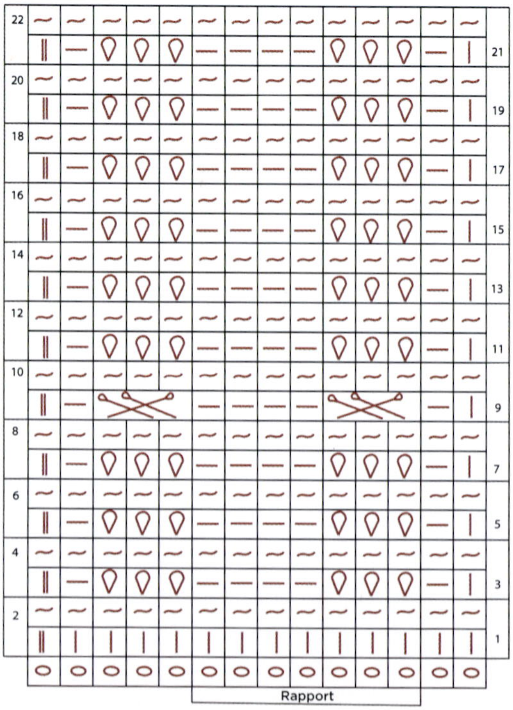

58 Kleine Drehung

Dieses Muster ist der perfekte Einstieg in das Häkeln tunesischer Zöpfe. Die Zöpfe im Strickstich werden mit Linksmaschen kombiniert. Das Muster erzeugt ein recht dichtes Gewebe, gut geeignet für Winteraccessoires.

Schritt 9

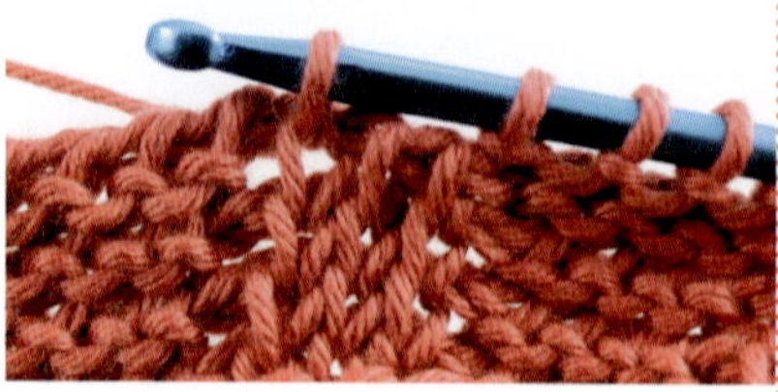

Schritt 9 (Fortsetzung)

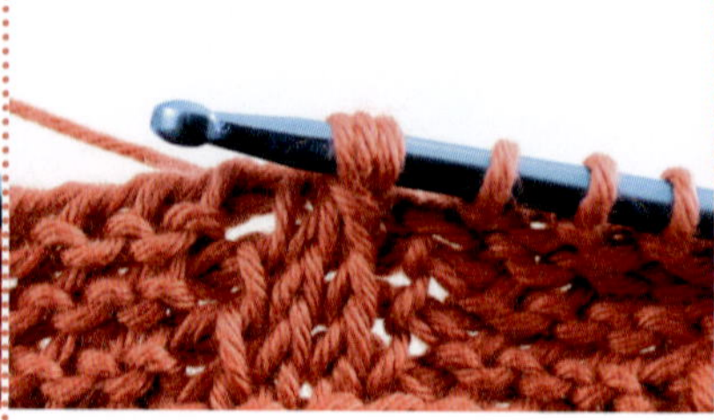

Schritt 10

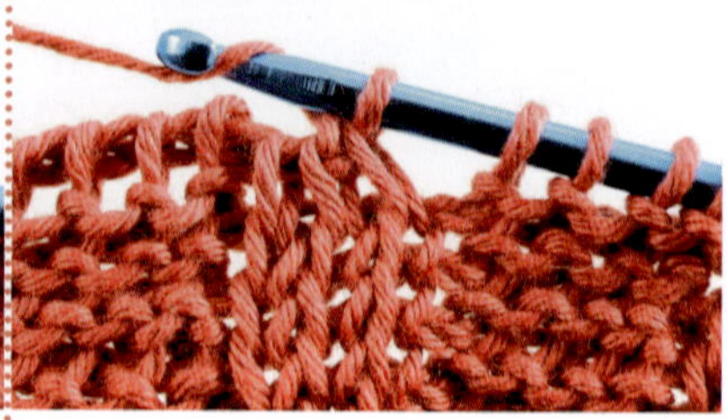

Maschenzahl teilbar durch 7 +7.

Spezielle Masche
3er-Zopf (Zopf aus 3 tunesischen Strickstichen): 2 M überspr, 1 tSst, 1 tSst in die 2. übersprungene M, 1 tSst in die 1. übersprungene M.

Schritte 1-2 Grund-R arb (Seite 16).

Schritt 3 Rdm rechts, 1 tliM, * 3 tSst, 4 tliM. Ab * wdh bis 4 M, 3 tSst, 1 tliM, Rdm links.

Schritt 4 Wdh Schritt 2.

Schritte 5-8 Wdh Schritte 3-4.

Schritt 9 Rdm rechts, 1 tliM, * 3er-Zopf, 4 tliM. Ab * wdh bis 4 M, 3er-Zopf, 1 tliM, Rdm links.

Schritt 10 Wdh Schritt 2.

Schritte 11-22 Wdh Schritte 3-4.

Schritt 23 Wdh Schritte 9-22.

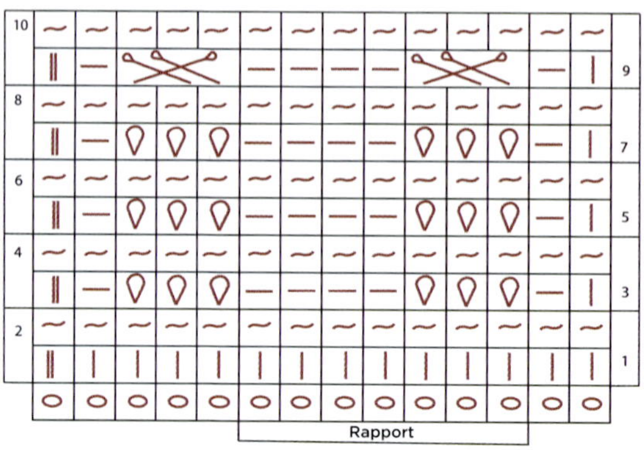

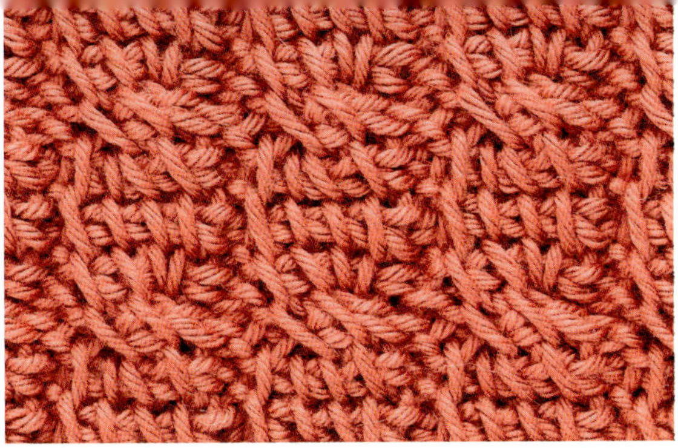

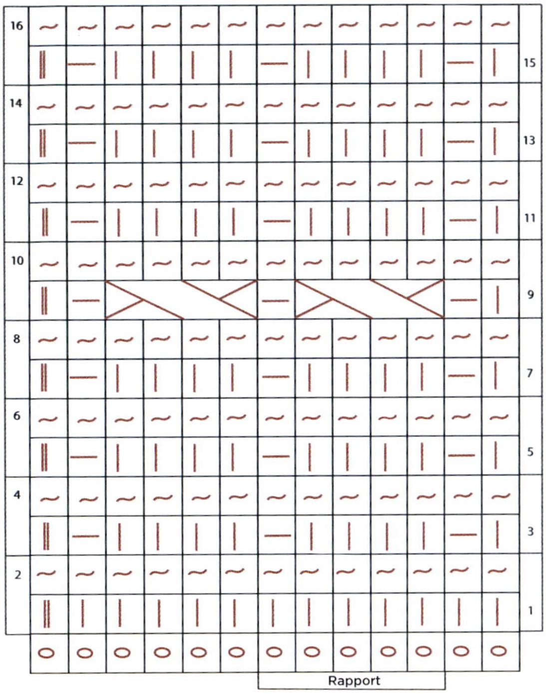

59 Einfacher Zopf

Dieses hübsche Muster wird wie gestrickte Zöpfe gearbeitet. Man häkelt sie im tunesischen Grundstich zwischen Streifen aus Linksmaschen. Sowohl einzelne Zöpfe als auch mehrere setzen schöne Akzente. Es wird eine Zopfnadel benötigt.

Schritt 9

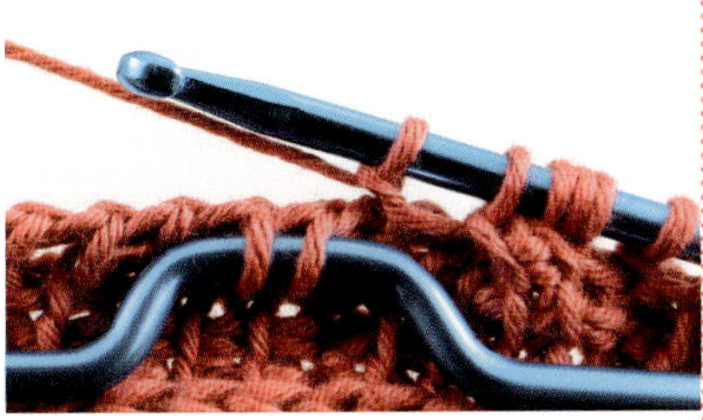

Schritt 9 (Fortsetzung)

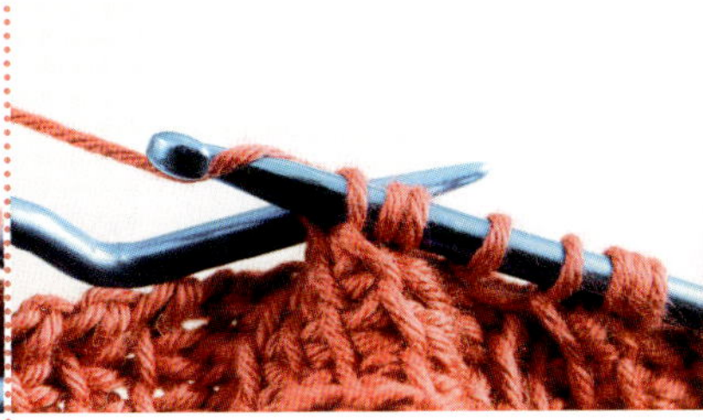

Schritt 16

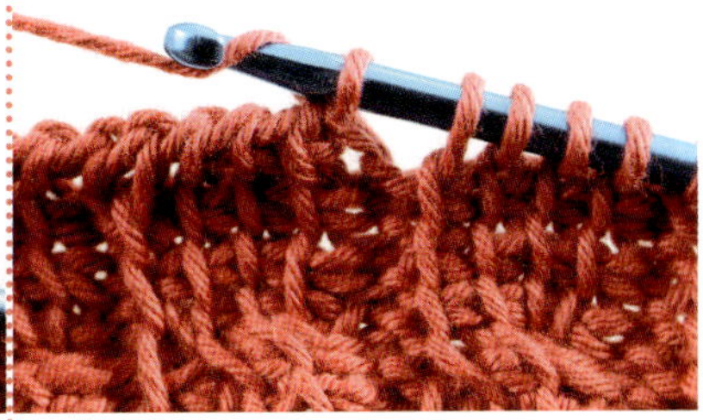

Maschenzahl teilbar durch 5 + 3.

Spezielle Masche
4er-Zopf nach links (2 tGst-2 tGst): 2 M auf Zopfnd vorne, 2 tGst, 2 tGst in M der Zopfnd.

Schritte 1-2 Grund-R arb (Seite 16).

Schritt 3 Rdm rechts, 1 tliM, * 4 tGst, 1 tliM. Ab * wdh bis Ende, Rdm links.

Schritt 4 Wdh Schritt 2.

Schritte 5-8 Wdh Schritte 3-4.

Schritt 9 Rdm rechts, 1 tliM, * 4er-Zopf nach links (2 tGst-2 tGst), 1 tliM. Ab * wdh bis Ende, Rdm links.

Schritt 10 Wdh Schritt 2.

Schritte 11-16 Wdh Schritte 3-4.

Schritt 17 Wdh Schritte 9-16.

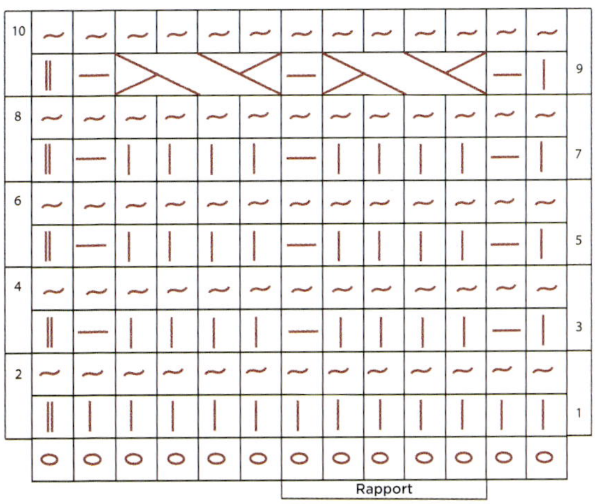

60 Geweih

Hier imitieren entgegengesetzt gearbeitete Zöpfe ein Hirschgeweih. Das Muster ist schön als einzelner Blickfang und macht Cardigans und Pullover interessant. Der Stoff ist recht fest und rollt sich stark, was bei Projekten mit genauer Größenvorgabe berücksichtigt werden sollte. Es ist eine Zopfnadel erforderlich.

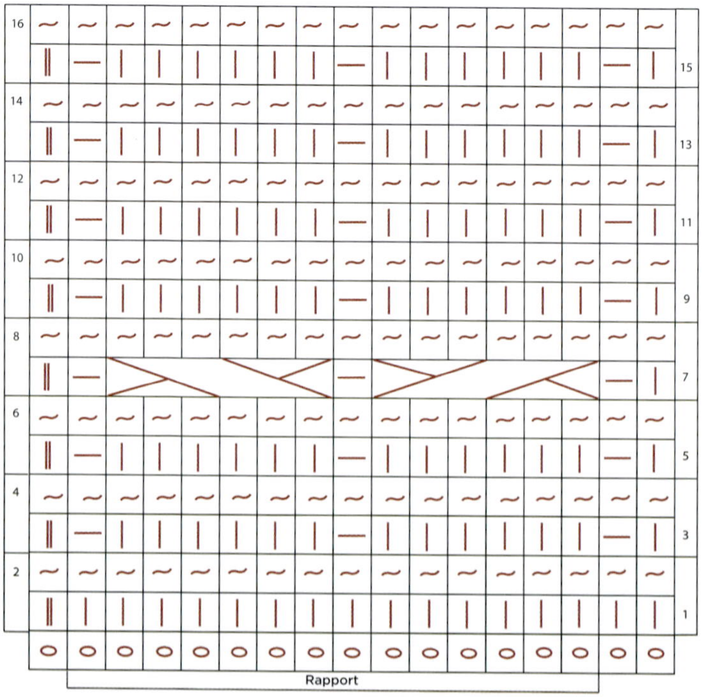

Schritt 5

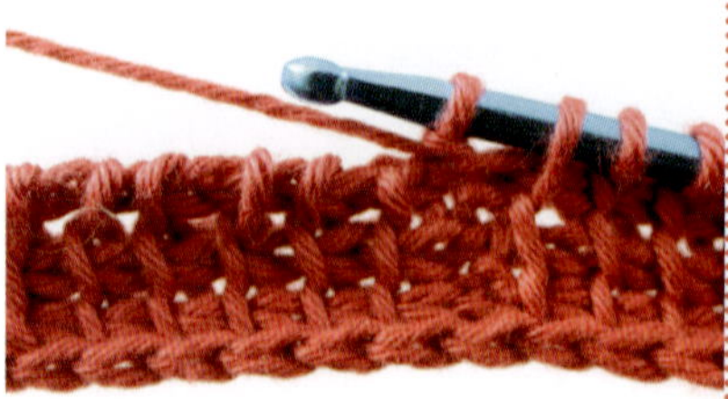

Schritt 7

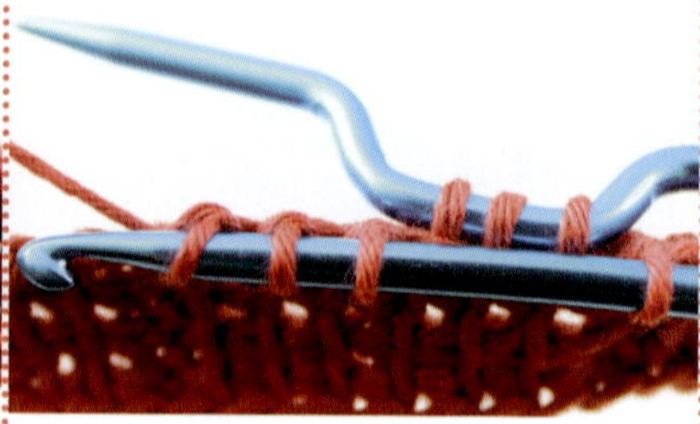

Schritt 7 (Fortsetzung)

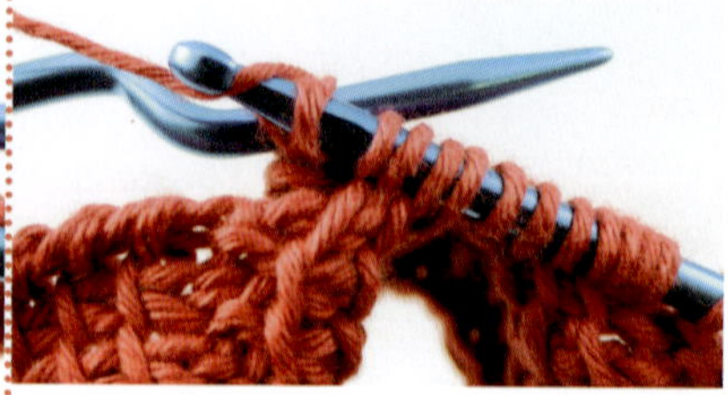

Maschenzahl teilbar durch 14 + 3.

Spezielle Maschen
6er-Zopf nach rechts (3 tGst-3 tGst): 3 M auf Zopfnd hinten, 3 tGst, 3 tGst in M der Zopfnd.

6er-Zopf nach links (3 tGst-3 tGst): 3 M auf Zopfnd vorne, 3 tGst, 3 tGst in M der Zopfnd.

Schritte 1-2 Grund-R arb (Seite 16).

Schritt 3 Rdm rechts, 1 tliM, * 6 tGst, 1 tliM. Ab * wdh bis Ende, Rdm links.

Schritt 4 Wdh Schritt 2.

Schritte 5-6 Wdh Schritte 3-4.

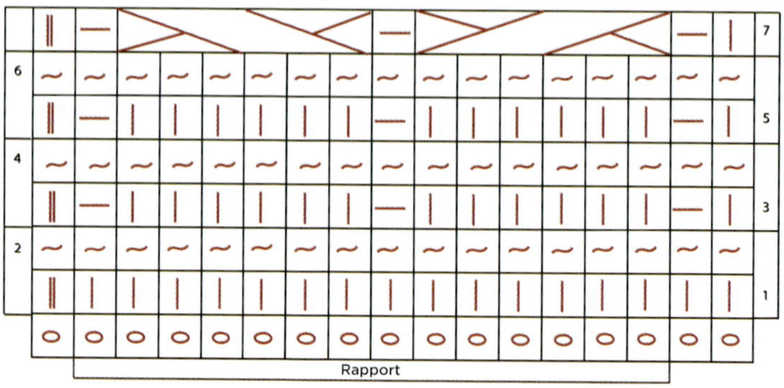

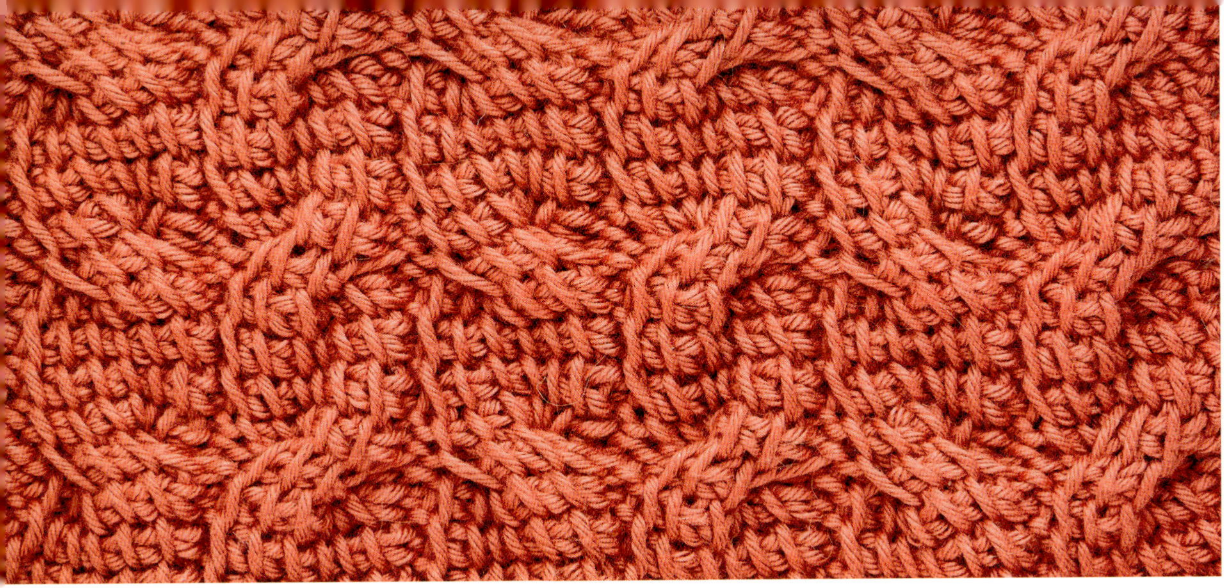

Schritt 7 (Fortsetzung)

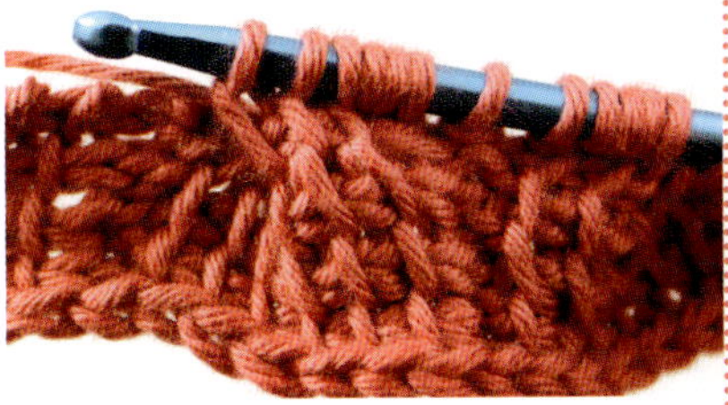

Schritt 8

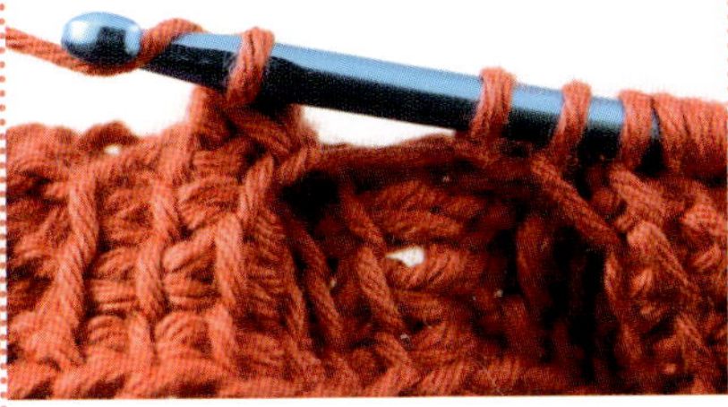

Schritt 9

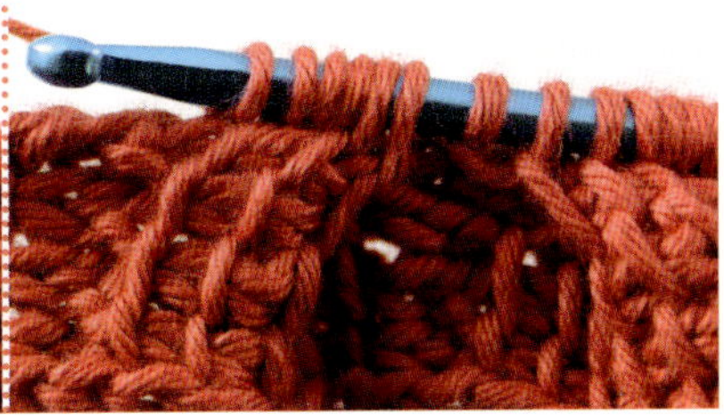

Schritt 7 Rdm rechts, 1 tliM, * 6er-Zopf nach rechts (3 tGst-3 tGst), 1 tliM, 6er-Zopf nach links (3 tGst-3 tGst), 1 tliM. Ab * wdh bis Ende, Rdm links.

Schritt 8 Wdh Schritt 2.

Schritte 9-16 Wdh Schritte 3-4.

Schritt 17 Wdh Schritte 7-16.

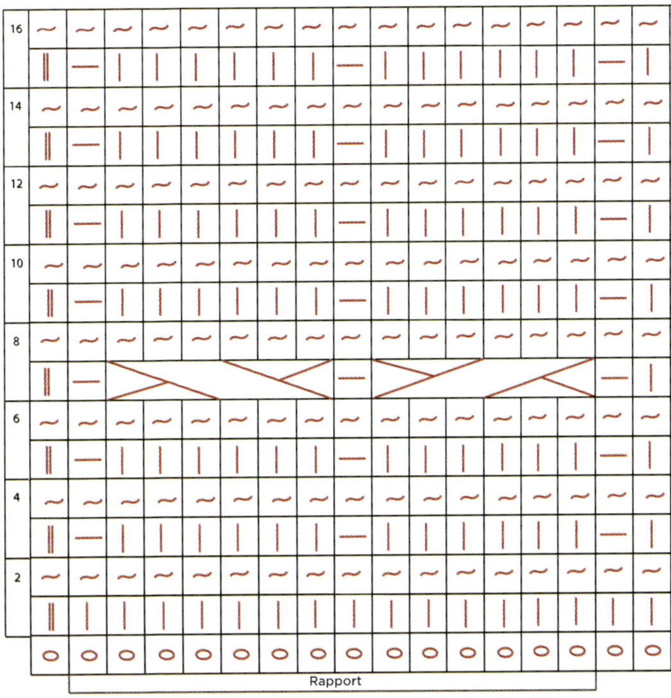

61 Knoblauchzopf

Bei diesem Zopfmuster sind die Zopfstränge unterschiedlich groß. Die Zöpfe werden im Grundstich gearbeitet, der Hintergrund in Linksmaschen. Dadurch treten die Zöpfe besonders plastisch hervor. Es ist eine Zopfnadel erforderlich.

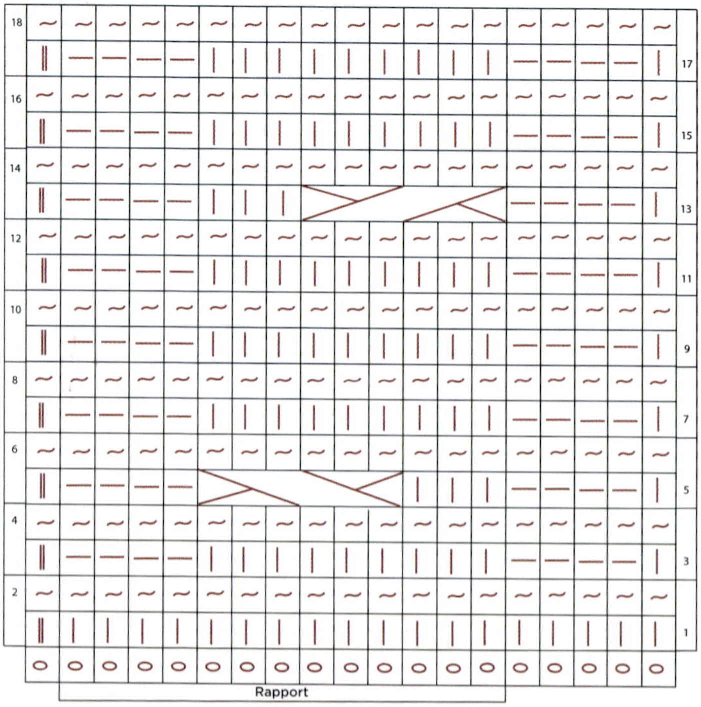

Schritt 5

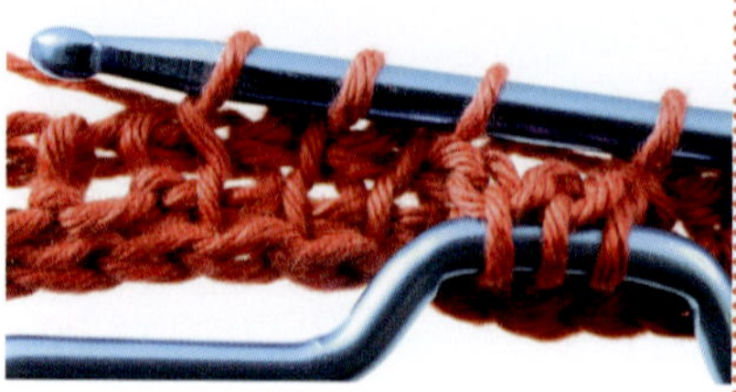

Schritt 5 (Fortsetzung)

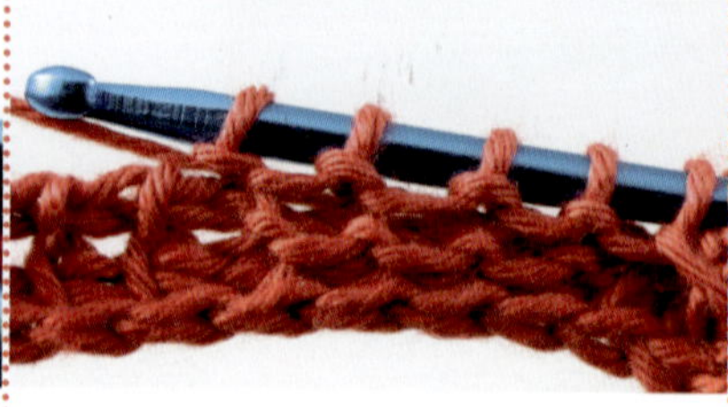

Schritt 6

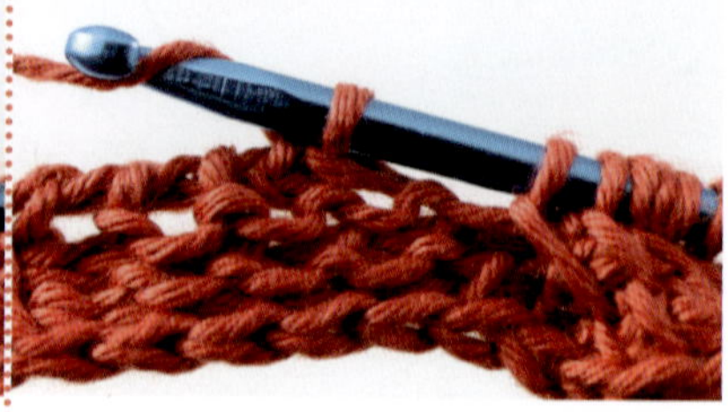

Maschenzahl teilbar durch 13+6.

Spezielle Maschen
6er-Zopf nach links (3 tGst-3 tGst): 3 M auf Zopfnd vorn, 3 tGst, 3 tGst in M der Zopfnd.

6er-Zopf nach rechts (3 tGst-3 tGst): 3 M auf Zopfnd hinten, 3 tGst, 3 tGst in M der Zopfnd arb.

Schritte 1-2 Grund-R arb (Seite 16).

Schritt 3 Rdm rechts, 4 tliM, * 9 tGst, 4 tliM. Ab * wdh bis Ende, Rdm links.

Schritt 4 Wdh Schritt 2.

Schritt 5 Rdm rechts, 4 tliM, * 3 tGst, 6er-Zopf nach links (3 tGst-3 tGst), 4 tliM. Ab * wdh bis Ende, Rdm links.

Schritt 6 Wdh Schritt 2.

Schritte 7-12 Wdh Schritte 3-4.

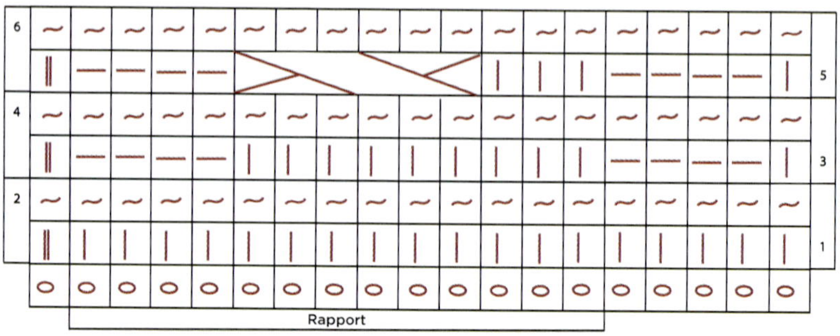

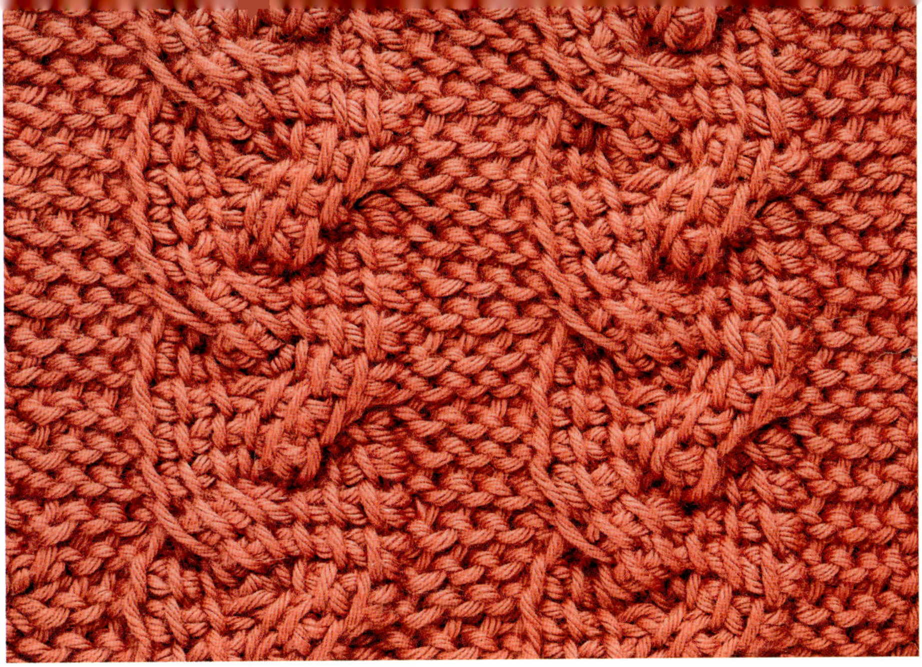

Schritt 13

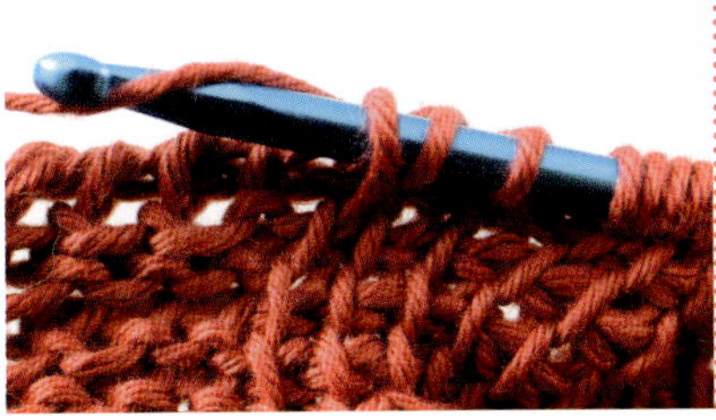

Schritt 13 (Fortsetzung)

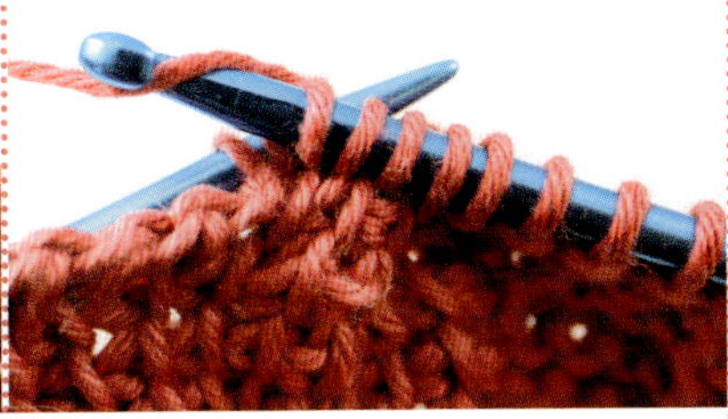

Schritt 15

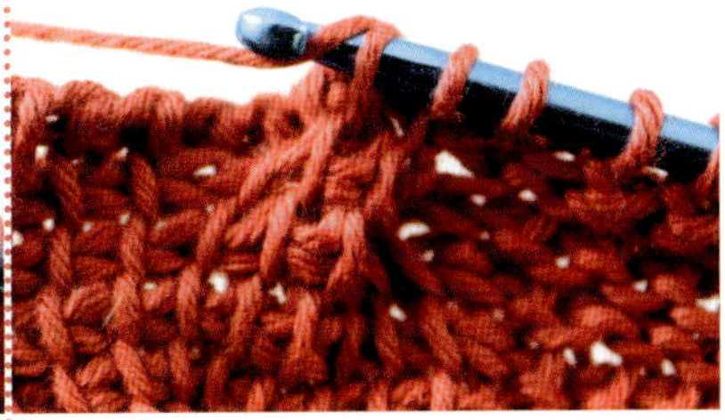

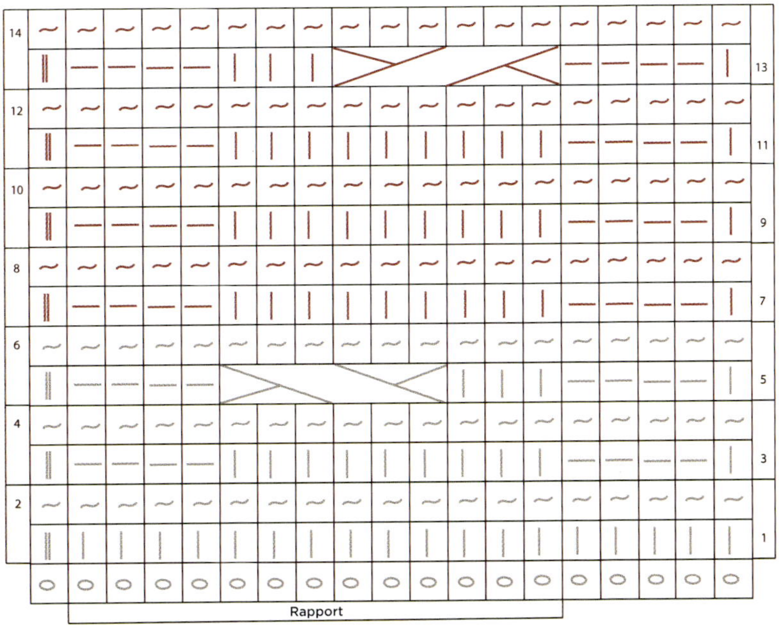

Schritt 13 Rdm rechts, 4 tliM, * 6er-Zopf nach rechts (3 tGst-3 tGst), 3 tGst, 4 tliM. Ab * wdh bis Ende, Rdm links.

Schritt 14 Wdh Schritt 2.

Schritte 15-18 Wdh Schritte 3-4.

Schritt 19 Wdh Schritte 3-18.

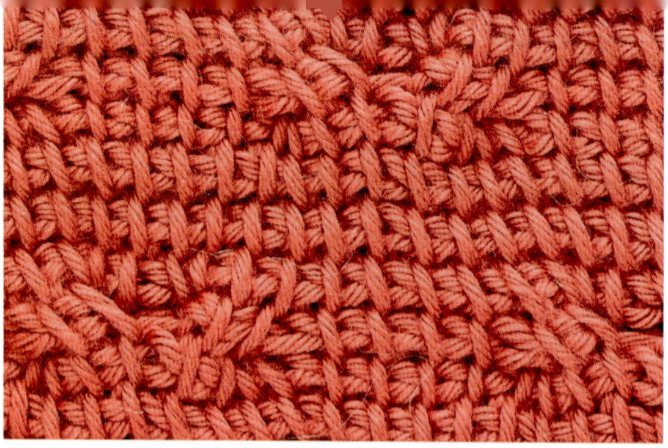

62 Verstreute Zöpfe

Dieses Muster macht sich besonders gut auf großen Projekten wie einer Decke, wo sich das Design schön entfalten kann. Die Zöpfe werden in einen Hintergrund aus einfachen tunesischen Grundstichen gearbeitet und sorgen für weichen Fall. Es wird eine Zopfnadel benötigt.

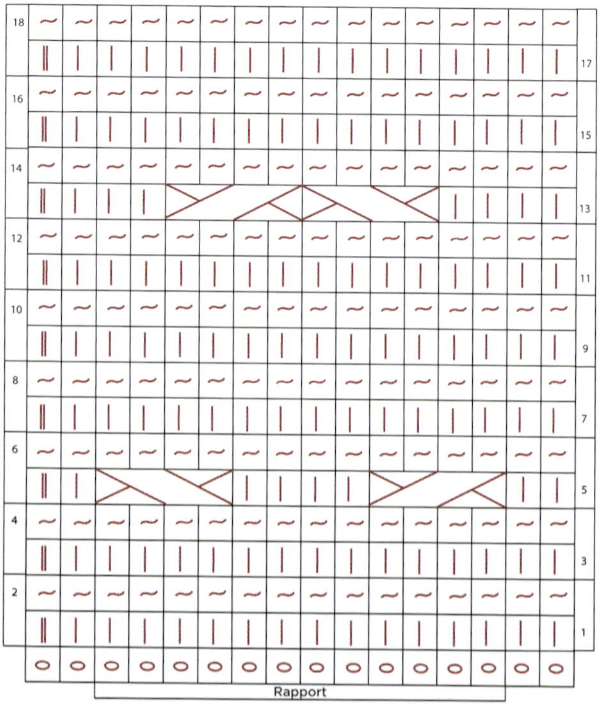

Schritt 5

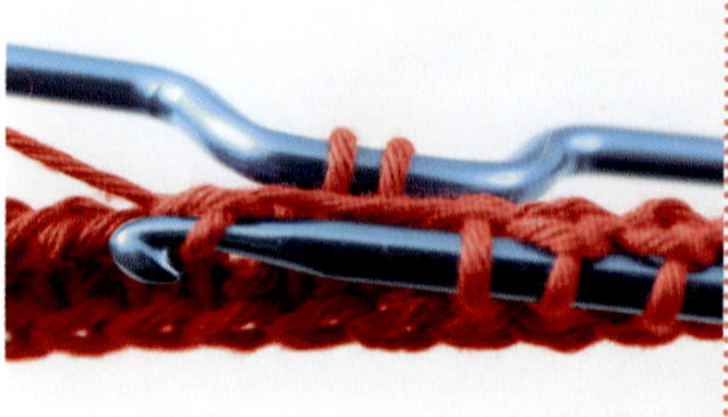

Schritt 5 (Fortsetzung)

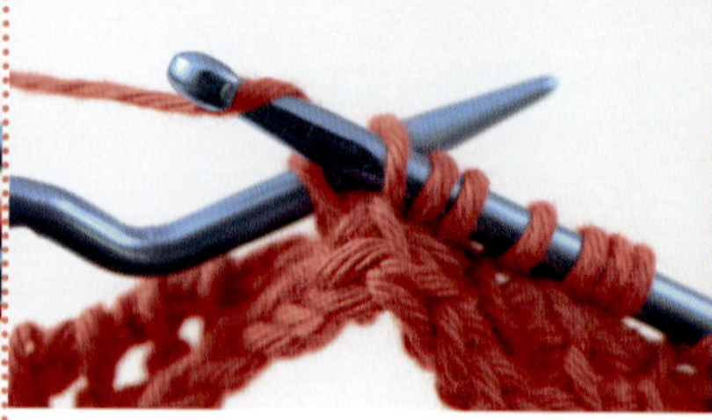

Schritt 18

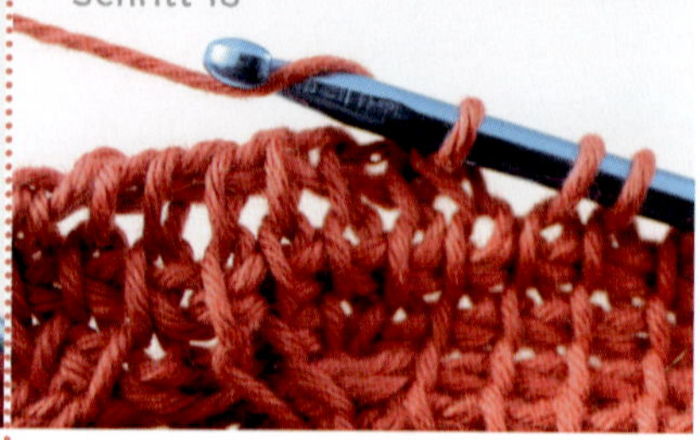

Maschenzahl teilbar durch 12 + 4.

Spezielle Maschen
4er-Zopf nach rechts (2 tGst-2 tGst): 2 M auf Zopfnd hinten, 2 tGst, 2 tGst in M der Zopfnd.

4er-Zopf nach links (2 tGst-2 tGst): 2 M auf Zopfnd vorne, 2 tGst, 2 tGst in M der Zopfnd.

Schritte 1-2 Grund-R arb (Seite 16).

Schritt 3 Rdm rechts, 1 tGst in jede M bis Ende, Rdm links.

Schritt 4 Wdh Schritt 2.

Schritt 5 Rdm rechts, 1 tGst, * 4er-Zopf nach rechts (2 tGst-2 tGst), 4 tGst, 4er-Zopf nach links (2 tGst-2 tGst). Ab * wdh bis 1 M, 1 tGst, Rdm links.

Schritt 6 Wdh Schritt 2.

Schritte 7-12 Wdh Schritte 3-4.

Schritt 13 Rdm rechts, 3 tGst, * 4er-Zopf nach links (2 tGst-2 tGst), 4er-Zopf nach rechts (2 tGst-2 tGst), 4 tGst. Ab * wdh bis Ende, letzte Wdh mit 3 tGst, Rdm links.

Schritt 14 Wdh Schritt 2.

Schritte 15-18 Wdh Schritte 3-4

Schritt 19 Wdh Schritte 3-18.

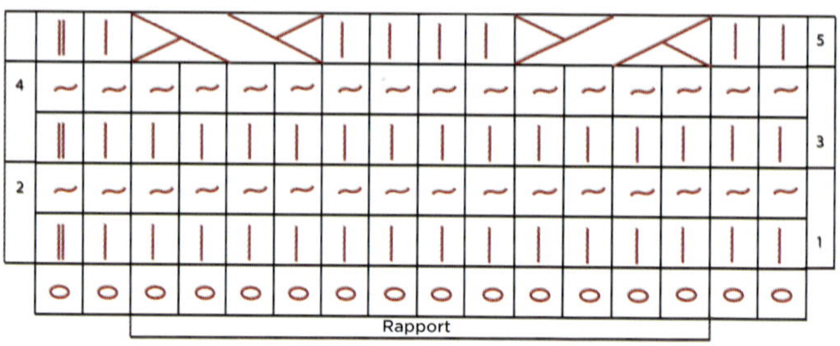

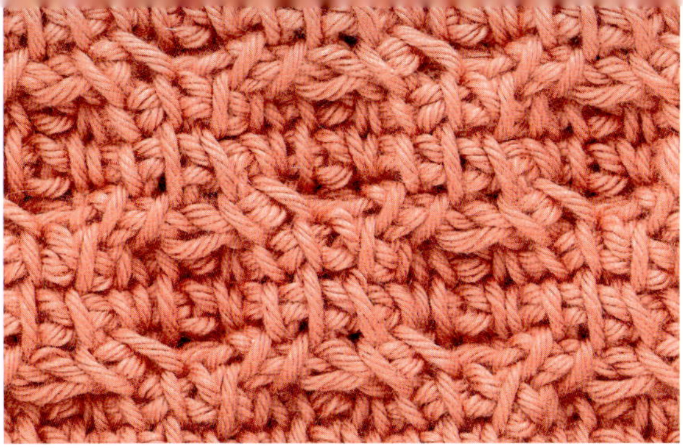

63 Zopfwaben

Hier werden Zöpfe so angeordnet, dass ein interessantes Wabenmuster entsteht. Es macht den Stoff recht fest. Es wird eine Zopfnadel benötigt.

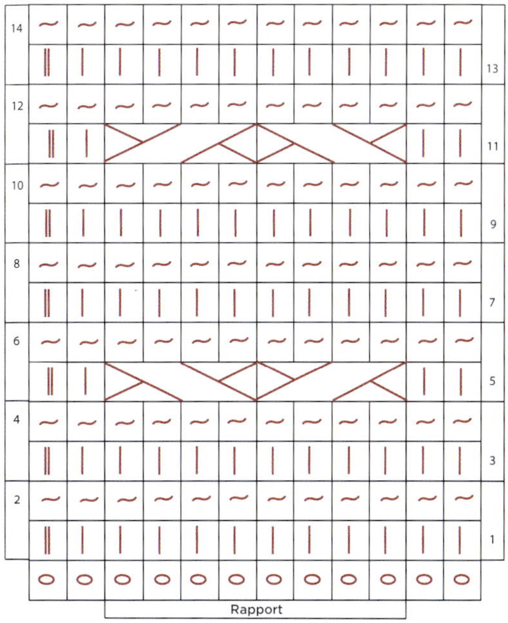

Schritt 5

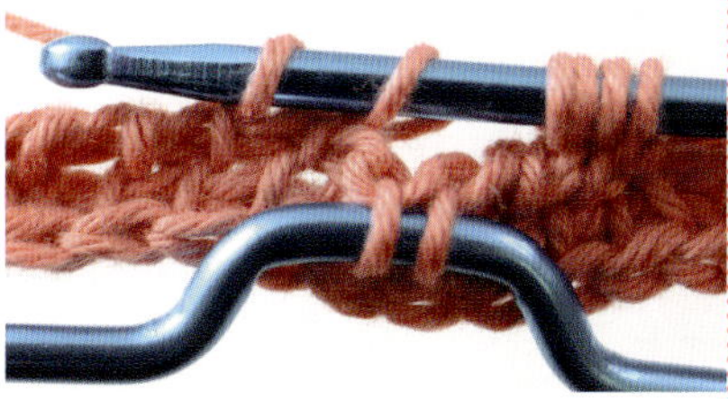

Schritt 5 (Fortsetzung)

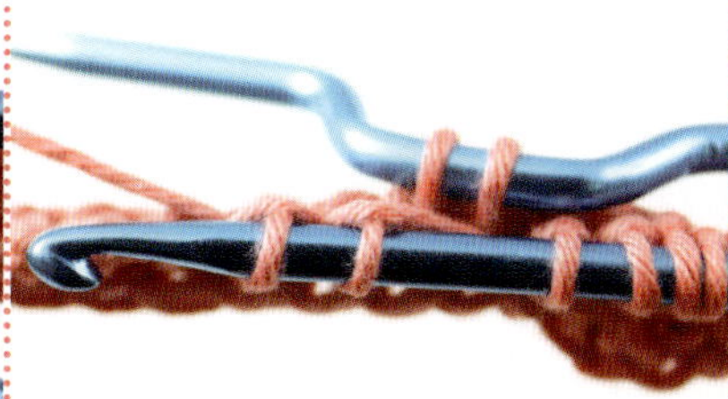

Schritt 11

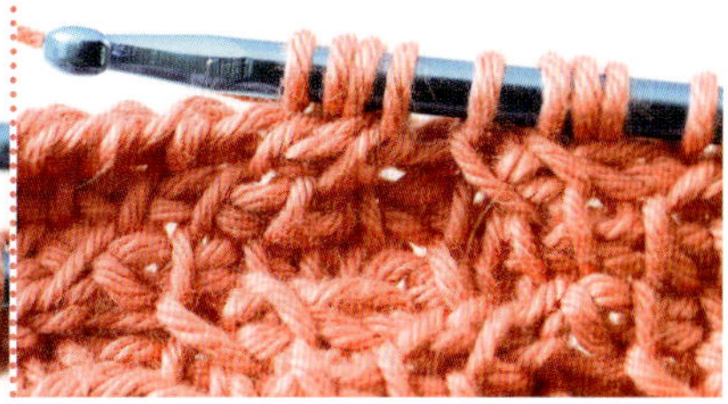

Maschenzahl teilbar durch 8 + 4.

Spezielle Maschen
4er-Zopf nach rechts (2 tGst-2 tGst): 2 M auf Zopfnd hinten, 2 tGst, 2 tGst in M der Zopfnd.

4er-Zopf nach links (2 tGst-2 tGst): 2 M auf Zopfnd vorne, 2 tGst, 2 tGst in M der Zopfnd.

Schritte 1-2 Grund-R arb (Seite 16).

Schritt 3 Rdm rechts, 1 tGst in jede M bis Ende, Rdm links.

Schritt 4 Wdh Schritt 2.

Schritt 5 Rdm rechts, 1 tGst, * 4er-Zopf nach rechts (2 tGst-2 tGst), 4er-Zopf nach links (2 tGst-2 tGst). Ab * wdh bis 1 M, 1 tGst, Rdm links.

Schritt 6 Wdh Schritt 2.

Schritte 7-10 Wdh Schritte 3-4.

Schritt 11 Rdm rechts, 1 tGst, * 4er-Zopf nach links (2 tGst-2 tGst), 4er-Zopf nach rechts (2 tGst-2 tGst). Ab * wdh bis 1 M, 1 tGst, Rdm links.

Schritt 12 Wdh Schritt 2.

Schritte 13-14 Wdh Schritte 3-4

Schritt 15 Wdh Schritte 3-14.

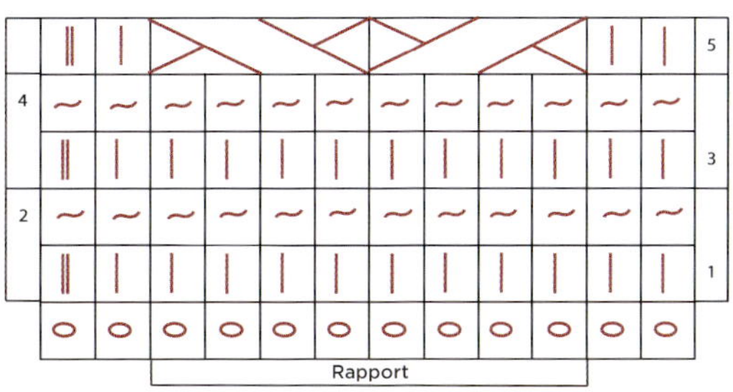

64 Gartenweg

Die Verschränkungen der Zöpfe sind hier etwas versetzt. Dadurch ergibt sich ein sehr interessantes Design für einen einzelnen Streifen, aber auch für größere Flächen. Es wird eine Zopfnadel benötigt.

Spezielle Maschen
4er-Zopf nach links (2 tGst-2 tGst): 2 M auf Zopfnd vorne, 2 tGst, 2 tGst in M der Zopfnd.

4er-Zopf nach rechts (2 tGst-2 tGst): 2 M auf Zopfnd hinten, 2 tGst, 2 tGst in M der Zopfnd.

Schritt 3

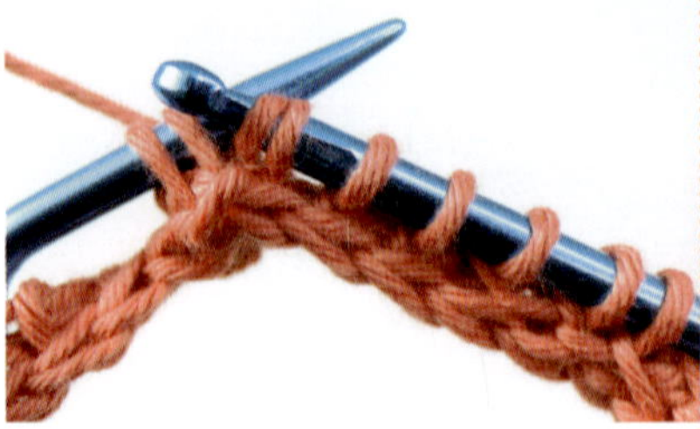

Schritt 9

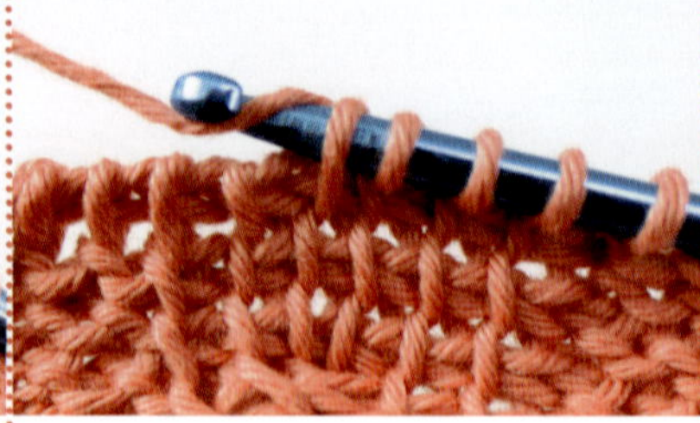

Schritt 11

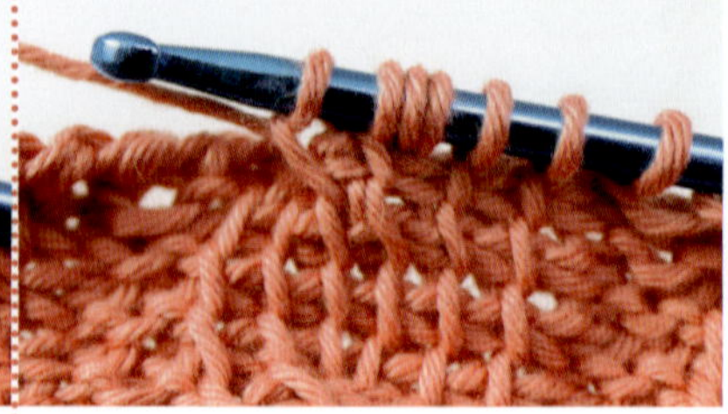

Maschenzahl teilbar durch 8+4.

Schritte 1-2 Grund-R arb (Seite 16).

Schritt 3 Rdm rechts, 2 tliM, * 2 tGst, 4er-Zopf nach links (2 tGst-2 tGst), 2 tliM. Ab * wdh bis Ende, Rdm links.

Schritt 4 Wdh Schritt 2.

Schritt 5 Rdm rechts, 2 tliM, * 6 tGst, 2 tliM. Ab * wdh bis Ende, Rdm links.

Schritt 6 Wdh Schritt 2.

Schritte 7-10 Wdh Schritte 5-6.

Schritt 11 Rdm rechts, 2 tliM, * 2 tGst, 4er-Zopf nach links (2 tGst-2 tGst), 2 tliM. Ab * wdh bis Ende, Rdm links.

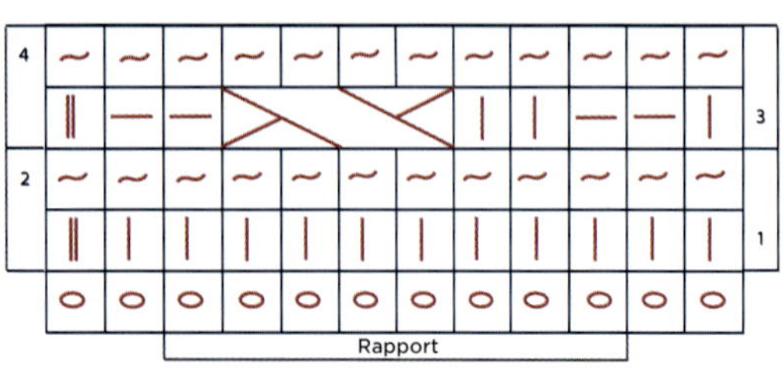

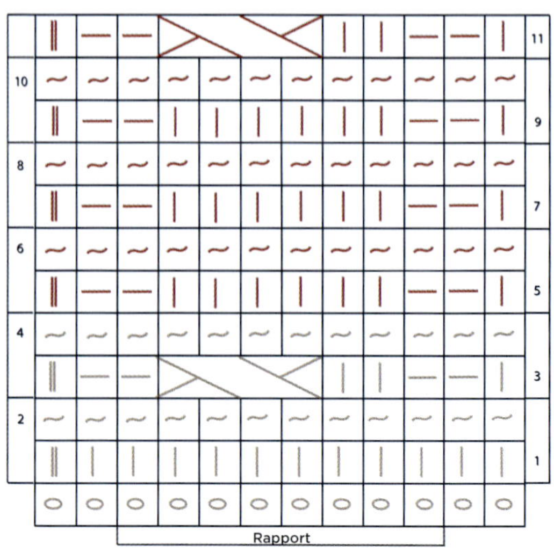

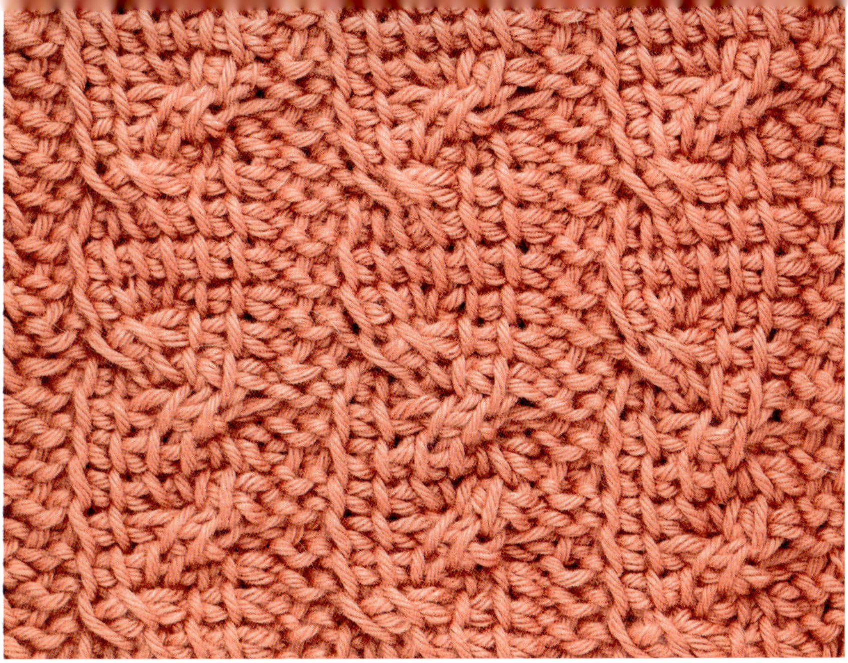

Schritt 15

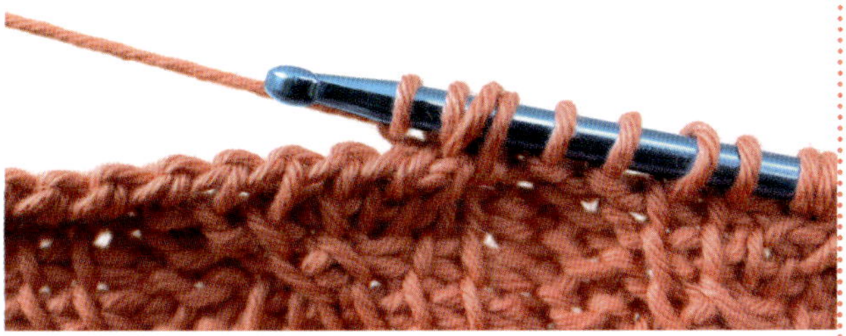

Schritt 12 Wdh Schritt 2.

Schritte 13-14 Wdh Schritte 5-6

Schritt 15 Rdm rechts, 2 tliM, * 4er-Zopf nach rechts (2 tGst-2 tGst), 2 tGst, 2 tliM. Ab * wdh bis Ende, Rdm links.

Schritt 16 Wdh Schritt 2.

Schritte 17-22 Wdh Schritte 5-6.

Schritt 23 Rdm rechts, 2 tliM, * 4er-Zopf nach rechts (2 tGst-2 tGst), 2 tGst, 2 tliM. Ab * wdh bis Ende, Rdm links.

Schritt 24 Wdh Schritt 2.

Schritte 25-26 Wdh Schritte 5-6.

Schritt 27 Wdh Schritte 3-26.

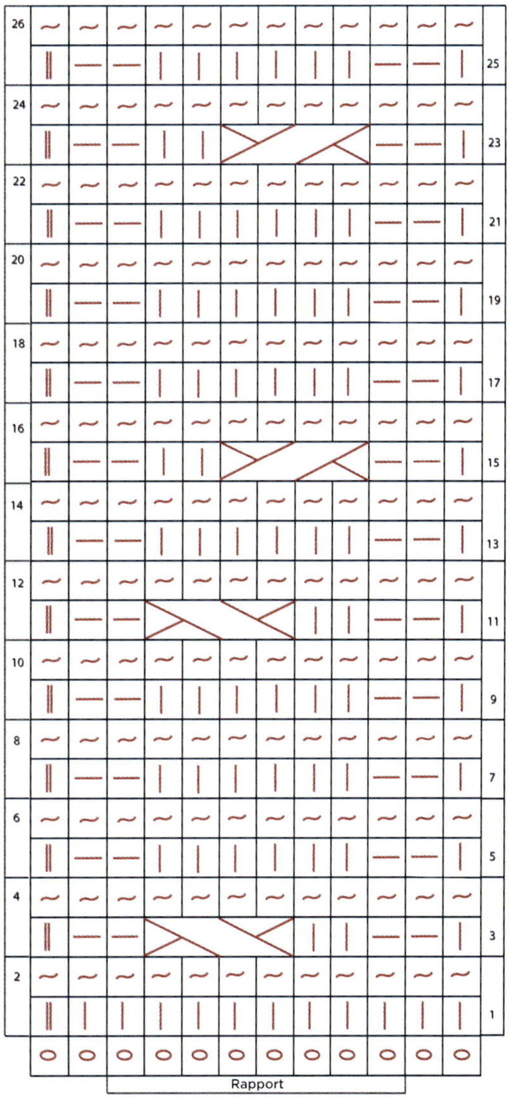

65 Gitter

Atemberaubend anzusehen und interessant zu arbeiten: dieses Muster ist für eine Vielzahl von Projekten wie Kleidungsstücke und Decken geeignet. Vorn und hinten verdrehte Zöpfe lassen ein schönes Gittermuster entstehen. Die Verzopfungen werden über vier Maschen gearbeitet und sind eine Kombination aus Grundstichen und linken Maschen. Es wird eine Zopfnadel benötigt.

Spezielle Maschen

4er-Zopf nach rechts (2 tGst-2 tGst): 2 M auf Zopfnd hinten, 2 tGst, 2 tGst in M der Zopfnd.

4er-Zopf nach links (2 tGst-2 tGst): 2 M auf Zopfnd vorne, 2 tGst, 2 tGst in M der Zopfnd.

4er-Zopf nach rechts (2 tGst-2 tliM): 2 M auf Zopfnd hinten, 2 tGst, 2 tliM in M der Zopfnd.

4er-Zopf nach links (2 tliM-2 tGst): 2 M auf Zopfnd vorne, 2 tliM, 2 tGst in M der Zopfnd.

Schritt 3

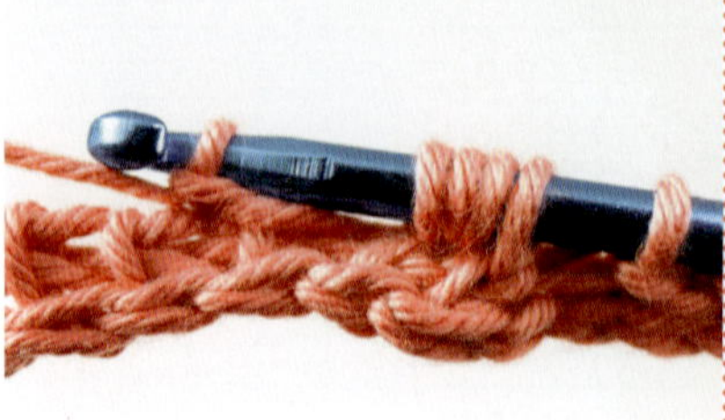

Schritt 7

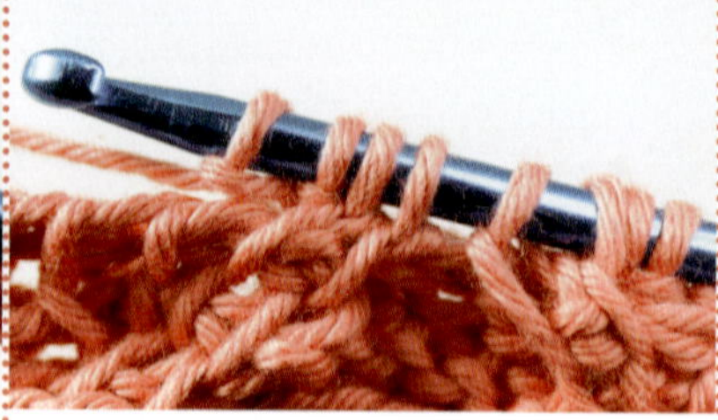

Schritt 7 (Fortsetzung)

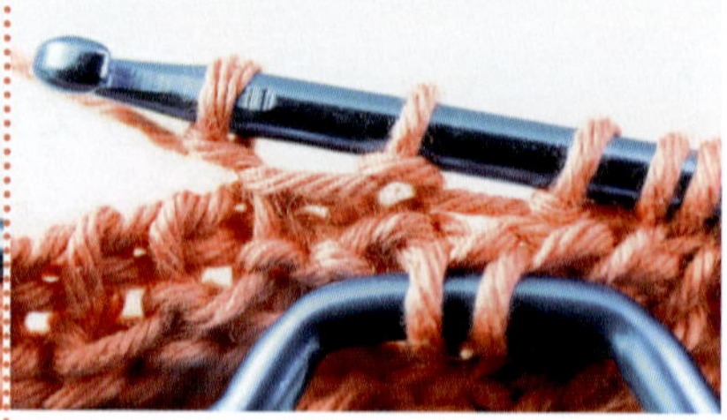

Maschenzahl teilbar durch 8+12.

Schritte 1-2 Grund-R arb (Seite 16).

Schritt 3 Rdm rechts, 3 tliM, 4er-Zopf nach rechts (2 tGst-2 tGst), * 4 tliM, 4er-Zopf nach rechts (2 tGst-2 tGst). Ab * wdh bis 3 M, 3 tliM, Rdm links.

Schritt 4 Wdh Schritt 2.

Schritt 5 Rdm rechts, 3 tliM, * 4 tGst, 4 tliM. Ab * wdh bis Ende, letzte Wdh mit 3 tliM, Rdm links.

Schritt 6 Wdh Schritt 2.

Schritt 7 Rdm rechts, 1 tliM, * 4er-Zopf nach rechts (2 tGst-2 tliM), 4er-Zopf nach links (2 tliM-2 tGst). Ab * wdh bis 1 M, 1 tliM, Rdm links.

Schritt 8 Wdh Schritt 2.

Schritt 9 Rdm rechts, 1 tliM, 2 tGst, 4 tliM, * 4 tGst, 4 tliM. Ab * wdh bis 3 M, 2 tGst, 1 tliM, Rdm links.

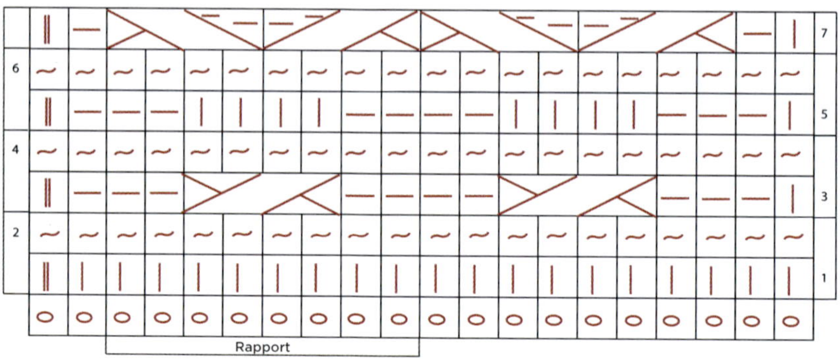

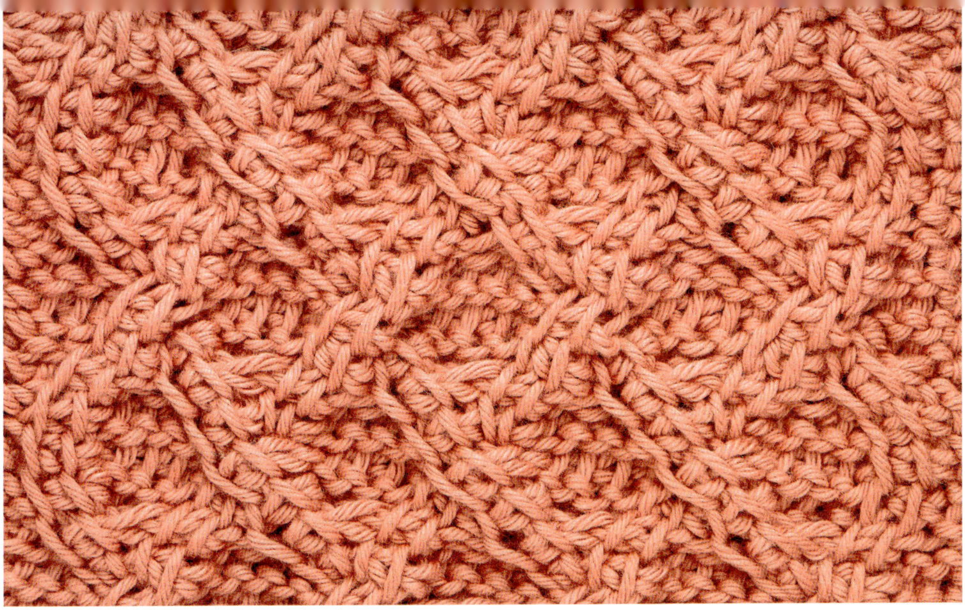

Schritt 11

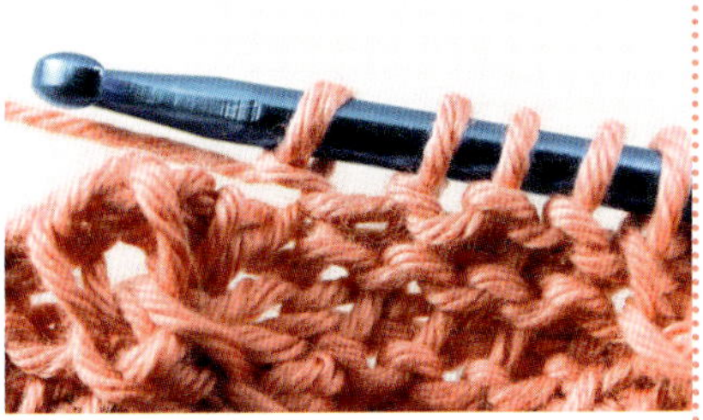

Schritt 10 Wdh Schritt 2.

Schritt 11 Rdm rechts, 1 tliM, 2 tGst, 4 tliM, * 4er-Zopf nach links (2 tGst-2 tGst), 4 tliM. Ab * bis 3 M, 2 tGst, 1 tliM, Rdm links.

Schritt 12 Wdh Schritt 2.

Schritte 13-14 Wdh Schritte 9-10.

Schritt 15 Rdm rechts, 1 tliM, * 4er-Zopf nach links (2 tliM-2 tGst), 4er-Zopf nach rechts (2 tGst-2 tliM). Ab * wdh bis 1 M, 1 tliM, Rdm links.

Schritt 16 Wdh Schritt 2.

Schritte 17-18 Wdh Schritte 5-6.

Schritt 19 Wdh Schritte 3-18.

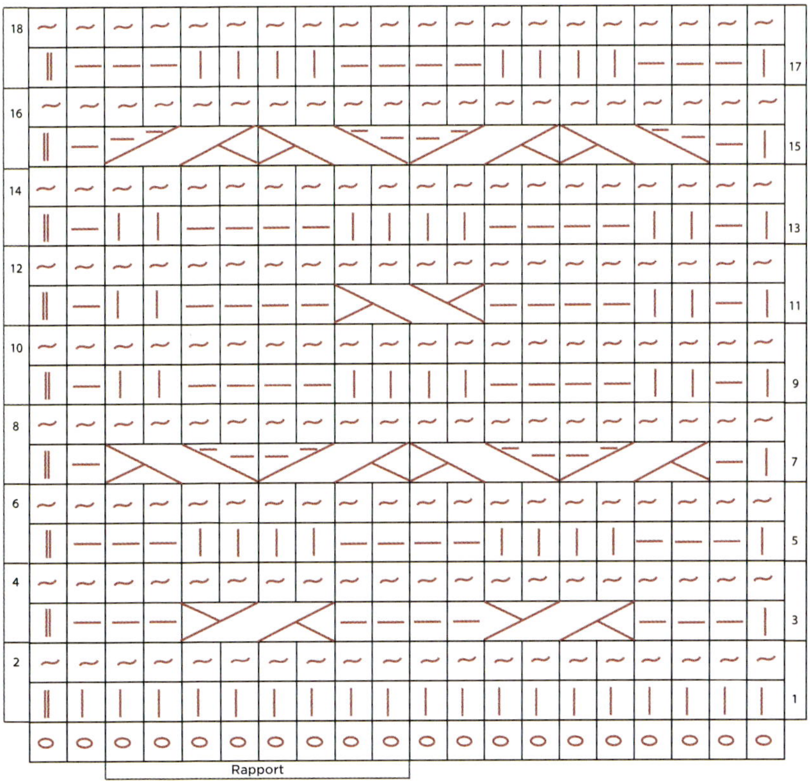

66 Ovale

Ein einfaches, aber sehr lebhaftes Design, das sich perfekt für einen einzelnen Streifen oder für ein opulentes Zopfmuster eignet. Die Ovale entstehen durch Zöpfe über drei und vier Maschen und sind oben und unten durch Zöpfe verbunden. Es wird eine Zopfnadel benötigt.

Spezielle Maschen

4er-Zopf nach rechts (2 tGst-2 tGst): 2 M auf Zopfnd hinten, 2 tGst, 2 tGst in M der Zopfnd.

3er-Zopf nach rechts (2 tGst-1 tliM): 1 M auf Zopfnd hinten, 2 tGst, 1 tliM in M der Zopfnd.

3er-Zopf nach links (1 tliM-2 tGst): 2 M auf Zopfnd vorn, 1 tliM, 2 tGst in M der Zopfnd.

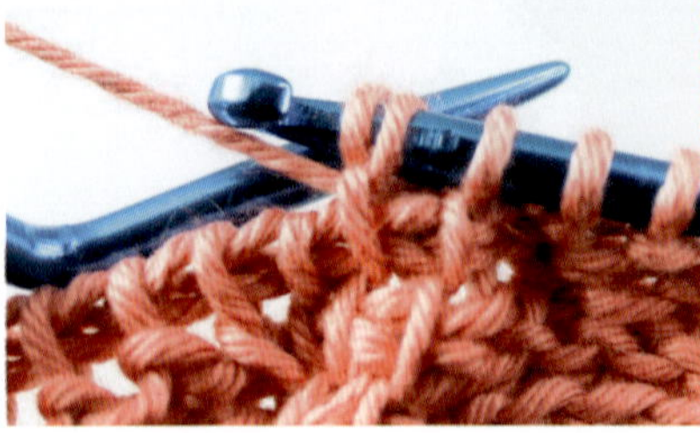
Schritt 7

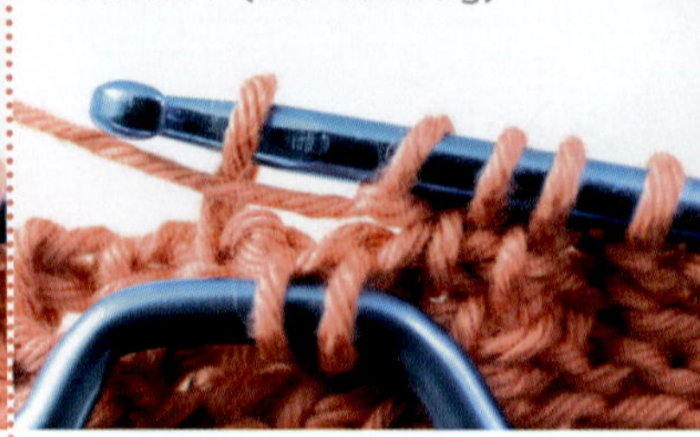
Schritt 7 (Fortsetzung)

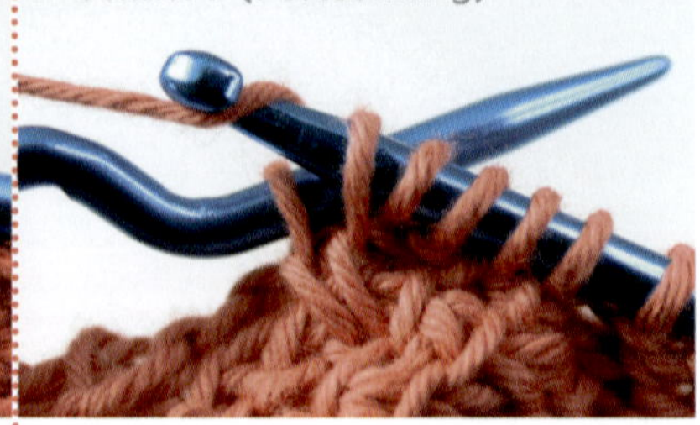
Schritt 7 (Fortsetzung)

Maschenzahl teilbar durch 10 + 4.

Schritte 1-2 Grund-R arb (Seite 16).

Schritt 3 Rdm rechts, 1 tliM, * 3 tliM, 4er-Zopf nach rechts (2 tGst-2 tGst), 3 tliM. Ab * wdh bis 1 M, 1 tliM, Rdm links.

Schritt 4 Wdh Schritt 2.

Schritt 5 Rdm rechts, 1 tliM, * 3 tliM, 4 tGst, 3 tliM. Ab * wdh bis 1 M, 1 tliM, Rdm links.

Schritt 6 Wdh Schritt 2.

Schritt 7 Rdm rechts, 1 tliM, * 2 tliM, 3er-Zopf nach rechts (2 tGst-1 tliM), 3er-Zopf nach links (1 tliM-2 tGst), 2 tliM. Ab * wdh bis 1 M, 1 tliM, Rdm links.

Schritt 8 Wdh Schritt 2.

Schritt 9 Rdm rechts, 1 tliM, * 2 tliM, [2 tGst, 2 tliM] 2x. Ab * wdh bis 1 M, 1 tliM, Rdm links.

Schritt 10 Wdh Schritt 2.

Schritt 11 Rdm rechts, 1 tliM, * 1 tliM, 3er-Zopf nach rechts (2 tGst-1 tliM), 2 tliM, 3er-Zopf nach links (1 tliM-2 tGst), 1 tliM. Ab * wdh bis 1 M, 1 tliM, Rdm links.

Schritt 12 Wdh Schritt 2.

Schritt 13 Rdm rechts, 1 tliM, * 1 tliM, 2 tGst, 4 tliM, 2 tGst, 1 tliM. Ab * wdh bis 1 M, 1 tliM, Rdm links.

Schritt 14 Wdh Schritt 2.

Schritte 15-18 Wdh Schritte 13-14.

Schritt 19 Rdm rechts, 1 tliM, * 1 tliM, 3er-Zopf nach links (1 tliM-2 tGst), 2 tliM, 3er-Zopf nach rechts (2 tGst-1 tliM), 1 tliM. Ab * wdh bis 1 M, 1 tliM, Rdm links.

Schritt 20 Wdh Schritt 2.

Schritt 21 Wdh Schritt 9.

Schritt 22 Wdh Schritt 2.

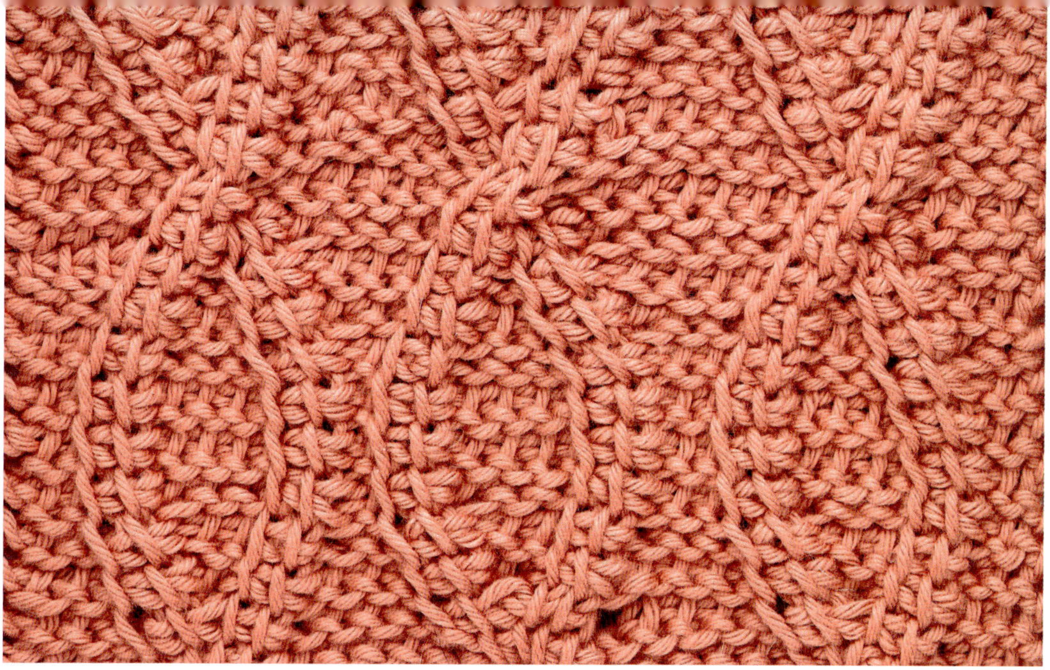

Schritt 19

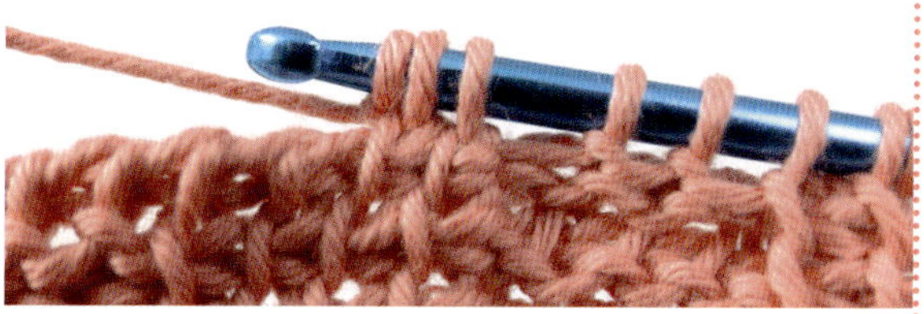

Schritt 23 Rdm rechts, 1 tliM, * 2 tliM, 3er-Zopf nach links (1 tliM-2 tGst), 3er-Zopf nach rechts (2 tGst-1 tliM), 2 tliM. Ab * wdh bis 1 M, 1 tliM, Rdm links.

Schritt 24 Wdh Schritt 2.

Schritt 25 Wdh Schritt 5.

Schritt 26 Wdh Schritt 2.

Schritt 27 Wdh Schritte 3-26.

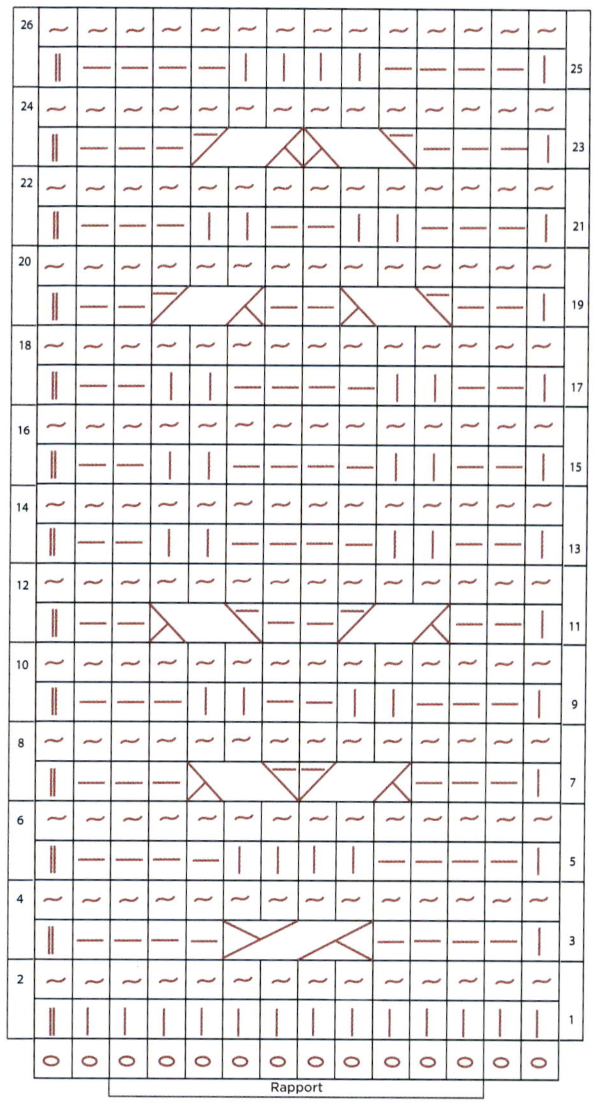

67 Korbgeflecht I

Es gibt viele Varianten von Flechtmustern. Hier wechseln sich Blöcke aus sechs Grundstichen und sechs linken Maschen ab, wodurch der Stoff mehr Fall bekommt als bei kleineren Blöcken. Das Muster eignet sich sehr gut für Decken, Kissen und Accessoires.

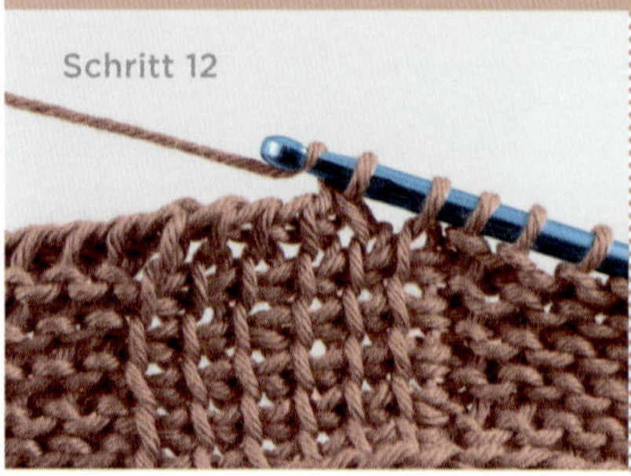

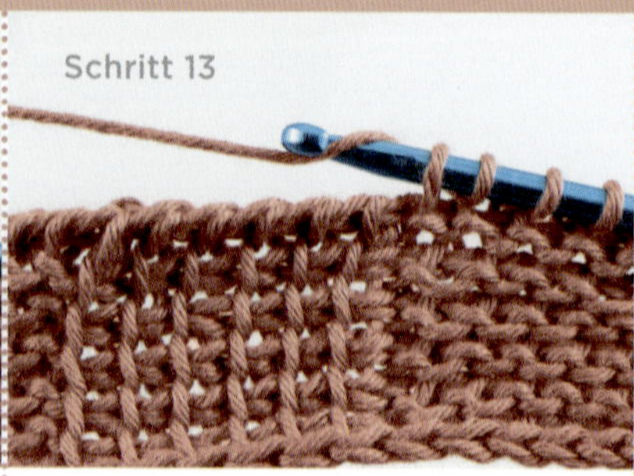

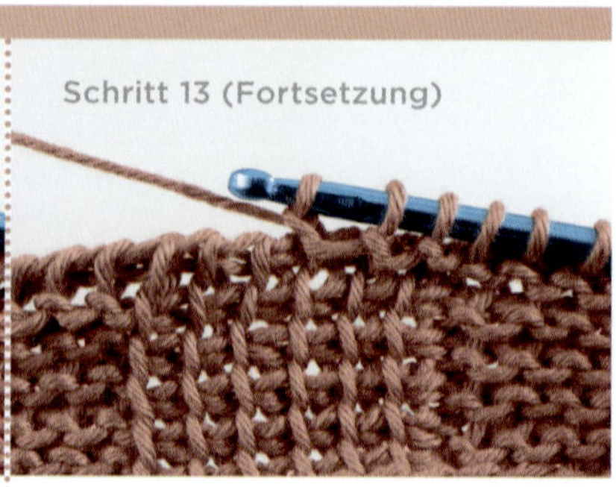

Maschenzahl teilbar durch 12 + 12.

Schritte 1-2 Grund-R arb (Seite 16).

Schritt 3 Rdm rechts, 5 tGst, * 6 tliM, 6 tGst. Ab * wdh bis 5 M, 5 tliM, Rdm links.

Schritt 4 Wdh Schritt 2.

Schritte 5-12 Wdh Schritte 3-4.

Schritt 13 Rdm rechts, 5 tliM, * 6 tGst, 6 tliM. Ab * wdh bis 5 M, 5 tGst, Rdm links.

Schritt 14 Wdh Schritt 2.

Schritte 15-22 Wdh Schritte 13-14.

Schritt 23 Wdh Schritte 3-22.

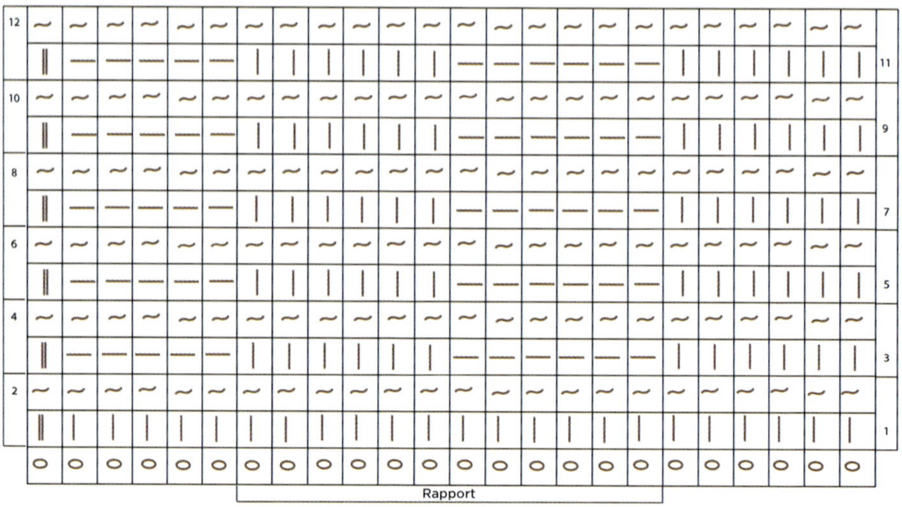

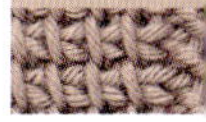

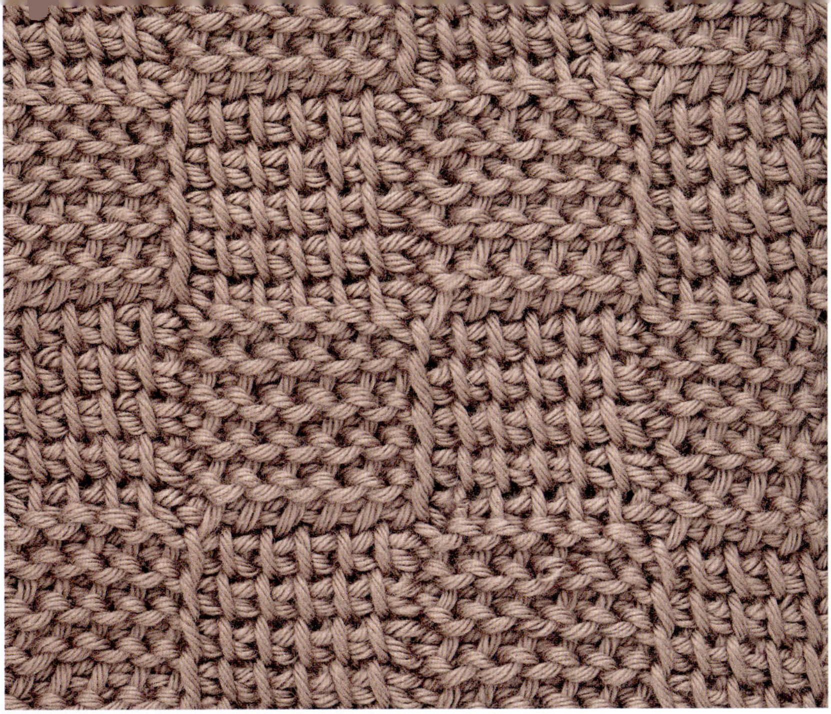

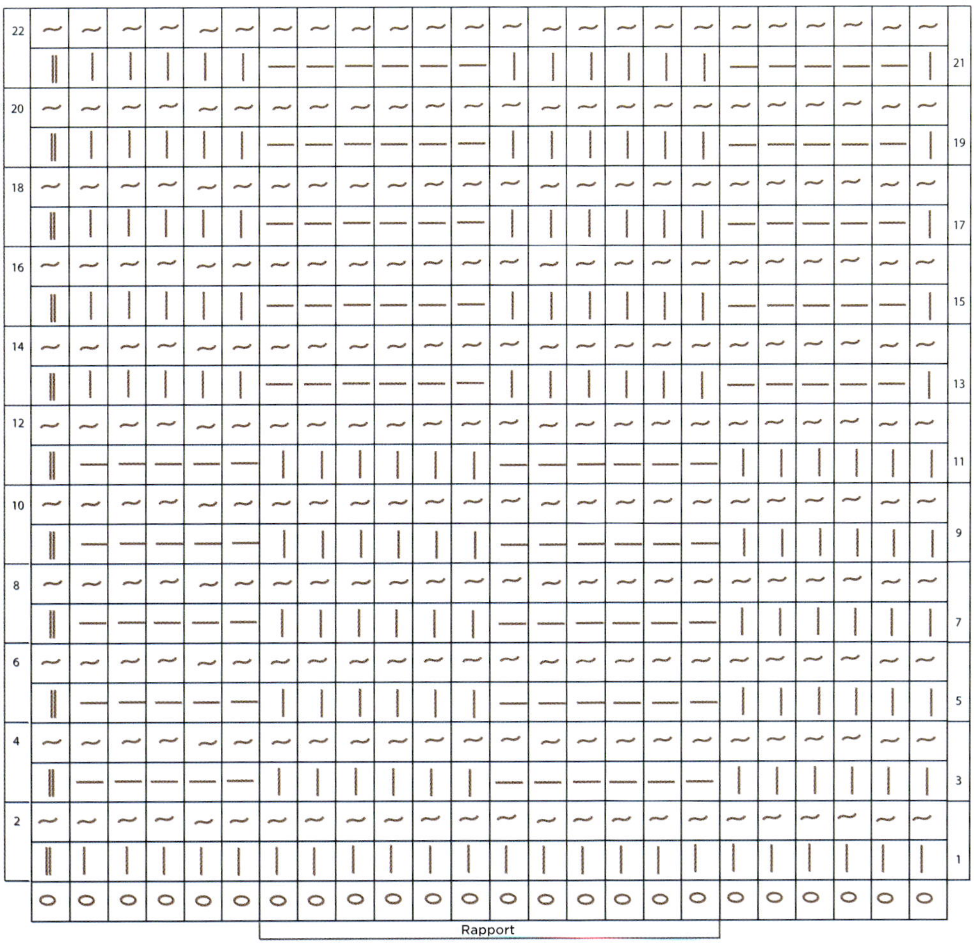
22
21
20
19
18
17
16
15
14
13
12
11
10
9
8
7
6
5
4
3
2
1
Rapport

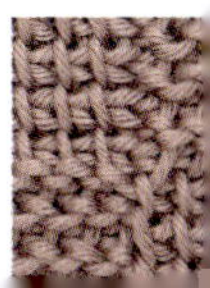

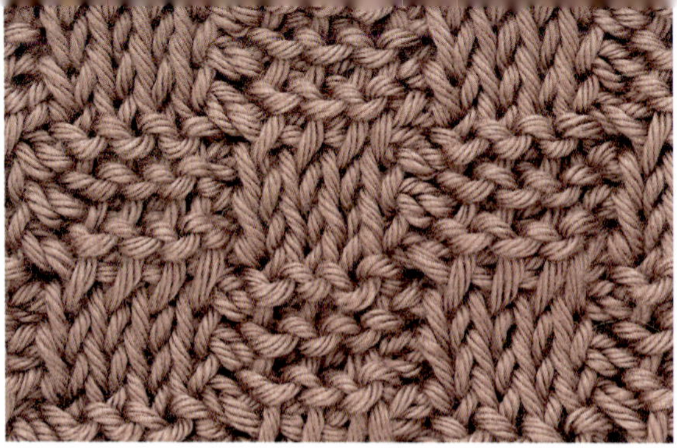

68 Korbgeflecht II

Diese Kombination aus tunesischem Strickstich und linken Maschen erzeugt einen sehr robusten Stoff. Das Muster ist besonders geeignet für Winterkleidung, Decken und Accessoires.

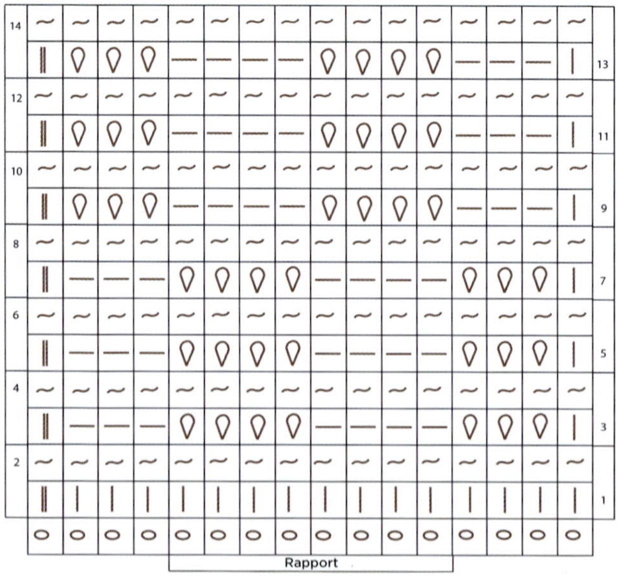

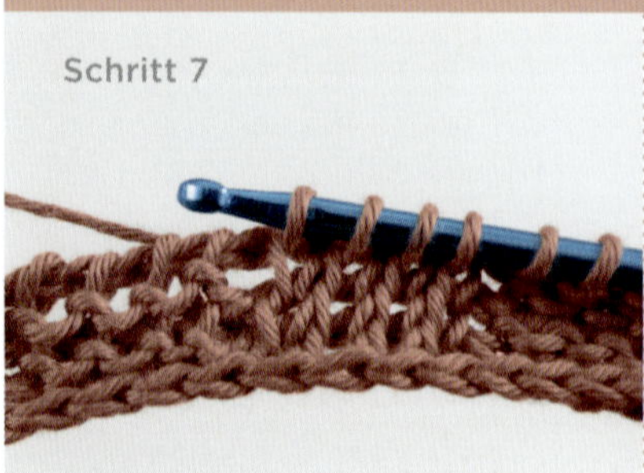

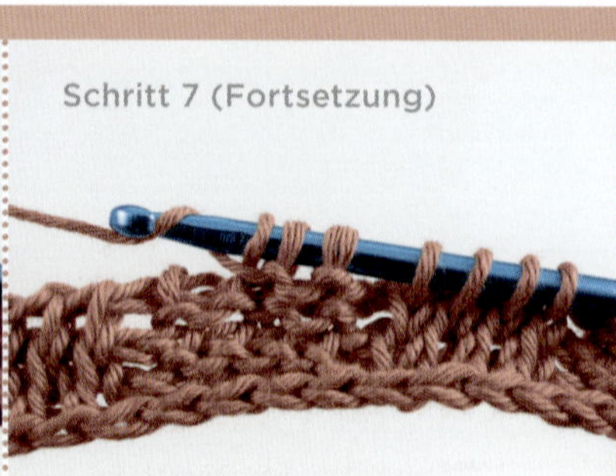

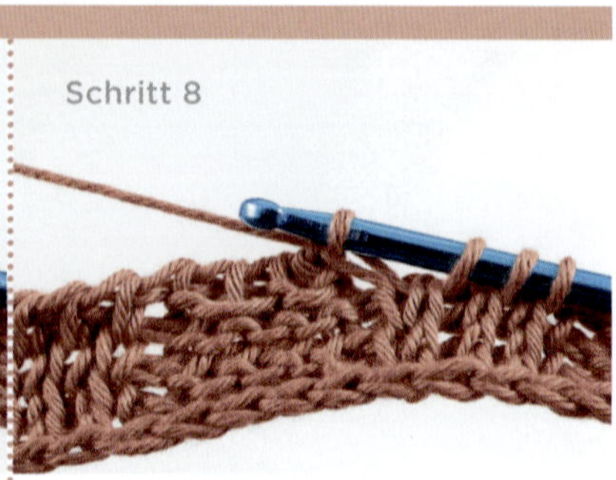

Maschenzahl teilbar durch 8+8.

Schritte 1-2 Grund-R arb (Seite 16).

Schritt 3 Rdm rechts, 3 tSst, * 4 tliM, 4 tSst. Ab * wdh bis 3 M, 3 tliM, Rdm links.

Schritt 4 Wdh Schritt 2.

Schritte 5-8 Wdh Schritte 3-4.

Schritt 9 Rdm rechts, 3 tliM, * 4 tSst, 4 tliM. Ab * wdh bis 3 M, 3 tSst, Rdm links.

Schritt 10 Wdh Schritt 2.

Schritte 11-14 Wdh Schritte 9-10.

Schritt 15 Wdh Schritte 3-14.

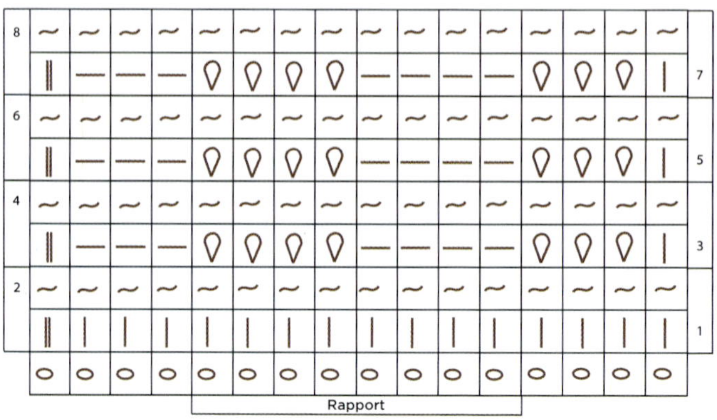

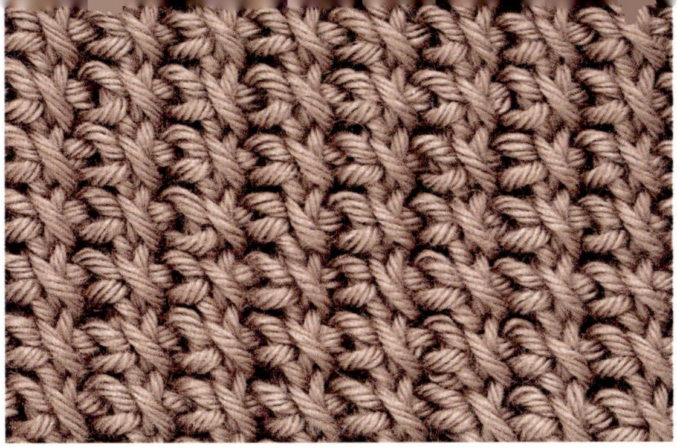

69 Kreuzstiche

Die Kreuzstiche entstehen durch Überspringen von Maschen. Hier wird eine Masche übersprungen, die nächste im Grundstich gearbeitet und dann mit der übersprungenen Masche weitergearbeitet.

Schritt 3

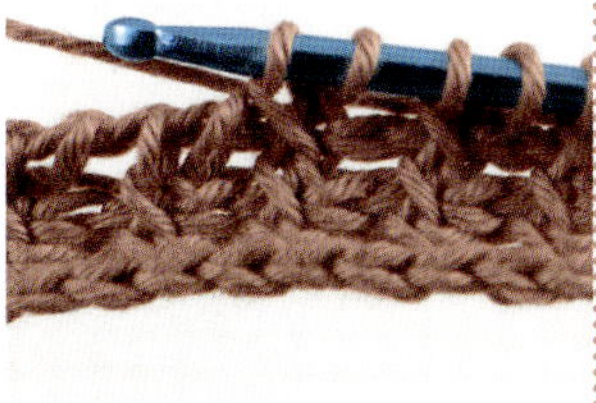

Schritt 4

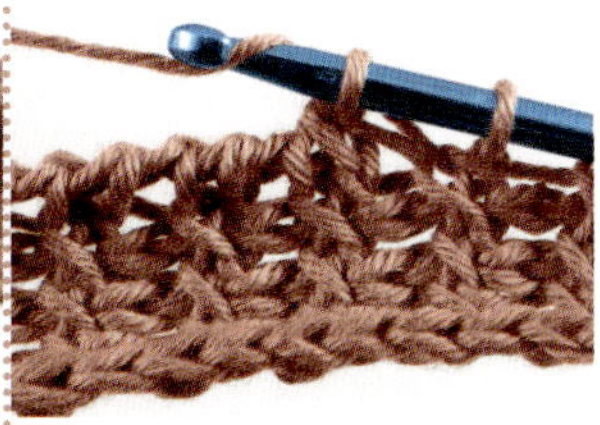

Maschenzahl teilbar durch 2+2.

Spezielle Masche
2 gekreuzte tGst (2 gekreuzte tunesische Grundstiche): 1 M überspr, 1 tGst, 1 tGst in die übersprungene M.

Schritte 1-2 Grund-R arb (Seite 16).

Schritt 3 Rdm rechts, * 2 gekreuzte tGst. Ab * wdh bis Ende, Rdm links.

Schritt 4 Wdh Schritt 2.

Schritt 5 Wdh Schritte 3-4.

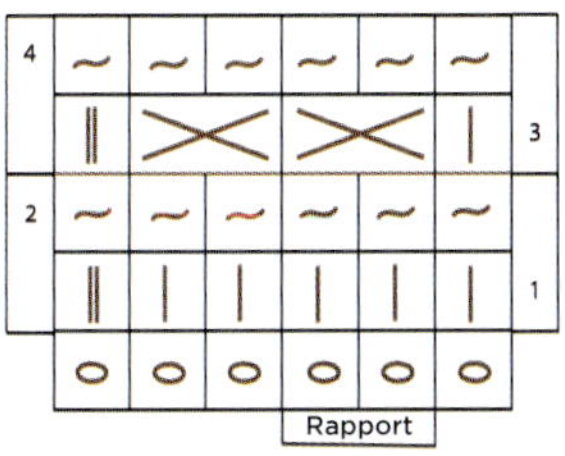

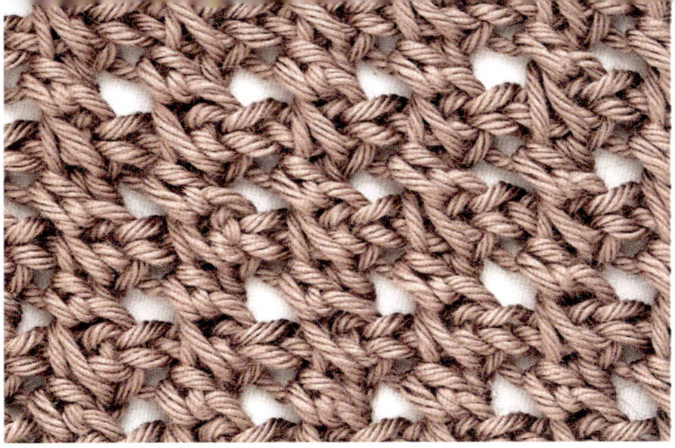

70 Kreuzstäbchen

Gekreuzte tunesische Stäbchen ergeben einen durchbrochenen, stark strukturierten Stoff, der sich für eine Vielzahl von Projekten, wie Kleidungsstücke und Heimtextilien eignet.

Schritt 3

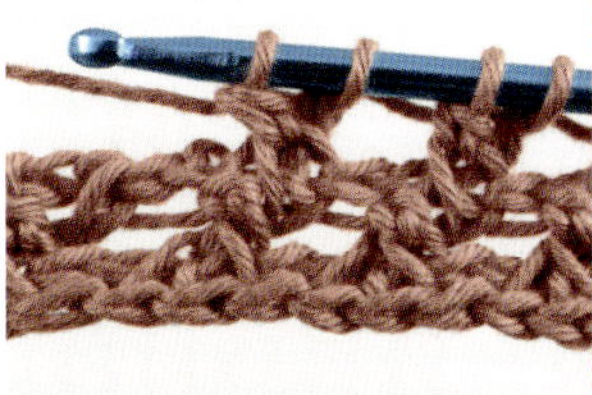

Schritt 4

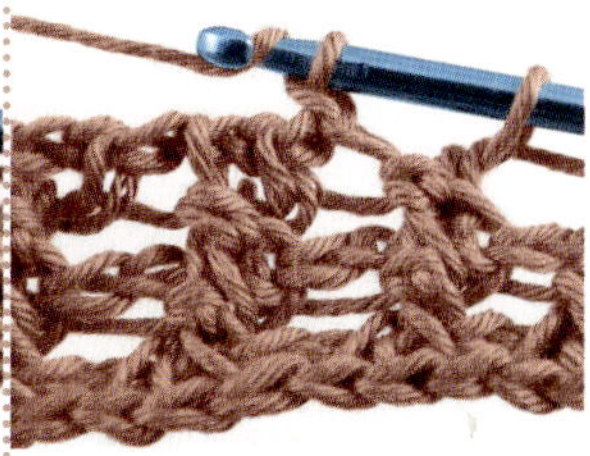

Maschenzahl teilbar durch 3+2.

Spezielle Masche
2 gekreuzte tStb (2 gekreuzte tunesische Stäbchen): 2 M überspr, 1 tStb, 1 tStb in die 1. übersprungene M (mittlere M bleibt unbearbeitet).

Schritte 1-2 Grund-R arb (Seite 16).

Schritt 3 Rdm rechts, * 2 gekreuzte tStb. Ab * wdh bis Ende, Rdm links.

Schritt 4 Faden holen, 1 Schlinge abm, Faden holen, 2 Schlingen abm, * 1 Lm, [Faden holen, 2 Schlingen abm] 2x. Ab * wdh bis 1 Schlinge auf Nd.

Schritt 5 Wdh Schritte 3-4.

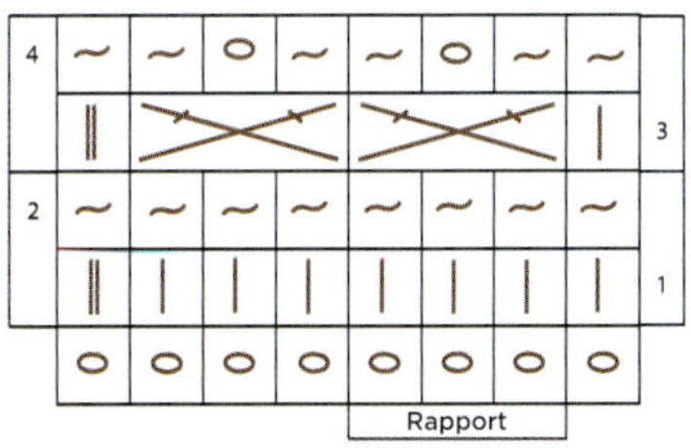

71 Diagonal-Kreuzstich

Bei diesem originellen Muster entstehen die diagonalen Linien aus gekreuzten Grundstichen und linken Maschen. Der Stoff hat einen angenehmen Fall und passt zu Winteraccessoires wie Schals und Mützen.

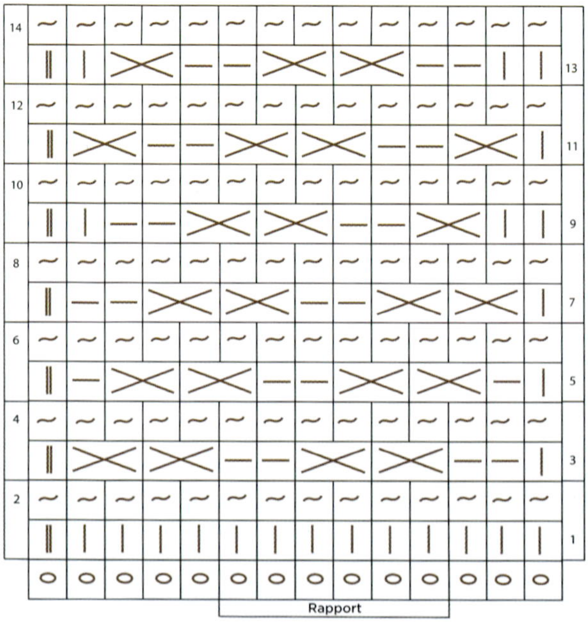

Schritt 3

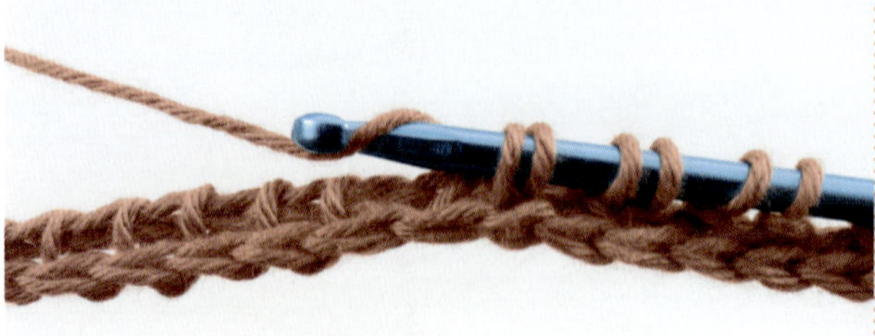

Schritt 5

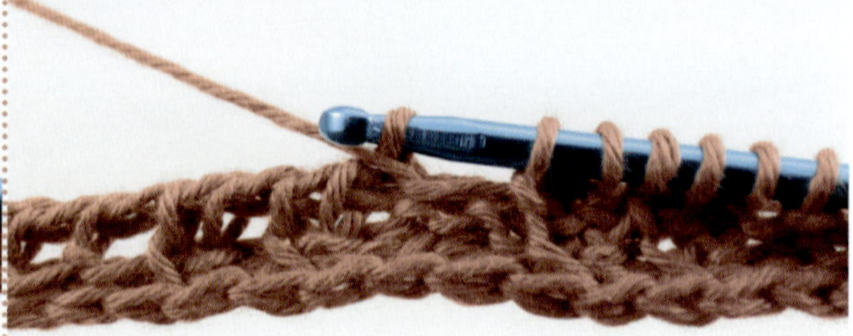

Maschenzahl teilbar durch 6 + 2.

Spezielle Masche
2 gekreuzte tGst (2 gekreuzte tunesische Grundstiche): 1 M überspr, 1 tGst, 1 tGst in die übersprungene M.

Schritte 1-2 Grund-R arb (Seite 16).

Schritt 3 Rdm rechts, * 2 tliM, [2 gekreuzte tGst] 2x. Ab * wdh bis Ende, Rdm links.

Schritt 4 Wdh Schritt 2.

Schritt 5 Rdm rechts, * 1 tliM, [2 gekreuzte tGst] 2x, 1 tliM. Ab * wdh bis Ende, Rdm links.

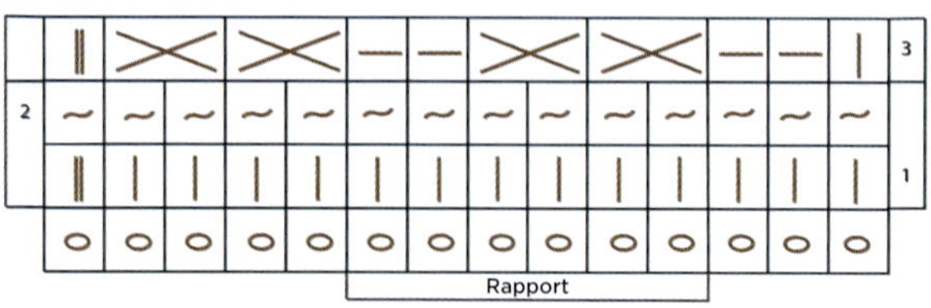

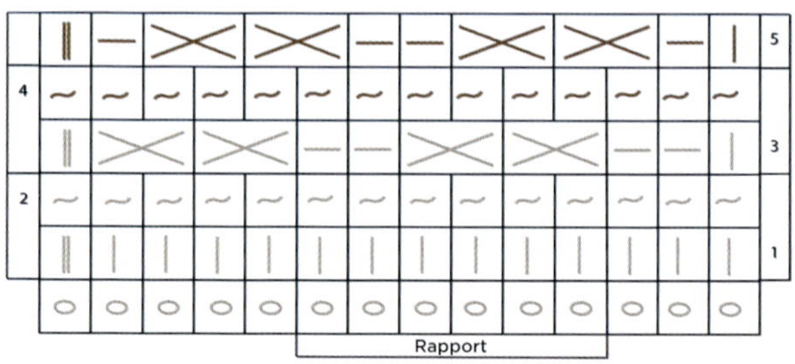

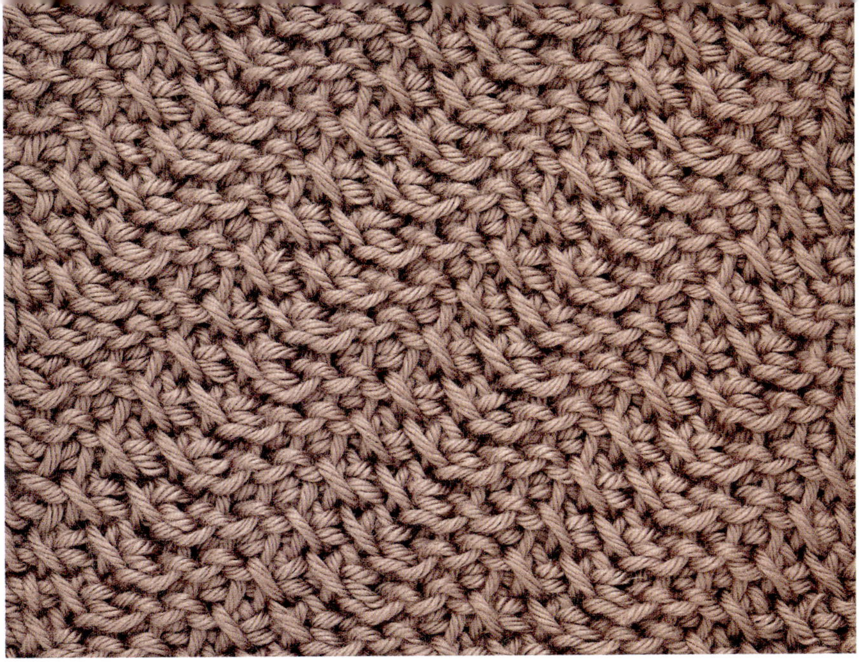

Schritt 6

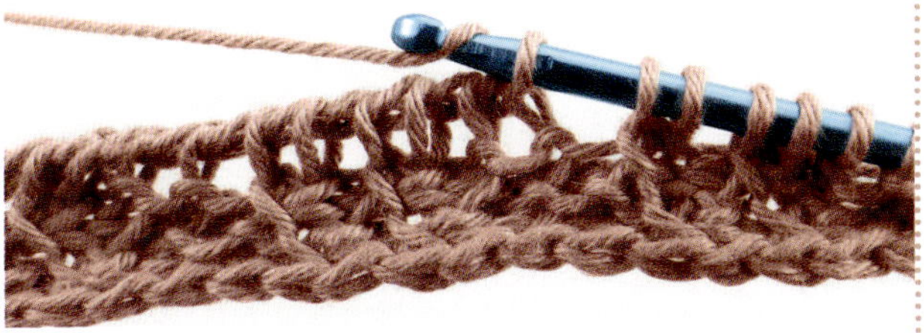

Schritt 6 Wdh Schritt 2.

Schritt 7 Rdm rechts, * [2 gekreuzte tGst] 2x, 2 tliM. Ab * wdh bis Ende, Rdm links.

Schritt 8 Wdh Schritt 2.

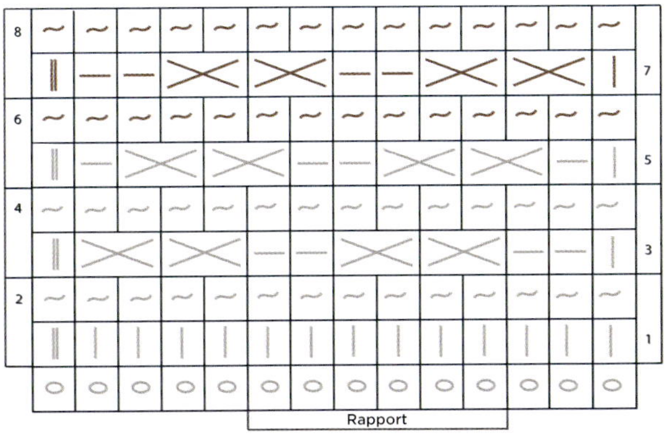

Schritt 9 Rdm rechts, 1 tGst, 2 gekreuzte tGst, * 2 tliM, [2 gekreuzte tGst] 2x. Ab * wdh bis 3 M, 2 tliM, 1 tGst, Rdm links.

Schritt 10 Wdh Schritt 2.

Schritt 11 Rdm rechts, 2 gekreuzte tGst, 2 tliM, * [2 gekreuzte tGst] 2x, 2 tliM. Ab * wdh bis 2 M, 2 gekreuzte tGst, Rdm links.

Schritt 12 Wdh Schritt 2.

Schritt 13 Rdm rechts, 1 tGst, 2 tliM, * [2 gekreuzte tGst] 2x, 2 tliM. Ab * wdh bis 3 M, 2 gekreuzte tGst, 1 tGst, Rdm links.

Schritt 14 Wdh Schritt 2.

Schritt 15 Wdh Schritte 3-14.

72 Geraffte Maschen

Dieses schöne Muster eignet sich für viele Anwendungen. Optisch ähnelt es dem Wabenmuster, wird aber ganz anders gehäkelt. Beim Arbeiten eines falschen Umschlags ist es wichtig, das Garn mit dem Zeigefinger zu fixieren. Gelingt das nicht, entsteht kein falscher Umschlag, sondern eher eine linke Masche.

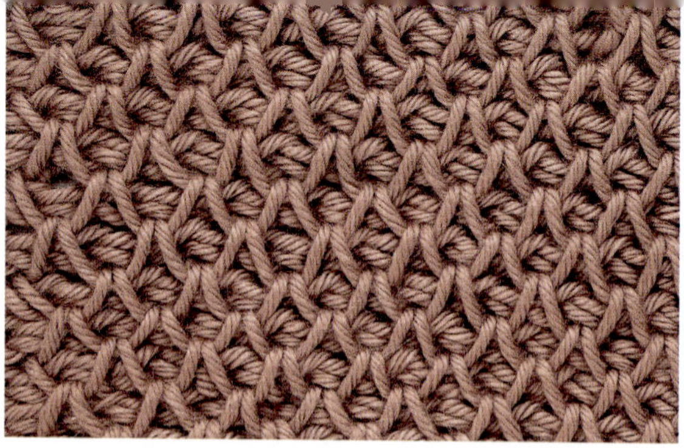

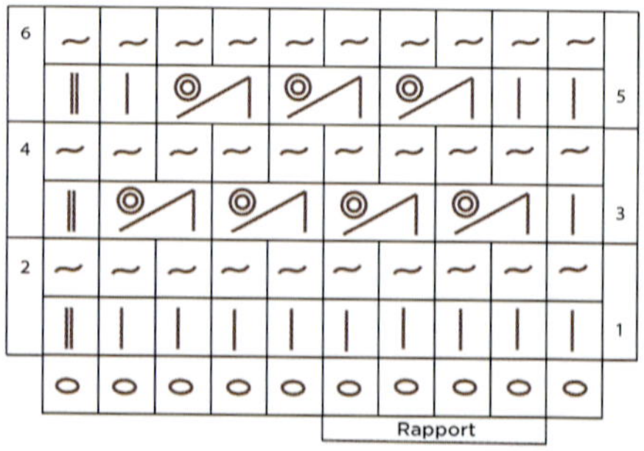

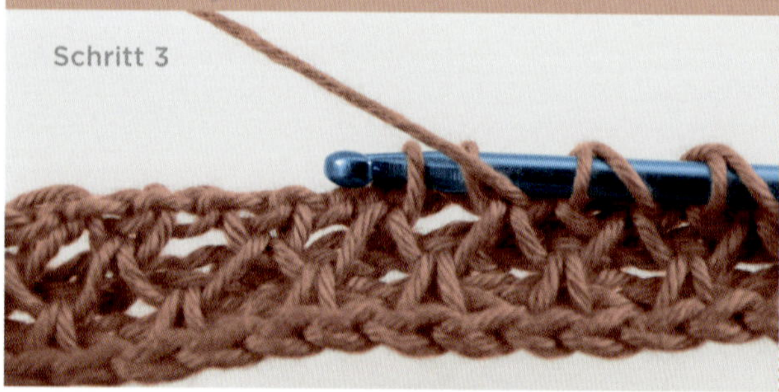

Schritt 3

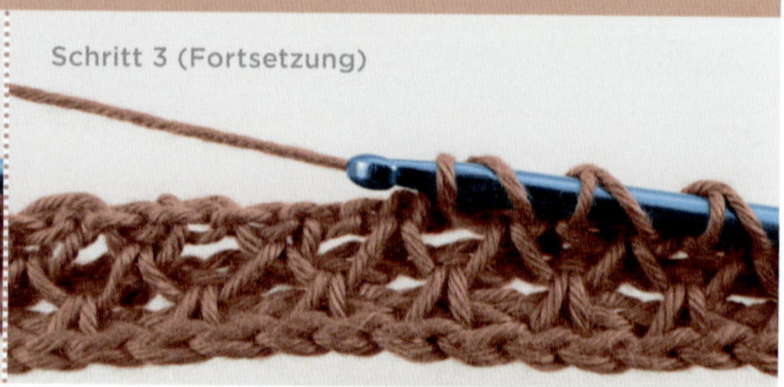

Schritt 3 (Fortsetzung)

Maschenzahl teilbar durch 4 + 2.

Spezielle Maschen
2 tGst zus abm (2 tunesische Grundstiche zusammen abmaschen): Nd in 2 vordere senkrechte M-Glieder einstechen, Faden holen, durchziehen.

fU (falscher Umschlag): Garn unter der Nd nach vorn, dann über Nd nach hinten, (andersherum als beim normalen U). U mit Zeigefinger fixieren, bis die nächste M fertig ist.

Schritte 1-2 Grund-R arb (Seite 16).

Schritt 3 Rdm rechts, * 2 tGst zus abm, 1 fU. Ab * wdh bis Ende, Rdm links.

Schritt 4 Wdh Schritt 2.

Schritt 5 Rdm rechts, 1 tGst, * 2 tGst zus abm, 1 fU. Ab * wdh bis 1 M, 1 tGst, Rdm links.

Schritt 6 Wdh Schritt 2.

Schritt 7 Wdh Schritte 3-6.

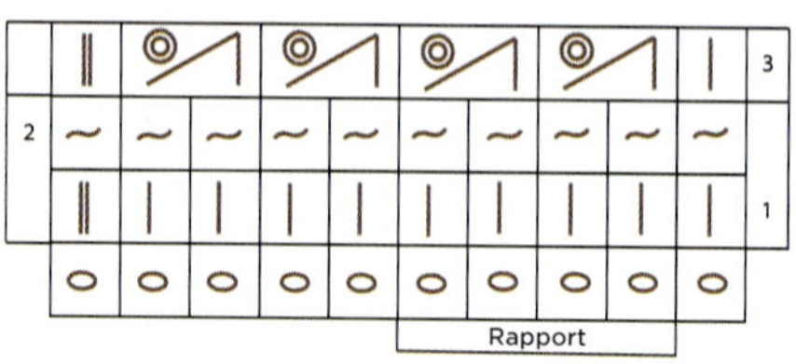

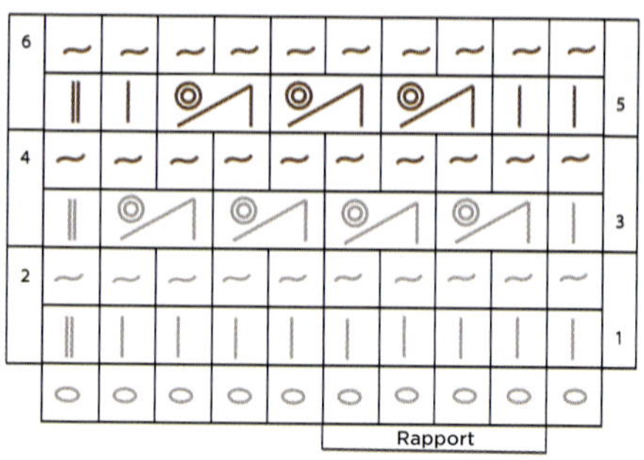

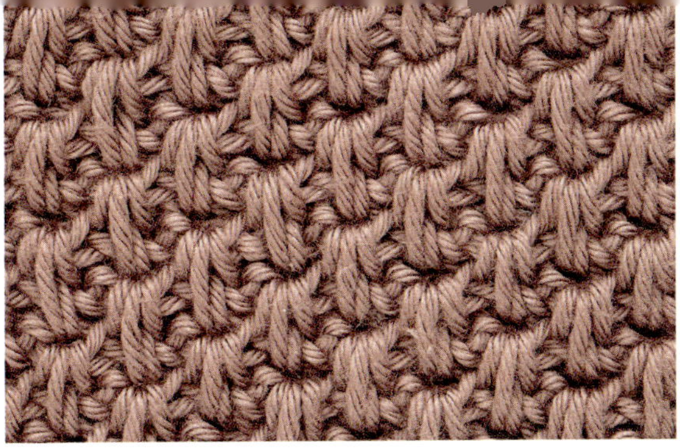

73 Ozean

Dieses stark texturierte Muster ist sowohl ein- als auch mehrfarbig wunderschön. Es ist nicht einfach, und es braucht eine Weile, um es zu meistern, besonders die tiefer gestochenen tunesischen Grundstiche. Die erste Reihe langer Maschen wird in die Luftmaschenkette eingearbeitet, alle weiteren in die obere Masche der Muscheln zwei Reihen tiefer.

Spezielle Masche

tiefer gest tGst (tiefer gestochener tunesischer Grundstich): Nd in die obere Schlinge der Muschel 2 R tiefer einstechen (oder in das obere M-Glied der Lm bei der Grund-R), Faden holen, durchziehen.

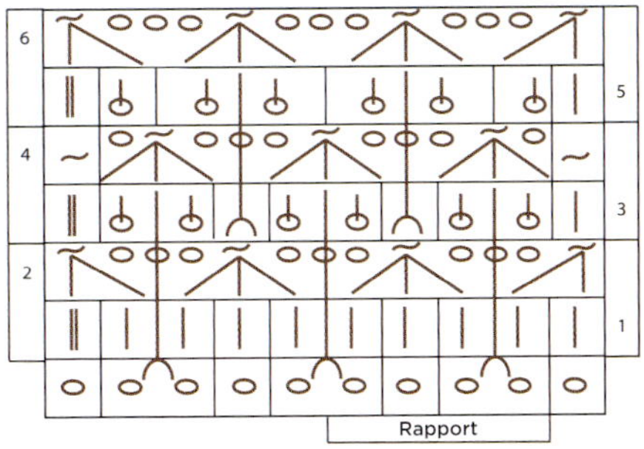

Schritt 2

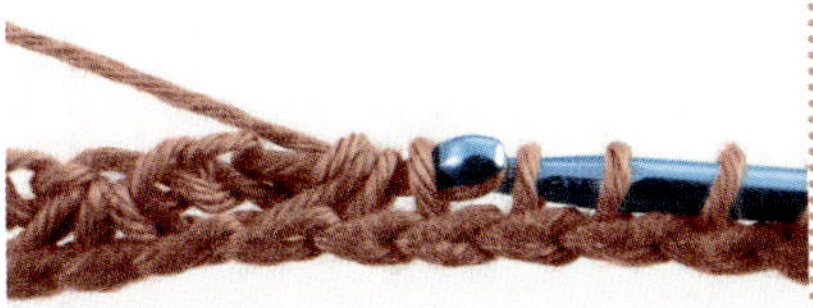

Schritt 3

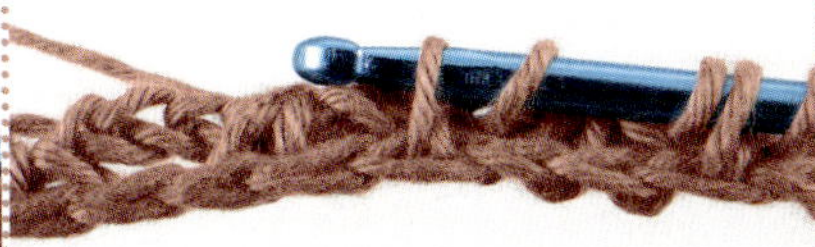

Schritt 5

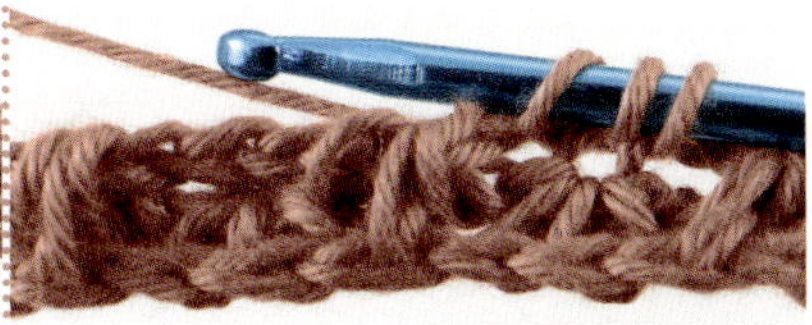

Maschenzahl teilbar durch 4 + 2.

Schritt 1 1 tGst in die 2. Lm und jede weitere bis Ende.

Schritt 2 Faden holen, 1 Schlinge abm, Faden holen, 2 Schlingen abm (Muschel), 3 Lm, * Faden holen, 4 Schlingen abm (Muschel), 3 Lm. Ab * wdh bis 3 Schlingen, Faden holen, 3 Schlingen abm (Muschel).

Schritt 3 Rdm rechts, Muschel überspr, * 1 tGst in Lm, 1 tiefer gest tGst in Grund-R zwischen Muscheln, 1 tGst in Lm, nächste Muschel überspr. Ab * wdh bis Ende, Rdm links.

Schritt 4 Faden holen, 1 Schlinge abm, 1 Lm, Faden holen, 4 Schlingen abm (Muschel), * 3 Lm, Faden holen, 4 Schlingen abm (Muschel). Ab * wdh bis 2 Schlingen, 1 Lm, Faden holen, 2 Schlingen abm.

Schritt 5 Rdm rechts, 1 tGst in Lm, nächste Muschel überspr, * 1 tGst in Lm, 1 tiefer gest tGst in die obere Schlinge der Muschel 2 R tiefer, 1 tGst in Lm, nächste Muschel überspr. Ab * wdh bis 1 Lm, 1 tGst in Lm, Rdm links.

Schritt 6 Wdh Schritt 2.

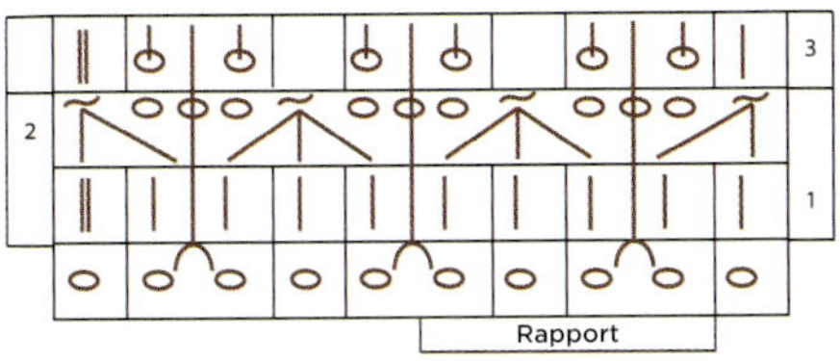

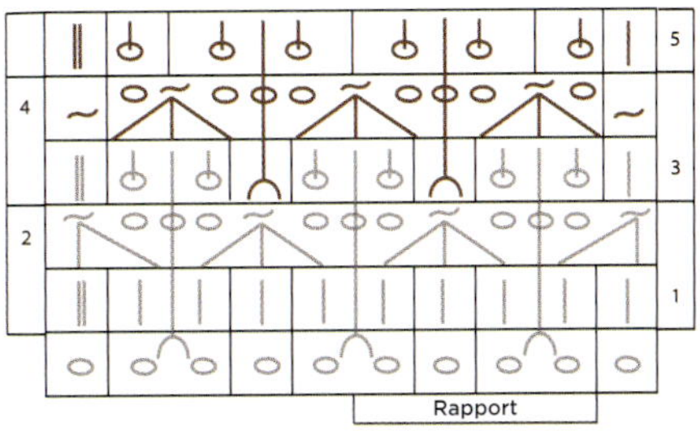

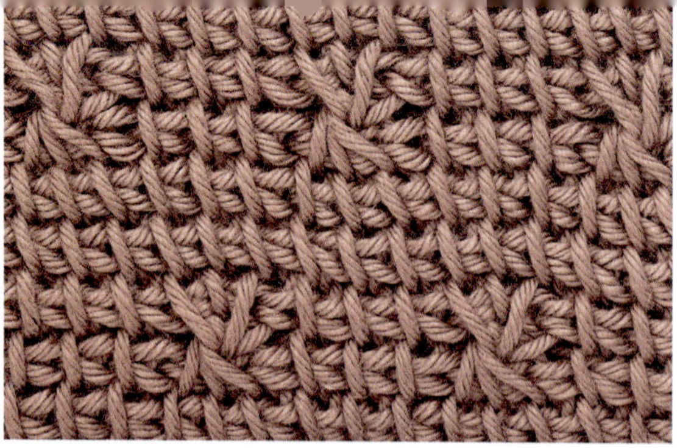

74 Spalier

Die subtile Verwendung von Sternstichen führt hier zu einem unkomplizierten, aber sehr interessanten Muster. Wird eine größere Nadelstärke verwendet als für das gewählte Garn empfohlen, entsteht ein idealer Stoff für eine Vielzahl von Heimtextilien und Accessoires.

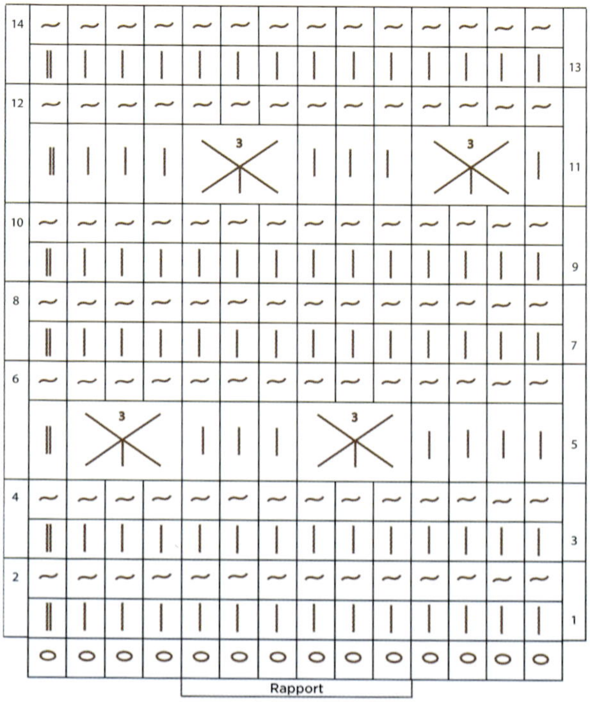

Schritt 5

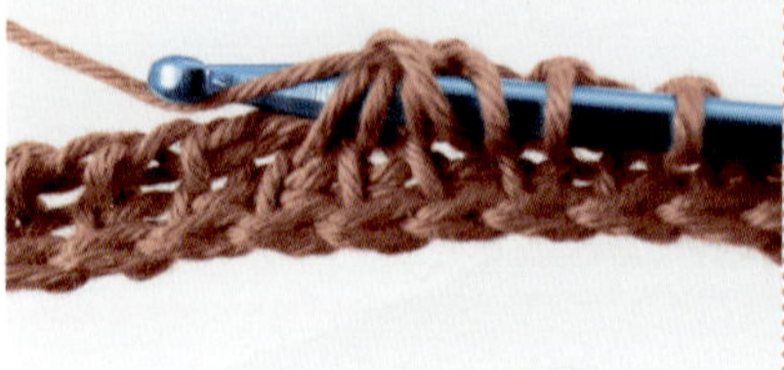

Schritt 5 (Fortsetzung)

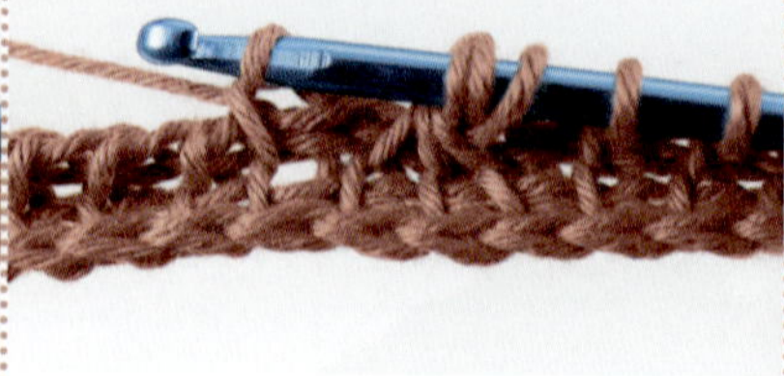

Schritt 9

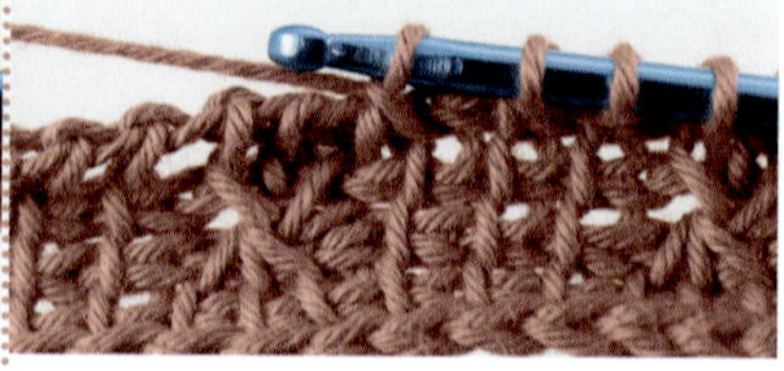

Maschenzahl teilbar durch 6+2.

Spezielle Masche
Stern aus 3 tGst (Stern aus 3 tunesischen Grundstichen): Nd in die nächsten 3 vorderen senkrechten M-Glieder einstechen, Faden holen, durchziehen, 1 U, Nd in dieselbe M einstechen, Faden holen, durchziehen (3 Schlingen zusätzlich auf Nd).

Schritte 1-2 Grund-R arb (Seite 16).

Schritt 3 Rdm rechts, 1 tGst in jede M bis Ende, Rdm links.

Schritt 4 Wdh Schritt 2.

Schritt 5 Rdm rechts, * 3 tGst, 1 Stern aus 3 tGst. Ab * wdh bis Ende, Rdm links.

Schritt 6 Wdh Schritt 2.

Schritte 7-10 Wdh Schritte 3-4.

Schritt 11 Rdm rechts, * 1 Stern aus 3 tGst, 3 tGst. Ab * wdh bis Ende, Rdm links.

Schritt 12 Wdh Schritt 2.

Schritte 13-14 Wdh Schritte 3-4.

Schritt 15 Wdh Schritte 3-14.

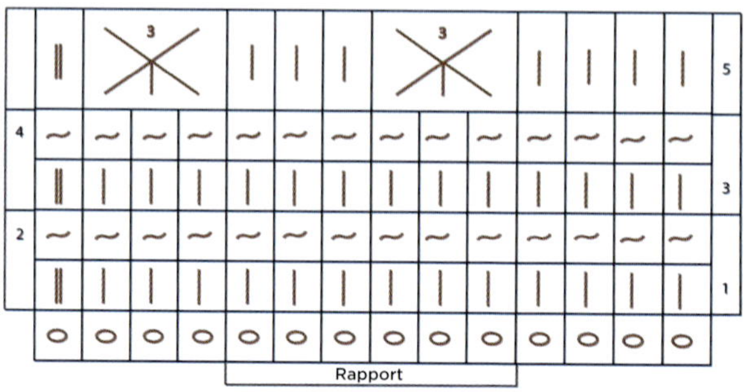

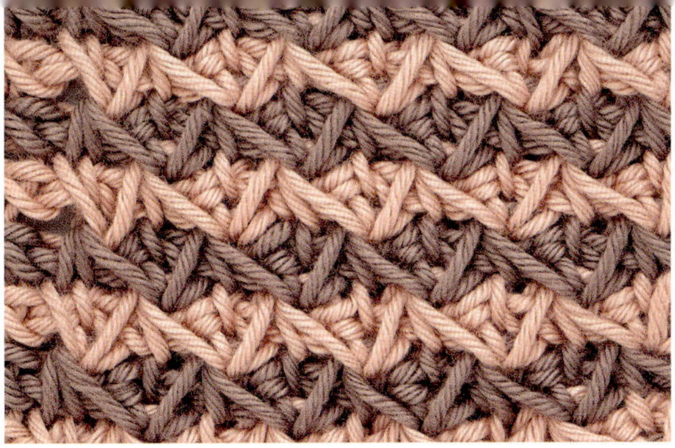

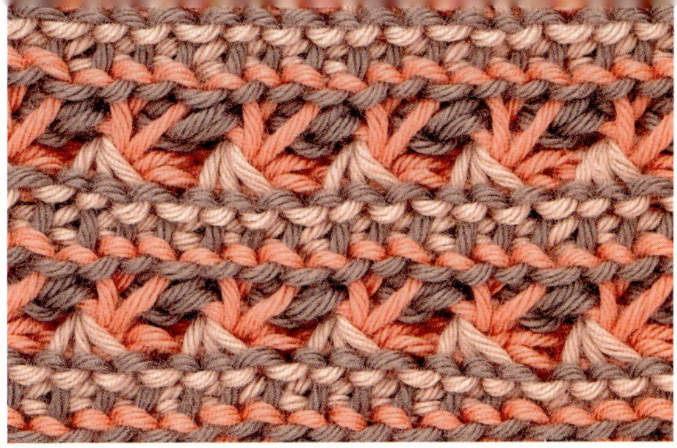

75 Diamanten

Reihen von Sternen in wechselnden Farben erzeugen einen kompakten Stoff, der sich kaum rollt und für Decken und Schals ideal ist. Der Farbwechsel erfolgt in der Rückreihe. Die letzten zwei Schlingen mit der neuen Farbe abmaschen. Die Garne werden an der Seite mitgeführt und nach Bedarf eingesetzt.

Schritt 3

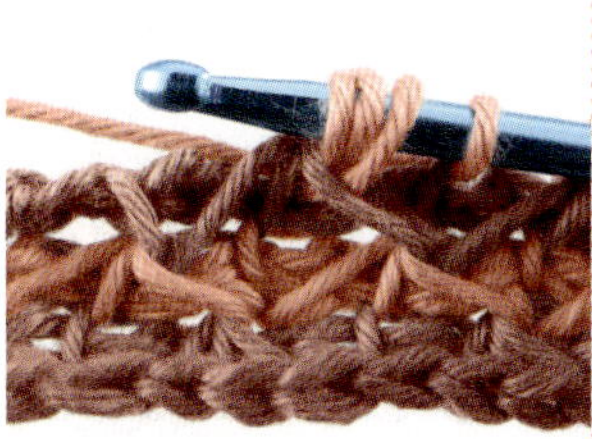

Schritt 6

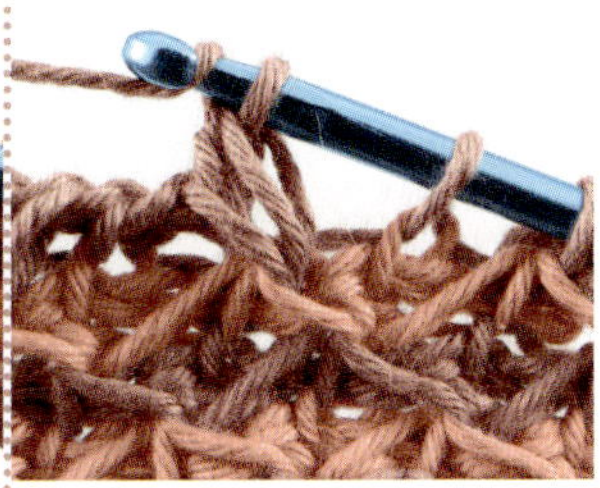

Maschenzahl teilbar durch 4 + 5.

Spezielle Masche Siehe Spalier.

Schritte 1-2 Fb A: Grund-R arb (Seite 16).

Schritt 3 Fb B: Rdm rechts, * 1 Stern aus 3 tGst, 1 tGst. Ab * wdh bis 3 M, 1 Stern aus 3 tGst, Rdm links.

Schritt 4 Fb B: Wdh Schritt 2.

Schritt 5 Fb A: Rdm rechts, 2 tGst, * 1 Stern aus 3 tGst, 1 tGst. Ab * wdh bis 1 M, 1 tGst, Rdm links.

Schritt 6 Fb A: Wdh Schritt 2.

Schritt 7 Wdh Schritte 3-6 mit Farbwechsel.

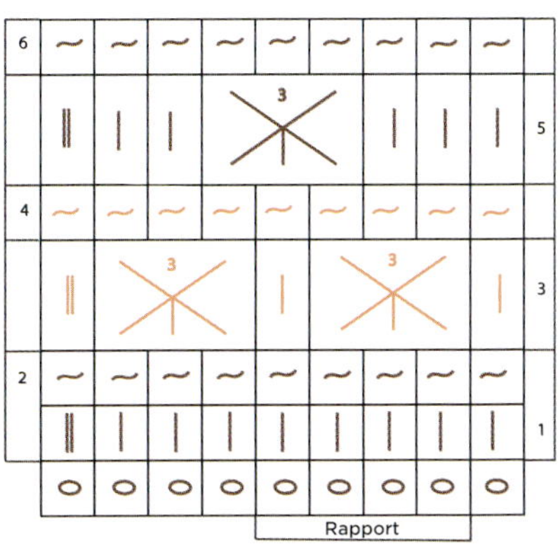

76 Funken

In drei Farben wirkt dieses Muster wie ein Feuerwerk aus Funken. Sterne im Wechsel mit Reihen aus Linksmaschen erzeugen einen Stoff mit gutem Fall. Der Farbwechsel erfolgt hier bei der ersten Luftmasche der Rückreihe. Die Garne werden an der Seite mitgeführt und nach Bedarf eingesetzt.

Schritt 5

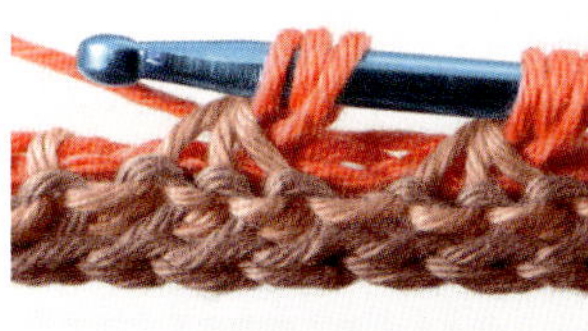

Schritt 7

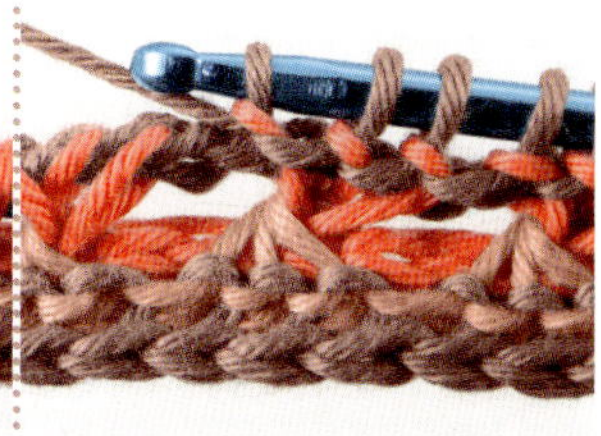

Maschenzahl teilbar durch 3 + 2.

Spezielle Masche Siehe Spalier.

Schritte 1-2 Grund-R arb (Seite 16), Fb A für Schritt 1, Fb B für Schritt 2.

Schritt 3 Fb B: Rdm rechts, 1 tliM in jede M bis Ende, Rdm links.

Schritt 4 Fb C: Wdh Schritt 2.

Schritt 5 Fb C: Rdm rechts, * 1 Stern aus 3 tGst. Ab * wdh bis Ende, Rdm links.

Schritt 6 Fb A: Wdh Schritt 2.

Schritt 7 Fb A: Wdh Schritt 3.

Schritt 8 Wdh Schritte 2-7 mit Farbwechsel, enden mit Schritt 2.

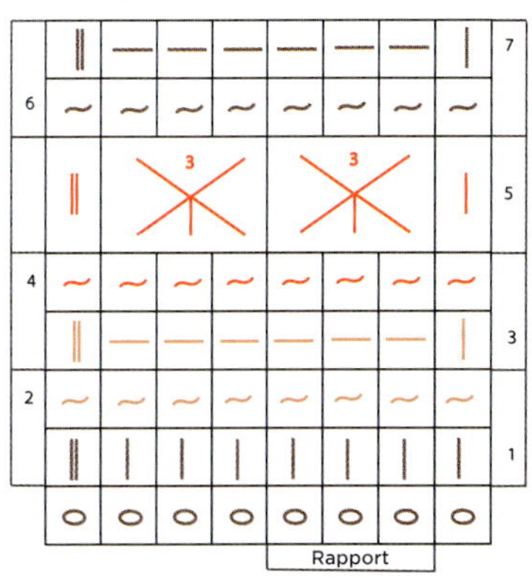

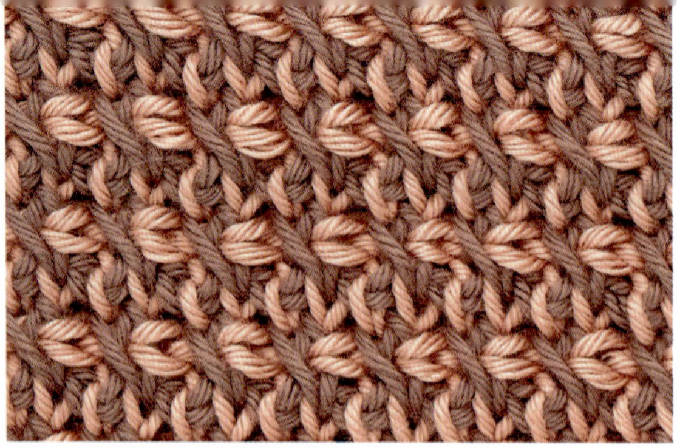

77 Drehkreuz

Dieses Muster bildet einen sehr festen Stoff, der sich besonders für Heimtextilien eignet. Eine deutlich größere Nadel als für das Garn empfohlen, verschafft dem Muster mehr Bewegung. Der Farbwechsel erfolgt hier mit der ersten Luftmasche der Rückreihe. Die Garne werden an der Seite mitgeführt und nach Bedarf eingesetzt.

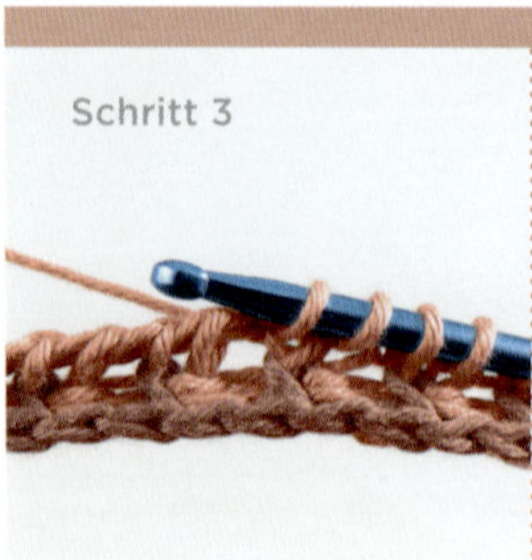
Schritt 3

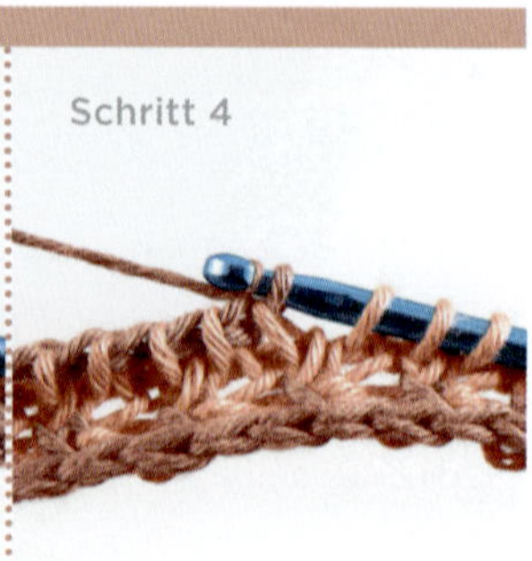
Schritt 4

Maschenzahl teilbar durch 2+2.

Spezielle Maschen
Siehe Bogen

verschr tSst (verschränkter tunesischer Strickstich): Mit dem Haken das vordere senkrechte M-Glied nach rechts ziehen, das hintere senkrechte M-Glied wird sichtbar, von vorn nach hinten zwischen die beiden senkrechten M-Glieder einstechen, Faden holen, durchziehen.

Schritte 1-2 Grund-R arb (Seite 16), Fb A Schritt 1, Fb B Schritt 2.

Schritt 3 Fb B: Rdm rechts, * 2 gekreuzte tGst. Ab * wdh bis Ende, Rdm links.

Schritt 4 Fb A: Wdh Schritt 2.

Schritt 5 Fb A: Rdm rechts, * 1 tSst, 1 verschr tSst. Ab * wdh bis Ende, Rdm links.

Schritt 6 Fb B: Wdh Schritt 2.

Schritt 7 Wdh Schritte 3-6 mit Farbwechsel.

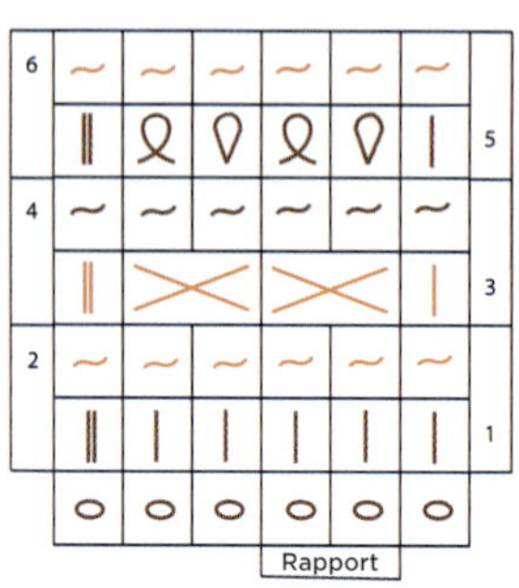

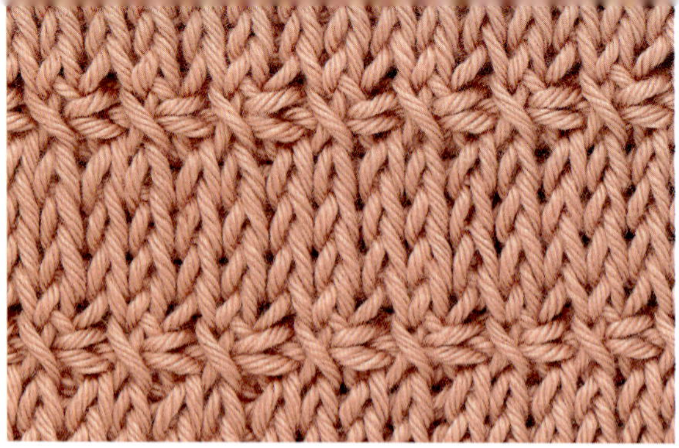

78 Bogen

Dieses süße Muster gibt jedem Projekt ein wenig mehr Textur. Da hier hauptsächlich im Strickstich gearbeitet wird, nur gelegentlich unterbrochen von gekreuzten Grundstichen, rollt sich der Stoff stark ein. Man kann eine größere Nadel als empfohlen verwenden oder eine Umrandung arbeiten.

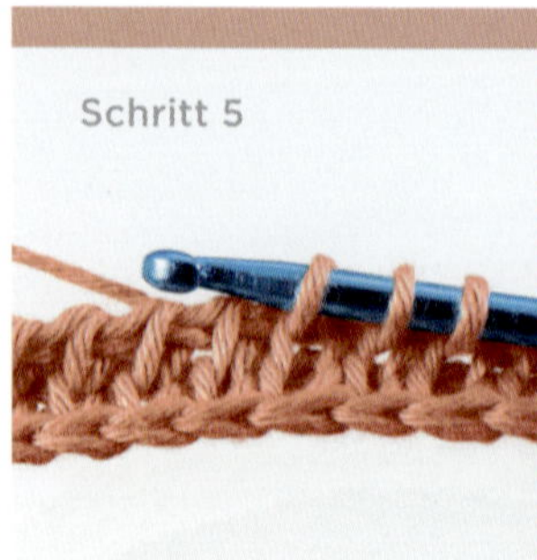
Schritt 5

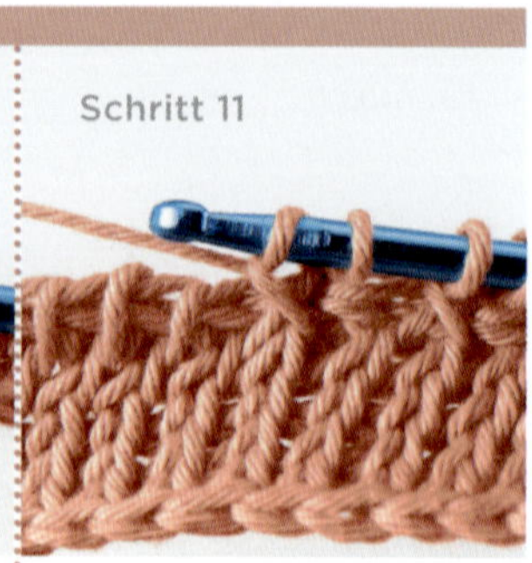
Schritt 11

Maschenzahl teilbar durch 2+2.

Spezielle Masche
2 gekreuzte tGst (2 gekreuzte tunesische Grundstiche): 1 M überspr, 1 tGst, 1 tGst in übersprungene M.

Schritte 1-2 Grund-R arb (Seite 16).

Schritt 3 Rdm rechts, 1 tSst in jede M bis Ende, Rdm links.

Schritt 4 Wdh Schritt 2.

Schritte 5-10 Wdh Schritte 3-4.

Schritt 11 Rdm rechts, * 2 gekreuzte tGst. Ab * wdh bis Ende, Rdm links.

Schritt 12 Wdh Schritt 2.

Schritt 13 Wdh Schritte 3-12.

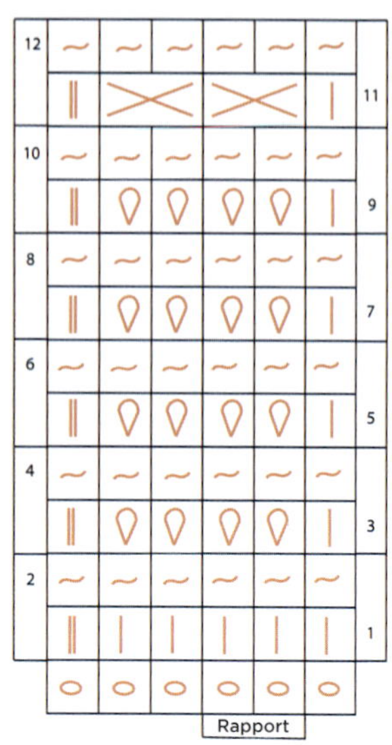

79 Gewebe

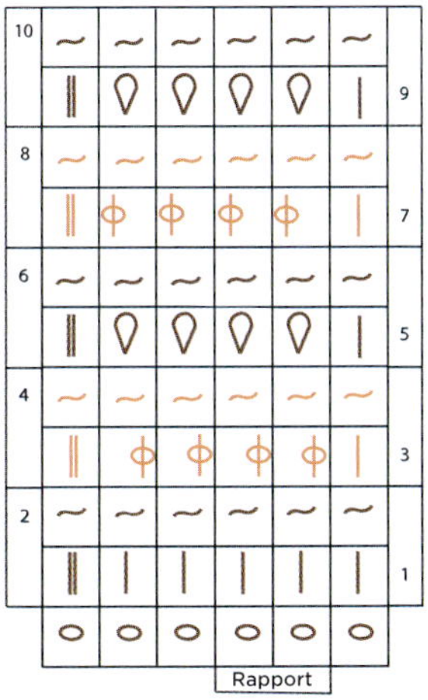

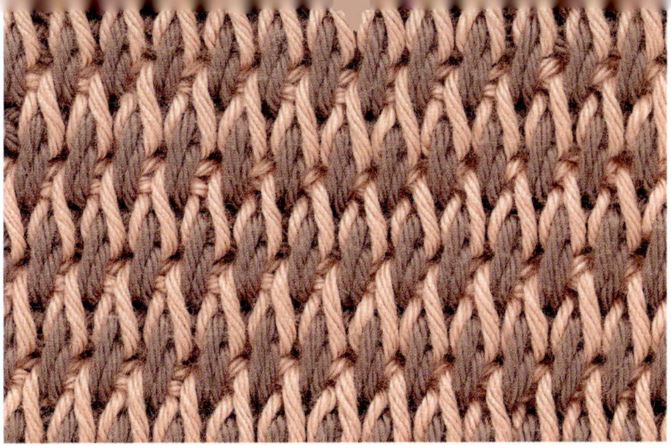

Wechselnde Reihen aus tunesischen Füll- und Strickstichen erzeugen einen Stoff mit schönem Fall. Durch zweifarbiges Arbeiten wird das Muster noch interessanter. Der Farbwechsel erfolgt am Ende der Rückreihe mit den letzten zwei Maschen. Sie werden schon in der neuen Farbe abgemascht. Die Garne werden an der Seite mitgeführt und nach Bedarf eingesetzt.

Schritt 7

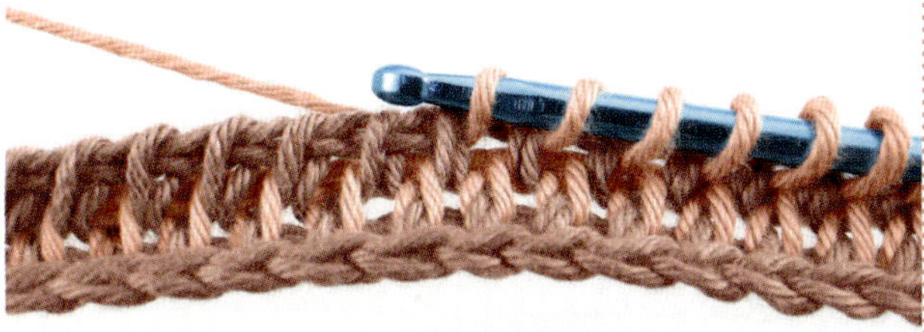

Schritt 9

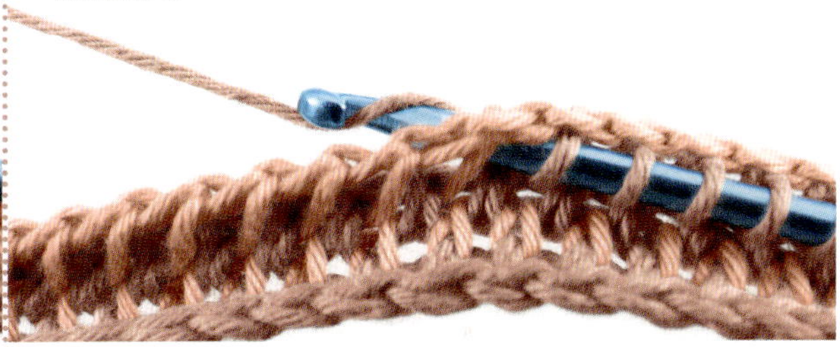

Maschenzahl teilbar durch 2+2.

Schritte 1-2 Fb A: Grund-R arb (Seite 16).

Schritt 3 Fb B: Rdm rechts, 1 tFst zwischen 1. und 2. M, 1 tFst in jede Lücke bis zur letzten, Rdm links.

Schritt 4 Fb B: Wdh Schritt 2.

Schritt 5 Fb A: Rdm rechts, 1 tSst in jede M bis Ende, Rdm links.

Schritt 6 Fb A: Wdh Schritt 2.

Schritt 7 Fb B: Rdm rechts, 1 Lücke überspr, 1 tFst zwischen 2. und 3. M, 1 tFst in jede Lücke bis Ende, Rdm links.

Schritt 8 Fb B: Wdh Schritt 2.

Schritte 9-10 Fb A: Wdh Schritte 5-6.

Schritt 11 Wdh Schritte 3-10 mit Farbwechsel.

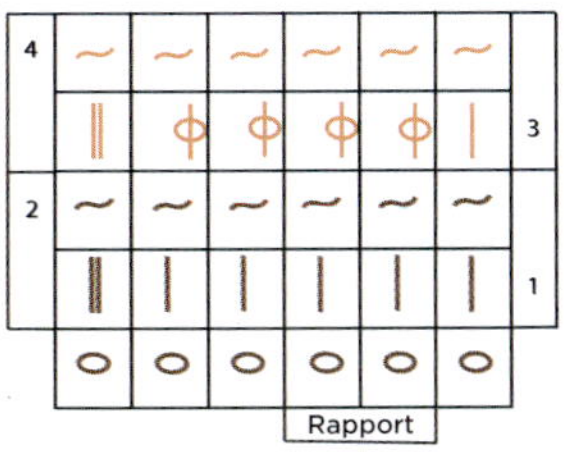

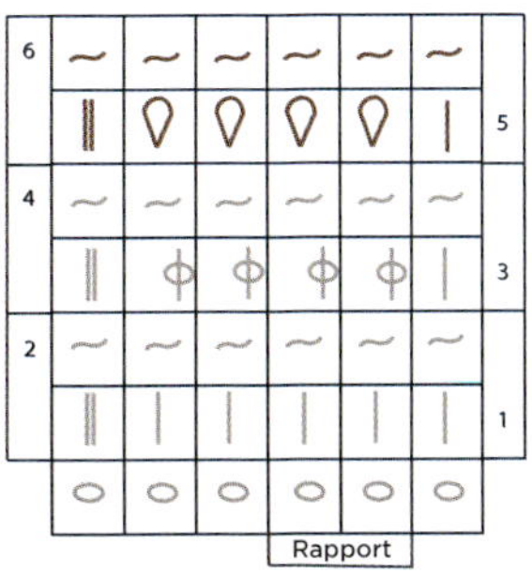

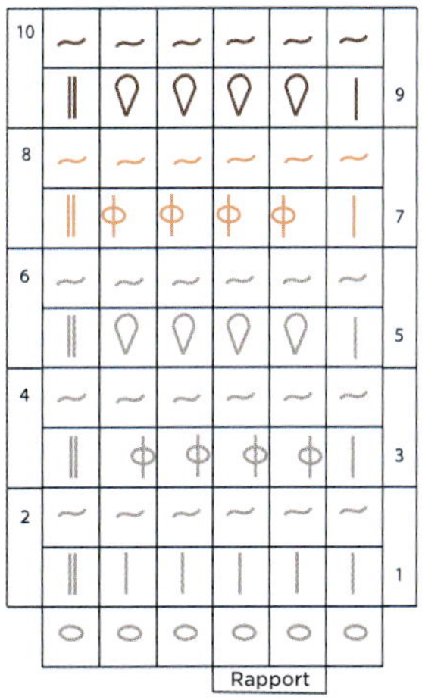

80 Karo

Bei diesem Karomuster aus zwei Farben werden zwei Maschen zusammen abgemascht, dann folgt ein Füllstich, um die Maschenzahl konstant zu halten. Tunesische Grundstiche und linke Maschen verleihen diesem Stoff einen guten Fall. Der Farbwechsel erfolgt bei der ersten Luftmasche der Rückreihe. Die Garne werden an der Seite mitgeführt und nach Bedarf eingesetzt.

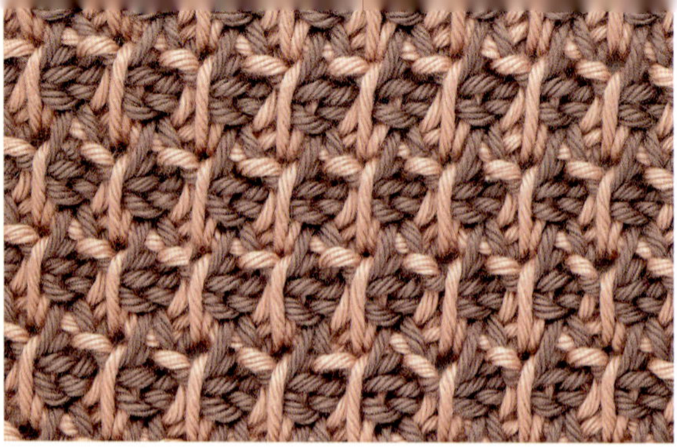

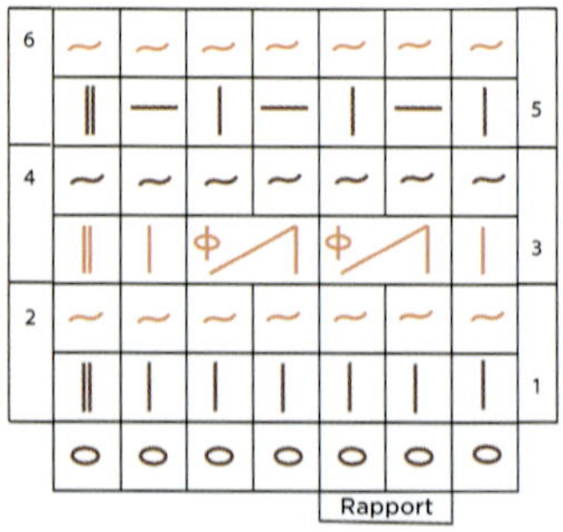

Schritt 3

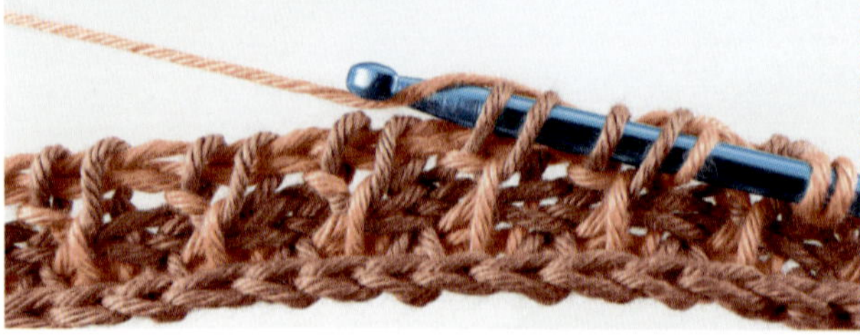

Schritt 3 (Fortsetzung)

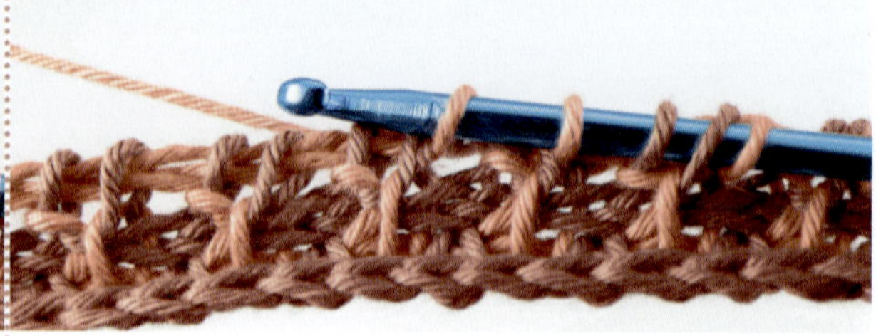

Maschenzahl teilbar durch 2 + 3.

Spezielle Masche
2 tGst zus abm (2 tunesische Grundstiche zusammen abmaschen): Nd in 2 vordere senkrechte M-Glieder einstechen, Faden holen, durchziehen.

Schritte 1-2 Grund-R arb (Seite 16), dabei Fb A für Schritt 1, Fb B für Schritt 2.

Schritt 3 Fb B: Rdm rechts, * 2 tGst zus abm, 1 tFst in die Lücke. Ab * wdh bis 1 M, 1 tGst, Rdm links.

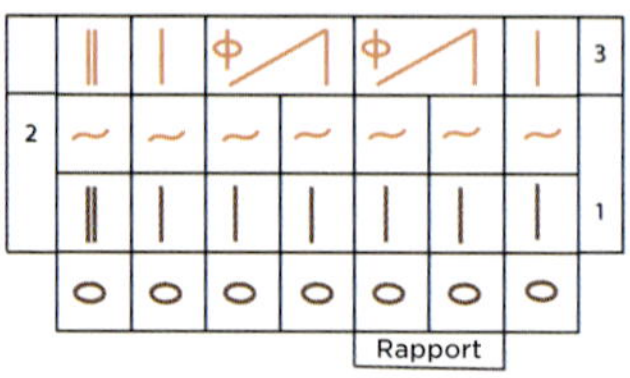

Schritt 4 Fb A: Wdh Schritt 2.

Schritt 5 Fb A: Rdm rechts, 1 tliM, * 1 tGst, 1 tliM. Ab * wdh bis Ende, Rdm links.

Schritt 6 Fb B: Wdh Schritt 2.

Schritt 7 Wdh Schritte 3-6 mit Farbwechsel.

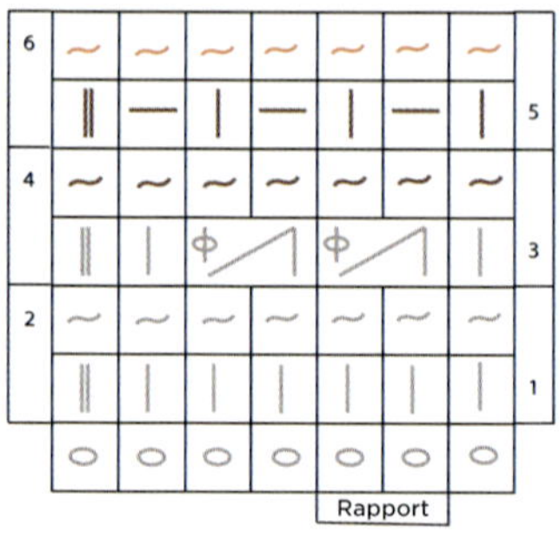

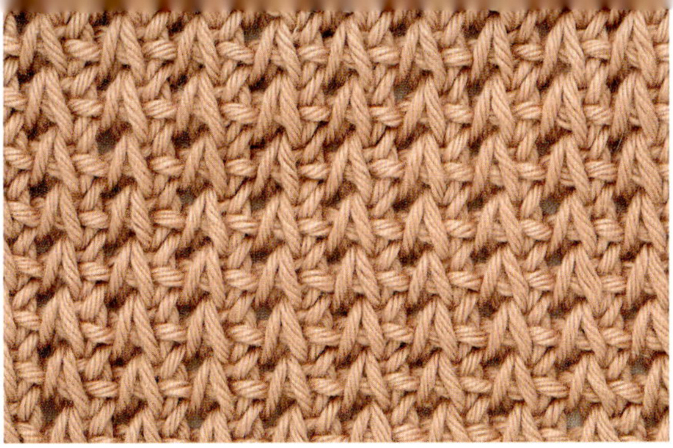

81 Gipfel

Ein wunderbares Muster um Projekten Textur zu verleihen. Es ist in allen Farbkombinationen toll. Die kleinen Dreiecke entstehen durch gemeinsames Abmaschen von zwei einfachen Grundstichen, gefolgt von einem Grundstich in die obere, vordere Querrippe derselben Masche, um die Maschenzahl konstant zu halten.

Schritt 3

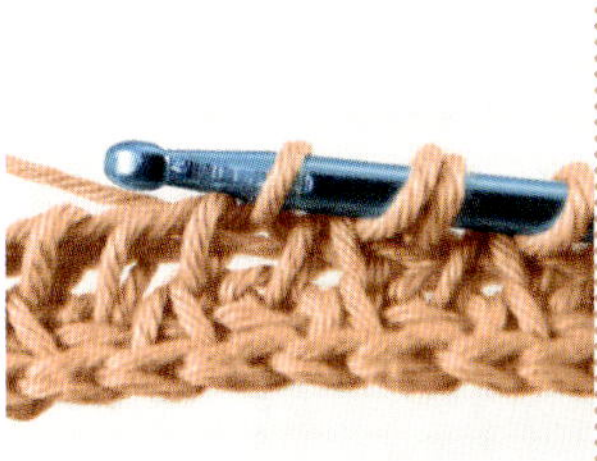

Schritt 4

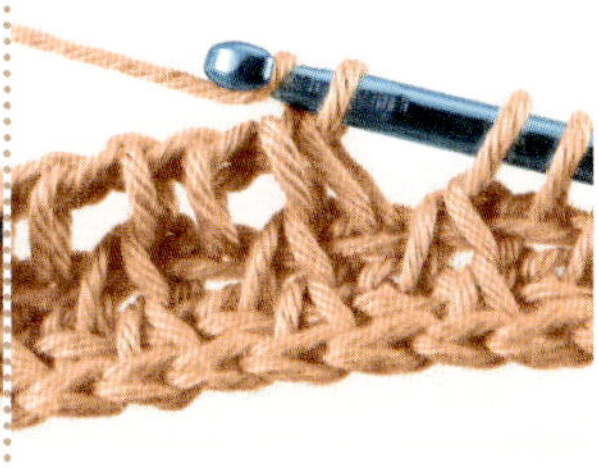

Maschenzahl teilbar durch 2+2.

Spezielle Masche
2 tGst zus abm (2 tunesische Grundstiche zusammen abmaschen): Nd in 2 vordere senkrechte M-Glieder einstechen, Faden holen, durchziehen.

Schritte 1-2 Grund-R arb (Seite 16).

Schritt 3 Rdm rechts, * 2 tGst zus abm (1 M abgenommen), 1 tGst in obere, vordere Querrippe derselben M (1 M zugenommen). Ab * wdh bis Ende, Rdm links.

Schritt 4 Wdh Schritt 2.

Schritt 5 Wdh Schritte 3-4.

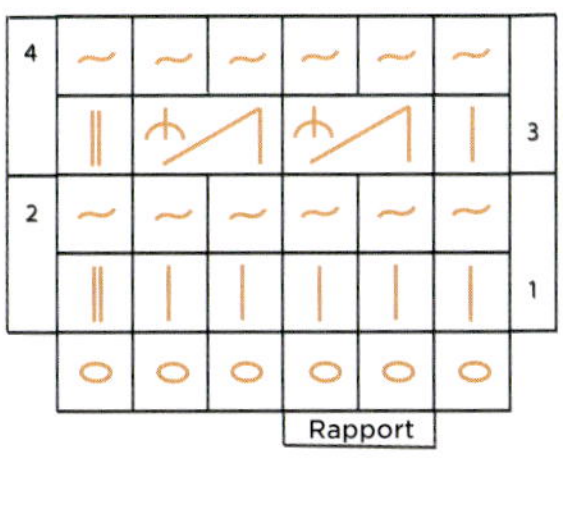

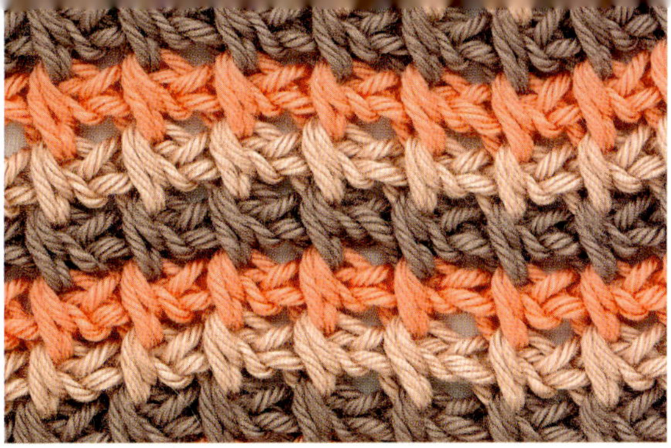

82 Textur

Dieses Muster erzeugt einen weichen Stoff, der sich auf die rechte Seite neigt, was durch Spannen ausgeglichen werden kann. Der Farbwechsel erfolgt am Ende der Rückreihe mit den letzten zwei Maschen, die in der neuen Farbe abgemascht werden. Die Garne werden an der Seite mitgeführt und nach Bedarf eingesetzt.

Schritt 5

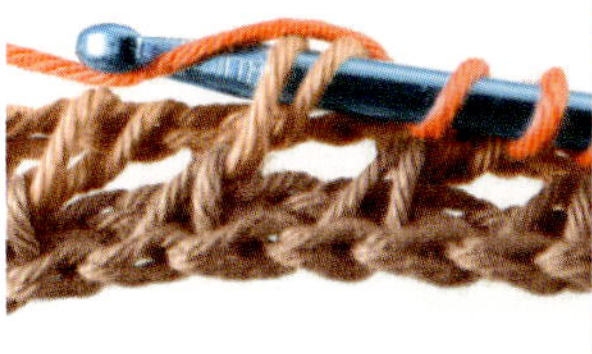

Schritt 5 (Fortsetzung)

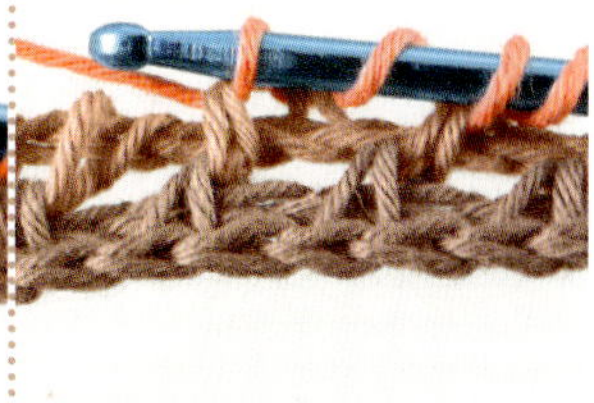

Maschenzahl teilbar durch 2+2.

Spezielle Masche
2 tGst zus abm (2 tunesische Grundstiche zusammen abmaschen): Nd in 2 vordere senkrechte M-Glied einstechen, Faden holen, durchziehen.

Schritte 1-2 Fb A: Grund-R arb (Seite 16).

Schritt 3 Fb B: Rdm rechts, * 1 U, 2 tGst zus abm. Ab * wdh bis Ende, Rdm links.

Schritt 4 Fb B: Wdh Schritt 2.

Schritte 5-6 Fb C: Wdh Schritte 3-4.

Schritt 7 Wdh Schritte 3-4 mit Farbwechsel.

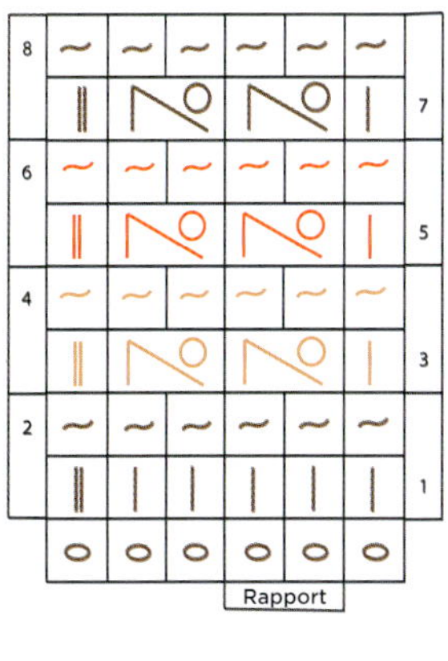

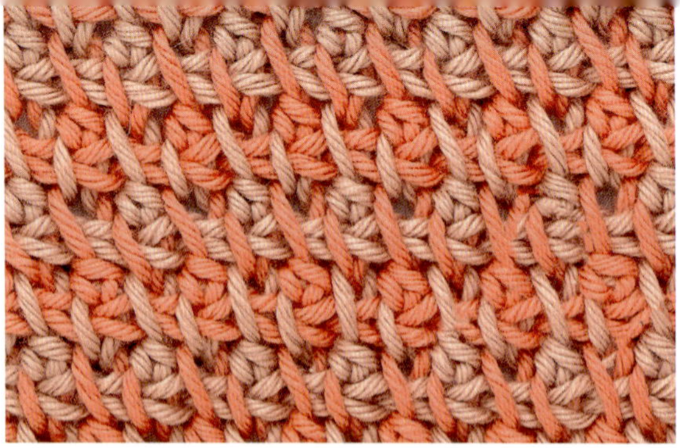

83 Knoten

Dieses Muster ist einfacher zu arbeiten als es aussieht. Der Stoff hat viel Fall, ohne sich einzurollen, daher eignet er sich bestens für bunte Projekte. Der Farbwechsel erfolgt am Beginn der Rückreihe. Die erste Luftmasche in der neuen Farbe arbeiten. Die Garne an der Seite mitführen und nach Bedarf einsetzen.

Schritt 3

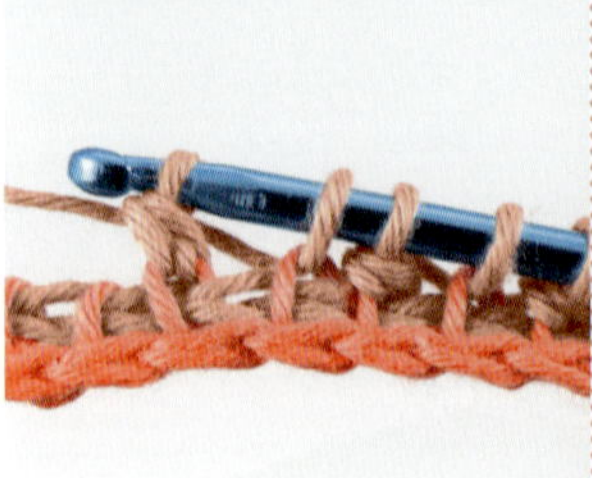

Schritt 6

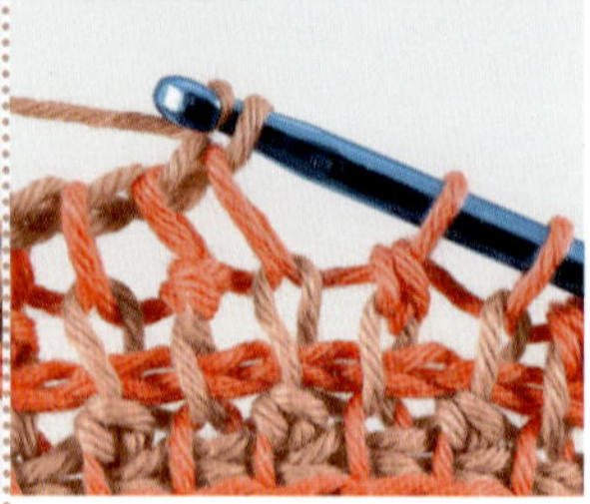

Maschenzahl teilbar durch 2+2.

Schritte 1-2 Grund-R arb (Seite 16), dabei Fb A für Schritt 1, Fb B für Schritt 2.

Schritt 3 Fb B: Rdm rechts, * 1 tGst, 1 tStb. Ab * wdh bis Ende, Rdm links.

Schritt 4 Fb A: Wdh Schritt 2.

Schritt 5 Fb A: Rdm rechts, * 1 tStb, 1 tGst. Ab * wdh bis Ende, Rdm links.

Schritt 6 Fb B: Wdh Schritt 2.

Schritt 7 Wdh Schritte 3-6 mit Farbwechsel.

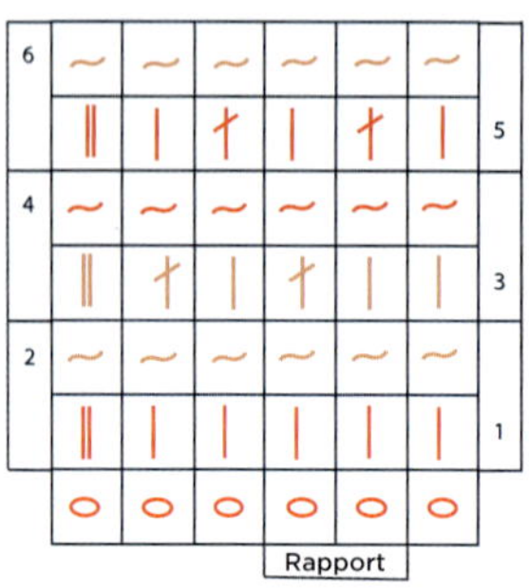

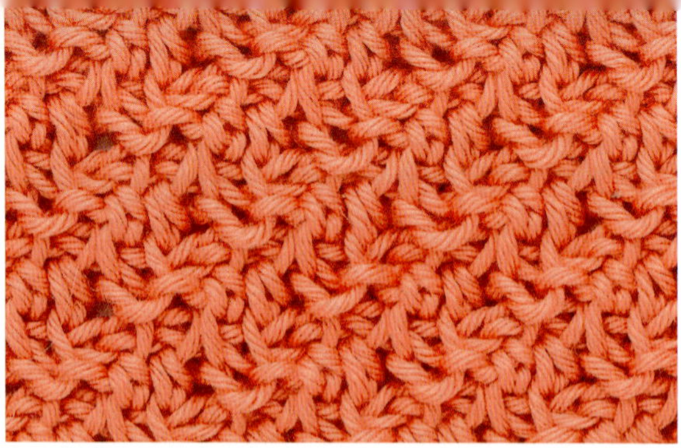

84 Pseudo-Korbmuster

Diese einfache Variation des Korbgeflechts wird mit tunesischen Stäbchen und Grundstichen in viermaschigem Rapport gehäkelt. Der Stoff fällt schön und eignet sich perfekt für zahlreiche Projekte wie Decken und Schals.

Schritt 3

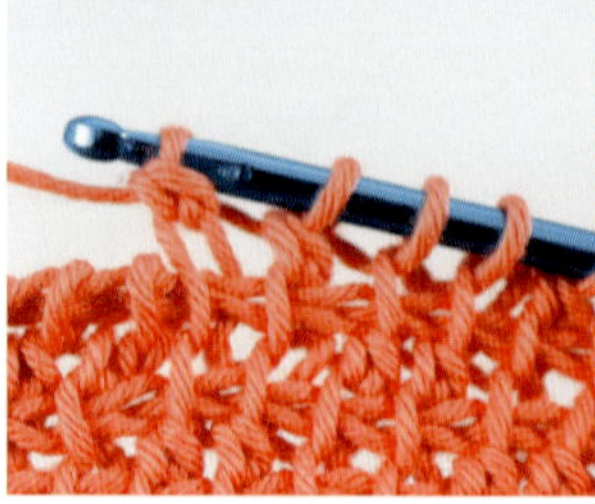

Schritt 3 (Fortsetzung)

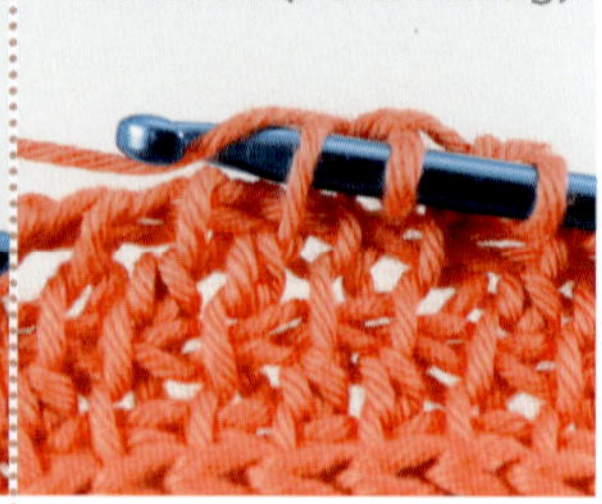

Maschenzahl teilbar durch 4+2.

Schritte 1-2 Grund-R arb (Seite 16).

Schritt 3 Rdm rechts, * 2 tStb, 2 tGst. Ab * wdh bis Ende, Rdm links.

Schritt 4 Wdh Schritt 2.

Schritt 5 Rdm rechts, * 2 tGst, 2 tStb. Ab * wdh bis Ende, Rdm links.

Schritt 6 Wdh Schritt 2.

Schritt 7 Wdh Schritte 3-6.

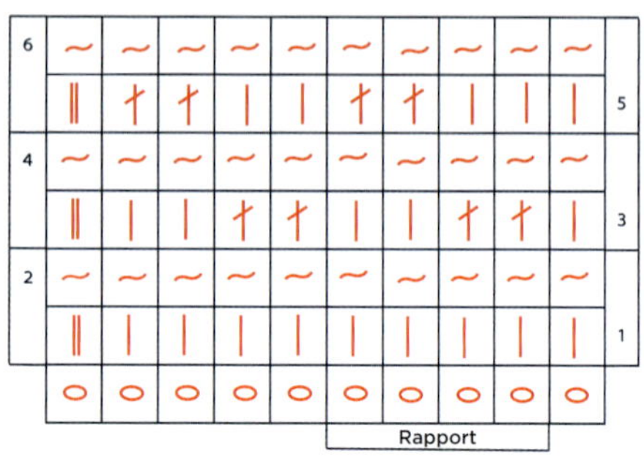

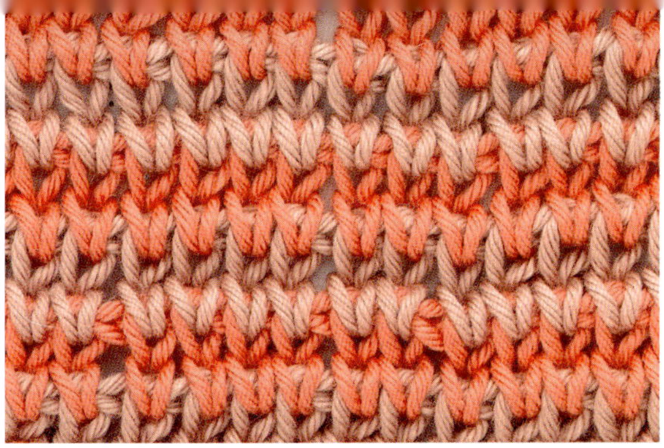

85 Gerippt

Mit hervorragendem lockerem Fall ist dieses leichte Muster prima für Sommerkleidung, Accessoires und Decken. Der Farbwechsel erfolgt am Ende der Rückreihe mit den letzten zwei Maschen, die in der neuen Farbe abgemascht werden. Die Garne werden an der Seite mitgeführt und nach Bedarf eingesetzt.

Schritt 5

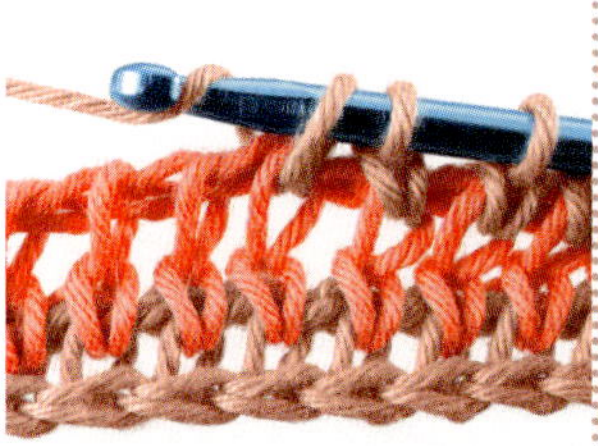

Schritt 5 (Fortsetzung)

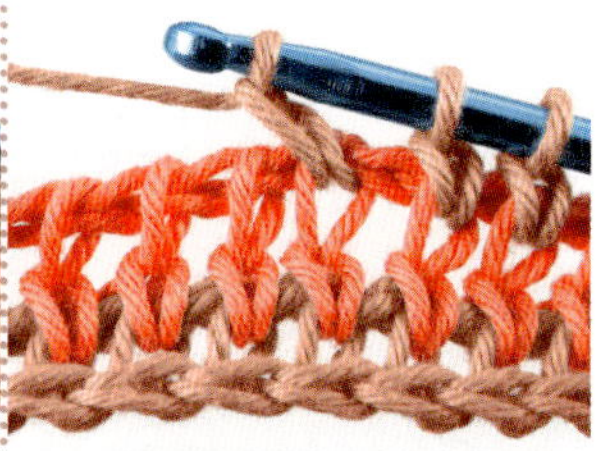

Maschenzahl beliebig.

Spezielle Masche
verl tSst (verlängerter tunesischer Strickstich): Nd von vorn nach hinten zwischen 2 senkrechte M-Glieder einstechen, Faden holen, durchziehen, 1 Lm.

Schritte 1-2 Fb A: Grund-R arb (Seite 16).

Schritt 3 Fb B: 1 Lm, Rdm rechts, 1 verl tSst in jede M bis Ende, 1 tStb in die Rdm.

Schritt 4 Fb B: Wdh Schritt 2.

Schritte 5-6 Fb A: Wdh Schritte 3-4.

Schritt 7 Wdh Schritte 3-6 mit Farbwechsel.

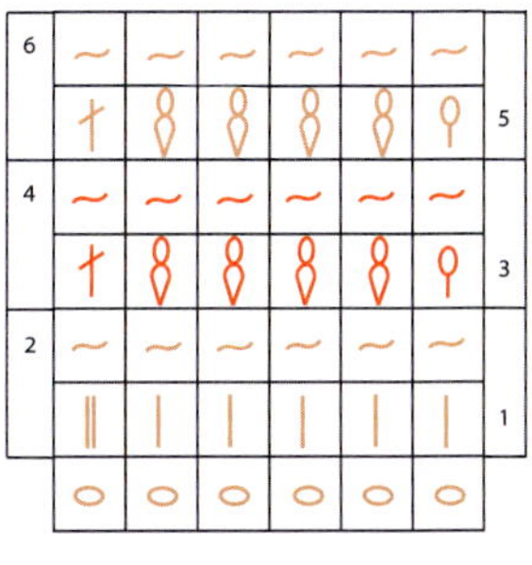

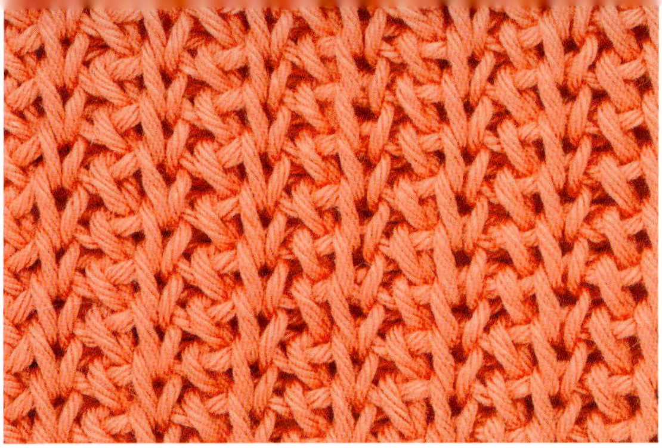

86 Pflug

Die vertikalen Linien bei diesem Muster erinnern an frisch gepflügte Felder. Tunesische Strickstiche werden mit Grundstichen kombiniert und in die Querrippen der Maschen gearbeitet. Der Stoff hat guten Fall, sieht interessant aus und eignet sich für Kleidung und Heimtextilien.

Schritt 3

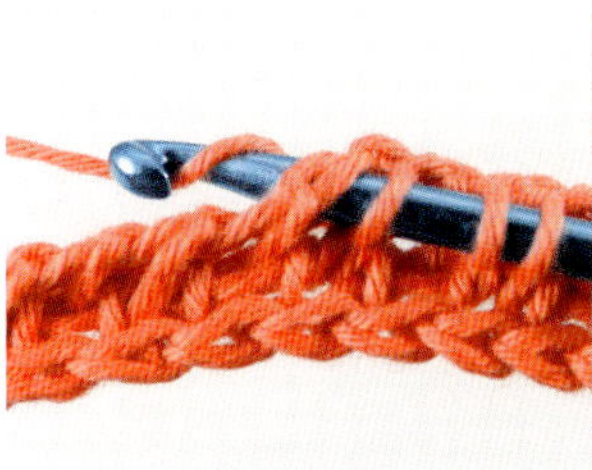

Schritt 3 (Fortsetzung)

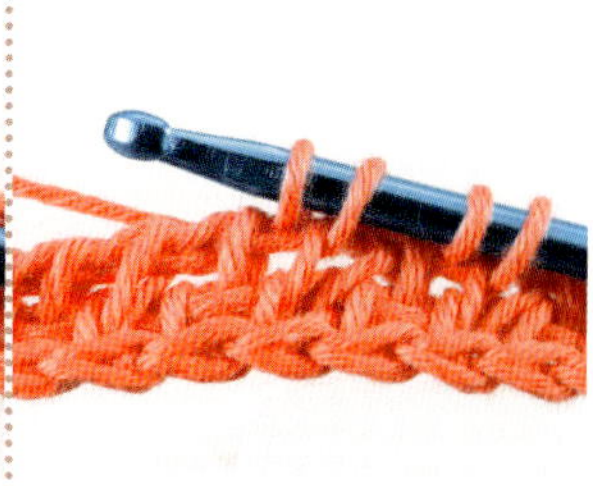

Maschenzahl teilbar durch 2 + 2.

Schritte 1-2 Grund-R arb (Seite 16).

Schritt 3 Rdm rechts, * 1 tSst, 1 tGst in beide (vordere und hintere) Querrippen der nächsten M. Ab * wdh bis Ende, Rdm links.

Schritt 4 Wdh Schritt 2.

Schritt 5 Wdh Schritte 3-4.

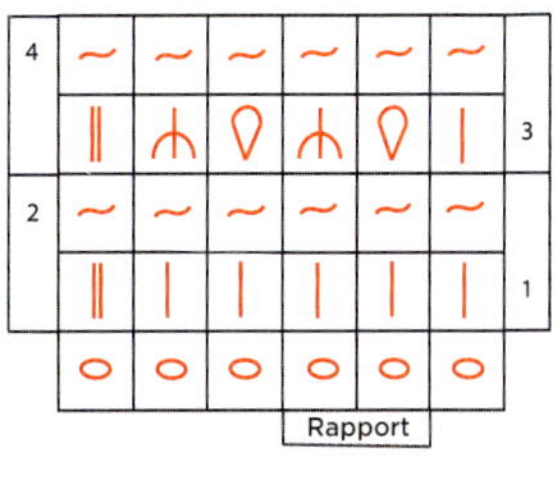

87 Bindung

Die Kombination aus verdrehten und einfachen tunesischen Grundstichen schafft ein wunderschönes Muster. Der Stoff ist sehr dicht und recht steif, geeignet für Heimtextilien wie Kissen. Der Farbwechsel erfolgt am Beginn der Rückreihe. Die erste Luftmasche in der neuen Farbe arbeiten. Die Garne an der Seite mitführen und nach Bedarf eingesetzen.

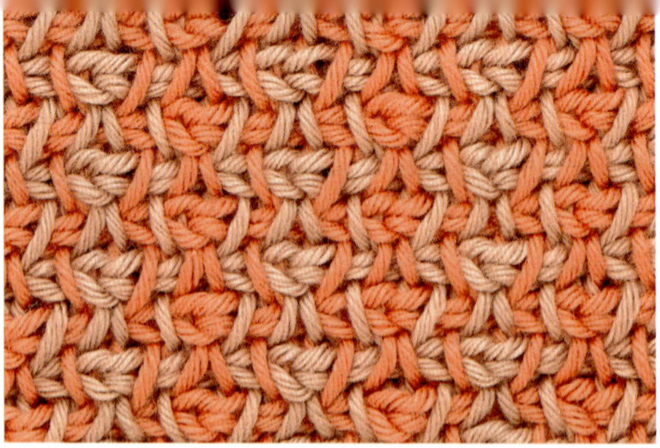

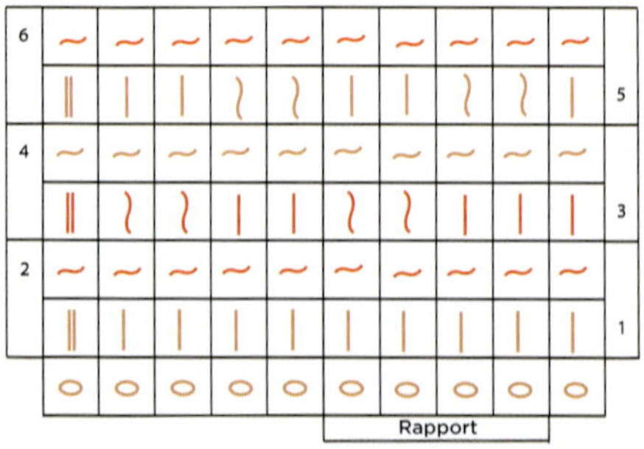

Schritt 3

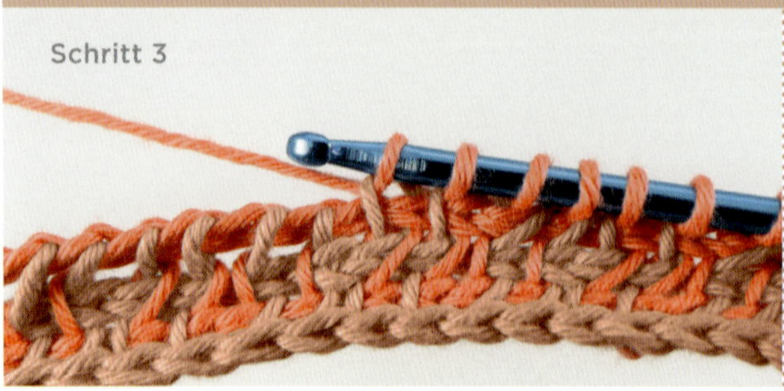

Schritt 4

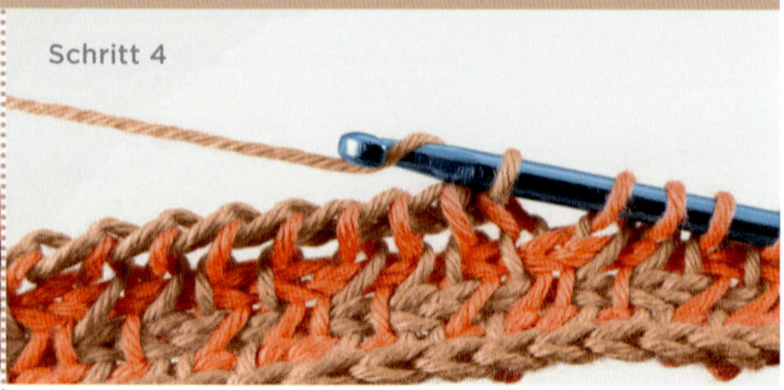

Maschenzahl teilbar durch 4+2.

Spezielle Masche
verdr tGst (verdrehter tunesischer Grundstich): Mit der Nd-Spitze das senkrechte M-Glied von links nach rechts erfassen, Nd nach rechts oben verdrehen, Faden holen, durchziehen.

Schritte 1-2 Grund-R arb (Seite 16), dabei Fb A für Schritt 1, Fb B für Schritt 2.

Schritt 3 Fb B: Rdm rechts, * 2 tGst, 2 verdr tGst. Ab * wdh bis Ende, Rdm links.

Schritt 4 Fb A: Wdh Schritt 2.

Schritt 5 Fb A: Rdm rechts, * 2 verdr tGst, 2 tGst. Ab * wdh bis Ende, Rdm links.

Schritt 6 Fb B: Wdh Schritt 2.

Schritt 7 Wdh Schritte 3-6 mit Farbwechsel.

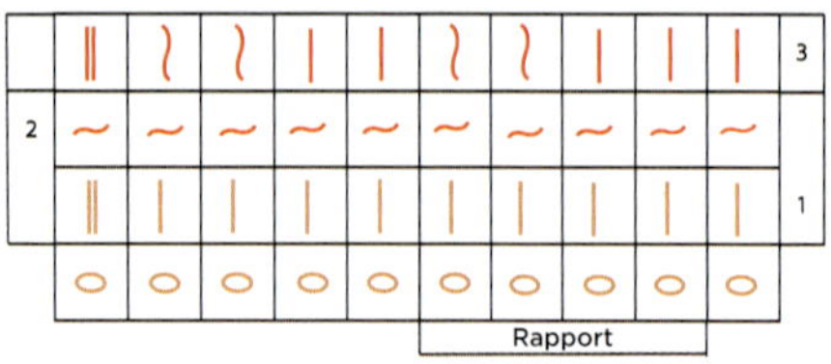

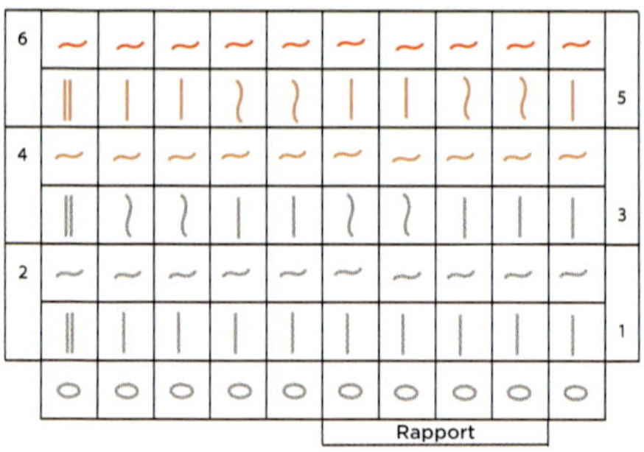

88 Azteken

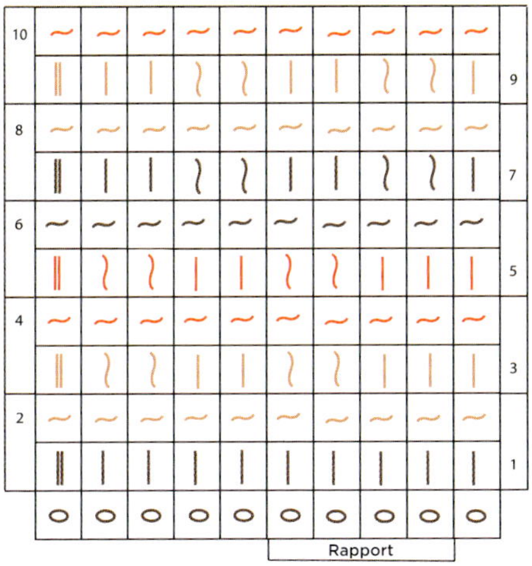

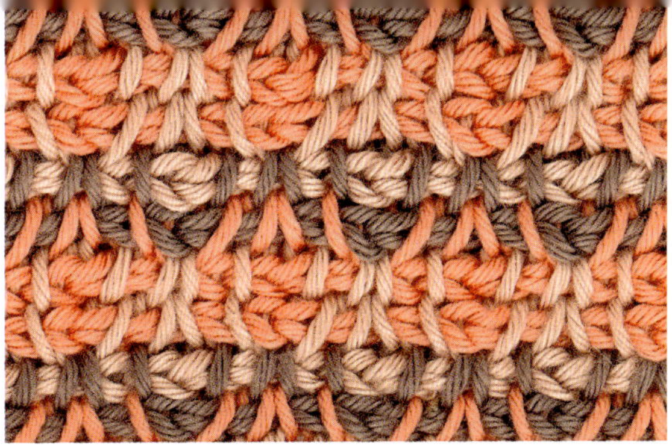

Diese dreifarbige Kombination aus verdrehten und einfachen tunesischen Grundstichen ergibt eine Optik wie gewebt, ideal für Kissen oder einen Poncho. Ein Muster für viele Farben, das auch zum Aufbrauchen von Garnresten verwendet werden kann. Der Farbwechsel erfolgt mit der ersten Luftmasche der Rückreihe. Die Garne werden an der Seite mitgeführt und nach Bedarf eingesetzt.

Schritt 5

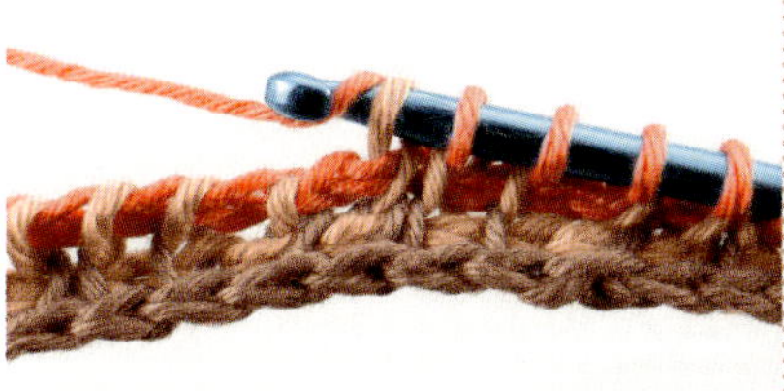

Schritt 5 (Fortsetzung)

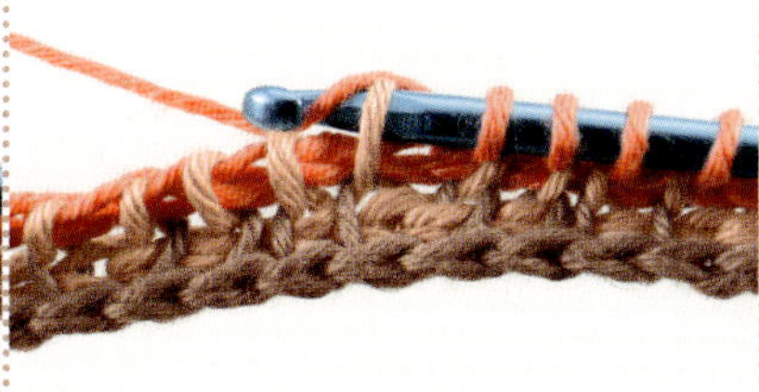

Schritt 7

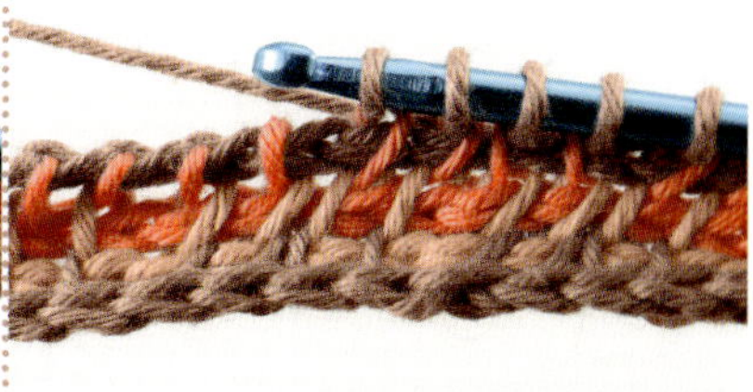

Maschenzahl teilbar durch 4+2.

Spezielle Masche
verdr tGst (verdrehter tunesischer Grundstich): Mit der Nd-Spitze das senkrechte M-Glied von links nach rechts erfassen, Nd nach rechts oben verdrehen, Faden holen, durchziehen.

Schritte 1-2 Grund-R arb (Seite 16), dabei Fb A für Schritt 1, Fb B für Schritt 2.

Schritt 3 Fb B: Rdm rechts, * 2 tGst, 2 verdr tGst. Ab * wdh bis Ende, Rdm links.

Schritt 4 Fb C: Wdh Schritt 2.

Schritt 5 Fb C: Wdh Schritt 3.

Schritt 6 Fb A: Wdh Schritt 2.

Schritt 7 Fb A: Rdm rechts, * 2 verdr tGst, 2 tGst. Ab * wdh bis Ende, Rdm links.

Schritt 8 Fb B: Wdh Schritt 2.

Schritt 9 Fb B: Wdh Schritt 7.

Schritt 10 Fb C: Wdh Schritt 2.

Schritt 11 Wdh Schritte 3-10 mit Farbwechsel.

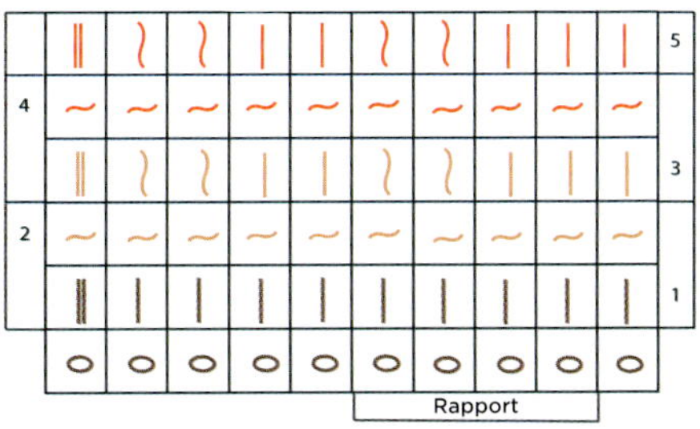

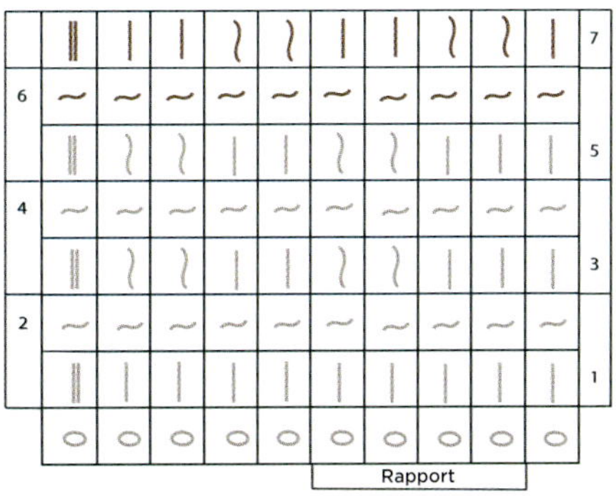

89 Block

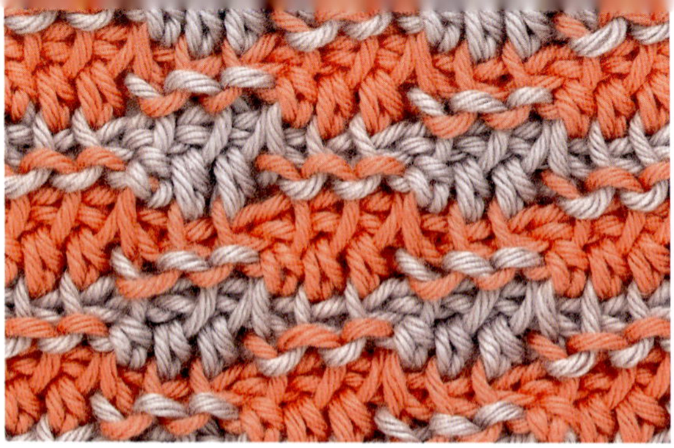

Tunesische Reliefstäbchen ergeben ein attraktives Muster mit kräftiger Textur. Die Stäbchen werden in beide senkrechten Maschenglieder gearbeitet. Kombiniert mit Linksmaschen ergibt das Muster einen Stoff mit gutem Fall, der sich für zahlreiche Projekte von Kleidung bis Heimtextilien eignet. Der Farbwechsel erfolgt am Ende der Rückreihe mit den letzten zwei Maschen, die in der neuen Farbe abgemascht werden. Die Garne werden an der Seite mitgeführt und nach Bedarf eingesetzt.

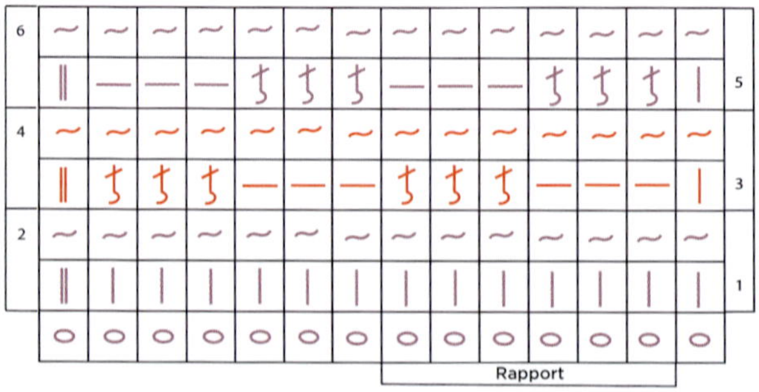

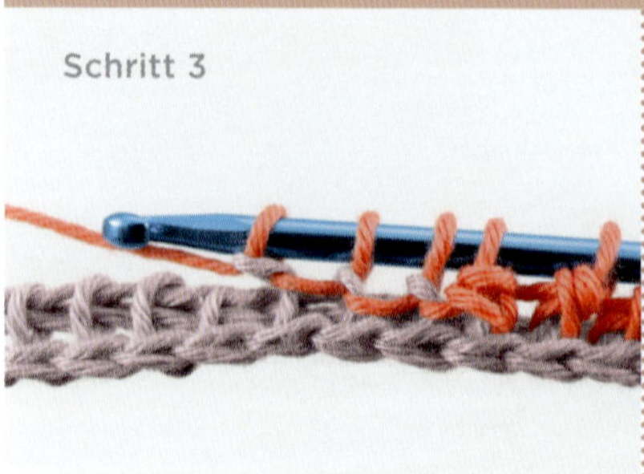

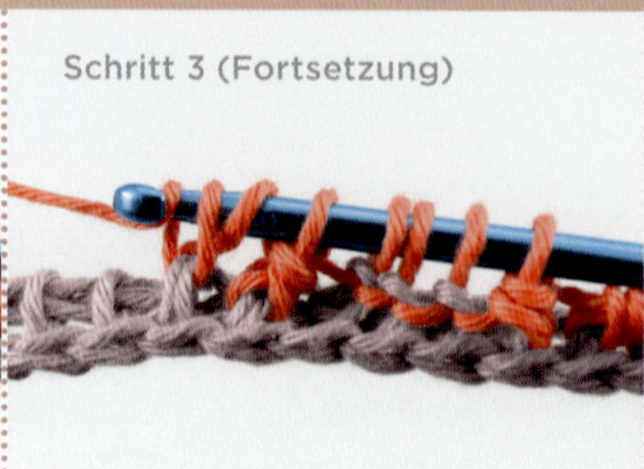

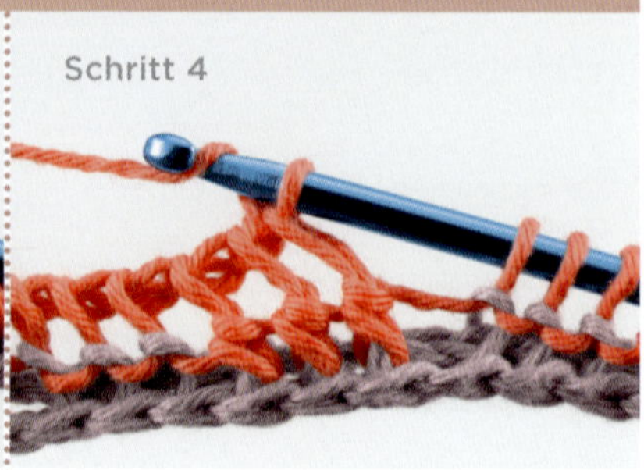

Maschenzahl teilbar durch 6+2.

Spezielle Maschen
tReliefStb (tunesisches Relief-Stäbchen): 1 U, Nd von rechts nach links um das vordere und hintere senkrechte M-Glied einstechen, Faden holen, durchziehen, Faden holen, 2 Schlingen abm.

Schritte 1-2 Fb A: Grund-R arb (Seite 16).

Schritt 3 Fb B: Rdm rechts, * 3 tliM, 3 tReliefStb. Ab * wdh bis Ende, Rdm links.

Schritt 4 Fb B: Wdh Schritt 2.

Schritt 5 Fb A: Rdm rechts, * 3 tReliefStb, 3 tliM. Ab * wdh bis Ende, Rdm links.

Schritt 6 Fb A: Wdh Schritt 2.

Schritt 7 Wdh Schritte 3-6 mit Farbwechsel.

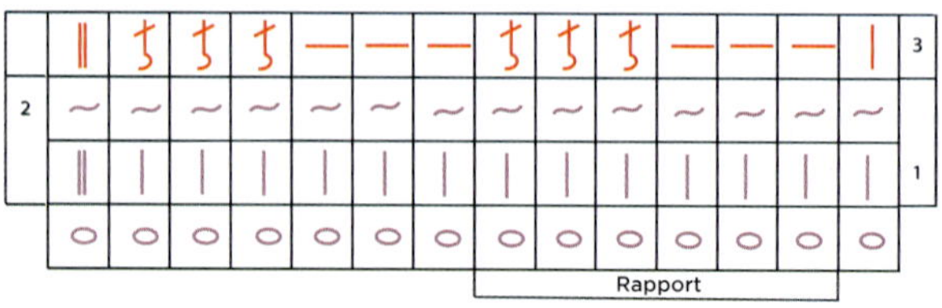

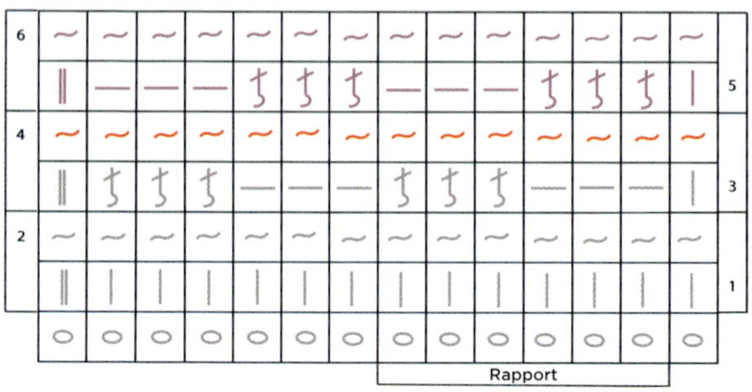

90 Ziegelstein

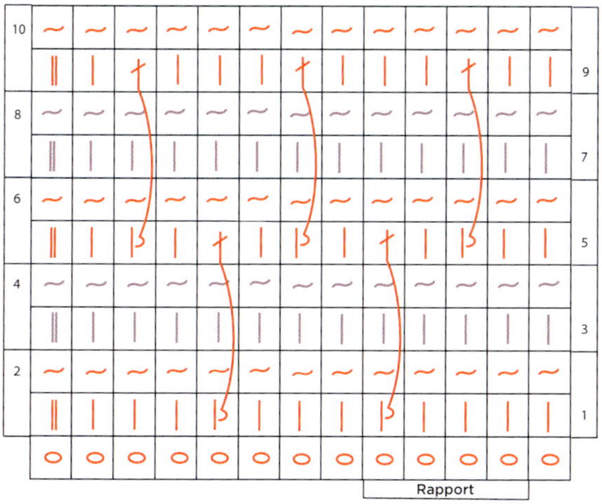

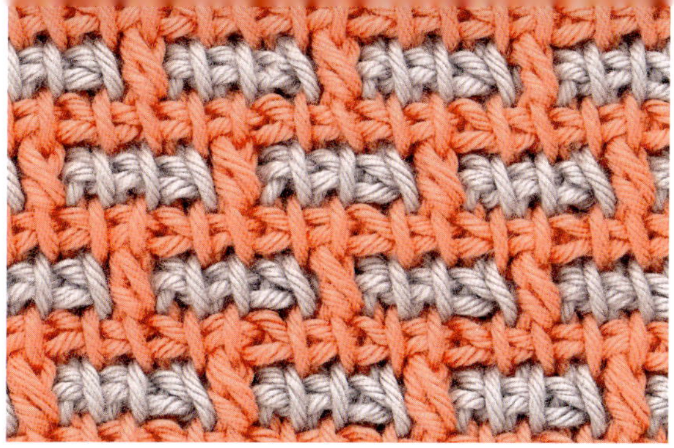

Streifen aus Grundstichen werden hier unterbrochen von tiefer gestochenen Reliefstäbchen. Das Muster hat einen angenehmen Fall und rollt sich etwas, was mit Spannen oder Umhäkeln in den Griff zu bekommen ist. Der Farbwechsel erfolgt am Ende der Rückreihe mit den letzten zwei Maschen, die in der neuen Farbe abgemascht werden. Die Garne an der Seite mitführen und nach Bedarf einsetzen.

Schritt 5

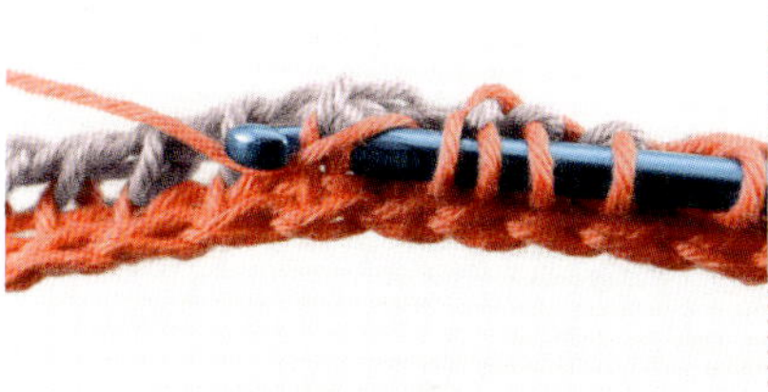

Schritt 5 (Fortsetzung)

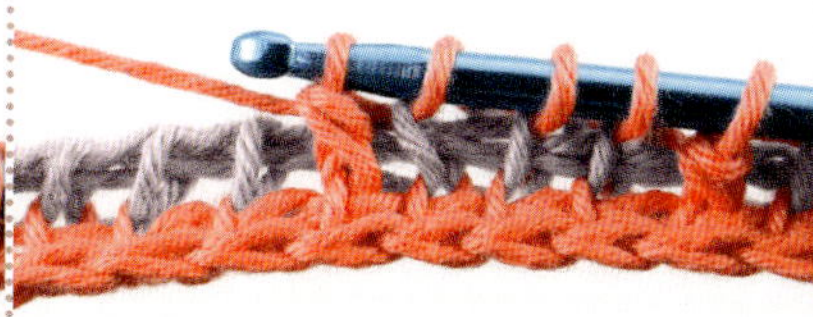

Schritt 7

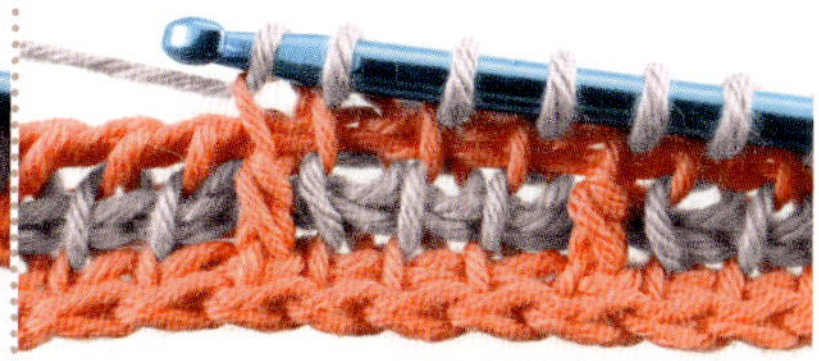

Maschenzahl teilbar durch 4+1.

Spezielle Maschen
tiefer gest tReliefStb (tiefer gestochenes tunesisches Relief-Stäbchen): 1 U, Nd von rechts nach links um die beiden senkrechten M-Glieder der nächsten M 2 R tiefer einstechen, Faden holen, durchziehen, Faden holen, 2 Schlingen abm.

Schritte 1-2 Fb A: Grund-R arb (Seite 16).

Schritt 3 Fb B: Rdm rechts, 1 tGst in jede M bis Ende, Rdm links.

Schritt 4 Fb B: Wdh Schritt 2.

Schritt 5 Fb A: Rdm rechts, 3 tGst, * 1 tiefer gest tReliefStb, 3 tGst. Ab * wdh bis Ende, Rdm links.

Schritt 6 Fb A: Wdh Schritt 2.

Schritte 7-8 Fb B: Wdh Schritte 3-4.

Schritt 9 Fb B: Rdm rechts, 1 tGst, * 1 tiefer gest tReliefStb, 3 tGst. Ab * wdh bis 2 M, 1 tiefer gest tReliefStb, 1 tGst, Rdm links.

Schritt 10 Fb A: Wdh Schritt 4.

Schritt 11 Wdh Schritte 3-10 mit Farbwechsel.

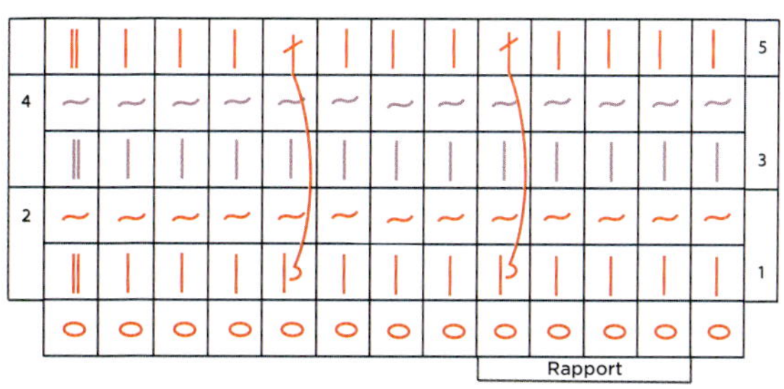

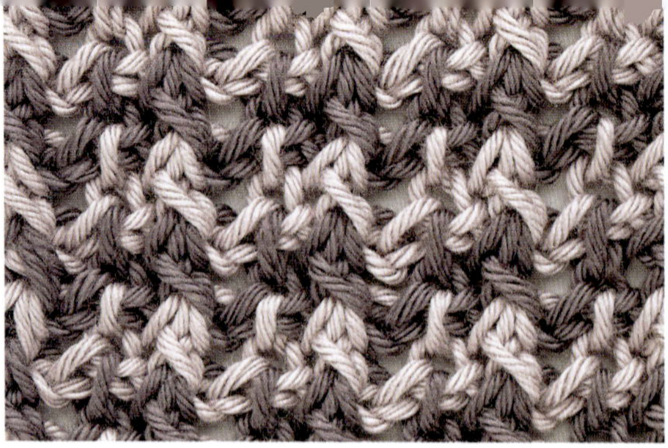

91 Dachziegel

Dieses apart texturierte Muster ist äußerst filigran und luftig und daher ideal für sommerliche Kleidungsstücke und Accessoires. Der Farbwechsel erfolgt mit der ersten Luftmasche der Rückreihe. Die Garne werden an der Seite mitgeführt und nach Bedarf eingesetzt.

Schritt 3

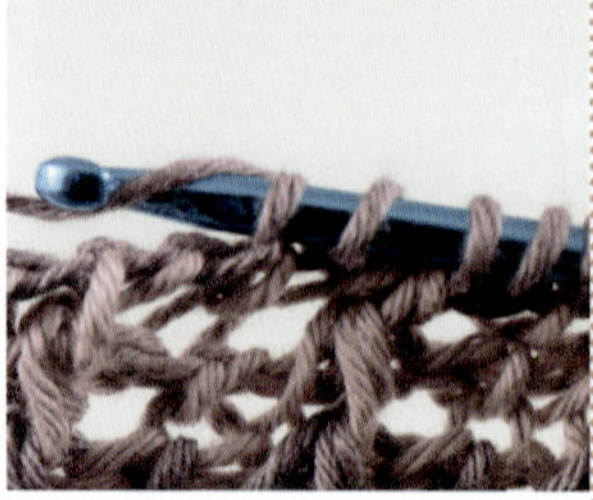

Schritt 5

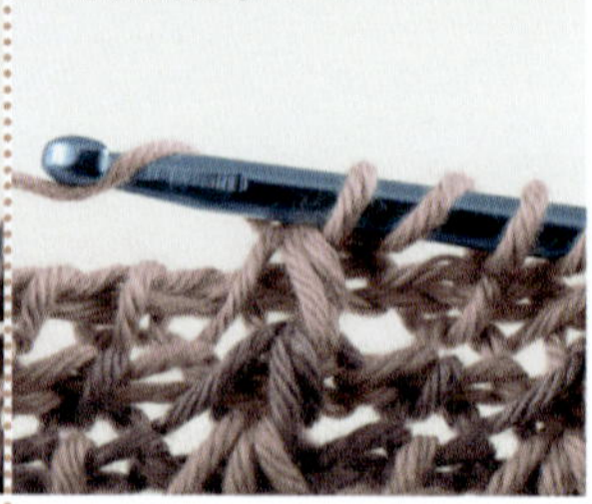

Maschenzahl teilbar durch 4+5.

Spezielle Masche
3 tGst zus abm (3 tunesische Grundstiche zusammen abmaschen): Nd zusammen in die nächsten 3 vorderen senkrechten M-Glieder einstechen, Faden holen, durchziehen.

Schritte 1-2 Grund-R arb (Seite 16), dabei Fb A für Schritt 1, Fb B für Schritt 2.

Schritt 3 Fb B: Rdm rechts, * 1 U, 3 tGst zus abm, 1 U, 1 tGst in die hintere Querrippe der nächsten M. Ab * wdh bis 3 M, 1 U, 3 tGst zus abm, 1 U, Rdm links.

Schritte 4-5 Fb A: Wdh Schritte 2-3.

Schritt 6 Wdh Schritte 2-5 mit Farbwechsel, enden mit Schritt 2.

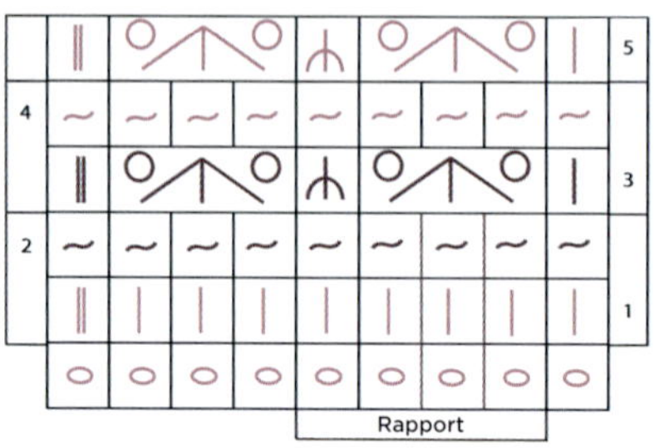

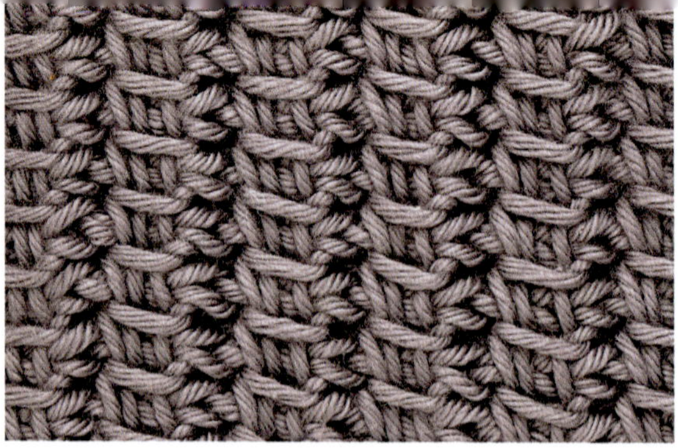

92 Bambus

Dieses Muster sieht tatsächlich aus wie Bambusrohr. Es entsteht durch Überzüge bei tunesischen Grundstichen. Arbeiten Sie mit einer Hilfsnadel, um den Faden anzuheben und über die Maschen zu ziehen.

Schritt 3

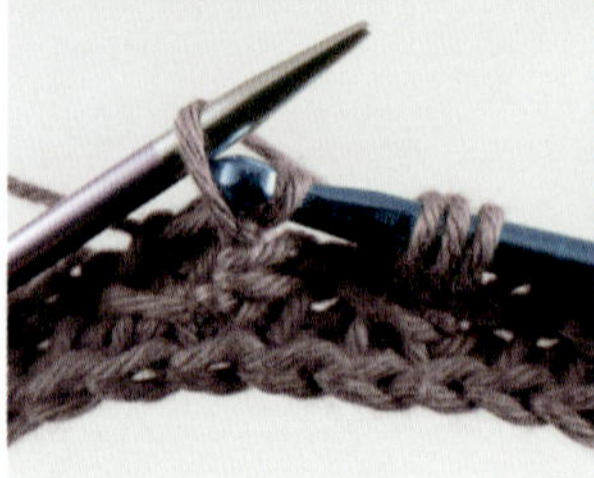

Schritt 3 (Fortsetzung)

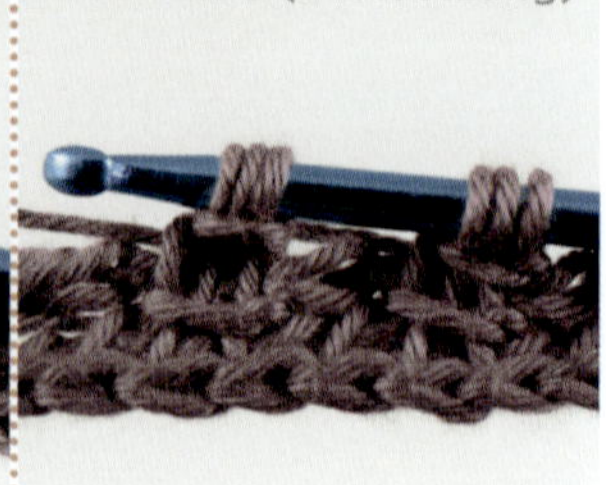

Maschenzahl teilbar durch 3+2.

Schritte 1-2 Grund-R arb (Seite 16).

Schritt 3 Rdm rechts, * 1 U, 3 tGst, den U über die letzten 3 M ziehen. Ab * wdh bis Ende, Rdm links.

Schritt 4 Wdh Schritt 2.

Schritt 5 Wdh Schritte 3-4.

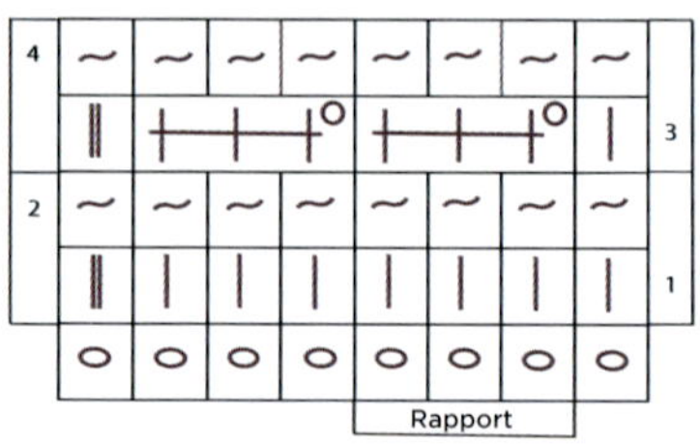

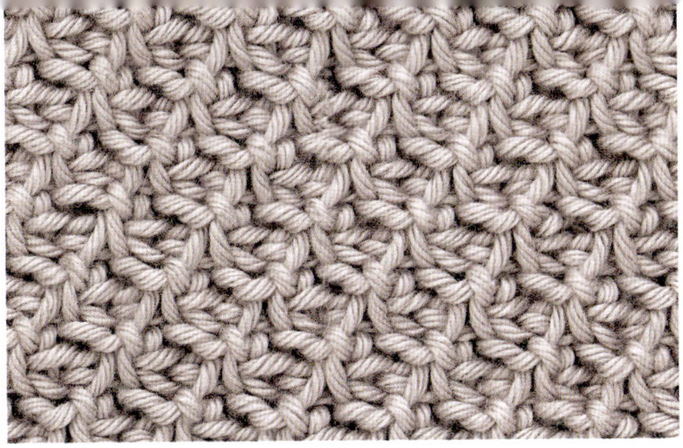

93 Mini-Waben

Tunesische linke Maschen und verlängerte Grundstiche wechseln sich ab und erzeugen diese starke Textur. Das Muster kommt am besten einfarbig zur Geltung, bei Colorgarnen könnte die optische Wirkung verloren gehen.

Schritt 3

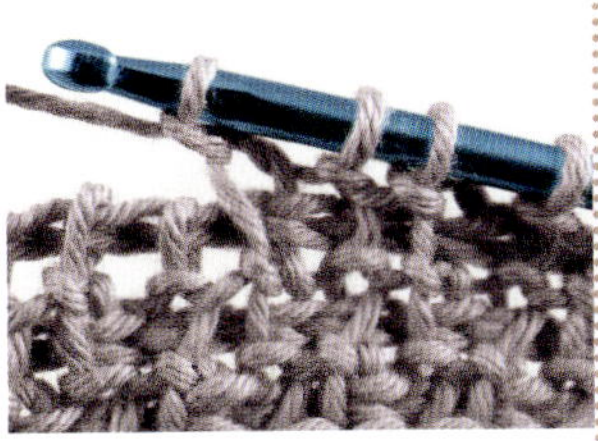

Schritt 5

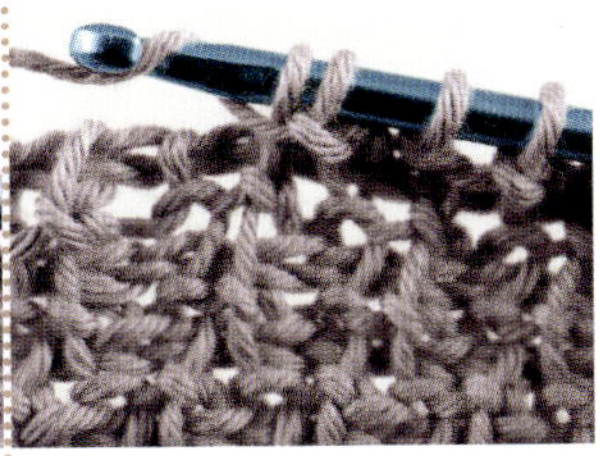

Maschenzahl teilbar durch 2+2.

Spezielle Masche verl tGst (verlängerter tunesischer Grundstich): Von rechts nach links in das vordere senkrechte M-Glied einstechen, Faden holen, durchziehen, 1 Lm.

Schritte 1-2 Grund-R arb (Seite 16).

Schritt 3 Rdm rechts, * 1 tliM, 1 verl tGst. Ab * wdh bis Ende, Rdm links.

Schritt 4 Wdh Schritt 2.

Schritt 5 Rdm rechts, * 1 verl tGst, 1 tliM. Ab * wdh bis Ende, Rdm links.

Schritt 6 Wdh Schritte 2-5, enden mit Schritt 2.

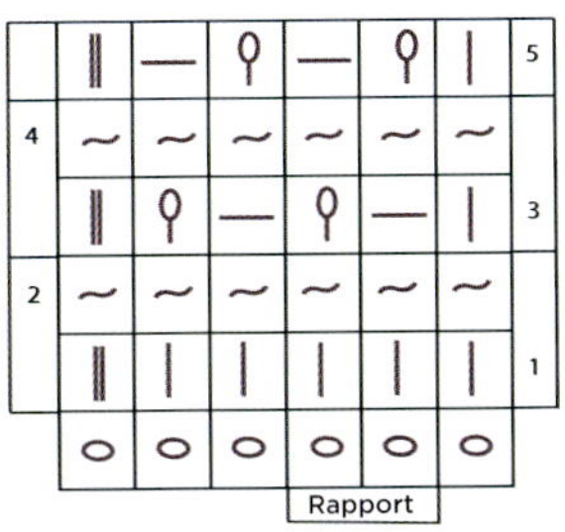

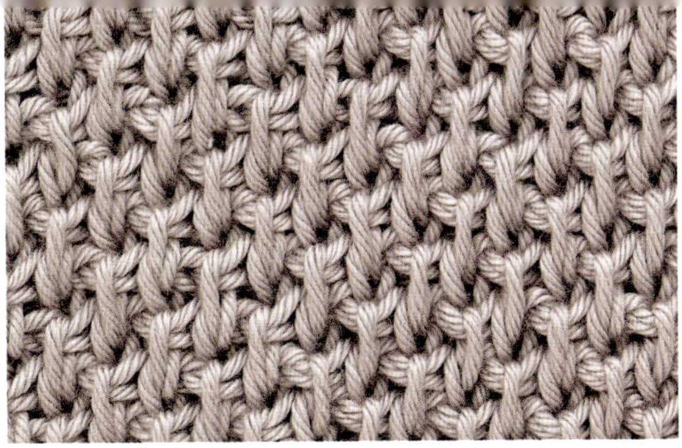

94 Häkchen

Hier wechseln sich tunesischer Strickstich und Rückstich ab und schaffen eine schöne, sanfte Textur, die mit glattem Garn, einfarbig gearbeitet, besonders gut zur Geltung kommt.

Schritt 3

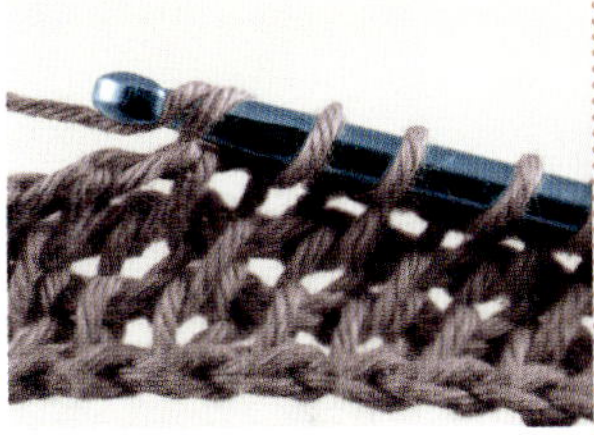

Schritt 5

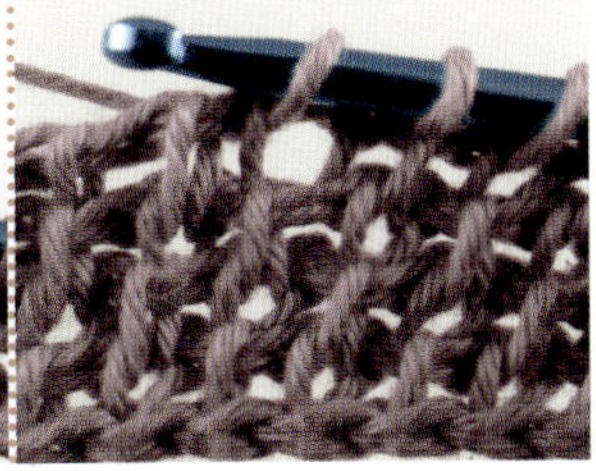

Maschenzahl teilbar durch 2+2.

Spezielle Maschen tRst (tunesischer Rückstich): Faden und Nd hinter der Arbeit, Nd von rechts nach links in das hintere senkrechte M-Glied einstechen, Faden holen, durchziehen.

Schritte 1-2 Grund-R arb (Seite 16).

Schritt 3 Rdm rechts, * 1 tSst, 1 tRst. Ab * wdh bis Ende, Rdm links.

Schritt 4 Wdh Schritt 2.

Schritt 5 Rdm rechts, * 1 tRst, 1 tSst. Ab * wdh bis Ende, Rdm links.

Schritt 6 Wdh Schritte 2-5, enden mit Schritt 2.

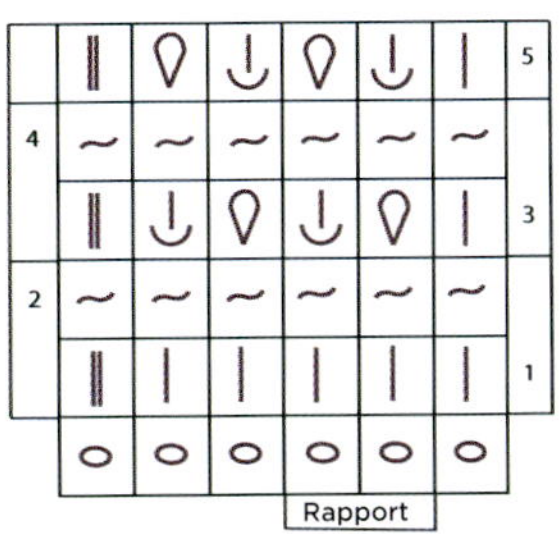

95 Pfad

Verwendet man für dieses Muster unterschiedliche Nuancen der gleichen Farbe, entsteht ein sehr subtiler Effekt. Mit starken, kontrastreichen Farben ist er kräftiger. Der Farbwechsel erfolgt am Ende der Rückreihe mit den letzten zwei Maschen, die in der neuen Farbe abgemascht werden. Die Garne werden an der Seite mitgeführt und nach Bedarf eingesetzt.

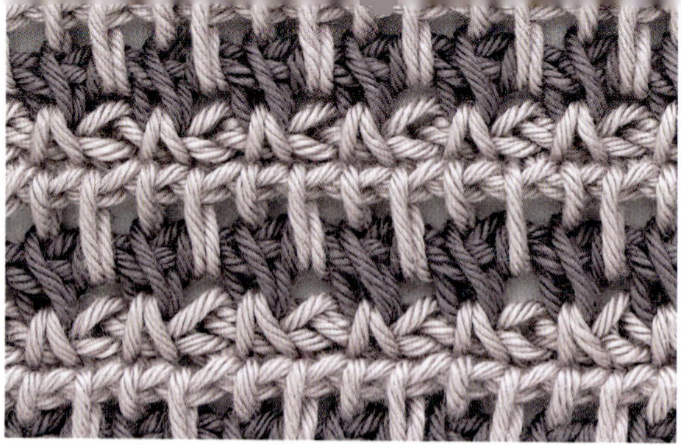

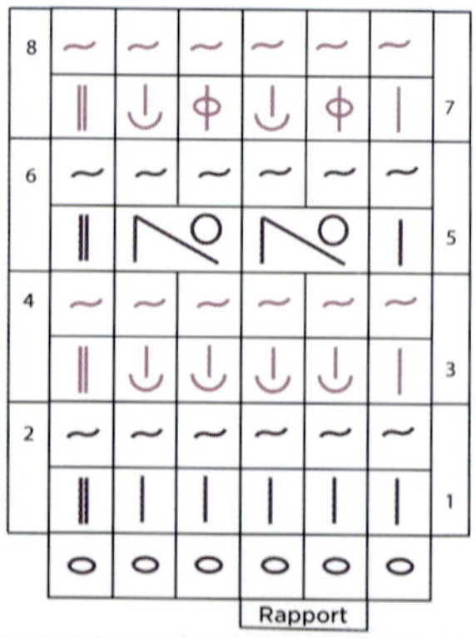

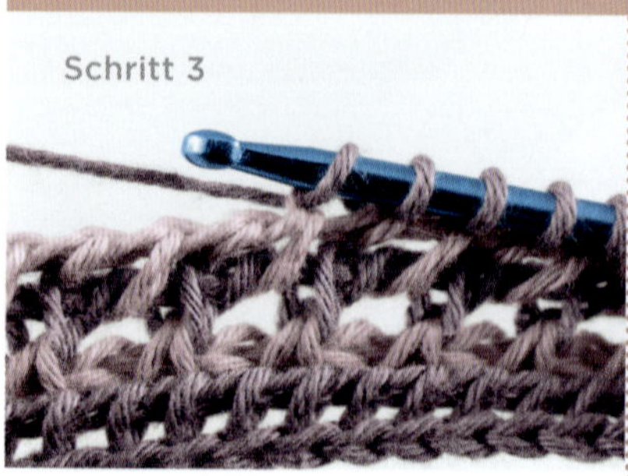

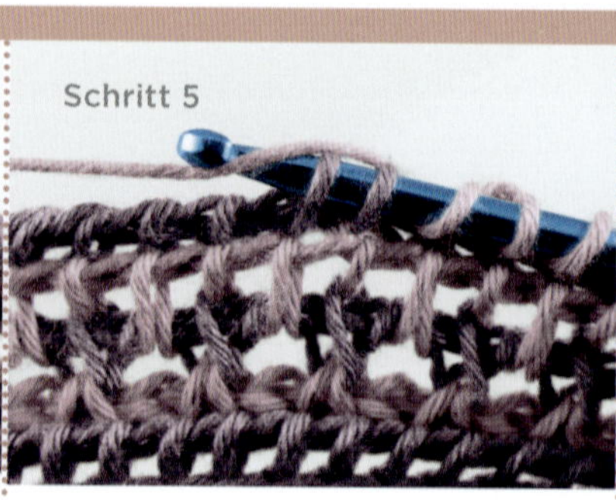

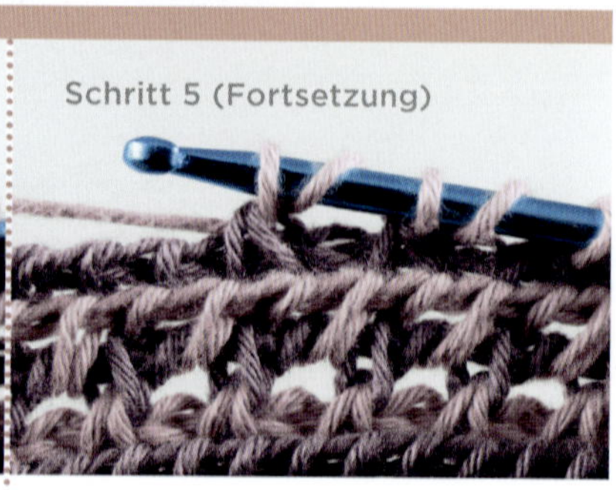

Maschenzahl teilbar durch 2+2.

Spezielle Maschen
tRst (tunesischer Rückstich): Faden und Nd hinter der Arbeit, Nd von rechts nach links in das hintere senkrechte M-Glied einstechen, Faden holen, durchziehen.

2 tGst zus abm (2 tunesische Grundstiche zusammen abmaschen): Nd gleichzeitig in die nächsten beiden vorderen senkrechten M-Glieder einstechen, Faden holen, durchziehen.

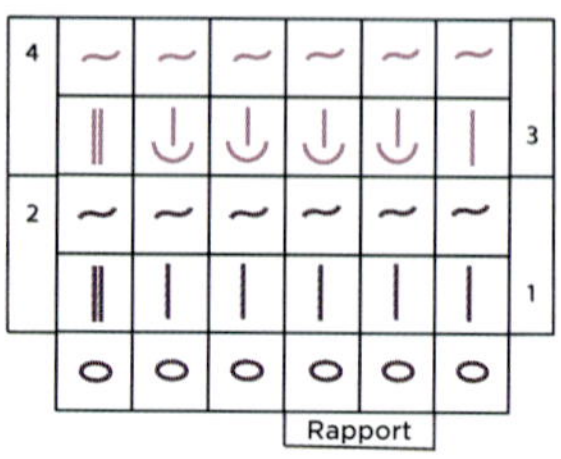

Schritte 1-2 Fb A: Grund-R arb (Seite 16).

Schritt 3 Fb B: Rdm rechts, 1 tRst in jede M bis Ende, Rdm links.

Schritt 4 Fb B: Wdh Schritt 2.

Schritt 5 Fb A: Rdm rechts, * 1 U, 2 tGst zus abm. Ab * wdh bis Ende, Rdm links.

Schritt 6 Fb A: Wdh Schritt 2.

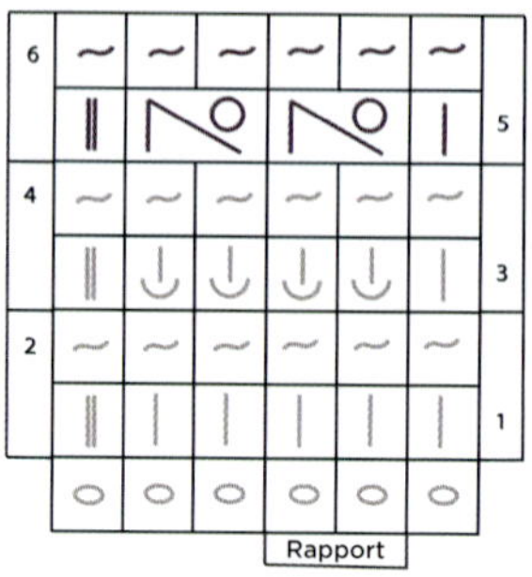

Schritt 7 Fb B: Rdm rechts, * 1 tFst in die Lücke, 1 tRst. Ab * wdh bis Ende, Rdm links.

Schritt 8 Fb B: Wdh Schritt 2.

Schritt 9 Wdh Schritte 3-8 mit Farbwechsel.

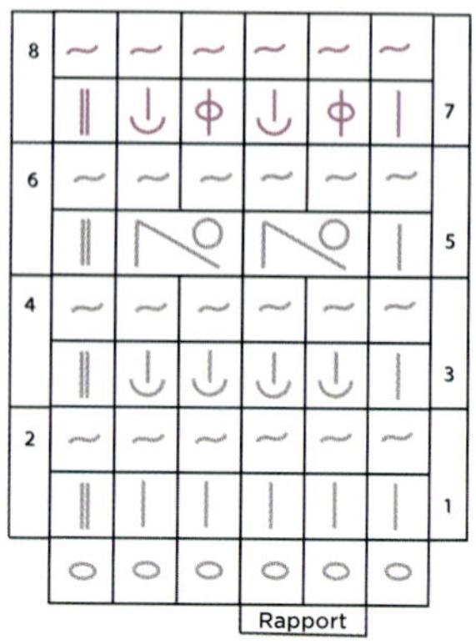

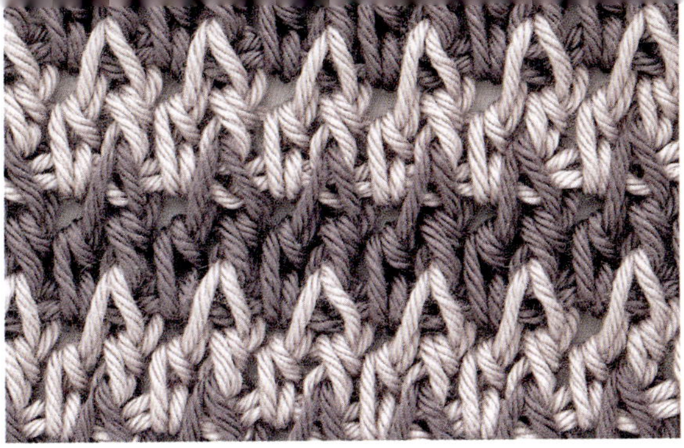

96 Zähnchen

Die zusammen abgemaschten tunesischen Stäbchen sehen aus wie umgedrehte Spikes. Der Farbwechsel erfolgt mit der ersten Luftmasche der Rückreihe. Die Garne werden an der Seite mitgeführt und nach Bedarf eingesetzt.

Schritt 3

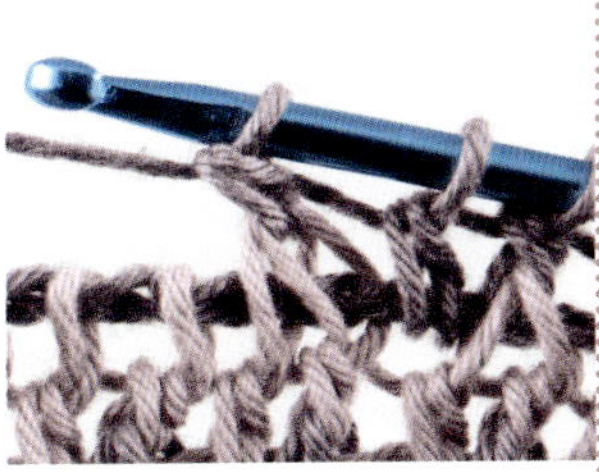

Schritt 3 (Fortsetzung)

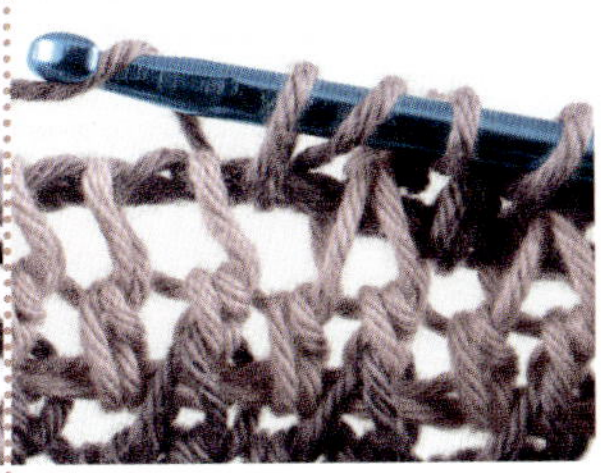

Maschenzahl teilbar durch 2+2.

Spezielle Masche
2 tStb zus abm (2 tunesische Stäbchen zusammen abmaschen): 1 U, Nd gleichzeitig in 2 vordere senkrechte M-Glieder einstechen, Faden holen, durchziehen, Faden holen, 2 Schlingen abm.

Schritte 1-2 Grund-R arb (Seite 16), dabei Fb A für Schritt 1, Fb B für Schritt 2.

Schritt 3 Fb B: 1 Lm, Rdm rechts, * 2 tStb zus abm, 1 tStb in Lücke (Nd einstechen wie für tFst). Ab * wdh bis Ende, 1 tStb in letzte M.

Schritt 4 Fb A: Wdh Schritt 2.

Schritt 5 Fb A: Wdh Schritt 3.

Schritt 6 Wdh Schritte 2-5 mit Farbwechsel, enden mit Schritt 2.

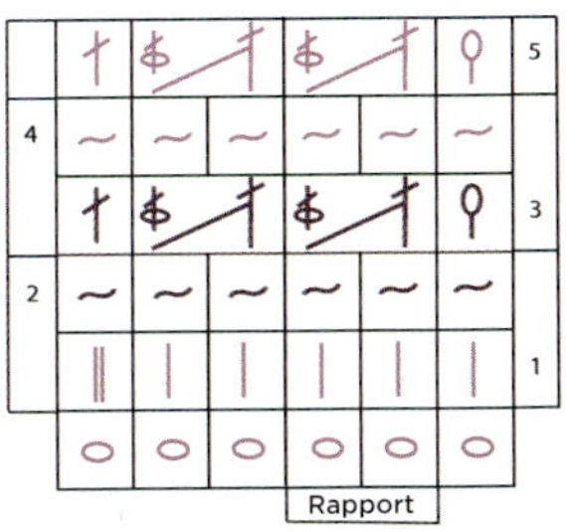

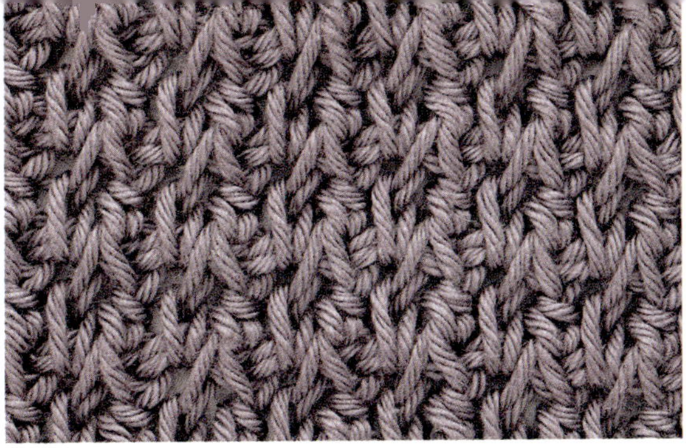

97 Reihen

Dieses Muster sieht einfarbig sehr subtil aus, aber in kontrastfarbigen Streifen ist es richtig kühn. Die zusammen abgemaschten tunesischen Stäbchen gestalten einen Stoff mit ausgezeichnetem Fall und viel Textur.

Schritt 3

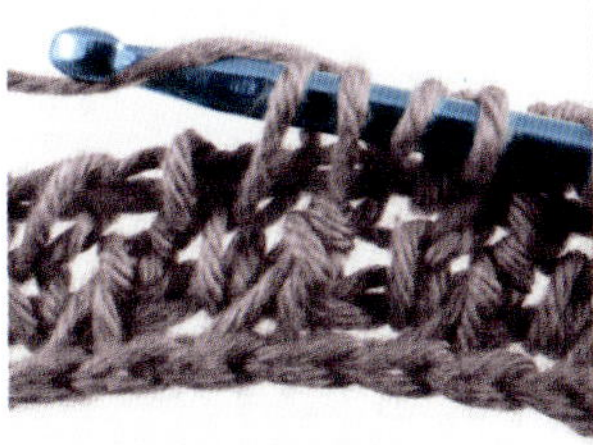

Schritt 3 (Fortsetzung)

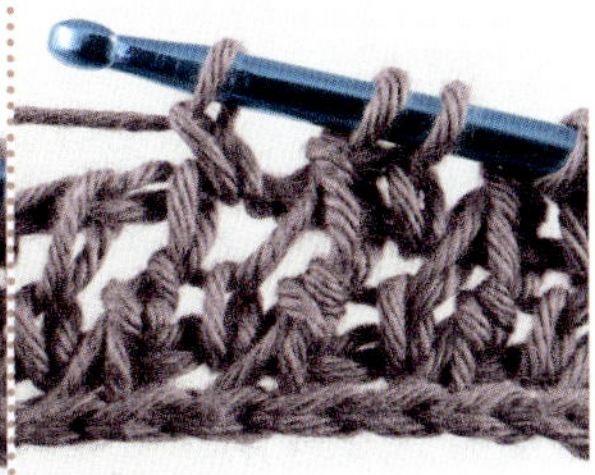

Maschenzahl teilbar durch 2+2.

Spezielle Masche
2 tStb zus abm (2 tunesische Stäbchen zusammen abmaschen): 1 U, Nd gleichzeitig in 2 vordere senkrechte M-Glieder einstechen, Faden holen, durchziehen, Faden holen, 2 Schlingen abm.

verl tGst (verlängerter tunesischer Grundstich): Von rechts nach links in das vordere senkrechte M-Glied einstechen, Faden holen, durchziehen, 1 Luftmasche.

Schritte 1-2 Grund-R arb (Seite 16).

Schritt 3 1 Lm, Rdm rechts, * 2 tStb zus abm, 1 verl tGst (Nd einstechen wie für tFst). Ab * wdh bis Ende, 1 tStb in letzte M.

Schritt 4 Wdh Schritt 2.

Schritt 5 Wdh Schritte 3-4.

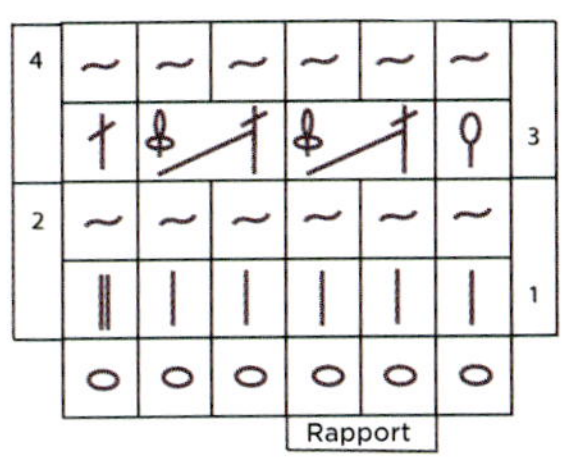

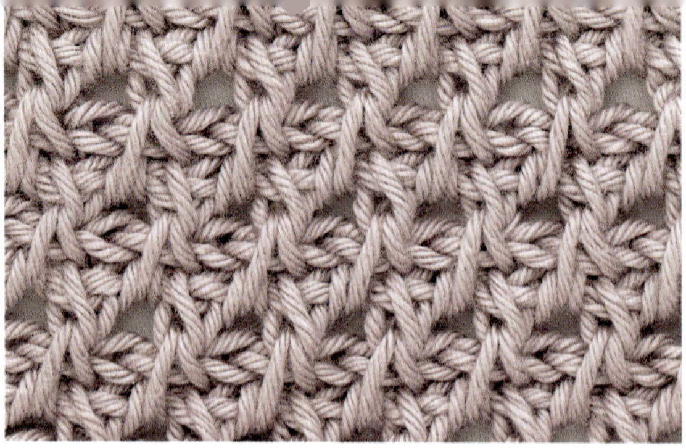

98 Pfeile

Dieses durchbrochene Muster ergibt einen Stoff mit gutem Fall und viel Textur. Hier werden in einer Hinreihe Grundstiche zusammen abgemascht und durch Umschläge ausgeglichen. In der nächsten Hinreihe ergänzen Füllstiche die Umschläge.

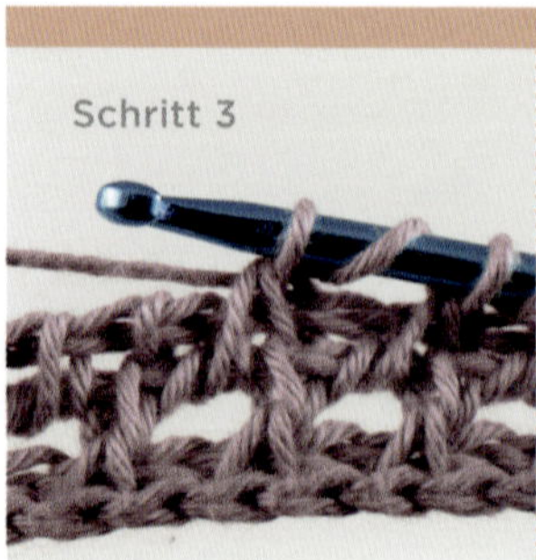

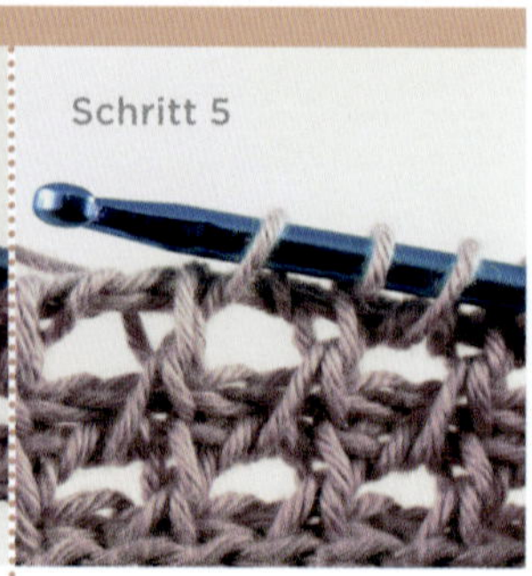

Maschenzahl teilbar durch 2+2.

Spezielle Masche
2 tGst zus abm (2 tunesische Grundstiche zusammen abmaschen): Nd gleichzeitig in die nächsten beiden vorderen senkrechten M-Glieder einstechen, Faden holen, durchziehen.

Schritte 1-2 Grund-R arb (Seite 16).

Schritt 3 Rdm rechts, * 2 tGst zus abm, 1 U. Ab * wdh bis Ende, Rdm links.

Schritt 4 Wdh Schritt 2.

Schritt 5 Rdm rechts, 1 tGst, 1 tFst in die Lücke. Ab * wdh bis Ende, Rdm links.

Schritt 6 Wdh Schritte 2-5, enden mit Schritt 2.

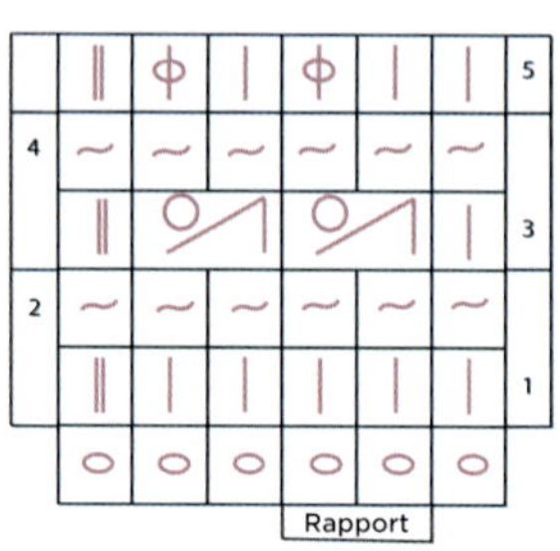

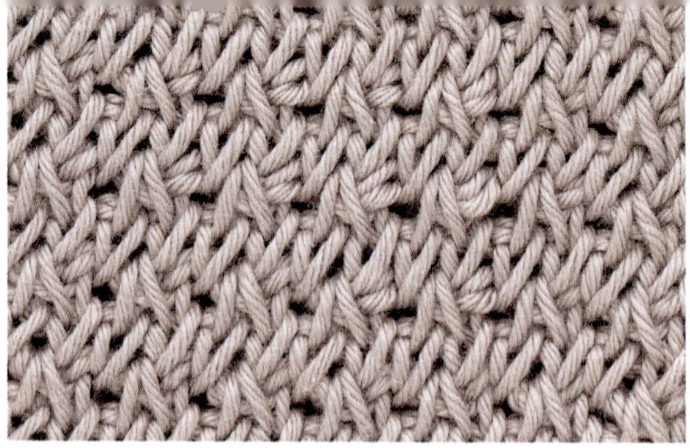

99 Verdrehte Pfeile

Der dichte Stoff, der hier entsteht, hat wenig Fall und rollt sich auch etwas ein. Er eignet sich sehr gut für Heimtextilien und Accessoires. Die Umschläge werden wie Maschen behandelt, und in die Stränge, die durch die Umschläge entstehen, werden verschränkte Strickstiche gearbeitet.

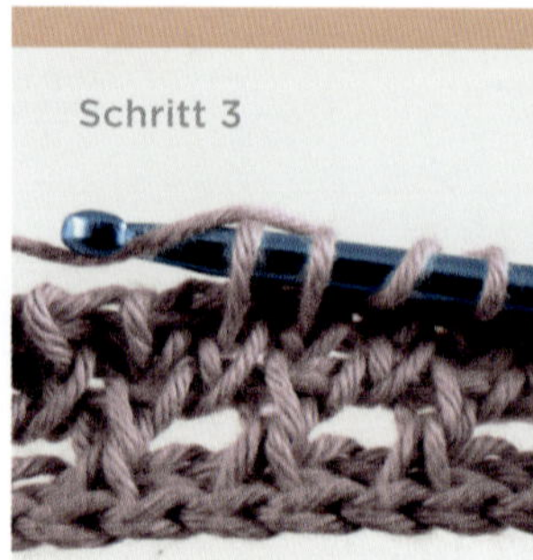

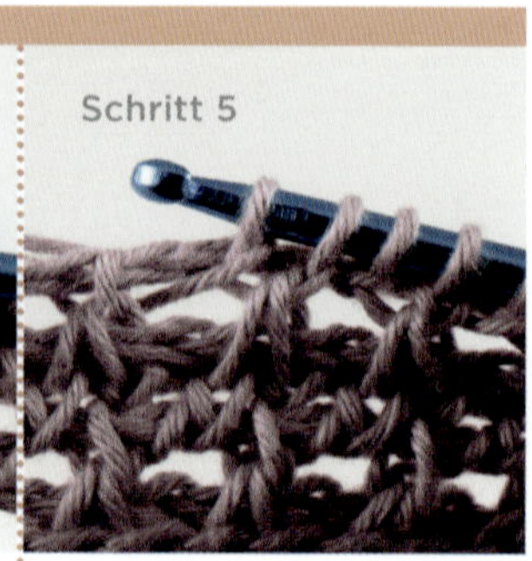

Maschenzahl teilbar durch 2+2.

Spezielle Maschen
2 tGst zus abm (2 tunesische Grundstiche zusammen abmaschen): Siehe Pfeile.

verschr tSst (verschränkter tunesischer Strickstich): Mit dem Haken der Nd das vordere senkrechte M-Glied nach rechts ziehen, um das hintere senkrechte M-Glied sichtbar zu machen, die Nd von vorn nach hinten zwischen die beiden senkrechten M-Glieder einstechen, Faden holen, durchziehen.

Schritte 1-2 Grund-R arb (Seite 16).

Schritt 3 Rdm rechts, * 2 tGst zus abm, 1 U. Ab * wdh bis Ende, Rdm links.

Schritt 4 Wdh Schritt 2.

Schritt 5 Rdm rechts, 1 verschr tSst in jede M bis Ende, Rdm links.

Schritt 6 Wdh Schritte 2-5, enden mit Schritt 2.

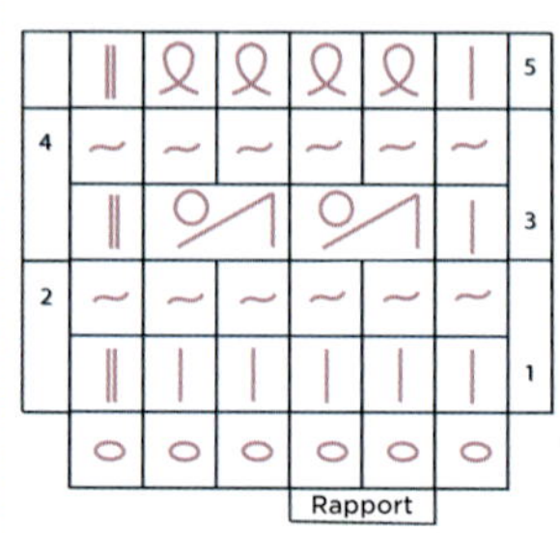

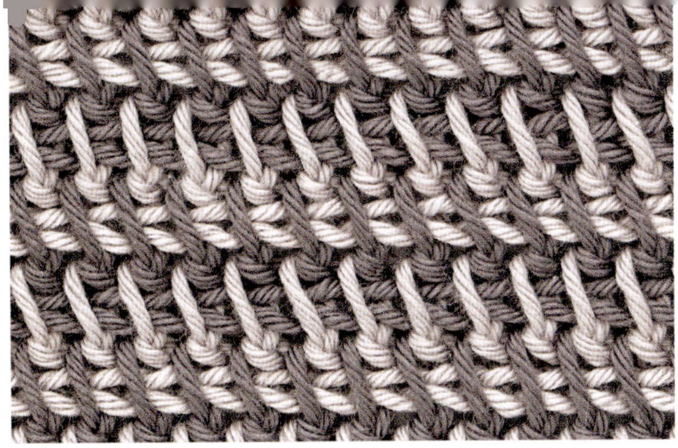

100 Schnürung

Reihen in wechselnden Farben betonen die Textur dieses Musters. Der Stoff neigt dazu, auf die Seite zu kippen, aber mit sorgfältigem Spannen lässt sich das beheben. Der Farbwechsel erfolgt mit der ersten Luftmasche der Rückreihe. Die Garne werden an der Seite mitgeführt und nach Bedarf eingesetzt.

Schritt 3

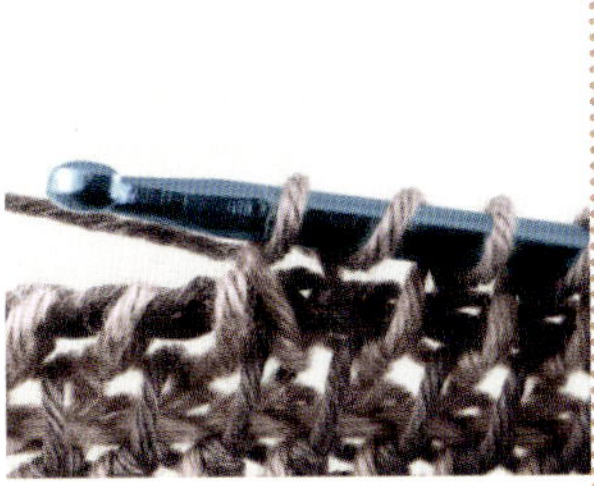

Schritt 5

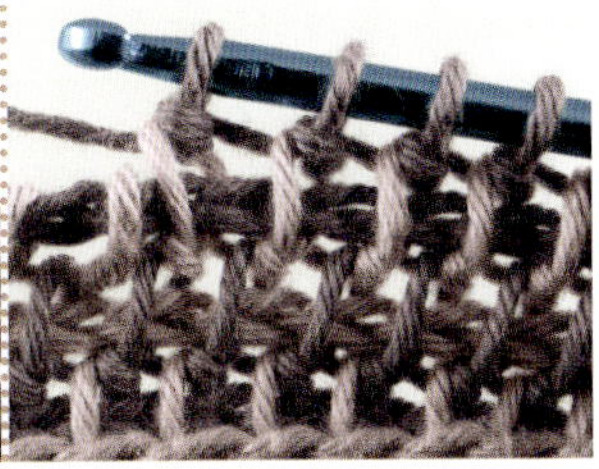

Maschenzahl beliebig.

Schritte 1-2 Grund-R arb (Seite 16), dabei Fb A für Schritt 1, Fb B für Schritt 2.

Schritt 3 Fb B: Rdm rechts, * 1 U, 1 tGst, den U über die gearbeitete M ziehen. Ab * wdh bis Ende, Rdm links.

Schritt 4 Fb A: Wdh Schritt 2.

Schritt 5 Fb A: Wdh Schritt 3.

Schritt 6 Wdh Schritte 2-5 mit Farbwechsel, enden mit Schritt 2.

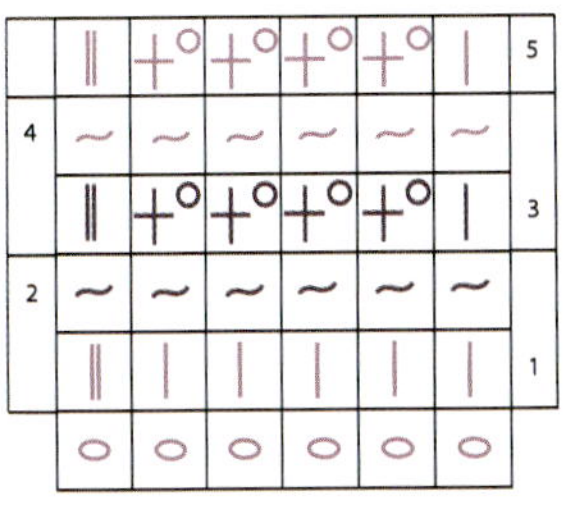

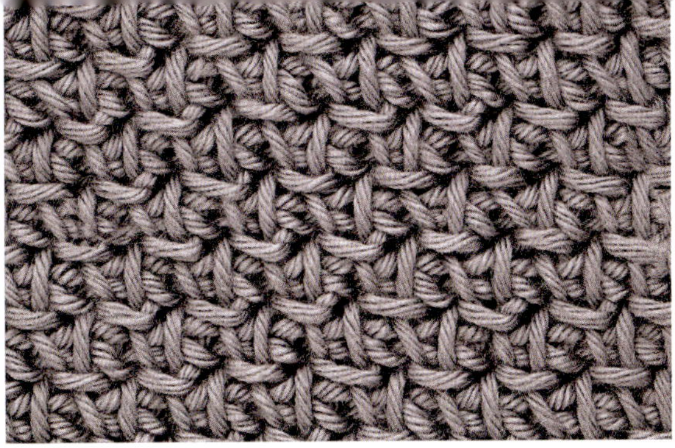

101 Doppel-Schnürung

Reihen mit versetzten Überzügen ergeben einen interessanten Stoff mit gutem Fall, ideal für eine Vielzahl von Projekten wie Decken und Accessoires. Für die Überzüge verwendet man eine Zopf- oder kleine Häkelnadel, um den Faden anzuheben und über die gearbeiteten Maschen zu ziehen.

Schritt 3

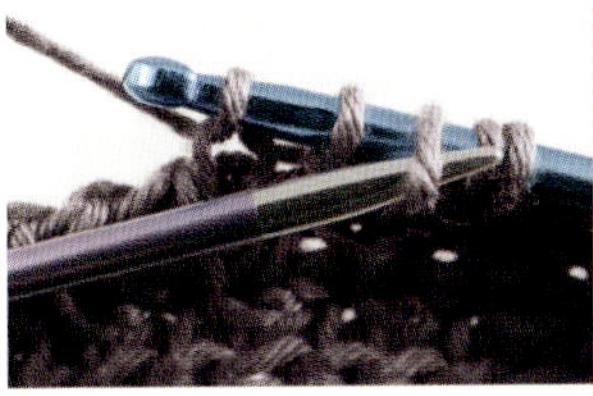

Schritt 5

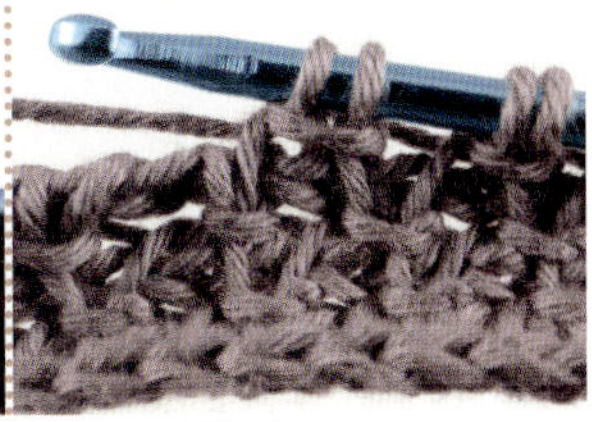

Maschenzahl teilbar durch 2+2.

Schritte 1-2 Grund-R arb (Seite 16).

Schritt 3 Rdm rechts, * 1 U, 2 tGst, den U über die beiden gearbeiteten M ziehen. Ab * wdh bis Ende, Rdm links.

Schritt 4 Wdh Schritt 2.

Schritt 5 Rdm rechts, 1 tGst, * 1 U, 2 tGst, den U über die beiden gearbeiteten M ziehen. Ab * wdh bis 1 M, 1 tGst, Rdm links.

Schritt 6 Wdh Schritte 2-5, enden mit Schritt 2.

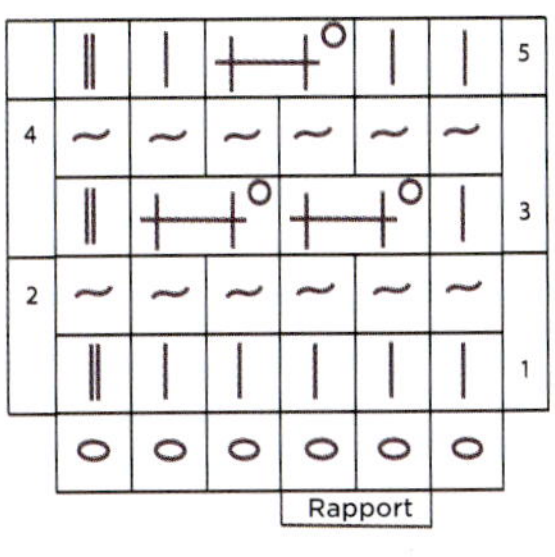

102 Verpackt

Dieser auffällige Stich hat einen wunderschönen Fall und eignet sich perfekt für Projekte mit Spitzen. Für die Überzugmaschen kommt der Arbeitsfaden vor die Nadel, zwei Grundstiche werden zusammen abgemascht, der Faden wird wieder hinter die Nadel geführt und dann die fehlende Masche durch einen Umschlag ersetzt. Der Farbwechsel erfolgt am Ende der Rückreihe mit den letzten zwei Maschen, die in der neuen Farbe abgemascht werden. Die Garne werden an der Seite mitgeführt und nach Bedarf eingesetzt.

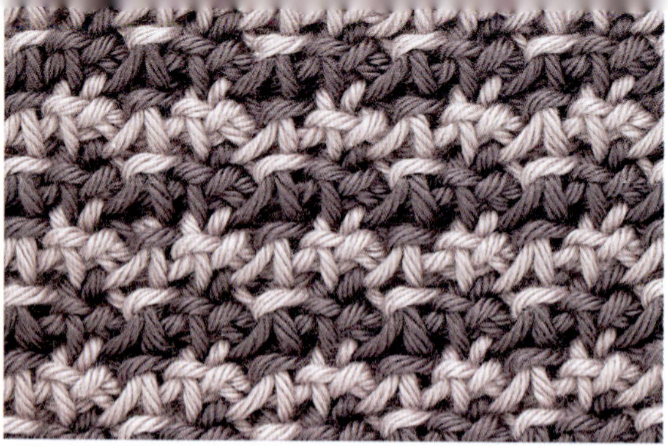

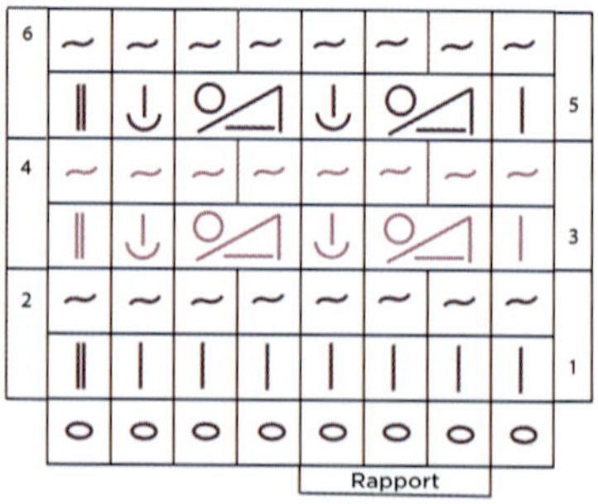

Schritt 3

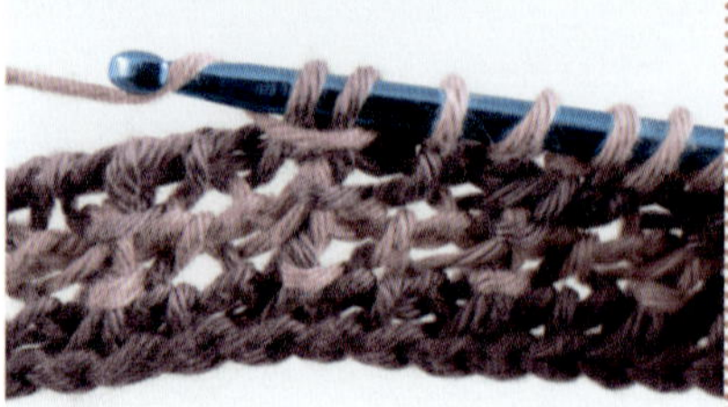

Schritt 3 (Fortsetzung)

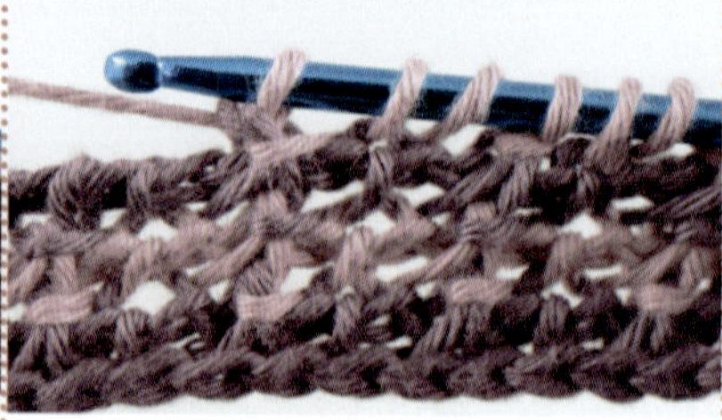

Schritt 5

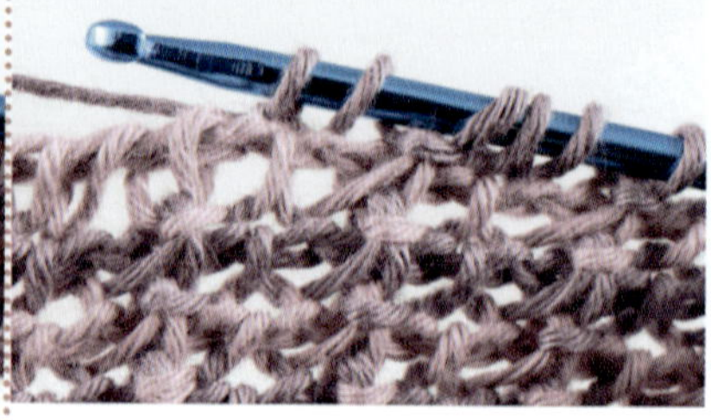

Maschenzahl teilbar durch 3+2.

Spezielle Maschen
2 tGst zus abm (2 tunesische Grundstiche zusammen abmaschen): Nd gleichzeitig in die nächsten beiden vorderen senkrechten M-Glieder einstechen, Faden holen, durchziehen.

tRst (tunesischer Rückstich): Faden und Nd hinter der Arbeit, Nd von rechts nach links in das hintere senkrechte M-Glied einstechen, Umschlag, durchziehen.

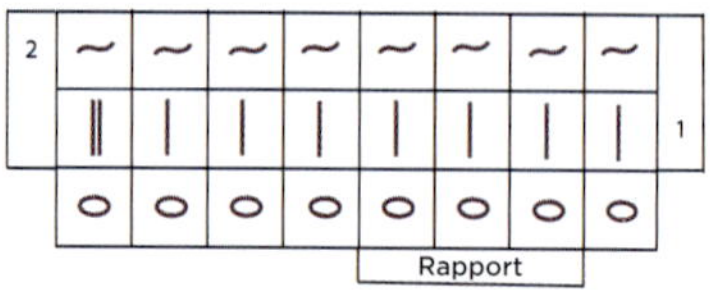

Schritte 1-2 Fb A: Grund-R arb (Seite 16).

Schritt 3 Fb B: Rdm rechts, * Garn nach vorne, 2 tGst zus abm, Garn nach hinten, 1 U, 1 tRst. Ab * wdh bis Ende, Rdm links.

Schritt 4 Fb B: Wdh Schritt 2.

Schritt 5 Fb A: Wdh Schritt 3.

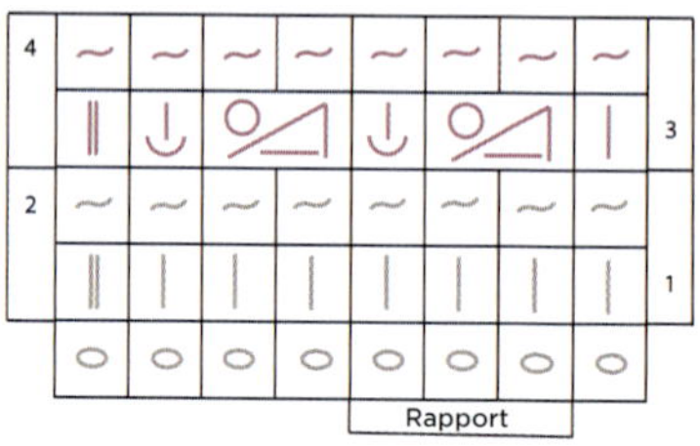

Schritt 6 Fb A: Wdh Schritt 4.

Schritt 7 Wdh Schritte 3-6 mit Farbwechsel.

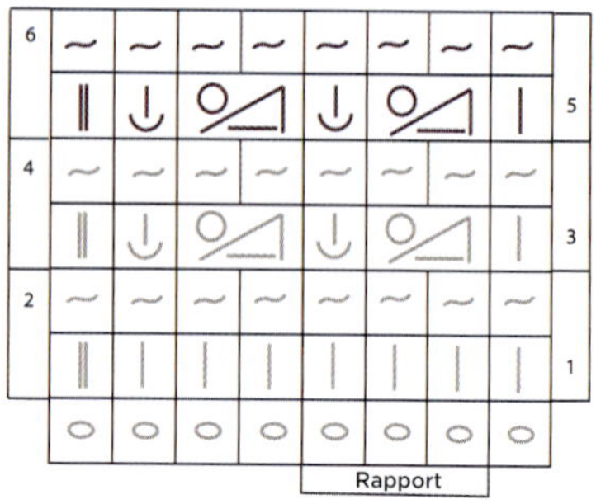

103 Spikes

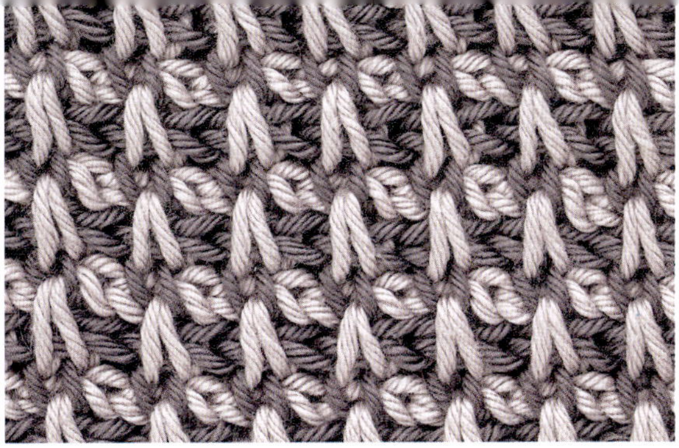

Die Spikes entstehen durch zwei zusammen abgemaschte Grundstiche gefolgt von einem falschen Umschlag. Bei diesem falschen Umschlag ist es wichtig, das Garn beim Arbeiten mit dem Zeigefinger zu fixieren. Wenn das Garn wegrutscht, wird aus dem Umschlag eine linke Masche. Die Reihen mit Spikes wechseln mit Reihen im einfachen Grundstich. Der Farbwechsel erfolgt mit der ersten Luftmasche der Rückreihe. Die Garne werden an der Seite mitgeführt und nach Bedarf eingesetzt.

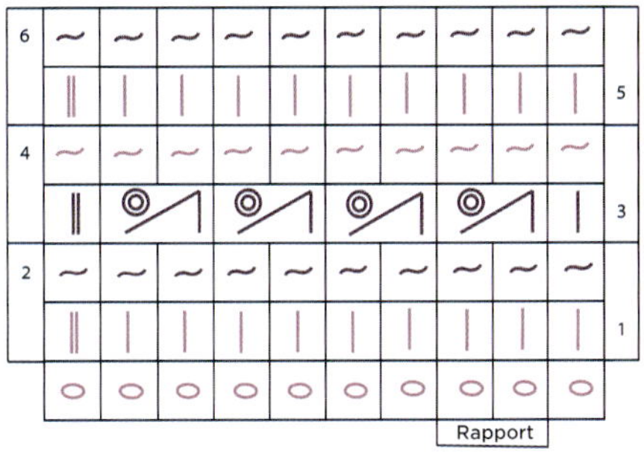

Schritt 3

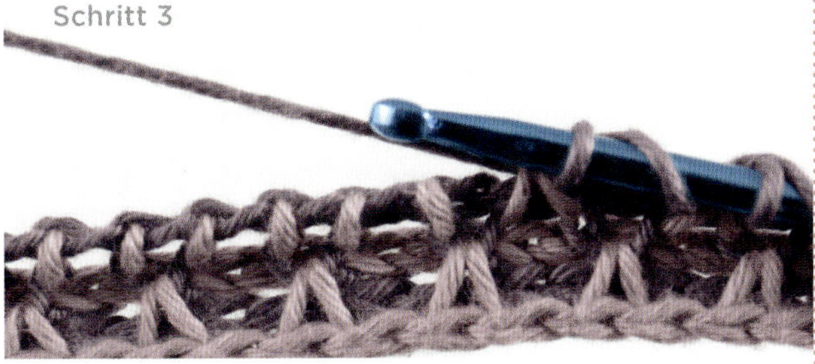

Schritt 5

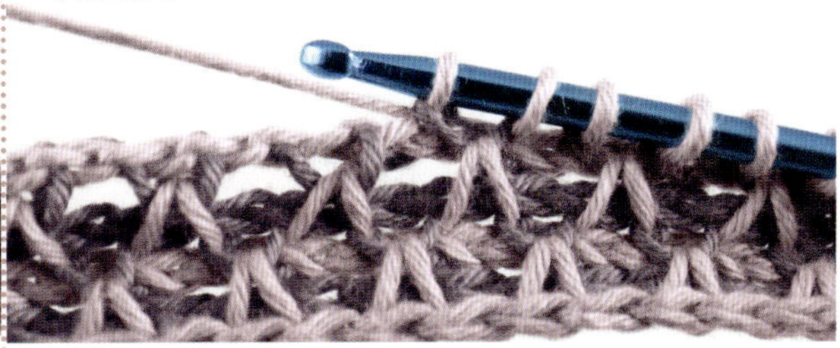

Maschenzahl teilbar durch 2+2.

Spezielle Maschen
2 tGst zus abm (2 tunesische Grundstiche zusammen abmaschen): Nd gleichzeitig in die nächsten beiden vorderen senkrechten M-Glieder einstechen, Faden holen, durchziehen.

fU (falscher Umschlag): Garn unter Nd nach vorn, dann über Nd nach hinten, (andersherum als beim normalen U). U mit Zeigefinger fixieren, damit er nicht verrutscht, bevor die nächste M fertig ist.

Schritte 1-2 Grund-R arb (Seite 16), dabei Fb A für Schritt 1, Fb B für Schritt 2.

Schritt 3 Fb B: Rdm rechts, * 2 tGst zus abm, 1 fU. Ab * wdh bis Ende, Rdm links.

Schritt 4 Fb A: Wdh Schritt 2.

Schritt 5 Fb A: Rdm rechts, 1 tGst in jede M bis Ende, Rdm links.

Schritt 6 Fb B: Wdh Schritt 2.

Schritt 7 Wdh Schritte 3-6 mit Farbwechsel.

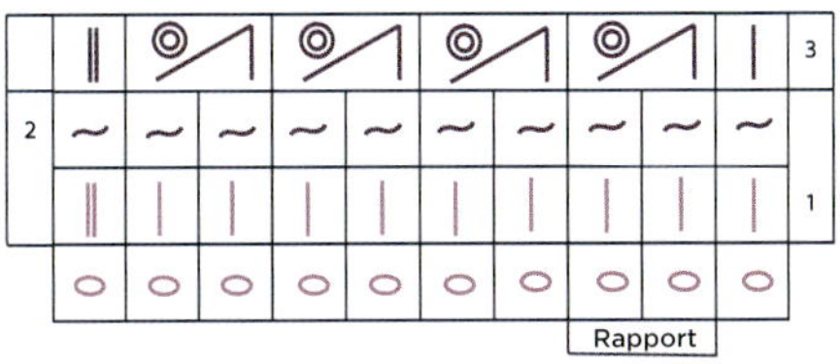

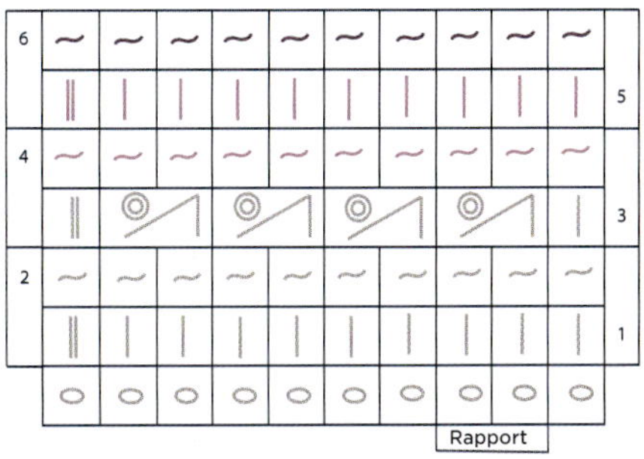

104 Lochmuster

Die Kombination aus Umschlägen und tunesischen Strickstichen erzeugt ein hübsches quadratisches Raster. Der Stoff fällt schön und ist sehr einfach herzustellen.

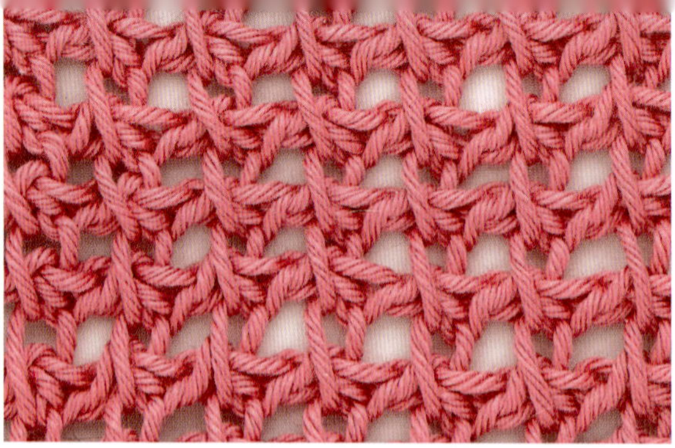

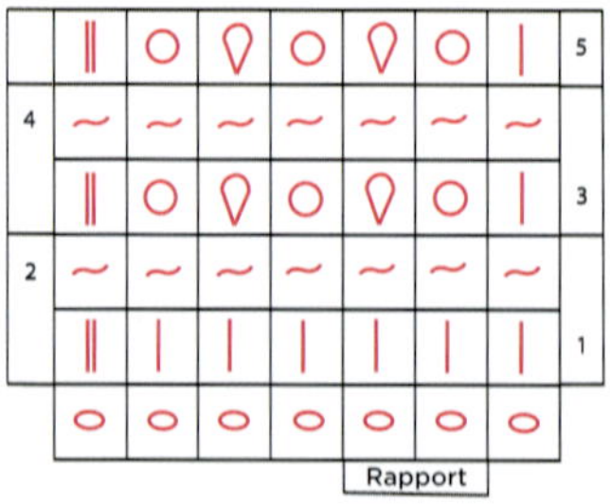

Schritt 4

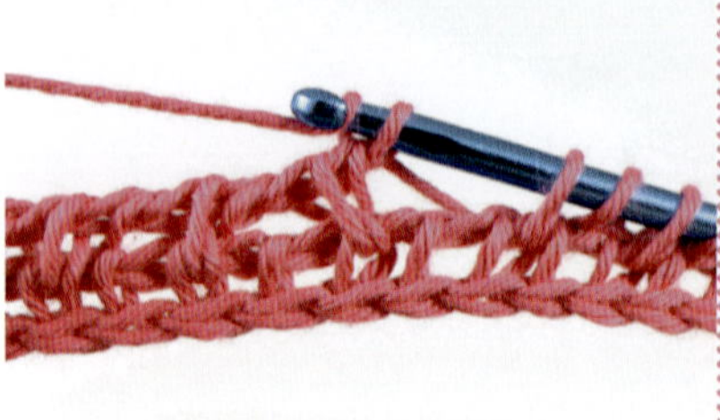

Schritt 5

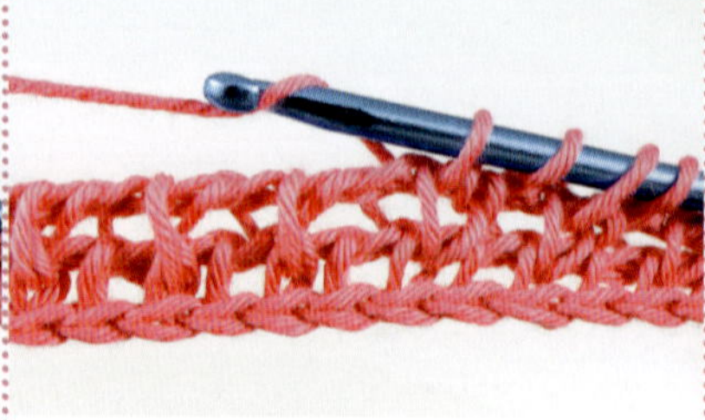

Schritt 5 (Fortsetzung)

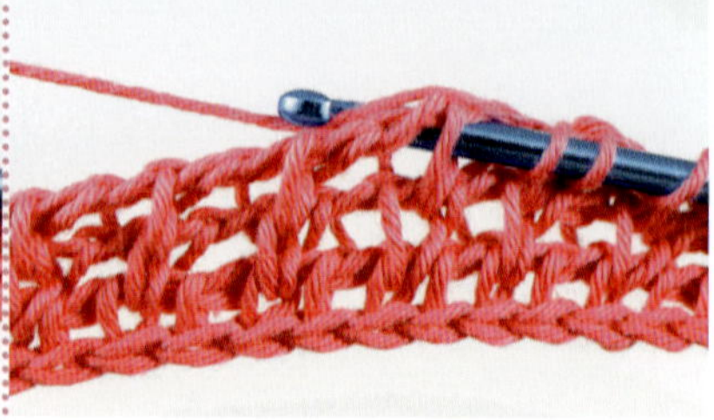

Maschenzahl teilbar durch 2+3.

Schritte 1-2 Grund-R arb (Seite 16).

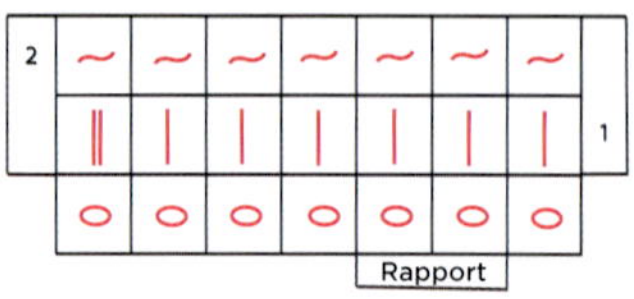

Schritt 3 Rdm rechts, 1 U, 1 M überspr, * 1 tSst, 1 U, 1 M überspr. Ab * wdh bis Ende, Rdm links.

Schritt 4 Wdh Schritt 2.

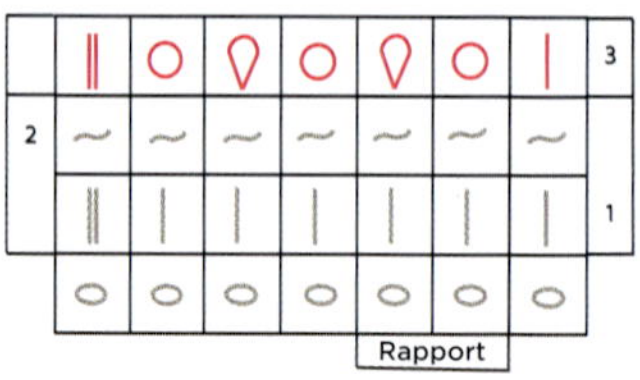

Schritt 5 Rdm rechts, 1 U, 1 Lücke überspr, * 1 tSst, 1 U, 1 Lücke überspr. Ab * wdh bis Ende, Rdm links.

Schritt 6 Wdh Schritte 4-5, enden mit Schritt 4.

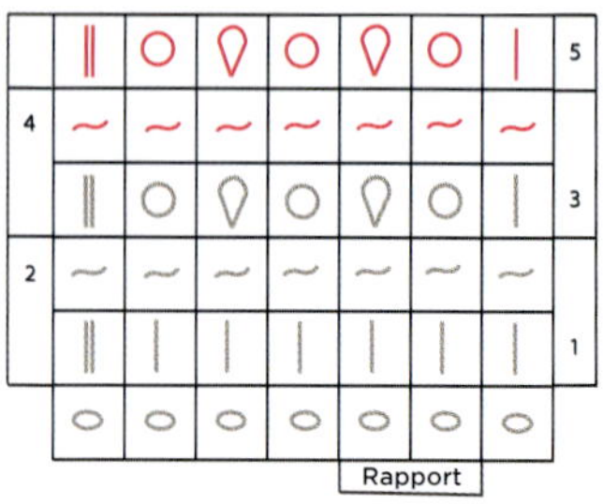

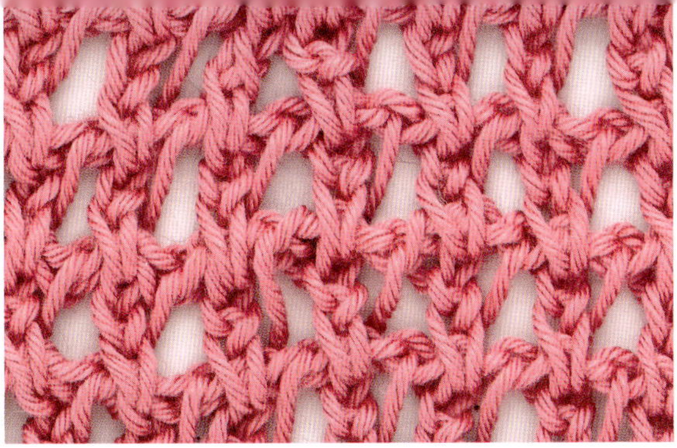

105 Lockeres Netz

Dieses hübsche, wunderbar weiche Geflecht ist ideal für Schals und Umhänge. Für eine feste Kante wird vor dem Abketten eine Reihe tunesischer Grundstiche gearbeitet.

Schritt 3

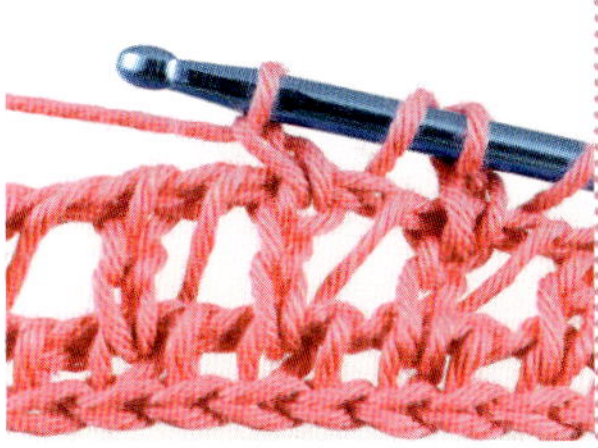

Schritt 5

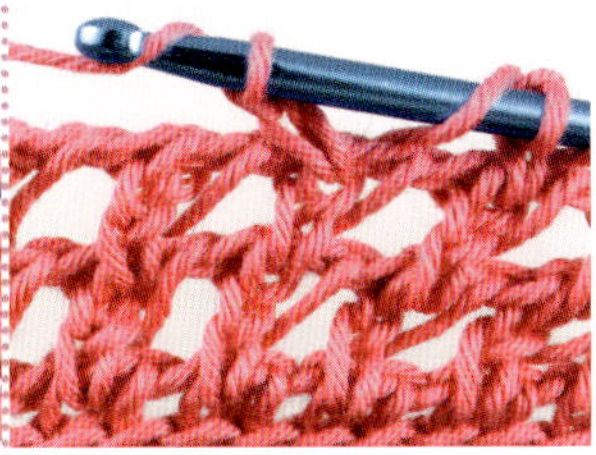

Maschenzahl teilbar durch 2+3.

Schritte 1-2 Grund-R arb (Seite 16).

Schritt 3 Rdm rechts, 2 Lm, 1 U, 1 M überspr, * 1 tSst, 2 Lm, 1 U, 1 M überspr. Ab * wdh bis Ende, Rdm links.

Schritt 4 Wdh Schritt 2

Schritt 5 Rdm rechts, 2 Lm, 1 U, 1 Lücke überspr, * 1 tSst, 2 Lm, 1 U, 1 Lücke überspr. Ab * wdh bis Ende, Rdm links.

Schritt 6 Wdh Schritte 4-5, enden mit Schritt 4.

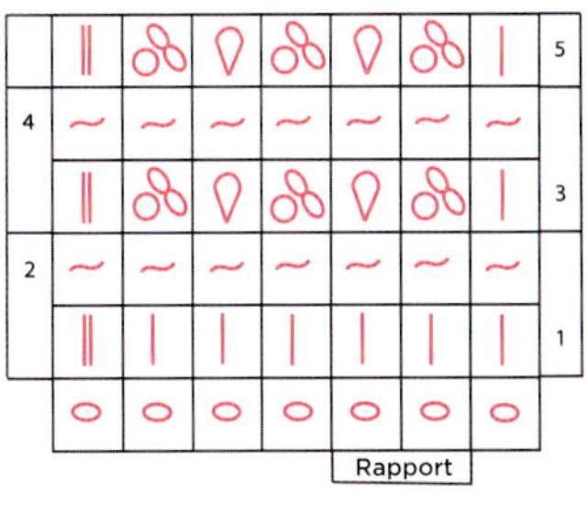

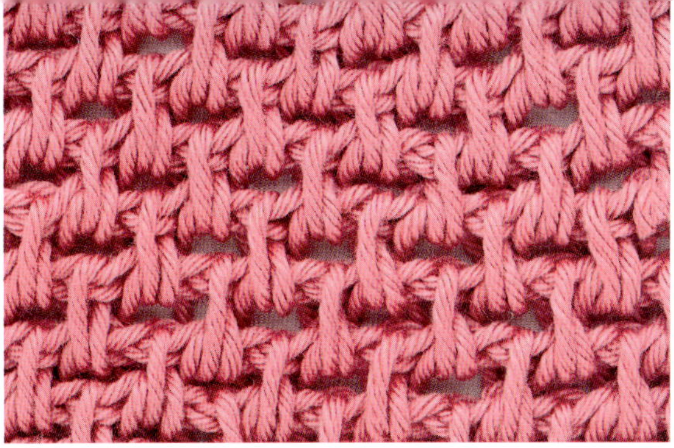

106 Dichtes Netz

Für dieses dichte Lochmuster können sehr viele Garnarten verwendet werden. Mit einer kleineren Nadel als empfohlen wird das Netz fester, mit einer größeren etwas lockerer.

Schritt 3

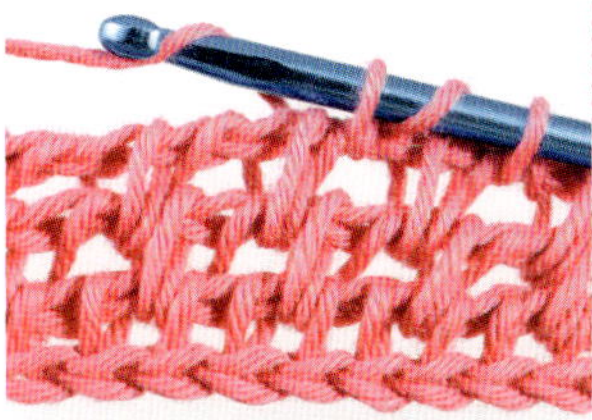

Schritt 5

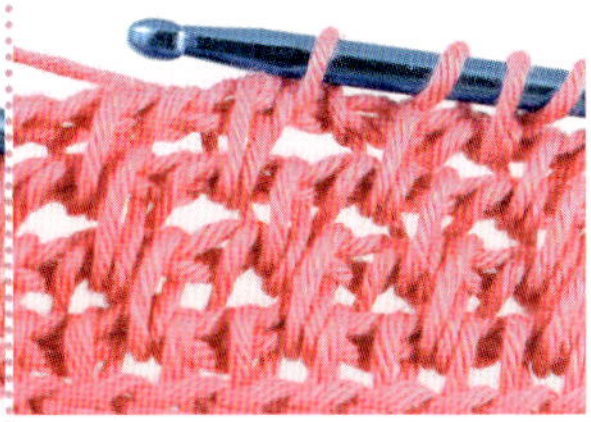

Maschenzahl teilbar durch 2+2.

Schritte 1-2 Grund-R arb (Seite 16).

Schritt 3 Rdm rechts, * 1 U, 1 M überspr, 1 tFst in die Lücke, 1 M überspr. Ab * wdh bis Ende, Rdm links.

Schritt 4 Wdh Schritt 2.

Schritt 5 Rdm rechts, * 1 tFst in die Lücke, 1 U, 1 M überspr. Ab * wdh bis Ende, Rdm links.

Schritt 6 Wdh Schritt 2.

Schritt 7 Rdm rechts, * 1 U, 1 M überspr, 1 tFst in die Lücke. Ab * wdh bis Ende, Rdm links.

Schritt 8 Wdh Schritte 4-7, enden mit Schritt 4.

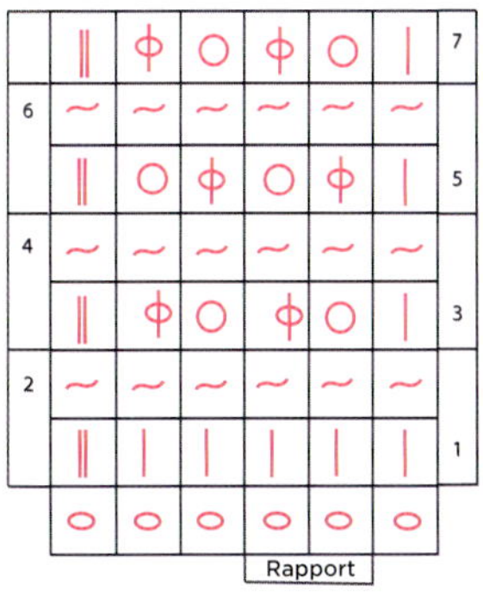

107 Kleine Ösen

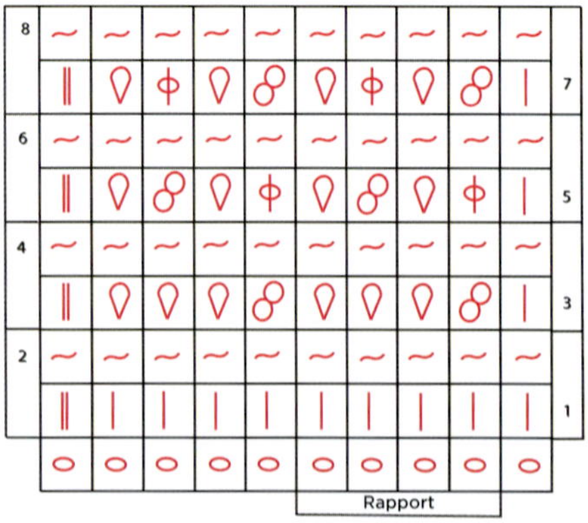

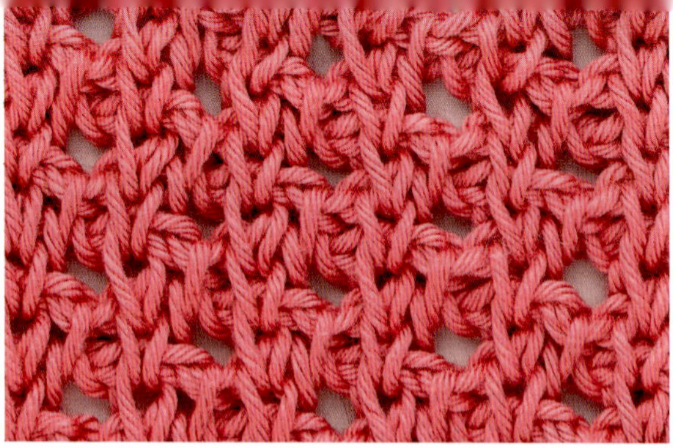

Robust und doch luftig ist dieses Muster eine Kombination aus doppelten Umschlägen, tunesischen Füll- und Strickstichen. Sein hervorragender Fall macht den Stoff ideal für leichte Projekte. Die in den Rückreihen aufgenommenen doppelten Umschläge werden in den Hinreihen wie Maschen gearbeitet.

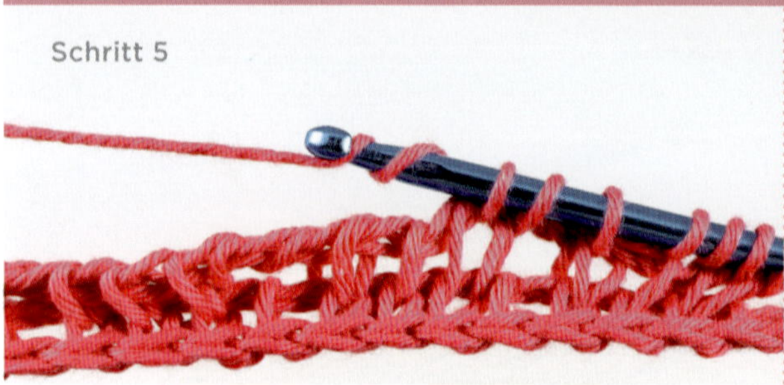

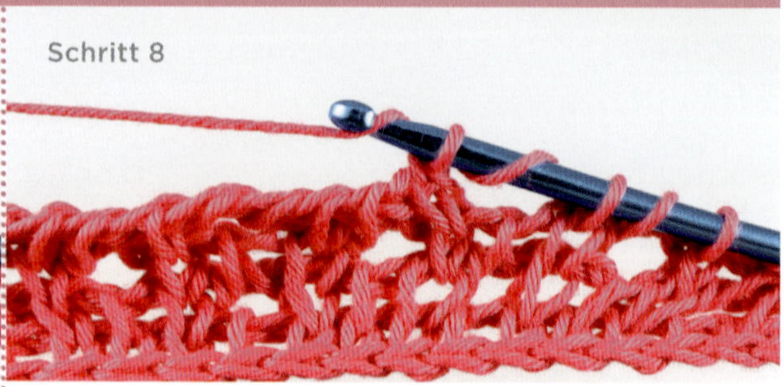

Maschenzahl teilbar durch 4 + 2.

Schritte 1-2 Grund-R arb (Seite 16).

Schritt 3 Rdm rechts, * 2 U, 1 M überspr, 3 tSst. Ab * wdh bis Ende, Rdm links.

Schritt 4 Wdh Schritt 2.

Schritt 5 Rdm rechts, * 1 tFst in die Lücke, 1 tSst, 2 U, 1 M überspr, 1 tSst. Ab * wdh bis Ende, Rdm links.

Schritt 6 Wdh Schritt 2.

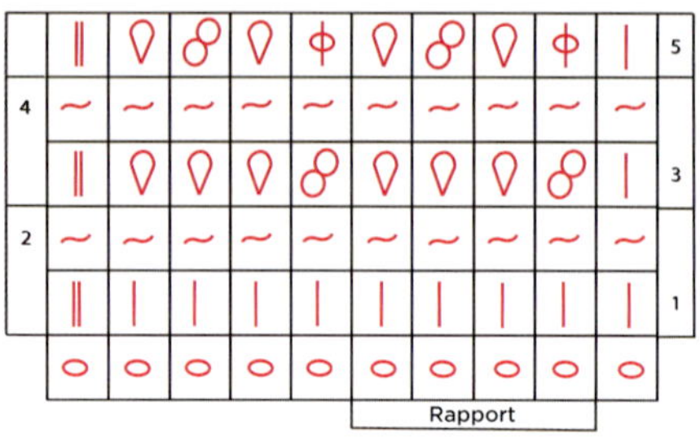

Schritt 7 Rdm rechts, * 2 U, 1 M überspr, 1 tSst, 1 tFst in die Lücke, 1 tSst. Ab * wdh bis Ende, Rdm links.

Schritt 8 Wdh Schritt 2.

Schritt 9 Wdh Schritte 5-8.

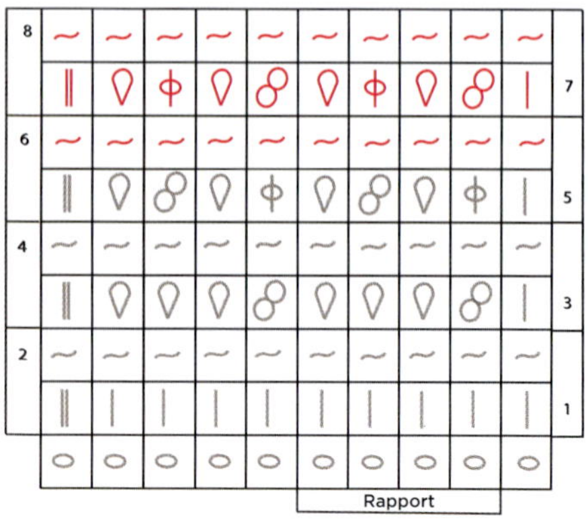

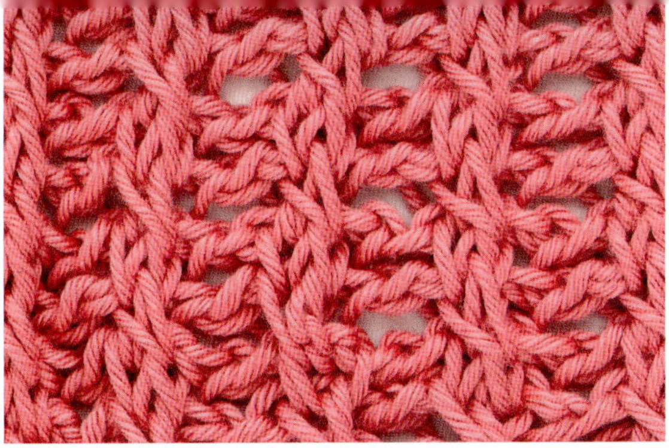

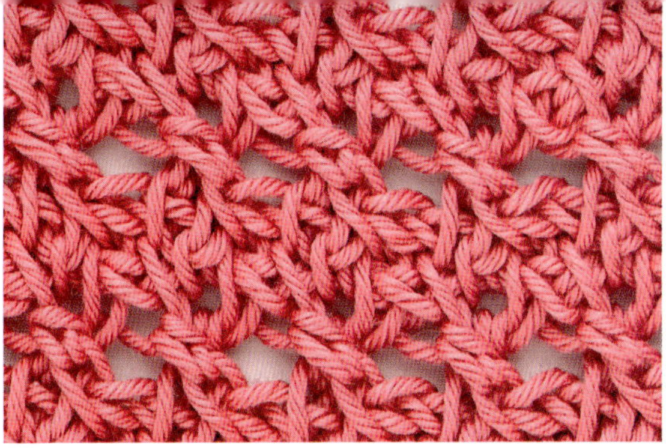

108 Gekreuzte Ösen

Umschläge zwischen gekreuzten Maschen machen dieses Muster sehr interessant und geben dem Stoff Stabilität. Experimentieren Sie mit unterschiedlichen Garnstärken.

Spezielle Masche
2 gekreuzte tSst (2 gekreuzte tunesische Strickstiche): 1 M überspr, 1 tSst, 1 tSst in übersprungene M.

Schritt 5

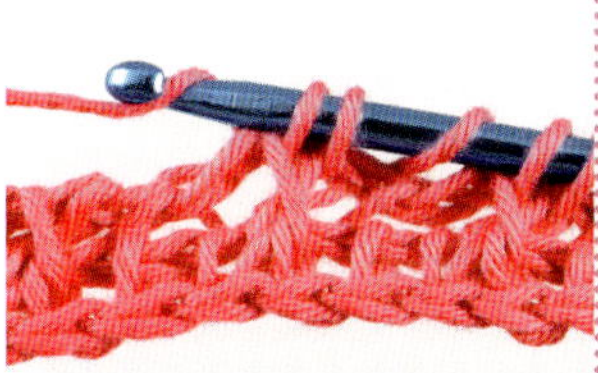

Schritt 7

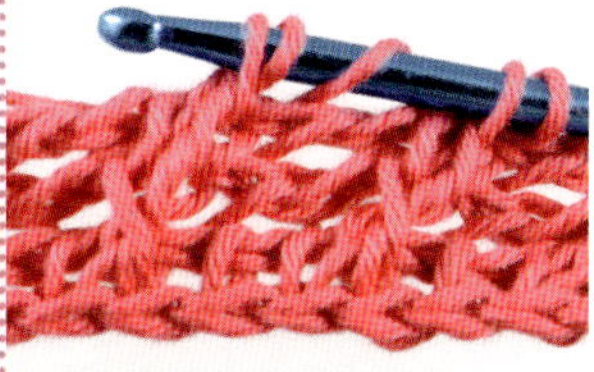

Maschenzahl teilbar durch 3+2.

Schritte 1-2 Grund-R arb (Seite 16).

Schritt 3 Rdm rechts, * 2 gekreuzte tSst, 1 U, 1 M überspr. Ab * wdh bis Ende, Rdm links.

Schritte 4, 6, 8 Wdh Schritt 2.

Schritt 5 Rdm rechts, * 2 tSst, 1 U, 1 Lücke überspr. Ab * wdh bis Ende, Rdm links.

Schritt 7 Rdm rechts, * 2 gekreuzte tSst, 1 U, 1 Lücke überspr. Ab * wdh bis Ende, Rdm links.

Schritt 9 Wdh Schritte 5-8.

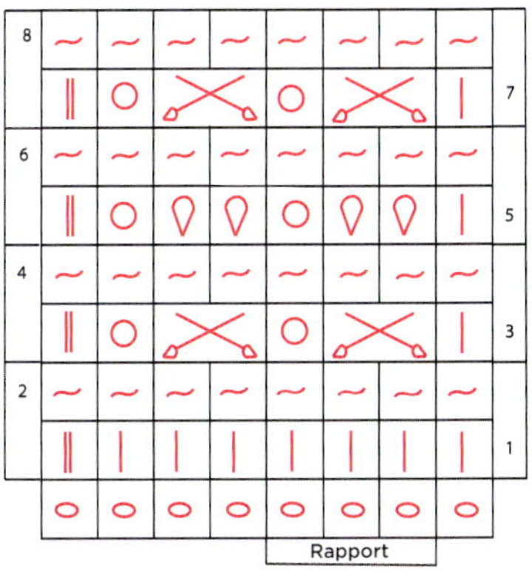

109 Gekreuzte Stäbchen

Breiter gekreuzte Stäbchen und Luftmaschen erzeugen einen Stoff von guter Stabilität, der für eine Vielzahl von Projekten eingesetzt werden kann.

Spezielle Masche
2 gekreuzte tStb (2 gekreuzte tunesische Stäbchen): 2 M überspr, 1 tStb, 1 tStb in 1. übersprungene M (mittlere M bleibt unbearbeitet).

Schritt 3

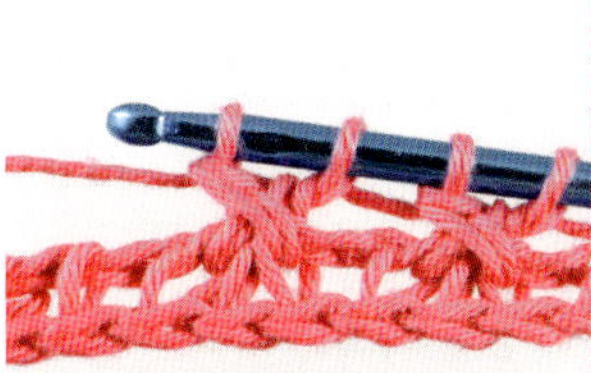

Schritt 6

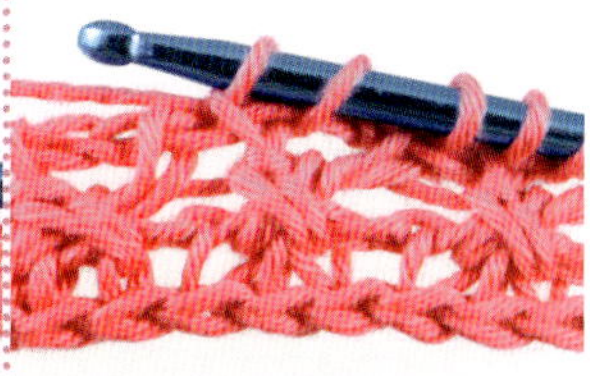

Maschenzahl teilbar durch 3+2.

Schritte 1-2 Grund-R arb (Seite 16).

Schritt 3 Rdm rechts, * 2 gekreuzte tStb. Ab * wdh bis Ende, Rdm links.

Schritt 4 Faden holen, 1 Schlinge abm, Faden holen, 2 Schlingen abm, * 1 Lm, [Faden holen, 2 Schlingen abm] 2x. Ab * wdh bis 1 Schlinge.

Schritt 5 Rdm rechts, 1 tGst in jede M und 1 tFst in jede Lücke bis Ende, Rdm links.

Schritt 6 Wdh Schritt 2.

Schritt 7 Wdh Schritte 4-6.

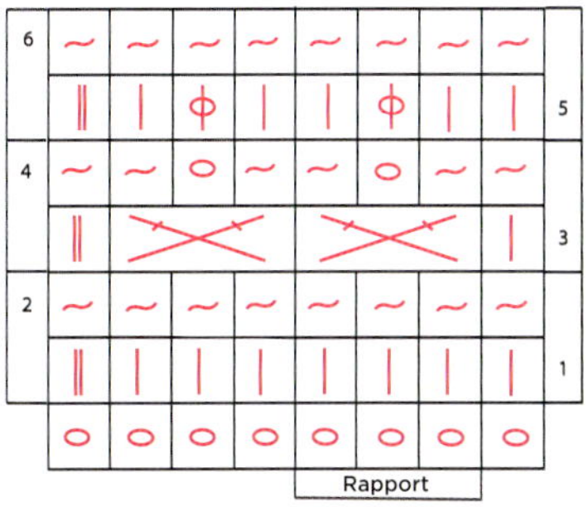

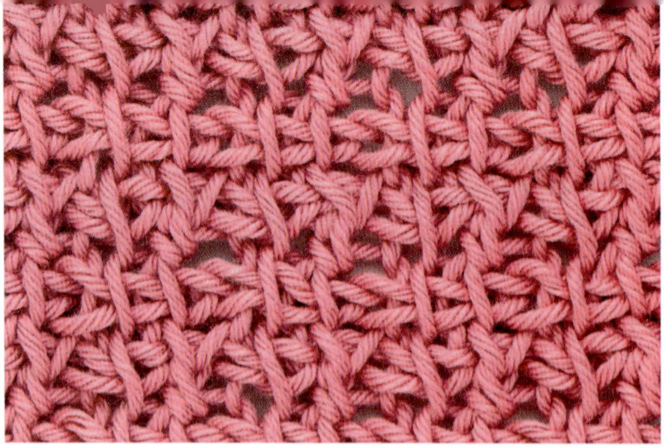

110 Doppel-Lochmuster

Das ist ein exzellentes Muster für Accessoires. Wie alle Lochmuster, entfaltet es seine Schönheit nach dem Spannen.

Spezielle Masche
2 tStb zus abm (2 tunesische Stäbchen zusammen abmaschen): 1 U, Nd gleichzeitig in 2 vordere senkrechte M-Glieder einstechen, Faden holen, durchziehen, Faden holen, 2 Schlingen abm.

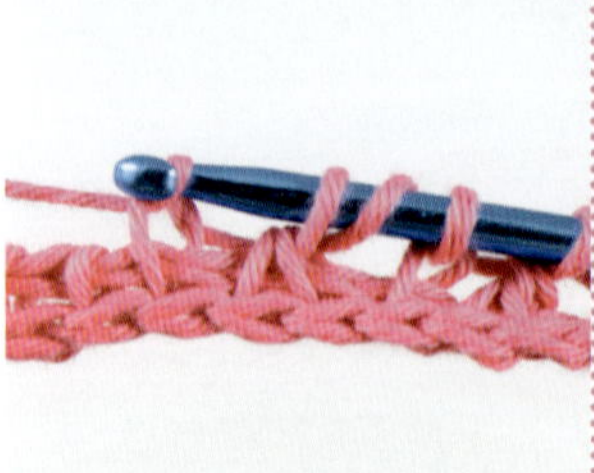

Schritt 3

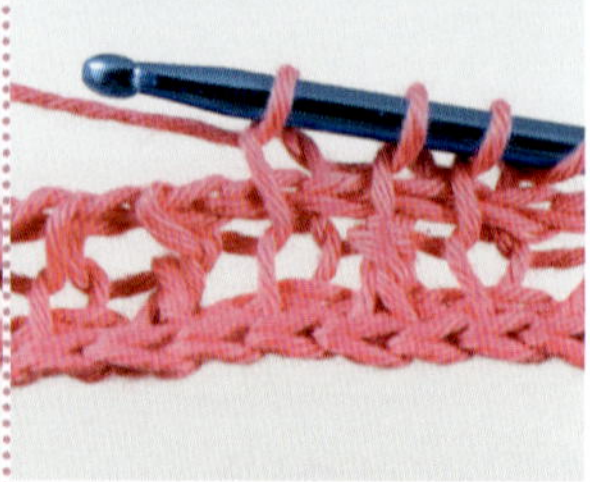

Schritt 5

Maschenzahl teilbar durch 3+2.

Schritte 1-2 Grund-R arb (Seite 16).

Schritt 3 Rdm rechts, * 2 tStb zus abm, 1 tGst. Ab * wdh bis Ende, Rdm links.

Schritt 4 Faden holen, 1 Schlinge abm, Faden holen, 2 Schlingen abm, * 1 Lm, [Faden holen, 2 Schlingen abm] 2x. Ab * wdh bis 1 Schlinge.

Schritt 5 Rdm rechts, * 1 tGst, 1 U, 1 Lücke überspr, 1 tGst. Ab * wdh bis Ende, Rdm links.

Schritt 6 Wdh Schritt 2.

Schritt 7 Wdh Schritte 3-6.

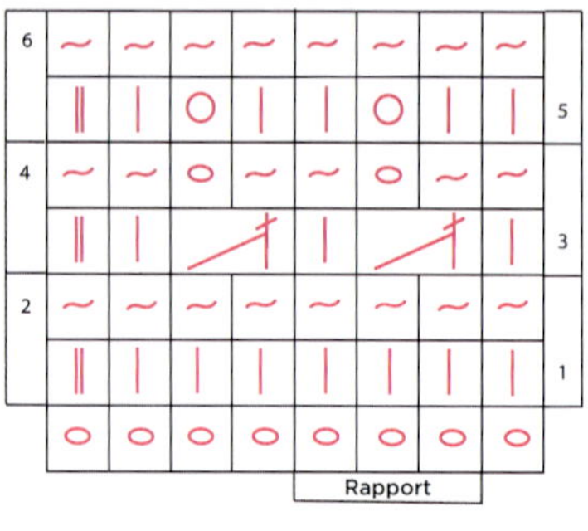

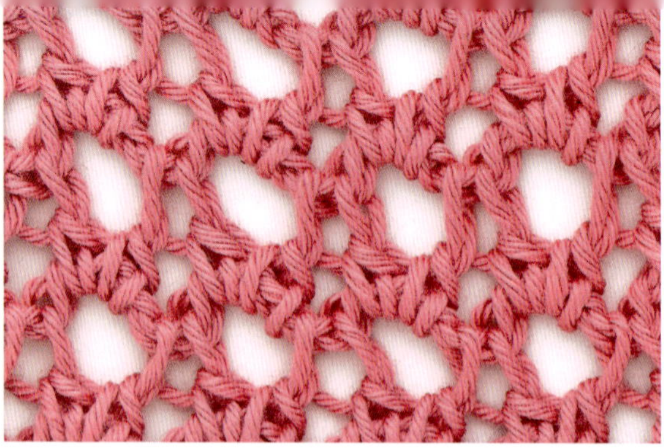

111 Großes Lochmuster

Dieses vielseitige Muster entsteht, weil zwei tunesische Stäbchen in einen Luftmaschenbogen gearbeitet werden. Das Muster eignet sich für eine Vielzahl von Garnen, erzielt aber mit Mohair besonders schöne und sanfte Effekte.

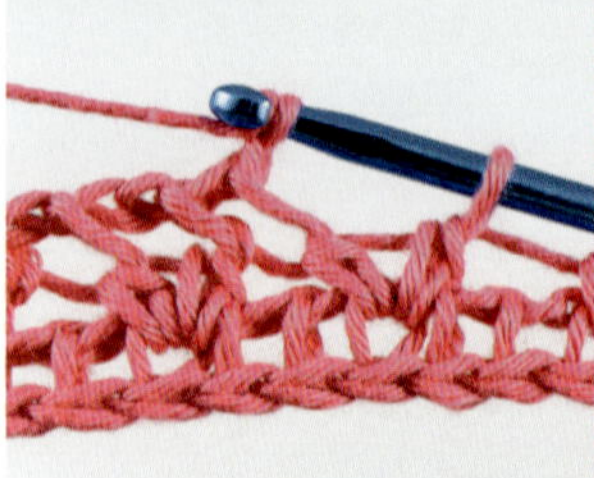

Schritt 4

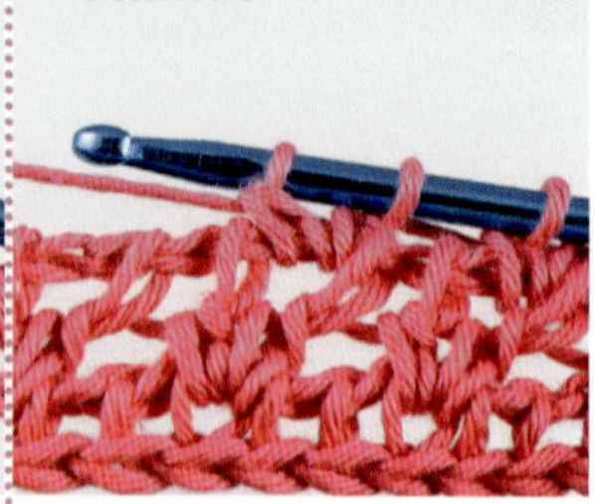

Schritt 5

Maschenzahl teilbar durch 3+2.

Schritte 1-2 Grund-R arb (Seite 16).

Schritt 3 1 Lm, Rdm rechts, * 1 M überspr, 2 tStb in 1 M, 1 M überspr. Ab * wdh bis Ende, 1 tStb in die Rdm.

Schritt 4 Faden holen, 1 Schlinge abm, Faden holen, 2 Schlingen abm, * 2 Lm, [Faden holen, 2 Schlingen abm] 2x. Ab * wdh bis 1 Schlinge.

Schritt 5 1 Lm, Rdm rechts, * 1 M überspr, 2 tStb in 2er-Lm-Lücke (wie tFst arb), 1 M überspr. Ab * wdh bis Ende, 1 tStb in die Rdm.

Schritt 6 Wdh Schritt 4.

Schritt 7 Wdh Schritte 5-6.

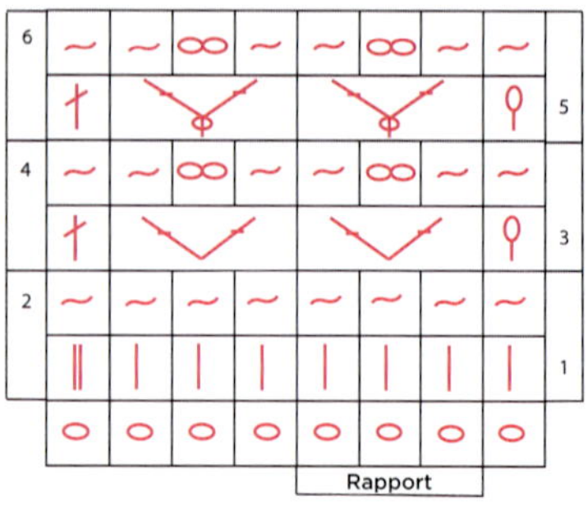

112 Rippen-Lochmuster

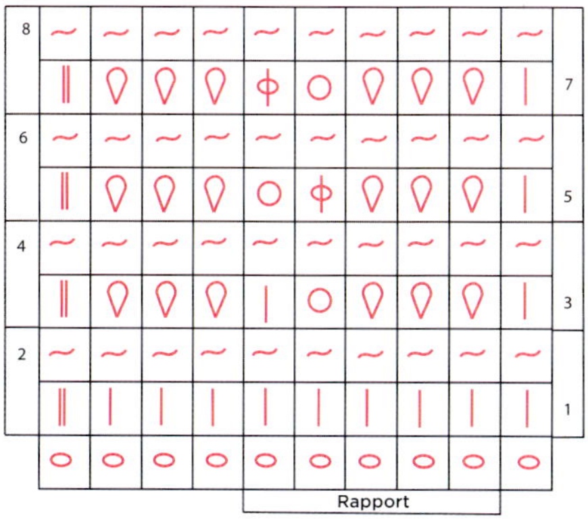

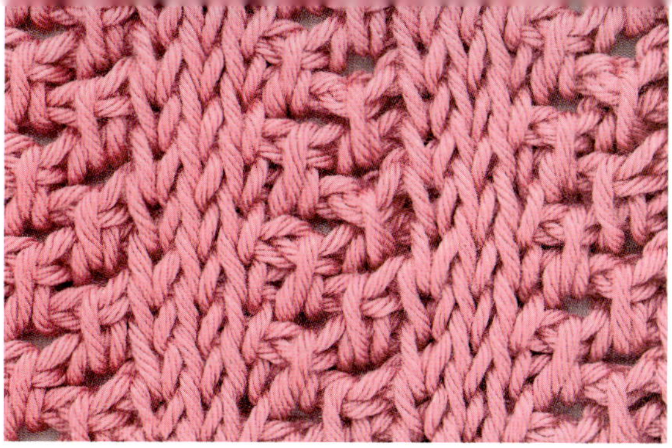

Das Lochmuster wechselt hier mit Rippen aus tunesischen Strickstichen, woraus ein fester Stoff entsteht. Er eignet sich für Projekte, die wenig drapiert werden sollen.

Schritt 3

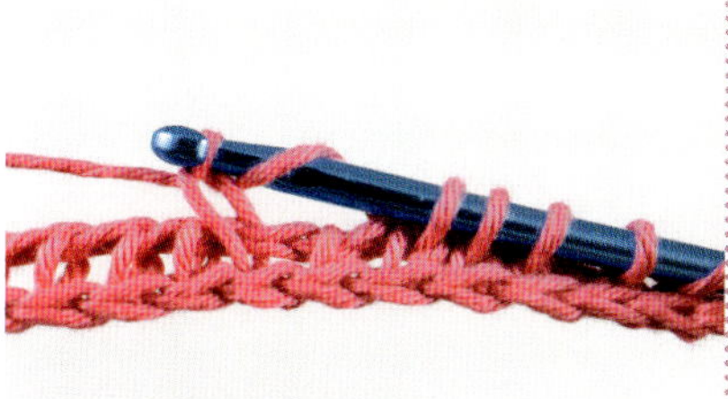

Schritt 5

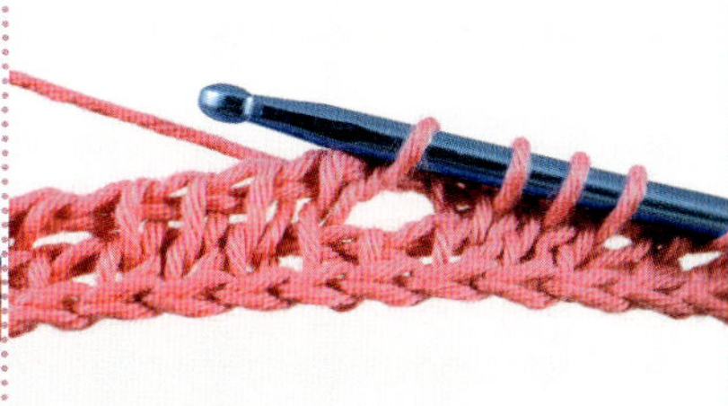

Schritt 5 (Fortsetzung)

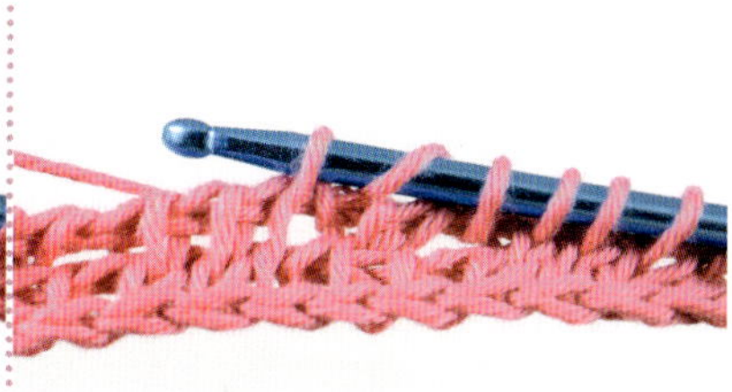

Maschenzahl teilbar durch 5+5.

Schritte 1-2 Grund-R arb (Seite 16).

Schritt 3 Rdm rechts, 3 tSst, * 1 U, 1 M überspr, 1 tGst, 3 tSst. Ab * wdh bis Ende, Rdm links.

Schritt 4 Wdh Schritt 2.

Schritt 5 Rdm rechts, 3 tSst, * 1 tFst in die Lücke, 1 U, 1 M überspr, 3 tSst. Ab * wdh bis Ende, Rdm links.

Schritt 6 Wdh Schritt 2.

Schritt 7 Rdm rechts, 3 tSst, * 1 U, 1 M überspr, 1 tFst in die Lücke, 3 tSst. Ab * wdh bis Ende, Rdm links.

Schritt 8 Wdh Schritt 2.

Schritt 9 Wdh Schritte 5-8.

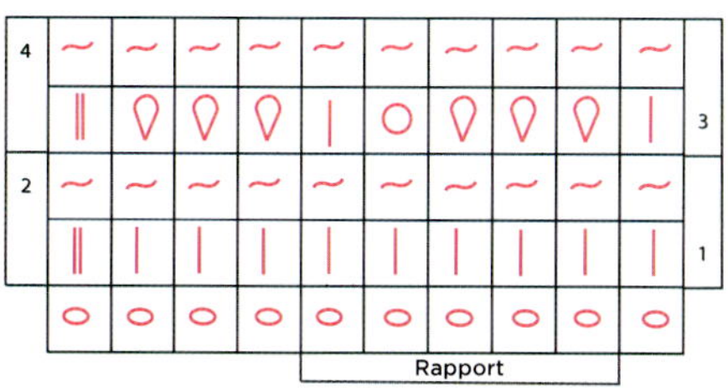

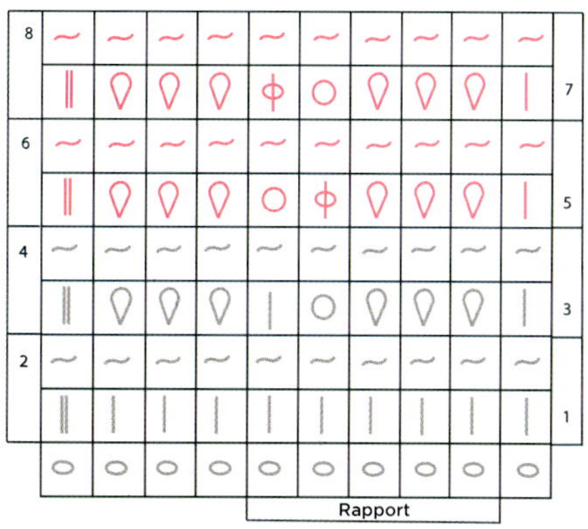

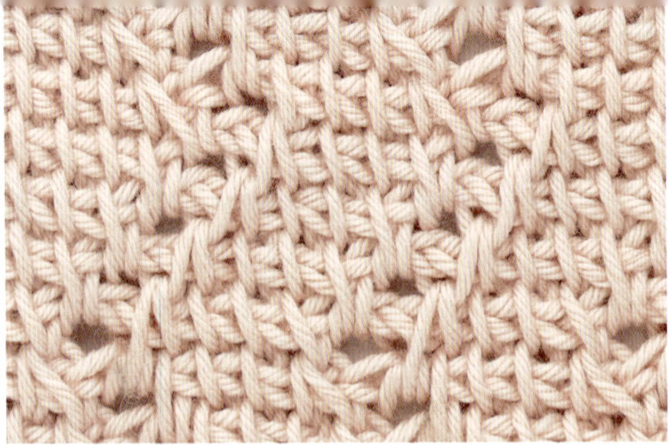

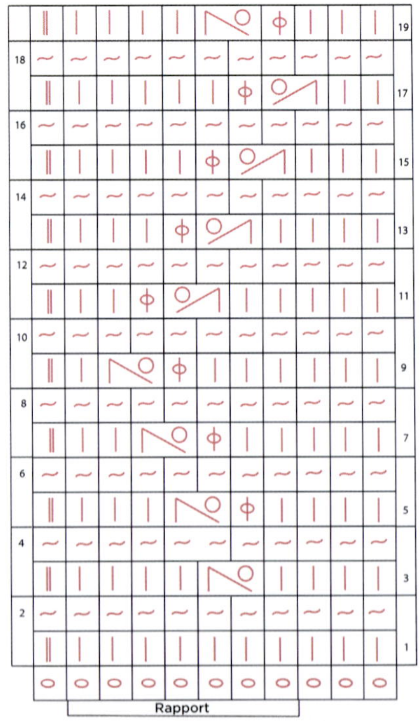

113 Zickzack-Lochmuster

Dieses interessante Muster kann als einzelner Streifen gearbeitet oder zu mehreren Streifen in einem größeren Ensemble zusammengesetzt werden, um Kleidungsstücke und Accessoires zu betonen.

Schritt 7

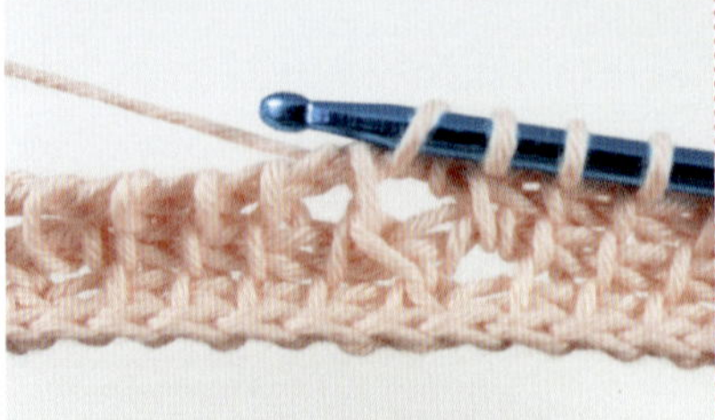

Schritt 7 (Fortsetzung)

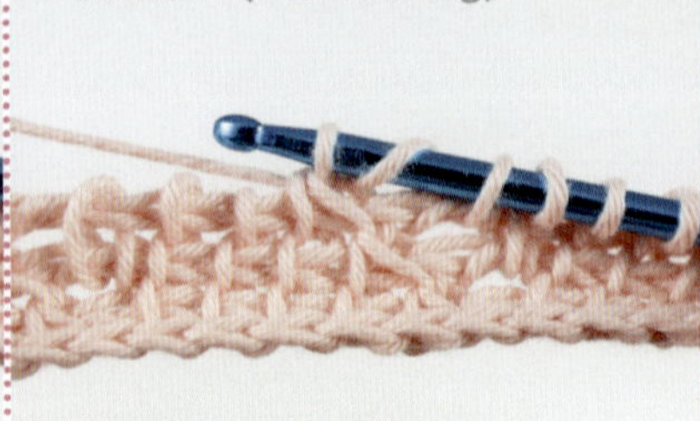

Schritt 11

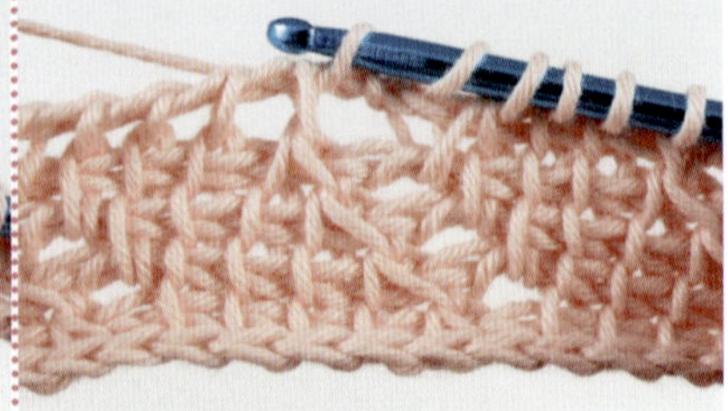

Maschenzahl teilbar durch 7 + 4.

Spezielle Masche
2 tGst zus abm (2 tunesische Grundstiche zusammen abmaschen): Nd in 2 vordere senkrechte M-Glieder einstechen, Faden holen, durchziehen.

Schritte 1-2 Grund-R arb (Seite 16).

Schritt 3 Rdm rechts, 3 tGst, * 1 U, 2 tGst zus abm, 5 tGst. Ab * wdh bis Ende, letzte Wdh mit 4 tGst, Rdm links.

Schritte 4, 6, 8, 10, 12, 14, 16, 18 Wdh Schritt 2.

Schritt 5 Rdm rechts, 3 tGst, * 1 tFst in die Lücke, 1 U, 2 tGst zus abm, 4 tGst. Ab * wdh bis Ende, enden mit 3 tGst, Rdm links.

Schritt 7 Rdm rechts, 4 tGst, * 1 tFst in die Lücke, 1 U, 2 tGst zus abm, 4 tGst. Ab * wdh bis Ende, letzte Wdh mit 2 tGst, Rdm links.

Schritt 9 Rdm rechts, 5 tGst, * 1 tFst in die Lücke, 1 U, 2 tGst zus abm, 4 tGst. Ab * wdh bis Ende, letzte Wdh mit 1 tGst, Rdm links.

Schritt 11 Rdm rechts, 4 tGst, * 2 tGst zus abm, 1 U, 1 tFst in die Lücke, 4 tGst. Ab * wdh bis Ende, letzte Wdh mit 2 tGst, Rdm links.

Schritt 13 Rdm rechts, 3 tGst, * 2 tGst zus abm, 1 U, 1 tFst in die Lücke, 4 tGst. Ab * wdh bis Ende, letzte Wdh mit 3 tGst, Rdm links.

Schritt 15 Rdm rechts, 2 tGst, * 2 tGst zus abm, 1 U, 1 tFst in die Lücke, 4 tGst. Ab * wdh bis Ende, Rdm links.

Schritt 17 Rdm rechts, 1 tGst, * 2 tGst zus abm, 1 U, 1 tFst in die Lücke, 4 tGst. Ab * wdh bis 1 M, 1 tGst, Rdm links.

Schritt 19 Rdm rechts, 2 tGst, * 1 tFst in die Lücke, 1 U, 2 tGst zus abm, 4 tGst. Ab * wdh bis Ende, Rdm links.

Schritt 20 Wdh Schritte 4-19, enden mit Schritt 4.

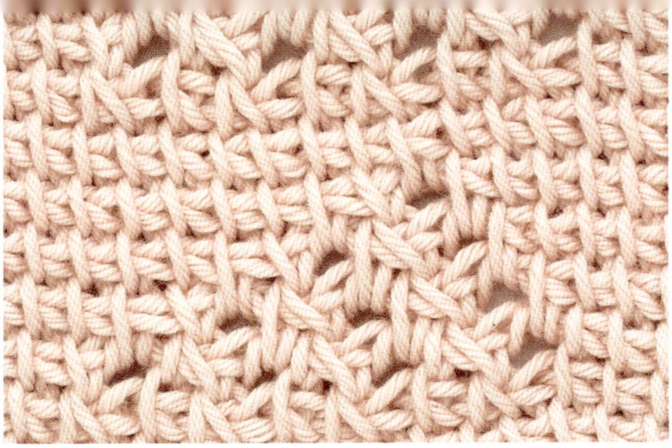

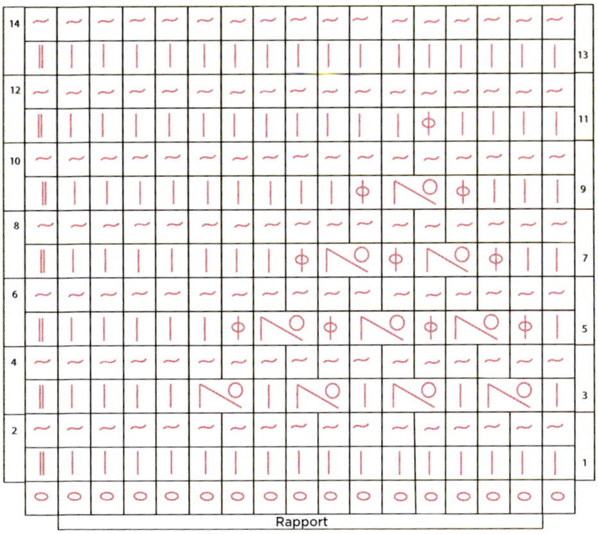

114 Dreieck

Diesen süßen dreieckigen Lochmusterblock kann man als einzelnes Motiv verwenden, um Projekte interessanter zu machen oder auch in Reihen für robustere Projekte wie Decken und Kissen.

Schritt 5

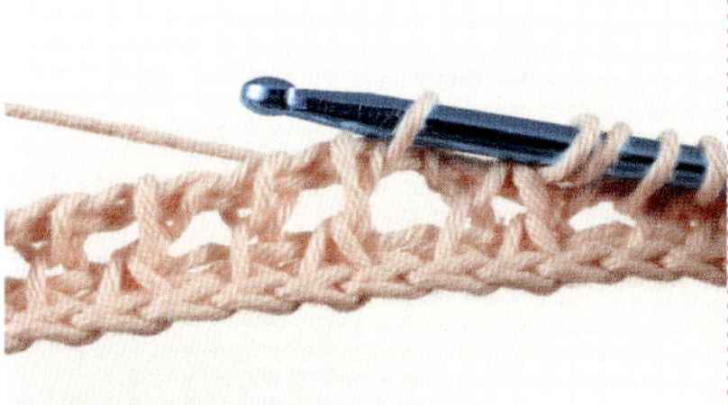

Schritt 5 (Fortsetzung)

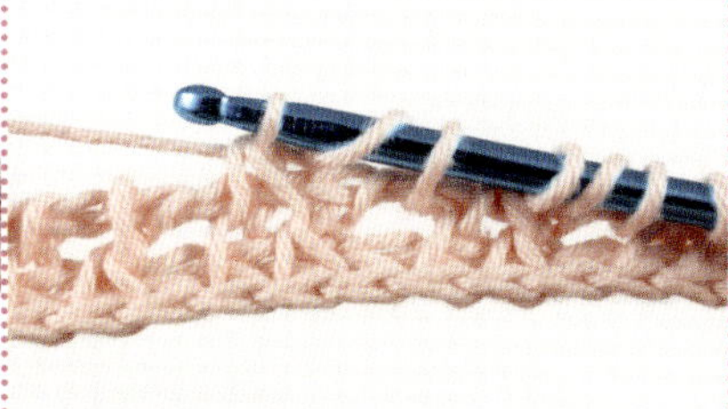

Schritt 7

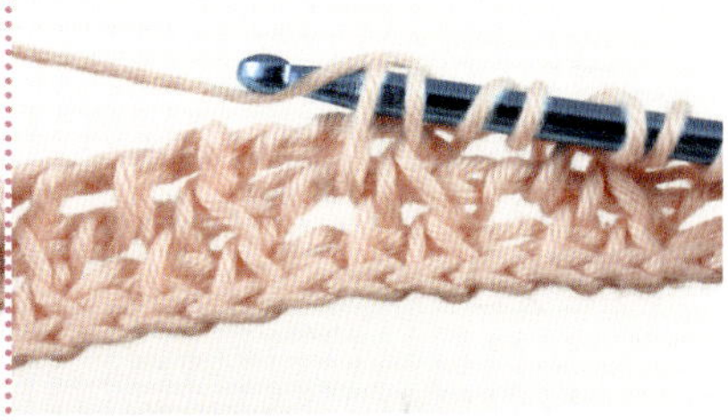

Maschenzahl teilbar durch 15 + 2.

Spezielle Masche
2 tGst zus abm (2 tunesische Grundstiche zusammen abmaschen): Nd in 2 vordere senkrechte M-Glied einstechen, Faden holen, durchziehen.

Schritte 1-2 Grund-R arb (Seite 16).

Schritt 3 Rdm rechts, * [1 U, 2 tGst zus abm, 1 tGst] 4x, 3 tGst. Ab * wdh bis Ende, Rdm links.

Schritte 4, 6, 8, 10, 12, 14 Wdh Schritt 2.

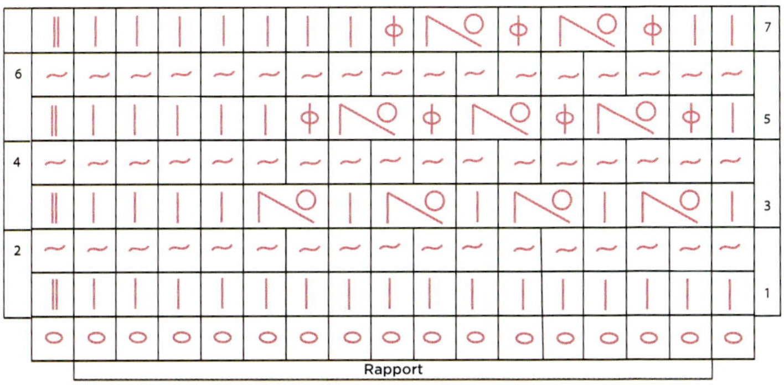

Schritt 5 Rdm rechts, * [1 tFst in die Lücke, 1 U, 2 tGst zus abm] 3x, 1 tFst in die Lücke, 5 tGst. Ab * wdh bis Ende, Rdm links.

Schritt 7 Rdm rechts, * 1 tGst, [1 tFst in die Lücke, 1 U, 2 tGst zus abm] 2x, 1 tFst in die Lücke, 7 tGst. Ab * wdh bis Ende, Rdm links.

Schritt 9 Rdm rechts, * 2 tGst, 1 tFst in die Lücke, 1 U, 2 tGst zus abm, 1 tFst in die Lücke, 9 tGst. Ab * wdh bis Ende, Rdm links.

Schritt 11 Rdm rechts, * 3 tGst, 1 tFst in die Lücke, 11 tGst. Ab * wdh bis Ende, Rdm links.

Schritt 13 Rdm rechts, 1 tGst in jede M bis Ende, Rdm links.

Schritt 15 Wdh Schritte 3-14.

115 Gebrochene Wellen

Dieses atemberaubende Muster wird erst durch das nachträgliche Spannen lebendig, denn die Maschen öffnen sich und die Umschläge und Abnahmen präsentieren die schönen Wellen. Das Muster prägt sich schnell ein, und obwohl es kompliziert aussieht, ist es überraschend einfach zu arbeiten. Es sieht zauberhaft aus, wenn man mit Lace-Garn eine Bordüre an einen Schal oder ein Kleidungsstück arbeitet.

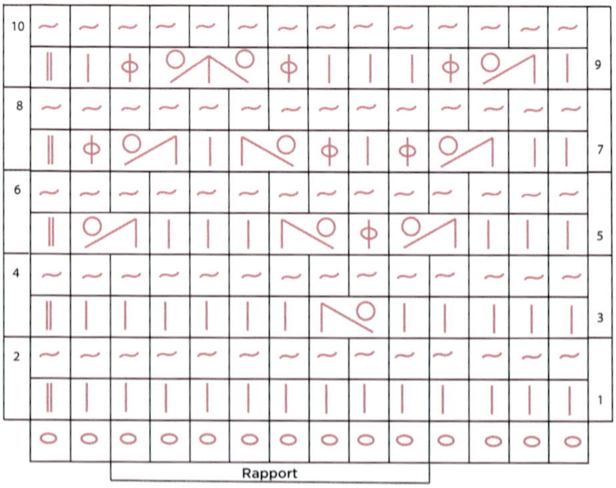

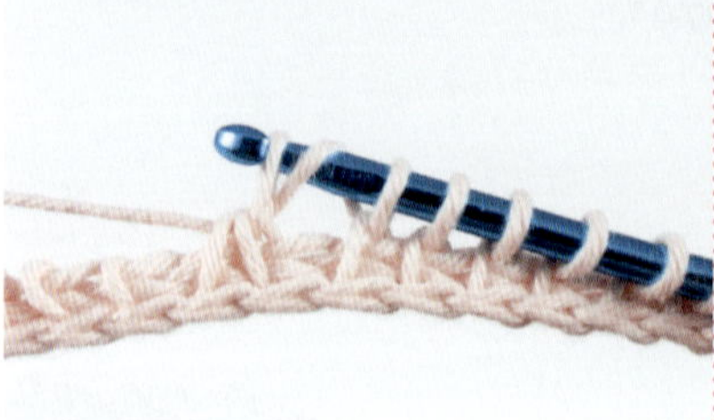
Schritt 3

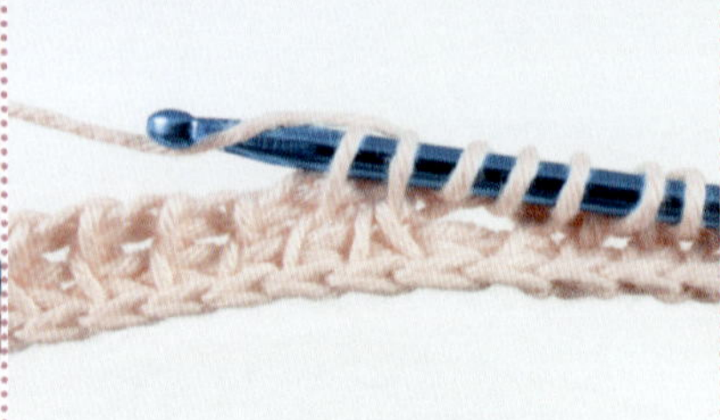
Schritt 5

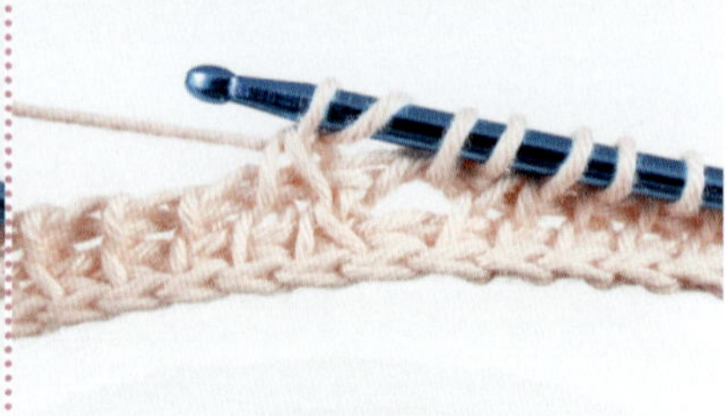
Schritt 5 (Fortsetzung)

Maschenzahl teilbar durch 8+6.

Spezielle Masche
2 bzw. 3 tGst zus abm
(2 bzw. 3 tunesische Grundstiche zusammen abmaschen): Nd in 2 bzw. 3 vordere senkrechte M-Glieder einstechen, Faden holen, durchziehen.

Schritte 1-2 Grund-R arb (Seite 16).

Schritt 3 Rdm rechts, 4 tGst, * 1 U, 2 tGst zus abm, 6 tGst. Ab * wdh bis Ende, Rdm links.

Schritte 4, 6, 8, 10 Wdh Schritt 2.

Schritt 5 Rdm rechts, 2 tGst, * 2 tGst zus abm, 1 U, 1 tFst in die Lücke, 1 U, 2 tGst zus abm, 3 tGst. Ab * wdh bis 2 M, 2 tGst zus abm, 1 U, Rdm links.

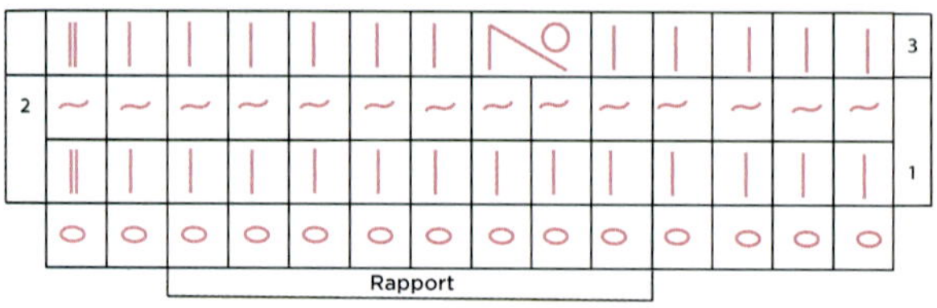

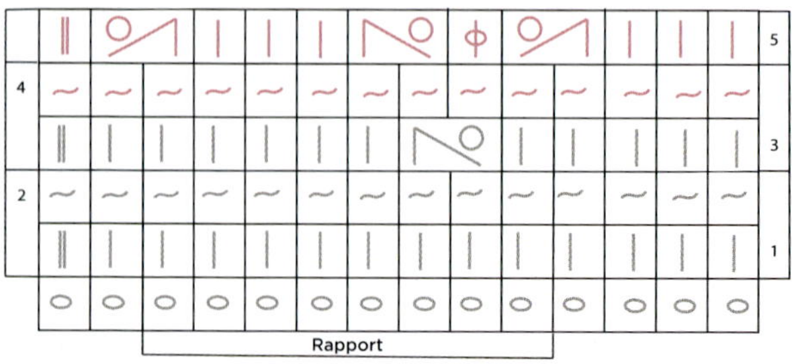

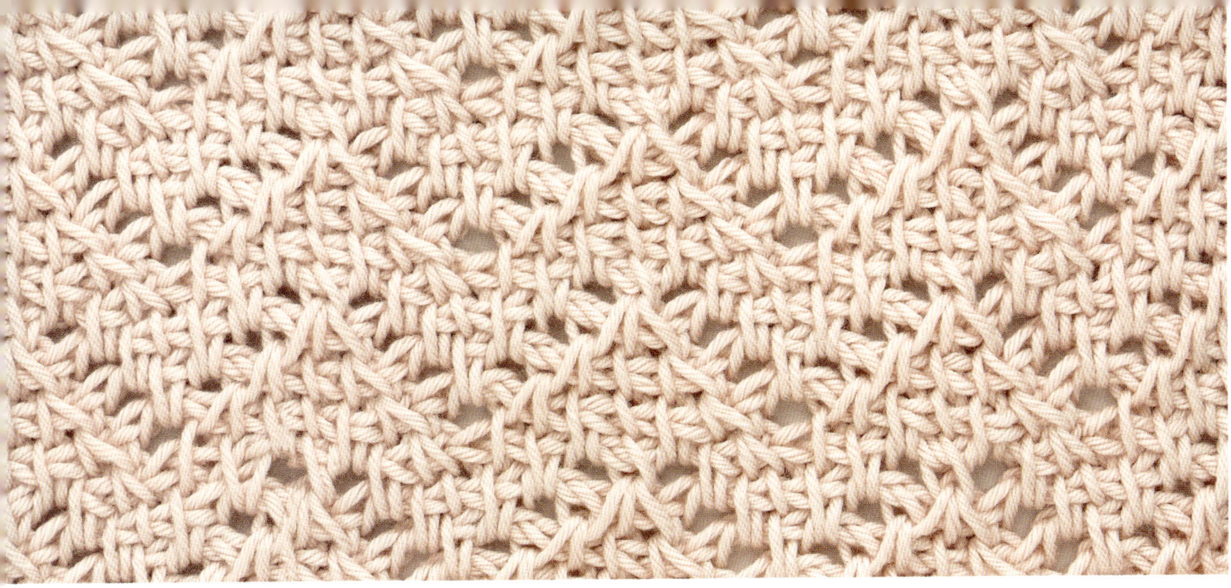

Schritt 7

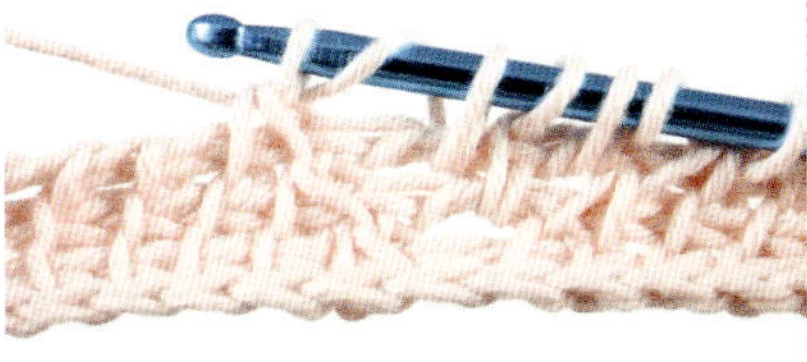

Schritt 7 (Fortsetzung)

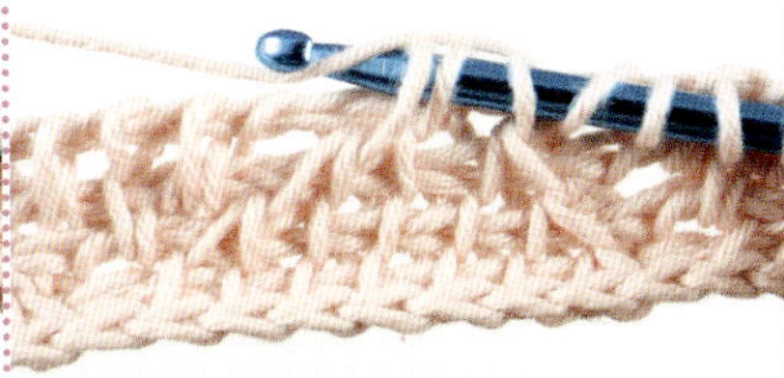

Schritt 9

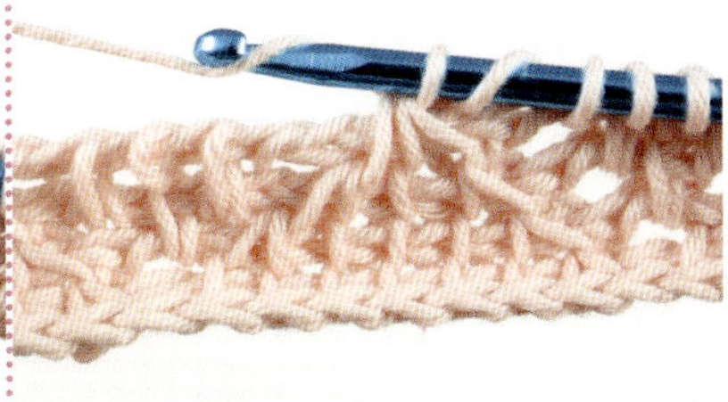

Schritt 7 Rdm rechts, 1 tGst, * 2 tGst zus abm, 1 U, 1 tFst in die Lücke, 1 tGst, 1 tFst in die Lücke, 1 U, 2 tGst zus abm, 1 tGst. Ab * wdh bis 3 M, 2 tGst zus abm, 1 U, 1 tFst in die Lücke, Rdm links.

Schritt 9 Rdm rechts, 2 tGst zus abm, 1 U, 1 tFst in die Lücke, * 3 tGst, 1 tFst in die Lücke, 1 U, 3 tGst zus abm, 1 U, 1 tFst in die Lücke. Ab * wdh bis 1 M, 1 tGst, Rdm links.

Schritt 11 Wdh Schritte 3-10, dabei in die U-Zwischenräume wie bei tFst einstechen.

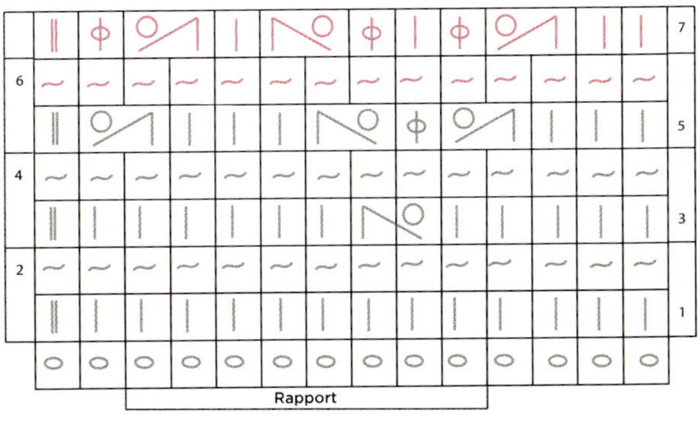

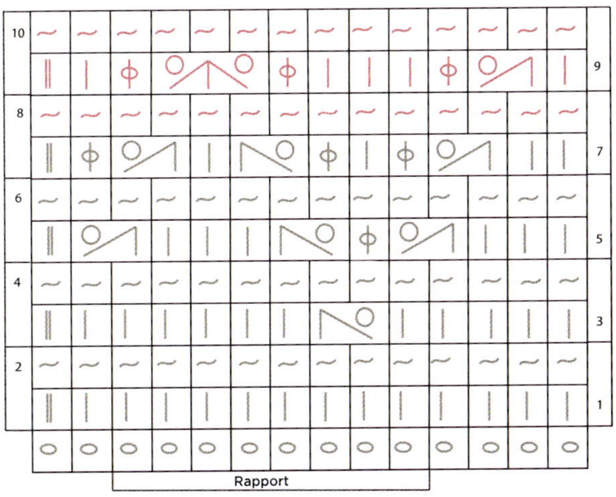

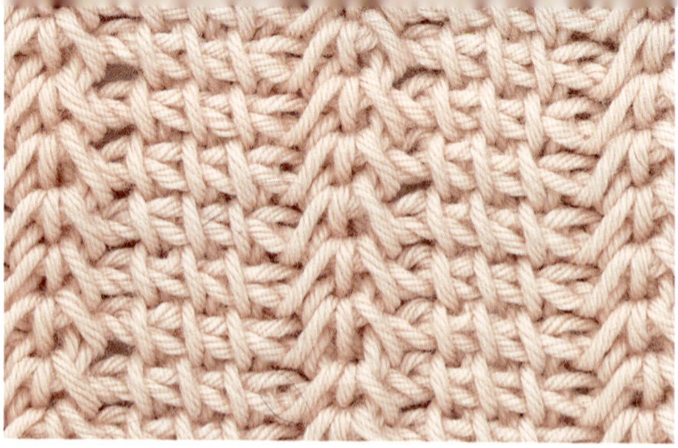

116 Muscheln & Rippen

Kleine Muscheln zwischen senkrechten Reihen aus tunesischen Grundstichen ergeben ein zauberhaftes, zartes Muster. Der Stoff fällt nur wenig und ist ideal für festere Projekte.

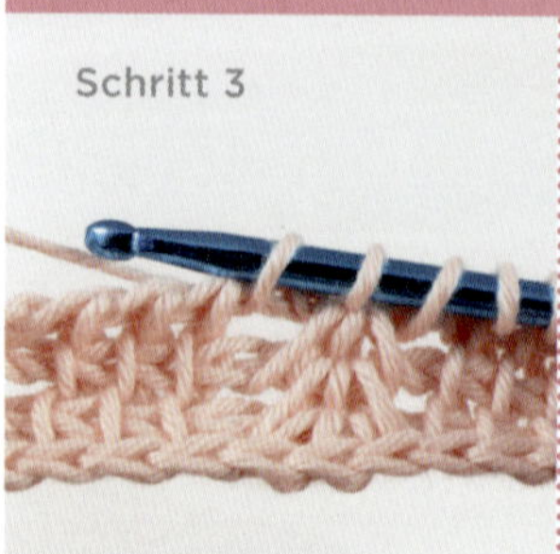

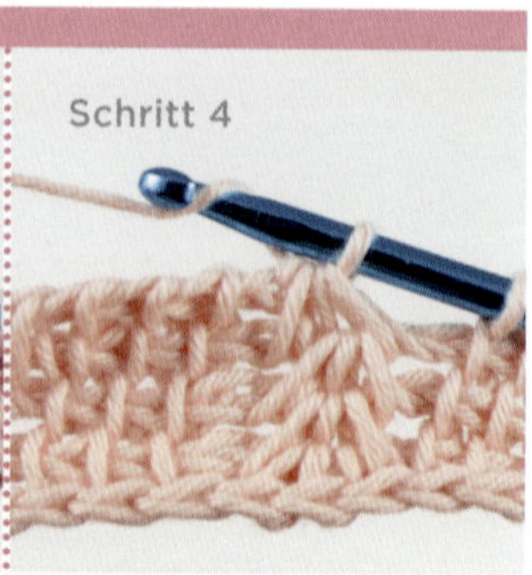

Maschenzahl teilbar durch 6+5.

Schritt 1 1 tGst in 2. Lm und jede weitere Lm bis Ende.

Schritt 2 Faden holen, 1 Schlinge abm, * [Faden holen, 2 Schlingen abm] 3x, 1 Lm, Faden holen, 4 Schlingen abm (Muschel), 1 Lm. Ab * wdh bis 5 Schlingen, [Faden holen, 2 Schlingen abm] 4x.

Schritt 3 Rdm rechts, 3 tGst, * 1 tFst in Lm-Lücke, 1 tGst in die obere Schlinge der Muschel, 1 tFst in Lm-Lücke, 3 tGst. Ab * wdh bis Ende, Rdm links.

Schritt 4 Wdh Schritt 2.

Schritt 5 Wdh Schritte 3-4.

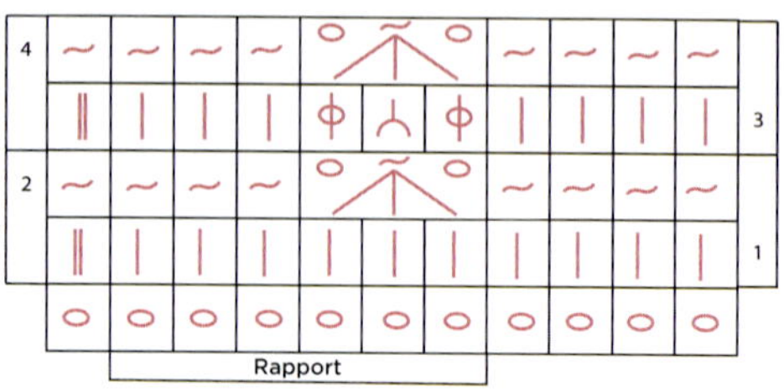

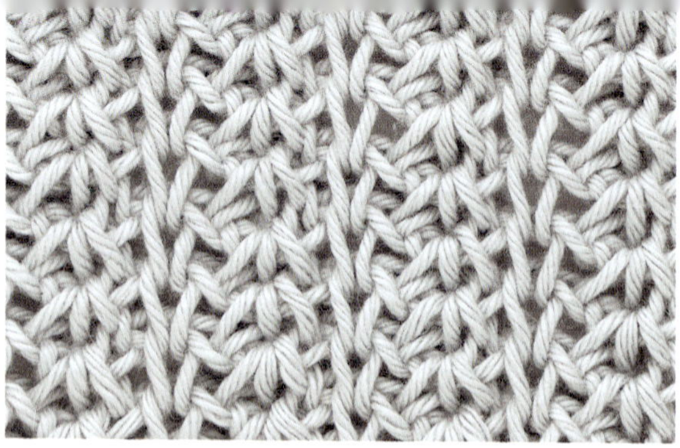

117 Pyramide

Ein liebliches, zartes Muster aus Muscheln, Grund- und Strickstichen. Der Fall ist weich, perfekt für viele Projekte.

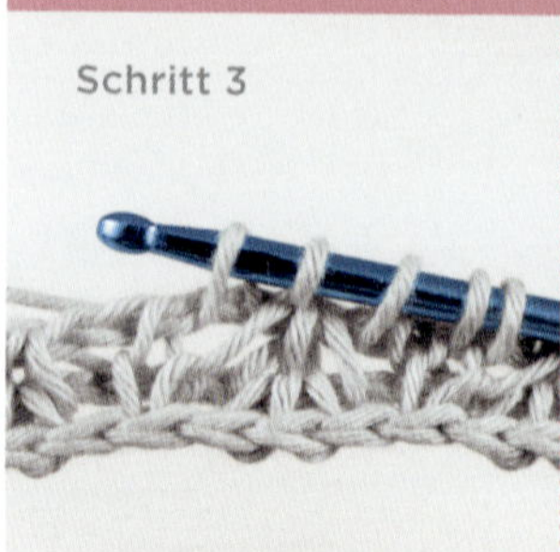

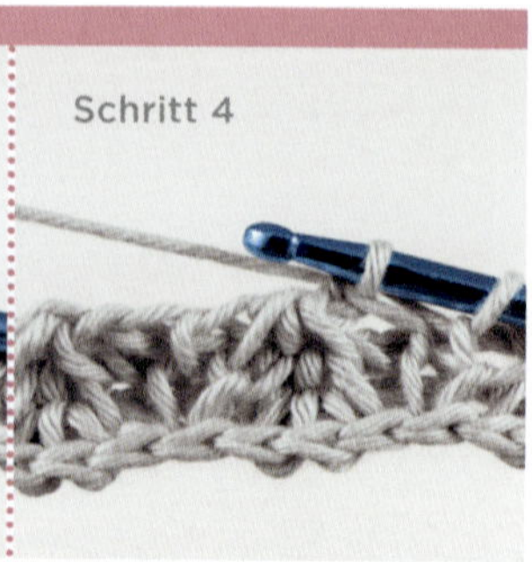

Maschenzahl teilbar durch 4+2.

Schritt 1 1 tGst in 2. Lm und jede Lm bis Ende.

Schritt 2 Faden holen, 1 Schlinge abm, Faden holen, 2 Schlingen abm, * 1 Lm, Faden holen, 4 Schlingen abm (Muschel), 1 Lm, Faden holen, 2 Schlingen abm. Ab * wdh bis 1 Schlinge.

Schritt 3 Rdm rechts, * 1 tGst in Lm-Lücke, 1 tGst in die obere Schlinge der Muschel, 1 tGst in 1 Lm-Lücke, 1 tSst. Ab * wdh bis Ende, Rdm links.

Schritt 4 Wdh Schritt 2.

Schritt 5 Wdh Schritte 3-4.

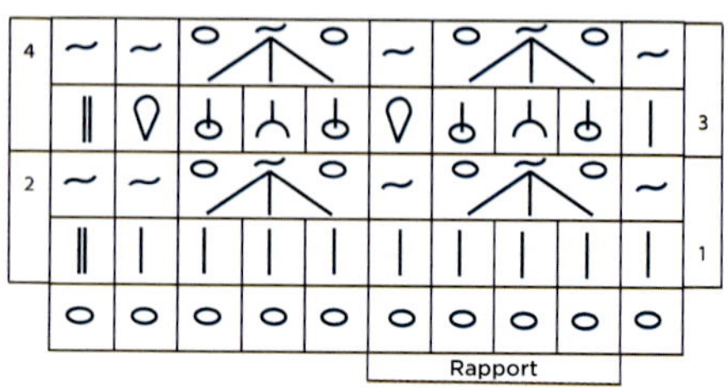

118 Pfeil-Lochmuster

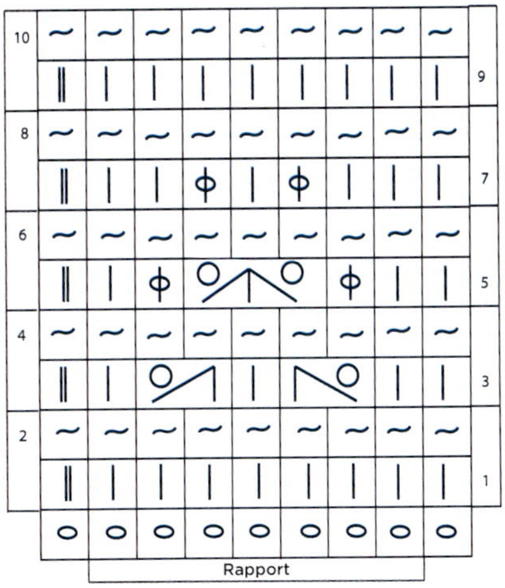

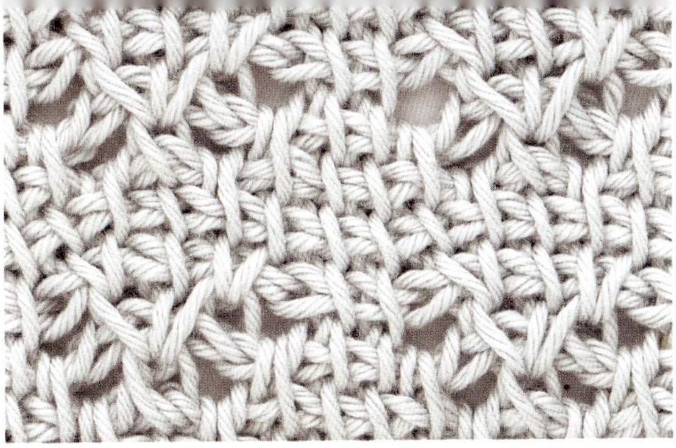

Dieses hübsche Muster kommt sowohl einzeln als auch in Reihen sehr schön zur Geltung. Das Motiv wird in einen Hintergrund aus tunesischen Grundstichen gearbeitet und ergibt einen Stoff, der weich fällt. Um sich voll zu entfalten, sollte er sorgfältig gespannt werden.

Schritt 5

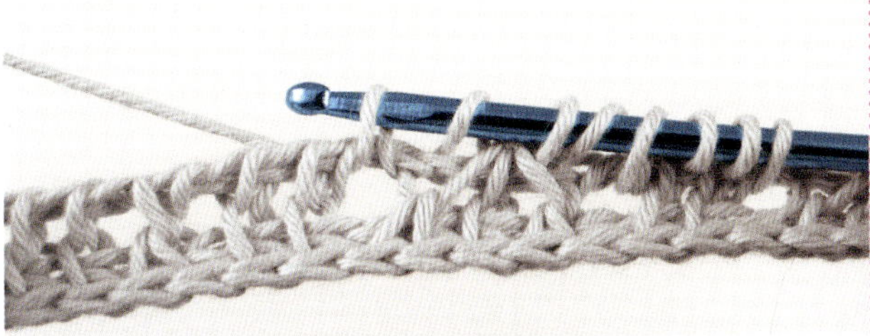

Schritt 5 (Fortsetzung)

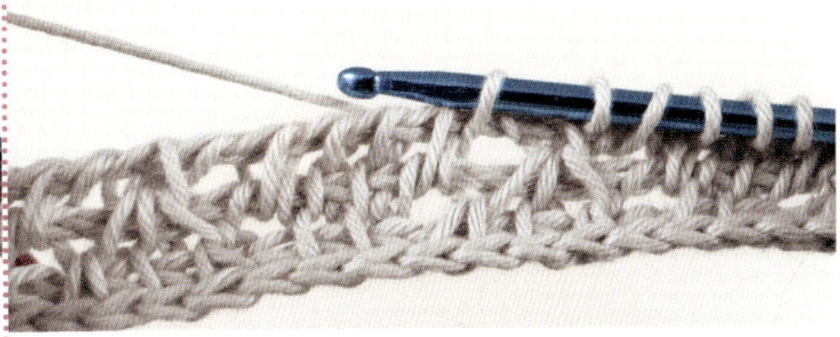

Maschenzahl teilbar durch 7 +2.

Spezielle Masche
2 bzw. 3 tGst zus abm (2 bzw. 3 tunesische Grundstiche zusammen abmaschen): Nd in 2 bzw. 3 vordere senkrechte M-Glieder einstechen, Faden holen, durchziehen.

Schritte 1-2 Grund-R arb (Seite 16).

Schritt 3 Rdm rechts, * 1 tGst, 1 U, 2 tGst zus abm, 1 tGst, 2 tGst zus abm, 1 U, 1 tGst. Ab * wdh bis Ende, Rdm links.

Schritte 4, 6, 8, 10 Wdh Schritt 2.

Schritt 5 Rdm rechts, * 1 tGst, 1 tFst in die Lücke, 1 U, 3 tGst zus abm, 1 U, 1 tFst in die Lücke, 1 tGst. Ab * wdh bis Ende, Rdm links.

Schritt 7 Rdm rechts, * 2 tGst, 1 tFst in die Lücke, 1 tGst, 1 tFst in die Lücke, 2 tGst. Ab * wdh bis Ende, Rdm links.

Schritt 9 Rdm rechts, * 1 tGst in jede M bis Ende, Rdm links.

Schritt 11 Wdh Schritte 3-10.

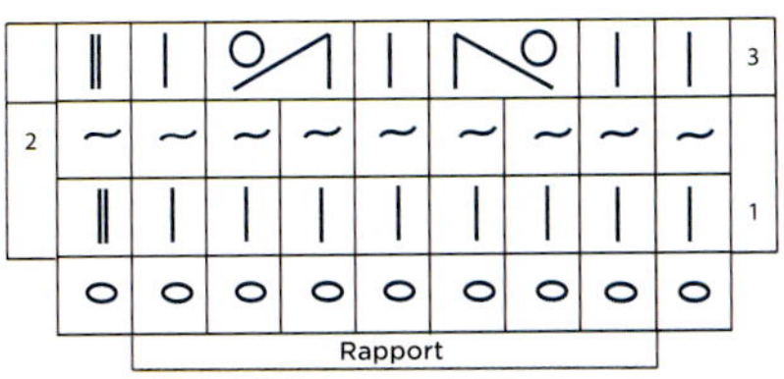

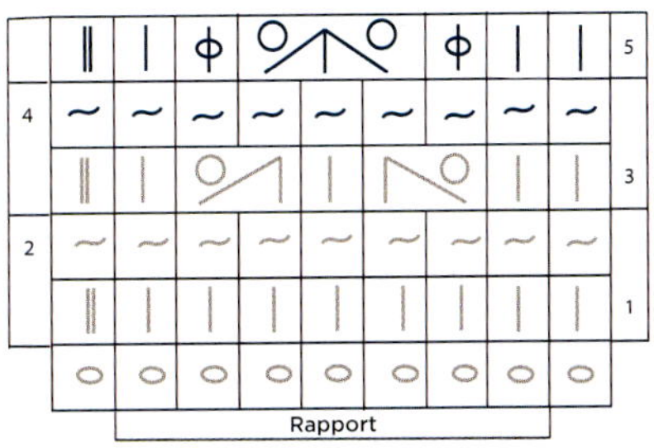

119 Rauten-Lochmuster II

In einem Hintergrund von tunesischen Grundstichen entstehen Rauten, von Löchern umrahmt, als perfekte Hingucker auf schlichten Jacken und Pullovern.

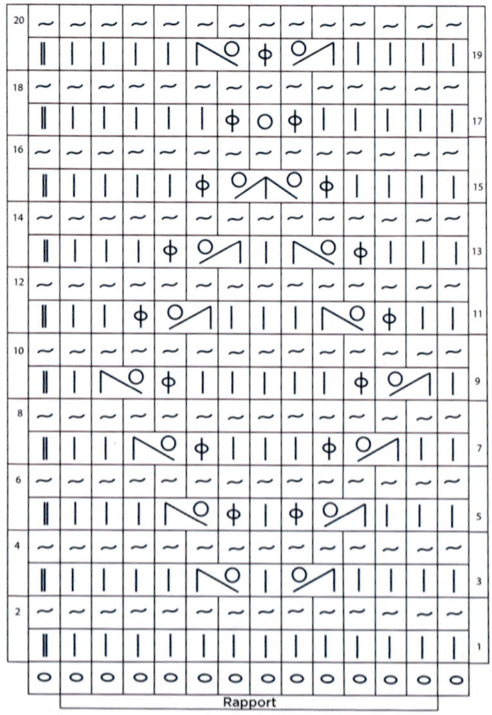

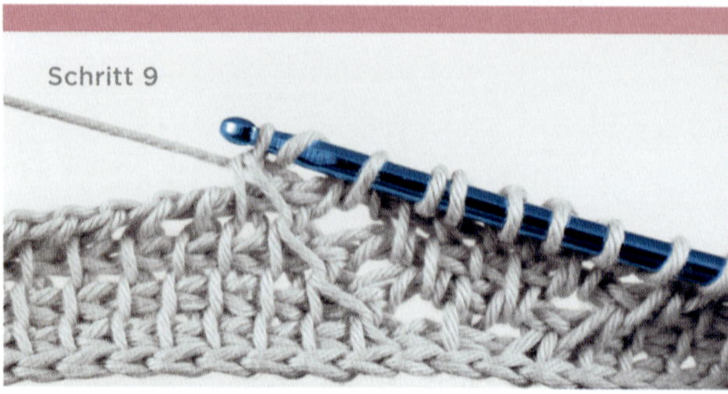
Schritt 9

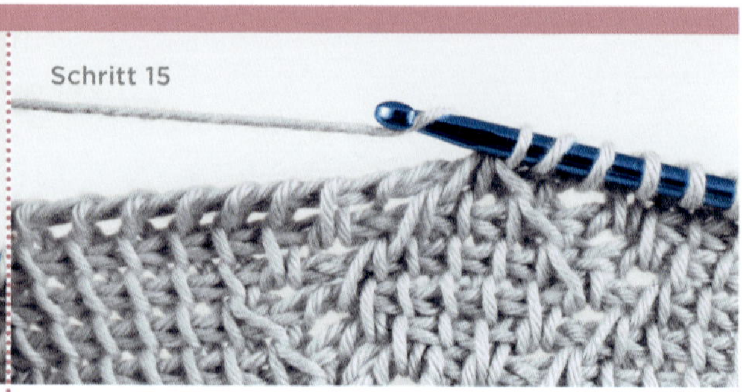
Schritt 15

Maschenzahl teilbar durch 12 + 2.

Spezielle Masche
2 bzw. 3 tGst zus abm (2 bzw. 3 tunesische Grundstiche zusammen abmaschen): Nd in 2 bzw. 3 vordere senkrechte M-Glieder einstechen, Faden holen, durchziehen.

Schritte 1-2 Grund-R arb (Seite 16).

Schritt 3 Rdm rechts, * 3 tGst, 2 tGst zus abm, 1 U, 1 tGst, 1 U, 2 tGst zus abm, 4 tGst. Ab * wdh bis Ende, Rdm links.

Schritte 4, 6, 8, 10, 12, 14, 16, 18, 20 Wdh Schritt 2.

Schritt 5 Rdm rechts, * 2 tGst, 2 tGst zus abm, 1 U, 1 tFst in die Lücke, 1 tGst, 1 tFst in die Lücke, 1 U, 2 tGst zus abm, 3 tGst. Ab * wdh bis Ende, Rdm links.

Schritt 7 Rdm rechts, * 1 tGst, 2 tGst zus abm, 1 U, 1 tFst in die Lücke, 3 tGst, 1 tFst in die Lücke, 1 U, 2 tGst zus abm, 2 tGst. Ab * wdh bis Ende, Rdm links.

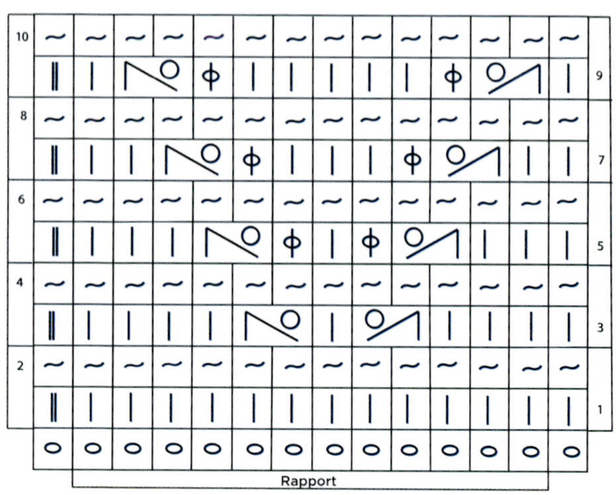

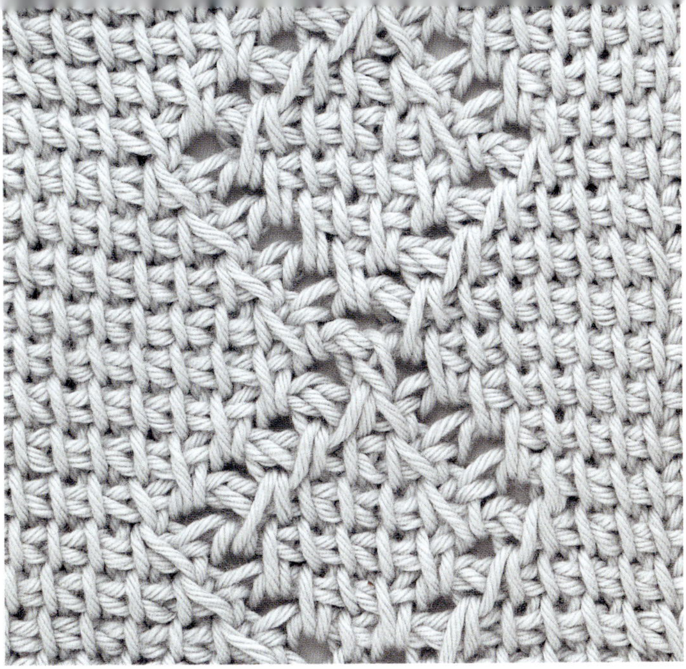

Schritt 9 Rdm rechts, * 2 tGst zus abm, 1 U, 1 tFst in die Lücke, 5 tGst, 1 tFst in die Lücke, 1 U, 2 tGst zus abm, 1 tGst. Ab * wdh bis Ende, Rdm links.

Schritt 11 Rdm rechts, * 1 tGst, 1 tFst in die Lücke, 1 U, 2 tGst zus abm, 3 tGst, 2 tGst zus abm, 1 U, 1 tFst in die Lücke, 2 tGst. Ab * wdh bis Ende, Rdm links.

Schritt 13 Rdm rechts, * 2 tGst, 1 tFst in die Lücke, 1 U, 2 tGst zus abm, 1 tGst, 2 tGst zus abm, 1 U, 1 tFst in die Lücke, 3 tGst. Ab * wdh bis Ende, Rdm links.

Schritt 15 Rdm rechts, * 3 tGst, 1 tFst in die Lücke, 1 U, 3 tGst zus abm, 1 U, 1 tFst in die Lücke, 4 tGst. Ab * wdh bis Ende, Rdm links.

Schritt 17 Rdm rechts, * 4 tGst, 1 tFst in die Lücke, 1 U, 1 M überspr, 1 tFst in die Lücke, 5 tGst. Ab * wdh bis Ende, Rdm links.

Schritt 19 Rdm rechts, * 3 tGst, 2 tGst zus abm, 1 U, 1 tFst in die Lücke, 1 U, 2 tGst zus abm, 4 tGst. Ab * wdh bis Ende, Rdm links.

Schritt 21 Wdh Schritte 5-20, enden mit Schritt 18.

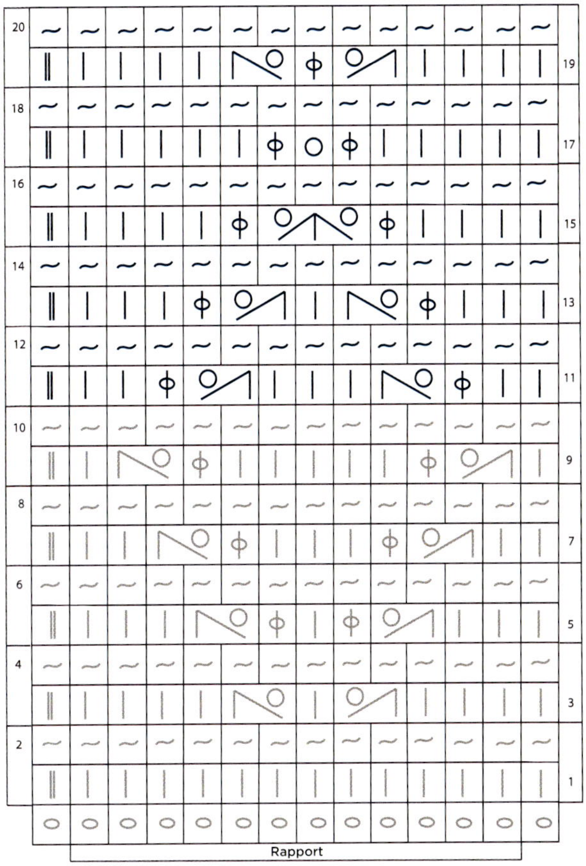

120 Rauten-Spirale

Dieses atemberaubende Muster aus Doppel-Rauten entsteht durch eine Kombination aus Zunahmen (Umschlägen) und Abnahmen. Die Rauten werden in einen Hintergrund aus tunesischen Grundstichen eingearbeitet. Eine schöne Verzierung für Kissen und Kleidungsstücke.

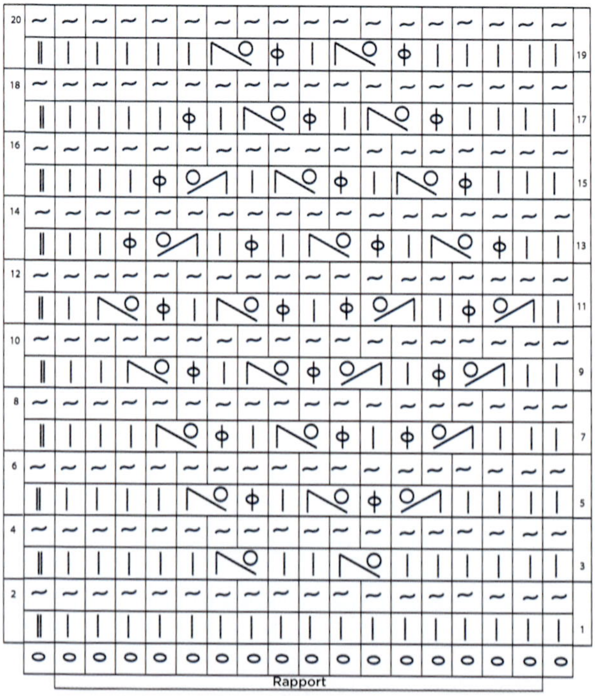

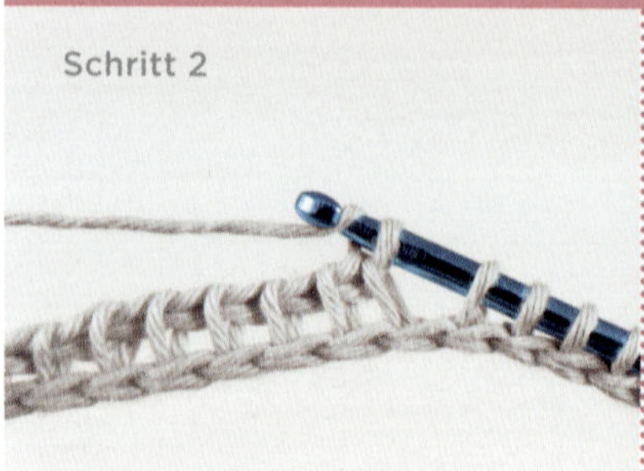
Schritt 2

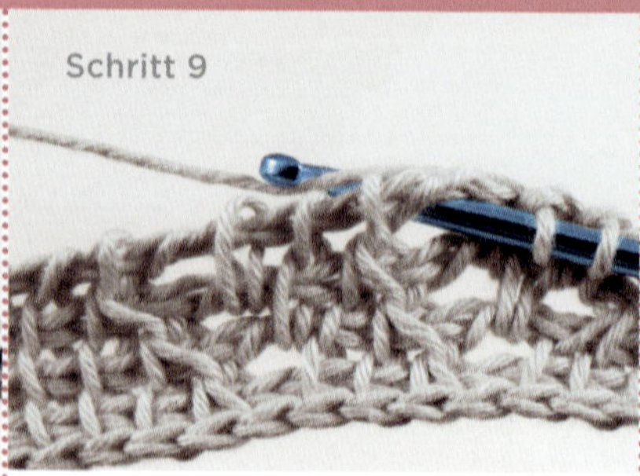
Schritt 9

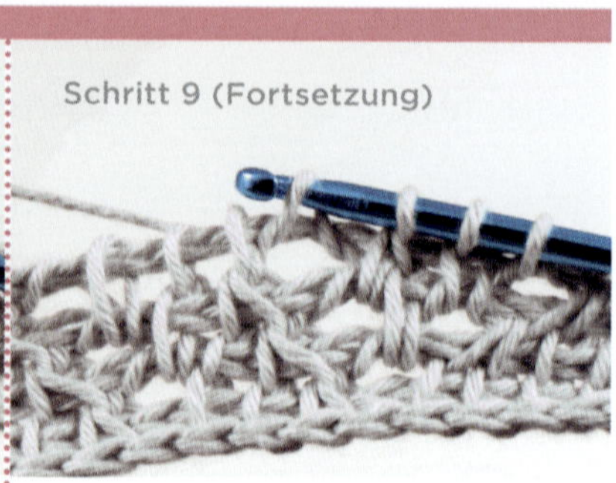
Schritt 9 (Fortsetzung)

Maschenzahl teilbar durch 16 + 2.

Spezielle Masche
2 tGst zus abm (2 tunesische Grundstiche zusammen abmaschen): Nd in 2 vordere senkrechte M-Glieder einstechen, Faden holen, durchziehen.

Schritte 1-2 Grund-R arb (Seite 16).

Schritt 3 Rdm rechts, * 5 tGst, 1 U, 2 tGst zus abm, 2 tGst, 1 U, 2 tGst zus abm, 5 tGst. Ab * wdh bis Ende, Rdm links.

Schritte 4, 6, 8, 10, 12, 14, 16, 18, 20 Wdh Schritt 2.

Schritt 5 Rdm rechts, * 3 tGst, 2 tGst zus abm, 1 U, 1 tFst in die Lücke, 1 U, 2 tGst zus abm, 1 tGst, 1 tFst in die Lücke, 1 U, 2 tGst zus abm, 4 tGst. Ab * wdh bis Ende, Rdm links.

Schritt 7 Rdm rechts, * 2 tGst, 2 tGst zus abm, 1 U, 1 tFst in die Lücke, [1 tGst, 1 tFst in die Lücke, 1 U, 2 tGst zus abm] 2x, 3 tGst. Ab * wdh bis Ende, Rdm links.

Schritt 9 Rdm rechts, * [1 tGst, 2 tGst zus abm, 1 U, 1 tFst in die Lücke] 2x, 1 U, 2 tGst zus abm, 1 tGst, 1 tFst in die Lücke, 1 U, 2 tGst zus abm, 2 tGst. Ab * wdh bis Ende, Rdm links.

Schritt 11 Rdm rechts, * [2 tGst zus abm, 1 U, 1 tFst in die Lücke, 1 tGst] 2x, [1 tFst in die Lücke, 1 U, 2 tGst zus abm, 1 tGst] 2x. Ab * wdh bis Ende, Rdm links.

Schritt 13 Rdm rechts, * [1 tGst, 1 tFst in die Lücke, 1 U, 2 tGst zus abm] 2x, 1 tGst, 1 tFst in die Lücke, 1 tGst, 2 tGst zus abm, 1 U, 1 tFst in die Lücke, 2 tGst. Ab * wdh bis Ende, Rdm links.

Schritt 15 Rdm rechts, * 2 tGst, [1 tFst in die Lücke, 1 U, 2 tGst zus abm, 1 tGst] 2x, 2 tGst zus abm, 1 U, 1 tFst in die Lücke, 3 tGst. Ab * wdh bis Ende, Rdm links.

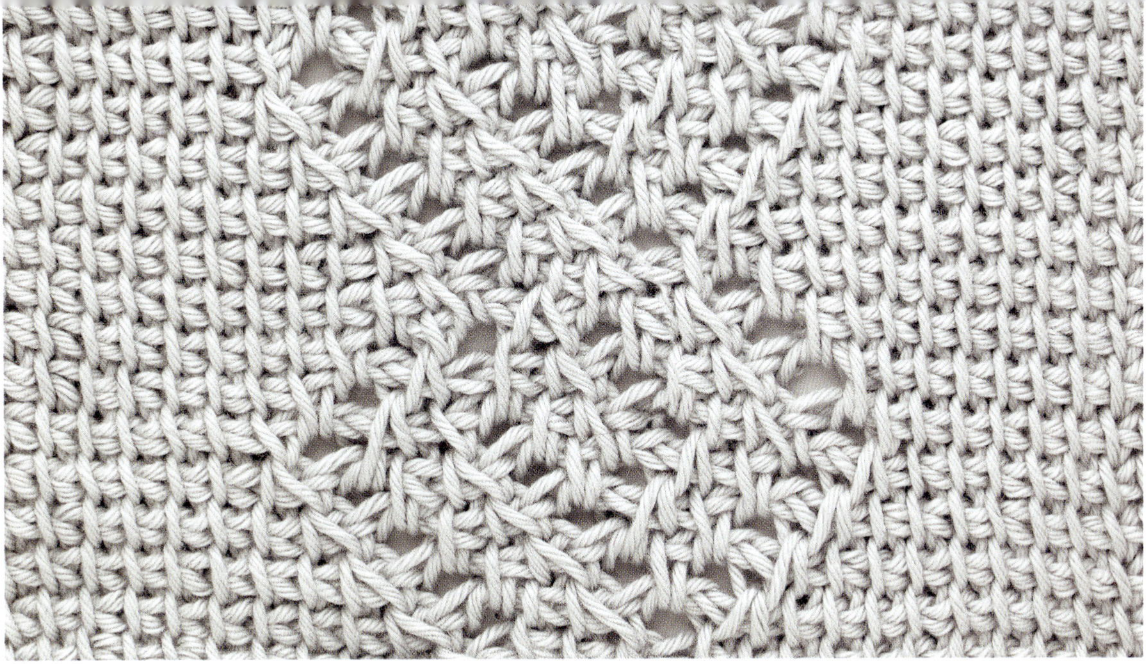

Schritt 11

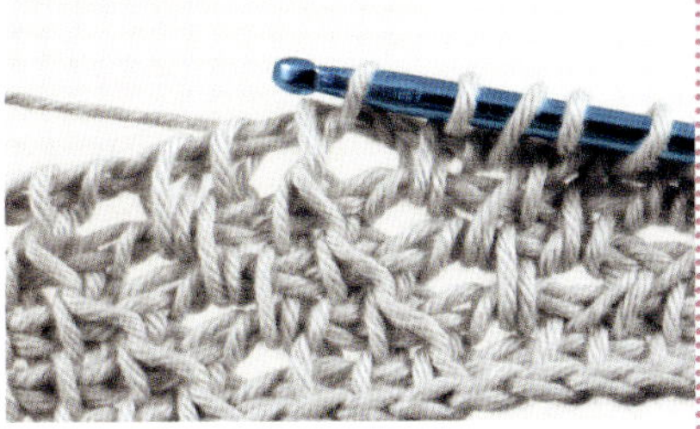

Schritt 11 (Fortsetzung)

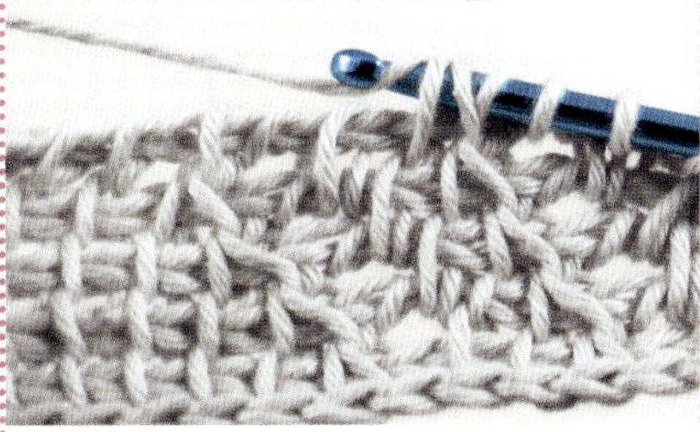

Schritt 11 (Fortsetzung)

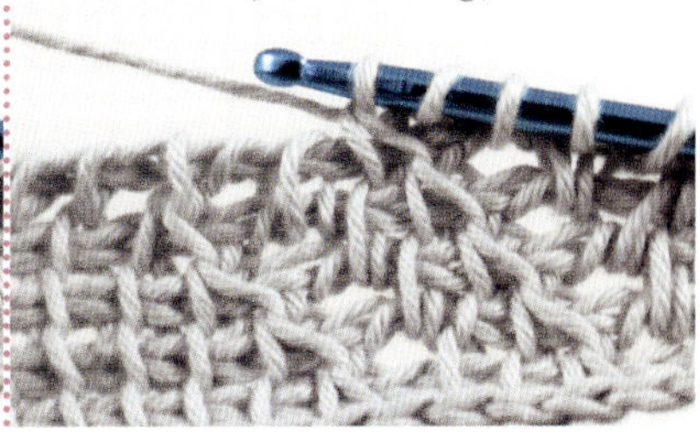

Schritt 17 Rdm rechts, * 3 tGst, [1 tFst in die Lücke, 1 U, 2 tGst zus abm, 1 tGst] 2x, 1 tFst in die Lücke, 4 tGst. Ab * wdh bis Ende, Rdm links.

Schritt 19 Rdm rechts, * 4 tGst, 1 tFst in die Lücke, 1 U, 2 tGst zus abm, 1 tGst, 1 tFst in die Lücke, 1 U, 2 tGst zus abm, 5 tGst. Ab * wdh bis Ende, Rdm links.

Schritt 21 Wdh Schritte 5-20.

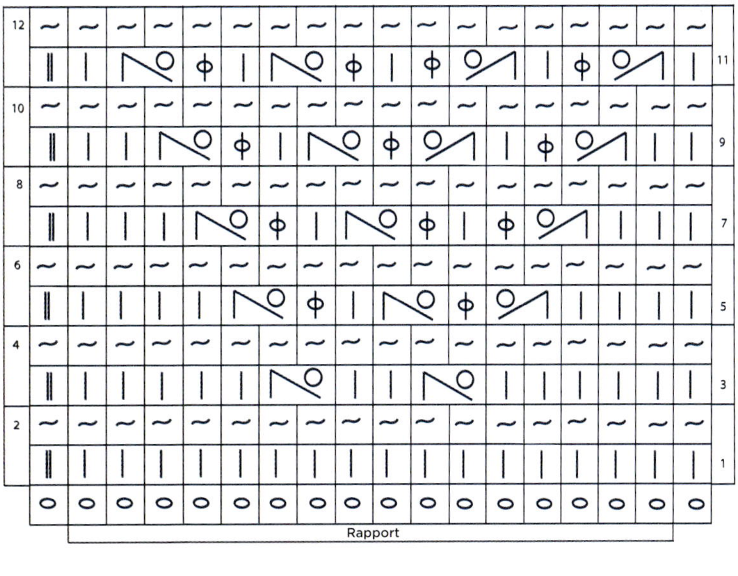

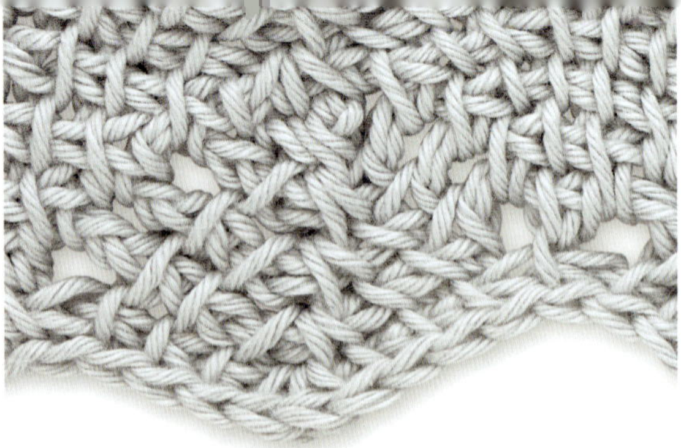

121 Hufeisen

Obwohl dieses umwerfende Muster kompliziert aussieht, sind die doppelten Umschläge und Abnahmen sehr einfach zu arbeiten. In den Rückreihen werden die Umschläge aufgenommen und in der nächsten Hinreihe als Maschen abgearbeitet. Das hält die Maschenzahl konstant.

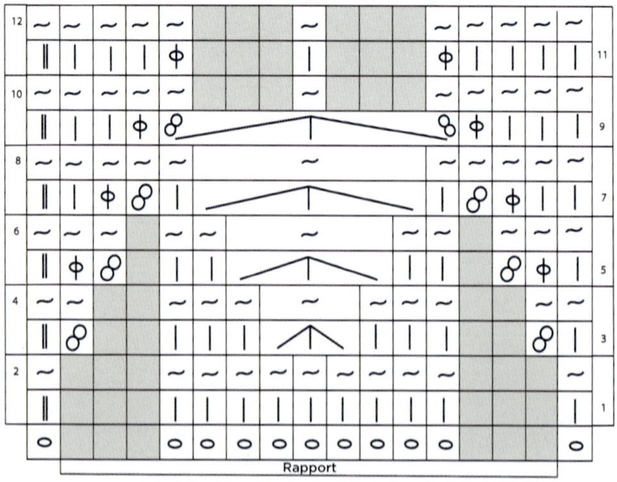

keine Masche – dient der besseren Übersicht von Zu- und Abnahmen

Schritt 3

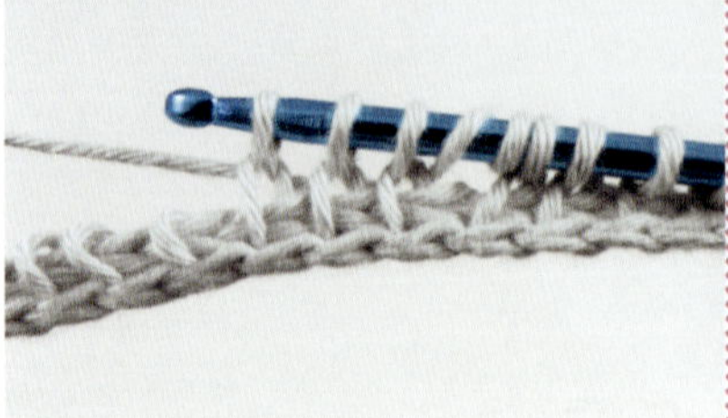

Schritt 7

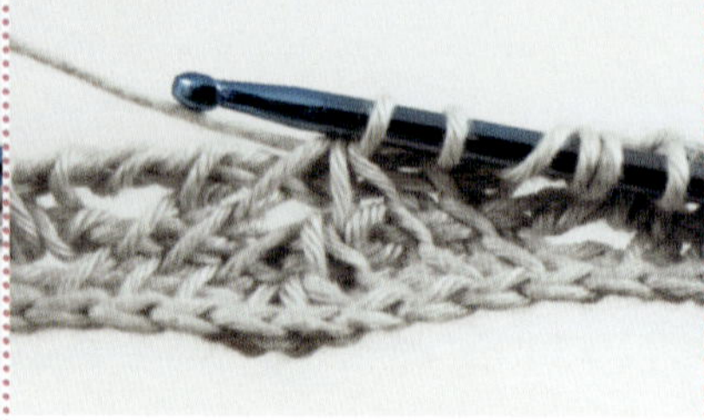

Schritt 7 (Fortsetzung)

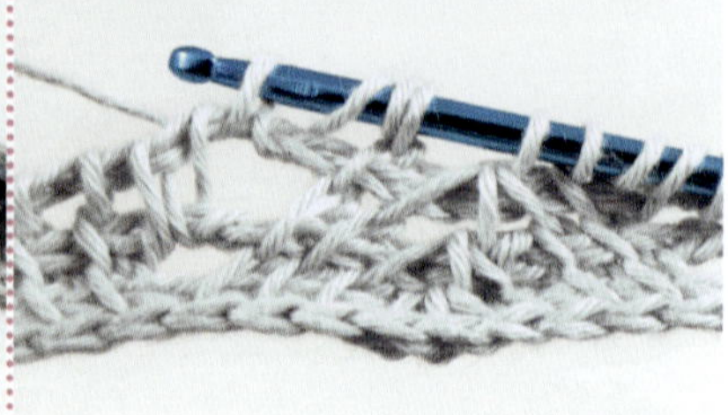

Maschenzahl teilbar durch 9+2.

Spezielle Masche
3 tGst zus abm (3 tunesische Grundstiche zusammen abmaschen): Nd in 3 vordere senkrechte M-Glieder einstechen, Faden holen, durchziehen.

Schritte 1-2 Grund-R arb (Seite 16).

Schritt 3 Rdm rechts, * 2 U, 3 tGst, 3 tGst zus abm, 3 tGst, 2 U. Ab * wdh bis Ende, Rdm links.

Schritte 4, 6, 8, 10, 12 Wdh Schritt 2.

Schritt 5 Rdm rechts, * 1 tFst in die Lücke, 2 U, 2 tGst, 3 tGst zus abm, 2 tGst, 2 U, 1 tFst in die Lücke. Ab * wdh bis Ende, Rdm links.

Schritt 7 Rdm rechts, * 1 tGst, 1 tFst in die Lücke, 2 U, 1 tGst, 3 tGst zus abm, 1 tGst, 2 U, 1 tFst in die Lücke, 1 tGst. Ab * wdh bis Ende, Rdm links.

Schritt 9 Rdm rechts, * 2 tGst, 1 tFst in die Lücke, 2 U, 3 tGst zus abm, 2 U, 1 tFst in die Lücke, 2 tGst. Ab * wdh bis Ende, Rdm links.

Schritt 11 Rdm rechts, 1 tGst in jede M und 1 tFst in jede Lücke bis Ende, Rdm links.

Schritt 13 Wdh Schritte 3-12.

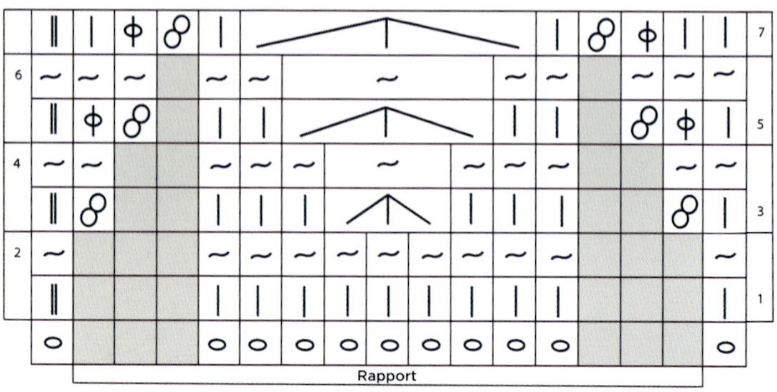

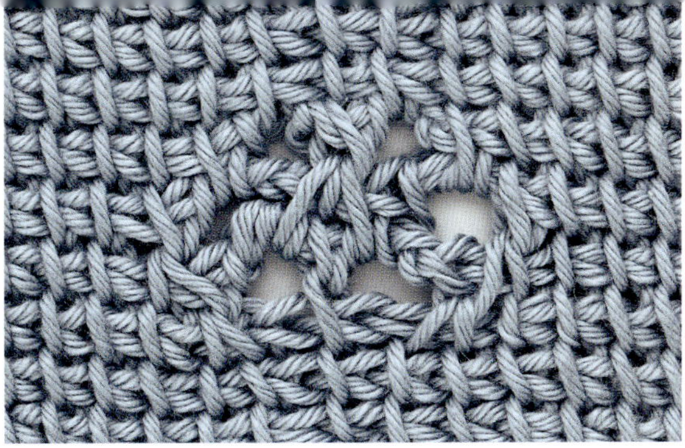

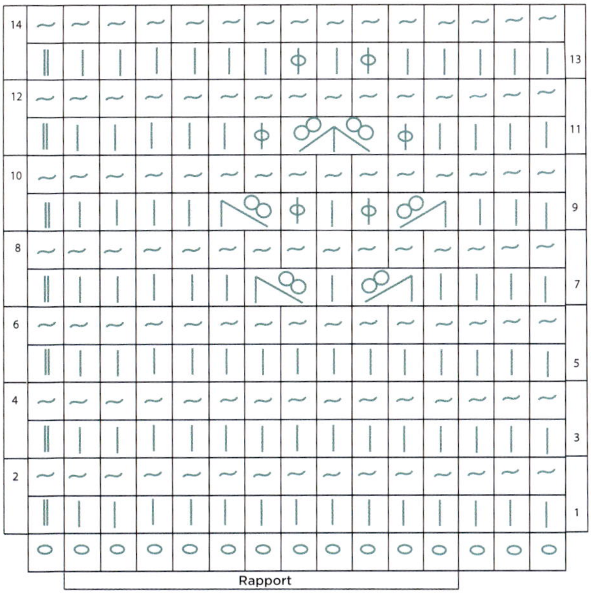

122 Kreis

Ein tolles Muster, einzeln oder als Gruppe gearbeitet. Spannen ist wichtig, um die Kreise zu öffnen. Wie mit doppelten Umschlägen umzugehen ist, steht links.

Spezielle Masche

2 bzw. 3 tGst zus abm (2 bzw. 3 tunesische Grundstiche zusammen abmaschen): Nd in 2 bzw. 3 vordere senkrechte M-Glieder einstechen, Faden holen, durchziehen.

Schritt 7

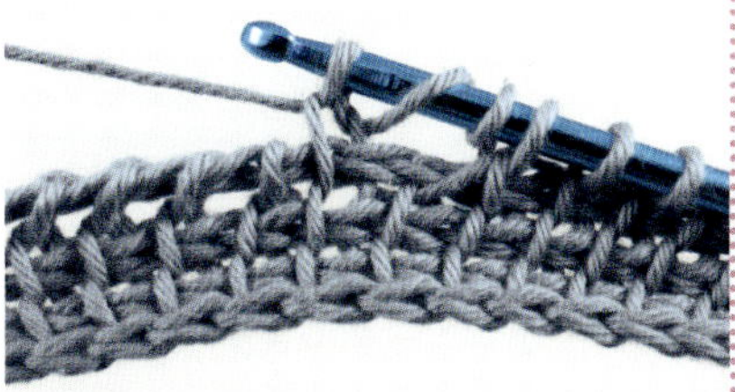

Schritt 11

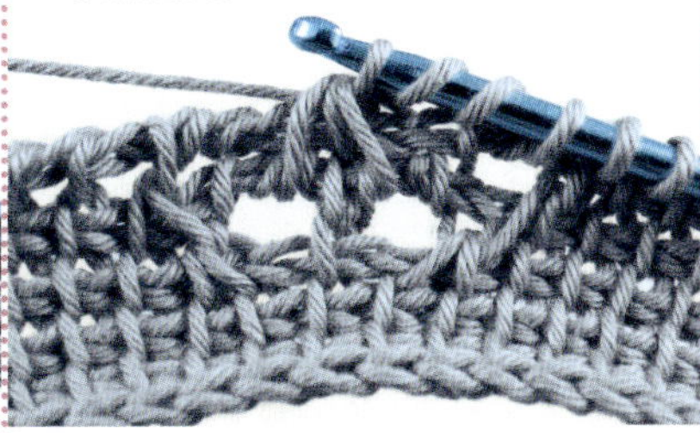

Schritt 11 (Fortsetzung)

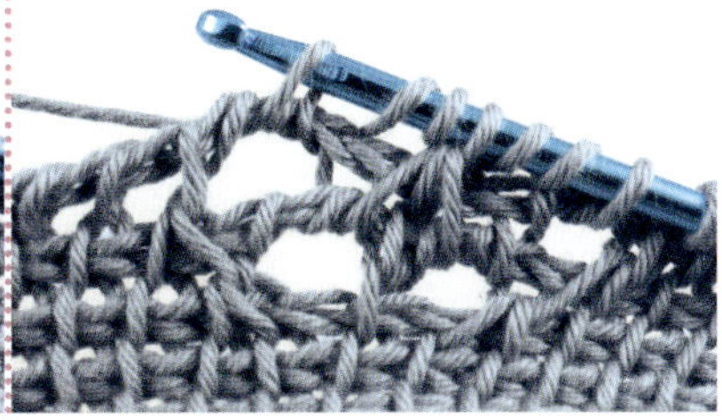

Maschenzahl teilbar durch 11 + 4.

Schritte 1-2 Grund-R arb (Seite 16).

Schritt 3 Rdm rechts, 1 tGst in jede M bis Ende, Rdm links.

Schritte 4, 6, 8, 10, 12, 14 Wdh Schritt 2.

Schritt 5 Wdh Schritt 3.

Schritt 7 Rdm rechts, 3 tGst, * 2 tGst zus abm, 2 U, 1 tGst, 2 U, 2 tGst zus abm, 6 tGst. Ab * wdh bis Ende, letzte Wdh mit 5 tGst, Rdm links.

Schritt 9 Rdm rechts, 2 tGst, * 2 tGst zus abm, 2 U, 1 tFst in die Lücke, 1 tGst, 1 tFst in die Lücke, 2 U, 2 tGst zus abm, 4 tGst. Ab * wdh bis Ende, Rdm links.

Schritt 11 Rdm rechts, 3 tGst, * 1 tFst in die Lücke, 2 U, 3 tGst zus abm, 2 U, 1 tFst in die Lücke, 6 tGst. Ab * wdh bis Ende, letzte Wdh mit 5 tGst, Rdm links.

Schritt 13 Rdm rechts, 1 tGst in jede M und 1 tFst in jede Lücke bis Ende, Rdm links.

Schritt 15 Wdh Schritte 3-14.

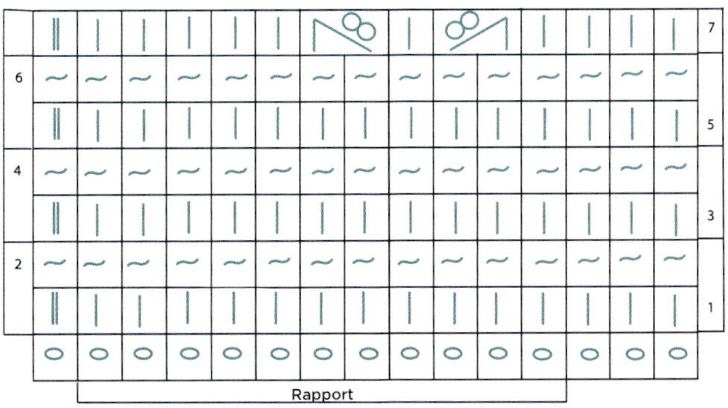

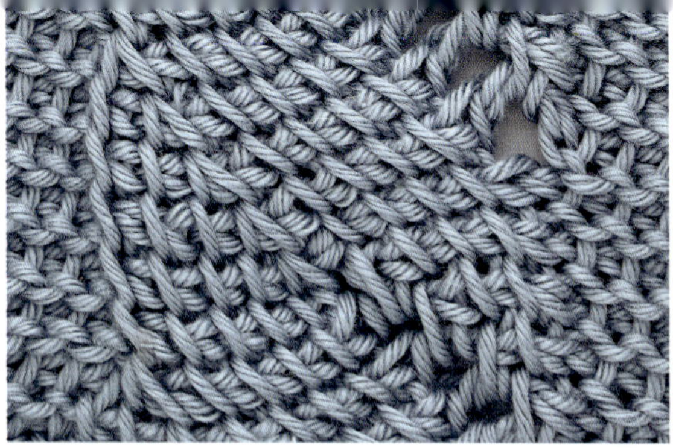

123 Spirale

Diese spiralförmigen Blätter bieten sich als Musterstreifen für Handschuhe und Schals an. Die Löcher entstehen durch doppelte Umschläge. In den Rückreihen werden sie aufgenommen und in der nächsten Hinreihe als Maschen gearbeitet. Das hält die Maschenzahl konstant.

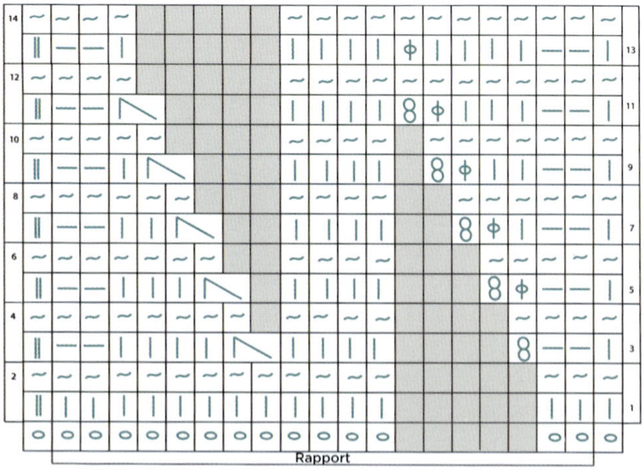

keine Masche – dient der besseren Übersicht von Zu- und Abnahmen

Schritt 3

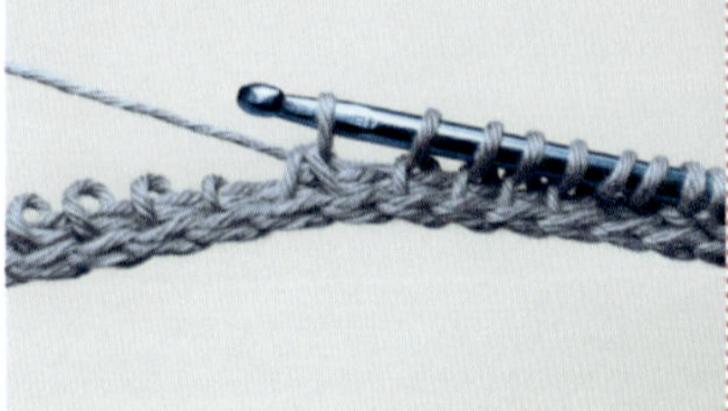

Schritt 5

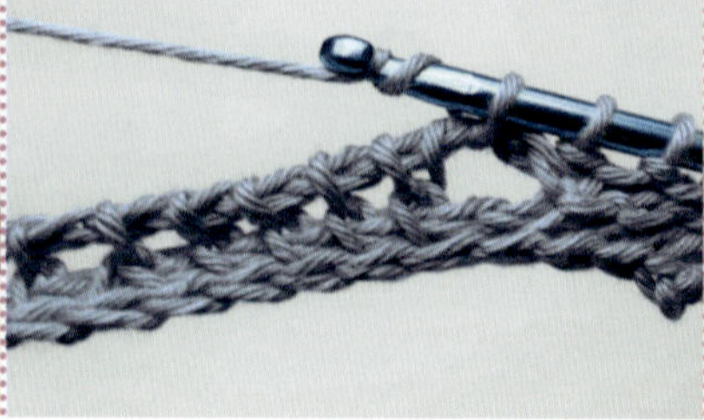

Schritt 5 (Fortsetzung)

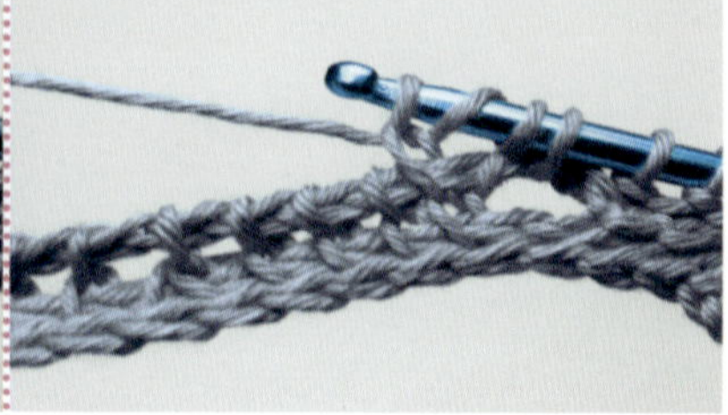

Maschenzahl teilbar durch 14 + 2.

Spezielle Masche
2 tGst zus abm (2 tunesische Grundstiche zusammen abmaschen): Nd in 2 vordere senkrechte M-Glieder einstechen, Faden holen, durchziehen.

Schritte 1-2 Grund-R arb (Seite 16).

Schritt 3 Rdm rechts, * 2 tliM, 2 U, 4 tGst, 2 tGst zus abm, 4 tGst, 2 tliM. Ab * wdh bis Ende, Rdm links.

Schritte 4, 6, 8, 10, 12, 14 Wdh Schritt 2.

Schritt 5 Rdm rechts, * 2 tliM, 1 tFst in die Lücke, 2 U, 4 tGst, 2 tGst zus abm, 3 tGst, 2 tliM. Ab * wdh bis Ende, Rdm links.

Schritt 7 Rdm rechts, * 2 tliM, 1 tGst, 1 tFst in die Lücke, 2 U, 4 tGst, 2 tGst zus abm, 2 tGst, 2 tliM. Ab * wdh bis Ende, Rdm links.

Schritt 9 Rdm rechts, * 2 tliM, 2 tGst, 1 tFst in die Lücke, 2 U, 4 tGst, 2 tGst zus abm, 1 tGst, 2 tliM. Ab * wdh bis Ende, Rdm links.

Schritt 11 Rdm rechts, * 2 tliM, 3 tGst, 1 tFst in die Lücke, 2 U, 4 tGst, 2 tGst zus abm, 2 tliM. Ab * wdh bis Ende, Rdm links.

Schritt 13 Rdm rechts, * 2 tliM, 4 tGst, 1 tFst in die Lücke, 5 tGst, 2 tliM. Ab * wdh bis Ende, Rdm links.

Schritt 15 Wdh Schritte 3-14.

124 Fächer-Lochmuster II

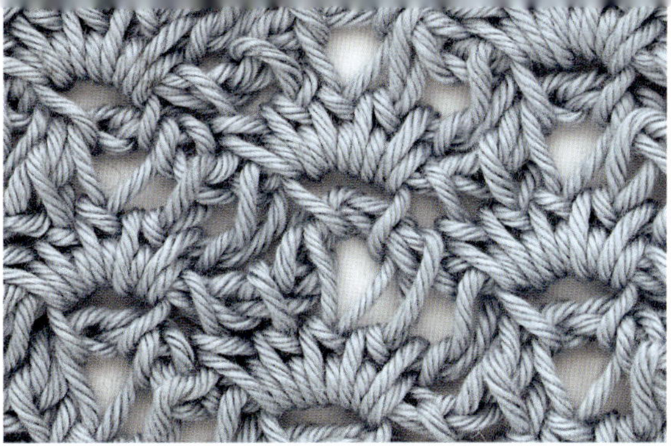

Dieses einfache Fächermuster springt einfarbig ebenso ins Auge wie mehrfarbig. Es ergibt einen recht luftigen Stoff mit weichem Fall, gut geeignet für Projekte, die beidseitig verwendet werden. Die Fächer werden in den Hinreihen gearbeitet.

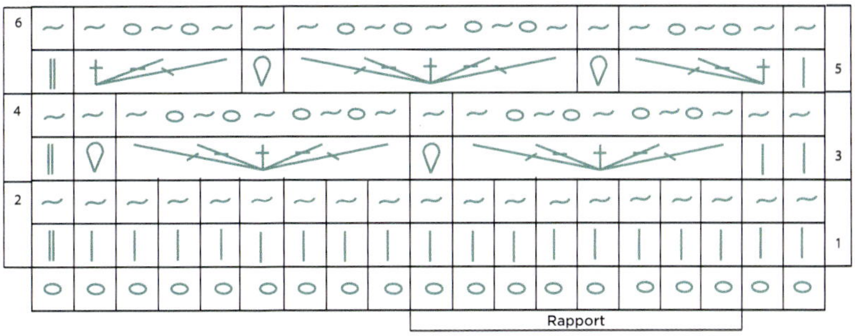

Schritt 3

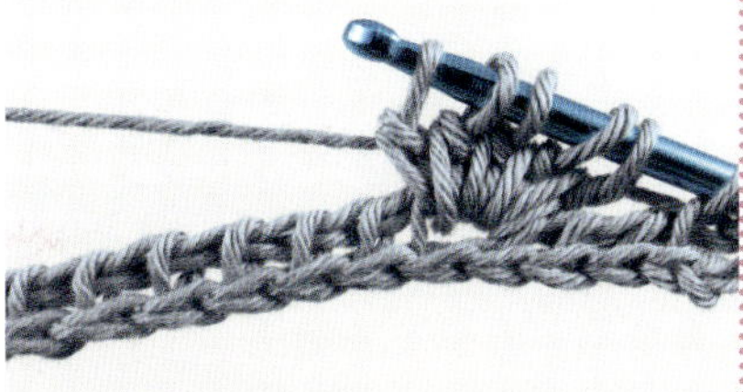

Schritt 3 (Fortsetzung)

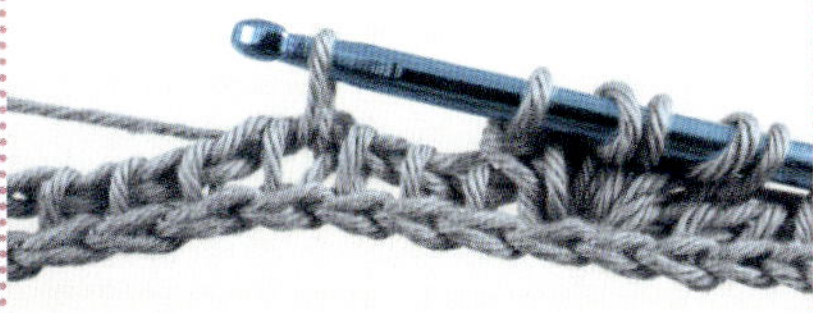

Schritt 4

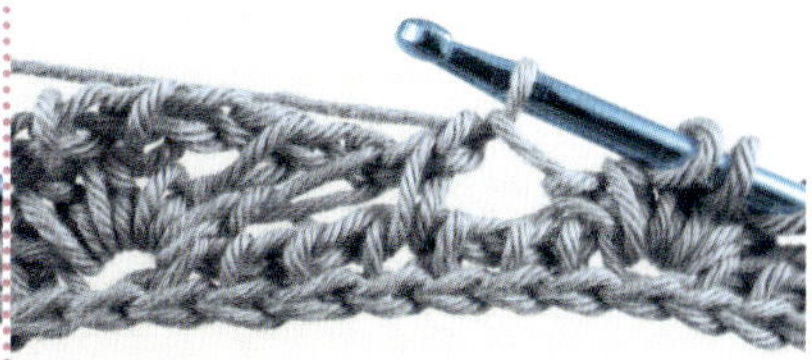

Maschenzahl teilbar durch 8 + 3.

Spezielle Maschen
Fächer: Nd einstechen wie für tSst, 5 tStb in dieselbe M arb.

halber Fächer: Nd einstechen wie für tSst, 3 tStb in dieselbe M arb.

Schritte 1-2 Grund-R arb (Seite 16).

Schritt 3 Rdm rechts, 1 tGst, * 3 M überspr, 1 Fächer, 3 M überspr, 1 tSst. Ab * wdh bis Ende, Rdm links.

Schritt 4 Faden holen, 1 Schlinge abm, [Faden holen, 2 Schlingen abm] 2x, * [1 Lm, Faden holen, 2 Schlingen abm] 4x, [Faden holen, 2 Schlingen abm] 2x. Ab * wdh bis 1 Schlinge.

Schritt 5 Rdm rechts, 1 halber Fächer, * 2 M und 2 Lm-Lücken überspr, 1 tSst, 2 Lm-Lücken und 2 M überspr, 1 Fächer. Ab * wdh bis Ende, enden mit 1 halber Fächer, Rdm links.

Schritt 6 Faden holen, 1 Schlinge abm, * [Faden holen, 2 Schlingen abm, 1 Lm] 2x, [Faden holen, 2 Schlingen abm] 2x, [Faden holen, 2 Schlingen abm, 1 Lm] 2x. Ab * wdh bis 3 Schlingen, [Faden holen, 2 Schlingen abm] 2x.

Schritt 7 Wdh Schritte 3-6.

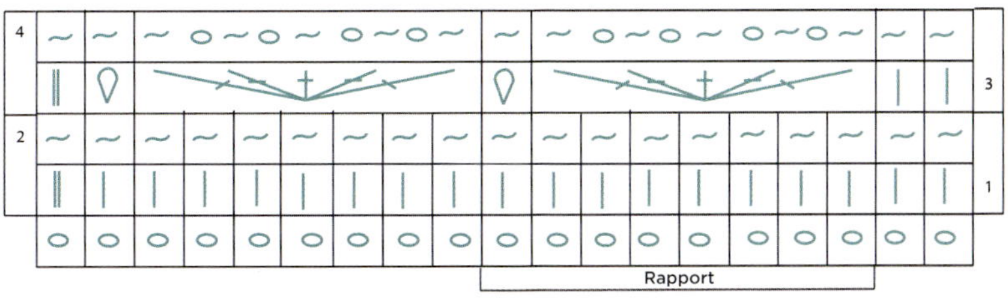

125 Glockenblume

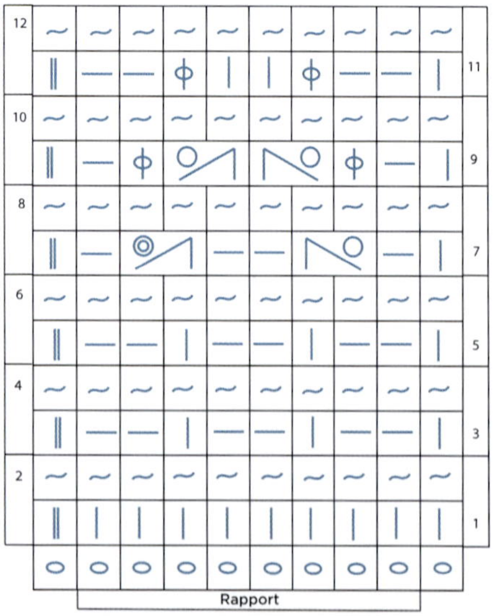

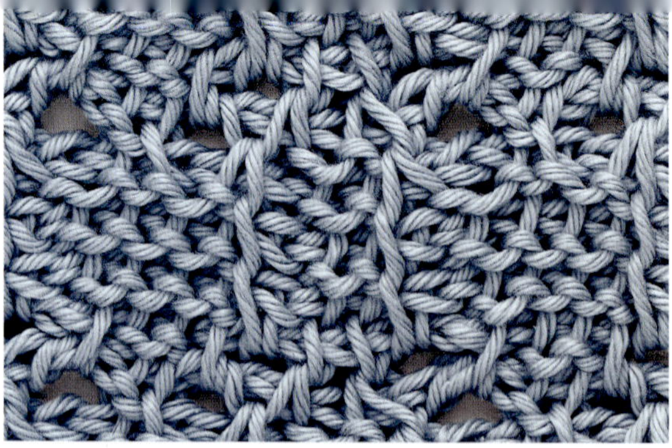

Das Muster ergibt einen recht festen Stoff, der sich gut für Heimtextilien eignet. Spannen ist unerlässlich, damit das Lochmuster nicht in den linken Hintergrundmaschen verlorengeht.

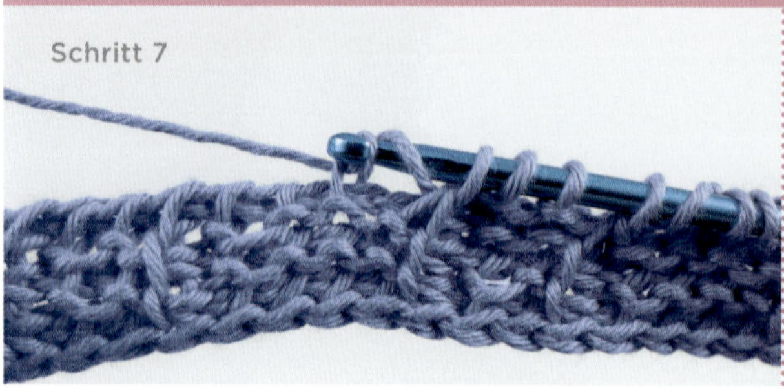
Schritt 7

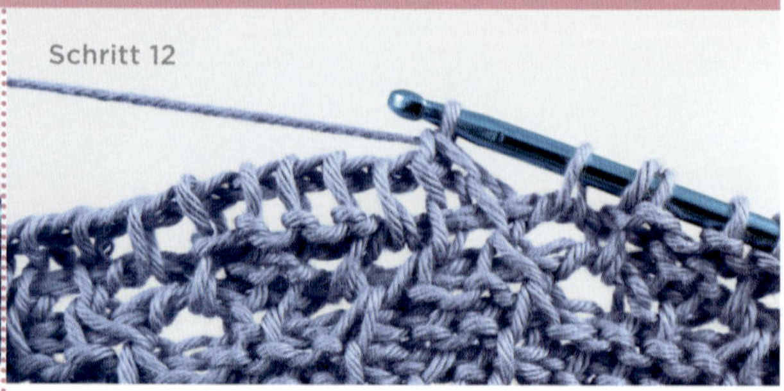
Schritt 12

Maschenzahl teilbar durch 8+2.

Spezielle Masche
2 tGst zus abm (2 tunesische Grundstiche zusammen abmaschen): Nd in 2 vordere senkrechte M-Glieder einstechen, Faden holen, durchziehen.

fU (falscher Umschlag): Garn unter Nd nach vorn, dann über Nd nach hinten, (andersherum als beim normalen U).

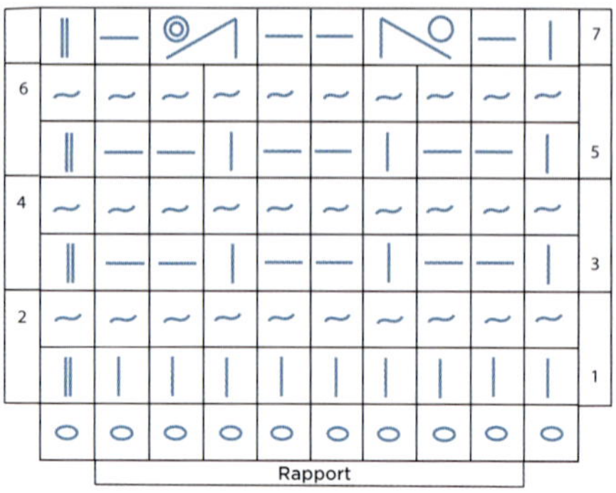

Schritte 1-2 Grund-R arb (Seite 16).

Schritt 3 Rdm rechts, * 2 tliM, [1 tGst, 2 tliM] 2x. Ab * wdh bis Ende, Rdm links.

Schritte 4, 6, 8, 10, 12 Wdh Schritt 2.

Schritt 5 Wdh Schritt 3.

Schritt 7 Rdm rechts, * 1 tliM, 1 U, 2 tGst zus abm, 2 tliM, 2 tGst zus abm, 1 fU, 1 tliM. Ab * wdh bis Ende, Rdm links.

Schritt 9 Rdm rechts, * 1 tliM, 1 tFst in die Lücke, 1 U, [2 tGst zus abm] 2x, 1 U, 1 tFst in die Lücke, 1 tliM. Ab * wdh bis Ende, Rdm links.

Schritt 11 Rdm rechts, * 2 tliM, 1 tFst in die Lücke, 2 tGst, 1 tFst in die Lücke, 2 tliM. Ab * wdh bis Ende, Rdm links.

Schritt 13 Wdh Schritte 3-12.

126 Fontäne

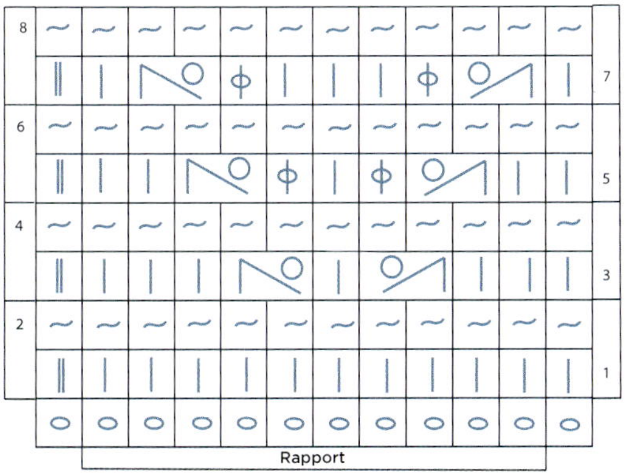

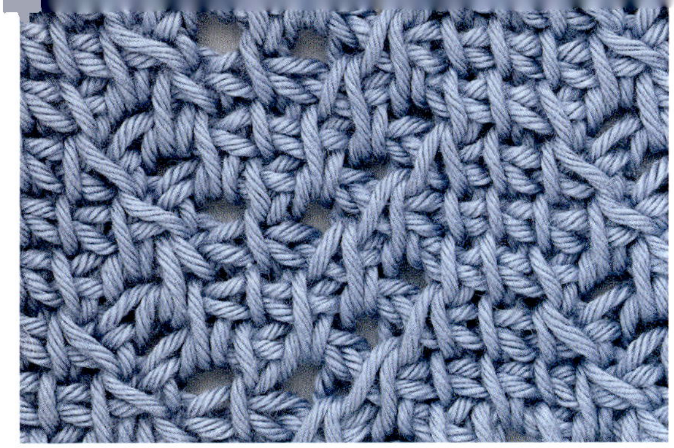

Zunahmen durch einfache Umschläge und Abnahmen kreieren diesen schönen Effekt. Wie bei allen Lochmustern ist auch hier sorgfältiges Spannen unerlässlich, um die Stiche zu öffnen und die Schönheit des Musters zu zeigen.

Schritt 3

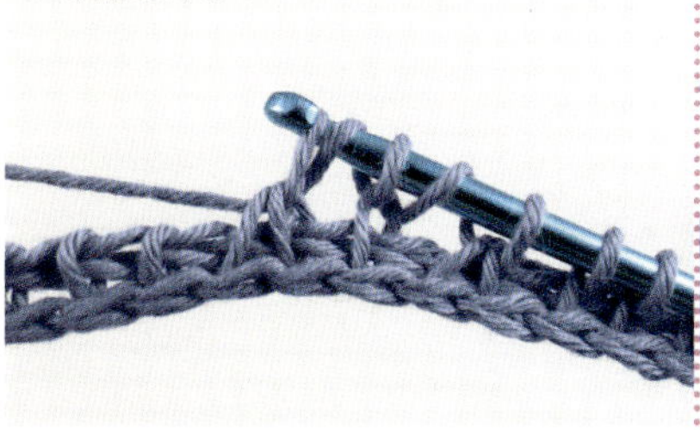

Schritt 4

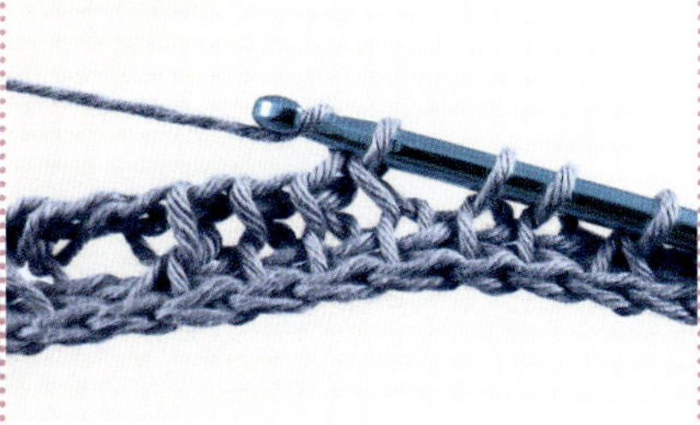

Schritt 5

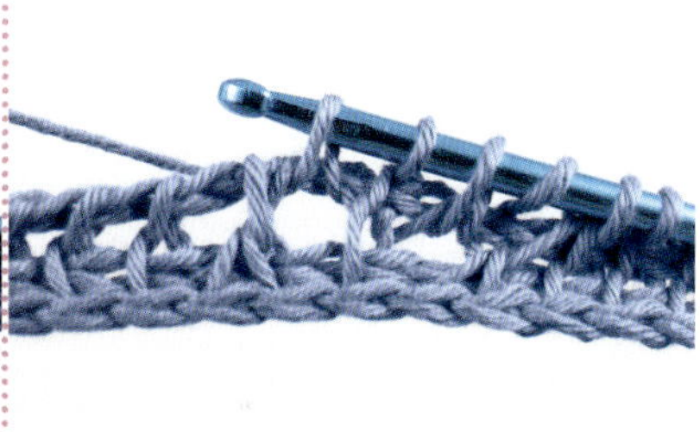

Maschenzahl teilbar durch 10 + 2.

Spezielle Masche
2 tGst zus abm (2 tunesische Grundstiche zusammen abmaschen): Nd in 2 vordere senkrechte M-Glieder einstechen, Faden holen, durchziehen.

Schritte 1-2 Grund-R arb (Seite 16).

Schritt 3 Rdm rechts, * 2 tGst, 2 tGst zus abm, 1 U, 1 tGst, 1 U, 2 tGst zus abm, 3 tGst. Ab * wdh bis Ende, Rdm links.

Schritt 4 Wdh Schritt 2.

Schritt 5 Rdm rechts, * 1 tGst, 2 tGst zus abm, 1 U, 1 tFst in die Lücke, 1 tGst, 1 tFst in die Lücke, 1 U, 2 tGst zus abm, 2 tGst. Ab * wdh bis Ende, Rdm links.

Schritt 6 Wdh Schritt 2.

Schritt 7 Rdm rechts, * 2 tGst zus abm, 1 U, 1 tFst in die Lücke, 3 tGst, 1 tFst in die Lücke, 1 U, 2 tGst zus abm, 1 tGst. Ab * wdh bis Ende, Rdm links.

Schritt 8 Wdh Schritt 2.

Schritt 9 Wdh Schritte 3-8.

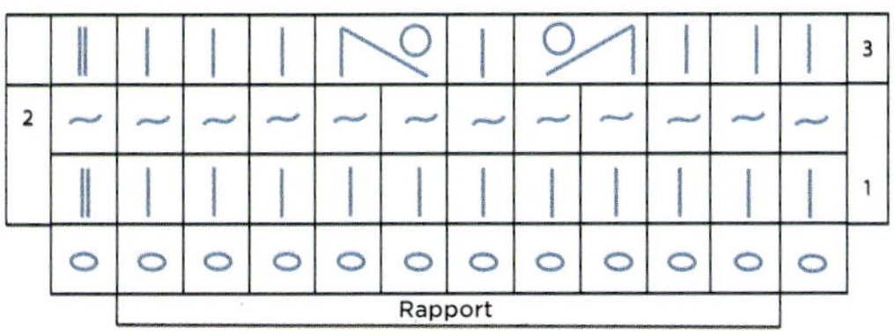

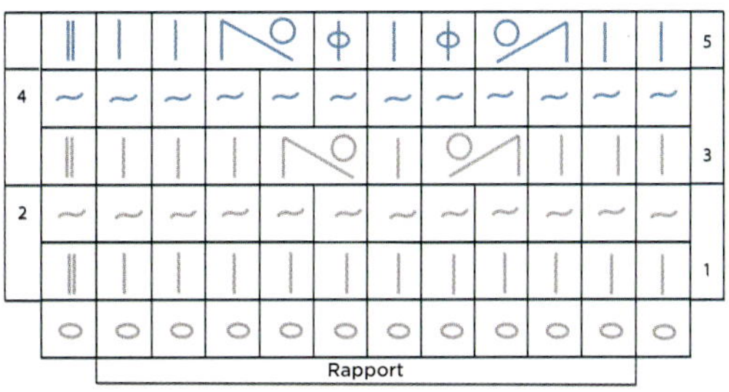

127 Verstreute Rauten

Hier entsteht ein vollflächiges Muster aus Rauten, dicht an dicht gearbeitet, verbunden durch ein Lochmuster aus doppelten Umschlägen. In den Rückreihen werden die Umschläge aufgenommen und in der nächsten Hinreihe als Maschen gearbeitet. Das hält die Maschenzahl konstant.

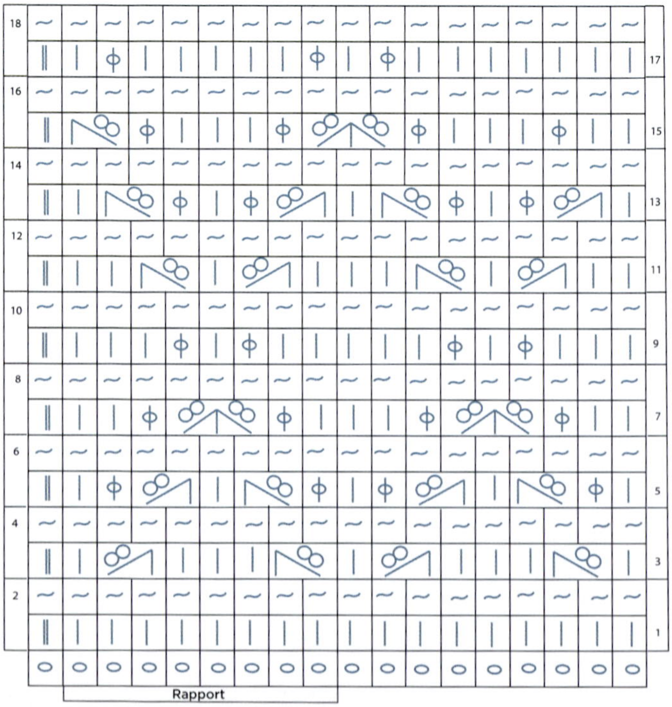

Schritt 4

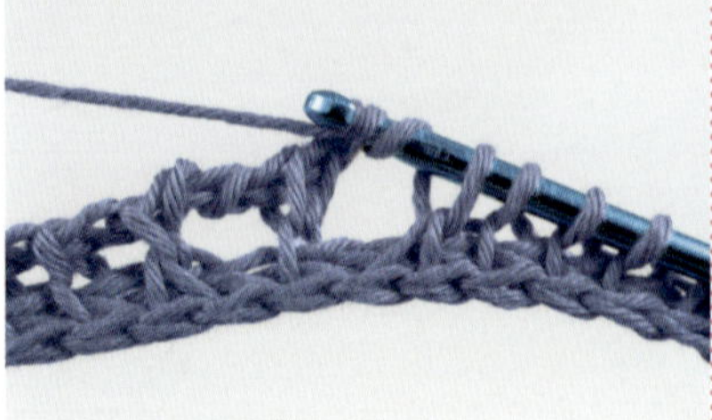

Schritt 5

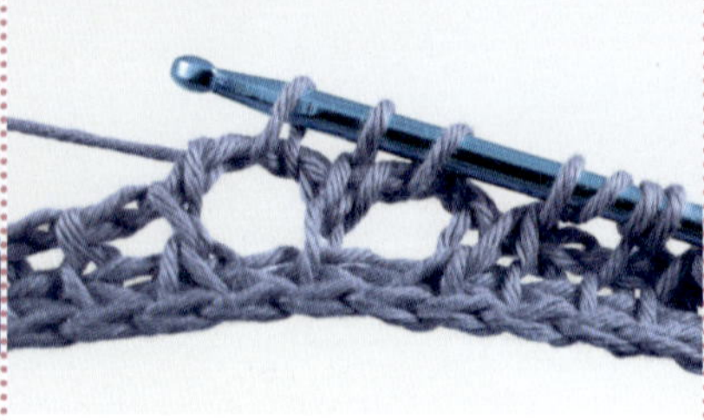

Schritt 7

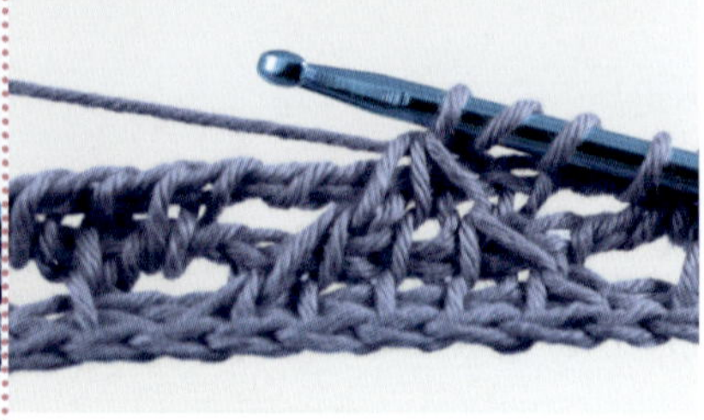

Maschenzahl teilbar durch 8+2.

Spezielle Masche
2 bzw. 3 tGst zus abm (2 bzw. 3 tunesische Grundstiche zusammen abmaschen): Nd in 2 bzw. 3 vordere senkrechte M-Glieder einstechen, Faden holen, durchziehen.

Schritte 1-2 Grund-R arb (Seite 16).

Schritt 3 Rdm rechts, * 2 U, 2 tGst zus abm, 3 tGst, 2 tGst zus abm, 2 U, 1 tGst. Ab * wdh bis Ende, Rdm links.

Schritte 4, 6, 8, 10, 12, 14, 16, 18 Wdh Schritt 2.

Schritt 5 Rdm rechts, * 1 tFst in die Lücke, 2 U, 2 tGst zus abm, 1 tGst, 2 tGst zus abm, 2 U, 1 tFst in die Lücke, 1 tGst. Ab * wdh bis Ende, Rdm links.

Schritt 7 Rdm rechts, * 1 tGst, 1 tFst in die Lücke, 2 U, 3 tGst zus abm, 2 U, 1 tFst in die Lücke, 2 tGst. Ab * wdh bis Ende, Rdm links.

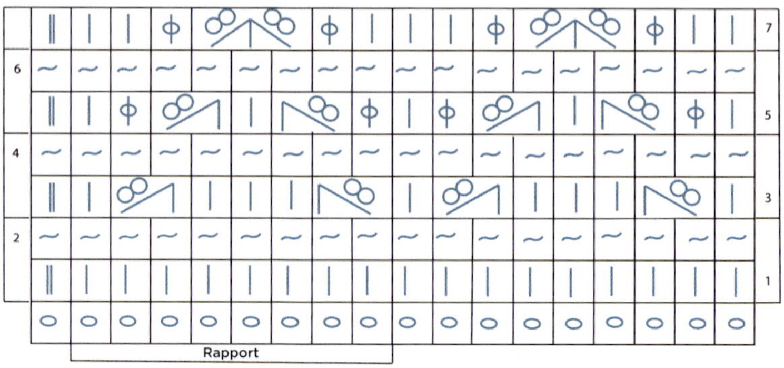

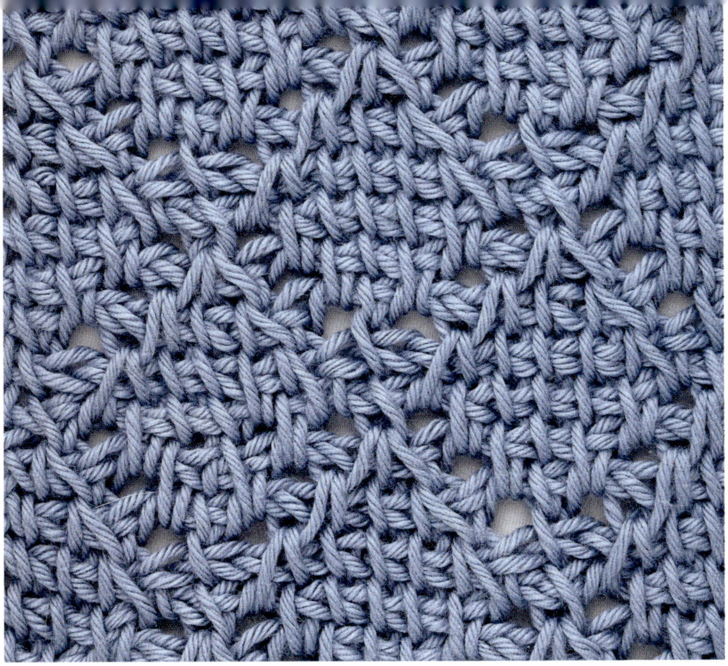

Schritt 7 (Fortsetzung)

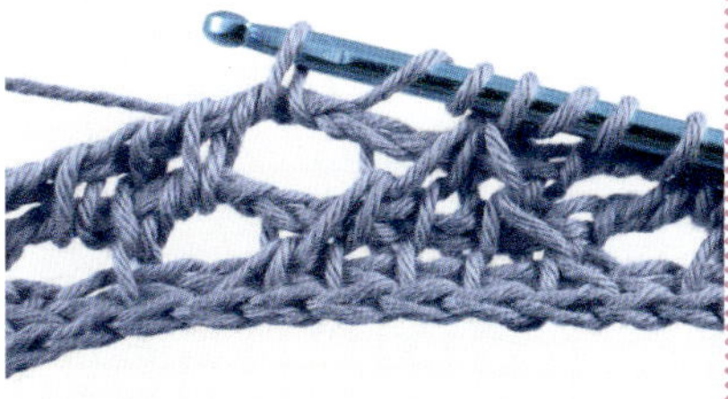

Schritt 9

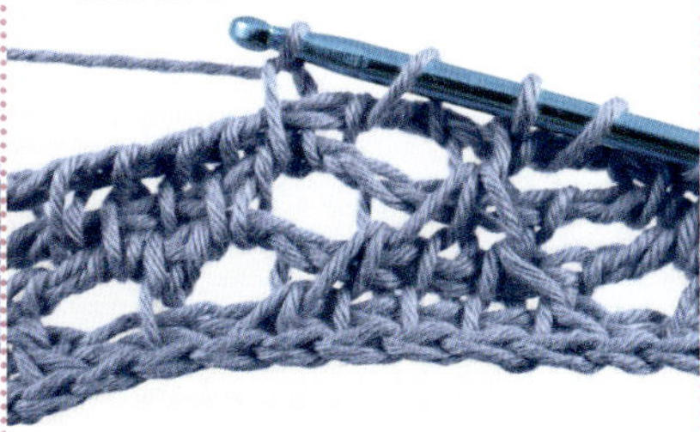

Schritt 11

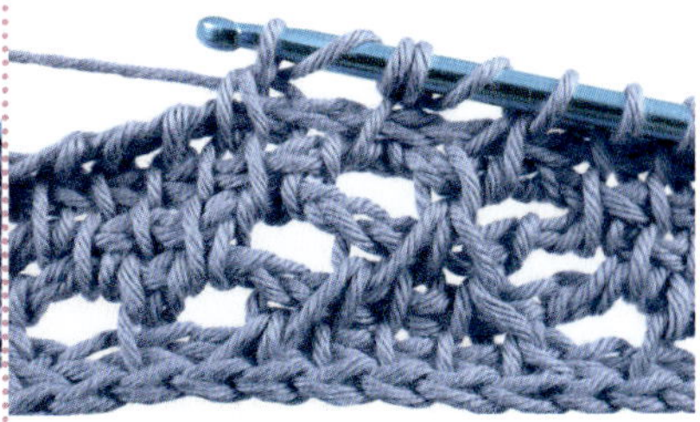

Schritt 9 Rdm rechts, * 2 tGst, 1 tFst in die Lücke, 1 tGst, 1 tFst in die Lücke, 3 tGst. Ab * wdh bis Ende, Rdm links.

Schritt 11 Rdm rechts, * 1 tGst, 2 tGst zus abm, 2 U, 1 tGst, 2 U, 2 tGst zus abm, 2 tGst. Ab * wdh bis Ende, Rdm links.

Schritt 13 Rdm rechts, * 2 tGst zus abm, 2 U, 1 tFst in die Lücke, 1 tGst, 1 tFst in die Lücke, 2 U, 2 tGst zus abm, 1 tGst. Ab * wdh bis Ende, Rdm links.

Schritt 15 Rdm rechts, 1 tGst, * 1 tFst in die Lücke, 3 tGst, 1 tFst in die Lücke, 2 U, 3 tGst zus abm, 2 U. Ab * wdh bis Ende, letzte Wdh mit 2 U, 2 tGst zus abm, Rdm links.

Schritt 17 Rdm rechts, * 1 tGst in jede M und 1 tFst in jede Lücke bis Ende, Rdm links.

Schritt 19 Wdh Schritte 3-18.

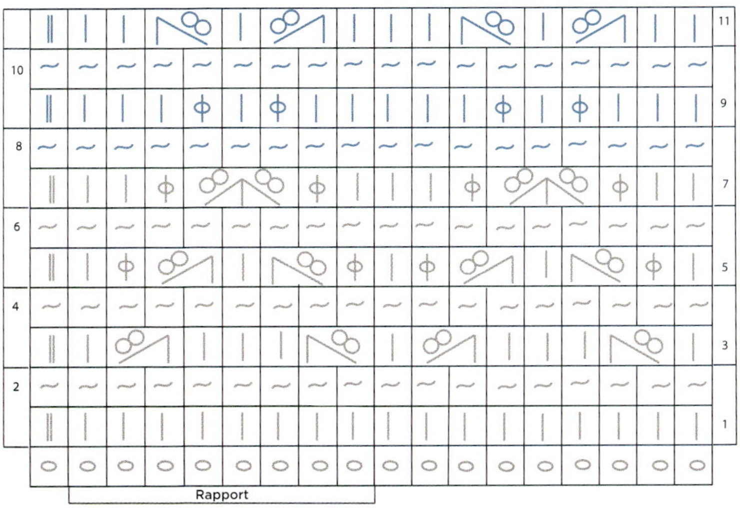

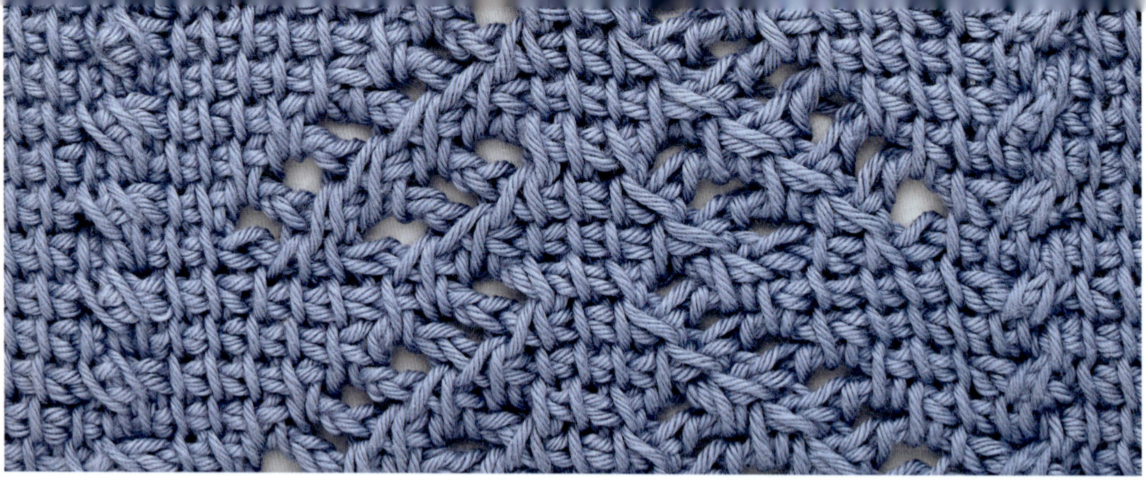

128 Pfeilspitzen

Dieses pfeilförmige Lochmuster wird in einen Hintergrund aus tunesischen Grundstichen gearbeitet. Das Lochmuster wird von Zöpfen umrahmt. Ein herrliches Muster für Kissen, Decken und Kleidungsstücke. Die Löcher entstehen aus doppelten Umschlägen in den Rückreihen. Sie werden in der nächsten Hinreihe als Maschen gearbeitet.

Schritt 3

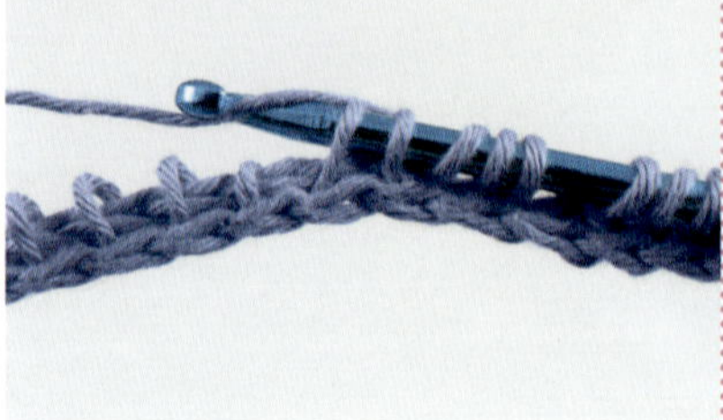

Schritt 3 (Fortsetzung)

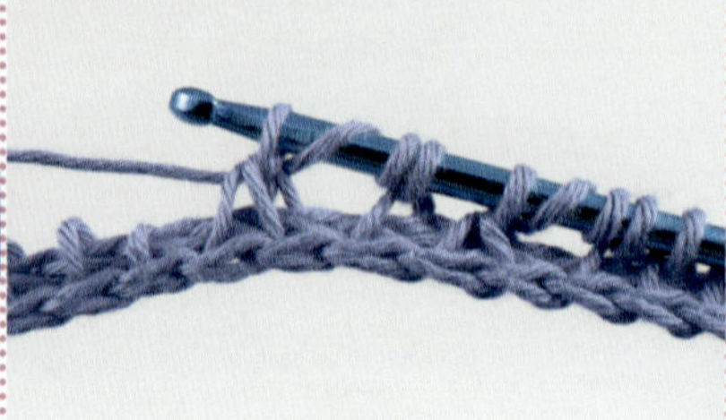

Schritt 5

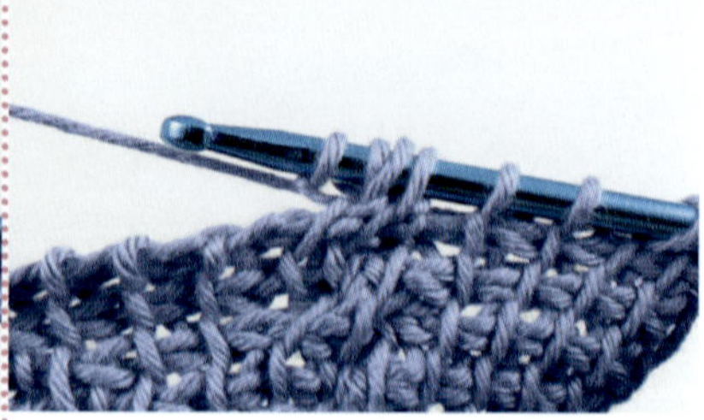

Maschenzahl teilbar durch 27+2.

Spezielle Maschen
2 tGst zus abm (2 tunesische Grundstiche zusammen abmaschen): Nd in 2 vordere senkrechte M-Glieder einstechen, Faden holen, durchziehen.

4er-Zopf nach rechts (2 tGst-2 tGst): 2 M auf Zopfnd hinten, 2 tGst, 2 tGst in M auf der Zopfnd.

4er-Zopf nach links (2 tGst-2 tGst): 2 M auf Zopfnd vorne, 2 tGst, 2 tGst in M auf der Zopfnd.

Schritte 1-2 Grund-R arb (Seite 16).

Schritt 3 Rdm rechts, * 6 tGst, 2 U, 2 tGst zus abm, 1 tGst, 2 U, 2 tGst zus abm, 5 tGst, 2 tGst zus abm, 2 U, 1 tGst, 2 tGst zus abm, 2 U, 6 tGst, Ab * wdh bis Ende, Rdm links.

Schritte 4, 6, 8, 10, 12, 14
Wdh Schritt 2.

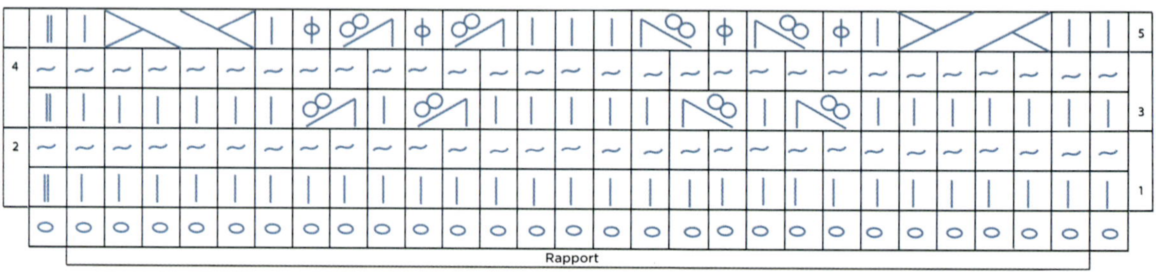

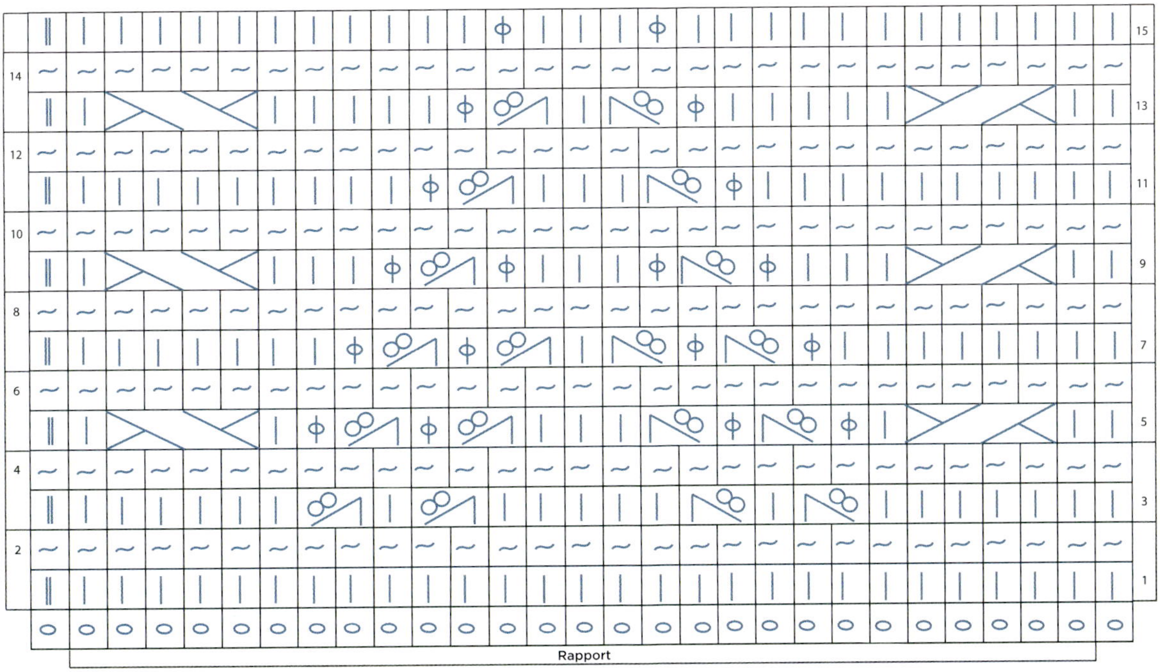

Schritt 9

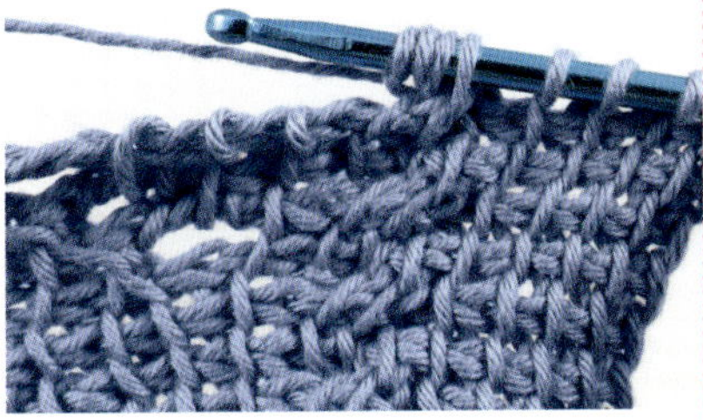

Schritt 9 (Fortsetzung)

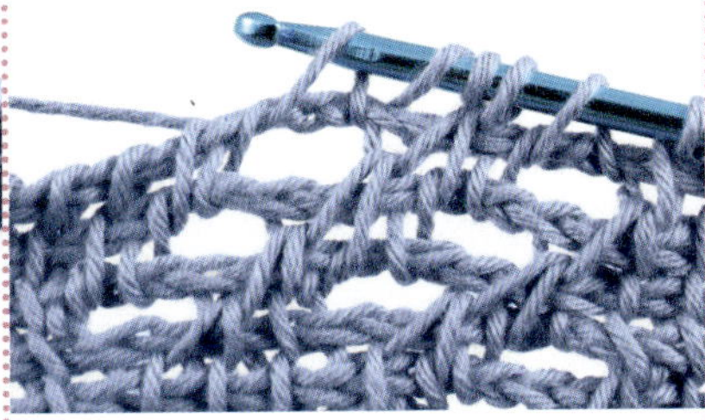

Schritt 9 (Fortsetzung)

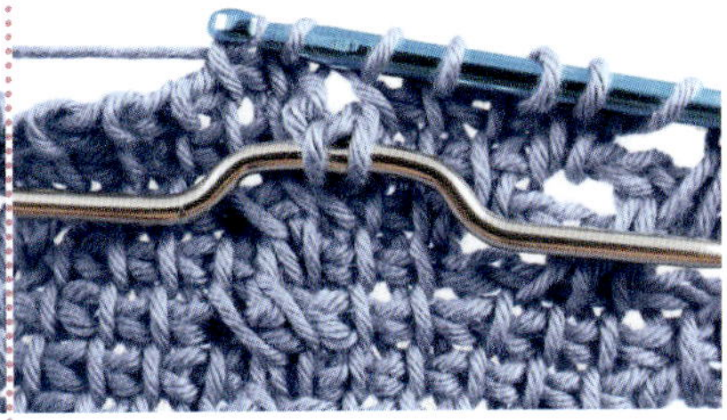

Schritt 5 Rdm rechts, * 1 tGst, 4er-Zopf nach rechts (2 tGst-2 tGst), 1 tGst, [1 tFst in die Lücke, 2 U, 2 tGst zus abm] 2x, 3 tGst, [2 tGst zus abm, 2 U, 1 tFst in die Lücke] 2x, 1 tGst, 4er-Zopf nach links (2 tGst-2 tGst), 1 tGst. Ab * wdh bis Ende, Rdm links.

Schritt 7 Rdm rechts, * 7 tGst, [1 tFst in die Lücke, 2 U, 2 tGst zus abm] 2x, 1 tGst, [2 tGst zus abm, 2 U, 1 tFst in die Lücke] 2x, 7 tGst. Ab * wdh bis Ende, Rdm links.

Schritt 9 Rdm rechts, * 1 tGst, 4er-Zopf nach rechts (2 tGst-2 tGst), 3 tGst, 1 tFst in die Lücke, 2 U, 2 tGst zus abm, 1 tFst in die Lücke, 3 tGst, 1 tFst in die Lücke, 2 tGst zus abm, 2 U, 1 tFst in die Lücke, 3 tGst, 4er-Zopf nach links (2 tGst-2 tGst), 1 tGst. Ab * wdh bis Ende, Rdm links.

Schritt 11 Rdm rechts, * 9 tGst, 1 tFst in die Lücke, 2 U, 2 tGst zus abm, 3 tGst, 2 tGst zus abm, 2 U, 1 tFst in die Lücke, 9 tGst. Ab * wdh bis Ende, Rdm links.

Schritt 13 Rdm rechts, * 1 tGst, 4er-Zopf nach rechts (2 tGst-2 tGst), 5 tGst, 1 tFst in die Lücke, 2 U, 2 tGst zus abm, 1 tGst, 2 tGst zus abm, 2 U, 1 tFst in die Lücke, 5 tGst, 4er-Zopf nach links (2 tGst-2 tGst), 1 tGst. Ab * wdh bis Ende, Rdm links.

Schritt 15 Rdm rechts, 1 tGst in jede M und 1 tFst in jede Lücke bis Ende, Rdm links.

Schritt 16 Wdh Schritte 2-15, enden mit Schritt 2.

129 Zacken-muster I

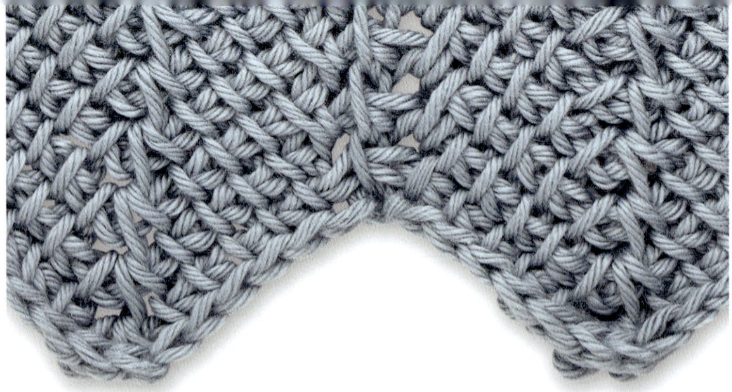

Das traditionelle Zackenmuster ist sehr vielseitig und bietet sich an für zahlreiche Projekte von Accessoires bis Heimtextilien. Es entsteht aus tunesischen Grundstichen, aufgelockert durch Zu- und Abnahmen. Die aufgenommenen Umschläge werden in Folgereihen als Maschen gearbeitet.

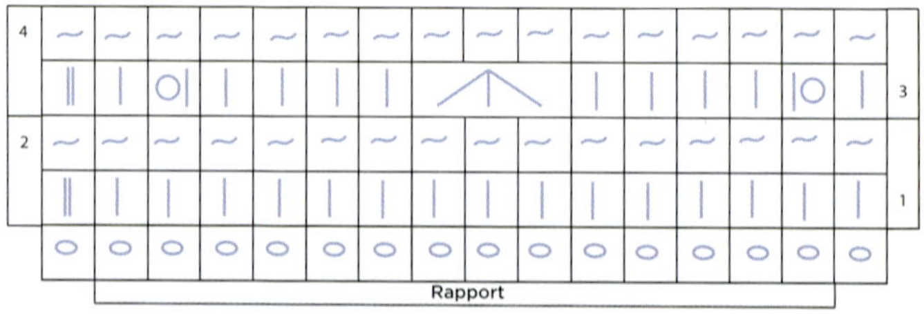

Schritt 2

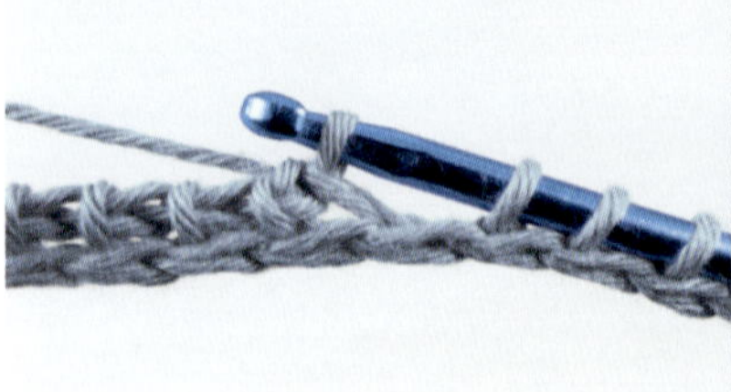

Schritt 3

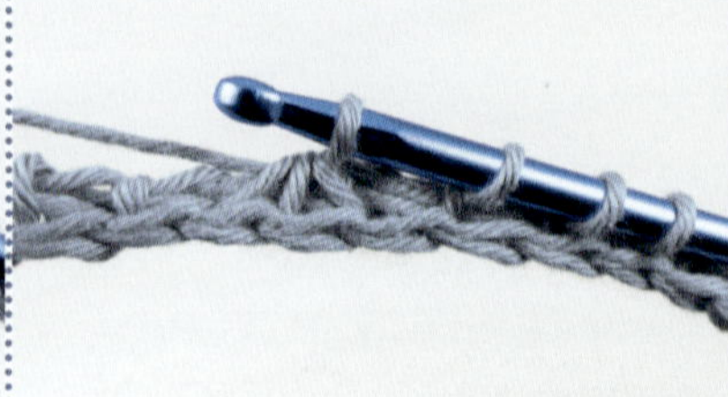

Schritt 3 (Fortsetzung)

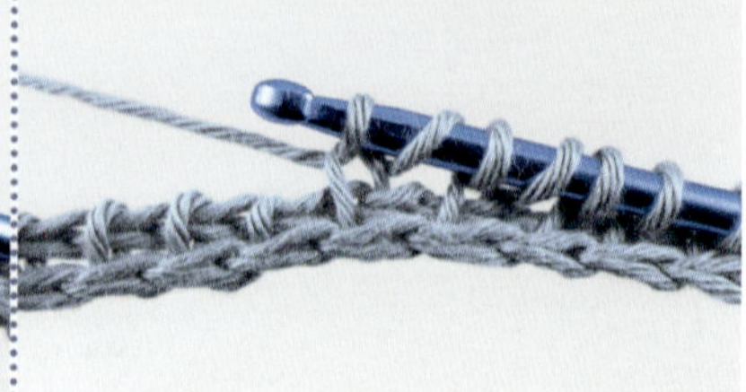

Maschenzahl teilbar durch 14 + 2.

Spezielle Masche
3 tGst zus abm (3 tunesische Grundstiche zusammen abmaschen): Nd in 3 vordere senkrechte M-Glieder einstechen, Faden holen, durchziehen.

Schritte 1-2 Grund-R arb (Seite 16).

Schritt 3 Rdm rechts, * 1 U, 5 tGst, 3 tGst zus abm, 5 tGst, 1 U, 1 tGst. Ab * wdh bis Ende, Rdm links.

Schritt 4 Wdh Schritt 2.

Schritt 5 Wdh Schritte 3-4, dabei in die U-Zwischenräume wie bei tFst einstechen.

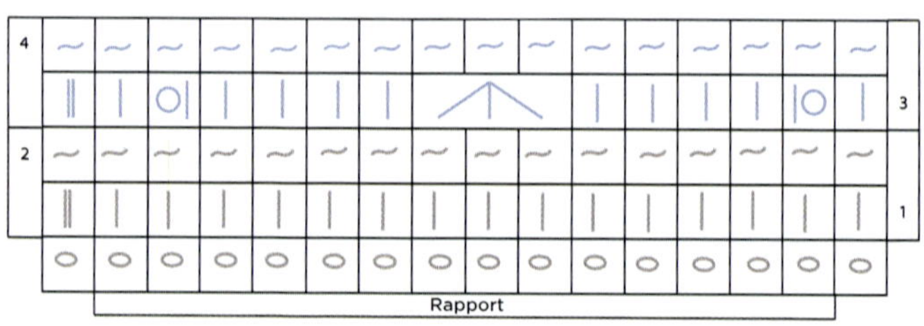

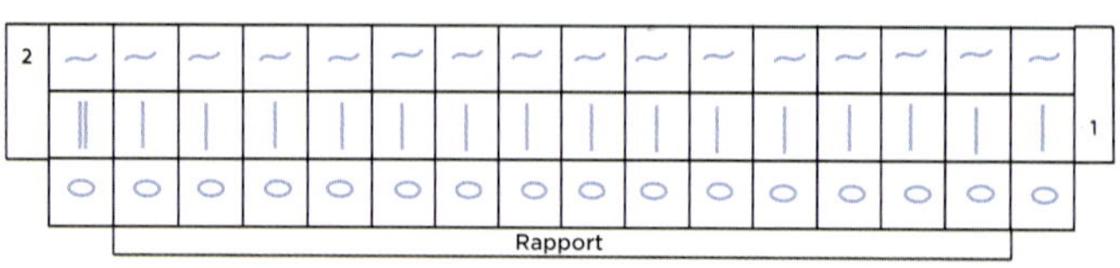

130 Zacken- muster II

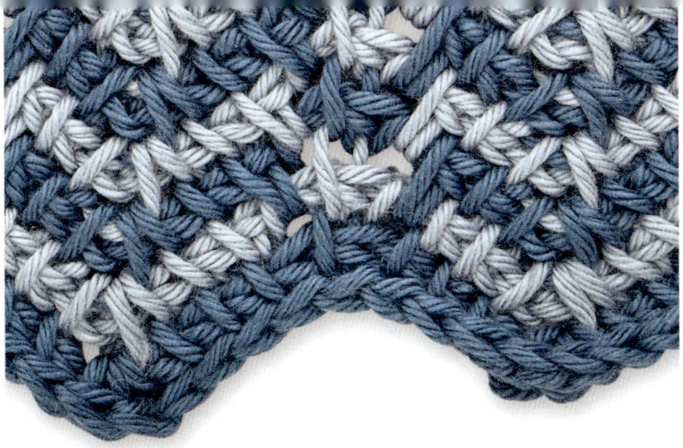

Diese kleinere Variante des vorherigen Musters entsteht durch weniger Maschen zwischen den Zacken. Die aufgenommenen Umschläge werden in Folgereihen als Maschen gearbeitet. Zweifarbig kommt das Muster am schönsten zur Geltung, aber es können auch mehr Farben werden. Der Farbwechsel erfolgt am Ende der Rückreihe mit den letzten zwei Maschen. Diese einfach mit der neuen Farbe abmaschen. Die Garne werden an der Seite mitgeführt und nach Bedarf eingesetzt.

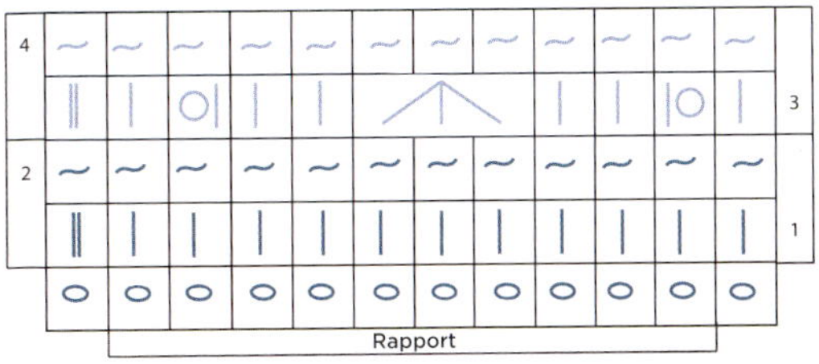

Schritt 3

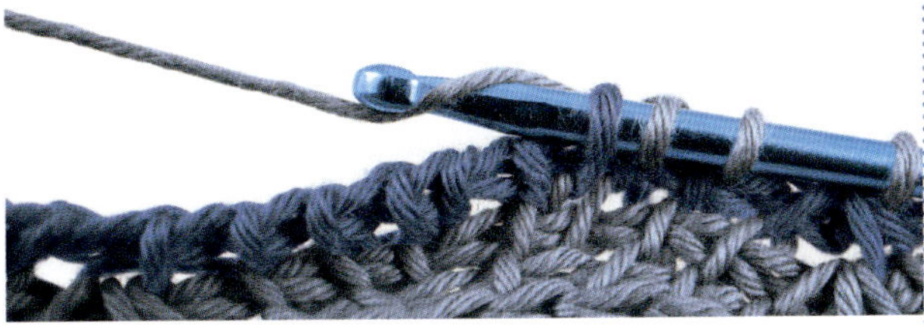

Maschenzahl teilbar durch 10 + 2.

Spezielle Masche
3 tGst zus abm (3 tunesische Grundstiche zusammen abmaschen): Nd in 3 vordere senkrechte M-Glieder einstechen, Faden holen, durchziehen.

Schritte 1-2 Fb A: Grund-R arb (Seite 16).

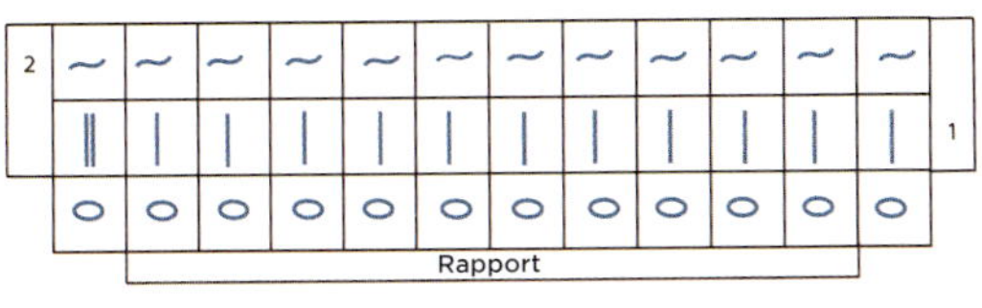

Schritt 3 (Fortsetzung)

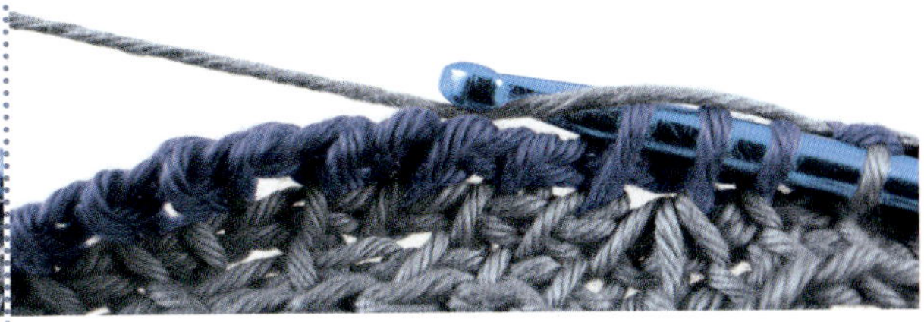

Schritt 3 Fb B: Rdm rechts, * 1 U, 3 tGst, 3 tGst zus abm, 3 tGst, 1 U, 1 tGst. Ab * wdh bis Ende, Rdm links.

Schritt 4 Fb B: Wdh Schritt 2.

Schritt 5 Wdh Schritte 3-4 mit Farbwechsel, dabei in die U-Zwischenräume wie bei tFst einstechen.

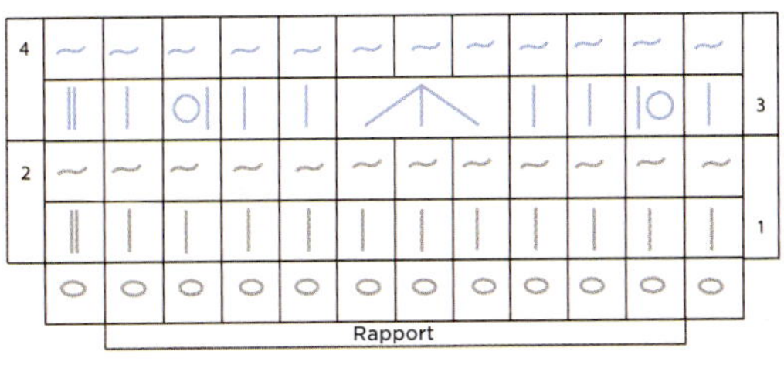

131 Wellenmuster

Die Wellen entstehen durch unterschiedlich hohe Maschen in der gleichen Reihe. Diese Maschengruppen wechseln sich in jeder zweiten Reihe ab und werden von Reihen tunesischer Grundstiche unterbrochen. Das Wellenmuster sieht sowohl ein- als auch mehrfarbig toll aus. Der Farbwechsel erfolgt am Ende der Rückreihe mit den letzten zwei Maschen. Diese einfach mit der neuen Farbe abmaschen. Die Garne werden an der Seite mitgeführt und nach Bedarf eingesetzt.

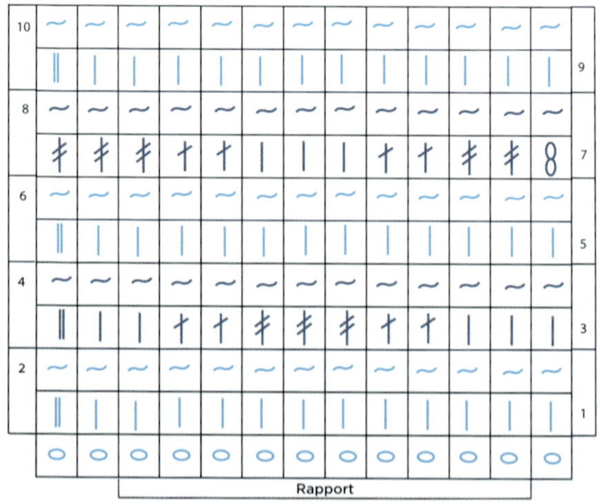

Schritt 2

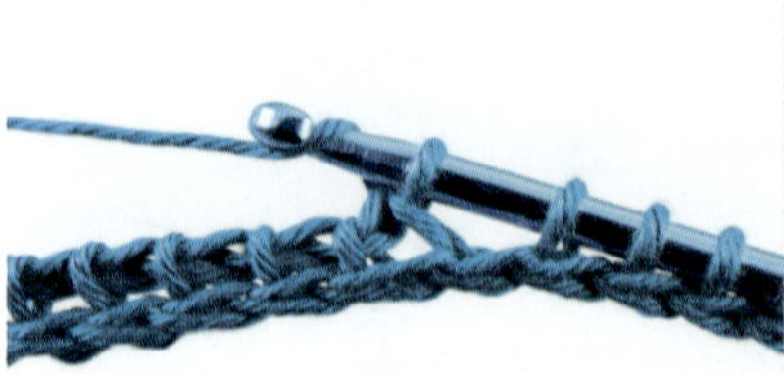

Schritt 3

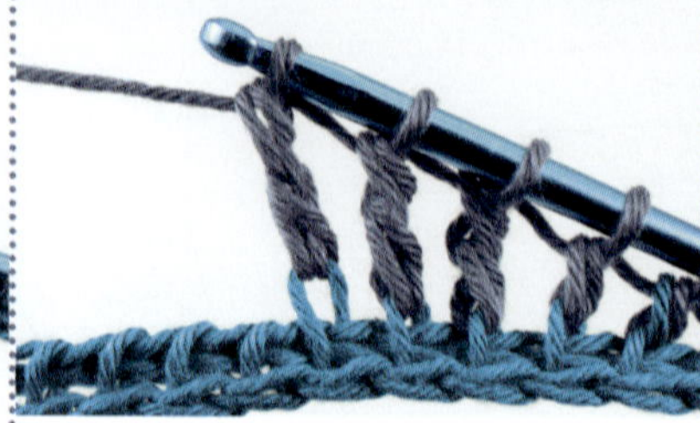

Schritt 5

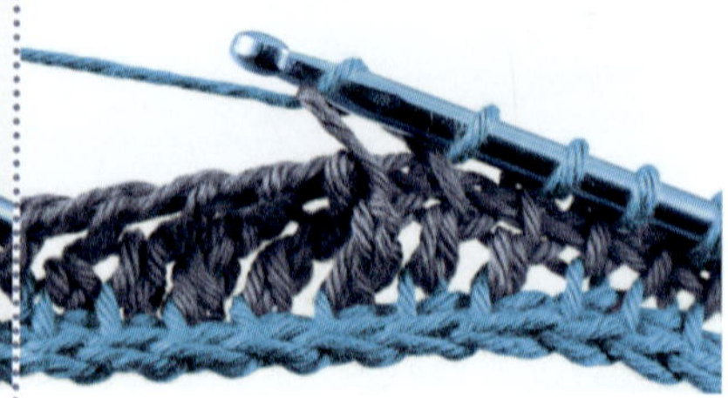

Maschenzahl teilbar durch 10 + 3.

Spezielle Masche
tDstb (tunesisches Doppelstäbchen): 2 U, Nd von rechts nach links in vorderes senkrechtes M-Glied einstechen, Faden holen, durchziehen, [Faden holen, 2 Schlingen abm] 2x.

Schritte 1-2 Fb A: Grund-R arb (Seite 16).

Schritt 3 Fb B: Rdm rechts, * 2 tGst, 2 tStb, 3 tDstb, 2 tStb, 1 tGst. Ab * wdh bis 1 M, 1 tGst, Rdm links.

Schritt 4 Fb B: Wdh Schritt 2.

Schritt 5 Fb A: Rdm rechts, 1 tGst in jede M bis Ende, Rdm links.

Schritt 6 Fb A: Wdh Schritt 2.

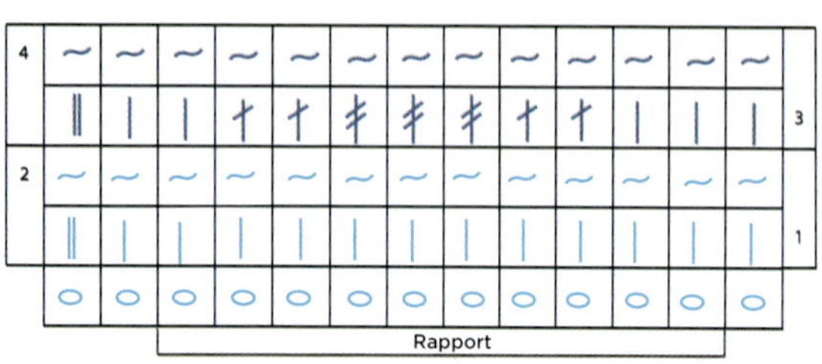

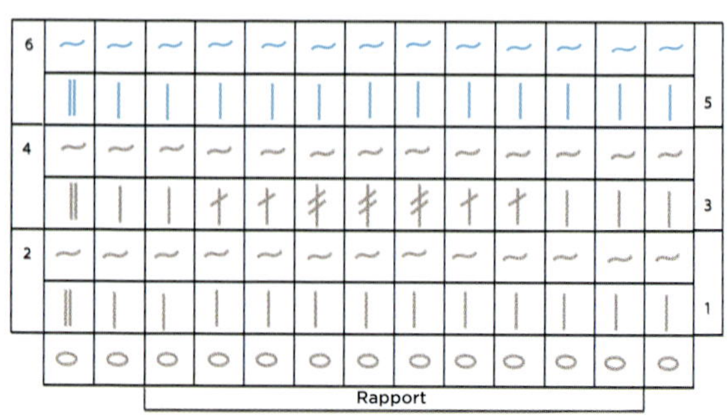

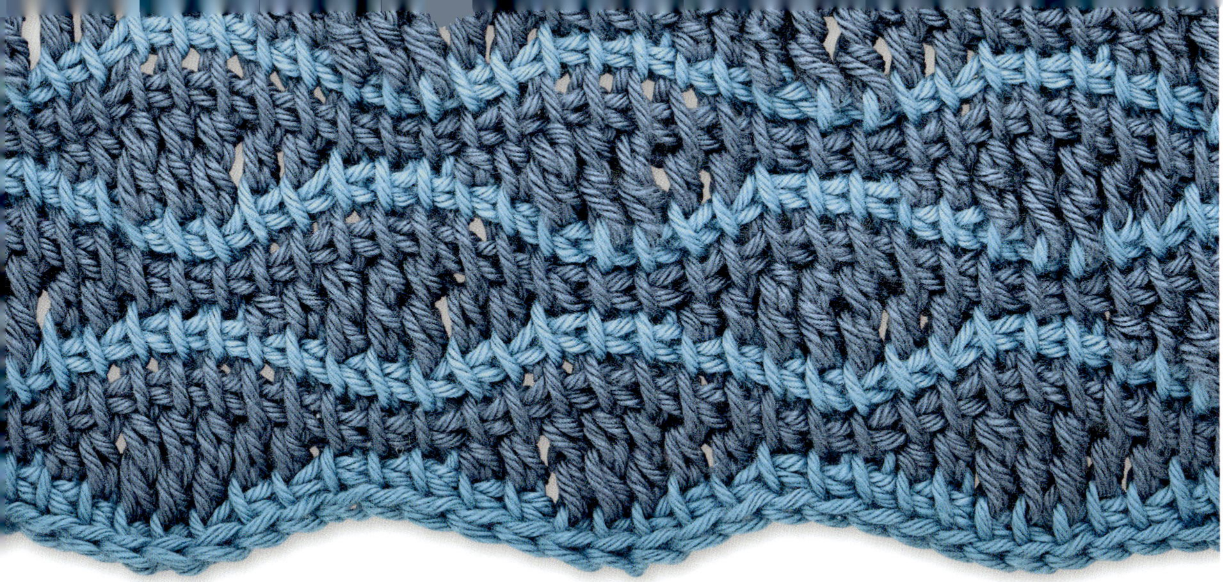

Schritt 7

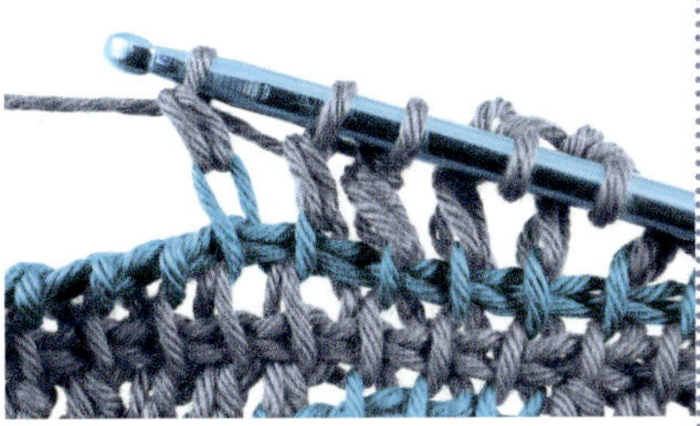

Schritt 7 Fb B: 2 Lm, Rdm rechts, * 2 tDstb, 2 tStb, 3 tGst, 2 tStb, 1 tDstb. Ab * wdh bis 1 M, 1 tDstb in die nächste M, 1 tDstb in die Rdm.

Schritt 7 (Fortsetzung)

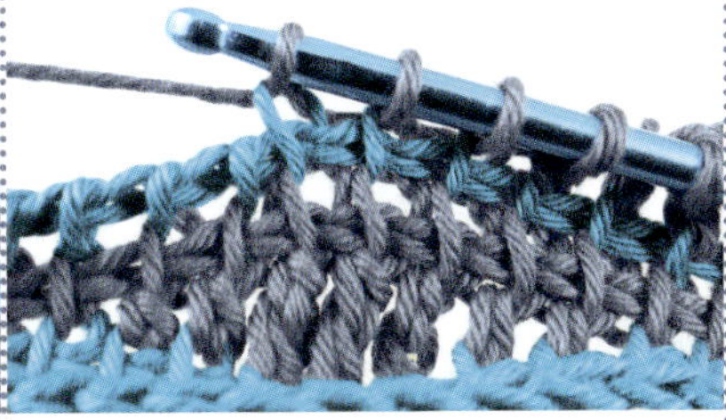

Schritt 8 Fb B: Wdh Schritt 2.

Schritte 9-10 Fb A: Wdh Schritte 5-6.

Schritt 10

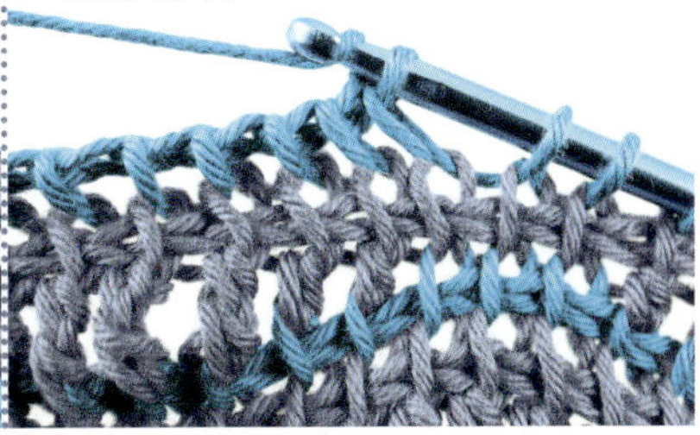

Schritt 11 Wdh Schritte 3-10 mit Farbwechsel.

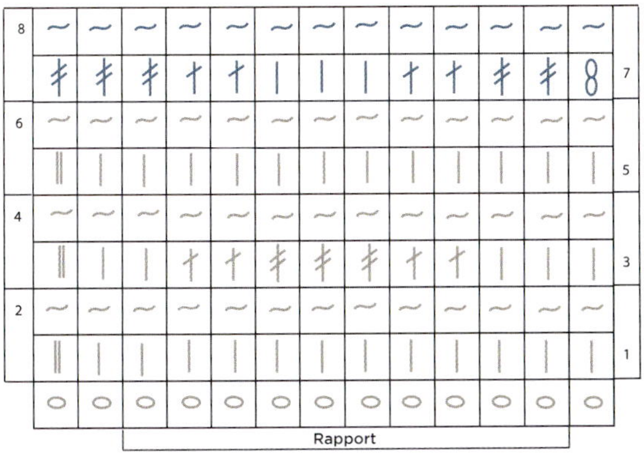

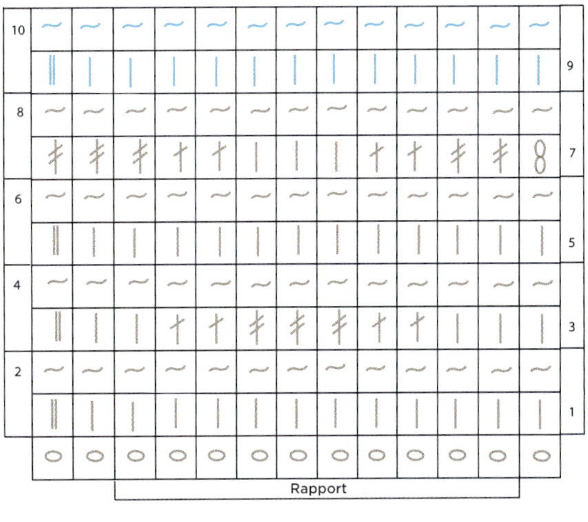

132 Fluss

Die kleinen, sanft fließenden Wellen in diesem Muster kommen ein- oder mehrfarbig schön zur Geltung. Es entsteht ein Stoff mit angenehmem Fall, der über ein ganzes Werkstück gearbeitet werden, aber auch mit nur wenigen Reihen eine interessante Blende für einen Cardigan darstellen kann. Der Farbwechsel erfolgt am Ende der Rückreihe mit den letzten zwei Maschen. Diese einfach mit der neuen Farbe abmaschen. Die Garne werden an der Seite mitgeführt und nach Bedarf eingesetzt.

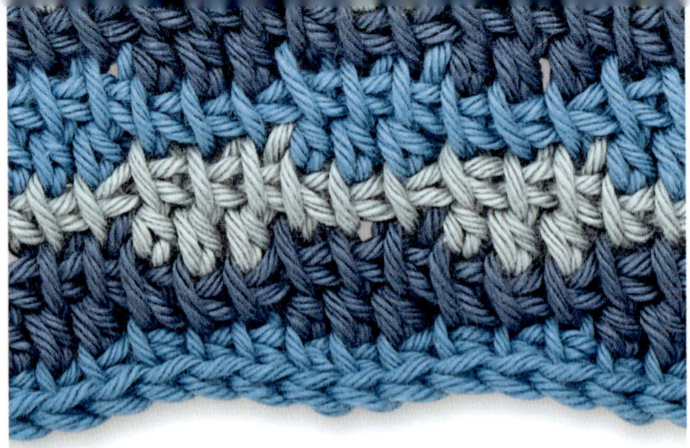

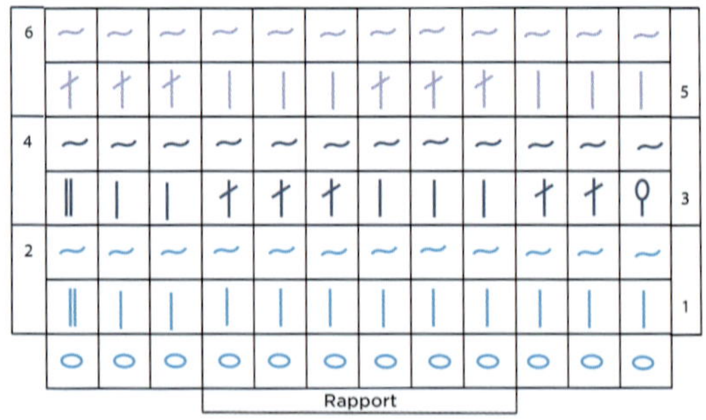

Schritt 5

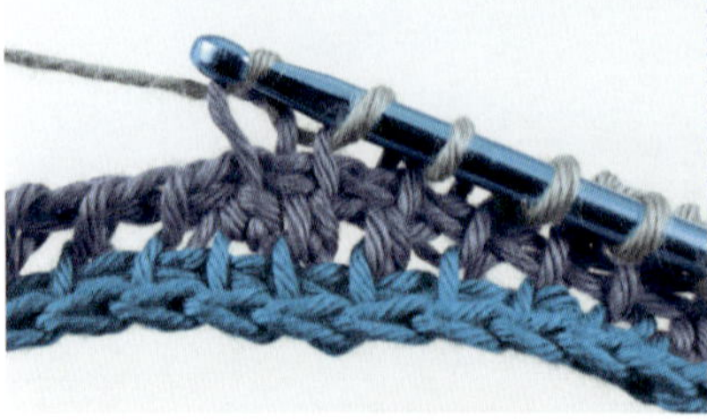

Schritt 5 (Fortsetzung)

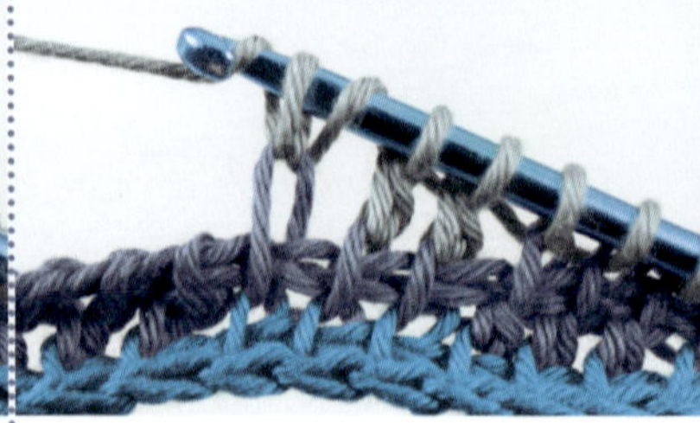

Schritt 6

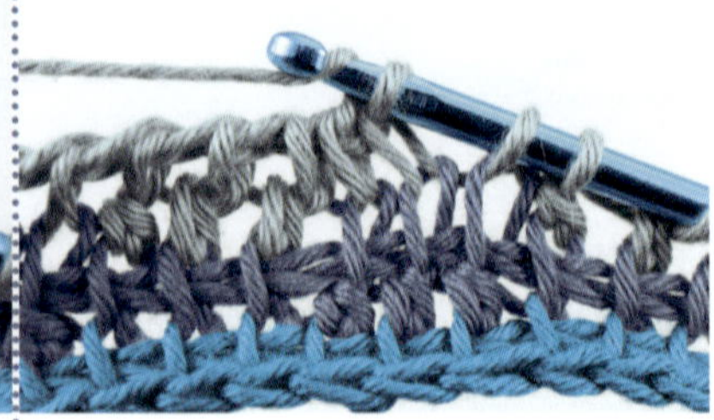

Maschenzahl teilbar durch 6 + 6.

Schritte 1-2 Fb A: Grund-R arb (Seite 16).

Schritt 3 Fb B: 1 Lm, Rdm rechts, 2 tStb, * 3 tGst, 3 tStb. Ab * wdh bis 2 M, 2 tGst, Rdm links.

Schritt 4 Fb B: Wdh Schritt 2.

Schritt 5 Fb C: Rdm rechts, 2 tGst, * 3 tStb, 3 tGst. Ab * wdh bis 2 M, 2 tStb, 1 tStb in Rdm.

Schritt 6 Fb C: Wdh Schritt 2.

Schritt 7 Wdh Schritte 2-6 mit Farbwechsel.

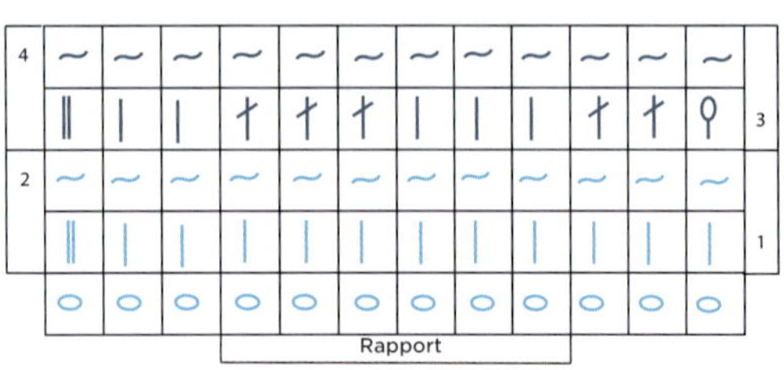

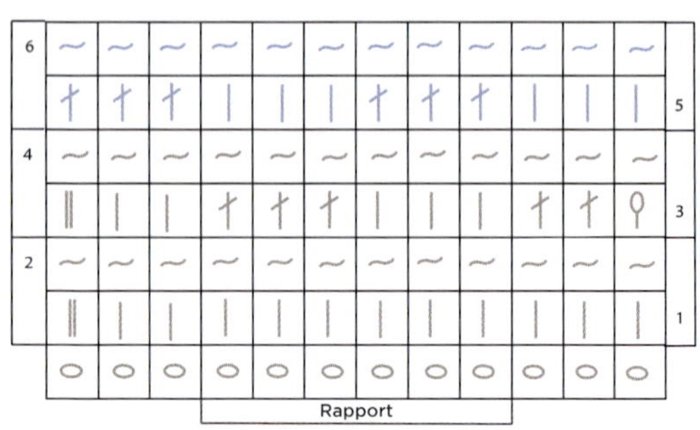

133 Sanfte Wellen

Ein schönes, sanftes Wellenmuster, das fließend fällt und sich für vielerlei Kleidungsstücke und Heimtextilien eignet. Die Umschläge werden in den Folgereihen wie Maschen gearbeitet.

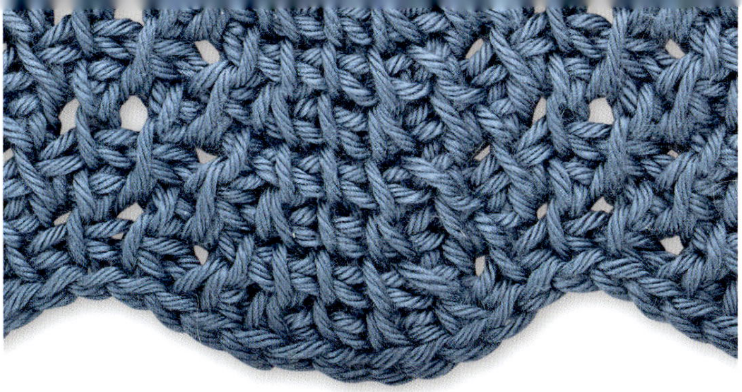

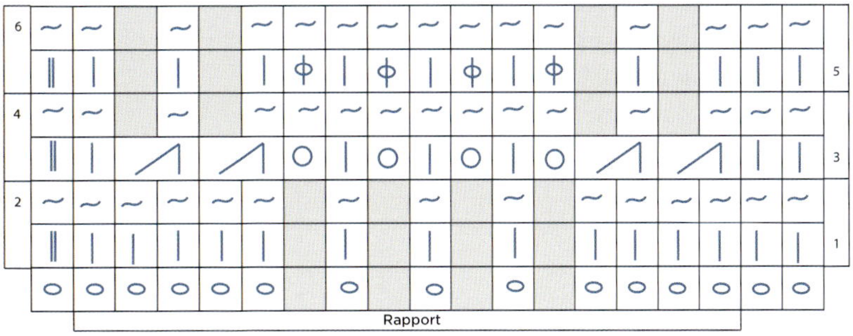

keine Masche – dient der besseren Übersicht von Zu- und Abnahmen

Schritt 3

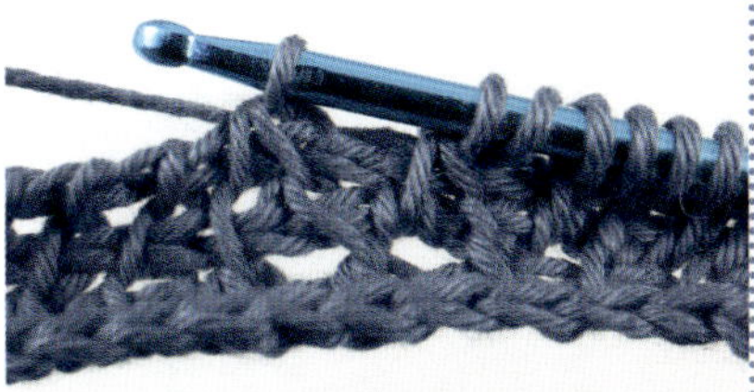

Schritt 3 (Fortsetzung)

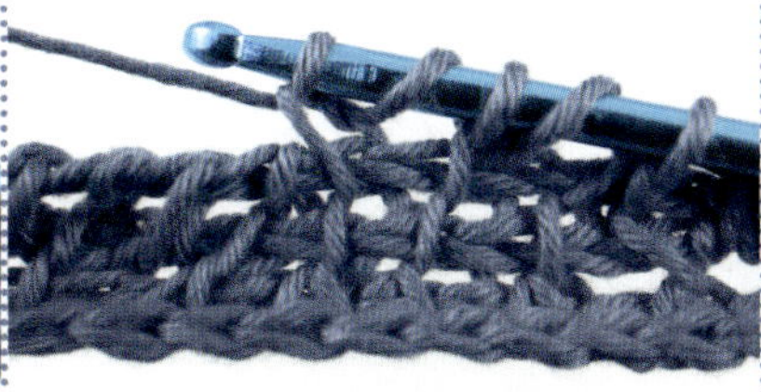

Schritt 5

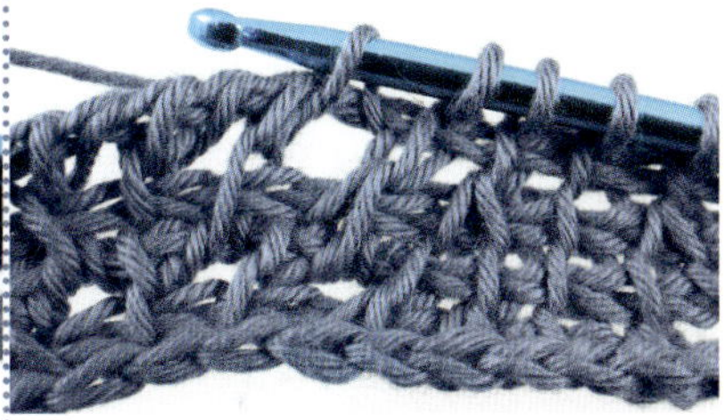

Maschenzahl teilbar durch 12 + 3.

Spezielle Masche
2 tGst zus abm (2 tunesische Grundstiche zusammen abmaschen): Nd in 2 vordere senkrechte M-Glieder einstechen, Faden holen, durchziehen.

Schritte 1-2 Grund-R arb (Seite 16).

Schritt 3 Rdm rechts, 1 tGst, * [2 tGst zus abm] 2x, [1 U, 1 tGst] 3x, 1 U, [2 tGst zus abm] 2x, 1 tGst. Ab * wdh bis Ende, Rdm links.

Schritt 4 Wdh Schritt 2.

Schritt 5 Rdm rechts, * 3 tGst, [1 tFst in die Lücke, 1 tGst] 4x, 1 tGst. Ab * wdh bis 1 M, 1 tGst, Rdm links.

Schritt 6 Wdh Schritt 2.

Schritt 7 Wdh Schritte 3-6.

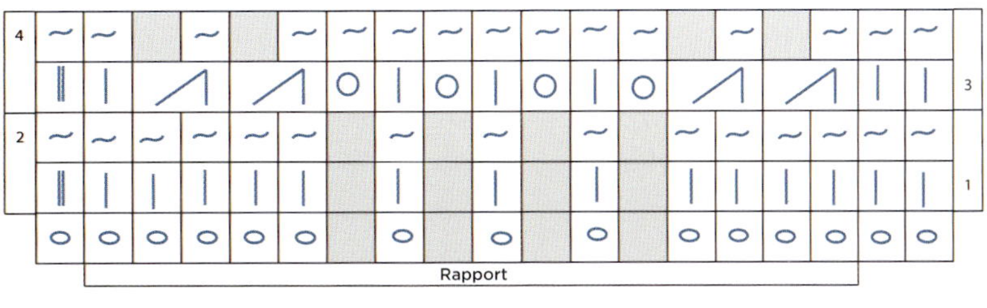

134 Einfache Wellen

Das Wellenmuster wirkt sehr beschwingt und entsteht aus zwei Reihen Wellen, unterbrochen von einer Reihe tunesischer linker Maschen in Kontrastfarbe. Der Farbwechsel erfolgt am Ende der Rückreihe mit den letzten zwei Maschen. Diese einfach mit der neuen Farbe abmaschen. Die Garne werden an der Seite mitgeführt und nach Bedarf eingesetzt.

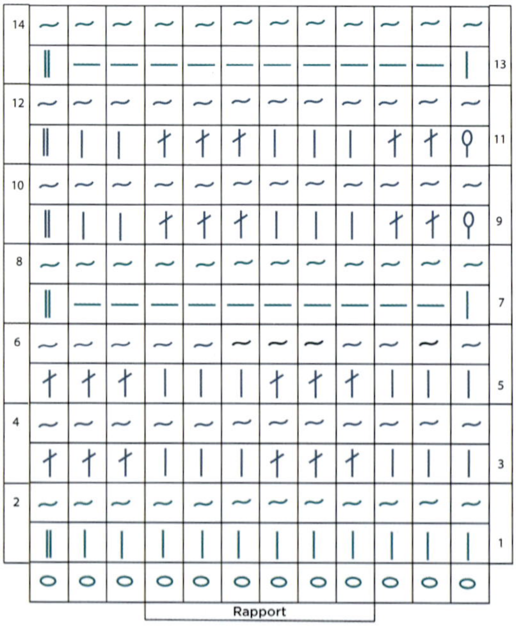

Schritt 5

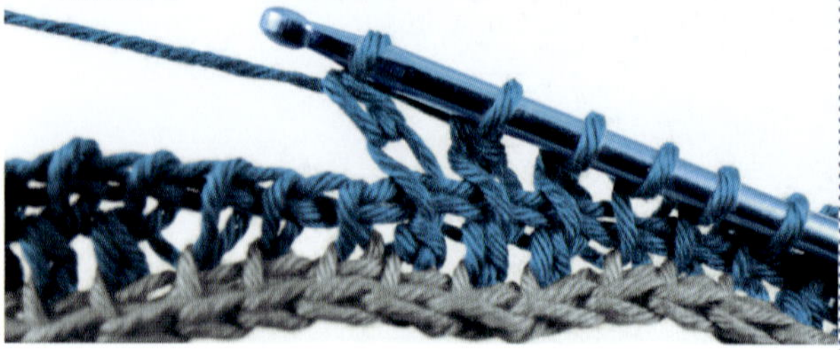

Schritt 5 (Fortsetzung)

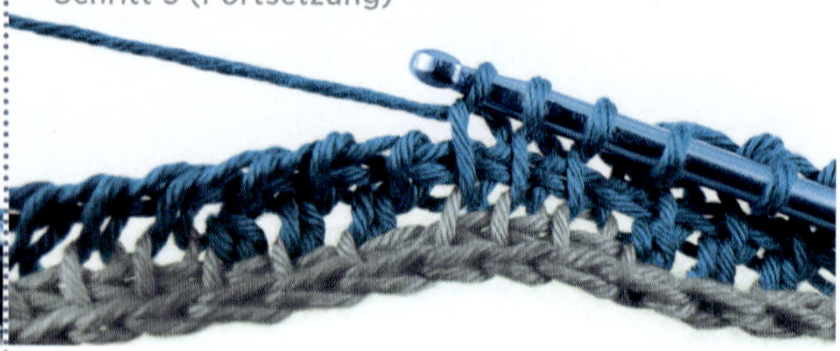

Maschenzahl teilbar durch 6+6.

Schritte 1-2 Fb A: Grund-R arb (Seite 16).

Schritt 3 Fb B: Rdm rechts, 2 tGst, * 3 tStb, 3 tGst. Ab * wdh bis 2 M, 2 tStb, 1 tStb in Rdm.

Schritt 4 Fb B: Wdh Schritt 2.

Schritte 5-6 Fb B: Wdh Schritte 3-4.

Schritt 7 Fb A: Rdm rechts, 1 tliM in jede M bis Ende, Rdm links.

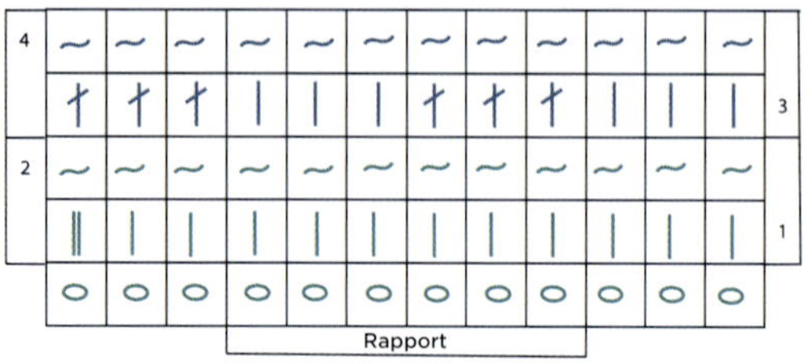

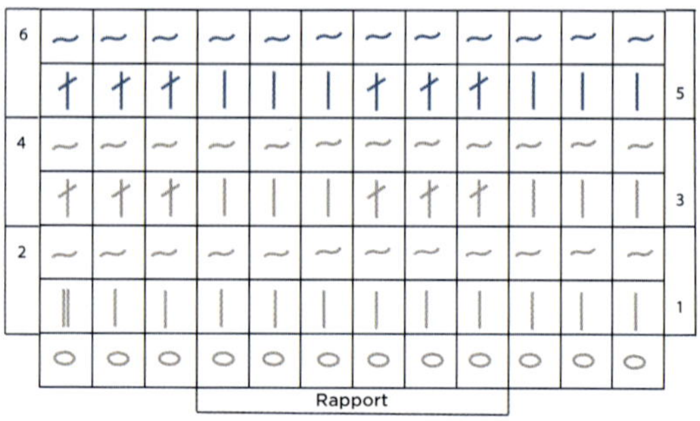

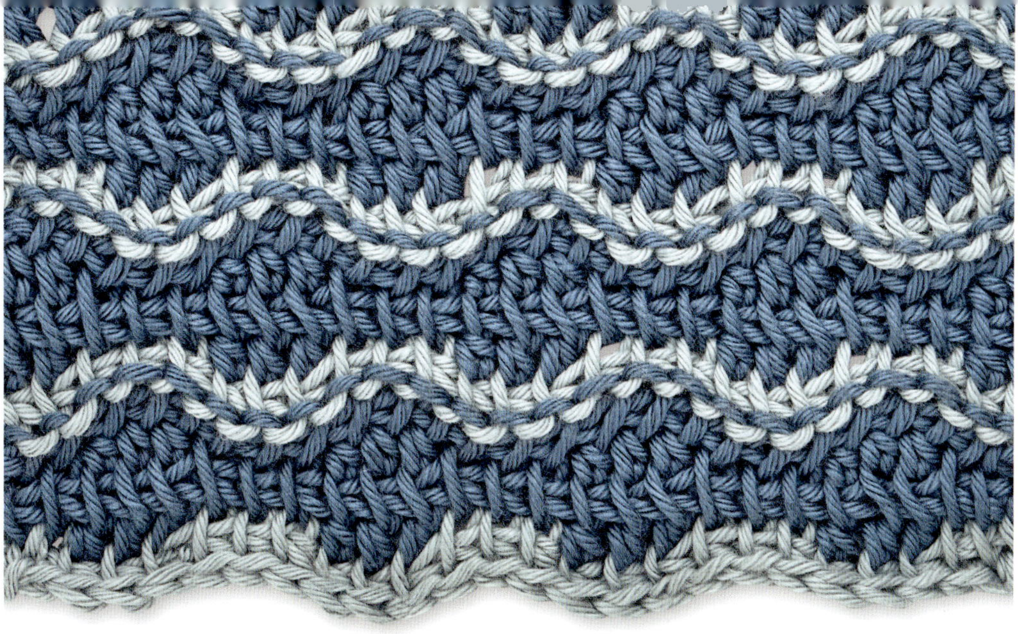

Schritt 7

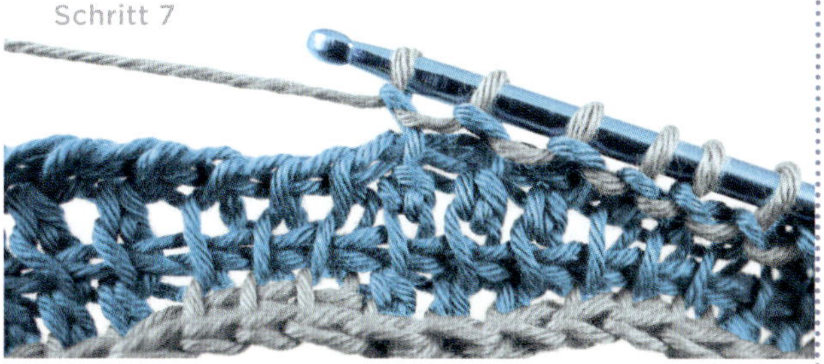

Schritt 8 Fb A: Wdh Schritt 2.

Schritt 9 Fb B: 1 Lm, Rdm rechts, 2 tStb, * 3 tGst, 3 tStb. Ab * wdh bis 2 M, 2 tGst, Rdm links.

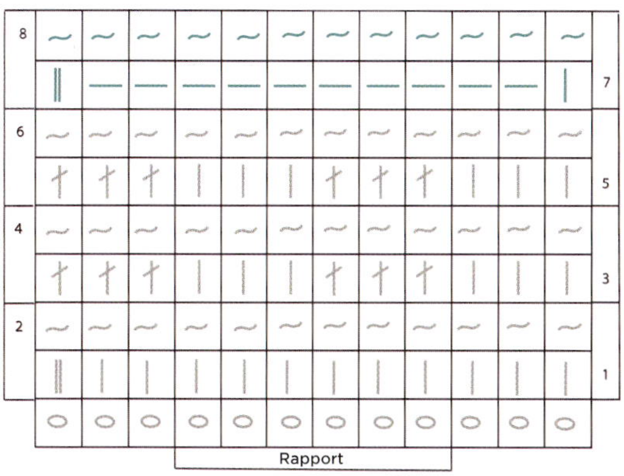

Schritt 10 Fb B: Wdh Schritt 2.

Schritte 11-12 Fb B: Wdh Schritte 9-10.

Schritte 13-14 Fb A: Wdh Schritte 7-8.

Schritt 15 Wdh Schritte 3-14 mit Farbwechsel.

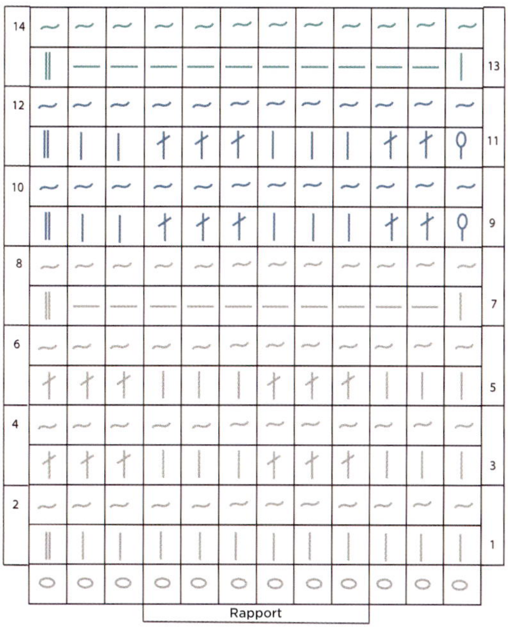

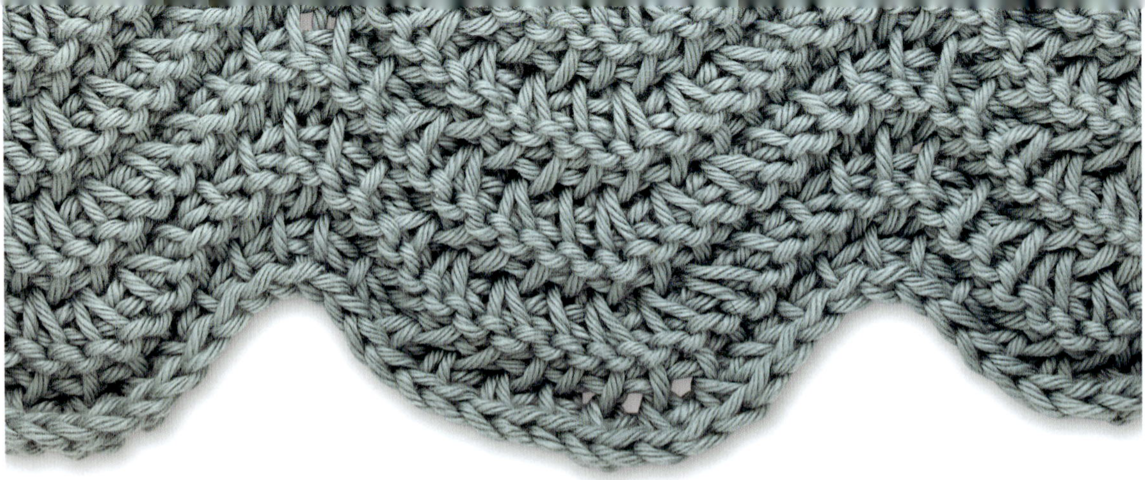

135 Rippen-Wellen

Ein wunderschönes Muster, das in einer oder mehreren Farben gleichermaßen schön ist. Die texturreichen Wellen entstehen durch Zu- und Abnahmen unterbrochen von Reihen aus tunesischen linken Maschen. Auch die Umschläge werden wie normale tunesische linke Maschen gearbeitet.

Schritt 3

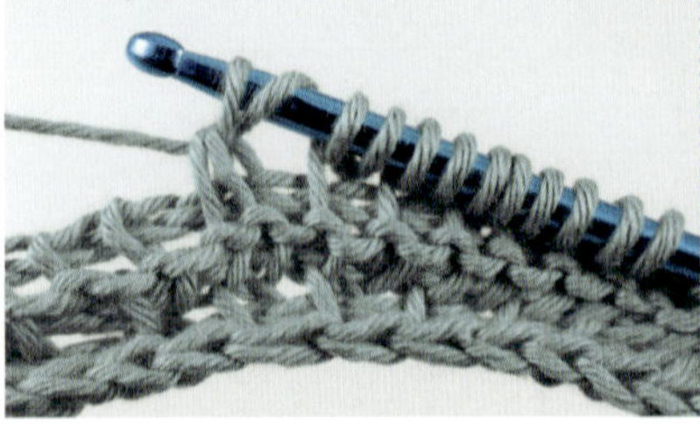

Schritt 3 (Fortsetzung)

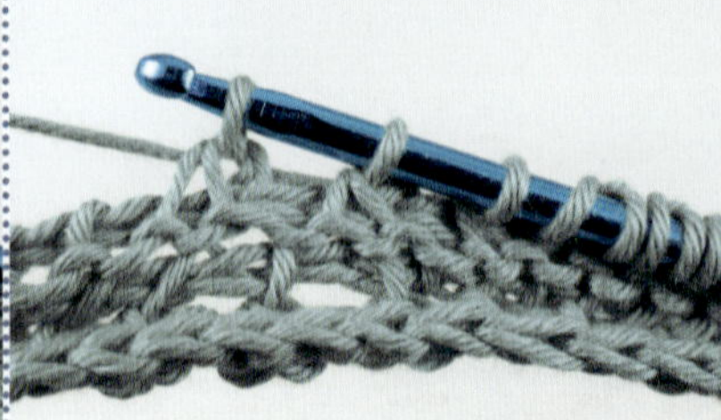

Schritt 5

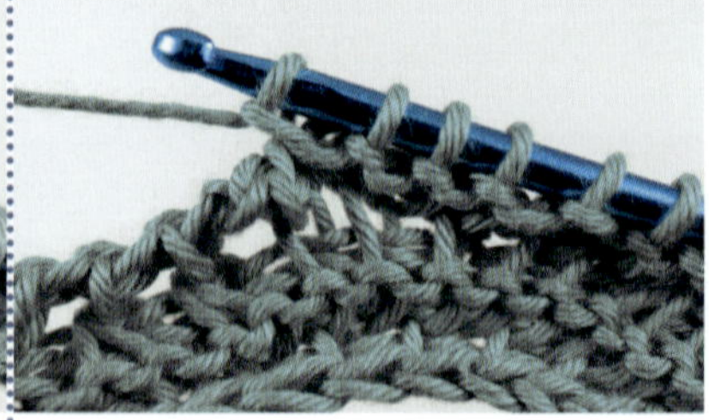

Maschenzahl teilbar durch 18 + 3.

Spezielle Masche
2 tGst zus abm (2 tunesische Grundstiche zusammen abmaschen): Nd in 2 vordere senkrechte M-Glieder einstechen, Faden holen, durchziehen.

Schritte 1-2 Grund-R arb (Seite 16).

Schritt 3 Rdm rechts, * 1 tGst, [2 tGst zus abm] 3x, [1 U, 1 tGst] 5x, 1 U, [2 tGst zus abm] 3x. Ab * wdh bis 1 M, 1 tGst, Rdm links.

Schritt 4 Wdh Schritt 2.

Schritt 5 Rdm rechts, * 1 tliM in jede M bis Ende, Rdm links.

Schritt 6 Wdh Schritt 2.

Schritt 7 Wdh Schritte 3-6.

keine Masche – dient der besseren Übersicht von Zu- und Abnahmen

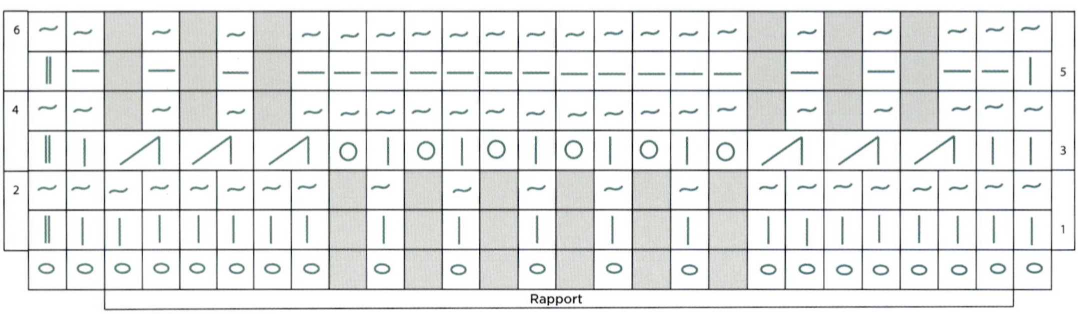

136 Wellen in Waben

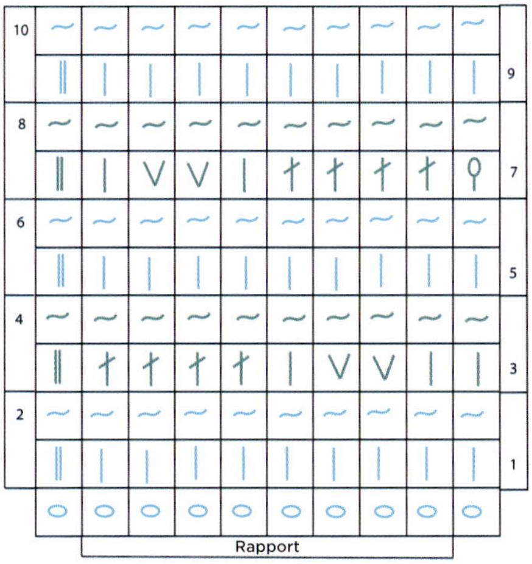

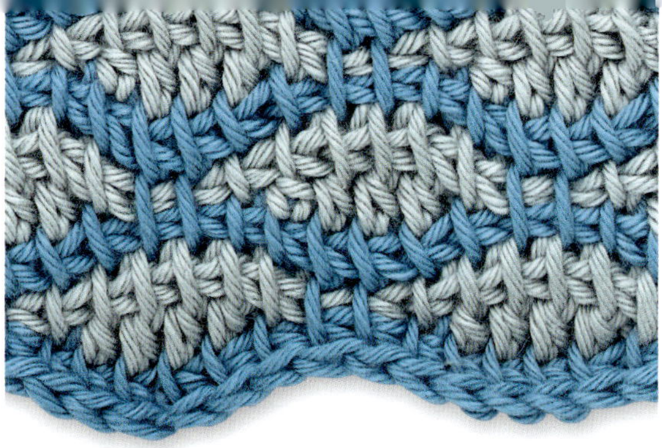

Das klassische Wellenmuster besticht durch auffällige Effekte, die optimal sind für Decken und Heimtextilien. Der Farbwechsel erfolgt am Ende der Rückreihe mit den letzten zwei Maschen. Diese einfach mit der neuen Farbe abmaschen. Die Garne werden an der Seite mitgeführt und nach Bedarf eingesetzt.

Schritt 3

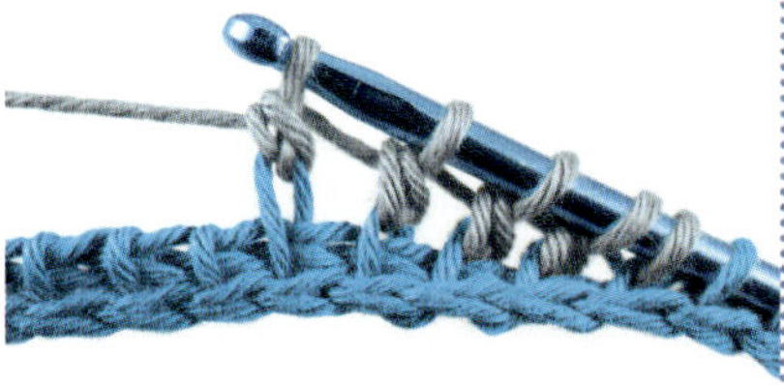

Schritt 5

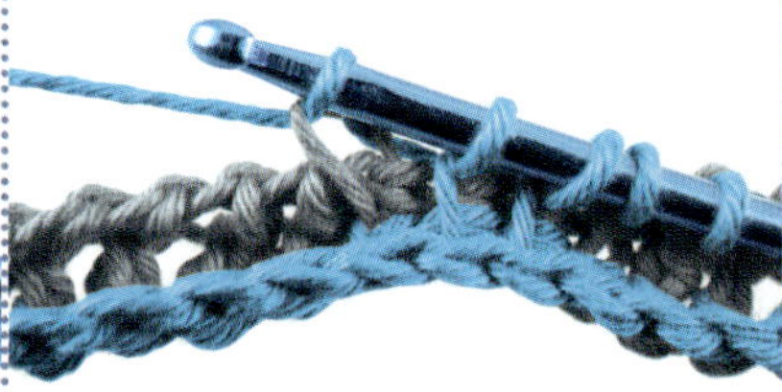

Schritt 7

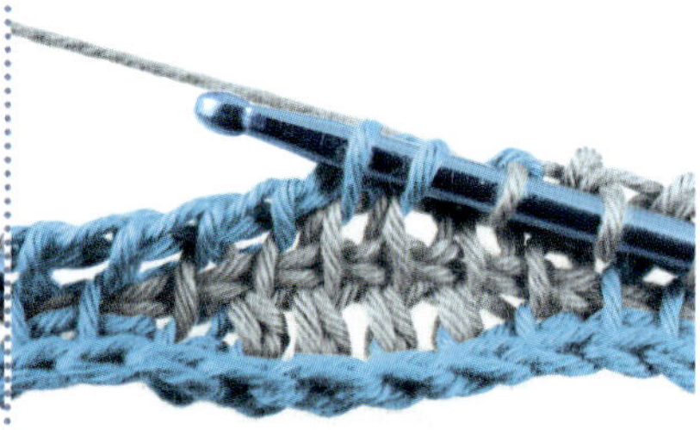

Maschenzahl teilbar durch 8+2.

Spezielle Masche
tHm (tunesische Hebemasche): Nd von rechts nach links ins nächste senkrechte M-Glied einstechen, abheben wie für tGst, unbearbeitet auf der Nd lassen.

Schritte 1-2 Fb A: Grund-R arb (Seite 16).

Schritt 3 Fb B: Rdm rechts, * 1 tGst, 2 tHm, 1 tGst, 4 tStb. Ab * wdh bis Ende, Rdm links.

Schritt 4 Fb B: Wdh Schritt 2.

Schritt 5 Fb A: Rdm rechts, 1 tGst in jede M bis Ende, Rdm links.

Schritt 6 Fb A: Wdh Schritt 2.

Schritt 7 Fb B: 1 Lm, Rdm rechts, * 4 tStb, 1 tGst, 2 tHm, 1 tGst. Ab * wdh bis Ende, Rdm links.

Schritt 8 Fb B: Wdh Schritt 2.

Schritte 9-10 Fb A: Wdh Schritte 5-6.

Schritt 11 Wdh Schritte 3-10 mit Farbwechsel.

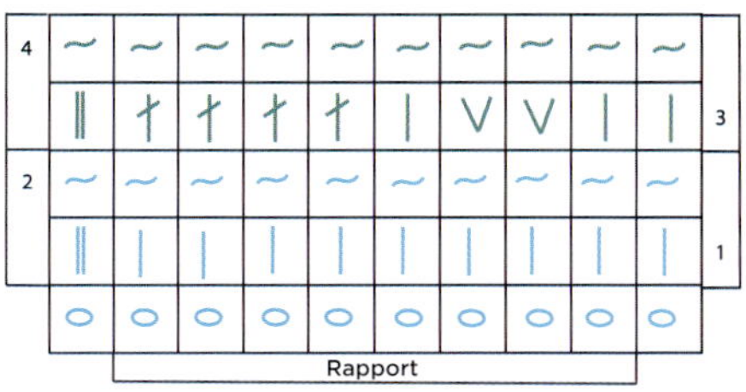

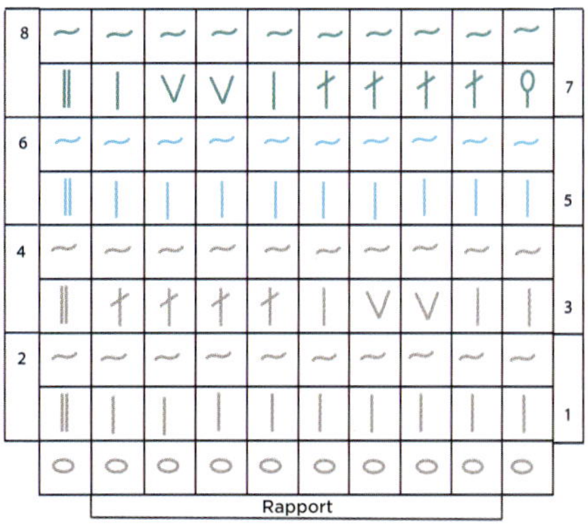

137 Kreuzstich

Die Gitterstruktur des tunesischen Grundstichs ist der perfekte Untergrund für Verzierungen mit Kreuzstich. Sie können jede beliebige Stickvorlage für Ihr Werkstück umsetzen. Es wird eine Sticknadel benötigt.

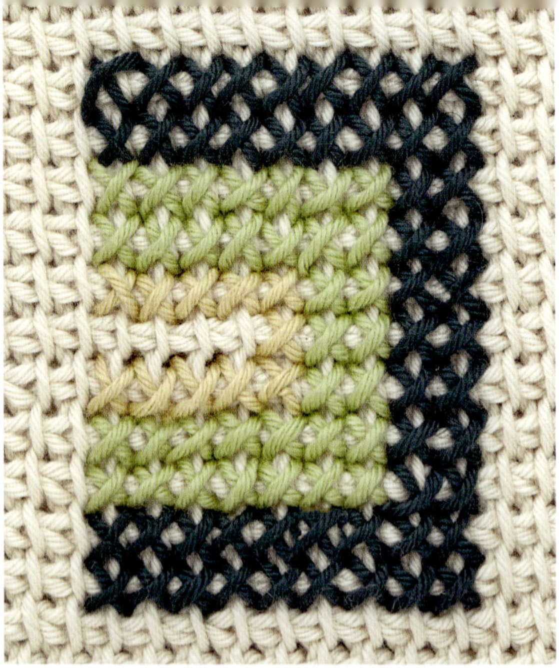

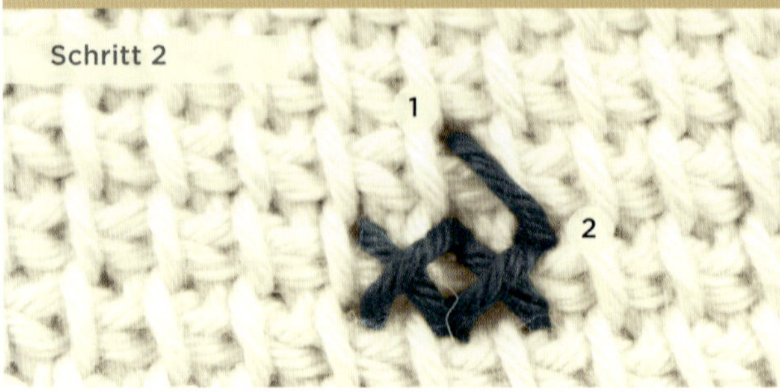

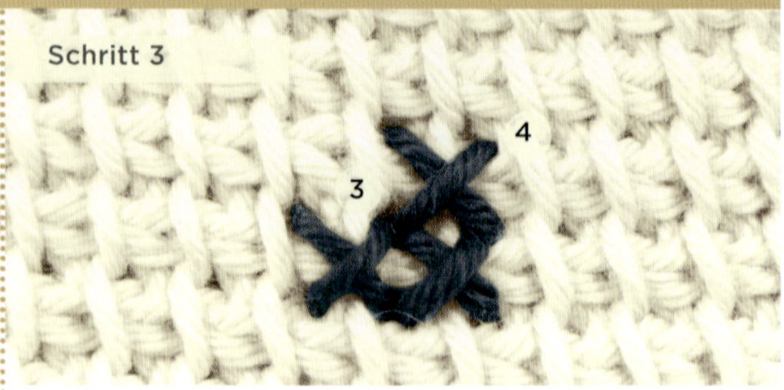

Schritt 1 Die gewählte Fb in die Sticknd einfädeln und den Faden mit 1 bis 2 kleinen Stichen an der Rückseite der Arbeit sichern. Dabei etwas Faden zugeben, um abschließend vernähen zu können.

Schritt 2 Die Nd auf die rechte Seite der Arbeit durchführen, genau über der linken oberen Ecke der Querrippe einer M (Punkt 1). Die Nd von dort diagonal an das untere rechte Ende des senkrechten M-Gliedes (Punkt 2) führen und dort auf die Rückseite der Arbeit durchstechen.

Schritt 3 Die Nd jetzt von unten rechts nach unten links an die Ecke der unteren Querrippe (Punkt 3) führen und wieder auf die rechte Seite der Arbeit durchstechen. Nun die Nd diagonal zur rechten oberen Ecke des senkrechten M-Gliedes (Punkt 4) führen und dort zur Rückseite durchstechen, um den Kreuzstich zu beenden.

Schritt 4 Wdh Schritte 2-3 für weitere Kreuzstiche.

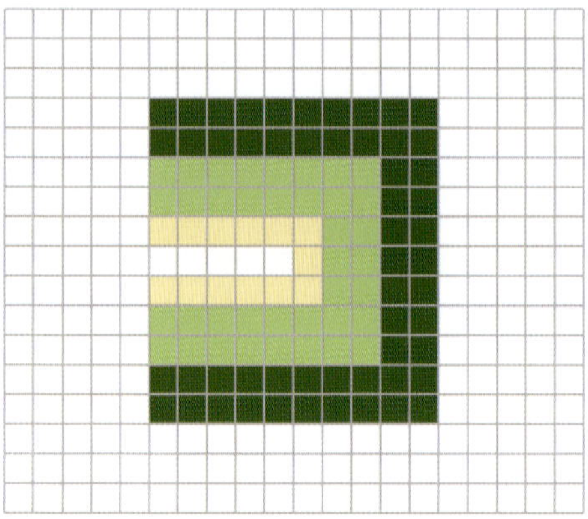

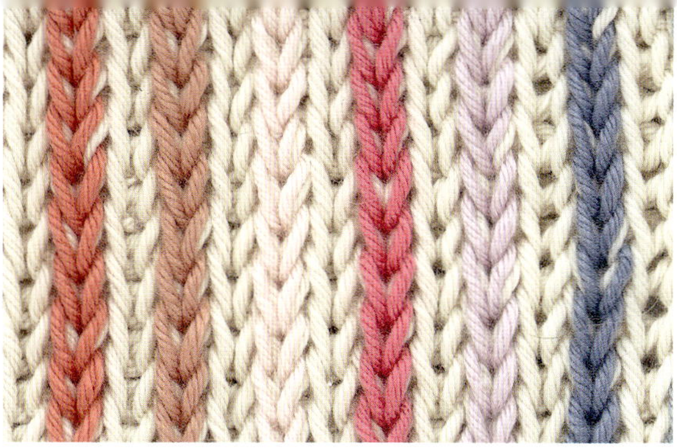

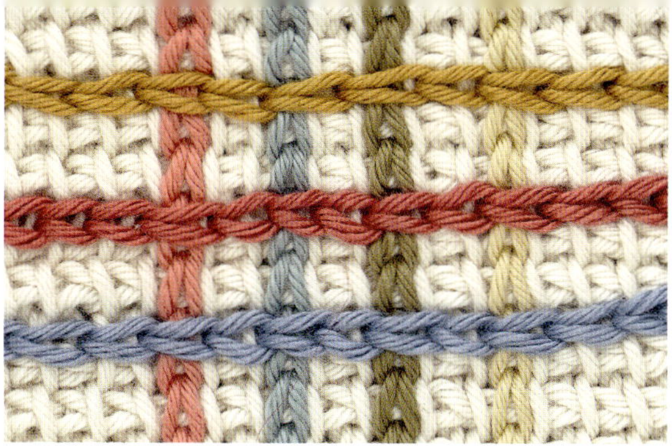

138 Maschenstich

Der Maschenstich ist eine wunderbare Möglichkeit, Ihre Arbeit zu verschönern. Er funktioniert ausschließlich bei Mustern im tunesischen Strickstich, weil nur dieser die erforderliche V-Struktur aufweist. Verwenden Sie das gleiche (oder etwas dickeres) Garn wie für Ihr Projekt. Es wird eine Sticknadel benötigt.

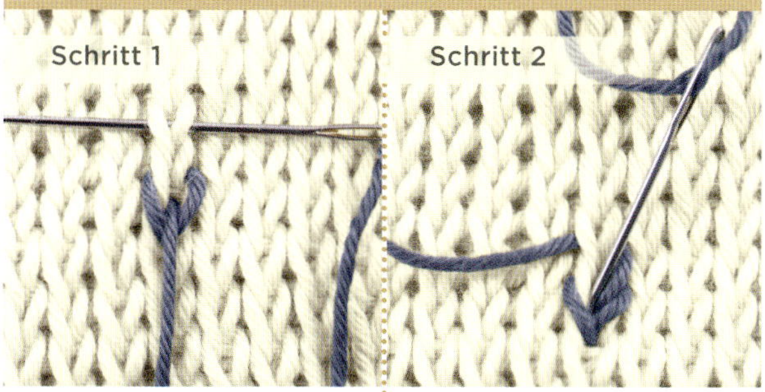

Schritt 1 Das Garn in die Sticknd einfädeln und von hinten nach vorn am unteren M-Ende (Basispunkt des V) durchstechen. Dann die Nd von rechts nach links um die beiden senkrechten Fäden des darüberliegenden Vs führen und das Garn durchziehen.

Schritt 2 Die Nd wieder zurück zum Basispunkt der M führen und dort einstechen und durchziehen.

Schritt 3 Wdh Schritte 1-2 für jeden weiteren M-Stich.

139 Aufgesetzte Kettmasche

Diese Maschen verleihen schlichten tunesischen Häkelmustern einen interessanten Blickfang. Kettmaschen werden von vorn nach hinten in geraden oder kurvenförmigen Linien auf das Häkelstück gearbeitet.

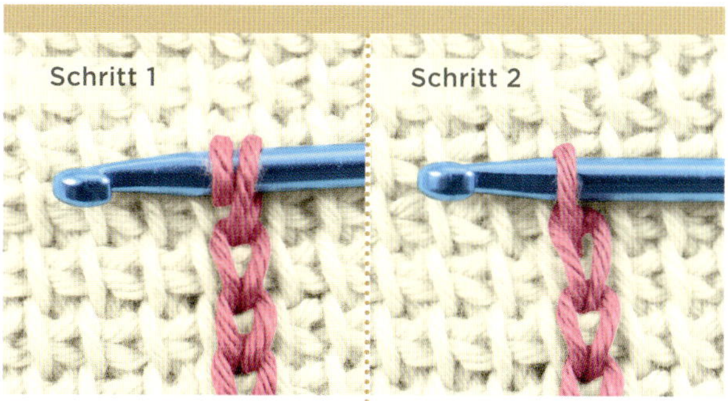

Schritt 1 Die Häkelnd von vorn nach hinten in die zu verzierende M einstechen, Faden holen und nach vorn durchziehen. Die Nd in die nächste M einstechen, Faden holen, wieder durchziehen (2 Schlingen auf der Nd).

Schritt 2 Die 2. Schlinge auf der Nd durch die 1. ziehen.

Schritt 3 Wdh Schritte 1-2, um weitere Km zu arb.

140 Kettmaschen auf Netzmuster

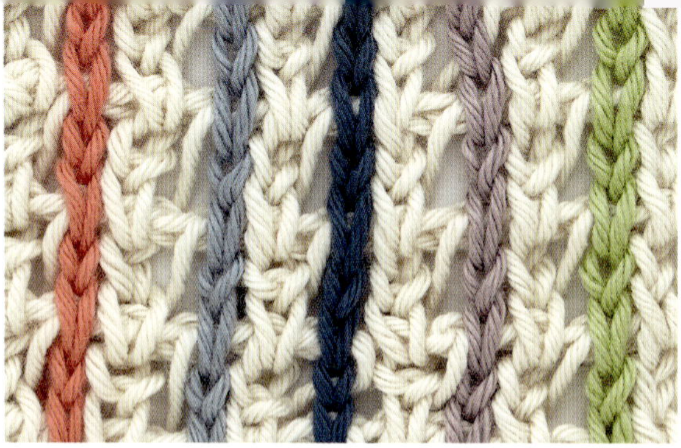

Mit aufgesetzten Kettmaschen bei Netzmustern hat man die Möglichkeit, mit Garnen unterschiedlicher Stärken und Texturen zu experimentieren. Auf einer Stola sieht eine derartige Verzierung wunderschön aus. Für die hier gezeigten aufgesetzten Kettmaschen wurde das Gittermuster auf Seite 113 zugrunde gelegt.

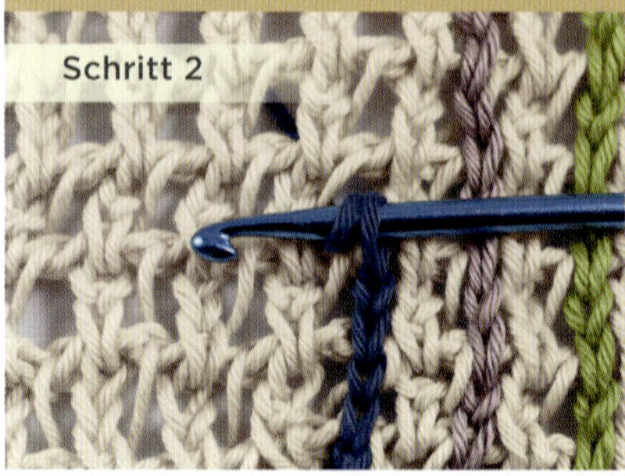

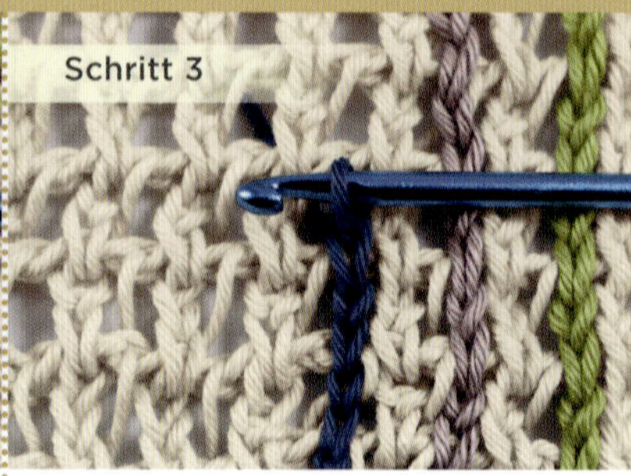

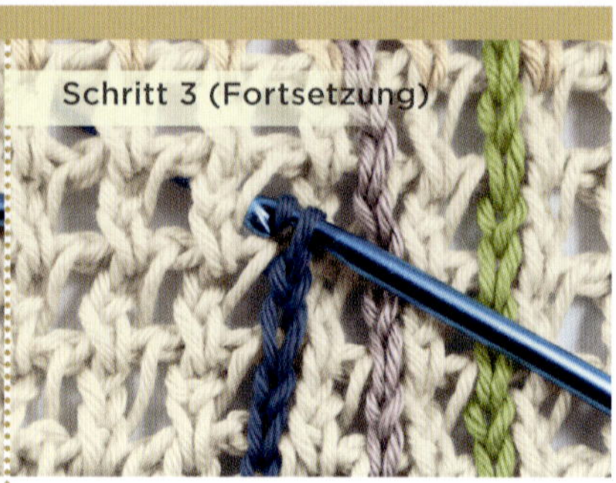

Schritt 1 Das Garn mit 1 Km hinter der Arbeit in der R, auf die die Km aufgesetzt werden sollen, anschlingen.

Schritt 2 Die Nd von vorn nach hinten in die nächste M einstechen, Faden holen, durchziehen (2 Schlingen auf der Nd).

Schritt 3 Die 2. Schlinge auf der Nd durch die 1. ziehen. 1 Lm arb. Nd über die nächste R des Gitters hinweg einstechen, Faden holen, durchziehen.

Schritt 4 Wdh Schritte 2-3 für weitere aufgesetzte Kettmaschen.

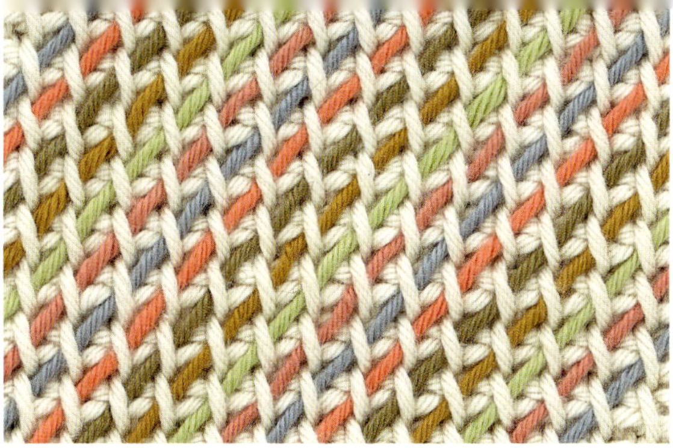

141 Weben

Weben ist eine schöne Methode, um einen tunesischen Grundstich zu verschönern. Die Häkelarbeit wird dadurch nicht nur interessanter, sondern auch fester. Lassen Sie Ihrer Phantasie freien Lauf. Es kann in jede beliebige Richtung und mit jedem beliebigen Garn gearbeitet werden. Es wird eine Sticknadel benötigt.

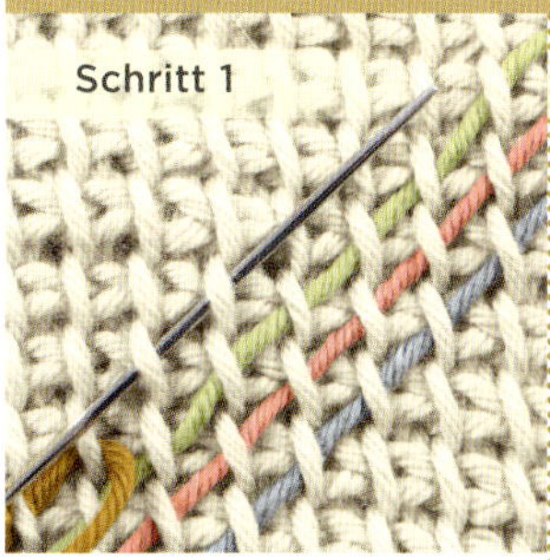

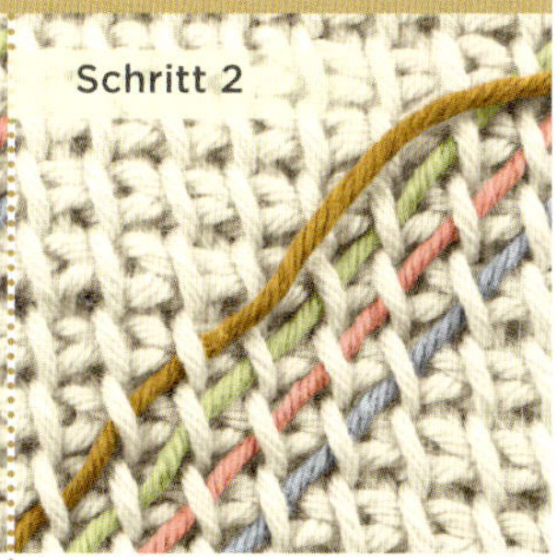

Schritt 1 Das Garn in die Sticknd einfädeln und von hinten nach vorn in beliebiger Richtung in die senkrechten M-Glieder einstechen.

Schritt 2 Das Garn durch die M ziehen. Nach Fertigstellung das Garn auf der Rückseite vernähen.

Schritt 3 Wdh Schritte 1-2 für beliebig viele Stiche und Farben.

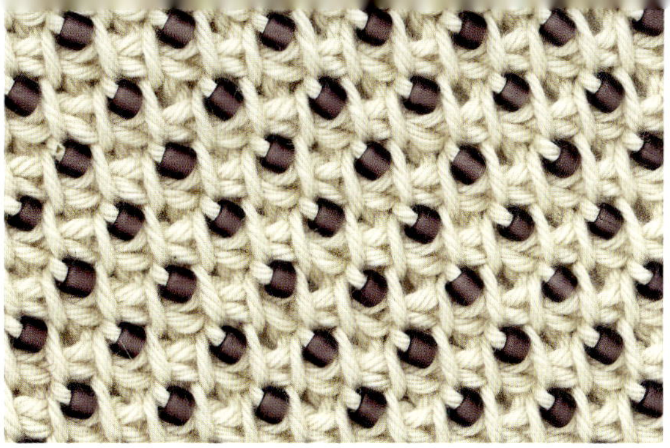

142 Perlen

Mit Perlen geben Sie Ihrer Arbeit eine zusätzliche Dimension. Sie sehen auf tunesischem Grundstich oder einem Lochmuster umwerfend aus.

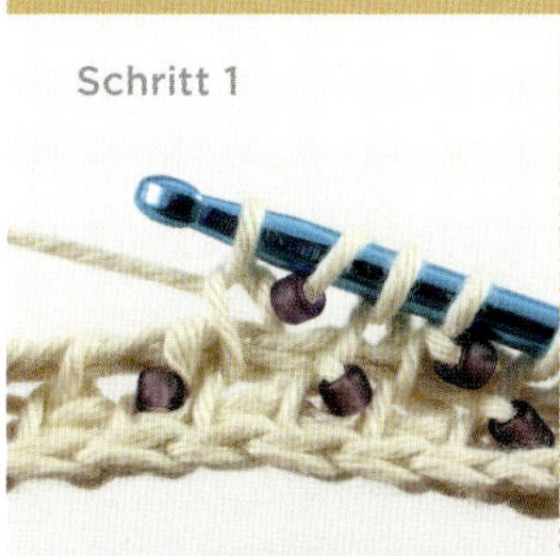

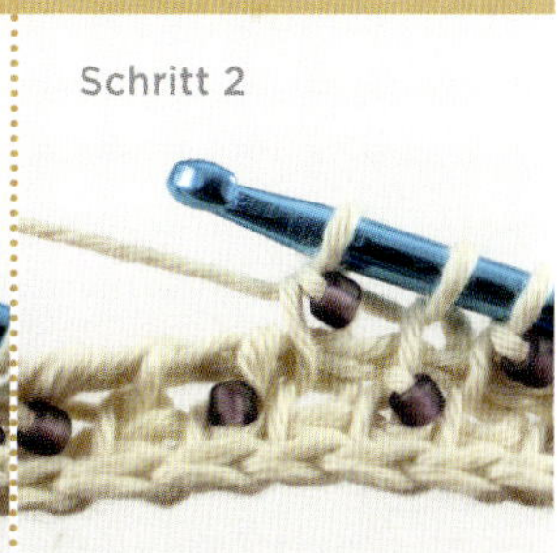

Vorbereitung Bevor mit dem Häkeln begonnen wird, müssen die Perlen auf das Garn aufgezogen werden. Dazu einen Faden Nähgarn in eine dünne Nähnadel (eine, die sich leicht durch die Perlen ziehen lässt) einfädeln. Die Fadenenden verknoten und dadurch eine Schlinge bilden. Das Ende des Häkelgarns jetzt durch die Schlinge legen. Nun eine Perle auf die Nähnadel setzen und vorsichtig über die Nd auf das Garn schieben. Fortsetzen, bis sich die gewünschte Anzahl Perlen auf dem Garn befindet.

Schritt 1 Eine Perle auf dem Garn bis dicht an die Arbeit heranschieben, Faden holen, die Nd in die nächste M einstechen wie für tunesischen Grundstich, Faden holen, durchziehen, die Perle auf der rechten Seite der Arbeit zurechtziehen.

Schritt 2 Faden holen und durchziehen.

Schritt 3 Wdh Schritte 1-2 für weitere perlenbestückte Maschen.

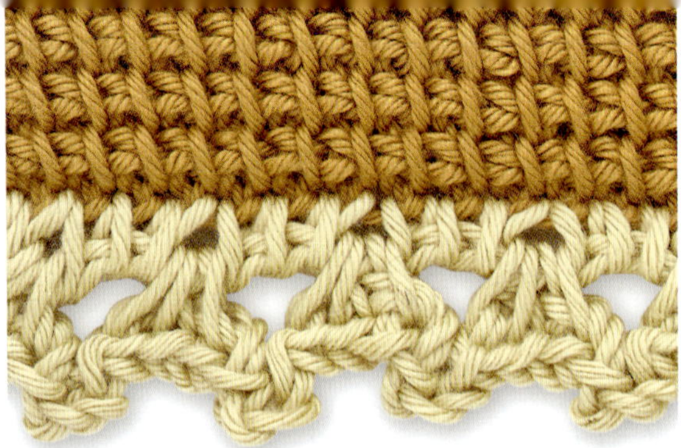

143 V-Stich-Kante

Diese Einfassung ist sehr schnell gehäkelt. Die letzte Reihe wird mit Kettmaschen gearbeitet, wobei die Nadel wie für tunesische Grundstiche eingestochen wird.

Spezielle Masche
Stb-V-Stich: Nd einstechen wie für tSst, [1 tStb, U, 1 tStb] in dieselbe M arb.

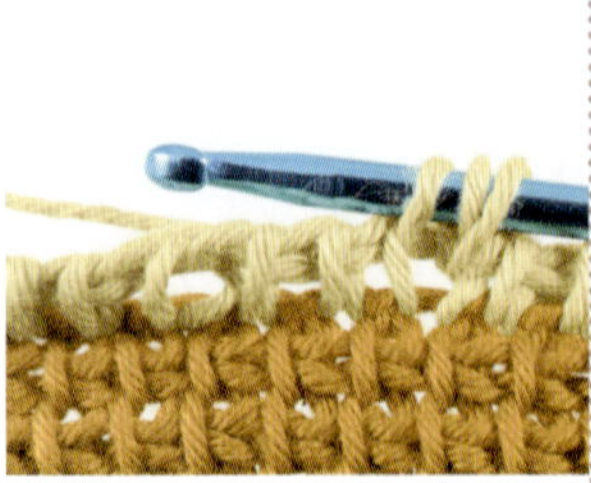

Schritt 3

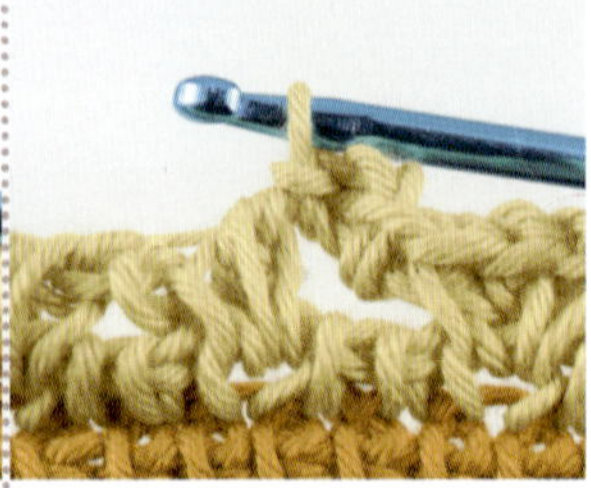

Schritt 5

Maschenzahl teilbar durch 3+2

Spezielle Masche
Picot: [1 Km, 3 Lm, 1 Km] in nächste Lm-Lücke.

Schritte 1–2 Grund-R arb (Seite 16).

Schritt 3 Rdm rechts, * 1 M überspr, 1 V-Stich, 1 M überspr. Ab * wdh bis Ende, Rdm links.

Schritt 4 Faden holen, 1 Schlinge abm, [Faden holen, 2 Schlingen abm] 3x, * 1 Lm, [Faden holen, 2 Schlingen abm] 3x. Ab * wdh bis 1 Schlinge.

Schritt 5 Rdm rechts, 3 Km, * 1 Picot, 3 Km. Ab * wdh bis Ende, letzte M 1 Km.

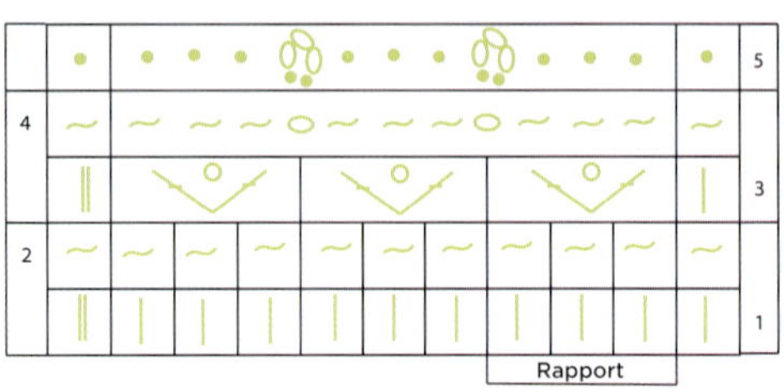

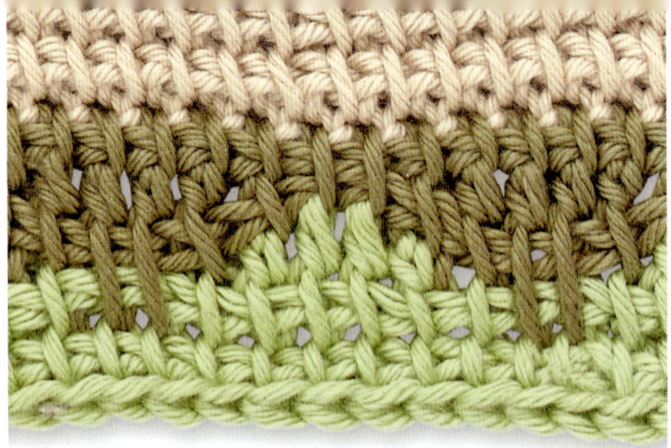

144 Wellen -Kante

Das klassische Wellenmuster ist als Einfassung ein echter Hingucker. Der Farbwechsel erfolgt am Ende der Rückreihe mit den letzten zwei Maschen, die in der neuen Farbe abgemascht werden. Die letzte Reihe wird mit Kettmaschen gearbeitet, wobei die Nadel wie für tunesische Grundstiche eingestochen wird.

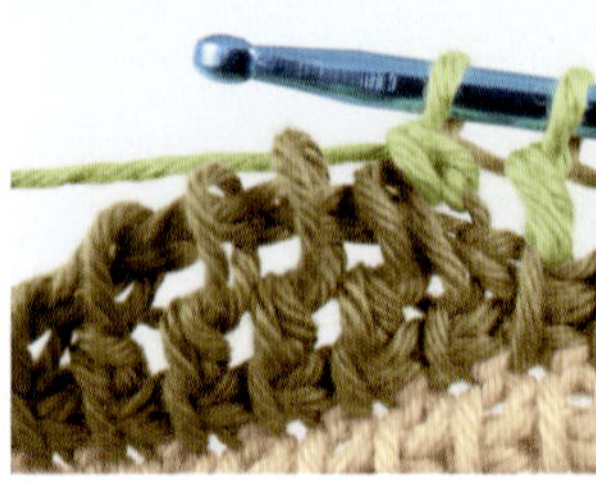

Schritt 5

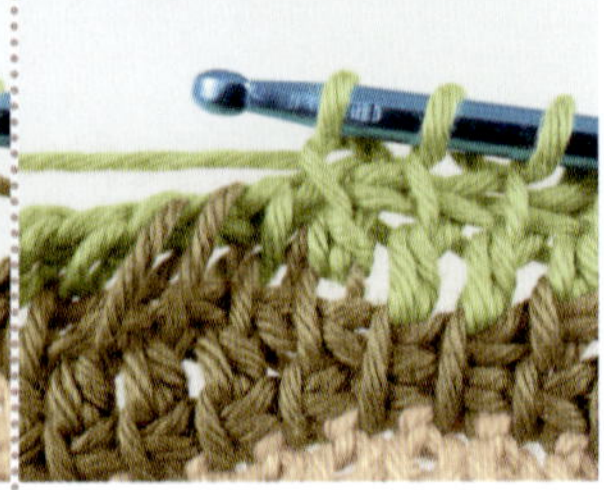

Schritt 7

Maschenzahl teilbar durch 8+2.

Schritte 1–2 Grund-R arb (Seite 16).

Schritt 3 Fb A: Rdm rechts, * 1 tGst, 2 tHm, 1 tGst, 4 tStb. Ab * wdh bis Ende, Rdm links.

Schritt 4 Fb A: Wdh Schritt 2.

Schritt 5 Fb B: Rdm rechts, * 4 tStb, 1 tGst, 2 tHm, 1 tGst. Ab * wdh bis Ende, Rdm links.

Schritt 6 Fb B: Wdh Schritt 2.

Schritt 7 Fb B: Rdm rechts, 1 tGst in jede M bis Ende, Rdm links.

Schritt 8 Fb B: Wdh Schritt 2. Dann 1 Km in jede M bis Ende.

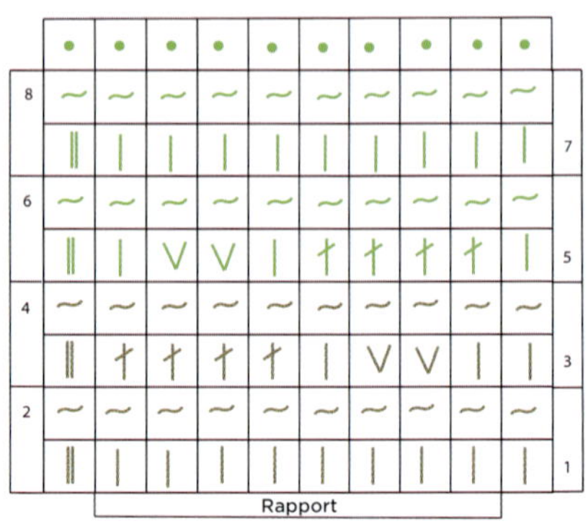

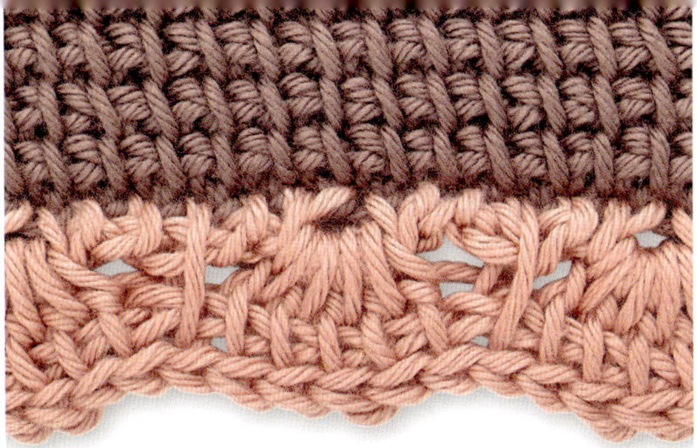

145 Fächer-Kante

Diese solide Einfassung eignet sich sehr gut für filigrane Projekte und ebenso für Heimtextilien wie Kissen und Geschirrtücher. Die letzte Reihe wird mit Kettmaschen gearbeitet, wobei die Nadel wie für tunesische Grundstiche eingestochen wird.

Schritt 3

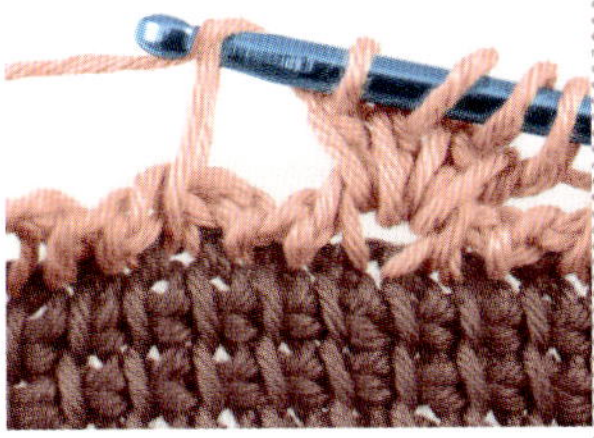

Schritt 4

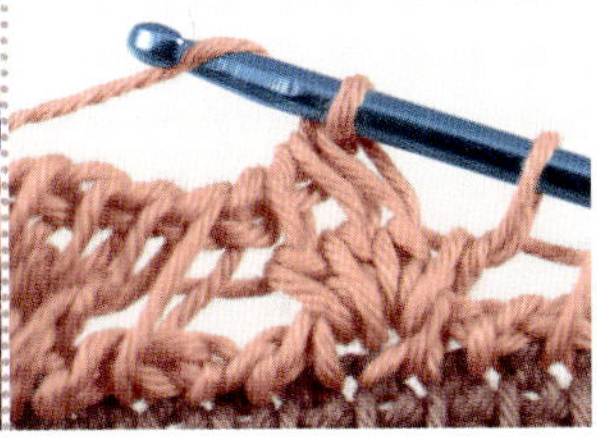

Maschenzahl teilbar durch 6 + 1.

Spezielle Masche Fächer: Nd einstechen wie für tSst, 5 tStb in dieselbe M arb.

Schritte 1–2 Grund-R arb (Seite 16).

Schritt 3 Rdm rechts, 2 M überspr, 1 Fächer, 2 M überspr, * 1 tHm, 2 M überspr, 1 Fächer, 2 M überspr. Ab * wdh bis Ende, Rdm links.

Schritt 4 Wdh Schritt 2. Dann 1 Km in jede M bis Ende.

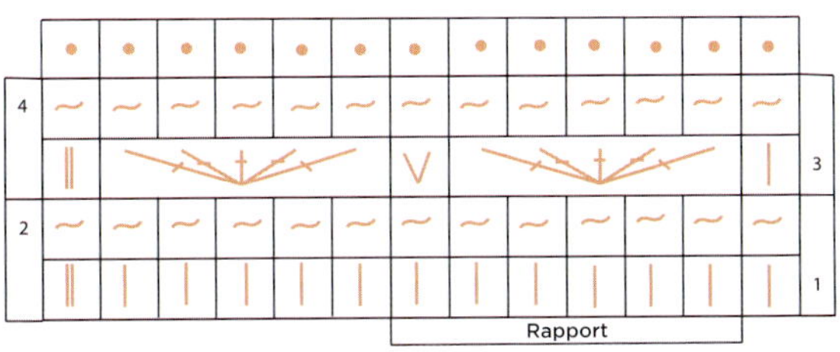

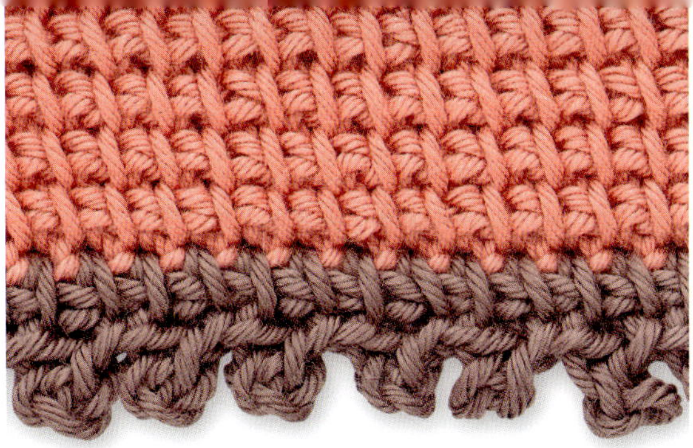

146 Picot-Kante

Diese niedliche und verspielte Einfassung wird durch Picots erzeugt, die zusammen mit Kettmaschen entlang der Kante gearbeitet werden. Die letzte Reihe wird mit Kettmaschen gearbeitet, wobei die Nadel wie für tunesische Grundstiche eingestochen wird.

Schritt 3

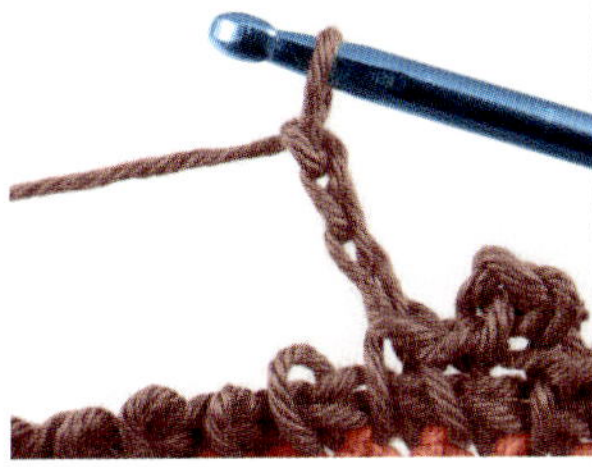

Schritt 3 (Fortsetzung)

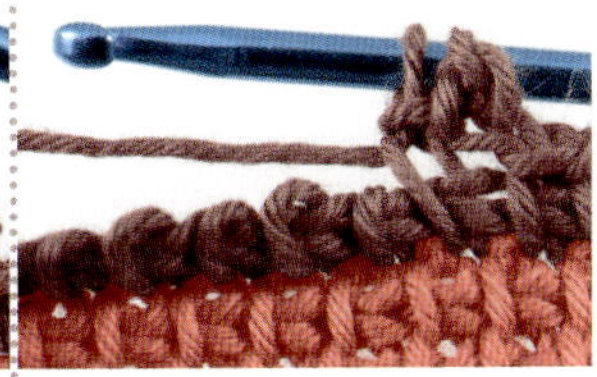

Maschenzahl teilbar durch 3 + 2.

Spezielle Masche Picot: 3 Lm, 1 Km.

Schritte 1–2 Grund-R arb (Seite 16).

Schritt 3 Rdm rechts, * 1 Km, 1 Picot. Ab * wdh bis Ende, letzte M 1 Km.

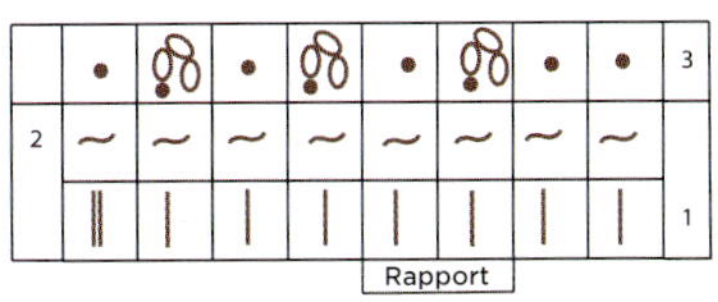

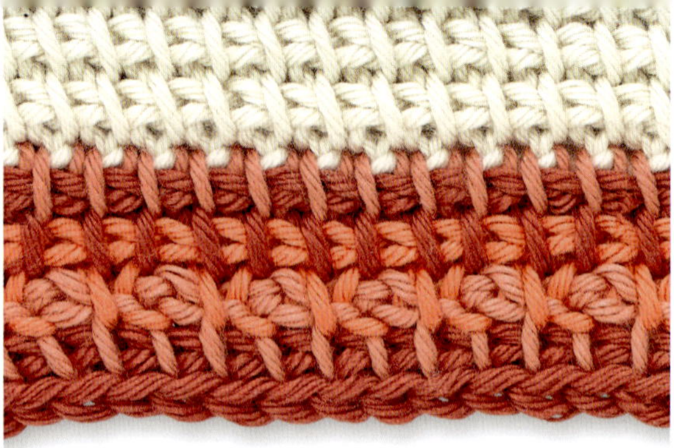

147 Streifen-Kante

Diese Einfassung ist sehr schlicht, aber der Farbwechsel verleiht ihr ein interessantes Aussehen. Sie rollt sich ein und muss daher gedämpft werden. Der Farbwechsel erfolgt in der ersten Luftmasche der Rückreihe. Die letzte Reihe wird mit Kettmaschen gearbeitet, wobei die Nadel wie für tunesische Grundstiche eingeführt wird.

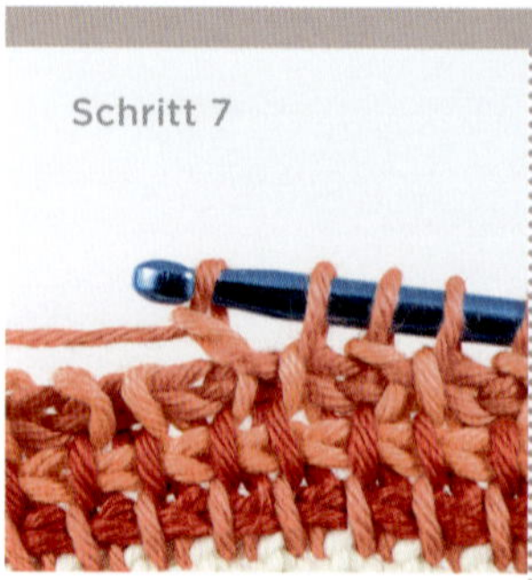

Schritt 7

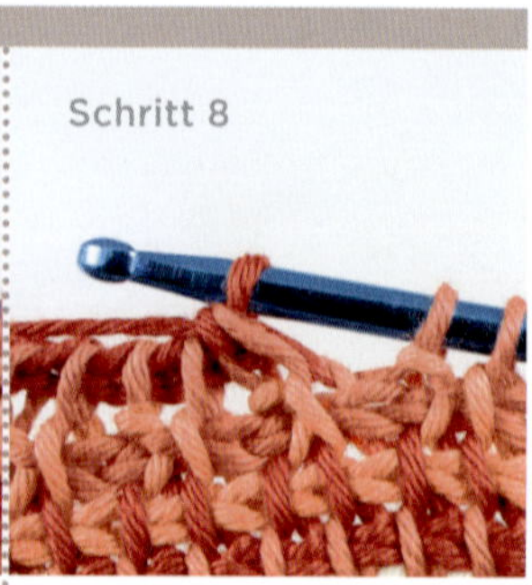

Schritt 8

Maschenzahl teilbar durch 2+2.

Schritte 1–2 Grund-R arb (Seite 16), dabei Fb A für Schritt 1, Fb B für Schritt 2.

Schritt 3 Fb B: Rdm rechts, 1 tGst in jede M bis Ende, Rdm links.

Schritt 4 Fb C: Wdh Schritt 2.

Schritt 5 Fb C: Wdh Schritt 3.

Schritt 6 Fb A: Wdh Schritt 2.

Schritt 7 Fb A: Rdm rechts, * 1 tGst, 1 tliM. Ab * wdh bis Ende, Rdm links.

Schritt 8 Fb B: Wdh Schritt 2. Dann 1 Km in jede M bis Ende.

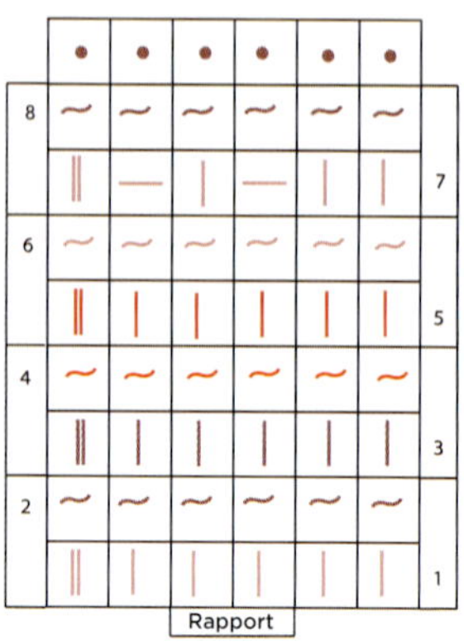

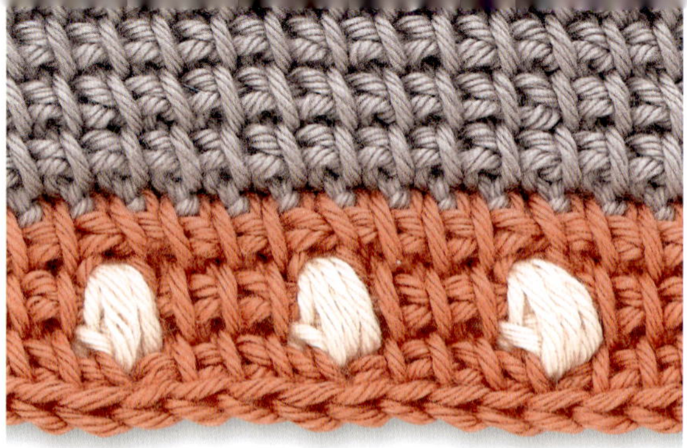

148 Büschel-Kante

Diese verspielte Einfassung wurde zweifarbig gearbeitet, würde einfarbig genauso charmant aussehen. Die Einfassung muss gedämpft werden. Auf Seite 44 gibt es eine Anleitung zum Farbwechsel bei Büschelmaschen. Die letzte Reihe wird mit Kettmaschen gearbeitet.

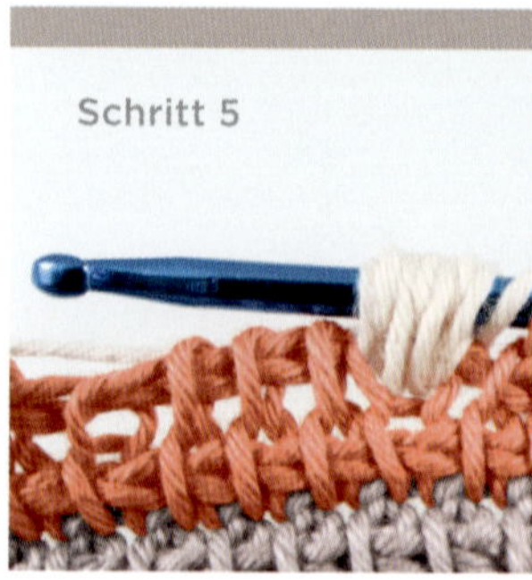

Schritt 5

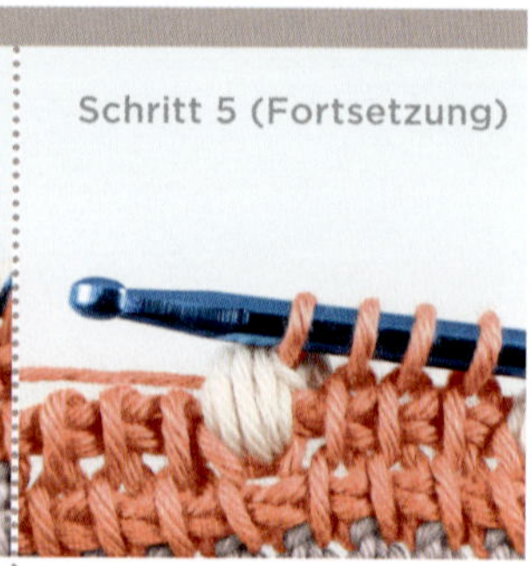

Schritt 5 (Fortsetzung)

Maschenzahl teilbar durch 4+5.

Spezielle Masche
Büschel-M aus 5 htStb (5 halbe tunesische Stäbchen in 1 Masche und zusammen abmaschen): [Faden holen, Nd einstechen wie für tSst, Faden holen, durchziehen] 5x in dieselbe M, Faden holen, durch 10 Schlingen ziehen.

Schritte 1–2 Grund-R arb (Seite 16).

Schritt 3 Fb A: Rdm rechts, 1 tGst in jede M bis Ende, Rdm links.

Schritt 4 Fb A: Wdh Schritt 2.

Schritt 5 Fb A: Rdm rechts, 1 tGst, in Fb B 1 Büschel-M, * in Fb A 3 tGst, in Fb B 1 Büschel-M. Ab * wdh bis zur letzten M, in Fb A 1 tGst, Rdm links.

Schritt 6 Fb A: Wdh Schritt 2. Dann 1 Km in jede M bis Ende.

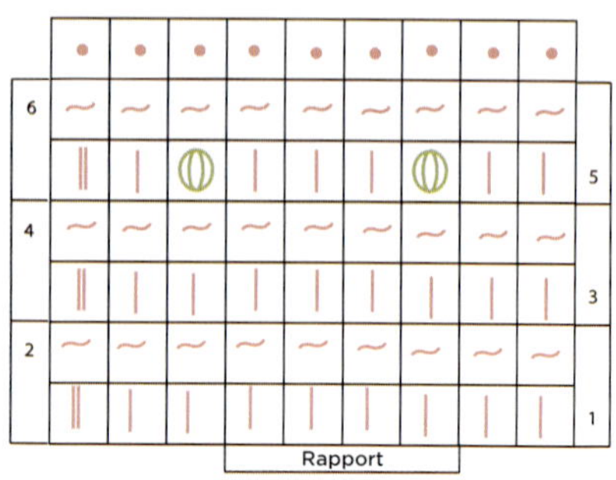

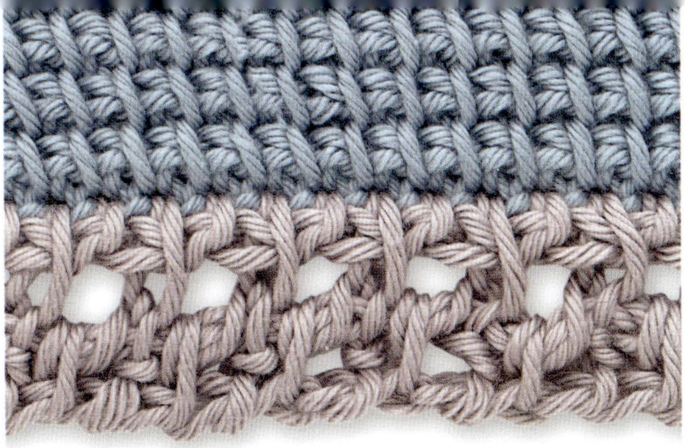

149 Lochmuster-Kante

Diese leichte, spitzenartige Einfassung wird durch Umschläge erzeugt. Sie unterstreicht die Leichtigkeit zarter Projekte, wie Schals und Tücher, sieht aber auch an Decken und Plaids sehr hübsch.

Schritt 3

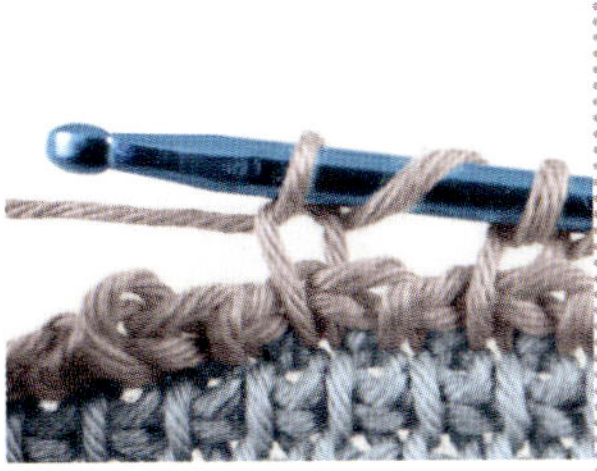

Schritt 5

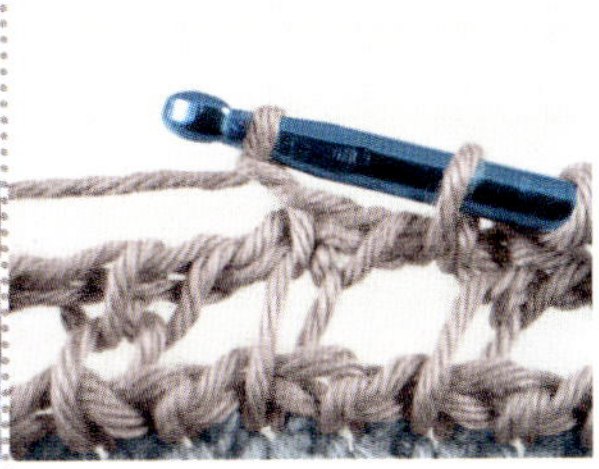

Maschenzahl teilbar durch 2+2.

Schritte 1–2 Grund-R arb (Seite 16).

Schritt 3 Rdm rechts, 1 U, 1 M überspr, * 1 tGst, 1 U, 1 M überspr. Ab * wdh bis Ende, Rdm links.

Schritt 4 Wie Schritt 2.

Schritt 5 Rdm rechts, 1 tFst in die Lücke, * 1 tliM, 1 tFst in die Lücke. Ab * wdh bis Ende, Rdm links.

Schritt 6 Wie Schritt 2.

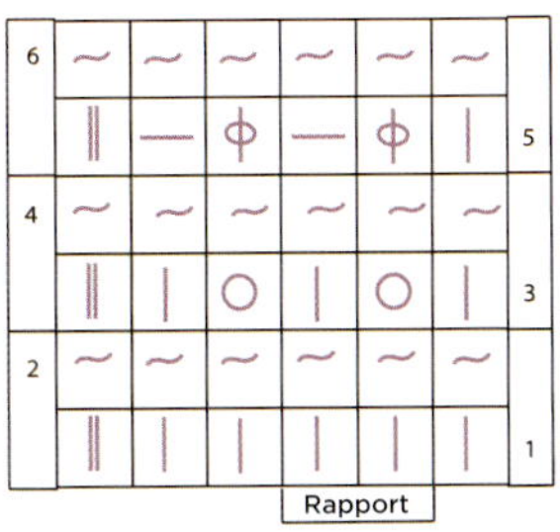

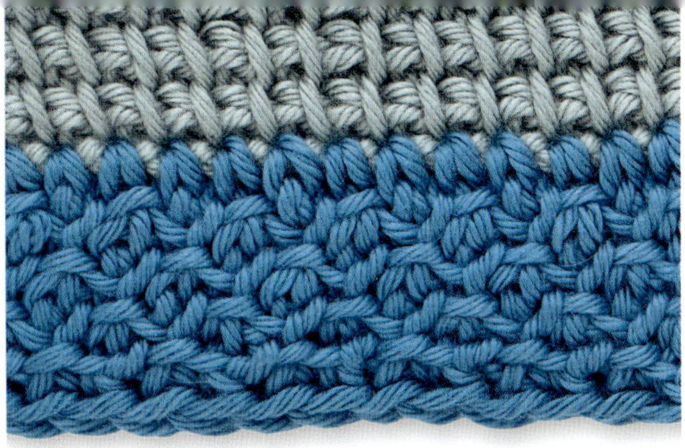

150 Mossstich-Kante

Diese tolle Einfassung wird seitlich an die Kante des Projektes gearbeitet. Der Mossstich verhindert, dass sich die Kante kräuselt, und verleiht dem Projekt eine gewisse Textur. Die Einfassung kann beliebig breit sein. Die letzte Reihe wird mit Kettmaschen gearbeitet, wobei die Nadel wie für tunesische Grundstiche eingestochen wird.

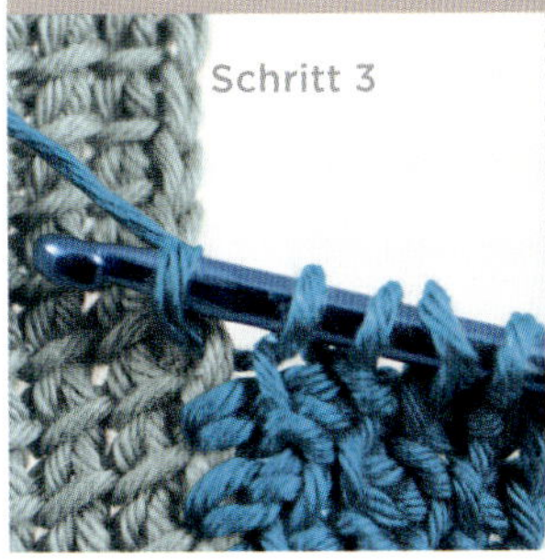

Schritt 3

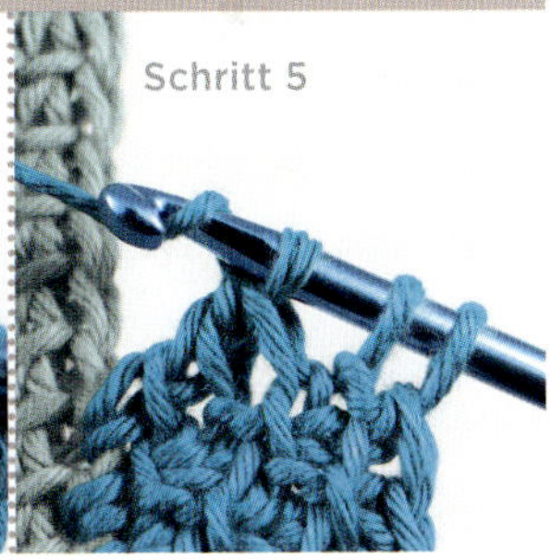

Schritt 5

Maschenzahl teilbar durch 2+1.

Schritte 1–2 Das Garn in der 1. M an der Kante des Projektes mit 1 Km anschlingen, 5 Lm (oder mehr) anschlagen, dann die Grund-R arb (Seite 16). Am Ende der Hinr 1 Km in die nächste M der Kante.

Schritt 3 Rdm rechts, * 1 tliM, 1 tGst. Ab * wdh bis Ende, 1 Km in die Kante.

Schritt 4 Wie Schritt 2.

Schritt 5 Rdm rechts, * 1 tGst, 1 tliM. Ab * wdh bis Ende, 1 Km in die Kante.

Schritt 6 Wie Schritt 2.

Schritt 7 Wdh Schritte 3–6, bis jede M der Kante bearbeitet ist. Dann 1 Km in jede M bis Ende.

Mit 1 Km am Projekt anschlingen →

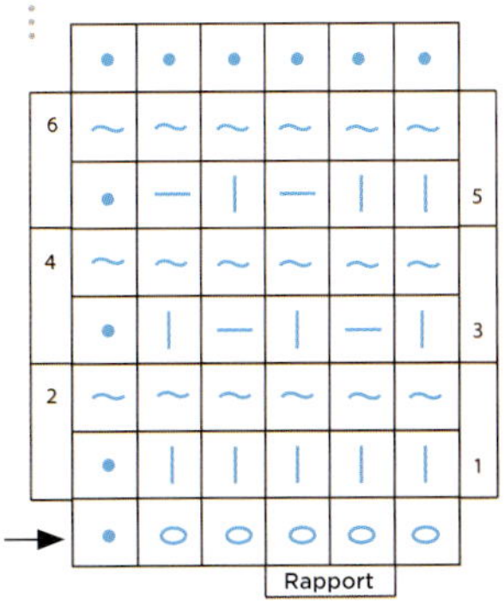

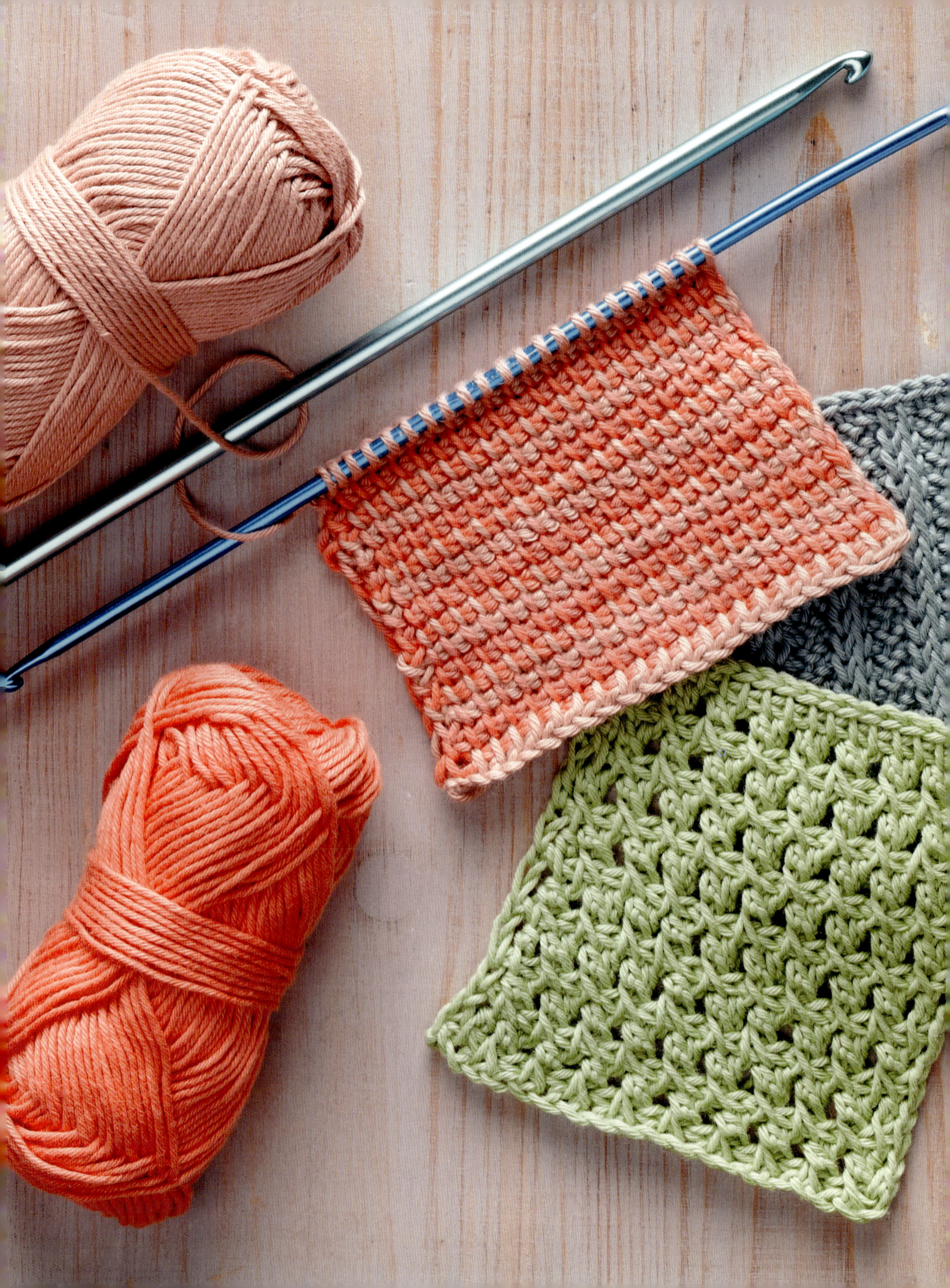

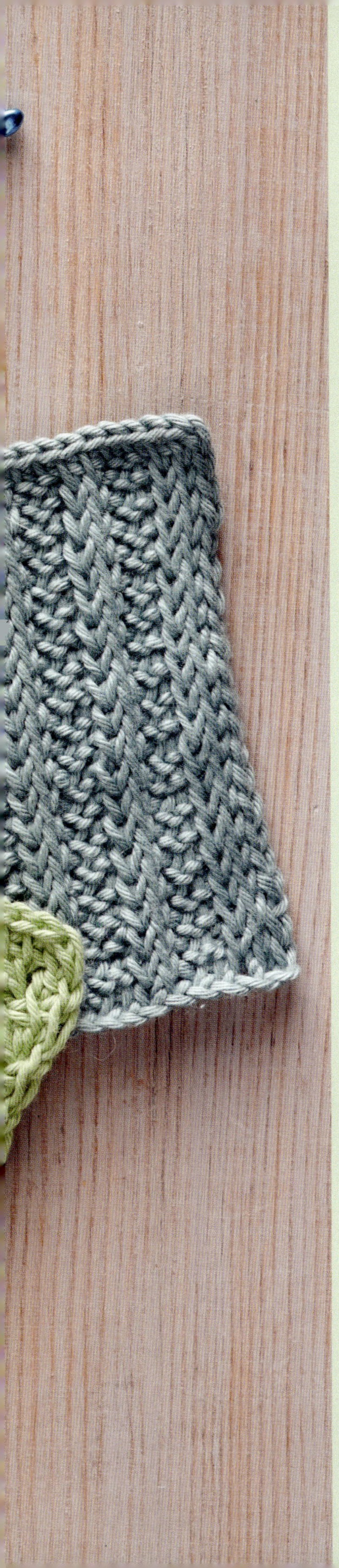

2 Material und Technik

In diesem Kapitel erfahren Sie alles Wissenwerte zum tunesischen Häkeln wie Häkelnadeln und Garn, Grundtechniken und Varianten sowie die Fertigstellung und Pflege der Projekte. Die Grundstiche und nützlichen Techniken werden in detaillierten Schritt-für-Schritt-Anleitungen mit übersichtlichen Illustrationen erläutert.

GARNE

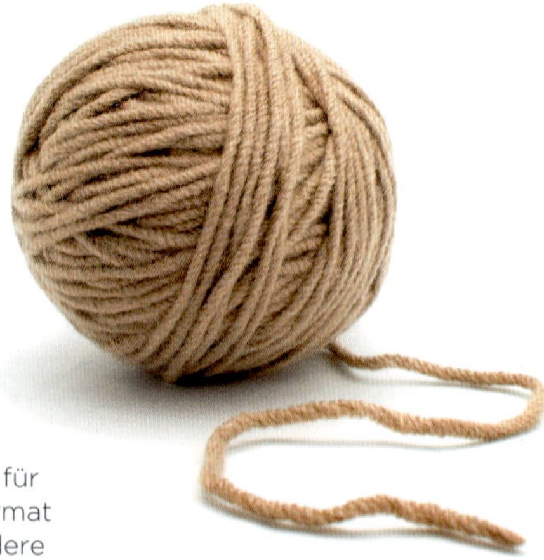

Bei der riesigen Vielfalt an Garnen auf dem Markt, hat man wirklich die Qual der Wahl. Nahezu die gesamte, schier unerschöpfliche Palette an Farben und Garnstärken eignet sich für tunesisches Häkeln.

GARNSTÄRKE

Die Angaben zu den Garnstärken beziehen sich auf die Fadendicke, nicht auf das Gewicht des Knäuels. Sie sind in der Regel der Banderole zu entnehmen, auf der sich auch Empfehlungen für die Größe der Strick- oder Häkelnadel finden. Tunesisches Häkeln erzeugt aufgrund der Struktur der Stiche ein eher dichtes Gewebe, insofern sollte die Häkelnadel 0,5-1 mm größer gewählt werden als auf der Banderole empfohlen.

Lacegarn und Häkelgarn Stärke 10: Sehr feines, sog. „Spitzengarn" für extrem filigrane Arbeiten.

Feines Sport- und Babygarn Feine Garne für alle Arten von Häkel- und Strickarbeiten. Es entsteht ein leichtes Gewebe, das in einer Kombination aus Wolle und Polyamid perfekt für Socken und Babysachen geeignet ist.

DK Light worsted Das am häufigsten verwendete Garn von mittlerer Stärke. Leichte derartige Kamm- und DK-Garne eignen sich für die meisten tunesischen Häkelarten, von glatt bis strukturiert.

Worsted- und Aran-Garn Beide Garne sind etwas dickere Kammgarne, die sich für eine Vielzahl von Projekten eignen.

Schwer Das Arbeiten mit dieser Garnstärke geht sehr schnell. Hüte, Schals und andere Kleidungsstücke sind schnell gemacht. Das Gewebe wird fest und robust und zeigt sehr klare Stichdefinitionen.

Extra schwer/Jumbo Perfekt für kuschelige Sachen in XXL-Format sowie Mützen, Schals und andere Kleidungsstücke. Das Häkeln geht superschnell.

GARNSTÄRKEN

In dieser Tabelle wird Garn nach der Dicke des Stranges kategorisiert. Sie verdeutlicht die gängigsten Kategorien, die Maschenzahl pro 10 Zentimeter Breite und die Häkelnadelgrößen.

Kategorie	Bezeichnung	Maschenprobe (10 cm Breite)	Nadelstärke
0 Lacegarn	Lacegarn, Häkelgarn Stärke 10	32–42 Häkelmaschen	1,5 -2,25 mm
1 Superfein	Sockengarn, Spitzengarn, Babygarn	21–32 Häkelmaschen	2,25–3,5 mm
2 Fein	Sportgarn, Babygarn	16–20 Häkelmaschen	3,5–4.5 mm
3 Leicht-Mittel	DK Light Worsted	12–17 Häkelmaschen	4,5–5.5 mm
4 Mittel-Aran	Worsted, Aran, Afghan	11–14 Häkelmaschen	5,5–6,5 mm
5 Schwer	Chunky, Craft, Teppichgarn	8–11 Häkelmaschen	6,5–9 mm
6 Extra Schwer	Super Bulky	7–9 Häkelmaschen	9–15 mm
7 Jumbo	Jumbo	6 oder weniger Häkelmaschen	15 mm oder größer

GARNE

Garne bestehen aus vielen Naturfasern wie Alpaka und Wolle, oder Kunstfasern wie Acryl und Polyamid, die alle in verschiedenen Stärken erhältlich sind.

1. Wolle

Diese sehr warme Faser ist die beliebteste zum Häkeln und Stricken. Sie wird aus dem Haarvlies von Wollschafen hergestellt, wobei die Schafrasse auch den Namen der Wolle bestimmt, wie Alpaka-, Merino- und Shetlandwolle. Wollgarne eignen sich sehr gut zum Häkeln, sie sind sehr elastisch und fallen sehr schön.

2. Baumwolle

Diese Faser gibt es in unterschiedlichen Weichheitsgraden. Ägyptische Baumwolle ist besonders weich und hochwertig. Baumwolle ist sehr angenehm auf der Haut und wird von Menschen mit Hautallergien sehr geschätzt. Sie fällt sehr angenehm und bringt die Definition der Maschen schön zur Geltung. Sie ist allerdings oft schwerer und weniger elastisch als Wolle.

3. Mischfasern

Es gibt eine große Auswahl an Mischfasern. Bei der Herstellung werden verschiedene Fasern miteinander verzwirnt, um unterschiedliche Texturen und unterschiedliche Eigenschaften zu erzielen. So gibt es Mischungen aus Naturfasern und Synthetik, wie Wolle und Polyamid, hervorragend geeignet für Socken, oder Mischungen aus reinen Naturfasern, wie Mohair und Seide oder Wolle und Baumwolle.

4. Effektgarne

Diese Garne werden meist aus synthetischen Fasern gesponnen und bestehen aus mehreren, miteinander verdrehten Lagen. Sie sind perfekt für Projekte, deren Wirkung vor allem durch das Garn selbst erzielt werden soll.

5. Synthetische Fasern

Synthetische Fasern werden aus Rohöl und Zwischenprodukten, einschließlich Erdöl, Kohle und Kalkstein in Verbindung mit Wasser hergestellt. Die häufigste Faser ist Acryl, dessen Eigenschaften denen von Naturfasern wie Wolle nahekommen. Da diese Fasern maschinell erzeugt werden, sind sie billiger, aber auch strapazierfähiger.

6. Bambus- und Sojagarne

Dies sind umweltfreundliche Garne. Bambusgarn wird aus dem Kern des Bambusstiels hergestellt. Es ist ein weiches Garn, das sehr schön fällt. Sojagarne werden aus der Sojapflanze hergestellt. Sie sind unglaublich weich und ähneln Seidengarnen.

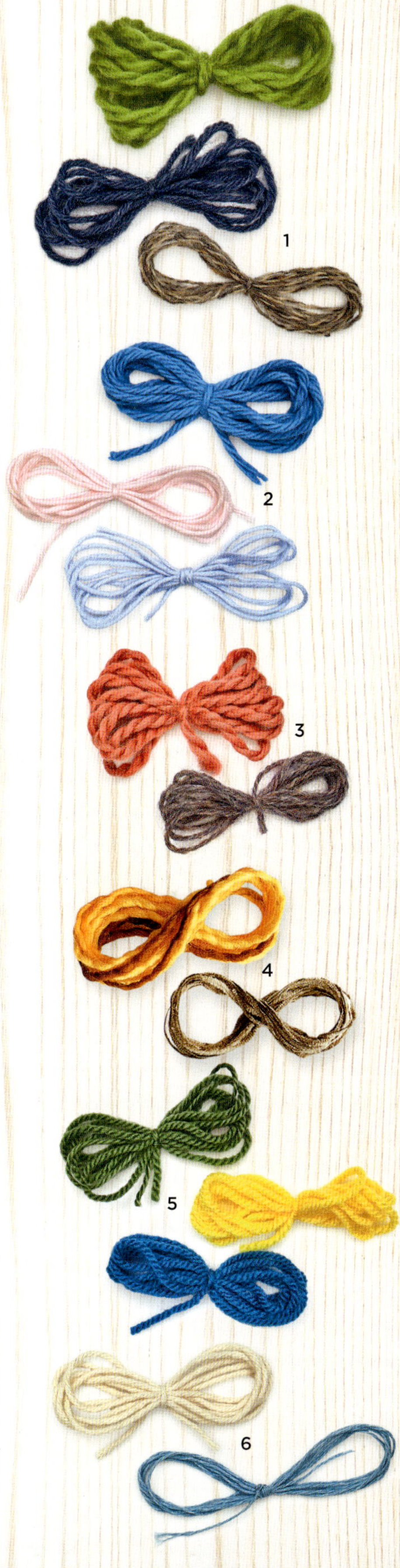

Für tunesisches Häkeln braucht man nur sehr wenige Materialen. Im Grunde reicht eine Häkelnadel, dann kann es auch schon losgehen, obwohl auch Hilfsmittel wie Stecknadeln und eine scharfe Schere durchaus nützlich sind.

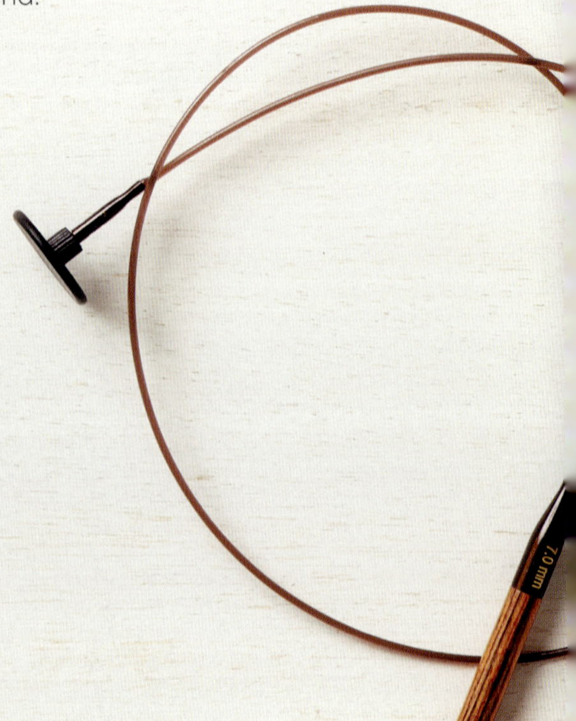

Häkelnadeln
Tunesische Häkelnadeln, auch afghanische Häkelnadeln genannt, ähneln den Standardhäkelnadeln, sind aber viel länger, da für die Hinreihe alle Maschen darauf Platz finden müssen. Es gibt unterschiedliche Arten und Größen. Sie bestehen normalerweise aus Stahl und Aluminium (geeignet für die meisten Garne), Kunststoff, Holz oder Bambus (leicht und einfach zu handhaben). Man kann auch das Material der Nadel auf das Garn abstimmen, um das Gleiten der Maschen zu optimieren und die Hände zu schonen. Meine persönliche Präferenz sind Häkelnadeln aus Holz.

1. Tunesische Häkelnadel
Diese Standardnadel ist ca. 30-35 cm lang, an einem Ende befindet sich der Haken, am anderen ein Stopper. Diese Variante wird am häufigsten verwendet. Sie eignet sich allerdings nicht für Projekte mit sehr vielen Maschen, weil das Gewicht dann zu groß wird und die Arbeit schwer zu halten ist.

2. Nadel mit festem oder austauscharen Seil
Diese Häkelnadel ist mit einem flexiblen Seil verbunden. Die Länge der Nadel entspricht meist der einer normalen Häkelnadel, die Länge des Seils ist variabel. Das Seil ist entweder fest mit der Nadel verbunden oder austauschbar. Für tunesisches Häkeln ist das austauschbare Seil optimal. Die Verbindung zwischen Nadel und Seil erfolgt mit einem Gewinde oder einem Clip. So lässt sich die erforderliche Seillänge an das Projekt anpassen.

3. Doppelseitige Nadel
Sie wird vorrangig zum Häkeln in Runden verwendet. Es gibt sie in verschiedenen Längen von ca. 15 cm bis 35 cm. Achtung: Es gibt doppelseitige Häkelnadeln mit unterschiedlichen Nadelstärken an den Enden. Während diese beim normalen Häkeln häufig verwendet werden, eignen sie sich nicht für tunesisches Häkeln in Runden.

4. Normale Häkelnadel
Für kleine Projekte ist eine normale Häkelnadel ausreichend, solange sie keinen Griff hat. Dann unbedingt am Ende der Nadel einen Maschenstopper anbringen, um das Abrutschen der Maschen zu vermeiden.

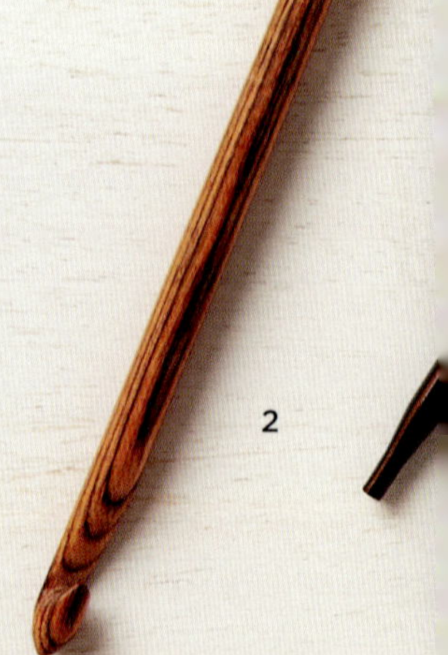

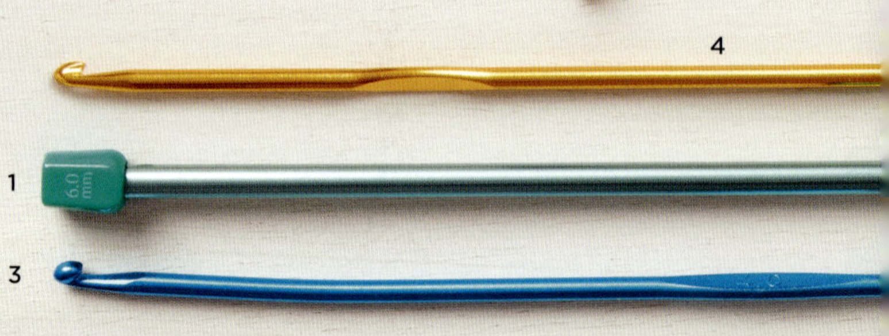

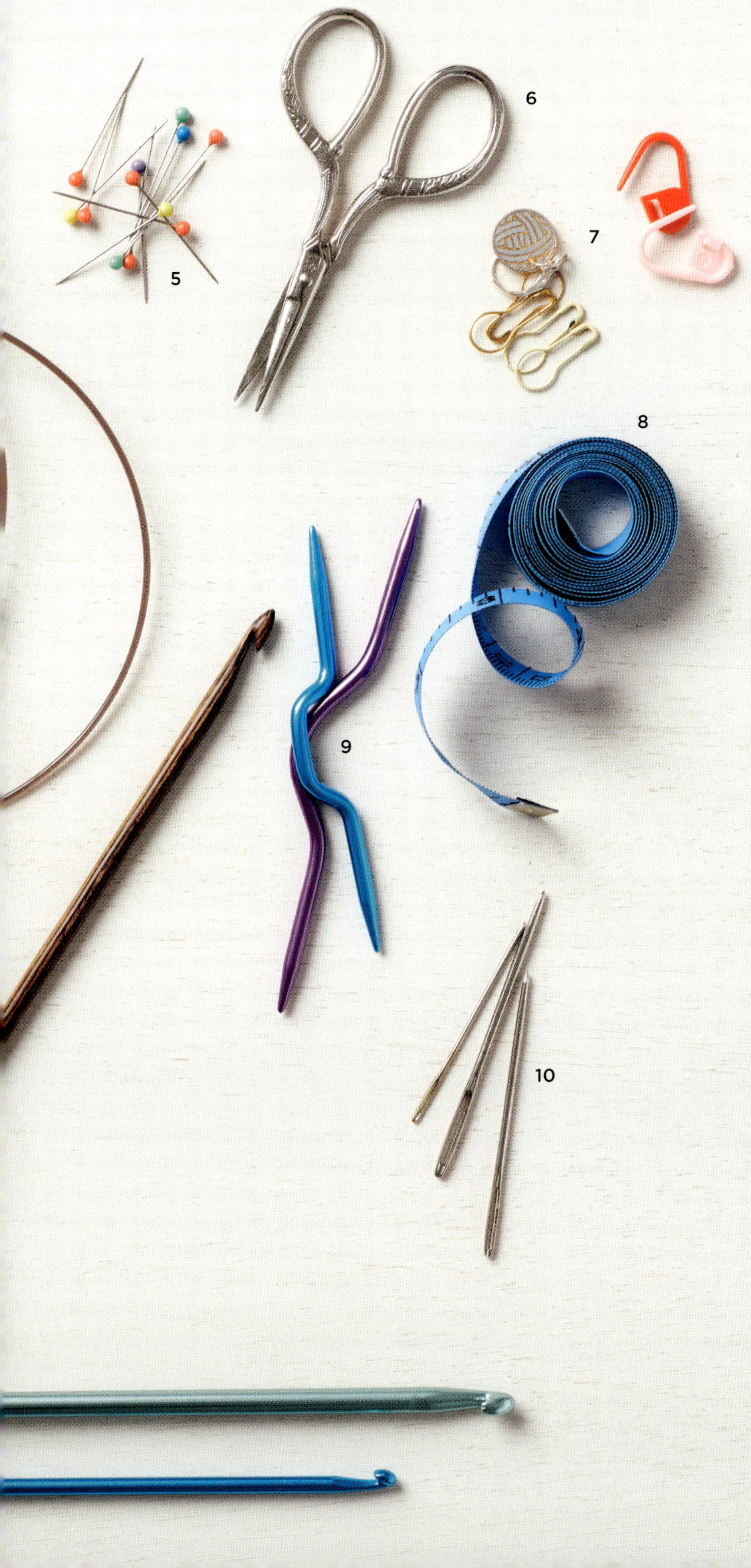

HILFSMITTEL

5. Stecknadeln
Wählen Sie rostfreie Nadeln mit großem Kopf, um Ihre Häkelstück zu spannen.

6. Schere
Scharfe Scheren sind ein absolutes Muss beim Häkeln. Kleine Schneiderscheren eignen sich für das Schneiden von Garn am besten.

7. Maschenmarkierer
Sie werden auf oder zwischen einzelne Maschen gesetzt und helfen beim Zählen. So lassen sich leicht wichtige Markierungen vornehmen, wie Rundenübergänge, Rapporte, Positionen einzelner Maschen.

8. Maßband
Ein unverzichtbares Zubehör, um Länge und Weite zu kontrollieren sowie Maschenproben auszumessen. Selbsteinziehende Maßbänder sind von Vorteil, da sie sich leichter verstauen lassen.

9. Zopfnadel
Nadeln für Zopfmuster gibt es in vielen Varianten und Größen. Nadeln mit Vertiefung in der Mitte sind da sehr nützlich, da die Maschen dort sicher liegen. Gerade Hilfsnadeln eignen sich auch, bergen aber das Risiko, dass Maschen von der Nadel rutschen.

10. Sticknadel
Nadeln mit stumpfer Spitze sind für das Vernähen von Fäden und das Zusammennähen einzelner Teile erforderlich. Wichtig ist ein ausreichend großes Nadelöhr, um auch dickeres Garn einfädeln zu können.

DIE NADEL HALTEN

Meistens wird es als bequemer empfunden, die tunesische Häkelnadel wie ein Messer zu halten. Auf diese Weise haben Sie die beste Kontrolle über die Häkelnadel und darüber hinaus liegt die Nadel gut in der Hand und lässt mehr Platz bei der Maschenaufnahme. Auch für das Arbeiten der Rückreihen ist diese Handhaltung empfehlenswert. Nehmen Sie die Nadel so zwischen Daumen und Zeigefinger, als würden Sie ein Messer halten. Der Haken zeigt dabei nach unten.

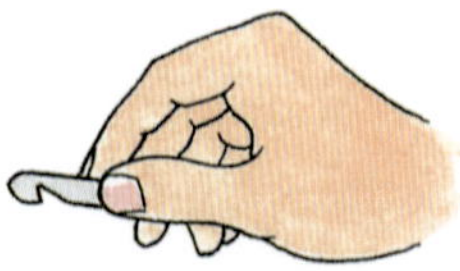

ANFANGSSCHLINGE

Um zu beginnen, müssen Sie eine Schlinge auf die Häkelnadel legen. Die Schlinge muss beweglich sein, also nicht zu fest ziehen. Ein ausreichend langes Fadenende zum Vernähen (15 cm) hängenlassen.

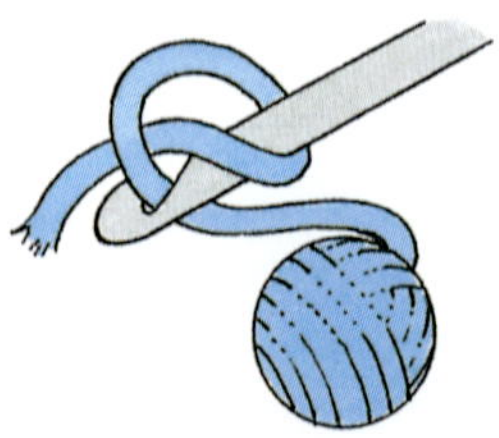

Schritt 1
Mit dem Fadenende eine Schlinge bilden. Die Nadel durch die Schlinge führen, mit dem Haken der Nadel das Arbeitsgarn greifen und den Faden durch die Schlinge ziehen, sodass diese auf der Nadel liegt.

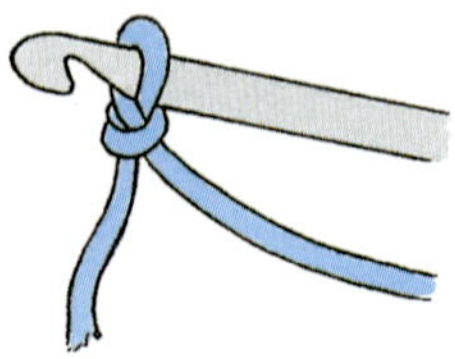

Schritt 2
Die Schlinge festziehen, indem an beiden Fäden gleichzeitig gezogen wird, aber nicht zu fest, da die Schlinge auf der Nadel frei beweglich sein muss.

DAS GARN HALTEN

Die linke Hand (wenn Sie Rechtshänder sind) steuert das Garn. Es ist wichtig, immer auf eine gleichmäßige Spannung des Garns zu achten.

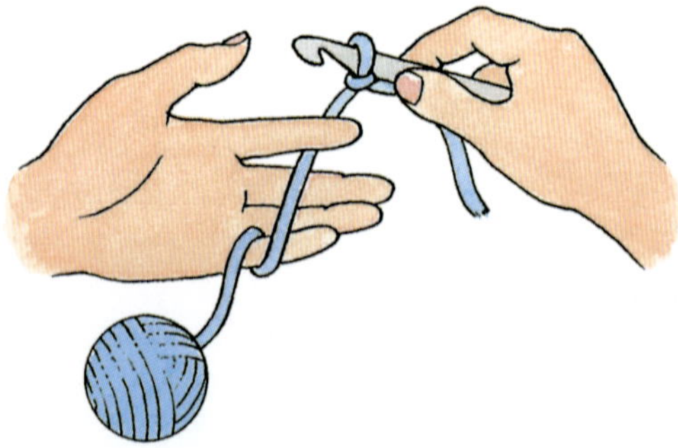

Schritt 1
Das Garn zuerst um den kleinen Finger legen, dann den Faden über die beiden mittleren Finger (Ring- und Mittelfinger) hinweg führen und unter dem Zeigefinger und schließlich über den Zeigefinger nach vorn bringen.

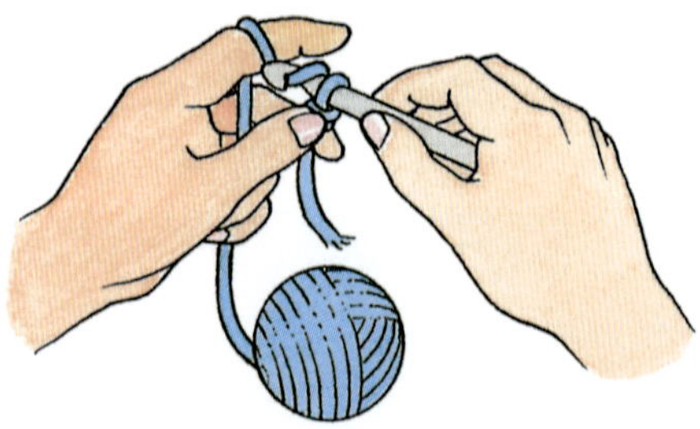

Schritt 2
Um Maschen zu häkeln, den Faden mit der Häkelnadel als Schlinge auf die Nadel holen. Daumen und Mittelfinger der anderen Hand halten die Fadenenden der Anfangsschlinge, damit der umgeschlagene Faden durch die Schlinge auf die Nadel gezogen werden kann.

LINKSHÄNDER

Linkshänder halten die Häkelnadel in der linken Hand und das Garn in der rechten. Die Vorgehensweise ist identisch, nur spiegelverkehrt.

LUFTMASCHENKETTE

Tunesisches Häkeln beginnt immer mit einer Luftmaschenkette. Dies ist eine Reihe von Luftmaschen, in die die tunesischen Maschen eingearbeitet werden. Luftmaschen, die Bestandteil eines Musters sind, werden in gleicher Weise gearbeitet.

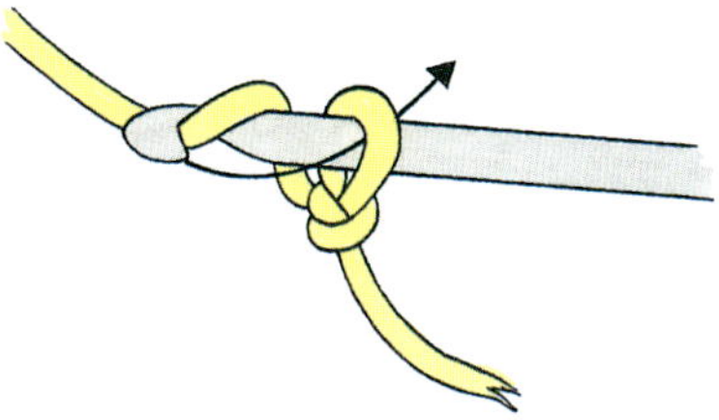

Schritt 1
Achten Sie darauf, dass der Haken der Häkelnadel nach unten zeigt (er gleitet dadurch leichter durch die Schlingen). Das Garn gegen den Uhrzeigersinn einmal um die Nadel schlagen. Dann diese Schlinge durch die Luftmasche auf der Nadel ziehen, um eine weitere zu bilden.

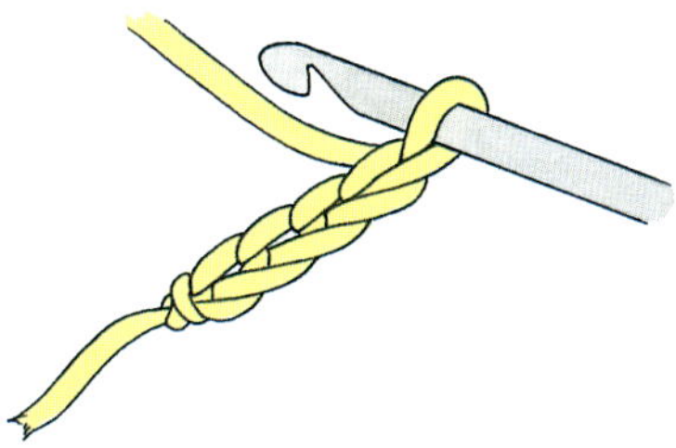

Schritt 2
So fortfahren, bis die gewünschte Anzahl an Luftmaschen erreicht ist.

DIE MASCHENZAHL

Bei der Herstellung der Luftmaschenkette für ein Muster ist es wichtig, die richtige Maschenzahl anzuschlagen. Diese Maschenzahl wird bei den Anleitungen in diesem Buch jeweils zu Beginn angegeben. Wer die Maschenzahl eines Musters für ein eigenes Projekt berechnen möchte, muss wissen, wieviele Maschen ein Musterrapport umschließt. Hinzukommen manchmal noch weitere Maschen vor und nach dem Rapport, um ausgeglichene Kanten zu erhalten. So bedeutet z. B. die Angabe „Maschenzahl teilbar durch 4 + 3", dass der Musterrapport über 4 Maschen geht und zuzüglich 3 Maschen benötigt werden.
Die Vorderseite der Luftmaschenkette gleicht einer Reihe von Vs oder kleinen Herzen, während die Rückseite der Kette hinter jedem V eine Querrippe aufweist. Um die Maschenzahl korrekt zu erfassen, entweder die V-förmigen Schlingen auf der Vorderseite oder die Querrippen auf der Rückseite zählen. Die Anfangsschlinge sowie die Arbeitsschlinge, werden nicht mitgezählt.

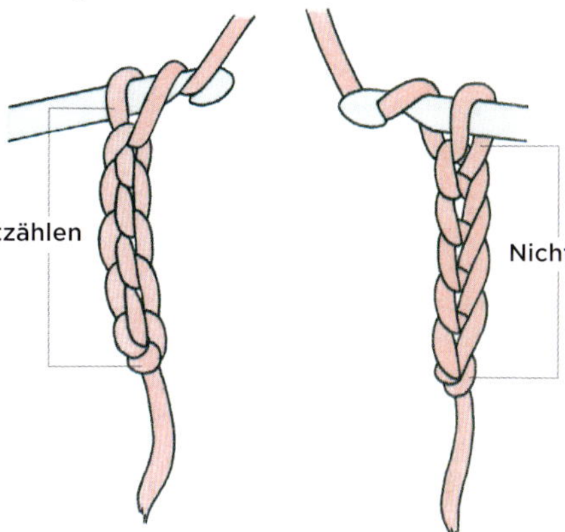

DIE MASCHENPROBE

Die Maschenprobe einer Häkelarbeit zeigt die Anzahl der Maschen und Reihen pro 10 cm x 10 cm. Die Anzahl der Maschen wird von unterschiedlichen Faktoren wie Garn- und Nadelstärke und individueller Arbeitsweise beeinflusst. Wenn Ihr Projekt eine genaue Größe bekommen soll, z.B. eine Mütze oder ein Pullover, sollten die Vorgaben der Maschenprobe genau eingehalten werden.
Da die Maschenprobe aber auch von der persönlichen Arbeitsweise abhängt, entspricht sie häufig nicht der geforderten Größe, selbst wenn Garn, Nadelstärke und Maschenzahl stimmen. Es ist daher ratsam, vor Beginn eines Projektes - besonders für Kleidungsstücke - ein Probestück anzufertigen, damit die Maschenprobe angeglichen werden kann.

Probestück
Ein Probestück für tunesisches Häkeln sollte größer sein als 10 cm x 10 cm. Um Maschen und Reihen zählen zu können, empfehlen sich 15 cm x 15 cm. Das Probestück wird auf eine flache Oberfläche gelegt und die Größe mit Maßband und Stecknadeln erfasst. Jetzt die Maschen und Reihen, die innerhalb dieses Quadrates liegen, genau zählen und mit den Angaben beim Muster oder auf der Banderole vergleichen. Wenn beides übereinstimmt, sind keine Veränderungen nötig. Sind mehr Maschen oder Reihen in dem Quadrat, wird sehr fest gehäkelt. Es sollte eine dickere Häkelnadel gewählt werden. Sind weniger Maschen oder Reihen in dem Quadrat, wird locker gehäkelt. Es sollte eine dünnere Häkelnadel gewählt werden.

DIE GRUNDREIHE

Nach dem Anschlagen der Luftmaschenkette wird eine aus Hin- und Rückreihe bestehende Grundreihe gearbeitet. Beim tunesischen Häkeln werden alle Grundreihen mit dem tunesischen Grundstich gearbeitet, sofern nicht anders angegeben. Für die Hinreihe entweder in die vordere oder in die hintere Querrippe der Luftmaschen einstechen. In diesem Buch wird die hintere Querrippe genommen.

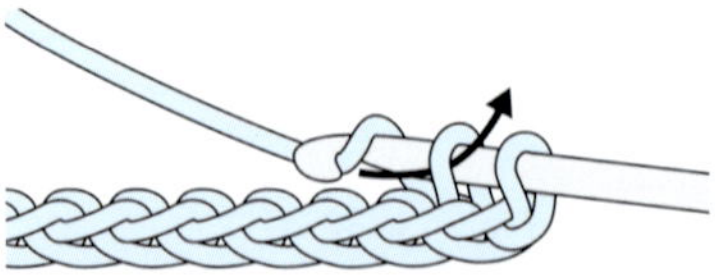

Hinreihe
Die Luftmaschenkette nach vorn kippen und, beginnend mit der 2. Luftmasche, in die hintere Querrippe einstechen. Faden holen und durch die Luftmasche ziehen (2 Schlingen auf der Nadel).

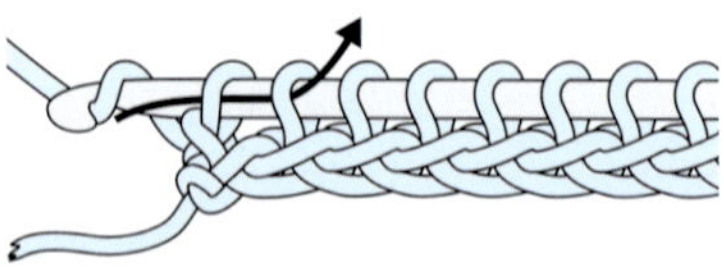

Rückreihe
Nicht wenden! Den Faden holen und durch die 1. Schlinge auf der Nadel ziehen. Diese Luftmasche befestigt quasi die Maschen. Dann * Faden holen und durch die ersten beiden Schlingen ziehen.

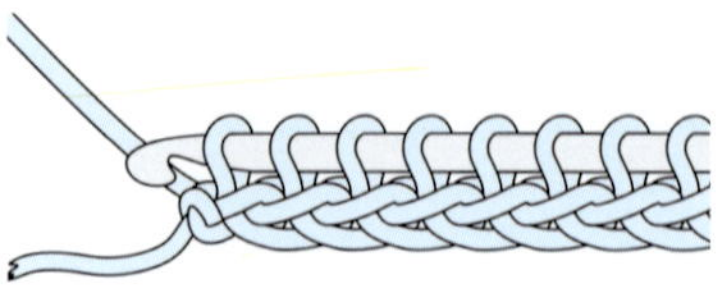

In gleicher Weise weitere Schlingen häkeln, bis das Ende der Luftmaschenkette erreicht ist.

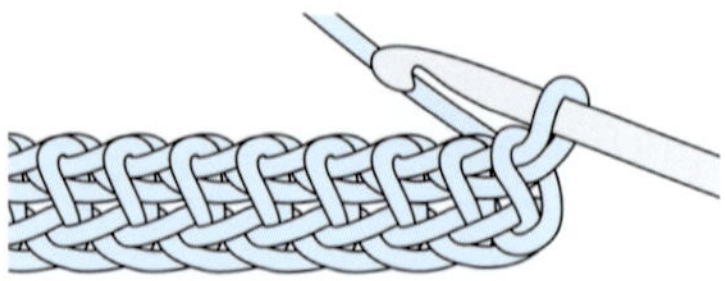

Den Vorgang ab * wiederholen, bis nur noch 1 Schlinge auf der Nadel ist. Damit ist die Rückreihe beendet. Alle Rückreihen werden grundsätzlich so gearbeitet, sofern nicht anders angegeben.

HIN- UND RÜCKREIHEN

Alle Reihen tunesischer Häkelarbeit bestehen aus einer Hin- und einer Rückreihe. Die Arbeit wird grundsätzlich nicht gewendet, man hat immer die rechte Seite vor Augen. Bei der Hinreihe, die von rechts nach links gearbeitet wird, werden Schlingen mit dem Arbeitsfaden auf die Nadel geholt und verbleiben dort zunächst. Diese Schlingen bilden die vorderen und hinteren senkrechten M-Glieder (Kasten unten). Bei der Rückreihe, die von links nach rechts gearbeitet wird, werden jeweils zwei Schlingen von der Nadel abgemaschtt, bis nur noch eine einzige Masche übrigbleibt. Die Rückreihe erzeugt die Querrippen der Maschen.

ERSTE UND LETZTE MASCHEN

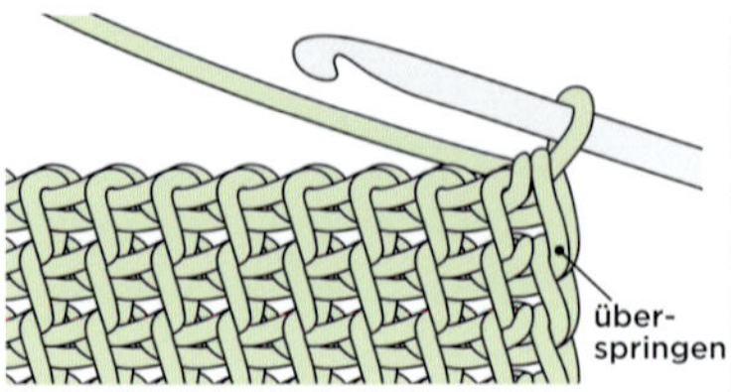

Rechte Randmasche
Die auf der Nadel verbleibende Masche am Ende der Rückreihe ist gleichzeitig die erste Masche der nächsten Reihe. Sie wird in der Anleitung als rechte Randmasche bezeichnet und in den Häkelschriften als Grundstich gezeichnet. Die rechte Randmasche wird nicht gehäkelt, sondern das erste senkrechte Maschenglied der Hinreihe stets übersprungen.

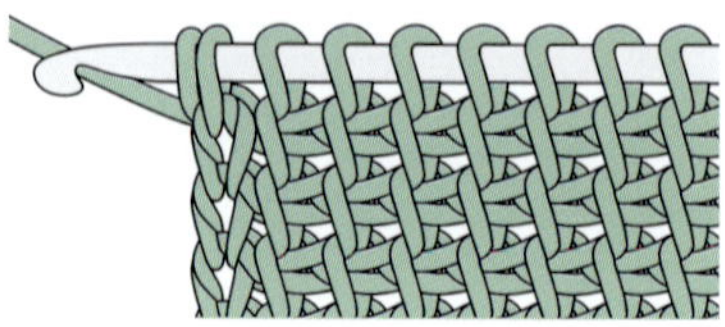

Linke Randmasche (Endstich)
Die Endmasche der Hinreihe wird immer gearbeitet. Mit der Nadel in das vordere und das hintere senkrechte Maschenglied einstechen (2 senkrechte Maschenglieder auf der Nadel). Diese Endmasche mit einfachem tunesischen Grundstich (Faden holen und durchziehen) arbeiten, sofern nicht anders angegeben.

ANATOMIE EINER TUNESISCHEN HÄKELMASCHE

Für tunesische Häkelmuster ist es wichtig, in welches Maschenglied eingestochen wird. Deshalb sollte man die Maschenglieder unterscheiden können.

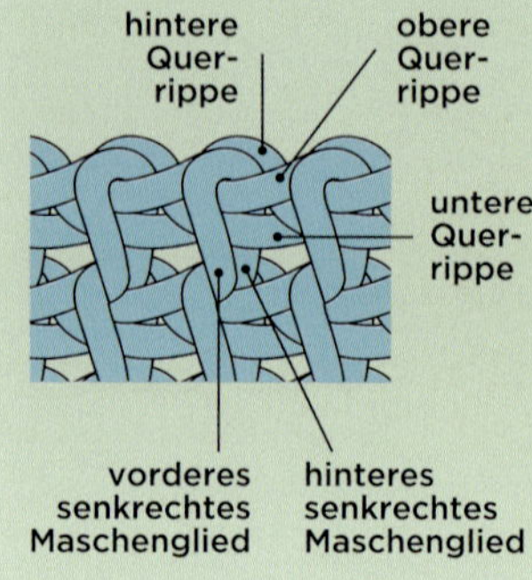

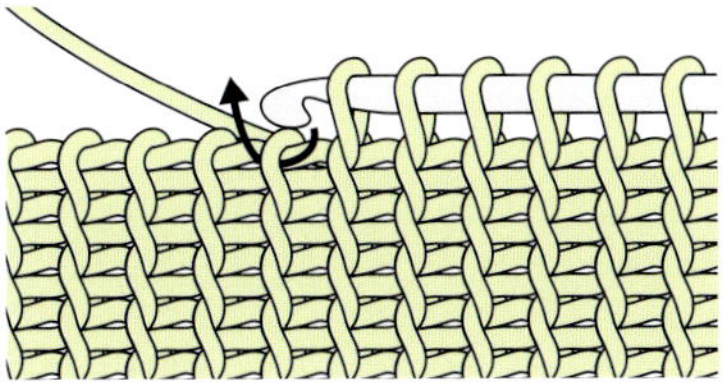

Tunesischer Grundstich (tGst)
Von rechts nach links in das vordere senkrechte M-Glied einstechen, Faden holen, durchziehen.

Rückreihe (für alle Grundstiche)
Faden holen, 1 Schlinge abm, * Faden holen, 2 Schlingen abm. Ab * wdh bis Ende der R (1 Schlinge bleibt auf der Nd).

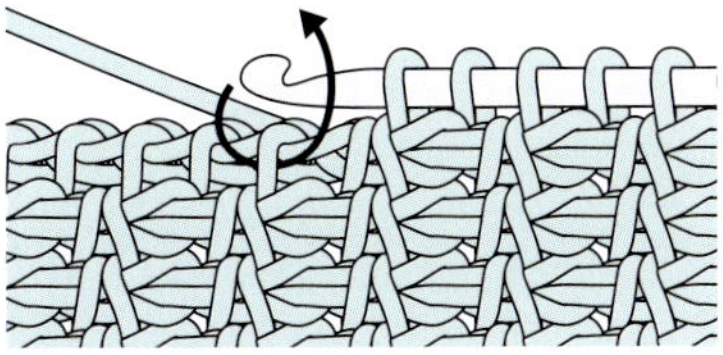

Verdrehter tunesischer Grundstich (verdr tGst)
Mit dem Haken das senkrechte M-Glied von links nach rechts erfassen, Haken nach rechts oben drehen, Faden holen, durchziehen. Im Muster hier werden einfache und verdrehte tunesische Grundstiche im Wechsel gearbeitet.

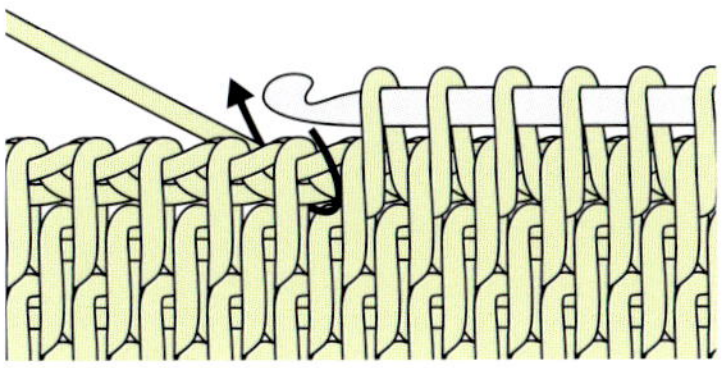

Tunesischer Füllstich (tFst)
Von vorn nach hinten in die Lücke zwischen M (oder in Lücken, die durch Lm oder U entstanden sind) einstechen, Faden holen, durchziehen. Ebenso einstechen, wenn es heißt „wie für tFst".

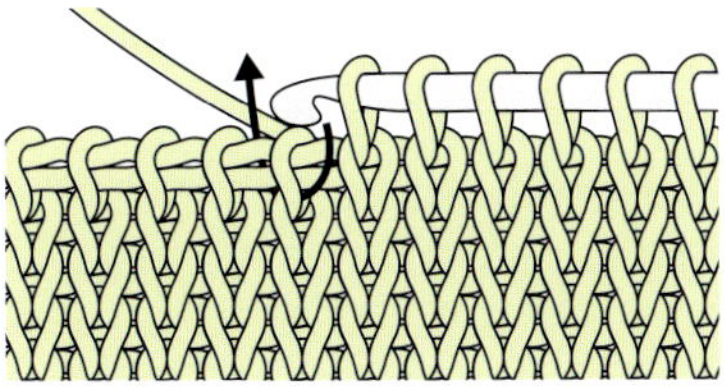

Tunesischer Strickstich (tSst)
Von vorn nach hinten mittig zwischen die senkrechten M-Glieder nach hinten durchstechen, Faden holen, durchziehen. Ebenso einstechen, wenn es heißt „wie für tSst".

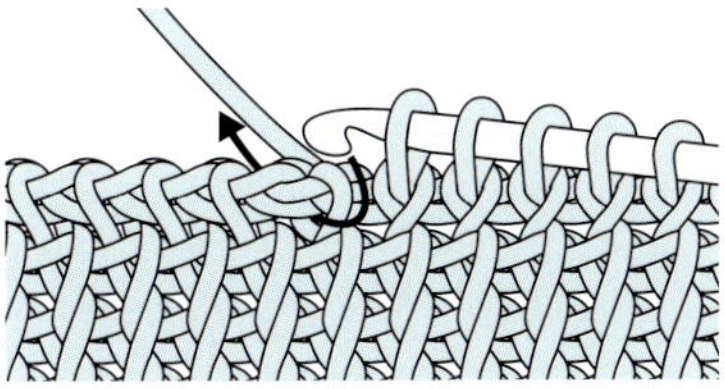

Verschränkter tunesischer Strickstich (verschr tSst)
Mit dem Haken das vordere senkrechte M-Glied nach rechts ziehen, um das hintere senkrechte M-Glied sichtbar zu machen, von vorn nach hinten zwischen die beiden senkrechten M-Glieder einstechen, Faden holen, durchziehen.

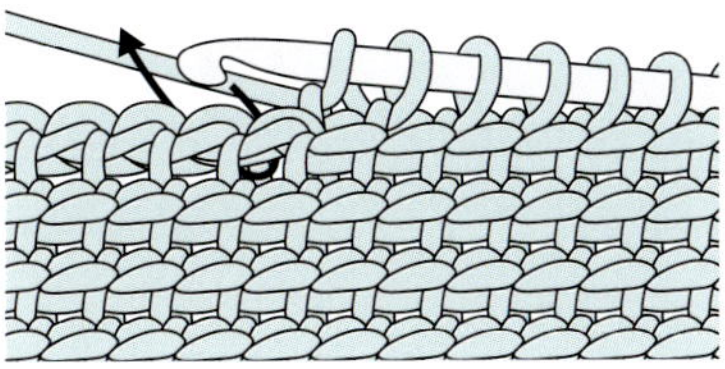

Tunesischer Rückstich (tRst)
Faden und Nd hinter der Arbeit, von rechts nach links in das hintere senkrechte M-Glied einstechen, Faden holen, durchziehen.

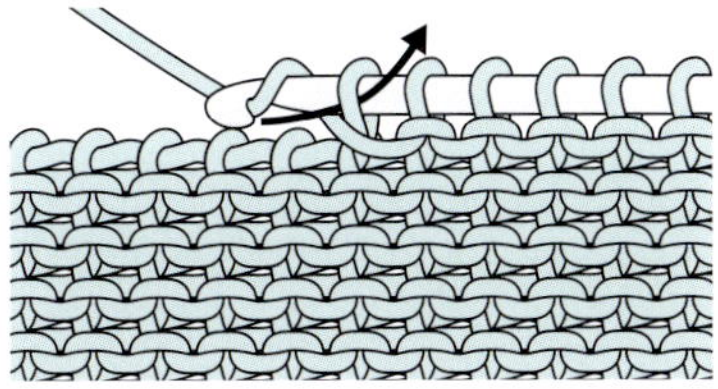

Tunesische linke Maschen (tliM)
Faden vor die Nd legen, von rechts nach links in das nächste senkrechte M-Glied einstechen, Faden von vorn nach hinten um die Nd legen und durch das senkrechte M-Glied ziehen. Mit Garn und Nd ebenso verfahren, wenn es heißt „wie für tliM".

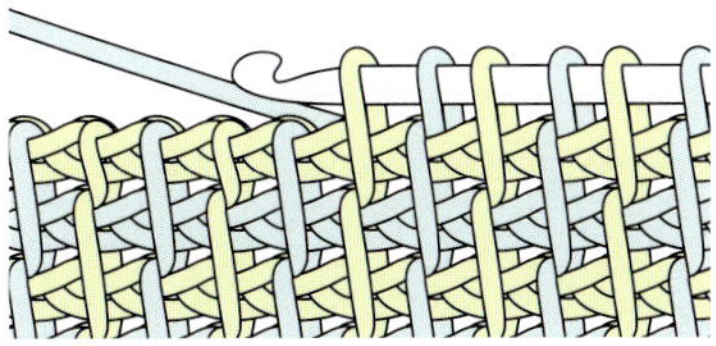

Tunesische Hebemasche (tHm)
Von rechts nach links ins nächste senkrechte M-Glied einstechen, die M abheben wie für tGst und unbearbeitet auf der Nd lassen. Im Muster hier werden tHm im Wechsel mit tGst gearbeitet.

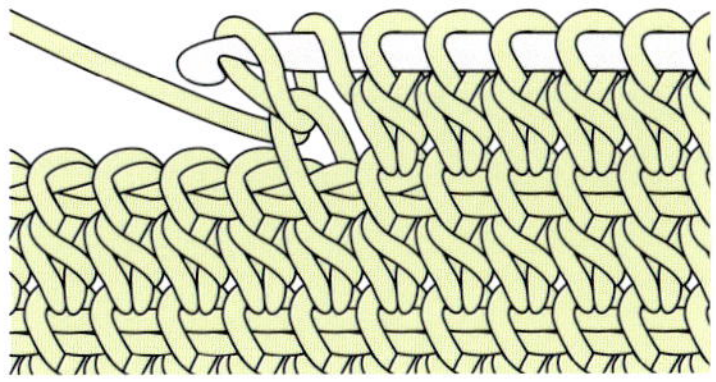

Tunesisches Stäbchen (tStb)
1 U auf die Nd nehmen, Nd einstechen wie für tGst (sofern nicht anders angegeben). Faden holen, durchziehen, Faden holen, 2 Schlingen abm. 1 Lm am Anfang der R schafft die erforderliche Höhe für das Stb, ebenso 1 Stb in die linke Rdm. Alle anderern Stb-Arten können entsprechend gehäkelt werden.

MASCHEN ABNEHMEN

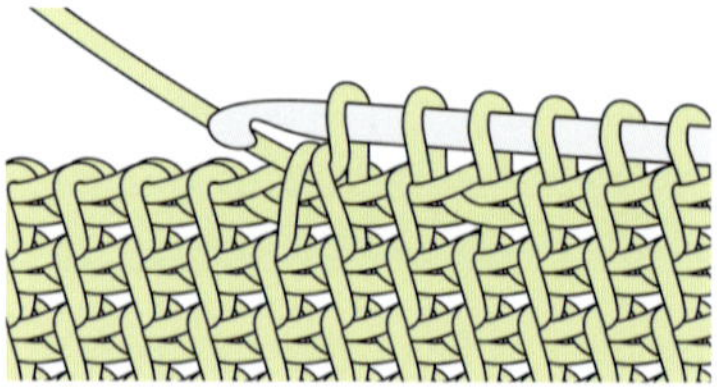

Maschen zusammen abmaschen (2 tGst zus abm)
Die beste Methode zur Abnahme ist, 2 (oder mehr) M zusammen abzumaschen. Beim tunesischen Grundstich: Nd in 2 (oder mehr) senkrechte M-Glieder gleichzeitig einstechen, Faden holen, durchziehen.

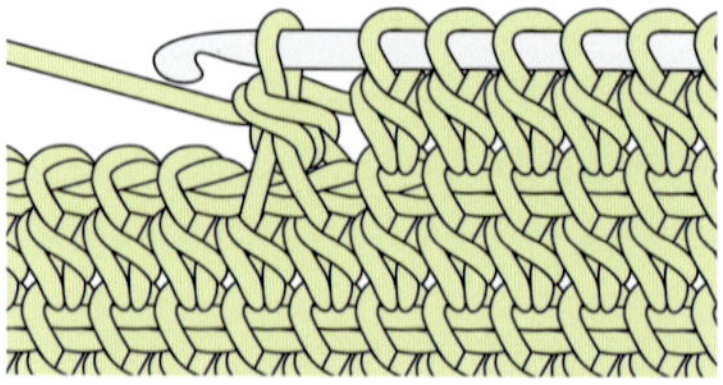

Stäbchen zusammen abmaschen (2 tStb zus abm)
Um 2 (oder mehr) tunesische Stäbchen abzumaschen: 1 U, Nd gleichzeitig in 2 vordere senkrechte M-Glieder einstechen, Faden holen, durchziehen, Faden holen, 2 Schlingen abm.

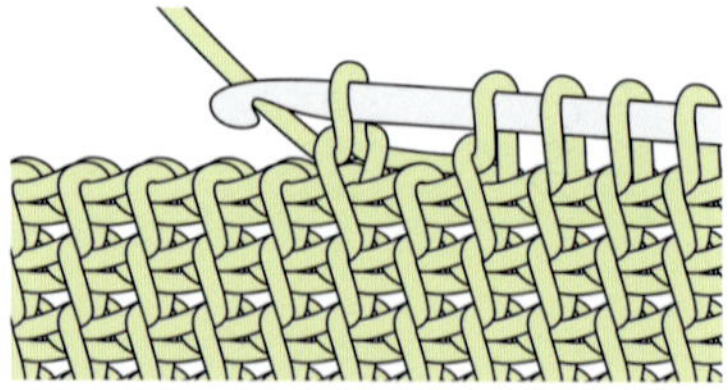

Masche überspringen
Die einfachste Methode des Abnehmens ist 1 Masche zu überspringen, aber es entsteht dadurch ein sichtbares Loch.

MASCHEN ZUNEHMEN

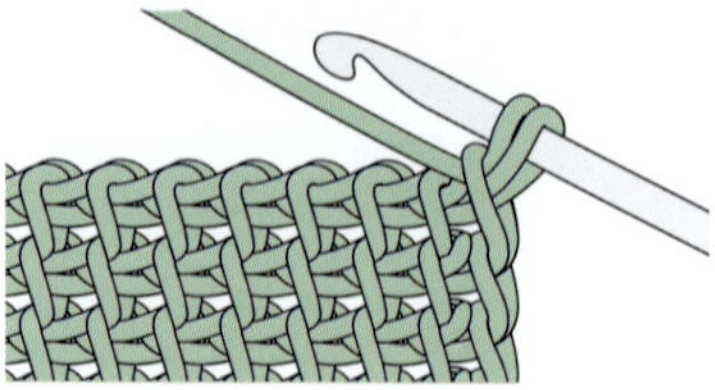

Am rechten Rand
Zusätzlich 1 M in das 1. senkrechte M-Glied, das normalerweise übersprungen wird, arb.

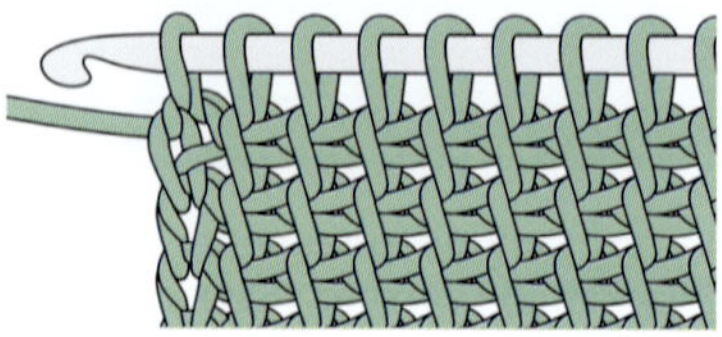

Am linken Rand
Vor der linken Rdm 1 M zunehmen durch gleichzeitiges Einstechen in die letzte obere und die letzte hintere Querrippe, Faden holen, durchziehen. Dann die linke Rdm häkeln.

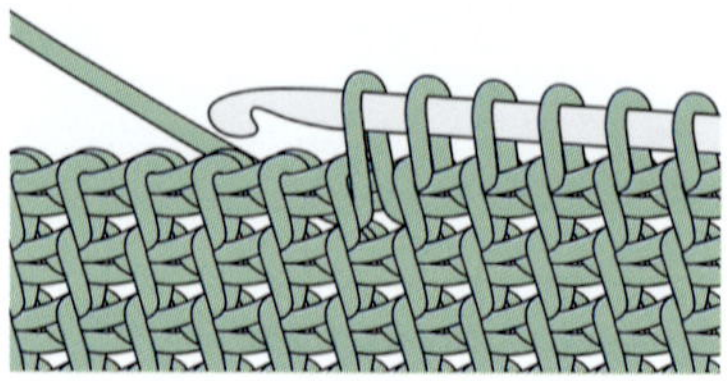

An beliebiger Stelle einer Reihe
Diese Zunahme arbeitet man wie den tFSt: Zwischen die Lücke von 2 M einstechen, Faden holen, durchziehen.

LOCHMUSTER MIT UMSCHLÄGEN

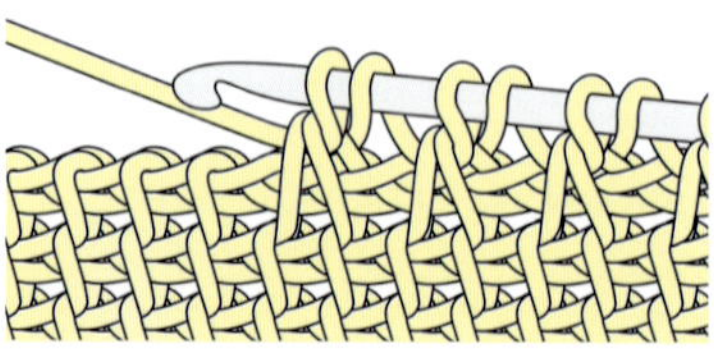

Schritt 1
1 U auf die Nd legen und die nächste M häkeln. Der U erzeugt ein Loch und stellt gleichzeitig eine zusätzliche M dar, weshalb anschließend eine Abnahme (2 tGst zus abm) folgt, um die M-Zahl korrekt zu halten.

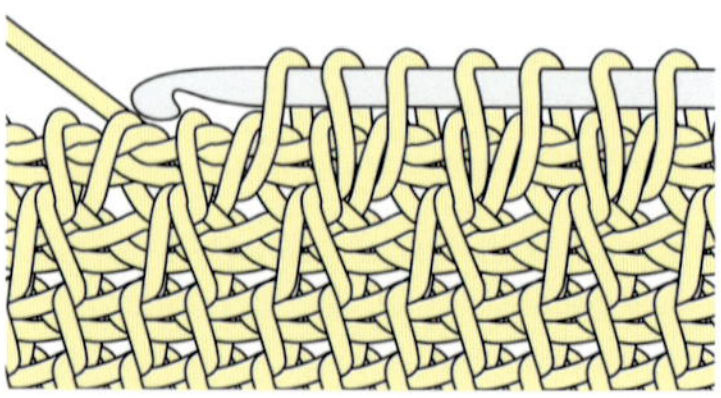

Schritt 2
In der nächsten Hinr das durch den U erzeugte Loch wieder schließen. Dazu die Nd in das Loch einstechen und 1 tFst arb.

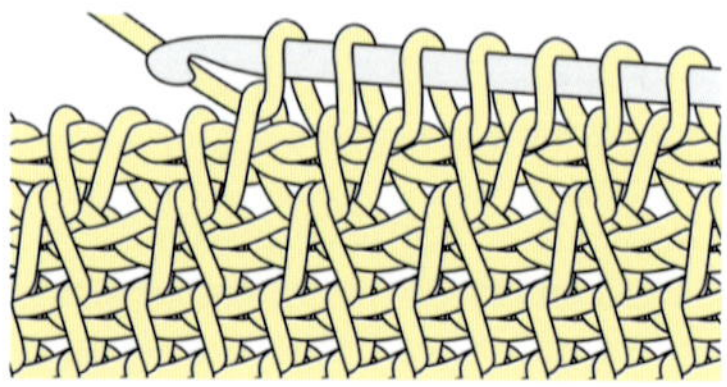

Schritt 3
Alternativ kann die Nd auch in das vordere M-Glied des U eingestochen und als tGst gearbeitet werden.

STÄBCHENGRUPPEN

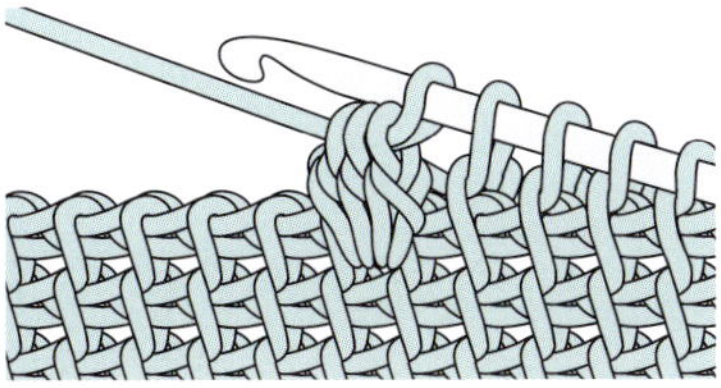

Noppe

Für Noppen werden mehrere tStb (oder auch tDStb oder tDreifach-Stb) in dieselbe M gearbeitet. Es ist darauf zu achten, die fertige Noppe immer auf die rechte Seite der Arbeit zu legen. Für eine Noppe aus 3tStb wie folgt arb: [1 U, nach Vorgabe einstechen, Faden holen, durchziehen, Faden holen, 2 Schlingen abm] 3x, Faden holen, durch alle 3 Schlingen auf der Nd ziehen.

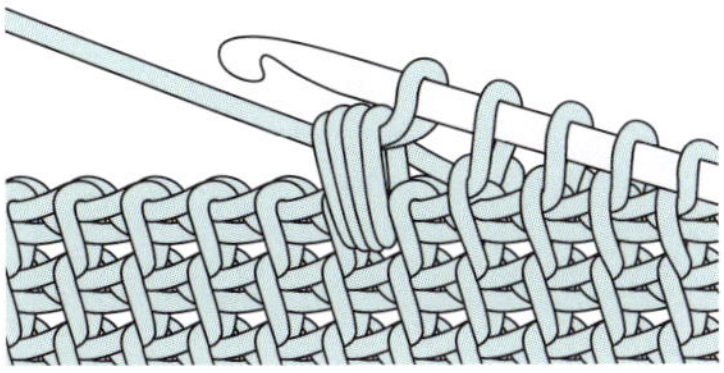

Büschelmasche

Eine Büschel-M ist eine Gruppe von 2, 3 oder mehr hStb die in 1 M gearbeitet und am oberen Ende zusammen abgemascht werden. Für eine Büschel-M * 1 U, Nd nach Vorgabe einstechen, Faden holen, durchziehen, nach Vorgabe ab * wdh, Faden holen, durch alle erzeugten Schlingen durchziehen. Häufig wird die Büschel-M noch mit 1 Lm geschlossen.

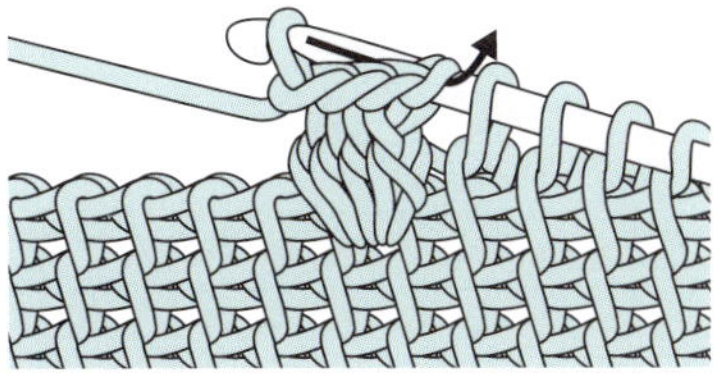

Popcorn

Ein Popcorn ist eine StbG, bei der das 1. und das letzte Stb am oberen Ende zusammengehäkelt werden. Für 1 Popcorn aus 4 tStb 1 U auf die Nd, einstechen, Faden holen, durchziehen, (Faden holen, 2 Schlingen abm) 2x, [1 U, Nd in dieselbe M stechen, Faden holen, durchziehen, (Faden holen, 2 Schlingen abm) 2x] 3x. Die letzte Schlinge von der Nd nehmen, die Häkelnd in die 1. fertige M einstechen, die freie Schlinge wieder aufnehmen und durchziehen. Mit 1 Lm schließen.

FÄCHER UND MUSCHELN

Diese Ziersticke entstehen durch Zu- und Abnahmen, die aber durch Luftmaschen und übersprungene Maschen ausgeglichen werden, um immer die korrekte Maschenzahl beizubehalten.

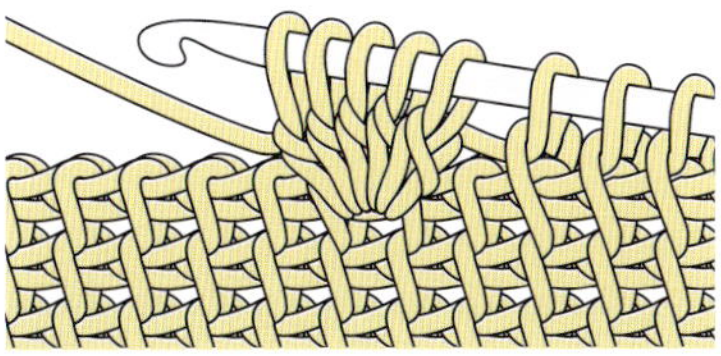

Fächer

Sie werden in Hinreihen gearbeitet, meist mit tStb (auch tDStb- oder tDreifach-Stb). Fächer aus 5tStb: 2 M überspr, [1 U, Nd nach Vorgabe einstechen, Faden holen, durchziehen, Faden holen, 2 Schlingen abm] 5x, 2 M überspr.

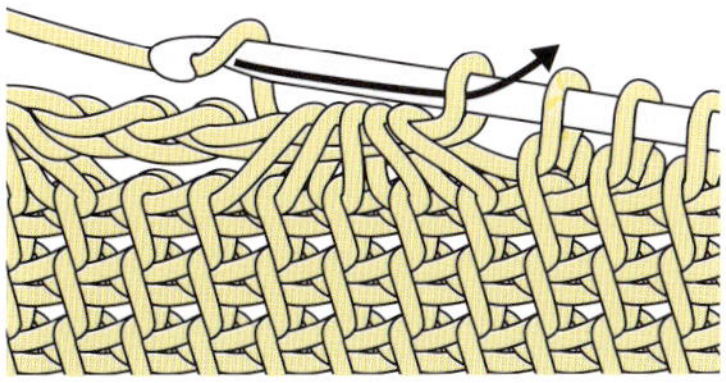

Muscheln

Muscheln werden meist in der Rückreihe gearbeitet. Vor und hinter der Muschel müssen ausreichend Lm gearbeitet werden, um die korrekte M-Zahl aufrecht zu erhalten. Muschel aus 5 M: In der Rückr * 2 Lm, Faden holen, 6 Schlingen abm, 2 Lm. Die Arbeitsschlinge zählt als 1 M, plus 5 M, die die Muschel bilden. In der nächsten Hinr in die waagerechte Schlinge der Muschel einstechen.

ZÖPFE

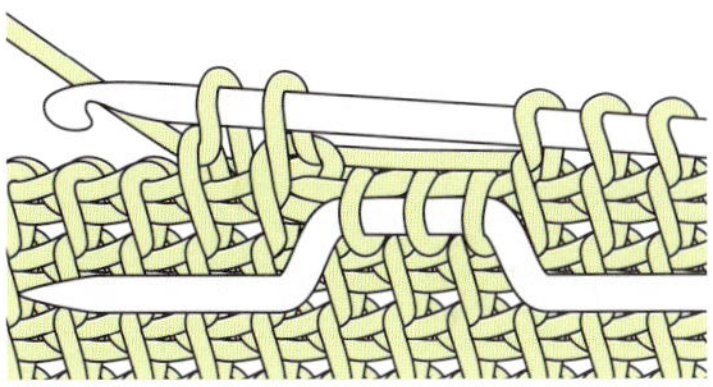

Zöpfe entstehen, wenn Maschen auf einer separaten Zopfnadel vor oder hinter der Arbeit abgelegt werden, dann werden einige Maschen am Werkstück weitergearbeitet und danach die abgelegten Maschen wieder aufgenommen und ebenfalls bearbeitet, wodurch eine Verdrehung entsteht. Zöpfe mögen kompliziert aussehen, aber die Technik ist eigentlich ganz einfach. Die meisten Zopfmuster in diesem Buch sind in Kombination mit tunesischen linken Maschen gearbeitet, wodurch die Zöpfe besonders zur Geltung kommen.

GARN NEU ANSETZEN UND FARBWECHSEL

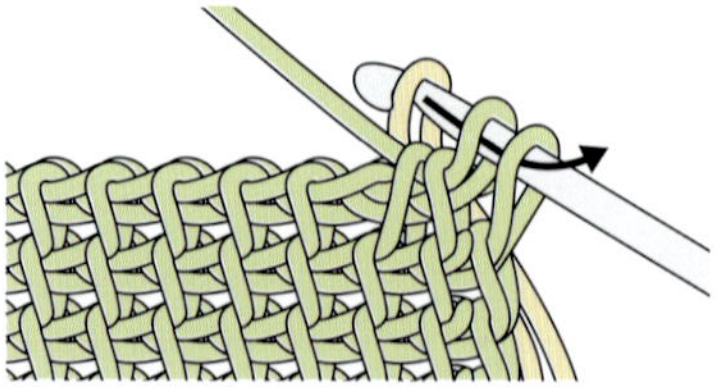

Am Ende der Rückreihe
Wenn noch 2 Schlingen auf der Nadel sind, das neue Garn um die Nadel legen und die letzten 2 Schlingen damit abmaschen.

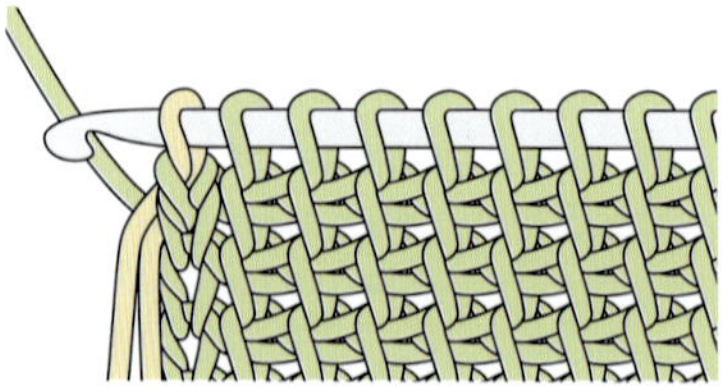

Am Ende der Hinreihe
Die Hinreihe mit dem alten Garn fertigstellen. Bei der Rückreihe die 1. Schlinge mit dem neuen Garn abmaschen.

GARN MITFÜHREN

Bei häufigem Farbwechsel macht es keinen Sinn, das Garn ständig abzuschneiden. Stattdessen wird es an der Seite der Arbeit mitgeführt und jeweils bei Bedarf eingesetzt. Das geht schneller, und es muss nicht so viel vernäht werden. Das mitgeführte Garn muss sich nach jedem Wechsel an der gleichen Seite der Arbeit befinden.

ABKETTEN

Obwohl dieser Schritt nicht zwingend erforderlich ist, um die Arbeit fertigzustellen, sollte er für eine saubere Abschlusskante doch durchgeführt werden. Zum Abketten arbeitet man eine Reihe mit Kettmaschen. Dazu nach der letzten Rückreihe dem Muster entsprechend (hier tGst) in die nächste Masche der neuen Hinreihe einstechen.

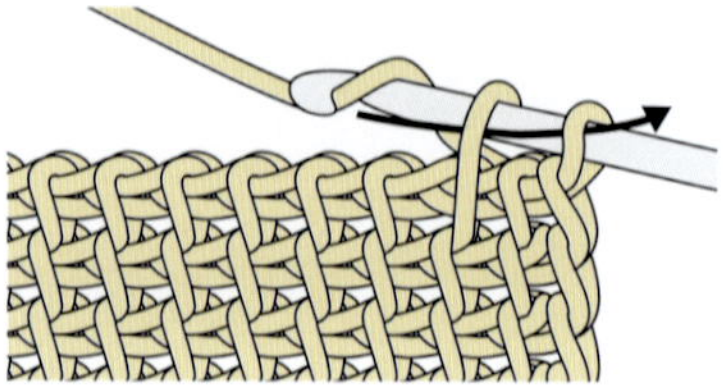

Schritt 1
Das 1. senkrechte M-Glied auslassen, in das 2. M-Glied einstechen, Faden holen, durch M und Arbeitsschlinge ziehen.

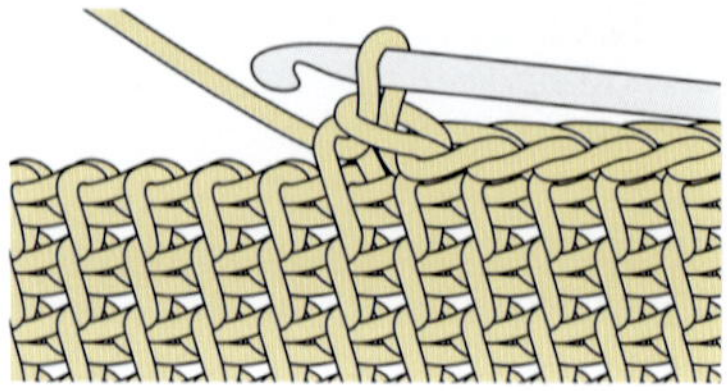

Schritt 2
Den Vorgang für jede weitere M der R wdh. Am Ende das Garn abschneiden und durch die letzte M ziehen.

BEENDEN UND FÄDEN VERNÄHEN

Um das Häkelstück zu beenden, das Garn mit etwa 15 cm Länge abschneiden, die Arbeitsschlinge groß ziehen und den Faden durch die Schlinge ziehen. Die Fäden auf der linken Seite vernähen.

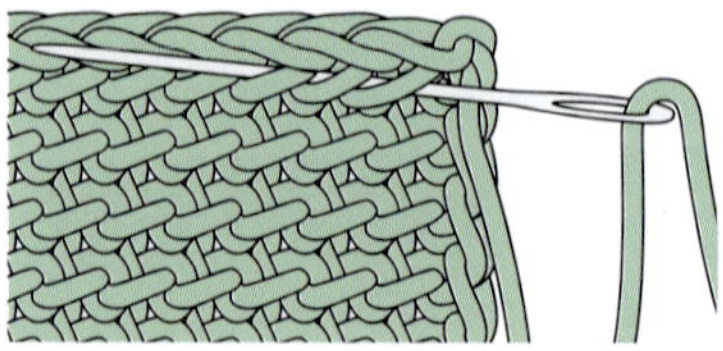

Schritt 1
Zum Vernähen den Faden in eine Sticknadel fädeln und an der Rückseite der Arbeit waagerecht durch die hinteren Querrippen der Maschen schieben.

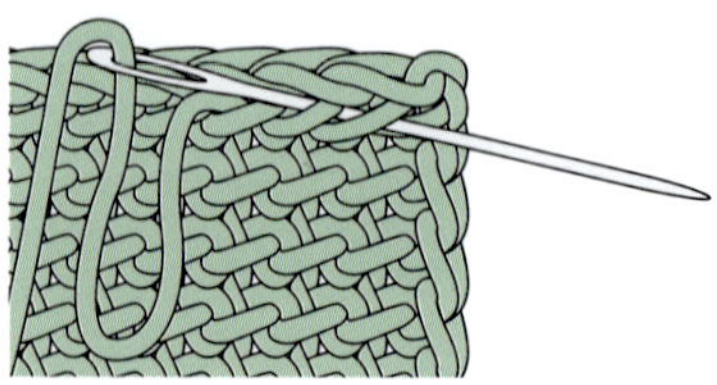

Schritt 2
Dann die Nadel wieder zurückführen, den Faden leicht strammziehen und abschneiden.

SPANNEN

Der Vorgang des Spannens besteht aus drei Schritten: Anfeuchten, in Form bringen, Trocknen. Beim tunesischen Häkeln ist das Spannen essentiell, denn dadurch kommen die Muster und Farben erst so richtig zur Geltung. Außerdem macht das Spannen die Häkeltücke formbeständiger.

Dämpfen

Das fertige Stück auf einer Spannunterlage in den gewünschten Maßen feststecken und mit einem Bügeleisen bedampfen. Darauf achten, den Stoff nicht zu berühren. Das Bügeleisen langsam über dem Gewebe bewegen, um sicherzustellen, dass der Dampf in die Fasern eindringen kann. Vollständig abkühlen und trocknen lassen. Vorsicht beim Dämpfen von Kunstfasern, die eventuell nicht jede Temperatur vertragen. Zöpfe sollten immer von links gedämpft werden, weil sie sonst platt werden.

Eintauchen

Das Häkelstück mit etwas Wollwaschmittel in lauwarmes Wasser tauchen, ausdrücken (nicht wringen!) und auf einem trockenen Handtuch platzieren. Das Handtuch aufrollen und dabei das Wasser aus dem Werkstück drücken. Spannen und trocknen lassen.

Einsprühen

Das Häkelstück mit der rechten Seite nach oben auf einer Unterlage in Form stecken. Eine Sprühflasche mit kaltem Wasser füllen, dieses mit feinem, gleichmäßigem Nebel auf das Werkstück sprühen. Das Wasser mit den Händen vorsichtig ins Gewebe einklopfen. Dann trocknen lassen.

EINROLLEN VERMEIDEN

Tunesisch Gehäkeltes ist viel dicker als normale Häkel- oder Strickgewebe. Bei vielen Maschenarten entsteht das Gewicht auf der Rückseite der Arbeit, wodurch die Gewebe hinten schwerer sind und sich vorn einrollen. Manche tunesischen Stiche wie der Strickstich kräuseln sich mehr als andere. Linke Maschen rollen sich überhaupt nicht ein. Spannen hilft gegen das Einrollen, aber auch die Verwendung einer größeren Häkelnadel, weil dadurch die Maschen lockerer sitzen. Luftmaschenketten sollten möglichst lose gearbeitet werden. Abhilfe schafft auch das Umhäkeln mit einer kleinen Kante.

TEILE ZUSAMMENFÜGEN

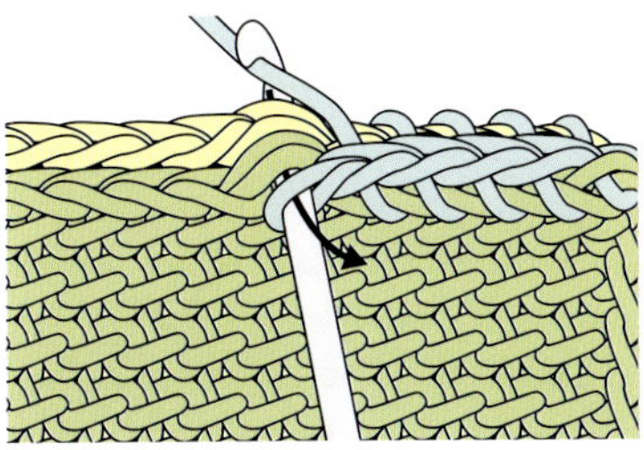

Kettmaschen

Die zu verbindenden Teile rechts auf rechts legen und mit der linken Hand halten. Das Garn mit einer Anfangsschlinge an einer normalen Häkelnadel befestigen. Sie sollte die gleiche Stärke haben, wie die verwendete tunesische Häkelnadel. In den Randmaschen beider Teile einstechen, Faden holen und durch beide Schlingen auf die Nadel durchziehen. Entlang der gesamten Nahtkante fortsetzen. Man kann die Teile auch mit normalen festen Maschen zusammenhäkeln.

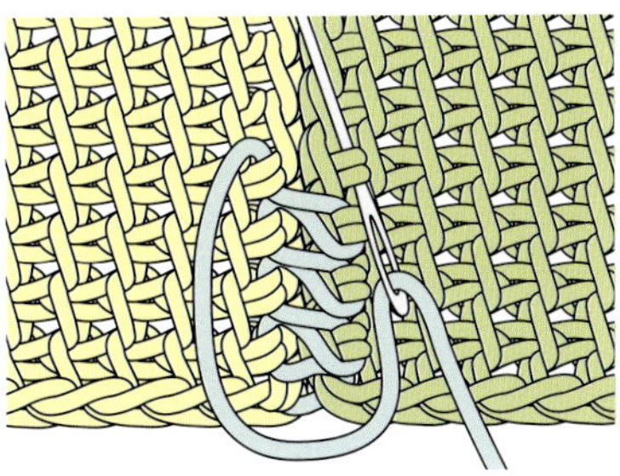

Matratzenstich – Methode 1

Die Teile nebeneinanderlegen, die rechten Seiten nach oben. Einen langen Faden des Garns in eine Sticknadel einfädeln. Die Nadel zuerst in die Ecke eines der Stücke einstechen, dann in die gegenüberliegende Ecke des anderen Stücks einstechen. Den Faden durch beide Maschen führen. Den Vorgang für alle Maschen wiederholen.

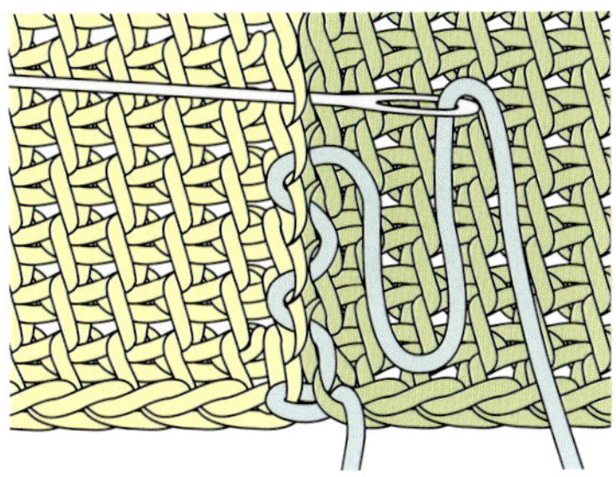

Matratzenstich – Methode 2

Die Nadel am 1. Teil von vorn nach hinten in die 1. Masche einstechen, dann von hinten nach vorn in die Mitte der nächsten Masche stechen. Den Vorgang am 2. Teil wiederholen und so die Kanten verbinden, wodurch ein Versatz entsteht.

SYMBOLE UND ABKÜRZUNGEN

Dies sind die in diesem Buch verwendeten Abkürzungen und Symbole. Leider gibt es keine weltweiten Standards dafür, weshalb möglicherweise in anderen Publikationen andere zu finden sind. Vor Beginn eines Projektes sollte man sich immer mit den für die jeweiligen Muster verwendeten Angaben vertraut machen.

ABKÜRZUNGEN

Nachstehend eine alphabetische Liste der in diesem Buch verwendeten Abkürzungen

Abkürzung	Bedeutung
3er-/4er-/6er-Zopf	1/2/3 Maschen auf Zopfnadel vor/hinter die Arbeit legen, 1/2/3 Maschen wie angegeben häkeln, 1/2/3 Maschen der Zopfnadel wie angegeben häkeln
abm	abmaschen
arb	arbeiten
fU	falscher Umschlag
gest	gestochene(s)
Km	Kettmasche(n)
Lm	Luftmasche(n)
M	Masche(n)
Nd	Nadel(n)
R	Reihe(n)
Rdm	Randmasche(n)
tDStb	tunesische(s) Doppelstäbchen
tFst	tunesische(r) Füllstich(e)
tGst	tunesische(r) Grundstich(e)
tHm	tunesische Hebemasche(n
tliHm	tunesische linke Hebemasche(n)
tliM	tunesische linke Masche(n)
tliSst	tunesiche(r) linke(r) Strickstich(e)
tReliefStb	tunesische(s) Reliefstäbchen
tRst	tunesische(r) Rückstich(e)
tSst	tunesische(r) Strickstich(e)
tStb	tunesische(s) Stäbchen
tStbG	tunesische Stäbchengruppe
U	Umschlag/Umschläge
überspr	überspringen
verdr	verdreht(e)/verdrehen
verl	verlängerte(r)
veschr	verschränkte(r)
wdh/Wdh	wiederhole(n)/Wiederholung
zus	zusammen
[]	Anleitung in Klammern so oft wiederholen, wie angegeben

GRUNDSTICHE

Die Anleitungen zu den Grundstichen befinden sich auf den Seiten 164-165.

Stich	Abkürzung	Bedeutung
Luftmasche	Lm	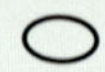
Rückreihe	Rückr	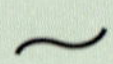
tunesischer Grundstich	tGst	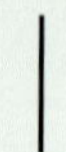
tunesischer Grundstich in die Randmasche	tGst in Rdm	
tunesischer Strickstich	tSst	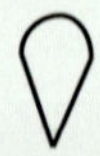
tunesische linke Masche	tliM	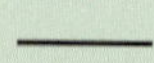
tunesischer Füllstich	tFst	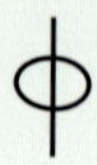
tunesischer Rückstich	tRst	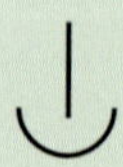
tunesische Hebemasche	tHm	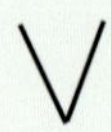
tunesisches Stäbchen	tStb	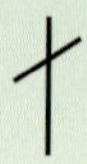

GRUNDSTICHE UND VARIANTEN

Viele Muster entstehen erst durch die Kombination von verschiedenen Maschen. In diesem Buch werden die in den Anleitungen verwendeten Abkürzungen jeweils zu Beginn der Musteranleitung erläutert. Unter dem Begriff „spezielle Maschen“ stehen immer genau die Anweisungen für das folgende Muster und daran sollten Sie sich halten.

Bezeichnung	Abkürzung	Symbol	Bezeichnung	Abkürzung	Symbol
verlängerter tunesischer Grundstich	verl tGst (1 tGst, 1 Lm)	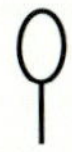	tunesischer Grundstich plus Luftmasche(n)	1 tGst, 4 Lm	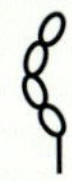
verlängerter tunesischer Strickstich	verl tSst (1 tSst, 1 Lm)	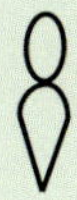	Um beide senkrechte Maschenglieder von vorn nach hinten herumhäkeln	tRelief-Stb von vorne	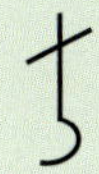
tunesischer linker Strickstich	tliSst (mit Faden vor der Arbeit einstechen wie für tliM)	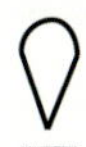	tunesisches Doppelstäbchen	tDstb	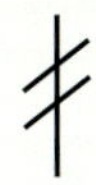
tunesische linke Hebemasche	tliHm (mit Faden vor der Arbeit einstechen wie für tliM)	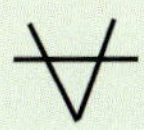	1 Reihe tiefer einstechen	tiefer gest tStb oder tiefer gest tDstb	 oder 
verdrehter tunesischer Grundstich	verdr tGst	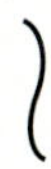			
verschränkter tunesischer Strickstich	verschr tSst	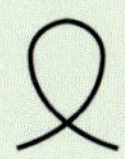	Kettmasche	Km	
einstechen wie beim tunesischen Füllstich	1 verl tGst oder 1 tStb einstechen wie für tFst	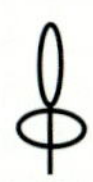 oder 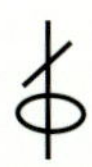	Picot	3 Lm, 1 Km	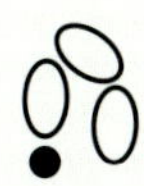
in Luftmasche einstechen	1 tGst in Lm	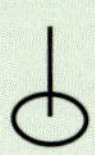	Umschlag	U	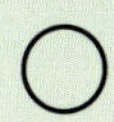
in Querrippe einstechen	1 tGst in Querrippe	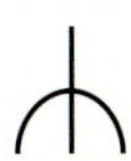	doppelter Umschlag	2 U	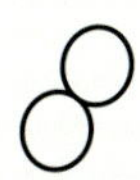
in die obere Schlinge einer Muschel oder Stäbchengruppe stechen	1 tGst in die obere Schlinge der Muschel	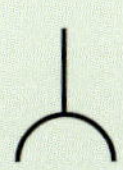	falscher Umschlag	fU	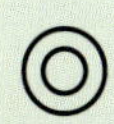

ZUNAHMEN, ABNAHMEN, ÜBERZÜGE UND GEKREUZTE MASCHEN

Ab- und Zunahmen werden für dekorative Details und zur Formgebung eingesetzt. In Kombination mit Umschlägen sind sie die Grundlage für viele Loch-, Wellen- und Zackenmuster. Umschläge bilden auch die Mitte von V-Stichen, und sie können als Überzüge anderen Maschen Textur geben. Gekreuzte Maschen (Maschen, die in anderer Reihenfolge gearbeitet werden) können ebenfalls dekorative Effekte erzielen.

Bezeichnung	Abkürzung	Symbol	Bezeichnung	Abkürzung	Symbol
Zunahme von tunesischen Grundstichen	2 tGst in 1 M	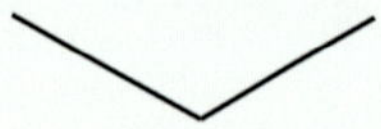	Abnahme von 1 tunesischen Grundstich	2 tGst zus abm	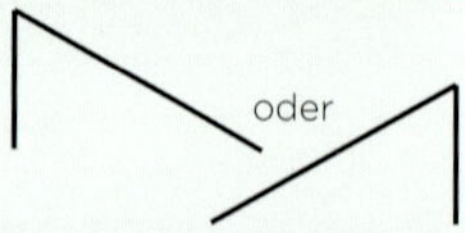
Zunahme von Stäbchen, um einen Fächer zu häkeln	5 tStb in 1 M	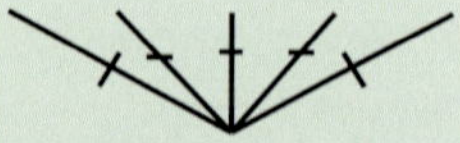	Abnahme von 1 links-tunesischen Grundstich	2 litGst zus abm	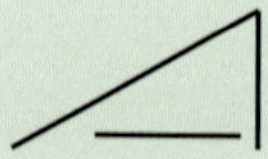
Zunahme von Stäbchen, um einen halben Fächer zu häkeln	3 tStb in 1 M	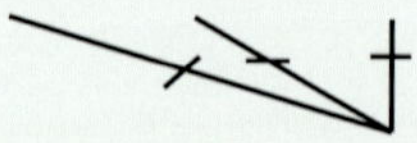	Abnahme von 1 tunesischen Grundstich in der Rückreihe	Faden holen, durch die Arbeitsschlinge und 2 weitere M ziehen	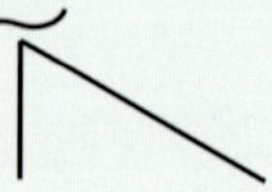
V-Stich aus tunesischen Grunstichen	V-Stich: [tGst, 1 U, tGst] in 1 M	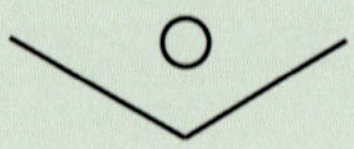	Abnahme von 2 tunesischen Grundstichen	3 tGst zus abm	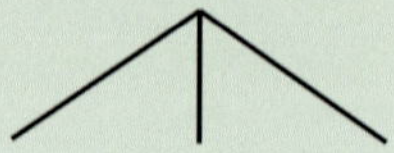
V-Stich in die obere Schlinge einer Muschel oder Stäbchengruppe	V-Stich: [tGst, 1 U, tGst] in obere Schlinge einer Muschel	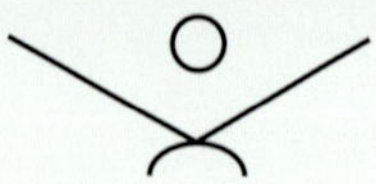	Abnahme in der Rückreihe um eine Muschel zu formen	Faden holen, durch die Arbeitsschlinge und 3 weitere M ziehen	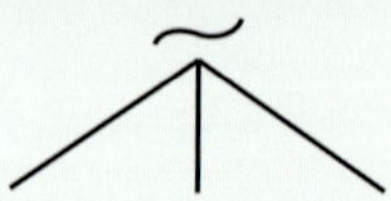
V-Stich aus tunesischen Stäbchen	Stb-V-Stich: [1 tStb, 1 U, 1 tStb] in 1 M	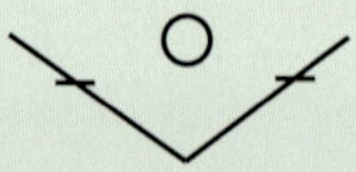	Abnahme von 1 tunesischen Stäbchen	2 tStb zus abm	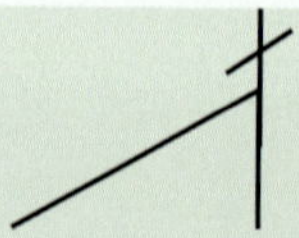
Zunahme an der oberen Schlinge einer Muschel oder Stäbchengruppe	[1 tGst, 1 U, 1 tGst, 1 U, 1 tGst] in oberste Schlinge der Muschel	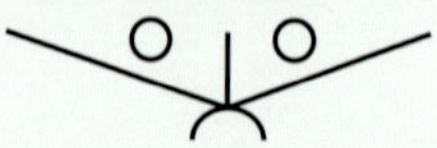	Abnahme mit Ausgleichsmasche	2 tStb zus abm, 1 tStb	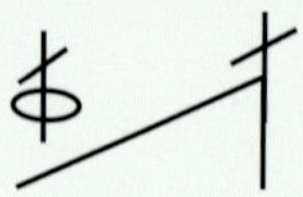
1 tunesischer Grundstich mit 1 Überzug	1 U, 1 tGst, U über 1 M ziehen	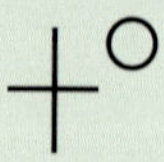	2 tunesische Grundstiche verkreuzen	2 gekreuzte tGst	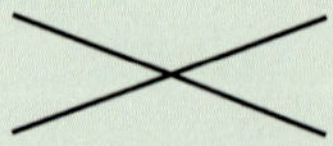
2 tunesische Grundstiche mit 1 Überzug	1 U, 2 tGst, U über 2 M ziehen	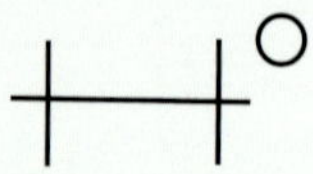	2 tunesische Strickstiche verkreuzen	2 gekreuzte tSst	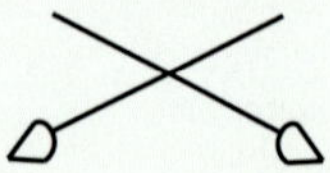
3 tunesische Grundstiche mit 1 Überzug	1 U, 3 tGst, U über 3 M ziehen	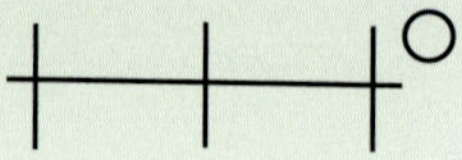	2 tunesische Stäbchen verkreuzen	2 gekreuzte tStb	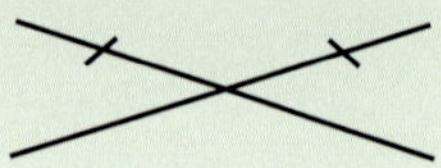

STÄBCHENGRUPPEN UND ZÖPFE

Stäbchengruppen sind sehr dekorative Ziersticheh, die entstehen, wenn Stäbchen oben, unten oder an beiden Enden zusammengefasst werden. So werden Noppen, Büschelmaschen und Popcorn gearbeitet. Um Sterne zu häkeln, fasst man eine Gruppe von Maschen zusammen und nimmt gleichzeitig wieder Maschen zu. Mit Zöpfen bringt man Struktur in jedes Muster.

Bezeichnung	Abkürzung	Symbol	Bezeichnung	Abkürzung	Symbol
Stäbchen-gruppe	StbG: 3 tStb in 1 M und zus abm	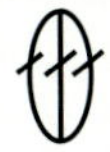	Stern aus 5 Maschen	Stern aus 5 tGst	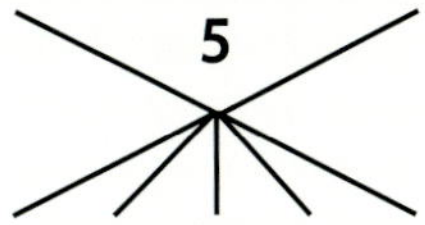
Noppe	5 tStb in 1 M und zus abm	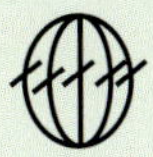	Zopf aus 3 Maschen	3er-Zopf	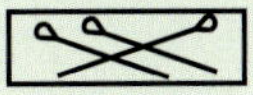
Popcorn	5 tStb in 1 M und zus abm, 1 Lm		2 M auf Zopfnd vorn, 2 Grundsti-che, 2 M der Zopfnd im Grundstich	4er-Zopf nach links [2 tGst-2 tGst]	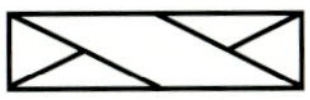
Büschel-masche	4 htStb in 1 M und zus abm	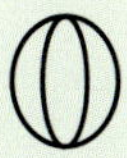	2 M auf Zopfnd hinten, 2 Grund-stiche, 2 M der Zopfnd im Grundstich	4er-Zopf nach rechts (2 tGst-2 tGst)	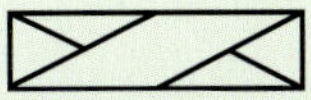
Büschelmasche mit Einstechen wie für tunesi-schen Füllstich	Wie für tFst: 3 htStb in 1 M zus abm	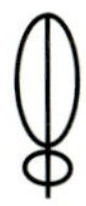	3 M auf Zopfnd vorn, 3 Grundsti-che, 3 M der Zopfnd im Grundstich	6er-Zopf nach links (3 tGst-3 tGst)	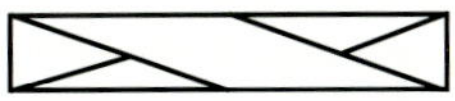
In Hinreihe mehrere Grundstiche in 1 Masche arbeiten	3 oder 6 tGst in 1 M	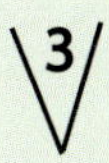 oder 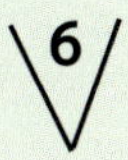	3 M auf Zopfnd hinten, 3 Grund-stiche, 3 M der Zopfnd im Grundstich	6er-Zopf nach links (3 tGst-3 tGst)	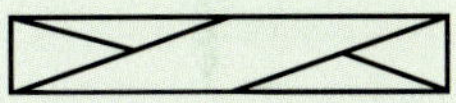
In Rückreihe mehrere Maschen zusam-men abmaschen	Faden holen, 3 oder 6 M zus abm	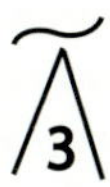 oder 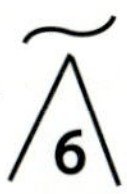	1 M auf Zopfnd hinten, 1 linke M, 2 M der Zopfnd im Grundstich	3er-Zopf nach links (1 tliM-2 tGst)	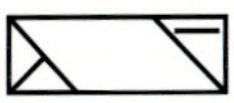
Stäbchen-gruppe in eine Vorreihe arbeiten	tiefer gest Stäbchen: 2 tie-fer gest Stb zus in 1 M 3 R tiefer arb	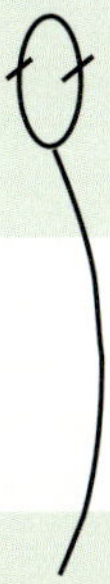	1 M auf Zopfnd hinten, 2 Grund-stiche, 1 linke M in M der Zopfnd	3er-Zopf nach rechts (2 tGst-1 tliM)	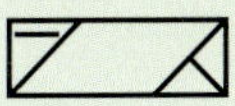
Klaue: Maschen in Vorreihen arbeiten und zusammen abmaschen	3 tiefer gest tDstb in 3 M der Vor-R arb und zus abm	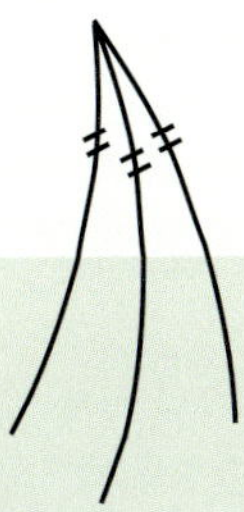	2 M auf Zopfnd vorn, 2 linke M, 2 M der Zopfnd im Grundstich	4er-Zopf nach links (2 tliM-2 tGst)	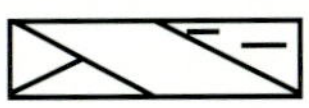
			2 M auf Zopfnd hinten, 2 Grund-stiche, 2 linke M in M der Zopfnd	4er-Zopf nach rechts (2 tGst-2 tliM)	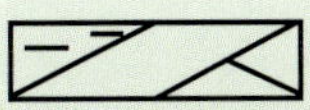